蒋介石权力的背后（上）

刘红 著

团结出版社

图书在版编目（CIP）数据

蒋介石权力的背后 / 刘红著 . -- 北京：团结出版社，2021.1（2022.9 重印）

ISBN 978-7-5126-7985-6

Ⅰ.①蒋… Ⅱ.①刘… Ⅲ.①蒋介石（1887-1975）-生平事迹 Ⅳ.①K827=7

中国版本图书馆 CIP 数据核字（2020）第 101645 号

出　版：	团结出版社
	（北京市东城区东皇城根南街 84 号　邮编：100006）
电　话：	（010）65228880　65244790（出版社）
	（010）65238766　85113874　65133603（发行部）
	（010）65133603（邮购）
网　址：	http://www.tjpress.com
E-mail：	zb65244790@vip.163.com
	tjcbsfxb@163.com（发行部邮购）
经　销：	全国新华书店
印　装：	三河市东方印刷有限公司

开　本：170mm×240mm　16 开

印　张：57.5

字　数：933 千字

版　次：2021 年 1 月　第 1 版

印　次：2022 年 9 月　第 2 次印刷

书　号：978-7-5126-7985-6

定　价：138.00 元（全两册）

（版权所属，盗版必究）

前　言

蒋介石权力的背后，活跃着一大批出没南京政府、触及国民党权力核心、主持党政经社文军警宪特团各系统、保证政权机器运转的重要人物。

蒋介石权力背后的重要人物有多少？远超过本书所收集的人数。就以国民党在大陆的最后一届党代会——1945年5月5日至21日在重庆举行的"6全"选举的第6届中执监委组成看，总裁蒋介石不算其内，共有460名成员（中央执行委员222人，候补中央执行委员90人，中央监察委员104人，候补中央监察委员44人）。中执监委应该包括南京政府和国民党领导集团的主要成员和各方面负责人，尽管不精确，也可以此为准，同这一群体相比，本书所写的只是极小部分。

所以，在蒋介石的亲人和亲友中，本书选了宋美龄、蒋经国、蒋纬国、宋子文、孔祥熙；国民党元老中，本书选了汪精卫、胡汉民；被蒋介石安排在党政文特等系统的高官中，本书选了陈果夫、吴稚晖、陈布雷、张群、谷正纲弟兄3人、胡适、张其昀、吴国桢；蒋介石十分重视和控制的军界，本书选了陈诚、何应钦、顾祝同、汤恩伯、胡宗南；新旧军阀、包括走上"倒蒋之路"的群体中，本书选了冯玉祥、白崇禧、李汉魂、孙立人。

显然，本书所选人物欠全面，不系统，但有代表性。说"欠全面"是指有"片面性"，选择时凭兴趣、凭手头能找到的材料来决定，缺乏选人时的全面思考、全面安排。说"不系统"是指有"选择性"，选择时没有统一标准，没有按比例选取，领域、行业之间不平等，同一领域和行业内部也不平等，更多的是看重点和个别。也要看到，本书确有"代表性"，所选的人物不仅是个人经历有特点，在其所在领域和南京政府内部，也都有相当的典型作用，尤其是起到了由点看面的作用。

蒋介石权力背后的重要人物，最突出的一点，是他们与蒋介石的特殊关系。蒋介石的兴衰是由其信仰、立场和决策决定的，他们的经历、成败和兴衰，大都由他们与蒋介石的关系如何决定的。因为他们所处的是近代中国的变革期,给他们提供了巨大的政治舞台,无论是自己奋斗起家,还是搭上反清、辛亥革命、护法运动和大革命之船,或是跟着发迹后的蒋介石,或是组织"倒蒋"运动,或是投入全民族抗日战争,或是加入中国共产党阵营,都有各自的与蒋介石的特殊经历,都在实力、地位等方面和蒋介石的关系有关。

蒋介石权力背后的重要人物的经历,实际上就是某一部分国民党史、民国史、专门史的缩影。如何应钦,参加辛亥革命后,在黔军中起家,大革命后一直在国民党军界担任重要职务,他的经历就是一部民国军事史的缩影;如胡宗南,黄埔军校第1期生,以后深受蒋介石的信任,在国民党军队中迅速蹿起,他的经历就是前半部黄埔军校史的缩影;如陈果夫,因其二叔陈其美与孙中山尤其是与蒋介石关系密切,所以陈果夫在国民党创建初期就十分活跃,以后一直在党的核心圈内活动,他的经历就是一部大陆时期国民党史的缩影;如陈济棠,虽说在桂军中出道,但是在粤军中成事,在粤系和南京政府的博弈中发挥过较大作用,他的经历就是一部粤系军阀史的缩影;如蒋经国,到台湾后无论任什么职务,都是主要决策者,与40年间的大事要事乱事都有关联,他的后半生就是台湾政治变化过程的缩影。

根据书中人物的专业和特点,在介绍这些人时也把他的相关专业作些介绍。如说陈果夫时,顺便把CC系的情况多说一些;如说张群时,顺便把政学系的情况多说一些;如说谷正伦时,顺便把中国现代宪兵始发过程多说一些;如说蒋纬国时,顺便把中国现代装甲兵的始发过程多说一些。显然,了解人物也好,了解历史也好,他们的经历同样也有值得一读的地方。

他们所处的动荡时代,为他们各自的奋斗提供了重要条件。不可否认,他们走上社会、开始自己的奋斗之路,都是志向远大,充满信心,当然更想成功。当年何应钦离开家乡保送贵州陆军小学,顾祝同初考上江苏陆军小学第5期,陈诚毕业于浙江省立体育专科学校、不当家乡敬业学校的体育教员报考保定军校,28岁的胡宗南担任浙江孝丰县立高等中学教员后,又超出报考年龄3岁考入黄埔军校第1期第2大队第4队,中央大学、浙江大学教授张其昀入朝为官十数年,20世纪20年代初上海《商报》编辑主任、名记者陈布雷为蒋介石所用……显然他们都是不满足所处的"小确幸"处境,拥有远大志向,向往一番事业,要为国家也为家乡和个人光宗耀祖而拼搏。

观察国民党和南京政府很多要员，在后来的道路上，大都有过几度选择，有失败者，有成功者。一是推翻清朝统治和反对北洋军阀，他们大都能冲锋陷阵。二是面临国共合作的大革命，他们表现前后不一，不少人没有坚持到底而走上反共之路，也有人开始"倒蒋"和参与新军阀混战。三是在全民族抗日战争中，他们大都为抗战胜利作过各自的努力，也出过汪精卫系列的汉奸。四是在决定中国是走社会主义还是资本主义的较量中，他们不少人跟着蒋介石和南京政府，最后成为失败者。当然也有人能够在关键时刻做出关键决策，接受中国共产党的召唤，走上社会主义道路。

值得指出的是，随着国民党当局撤往祖国的宝岛台湾，蒋介石权力背后的重要人物自觉也好，不自觉也好，不少人追随而去。由于政治环境和条件的突变，他们能够继续周旋于权力中心的屈指可数，大部分脱下戎装，解除印绶，退出政坛、军界。上乘者挂个闲职，下乘者削职丢官，有的舞文弄墨，有的经商有道，有的借酒浇愁，有的遁入佛门，有的隐居山林，有的重病缠身，也有的被追究失败责任！

因为国共两党内战遗留下来的政治对立，两岸处于军事对峙、相互隔绝状态，他们既不能与家乡亲人互通音信，也不能回家看望亲人，孤苦伶仃生活在台湾。就如身居"监察院长"高位的于右任连夫人都不在身边，就如蒋介石的亲信张群最遗憾的是离开大陆时连家中老母都没有安置。

对此，南京籍的第1届"立法委员"胡钝俞作诗道："孤岛寄老骨，今夕是何年？来日世难多，往事梦如烟。"担任国民党当局34年"监察院长"的于右任作诗道："忧愁风雨，迷离云树，流亡不尽艰难路。……兴！天定助；亡！人自取。""葬我于高山之上兮，望我故乡，故乡不可见兮，永不相忘。"两人的诗，很有代表性，都在诉说别离的痛！最为可悲的是，虽说是身居祖国一脉的台湾，因为先是蒋介石的"反攻复国"大计、后是蒋经国的"不接触，不妥协，不谈判政策"，两岸互不往来，他们中的大部分人一直没有等到回家省亲、落叶归根的那一天。

按照"和平统一，一国两制"科学构想，在大陆积极推动下，蒋经国方面能够跟上历史脚步，在1987年10月15日宣布部分台湾同胞可以赴大陆探亲。11月2日，台湾同胞特别是老兵开始申请来大陆探亲。时过境迁38年，此时，蒋介石已经病故12年余，蒋经国也已进入最后的日子，本书所涉及的人物也是高龄，有些也已作古。两岸交流交往全面启动后，宋美龄、张学良、谷正纲、孙立人、蒋纬国等人，迎来两岸关系发展的高潮期，但也因台湾当局政治上限制而没有回到大陆，回到家乡！

前事不忘，后事之师。蒋介石权力背后重要人物的人生悲剧已经铸成，留下绵绵遗憾。现在重要的是两岸同胞的骨肉亲情不容离间，两岸关系和平发展不能停滞，两岸分享发展机遇的机会不要错失，国家分裂的历史悲剧不再重演！在"九二共识"基础上推进两岸关系和平发展，促进两岸经济社会融合，按照"和平统一，一国两制"方针完成国家统一，是大势所趋、人心所向、两岸所盼。本书更想说明的是这一问题。

20世纪，是波澜壮阔的年代。蒋介石权力背后的党政经社文军警宪特团各系统的重要人物，均为世纪初开始活跃，到世纪末，生老病死，风风雨雨，已经让不少人离开，没走的都已耄耋、期颐之上。信仰不同、政治较量、军事胜负、事业成废，在自然规律面前显得多么无奈！显然，对于这批老人来说，最后成败得失只剩下一个标准，那就是谁看谁的讣告！

由于他们是历史的一个个的"点"，所以既能反映整个历史、社会背景和个人所为，又能反映国民党内部许多深层次的矛盾和关系。特别是他们和蒋介石的关系、相互之间的关系、在国民党和南京政府内部地位和所起作用，以及各自的经历、性格、爱好、能力和事业，都会在人物研究和传记中或多或少，或深或浅地得到体现。而有关这些方面的许多内容，在断代史、专门史中很难完整体现出来。同时人物研究和传记的成果，又可以直接和间接反映断代史、专门史的场景和主题，可以让历史自身更加灿烂。人物研究的吸引力大概就在此。

本书所选的人物，及其同时期的国民党和民国人物已成过去。可是要想了解中国，必须了解中国的历史；要了解中国的历史，必须了解中国的近、现代史；要了解中国的近、现代史，必须了解近、现代的3大政治力量——国民党、共产党和民主党派；要了解国民党，必须了解国民党人物。因此，撰写本书的用意很明确，就是要运用历史唯物主义的基本立场、观点和方法，对书中人物所经历的辛亥革命、护法运动、国民大革命、抗日战争等进步活动和反共等落伍活动，均如实叙述，不隐恶，对善也不无边拔高。文笔上也想摆脱学术文章的枯燥，扩大读者群；摆脱传奇演义的轻率，增加可信度。本书就是要为在享受历史，特别是近、现代史的史学大餐时，提供一点作料，增加一点选择。

目 录
CONTENTS

001　**联结三个世纪的女性　记蒋介石夫人宋美龄**

004　**一、宋家有女初长成**
004　美龄之家
007　留美之旅

010　**二、一朝选为蒋夫人**
011　宋家女婿
014　蒋宋联姻
020　第一夫人的威力

023　**三、妇随夫唱齐上台**
023　移灵中山
026　来到前线
028　创导生活

034　**四、回忆与夫西安行**
034　发展空军
036　回忆遗忘

046　**五、宣传抗日存大义**
047　巡视淞沪
049　宣传抗战

054	见证开罗
055	欢聚二姐
058	**六、远离故乡不见回**
058	慰问苏军
060	巡视台湾
061	解决争吵
065	离开大陆
067	**七、三个世纪过来人**
068	活跃政坛
070	丈夫过世
076	远走美国

080	**为官高调　经商高手——记蒋介石的妻兄宋子文**
081	**一、国民党内的"两朝国舅"**
081	留美学习经济
083	初恋竟被嫌弃
087	背靠大树乘凉
089	**二、大元帅府的央行行长**
089	任央行行长
093	做平叛后勤
095	助妹夫起家
097	**三、四大家族的核心人物**
097	帮妹夫他很投入
105	管银行他很内行
107	收赋税他很专业
110	搞垄断他很积极

- 114 **四、南京官场的风云人物**
  - 114 "棉麦借款"闹事
  - 118 西安事变息事
  - 120 争取美援有成
  - 127 访苏谈判不顺
- 134 **五、生意场上的幕后高手**
  - 135 外放广州主政
  - 138 坐看币改失败
  - 142 经商一领风骚
  - 150 郎舅台湾握手

153 官场大吏 财界大亨——记蒋介石的连襟孔祥熙

- 154 **一、宋家女婿**
  - 155 太谷名流
  - 158 进入宋家
  - 163 西山停灵
- 165 **二、蒋府忠臣**
  - 165 显赫官场
  - 167 胜任要职
- 170 **三、财经主管**
  - 171 改革币制
  - 177 启动经建
  - 178 开发实业
  - 179 复兴农业
  - 180 交通建设
  - 182 水利建设

183	观察西安
186	平衡预算
189	**四、部署抗战**
190	出任院长
192	战时措施
200	**五、财界大亨**
200	撤销职务
205	理财高手
212	**六、美国定居**
212	为人随和
214	转移财产

217	**"蒋家天下陈家党"——记"陈家党"主持人陈果夫**
218	一、蒋介石的亲信
223	二、核心圈的要角
225	三、官场上的杂家
228	四、CC 系的主持
230	五、台湾岛的亡魂

233	**是社会学者更是政坛政客——记蒋介石的师爷吴稚晖**
234	一、学术界的学者
237	二、孙中山的友人
240	三、蒋介石的师爷
245	四、蒋经国的老师

248　蒋介石的助手——记国民党重臣陈诚

- 249　一、"准黄埔系"的旗帜
- 253　二、反共阵营的重臣
- 258　三、全民抗战的将军
- 260　四、全面内战的败将

268　蒋介石不忘为他祝寿——记黄埔系管家何应钦

- 269　一、黄埔系的管家
- 274　二、蒋介石的助手
- 277　三、日降典礼主持
- 281　四、行政院长哀歌

285　无法叶落归根的军人——记一级上将顾祝同

- 287　一、习武从军不顺利
- 291　二、黄埔建军走新路
- 296　三、反共内战冲在前
- 300　四、消极抗战酿大祸
- 303　五、反共失败去台湾

307　后来居上的军界狂人——记"京沪杭警总"汤恩伯

- 308　一、寻师求助，当官
- 313　二、猛攻瑞金，反共
- 316　三、抗战两极，避战

324 四、内战狂人,败北

334 黄埔系升官的旗帜——记蒋介石的爱将胡宗南
335 一、投奔黄埔能打仗
339 二、举旗反共不改悔
342 三、封锁陕甘终失败
345 四、顽抗西昌是徒劳

350 半辈沙场 余生为囚——记台"陆总"孙立人
352 一、孙立人将军
355 二、半辈沙场曾是将
365 三、"孙立人事件"
369 四、余生在狱复为囚

376 蒋介石的文胆——陈布雷
377 一、上海滩上的"名报人"
379 二、总司令部的"聪明人"
381 三、国民党内的"异常人"
388 四、自杀辞世的"明白人"

392 国民党对日交涉的"王牌"——记张群的"外交生涯"
393 一、和蒋介石一起留日
397 二、领政学系一起助蒋

401　　三、与亲日派一起妥协
406　　四、同国民党一起撤台

408　**弟兄三部长　一门三中委——记谷家三兄弟**

409　　一、家乡各有特色
415　　二、官场各有分工
420　　三、专业各有所长
429　　四、结局各有不同

435　**文化大师　政治红人——别话胡适**

436　　一、文学革命一大师
440　　二、政治路上落伍人
442　　三、台湾捧场走得急

447　**读书一世　为官半生——记华冈兴学的张其昀教授**

448　　一、才子，浙东学者
452　　二、做官，政坛常青
458　　三、办校，华冈兴学

465　**亲蒋远蒋两不同——记国民党重臣吴国桢**

466　　一、公务秘书起步从政
471　　二、重庆市市长轰炸下台
474　　三、上海市市长失败撤台

480	四、台省主席离台赴美
489	五、为官终结致力执教

497　同为两元老　反目死对头——记胡汉民、汪精卫的恩怨

498	一、民国两功勋，携手合作
506	二、革命两对手，矛盾激化
520	三、"倒蒋"两首领，势不两立
540	四、历史两闻人，死不相见

550　故人梦里两依依——汪精卫和四个女人

551	一、恋情：刘文贞对汪精卫
552	二、虚情：汪精卫对陈璧君
558	三、爱情：方君瑛对汪精卫
562	四、真情：女秘书对汪精卫

566　爱国名将　民主斗士——记西北军的冯玉祥

568	**一、军中起家**
568	农民性格
573	升官有门
580	**二、北京政变**
581	两次北京政变
588	再去西北
593	**三、参加北伐**
593	响应北伐

598	助蒋反共
604	会师平津
607	**四、热衷倒蒋**
608	西山祭灵
610	二次"倒蒋"
615	阎冯算计
620	大战中原
629	**五、叛冯之风**
629	冯军悲歌
632	叛将余波
637	**六、爱国反蒋**
637	察北抗日
642	反蒋旗帜

648	**"倒蒋"最多的桂系将领——简说白崇禧**
649	一、割据广西
652	二、兴在北伐
655	三、"倒蒋"冠军
658	四、反共失败
660	五、冷落台湾

663	**称王南天 飘零台湾——记粤系军阀陈济棠**
664	一、发家粤军
668	二、反共最早
671	三、倒桂最急

674	四、"联桂倒蒋"
678	五、图霸五年
683	六、顽抗海南

687　将军不死　魂归中华——记前国民党陆军一级上将李汉魂

688	一、北伐老兵
694	二、"倒蒋""拥蒋"
701	三、抗日名将
703	四、勇退官场

706　蒋门之后——记蒋介石大儿子蒋经国

707	一、童年幸福　留学苏联
707	住在溪口快乐
711	前往苏联留学
714	二、溪口补习　赣南出名
714	推出赣南新政
719	挺进重庆官场
722	三、主持改造　加强控制
723	狠抓改造整顿
733	实施苛政治乱
739	控制青年组织
742	调整军事战略
749	四、主管军事　接班之路
749	安抚退伍老兵
752	操纵政局演变

759	热衷"反攻复国"
762	加快接班部署
764	**五、出任"院长"顺利接班**
765	访美期间遇刺
772	难熬"外交冬天"
775	上任"行政院长"
784	接过"蒋家王朝"
789	**六、开放宽松　上台新政**
790	推行"革新保台"
795	扩大社会选举
801	**七、"选举"冲突　美台"断交"**
801	"党外势力"活跃
805	"中坜事件"突发
807	"党外"联合出台
811	高雄冲突爆发
814	台美"断交"发生
818	**八、"解除戒严"　开放探亲**
818	世界最长"戒严"
820	"党外"闯关组党
823	台湾"解除戒严"
828	开放探亲大陆
831	**九、"传位"病变　突然去世**
831	用人特殊之处
833	排除儿子接班
835	助手有贬有升
839	接班安排失误
846	跑遍台湾基层

848 "轮椅治台"结束

856 军界政界名流——记蒋介石小儿子蒋纬国

857 一、"总统"之子

861 二、出身之谜

865 三、装甲之头

869 四、丧妻之苦

879 五、兵变之争

883 六、冷落之后

891 七、"总统"之弟

900 新版后记

联结三个世纪的女性

记蒋介石夫人宋美龄

"千年王气西来，酿成戎马干戈，纷如弈局。任虎踞襟严，龙蟠带险，燕矶舟泊，牛首烽传；尽教天阙崔巍，神符铄懿，徒资霸王以野心耳！城上石头，撼不动铜驼迷梦；问围棋谢傅，悬纛周郎，累代英雄，而今安在？只赢得危楼一角，凭吊斜阳！世运转洪钧，旷观函复方州！庆郅治光昌，抚槛高歌革命曲。

万里长江东去，淘尽豪华绮靡，空付吟笺；况金莲舞歇，玉树声残，柳枝唱罢，桃叶迎归，漫道凤怀旖旎，鴂语缠绵，岂非亡国之末俗耶！波间凉月，照无端锦瑟闲愁，想争博齐姬，应图卫后，六朝佳丽，毕竟难存，仅留他清水半弯，曾窥艳影！南都兴雅化，净洗零膏剩粉，祝女权炳耀，满湖开遍自由花。"

吟诵这首南京莫愁湖胜棋楼长联的，是刚从美国返台的 89 岁高龄的宋美龄女士。时值 1986 年 10 月 25 日，宋女士由孔二小姐令伟陪同，正在台北士林官邸庭园散步。虽是离台去美十一载，可这曾居住了 26 年的府第，庭园依旧，松挺菊开，美不胜收，宋女士触景生情，情不自禁，思诵长联。这位老人，记忆确有过人之处。

值得她回忆的往事实在太多了。她的家庭家景家史，简直是中国近、现代史和国民党的缩影。父亲宋耀如，曾是 20 世纪初期上海滩甚有实力的实业家；大姐夫孔祥熙，曾任南京政府的行政院副院长、财政部长；二姐宋庆龄，曾任国民党中央执行委员，中华人民共和国副主席、名誉主席；二姐夫孙中山，是中国资产阶级革命的先行者、国民党的创始人，领导了结束中国封建王朝的辛亥革命和首创国共合作领导国民革命；长兄宋子文，曾任南京政府的行政院长、外交部部长、财政部长；丈夫蒋介石，曾是国民党的委员长、总裁和"总统"；继子蒋经国，曾是台湾当局的"行政院长"、"总统"和国民党主席。这样一个家庭，堪称"中国第一家庭"。

宋美龄女士本人也是历史见证者，国民党的成败兴衰她几乎都亲身经历，参与决策。要说了解、掌握国民党在 1927 年至 1975 年间内幕的，除蒋介石外，她是"第一人"。

宋女士本人是一首长诗，在权倾一朝的同时，浪漫、风流，永远是那样雍容华贵，充满情趣。西方化的生活外加一流的外语，又有一手漂亮的书法和国画技术。

宋女士又是一部电视连续剧，政治生活中一个接一个高潮，扮演了一个又一个新角色，甚至在蒋介石、蒋经国相继病故以后，还要继续在政治舞台上表演。她作为一个备受观众注意的主角，一生一直在演一部大部头的悲剧。

权力给宋美龄女士带来了过多的荣耀，上帝给了她过多的宠爱，命运给了她过多的机会，而她最后只有偏安台湾。她在旧中国和台湾岛的名声之响且不说，还成为罗斯福总统的上宾住进白宫；坐在罗斯福总统和丘吉尔首相身边，参加世界三巨头会议。

宋女士的日常生活中，曾经活跃着无数知名人士和亲信随从。她像一棵大树，树下有一大帮乘凉者。府上更是车水马龙，攘往熙来。随着蒋介石和蒋经国去世，随着国民党内的第一代和第二代的活动家们相继过世，与她共过事的老人越来越少。

作为女人，宋美龄更令人震惊。且不说世界上，拿中国而言，有她地位的女性不在少数，昔日的太后、皇后之多众所周知，可有她那样掌控权力的女性却不多，能够参与决策和干预国政的女性更是屈指可数。当然有她那样才华的、在"第一夫人"位置上的女性也不多。本来宋女士应得到更多的赞誉，如果像她二姐那样，她就不会自1949年10月起在大陆消失政治光芒；如果她遵从传统文化的伦理道德，不让外戚干政，自己退避官场，也会为更多的人所接受；如果她在官场上少一点特权多一点特色，少一点张扬多做点实事，也能成为一个杰出的女政治家；如果她像儿媳妇蒋方良那样，做个礼仪性的领导人夫人，也不会落得随意被人评说的地步；如果她不顾盛名之累，凭借自己的学术基础，从事某一专门科学的研究，也许能获得相当可观的成果。可她没有这样做，她的家庭、南京政府和后来"台湾当局"的现状也不允许她这样做，她自己也不愿意这样做，最终落得其本人一直没有勇气承认的下场：她的家庭，是名声扫地的四大家族之一；她的丈夫，是反共阵营的领导人；她自己也成为权欲旺盛女性的代表。从历史上看，在民国时期，在国民党统治集团内部，对其有非议的也不在少数。

宋美龄女士之所以落得如此下场，是因为她崇尚西方文明又不完全实行西方民主政治、不了解马克思主义又一贯反对共产党；是因为她已身处国民党权力核心之侧，却依然过分看重权力。本来像宋女士那样，有显赫的亲友，更有身为国民党和南京政府控制者的丈夫，她还缺少权力？就应该慎重插足政治圈，多做一些有利民众的社会福利工作，这样做不会损失任何利益。可宋女士正好相反，像历史上的一些名女人那样，抓住权力不放，抛头露面，指手画脚，总喜欢处处留下自己的烙印。当然，作为第一夫人出掌部分权力，也不为过，问题是其并不谨慎，

"党""家"不分,"国""家"不分,以"家"代"党",以"国"为"家",国家的神器成了她手中的玩物,这样毁了国民党的"国",也不利于国民党的"党",当然也坏了她的"家"。

人们常把记性好坏作为衡量智力的标准,可在宋女士那里,好记性却成了折磨她的利器。无法抑制的回忆带来的不是欢乐,而是对恢复过去是残梦难圆、改变现状又无能为力这一现实的清醒认知。她不为"六朝佳丽,毕竟难存,仅留他清水半㴸,曾窥艳影"而遗憾,因为宋女士不是只求冰肌玉骨、凤冠霞帔的浅薄女性,她是与世纪同步的女人,曾把维持国民党统治、挽救国民党失败、指导国民党再生作为最高的政治追求,曾把自己最有作为的 70 年全部献给政治追求,因此她遗憾的是"累代英雄,而今安在?祇赢得危楼一角,凭吊斜阳"。

在生命最后的 17 年里,4 年在台北,13 年在纽约长岛,家里更是不顺,自丈夫和蒋经国去世后,宋美龄已退出决策中心,可心比天高,不屑与后人为伍,宁愿远走他乡,颇有虎倒威存的意思。问题是家中不幸连连:1989 年 4 月,长孙蒋孝文去世;1991 年 7 月,孙子蒋孝武去世;1996 年 2 月,孙子章孝慈去世;1996 年 12 月,孙子蒋孝勇去世;1997 年 9 月,继子蒋纬国去世;此外,1992 年,外甥孔令侃去世,1994 年外甥女孔令伟去世。家人和身边亲友相继离去、白发人送黑发人引起的心中苍凉,使宋美龄的心理留下了阴影。尤其是蒋孝武的去世,意味着"控掌台湾政局长达 40 年的蒋氏家族,正式退出政治舞台了"。真是故人已去,只剩下无限的思念;事过境迁,已无往日的荣耀;留恋春色,却也可望不可即。

一、宋家有女初长成

包括蒋介石在内的许多国民党要员,在走上社会、参加政治活动时,家境一般,出名于当地和政坛上,是在其政治上发迹后。宋美龄的家则不一样,在其父辈时已不一般。

美龄之家

宋家王朝创始人、宋美龄之父宋耀如(后起的教名为 Charles Lones

Soong，称查理），1866年出生在海南岛文昌市一个家境一般的家庭里。有的书上说宋耀如的父亲是个"殷实的商人、造船业主、秘密会社的大哥和走私商，他拥有很多远洋大帆船，他的船队远涉苏门答腊，并从广州的葡萄牙殖民地到安南的河内沿途正规做生意"。如果真是这样，宋耀如不会9岁就到海外去谋生，当时有钱有势有地位的人是不会让年幼的儿子外出远行的。

9岁那年，宋耀如和哥哥一起去了东印度群岛谋生。12岁时随着被称作为"舅舅"的亲戚去了美国，一度在波士顿和北卡罗来纳州的缉私船上工作。14岁受洗成为基督教卫理公会教徒，皈依基督教改变了他的命运。

次年在友人的资助下，到三一学院、田纳西州凡德比大学神学院学习，19岁毕业后作为传教士被派回中国。1886年1月回到上海，先后在上海、苏州地区传教，并在上海南方卫理公会任职，1888年晋升为牧师。后来筹组中国区的"基督教青年会"等宗教组织，"基青会"在近代宗教界有一定的影响。当年的宋耀如在上海滩是个有多重身份的人。

一是"传教士、老师"。传教之余，宋耀如还给教会学校的学生讲授英文，其学生中出过一名名震中外的大学问家——学贯中西的胡适先生。宋先生能教外语，却不会讲汉语，回到上海还先要学汉语，学上海话。他在外语上的天赋遗传给了儿女，宋家三姐妹三兄弟均有很高的英语水平，有的英语水平比中文水平还高。

二是出版商和实业家。1889年宋耀如去教会职务，自办"美华书馆"，印刷、发行中文版圣经。因经营有方，很快成为有影响的出版商。再加上良好的外语功底和掌握的西方先进的技术和管理方式，后又涉足面粉和重型机器等行业，在上海实业界占有一定的地位。

三是革命者。1894年，宋耀如结识了孙中山，开始成为中国革命的积极支持者和参与者。利用自己在上海滩的影响和经济实力，协助孙中山开展反对清廷和北洋军阀的斗争，并支持儿女参加革命党人的活动。辛亥革命后，一度出任铁道部财务局长。

宋耀如病故于1918年5月3日。综观其一生，能够顺应历史潮流，冲破封建束缚，注意引进先进的技术和管理方式，发展民族工商业，最终参加了资产阶级民主革命。这在当时的历史条件下，已经是所能达到的较高的觉悟程度。

宋耀如和倪桂珍成婚于1887年（倪氏病故于1931年7月23日）。1898年3月4日，宋美龄出生，这时她已有大姐宋霭龄、二姐宋庆龄、大哥宋子文，后来又有了两个弟弟宋子良、宋子安。如此的家庭环境，使得宋美龄的儿时充满阳光和鲜花。父亲思想开明，母亲多才多艺，儿女们不用受封建家庭专制之苦不说，还被鼓励去学习文化科学知识。父亲在美国有朋友，儿女们可以早早到美国留学，免受旧中国政治动乱的影响。父亲有经济实力，儿女们就有了留学的经济基础。父亲政治上进步，儿女们从小接近革命阵营，为以后大展宏图提供了前提；也为三姐妹分别与孔祥熙、孙中山、蒋介石结秦晋之好提供了机会。所以说，宋家王朝的形成，起关键作用的是宋耀如。

对自己的童年，宋美龄曾不加修饰地回忆道："在我还是小女孩的时候，我是这么的胖，以至我的一个怪脾气的叔叔给我起个绰号叫'小灯笼'。在冬天，母亲替我穿上厚棉袄，我整个人就像填塞在衣服里。我记得当我三四岁大的时候，每走两三步就会跌倒，因为衣服太厚太笨重，但也因为胖身材和衣服对我来说，负担太重了，不过我记得没有怎样严重的跌伤吧！

"我在头上扎了两个小辫子，然后用红线绑起来，卷成一个小圆圈。那个发式在当时非常流行，叫作蟹洞，许多小女生的头发都扎成这个样子。

"起初，我母亲把我打扮成小女生的样子。但是后来，我稍微长大一些，一切行为举止越来越像顽皮的小男生，所以母亲就把我哥哥的衣服拿来给我穿，但因为哥哥长得太快了，每三四个月就得换新的衣服，所以我从哥哥那儿拿来的衣服穿也穿不完。就这样，直到9岁我去美国之前，一直都穿男生的衣服的。"

宋耀如对子女在学习和人格的培养上，抓得较紧。尤其是学习，请了家庭教师，有步骤、分门别类教授，上午学英文和拉丁文，下午学古文，宋府女主人倪桂珍还教子女音乐。宋美龄的父母认为，所有的子女，应该到国外去，并在国外受教育。这一点，宋耀如夫妇说到做到。

自费出国在当时是新鲜事，更不用说送女性出国。在年轻女子都要裹小脚的时代里，对中国妇女的歧视和传统心理，使女性受教育的权利和女性其他基本人权一样受到伤害。宋氏三姐妹的父母却给她们提供了良好的生活和学习条件，这也是宋氏姐妹成功的因素。送女儿出国留学，对宋耀如来说没有任何困难，要说有难度，那就是儿女们年纪太小。可能是他本人9岁就到海外当学徒的缘故，他还是过早地把女儿送去美国。

1904年5月，宋家大女儿霭龄15岁，赴美国，进佐治亚州梅肯市的卫斯理女子学院学习，这是该院第一位中国姑娘。第二、三位中国女性是她的两个妹妹。1908年夏天，宋美龄和二姐宋庆龄来到美国求学，在预科学校结业后也来到该校。

留美之旅

宋美龄5岁起到姐姐就读过的上海"中西女中"学习。学校规定要寄宿，白天还可以，晚上要一个5岁的女孩自己照顾自己、住集体宿舍，似乎要求高了一些，"5岁"还是去幼儿园的年龄，结果很快退学回家，专门由家庭教师授课。当宋耀如、倪桂珍夫妇决定送二女儿去美国时，三女儿坚持一同前往。此时，美龄和她父亲离开家乡时的年龄一样，只有9周岁，只是背景大不相同。其父当时是外出冒险和出卖劳动力，挣钱养活自己，而美龄则不愁吃穿，没有任何经济上的障碍。至于生活上的难度不会小，可这有两个姐姐照料，特别是二姐宋庆龄曾和她在萨米特预科学校一起度过了第一年的美国生活。

只因年纪偏小，美龄先后在新泽西州的萨米特、佐治亚州德莫雷斯特等地的一般学校上学。在萨米特上学时的一个校友曾回忆过初次见到宋美龄时的情形，说同学中"还有一个讨人喜爱的小姑娘，她名叫美龄，恰好和我们同龄。她生气勃勃，欢蹦乱跳，有些调皮"。还有同学说美龄："人们认为美龄早熟，她总是疯跑胡闹，她的那张嘴常常帮她脱离困境，在社交方面总是很成功。"宋美龄是个天真、无虑、活泼的姑娘，成为南京政府的第一夫人后，她的稳重和威严、作态和冷峻，则是再塑而来的。

她对自己早期的留学生涯也有过回忆："在（德莫雷斯特）的皮德蒙特（学校）我读八年级，我在皮德蒙特住了9个月，过得非常愉快。"使得小美龄感到愉快的事情很多，如学校里的小伙子和大姑娘对她都表示很大兴趣；原来她在英语的词语表达方面闹了许多小笑话，经语法老师指导，初步懂得了如何分析句子，人们称她后来的英文写得很好；在学校读了大量的书，最喜欢坐在住房边的两棵树之间的长凳子上看书；最喜欢的消遣之一是采榛子；做饼干总是做不好，自觉天生就不具备当厨师的才能，总之，她的学校生活是够丰富的。

宋美龄还谈到了这样一件事，说同学中有许多人来自贫困的山区，为换取上学所需要的经费而长期打工挣钱。因此，小美龄深受感动，则开始更深入地"了解了那些为了生存，甚至为了要筹措受初等教育费用而奋斗的人们的生活"。她说："我认为，我小时与这些人的接触，影响了我对那些出身贫寒的人们命运的关心。若不是在皮德蒙特读书，我就永远不会接触到他们，这使我认识了他们的真正价值。因为，说到底，他们和他们那样的人，正是任何民族的主体。"作为一生从事政治活动的女性，宋美龄有这样的经历和想法、体会是好事，问题是她同劳动人民的距离是客观存在的。她可以去孤儿院和福利院关心老幼，可以在记者和镁光灯的包围下视察贫民窟，可她很难融合到劳苦大众之中，否则她就不是美龄，而是庆龄了。她的"亲民行动"只是为了宣传，为了展示自己的"亲民作风"，因此我们也不难理解后来她穿着华贵的貂皮大衣慰问战乱中的孤儿、伤兵们的行为了。

1912年底，宋美龄成为卫斯理学院的学生，此时大姐霭龄已经回国两年，庆龄已在该校学了4年。次年秋二姐庆龄毕业回国，美龄没人照料，转到北方马萨诸塞州的韦尔斯利学院学习，因为那里离大哥宋子文就读的哈佛大学较近。

宋家三姐妹在美国南方佐治亚州都住了5年左右，对宋家王朝很有研究的传记作家，是这样来说明美国南方生活对三姐妹的影响的："住在佐治亚州的几年，影响了她们的口音，今天仍能从她们的演说中，听出南方的口音，特别是那迷人的音调。很多上海的中国女孩，在说英文的时候都带有美国中西部刺耳的鼻音。蒋夫人完好的演说，孔夫人低沉的音调，孙夫人高贵甜美的用字，皆来自于卫斯理学院的教育和南方卫理公会教派的影响。"

在韦尔斯利学院，宋美龄学习了4年，到1917年秋回国。老师给她写的鉴定是："在我的印象里，美龄是一个颇有风趣和内涵力量的人，不像宣传所描绘的那样多愁善感。然而，她对权威总是具有发自内心的恭顺。饶有兴味的是她那独立思考的性格——对一切都有一套了不起的见解。她总是提问思想的本质性问题。"

"美龄像两个姐姐一样，也很受人们夸赞。这倒不是由于她长得漂亮，而是因为她为人热情、真诚，常常显示出一种内在的力量。"

20余年后，宋美龄作为蒋介石夫人因抗战爆发而闻名世界，母校在校刊中是这样介绍这位过去的学生的："美龄是个出色的学生，主修英国文学，副修哲学。

据说她最喜爱的是亚瑟王罗曼史中的那些强烈的冲突和矛盾。法文与音乐（包括乐理、小提琴、钢琴）则四年无间断。其他修习的科目还包括天文、历史、植物、英文作文、圣经历史及辩论术等。"母校的介绍不失时机，此时宋美龄的名声已经可以给学校换来声誉。不管怎么说，这位东方女性在校内是个令人注目的人物。略感不足的是，宋美龄并没取得硕士、博士学位。当她成为蒋夫人后，母校和其他一些美国大学共授予其14个荣誉人文学和法学博士学位。

宋氏三姐妹留学归来，最后在学术上一无所成，这是令人遗憾的事情。三姐妹在美国学习时，从欧美留学归国的留学生还很少，女性更为罕见，三姐妹如果投身科研、教学或从事自然科学、文学、新闻、法律等工作，不会不出成果，很有可能在某个学科领域内一领风骚，可是3人的志向是一致的，即喜好政治。

宋氏三姐妹也具备从政的条件。20世纪前50年间的中国政治舞台对从政者提出了特殊的要求：一是与自兴中会、同盟会到国民党的活动家要有较好的关系。因为宋耀如和孙中山关系匪浅，国民党的主要领导人、重要成员与三姐妹或多或少都有来往，宋家姐妹在这方面的基础较好。

二是需要了解西方，熟悉欧美政治经济体制和风土人情，这样有利于发展同西方国家的关系，以便争取援助，获得支持。宋家姐妹在这方面的基础显然也很好。

三是要善于同国内各界人士打交道，需要掌握中国的国情、文化和心理意识。在了解中国现状方面，二姐宋庆龄要比姐、妹更强一些。

四是要发展同中国共产党人的关系，需要了解马克思主义学说，了解中国共产党人的奋斗目标和基本理论，这才有大的发展。宋庆龄在这方面要比姐、妹站得高看得远。

所以说三姐妹有各自的从政条件，可二姐最全面，最后也最成功。大姐、小妹对后两点不适应，坚持与中国共产党人决不妥协的立场，最后只有失败。三人的从政方面也不一样，大姐甘居幕后，二姐毕生为人民的事业而奋斗，小妹则靠对丈夫施加影响与自己出面裁决相结合。

对于三个女儿留洋归来，特别是在小女儿到家后，宋耀如深有感触，这位力主把孩子送到国外学习的家长，却力劝友人："别让孩子出国，他们留洋回来眼界就高了，想把一切都颠倒过来：'爸爸，咱们为什么不买一所大点儿的房子？爸爸，为什么不装个现代化的浴室？'"宋耀如这样一个早年在西方学习、受洗，回国后又取得很大成功、有相当经济实力的人，在面对小女儿的提问时也有所忧虑。

那么，三姐妹在美国（大姐、二姐5年，小妹9年）取回了什么"经"？她们带回了有美国南方口音的流利英语，学到了先进的文化科学知识。但是这些对三姐妹来说并不重要，重要的是她们已经西方化，西方文明已经征服了宋霭龄、宋庆龄、宋美龄。当然三人在对待西方文明上有不同的表现：大姐需要西方化的生活，对理财和赚钱的兴趣要高于其他方面的爱好；二姐吸取了西方文明中的民主的内容，为改变灾难深重的旧中国，追随中国共产党的事业；小妹则利用西方文明的形式，强化蒋介石的专制统治。

美龄回国之前，宋家的长女、次女已经出嫁。宋霭龄1914年9月与孔祥熙结婚，成为孔、宋两大财界势力结合的开端，以后共同负责国民党的财政，帮助蒋介石掌管金库，成为南京政府的主宰者之一。1915年10月，宋庆龄和孙中山结婚，随着中国政治形势的发展和孙中山领导的革命事业不断推进，宋家的地位随之升高。随着宋家地位的上升，对与宋家联姻的孔祥熙和后来与宋美龄结婚的蒋介石的影响也就越来越大。密切与孙中山的关系，这对蒋、孔来说是极其需要、极为重要。

二、一朝选为蒋夫人

学成归国的宋美龄，已没有"小灯笼"的影子，当年扎着"蟹洞"的"丑小鸭"已变成了美丽的"白天鹅"。她的开放、博学和见识、高超的社交能力和让异性心动的美貌，艳压群芳，使多少上海滩上的交际花黯然失色。在以后的10年间，宋美龄参加过一些社会工作，任过上海儿童劳工工作委员会委员和中美英妇女会联席委员会委员等职，还在电影审查委员会和基督教青年会工作过一段时间。但她未做过什么实质性的工作，也未取得什么成绩。她的一生都是这样，缺少干事业所必需的韧性和耐力，不想通过努力和奋斗去攀登成功的阶梯，因而也很难取得什么惊天动地的业绩。可她又总想成为万众瞩目的人物，闻达于诸侯，这是长期在名人圈内周旋而产生的心态。

宋家女婿

宋美龄长期生活在名人圈内，养成了眼高手低的陋习，看不到名人曾为成名付出的辛劳，只欣赏名人的声望和待遇。她愿意享受名人成名后的一切，可不愿付出名人曾付出的代价；她羡慕名人的成功，可不愿像名人那样去奋斗。

宋家为三个女儿打开了成功的大门。宋美龄的两个姐姐就是例子，用联姻的方式，一跃而进入上层圈，谈笑封侯，改变自己的命运。姐姐的路就是妹妹的道，就像宋美龄自己宣布的那样：决不给一个中国大亨做夫人。她在丰裕家境中长大的经历，使她并不知道缺少财力的苦衷，只是认为金钱仅为一种供人享受的方便之物。在宋家三小姐身上，没有继承父辈善于赚取高额利润的基因，她需要权力、地位，需要一个政治舞台。当然，有了权力和地位，也等于有了金钱和享受。

宋美龄在观察和等待，选择一个能给自己带来超人权力和地位的郎君。由于有大姐夫、二姐夫的存在，宋家的三女婿当然也得是个过人之辈。小妹不会甘居姐姐之下，在终身大事上，这位新女性一反常态，慎重选择表现出极大的耐心，共用了10年时间。

宋美龄留美期间有过恋爱经历，正值妙龄的漂亮女大学生与人谈情说爱实属正常。宋小姐最终选中的白马王子是人已中年的蒋介石。

对蒋介石的出身和家庭，宋美龄是不屑一顾的。和宋家当时显赫的门第比起来，蒋家是微不足道的。蒋家位于浙东北奉化乡间的小集镇溪口，如果没有蒋介石，即使当地风景再好，再有旅游价值，溪口也不会有今天如此大的名气。

蒋家累代务农，祖父辈起兼营经商，他们的生活平淡，不像宋家那么多彩。蒋家是小敲小打，宋府是轰轰烈烈；蒋家是寒微小户，宋府是高门大户。蒋家在蒋介石8岁和9岁时，祖父、父亲相继去世，家道中落，殷实小康成为过去。

蒋介石的学历和宋美龄的学历则各有千秋。蒋幼时接受私塾式的旧式教学，17岁到县城接受新式教学，所以他的传统文化和古文功底扎实。后来蒋介石先后考进对中国近、现代军事发生过重大影响的保定陆军速成学堂和日本陆军士官学校，美中不足的是两校的课程都没有学完。蒋、宋的学习方向不同，宋主要学习文化知识，丰富自己的知识库，提高文化层次。蒋重在军事，所学的却有现实意义，所以尽管蒋介石的学历不完整，可所学的军事知识和经历支撑他日后政治上顺利发展。有宋美龄那样的文化构成的女人，在当时枪杆子决定一切的社会条件下，不可能在政治圈有多大发展，需要有强大的武力作为靠山。有蒋介石那样背景的男人，也需要在经济界有一定实力的人协助。说到底这就是蒋、宋联姻的基础所在。所以，蒋介石能够一改不严肃的私生活，见宋后不娶二女；宋愿意与生活习性和兴趣爱好无共同之处、浑身上下不见洋味且已有过3房妻室的蒋介石结合，原因也皆在此。

蒋介石早期的婚姻和生活，则成为宋美龄的胸中块垒。两人结婚时男方已40岁，在此之前，先后和两位女性结婚、一位女性同居。

一是在1901年间与同乡毛福梅女士结婚，两人生有一子蒋经国。毛氏谨遵三从四德，对丈夫千依百顺，对婆母孝敬可亲，平时吃斋念佛。对于一个不离家乡、不见世面的一般山区男青年来说，毛福梅无疑是一个理想的妻子，但是对于蒋介石来说则不是这样。蒋介石青春出洋留学，又参加反对清政府和北洋军阀的斗争常年在外，出没于日本和上海的游乐场所，传统的观念意识对他不再起什么约束作用。追求自主婚姻、反对封建礼教是当时颇为时髦的口号。毛福梅本来是靠包办婚姻、父母做主才得以嫁给蒋介石的，现今蒋介石这样的"革命人物"对此必起离意。在反对封建包办婚姻的时候，毛福梅成了牺牲品。蒋介石抛弃她，当然有喜新厌旧的个人原因，可也是当时青年背叛毫无生气的时代所带来的必然结果。

二是和姚冶诚同居。蒋介石对年长4岁的毛福梅不感兴趣，又碍于寡母之命不得离婚，在远离家乡和毛福梅的情况下，从1912年起就和姚女士同居。姚氏出身寒门，为谋生计，活跃于街头文化中，遇到蒋介石后两人一见钟情，很快结合。蒋介石此举主要出于孤身在外生活上需要女人照料的考虑，也是在婚姻生活中寻找理想人选的一次尝试。蒋、姚不可能白头偕老，两人是有感情的，但姚氏只能照顾蒋某的生活起居，她的出身、经历和文化修养不可能成为蒋介石政治上的好帮手，两人分手于1921年间。

三是和陈洁如女士结婚。1921年间，孙中山的革命事业进入一个新的阶段，在广州正式建立根据地，从事地下斗争多年的革命党人终于有了属于自己的辖区。蒋介石也来到广州，出任粤军第二军前敌总指挥，这和在上海租界里的地下活动不同，现在中国国民党有了政权，蒋介石也有了公开身份，官场活动正规化制度化，政务、外事、社交活动大为增加，显然对身边的夫人要求更高了。毛福梅、姚冶诚无法适应，再遇母亲已去世，蒋介石趁机与毛离异，和姚分手另娶陈洁如。陈女士与姚女士经历类似，可比姚强得多，这位姑苏美女在社交方面颇有高招。后来蒋介石升为大本营参谋长、黄埔军校校长、国民革命军总司令，陪同出场的夫人是陈洁如女士。

当蒋介石官至总司令，国民党的最高领导权唾手可得时，他明显感到陈女士的缺陷。特别是和宋美龄相识后，宋、陈加以比较，宋美龄在社交风度、文化素质、对西方的了解、对官场的精通方面，远远超过了陈洁如，蒋介石弃陈娶宋是必然之事。

毛福梅、姚冶诚、陈洁如的婚姻悲剧，之所以产生固然有特殊的时代背景，西风日渐，引进不久的"自由恋爱、自主婚姻"成为年轻人的追求（当然不能排除作为三位女性丈夫的蒋介石，带有一些享乐、不严肃的成分）。正处于政治上升关键期的蒋介石更是把是否有助于政治发展作为选择夫人的重要条件。当他在仕途上不断上升时，夫人也在更新换代，提高档次。到蒋某发动"四一二政变"、建立"蒋家王朝"后，也找到了宋美龄那样既能适应他的地位也能帮助他弄权的夫人，也就从此从宋而终。

蒋介石对前三位伴侣，除感情之外，物质生活尽可能予以满足，关键是蒋介石也有这个能力。毛女士一直在蒋家生活，最后死于日本侵略者的轰炸。姚女士跟随国民党当局到过苏州、重庆、台湾新竹等地，最后由蒋介石和蒋纬国养老送终。陈女士和蒋介石分手后，即去美国留学，获哥伦比亚大学博士学位，最后寓居香港至病故。对毛、姚、陈3位女士来说，物质、经济上的支持固然需要，可最需要的是感情上的体贴，蒋介石是有愧于她们的。

宋美龄虽说是留学归国的新女性，但对"妻""妾"名分十分敏感。在后来蒋介石修家谱时，按她的布置，家谱中肯定了宋美龄在蒋家明媒正娶正室的地位，并把蒋经国、蒋纬国兄弟两人也归到宋的名下。至于宋美龄多次到过溪口夫家，见到替蒋府管家的毛福梅时，不知她有何感想，是有鹊巢鸠居之疚呢，还是有安常处顺之慰呢，或是有理所应当之傲呢？

对蒋介石的前景和权谋，宋美龄是叹为观止的。宋美龄对蒋介石有个认识过程。两人相识于蒋介石和陈洁如新婚后不久，此时蒋氏的履历是这样的：1908年在日本陆军士官学校预科振武学校学习时，结识陈其美，参加同盟会，次年晋见孙中山，开始奔走于孙先生的鞍前马后。辛亥革命时任沪军第五团团长。"二次革命"时在名实相差较大的沪宁讨袁军第一路军任总司令职。1918年任粤军司令部作战主任。1921年圣诞节在宋子文举办的晚会上，宋美龄首次见到的蒋介石的军职是粤军第二路军总指挥。当时的蒋介石仅为国民党内的二、三流人物，这样的经历和职务，不会使宋美龄动心。

1922年6月16日，陈炯明叛乱，孙中山的一批军事助手被陈拉走，蒋介石在孙先生身边日益重要。1923年8月间，以北伐大本营参谋长的名义，受孙中山的委托去苏联考察军事。1924年1月起负责黄埔军校。1926年6月出任国民革命军总司令、北伐军总司令。最为关键的是，孙中山的四大助手、原来有望问鼎国民党最高权力的廖仲恺、汪精卫、胡汉民和蒋介石，现因廖仲恺被害、汪和胡远走他乡，蒋介石无论是在实力上还是在态势上都已有必然上台之势，宋美龄对此不会视而不见。

蒋介石对宋美龄是一见倾心，他刚和陈洁如新婚，马上开始了"长线的求婚战略"，向宋女士发动感情攻势。当时他就找到孙中山说："请问先生，宋小姐能受劝说同意与我结婚吗？"孙中山和宋庆龄的态度相同，宋庆龄曾对孙中山说："宁可让小妹死了，也不嫁那个自称没有妻室的人。"看来宋庆龄对蒋介石的真面目早就有所察觉。

与蒋介石一起生活过的4位女性中，获得过蒋介石的真情的，只有宋美龄。自结识至结婚的6年间，蒋介石不少时间在广州、宁波，同远在上海的宋美龄书信来往较多，一边向宋美龄倾诉真情，一边和陈洁如周旋。

蒋宋联姻

蒋、宋恋爱，取得了大姐宋霭龄和孔祥熙的支持。宋府对蒋介石并无恶感，但要收为女婿，则有顾虑。在已成年的子女中，二姐、长兄反对，健在的母亲倪桂珍老夫人也不赞成，宋美龄原来也有疑虑，全力以赴撮合蒋介石、宋美龄结合的是宋霭龄夫妇。

蒋介石和孔祥熙早有来往。孔在1905年就认识孙中山，次年在纽约读耶鲁大学研究生时又同宋霭龄、宋耀如见面。"二次革命"失败后，宋府举家迁到日本，时为东京中国基督教青年会总干事的孔祥熙成为宋府的常客，不久成为宋家女婿。

孔通过孙中山的秘书宋霭龄的关系，也成为革命党人的中坚人物，和蒋介石的关系早就相当密切。蒋、孔两人"精诚团结"，互相关照几十年。他们能够无间合作，从不争吵，这和当年孔祥熙、宋霭龄说服宋母，宋家同意蒋介石和宋美龄的婚事有关。当然，在大陆失败前夕，蒋介石和孔祥熙最后还是难免不欢而散。

宋霭龄长期在同盟会、中华革命党、国民党上层活动，对政治形势有独到的见解，到1927年初已经敏感地觉察到蒋家低微的家庭、蒋介石青年时期的婚恋生活及名声，已不能和国民党的主宰这一身份相提并论，蒋介石即将成为国民党新政府的首脑，宋美龄如果和蒋介石结婚就会成为"中国的第一夫人"。

"第一夫人论"很快说服宋美龄本人、母亲及兄长。宋家的三大反对者，宋庆龄因反对蒋介石的独裁统治远走莫斯科。宋子文最初支持二姐，不赞成妹妹和蒋介石的婚事。当然他反对的理由和宋庆龄不一样，宋庆龄主要是对蒋介石发动"三二〇事件"、"四一二政变"、建立南京反共政府的立场和行为的抗议，是对蒋介石人品的不满。宋子文则是认为蒋介石的门第和人品不够当妹夫的资格，他没有坚持自己的观点，很快由"家中反蒋派"变为"家中拥蒋派"，说服母亲接纳蒋介石。尽管如此，作为大舅子，对妹夫一向不很尊重，即使后来蒋介石官至委员长、总裁、总统后，两人时常争吵，官场上时有他们干架闹剧的传闻。宋家第三个反对者，也是最关键的人物是倪桂珍，她反对的主要理由则是信教不一，宋家为基督教徒，蒋为佛家信徒，两教不能合一。这个问题的解决方法是蒋介石作了让步，皈依西教，放弃东教（直到1930年10月23日蒋介石才正式受洗改信基督教）。

宋美龄面对归国10年来的政治形势变幻，面对已有7年恋爱期的蒋介石，凭着女性的直觉，感到接受求爱的时机已经到来，再不采取行动的话，就有失之交臂的可能。宋府显赫的门第和不算太弱的经济实力，对"国民革命军总司令"蒋介石来说已无多大吸引力，唯一还可以算作宋美龄资本的就是宋家与孙中山的姻亲关系。

经过蒋介石精心选择的求婚时机到来了。1927年4月12日，蒋某在南京挂起招牌，自立政府，彻底背叛孙中山的三大政策，公开推行反共独裁统治，与武汉国民政府分庭抗礼。7月15日，武汉的汪精卫发动反革命政变，宁汉双方开始长达两个月的合流过程。武汉方面为追究蒋介石在南京另立中央、分裂国民党的行为，要求蒋辞职，汪精卫准备取而代之。南京城内的桂系将领对"总司令"也心存疑虑，主张蒋介石辞职，为宁汉合流铺平道路。

蒋介石的策略是以退为进，1927年8月13日宣布下野，一则可以平息部下对自己的不满情绪，也可以趁机用下野来考验部下将领们对自己的忠心。二则今天下台，明天肯定还会请他出山，届时权力将会更加集中，位置将会更加巩固。三则"二期北伐"即将进行，此时日本的侵略魔爪已经伸向"二期北伐"的主要战区山东、平津、东北地区，国民党的军事行动和日本在华利益势必发生冲突。蒋介石也想利用下野期间去东京谈判，摸清日方对"二期北伐"的态度。四则利用去日本的机会，正式向正在日本的倪桂珍老夫人提出娶她小女儿的请求。

一是通过这一次（以后又有过二次）辞职一事，发现了一大批利用他下台之机落井下石的非嫡系属员，更重要的是看到了黄埔门生的忠诚。何应钦帮他代管的、以黄埔军校毕业生为骨干组成的第一军、第一集团军，拥蒋、迎蒋复出的呼声最高，是蒋介石复辟的重要保障。此次下野是对蒋介石作为黄埔军校校长和学生关系上的第一次考验，以后黄埔系在国民党军界扶摇直上，与黄埔学生第一次"忠蒋考试"合格不无关系。

二是无人能够替代蒋介石。蒋介石对打到长江沿线的北伐军内部力量对比，早有洞悉。北伐时8个军，能攻善守的也就是1、4、7三个军，发展最快的是1、8两个军，有实力觊觎最高军事首长的人选无非是上述四个军的指挥官何应钦、张发奎、李宗仁、白崇禧、黄绍竑、唐生智等。与蒋介石相比，这些将领有军队，可没有足够的资历和影响力。1927年8月龙潭一仗，孙传芳进攻南京，南京政府因蒋介石辞职，群龙无首，互不服气，历经苦战才击溃孙传芳7万之众。此战证明，国民党军事上已无法离开蒋介石，再加上黄埔系的活动，蒋的复出只是时间问题。即使是"复出时间"的选择，也并非由国民党中央来决策，而是由蒋介石决定。

三是日本军国主义野心已定。日本军国主义头子、首相田中不赞成南京政府的"二期北伐"，以维持中国的分裂状态，利于侵略者获取更多的利益。蒋介石在谈判中放弃据理力争的立场，最后演变为"济南惨案"并引发日寇一系列的侵华活动。东京之行是蒋介石对日妥协政策之始。

四是求婚顺利。结婚和夫妻家庭生活，对蒋介石来说已不新鲜，可此次却不厌其烦完全按正规化、豪华化的要求重做新郎。1927年5月初，即南京政府成立十余天，蒋介石就向孔祥熙表示要和宋美龄结婚，孔氏夫妇觉得蒋、宋结婚的时机已经成熟，宋美龄本人也想通过结婚成为现代中国最有权势的女人。

纵观中国近、现代史，通过婚姻改变和提高地位的，论家庭，宋家是第一家庭，因为没有一家有女儿的人家出过宋家那样的三位女婿；论女性，宋氏三姐妹独领风骚，还没有一家姐妹各择到名声如此大的重要人物为夫婿；论宋氏三姐妹，宋美龄则独占鳌头，即使两位姐姐也逊她一筹，"第一夫人"宝座坐了几十年。

1927年9月16日，宋霭龄在上海西爱咸斯路的家中，针对十里洋场已经流传开的有关蒋介石和宋美龄即将结婚的传闻，公开举行记者招待会，正式宣布"蒋将军将同我小妹喜结伉俪"，并向记者们介绍了在场的蒋介石和宋美龄。

次日，蒋、宋合影出现在报纸上。在宋美龄的后半生中，和蒋介石的合影不知多少，蒋介石的威严和宋美龄的美貌世人皆知，可是公开的"第一张合影"却意义不同寻常，照片配上的说明是"蒋介石与孙夫人的妹妹即将婚配"。在蒋介石以7年追求如愿以偿、宋美龄以10年等待终有结果的心情欣赏报纸上的照片时，世界上还有3位女性也在欣赏相同的照片，只是心情不一样：陈洁如是愤怒，姚冶诚是无奈，毛福梅则是宽容。

9月28日，蒋介石前往日本，完成谈判和求婚两大任务。倪桂珍在镰仓同意了小女儿的婚事。12月1日婚礼举行，在西摩路家中先进行家庭仪式，身着条纹裤、鞋罩、燕尾服、银色领带的蒋介石，同江长川牧师和宋美龄一起跪着祈祷。

当晚在大华饭店举行有2000余人参加的盛大婚礼。当时的报纸上是这样记载的：

"下午四时十分，司仪者邵力子君高呼来宾入席，西洋乐师复奏乐唱歌如前。既毕，请主婚人及证婚人入席，于是蔡元培君即登台中立，何香凝、王正廷及蒋锡侯（蒋介石同父异母的哥哥）等向左立，李德全、谭延闿、余日章等向右立，形式颇为庄严，及司仪者呼新郎入席时，万目注视之蒋介石氏，乃随男傧相缓步登堂，琴声继起，抑扬顿挫，婉转动听之新婚曲调中，引出一对美如仙子之司花女童，一为陈明月小姐，一为周雅英小姐，手捧花篮，随行随散花朵于松柏栏成之甬道上。后随女傧相两对，前为郭宝珠小姐，乃王正廷之女公子，后为倪吉贞小姐及孔令仪小姐，均轻移莲步，婀娜多姿。新娘由其兄子文先生扶持，随琴声慢步前进，静穆端庄，服饰尤新颖悦目，身后长纱曳地，由孔令伟及孔令杰君司持，富丽堂皇，会场鼓掌。新娘新郎立定后，全体起立，同时向国民党总理遗像行三鞠躬礼。次由蔡元培先生宣读证书，复次用印，四时三十七分，新郎新娘相向立，随司仪员之赞礼声，相对行一鞠躬，全场又大鼓掌。新郎蒋氏辗然微笑。次谢证婚人主婚人一鞠躬，复谢来宾一鞠躬，礼乃告成，时正四时四十分也。音乐洋洋声中，一对新人携手出场，戚友争掷彩纸，五色缤纷，繁花满地，蒋氏点首表示谢意，乃入休息室中，本欲摄影，以人挤作罢，贺客各敬香槟及茶点。五时蒋由后门乘车返宋宅，客均不知，经邵力子先生说明，始行散去。"

蒋介石非常得意，曾为婚礼特意写下《我们的今日》一文，文中说：

"余今日得与余最敬爱之宋美龄女士结婚，实为余有生以来最光荣之一日，自亦为余有生以来最愉快之一日。

"余第一次遇见宋女士时，即发生此为余理想中之佳偶之感想，而宋女士亦曾矢言，非得蒋某为夫宁终身不嫁，余二人神圣之结合，实非寻常可比，今日之日，诚足使余二人欣喜莫名，认为毕生最有价值之纪念日。

"余二人今日，不仅自庆个人婚姻之美满，且愿促进中国社会之改造，余必本此志愿，务完成中国之革命而后已，故余二人今日之结婚，实为建筑余二人革命事业之基础。"

婚礼上宣读的祷文也说："我们天上的主啊，求你使他们伉俪之情，与日俱笃，使他们凡事相爱相助，得到人生圆满的幸福。求你使他们组织理想完满的家庭，为中国社会确立良好的基础。今日中国人民创巨痛深，求你大施怜悯，使他们夫妇二人能时刻警惕努力进行革命工作。求你使他们有为国牺牲的大勇，能奋励直前，胜过任何艰难。求你使他们从今以后，在建立新中国的大业上，能更有伟大的贡献，使全国人民都得享受无上的幸福。"

比蒋、宋婚礼规模更大、更豪华的庆婚场面有的是，但像蒋介石本人和祷文中所说的有如此巨大社会意义和如此浓厚政治色彩的婚礼却不多。

"婚礼"宣布蒋介石得到了对南京政府的存在至关重要的外国老板的支持。南京政府至此成立不足8个月，中国共产党反对它不说，正在酝酿中的国民党新军阀间的争夺也否定了南京蒋介石政府的正统性和权威性，蒋介石用权术换取的宝座不牢固。无论是南京政府，还是蒋介石本人亟须获得西方列强政治、财政和军事上的支持。来宾中有引人注目的英、美、法、日等十几国驻上海领事和美国代表、海军上将布里斯托尔。外国代表当然不是来凑热闹的，除了对蒋、宋结合的赞成外，还是对蒋介石复出的期待和支持，这是通过特殊外交形式进行的政治表态，西方列强的态度强化了蒋介石在国民党中的地位。

"婚礼"是蒋介石的政治宣言。一是等于宣布自己已成为孙中山先生的合法继承人。在比较重视家庭背景的中国文化传统下，蒋作为国民党的实际控制者，有国民党缔造者、国民革命的已故领袖孙中山作为连襟，这无疑增加了正统性和权威性，增加了蒋介石的政治资本。事实上国民党内反蒋最早、最激烈的正是孙中山夫人——宋美龄二姐宋庆龄女士，蒋介石正是孙中山革命事业最大的叛徒。二是宣布即将复出。本来蒋介石以下野之身，又是第四次结婚，本无值得炫耀的地方，可他搞得如此豪华、铺张、热闹，显然功夫在窗外，意在扩大自己的影响，引起国内外的注意，同时警告反对派停止进行倒蒋活动。婚礼后两个月，1928年2月2日国民党二届四中全会召开，蒋介石在会上当选为国民革命军总司令、军事委员会主席，不久又出任中央政治会议主席、第一集团军总司令，复辟成功。

"婚礼"宣布四大家族形成。宋、孔组合完成于宋霭龄和孔祥熙结婚之时；蒋、陈组合完成于辛亥革命前后，蒋介石为感谢陈其美的扶持，重用其两个侄子陈果夫、陈立夫，二陈当时主要控制中央党务部门和调查科，成为蒋介石在党务方面的代理人，故有"蒋家天下陈家党"一说；现在通过蒋、宋联姻的方式，在中国现代史上留下巨大影响的蒋、宋、孔、陈四大家族正式形成，开始在蒋介石指挥下操纵南京政府22年的历史。

宋家革命者宋庆龄曾经说过："是宋家为中国而存，不是中国为宋家而存。"事实上，没有宋家，很难设想孙中山、蒋介石、孔祥熙、宋子文、宋霭龄、宋庆龄、宋美龄等人能被连在一起；没有宋家，四大家族也不会形成。最后宋家三朵金花，凑出一个国民党政府核心圈，凑出一个四大家族。宋庆龄的话是对的，宋家理应为中国出力而出力不当，宋家应继承孙中山的事业而继承不够，宋家应限制和制止蒋介石的反共行为而没有采取相应措施。宋家三个女儿的幸运，使人想起千古绝唱《长恨歌》中的名句："姊妹弟兄皆列土，可怜光彩生门户，遂令天下父母心，不重生男重生女。"

就在四大家族形成之时，大家族内发生第一次分裂，宋二小姐庆龄为抗议蒋介石的大屠杀和背叛孙中山遗志的反革命行为，宣布和南京政府及家庭决裂，并走上革命道路，与中国共产党结盟，坚持反蒋战旗不倒。四大家族以后数次分裂，不同的是，第一次分裂的实质是正义和邪恶之争，以后的分裂实质则是四大家族内部因分赃不均而引起的利害冲突。

"婚礼"宣布宋美龄成为"中国的第一夫人"。在四大家族内部，蒋介石是总裁并掌握军队；孔、宋负责行政、外交和财经；二陈则集中在党务、人事、特工、文宣等方面，各有所长。值得一提的是宋美龄在蒋介石身边的位置和所起的作用，蒋介石的高级幕僚不在少数，文有文臣，军有武将，其中不乏有学之士，可与作为夫人又作为助手的宋美龄比起来，他们不能起到宋的作用，而宋则常常可以替代他们。

第一夫人的威力

宋美龄在蒋介石身边，所起的作用集中在三方面，一是参政议政，有历史上外戚干涉朝政遗风，这是舆论界、史学界和民间对她非议最多的地方。她主要在外交和人事上对蒋介石发生影响。

南京政府对英美方面的联系，始终是外交的重心所在，宋美龄凭借对英美国情的了解和高超的英语水平，以及丰富的西方政治理论知识和英美官场内幕消息，配合孔祥熙、宋子文，通同一气，长袖善舞，为蒋介石开展对英美等西方国家外交出谋划策，同时为南京政府如何配合英美外交需要而调整内外政策、献宠于外国老板献计献策。所以蒋介石要咨询时，宋美龄是最好的智囊；蒋介石会见外宾时，宋美龄是最合适的翻译和助手；蒋介石要解决外交大事时，宋美龄是最放心的外交人选。宋美龄成为蒋介石与西方联系的桥梁、联络员，成为蒋介石不可缺少的外交拐杖，当然也是国民党对英美外交的决策者之一。正是宋美龄在外交界的地位和影响，人们习惯把她称为亲英美派领袖。另外的事实是：一方面由于弱国无外交，积贫积弱的中国难于自立于世界民族之林；另一方面由于南京政府一贯屈服于西方列强的压力，看帝国主义的眼色行事，孔祥熙、宋子文、宋美龄等人搞崇洋外交、妥协外交，丧失国格，国民党政府和孔、宋等人最终为西方所戏弄和抛弃。

宋美龄对南京政府、台北当局政务上的干预，主要是通过代言人向有关部门施加压力来完成。对培植代言人、发展个人势力，宋美龄自进了南京城和台北市以后一直非常重视。为建立和扩大自己的势力范围，她通过蒋介石或者亲自出马，指导国民党人事计划的实施，以便于安插心腹干将。针对宋美龄此举，国民党上层圈内一直有"夫人系"一说，有一批人确实通过走宋美龄的路线而仕途辉煌。而且蒋介石欣赏的人，宋美龄不一定赏识；可宋美龄欣赏的人，蒋介石一般都加以赏识和重用。对"夫人系"的重要人物，国民党内的其他各系均礼让三分，即使蒋介石、蒋经国对此也不能怠慢。

宋美龄参政议政欲很强，除了在外交和人事方面有充分的表现外，还直接出面负责或干涉党政大事。作为第一夫人，即使德才兼备，也不宜对朝政指手画脚、干预过多，以免有"家天下"之说。宋美龄不是这样，她站在四大家族的立场上，视"国"为家，在她眼里军机大事就是四大家族的家务事，随心所欲，由己所好而断。

二是协调四大家族内部的关系。四大家族在南京政府内部的重要性人皆共知，国民党统治大陆22年，党也好，国也好，一直在四大家族控制之下，在某些方面，四大家族就是南京政府。四大家族感冒，南京政府就要发烧；四大家族下雨，南京政府就要打伞。要想南京政府减少危机，四大家族团结一致是基本条件，可四大家族从未一致过。处理、缓解四大家族内部的矛盾，在四大家族内部时而有之的争夺之中保持平衡，宋美龄起到他人无法起到的作用。

四大家族内部并不太平，宋子文和蒋介石之间长期斗法，互不相让；宋美龄的弟弟和孔祥熙的儿子靠特权经商，无所不为；宋子文、孔祥熙之间从未间断过争夺国民党财经控制权的暗斗；蒋介石对孔祥熙夫妇非法经商不满；孔、宋与二陈互相瞧不起，互挖墙脚；孔、宋、二陈对从抗战末期起蒋经国的崛起态度冷淡；蒋经国在上海准备惩办孔府大少爷；等等。

宋美龄的调解，别无他法，只是在家丑不可外扬的前提下，调和矛盾，让四大家族各得其所，维护四家的利益，以达到稳定南京政府的目的。正是她无法摆脱四大家族的怪圈，也就无法解决四大家族的矛盾。四大家族的矛盾越积越深，最后竟到不共戴天的程度。国民党当局撤离大陆逃往台湾时，四大家族中只去了蒋氏一家，转往美国的宋、孔、陈三家，互不往来，到后期四家关系才有所改善。

此种结果不能怪宋美龄不得力，实在她是力不从心。

三是帮助蒋介石改善在公共场合的形象。在注意风度和形象方面，蒋远不如夫人。他出场时总是八面威风，且威风中更有炫耀，缺乏浩然正气；风度中更有做作，缺少大将风采。只要看到蒋介石那张俗不可耐的挂着军刀的戎装照片，就可想象到其在接见外宾、会见僚属、检阅军队、视察民间、出席宴会、参加集会时的样子如何。

宋美龄为增加蒋介石的风度做过很大努力，她根据学到的西方礼节和公共关系学，凭着自己高超的社交能力，辅导蒋介石。在夫人的提醒下，蒋介石有所长进，在和蒋同时代的人和后来人的心中，这位国民党党魁的形象之差是空前绝后，远谈不上"红光满面、神采奕奕、步履稳健"。最后不是宋美龄不真心教，不是蒋介石不愿学，也不是蒋介石东施效颦，只是改变外在形象并不能解决问题，蒋介石集团热衷于反共专制，这一"内在形象"是无法改变的。

蒋宋结合，如果是平民百姓，甚至是民间名人，恐怕不宜做过多的议论，因为民间夫妇的结合和生活不会对世人产生过多的不利影响。可蒋宋婚姻就不一样，他们的举动直接影响到四大家族的利益，影响到南京政府的决策，也就侵犯到国家的利益，因而对蒋宋的议论随之产生。再则因蒋宋固有的政治观和滥用权力的行为，对二人的议论也就好话不多。

蒋宋婚礼与蒋介石建立政权同一年，更是在第一次下野复出前，本来对蒋来说颇有纪念意义，就像他在婚后公开声明中所说的二点：

一是"我们婚后，革命工作无疑将取得更大进展，因而此后我可安心承担革命重任"。

二是"从现在开始，我们两人决心为中国革命事业竭诚竭力"。

历史发展显示的纪念意义让蒋介石哭笑不得。为国民党的事业"竭诚竭力""安心承担革命责任"，固然不假，自此之后，蒋介石、宋美龄夫唱妇随，合作无间，为党国分忧，婚后不能说比婚前有一个飞跃，但起码是痴心不改，一如既往，为如何维持南京政府的统治和巩固在国民党内的地位，机关算尽。至于两人"竭诚竭力""安心承担革命重任"，是否有"革命工作无疑将取得进展"的结果，是也非也。"是也"，蒋介石在以后几年间，迅速赢得新军阀混战的胜利，把各路军阀的实力基本打垮，或者迫使地方实力派臣服中央。"非也"，共产党掀起土地革命，蒋介石凭借优势兵力，虽然镇压了中共的三次武装起义和一些革命力量，可是中国共产党人在农村站稳脚跟，建立起根据地，22年后把蒋介石、宋美龄赶离大陆，他们的"革命工作"无疑是彻底失败。

婚礼对蒋介石来说，已是曾经沧海，数度梅花。对宋美龄来说却是重大突破，实乃人生一大历史转折，婚前婚后身价差别之大无法计算，以前只是上海交际圈的名女人，如今已是"中国的第一夫人"。正如她的传记作家所说：

"她最痛恨的是无所事事。

"她充满了想象和精力，但个人能力有限，蒋介石则可以提供权力。

"蒋介石给了她改变历史的机会，让她随心所欲地改变中国的生活。"

从纯第一夫人的角度来讲，宋美龄这个角色演得不错，她的素质、才华、容貌适合那个独一无二的位置，只是那个让人堕落的官场、她那顽固不化的反共立场和高高在上的为官风气，造成世人谈到这位"第一夫人"时，不乏嘲弄和蔑视的话题、内容。

三、妇随夫唱齐上台

对于宋家三姐妹，当时有一句既简单又含意深刻的评价：大姐爱钱，小妹爱权，二姐爱国。爱权的小妹，在蒋介石身边的前10年间，还能限于"夫人"的范围活动，抛头露面不少，耀武扬威不多，权欲只是在官邸内、侍从室内行使，抢镜头、抓权力还未公开化。

移灵中山

一方面，宋美龄要适应如此大的变化，习惯在国民党上层圈内的生活，学会行使手中说一不二的权力。只有先解决好这一过程，才能谈得上第二步即扩大手中的权力，增加接受自己指令的部门，才能把自己的爱好由隐蔽走向公开，才能更多地加入南京政府的政治生活。另一方面，宋美龄身边的人也要适应宋美龄，拭目以待，掌握她的秉性、习惯、喜怒哀乐，了解她的所好，也就是说需要静观这位30岁的美貌女性如何动作。宋自己也说过："我想起这些官员起先颇为意识到我是个女性，但是后来我全心地投入丈夫的事业，他们就不再视我为一个女性，而是他们之中的一员。"他们中间有的人准备投"宋"所好，有的人准备袖手旁观，有的人准备助纣为虐，当然也有的人准备不予理睬或加以抵制。

也就是说"夫人系"的形成需要一个过程。"夫人系"在大陆时期主要作为四大家族势力的一个分支，宋美龄的色彩不是特别浓厚。"夫人系"到台湾时期则走向明朗化，一些重要人物纷纷出任要职。形成这一变化的主要原因是国民党大失败带来的大改组。蒋介石撤逃台湾后，开始有计划地培养蒋经国和部署交班，并且把国民党原来的一线人物换到二线，起用新人，配合蒋经国的接班计划。宋美龄在此大背景下不宜再像大陆时期事事由自己出马去争去抢，公开干涉政务，而是改为让心腹、随从、助手出任要职，保持自己在政治生活中的影响力。这样"夫人系"就不能再像大陆时期，仅以智囊的身份在幕后为宋服务，而是作为各派势力平衡、代表宋女士参与决策。并非和蒋介石、蒋经国争权夺利，而是出于蒋介石以派制派、牵制各方的需要，成为国民党上层核心圈内的主要政治势力，和CC系、政学系、官邸派、亲英美系、黄埔系一样，都是蒋介石的统治支柱。

蒋介石、宋美龄结婚、复职后的数年间，曾忙于安葬孙中山、打垮各路军阀和实力派、对付中国共产党等3件大事，以巩固其在国民党上层和南京政府内的位置。蒋介石的计划很完美，通过安葬孙先生，以增加正统性，加强他在政府内的法统地位。有这个"孙总理接班人"的招牌，就可以名正言顺，以中央的名义，迫使自辛亥革命以来出现的各家军阀和地方实力派臣服。党内反对派解决后，再集中力量解决以中共为代表的国内反对派，最后迎来蒋介石自己坐大的"盛世"。结果如何世人知道，"盛世"没有来到。

一是安葬孙中山先生。这是蒋介石"二期北伐"完成后的头等大事，中山陵的建设也是南京政府最重要的"国家级重点工程"。此外安葬孙中山先生也是宋美龄的家务事，因为孙中山是宋家的二女婿、宋美龄的二姐夫、蒋介石的连襟。

孙先生生前就任临时大总统时，曾表示过世后葬于南京城郊的紫金山麓。他逝世后，一直停灵于北京西山碧云寺，以等待葬回南京。蒋介石进军北平，统一大业初成，即部署建陵、迁灵、安葬事项。

陵址由林森、邓泽如、宋庆龄、孙科等勘定，东以玩珠峰下的灵谷寺为界，西以独龙岗的明孝陵为界，南以钟汤路为界，纵横长达2华里，全部陵园设计占地 6000 余亩（后扩至 4 万余亩）。建筑方案由吕彦直设计，是从应征到的 40 余份设计图中精选而出。陵寝平面图为警钟形，意在唤起民众奋斗至革命成功。墓在紫金山第二峰小茅山南坡，建筑整体是这样的：

出南京中山门，经陵园路，至中山陵前的半月形广场。经镌刻有孙中山"博爱"手书的白石牌坊，是长 323 米、宽 70 米的墓道。再经陵园广场，到达陵门，陵门中门上刻有孙中山手书"天下为公"。陵门至祭堂是十段 339 梯台阶，每段设一平台，其中第二层平台上建有石碑亭，石碑上刻有国民党党徽和谭延闿手书"中国国民党葬总理孙先生于此"。石阶尽头是一长 162 米、宽 38 米的大平台，上方是祭堂。作为陵园主体建筑的祭堂，是一座仿宫殿式结构，长 27 米，宽 22.2 米，厅内高 25.8 米，三座正门上分别刻着"民族、民生、民权"，"民生门"上方又挂着孙中山手书"天地正气"额。厅内 12 根青岛黑色大理石圆柱，东西两面黑色大理石的墙面上刻有总理所著《建国大纲》。祭厅后正中是孙先生身着长衫马褂的坐像，底座上刻有浮雕，介绍孙中山先生的生平，分别是"如抱赤子、出国宣传、商讨革命、国会授印、振聋发聩、讨袁护国"。圆形墓室在祭堂后面，直径为 18 米，高 11 米，墓室的黑色大理石上刻着孙中山手书"浩气长存"，外门的左侧刻有《总理遗嘱》，右侧刻有国歌，内门上则是"孙中山先生之墓"。墓室的圆形顶正中是国民党党徽，地面中间是一直径 4 米的大理石圆坑，坑中间安置大理石长棺，棺盖上是孙先生全身卧像，安葬孙先生的铜棺在石棺下 5 米的墓穴内。在以后的岁月里，陵区又修建了仰止亭、音乐台、行健亭、光华亭、藏经楼等纪念性建筑。

中山陵完成后，1929 年 5 月 26 日，孙先生的遗体用专列南运。蒋介石和宋美龄在 28 日赶到蚌埠迎接。在中山码头上岸后，宋美龄和两位姐姐及何香凝等人，乘车护送遗体于中央党部礼堂。停灵中央党部时，由国民党中央执行委员和监察委员、国民政府特任官为之守灵，外国使节前来致祭。6 月 1 日，举行了庄严肃穆、盛大的移灵、安葬典礼，宋美龄陪同宋庆龄自始至终参加。

蒋介石如此隆重地举行孙中山先生的葬礼，给他带来了事半功倍的政治效益，加大了作为孙中山接班人的砝码，是对他发动"四一二政变"和夺取国民党最高权力等行为、争取社会舆论支持的重大举措。

蒋介石、宋美龄同孙中山也算是一家人，虽说蒋介石和宋美龄结婚时，孙先生已过世两年多，但宋美龄却是孙中山的妻妹。对于决定葬礼的蒋介石、宋美龄，对于为葬礼出力甚大的孔祥熙等人，对于葬礼的主角蒋介石、宋美龄、宋霭龄、孔祥熙、宋子文等人，作为对葬礼最有发言权的孙中山先生的夫人宋庆龄，通过关于为何参加葬礼的声明，阐述了对南京政府的立场，认为蒋介石、宋美龄等举行的葬礼，没有改变这一现实：国民党领导层仍与孙中山的基本国策背道而驰。

来到前线

二是打赢新军阀混战。对此，宋美龄在写给外国友人的信中说："中国军阀尚未被打倒。他们为了保持各自利益范围满足私欲，公然对抗中央政府，而置唯有统一才能救国于不顾。我丈夫身为国民政府主席兼国民革命军总司令，已尽最大努力阻止反叛将军阎锡山和冯玉祥作乱。可是这些将军封建意识浓厚，只顾私利而不知其他，因而中央政府只得颁布戡平叛乱的命令。"她还表示"一想到我国面临的种种灾难我就感到痛心疾首"。

宋美龄把"痛心疾首"的灾难的产生，归结于军阀叛乱，说对了一半，可她没有说明军阀叛乱的原因就是蒋介石吞并异己、剪除杂牌、压制地方实力派的高压政策。所以，蒋介石的"戡平叛乱"，阎锡山、冯玉祥、唐生智、李宗仁、张发奎等人的"护党救国，倒蒋改组"，均为新军阀内战，只是蒋介石为统一国民党内各派、巩固在国民党内的统治而带来的后果。

宋美龄已经以"国民政府主席兼国民革命军总司令夫人"的身份，开始发表政见。无论是公开场合还是家中等私下场合，蒋介石和宋美龄相敬如宾、举案齐眉，俩人在政治上更是夫唱妇随，宋利用自己在社交界和英美学友的关系，为丈夫的基本政策奔走呼号。

三是镇压中共的起义和人民的反抗。消灭共产党人，是蒋一生殚精竭虑所进行的要务。他强化一党专制和个人独裁，毫不留情地对付革命者，并对革命根据地进行大规模的"军事围剿"。"军事围剿"一败再败，宋美龄为表示与丈夫同艰苦共患难，坚决要求上前线跟随蒋介石，这位第一夫人曾记述过在江西的经历：

"我一直跟着我丈夫去江西前线'围剿共匪'，我担任士兵慰问团的领导，尽心指导江西妇女慰问伤兵。

"生活是艰苦的，但我很高兴，我的健康良好，能够坚持，这样我就能同他在一起，就能协助他。假如我静坐家中，等到中国真正实现和平，那么我们将长期无法团聚，所以我宁愿同他在一起。"

其中一次在抚州城，半夜城外传来密集的枪声，当时"我直发抖，借着昏暗的烛光，匆匆穿好衣服，挑出一些绝不可落入敌手的文件放在身边，准备万一我们不得不撤离时就扔到火炉里销毁，然后我拿出左轮枪，坐待将要发生的事"。

很快查明此事为守城的哨兵把友邻部队当成红军所致。对于这样一起战场上常见的事件，宋美龄在充满情感的给友人信中，对她和蒋介石的行为大加渲染。她说："我丈夫把身边所有的人都送到战斗部队，仅留少数卫兵，所以我们实际上毫无防备。不过，我丈夫从来不要很多警卫，而且，他常拿自己的性命冒险，令人不寒而栗。

"他常对我说，一个真正的领袖切不可把自己的命看得过重，因为，对个人安危考虑过多势必要削弱军队的战斗士气。而且，我们是在为国家而战，苍天定会保佑我们的。即使我们被杀，难道还有比在战斗中死去更光荣的吗？

"在我们尚不明白这起事故的真相时，我毫不恐惧。当时我心中只考虑两件事：首先标明我军行动方向和驻地的文件绝不能落入敌人手中；第二，一旦我要被俘，就开枪自杀，因为只有死才能保持清白、光荣，才算死得其所。"

散文诗式的抒情语言描绘出两人一派临危不惧、视死如归的豪迈气概。事实上宋美龄把文学小说中的故事和语言用到了蒋介石身上，令人喷饭。

一是无论是宋美龄还是蒋介石，对哨兵和进城部队的误会不必害怕，即使真是遭到红军袭击，按照蒋介石关于"切不可把自己的命看得太重"的"教导"，也不必惊慌失措，闹着要开枪自杀。所以宋美龄当时的行为和她的豪言壮语无法对号入座。她口角春风，借题发挥，除了客观证明"个人安危考虑过多"外，还利用这次"战场遇险"进行自我吹嘘：丈夫有沉着敏锐的大将风度，夫人则是端着左轮手枪的巾帼女侠。让人遗憾的是，蒋介石、宋美龄没有遇到过真正验证两人豪言壮语的机会。

二是蒋介石的警卫工作之严尽人皆知，仅留少数卫兵、毫无防备、拿性命冒险，谁又相信？"仅留少数卫兵"，确有其事，可这是贴身内层警卫，外围、外线警卫之多，宋不会不知，只是不说而已。她有声有色的编造，对不明真相者颇有影响力。为此，联想到西安事变时，宋女士又有类似的大作问世，看来其留美时打下的文学底子，还真派上过用场。

顺便带上一笔，宋美龄在介绍抚州惊吓的给友人的信中，表达了夫妇双方的情感，信上说："新年前夕，丈夫和我一起到附近山上散步。发现了一株白花盛开的梅树，真是个好兆头。

"他小心地摘下几枝，我们回到家中，点起蜡烛，他把这几枝花装在一个小竹篮里送给我，这是一件真正的新年礼物！我想从这件事，你也会了解为什么我愿意和他共同生活，他有战士的勇气和诗人的情感！"

烛光献花和半夜听到枪声的感觉是不一样的。夫妻同游郊外，雅兴大发，具有"战士的勇气和诗人的情感"的丈夫以梅花献妻，夫人感动不已。宋美龄为当年寻求意中人时的远见而欣慰，否则何必等到近30岁才成出嫁？否则又到哪里去找蒋介石这样的情郎？宋美龄青春年岁，送鲜花和花篮的求婚者不在少数，均未首肯，蒋介石的数枝白梅却能感动她，看来关键是在献花人选。

再说蒋介石演得也不坏，老夫娇妻，情意正浓。当然，蒋介石与毛福梅、姚冶诚、陈洁如的感情往事，宋美龄也就不再提。至于她心中是如何想的，旁人也就不便再猜。

创导生活

蒋介石上台的最初几年间，因为南京政府尚未发育完整，许多功能没有形成，蒋和国民党政权在向国外自我推销、扩大在国际上的影响方面，还处于初级阶段。而宋美龄通过与留美时同窗的美国学友的私信来往，并有意识地发表部分信件，以及在国内同外国客人和传教士频繁地接触，在吹捧蒋介石、美化蒋介石在美英等国的形象上，做了大量工作。她细腻、充满感情的文笔和适合西方人口味的风格，更增添了宣传蒋介石的艺术效果。说实话，在旧中国尚不开化的社会背景下，妇女们说话含蓄、适度，极少有人像宋美龄那样津津乐道于赞颂丈夫，宋女士也算一开新风。

宋美龄发起和推动的全国性运动是"新生活运动"。这是第一夫人对中国贫穷的城乡生活，感到大惊小怪又无法解决根本问题，无可奈何下的产物。

"新生活运动"源起江西南昌。当时蒋介石、宋美龄来到南昌主持"剿共"，对该市的市容大为不满，当即指示："南昌市民污秽不堪，市容杂乱不堪。如此市风，何以为行营所在地？若让异域报道出去，不是丢尽了我们的脸面？自即日起，起草一个文件下达南昌所有机关、团体、商店、学校，必须整理内务，搞好清洁，改善环境，振奋精神。"

1934年2月19日，南昌召开有数万人参加的市民大会，会址在科学馆附近的广场上，会议由国民政府军事委员会委员长蒋介石主持，宣布"新生活运动"开始。会上蒋介石先是介绍自己从小所受到的严格训练，由此对照说在南昌街头看到的一般市民生活和少年在街上吸烟行为，认为这是不懂礼节，不讲清洁，而这又是国家不能进步、社会混乱频仍的根源。他认为要建立一个强大的现代化国家，最重要的是国民要有知识与道德，要恢复中国古圣先贤所提倡的道德。新时代的人，绝对不随地吐痰，或走路抽烟，蓬头散发，帽子歪戴，扣子不扣，拖着鞋子。"新生活运动"就是要针对这种旧生活，使之根本改变过来，要做到整齐清洁，简单朴素，才是新生活。大会宣布的新生活口号和准则是："守规矩、尚清洁、明礼义、知廉耻、负责任、守纪律"，"整齐、清洁、简单、朴素、迅速、确实"。

大会还成立了"'新生活运动'促进总会"，由蒋介石任会长，熊式辉为主任干事，阎宝航为书记。宋美龄后来任"'新生活运动'促进总会"（下文简称"新促会"）妇女指导委员会指导长。按规定"新促会"由最高行政长官主持，由民政、教育、治安、军事等部门派出的高级官员组成。基层乡村由区保甲长、工商业由商业行会、学校由校长、公务员由机关主管、家庭妇女由妇女协会、军队由党部或政训处长负责。

如何开展"新生活运动"？蒋介石根据夫人和智囊的建议，提出一系列的部署，如整个运动分为"训查、设计、推行"三个阶段，先由"规矩"和"清洁"两项开始，要求"由自己做起，再求之他人；由公务员作起，再推之于民众；由简单之事作起，再及其次；由不费钱、不费时、不费力之事作起，再行其余；由机关团体及公共场所，如学校、公署、车站、码头、戏院、公园、会场等作起，再求之于全体的社会"。通过身教、口教配合于图画、文字、戏剧、电影，宣传新生活运动的要义。运动要分等比赛，奖优罚劣。从安排上看，可以说是头头是道。

"新生活运动"的内容可算为独辟蹊径，中心意思是把传统文化中的固有道德"礼义廉耻"贯彻到"食衣住行"四事之中，为待人、处事、持躬、接物的标准。

根据蒋、宋的解释，"礼"是规规矩矩的态度，"义"是正正当当的行为，"廉"是清清白白的辨别，"耻"是切切实实的觉悟。因此，"耻"是行动之动机，"廉"是行为之向导，"义"是行为之履践，"礼"是行为之表现，四者相连贯，发于耻，明于廉，行于义，而形于礼，相辅相成，缺一不可。

那么"礼义廉耻"又是如何贯彻到"食衣住行"之中呢？"新生活运动"的教义是这样说的：食衣住行可分为资料之获得，品质之选择与方式之运用三个方面。资料之获得，要合乎廉，廉者明也；品质之选择，应合乎义，义者宜也；方式之运用，应合乎礼，礼者理也。总之，蒋介石和对此特别热心的宋美龄，想通过提倡礼义廉耻，达到国民生活艺术化、生产化、军事化。

"新生活运动"搞得最热闹的地方，也就是南昌。蒋介石说过："我们现在先从南昌起，开始一种'新生活运动'，我们要使南昌所有的国民，个个都过着整齐朴实，一切能合乎礼义廉耻的新生活，所以做全国人民的模范。……我相信三个月后，南昌一定可以造成一种新风气，造成一个新南昌、新江西，半年以内风动全国，使全体国民的生活，都普遍的革新。"

大会开完，当局利用正在过寒假的学生，编成200多组，在南昌市设立13个宣传站，分发宣传品。由各机关、部队、学校、社团及各保甲分别召开座谈会。3月11日又在公共体育场召开规模更大的市民大会，会后进行游行，以壮声势。

随着"新生活运动"的开展，不少让人耳目一新的口号四起，如"吐痰在地，在所禁忌；行路走动，安全第一；举止稳重，步伐整齐；走路靠左，上车莫挤；窗牖多开，通光通气；捕鼠灭蝇，习劳习逸；漱口刷牙，黎明即起；饮食养生，莫恣油腻；互救灾难，和洽邻里；端其视听，走路莫急；小孩清洁，零食勿给；厨房厕所，净扫仔细。"

同时，各种形式的运动也出现在街头：童子军在纠正路人歪戴的帽子和监视正在饭店用饭是否超过四菜一汤的食客；值勤队在处罚随地吐痰的人；化妆打扮和穿短袖短裤的女性，被盖上"奇妆""异服"的印章；烫发和新式游泳衣被禁止。新促会的工作人员到处宣传、鼓励进行集体婚礼，简化葬礼，每日每人要洗三次手每周一次澡，一时间热闹非凡。

继南昌之后，江西的九江、庐山和南浔铁路随之仿效，有些省市也有所表示，全国总共有20个省、4个直辖市、1300多个县设立新促会等组织。蒋介石还在5

月 25 日公布全国执行的《"新生活运动"纲要及新生活须知》。尽管南昌不到 3 个月就成为所谓的"模范市",江西不到一年就成为所谓的"模范省",从表面上看基本实现蒋介石"三个月造成一个新南昌、新江西,半年风动全国"的目标。

"新生活运动"很快自灭,出现这一结果并不奇怪。宋美龄曾以蒋介石的名义,在谈到"新生活运动"的必要性时,是这样看待中国人的:"现在,绝大多数中国人的精神状态是浑浑噩噩,毫无生气。在行动中表现为好歹不识、是非不辨、公私不分。由此,我们的官员虚假伪善,贪婪腐败;我们的人民斗志涣散,对国家福利漠不关心;我们的青年颓废堕落,不负责任;我们的成年人则淫邪险恶,而又愚昧无知;有钱人纵欲放荡,花天酒地;而穷人则体弱污秽,潦倒于黑暗之中。所有这些导致政府的权威和纪律扫地以尽、荡然无存,终于引起社会动乱,使我们在天灾和外敌入侵面前束手无策,无能为力。"

蒋介石、宋美龄作为南京政府的首脑,把人民当成群氓,认为大众愚昧无知、刁顽险恶,把统治集团完全同人民大众对立起来,与人民为敌,在这基础上产生的"新生活运动"也就失去了可行性。蒋、宋对官场的批判,讲得痛快,可没有查出官吏腐败、官场黑暗的由来。国民党政权的阶级本性和社会制度是官场病的病根所在。两人对富豪们的揭露,也属事实,问题是难道没看到少数人积聚财富的非正义性?难道没看到统治阶级自上而下的堕落?就拿宋美龄本人来说,花天酒地、奢侈豪华的程度非一般富人所能比。蒋、宋的话完全丧失国格和民族自尊心,他俩基于"一无是处的国民、彻底腐败的民族"这一立场,不可能提出什么进步的政策,不可能提高社会生活的层次和文明程度,无论什么措施和运动也不会有所收获。

"新生活运动"也是蒋介石政治专制的通俗表现。他以人民为敌,把中国人说成是"毫无生气,好歹不识,是非不辨,斗志涣散,颓废堕落",因此他的"新生活运动",实质上是对人民思想、行动加以专制控制,以转移中共对国民党统治带来的巨大冲击,限制人民大众的任何反抗行为,维护和巩固国民党的反共专制路线。他的专制版的"礼义廉耻",成为人民大众思想上的牢笼、行动上的枷锁。而本应做到"礼义廉耻"的蒋介石、宋美龄及统治集团成员,却从未按"新生活运动"的准则去做,他们是在愚弄人民、限制人民,人民当然不会同意,"新生活运动"也就缺乏生命力。

"新生活运动"完全脱离当时的国情和人民的需要。该运动提倡的某些现代化的生活习惯是有益的，如通光通气、捕鼠灭蝇、交通安全、注意卫生等，劳动人民在自己的生活中，已经掌握这些知识，当然由于文化水准低、经济落后，有些生活方式不够高度文明的要求。20世纪30年代的中国，对占人口多数的下层人民来说，最主要的是保持最起码的生存权，灾荒、饥饿、贫穷、落后、超经济的剥削时刻威胁着中国人民，宋美龄高谈的文明方式根本没有任何推行的经济基础和思想基础。只有中国人民在政治上做主人，在经济文化上翻身，生活层次才会不断提高，精神文明和物质文明才会同步向上。蒋、宋的"新生活运动"只是从中国的文化系统中找出一些维护统治阶级统治秩序、窒息人民反抗的经学理论，再把从美国搬来的一些生活方式，加以糅合，可谓古今中外大杂烩，基本脱离中国的实际，不去解决人民生活中的难题，而是空谈生活方式的改变，最终只是美化国民党统治的一种手法，也不会奏效。

"新生活运动"的具体推动者不得力也是失败的原因。在开展"新生活运动"的地区，虽说从中央到地方，甚至家庭妇女都归口管理，可各套班子形同虚设，只是向上应付，只有一些别有用心、希望走"夫人路线"的人为之奔忙。还有推行"新生活运动"的人本身无法达到"礼义廉耻"的标准，也不愿意做到"礼义廉耻"，这些推动、执行人员如此，又何从谈起深化"新生活运动"？最主要的是，如果真要开展"新生活运动"，受"礼义廉耻"限制和与"新生活运动"准则相违背的，如禁烟、禁赌、禁娼、禁止铺张浪费的对象，主要是达官贵人、土豪富绅、宪兵警察、恶霸流氓本人及戚友，他们要么实权在手，要么财大气粗，要么称霸一方，执法犯法，"新生活运动"的准则无法限制他们，他们成为该运动无法突破的阻力。对于下层劳动人民，统治阶级本身就有对抗的情绪和立场，只是把"新生活运动"当成惩治百姓、搜括民财的又一机会。这样，"新生活运动"一出场就是一场闹剧。

一是正如宋美龄所说："一个人只有进行脱胎换骨的改造，才能进入新生活。"要想解决"新生活运动"提出的问题，不是简单的生活方式的改变或提高层次，而是一场深刻的社会变革，也就是说要"进行脱胎换骨的改造"，并非抓几个生活方式不文明者，而是社会成员的思想改造和自我教育。要想达到精神文明的高境界，就要推翻与人民利益相违背的社会制度，才能有新生活出现的可能，这一点宋美龄不会同意，也就无从谈起"脱胎换骨改造"和进入新生活。

二是要想有新生活，就要对国民党用来束缚和控制人民的思想、理论进行彻底批判，这样才能找到"进行脱胎换骨改造"的标准。改造的标准只能是人类的先进理论而非宋美龄的主张，这一点她也不会同意。

三是若论"进行脱胎换骨改造"，若论向"礼义廉耻"看齐，以四大家族为代表的国民党统治集团，即那些剥夺劳动人民的统治集团和他们所代表的那个阶级，应率先做出必要的改变，这一点宋美龄也不会同意。

以上三个问题不解决，"新生活"从何而来？新生活从何而来没有解决又何从谈起进入新生活？"改造"没有标准又如何进行改造？应该进行改造的对象不思改造又怎能让他人"脱胎换骨"？社会发展史上的悲剧之一，就是整日想改造他人、自己不求自律的人多了一些。

"新生活运动"使得第一夫人在全国大出风头，雍容华贵的宋美龄终于不甘寂寞，为自己树碑立传，在国民党的政治生活中打上自己的烙印，南京城里的文武官员对她有了新的认识，看到夫人的能量远不止"夫人"名分之内。"新生活运动"在当时受到高度赞扬，出面肯定的既有国民党官员，也有西方人士，一时宋美龄声誉鹊起，名响八方，江西省也被南京政府列为"模范省"。作为宋美龄本人，也看到了"新生活运动"的局限性，有花无果，劳而无功，收效几无，至多是哗众取宠、招摇过市。官场和市面的赞扬，不是赞扬"新生活运动"，也不是"新生活运动"取得了什么值得赞扬的成绩，而是吹捧第一夫人，向第一夫人致敬效忠。作为第一夫人，此类事不能不干，否则不能扬名天下；此类事不能多干，否则形象难立，将会留下好大喜功、华而不实的责备。自此之后，宋美龄再也没有干过类似的事情，这也算是她的明智之处。

"新生活运动"最大的实惠是有助于改善南京政府在西方世界的形象。一个忙于军阀混战、争权夺利的蒋介石，通过"新生活运动"，和西方政客的距离大大缩短，似乎在江西掀起的运动，表明蒋介石正在中国进行现代化改造，推进社会福利政策；似乎中国人民经过"新生活运动"就能开始无忧无虑的新生活，套上民主和自由的光环。西方有些善良的人们，以此呼吁当局增加对蒋介石的援助，确实也是这样，美英等国此后对南京政府的贷款和外交上的指导有所增加。蒋介石的目的达到，这是他同意夫人推行从社会改造上讲是劳而无功的"新生活运动"的原因，也是宋美龄摸透西方人的思维方式的一个高招。

当然，英美等国增加对南京方面的援助，并不全是"新生活运动"的推动，更主要的原因是蒋介石在1932年初结束"广州非常会议事件"后，统治地位基本稳固，开始把主要精力放在"剿共"上，这和西方封锁苏联、阻止共产主义赤化世界的反共政策是一致的，这也是西方国家援蒋的真正原因。此外，"九一八事变"以后，日本在华势力迅速扩大，直接威胁到西方的在华利益，美欧等国则想通过援助中国来限制日本人的扩张。再则，西方和蒋介石来往已数年，双方了解加深，蒋介石的"西方代理人"的因素在增加，西方人也就报之于琼瑶，以资鼓励。通过"新生活运动"，加深了西方大国与蒋介石的关系，这里面宋美龄是个优秀的联络员。

四、回忆与夫西安行

宋美龄同蒋介石结婚后，任过红十字会总干事、"立法委员"等职。所任的第一个重要职务是军委会航空委员会秘书长。

发展空军

中国的航空事业起步于民国初年。早在1910年5月13日，孙中山先生在考察西方经济、文化、科技和军事的基础上就说过："飞航练习为吾党人才中之不可无，其为用自有不能预计之处。"自后尽管客观条件所限，中国的航空事业不可能取得多大业绩，可孙先生一直非常关心，就像他热心铁路建设一样。

南京临时政府成立后，凭借两架法国麻桑式飞机，成立了航空队。"二次革命"失败后，被清廷追捕的孙中山在日本东京筹办航空学校，有志于培养航空人才，这一计划没有付诸实现。孙中山到广州主持护法北伐，大元帅府专设航空局，1922年又在广州创办航空学校，当时全国还有几所规模不等、水平不一的航校，如北京南苑航校、保定航校、东北航校等，山西、四川、湖南等省也有。孙中山和宋庆龄还在飞机前留下合影，并手书"航空救国"。在北伐战争时期，广州国民政府已有设置军航和民航两处的航空局。

蒋介石主政南京后，在中央陆军军官学校设航空队，1929年6月改为航空班，两年后扩为军政部航空学校，不久迁杭州笕桥，1932年9月1日移名中央航空学校。

自南京政府起，中国航空事业才进入正式起步和有限发展时期。飞机靠进口，数量不多。培训航空人员的教材、教员、设备、技术均靠引进。蒋介石相当重视航空，曾一度兼任中央航校校长，经常到校内训话，亲手制定空军信条，还给空军题词"大智无敌、大仁无我、大勇无畏"。对航校的学生十分看重，如中央陆军军官学校的航空班被定为中央航校一期生，该期出过国民党的三任空军司令，这离不开蒋介石的信任。

蒋介石在"围剿"中共中央革命根据地和其他苏区时，就把空军用于前线作战。"一·二八抗战"时，中国飞行员也曾起飞追战敌机。当时飞机性能远低于今天，对飞行员的要求相应降低，故国民党空军到抗战前夕已初具规模。

空军建设需要财力，需要同外国人打交道，特别是需要政府有关部门予以支持，而对组建不到10年的南京政府来说，很难对空军实行特殊照顾。对分灶吃饭的海军、陆军及其他兵种来说，不可能让出更多的经费给空军。再则空军军官"贵族化的生活"招致其他军种军官的羡慕和妒忌，使得其他军种军官冷眼对空军。国民党空军缺少加快发展的条件。

空军航空署、航空局、航校的历任掌门也非实力人物，竞争力不强，直到1934年4月，原十八军副军长周至柔出任中央航校校长，不久升任新组建的军委会航空委员会主任，航空和空军部门才有了一个像模像样的人物主持工作，此人后被国民党的空军界称为"空军的保姆"。可是，周某在当时国民党空军界也不是说一不二的人物，无法实现空军正规化、现代化和提高战斗力这一目标，也无法实现对付即将来临的对日作战这一目标，这就需要一个特殊的人物来为空军建设助威呐喊。

蒋介石有兴趣但无过多的精力放到航空一事上，即使他真想偏袒也不便出面，因为所有的军种他都需要，对空军照顾做得过分露骨会影响势力平衡，其余军种将会产生不满。结果蒋安排一个最合适的人来照顾空军，这个人就是宋美龄。1936年初，第一夫人出任军委会航空委员会（以下简称"航委会"）秘书长，周至柔的航委会热烈欢迎第一夫人的到来。"秘书长"不会驾机，可她爱乘飞机；她不懂航空技术，可她有进口飞机的便利和财力；她不想为飞机去辛劳，可她对航空极有兴趣。总之，宋美龄有权有势有钱，能为空军排忧解难，正是靠她的地位和影响，航委会为国民党空军争来不少优惠。

国民党空军在秘书长的护航下，地位有所上升，在向外国采购飞机、聘请外国顾问和教官等问题上获得种种特权，经费问题经秘书长向丈夫、哥哥、大姐夫诉说也迎刃而解。举一小事，在"一·二八抗战"后，国民党开支入不敷出，军人均发七成饷，名曰"国难饷"，可空军的军饷十足发给，这一例外反映出秘书长的能耐和空军的不同待遇。

到抗战爆发，国民党空军主力共有第三、四、五等3个驱逐机大队，装备有美国霍克三式战斗轰炸队。第九大队，装备有F雪莱克强击机。第二大队，装备有F诺斯路甫轻型轰炸机。总共600余架，能用于战斗的有314架。国民党空军的第一次重要展览，是1936年10月31日为蒋介石进行的"献机祝寿仪式"上，由高志航领航的机队组成"中正""五十"四字，在南京引起轰动。

国民党空军的发展，当然离不了官兵的努力。国民党空军在抗日的天空与日寇血战过，也曾在内战战场为蒋介石统治集团出过力。空军官兵在民族战争中的功和在内战战场的过，与宋美龄不无关系。通过出任航委会秘书长，宋美龄赚取了不少政治资本。在西方朋友面前，显示出她的政治权力，西方政界特别是美国院外集团和政界名人越来越重视这位中国的第一夫人。在南京政府内，这个职级不是很高可很关键，以及她能起的特殊的作用，引起官场人物刮目相看，愿意在夫人身边活动的人越来越多。再说，夫人在办理空军事务时，也需要一批助手，"夫人系"开始出现。

回忆遗忘

宋美龄和蒋介石结婚后，丈夫让夫人担心的事有过几回，如1931年底和1949年初的两次下野，如1949年底被赶离大陆，这些有关蒋介石政治生命和政治走向的大事，曾让宋美龄焦心苦虑，担惊受怕；在新军阀混战和"剿共"内战中，宋美龄也为到前线督战的丈夫担心，因为她认为蒋介石的警卫力量不足；在抗战中，她也担心日寇的航空炸弹会落到蒋的头上。这些担心是客观存在的，事实上，蒋介石的政治生命在生命完结之前不会停止，熟知国民党官场和蒋介石权术的人都清楚这一点。说生命安全，蒋介石上前方视察，可以说是安全的，总是在很高的保险系数范围之内。但有一次经历，确实让宋美龄感到担心，这就是西安事变。

1936年12月12日，蒋介石第一次成为阶下囚。在蒋的政治生涯中，在黑暗的清政府和北洋军阀统治时期，甚至孙中山也难躲清朝的鹰犬，蒋介石却从未遇上牢狱之灾。可他成为党魁后，却被部下软禁13天。张学良、杨虎城两将军拘捕蒋介石的壮举和蒋介石拒捕时的狼狈样，震惊了宋美龄。她不理解张、杨两将军为何会犯上扣蒋，也为蒋介石的处境而担心。可不知她有没有想到蒋介石常对她说的话，"一个真正的领袖切不可把自己的命看得过重"，也不知蒋介石忘戴假牙、身着睡衣、跳墙而逃的行为是否与他自己的话相符。

然而，最忙最急的是宋美龄。关于西安事变的记载和论述甚多，其中有一份宋女士所写的《西安事变回忆录》。此文一改以前宋美龄文笔之常规，文体半文半白，"彼、余、然、也"连篇，这篇她和助手合作的产物，同她的抒情、散文式的文风相比，人们在感到陌生以外，觉得文章缺少宋氏文笔惯有的动情之处，如仿效"抚州之险"，则会写出绘声绘色的绝妙之作。

《西安事变回忆录》作为史实依据，似有不妥，因为文中忽视与西安事变有关的基本事实：国民党蒋介石集团对日寇侵略一贯的妥协退让政策；全国人民的抗战热情和张学良、杨虎城二将军的主战立场；中共以团结抗战为重，为和平解决西安事变、释放蒋介石所作出的贡献；国民党当局对张学良、杨虎城将军的迫害和分化东北军、十七路军的卑劣手法；等等，宋美龄对此避而不谈。

《西安事变回忆录》作为回忆文选，似有不妥。作者只是集中在蒋介石是生是死方面做文章，缺乏对西安事变的历史背景和涉及的各党各派人物各种主张的介绍，作为蒋介石夫人和亲到西安的宋美龄来说，本来能够讲出更多的内容，能够写出她的所恨所恶所讳所悔所爱所亲等感受。她也谈到所恶，仅是"兵变捉蒋"，而不谈"兵变"是为了抗日；她谈的所恨，仅是讨伐派，而不谈讨伐派的"勤王主张"和法统地位；《西安事变回忆录》也有所讳，就是不提"亲日派"，因为一提亲日派，容易让人联想起蒋介石自"济南惨案"以来的对日妥协立场；她谈的所亲，仅是助她奔走的助手，而不谈为和平解决事变奔忙的周恩来、叶剑英、李克农等名士；她也谈到所爱，仅是蒋介石，至于灾难深重的祖国、历尽磨难的民族和主张抗日的各界人士、人民大众，在她眼里，只是政治筹码而已。

《西安事变回忆录》作为官方表态，似有不妥。因为蒋介石被扣以后，南京政府的主张在文中没有得到全面反映，并且片面夸大讨伐派的影响，集中在蒋介石的生死上做文章，而没有对亲日派进行必要的揭露和剖析，也没有对南京政府中的部分有识之士的抗日觉悟和要求西安方面释放蒋介石政治主张的肯定。当然，蒋介石、宋美龄可以代表国民党官方，两人的态度就是国民党的态度，两人的主张就是南京政府的法令，可《西安事变回忆录》中可以看出蒋介石、宋美龄难言的隐衷。本来蒋、宋完全可以利用发表《西安事变回忆录》的时机，一反过去与日寇签订不平等条约、割地让权的卖国态度，公开宣布抗日决心和抗日部署，只因蒋介石在事变中经中共代表劝说、被张学良和杨虎城等抗日将领精神之感召，也为急于从西安囚禁中脱身，才同意"六项口头协议"，明显缺少抗日思想基础和认识过程，所以针对为抗日而发的西安事变所写的《西安事变回忆录》，却没有就"抗战与否"明确表态，实为宋美龄失策之处，也是蒋、宋二人所思所想所致。

宋美龄的文章常有一语惊人之处，《西安事变回忆录》也不例外，在谈到事变的意义、影响时认为，西安发生的事件是"决定我国命运最后一次革命正义之斗争也"，"中国全民众解放之基，实亦肇于此乎"。从西安事变对时局的影响，从事变结束后中国政局开始发生转变，建立全民族抗日统一战线的条件趋向成熟来说，她的话不无可取之处。如果联想到抗日战争胜利后，蒋介石冒天下之大不韪，发动全面内战，自绝于统一战线，最后撤往海岛这一史实，宋美龄就不会这样讲了。

《西安事变回忆录》不能被看成史实依据，不能被看成回忆文选，也不能被看成官方表态，只能算是"夫人表白"。在《西安事变回忆录》中，给世人留下的印象是：宋美龄是制止内战的功臣、深入虎穴的英雄、解决事变的主角。她说自己是制止内战的功臣，文中说道：西安"四周军队皆整装待发，叛军之后，复有'共军'，凡此各方，皆屏息以待，立可爆发。而中国境外复有各国静观此间之结果。所谓东北军者，人数众多，军械精良，其作战之计划，即以后方知'共军'为其唯一之后盾；而虎视眈眈之帝国主义者，正悬盼中国内战之爆发，俾以藉口以大规模之侵略，完成其统治中国之迷梦，则此种现象之造成，自将引起彼方之无限制之干涉。凡上述之危状，皆为日来缠绕我心坎之魔影。自闻军事长官坚决主战之论调后，未能一日忘怀者也。

"中央诸要人，于真相未全明了之前，遽于数小时内决定张学良之处罚，余殊觉其措置太骤；而军事方面复于此时，以在即动员军队讨伐西安，毫无考量余地，认为其不容推诿卸之责任，余更不能不臆断其为非健全之行动。军事上或有取此步骤之必要，委员长或亦悬盼此步骤之实现，然余个人实未敢苟同。因此立下决心，愿竭我全力，以求不流血的和平与迅速之解决。

"因此反复申述，请各自检束与忍耐，勿使和平绝望；更请于推进讨伐军事之前，先尽力求委员长之出险。盖战争开始之后，委员长即不为其亲自统率之陆空军轰炸所误中而丧生，亦将为怨恨暴戾之叛军所残害。

"不料此时余已陷入甲胄森严与战斗意识弥漫之重围中矣。

"余乃详告诸人曰：'余虽为妇人，然余发言，绝非为营救丈夫之私意。倘委员长之死，果足为国家造福，则余必首先劝其牺牲。惟目前处置西安叛变，若遽张挞伐之师，经施轰炸，不独使举国所拥戴领袖之生命，陷于危殆，即陕西数千万无辜良民，亦重罹兵燹之灾，且将使为国防而建设之国力，浪作牺牲。故为国家计，不得不吁请诸公妥觅和平解决之途径。

"诸公今日，一面尽可作阵地之配备，唯须力诫勿开枪，勿轰炸以启衅；而一面当乘此时机，努力营救委员长出险，倘和平以至万分绝望之时，再开始战争，亦未为晚。'"

在宋美龄看来，西安事变的任何解决方式，均以蒋介石的安全为前提，武力解决会导致蒋介石丧生的内战爆发，事实也是如此。但在如何保证蒋介石生还南京，宋美龄有局限性。

蒋介石的安全取决于西安方面的态度，张学良、杨虎城对蒋的处置意见则由多方面促成。中国共产党代表团力主和平解决事变，利用扣押蒋介石、国民党方面被迫与中共谈判的有利时机，劝说蒋介石放弃内战政策、结束对日妥协、为组成抗日民族统一战线创造条件。张、杨二将军接受中共劝导，主张只要蒋介石愿意抗日，确保委员长安全，所以西安方面的东北军、十七路军、中共是保证蒋介石安全的主要力量，宋美龄没谈到这一点。

南京方面讨伐与否不是影响西安方面决策的主要因素，因为西安的三大政治力量均不赞成内战，同时也对南京方面的讨伐作了有效的准备。宋美龄营救蒋介石的和平计划，南京方面接受与否均对西安方面不起决定性的作用，她以阻止讨伐为内容的救蒋设想，无法导向事变的发展趋势，因为讨伐在西安三方面都主张和平解决的情况下没有进攻西安的理由。

至于宋美龄的营救措施，在劝止南京政府内部争权夺利、抑制亲日派可能进行的乱中夺权、制止国民党内部可能出现的新军阀混战起到一定的作用。可正是中国共产党的正确主张，引导事变和平解决，有效地制止了南京政府已经进行10年的反共内战，国共双方停止军事冲突，一致抗日，迎来全民族备战抗日热潮，宋美龄没有说这一点。她的立场、理智、感情使她达不到解救民族危亡的高度，脱离不了国民党的一党私利、蒋介石统治至上的限制。

她说自己是虎穴之行的英雄，《西安事变回忆录》中有关此事的描述，远甚于"抚州城中端着左轮枪女侠"的描写，颇有明知山有虎、偏向虎山行的"豪迈气概"。宋美龄说："余个人于事变发动之初，即决心与劫持我丈夫之西安将领作正义之周旋，任何牺牲，任何代价，皆所不顾。"

她说当宣布亲自飞往西安时，"群议哗然，以为不可，反对之声纷至"。

"不曰余此去决无收获，即劝余勿作不必要之牺牲；不曰余去被囚，徒令叛变者多一要挟我夫之借口，即曰最少我投身作质，徒扩大事件之纠纷。

"尝自反问曰：岂我等求出生民于水火之努力，已至最后绝望时期耶？岂我等复兴民族、建立国家之计划，果将从此毁灭耶？深思终不得解，然余终坚持我信仰不舍。

"余信念益坚，知避免战争之奋斗，更有努力推进之必要，因此余竭全力求赴西安，孔（祥熙）部长与余之诸姊弟皆愿伴余同往，尤足感人。然主张讨伐者仍竭力阻我成行，余始终未为所动，当激烈辩论、情绪亢张之时，竟无暇计及发言之态度矣。

"余始终坚持之信念，故愿决死为和平奋斗，以期其成。因此余决意力赴西安。

"及（1936年）12月20日晨，停止进攻之期限已至，余力争展限三日，决偕（宋）子文同机入陕，神经兴奋，几不能持。行至最后一瞬间，政府中高级长官群集余所，坚请暂留。亦有余若留京，尚可于委员长未离西安以前，劝止中央军之进攻者。余乃自动与彼等约，倘子文后，三日内不能返京，则不得再阻余飞西安。

"星期一（21日）下午，端纳、宋子文先后到达（南京），各述闻见。余坚持明晨必偕彼等同机返陕。

"当时余对西安事变已具一种妄想：譬之造屋，端纳既奠其基，子文已树柱壁，至上梁盖顶完成之工作，实为余无可旁贷之责任矣。

"时蒋鼎文已出陕来京,余念委员长或需军官如彼者为代表,请彼与戴笠偕行,且对西安表示中央之信义,决不一去不回,稍示怯懦之气。

"余等即登机行矣。人或有称余此行为勇敢者,然余自念,所作所为并无异行之处,二万万中国妇人处余地位,皆必取同样步骤。

"余启行时,神志清明,镇定坚决,绝无怯意。然冒险而入叛军统治之区域,能了解此危机之巨大者,当时固无人较余更深切也。

"余于飞机着陆前,出手枪授端纳,坚请彼如遇军队哗噪无法控制时,即以此杀我,万勿迟疑。"《西安事变回忆录》把宋美龄飞西安的情形说得一清二楚。

她去西安之前,认定的主要对手,一为南京政府内的讨伐派,一为西安的兵谏者。在对待讨伐派方面是有矛盾的,讨伐派对西安施加军事压力,讨伐派以"国君有难、诸侯勤王"的春秋大义兵临潼关,宋美龄是赞成的。讨伐派准备发动军事进攻、轰炸西安等激化矛盾的措施,以及内战带来危及蒋介石生命等结果,宋美龄是反对的。对于兵谏者,宋美龄在飞陕前,始终不信任,以致给她带来如此大的压力。当然她当时不可能同意张、杨将军在事变之初提出的救国主张,不可能理解兵谏压蒋抗日的壮举,也不愿意接受蒋介石被部下扣押已成囚徒的事实,正是错觉种种,导致她在决定飞西安问题上踌躇不前。

宋美龄还介绍不少讨伐派不让她飞陕的内幕,这就让人费解。她说讨伐派阻其去西安,一心想发动危及蒋介石生命的军事进攻。如果此话为真,讨伐派想借机除掉蒋介石,又为何极力劝阻宋美龄飞陕?讨伐派连蒋介石的性命都不顾,还会顾及你宋美龄的生命吗?讨伐派如果如此看重你宋美龄的生命,那也不会把炸弹随便往蒋介石头上扔。说到底,宋美龄在文中大力渲染讨伐派的军事进攻计划和只身赴难飞西安的行动,是别有用心的宣传和自我表彰。

宋美龄的话之所以不能服人,只因她的论述与基本史实不符,讨伐派对西安只是增加军事压力,而增加军事实力又有利于宋美龄的和平行动。讨伐派如果真想进攻,如果真想乱中夺权,如果真想借刀杀蒋取而代之,也非宋美龄所能劝阻。

她把兵谏者视如敌人,以增加自己勇敢、沉着、富有胆略的色彩,可兵谏者从未有过非难蒋介石和宋美龄的打算。如果西安三方真想杀蒋,非宋美龄能劝阻;如果西安三方真想造反,宋美龄早来晚来都一样,下飞机进囚车。

事实上,宋美龄飞西安的过程,跟她所说的豪言壮语有不同之处,入虎穴救丈夫的壮举是有别人垫底的，在对西安政治倾向不摸底的情况下首飞西安的不是她。

西安事变发生在星期六晚上，当时宋美龄正在上海的家中讨论"航空委员会改组"事务，是时任财政部长的孔祥熙上门告知"西安发生兵变，蒋委员长消息不明"。第二天（12月13日）晨，宋美龄赶到南京，得知国民党核心决策圈已准备讨伐张、杨二将军，她并未提出赴西安，而是在当天8点，致电通知张学良说端纳将在日内飞西安。次日端纳到西安，这是第一个和平使者，在中国现代史上少见的这一重大事件中，南京政府和宋美龄派出的第一个使者，竟是外国人。当然端纳对西安和南京双方来讲并非外人，此人曾是张学良出掌东北大权后的前7年间的顾问，从1934年起又协助宋美龄发起"新生活运动"，在蒋介石、宋美龄到全国各地活动时多次参加采访和报道，成为蒋府红人。有与张学良、宋美龄的关系，再加上澳大利亚籍，这三种关系集一身，端纳成为出使西安最合适的人选。

端纳为宋美龄出力甚多，西安事变发生时，对外联络中断，南京城里对事变真相并不了解，端纳则向宋美龄提供了许多见闻，如蒋介石安然健在、张学良的态度、西安城内的现状等，为宋美龄的决策提供依据。他还为宋带去了蒋介石的信，这是当时别人无法办到的。与端纳同行的是一辈子深受第一夫人信任的黄仁霖，此时黄某年近不惑，为侍从室的重要分子，后来官至"联勤总部司令"。

16日，周恩来、秦邦宪、叶剑英、罗瑞卿、李克农、童小鹏等中共代表，由张学良派飞机接到西安，这是事变发生后西安方面接待的第一个代表团。中共代表团的到来，为确保蒋介石的安全、实现和平解决事变提供了重要保证。此事一度引起南京方面惊慌，明令宣布准备讨伐。

16日晚，张学良派出的使者爱尔德到南京，这是西安飞南京的第一个使者，也是外籍人士。18日，经张学良、杨虎城两将军同意，蒋介石派遣的使者蒋鼎文到达南京。至此时，张、杨发动兵谏以促使蒋介石同意抗日、并非杀蒋政变的本意已为南京所熟识，南京、西安已有沟通。19日，中共中央发表通电，提议召集和平会议，并向国民党方面提出四项和平条件。此事说明，事变已度过刚发生时的仓促、忙乱过程，在中共的帮助下，如何解决事变已走上正道。

20日，宋子文飞陕，成为南京方面飞往西安的第二个使者，宋子文成行则说明西安方面和平解决事变的诚意，绝无扣押蒋介石及宋子文为人质之意，宋美龄如若西飞，也不会有任何威胁。

21日下午，宋子文、端纳回到南京，为宋美龄飞西安的人身安全和采取的政治行动铺平道路。22日宋美龄在宋子文、蒋鼎文等人的陪同下飞西安。

从这几天的经历看，不能说宋美龄飞西安时没有"坚持我信仰不舍""决死为和平奋斗""镇定坚决，绝无怯意"的壮志，可她并没有冒险的勇气，待其到西安时，事变涉及的各方，已为谈判做好充分准备，第一夫人已无险可冒。

讨伐派干预宋美龄的飞陕行动，并不是拒绝和平解决事变、置蒋介石于死地，而是和宋美龄内心的打算是一样的，都是在摸清西安详情后第一夫人再起飞，宋美龄是这样想的，也是这样安排的。她以惯有的自负和任性，利用这一机会，向讨伐派为代表的官僚进行搏斗，事实上10天间她和讨伐派的交锋，是她第一次在蒋介石不在场，以个人名义，赤裸裸地干涉国家政治生活。这种干预又以宋美龄的胜利而暂告结束，以后她插手国民党核心圈决策的胆子越来越大，这是西安事变给国民党政界带来的副作用。

至于宋美龄本人也不相信讨伐派发布讨伐令是谋害蒋介石的阴谋，也知道作为硬的一手的讨伐令是她作为软的一手的和平解决方法的补充。如果宋美龄真是认为讨伐令是加速蒋介石的死亡，宋美龄、蒋介石以后也不会和讨伐派的骨干何应钦、戴季陶继续合作下去，特别是当时身为"讨逆军总司令"的何应钦又怎么和蒋家再相处50年？

她说自己是解决事变的主角。《西安事变回忆录》中对此用笔甚多。"余见委员长后，再召张来见，彼或因余未加斥责，显有快慰感。余立以镇静诚挚之态度与之商谈，告以彼等自谓此举得全国民众之拥护，实属错觉。

"尔等欲将武力以强迫委员长做任何事情，皆无成功之希望。

"尔（张学良）秉性太急切，且易冲动，尔当知世上有许多事，皆非躁急之举动可以成功者。

"然余之经验告余，躁急者百分之力量，只能得一分之收获。

"盖彼此次举动，不独扰乱秩序，自坠人格，且身为军人，竟甘超越轨范，毁灭纲纪，如此之甚。

"尔等如真悔过，个人安全绝无问题；若不知悔改，任何人决不能保证尔等之将来。委员长平素之大度容人，为尔等所深知，今日即当信任其度量。"

在宋美龄看来，蒋介石能出陕回京，完全是张学良立场转变所致，而张从捉蒋到放蒋的转变完全是由她批评、开导的结果。《西安事变回忆录》中还列举数次她和张将军的谈话，并用张将军的话来证明她在解决事变中所起的"关键作用"。

文中列举张的话有不少，如"夫人，余已觉悟此举之不当，决不愿托词掩饰，唯自信动机确系纯洁。倘此次夫人能一如往昔偕委员长同来者，余敢断言，决不致发生此不幸之事变。

"夫人应信我敬戴夫人之诚，即余部将亦一致敬戴夫人。委员长被禁后，彼搜索其文件，得夫人致委员长函二通，拜诵之余，盖感夫人之伟大。盖此二函中，夫人为民众福利之至诚毕露，故深信夫人此来必可调整现局，使委员长早日离陕之热情初不后人。盖我等不独不愿阻碍其政治上之工作，且一致推崇彼为我等唯一之领袖。"

《西安事变回忆录》还记载下张学良如在事变无法和平解决情况下的应急措施："如杨（虎城）部反抗，我等固可与之抗战，然夫人为一女子，则处境极危。或者夫人与端纳先飞洛阳，余再设法潜偕委员长出城，此计如得售，则大佳。余可向彼等托词，请夫人再赴南京交涉罢战言和；一方面暗中将委员长化装载于汽车，混出城门，经赴东北军所在营内，再派车送赴洛阳与夫人会合。"

《西安事变回忆录》还举例说，"张（学良）已躁急不能自持，向彼（宋美龄）等声称，倘彼（杨虎城）等不即'改变旧态'（'旧态'，是指原定的蒋介石答应抗日后再回南京的决定），余将自取适当断然之行动。

"张告委员长，彼已决心随委员长赴京，委员长反对甚力，称无伴行之必要，彼因留其军队所在地，并以长官资格命其留此。张对余解释：谓彼实有赴京之义务，盖彼已向各将领表示，愿担负此次事变全部之责任；同时彼更证明此次事变，无危害委员长之恶意及争个人权位之野心。余等深知此次事变确与历来不同，可谓空前所未有；张之请求亦有其特殊之意义，足使以后拟以武力攫夺权力者，知所戒惧，而不敢轻易尝试。故余与子文赞成其意，允其同行。"

宋美龄的《西安事变回忆录》让人回味无穷。一是她的话无法得到张学良将军的证实，张将军自送蒋介石至南京到目前，对西安事变内幕一直缄口不言，《西安事变回忆录》中有关张少帅的事与话，第一夫人随而写之，别人姑妄听之。张少帅没出来说话，不等于将军无话可说，不等于赞成第一夫人的"杰作"，也不等于人们就相信宋美龄的话。

二是《西安事变回忆录》把张学良说成是失信违约的小人。宋美龄说张将军数次计划不顾与杨虎城将军达成的协议，准备采取单独行动，分裂兵谏阵营，护送蒋介石出陕。这事同样无法得到张、杨两将军的证实，可从西安事变的整体解决过程和有关各方的态度看，宋美龄的话很难使人相信。因为在宋美龄到西安的一个星期前，不杀蒋介石、和平解决事变的方针已定；宋美龄到西安后，释放蒋介石回京一事也已达到共识。唯一的问题是只要蒋赞成"停止内战，一致抗日"这一反映民族利益、人民呼声的基本要求，即可成行，蒋介石也没反对，宋美龄也没反对，所以也就根本不存在扣押蒋介石这一问题。现在只是时间问题，只是国民党、共产党与西安方面如何达成协议。

经过两天三轮会谈，周恩来、张学良、杨虎城、宋美龄、宋子文，达成六项协议：改组政府，容纳抗日分子；释放上海爱国领袖及一切政治犯；停止"剿共"政策，联合红军抗日；召集各党各派各界的救国会议，决定抗日救亡方针；改变外交政策，与同情中国抗日的国家建立合作关系；其他具体各项事宜等。此外，还就保障兵谏参与者的人身安全问题，蒋介石以人格担保一并执行。

两天的谈判过程，不能说是对蒋介石的迫害，从谈判达成的协议看，对蒋介石、宋美龄是有益的，因此更不能说是反对领袖，毁纲灭纪。蒋介石晚两天离陕、待协议谈妥才走也是有利于事变的解决，并非政治阴谋。因此，张学良要与中共代表、杨虎城决裂，要在协议达成之前送蒋介石出陕一事，也就无从谈起。不过，此事却说明宋子文、宋美龄到西安后对少帅做了大量分化瓦解工作。

三是《西安事变回忆录》漏写了最重要、最值得回忆的内容。宋美龄自始至终没有介绍是如何会见中共代表周恩来的，也没有记载国共谈判的内容、过程、气氛，特别是中共为解决事变提出的主导方针和所作出的努力，均为宋女士所忽略，实在令人遗憾。这样，宋美龄这个并非真正的主角隐去了中共这一真正的主角，结果可想而知，既大大降低《西安事变回忆录》的价值，也反映出宋美龄的政治偏见。

四是宋美龄无论是政治上还是情感上，和蒋介石真是天生的一对，《西安事变回忆录》没忘此事。从政治上说，妻子不忘利用事变宣传丈夫的意志和人格。和以往一样，在宋美龄的笔下，蒋介石有临危不惧、置个人生死于度外的历代忠贤之遗风，什么"吾夫屡言，苟利国家，愿以身殉"。当然，说归说，做归做。

前有兵谏之初蒋介石跳墙逃跑，后有宋美龄分化兵谏阵营，计划让蒋介石早日逃出西安。妻子想让丈夫脱险的心情完全可以理解，只是宋女士一面吹捧蒋介石视死如归，一面又布置出逃，她自己难圆其说。

从生活上说，两人夫妻9年，22日相见于西安，还是很重感情的。《西安事变回忆录》中说："余入吾夫室时，彼惊呼曰：'余妻真来耶，君入虎穴矣。'言既，愀然摇首，泪潸潸下。余强抑感情持常态曰：'我来视君耳。'吾夫言曰：'余虽屡嘱君千万勿来西安，然余深感无法相阻也。今晨余读圣经，适阅及'耶和华今将有新作为，将令女子护卫男子'句，今君果来此。"不管怎么说，患难之际见真情，宋美龄于蒋介石危急之时，在南京、西安全力相助，也使蒋深深感动。当然，宋美龄的地位也随之升高，强化了她干预国政的权力。

宋美龄的《西安事变回忆录》对后来出现的事件则没作论述。其一，在蒋介石的授意下，南京当局最先审判、软禁张学良，一关就是半个世纪，28岁起执掌关外军政大权、历经沙场的张将军，一夜之间，由数十万大军的统帅成为囚徒；其二，强迫杨虎城出洋考察，待杨将军抗战军兴回国参战，刚到香港就被特务控制，一直被关至国民党大溃败时惨遇毒手；其三，东北军在失掉张少帅的情况下，领导阶层内部出现分裂，发生兵变，最后和十七路军一样，被蒋介石分而治之。宋美龄对南京政府言而无信、无法向全国人民和张、杨将军交代的恶劣行径，难道也是无话可说？如果蒋介石不忘以人格担保兵谏将领人身安全的诺言，如果宋美龄不忘向张、杨将军表示个人安全绝无问题的诺言，南京政府的任何部门和机构都不敢对兵谏者采取极端行动，这一点宋美龄心里清楚。作为决策者之一的宋美龄有何责任世人皆知。

五、宣传抗日存大义

"七七事变"后10天，蒋介石发表闻名于世的《庐山谈话》，面对日寇的侵略行径，演讲者一针见血地指出：我们的东三省失陷，已有六年之久，现在冲突地点已到了北平门口的卢沟桥，如果卢沟桥可以任人压迫强占，那么我们百年故都，北方政治文化的中心与军事重镇的北平，就要变成沈阳第二。北平可变成沈阳，南京又何尝不可变成北平？作为中国军事委员会委员长的蒋介石郑重宣布："地无分南北，年无分老幼，无论何人皆有守土抗战之责任，皆应抱定牺牲一场之决心。"他能这样做，对中华民族来说实是幸事。南京政府在日寇的步步进逼下，在全国人民的推动下，终于走上抗战之路。

巡视淞沪

宋美龄也参加了全民族抗日阵营，并尽自己的努力，为战胜法西斯做过一些工作。作为第一夫人，她在抗战中的作用和其特殊地位是有联系的。

战争之初，宋美龄十分关心战局的变化，"八一三抗战"起，在国民党统治的经济中心、宋家王朝基地——上海遭日寇进攻后，更是焦虑不安。为稳住战局，组织各界人士特别是妇女界和宗教界支援前线，慰问伤兵和部队，身为蒋介石夫人，还亲赴上海前线视察，曾在视察时突遭日机轰炸，慌乱中出现车祸而受伤。

蒋介石和宋美龄都十分重视上海抗战，这是由上海的战略地位决定的。第一，"七七事变"起，日寇有沿津浦路南下直取南京，更有沿平汉线南下直取武汉、堵截国民党政府向大后方撤退必经之路的打算。蒋介石为摆脱这一不堪设想的危险局面，决定把日军的主要作战兵力从华北方向引开，减轻平汉、津浦路北端压力，调动日军到上海方向。把日本侵略者由北向南的有利进攻态势改为由东向西、溯江而上仰攻的不利进攻态势，由铁路的快速进攻改为水路、公路的慢速进攻，这是上海抗战起因里南京政府方面的因素。

第二，上海为外国在华势力的集中地，面临日寇的浩劫，有可能促使西方国家走上支持中国抗战之路。事实上淞沪战役打响后英、美、法等国并未立即采取援华行动。

第三，南京政府准备长期抗战，部署大撤退，计划把位于东南沿海的党政机构、大专院校、工商企业、战略及生产和生活物资尽量西迁，上海抗战则能争取尽可能多的时间来执行撤退计划。

第四，宋家王朝在上海已经营50年，宋家兄妹在上海已经营20年，宋子文、宋美龄、宋霭龄在南京政府任要职后在上海经营也已10年，把如此大的家业搬到武汉、重庆，需要时间。从以上四点中可以看出蒋、宋重视上海抗战的原因所在。淞沪抗战是蒋介石直接指挥的少数抗战重大战役之一，也是宋美龄到过的少数战场之一，她经历了炮火连天的场面。

抗战期间，宋美龄不乏共赴国难的精神，亲自组织起"妇女顾问团"，作为发动国统区妇女参加抗战的指导组织，负责妇女训练、生产自救、战区服务等方面的事务。为培训妇女，在武汉等地组办妇女训练班，她还到班级授课。这一活动，一时成为宋美龄的专利，成为来自大后方的主要新闻。时隔不久，由于国民党当局放弃积极抗日的立场，限制人民群众奋起抗日，宋美龄发起的妇女救国运动也随之流于形式。

针对不断增加的、从各地逃难而来的无数难童，宋女士呼吁和着手进行过救助难童工作。国民党政府在武汉办公期间，为解决难童的抚养和教育问题，她出面做过集资和安排工作，有些孩子被护送至西南。

宋女士在一篇谴责日寇侵略的文稿中谈到过中国难童的悲惨遭遇："有一天，日本人的飞机发现了一艘满载孤儿的汽船。这艘船被炸弹攻击，立刻死了许多孩子，其他人也被抛入距离出海口尚有六百码的河中。这些孩子一去不回，他们乘着飞龙，到很远的地方去了。"救助难童工作，主要在进步组织和民间进行，国民党政府方面忙于胜利大逃亡，无暇顾及，宋美龄所做的事情，新闻价值远大于实际效果。

研究宋家王朝很有成绩的传记作家，曾专门介绍过宋美龄视察被日机轰炸后的重庆时的情形，特别是在为躲避轰炸、防空洞超载造成缺氧，致使万人死亡的"五四惨案"发生时，"整个晚上蒋夫人马不停蹄地四处奔走，监督救难工作。因为夫人和委员长自己的座车已被用来运送伤患〔一对老夫妇拒绝进入（蒋、宋的）座车，直到他们确信这不是冒犯为止。就算如此，他们还是坚持在入车之前（向蒋、宋）叩了三个头〕。蒋夫人只得带了几个随从，乘坐卡车办事。"

"在路上她遇上了准备疏散到城郊去的一支六千名难童组成的队伍。蒋夫人下令扣下（遇到的）所有用来疏散重庆市民的卡车及私家车，这些车正要空中回到城里去，而蒋夫人则命令他们调转车头载孩子。她站在路中，手中挥舞着旗子，招呼驶来的车子，车内的人一听要运送孩子往往立刻掉头就跑，而不知拦车的就是蒋夫人。这也难怪，因为此时她满脸尘垢，衣冠不整，其余随从也好不到哪里去，连她的侍从官都被派去为孩子们张罗吃的了。最后，总算勉强征集到足够的车辆，孩子们分别被送往目的地。"

宋美龄站在被轰炸过的废墟面前和看到步行中的孤儿（有的孩子太小则由稍

大的孩子背着走），不知如何是想，如果仅仅是因为表示出一点人道的关心和临时找到一些运输工具而自感欣慰，则大错特错。作为自谓是与民众"共命运同甘苦"的第一夫人，应考虑的是如何减少战争给民众带来的损失，如何增加重庆等地的防空力量，如何建设卓有成效的防空设施，特别是应考虑如何发动民众参加抗日运动。如果仅是看看灾民、送送难童，那与她的身份和地位是远远不相称的。话又讲回来，宋美龄能到轰炸重灾区看一看，能过问难童的转移工作，也是值得肯定的。

宣传抗战

宋美龄的抗战热情更多地表现在外交方面，通过对国际的呼吁，以争取国际社会的同情和支持。

作为航空委员会秘书长，她比谁都明白中国空军在对日作战中的重要性和现存有限的作战能力。中国空军高志航率领的第四大队在淞沪抗战中，于8月14日取得的6比0的辉煌战果，更是激起全民族的抗日之情。为此，宋美龄为增加中国空军的作战能力想过办法出过力。一是主张扩大中国空军规模，因向西方采购飞机不易和种种技术问题，以及国民党大员的低效率和贪污受贿，此事在抗战初期收效不大，直到抗战后期才有明显好转，可蒋介石又把空军主力留在大后方，为后来发动全面内战准备实力。二是向苏联求援，接受苏联航空志愿队，苏联飞行员曾在武汉会战等战役中一显神威，至今中国人民还在深深地怀念他们。三是组建飞虎队，在抗战前夕，宋美龄就开始聘请美国顾问，着手整顿、训练空军。"七七事变"后，又授权美国军人陈纳德组建飞虎队。这支美国航空志愿队后来发展到一定规模，它在空战中显示的威力远不如在运送美国援华物资上所显示的实力，到抗战结束，飞虎队则成为蒋介石发动全面内战的工具。

呼吁富有正义感的政府和人民支持中国人民的抗日战争。宋美龄是这样来揭露日寇的侵略目的的："就日本军阀目前在华的行动来观察，诸君当能明了日本军阀居心的险恶和残忍，预照着预定计划，进行数年以来无日不在准备的征服中国的企图。为了达到这目的，即使完全歼灭我中国人民，也在所不惜。

"日本军阀早已昭示世界，对于国际信用悍然不顾，并且把从前武士道的高尚精神委弃无遗，武士的尊荣也跟着扫地以尽，在世人瞩目之下，做出种种恶行还不以为耻。原因在哪里呢？无疑地他们自信世界列强不敢反对，所以日本军阀拼命进行他们的征服计划，自信可灭亡中国，到一定时候，还可排除一切西方文化和商业在华势力。所以，若是我们中国人不能阻遏它，恐怕日寇将在中国的焦土之上，建立一个扰乱世界的大陆日本帝国。"

宋美龄是这样谴责日寇暴行的："他们用整批的炸弹、大炮、机关枪屠杀中国无数的民众。请看家室市廛，有的在侵略者点燃的火焰中焚毁，有的被炸而化为灰烬；请看血流成河，积尸遍野；请看盈千累万的中外难民，惊呼骇叫，仓皇逃难，想苟全他们的生命。

"数天以前，有几千难民聚集在上海南站，候车离沪，空中忽然飞来了日本的飞机，恣意地丢着炸弹，结果有300多无辜平民，血肉横飞，受伤的也在400以上。

"只隔了几天，许多难民，乘车离沪，在距上海若干英里的松江车站，也遭到同样的袭击，于是又有三百多人粉身碎骨，同归于尽，另有数百人身罹重伤。"

此外，她还列举出日寇为所欲为、毁灭学校、摧毁文化机关、实行三光政策的种种罪行。从日军的行为看其侵略暴行，则远远超过宋女士所描述的程度。

宋美龄是这样来介绍中国人民的反抗精神的："一九四三年的中国，早已被迫陷入于全面战争中，单独无援从事作战已历五年，忽在一夜之间使自由世界认识中国虽武备未周，仍与侵略作英勇的搏斗，以图雪耻。

"中国一向是被认为怯懦无能，军事上也没有充分的准备，然而如今已决定放弃以前的容忍政策，不再忍受暴敌的侵略、残杀和无理侮辱，全国奋起，为了国家的生存而从事抗战。

"埋头苦干的中国人，将尽我们力量所至，抵抗到底。我们将奋斗到最后的胜利，或最后的惨败。纵使大好河山，悠久历史，都被鲜血染红，或毁灭在熊熊的火焰之中，亦所不惜。

"由于我们抵抗日本军阀的侵略，已把侵略者的车队牵制在中国的泥沼之中，而使它动弹不得。只要能给我们以正义的同情到相当时期，一定能使敌人完全失败。日本也就不能助长人类的祸患，摧残民主主义和人道正义来扰乱世界的安宁。那时节世人将会公认我们的功绩，对于整个人类是怎样作出我们的珍贵贡献的。"

这位第一夫人是这样来批评西方的绥靖政策的:"在一九三一年日本军阀强夺东三省的时候,列国曾纵容它的首次侵略行动。到了一九三二年,日本轰炸睡梦中的上海闸北居民,列国则纵容它的继续。而现在呢?日本再度大举侵略,铁蹄差不多踏遍了中国全境,列国竟也熟视无睹。

"只有依靠集体和经济的力量,才能挽救自由、正义的民主信念于不毁,并且使得美国和其他弱小民主国家免于受害于无法预料的灾难。但是,若是大家对现在横行中国的罪行视若无睹,这些灾难就不是不可预料的了。

"所奇怪的是,列国竟都袖手旁观,完全没有考虑到制止的步骤,是不是日本军阀每日虚构事实的宣传,竟能使各国相信吗?还是日本有催眠的技术,麻醉了世界的政治家呢?'这并非战争,只是一种事变'的日本咒语,似乎富有蛊惑的魔力,驱使世界保持缄默。

"我们的抗战,不仅为了国家的主权,民族的生存,也为了维护国际条约的尊严,而各国反而坐视他们在华权益横被摧残,在华侨民被迫流亡,岂非怪事。各国采取这种畏葸怯懦的态度,在日本军人看来,认为是一种可庆幸的鼓励。

"请告诉我,西方各国坐视这样的残杀和破坏,噤无一词,是不是可以算作讲求人道、注重品德、尊尚仁义、信仰耶稣文明的胜利象征呢?再则,现在第一等强国,袖手旁观,好像震慑于日本的暴力,不敢出一语相诋评,是不是可以看作国际道德、耶稣道德,或所谓西方优美道德堕落的先声呢?"

宋美龄这些讲演和文章,犹如政治宣言,重塑起她的形象不说,也提高了中国的影响力,对争取西方国家对中国抗战的同情和支持,是有益处的。

抗战期间,宋美龄有过两次著名的外交活动。一次是1942年11月进行的长达7个月的美国之行。在20世纪40年代的美国人心目中,名声最大的中国女性,应该说除慈禧太后之外就是宋美龄。好动感情、容易冲动的美国人对这位东方现代女性,有一种盲目的好感。1942年秋,作为罗斯福总统私人代表的威尔基,在访华后发表的关于宋美龄的评价,则代表不少美国人的看法,威尔基不无崇拜地说宋美龄:

"她的才能出众——请恕我这种带有个人感情的说法——以及她对中国的献身精神,在美国是众所周知的。她到美国不仅会受到大家的爱戴,效果也必然可观。

她的话会比任何人的话都有力量。她具有才智与魅力，还有慷慨和谅解的胸怀，她的仪容优美，风度文雅，她的信念炽热，正是我们需要的人物。"

宋美龄是由孔祥熙的二小姐令伟和医护人员陪同秘密飞美国的。11月27日，罗斯福总统派出第一夫人埃莉诺和国务卿霍普金斯出面欢迎。宋女士到美国后的前两个月间，主要到纽约治疗过去车祸留下的旧伤和皮肤病，以及进行全身体质检查。在听惯颂歌和唱惯颂歌的东方人看来，福分无边的东方君主是不会生病的，宋美龄的病和治疗也是在秘密的状态下进行的，一切由孔府孔令侃、孔令伟负责安排，就医的哈尼克斯医院包租下整个十二楼，并由美国联邦保安人员严加警卫。此行只是她第一次专程到美国治病，以后就隔几年来一次，特别是过敏性皮肤病折磨了这位高贵的夫人一辈子，到晚年又增添了妇科疾病。

从1943年2月起，宋美龄放弃"保密"，公开进行一系列的外交活动，刮起一股中国旋风。当她从纽约到华盛顿时，罗斯福夫妇邀请其住进白宫，在宋以前，还没有一国的第一夫人有此待遇。中国的第一夫人又受邀到美国国会发表演讲，在她之前在此讲台上讲演过的外国女性只有荷兰女王。讲演时宋美龄颂扬了"我们两国伟大的人民之间持续了一百六十年的传统友谊"，并强烈谴责日寇的侵华罪行和呼吁美国及西方国家加强对正处于抗战最艰苦阶段的中国的援助。国会演说的结尾是这样的："顺逆之境都可考验一个人的根性，而一个民族的灵魂，更是加倍如此。"国会演说成为她一生都可炫耀的政治资本。

3月19日，罗斯福总统又陪同宋美龄出席在白宫椭圆形办公室举行的新闻记者招待会。首都活动结束后。宋女士又周游美国，先后到纽约、芝加哥、洛杉矶等城市演说，与当地官员、名士交流，和市民及各界代表见面。在这少时生活过9年的国度里，宋美龄如鱼得水，种种才华都得到充分的发挥，直到1943年7月4日才回到重庆（6月间去加拿大访问3天）。

美国总统的友好，欢迎群众的热情，宴会上的祝词，讲演会上的掌声，使得宋美龄神魂颠倒。她恐怕不知所以然：对宋美龄的欢迎，并不尽是她个人因素决定的，主要是因为美国官方和民间对中华民族反抗侵略的勇气和战绩的佩服，正是把她作为中国的外交使者才给予如此热烈的欢迎。当宋美龄5年后作为中国共产党人的手下败将的政府代表去美乞求援助时，同一个女性，则遭冷遇，在国际外交舞台上，靠才貌并不能达到全部目标，更要靠当事国的实力和正义感。

对宋美龄的欢迎，也有个人因素，她的华美、高贵、典雅的打扮和富有东方女性美的气质，在风俗、语言、习惯、人种不同的国度里，极易引起轰动。特别是当时国际首脑间的外交活动不多，少见多怪，物稀为贵，"宋美龄旋风"一刮而起。在今天电视普及、航空便利的条件下，各国第一夫人的外交活动频繁，新鲜感就少得多。

当然，宋美龄赴美半年多，真人露相，真面目也有所暴露。一是罗斯福夫人对自己请来的客人的评价是"民主，她讲得很动听，就是不知如何过民主生活"。事因是访问过程中，一次罗斯福夫妇和宋美龄共进午餐，总统问起如果战时煤矿工人罢工，她和蒋委员长将如何对付？"美龄默默地将那染了色的长指甲的手在喉咙处抹了一下"。宋美龄用潇洒简洁的动作回答了她所认为的一个极为简单的问题，也难怪她这样回答，因为南京政府处理工人罢工时常用宋美龄所演示的手段，这种靠"屠杀"和"镇压"对付罢工工人的手法，当然不为罗斯福夫妇所赞同。赤裸裸的弹压政策，在西方资本主义国家，已被蒙有"民主和人权"面纱的法治，以及分化、收买、欺骗所代替，埃利诺对这位美国培养出来的女政治家没有学懂弄通、正确使用美国式民主而感到遗憾。

二是宋美龄任性、固执，令美方讨厌。美国的接待人员认为宋是"最麻烦的客人"。访问过程中，她坚持用美方专机运送所需要的香烟。每篇讲演稿和文章都要改写七八遍，让接待单位无所适从。在灯火管制下，凭着接待人员的手电筒光"穿戴打扮"，梳头、做发式、化妆是她一辈子从不马虎的事情。中国第一夫人总是颐指气使，高高在上，为了自己的需求，从不考虑别人，因此也就难以得到别人的认同。

三是宋美龄的奢侈豪华气派给自己美国之行的效果大打折扣。访问进行时，人们注意到她在白宫时每天要换四五次丝绸床单；她那风韵犹存的身材每天穿上让人吃惊的服饰；她回国时有一架军用运输飞机专门装载行李，卸货的美军士兵发现尽是名贵大衣、高档钟表、女人用品。宋美龄作为第一夫人外出访问，高层次的享受是必要的，可其过分奢华已为富有的美国人所惊讶。当时正在为中国募捐的救济会官员"被迫不得不向人们解释，为什么为贫困的中国求援的宋美龄却穿得这样奢华"。说到底，宋美龄的习惯、爱好、见解，已毁掉了作为女政治家、外交家的形象。

见证开罗

另一次外交活动是参加开罗会议。1943年10月28日、11月1日、11月9日，美国总统罗斯福三次致电蒋介石，邀请其出席在开罗举行的美、英、中三国最高首脑会议。1943年11月23日上午11时会议正式开幕。在开罗的"总统饭店"，集结了世界反法西斯方面的主要领导人：美国总统罗斯福、国务卿霍普金斯、陆军参谋长马歇尔、陆军航空司令安诺德、第十四航空队司令陈纳德；英国首相丘吉尔、外相艾登、外交部常务次官贾德干、参谋总长布鲁克、海军参谋长肯宁汉、空军参谋长波多尔；北美盟军总司令艾森豪威尔、东南亚盟军总司令蒙巴顿、英美联军总部英方代表团团长狄尔、中缅印美军总司令史迪威，英美方面缺席的重要军事指挥官是西南太平洋盟军总司令麦克阿瑟、美太平洋舰队司令尼米兹；中国代表团由蒋介石带队，随员有宋美龄、国防最高委员会秘书长王宠惠、军委会办公厅主任商震、航空委员会主任周至柔、中宣部副部长董显光、委员长侍从室主任林蔚、侍卫长俞济时、秘书俞国华等。会议最大的缺席是反法西斯阵营成员、苏联的代表。

开罗会议是第二次世界大战中的一次重要集会，从出席会议的人选上也可看出会议的目的，三巨头协商的主要议题是如何结束对日作战，具体讨论了中国军队和盟军在缅甸北部的反攻、增加对华军援、要求日方归还侵占的中国领土诸问题，为结束第二次世界大战做了必要的准备。

中国代表团里有军事、外交、国际法等方面的专家和首长，可最出风头的却是宋美龄。宋女士有几个月前访美活动作为铺垫，在西方的影响未消，轰动效应还有存在，所以一到开罗，立即成为英美代表团和三国新闻记者关注的焦点。蒋介石是政治中心，可对喜好排场和情绪容易冲动的西方人来说，对猎奇、追求新闻价值的记者来说，宋美龄成了中心人物。

在开罗期间，蒋介石参加全体会议或是与罗斯福及艾森豪威尔两次密谈，宋美龄均作为决策者、助手、翻译在场，这样可以增加会议的艺术效果。23日蒋介石举行茶话会，宋美龄是主人。27日宋美龄又独自举行茶话会，招待各国代表，

记者们写道:

"在茶会中,蒋夫人受到了包围。

"丘吉尔首相的女公子莎娜小姐和四五位太太们把蒋夫人缠住不放。

"蒙巴顿上将曾和蒋夫人谈了29分钟。

正是她的活动太多,花费精力太多,故在会议中间病倒,请来看病的丘吉尔首相的私人医生提出忠告说:"只有在你的生活放松之后,才会好起来。"

从那张闻名于世的蒋、宋、罗斯福、丘吉尔的合影照片中,宋美龄的位置和表情反映出她在开罗会议中所起的作用:她尽管坐在一边,可耐心中不失信心,热情中不失风度,身体稍倾随时准备发表自己的见解,以施加自己的影响力。

开罗会议对蒋介石、宋美龄来说是个人历史上的里程碑,蒋介石进入世界四巨头(还有一位是斯大林)行列,给他带来如此地位的,是中国人民的抗日行动,是中国人民在反法西斯战场上所作出的重要贡献。开罗会议也是宋美龄政治生涯的顶点,白宫访问和尼罗河畔的合影,永远结束她在国际上受到热烈欢迎的历史,自此以后不久,西方再提到宋美龄时,则换上蔑视、贬低、冷对的态度。

在这两次外事活动之前,蒋介石、宋美龄出访过印度。那是在1942年2月4日至21日进行,访问的目的是加强中印合作,呼吁印度方面与中国采取一致行动,共同对日作战。中印双方还就接受美国帮助修造机场一事交换意见,议定在印度塞地亚修造大型机场,以便在滇缅公路被切断后作为援华空中通道的印度站。这一决策是非常英明的,为后来的驼峰运输作出极其重要的贡献,保证了从美国运到加尔各答的援华物资源源不断地送至中国大后方。访印的另一个意义,就是蒋、宋第一次以"元首、第一夫人"的名义出访,也是中国有史以来第一位元首外出访问。

欢聚二姐

抗战期间,全国各党各派各界团结起来,共同抗战,虽说国民党方面时常挑起摩擦、打击压制中共和人民大众的抗日热情,可民族统一战线一直坚持到抗日战争的胜利。宋家内部也出现统一战线,兄弟姐妹6人,特别是三姐妹的关系大为改善。

二姐宋庆龄从抗日大义出发，同意和已走上抗日之路的姐姐、妹妹交往，再则通过对霭龄和美龄的携手，对四大家族和国民党政府起到积极的统战作用。宋美龄对二姐还是有感情的，在十年内战最艰苦的年代里，宋庆龄继承孙中山先生的遗志，与蒋介石的反共行为进行了坚决的斗争，成为爱国、民主的旗帜，当然同时也成为国民党特务暗杀和迫害的目标。宋美龄不忘骨肉情、姐妹情，绝对不允许军统、中统特务对二姐有任何过火的行动。

抗战兴起，宋庆龄肯定姐、妹的抗日义举，为海外给延安方面募集资金、药品、医疗设备等重要物资时，也争取得到霭龄和美龄的支持、同情。三姐妹见面是在1940年春，当时宋美龄患病治疗后需要疗养，故离开四川前往香港，香港有她两个姐姐，宋美龄名为探望大姐，实际上是探望两位姐姐。

有关的传记作家写道，宋美龄二月间到香港后，"随后的六周，（宋霭龄）沙松路的宅第很快就热闹起来了，孙夫人庆龄也搬来同住。在这几天内，姐妹三人完全抛开了原来的角色，快乐地度过一段美好时光。多年以来，这是宋家姐妹首次能够捐弃政治立场的不同，真心地相处。她们闲话家常，一起下厨，说着别人难以了解的老笑话，试穿彼此的衣服，美龄并且为孔夫人买了二条裤子，要孔夫人将来到重庆时一定穿上。蒋夫人打算也邀二姐一同回重庆。"

在一次香港大饭店举行的宴会上，三姐妹公开亮相，自1927年以来三姐妹已有13年没有同时亲密出现过。事先不知底细的来宾们被宋家姐妹的出场所震动，一个个先是疑虑，确认是真的后又转为惊奇，最后则用欣赏和崇敬的眼光注视着宋氏三姐妹——"气质沉静的孔夫人，容光焕发的蒋夫人和神情庄严愉悦的孙夫人。"4月1日，三姐妹一起飞重庆，在以后的一段时间里，三人时常一起出现在公共场合，视察学校和医院，慰问民众和军人。抗战胜利后，三姐妹分成三派，宋庆龄继续坚持爱国民主的信念，宋霭龄和蒋介石闹翻，宋美龄基本上停止和二姐的来往，当然她和大姐的关系还是融洽的。

宋家姐妹友好相处的几年，并未填平双方（大姐小妹为一方，二姐为一方）政治上的鸿沟，特别是在对待中国共产党及其武装，对待人民大众，对待民主爱国人士等方面，宋美龄始终站在与二姐相对立的立场。宋庆龄的政治主张一直为姐、妹所拒绝。蒋介石的任何统治措施，特别是限制和打击中国共产党、镇压爱国民主运动的方针，均得到宋美龄的全力支持，真是嫁夫随夫，夫唱妇随。宋庆龄极力维护孙中山的事业，宋美龄为巩固蒋介石的统治费尽心机，双方的姐妹情并没有调和政治分歧。从这一点上讲，宋庆龄、宋美龄还真有政治家的风度，遗憾的是，宋美龄不为人民大众所接受。政治上的对立也影响到姐妹情，因为同走抗日路走到一起的三姐妹，在蒋介石组织"围剿"皖南新四军、西北封锁陕甘宁、各地蚕食抗日根据地等一系列"反共"军政行动后，宋庆龄勇敢地站出来予以谴责，同时逐渐与宋美龄、宋霭龄疏远。

抗战后期，已形成17年的四大家族第1次出现重大裂痕，孔家被迫退出四大家族圈。1944年6月，孔祥熙宣布前往美国出席国际货币基金世界银行会议，一去1年余，到1945年8月才回到重庆。而在回国之前，重庆方面连续发布命令，把孔的职务免得所剩无几。1944年11月撤掉已任11年之久的财政部长职，1945年5月免去行政院副院长职，7月免去中央银行总裁和四行联总处副主席职。孔祥熙出国时和回国时的地位简直有天壤之别，走时为权倾满朝，回时已是大权旁落。到重庆两个月，又被免去中国农民银行董事长职，只剩下中国银行董事和中央执行委员职。

孔祥熙下台，有国际背景。太平洋战争爆发以后，美国把中国作为对日作战的前哨阵地和重要基地，开始增加对华军事和经济援助，美国的援助并未改变国民党政府日益恶化的经济状况。重庆政府经济一团糟，根源是对人民采取的剥夺政策和巨大的战争开支，以及四大家族利用特权、干预和破坏国家的财政收支、大发国难财。美国政府对美元落入四大家族腰包，大为不满，向蒋介石施加压力，要求撤换军政部长和财政部长。蒋介石不愿放弃源源而来的美元和武器，只好忍痛割爱，免去何应钦军政部长职和孔祥熙财政部长职。

宋美龄作为四大家族总管，对撤孔进行激烈的抗争，要求保留大姐夫的地位和职务，她没有成功。为表示自己的不满，就在孔祥熙飞美之际，她和宋霭龄飞往巴西。宋美龄此行名义上是治病和疗养，宋霭龄则是向南美转移资金，寻找新的投资方向。两个月后，宋美龄又到美国隐居10个月之久，回国时已是1945年7月。蒋介石是不得已而为之，作为补偿，在国民党的第6次全国代表大会上，又让宋美龄进入中央党部，首次当上中央执行委员，并对孔祥熙儿子孔令侃、女儿孔令伟在国内的公司，继续予以特殊关照。

六、远离故乡不见回

宋美龄回国到再次赴美的 3 年半间，是中国历史上极其重要的时期，这一时期无论是对国民党统治，还是对宋家王朝来说，都极为不利。对南京政府来说，蒋介石做出继 1927 年 4 月 12 日公开反共之后又一次重大但反动的决定，发动全面内战，结果越战越败，政权易手在即。对宋家王朝来说，出现继孔祥熙出走之后的又一次危机，四大家族全面分裂。为挽救国民党统治危机和四大家族的危机，宋美龄尽己所能，最后无力回天，怏怏而去美国，"哭秦庭"又一无所获。

慰问苏军

宋美龄陪同大姐飞巴西转美国回国时，正值抗战胜利前夕，蒋介石成了"抗日英雄"，威望如日中天，蒋夫人所到之处，也是一片欢呼之声，好不荣光。

1946 年 1 月 21 日，宋美龄带着老搭档周至柔、董显光飞赴长春，与外交特派员、蒋介石长子蒋经国一起，准备欢送苏军回国。苏军对日宣战出兵东北，根据德黑兰、雅尔塔、波茨坦 3 次国际会议决议，师出有名。日寇投降后，根据中苏两国商定的在日降后 3 个月内撤军的协定，苏联红军应在 1945 年 12 月 3 日离开东北。

说话经常不算数的苏联方面，提出推迟两月回国，现时限已到，蒋介石赶派出宋美龄、蒋经国前来慰问，实际上是下逐客令。苏军统帅部对中国第一夫人和"太子"的来访，举行盛大的欢迎仪式，态度之热烈足以抵消长春的严寒，几乎使宋女士改变对苏联的仇视态度，甚至怀疑蒋经国提出的关于苏军在东北的不友好行为的报告的真实性。可是到宋美龄离开长春，苏联红军一个也没回国，第一夫人刚回到南京，苏联的决定也已到达：撤军日期再推迟 3 个月。第一夫人把受人愚弄的东北之行和两年前的美国之行加以比较，不禁怒从心头起。原来，她设想凭自己的交际才能，劝说、欢送苏军离开中国，然后再前往莫斯科访问，和世界四巨头之一斯大林会面，再刮类似白宫访问的政治、外交旋风。现出师不利，精明能干的宋美龄，竟然被苏方戏弄一番。

苏军推迟撤军，当然不是为了戏弄宋女士，而是在军事上的胜仗之外，再打一个经济上的胜仗，百万大军出兵东北不能白费，他们看中了日本在东北留下的由中国劳工建设起来的一流的工业设备。这批近百亿美元的设备搬到苏联需要时间，是故撤军推迟到1946年5月，也不惜得罪南京政府和宋美龄。

蒋介石急于想进东北，并非为了保住本应属于中国的工业设备，而是为了抢占战略要地，为部署发动全面内战的战略态势，是故愿意派出夫人、儿子去送神，完成这个明知不可能成功的外交使命。苏联要中国的钢铁、采矿、制造、发电、化工、通信、食品加工等工业设备，延缓撤军，因而也延缓了国民党全面接收东北的军事行动，中国共产党则抓紧有利时机，向东北地区派出13万大军，完成建立稳固东北根据地的重大战略部署。苏联红军抢运物资本身以及带来的后果，使得蒋介石和斯大林的关系开始恶化，宋美龄始终没有成为克里姆林宫的客人。

就在苏军撤出中国同一天，1946年5月3日，蒋介石、宋美龄从陪都重庆飞临南京，距当年被日寇赶出南京8年又5个月。一出一进意义非同寻常，这是中国人民14年抗战的结果。8年多前蒋、宋离开时，日军沿水路、沪宁公路和铁路将临石头城下，5天后国民党的首都陷落敌手，35万民众被侵略者杀害。8年多后的今天，蒋、宋及国民党政府胜利还都。5月5日，南京全城进行空前的还都仪式。在庆祝仪式中心情无限好的蒋介石、宋美龄肯定没有想到，不到3年，两人和南京政府先后被赶出南京；3年多后，蒋、宋及国民党政府被赶离大陆。

1946年5月23日，蒋介石、宋美龄飞抵沈阳，6月3日飞到刚被蒋军占领的长春，布置东北内战。在沈阳机场下飞机时，前来迎接的是东北行营主任熊式辉、东北保安司令杜聿明、辽宁省政府主席徐箴。宋美龄见到从人群中向飞机舷梯走来的3人均有残疾（熊因飞机失事而使一腿致残，杜因腿骨结核而妨碍走路，徐则从小因病致残），心里不禁一震，真是不祥之兆，国民党的统治会不会像个政治上的残废而无法维持？国民党的军队会不会像此3人，还能打仗吗？有多大战斗力？当然熊式辉、杜聿明均为蒋介石的心腹爱将，周到的招待很快消除了第一夫人心中的不快。蒋、宋的东北之行无所结果，并未改变东北的战局。如果说关内战场，国民党方面在全面进攻之初暂时有些令蒋介石、宋美龄愉快的消息外，在关外的国民党军队就再没有往北跨一步，只是停留在第2松花江南岸、处于被动挨打的地位。当蒋介石和宋美龄下次到沈阳时，已是辽沈战役期间、锦州失守的前一天，督战未成，送葬是成。

6月25日，全面内战爆发，国民党方面向各解放区进攻一直不顺利，战败不止。

蒋介石在抗战胜利时达到顶峰的威望迅速消失，变成内战祸首和独夫民贼，公开的视察活动大为减少，规模和影响较大的外出视察是1946年10月21日至27日进行的台湾之行。

巡视台湾

台湾地区是1945年10月25日正式回归祖国的，在一周年之际，由台湾省各界人士组成的代表团来到南京，邀请蒋介石、宋美龄前往。1946年10月21日，蒋介石夫妇飞临台湾。蒋对此行颇有感慨，曾在日记中写道："余九岁失怙，同年清廷割让台湾于日本，至今已51年矣。余之一生，自九岁迄今，无日不在孤苦伶仃艰苦奋斗中，而台省同胞在此一时期，亦受尽日人奴役与压迫之痛苦，今经我全国同胞从事8年之艰苦抗战，终获胜利，台湾失地始得收复，可谓艰难极矣。"

宋美龄和蒋介石先后到台北、台中、日月潭、基隆等地巡视和慰问，还出席了台湾省第一届运动会开幕式。台湾之行的主要议程是参加10月25日在中山堂举行的台湾光复一周年纪念会，会上蒋介石说："与我相别50年的同胞相聚一堂，共同庆祝台湾的光复，使我50年的宿志，得如愿以偿，实在是我平生感到最愉快、最光荣的一天。"由台湾省参议会议长黄朝琴在会上宣读的《致敬词》，更是说得蒋介石、宋美龄心花怒放："本省得到光复的今日，实由于蒋主席和夫人3年前在开罗会议中折冲樽俎才奠定这个新局势，现在台湾光复已告一周年了，国土重光，金瓯无缺，而又欣逢我们的伟大领袖和夫人惠然降临，真是庆上加庆。"会议献给蒋介石的锦旗上写着"功昭寰宇"，献给宋美龄的锦旗上写着"德溥蓬莱"。会后，两人又来到中山堂平台与广场上的10万群众见面。

回到南京，蒋介石在日记中写道："巡视台湾之收获，较之巡视东北之收获尤大，得知全国民心之所向。"说到蒋、宋台湾之行的"收获"确实不小，到南京政府在大陆被推翻前夕，蒋介石决定撤往台湾，之所以如此决策的原因之一，就是台湾之行时留下的印象较好。台湾孤处近海，交通便利，物产丰富，工业基础较之于大陆先进，便于生存和发展。所以从台湾光复起，蒋介石就给台湾制订了"稳定中求进步，进步中求繁荣"的方针。当然，蒋介石当时只是想把台湾建设成支持大陆内战的基地，根本不会想到会到海岛度过下半生。

至于"民心所向",是蒋介石的错觉。台湾人民欢迎蒋、宋的到来,是出自于感谢祖国收复台湾、使之摆脱 50 年殖民地地位的心情。当南京政府在台湾地区横征暴敛、危及民生时,台湾人民也会起来反抗反动统治,所以在蒋、宋视察后不到一年半,即爆发"二二八事件"。台湾之行,是宋美龄第一次到台湾,当她第二次到海岛,已斗转星移,蒋介石及其建立起来的政权被赶出大陆,躲到台湾。

解决争吵

随着内战战场不断失利,南京政府正在接近尾声,四大家族也在走向终结,宋家王朝更是走向没落。继逼走孔祥熙、四大家族内部第 1 次争吵之后,又发生第 2 次争吵。1947 年间,宋子文遭遇孔祥熙相似的下场。3 月免行政院长、绥靖区政务委员会主任委员职。5 月免"中、中、交、农"四行联合办事总处理事会副主席职,交出主管 20 余年的中央财经、外交大权。孔祥熙仅有的"中国银行董事和中央执行委员"保留到国民党失败,宋子文的新职"广东省政府主席、广州绥署主任、广东军管区司令"也保留到 1949 年初。此次争吵和分裂具有特殊的政治、经济和外交的原因。

一是蒋介石想当总统。想当"总统"就要"制宪和行宪",想"制宪和行宪"就不能再像以往那样明目张胆地、毫无顾忌地搞一党专制、个人独裁。为此蒋介石计划拉拢几个右翼小党,撇开中共和民盟,开始组织多党制的过渡政府,为"民选国民大会代表、召开国民大会、选举总统"作准备。宋子文任行政院长,使得南京政府,家族统治色彩过浓,蒋介石换上在国民党上层比较容易被人接受的张群,宋子文只有下台。

二是美国方面对主管财经的宋子文恼怒到了极点,把他看作国民党官场腐败、贪污成风、国库空虚的罪魁,准备重新物色在中国的经济代理人。蒋介石为保证内战急需的美援及时到达,只有委屈宋子文。

三是宋家王朝的宋子文、宋霭龄、宋美龄的名声已经降到最低点,换马能刺激一下南京官场,在国民大会开会时可以为蒋介石多挣几张选票。

宋美龄像当年保护孔祥熙一样,为兄长的政治命运再次抗争。蒋介石尽管长期以来对这位大舅子的强硬态度不满,此次还是念及亲情,把宋子文由财经界换到政界，出掌广东省，变为封疆大吏。广东地区，历来为国民党中央所重视，省府主管历来为朝中重臣出任，故宋子文的新职并未给宋本人带来什么难堪。问题是他对此没有兴趣，他的兴趣是在财经方面。

蒋介石对于宋子文的安排，宋美龄也没有更好的办法，只得赞成。这位女士对大姐夫和哥哥先后被排挤出中央核心圈、四大家族中孔宋两家的衰落不无担心，对孔祥熙、宋子文和自己丈夫蒋介石之间的对立不无担心，对自己在四大家族中所起的作用产生怀疑。

事实上一生精明的宋美龄不是不知道缘由，只是不愿意承认而已。国民党建立起政权，与四大家族的支持和领导有直接的关系，而四大家族的发展特别是操纵党政军财大权又是靠国民党政权，考察国民党衰败的内部原因，四大家族"以家代国"的恶劣行径是主要因素。所以四大家族的命运是和南京政府的命运紧紧连在一起的。

抗战胜利后，国民党蒋介石集团发动全面内战，停止9年来的国共合作，标志着全面走向反动。国民党政权因军事上的不断惨败而带来严重的政治危机，在追究失败责任时，致使中国经济一团糟的孔、宋财团难辞其咎，先后被清算。但是，这种清算只是局限于内部争权夺利、重新分赃，除了无法摆脱国民党政权内外交困的局面外，互相也不服气，为此孔祥熙、宋子文记恨于蒋介石，停止了近40年的合作，到蒋介石撤到台湾时，孔、宋则去了美国。即使孔、宋之间也是互有埋怨，积怨甚深。因此可以这样说，只要蒋介石无力挽救国民党的危机，宋美龄也就无法解决四大家族内部的危机。

1948年5月20日，蒋介石在南京国民大会堂就任中华民国第1任总统，宋美龄如愿以偿。对丈夫的权力，她从未怀疑过，南京政府已成蒋介石的家天下，成为宋美龄的政治游乐场。美中不足的是蒋介石所任职务的名号多年来不够理想，缺少民主招牌。

按照孙中山先生的设想，南京政府把中国政治体制的演进分为军政、训政、宪政3个时期，从蒋介石实施的前两个阶段的内容、方式看，实质上也就是以军代政、以党代政，说穿了是国民党领导、蒋介石做主。在1925年7月至1928年10月的军政时期，蒋出任黄埔军校校长、国民革命军和北伐军总司令。在后来的训政时期，蒋出任过两届共7年余的国民政府主席，14年的军事委员会委员长，

17年的国民党总裁,这均是国民党专制的产物,与孙中山设想的公布宪法、民选总统不是一回事,与西方所讲究的普选制和多党制距离更远。国民党的党治与民治,蒋介石的做主与民主,一直是宋美龄同西方人士打交道时所忌讳的问题。

到1946年11月15日,国民党当局召开制宪国民大会,通过伪宪法,国民党的一党专制在宪法中得到肯定。12月25日的闭幕式上,蒋介石接过宪法,宣布训政时期结束和进入实施宪法的准备程序。

1948年3月29日,南京方面第1届行宪国民大会开幕,刚刚从全国选举战中获胜的国民大会代表,又投入到国民党第1届"总统"选举战中,蒋介石终于成为"民选"的大"总统",宋美龄终于成为"总统"夫人。这一名号的改变,给蒋介石、宋美龄树起"民主政治"的广告,似乎蒋介石的统治已经得到全国人民的认同和拥戴。

宋美龄这位深受西方资产阶级政治熏陶、接受西方民主理论的女性,在"总司令夫人、委员长夫人、主席夫人、总统夫人"的名称中,更喜爱后者,只有"总统夫人"更能证明在国际上的地位,才能挤进自由世界第一夫人的行列。

事实上宋女士的政治观确有宋氏特色,此特色就是她欣赏西方的政治体制,却更赞成通过西方政治体制的方式实现蒋介石的独裁。如果果真实施孙中山的民主理论,实行普选,全国人民不会投票赞成国民党的政权和蒋介石任"总统",宋美龄也就不会成为总统夫人。所以"竞选国民大会代表""选举总统和副总统",均是在国民党中央、省、县党部控制下进行,这本身是对民主的反动。在国民大会期间,又通过《戡乱时期临时条款》,给"总统"蒋介石授予权大无边的紧急处分权,这本身就是对民主的嘲弄。选举出第1任总统的第1届国民大会,突破5年制期限,在台湾地区行使权力达40年之久,"国大代表"任期随之延续,任期制、民选制成为终身制,这本身是对民主的讽刺。蒋介石的"总统"由"任期制总统"变为"终身制总统",任期长达27年,宋美龄也成为终身第一夫人;这还不算,蒋介石又把天下传给长子,这本身是对民主的否定。

总统上任才3个月,第一夫人又卷入四大家族内部的一场恶斗之中。1948年8月间,南京政府面临军事大溃败的前夕,各种危机全面爆发,中央决策圈决定实施币制改革,扭转日益恶化的经济局面。

币制改革的主要内容是以金圆券代替已经破产的法币;限期兑换民间的金银

外币；冻结物价和工资，以维持金圆券的币值。币制改革的要害是利用兑换毫无保值基础、必然引起贬值和物价飞涨的金圆券一事，对人民进行一次新的剥夺，并通过兑换金银外币强制回收硬通货币。币制改革的主要难点是金圆券无值可保，那么冻结物价则成空话，物价将无法控制，而冻结工资则会给市民带来更大损失。

正是因为币制改革不符合人民利益，也就没有成功的希望。1948年8月19日，关于币制改革的《紧急处分令》公布后，蒋介石向全国经济中心和四大家族的根据地上海派出了俞鸿钧为名、蒋经国为实的经济督导人员负责监督实施。蒋经国以"太子"的身份，拿出当年在赣南的干劲，实施铁腕统治，抓了一批扰乱市场、囤积居奇、哄抬物价的不法奸商、把头恶霸和收受贿赂、出卖经济情报的贪官污吏。被抓的人数有限，也没解决经济管制难题，可影响不小，一时间"蒋太子"成了"蒋青天"。

已经忘乎所以的蒋经国，根据举报，一举查获扬子公司套购囤积紧缺物资、走私漏税、垄断价格的不法行为，并下令捉拿主犯孔令侃。孔令侃是孔祥熙的大公子，开办的扬子公司长期以来倚仗四大家族的特权，胡作非为，成为名副其实的官倒黑公司。

蒋经国大义灭亲、拿获姨表弟的壮举，惊动后妈宋美龄。宋女士在接到求救电话后，立即向正在北京指挥东北战事的蒋介石告状，痛责不孝之子的不义行为，要求蒋介石出面取消蒋经国的命令，释放孔令侃。蒋介石深知儿子的倔脾气，他既然已在上海惩办过一些背景很深的官宦富贵子弟，肯定也会重办孔令侃。事不宜迟，赶忙通知上海市市长吴国桢接办孔令侃和扬子公司案（吴国桢是坐山观虎斗，不予理睬）。宋美龄直接赶到上海，当面责问不听话的、感情说不上好也说不上坏的继子蒋经国，并接走了尽给她惹是生非的外甥孔令侃。

一时间，蒋经国在上海上层圈和舆论界声誉陡跌，丢尽"太子"的脸，上海经济管制等于宣布失败，也意味着全国币制改革流产。宋美龄的反击可以理解，作为四大家族的大管家，决不允许家族内部再有侵犯孔家的行为。作为妹妹，对大姐夫和大姐遭排挤已不能容忍，现今再拿孔家大公子开刀，更属过分之举。孔祥熙、宋子文被整是蒋介石的决定，宋美龄无法改变。现今捉拿孔令侃是蒋经国的决定，宋美龄还是可以改变的。再说此次让蒋经国得逞，那她那个后妈还怎么当？

怎么行使四大家族大管家的权力？

宋美龄最后亲自出马，把孔令侃送上了去美国的飞机。这是四大家族内部发生在第2代身上唯一的一次相互残杀。蒋经国对从商的孔、宋之后，早有不满，孔、宋两家的发财梦已经严重影响南京政府的声望和利益，早已成为国民党官场腐败的象征，立志于在失败中重振国民党的蒋经国，惩办违法亲戚之心萌起多时，只是苦于没有机会，现抓住孔大公子明目张胆对抗经济管制的行为，准备杀鸡儆猴，教训一下官宦之后。岂知败在后妈手中，败得速度之快之彻底，出乎意料。这一仗，使得宋美龄开始重新认识蒋经国的能力，开始认真对待蒋经国，她深知此次私放孔令侃深深得罪了蒋经国，以后不能再干此类蠢事，以免新账旧账一起算，在后40年间，一般不再干涉蒋经国的事务。这一仗蒋经国败得有苦说不出，打掉牙齿和血吞，可让"太子"上了非常重要的一课，即要想贯彻自己的意图，必须彻底排除各种干扰。他到台湾后下手准下手狠，因素之一是吸取了上海"打老虎"失败的教训。这一仗也打掉了四大家族第二代的情谊，以后极少往来，更谈不上有深交和互相关照，蒋经国主政台湾后也没有为他们提供过什么方便。

离开大陆

1948年11月，对南京政府来说，充满了哀伤。2日，辽沈战役结束，损兵47万人。6日淮海大战又起，22日，黄百韬兵团被歼，损兵17.8万人，大战第2阶段紧接进行，损兵折将不会少。13日，蒋介石最信任的助手陈布雷自杀。26日翁文灏内阁垮台。一个接一个的坏消息犹如一次又一次的政治地震。虽说军事上置国民党政权于死地的三大战役结束于次年1月底，可作为大失败前夕的"恐怖的11月"对南京方面的震惊是最大的，因为在此之前，还未碰到过如此大的失败；在此之后，对次数越来越多、规模越来越大的各种各样的失败，蒋介石、宋美龄已经习以为常。总统和夫人似乎已有觉察，国民党军队是无役不败，无仗不输，在"恐怖的11月"以后，已经养成接受失败消息的心理。

面临灭顶之灾，对国民党内幕最为清楚的蒋介石不无预感。1948年7月27日，他在南京国防部说："现在'共匪'势力日益强大，匪势日益猖獗，大家如果不再觉悟，再不努力，到明年这个时候能不能再在这里开会都成问题。万一共产党控制了中国，则吾辈将死无葬身之地。"10月20日，他又针对黄埔军人战而不胜的表现预言"这样子我们要亡国灭种"。

国内无救，再找外国老板，蒋介石派出宋美龄去华盛顿。此行自始至终不顺利，还未成行就当头一盆凉水，在宋美龄飞美前4天，美方国务卿马歇尔传话过来：宋美龄只能以"私人资格"到美访问。这对以"总统夫人"身份第一次出国访问的宋女士来说是难以接受的。

11月28日飞美国，再无1943年访美时的欢迎场面，白宫过夜、国会演讲、周游美国更无从谈起。令宋美龄伤心的是杜鲁门总统私下发表的一欢迎词："她到美国来是为了再得到一些施舍。我不愿意像罗斯福那样让她住在白宫，我认为她也不太喜欢住在白宫，但是对她喜欢什么或者不喜欢什么我是实在不在意的。"

令宋美龄失望的是，12月8日在与杜鲁门总统夫妇会见时，提出的关于美国发表支持南京政府反共救国的正式宣告、向中国派出高级军事代表团直接指挥国民党军队、提供30亿美元的军事援助的"3点要求"，几乎全被拒绝。杜鲁门表示："美国只能付给已经承诺的援华计划的40亿美元（已付蒋38亿美元，还有2亿美元，与宋美龄所要的30亿美元相差甚远），这种援助可以继续下去，直到用完为止，美国不能保证无限期地支持一个无法支持的中国。"

令宋美龄愤怒的是，华盛顿的外交、情报、特工部门正紧锣密鼓地实施李宗仁代替蒋介石的换马计划。当上大总统不过半年的蒋介石对美国策划的"宫廷政变"时有耳闻，这次交给宋美龄的一个秘密任务，就是探听美国方面对蒋介石继续执政的态度，她从美国对自己的冷淡、厌恶的表现中觉察到丈夫被美国抛弃不是没有可能的。正是她到美后的1月余，蒋介石下野，副总统李宗仁代行蒋的总统职权。

令宋美龄惊惧的是，1949年8月5日，她还在纽约弗代尔孔祥熙家中，美国方面公开发表《美国与中国的关系》白皮书，白皮书除了有反共反华一面外，对国民党统治集团进行了毫不客气的批评，蒋介石、宋美龄领教了美国人的坦率和无情。

宋美龄的此次美国之行，是其政治生涯中最糟糕的一次外交活动，蒋介石之所以在"恐怖的11月"期间派出夫人访问美国，就是寄希望于夫人的外交形象，重刮 1943 年访美的旋风，名利双收。可是仅隔 5 年，宋女士已由抗战中国的代表变为美国施舍对象，要论原因也很简单，南京政府已由国际反法西斯统一战线的主角变为中国内战的罪魁，宋美龄作为中国的第一夫人当然难辞其咎，美国因时而异给予两种待遇也不为过。当然，美国在不到 1 年后，就改变了对台湾国民党当局的态度，全力以赴援助蒋介石，以形成反对中华人民共和国、遏制共产主义的封锁线。

宋美龄回来时已是 1950 年 1 月 13 日。逗留美国期间，故土出现了翻天覆地的变化，国民党当局垮了，中华民国亡了，总统蒋介石已于 1949 年 1 月 21 日正式下野，12 月 7 日国民党当局宣布在同属祖国的台湾开始办公，12 月 10 日蒋介石从成都起飞永远离开了中国大陆。国民党的溃退对宋美龄是苛刻的，竟然连向同属祖国的家乡海南、上海和夫家的溪口告别的时间都没留，她从美国飞回时，大陆已无降落之地，只得停在中国台湾台北松山机场。

七、三个世纪过来人

宋美龄走下飞机，面临的是一个陌生的环境。

国已不国，南京的中华民国政府已被北京的中华人民共和国取代，国民党当局在台北开张。现实需要这位大陆畅行无阻的"第一夫人"，适应已缩小 300 余倍的辖区环境和在原来一个省级机构上建立起来的所谓政府这一政治格局。

家已不家，长期在南京政府内联袂合作的四大家族，现只剩下蒋记一家，宋子文、宋子安、宋子良、宋霭龄、孔祥熙不屑与蒋介石为伍去了美国。陈果夫到台湾已卧床不起，不久病故。陈立夫在蒋经国主持的追究大陆失败责任时，主动承担责任后飞往美国。对此宋美龄感慨万千，真是风水轮流转，前途无定数。谁会想到当初操纵中国党政经社文军警宪特团 20 余年的四大家族会被赶出南京，或四方流浪，或在台湾度过余生？谁会想到一起夺权、掌权、保权的四大家族内部会四分五裂？宋美龄沉浸在绵绵的回忆之中，几十年前在上海与兄弟姐妹和父母一起生活，人丁兴旺，全家欢欢喜喜，自父母反对二姐庆龄和孙中山的婚事起家里出现不快，自蒋介石成为宋家小女婿后家里出现政治鸿沟。四大家族形成，政治和经济实力迅速膨胀，但这并不意味着四大家族从此太平无事、蒸蒸日上，反而导致今天的分裂！不管蒋家父子的态度如何，就宋美龄个人来讲，她无法与自己的姐姐、哥哥、弟弟停止来往，但她也无法让蒋介石、蒋经国同意接待孔祥熙、宋子文，也无法说服姐夫、兄长来台湾，可谓心有不甘又无可奈何（待蒋介石、蒋经国治理、整顿台湾告一段落，台湾的政治、经济、社会形势有所稳定后，蒋家也邀请宋子文、孔祥熙到台北一游）。在宋美龄的回忆之中，无法理解宋家王朝的重要成员、二姐宋庆龄为何会彻底背叛家庭，无法理解中共方面怎么会挑选她的二姐出任中华人民共和国副主席（后任全国人大常委会副委员长、中华人民共和国名誉主席），话又得说回来，宋美龄如果能理解二姐，以二姐为榜样做人行事，也不会落到撤到台湾的下场。

党已不党，蒋介石和蒋经国认为大陆的失败，首先是国民党的失败，主管党务的官员首先遭到清算，从第六届中央执行委员会、中央监察委员会、中央常务委员会起，各级党部组织全部撤销，通过国民党改造运动予以重建，一大批高级官员和各类主管人员被撤换。国民党规模缩小，机构精简，干部换新，给人以面目一新的感觉。国民党改造是蒋家父子重新振兴国民党的关键措施，对国民党政权能在台湾立脚、巩固起到相当大的作用。到台湾的国民党和大陆时期的国民党从内容到形式都有一些改变，但从性质上讲没有改变。宋美龄对国民党改造运动，采取了支持的态度，而没有像在上海时期那样，对蒋经国的施政措施，要么是旁观不理，要么是干扰牵制，拆台的多，捧场的少。

政已不政，蒋介石到台湾时已经62岁，自觉年老，开始把国民党的最高决策大权交给长子蒋经国执行，并且通过治理撤台时的混乱一事，更换领导阶层，为儿子开辟一个较好的施政环境。宋美龄要适应这一转变是有难度的，从以蒋介石为中心转移到以蒋介石、蒋经国为中心上来，宋美龄非自觉地随着时间的推移予以完成。

活跃政坛

宋美龄到台湾后，对大政方针的影响力明显降低，但活动没有减少。

一是以妇女领袖自居，从事妇女运动。搞妇运，这在国民党内当然是她的专利。到台湾后发起"反共抗俄妇女救国运动"，在1950年4月17日成立"中华妇女反共抗俄联合会"，该组织共有 48 个分会，148 个支会，70 多个工作队，遍布全岛各地，宋美龄出任"反共抗俄联合会会长和国民党中央妇女工作委员会委员长"。妇运也无什么实绩，妇女们对此也无多大兴趣，她召集的只是一批爱吃政治饭的妇运专业户，其中不乏出人头地者，如王亚权、钱剑秋则主持台湾妇女界数十年。宋美龄之所以如此重视妇女运动，不是为提高妇女地位，解决已成为主要社会问题的妇女问题和儿童权益保障问题，只是把妇女界作为发表政见、影响中央决策的主要政治舞台。

二是陪同蒋介石出场。蒋介石参与的外事场合和外出视察时，宋美龄作为女主人经常出台。特别是在 20 世纪 50 年代至 70 年代初，台湾一直是美国实施全球战略和封锁红色中国大陆的一个重要阵地，以美国为代表的所谓自由世界与台湾间的"外交活动"较多，蒋介石接见外宾时，宋美龄是"夫人、助手、翻译"。在蒋介石的浙江官话和英语之间，她是最合适的翻译；在蒋介石向外宾发表见解时，她是蒋记思想和观点的最好解释者；在蒋介石宴请外宾时，她精通西方礼节，并注意和东方文化相结合，是名实相副的女主人。到蒋介石晚年病重期间，一些非由蒋介石出场的外事场合，就由宋美龄代替主持。

三是宣传蒋介石，为国民党当局辩护。宋美龄发表不少文章和谈话，宣扬自己的反共主张，吹捧自己的丈夫。在此列举其于 1966 年 5 月 19 日在美国国会议员眷属联谊会的演讲，可以看出她的政治信仰及对丈夫的政治忠诚，当然也反映出政治上的反动、糊涂、不明智之处。宋美龄是这样说的："我们如以同样公平的心地，超然的观察，不存辩护之心，亦无厌恶烦腻之感，而去注意'共匪'方面的诽谤诋毁分子及其代言人过去和现在说蒋'总统'如何如何，我们可以说，不论他有什么瑕疵，历史和有良知的人都将在记录和口头上说蒋'总统'不仅是目标纯一、不贰的伟大爱国者，而且也是一位天赋睿智的人。他的真知灼见，超越了狭隘的民族主义，这可以从一件事得到证明，他很早就对斯大林、'毛匪'及其同党所实行的马列主义的性质与伎俩有深切的认识，并向世人提出了警告。当共产主义还只是一种批判性的学术课题，供给那些假知识分子和富有阶级在起居室和客厅里作一种聊天的话题时；当共产主义的狂热与阴险跟虚无主义与无政府主义混淆不清时，他早已向世界揭示共产主义的真面目。在共产主义'变成'今日世界普遍流行的毒害及造成如许痛苦、不幸、纷乱与失望以前，他早已认清了共产主义的性质。它是21世纪的中心问题，也是对政治认识未成熟者的欺骗。蒋'总统'在对种种邪恶势力作战之中，充分表现了他那坚定不移和始终一贯的毅力。"宋美龄的话有可读性，即蒋介石确是一个反共先知先觉、力行反共的先锋。

四是多次到美国活动。宋美龄不适应台湾的政治气氛，特别是在以蒋介石为中心向以蒋介石、蒋经国为中心的过渡过程中，宋女士的不适应性时常表现出来。如对蒋经国的直线上升，如对蒋经国的亲信全面出击夺权、掌权，如对蒋经国一系列的新政措施，她虽然没有成为绊脚石，但颇多微词，有时候心理难以平衡，就到美国的姐姐、哥哥、弟弟家中调剂一下。再则中美关系紧张时，台湾受到美国的重视，宋美龄到美国后还有一些市场，官方和民间右翼人士还给她捧场，还能给台湾活动来一点美元（援）。当然，在对美关系上她已失去大陆时期拥有的主导地位，而由蒋经国全盘控制。

五是培植"夫人系"。宋美龄到台湾后，主要实职是妇女领袖，在党内曾是第六届中央执行委员，随着国民党改造第六届中央党部撤销，她的"中执委"身份也自动中止，从1952年10月国民党的"第七次代表大会"起，出任中央评议委员（从"十全"起又兼任中央评议委员会主席团主席），作为中央党部的顾问，基本上与蒋家父子特别是与蒋经国没有发生过重大冲突，而且宋还把自己看中、提拔上来的夫人系骨干，主动介绍给蒋经国，为蒋经国服务，增加蒋经国的统治实力，并通过他们反映自己的政见，实施自己的主张，代表自己的利益。话又得说回来，蒋经国深知大陆时期国民党内派系林立、内讧争带来的无法挽回的损失，到台湾后严厉禁止任何党内派别活动，多次严肃处理违反政治纪律的党员官员，"夫人系"如果不肯就范，同样会被整肃。由于"夫人系"同"太子系"配合默契，为蒋经国完成接班出力、护航，所以"夫人系"也得到应有的报答，一批骨干进入国民党决策圈。例如黄仁霖、周应龙、曹圣芬、沈昌焕、沈剑虹等辈在台湾政坛和国民党内都有相当知名度。宋美龄本人也于1974年11月的国民党"十届五中全会"上获得最高荣誉奖励"中山奖章"。

丈夫过世

对宋美龄晚年生活冲击最大的莫过于蒋介石、蒋经国相继病逝。

1975年4月5日，88岁的蒋介石因心脏病在台北去世，台北方面举行规模空前的葬礼，以表示对这位中国现代史上的重要人物的哀思。蒋介石以他特殊的地位和经历，影响着中国现代史。在第一次国共合作时期，曾与中国共产党携手合作，取得巩固广东革命根据地和北伐的胜利。也是他向合作者中国共产党举起屠刀，双方内战十年。十年后，接受中共建议再度合作，取得抗日战争的胜利。又是他向合作者中国共产党发动进攻。到1949年间，蒋介石缺少失败之际悬崖勒马、迷途知返的勇气，宁愿撤台也不向中共靠拢。在台湾他虽然没向祖国统一迈出一步，但能坚持一个中国政策，及时打击"台独"势力，不失一个民族主义者的立场。

　　蒋介石的去世，对国民党影响很大，可没带来什么后果，他的传子接班计划实施多年，蒋经国自然填补其父去世带来的政治真空。蒋介石的去世，对宋美龄影响很大，也带来严重后果。48年的夫妻、官场协作，如今只剩下孤独一人。

　　4月9日，蒋介石的遗体停放于桃园慈湖。慈湖是蒋介石仿效孙中山，孙先生是生前在南京城郊视察时确定紫金山为墓地，蒋介石也是生前确定的停灵地，理由是当地风景酷似于溪口家乡，蒋介石终得暂厝于不是家乡胜似家乡的湖光山色之中，以待葬回大陆。

　　4月6日，原"副总统"严家淦继任"总统"。28日，"临时中央全会"推举蒋经国为"国民党主席"。新的以蒋经国独裁为标志的领导体制形成，以及蒋介石停灵完成，宋美龄已经感觉到丈夫的时代只有影子存在，而蒋经国的时代已经开始，自己可以影响"蒋介石时代"，却无法影响"蒋经国阶段"，再留台北已无必要，故于1975年9月17日飞赴美国。行前一天，公开发表"告别辞"。称蒋介石过世后的国民党上层，"徒嚷'团结'口号"，忙于新的势力范围划分，故作为"总统夫人"的她"莫偕无道行，耻与群小立，避彼轻慢徒，不屑与同席"。宋美龄如要求党政要员还像蒋介石在世时那样忠于她，那是不切实际、办不到的。因为还是蒋家天下，所以那些党政要员也没有在蒋介石尸骨未寒之际就伤害宋美龄女士。

　　宋美龄到美国后，住在纽约长岛蝗虫谷附近的拉丁镇孔令伟的别墅内，除在蒋介石逝世周年时短期返台外，一住就是11年。平时深居简出，偶然会见一些台湾去美活动的要员，绝不发表评价蒋经国政绩的政见。由于年事已高，健康水平日差,深受疾病折磨,治病成为主要事务。

蒋经国对继母在美国的静居是满意的,舆论界曾透露过一封他写给宋美龄的信。信中说:"最近福体想正渐就安吉,孺慕无已。父亲大人90诞辰渐近,是日将有中枢纪念典礼,纪念堂亦同时破土,另并发行纪念金币及邮票,虽礼意勉强就备,唯大人尚在纽约疗养,天各一方,不能随大人之后,致其思慕虔诚,知大人感慨后更甚于家中子孙,祈望大人安心疗养,使得早日康复返国,而此实亦国人所一致馨香祷祝者也。"

宋美龄留美期间,台湾并不平静。在经济方面,蒋经国重点进行台湾岛改造计划,基本上完成了"十大建设"和"十二项建设"。对外关系上与1949年8月《美国与中国关系》白皮书发表情况相类似,1979年1月1日宋美龄人还在纽约,美国与中国正式建立外交关系,这与在第26届联合国大会上台湾被驱逐出联合国一事一起,标志着国民党当局在国际上陷于孤立境地。政治上,1977年11月18日出现"中坜事件",1978年12月10月出现"高雄事件"。在此前后,又出台蒋经国一手导演的"保台和本土化"、"政治革新"、"解除戒严令"和颁布"国家安全法"、开放"党禁"和默认民进党成立等一系列政治改革措施。1987年10月正式开放部分台湾同胞到大陆探亲等。此类在蒋介石时代想都想不到甚至想都不敢想的大事,在"蒋经国阶段"接二连三发生,强烈震撼着台湾政坛和民众心理。

对台湾经济上的成绩,宋美龄感到欣慰;对美台"断交",宋美龄感到忧虑;对国民党当局和"党外人士"的冲突,宋美龄感到担心;对蒋经国的种种政治革新措施,起用台籍人士和发展台籍党员,改善国民党的独裁统治,宋美龄是持保留意见的。但她知道蒋经国的个性,没有自讨没趣去指导蒋经国该做什么不该做什么,当然蒋经国也没有征求过后妈的高见。

1986年10月,为参加蒋介石一百诞辰纪念活动,宋美龄回到台湾,热闹的典礼结束后,因身体状况不宜远行,没有马上返美,想不到一年以后,长子蒋经国突然病逝。蒋介石去世,"蒋家王朝"还在,父传子,家天下,蒋经国接班掌天下。宋美龄对丈夫去世果然悲痛,但自然规律难予抗拒,蒋介石人已去,"天下"还在,多少可以弥补丈夫去世带来的痛苦。现今蒋经国去世,永远结束"蒋家王朝",这一点宋美龄是难以接受的,她曾为此作过抗争,但没有成功。

1988年1月13日,国民党中央委员会主席、"总统"蒋经国因心脏衰竭和内脏大出血突然去世，谁来接班成为朝野瞩目的头等大事。在蒋经国的葬礼、在"牢记蒋'总统'经国先生遗训"的口号背后，党政最高权力的纷争不可避免。

按照先例，国民党历史上第一位"总统"蒋介石病故时，由当时的"行政院长"蒋经国任"党主席"（蒋介石是"总裁"），按照"中华民国宪法"规定由"副总统"严家淦递升为"总统"。因此在蒋经国逝世的当天晚上，国民党临时中常委会议决"副总统"李登辉继位"总统"，这符合当年严家淦接替蒋介石的先例。"夫人系"和"官邸派"（以"总统侍从室"重要成员为骨干）要员"总统府秘书长"沈昌焕、"总统府国史馆馆长"秦孝仪依照先例提出"行政院长"俞国华继任党主席。"拥俞派"遭到以李登辉为代表的"开明派"的坚决反击，国民党上层竟然出现"拥李（登辉）潮"，只等 1 月 27 日国民党中常会上正式通过。

1 月 26 日，宋美龄为扭转"拥俞派"的败局，出面致信国民党"中央秘书长"李焕，认为大丧期间不宜讨论"主席继承问题"，应根据党章规定，放到预定在 7 月 7 日举行的"十三全"上决定。次日中常委会上，蒋经国的重臣、少壮派、中央党部副秘书长宋楚瑜一反过去对蒋家的忠诚，首先发难，对宋美龄、俞国华等人策划的推迟选定党主席的行为表示强烈抗议。他的政治态度和地位，致使会议出现一边倒，包括"夫人系""官邸派"在内，全体中常委大员一致推举李登辉出任中国国民党代理中央主席。

宋美龄给李焕的信不长，内容却很重要，这是老夫人在蒋介石过世后，唯一的一次赤裸裸的干预和反对国民党中央决策的行动。此事留存于国民党史，对此议论不少。国民党的党政合一领导体制，主要从人选是否合适而非过去的先例出发。主要是台湾当局无论是蒋经国还是当时的李登辉都希望保持党政合一的集权统治，而非推举党主席早晚问题。

蒋介石死时蒋经国过 3 年出任"总统"，是因为严家淦的 5 年"副总统"任期还有 3 年，"宪法"又规定"总统"不能视事由"副总统"代理，蒋经国不愿不顾任期任"总统"而戴上"违宪"帽子，故任"总统"晚了 3 年，不过他任不任"总统"不影响他行使"总管"的权力。蒋经国死后，如果仿效先例，实质则是排斥李登辉。因为李登辉的政治基础远没有蒋经国雄厚，大丧期间这一接班最佳时机当不成党主席，李的"空头总统"能当多久？"拥李潮"不能退让，见机而起，拥李而上。

"拥李潮"一边人员复杂，观点各异，但能在李登辉的旗帜下统一起来，除了有对李的肯定之外，更多的是对"蒋家王朝"的唾弃，对长达39年的蒋家父子执政早有厌恶，只要谈起失败、专制、腐败，必然会与蒋家统治联系在一起。就是蒋经国本人，也在生前有所醒悟，彻底断绝了"再传子"的打算。现今"官邸派"、"夫人系"和宋美龄又要推出蒋记色彩很浓的人选，代替当时"台独"立场不明显、学者出身、背景不深、来自平民阶层的"总统"李登辉，当然不得人心。"官邸派""夫人系"见状马上修改策略，加入"拥李潮"。宋美龄写信之举，有伤形象，从她的举动中看到了"西太后"的影子。宋美龄无法接受蒋家如此轻而易举退出政治舞台这一现实，在明知胜利无望的情况下，奋起抗争。作为蒋介石的夫人、蒋经国的后妈、蒋家最杰出的儿媳妇，不乏蒋家荣誉感。她在留恋蒋家时代。

　　宋美龄并不甘心，"官邸派""夫人系"在伺机而动，他们再度推出的代表是蒋介石的次子、深受宋美龄喜爱的蒋纬国。蒋经国过世前，安排弟弟出任"国家安全会议秘书长"，要他利用这个最高权力执行机构，协调各重要部门的行动，确保政治机器正常运转。现今，宋美龄等人是要推举蒋纬国出任中国国民党副主席。

　　在留恋"蒋家王朝"的人眼中，蒋纬国特殊的身世和地位，使他成为复辟"蒋家王朝"最合适的人选。未当上国民党代理主席的俞国华，在1988年7月7日开幕的"十三全"上，联合一些对蒋家怀有眷恋之情及拥护蒋纬国的党代表，取得宋美龄的同意和支持后，提出修改党章、增设副主席。

　　国民党历史上设过最高副职，如1938年3月的"临时全国代表大会"上确定汪精卫为"副总裁"，1957年10月的"八全"上确定陈诚为"副总裁"，汪精卫降日、陈诚病故后就不再设此位，也就是说蒋介石是因人而设"副职"。"十三全"提出设置副主席一事，也是因纬国而设。蒋纬国自己也表示"我不争什么，但不代表我什么都不要"。"拥蒋派"的主张被否决，最后内定为"中央常务委员候选人"的蒋纬国，连"中央委员、候补中央委员"也未选上，只是被选上二线的"中央评议委员和主席团主席"，蒋纬国及"拥蒋派"惨败。可这并没有让宋美龄、"官邸派"和"夫人系"停止复辟"蒋家王朝"的活动。

　　继"代理党主席""增设副主席"之争，第三仗是"副总统事件"。1990年3月间，国民党方面举行"第八届总统选举"，"官邸派"和"夫人系"等"拥蒋派"在得到宋美龄的默许后，与"拥李派"接连交手较量。

第一个回合是各提候选人，"拥李派"提名李登辉、李元簇为"正、副总统候选人"，他们具有权威性的法统地位。"拥蒋派"则提名林洋港、蒋纬国为"正、副总统候选人"。自1948年国民党第一次假借民意选举"总统"以来，曾有过几人争选"副总统"一事发生，但从未出现两名以上"总统候选人"的情况，林、蒋属于"开先例"。尽管起步较晚，提名蒋纬国为"总统候选人"的连署"国大代表"达268人，推举他为"副总统候选人"的连署"国大代表"已达146人，可谓声势不小，颇有扭转乾坤之势。

第二个回合是选举方式之争。为确保提名蒋纬国、林洋港能在决定"总统、副总统候选人"的"中央全会"上获得通过，"拥蒋派"提出用"无记名投票方式"代替传统的"代表起立赞成"的选举方式，这样有助于为蒋、林进行拉票活动，而起立方式将使"二李"顺利过关。"拥蒋派"的建议在"中央全会"上被否决。

第三个回合是国民党内的倪文亚、陈立夫、蒋彦士、李国鼎、谢东闵、辜振甫、袁守谦、黄少谷等8位元老，劝说林洋港、蒋纬国以党的团结为重，放弃竞选主张。同时，李登辉也指使蒋家第三代的蒋孝武、章孝严出面阻止蒋纬国参选，结果可想而知，林、蒋自行宣传退出竞选。

"总统候选人之争"是蒋家复辟潮的尾声，也是规模最大的复辟行动。复辟不得人心，且不说"拥李派"的反对，国民党许多退居二线的原蒋家重臣、忠臣也不赞成"总统选举"再有蒋家记号，甚至蒋经国的次子孝武也发表公开信，指责党内有人"假民主程序之名，图夺权之谋，藉法规漏洞从事政治投机，明明想当选，却扬言不竞选，透过所谓咨商形式，从事权位分赃"。在蒋家复辟过程中，"复辟派"欠考虑，宋美龄更是失算。她应该及时明智地站出来，顺应台湾政治上放宽控制的潮流，充分肯定台湾各界人士的民主意识，制止任何蒋家复辟行动。可她没有这样做，逞一时之气，死抱国民党政权上的"蒋家招牌"不放，再三向李登辉为首的"主流派"挑战，最后三仗三败。原因很简单：蒋家独裁的政治基础已被台湾的民主方式所冲垮，20世纪80年代末、90年代初，独裁已为人民所不齿。

三仗败北给宋美龄带来的痛苦固然不小，可让她无法忍受的却是台湾社会上出现的一股股"倒蒋风、翻案风、否定风"。自蒋家父子过世后，政治高压减弱，民间和官方不少人士均纷纷发言发文，调子由过去几十年来一贯的"颂蒋"，变为"评蒋、贬蒋、批蒋、骂蒋、反蒋"；有关从西安事变到台湾的"湖口兵变""孙立人事件"等国民党历史上的许多重大政治疑案，对此人们的调子由赞成蒋家父子的裁决，变为要求重新公布事实真相，为冤假错案平反昭雪；对于蒋家两代人几十年来的重大政治决策，人们由以前的拥护和执行，变为怀疑和批判。总之，蒋介石、蒋经国已不再"神圣"，人们可以自由地议论，其中包括随心所欲、各取所需地评价，两人的纪念设施被破坏，纪念名称被取消，可以说台湾进入一个否定"蒋家王朝"的时期。宋美龄作为未亡人、过来人，心头难于平静，心理难于平衡，从政治上讲已无留在台湾的必要。

远走美国

蒋经国去世后，宋美龄政治上不断失分，家庭也不平安。1989年4月14日长孙蒋孝文病故，1991年7月1日次孙蒋孝武病故，作为老辈人看到此情此景不会不伤心。"老干犹存，新枝一一凋零"对这位93岁高龄的老人来说未免太残忍了。

老人充满凄凉，健康情况也不乐观，1989年1月间做过卵巢良性肿瘤切除之后，视力、听力、记忆力均严重衰退，进食也受到影响，台湾的政治气氛也不适合她养病，故于1991年9月26日，宋美龄女士飞离台北去美国定居，再次走进孔、宋后代圈内生活。台湾的有关报纸是这样说的：她告别这块土地，带走了"蒋家王朝的最后一片云"，也带走了"一个渐行渐远的年代，为蒋氏家族在台湾政坛的影响力划下了句点"。当然，在台湾的蒋家人还是有的，蒋经国的夫人蒋方良女士（2004年12月15日去世），蒋经国的儿子章孝严、章孝慈（1996年2月24日去世）、蒋孝勇（1996年12月22日去世），蒋纬国（1997年9月22日病故）和儿子蒋孝刚等，蒋经国的女儿蒋孝章定居美国，蒋纬国夫人丘如雪往返于台美之间，至此"政治化、特权化、贵族化和神秘化"的蒋家从此结束了。

宋美龄一生，习惯中西身份和地位使得其生活充满情趣，见解、学识使得她的生活颇有浪漫和艺术气质。在宋女士的业余爱好里，成就最大的是书法和国画。说来也怪，她干什么都显得耐心和毅力不足，可在学习书法和国画上却多年坚持，成绩甚丰。

宋美龄对中国书画艺术是相当重视的。曾说:"经过二千余年的发展与几度的重振,已达成炉火纯青的中国绘画,在美学、伦理以及技术素质上,可以说是代表着中国悠久文化传统显著的一部分,这也是世所公认中国文化有生力之成就。

"在全世界的艺术中,中国画是独一无二的,因为画与诗融为一体,两者使中国文化更加丰富。对中国画有素养的人们,都能涵泳于画中,所传达的一种幽美、沉静的音韵,与蕴藏着的无比的智慧。中国画的特色,由于深涵诗意与灵感,更含有高度的文学性,并具有深刻的和谐性,且又能使人们感受宁静的吸引力,此即中国画之能超国界的特质。"

上述见解证明宋美龄对国画和书法有相当的研究,她的书法婉如其人,出手不俗,秀气流畅,虽非游云惊龙、铁画银钩,却也活而不散,严而不格,很有造诣。当看到宋美龄书写的介于行草之间的《祭母文》时,就会承认她的书法功底。

宋女士的国画,则已达到一定的水准,在20世纪70年代前期,先后出版过兰、竹、山水、花卉四本画册。看她的《山飞水立》《云山耸翠图》《数点梅花天地心》《墨则雨润,彩则露鲜》等佳作,真是颇有意境,各具特色。蒋介石在宋美龄的《山水集》的序言中称作品"虽清逸处落笔草草,而灵气浮动;沉厚处则笔墨苍深,气象宏阔"。在《花卉册》的序言中,蒋则说:"笔墨沉酣,敷色古艳,质象淳朴自然,此犹之璞玉浑金,光华内敛,神韵自高,非尽力学所可至也。"

在《花卉册》出版时的介绍文中说宋女士"凡是园林中的群花众卉,几乎写生已遍,但她似较偏爱四君子:兰、竹已成册,花卉册中梅、菊独多"。"从夫人的山水画与花卉画中,我们可以窥见一个共同点:以水墨为主,色彩为辅;用色彩,侧重淡彩,即或偶施重彩,也衬上重墨以压重色,古艳照人,更显得沉厚雅逸,内蕴无穷。"

称她"随手落墨,点划转曲,经重疾徐,恣意为之,画境却是意参造化,变化无穷"。"善摄多家的精髓,又能扬弃糟粕,风格自标,独来独往,求登更新的境界"。"由于她的天赋、学养、德性,以及对人生哲理的参透,画法的精进成熟,因而透过笔墨,表露于画卷上的,不论笔墨、布局、色调,都已达到不化而应化、无为而有为的境界"。宋美龄在国画技艺上的成功,也是一大收获,当然有些评价有广告气息,溢美之词多了一些。

宋美龄一生搏击官场,宦海漫游,在历史上留下了自己的影响,也留下不少的遗憾。其中最大的遗憾，莫过于叶落归根无法实现。历史上曾经轰轰烈烈的宋家王朝，六个姐妹兄弟，只有二姐一人安葬于父母墓边，其余均流落他乡，葬在异地。对于在台湾过世的丈夫的灵柩，宋美龄有意送回大陆，以了蒋介石的心愿，只因两岸政治对立的存在没有实现。事实上，宋女士有过多次超脱台湾当局政治上的限制、返回大陆的机会。

一是蒋介石病逝，死者生前希望能葬回大陆，宋美龄完全可以送丈夫灵柩来大陆，到大陆一走。二是宋庆龄女士于1981年5月29日在北京逝世，宋美龄完全可以给二姐送行到大陆一走。三是蒋经国病故，宋美龄完全可以送蒋家父子的灵柩，到大陆一走。她放弃了以上机会。

宋美龄晚年生活并不平静，特别是连失亲人。1994年孔令伟在台北病逝，宋美龄返台探望后又返回美国，身边的主要亲人是外甥女、孔祥熙大女儿孔令仪和蒋纬国夫人丘如雪。宋女士对孔令伟家中的遗物常常触景生情，孔令仪为了就近照顾宋美龄，劝说其搬到曼哈顿上东城的公寓。公寓濒临东河，宋美龄居住的两层楼打通，她和护士、助理等女性人员住上层，男秘书、警卫则限于在楼下活动。

平时，宋美龄偶尔接见访客、逛逛公园、参观画廊。每年的生日，似乎是她最快乐的时刻，1997年庆祝了百岁生日。2000年9月8日，作为国民党中央评议委员会主席团主席的宋美龄，办理国民党员重新登记，从美国寄去包括亲笔签名的《党员规约》在内的所有重新登记文件、换发党证需要的两张照片、终身党费1万元，对有关通信地址等基本资料也都做了更新，成为国民党终身党员，从中可见她对国民党的感情。

面对李登辉毁党毁"宪"的"台独"言行，宋美龄能够坚持"一个中国理念"，反对"台独"，强调"不做民族罪人"，成为岛内反"台独"力量的"精神领袖"。在美期间，她拒不接待"台独分子"，包括1995年赴美国活动、要求会面的李登辉，多次过境纽约、表示要"顺道拜访"的陈水扁。在2002年9月19日，陈水扁妻子吴淑珍到美国活动时，公开攻击百岁老人宋美龄，从中可以看出"台独"分子的无知和蛮横。

宋美龄是虔诚的基督教徒，床头有本英文《圣经》，每天晨起床先是用英文祷告。此外，她是《纽约时报》的忠实读者，后来因为年岁太大，看报吃力，由专人每天读报给她听。由于她活动量很少，医生担心她的肌肉会逐渐萎缩，除了要求护理人员定时为她做全身按摩之外，同时也希望她能够适当做些运动。在她生命最后的岁月里，百岁老人的筋骨已经滞硬，但她咬着牙，每天逼着自己扶着屋内楼中楼的扶梯，走完楼梯。

她搬到曼哈顿之后，生活有专人照顾，由台湾当局派来的振兴医院、"荣总"医护人员所组成的医护小组，24小时不分昼夜，密切观察着蒋夫人健康情形；营养师和厨师配合她的身体状况，调配适合老人家的饮食。军方宪兵则终年在寓所执勤，以保护夫人的安全。

2002年以后，宋美龄的双腿肌肉萎缩加剧，连站起来都相当吃力。在她105岁生日时，由孔令仪推着轮椅和宾客见面。2003年3月14日，没有像往年一样举行庆祝106岁生日仪式，而是单独留在房间里度过。2003年10月24日，宋美龄逝世。30日上午10时（台北时间30日晚间11时）移灵出殡，送往纽约芬克里夫墓园暂厝。

宋美龄女士享年106岁！这位女士最了不起的地方是，她看到了听到了知道了与她同期开始活跃的几乎所有政坛名人的讣告！如她的好朋友张学良到美国檀香山定居、2001年10月14日以101岁高龄病逝，比他年长两岁的宋美龄送上写有"送张汉卿先生远行"的花圈。开始于清末民初，从推翻清朝斗争到第一次国共合作期间走上政坛的那么多名人，几乎都走在她的前面！

宋女士的逝世，引起海峡两岸的高度关注。在宋美龄逝世当天，全国政协主席贾庆林向宋美龄的亲属发唁电，对宋美龄逝世表示深切哀悼。贾庆林发表谈话说，"宋美龄女士是中国近现代史上有影响的知名人士，她曾致力于中国人民抗日战争，反对国家分裂，期盼海峡两岸和平统一、中华民族兴盛。"

台湾社会各界和国民党、亲民党举办了隆重的悼念仪式，"台独"分子则公开咒骂这位百岁老人。美国和西方许多政治家、外交家和媒体也发表谈话，怀念这位历经3个世纪的老人。

宋美龄生在19世纪，走过20世纪，步入21世纪，是少有的联结3个世纪的传奇人物。从蒋家角度看，她进入蒋家时，虽说蒋家已经成为"名家"，但蒋家全面辉煌却是开始于蒋介石与她结婚后。更为难得的是，在蒋家象征蒋介石、蒋经国、蒋纬国先后去世后，她还在撑着蒋家的门面，她去世后，蒋家的"最后一片云"消失了。

为官高调 经商高手
记蒋介石的妻兄宋子文

提起宋子文，世人定会想起四大家族；提起四大家族，世人定会想起"宋家王朝"。没有"宋家王朝"，就不会有四大家族；没有四大家族，就不会有南京政府。

孙中山领导推翻清王朝的斗争，开始成为中国民主革命的领导中心；由于当时的斗争异常艰辛，随时可能失去生命，为了保密，也为了安全，更为了推进革命运动，身边的亲人是最方便、最值得信任和重用的人，他们也直接受到领导革命的锻炼和革命意志的培养，自然成为领导中心的核心成员；在革命取得阶段性胜利时，领导革命的核心成员自然成为革命胜利后的领导集团。因为宋耀如和孙中山、宋庆龄和孙中山的关系，宋家自然成为同盟会、中华革命党、中国国民党的主要据点，由此把孙中山、蒋介石、孔祥熙、宋子文、宋庆龄、宋美龄等连接起来。在蒋介石成为国民党领导中心后，在他的作用下，四大家族成为国民党统治核心的重要组成部分。显然，在上述过程中，其中的纽带和关键先是"宋家"，后是"宋家王朝"。

一、国民党内的"两朝国舅"

宋子文是宋府长子，要论他在政治舞台上的表演有何特点，那就是"国""家"不分，不仅人民大众不满意，四大家族和统治集团内部也不团结，最后不可避免地走向失败。

无论中国现代史如何走向，四大家族和南京政府都是没有出路的，内部矛盾和腐败导致他们必然垮台，人民大众也总是要起来推翻他们。宋子文在1949年1月24日离开广州到香港机场时发表的公开谈话称："本人从政20余年，已当休息，现在准备结束政治生命，对于今后出处，绝未考虑。"在大厦将倾、中共领导的革命即将胜利之际，他的政治宣言，话出痛快，有无可奈何，也有事后明白。

留美学习经济

宋家王朝的创始人、宋子文的父亲宋耀如（教名查理），出身贫寒，到大儿子出生时，家产却已初具规模。宋耀如除了开办华美书馆和阜丰面粉厂之外，还掌握美国碾米业的上百万美元的股票，也是上海证券市场上的股票大户，在当时资本主义经济尚不发达的旧中国和旧上海，已是一个颇有实力的出版商和实业家。宋耀如为宋家王朝的形成打下基础，除了经济实力之外，还有就是他9岁出国，在美国完成高等教育，在美国宗教界、教育界和实业界有一些朋友，这为宋家王朝对外开放和进行交流提供了便利条件。此外，宋耀如在1894年就结识孙中山，成为反清秘密组织的成员。在开展革命活动中，与一大批兴中会、同盟会的活动家后来则成为国民党领导人的"同志们"来往甚密，这为宋家王朝提供了强有力的政治基础。

宋子文的母亲倪桂珍，出身富有，其外祖母是大科学家徐光启之后。小桂珍8岁进学校读书，这在当时女性裹小脚的岁月里，已是既新鲜又很了不起的壮举，最后在上海西门的培文女中高中毕业。倪小姐多才多艺，端庄漂亮，这些都遗传给了子女。正当父母担心心爱的小女儿因天足无法找到婆家时，刚从美国回来不久的传教士宋耀如，经友人、倪家的两位女婿牛尚周、温秉忠介绍，结识倪小姐，并愿意和小姐结婚。在1887年夏天，21岁的宋耀如和19岁的倪桂珍举行婚礼。

1894年12月4日，宋子文出生在上海，此时已有两位姐姐宋霭龄、宋庆龄，后来有一个妹妹宋美龄，两位弟弟宋子良、宋子安。宋家六孩子，少年时并无多少杰出之处，当他们进入社会之后，都成为呼风唤雨式的人物，在现代史上掀起阵阵风浪。

宋子文有一个能够帮助他成功的原生家庭，从小受到良好教育，先到上海圣约翰大学少年班学习，辛亥革命前夕，到美国哈佛大学学习，1915年获经济学硕士学位，1917年回国时已是哥伦比亚大学经济学博士。在经济方面，宋子文可以说是满腹经纶，学富五车。无论搞经济理论研究，还是搞经济管理或领导经济，所需的学识和理论他均具备。特别是在20世纪初期，这样的经济人才更是难得。美中不足的是，宋子文想回国一展宏图，可他并不了解中国，对中国国情知之不多；所学的使资本主义成功发展起来的经济理论，严重脱离中国半殖民地半封建社会的现实。中国首要目标是解放生产力，解放深受剥削压迫的劳动人民，宋子文的经济理论脱离了社会革命、社会改造这一现实，何谈成功？所以，后来他主管南京政府的经济，其决策和政策不是行不通，就是遭到统治集团内部的反对，对广大劳动人民来说更无什么益处。但有一点很成功，他丰富的经济理论知识，为自己的富有创造了条件。

宋子文归国时，已有了两位姐夫：宋霭龄1914年春和孔祥熙结婚，次年宋庆龄和孙中山结婚。1915年10月25日孙中山和宋庆龄结婚前，宋家父母曾以年龄相差太大为由加以反对，时年23岁的庆龄秘密出走日本，与时年49岁的孙中山结合。宋庆龄的婚姻，宋家不满意，可正是这桩婚姻，为宋家王朝的崛起，迈出了第一步也是最关键的一步。有了孙中山，宋氏三姐妹三兄弟的地位才得以大大提高；有了宋霭龄、宋美龄，宋家才得以与另外两个家族结盟，使得政治和经济效益按几何级数增长。

在孙中山和宋庆龄结婚前一年，宋霭龄和孔祥熙结婚，两家实力相当，均很富有，当然离后来四大家族那样高的地位、权势和实力还有相当距离。孔祥熙的发迹，也是在靠搭上宋家之后，先后在孙中山、蒋介石的庇护下，迅速发展起来，到南京政府成立后，则成为全国经济主管和全国数得着的富豪。

这两位姐夫，当时虽然没有给宋子文带来什么政治效益，但后来他们给宋子文带来了大半生的辉煌和荣耀。宋子文的两位姐夫，当时都是大名鼎鼎的革命党人，孙中山先生更是由兴中会、同盟会、国民党改组而来的中华革命党总理，是北洋军阀的首要打击目标，也是南方各实力派排挤的对象，无官无禄不说，连生命都处在敌人的威胁之下，更不用说给宋子文以什么庇护。直到1921年5月，孙中山在广州由非常国会选为非常大总统，开展国民革命，国民党有了一个较为像样的政权和基地，宋子文则以经济专家和国舅的身份来到广州，开始飞黄腾达。因为有孙中山，解决宋子文最初前途的问题时，也就用不着孔祥熙操劳。意想不到的是，孔后来竟成为宋子文间接、潜在的对手。

初恋竟被嫌弃

宋子文回国后，前5年只是在经商，应聘到20世纪20年代全国为数不多的大公司之一的汉冶萍煤铁厂矿股份有限公司任秘书。公司总经理是公司创办人、洋务派骨干盛宣怀的儿子盛泽丞，该公司的业务是将萍乡的煤和大冶的铁矿石运到汉阳炼铁。总经理大都在下午办公，业务上离不了年轻的宋秘书，所以秘书几乎每天都在总经理府上。盛总在欣赏秘书办事能力的同时，也欣赏其英语水准，邀请宋为妹妹盛瑾如的英语教师。

一教一学之余，两人谈起恋爱。郎才女貌，又是自由结合，唯一的差距是20年代初宋家的经济实力和地位还不能和汉冶萍公司相提并论。果然，到论及婚嫁大事时，盛总经理心存门户之见，恶言宋子文是"癞蛤蟆想吃天鹅肉"，并把宋秘书明升暗降，调任汉阳厂本部任会计处科长。此事深深地伤害了宋子文，一气之下，离开汉冶萍，到华义银行供职，华行规模不大，宋子文却是总经理。宋子文的首次恋爱不成，实为盛老板的损失，盛小姐是"天鹅肉"，但宋子文不是"癞蛤蟆"，宋家的家庭、经历、社交圈，当时也属上层，以后更是万众瞩目。盛家死抱封建门户观念不放，影响了两个年轻人的幸福不说，更是目光短浅，坐失良"婿"。

宋子文经过5年经商，感触颇深，最大的感受莫过于无法实现自己的远大抱负。在贫穷、落后、混乱的旧中国，商离不了官，富离不了权，生意场上的拼杀必须要有政界、军界的支持。50年前的洋务运动就是前鉴，清末民初的资本主义的发展史更是实例。所以他自觉应走官商合一的道路，决心从政。由"商"到"政"到"官商合一"的转变，充分显示出宋子文的决策能力和远见，在以后短短的20余年，他仕途上出将入相，财力上更是在富豪前列。即使那些旧中国名闻全国的实业家，哪有宋子文的实力和威风？当然民族工商业者有着宋子文所没有的正直和对民族工业的贡献。

对于宋子文的爱情，他的后人回忆说，1926年11月，宋庆龄、宋子文姐弟一行为国民政府迁都事宜先行北上，以作筹备，途中一个偶然机会宋子文结识张乐怡。作为父母掌上明珠的张乐怡毕业于南京金陵大学，英文极好，为江西九江富商张谋之的女儿，张谋之曾创办并经营牯岭张兴记营造厂。宋子文与张乐怡一见钟情，很快订下终身。

也有材料说，张谋之是事业有成，经营牯岭张兴记营造厂，在当时当地社会和商界有一定实力。女儿张乐怡，时年18岁，年轻漂亮，还会一口流利的英语，当地评价她"知书达理，是一位很聪明能干、有教养的千金小姐"。1927年夏，时任南京政府财政部长的宋子文上庐山避暑，并准备给母亲倪佳珍在庐山建造一幢别墅。当地人告知宋子文，张谋之曾为洋人和高官承包建造别墅工程，善于设计、讲诚信，在庐山有较高的信誉。宋子文则与张谋之谈妥，委托张老板设计和施工。当然，其间也见到了张乐怡，张小姐的"热情温馨，彬彬有礼，举止大方"，让宋子文"心情异常喜悦，开始寻找与张小姐交谈的机会"。"宋子文痴痴地凝望着她，如同被磁铁般吸引。她仿佛是我期待已久的情侣，她的表情让我觉得新鲜而冲动，相识恨晚，胜过盛七小姐"，由此开始了恋爱过程。

《宋子文传》写道："我们在漫步中谈吐交流，她总是会心一笑，有时她说得起劲，让我就像读一本内涵丰富的庐山导游书。在我的心中，留下了深刻、美好的印象。此时，花前树下，山径河边，都留下了我们观赏、游玩的足迹，留下了我们和谐的笑声。"

1927年6月14日，他们喜结连理。张乐怡曾随同宋子文参加许多重要外事活动，为人低调。她非常贤惠，"有一些自己喜欢的衣服模板，她喜欢自己挑选布料定做一些中国样式的衣服"。

张家不如盛家，可岳父家的家景如何对宋子文来说已不重要，他不需要把妻子娘家的势力作为上升的资本。宋、张夫妇有琼颐、曼颐、瑞颐3个女儿。张乐怡女士在1988年7月16日病逝，此时宋子文已经过世17年。

1923年1月孙中山在广州建立政权，经宋庆龄推荐，宋子文来到大元帅府任职，开始了个人历史上的新时期。宋子文和孙中山的亲属关系，除了从宋所任的重要职务上可以看出外，在孙中山先生逝世时也得到证明。1925年3月12日9时30分，从广州赶到北京参加国事会议的孙先生积劳成疾，不幸病故，随侍在旁的有夫人宋庆龄和儿子孙科；有国民党代表汪精卫、吴稚晖、邹鲁、戴季陶；有孙先生的两位亲戚：连襟孔祥熙、妻弟宋子文。宋子文作为宋家唯一的代表在《总理遗嘱》上签字，监督、负责完成了公祭总理、移灵西山碧云寺的全过程。由吴稚晖、汪精卫负责起草的《遗嘱》，是孙中山先生最后的政治交代，"革命尚未成功，同志仍需努力"已成为现代史上最为流行的口号之一。遗憾的是，孙先生遗嘱的见证人，除宋庆龄之外，其余均没有遵照《总理遗嘱》行事，宋子文也不例外。尽管孙先生已病故，尽管宋子文也背离《总理遗嘱》，可是孙中山先生的光辉却成为宋子文头上的光环，成为他从政路上超越别人的资本。

对宋子文的个人发展产生重大影响的还有蒋介石和宋美龄的婚姻。宋家和盛家一样，对女婿选择慎重，盛家当年不满意宋子文，宋家也不满意蒋介石，只是盛家过早地拒绝了所不满意的女婿候选人，宋家则有充分的耐心考察。本来盛宋两家都可找到称心的女婿，可宋子文另娶他人，盛家后悔莫及，宋家则找到对宋家王朝至关重要的蒋介石做女婿。

蒋介石最初向宋美龄求爱时,是在1921年冬。蒋这时仅为国民党内的二、三流人物,家境跟宋家比则微不足道,特别是浑身散发着洋味和浪漫情调的宋美龄,怎么也相不中这个头发理得精光的蒋介石。蒋介石一方面对宋美龄穷追不舍,一方面在南方加紧活动,到1927年4月间发动反革命政变,开府南京,坐上元首宝座,与他成婚就是"第一夫人"。在这一背景下,宋美龄方同意嫁蒋,宋子文也改变态度,赞成妹妹的婚事。

宋子文当初反对蒋介石为自己的妹夫,一是宋蒋两家门不当户不对,这是从盛家学来的。二是随着蒋介石地位的上升,门户已不重要,宋子文又觉得蒋介石权术过人、人品欠佳,这一看法宋子文最后也没改变,他看不起蒋介石。三是受二姐庆龄的影响,宋庆龄对蒋某背叛孙中山的三大政策、公开走上反共道路深恶痛绝,当然也不赞同蒋介石、宋美龄的婚姻。宋子文在"宁汉对立"期间,也站在宋庆龄一边,但很快倒了过去,因为蒋介石、宋美龄、宋子文与宋庆龄的政治观不一致。

宋子文不仅成为家中的拥蒋派,还同大姐霭龄一起说服母亲同意美龄的婚事,此外还在1927年12月1日蒋介石、宋美龄的婚礼上,代替已经过世9年的父亲作为宋家的代表,挽着妹妹的手臂出席庆贺仪式,蒋介石对这位大舅子的表现感到满意。

蒋、宋结婚,标志着四大家族正式形成。蒋介石与陈果夫、陈立夫结识于辛亥革命前后,宋霭龄和孔祥熙结婚于1914年,现蒋宋联姻,四大家族的主要成员全部到齐。宋庆龄的丈夫孙中山则成了他们的旗帜,增加了蒋介石的正统性和政治资本。

在中国近现代史上,有了孙中山,才有了国民党和国民革命;有了蒋介石,才有了南京政府。蒋介石的起家,既利用孙中山的革命成果,又背叛孙中山的革命事业,这里有历史的原因,如蒋介石早年参加同盟会,追随孙中山,为同盟会作过自己的贡献。这里有孙中山的原因,孙先生健在时对蒋介石的真面目观察失当,不适当地重用了蒋介石。这里有蒋介石的原因,他在掌握黄埔军校及由军校子弟组成的军队后,成为国民党重要活动家中唯一掌握具有相当战斗力的现代武装力量的实力派,开始谋取国民党的最高领导权。这里更有宋家的原因,与宋家联姻使蒋介石与孙中山成为亲戚，使他作为总理接班人的形象更加完整，使得他又多了一个成功的条件。可以说宋家王朝作为一个政治纽带，把孙中山、蒋介石、宋子文、孔祥熙、陈果夫、陈立夫聚到一起。特别是孙中山逝世后，以上诸人如果分开，能量有但不大，很可能难成大事，现对外一致，合作行事，发出的能量远超过各人能量的总和，终于成为南京政府的管理群。

背靠大树乘凉

宋子文因为有了姐夫孙中山、妹夫蒋介石，才彻底改变了自己的命运。要论宋府大公子，原本充其量不过是个中产阶级的命，祖上贫穷，父辈开始发家，其父官至民国初年的铁道部财务局长，为时不长，很快离职，且1918年5月间突然病故，以后宋家一直在母亲倪桂珍老夫人的控制之下。宋子文自己到1923年，也没创下什么家业，只是一个高级职员而已。

是孙中山把他拉进革命队伍，并立即委以重任。孙先生重用宋子文和蒋介石重用宋子文的性质是不一样的，孙先生一是重视宋某的经济学博士的学识和做过经济管理工作的经历。这一点孙中山决策有误，对宋失察，宋子文对经济管理的兴趣远低于从政为官的兴趣；对研究经济学的兴趣远远没有研究发财致富的兴趣大；对南京政府时期财政的干扰远大于对经济建设所作的贡献；事实上他只有一个中等金融管理人员的才华。

孙先生二是求才心切，广州设大元帅府，需要各种人才，财经人才奇缺，而料理国民党财政、增加国民党财力的任务又迫在眉睫，对于夫人推荐的宋子文当然欢迎，并立即委以重任。这一点孙先生决策也有失误，他坚忍不拔，不怕失败，一次次从挫折中站起来。可一次次失败使得周围的追随者时有动摇，有的人对革命前途失去信心而离去，所以为把革命进行下去，不断需要招募人才，增加革命力量，这样势必造成泥沙俱下、鱼目混珠的后果，像蒋介石、宋子文、汪精卫、胡汉民等人受到重用，最后成为孙中山事业的背离者。

孙先生三是偏信亲戚，对宋子文确有过分宠信的成分，出现这一情况并不奇怪。孙先生长期从事革命活动，时刻有生命危险，除了同志的支持外，亲戚朋友家人更是坚定的支持者，就拿宋家来说，宋耀如、宋霭龄、宋庆龄、倪桂珍都站在孙中山一边，参加推翻清王朝、打倒北洋军阀的斗争。那么，这些亲友既有亲属关系，又是革命同志，由于多了一层关系，用起来顺手、放心，理当受到孙中山的信任。这一点孙先生也有失误，为政者力当确立回避制度，亲友有觉悟有才华，应用其所长，多给其为民出力的机会，少给显赫官职，以免有"家天下"之说。话又得说回来，宋子文在孙中山健在和蒋介石叛变革命之前，还是能够为革命政权服务的，在革命阵营内坚持4年余。孙先生对宋子文保持着相当的政治威慑力，推迟了宋子文走上反共之路的时间。

蒋介石重用宋子文，则完全为一己私利。他在南京的王业一开张，远没有孙中山先生在国民党内的政治威望和政治基础，且遭到国民党内不少地方实力派和胡汉民、汪精卫等人的威胁，亟须组建自己的势力范围和核心圈，宋子文等亲属势力当然在优先考虑之列。

宋子文作为亲友，在孙中山领导革命政府时参加了革命活动，可他没有孙先生的立场和觉悟，当中国革命由资产阶级旧民主主义革命转入以反帝反封建为主要目标的革命新阶段时，宋子文等人没有前进。当蒋介石打着孙中山的旗号、偷换概念、建立反共政权后，宋子文等人立即成为蒋的支持者和追随者。

宋子文也有自己的打算，以实现升官、发财的双重目标，蒋介石为此提供了条件。他们的阶级立场和政治利益，使他们走到一起。宋家因有孙中山，所以有了政治上超越他人的优势；因为有了蒋介石，所以有了谋取政府权力的机会。当宋家成为称霸政坛的四大家族成员时，孙中山、蒋介石是宋家发迹的性质不一的两大政治背景，所以人称宋子文为"两朝国舅"。中国封建王朝历来有外戚干涉朝政的恶习，宋子文和宋家王朝的出现只是此种恶习的延续，形式不同于封建王朝，规模却也空前，手法也有独创性。由于他们有私利，所以就无法和人民利益相一致，四大家族内部也就会出现分赃不匀的情况，所以他们的结果也和历史上外戚干政一样：分崩离析。

宋子文的官运之好实属少见，当官路远顺于大部分国民党上层人士，即使在四大家族内部也有例外之处。他参加南方革命政府时，蒋介石、孔祥熙、陈果夫、宋霭龄、宋美龄等人在孙中山先生周围已活动多年，都有过各自的从政经历。与陈立夫也不一样，陈立夫是留美归国即到广州黄埔军校服务。宋子文是学成回国，经商5年，再转入政界。

宋子文曾经想走父亲实业创业之路，所以在汉冶萍公司和华义银行干得有声有色。宋子文回国时，正值孙中山南下护法，以后数度不顺：被岑春煊、陆荣廷、唐继尧等人排挤出广州；1921年赶走广西军阀在广州就任非常大总统，1922年6月16日陈炯明叛乱时被迫离开羊城。孙中山革命斗争受挫，孙中山的事业只有付出没有收益的现情，使得宋子文在是否"下海"追随孙中山的问题上一直裹足不前。其中也有个人原因，即孙中山和宋庆龄的婚姻曾遭到宋耀如的坚决反对，并影响了宋耀如与既是老领导又是老战友的孙中山的友谊，在宋耀如53岁突然去世后，父业子继，父亲对孙中山的不满也影响到长子，宋子文也就不屑与孙中山为伍。

这两件事都说明宋子文以商人的心理和技巧，对待社会和人生。正是孙中山不怕失败，不屈不挠，顽强坚持，既唤醒、教育了人民大众，也锻炼了民众和革命党人，最后才有革命高潮的出现。宋子文总是从赢利、亏损来评判政治活动的社会效益和得失，当孙中山无法给他带来政治、经济利益时，为避免"亏损"，远离孙先生；当孙中山的事业进入发展阶段、建立政权时，就来坐享其成，食利分成。在当时动荡的社会条件下，愿意从政，谋取一官半职，也不为过；思想经商，举办实业致富，也属正常。宋子文的能干、善干之处，是两者兼顾，官商合一，商名官办，所以他的官比别人当得大，他的财比别人多。

二、大元帅府的央行行长

到1923年，宋子文从政的条件成熟。5年来，他对自己的处境一直不满，汉冶萍公司固然资本雄厚，可他只是一位"会计科长"而已，再则还有与盛瑾如的姻缘未成更让人伤心。后虽为"总经理"，可华义银行只是一个普通钱庄，并非大海，放不下这个龙腾虎跃之辈。此时，宋子文还看到了孙中山所从事的革命工作的前途。

任央行行长

1923年2月，宋子文随孙中山南下广州，出任大元帅的英文秘书，他的两个姐姐都任过此职。"秘书"之外，还是税务局长。5月出任中央银行副行长，10

月兼任两个盐务稽核所经理，1924年8月升任中央银行行长兼理事。孙中山先生逝世后，大元帅府于1925年7月改制，成立国民政府，广东省政府随之调整，宋子文出任省府商务厅厅长，9月兼任财政厅长。同月升任国民政府财政部长。1926年1月在国民党"二全"上当选为中央执行委员和中央商民部部长，6月兼任军委会常委和国民政府常委。1927年3月在国民党二届三中全会上，改任中央政治会议主席团委员、中央军委会常委和国民政府常委。

宋子文从无足轻重的民间钱庄的经理，在短短的4年间登上全国财经工作总管的宝座；从一个商界的小人物成为叱咤全国财经风云的决策人物。从这一点可以看出宋子文的远见和高明之处，个人的能量是有限的，但他成功地借助亲属、党派、政权的力量，实现仕途上的飞跃。宋子文从政后的魔力，带来了以前想过可从没有得过的好处，官、权、势、钱齐全，无一有缺，大有恨"下海"太晚之意。要说最后悔的人，应该是汉冶萍公司的盛总经理和盛大小姐。

刚到广州的宋子文给人留下的印象是"五短身材，一副恭喜发财的脸相，和蔼中却又透着严厉，活像钱币上的头像，笑得有点勉强。有人说他这种人喜欢查看账簿子上的蝇头小楷，喜欢在芝加哥交易所帮人看风色，搞有赚头的买卖，弄点油水。他的上嘴唇似乎总有点汗乎乎的"。

形象不怎么样，可在广州的4年间，虽说是初次接触国民政府的财经领导工作，却也成绩突出，远好于南京政府时期。孙中山第三次到广州建立政权，面临的要务有四：一是国民党改组，二是军事上北伐，三是发动工农，四是筹集资金。没有国民党改组，就没有国共合作和国民革命高潮的出现；没有军事上北伐，敌人不打不倒，就没有北伐的胜利；没有工农的参加，则国民革命缺少必需的社会和群众基础；而没有第四点则严重影响前三项要务的执行和效果。

孙中山委派廖仲恺、李大钊、汪精卫等人负责国民党改组，委派蒋介石出任黄埔军校校长并负责建军等事项，让国共基层组织发动工农运动，委派宋子文等人负责财经问题。宋子文为解决国民党面临的财经难题出过不少力。

孙中山自1894年创立兴中会以来，除了进行推翻清王朝、打倒北洋军阀的政治和军事斗争外，最大的任务就是筹措资金，他多次亲自到欧美日及南洋的华侨、外国友人中进行募捐和借贷。孙先生从事的革命活动失败不断，十数次武装起义和辛亥革命、二次革命、护法北伐均未成功，原因很多，但资金不足、缺乏足够的后勤支援，恐怕是主要原因之一。

大元帅府成立，孙先生决定建立自己的财政体系，宋子文到广州，孙大元帅交给的第一个任务就是筹办中央银行，以应付日益增加的财经需求。1923年5月，宋子文出任新成立的中央银行副行长，林云陔为行长。中央银行白手起家，唯一的一笔外国贷款是苏联提供的，创办基金来自国民党以前募集资金的剩余。中央银行之所以很快办出特色，是和南方革命政府的威信联系在一起的。

孙中山实行联俄联共扶助农工的三大政策，提出打倒军阀打倒列强的革命目标，符合中国的国情，反映人民大众的要求，得到中国共产党及各界爱国民主力量的支持，人民革命的热情转化为对南方革命政府的支持，新成立的中央银行的信誉迅速确立。广州银行界有着浓厚的买办气息和半封建的味道，银行不是外国人、买办经营，就是地主、高利贷、资本主义三者结合的畸形物把持。当已经从事革命活动30年、曾领导结束封建王朝、三进广州建立革命政权的孙中山，创办中央银行时，立即得到工商界、民间的支持，市面上的流动资金，源源流向中央银行，存款额迅速上升。更为重要的是，中央银行发行的钞票，得到市民认同，很快在市面上流通，甚至在两广邻近地区也得到承认。实际上，在西方殖民势力侵略中国的桥头堡和当时西风最盛的广州，中央银行在市民眼里已是国家银行的象征，起着国家银行的作用。

中央银行功不可没，国民革命刚刚开始，百业待兴，尤其是创办黄埔军校、组建军队以及维持南方革命政府的运转，需要巨额资金，募集、捐款有限，且又零碎、不及时，无法适应战争年代的需要，中央银行在很大程度上解决了这一难题，成为国民革命的重要后勤保障基地。后来国民党改组、建军、成立国民政府，以及顺利进行北伐，都与中央银行提供信贷保证有关。创办中央银行的过程中，宋子文劳苦功高。严格地讲，宋子文创办中行成功，主要是因为有革命政权的支持和工商界进步力量、人民大众的配合，占有天时地利人和之便。当然，这与宋子文通晓现代经济理论、办事能力较强、敢作敢为是分不开的。中央银行也给宋子文挣来荣誉和地位，1924年8月，中行正式宣告成立，宋子文出任第二任行长，以后官职不断递升。

此时，宋某不过而立刚过，年仅31岁的年轻人负责中行，次年又兼任广东省财政厅长、中央财政部长，如此当官行情一般人是碰不上的。总的来说，新近改组的国民党和孙中山逝世后组织的领导集团成员，都是比较年轻的。拿四大家族成员来说：蒋介石任黄埔军校校长时是 37 岁，孔祥熙出任实业部长时是 46 岁，陈果夫出任中央监察委员、中央组织部代部长时是 34 岁，陈立夫出任中央执行委员、中央党部秘书长时是 30 岁。

当时的革命形势造就了这批人物，以蒋介石、陈果夫、陈立夫、宋子文、孔祥熙为代表的少壮派，因为有孙中山的旗号，再加上各自的政治背景，比起其他人来更容易成功些。

当官归当官，业绩归业绩，宋子文官越当越大，才能却没有增加。广州时期，虽说是中央银行行长和财政部长，可管辖的地区主要是广东一地。抓一省财政，宋子文不说是游刃有余，起码也是运用自如。当后来北伐打到长江，他主管的财政问题越来越多，他本人也出现捉襟见肘之势，最后武汉政府公开反共，宋负责的财政领域入不敷出的矛盾没法解决也是原因之一。到南京政府时期，由一省、南方数省扩大到全国，宋子文则无法应付，国民党的财经状况也就没有好转过。到宋子文、孔祥熙离开财经界南京政府又出现了金圆券、金融管制等国际财经史上少见的丑闻和笑话。总之，国民党最高当局一直没有放松对人民的盘剥、没有找到合格的经济管理人才，宋子文只有管一省财政的功底，没有当全国经济总管的水平，这些导致国民党政权一直在过紧日子。

宋子文到广州，孙中山交给的第二个任务是增加收入。解决国民党方面急需经费的矛盾，主要办法是增加财政收入。财政收入主要来源是税收，1924 年初，由宋子文提出、制定的增税措施和经济管制办法出台。主要内容有三点：一是增收进口特别税，因当时进口有限，此类税收量不算太大，但比较稳定。二是增收特定税，征税范围相当广，冷饮、专卖药、化妆品、饭馆就餐、红白喜事等均在增税之列。三是号召工商界借钱与政府。

以上经济措施，初见成效，1924 年广东全部岁入为 800 万大洋，到 1926 年即增至 8000 万银圆。这种局面的出现与广大人民群众对国民革命的支持有关；从宋子文往下的各级税务、财政官员在当时革命热潮的驱使下还保有一股朝气和廉洁风气，整个权力机构都在有效地运转着；中国现代史上第一次国民革命顺利进行，也为宋子文完成"增加收入"的任务提供了一个相对好的大环境。

宋子文后来主持南京政府的财政工作后，一切都发生了改变。宋子文自己在变，变成统治集团和垄断集团剥夺全国人民的具体主持人，不愿意也无暇顾及财政政策和手段在基层的可行性，此外他在为统治集团服务的同时，也关心宋氏家族的发财致富；财税官员也已改变，已由革命政府的公务员变为盘剥劳动人民的具体执行者，把人民大众当成敌人，进行残酷的压榨，除剥削量增加外，剥削手段也越来越狡猾和残忍，剥削的名目也越来越多。在这批人内部，以权谋私，贪污受贿，迫害百姓为家常便饭；人民群众的态度也有改变，由对革命北伐的支持变为对反动统治政府的抗拒，人民大众一方面被迫缴纳无力负担的税收田赋，一方面利用各种方式进行反抗，使得南京政府税收、财政收入极不稳定。正是这"三个改变"，成为宋子文和南京政府永远无法解决财经危机的要害所在。宋子文看不到这三点变化，正是造成他从政悲剧的要害所在。

做平叛后勤

广州时期宋子文推行的革命的财政政策，也遭到了敌人的反对，这就是巩固广东革命根据地第一仗——平定商团叛乱的由来。

宋子文解决国民党面临的经费问题时，按照孙中山的三大政策和民主理论，不允许加重工农市民的经济压力，重点是放在商人、小业主及当时为数不多的大资本家、洋奴买办、高利贷者身上，事实上也只有这批人才能提供革命政府所需要的钱物，向他们征收税款、支持北伐是完全应该的。

广东的敌对势力，得到在香港的一些帝国主义势力的支持，不会赞成用自己的财力去支助革命政府。与其说他们怜惜被征去的对他们来说微不足道的钱财，还不如是他们为了维护自己的地位和势力，他们反对的形式是指使商团进行公开武装对抗。

广州商团是一支地主、买办阶级的反动武装，首领是英国汇丰银行广州支行买办陈廉伯和佛山大地主陈恭受。前者是一个买办兼财阀、黑社会头目。孙中山到广州成立大元帅府、部署护法北伐、发动国民革命时，陈廉伯出面让广州的实业家、商人每户捐赠150元，把原来的规模、装备一般的自卫志愿组织扩建为拥有5万余人、具有进攻性的商团武装。这对还未正式建军、只是联合一些地方实力派进行北伐的孙中山和革命阵营来说，是个巨大威胁。

广州仇视革命的富有人士，宁愿供出不少的资金建立商团武装，也不愿执行宋子文治理经济的各项措施。所以正当宋子文厉行筹款紧急条令时，陈廉伯也开始了"从布尔什维克手中拯救广州"的阴谋。引发双方冲突的导火索是"武器事件"。

1924年8月10日，一艘悬挂挪威国旗的丹麦货轮"哈佛号"，因装载5000支步枪、5000支左轮手枪及300余万发子弹，被广州革命政府的"永丰"号、"江固"号军舰押至黄埔，由大本营军政部吊销陈廉伯骗取的进口许可证。商团趁机闹事，陈廉伯煽动商人罢市，联络银行业拒收中央银行发行的货币，提出无条件发还扣械、准许商团成立联防总部、取消对陈廉伯的通缉令等无理要求。8月25日起广州和附近的佛山、顺德等地陆续开始罢市，陈恭受在石湾自封为攻（广州）城总司令，10月4日广东全省188个县镇商团代表在佛山集会，具体准备叛乱。英帝国主义驻广州总领事也出面挑衅，向广州大元帅府发出最后通牒，表示不允许革命阵营对商团采取任何行动。

面对商团的公开抗拒行为，国民党方面针锋相对，采取一系列维护革命秩序的措施：派出黄埔学生军入城和调兵入省实施戒严；宣布陈廉伯、陈恭受正在策划颠覆政府的阴谋，下令通缉；查办与私运军械有关的许崇灏等人；发动工人、市民、学生集会声讨"二陈"的叛乱行为，反对罢市，要求解除商团武装。

在如何对待商团问题上，有廖仲恺、蒋介石、鲍罗廷等代表的"强硬派"，还有胡汉民、汪精卫、伍朝枢等代表的"交易派"，孙中山则在二派中间不时进行选择，这就影响了对商团及时采取果断行动。交易派的主要做法是"以钱换枪"。孙中山在韶关北伐基地一心只思全力以赴保证军事北伐如期进行，为此也主张广州城里商团事件最好和平解决。到10月9日，双方议定，商团补交20万元税款，革命政府退还5000支枪。10日上午，胡汉民派人送给商团4000支枪。

大元帅府有心和平解决，可商团已决心公开叛乱。下午参加在第一公园举行的纪念辛亥革命大会的群众，会后游行示威时，遭受商团袭击，当场死亡20余人，受伤和被捕数十人。惨案发生后，商团开始封锁市区，构筑工事，发动武装暴动。10月11日，忍无可忍的孙中山下达"严行查办"商团的命令。15日中共广州地方执行委员会和中国社会主义青年团广东区执行委员会发布《告市民书》，号召工农兵学等革命群众"彻底革命""解除商团武装"。商团闹得凶，只是样子货，战斗力不如国民党方面，当天暴动被粉碎。平定商团叛乱，在巩固广东革命根据地的各次战役中，规模不算最大，可作为第一仗意义非同寻常，成败几乎决定国民革命根据地的安危，如败则孙中山的事业将毁于一旦。也正是这一仗，教训了富有阶层，为宋子文以后扩大税源、筹集经费打开了通道。

在广州革命政府和商团的两个月的较量中，宋子文还是积极参与和想方设法做好工作的。商团开始挑衅，给宋子文带来很大压力，除了敌对势力公开谴责他的税捐政策外，广州革命政府内部也有一些人批评宋子文，认为是宋子文的苛捐杂税引发了商人们的不满。交易派则以宋子文一再强调的关于增加税收的主张为依据，以钱换枪，只要商团补交税款就退还枪支。更有人对宋子文上任一年多来的工作予以否定，认为他成事不足，败事有余，款没筹到，却引起武装叛乱。宋子文以他的倔脾气和孙中山对他的信任，没有让步，没有投降，为反击商团作好充分准备。为防万一，还把中央银行的全部家产和经费预先搬到苏联的"伏洛夫斯基"号船上。并和主持广州军事工作和围歼商团武装的指挥员廖仲恺、蒋介石等人紧密配合，做出周密计划，确保武装反击顺利进行。

平定商团叛乱，是宋子文第一次遇到的激烈的政治较量和军事战场，尽管此时走上政治道路才一年余，可从中反映出他进行这方面的斗争并非外行。平定商团叛乱，也是他和蒋介石第一次合作，对这位后来的妹夫的军事指挥能力、玩弄政敌的手段、为实现既定目标所表现出的决心和韧性，领教匪浅。在以后的二十余年中，宋子文和蒋介石时有争论，但往往是宋先顶后和。"顶蒋"是为了表示自己的存在和价值，"和蒋"是为了保住自己的名誉和地位；"顶"是表明大舅子不怕小妹夫，"和"是证明郎舅根本上的一致。

助妹夫起家

蒋介石在广州和宋子文的第一次合作期间，看到和欣赏宋的管理财经和应变能力，以后虽然对宋的固执、直率和难以驯服十分不满，可事关全局的决策还是经常问宋，进行咨询，当然往往是欢然道故开始，面红耳赤结束。广州时期，两人可谓是同志加兄弟，精诚合作，为党国的最高利益共同奋斗。宋子文作为后勤大管家，为蒋介石提供最佳服务。

一是为蒋介石建立黄埔军校和组建"子弟兵"提供所需经费。1924年11月28日黄埔军校成立校军教导第一团，12月26日成立教导第二团。1925年4月13日在一、二团基础上组建党军第一旅，4月21日成立教导第三团。6月13日，在第一旅基础上组建第一师，并成立四、五团及炮兵营、宪兵营。8月25日又在一师的基础上扩建国民革命军第一军，这是蒋介石起家的军事资本。9个月中，蒋的子弟兵发展如此之快，和宋子文在财政上的有求必应是分不开的，当然，蒋介石的嫡系部队从此开始也养成了在财政后勤供应上吃小灶的恶习。

二是为蒋介石指挥的军事行动提供所需经费。1925年2月，蒋担任第一次东征右翼指挥，进军潮汕。1925年4月28日，蒋出任总司令，指挥粤军、湘军、滇军各一部，讨伐刘震寰、杨希闵部；9月28日，蒋任总指挥，进行第二次东征，挺进惠州城。已经在7月1日成立的国民政府中兼任财政部长的宋子文，为以上诸次军事行动及时提供经需，保证战事如期进行。1926年6月5日，蒋介石出任国民革命军总司令，率师北伐，不到10个月进驻上海、南京，拿下半壁江山。北伐胜利的原因很多，充分的后勤保障就是一条。在各地人民群众满腔热情支持北伐之外，宋子文拨给的军费也是后勤保障的重要组成部分。

三是对蒋介石的反共夺权行为，宋子文同样予以支持。1925年3月，孙中山先生逝世后，国民党内出现权力真空，争夺国民党最高领导权的斗争迅速白热化公开化，这场斗争在孙先生原有的四大助手胡汉民、汪精卫、廖仲恺、蒋介石中展开，最后蒋氏为最大赢家，胜利接班。拉开权力之战序幕的是廖仲恺被刺，四人中唯一能够遵照孙中山遗嘱、继续贯彻三大政策的国民党左派领袖廖仲恺先生，1925年8月20日被害于中央党部前面。追查凶手时，蒋、汪合作，一致认为胡汉民有嫌疑，胡某被迫离开广东。胡汉民是大元帅孙中山北上时安排的政府主持人，代理大元帅职责，50天前（7月1日）广州革命政府"大元帅府"改为"国民政府"时，"代理大元帅"只任外交部部长，明显受到蒋介石和汪精卫的排挤。与胡汉民一起离开广州的还有粤军总司令许崇智，许作为国民党内军界前辈，控制的粤军是胡汉民的后盾，成为蒋介石篡夺国民党军权的主要障碍，胡、许一走，蒋介石的夺权阻力只有政客汪精卫。

胡汉民因为有粤军的支持，蒋介石只好利用廖案、借助汪精卫，曲线倒胡，现汪为一介党棍，追随和控制的兵卒不多，倒汪可以放手进行。1926年3月20日，蒋介石发动"中山舰事件"，一箭双雕。一是限制共产党在国民党内的发展，破坏国共合作，由于中共代表的坚决斗争，蒋介石没有向中共方面下手，把发动反共政变的时间推迟了一年之久。二是全面夺取国民党的领导权，借口汪精卫要利用"中山舰"劫持蒋介石去苏联，逼迫汪精卫放弃只任了8个月的国民政府主席职远走法国。

事件结束，国民党内的领导岗位由蒋介石来分配，谭延闿主政，张静江主持中常会，陈果夫主持组织部，蒋介石自任国民革命军总司令兼管中央党部。蒋氏上台并不意外，因为他把自己打扮成总理信徒，拥有国民革命军8个军中战斗力最强的第一军，玩弄权术有过人之处，还是孙中山的连襟，此四点造就了国民党内新的领导人。

蒋介石的反共、夺权行为，得到宋子文的支持。宋子文在廖仲恺、胡汉民、汪精卫、蒋介石四人中选择蒋是必然的。宋氏家族的成员中，除了宋庆龄之外，任何人，包括宋子文都没有认清过蒋介石的真面目，此时的宋子文还处于对蒋取得平定商团叛乱、两次东征胜利的佩服和激动之中。蒋介石可以在广州放开手脚四处出击，从不担心经济上会有人制造麻烦，因为出任中央银行行长和财政部长的是宋子文。

蒋、宋广州时期合作远好于南京时期合作，蒋介石对这位未来妻兄格外赏识，并予以重用，在"中山舰事件"善后过程中调整班子，提拔宋子文为军事委员会常委、国民政府常委，此时的宋还是第2届中央执行委员、中央党部商业部部长。

三、四大家族的核心人物

北伐军打到武汉城下，主力转向东南战场，1926年11月8日攻占南昌，此时国民党内出现两大争论，即"定都之争"和"法统之争"。在这一场蒋介石挑起和最终获胜的内斗中，宋子文前后不一，但最后成为蒋介石的支持者。

帮妹夫他很投入

"定都之争"由广州的国民政府迁往何处引起。1926年11月16日，广州方面派出宋庆龄、宋子文、陈友仁、徐谦、孔祥熙、李烈钧、鲍罗廷夫妇等人前往武汉,考察迁都问题。26日,国民党最高执行机构中央政治会议决定迁都武汉。12月13日,国民党中执委和国府常委举行紧急会议,决定在政府迁完之前,由徐谦为主席,宋庆龄、陈友仁、吴玉章、孙科、鲍罗廷为委员的联席会议执行党政领导职能。1927年2月2日中央政治会议宣布,国民政府驻武昌,中央党部驻汉口。

蒋介石开始闹事,迁中央机构于武汉,他本是同意的,曾在1926年11月19日的一则电文中指出,为了提高党政威信,有必要把中央党部和国民政府由穗迁汉。只因蒋准备绕过由国民党左派和中共代表领导的联席会议,另组清一色的右翼反共政府,故在1927年1月7日,在南昌召开非法的中央政治会议,做出与武汉方面相反的决议,中央党部和国民政府不迁武汉,暂居南昌,迁都问题留待3月间举行的国民党中央全会讨论。蒋介石推迟决定定都何城,是因为所相中的准备作为反共政府统治中心的上海、南京还未到手。3月21日和26日,蒋介石指挥的白崇禧部、何应钦部相继进驻上海和南京。4月12日,发动反共政变。18日,在南京成立政府。宁汉两个"政府"开始了长达5个月的合流过程。合流过程中,"定都何处"很快解决。因为蒋介石方面已经在金陵古城另组政府,再则南京位于东南财富之地,是六朝古都,又是孙中山开创的中华民国的国都。

合流中争论最多的问题是"法统之争"。"法统之争"与"定都之争"同起,主张以武汉为首都,实质上是把迁武汉的中央机构视为正统;蒋介石反对武汉为首都,也是否认已迁到武汉的中央机构的正统地位。蒋介石既能在政府所在地的选址上,让南京压过武汉3镇,在法统上也会有办法让对方屈服。他一是自诩为总理信徒,二是攻击武汉政府已经"赤化",三是掌握实力和数量都超过武汉军事支柱唐生智第4方面军的军队,四是联合因"廖仲恺案"退热又回到中央的以胡汉民为首的一批国民党元老和右派,其中不少是中央执行委员、中央监察委员及国民政府委员。

其中1、3、4条,是真是假,或白或黑,武汉方面还可以与之抗争,可第2条却使武汉方面失去了与南京方面一争高低、以争正统的资格。因"中山舰事件"而被迫出国的汪精卫现在武汉任国民政府主席,他本来就不是一个彻底的革命者,只是一个假左派。1927年4月初从海外归来时之所以谢绝蒋介石的挽留而前往武汉,名义上是支持国共合作,实质上是看中武汉正空着的"国府主席"的交椅。

现在汪氏一看蒋介石扣过来的红帽子使得武汉在争法统中处于十分不利的地位，遂于7月15日公开反共，把自己的反动真面目暴露给社会，暴露给历史。"七一五反共政变"完成了宁汉合流的政治基础，武汉、南京双方开始激烈的、讨价还价的合流过程。

面对变化如此之快的形势，宋子文经过短时期的不适应和彷徨后，很快倒向蒋介石，并成为宁汉双方谈判中的关键人物。宋子文的不适应主要反映在对待两个人的态度上，一是如何看待二姐宋庆龄，一是如何看待蒋介石。

宋庆龄关于继承总理遗志、贯彻三民主义和《建国大纲》的主张，宋子文是赞成的。二姐对蒋介石个人劣根性的分析，宋子文也有同感。可对二姐关于继续执行总理的三大政策、坚持国共合作、发动工农运动的主张则持反对态度，特别是对工农运动更是横加指责。

宋子文作为广州政府迁武汉的策划者之一，出任武汉国民党中央常务委员、国民政府常务委员兼财政部长，却于1927年4月初就离开武汉到达上海，不再为武汉政权工作。蒋介石公开反共后，有人劝宋回武汉任职，履行财政部长职责，宋子文对国共合作已失去热情，对工农运动成见很深，准备分道扬镳。他说："我姐姐（庆龄）不明白，没人知道事情有多么困难，我不知道我会不会到汉口的第2天就被暴民拖出财政部，撕得粉碎。我不知道我能否阻止货币贬值，只要他们继续鼓励罢工和群众集会，就什么也做不成。他们把群众煽动起来了，希望以此解决一切问题，可他们注定要失望。暴民们不喜欢我，若不是士兵们来得及时，他们去年冬天就把我杀了。他们知道我不喜欢罢工和群众集会。我怎么办呢？"

宋子文提到的事情发生在他离开武汉前夕。蒋介石自占领南昌后，就多次迫害共产党人和国民党左派，反共面目逐渐暴露，再加上分裂国民党中央和国民政府的行为，从1927年初起，武汉地区的进步人士和人民大众，多次发起声讨蒋介石的行动。在谴责蒋介石的罪行时，同时也把蒋的死党和右派头目加以批判。对于宋子文，人们就其数年来一直站在蒋介石一边提出质询，参加讨蒋示威的群众也来到宋的住处，向财政部长、中央常委和国府常委宋子文提出警告。

有关材料说："他（宋子文）对任何真正的革命都感到神经质的恐惧，人群使他害怕，劳工宣传和罢工使他不安，想到富人可能遭到剥夺，他感到惊慌。一天，在汉口的一次示威中，他的汽车被包围，汽车的一块玻璃被打碎。当然他很快被卫兵救出险境，但这次经历产生了永久的影响——极端厌恶群众运动。这种厌恶支配了他的大部分政治生涯。"

宋家其余成员的态度也影响了宋子文对二姐的看法，从整个宋家王朝发家史、特别是后20余年的历史看，宋氏家族基本上没有站到人民大众这一边，除了孙中山和宋庆龄是宋家王朝的叛逆者外，宋霭龄、孔祥熙、宋美龄、蒋介石、宋子良、宋子安一直按照家族集体制定的政治法则行事，当宋庆龄走上反蒋独裁的正义之路时，宋家成员多次加以劝阻和反对。宋子文本人也不可能有二姐的觉悟和洞察力，不可避免要和二姐分手。当然，因为是姐弟关系，也就不可能两人断得十分彻底；因为南京政府和宋家王朝还要用孙中山的招牌，也就不可能对宋庆龄采取极端行动。

"定都之争""法统之争"起来后，国民党的领导人、活动家面临是"助蒋"还是反蒋的选择，先是宋子文跟着二姐，联合国民党左派，坚持定都武汉和迁汉中央机构的正统性。在大革命的关键时刻，宋子文坚持不过5月，最后不顾二姐和其他同志的挽留和劝说，离开武汉东下上海。

一到上海，马上面临另一个问题——如何看待蒋介石。宋子文认识蒋介石已10年，对他的人品和权术一直有看法，对蒋在夺权过程中使用的手段也有不满。特别是蒋踢开广州、武汉的国民政府和中央党部，踢开包括宋子文在内的众多领导人，在南京另立门户、分庭抗礼更是不赞成。宋子文认为"武汉尽管有共产党人，仍然代表着国民党的真正传统"。自兴中会、同盟会、中华革命党、国民党到广州国民政府的法统应有武汉政府来继承，蒋介石是分裂、割据，南京政府不合法，不过是改头换面的个人独裁。遗憾的是，他的这些观点中关于政治上对蒋评判的正确内容，很快为另一种看法所代替，这就是与蒋在政治上出现共鸣。宋子文当时就对友人说过，他搞革命搞政治是"外行"，"你知道，我其实不是社会革命家。我不喜欢革命，也不相信革命。如果劳工政策吓得所有的商人和工厂主都闭店关厂，我怎么能平衡预算或保持货币流通呢？"

作为一个经济学家，站在富人的立场上，对剩余价值的理论不会不知，只是不愿意承认剥削的存在。而广大劳工不会无限期地同意剩余价值被剥夺，必然会起来争取自己应有的政治、经济权利，保证自己的经济利益，同维持剥削制度的政治制度和政权机构进行坚决的斗争，宋子文对此不会不知，他只是在用自己的方式推迟这一天的到来。所以"革命、扶助农工"不仅仅是一个"平衡预算和保持货币流通"的问题。蒋介石的所作所为，代表着宋子文等富人的利益，蒋、宋间没有根本对立的利害冲突，两人很快在对付革命上取得一致。

在大革命失败前后，在国民党由"国共合作"向"清共反共"的转换期，宋子文为蒋介石做了四件事。

一是"劝汪反共"。1927年7月间，宋子文竟然回到武汉财政部上班视事。此时的武汉国民政府已处于政治动荡之中，继南京方面的上海"四一二"反革命政变、广州"四一五"反共大屠杀之后，武汉国民政府辖区发生长沙"马日事变"、5月29日朱培德"江西清共"、6月15日冯玉祥和汪精卫召开郑州会议密谋反共、6月18日北京张作霖发表"讨共宣言"、6月29日何键通电"分共"等一系列反共事件，统一战线内部国民党右派也是蠢蠢欲动，跃跃欲试；唐生智部的反动军官图谋反叛，起兵"倒共"；武汉市内对革命心怀仇恨的商人、资本家、地痞、黑社会分子趁机兴风作浪，挑衅闹事，武汉政府已政不出3镇，即使在市内也是无权威和权力可言。宋子文来汉，并非为武汉政府出力，而是充当蒋介石的送信使者，带给汪精卫的口信是，宁汉双方要想谈判，武汉方面必须限期反共，清除中共和共产国际代表。宋子文前为武汉政府财政部长现投靠南京为蒋介石的代表、身为贰臣这一事实本身，起着为南京政府招降纳叛的作用，武汉方面首先心动的就是接受宋子文劝说、本身只是假左派的汪精卫。宋子文的话无疑是最后通牒，最终促使武汉政府中的汪精卫集团走上"七一五"反共之路。

二是促成蒋介石的婚事。宋子文到达上海，对蒋介石和宋美龄婚事的态度由反对变为赞成，作为长子又劝说母亲改变以前的反对蒋宋联姻态度。1927年9月16日宋氏家族公开宣布蒋介石即将成为宋家小女婿。尽管蒋宋联姻，作为大舅子的宋子文对妹夫恶劣品质一辈子也没有放过，不时抓住蒋的小辫子敲打一下，蒋介石对妻兄也表现出极大的宽容，但不让步，对宋子文的见解只听不办，一般不采纳。话又得说回来，即使蒋按国舅的高见去办，只能暂时调和一下国民党上层集团的矛盾（当然也有激化集团矛盾的可能），无法彻底解决国民党的财政危机和军政危机。

三是促成"宁汉合流"。1927年8月20日，汪精卫、谭延闿、孙科、于右任、唐生智离武汉东下九江，与南京代表李宗仁会谈。8月24日谭延闿、孙科和李宗仁前往南京，此时辞职后的蒋介石离开南京已近两星期。9月5日，谭延闿、孙科与胡汉民、许崇智开会决定召开中央执委会议。5天后宁、汉和沪（西山会议派）3方代表正式集会同意由"3个中央党部"出面负责推举会议代表。次日3方党部推出的代表开会同意成立统一的"中央特别委员会"。9月12日3方"特别委员"推出：汉方是谭延闿、孙科、程潜等6人，宁方是李宗仁、蔡元培、李烈钧等6人，沪方是林森、许崇智、谢持等6人，宁汉沪三方共同推举的特委是汪精卫、胡汉民、张继、吴稚晖、戴季陶、张静江、蒋介石、唐生智、冯玉祥、阎锡山、李济深、何应钦、白崇禧等，总共正式委员32名，候补委员9名。这批中特委大员互相瞧不起，又由国民党3个分裂的中央委员会各自产生，所以他们的名次排列由抽签决定。9月16日中特会正式成立，17日决定国府、军委委员，合流闹剧宣告结束。

在3方代表名单中，不见宋子文的名字，可宋没有退居二线，一直作为事实上的主持人在会前会后活动。3方代表在分赃时是逞能逞雄，互不相让，可对资历不深的宋子文都待之以礼，对穿针引线的宋子文的话奉若圣旨说不上，可也是掂量再三。这是由宋子文身份决定的，从背景上讲，宋是孙中山的妻弟，此时又将成为蒋介石的妻兄，宋被看成是蒋介石的代言人。从现实上讲，他是中央银行行长，虽说没当上财政部长（不到4个月，孙科不得不把"财政部长"职还给宋子文），可中央财政由他控制，3方中特委大员官场游戏是高手，争权夺利是行家，可要公款要活动经费还得找宋子文。这样，就使他在调和3派矛盾时处于极为有利的位置。

合流过程也使宋子文大开眼界，只见这批利欲熏心之徒，置总理遗嘱、党国利益于不顾，以派画线，以私利定标准，"精诚团结、光明正大、天下为公"均成为攻击别人的武器、掩护自己以权谋私的彩旗。宋子文同他们周旋一番，也学会不少。

说实在话，宋子文同这批党棍、政客、武夫确有不同之处。胡汉民、汪精卫、张继、蒋介石之辈更喜好于官场恶斗，各自追随者也为得一份"政治快餐"而使出浑身解数拼搏，何惧风流？宋子文明此道数，给人以一种似乎对权力、官场不感兴趣的假象，集中精力利用掌握的特权，赚、捞、换取高额利润。

在合流中宋子文对这冠冕堂皇、实质见利忘义的群雄，经过比较衡量，得出一个并不难得出的结论，即胡汉民也好，汪精卫也好，西山会议派也好，孙科"太子"系也好，他们终将不是靠枪杆子起家的蒋介石的对手，必将成为蒋的政治玩物，南京政府必将是蒋的地盘。

四是帮助蒋介石复出。在国民党上层，由于蒋介石另立政府，得罪了沪、汉不说，南京政府内的桂系也趁机"逼宫"，蒋介石同意辞职。1927年8月12日离开南京去上海，次日通电下野，称宁汉双方同志要团结反共、完成北伐，他自己回乡扫墓了。蒋介石之所以放心离职而去，自有他的考虑。

一、宁汉沪3方目前还无足以取代他的人选，中央特别委员会中可谓是人才济济，集中了国民党内几乎所有的领导人，论资格老的有西山会议派的大佬；论党政有胡汉民、汪精卫、谭延闿、蔡元培、于右任等；论军事有何应钦、李宗仁、白崇禧、程潜、李济深、张发奎等，遗憾的是其中还没有一人能出任旗手，掌管南京政府。

说到个人是否想当首脑，想当敢当的有胡汉民、汪精卫两人，可胡汉民为一介文人、党棍，实力派们不服不说，西山会议派也不服。西山大佬的资历和党内的地位那个都可与胡汪一比。想当不敢当的有李宗仁、唐生智、冯玉祥、阎锡山，4人间互相不服气不说，其他党政代表也不服，他们看不上刚进国民党核心圈才数月的武夫。不想当也不敢当的有于右任、李济深、蔡元培等人，他们希望国民党保持团结，也有拥蒋之意。蒋介石明白这一势力划分，跟以上人士比起来，他们各自有的，蒋介石也有；他们各自没有的，蒋介石也有。蒋的出走，促使以上人士互相攻讦，自相残杀，各自都被搞臭后，造成蒋介石复出的必然之势。

二、蒋介石虽然辞职，可黄埔学生为骨干、当时实力居国民党各军之首的第1集团军还在。在北伐过程中，黄埔校军一路奋战，同时也快速扩张，打进杭沪宁地区时，实力已经处于第2、3、4集团军之冠，成为国民党当局的镇宅之宝，当然也是蒋介石的依靠力量。关键是蒋介石离开，可第1集团军掌握在亲信、黄埔系管家何应钦手中，这是蒋介石复出的本钱。

三、对宁、汉、沪3方，以及对南京政府名下的各地方、中央实力派至关重要的经费，一直控制在宋子文手中，蒋介石用不着像他人那样四处活动讨钱过日子，宋子文也不会暗中拆台。所以，蒋介石的辞职，只是一种他人不敢用的权术而已。

蒋介石下野后，宋家已经内定他为女婿人选，宋子文为这位未来的妹夫的复出开始系列活动。拥蒋复出的核心，就是搞垮蒋介石没有参与而组织起来的、取代蒋的核心领导地位的"中央特别委员会"。而要想整垮中特会，则要整垮中特会中非蒋嫡系的胡、汪、西山会议派势力。

1927年11月25日，南京举行庆祝讨唐胜利大会，会后游行群众在复兴桥与军警发生冲突，当场死2人，伤75人，酿成惨案。南京有关机构在汪精卫的暗中支持下，组成"惨案后援会"，宋子文就和陈果夫、何应钦、丁惟汾等人联合起来，指称西山会议派是"一一·二五惨案"的真正元凶，要求缉拿凶犯。12月28日，西山会议派骨干邹鲁、居正、许崇智等人被迫离宁去沪后出国。再借助中共发动的广州起义，说汪精卫有"联共、护共"嫌疑，在蒋介石的"劝说"下，汪精卫12月16日去了法国。通过查究汪精卫"联共"嫌疑之事，有意和胡汉民作对，迫使胡汉民"出洋考察"。3箭之下，"中特会"成为空架子，被蒋介石抛弃的时机已经到来。

1928年1月4日，蒋介石回到离开近5个月的南京城，主持复辟事项。2月2日，国民党二届四中全会召开，蒋介石官复"国民革命军总司令、中央常委主席、中央军委主席、中央政治会议主席"，再也不见"中央特别委员会"的影子。

宋子文积极参与四中全会的筹备工作。1927年11月24日，宋子文召集和参加第二届中执委谈话会，提出"召开四中全会和蒋介石复出"问题，并致电未到会的中央执行委员前来参加会议。12月3日、4日、8日参加3次四中全会预备会（第4次没有参加）。4次预备会完成了蒋介石复出的全部准备工作，到二届四中全会正式出台。

宋子文所起的作用是由国民党内特殊的决策方式决定的。国民党内领导机构齐备，各种会议很多，可真正起决策作用的也就是蒋介石信任的一小批人。很多中执委常委、国府和军委常委、中政会委员及后来的国防最高会议成员，蒋介石之所以挑选他们担任，不是希望他们来分权决策，而是认为他们是比较合适、听话的投票机器，而蒋身边的小圈子成员，有的并非最高决策、执行机构的成员，却有相当大的权力和相当高的地位，在上层活动圈内，别人对其也是另眼相待。

宋子文就是这样的人。在蒋复出的过程中，宋只要出席会议，即使不发言也是对蒋介石的支持、对其他人的威慑。否则从出席谈话会的23名中执、监委和出席四中全会的30名中执、监委人选看，蒋介石的袋中人物也就谭延闿、戴季陶、宋子文、何应钦、陈果夫、吴铁城、张静江、邵力子、吴稚晖等 10 人左右，蒋官复 4 职是无论如何过不了投票关的，只有靠蒋介石的亲信们，利用国民党内不正常的政治生活，操纵投票机器。

管银行他很内行

在南京政府内，前 6 年，宋子文全面掌管国民党政权的财政大权；后 16 年，财政大权落入姐夫孔祥熙之手，宋子文在保持对财政决策影响力之下，涉及外交、政务，具体指导宋家王朝的各家公司。

宋子文从 1928 年 1 月起任财政部长的 6 年间，兼任过不少重要职务，2 月兼任国府委员，4 月兼任财政监理委员、外交委员会委员，8 月兼预算委员，9 月兼禁烟委员。10 月国民党进入训政时期，改组中央政府为"五院制"，宋子文连任财政部长兼中央银行总裁。1929 年 1 月兼首都建设委员和常委、黄河水利委员会委员、国家建设委员会委员、国防会议委员、国军编遣委员和常委，3 月当选为国民党第 3 届中央执行委员（连任至第 6 届），5 月为中央政治会议委员，1930 年 1 月兼国府委员和行政院副院长，1931 年 8 月兼救济水灾委员长、全国经济委员会委员（广州非常会议事件发生时一度去职），1932 年 8 月兼代理行政院长，1933 年 3 月免代理行政院长职，4 月免中央银行总裁职，10 月免行政院副院长及财政部长职，后 3 个主要职务由孔祥熙接任。

这 6 年对南京政府来说十分重要，蒋介石开府南京需要稳定和巩固外，还受到三个方面的直接挑战。一是党内反对派，胡汉民、汪精卫、西山会议派、孙科等辈，在 6 年中数次"倒蒋"。二是地方军阀冯玉祥、阎锡山、唐生智、张发奎、李宗仁、陈济棠等起兵"倒蒋"数次，有时党内反对派和地方实力派合为一股反对中央政府，最后蒋介石打赢了这一场持续三年之久的新军阀混战。三是来自中国共产党，双方较量 22 年，最后蒋介石集团被打败。在这 6 年中，中共站稳了脚跟，有了立足点，但在蒋介石的"围剿"下，还未对南京政府形成致命的威胁。

6 年间，宋子文的主要工作是在蒋介石压服党内反对派和地方实力派、组织蒋家天下、独裁南京政府的同时，建立起适应蒋介石统治的财政金融体系，建立起国家垄断资本。

在建立财政金融体系方面，宋子文采取三大措施，即建立全国银行系统、确保田赋税收和实行预算审计制。这三类事，对国民党政权来说，宋子文办得不理想，没有达到他所设想的结果，加速了国民党的衰败；对人民大众来说，增加了对全国人民的盘剥，使得人民群众的生活贫困化越来越严重，其贫困程度为世界上所少见。当然，宋子文提出这三件事，既有对南京政府的忠心，又有作为资产阶级经济学家的责任性和信心，也想一展宏图，振兴南京政府的经济。蒋介石对前两项大加赞赏，对不得不办的第三项则不甚满意，最后导致把宋子文调离财政部长、中央银行总裁的位置。

关于建立全国银行体系。1928年10月15日，南京方面宣布改组中央银行，宋子文任总裁；为适应国民党政权已由广东一地扩为名义上的全国这一转变，拨出2000万元金融公债作为资本；"中行"的职权为铸发国币、发行兑换券、经理国库、募集公债和存放款。这样使得中行取得了在全国银行界的独占地位，成为国家垄断资本最重要的金融活动基地。

宋子文在国民党内真可谓是一个有作为的官吏，为改变国民党官办银行在全国银行业中的不利地位，以中央银行为基地，开始半靠特权半靠入股、半靠政治高压半靠经济手段吞并其他银行的工作。首先是看准原来北洋政府的两大金融支柱"中国银行"（下称"中银"）和"交通银行"（下称"交行"），先是强行命令两行的总管理处和总行由北平迁上海，这样便于控制，再向中银强制加入官股500万元，交行200万元。到1928年10月26日和11月26日，分别公布中国银行、交通银行条例，规定中银以经理汇兑国际货币为主要业务，并有权发行兑换券和钞票、经营存放款及协助进出口等；交行则负责建设、工商贷款及一般业务。开始把两行纳入南京政府的金融轨道。由于官股在中银只占20%、在交行只占10%，南京政府和宋子文无法主宰两行的一切。直到1935年间，南京政府发行1亿元金融公债，其中2500万元作为官股加入中国银行，官股超出私股500万元，中银当然归国家垄断资本集团所有，宋子文当上中国银行董事长。同时宋子文和蒋介石又拨出1000万元作为官股加入交行，官股占55%，交行也落入南京政府手中。

宋子文筹建的第4家国家银行是农民银行。"农行"始建于1928年7月，在四大家族成员陈果夫的支持下，由江、浙两省政府先后创办。1933年4月"豫鄂皖赣剿共总司令部"在武汉成立"四省农民银行"。1935年改组为"中国农民银行"，负责对农村办理中、短期贷款。在南京政府的金融体系中，宋子文还特设两个金融机构，即"邮政储金汇业局"和"中央信托局"。中央银行、中国银行、交通银行、农民银行和邮储局、信托局成为官僚资本的六大支柱银行，垄断全国金融。

宋子文、孔祥熙、陈果夫为强化在金融界的地位，就像吞并中银、交行那样，又夺取了在民族资本中很有影响的"小四行"（新华、通商、四明、实业银行）、"北四行"（金城、盐业、中南、大陆银行）、"南三行"（上海、浙江实业、浙江兴业）。1936年11月，在"两广事变"的善后过程中，宋子文又利用增资入股的手段，控制了在华南很有影响、实力雄厚的广东银行。

宋子文就这样以"四行二局"为纲，配合夺取来的地方银行，建立起完整的银行业务网络。"网"的收与放、紧与松，控制在四大家族手中，主要由宋子文、孔祥熙、陈果夫实施。事实上此3人经营1家大银行，能力略显有余，可经管全国财政金融，能力则显不足；他们经营纯银行业务的才干有余，可经营全国的财经、信贷、平衡预算、建设投资的选定和进行、确定生产及积累和消费的比例、平抑物价的才干则明显不足。

收赋税他很专业

关于确保田赋税收。宋子文治理经济的三大措施中，实行预算，审计，平衡收支反映出统治集团内部的矛盾；建立全国银行网络，反映出对金融系统和民族资本的控制，而"猛如虎"的田赋税则是侵犯全国人民的利益。

捐、税，是南京政府收入的主要来源。例如1929年，年预算收入6.20亿元，田赋税捐收入为4.90亿元，占80%弱。因此，蒋介石、宋子文为何十分看重租税也就可以理解。南京政府建立后，整顿税收是一再受到重视的要务。要务的要点是：在1928年11月宣布划分中央政府收入和地方收入的10条标准，防止地方政府巧立名目，禁止在征收中央所定税目的同时随意加派；裁撤厘金，厘金制度从封建时代起盛行，各地地方官、恶霸、豪绅就地滥收买路钱，路过辖区的货物均要收税。1931年元旦，南京政府明令撤销厘金，并决定建立统税体系，开征所得税和过份利得税，前者减少税收环节，税收容易向中央政府上交；后者意在抑制工商界暴富，节制资本。

征收田赋，宋子文仿效中央征收税收之例，一改北洋政府时期由地方政府征收田赋的旧习，规定由中央政府征收，用以避免各省、地、县，甚至区、乡、保毫无节制地摊派、使得田赋收入失控的恶果，避免历来出现的一方面农民负担太重、一方面中央政府收不到钱的局面。

宋子文把中国传统的封建性质的收捐税征田赋，按照西方资本主义的经济制度进行改造，重点是加强中央财政，减少盘剥环节，尽可能地把从民间搜括来的钱物控制在国家垄断资本手中。此种征税方式应该说有合理意义，可在国民党统治下，宋子文"加强中央财政"的目标有所实现，"减少盘剥环节、以苏民困"的目的没有达到，问题出在制定政策的人身上。

"加强对全国捐税田赋的控制"，是宋子文想做又尽力去做的事情。为有效征收赋税，他在1930年6月任命温应星为财政部缉私处处长、黄启光为松江缉私税警教练所所长，先后培训200余名军官、600余名军士，成立税警团，派到为赋税大户的有关省市缉私部门，配合当地的税务机关，查办私枭，强化税收。此外还严格挑选各地税务负责人人选。修改税收条例，肯定中央财政的重要性，对凡是有碍中央财政、不利于国家垄断资本搜括、有利于地方实力派的律令，一律加以删除。再加上蒋介石集团的党、政、军、警、宪、特对征收捐税田赋也重视有加，终使支撑国民党当局存在的税赋额没有出现大跌大落现象。

"减少盘剥环节"，是宋子文想做没有做到的事情。这对税赋征收来说是较为关键的一步，也是税赋改造的主要内容。旧中国过去的税收是人民纳了税，中央收不全，中间克扣太多；本来中央定的税赋额就很高，中间层次设关设卡，层层加码摊派，更加重了超经济的剥削，税额过高多次成为历史上人民革命的导火索；贪官污吏太多，国库蛀虫满地，更是税赋征收上的败绩。宋子文也想解决这些问题，在广州时期确实也解决得不错。到南京后对以上明摆着的陋习，却怎么也没法根治。他固然对山西阎锡山、西北马家军、山东韩复榘等这些割据性质的抗税大户一筹莫展；对中央始终保持有效控制的东南、中南省份的地方官员胡作非为、欺上瞒下、克扣税赋、任意增加税额也是无可奈何；对从中央到地方的贪官污吏更是无能为力。他的关于惩治税赋征收中各种违法行为的法律法令，成为乱纪者嘲弄的对象。原因何在？反动统治阶级的劣根性在起作用。宋子文自己也囿于阶级局限性，成为买办、大地主、大官僚的结合物，不可能拿出有效的、有利于民众和国家的统治措施，他的"贪和污"仅是和中、下层不法官员、商人的形式不一，性质却一样。因此，他整顿税收吏治难以奏效也就不奇怪了。

"以苏民困"，是宋子文不想做也做不到的口头表白。影响"民困"的首先是税率，税率的高与低，除涉及生产者和经销者的利益外，还直接波及人民大众的生活水准，任何商品的税额事实上最后还是由广大消费者来承受。南京政府规定的税率与当时的经济水平相比，是比较高的。如卷烟统税税率最初定为从价的22.5%，到1931年即增加一倍多，达从价的50%。火柴统税税率达货值的一半，有的等于全部生产成本。水泥的统税税率等于从价的34%。影响"民困"的第二个因素是变相厘金，宋子文的"简化税收，裁撤厘金"并未实现。按照官方公布的统税条例，已经缴纳统税者，不再征收其他一切捐税。现实中苛捐杂税并未取消，如上海的已税面粉运至福建、广东、辽宁等地上市之前仍须纳税。在四川省内，重庆的棉纱运至新津、彭山，要征19次捐税，其中所谓江防捐和印花税，竟然重复征收4次。高税率和厘金制，既严重阻碍民族工业产品在市场上的流通，使得民族工业处于艰难生产之中，又严重伤害了消费者的利益，人民大众的生活越来越"困"。

农民也不轻松，田赋对中国农民来讲有两层含义：一是无地少地的农民要向地主缴纳沉重的地租，残酷的地租剥削不仅侵占了农民的全部剩余劳动价值，而且侵占了相当一部分的农民的必要劳动量。二是国家征收的田赋，繁重的赋税是掠夺农民、摧毁农村经济的重要手段。就正税而言，南京政府所征数远超过北洋时期，如河南信阳地区，1933年比1928年增加两倍多。正税之外还有田赋附加税，此类附加名目繁多，有的地区达147种。

征赋方式也是剥夺性的，一是预征制，如四川省有的地区已把30年以后的捐税预征完毕，预征数年、十数年的在各地屡见不鲜。二是强征制，官方派出反动武装催粮催款，形同土匪，任意拘捕民众，严刑拷打，对任何抗捐抗税行动实施严厉镇压。在"地租、正税和田赋附加、预征、强征、灾荒"5毒之下，农民破产有之，逃荒有之，挨饿、乞讨、卖身、死亡相伴。

"民困"未苏，是宋子文经济政策最大的失败。国民党之所以被人民群众所抛弃，还是源于"经济"也，国家垄断资本对全国人民进行超经济的剥削，以宋子文为首的财经主管人员不管民生只管"官生",无视民众的基本生活权利,搞得民不聊生,民怨沸腾。他的剥夺式的经济政策同蒋介石政治上的专制高压一起为丛驱雀,为渊驱鱼,把全国人民逼上梁山,最后推翻了南京政府及不得人心的统治。

搞垄断他很积极

实行预算审计制,这是宋子文采取西方现代国家经济管理理论的杰作。实行国家预算,对中国来说是个新事物,中国统治者历来对此不感兴趣。国君金口玉言,一言九鼎;统治阶级可以为所欲为,花费无度,怎么会受"预算"的限制,自己捆住自己的手脚?直至清末、北洋军阀时期均为如此。

宋子文留学西方,对美欧等国实施的预算制颇有好感,故而信奉国家管理必须实施预算制,必须做到收支平衡。南京政府建立后,作为财政部长和中央银行总裁,宋子文从国家管理正规化、制度化、法治化的角度出发,非常认真地搞起国家预算来,作为管理国民经济、做到收支平衡的工具和手段。

蒋介石对此漠不关心,时冷时热,故4年过去仍无结果。宋子文凭着国舅地位和牛脾气,再三进谏,再三坚持,直到1931年才算有了独立的国家预算机构——主计处,1932年9月24日颁布《预算法》,预算体制确立,在要不要国家预算上蒋介石总算首肯了宋子文的主张。

但是,蒋宋两人就严格执行预算问题时常出现冲突。宋子文对整个政府预算偏重于军费大为不满,例如1929年度支出为6.19亿元,军费达2.66亿元,行政费用为1.46亿元,经济建设分文不支。1933年度支出为8.28亿元,军费支出高达4.16亿元,行政费用为1.71亿元,经济建设还是分文不支,其余均为债务本金利息所支。即使是再蹩脚的经济学家,对此国家预算收支状况也会感到不正常,何况宋子文还是美国培养出来的经济学博士,对此不会没有看法。一是对国家预算中的支出各项比例不合适屡次向蒋进言,要求限制军费比重。二是对蒋介石不尊重和任意修改预算、军费高于一切的主张不满。

在蒋介石看来,宋子文简直是幼稚可笑。现在是"训政时期",军事上既要对付红军,又要对付李宗仁、冯玉祥、阎锡山、唐生智、张发奎等"倒蒋"派,军费当然是重点保护的支出。由于反共内战、军阀混战不断，无法估计作战的大小多少，又怎能正确预算军费所需数目？故对军费只有采取按需分配、实报实销的办法。军费支出是打破宋子文收支平衡的主要原因。

宋子文确实"可笑"，他主张限制军费，可不主张停止反共内战和军阀混战。蒋介石发给部队的薪饷、军需本来就不足，促使军队内部"喝兵血"盛行，对外则抢劫老百姓财物，如果宋子文再削减军费，军队内的贪污和危害百姓的罪行将会更多。宋子文真想减少军费，平衡开支，应该力劝蒋介石"停战"。

蒋介石对如何使用国库受宋子文的牵制，颇有不满，南京政府到底是谁的天下？谁在当家？为警告宋子文不要干涉太多，蒋于1933年4月免去宋的"行政院代理院长"职务，接着又免去其至关重要的"中央银行总裁"职务，这实际上是一种信号，宋要么让步，要么继续丢头上的乌纱帽。1933年10月间，蒋介石同财政部长、国舅在关于为"剿共"发行紧急公债问题上发生激烈争吵，蒋责怪宋子文对"剿共"不积极，不提供所需经费，否则"剿共"早就胜利了。宋子文也不全知"反共内战的非正义性"是"剿共"战争失利的真实原因，但起码知道绝不是他造成的，他觉得数年来财政拨款时已一再向军费倾斜，蒋介石视而不见不说，还恶言相加。国舅咽不下这口气，故没有像其他国民党的高级官员一样忍受蒋介石的指责，而是极力争辩和反击。蒋介石不能容忍，多年来这位大舅子对他的种种大不敬一齐涌上心头，一怒之下，赏给宋一记耳光。如果蒋、宋为民间家庭中的亲戚，"一记耳光"也不为过，这种只有在家庭争吵中出现的镜头，出现在军事委员长和财政部长之间，则为少见。宋子文宣布辞去财政部长和行政院副院长职。

蒋宋之间没有根本的不同，仅是统治方式、管理手法不同。所不同的只是宋子文更多地从经济理论的角度去思考问题，蒋介石则更多地从反共现实需要去考虑问题；宋子文的理论和主张西方化的味道很浓，蒋介石则注意把西方的资本主义的政治、经济理论加上他的特色。这是蒋介石比宋子文高明的地方。宋子文不无他意地说："当财政部长跟当蒋的一条狗没什么两样。"此话说明他作为蒋介石的妻兄、财政部长，对蒋权欲、本性的了解，可是后来宋没有吸取教训，还是在南京官场继续充当以往的角色。

在前6年中，宋子文为建立南京政府的财政金融体系起了关键的作用，同时为建立国家垄断资本也出力甚多。

宋专攻经济出身，从取得的"成就"论，他对所学专业中如何赚取高额利润的知识要比经济管理的知识学得更好一些，颇有华尔街股票能人的功夫。国家垄断资本的形成、膨胀，与他有密切关系。蒋介石建立统治后，国家垄断资本集团与蒋宋孔陈四大家族等财团一起，之所以能在短短的22年间积聚起巨额资产，跟宋子文在前6年的努力是分不开的。

南京政府面临的经济难题有二，一是如何筹集巨额军费；二是如何加速扩大官僚资本。如果南京政府有相应的实力，那么两大财经难题不难解决，可中国并非如此，国力贫弱不说，蒋介石还不重视经济建设。经济建设到1934年才被正式列入国家预算，当年的投资额是军费的六分之一强，到1936年经建开支也只是同年军费开支的三分之一，如此投资，增加国力要待何年？宋子文（孔祥熙）为解决军费开支和扩大国家垄断资本，办法还不少。

一是发行钞票。用增发通货的办法达到增加财政收入的目的，是不少财经决策者所采用的办法。可增发货币是和通货膨胀、币值下跌联系在一起的，是和下一次更大的经济危机联系在一起的。多发货币不会给财政带来过多的利益，只会带来压力。增发货币的办法不能不用，不能常用，宋子文这位讲究收支平衡的经济管理学家，对货币发行还是有所控制的，货币发行量一直处于经济状况可以接受的程度。可到他第二次全权主管国民党经济时，滥发货币之多到了失控的程度，南京政府的经济崩溃由此开始。

二是增加税赋收入。此举也有局限性，当时国民党政权没有进行大规模的经济建设，特别是没有进行有助于增强国力、经济力的重点项目投资，也没有采取有效措施来扶助民族工商业的发展，对农业更是听之任之，总的来讲财经当局对经济、生产只知索取，不知投入。生产部门大部处于维持状态，后劲不足，何谈发展再生产？在这种状况下，税源没有增加多少，赋税提高有限。从南京政府历年的赋税收入看，1929年是4.90亿元，1931年是6.63亿元，1933年是6.44亿元，1935年是5.47亿元，1936年是5.58亿元，总的来讲增减幅度不大。再加上征缴、上缴、管理、使用中的漏洞，赋税收入一直不令宋子文满意。

三是发行公债。发行公债是宋子文等建立官僚资本、搜括军费的重要手段之一。从1927年到1934年，南京政府共发行14.61亿公债，7年间的发行量达两年的政府财政净收入。高额内债用于内战军费的部分达86%，四大家族如此热心于发行内债,既能满足开支浩繁的军需,又能带来巨额利润。承销公债而得利的主要是银行,而"中、中、交、农"四行又是承销公债的垄断者,一般专卖每期公债的一半左右。按照惯例,承销公债的折扣是五、六折,还本付息则按票面全额计算,因此除去手续费、劳务费等支出,承销者能获纯利三成到四成之间。7年间的内债,南京政府实得8.09亿元,以"四行"为主的承销者获利6.52亿元,如果加上票面利息,数字更为惊人。南京政府真是可怜,重用的这批经济决策者,却是一批窃油硕鼠之辈,吃里扒外之徒。政府财政开支紧张才举债度日,可借债的利益政府获得有限,这样的政权岂能存在?岂有不败之理?

四是举借外债。借外债和借内债一样成为宋子文建立官僚资本的重要手段。由于蒋介石上台不久,西方对这位新的代理人是否合格还有待观察,因此在贷款、援助上较为吝啬,宋家成员为改善蒋介石在国际上的形象作过努力。宋子文任财政部长的6年间,争取到的美援不多。1931年美提供"救灾棉麦借款"900万美元,1933年美提供"棉麦大借款"5000万美元和"航空借款"4000万美元,合中国货币4.06亿元。美援数目不算大,可对当时等米下锅的南京政府来说其重要性可想而知。更重要的是让官僚垄断资本、让宋子文等财政决策者尝到了外援的甜头,以后为获取美援而不择手段。

五是垄断军火贸易。蒋介石喜好内战,内战需要大量武器,当时购买军火是外贸中最大的经济活动。1930年到1934年间,平均年输入军火达2100万美元。按照国际军火市场的惯例,经营武器的回扣或佣金很高,有的高达4成。南京政府的对外军火贸易理所当然由宋子文、孔祥熙等负责,由他们控制的银行和公司操作,这项巨额佣金当然就落入宋孔集团和具体负责的将领高官手中。

六是吞并民族资本,成为官僚资本工业发展的主要途径。南京政府的官营企业除兴建一小部分外,主要有以下几种获取手段:"没收",把北洋军阀的官营企业和在大型企业中的"官股"照单全收;"接管债户",当企业无力偿还四大家族控制的各家银行的债务时,官方出面接管该企业;"入股",向效益好的企业强行加入"官股",取得对民族工业的控制权;"改组",利用国家权力对有关企业的经营方式、原材料供应、产品销路强加干涉,以达到控制该企业的目的。到宋子文辞去财政部长职务时,官营企业已从一无所有发展到占全国企业的10%左右。

事实告诉天下，国家垄断资本是半殖民地半封建社会特有的畸形产物，一出现就和国家政权结合在一起，采取国家资本主义的形式，充当外国资本的买办和附庸。由于受所处的社会形态的限制，又带有浓厚的封建性，剥削方式是利用国家政权的主宰权和对经济活动的垄断权，以半封建的超经济的掠夺为主。他们日常从事的经济活动，缺乏实业基础和生产资本，大部分是进行商业投机。这些就是包括宋子文、孔祥熙这类曾到西方专攻经济理论和管理又有实际经商经验的南京政府的财经主管队伍为何把中国经济越搞越糟、社会越搞越乱、物价越搞越高、民生越来越苦、百姓越来越穷、国家越来越弱的原因。

四、南京官场的风云人物

宋子文因为蒋介石的"一记耳光"提出辞职，蒋介石不会用自己的"一记耳光"作为宋下台的原因，而是用更合适的理由和机会，那就是"棉麦大借款事件"。

"棉麦借款"闹事

1933年4月间，蒋已决心更换宋子文，下令免其"中央银行总裁"职，使这位国舅财政金融大权失去一半。为安慰宋子文，让其赴华盛顿参加世界经济讨论会。5月8日，即到达美国的第3天，宋子文就同刚上台不久的美国总统罗斯福会谈。当时美国正急于为剩余农产品寻找销路，罗斯福表示愿意向中国提供援助，以购买美国的农产品。并同意提高银价，以增强中国的偿还能力。6月4日，宋子文向南京方面报告，美国财政善后公司同意贷款中国5000万美元，支付形式是提供价值贷款4/5的美国棉花，其余付小麦，中国偿还白银，由"统税"担保，3年内还清，这就是宋子文主持的第1次大规模对美外贸活动——"棉麦大借款"。

"棉麦大借款"引起全国舆论大哗，提出以下几点质疑：美国倾销剩余农产品，中国偿还白银，到底算美援？还是算援美？

美国倾销如此多的美棉美麦，对中国农业是福是祸？

在当时世界间一次性贷款中也属大数的"棉麦大借款"的定夺，是宋子文所为还是政府所为？

大借款的获利是用于内战还是用于建设?

进步人士和进步舆论一致认为,"棉麦大借款"只是有利于蒋介石的独裁统治,国民党内也有不少官员趁机倒宋。蒋介石不会放弃这笔贷款,指使有关方面出面宣称,宋子文的行动根据中央决策,借款完全用于经济建设,并让中央政治会议和立法院开会追认大借款合理合法(对于是"援美"是"美援"、是"福"是"祸"的质询则避而不答)。蒋介石对宋子文则不准备再保,趁机把宋赶出财政部。

宋子文回到南京,发现蒋介石刚向中央银行总裁孔祥熙透支6000万元军费,偿还方式是发行紧急公债。蒋介石之所以用这笔钱,一是确实内战需要,二是"棉麦大借款"合2亿元国币,先挪用三分之一也不为过。宋子文见这笔几乎达全年财政收入十四分之一、当年军费七分之一的赤字,勃然大怒,与蒋介石大吵大闹,换来一记耳光。10月27日宋子文提出辞职,29日国民党中常委、中政会照准,有关方面放出风来,说是宋子文为"棉麦大借款"承担责任。"耳光事件"则提也没提。

蒋介石把宋子文赶离财政部,并不是最后摊牌、决裂,对国舅一直留有情面。再则蒋对宋子文6年间所表现出的能力和对四大家族的贡献还是肯定的,对宋制订的扩大官僚资本财路的总体设计还是欣赏的,两人继续合作。

宋子文离开财政部和中央银行后,对南京官场的影响力并未下降。1933年10月出任全国经济委员会主席,1935年4月兼中国银行董事长,1939年10月兼"四行联合总处"副主席,1941年12月兼外交部部长,1942年11月(国民党五届十中全会)当选为中央常务委员,1944年12月兼代理行政院长,1945年5月任行政院长,1946年6月兼全国最高经济委员会委员长,10月兼行政院绥靖区政务委员会主任委员,12月当选为制宪国民大会代表,到1947年间辞去在中央的主要职务,在南京中央阶层的政治生涯就此结束。

在这14年中,宋子文的才能得到充分施展,在国民党的上层统治集团里,不失为一个干才。当然南京党政军经各部门中,能干的官吏还是有的,但业绩如何要看有没有施展的机会,这种机会的获得,在于是否得到蒋介石的承认和支持。

宋子文和党务部门的陈果夫、陈立夫、丁惟汾、朱家骅、谷正纲;政界的张群、翁文灏、张其昀、吴国桢、王世杰;军界的何应钦、顾祝同、陈诚、胡宗南、汤恩伯;财界的孔祥熙、俞鸿钧、严家淦、尹仲容、孙运璇;警宪特的戴笠、谷正伦、毛人凤、郑介民、罗友伦；智囊团的陈布雷、陶希圣、吴稚晖、董显光、黄少谷等人一起，则是属于被蒋介石重用、个人才能得到发挥的人。甚至其中一些人本身才华平平，而靠蒋介石的信任担负了超出才能所允许所能承担的职务，这样当事人也尽力尽职，可没把事情办好，用人不当则是蒋介石一生所犯的主要失误之一。

宋子文在14年间的经历，也说明蒋介石用人失察和不慎重之处。宋身为蒋介石的妻兄，本人又喜好投身商界，按照宋的特长、兴趣和个性，让其发财也不失为一合适之路，没有必要过多插手国政。至于蒋介石建立独裁政府不过数年，用人之际用宋也无妨，现既然把宋已请出财政部，还不如让其去官经商，没有必要继续委以主管外交、行政、经济的重任。宋子文本身有着不可克服的弱点，本来既然从政为官，就应两袖清风、光明正大、为民谋利、为国争光。可他主管外交也好，主管政务也好，有敢作敢当，无光明正大；有以权谋私，无两袖清风；有宋家当先，无为民谋利；有合纵连横，无为国争光。到1947年，宋子文名声臭到顶点，无法再在南京官场立足，蒋介石为掩人耳目，不得不把国舅外放广东。

宋子文转任全国经济委员会主席，此职无经济实权，无经济实体，只是一个全国性的经济协调机构。任内的主要工作是协助孔祥熙进行过一些经济建设，如修筑7000余公里铁路、8万公里低级别公路；建造连云港、葫芦岛等海港；筹组中国航空公司和欧亚航空公司；设立治理长江、黄河、淮河的水利委员会；进行过一些复兴农业和农村改良的实验；修建一批军事要塞。

宋子文作为全国经济委员会主席，在协调全国经济建设的同时，安排官僚资本通过金融业向工业、交通、通信、商业等行业渗透和发展，在建起一批经建项目的同时，吞并了一些有影响的企业。更重要的是，逐步建立起对全国一些主要生产、经销、外贸行业的垄断产业。

南京政府在抗战前进行的经济建设，虽说规模有限、水准有限、效益有限，偌大的中国造不出一辆现代化的交通工具和精密机器，但毕竟使中国的经济、技术水平开始摆脱封建愚昧状态，全国主要经济区域开始进入初步的资本主义生产阶段，资本主义生产方式逐步推广，客观上促进了中国经济的发展，成为中国近现代史上继洋务运动、第一次世界大战期间及之后的第三次资本主义发展的高潮。南京政府及由宋子文、孔祥熙负责的全国经济建设计划的实施，也有利于加强国民党统治的经济实力，增加反共力量，使得国民党政权得以在大陆保持22年。

宋子文协助孔祥熙进行的第二项主要工作是币制改革。中国是最早使用货币的国家之一，历朝历代使用过多少种货币和发行过多少货币量，恐怕难于统计出精确数字，这种混乱状态到近代中国并未有所好转。辛亥革命以后，近代军阀和地方实力派兴起，各有各的地盘，当然也就各有各的货币。即使在政治中心和经济中心，一些有实力有资本的银行也各自发行钞票。更有甚者，在华的40家外国银行凭着在华特权和经济实力，集中了大量的外汇，随时可以冲击中国市场。

南京政府正在进行统一中国的军政行动，货币统一势在必行。此外，此时国际上白银价格上涨，引起中国白银大量外流，带来作为中国基本货币形式的白银价格直线上升，南京政府为保护国内银根，有必要进行币改。币制改革1929年由宋子文最早提出，到1934年10月成立币制研究委员会。次年11月成立新币发行准备委员会，宋子文为常委，决定接受英国政府提供的1000万英镑，作为币改保证金，发行法币；禁止所有硬通货及白银、黄金流通，一律使用本身无价值的纸币。

币制改革不失为蒋介石统治手法中的高招，官僚资本完全垄断了财政金融，大大增强中央政府的实力，为全国政治统一造成有利之势。客观上法币的发行，带来全国货币基本统一，有利于促进全国经济交流和经济发展。由于法币以外汇为后盾的纸本位，造成中国货币对英镑、美元等硬通货币的依赖性，成为半殖民地半封建社会金融政策的典型，这是经济落后加崇洋媚外的结果。

宋子文对蒋介石常以"国舅"自居，颇有大不敬的意思，可在蒋遇到麻烦时，还是能够相助的。在蒋介石1927年和1931年的两次下野期间，宋子文都是坚定的"拥蒋派"。1927年曾为蒋复出尽力，1931年也是这样。

1931年春末夏初，孙科等在广州召开国民党中央执监委非常会议，另立政府与南京对抗。1931年5月28日，广州国民政府成立，诚邀宋子文南下出任"财政部长"，凭着对四大家族的忠诚和对蒋介石的支持，宋子文拒绝参加广州"倒蒋政府"。不久宁粤同意合流，宋子文遭广州方面胡汉民、孙科、陈济棠等势力的报复，被排挤出行政院、财政部和中央银行，宋子文不声不响反击。宁粤合流后的新政府中，粤系势力过分强大，国府主席是林森，行政院长是孙科。12月15日，宋子文离开南京回上海时带走了财政部的关键档案。因缺少档案，新任行政院长无法动用国库，各省也不买"孙院长"的账，拒绝上缴捐税款，宋子文暗中散布新政府3个月内会垮台的消息，为已经动荡的金融市场推波助澜。

孙科无钱可花，只得宣布停止支付债券。4年多来蒋介石、宋子文为筹集资金，发行过大量债券。现停止兑付债券，持有债券者为取本取利，向银行挤兑。本且难回，还得支付债券利息，一时各银行、财团、富商、大亨纷纷抗议。1932年1月25日，孙科内阁"穷"而垮台。蒋介石、汪精卫重新分权，一个任军事委员长，一个任行政院长。宋子文倒孙有功，官复行政院副院长、财政部长、中央银行总裁。

西安事变息事

宋子文第三次助蒋，即是1936年12月西安事变发生时飞陕摸底的"壮举"。西安事变的消息传到南京，国民党上层分成两派三方，一是讨伐派，主张按照春秋大义，勤王救君；按照国法军法，讨伐叛军，把劫持"领袖"的张学良、杨虎城捉拿归案。讨伐派中大部分是蒋介石的追随者、拥蒋骨干，他们以法统地位自居，主持平叛。另一派是主和派，主张和平解决事变，反对任何人对西安方面采取任何军事行动，以免刺激张学良和杨虎城，确保蒋介石的人身安全和早日离陕回宁。主和派分为两部分：一部分是国民党内的有识之士，赞成张、杨二将军和中共方面坚持的"逼蒋抗日"从而"拥蒋抗日"的正确立场；一部分以宋美龄、宋子文、孔祥熙等为代表，认为西安方面是犯上作乱，应无条件地释放领袖，再谈有关抗日问题。

在事变发生后的前一个星期，讨伐派明显占上风。尽管宋美龄再三力争，坚持"停止军事集结行动，准许她飞西安，派张学良原来的顾问、后为蒋介石和宋美龄的好友、澳大利亚人端纳去张学良处"三项要求，作为当时南京政府主流派的主战派勉强只同意第三项。并在12月16日，中央政治会议正式颁布讨伐令，任命何应钦为"讨逆军总司令"，顾祝同为"讨逆西路集团军总司令"，刘峙为"讨逆东路集团军总司令"，分兵压向西安，同时空军轰炸西安外围地区。18日被西安方面扣押的蒋鼎文带着蒋介石暂停轰炸的手令回到南京，主战派才开始退让。

到此为止，南京方面已在14日派出端纳去西安，西安方面来到南京的有张学良的外籍友人爱尔德和蒋鼎文等，他们传来的消息都已证实，兵谏方面绝无杀蒋之意，欢迎南京方面派代表去陕讨论抗日大事。况且16日中共代表团已到西安，为西安事变和平解决更添保证。在这有利于事变向最好结果发展的情况下，主战派仍然不赞成政府出面与兵谏领导人举行谈判，拒绝宋美龄亲赴西安的建议，但同意宋子文以"私人资格"前往。12月20日事变第九天，宋子文飞西安，次日回宁，22日陪同宋美龄飞西安，25日陪同蒋介石、宋美龄经洛阳飞南京。

宋子文的行动对南京政府来说十分关键，他带回南京的消息及安全来去，使得主战派失去了军事解决事变的口实，也使主战派不得不同意宋美龄飞陕。

宋子文的行动对蒋介石来说至关重要。蒋介石被扣后，拒绝与张学良、杨虎城、中共代表团进行任何实质性的谈判。蒋介石之所以不谈判，主要是放不下"国君"的架势，但他不是不想解决事变，也不是完全反对对日作战，只是"不谈判"的态度一出，再要改变更失脸面、身份。宋子文的到来，给蒋介石一个机会和台阶，蒋也默认宋子文和西安三方谈判，打破了"不谈判"的僵局。

宋子文的行动对西安三方来说及时有益。蒋介石的顽固对抗，无益于事变的解决，现宋子文的到来，他的特殊身份实现了西安三方和政府方面也是和蒋介石间事实上的沟通，为解决事变提供了可能。宋子文的态度也是明确的，到西安后，基本接受了张学良、杨虎城、中共代表团三方提出的政治主张：停止内战，一致抗日；逼蒋抗日、拥蒋抗日。可以说在蒋介石、宋美龄、宋子文三位事变关键人物中，宋子文是最先赞成中共关于抗日的立场的，又说服宋美龄，最后配合中共代表劝说蒋介石接受中共及张、杨二将军提出的"六项口头协议"，同意改变"攘外必先安内"的错误国策，建立抗日民族统一战线，准备抗战。

宋子文的行动起到了"联络员"的作用，至于说他"深入虎穴""冒险营救蒋委员长"则是不实之词，因为西安三方从无杀蒋杀人质、分裂割据的打算，也就无"险"无"虎穴"。要说"难"是有，可那是蒋介石和主战派"拒绝谈判"造成的。至于如何看主战派的主张，就像宋子文、宋美龄用"谈"的方式为蒋介石保留一点"国君"的虚荣，主战派则是用"打"的方式为蒋挣一点面子。

蒋介石、宋美龄关于事变所著《对张杨训词》《西安事变回忆录》等，对宋子文所作所为只提不细说。宋子文深知蒋介石用心，所以对自己在解决事变过程中所起的作用从不谈起，对如何"开导"宋美龄、蒋介石的经过和论点更是闭口不言，从不表功，这一点为臣之道宋子文还是清楚的。

可他对蒋氏也有埋怨，这就是在西安期间，他曾信誓旦旦地向张学良、杨虎城将军保证人身安全绝无问题，蒋介石、宋美龄也有类似说法，蒋作为"军事委员会委员长"还以"人格"担保兵谏将领的安全。话音未消，张将军送蒋到南京，一下飞机就被囚禁，直至宋子文过世后20年少帅才得以自由。杨将军则被关被害。对此，宋子文一直为无能为力感到内疚，为蒋介石、宋美龄公开食言而感到羞愧、愤慨。

争取美援有成

抗战爆发，宋子文站在民族抗日阵营一边，为全民族的抗战和坚持持久战作过一些努力。"七七事变"后1月余，南京政府组织上海会战，以争取时间掩护国民政府向西南撤退。宋子文的全国经济委员会，对组织沪宁杭地区和东南、华南沿海地区企业、厂家内迁是赞成的，也有过一些安排。到第二期抗战开始，内迁的民用企业达1000余家，到抗战结束时西迁开工、重建、新建的厂家达6000余家，这对坚持抗战、保证大后方的稳定是有帮助的。当然，也不能否认宋子文更关心的是如何把官僚资本的经济实体和宋家私营公司、厂家内迁。

在上海抗战的两个多月时间里，宋子文及宋氏家族能支援前线、慰问军队，提供过一些资金和物资。宋子文和宋庆龄、宋霭龄、宋美龄一起，在上海法租界霞飞路体仁医院，创建战地医院，收治伤病员，由当时的著名外科医生龚寒梅任院长，战斗越打越激烈，伤病员增加，宋家又在徐家汇增设一所临时医院。两所医院的大部分费用由宋子文承担，其余部分由社会各界资助。

抗日战争期间，宋子文从事的主要工作是在外交方面。自1933年5月出席世界经济讨论会和完成"棉麦大借款"谈判之后，宋子文成为事实上国府对英美外交的主持人。就像他基本上不涉及对日外交一样，国民党内另一主管外交的大系"亲日派"也基本上不插足宋子文的对英美外交的禁区。

宋子文自觉与美国有深厚的感情，曾对美国人说："你们是否意识到，我们现政府成员中有半数以上是贵国的大学毕业生？我是哈佛大学校友，为此深感荣幸。

"在我直系家庭成员里，妹妹蒋夫人曾在韦尔斯利女子学院念书。两个姐姐孙夫人和孔夫人（她的丈夫孔祥熙现任工商部长），曾在梅肯市卫斯理女子学院就读。"

有人就此写道:"子文开始了对美国歌剧般的求爱活动,宋氏二家担任朝臣、侍女及买办的角色。他们制定条件,拎着钱袋,记下账目。"

宋子文是这样看待美国对华贸易的:"你们没有用枪口对着我们,硬把货物塞下我们的喉咙,而是把商品卖给我们,因为我们需要这些商品。起初我们觉得这实在太好了,令人难以置信,而后渐渐明白了,我们遇到了新型的人,他们相信符合国际正义的新型交易,并且为此而努力工作。"

美国从来认为,接受美式教育,欣赏美国方式,是负责对美外交所需要的重要条件,也是扶植亲美势力的基本条件。宋家王朝成员有一派西派作风外,在中国政界的至高无上的地位,更是美国官方和财界所想招揽的对象。美国舆论界是这样看待宋子文的:"中美之间宣传的难点与宋家有关。他们是亲美政策的带头人,因此跟他们闹僵了,于我不利。"宋子文在以后的10余年中,在美国上层社会织下一张关系网。他同美国的关系,又巩固了他在国民党政权中的地位,给他带来巨大的经济利益。宋子文对美外交最活跃的罗斯福时代结束后,杜鲁门总统为代表的美国新执政者,热心"扶蒋反共"的同时,又注意在国民党内挑选新的代理人,宋子文被冷落,这是后话。

美国人对蒋介石统治的最初阶段,一直持冷淡态度,主要是对蒋介石没有完全照搬西方方式感到不满,对蒋介石的东方专制能否成功抱有疑虑。宋家成员通过在美国的友人和来华西方人,曾为树立蒋介石在西方世界的形象做过许多工作,蒋介石也逐渐适合西方人的口味,美国为代表的西方世界从20世纪30年代中期起开始接受蒋介石。蒋介石在对待列强上最终采用慈禧的专利,一方面不允许西方人的活动影响他作为中国统治者的地位,另一方面为获取西方的支持又不惜放弃国权民利。帝国主义者在中国也就入乡随俗,既承认蒋介石作为领袖管理政府,又许以恩惠以换取在华特权和利益。

抗日战争中,美英等国除了扶植蒋介石之外,还有一个重要原因就是中国全民族的抗战有助于世界反法西斯战争的早日胜利,因此把对华援助提上正式的议事日程。蒋介石为接洽此事,委派宋子文全权负责。

中国在第二次世界大战中所起的巨大作用,大大提高了中国在国际的地位,中国人民的抗日行动得到了全世界人民的支持。在抗日战争的前5年中,重庆方面共获得32笔援助,其中苏联5笔、英国12笔、法国4笔、美国8笔,共计法币1.2亿元、法郎10.3亿、英镑1.5亿、美元10.54亿元。到1943年，中国和欧洲战场、太平洋战场、东南亚战场一样进入大反攻时期，美国既希望中国牵制尽可能多的日寇主力部队，又把中国作为打击日本本土的前进基地，故对华援助大增。由于陆路和海路不通，中国方面的中国航空公司，美国方面的第十四航空大队、中美空军混合大队、空运大队，共同飞行在中印航线，进行跨越驼峰的运输。到抗战末期，仅中航公司运输入境的美援物资月达数千吨。宋子文在谈判以上贷款和物资时，还是采取积极态度的。1940年夏，蒋介石干脆派出宋子文长驻美国两年半，督促西方及时采取援华行动。

1940年6月，宋子文作为蒋介石的私人代表飞往美国，对外宣传此行是为"处理家庭事务"。当有记者问及刚到旧金山的宋子文是否争取美援时，宋子文回答说："战争把日本人拖得筋疲力尽，中国打得很出色，军队和民众士气高昂。在战争条件下，我们还要尽可能增加生产。当然，物力比人力更缺乏。"宋的回答证明并非仅是"处理家庭事务"。

当时正值罗斯福为第3次连任美国总统而忙碌，援华一事遭遗忘。宋子文就像"幼儿园的保姆"一样在华府活动，曾与罗斯福总统、国务卿赫尔、英国首相丘吉尔等见面，商议中国战区的军事问题和签订中美租借协定；曾一有机会就找美内阁成员和罗斯福总统的密友搞公关，宴请包括联邦贷款局局长、财政部长在内的高级官员，进行游说，告知中国抗战的艰巨性和中国财政的困难度。为方便宋子文的活动，蒋介石于1940年12月23日任命其为"外交部部长"。

罗斯福连任后，对华贷款进展顺利。话得说明了，美国的对华援助并非靠宋个人努力得来，就像1940年12月2日罗斯福提议、美国会批准的"新信用借款"1亿美元时，美国《生活》杂志就不加掩饰地说："中国有了这1亿美元，保证能把112.5万名日军拖住，把强大的日本舰队牵制在中国沿海，延缓日本争夺美国直接利益的步伐，这是一笔十分廉价的交易。"所以说美国的对华援助，既是为了帮助南京政府坚持到抗战最后，更是为了美国的利益。当然，宋子文作为具体经办人也功不可没。

他在美期间，谈妥的美国对华贷款有"中美滇锡借款"2000万美元、"中美钨砂借款"2500万美元、"中美新信用借款"1亿美元、"中美外汇平准基金借款"5000万美元、"中美财政借款"5亿美元，此外还购得一批包括作战飞机在内的各类武器。1942年10月25日宋代表短期回国,到外交部上任。次年2月又飞到华盛顿两次与罗斯福会谈,其后又离美赴加拿大、英国、印度访问,10月回到重庆。蒋介石为表彰他寻求美援的工作,授予一等景星勋章。不过,作为"外交部部长"的宋子文,对外交部内务不感兴趣,任外长三年半,在外国两年半,是一个不合格的"外交部部长",外交部务一直由副部长吴国桢处理。

说到美、苏等国对华援助的功绩是不能否认的,为中国坚持抗战起过不小作用,可这不仅是为了中华民族,也是为了世界人民的反法西斯的胜利。

此外,中国为偿还战争贷款,付出了大量的战略原材料。如抗战开始后的5年间,中苏间5笔贷款3.064亿美元,均属"以货易货",即拿中国的矿产、农产和其他战略材料换取苏联的一般性武器。中美间中国要用桐油、滇锡、钨砂偿还的贷款就达上亿美元。

还有除"以货易货"借款外,大部分贷款主要用于购买债权国的产品尤其是军需品,中国政府在武器的选择和价格上受到较大的限制。经办用美国对华贷款采购军火的都是由宋子文主管的宋记公司进行,这些公司的代理人和职员,进行有关经济活动时,在价格、质量、品种、性能上屈从美国。此外还收受贿赂、侵吞公款、倒卖物资,使得贷款大打折扣。

到抗战后期,美国的援助主要用于装备蒋介石的军事部队,按师建制提供全套装备,这比单项、数项武器援助更能提高部队的作战力,蒋介石也专门成立陆军总司令部,管理、培训这批用美械装备起来的精锐部队。本来美国这类援助对大反攻作战是有利的,可蒋介石却把这几十个美械师大部放在大后方养起来,基本没有投入抗日反攻战场,而是留待以后发动全面内战,这和同期美国的"扶蒋反共政策"是一致的。

对于抗战期间美国的对华援助,一直瞧不起蒋介石的史迪威将军说过:"我从未听到蒋介石对我们给予他的援助说过任何感激总统或我们国家的话。他贪得无厌,得陇望蜀,绝无满足之时。他还抱怨给他的东西太少。"出任过近3年中国战区统帅蒋介石的参谋长的史迪威将军,说话有些绝对化,因为蒋公开说过感激美国援助的话,也确实"抱怨给他的东西太少",因为与美国的实力、中国在二战中所处的重要地位比起来,美国对华援助是不够的。

宋子文在美国期间,完成的另一项重大任务是废除自鸦片战争以来中国与列强签订的一切不平等条约。在中国历史上恐怕没有比《南京条约》以来西方列强强迫中国历届旧政府签订的丧权辱国的不平等条约更令人痛心的史事了。蒋介石建立南京政府后，就此做些文章，以壮门面。

1927年7月20日，南京政府宣布了宋子文制订的"关税"改革方案，宣布"协定关税""于国家主权有碍"，定于9月1日起实行关税自主。规定在5%的进口税外，另征附加税，烟酒为57.5%，甲种奢侈品为25%，普通货物为7.5%。不过，雷声过后未下雨，在帝国主义国家的抗议下，没有施行。到第二年7月25日，才与美国签订《整理中美两国关税关系条约》，中国方面参加谈判的是财政部长宋子文。其余列强不得不仿效，直到1930年5月6日最后一个《中日关税协定》签订。第一步"关税自主"至此完成。

第二步是南京政府分别收回天津比利时租界、镇江英租界、威海卫英租借地（其余租界维持原状，没有收回），部分维护领土主权。

第三步是1930年1月17日将上海租界内由美、英、法等国控制的"临时法院"，改组为江苏高等法院第二分院、上海特区地方法院。1931年7月28日起在法租界内设置"中国法院"，部分收回外国在华司法特权。

太平洋战争爆发后，带来两个现实，一是所有外国在华租界均已被日寇占领，"租界"已不复存在；二是一向欺负中国的西方列强同中国一样成为法西斯的侵略对象，中国同美、英、苏、法等国一齐并肩抗战，进行人类历史上最为壮观、艰难的消灭法西斯的战争。这样废除对华不平等条约的时机已经到来，再则不平等条约规定的许多侵华特权都已被日本赤裸裸的侵略所剥夺，西方列强已无法在日本沦陷区获取任何在华特权。英国，这个当年率先侵略中国、与中国签订《南京条约》的老牌帝国主义国家，如今与世界上最强大的美国一起，宣布愿意放弃对华不平等条约。

宋子文到美国，频繁与英美当局接触，除争取贷款外，就是谈判新约。1943年1月11日中美英三国分别在华盛顿、重庆签订中美、中英新约。为参加签字仪式，宋子文特意从美国回国1月余，作为中国政府代表之一出席这一具有历史意义的场合。宋子文与美、英双方谈定的《新约》内容有：

> 关于领事裁判权，规定英美在中国领土内，人民或社团应按照国际公约和惯例，受中华民国政府管辖。

关于驻兵权和使馆区，规定使馆界和北宁路驻兵权一律取消。使馆界的行政权及一切官有资产、官方义务，一律移交中国政府。

关于领土主权，规定英美在上海、厦门的租界一律取消。

关于司法主权，规定英美在租界内的特别法庭一律取消。

关于领海领水权，规定英美军舰驶入中国领水之特权，中国各口岸使用外籍引水员、沿海贸易与航行权，一律取消。

关于关税主权，继协定关税取消之后还存在的英国人出任中国海关总税务司的特权，从今取消。关于其余中国主权问题，凡《新约》中没有提到的，规定均由双方依照国际法解决。

继中美、中英新约签订，南京政府又分别同古巴、巴西、比利时、挪威、加拿大、哥斯达黎加、墨西哥、瑞典、多米尼加、荷兰、厄瓜多尔、法国、瑞士、丹麦、葡萄牙等国签订了友好条约。关于中国和苏联的友好合作条约，后来也是由宋子文出面谈妥的。

现代史告诉世人，不平等条约是取消了，可外国列强在中国的特权并未取消。有人说清政府和北洋政府是按照不平等条约卖国，而南京政府是在没有明显不平等条约的情况下卖国。当时，南京政府不少由宋子文谈判的、同英美等国签订的专业性条约，同样给予西方国家很多新的特权。造型别致的美国军用吉普车不是在中国闹市区横冲直撞吗？中国的重要海港不是航行着不少挂着米字旗、星条旗、三色旗的军舰吗？强奸中国女大学生的美国军人不是被宣判无罪吗？美国军队不是照样在上海、青岛、烟台等地登陆、驻扎吗？这是南京政府的阶级局限性所致，也是蒋介石集团崇洋媚外、借助外国力量消灭中共的反动政策所致。宋子文本身就是一个大名鼎鼎的现代洋务派，四大家族就是仰仗外国势力而发达起来的买办官僚集团。

当然，宋子文进行的关税自主、废除不平等条约的谈判，本身是没有多大错误的，南京政府愿意签订新约也是应该肯定的。但应该看到，西方列国愿意放弃不平等条约，愿意签订新约，最根本的原因是中国在世界民族之林的地位得到提高，而之所以能提高则是因为有全民族的抗战。从表面到实质彻底废除不平等条约、维护国家的主权和民族的利益，在当时办不到。

宋子文在美国的第三项任务是参与筹备联合国。南京政府成立后的主要大事几乎都让宋子文碰到和参与,多次给他带来出头露面的机会,筹组联合国则为其中最为风光的一例。

在联合国之前曾有国际联盟。1919年4月28日巴黎和会通过了作为《凡尔赛和约》一部分的《国际联盟盟约》,次年1月"国际联盟"正式成立,有英、法、日及中国等44个国家参加。"国联"存在的20余年间,并未成为盟约中宣称的"维护和平的一国际安全机构",最明显的例子就是对德、意、日三国法西斯的崛起和早期侵略活动,不但制止不力,还加以纵容。对中国,除在一次大战的善后过程中严重损害作为战胜国的利益外,对1931年9月18日日本侵占东三省这一残暴的侵略罪行也不予谴责。

太平洋战争爆发后,美英等国先后对德、意、日宣战。1942年元旦,中、苏、美、英、加、澳、印度等26国为组成反法西斯阵营在华盛顿发表《二十六国宣言(联合国宣言)》。《宣言》规定,签字国保证使用全部军事和经济资源,共同对抗德、意、日法西斯的侵略;禁止任何盟国单独与交战国媾和。参加《宣言》谈判的中国代表是宋子文。《宣言》一方面为成立一个新的国际组织提供机会和条件,另一方面也为中国跻身国际四强铺平道路。因为《宣言》就是为反击法西斯而签订,而中国和苏联、美国、英国则为主要反侵略大国。1943年11月开罗会议召开,中国正式进入世界四强国之行列。

到1944年8月,美、英、苏、中等国代表开始就成立新的国际和平机构进行接触,在华盛顿巴敦橡胶园会谈,10月9月发表《联合声明》,决定组织"新国联"。1945年2月4日至12日,斯大林、罗斯福、丘吉尔在苏联克里米亚半岛的雅尔塔会晤并达成《雅尔塔协定》,决定美、英、法、苏四国分区占领马上就要投降的德国;苏军出兵中国东北,它对日作战的报酬是租借中国大连、旅顺等地和占领日本南千岛群岛;成立新的国际组织"联合国"。其中第二条严重侵犯中国主权,日本也失去四小岛,可当时日本是战败国,与同为战败国的德国被分治相比,处境要好得多,中国是战胜国,惨遭此等待遇,说到底,弱国无外交。

按照雅尔塔会议的决定,1945年4月25日在美国旧金山召开联合国制宪会议。中国代表团首席代表是代理行政院长兼外交部部长宋子文,代表有顾维钧、王宠惠、魏道明、胡适、吴贻芳、李璜、张君劢、胡霖,还有中共代表董必武。宋子文还同美国斯退丁纽斯、英国艾登、苏联莫洛托夫一起被推为大会主席,并且是第一天大会的会议主席。5月8日,德国宣布无条件投降,大会代表全场轰动,举杯相庆。宋子文还真有外交家的智慧,要求大家只干半杯酒。就在场外交使节们的迷惑中,宋子文宣布还有半杯酒,留待消灭日阀以后。顿时博得全场代表热烈欢呼。6月26日,参加会议的51国代表,签署联合国《宪章》,中国成为创始会员国和安理会五理事之一。会议完毕,宋子文又和新任美国总统杜鲁门会谈,协商中国抗战胜利后的政治走向、美国和南京政府间的关系问题。出席联合国旧金山会议是宋子文一生外交事业的顶峰。

访苏谈判不顺

就在宋子文风云官场、折冲于外交界之际,四大家族出现重大冲突,宋子文的大姐夫、蒋介石的连襟孔祥熙,这位12年前由蒋介石找来、接替宋子文掌管财政大权的四大家族重要成员,在他远去美国出席世界经济会议和旅游的11个月间(1944年11月至1945年10月),本兼各职财政部长、中央银行总裁、行政院副院长、四行联合总处副主席、中国农民银行董事长——被撤免。原因是英美方面对孔祥熙利用特权、干预和破坏国家财政收支、大发国难财屡有不满,把孔祥熙视为中国政府腐败、混乱、贪污成风的代表,应洋人的要求,蒋介石看在"美援"分儿上,撤换孔祥熙。宋子文对这位向来盲从妹夫(蒋介石)的姐夫,多少有点幸灾乐祸的味道。再则宋子文早知美国方面对孔祥熙的轻视、蔑视,觉得孔祥熙也该下。可宋子文没有料到,两年以后,他被同样的理由和同样的人整下台。蒋介石也没有想到,先对孔后对宋的行动,以后竟会引起重大事件,既挑起四大家族第二代的冲突,又加速蒋介石的第二次币制改革流产。

1945年5月,还在美国的宋子文仕途达到顶点,在国民党第六次全国代表大会和"一中全会"上,连任中央执行委员和中央常务委员。此月最后一天,又被任命为行政院长。出任"行政院长",对宋子文来说已不新鲜,曾于1930年1月至1931年12月任过行政院副院长,1932年8月至1933年3月任代理行政院长,1944年12月至1945年5月再任代理行政院长。

宋子文出任行政院长的22个月,正是关系到中国两种命运决斗的关键时刻,从历史的主流看,这位"行政院长"一事无成。院长大人是6月20日由美国飞回重庆的，25日宣誓就职。新院长一上任，第一个任务是谈判《中苏友好条约》。中苏条约的缘由是《雅尔塔协定》。

雅尔塔三巨头会商对法西斯的最后一战，此类会议，不让已同日本作战8年的中国代表参加已是一错；会议背着中国请苏联出兵到中国东北境内作战已是二错；罗斯福为迅速结束对日作战，以减少在太平洋战场上美军的伤亡和避免从海路登陆日本本土作战，请求苏联红军出兵中国东北以迫使日本早日投降，斯大林为此强取在外蒙和中国东北的特权，这就大错特错；三巨头把说服中国接受"协定"的任务交给罗斯福，而不是三巨头补邀蒋介石到会听取中国方面的意见，这又是一错。

5月20日（罗斯福总统已病故38天），美国驻华大使赫尔利不顾要其保密的训令，把《雅尔塔协定》透露给中国国民政府主席、国民党总裁蒋介石。蒋总裁对罗斯福、丘吉尔、斯大林无视中国主权、拿中国领土做交易的霸权主义做法十分愤慨，又无力改变。先后于5月22、23日两次致电在旧金山出席联合国"制宪会议"的宋子文，要其与外交权威顾维钧、国际法专家王宠惠研商对策。

1945年6月15日，美国国务院指令赫尔利向中国方面传达雅尔塔会议内容，并建议中国政府和苏联政府直接谈判，签订条约，以逼使苏联早日出兵东北。宋子文到达重庆是6月20日，5天后宣誓就职行政院长，3天后带着外交部次长胡世泽及蒋经国、沈鸿烈等人，飞赴莫斯科谈判。蒋介石寄希望于此次谈判，以能争回一点国权，所以派出不畏权威、个性明显且能说会道、历经外交大事的行政院长宋子文，外加曾留学苏联12年又是"太子"的蒋经国，可谓一个对西方外交专家，一个精通苏联的专家。再加上两人在国民党统治集团内的地位，这个代表团不同寻常。可是，宋子文、蒋经国和蒋介石心里也有担心，这次外交使命难以达到预想目的，因为斯大林绝不会放弃即将到手的利益。

中国代表团一到莫斯科，立即被"同一条战壕战友的热情"所包围。斯大林更是门不停宾，和蔼可亲，对曾被自己扣押12年的蒋经国充满关怀，还送给蒋经国在苏联出生的长子蒋孝文一支步枪，看这位大国领袖既有长者的慈善又有君子坦荡的风度。可到谈判桌上，论及实际问题时，斯大林茹柔吐刚，掂斤播两，既如见财起意的商人般精明，又有以势压人的霸道，根本没有讨价还价的余地。

第一阶段从6月30日到7月12日，宋子文、蒋经国、胡世泽及中国驻苏大使傅秉常同斯大林、外长莫洛托夫、副外长洛索夫斯基、苏驻华大使彼德罗夫会谈6次。因斯大林、莫洛托夫要出席定于16日举行的波茨坦会议，谈判休会，宋子文、蒋经国也赶回重庆协商。

第二阶段从8月8日到14日，宋子文、蒋经国、新任外长王世杰、准备主持接收东北工作的熊式辉与斯大林、莫洛托夫等人又会谈4次，直到1945年8月14日第10次会议才最后定稿，由王世杰和莫洛托夫分别签字。

10次谈判，苏联方面坚持雅尔塔会议所定的内容，不允许讨论，并要挟说如不签订"友好条约"，苏联红军就不出兵中国。美国驻苏大使哈里曼也劝宋子文，与其让苏军出兵东北后"自由活动"，还不如签订条约把苏军的行动约束在预定的范围内。宋子文对违反国际法、侵犯中国主权的实质性问题也没有抗争，所做的努力一是防止在《雅尔塔协定》之外苏联捞取新的特权，强调中国东三省的主权不能侵犯，苏联特权限于大连、旅顺和南满、中东铁路。二是主张通过合法合适的途径承认"外蒙古独立"。三是要求苏联不再支持中国新疆的民族叛乱、分裂活动。四是提出苏联对华援助的对象只能是南京政府，不能包括中共。五是提醒苏联方面苏联红军撤出中国东北的时间不能过迟。

足智多谋、强横霸道的斯大林见东方良港大连、军港旅顺已经到手，40多年前为侵占中国东北的沙皇政府主持、中国人修建、连接苏联和大连的铁路已经到手，目的已经达到。如要把"特权"扩大到整个东北地区，中国不会同意，正在考虑战后势力范围划分的西方大国更不赞成，还不如见好就收。故对宋子文、蒋经国提出的不是主要问题的问题明确表态，基本同意中方意见。不过斯大林是个才智过人的人，他同意不占领整个东北，但不等于不喜欢东北，最后食言而肥。把经他同意的、宋子文和蒋经国提出的"日本投降后3个月内撤军"的期限，推迟5个月。这8个月中，东北地区当时价值100多亿美元的先进设备、重要原料和产品被洗劫一空，全部运回苏联。

中苏双方签署的文件有《中华民国、苏维埃社会主义共和国联邦友好同盟条约》。条约议定两国联合其他国家协同对日作战，不得与日方单独谈判；两国不得缔结反对对方之任何同盟；双方进行经济援助；条约有效期为30年。

关于"外蒙古"的两个《照会》。王世杰给莫洛托夫的《照会》说："中国政府声明于日本战败后，如'外蒙古'之公民投票证实此项（希望独立）愿望，中国政府当承认'外蒙古'之独立,即以其现在之边界为边界。"莫洛托夫的《照会》中则称:对中国的态度"业经奉悉,表示满意,兹并声明苏联政府将尊重蒙古人民共和国之政治独立与领土完整"。

《中华民国与苏维埃社会主义共和国联盟关于中国长春铁路之协定》。协定中说日本投降后"中东铁路及南满铁路由满洲里至绥芬河及由哈尔滨至大连旅顺之干线"应归中国和苏联"共同所有并共同经营"。"共同经营,应在中国主权之下"。共同所有权平均分属双方,为管理此路,单独成立"纯粹商业性质"的中国长春铁路公司,公司各级主管、理事由中、苏双方人士分担;路警由中国负责;苏联使用该铁路过境或运往大连、旅顺时,免交任何捐税;共同经营期为30年。

《关于旅顺口之协定》。协定规定旅顺口作为"纯粹海军根据地,仅由中苏两国军舰及商船使用"。基地防护由苏方进行,民事行政权属中方,共同使用期为30年。

《关于大连之协定》。协定中苏联表示"保证尊重中国管辖中国东三省全部之主权视其为中国之不可分离部分"。中国同意宣布"大连为一自由港,对各国贸易及航运一律开放",大连行政权属中国;苏联境内直达大连的货物免除一切关税,该港运往中国各地的货物要向中国缴纳进口税;协定有效期为30年。

《关于中苏此次共同对日作战苏联军队进入中国东三省后苏军总司令与中国行政当局关系之协定》。协定规定苏军在东三省的全部军事行动,一律由苏军总司令指挥,中方派出军事代表团驻苏军司令部内负责联系。所有中国籍人员,不论军民均归中国管理,在苏军收复地区中方派出代表设立行政机构,但要与苏军"积极合作"。此协定还附有第五次宋子文、斯大林会谈时的记录,斯大林不同意在协定中加上"日本投降后3个月内苏军撤走"的内容,仅是声明在日降后的3星期开始撤军。在回答宋子文关于全部撤军所需的时间时,斯大林回答"不超过两个月","3个月足为完成撤退之期"。岂知最后撤军花了8个月。

宋子文、蒋经国、王世杰对以上协定不是没有看法,也不是没有争辩,只是斯大林不予理睬。在苏联看来,请中方来莫斯科谈判,只是形式而已。只要尊重一点国际法,只要尊重一点中国主权的话,斯大林就不会提出对大连、旅顺、南满铁路和中东铁路的要求。

面对苏联强权,南京政府外争国权的行为遭到惨败,宋子文、蒋经国、王世杰、熊式辉无力回天，空手而归。可在10年后，大连、旅顺、南满铁路、中东铁路却被新中国收回，离协定有效期还差20年。这一让一收，不是简单的外交事件，而是反映出国家的实力和地位。

"协定"签字结束，宋子文没有回国，直接飞美国、加拿大访问，向西方通报中苏条约谈判情况。蒋介石并没有责备赴苏谈判的宋子文、蒋经国，谁去苏联结果都是一样的。为表彰宋子文临危受命的勇气，接连授其三枚勋章：胜利勋章、忠勤勋章、大同勋章，并在1946年6月和10月又任命其最高经济委员会委员长、行政院绥靖区政务委员会主任委员。

宋子文1945年6月接替蒋介石出任行政院长，碰上最倒霉的事就是抗战胜利后，南京政府的经济状况不可遏制地出现恶化和走向崩溃。谁都知道，国民党最后是被共产党打败，可是考察国民党内致败因素，政治、军事、外交因素暂且不论，抗战结束后的"接收"和"物价飞涨"，是导致能顶住14年抗战的南京政府，却在抗日胜利还都后的短短3年中垮台的两大原因："接收"致使国民党当局全面腐败，"物价飞涨"致使全国人民彻底抛弃国民党当局。

接收和物价均与宋子文有直接关系。抗战结束后，国民党当局在陆军总司令部设立"党政接收计划委员会"，何应钦为主任委员，谷正纲、肖毅肃为副主任委员，下设党团、经济、内政、财政、外交、金融6个组。同时成立由各战区司令长官负责的"各省市党政接收委员会"。行政院长宋子文也组织起"行政院收复区全国性事业接收委员会"。

虽然官方一再明令，"受降"和"接收"同时进行，由中央政府统一规划布置，任何部队、任何行政部门不得直接接收，可接收工作一直处于失控状态。中央接收大员，各战区派出的接收要员以及当地的由敌伪军官和官吏改换门庭、摇身一变而来的接收官员，把本来扬眉吐气、主持正义、惩治汉奸的"接收"，搞得乌烟瘴气，变成一场灾难式的"劫收"。

劫收带来两种结果，一是官僚资本在金融、工商界、农业领域的垄断地位又有很大发展。宋子文把"接收"当成扩充官僚资本的最佳机会，命令有关部门四出"抢收"。据1946年7月统计，共接收日伪工厂2411家，其中发还和拍卖的不足十分之一，绝大部分变成"官营企业"，或者被四大家族成员吞并、霸占。官僚垄断资本和四大家族成员在接收大批日伪企业的基础上，成立许多全国性和地区性的垄断组织，当时官僚资本占全国产业资本的80%以上，大大超过"七七事变"前的1936年。

在金融界，国民党当局接收了日本和汪伪政府的日本、正金、住友、朝鲜、"台湾"、中央储备等银行，以及中央信托公司、中央保险公司，使得官僚资本在银行业，无论是在资本还是在银行数量上均占绝对优势。1946年6月间全国3489家银行中，官办的占70%。农业方面的接收也数目惊人，仅台湾一省就接收占土地耕种面积四分之一"官有地"，东三省接收的土地达数百万亩。

通过接收，国民党当局增加200亿美元的财富，这笔巨额财富从很大程度上减少了南京政府在14年抗战中的损失，也增加了统治实力。如果南京政府，特别是主张收支平衡、预算平衡的宋子文，能够抓住时机，放弃内战政策，进行经济建设，接收到的资金、企业、原材料无疑是一个有利条件。遗憾的是，这一优势还未变成现实就被"腐败"和"内战"所耗完。

无法抑制的"腐败"是"接收"带来的另一结果。腐败遍及"接收"的各个层次和各个角落。在原沦陷区略有实力和起色的工商企业和富家大户，"三类接收大员"轮流而至抢收不说，党政经社军警宪特各部门也各自上门"接收"。经数次"接收"，接收者是互相攻讦，使尽招数，各取所需；被接收者是元气大伤，实力大减，财产遭受严重损失。原沦陷区的经济刚从日寇的重压下摆脱出来，正想投入民族复兴大业，可还未喘过气来，就毁于"接收"。

接收大员们个个为财而争，为"收"而忙，几乎每个接收大员均为营私舞弊之徒，趁机中饱私囊，贪污受贿，大发"劫收财"，大量本该上缴国库的"敌产"成为接收大员的"私产"。蒋介石在内的不少国民党大老，后来在台湾论及"国民党当局为何3年垮台"的原因时，无不认为抗战后的"接收"严重损害了国民党队伍，出现不可抑止的全面性腐败。可蒋介石不知想到没有，为什么会出现此种情况？"接收"中出现的腐败，来源于抗战中、后期已经蔓延开来的国民党的腐败。而在"接收"过程中捞得最多的正是统治集团上层，上行下效，官大多捞，官小巧捞，无官的狠捞，捞得"接收"一片昏天黑地。

再加上为更多地榨取民脂民膏，宋子文不顾经济规律，无视伪币对法币25∶1的实际兑换率，把两者的兑换率增加四倍，1法币兑换伪币100元。一夜之间，民间多少财产被堂而皇之地洗劫而去。"接收"是对少数富裕大户的浩劫，币制兑换却波及原沦陷区的每户人家，中央政府一来，现金、存款减少四分之三，生活、生产何以为继？一方面民不聊生，民怨沸腾；一方面接收大员"三洋开泰"（爱东洋、捧西洋、要现洋），"五子登科"（捞取房子、车子、金子、票子、婊子）。现实使得人民大众放弃了在抗战过程中建立起来的对能够抗日的国民党当局和蒋介石统治集团的仅有的一点好感，看清了国民党根本不为人民大众谋利益的真面目。

后来，国民党当局明文规定军事系统由"陆军总部"接收，全国性的经济、政治系统由行政院接收，各省市的地方接收由行政院下属的地方敌伪物资产业处理局负责，意在扭转接收工作的混乱状态，但为时已晚。宋子文讲究工作效率，抓好接收也不是难事，是否敌伪企业的定性、确定不难；如果属于接收范围的登记造册不难；登记造册后没收处理也不难，为何最后大乱不止？答案很清楚，从宋子文开始，各级接收大员本来就不想按规定的接收办法和有关法律法令办事。他们相中的不是这个"接收任务"，而是"不捞白不捞，捞到即白捞"的发财机会。同四大家族成员和关系网所抢收到的资产比起来，各级接收大员捞点金条和汽车、收点贿赂和礼品又算得了什么？上上下下的"发财梦"毁了国民党。

宋子文任行政院长22个月，令他束手无策、一筹莫展的难题就是物价出现不可逆转的高速上升趋势。"七七事变"开始，由于战争的作用，物价比战前大为提高。抗战结束，官方靠"接收"顿增200亿美元的实力，政府又有外汇存底9亿美元、黄金储备600万两（价值4亿美元），按宋子文的财经管理水平和处理财政金融的信条，完全可以制止经济滑坡的局面，平抑物价。宋院长对此无能为力，究其原因，是内战毁掉了国民党政权的经济。

抗战胜利，本应进入和平建国时期，可蒋介石统治集团一心发动全面内战、消灭中国共产党，军费开支十分浩大，应付的办法只有向人民转嫁危机，由人民大众来承担经济上的损失。以1946年为例，军费开支为6万亿元法币，可宋子文批准的预算开支为2.525万亿元法币，军费开支是全年预算总开支的2.5倍，是全年实际开支7万亿元的86%。巨额财政赤字靠增发货币来解决，宋子文作为主管经济的最高长官，也放弃了收支平衡、保持币值的管理财政的基本信条。1946年发行法币3.73万亿元，1947年发行33.2万亿元法币。滥发货币的必然结果是币值下跌，物价飞扬。

抗战期间，物价已经压得人民透不过气来，如果把1937年的物价指数定为98.8的话，1945年的物价指数则为212690。如果把1937年的法币购买力定为101.21的话，1945年12月的法币购买力的指数为0.04。日本帝国主义投降后，全国人民理当认为经济有所好转，生活有所提高，可等着他们的是更为严酷的局面，宋家王朝的根据地上海1947年7月间的物价是抗战前的6万倍。当年上海的一石米的价格，1月是6万元，6月是50万元，12月是110余万元。美联社曾就法币购买力作过一个简单但又能说明问题的统计：中国100元法币，在1937年买2头牛，1938年买1头牛，1941年买1只猪，1943年买1只鸡，1945年买1条鱼，1946年买1只鸡蛋，1947年买三分之一盒火柴。南京政府的经济在宋院长任内已走进死胡同。

宋子文任行政院长，说是好时机也可以，抗战刚结束，百废待兴，只要执行利国利民的基本国策，可以成为一个有作为的"丞相"。说是坏时机也可以，蒋介石志在发动与中共的最后决战，宋子文要想反对内战，则当不成行政院长；要想当行政院长，就必须支持内战；要想进行内战，就必须面对失败，面对经济上的崩溃。

就国民党上层集团来说，宋子文确为一个能干之才，可22个月的"行政院长"，却当得一塌糊涂，是他个人官史上官当得最大却是最差的时期。有些人把他和孔祥熙相比，说孔主持抗战财政，在国土沦陷无关税可征、国内赋税大为减少的情况下，应付400余万元国军的军需和其他日常政府开支，到日降时有外汇存底9亿美元，黄金储备4亿美元。宋子文任院长不足两年，关税正常，赋税增加，接收很多，外援也没减少，财源多于抗战时。可到他离职时，国库空虚，孔留下的老本全部被吃光，故称宋为"败家精"。事实上孔祥熙并非理财有方，外汇存底数目不大且是克扣西方援华贷款所致；宋子文"败家"事出有因：应付全面内战和还都后国民政府的所需；真正的"败家精"，是明不管暗管、虚不管实管财权的蒋介石，败就败在他的无视国计民生、拒绝和平建国的好战政策。

五、生意场上的幕后高手

四大家族已经有过两次分裂，一次是1927年间，宋庆龄成为宋家王朝的叛逆，这是革命和反革命、正义和非正义斗争的必然结果。在后来的50余年间，她为实现孙中山先生的遗愿、振兴中华民族而努力工作。一次是1945年间孔祥熙被撤职，这是内部争权夺利、分赃不匀的结果。

外放广州主政

在宋子文身上，又引发第三次分裂。1947年3月1日宋子文"辞去"行政院长职，3月4日免最高经济委员会委员长职，3月8日免行政院绥靖区政务委员会主任委员职，5月11日免中央、中国、交通、农民四银行联合办事总处理事会副主席，在中央的职务仅留下中执委、中常委和国府委员。9月20日，南京政府通过宋子文为广东省府委员兼省主席的任命案，之后又兼任广州绥靖公署主任、军管区司令。

宋子文被外放，为国民党内新的政治生态所决定。一是南京当局准备结束"训政时期"进入制宪、行宪阶段，为此改组政府，一改以往国民党一党执政的丑态，拉进一批青年党、民社党、无党派人士"入阁"，称之为"扩大政府基础"，接替宋子文任行政院长的是蒋介石，1947年4月18日正式成立"多党之政府"，张群出任行政院长，为宪政开道。"国舅老爷"不当"行政院长"，有利于减少家族统治色彩，给蒋介石的"民主广告"多加一点内容。

二是美国方面对一贯欣赏的宋子文的态度起了变化。原来在罗斯福时期的美国官方看来，宋子文是美国经济理论之树结出的东方之果，对宋的果断作风也较为赏识。从抗战后期起，宋子文做官不忘发财、执政兼营官倒，利用掌握的财权和外汇进行官倒的丑闻越来越多。当美国官方透露到中国内战前夕对华援助已达35亿美元之多、其中一部分被宋子文和孔祥熙等财团吞吃时，美国的纳税人对所交的税款没有用到该用的地方，对美国报刊上不断披露的宋子文滥用美国对华援助款项营私舞弊的丑行感到愤慨，要求中国政府撤换宋子文。

另一背景是罗斯福总统1945年4月12日逝世，副总统杜鲁门继任总统。杜鲁门对南京政府的基本立场没有改变，继续把中国作为限制苏联扩张主义蔓延的第一条防线，纳入美国的"反共战略圈"，支持蒋介石的反共政策。但是新总统远没有罗斯福那样对蒋介石集团的热情，他希望在南京建立一个高效率的资产阶级政府，对中国政府成员人选除了政治上的反共要求一致外，还要求名声尽可能好一些。宋子文显然不符合后一个条件。杜鲁门不赏识宋子文，对蒋介石也是这样，两年后将其遗弃。直至朝鲜战争爆发，杜鲁门重新把远东的战略重点放在台湾，重新全力以赴支持蒋介石政权。

面对美国提出的"撤换宋子文"的要求，蒋介石全面内战失利、正值用钱之际，希望华盛顿增加援助，只好迎合美国老板的旨意，乘"政治改组"之机，借助当时的"黄金风潮"把宋子文调往广东主持省政。

三是宋子文和四大家族主要成员的名声已经降到最低点，直线上升的物价已使各阶层人士对行政院宋院长的领导才能和为官作风多次提出质询。当时"批宋"檄文中影响最大的要数储安平主编的《观察》周刊上发表的《这样的宋子文非走开不可》一文，此文为傅斯年所作，主张仿"流共工于幽州，放驩兜于崇山"，赶走宋子文。连傅某这样政治上同南京政府基本保持一致的学者都要"驱宋"，可见宋院长已到非走不可的程度，改组行政院势在必行。总之，宋子文如果不离开行政院，将对蒋介石的"行宪计划"极为不利。如果蒋介石不换马，"行宪"后立法机构对"行政院长"人选有审议、否决权，模仿资产阶级普选原则、方法"竞选"上来的国民大会代表、"立法委员"、监察委员，在审议行政院成员时也不会赞成宋子文出任行政院长。

蒋介石在两年前能忍痛割爱，辞退连襟兄、爱臣孔祥熙，今天外放国舅、重臣宋子文也不在话下。"换宋"第一有利于已经挂出的"民主"招牌，国民党的"一党专制"由名义上的"多党制"代替，四大家族的垄断统治将由"贤人能人"所代替，欺世盗名。第二有利于蒋介石推卸内战责任，把大众对内战、经济、物价的怨言、愤怒引向宋子文，欺骗百姓。第三有利于争取美援。"换宋"给美国方面造成蒋某大义灭亲、惩治腐败的假象，可以引导国际舆论。

宋子文对广东并不陌生，时属粤省的海南岛文昌市是宋父的出生地，广州更是他追随孙中山、投身政治的地方。再说国民党上层人士中，粤籍同江浙籍一样，所占比例相当高。广东又扼华南、西南数省出海口之要径，经济文化发达，历来粤省稳中南定、广东乱数省乱。所以广东历来为国民党上峰所重视，宋子文到广东也非大材小用。

宋子文和孔祥熙相比还是有不同之处的，在为官态度上也是这样，孔祥熙遭贬一气之下，宁愿勇退官场，也不屈从他职。事实上孔被撤去中央财政要职后，只要同意继续从政，继续为国民党政权服务，外放出任外交使节和封疆大吏，或到属于"民意、民权"机构的"国民大会、立法院、监察院、司法院"等官衙任职，不是没有可能的，只是他深受历来中国官场"能上不能下"的传统官习影响和限制，不理解蒋介石出于无奈推出的官员"轮换、任期制"，不足为怪。在宋子文的从政经历中，已经有过几次能上能下的经历，这一状况在国民党的上层圈内确实少见，也只有宋子文能接受。正是蒋介石明白此意，也就时常请他出台填平补缺。

宋子文痛快来到广州上任，主持省政对这位国舅、南京政府的财神爷来说还是很有吸引力和新鲜感的。30年来专门钻钱眼，现在是既钻钱眼又要党政经社军警宪特一把抓；在中央掣肘太多，现在是在广东这方水土说话算数。一句话，又给宋子文发挥才能提供了一个机会，可以凭其意志改造广东省政。1947年10月1日，新主席正式就职后有两个雄心勃勃的计划。

一是在经济建设上提出几个重点项目。首先是平抑粮价。旧中国民众消费水平很低，能否有饭吃是最主要的生活标准。宋子文一到广州就靠在财界的关系，筹集资金，采购大批粮食进粤。事实上此法在人口密集的广东并未根本解决供粮问题，纯属短期行为。再说购进的粮食经不起投机商的折腾，富人不会因物价问题而影响吃饭，穷人不会因宋子文的政策而根本解决生存、吃饭问题。

其次防治灾害。广东地处南海，风害水害为常见之事。宋子文组织民工，修过一些堤坝，沿河的防水涝，沿海的防倒灌。有限的工程相对根治水害还很遥远，但为减轻水害还是起过一些作用的。

再次是修建交通能源工程。宋子文到任后主持设计、修建的主要工程有广州黄埔港扩建、瀚江水力发电设施、狗牙洞煤矿等，以上项目在当时的经济水准下也属不易。到宋离任时，有的已初具规模，但一个也没投产。

宋子文开展经济建设，当然有为官一任、造福一方古训的影响，更主要是有同前任一争高低的心理。广东为中国门户开放之先，西风甚于上海等地，经济实力也不在其他省份之后，历任"省督、省主席"凭借天时地利和高于他省的经济力，均进行过一些经济建设。宋子文当然不会甘居辛亥革命后主持过广东省政的胡汉民、陈炯明、廖仲恺、陈铭枢、陈济棠、余汉谋、李汉魂、罗卓英等人之后，也思树碑立传，以赢得封疆大吏应有的荣誉。话又得说回来，宋子文主持的建设工程，实际收益不好。特别是经办人层层克扣，贪污挪用，偷工减料，更是降低了如平抑粮价、防止水害等项目的效益和质量。说到这一话题，有些问题也不是宋子文所能解决的，这是国民党统治阶层的顽症所致，宋子文本人也离不开所处阶级的局限性。

二是增加广东反共实力。宋子文并非军界重臣，无军中资历，到广州后为"军管区司令、绥署主任"，名为当地最高军事长官，可中央军不听他的，驻广东部队的不少将领是粤籍，但也不拿这个不会说广东话的海南人当长官。宋子文当然不甘心当"空头司令"，仿效当年组建税警团的旧事，自己拉起武装，组建12个保安团，成为名副其实的"军管区司令"。这位不懂军事的司令，还指挥过围攻在粤中共武装根据地的军事行动。遗憾的是，宋子文连当中共军事对手的资格都没有，更不要说能在军事上占什么便宜。要说广东军事上有什么便宜可占，那就是中共的主要根据地和军事力量大都在北方，中共解放全中国的战斗也是由北向南展开，所以在国民党政权覆灭的过程中，地处最南端的广东、海南被解放的日子稍晚于东北、华北、华东、华中地区，可宋子文连这一点"便宜"也没享受到，在三大战役结束之时就逃离了广州。

坐看币改失败

宋子文到广州上任，很有"黄鹤楼上看翻船"的内涵，坐观南京当局的笑话。在国民党统治集团里，宋子文、孔祥熙均不是理想的、成功的经济管理负责人，可宋子文主管过两次共8年的政府财经，孔祥熙主管过一次12年的政府财经，两人在政绩上没有值得炫耀的地方，经济危机的阴影一直笼罩着南京当局，蒋介石一直为筹集足够的军费而操心，经济建设无从谈起，人民生活苦不堪言，孔、宋可以说是致使国民党政权屡处财经危机的主要责任者。两人主管财经无所作为，捣乱经济却是行家里手，促使蒋介石遭遇以前孔、宋时期从未有过的经济上的大失败。

宋子文离开行政院后，任过行政院长的有蒋介石、张群、翁文灏等，任过财政部长的有俞鸿钧、王云五等，可财经情况没有任何好转，恶化更甚。到1948年8月，南京政府准备实施币制改革。此时，经济上不动大手术不行，8个月来的法币发行量达663万亿元，比上年度超出630万亿元，滥发货币引起币值直泻、物价飞扬，上海每石米由1947年12月的110余万元增加到215万元，南京则升到250万元，此种经济如何长久？经济上动大手术又缺少神丹妙药，庸医开出"虎狼方"，8月19日，蒋介石颁布"财政紧急处分令"，下令进行币制改革。

规定：自即日起，以金元为本位币，十足准备发行金圆券，限期兑换已发出之法币及东北流通券；限期收兑人民所有的黄金、白银、银币及外汇，逾期任何人不得持有；限期登记、管理本国人民存放外国之外汇资产，违者予以制裁；整理财政并加强管制经济，以稳定物价，平衡国家总预算及国际收支。

"币制改革"的关键是保证金圆券的币值，保证金圆券币值的关键是保证金圆券1元换300元法币、200元换1两黄金、3元换1两白银、4元换1美元的汇兑率，严格控制物价。只因金圆券根本没有"十足准备"，也就没有"十足币值"，所以"汇兑率"和"物价"也就无法保证。

造成这一结果，蒋介石不是不知道，只是他并非真想解决经济危机，如果真思挽救经济崩溃，只要把（后来运到台湾的）库存的黄金、银圆、美元和部分美援，作为金圆券"保证金"的话，金圆券改革起码不会败得如此之快、如此之惨。问题是蒋介石的真正意图是通过币制改革，借兑换钞票、黄金、白银和外币的机会，对全国各阶层进行一次彻彻底底的搜刮，这种本需要各阶层配合和支持的改革还能成功吗？南京政府曾在20世纪30年代搞过一次币制改革，虽然毛病不少，却也基本达到目的，原因在于发行法币是为了推行现代化的货币体制和建立统一的货币体系，而非此次以搜刮为目标、冠之以"兑换新币"的蒋介石在大陆进行的最后一次全国性的大浩劫。

蒋介石的币制改革理论上说不通，实践上行不通，只有靠行政高压推行。行政院专门设立"经济管制委员会"，委派俞鸿钧、张励生、宋子文分别为上海、天津、广州全国三大经济区的经济管制"督导员"，蒋经国、王抚州、霍宝树分别为"协助督导"。

反对币制改革的并非只有饥寒交迫的下层人士，稍有积蓄和经济实力的富裕阶层也是深受其害，投机商、实业界大亨因经济管制失去赚钱机会。黄金、白银、外币持有者不愿兑换毫无保值基础的金圆券，厂家商号则囤积居奇以待冲破"八一九物价限制线"。所以，金圆券从发行之始币值就开始下跌，黑市盛行，工资和物价被冻结于"八一九水平"，导致因影响收益商店关门止售，面对事实上难于遏制的物价、生存困境更加严重。

为执行财政经济"紧急处分令",蒋经国在上海使用铁腕,对囤积货物、抗拒经管、破坏币改的不法商人、违法官员,不管背景如何,一律处以严刑。蒋经国令出法随,抓、打一批"经济老虎",一时间,在上海名声鹊起。只是一方面在与孔令侃斗法中失败,一方面10月2日南京政府公开涨税导致抢购狂潮和疯狂涨价,又宣布取消限价,私人可以持有黄金、外币。币制改革彻底失败不说,财经也已完全崩溃。

金圆券的贬值速度远远超过法币,如上海每石米在新币发行之初为20.9元,到蒋经国离沪、南京政府宣布放弃限价后10天,即升到2000元,上升100倍,到解放军过长江时,金圆券的发行量由当初的9亿元增加到68万亿元,金圆券彻底破产。

导致国民党政权"币改"失败的是上海"币改"的失败。上海的币制改革是蒋经国负责的,败北有地方官员不配合等政治原因,有巨商大户抢购黄金、外汇、各类物资以压金圆券贬值、增加物价压力等经济原因,但导致蒋经国失利的直接原因却是孔祥熙、宋子文的不合作和公开拆台。

孔祥熙没有出场,与蒋经国公开较劲的是同辈孔大公子令侃。孔令侃经营的"扬子公司"是闻名上海和南京、依靠政治特权而暴富的不法公司,被商界视为一霸。在经济管制检查中,扬子公司被抄获大批囤积物资,孔令侃有大量非法倒卖、走私漏税、违法囤积、操纵市场等经济犯罪行为,蒋经国依法严惩。孔令侃无视"太子",搬出蒋经国的后妈、他自己的亲姨妈宋美龄出来抗拒。从不把国法民规放在眼里的宋美龄,痛骂蒋经国不算,还明目张胆地领走要犯孔令侃。

对"第一夫人"和"太子"来说,放走一个经济要犯不足为奇,问题是孔令侃放不得,蒋经国在上海以"只打老虎,不打苍蝇""宁使一家(不法分子)哭,不使一路(百姓)哭""严惩贪官、奸商"的口号为本,并有"蒋青天"之美称,现在孔令侃身上卡壳,他还有何脸面在上海打老虎、抓"经管"?只有辞职而去。蒋经国一走,上海就翻天,经济管制一败涂地。

孔令侃是倚仗父亲、姨妈来硬的,宋子文则是来软的。国舅在广州,阅尽南京官场风云变幻,心中不免好笑,妹夫老蒋嫌他管不好经济、掌不好财权,还把他踢出南京城,现今管理经济的部长、院长置起码的经济常识于不顾,没有"保证金"却发行新货币，不是自我绝路又是什么？13年前的币制改革可以载舟，今天的币制改革只能覆舟。

宋子文年次蒋介石7岁，长孔令侃22岁，身为广州经济督导员当然不会像外甥那样莽撞，而是用经济手法对付、搞垮经济管制，略施小计，竟使蒋经国在上海的努力一一落空。宋子文在广州，明禁暗不禁，明察暗不究。上海对被经管人员抓住的私自提价的商人是严惩不贷，广州的"限价"是只叫不限，物价照常上扬。上海查抄囤积物资是所有商店、工厂、仓库、车站、码头一齐行动，漏网的非是高手不可。广州查抄囤积物资，干脆不见行动。紧急处分令颁布后，广州不见动静不说，宋子文的"宽松"实质上是怂恿奸商、官倒对抗南京政府的命令。大量资金、资产从被蒋经国"严打"下的上海及华东地区转移到广州和香港。使得蒋经国在上海"老虎"转移、无"虎"可打，"老虎"在广州、华南躲过风头，再回上海兴风作浪。因为有宋子文的"黑洞"，即使没有"上海孔令侃事件"发生，蒋经国的经济管制很快也会流于形式，不打自垮。

上海"打虎"，蒋经国领教到姨夫、舅舅、表弟的厉害，对宋美龄、宋子文、孔祥熙要家不要国、要财不要德的贪婪行径深恶痛绝，这就为后来蒋家父子撤台、拒绝孔宋入台埋下伏笔。孔宋也看到蒋经国为夺权和行使权力不顾一切的内功，不愿看第二代的脸色行事，自动退避美国。

进入1949年，南京政府日子难熬，辽沈、平津、淮海三地三仗损军159万人，打了人类历史上绝无仅有的如此大规模的败仗，整个东北、华北、华中，长江以北的华东地区，已无"青天白日"和"青天白日满地红"的旗子。与军事上的崩溃相一致的，是政治危机、经济危机、外交危机连环爆发，亡、垮进入倒计时。

蒋介石更是如坐针毡，睡不好吃不香，既为即将发生的政权移手担心，也为自己的政治命运担心。这位中国的独裁者，正面临内外"逼宫"，外有美国方面正在筹划的"换马术"，内有几乎统帅国民党现存兵力五分之一的桂系将领白崇禧劝其让"贤"，两者都要蒋介石下野请副总统李宗仁"代理国政"。1949年1月21日，才当总统8个月的蒋介石宣布辞职。尽管蒋介石辞职不去职、下野权不放、继续遥控国民党当局，蒋介石还是在离开总统府之前，对党政军"后事"作了安排：汤恩伯负责宁沪杭地区和长江下游的防务，白崇禧负责两湖地区和长江中游的防务，张群、胡宗南负责西南的防务。已经准备作为临时首都的广州和广东的人事安排，蒋介石派回粤籍将领薛岳出任广东省府主席，余汉谋出任广州绥靖公署主任，陈济棠为海南行政长官，邓龙光、黄镇球、缪培南、薛仲述、莫福如、张其中等人分别任副手、干将，宋子文在广州城里已成一介平民。对此下场，"国舅"没有抗争，自有考虑。

在历史的转折关头，何去何从，宋子文斟酌再三：去南京，不至于被拒之门外，一官半职照旧，可国民党当局溃退在前，要论蒋介石集团有何"前途"的话，那只有撤退，他去南京的"前途"也是逃跑。

去台湾，当时蒋介石已有经营台湾的计划，可宋子文如去台北，白手起家不说，已受了20余年的蒋介石的管制，难道还要再被蒋家第二代"领导"一番？

事实上他还有一条光明大道，这就是留下来，为新中国出力。虽然中共开列的战犯名单里有"宋子文"，可是如果宋子文能够知错改错、放弃反共立场，中共领袖们也会持欢迎态度，他的二姐、新中国成立时的副主席宋庆龄女士也会教育、帮助他。宋子文放弃了这一机会。

经商一领风骚

宋子文从政26年来，曾经官至部长、行政院长，大笔一挥之间支配天文数字的钱财，谈判桌上更是舌战美苏首脑，炙手可热，威震一时，可转眼间天壤之别，身无官职不说，连所服务的政府也即将垮台，还不如当机立断，正如他自己所说："结束政治生命。"

宋子文之所以起"结束政治生命"之意，除政治上前途无望和信念已失之外，还有两个留恋，一是留恋命，一是留恋财。宋子文身为文官、重臣，无万骨枯上起来的将军之艰，可也有过被刺之险。虽说他未像汪精卫那样被刺中，可被刺的次数不少。故宋子文被称自己为"命运多难"的人。

一是1927年3月，宋子文时任武汉国民政府财政部长，武汉租界的一些外国政治势力反对国共合作领导下的国民革命运动，收买、雇用一批不法分子进行破坏和捣乱。一名白俄分子暗藏武器，私闯财政部，幸被发现，审问时自称要刺杀宋子文。

二是1931年7月23日，宋子文从南京到上海，在北站遭人狙击，与他穿一样衣服和手拿宋子文公文包的秘书唐腴胪当场毙命。此次暗杀惊动南京政府，一是因为暗杀对象宋子文的地位高，二是暗杀地点竟然选在国民党统治中心上海的闹市区。当时的报纸报道说："突有暴徒数人，竟欲行刺，抛掷炸弹开放手枪，约数分钟，一时炸弹手枪之声不绝于耳。车站乘客仓皇逃窜。炸死客人数名及随宋卫2名，而暴徒亦伤2人。"

宋子文自己是这样说的："离出口处大约15英尺（约4.5米）远的地方，突然有人从两侧向我同时开枪。我知道我是他们的射击目标，于是我扔掉头上的白色太阳帽，这顶帽子在阴暗的车站里太显眼，我迅速钻进人群，躲到一根柱子后面。……整整过了5分钟，车站才平静下来，我的卫队发现至少有4名刺杀未遂的刺客，但很可能还有未被发现的。烟雾消散处，人们发现一直走在我身边的秘书的腹部、臀部和胳膊都中了枪弹。子弹从两侧打进他的体内。他的帽子和公文包满是窟窿，奇怪的是我比他高许多，竟未伤毫毛。"

在宋子文的被刺史上，此次最危险。就在他遇刺的同一天，其母倪桂珍老夫人在青岛病逝，葬礼虽说有周到严密的保卫措施，宋子文也是神出鬼没，藏头伉脑，但整个葬礼过程被暗杀事件的阴影笼罩着。

三是1931年11月28日，宋子文在南京的公馆起火，扑救及时，只烧掉两间房，当时社会认为此火为宋而烧，宋子文却避过火灾。

四是12月12日，位于南京铁汤池的财政部起火，有人说此火也是要烧宋子文的，可对象这时正在上海。

五是1932年1月2日，宋子文在上海法租界的家中，发现一颗炸弹。

六是1933年8月间，宋子文访美回国途经日本横滨，一名法西斯分子曾企图在宋上岸时行凶。

宋子文的后5次被刺，有国民党内派系斗争的原因，倒蒋派杀宋吓蒋；也有亡命之徒所为。宋的6次遇刺，均有惊无险，同时加强警卫工作自不在话下，可给宋子文作为被刺对象留下的难以忘怀的印象、恐惧从无消失过。假如某次身亡，还谈什么"今天、将来"？事到如今，大败在前，还有命在身，已属万幸。离开是非官场，时机已到。

宋子文愿意"结束政治生命"，是因为权、财两大人生支柱中，"权"已到不得不放弃的地步，可"财"却依然还在，并在不断增值。为官26年，利用职务之便，以权谋私，创下堪称名列首富行列的家业，一直忙于官场，对自己当官的"经济效益"还未统计过，现在真是到了"处理家务"的时候。

1927年以前，宋子文谈不上有多少财产，广州时期的宋子文还是恪尽职守的。南京政府成立后，国民党统治相对稳定，四大家族的财富开始急剧繁殖。在此背景下，宋子文的个人财富也膨胀起来，经商之法有3种。

一是兴办公司。宋子文及其弟子良、子安，或宋氏势力主办公司，在旧中国资本主义体制下，是可以理解的，可宋记公司与民族工商业者有不同的地方。宋家经商最明显的"公司多、规模大"，"七七事变"前，宋家开办有中国棉业公司、华南米业公司、国货联营公司、中国物产公司等；全面抗战期间开办有中国棉业贸易公司、重庆中国国货公司、西宁实业公司、西南运输公司、雍兴实业有限公司、环球贸易公司、中国国防物资供应公司等；抗战结束后开办有孚中公司、中国进出口贸易公司、统一贸易公司、金山贸易公司、利泰公司等。这些公司，在当时各自领域内和社会上，都是规模大、有实力、有影响力的大公司。在国民党上层圈内，在举办公司上，以"公司多、规模大"来论，能与宋子文相媲美的高官、富商不多。

宋记公司"经营面广"，宋子文的公司多，均非空架子，经营项目之多、经营点分布之广，在工商界少见。宋记公司插手金融、军工、外贸、化工、航空、汽车、轻工、农副产品等行业，在全国主要地区和美国、南美等地均有关系网。即使是"皮包公司"，也是实力雄厚，在市场上呼风唤雨。在"经营面、经营点"方面能与宋子文相比的高官、富商不多。

宋记公司"背景特殊"，宋子文开办公司有3个高潮。第1梯次是蒋介石基本平定党内反对派和地方实力派的挑战，南京政府开展有限规模的经济建设，宋子文又出任协调全国经济建设的"经济委员会主席"，一批"宋记公司"应运而出，在中国近现代史上第3次现代化的浪潮中大显身手，赚钱无数，为以后更大的发展打下了基础。第2梯次是全面抗战期间国家经济重心西迁，根据这一经济大调整，宋子文从宏观经济上把握经营情况和项目评估，创办一批公司，这些公司一出场就成为经济活动的热点。第3梯次是抗战胜利"劫收"时，他身为行政院长，了解市场行情和敌伪产业的去向，又创办出一批容易投机、操纵市场的公司。所以宋记公司的出现，均为经济非常时期，全国性的经济大调整为他选择投资方向、确定投资数额、获取巨额效益提供了合适的机会和条件。

宋记公司有"垄断性"，如果说多办公司、多设销售点、增添经营项目，或者在政界、军界、特工界找一政治靠山，有些工商界人士可以办到，只是程度不一而已，可宋记公司的"垄断特权"对一般工商界来说是无法办到和效仿的。宋记公司很多经营特权，最明显、最关键的是"垄断特权"，例如"中国棉业公司"掌握当时中国的主要花纱布市场。"华南米业公司"专司运输进口大米。在美国纽约的"环球贸易公司"、在华盛顿的"中国国防物资供应公司"就全权代理利用美援采购军火的业务。"西南运输公司"包办抗战后期美国对华援助物资的公路运输。这种"垄断权"的存在，有的是宋记公司用不正当的手段争来的，更多的是"宋子文"的存在就是"特权"的来源。"官商合一"是导致宋子文、四大家族、南京政府腐败的重要原因之一。

二是贪污援华物资。宋子文与美国政界、商界有不少来往，双边关系也确实为宋子文出面争取美国贷款提供便利。宋子文掌握主管对美关系、谈判美援的权力，可没有用好这一权力。在旧中国，四大家族不会同意揭露宋子文这方面丑闻的消息出场，在不涉及统治实质的前提下、注重"新闻自由、言论自由"的美国社会舆论，从20世纪40年代早期起多次揭发宋子文贪污美国援华物资、款项的事实。

为接收抗战中、后期美国利用《租借法案》提供的对华援助，宋子文在美国成立"环球贸易公司"和"中国国防物资供应公司"，由后者提供美援款项和采购武器计划，前者在美国各军火商中采购。由于时值中国出海口已经沦陷，援华物资海运缅甸，再由公路运到中国大后方，负责公路运输的是宋子文之弟宋子良控制的"西南运输公司"，负责海运的公司、船长也时常为宋拉拢。（军、民用都有的）援华物资到中国后，抗战期间由蒋介石直接控制分配计划。抗战后，宋子文成立由他操纵的"救济与复兴总署"，主持向全国分配援华救济物资。在这整个连环套中，宋家的势力伸向每一环节。

宋家势力占有援华物资的途径、手法有明道、黑道两种。"明道"是接受大量以"佣金、劳务费、推销费、代办费"名义付给的贿赂。"黑道"更多更贪，手法有"虚报、抬高价格、谎称保管和运输中丢失、物资到华后由宋记公司转入黑市销售"多种。

《宋家王朝》一书对"黑道"议论颇多，引用的有美国联邦调查局背景的材料说宋氏家族"一直是金钱狂,他们的一切行动都是受其聚敛钱财的欲望所驱使",他们"正在进行一个诈骗中国人民的巨大阴谋——骗取中国人通过租借法案所应正常收到的物资,并把其中很大一部分钱财转移给宋氏家族"。

"租借法案物资迄今已经分配给中国的约5亿美元,其中很大一部分最终将转入宋家。"

"战时约有价值35亿美元的租借物资,有的在到达中国之后,有的在离开纽约环球贸易公司之前,据说都通过子文和子良之手,但极少到达目的地。"

"宋子文一次给重庆方面的报告说一艘装有60辆新式美军坦克和其他价值昂贵的战争物资的货船沉没了。而事实是该货船从未装载坦克离开西海岸,也从来没有制造过这些坦克。这是对宋氏家族行为方式的确切说明,他们用这个办法把租借法案拨给制造60辆坦克的资金转入自己的手中。"

"当救济物资一到中国,立即转入黑市渠道。当时美国红十字会捐赠的血浆竟然放在上海药房里公开出售,每品脱高达25美元。为此,美国海军海岸巡逻队扣押了存在仓库里余下的3500箱。"

还有"运输费",其中一次宋子文向美方提出的由"西南运输公司"担负的中缅公路运输费用达1.9亿美元,以便在对华贷款中报销。"谁都明白,这一数目大大超过实际需要。"

英国外交部的官员推测,"宋氏兄弟把几十亿美元转入自己的腰包,许多钱根本没有离开美国"。

杜鲁门说:"他们(宋氏家族)都是贼,个个都是贼……他们从我们给蒋送去的38亿美元中偷出7.5亿美元。"

宋子文从"明道""黑道"捞取多少美国援华贷款、物资,恐怕永远无法查清。只是从宋子文远远超出经商常规的资本增长速度和天文数字的存款中,可以看出他的"夜草"有多少!对宋家兄弟侵吞美国援华抗战贷款的罪行,最具挑战性的指控来自他们的亲人——宋家王朝的叛逆宋庆龄女士。这位中国进步力量的旗手曾要求美国友人出面,请华盛顿当局配合,清查弟弟们的违法行为。她"希望公开阻止挪用租借法案款项的行为,她告诉只有(美国)总统一个人有权力阻止这种情况发生,她希望美国政府制订出某种办法,核查租借物资基金的分配情况,并对环球贸易公司进行调查"。

三是利用经济情报，进行投机活动。宋子文长期主持国民党政府的经济事务，参加所有的经济决策，这对他这样充满"赚钱欲"的官倒官商来说，成为一次又一次投机发财的好时机。而参与决策的人和工商界人士对宋子文在堂而皇之的旗号下进行的投机活动，知晓者不多，即使摸底也不敢公开揭露，即使揭露也无济于事，故让宋子文一次又一次得逞。最能表现他利用经济情报进行投机活动的是在金融市场，利用政府所定黄金、外汇兑换率的变化，转手赚取高额利润。

在1943年和1946年，曾出现两次"黄金风潮案"，宋子文在第一次黄金风潮中是捣乱的角色，在第二次黄金风潮中则是主犯。

第一次"黄金风潮案"发生在抗战后期，应蒋介石、孔祥熙、宋子文的要求，美国提供的5亿美元贷款（"中美财政借款"）用黄金支付，并在中国金融市场销售，回笼已经严重贬值的法币，制止市场上疯狂的通货膨胀。既是回笼货币，价格就要定得合适，重庆政府决定在1943年3月30日正式提高黄金价格。

当时宋子文不在国内，财政部长孔祥熙借口黄金未运到先出售"黄金储券"，到时凭券购买黄金，限制出售黄金。黄金提价决定后，于生效前3天，孔、宋财团开始大规模套购涨价前的黄金。他们的抢购，等于泄露经济情报，引起黄金抢购潮。正式涨价后，孔、宋财团又以高价抛出黄金，宋氏财团在此过程中，赚钱无数。

第二次"黄金风潮案"发生在1946年8月间。当年3月，行政院长宋子文说服蒋介石开放外汇市场，这对拥有巨额资金、外汇和黄金的宋氏财团来说至关重要。最初法币对美元的汇率是20比1。由于经济状况恶化，每到月底金融市场总有起伏，下月初必定提高汇率，几月下来已成惯例。到8月中旬，宋子文决定将汇率提高到3350法币换1美元，并且把汇率变动日期由惯常的下月初提前到8月19日，以给投机商以措手不及。

问题出在宋子文本人，离"8月19日"还有一个星期，宋院长就把此情报透露给亲朋好友，这批人率先到各银行、钱庄套购黄金、美钞等硬通货。在分外敏感的金融市场，投机商们向来看孔、宋财团的动作行事，孔、宋财团在金融市场所为已经引起不少次股市起落、市面动荡、物价跌涨。现今的"抢购"等于向投机商们发出信号，顿时一批批神秘人物在银行、商场、粮行抢购黄金、外汇及粮食等生活用品。8月19日公布新汇率后，外汇和黄金价格大幅度上升。孔、宋财团以调汇前低价吃进的硬通货，又用新的高价在黑市上抛出。这么一进一出，利用高额差价，坐取利润。到1947年2月，南京当局已对金融市场失去控制，南京城内每两黄金已达93万元法币，1美元兑换16000元法币，随之而起的市场价格更是一日数扬。至此蒋介石下令"中统"进行查处，宋子文的阴谋在国民党上层被公开，这也成为他辞去行政院长的原因之一。

行政官员不能经商，这是公务员制度中最基本的一条，宋子文曾在公务员制度较为发达的美国留过学，对此不会不知道。宋家三兄弟身为掌握财政决策大权的政务官员，深层次、多渠道地从商，是为一错。宋子文、宋子良、宋子安经商，如果遵循市场法则、按照价值规律公平竞争，也为君子，可宋家兄弟所有的经济活动，不靠竞争靠垄断，不靠实力靠权力，贱买贵卖，欺行霸市，纯粹是一种权力加违法的商业投机，又是一错。宋家兄弟身为政府高官，滥用职权，漠视法律，侵吞国家资财，贪污战争急需的战略物资，政治上坚持反共，支持蒋介石的内战，所以从政治上讲宋子文是在维护南京政府，可他的经济犯罪实质上又是在腐蚀南京政权，上行下效，四处蔓延，无孔不入，导致国民党全面腐败。也算是错上加错。

宋子文官场商场活动多年，积聚下多少财产，世人难于查清，国内外对他的财产估价不一，有的说"8亿美元"，最高的达"几十亿美元"，也有的说是"7000多万美元""4700多万美元"，由于这些款项几乎全部存于西方银行，还有资金投资于实业界，所以难以确定宋子文的财产数。不过，上述几个数字中的任何一个数，都远远超出宋子文的正当收入。

对宋子文很有研究的学者吴景平在接受《新民周刊》采访时曾表示："在宋子文所处的那个时代，不要说全球范围，即便在中国，宋子文也谈不上是最富有的人。"他说，根据宋子文档案，经有关方面核实，1940年左右宋子文的财产为200万美元。到1971年宋子文去世时，加上房产等变卖他的总资产达800万美元，扣除200多万美元税款后，宋子文留给夫人张乐怡的遗产为500多万美元。

宋子文的后人说，在宋子文留下的文件中，有3份他亲笔记载的个人资产统计，时间分别是1940年5月26日、1943年7月19日、1968年3月30日，其中1968年3月30日统计的宋子文名下的资产合计为1349299美元，张乐怡名下的资产为1125986美元。

在1947年9月召开的国民党"六届四中全会"上，国民党的中执委员纷纷发言，指摘"豪门资本"操纵市场，破坏经济，致使经济走向崩溃。发言者不敢点四大家族成员的名，脾气很大的宋子文心中有鬼，自动对号入座，似乎姿态很高地说："我捐出来好了，不过我要看看别人。"结果"别人"没有动，宋子文捐出价值当时 2000 亿法币的"中建银公司股票"（该公司成立于 20 世纪 30 年代中期）。蒋介石非常高兴，在会上予以表扬，并希望其他委员效仿。

宋子文"慷慨"捐出的 2000 亿法币时值 140 万美元，可购 20 万石大米，对他庞大资产来说无足轻重，这是他捐献的第一个原因；二是捐出中建银公司股票，可总经理依然是宋子良，不影响宋家对该公司的控制；三是捐产换美名，自 1947 年 2 月"黄金风潮案"后，宋子文的职务被逐一剥去，南京上层一些人正利用他泄露经济情报、带头投机倒卖一事，乘美国提出撤换宋子文之机，准备置宋于死地。现"捐产"可阻挡别人的进攻，蒋介石、宋美龄顺势任命宋子文为广东省府主席、广州绥署主任。精于经商之道的宋子文，又做了一次赚钱生意，花费资产中的零头，除了换来主持粤省的官职外，还给捞取巨额财产投保险险。

宋子文到广东的 16 个月中，对家务家产进行了彻底的核查，并且有计划地把在大陆的资产向美国、加拿大、南美等地转移，以防止被中共接管。中华人民共和国成立前夕，那些对中国存有敌对情绪的国民党达官显要、工商界人士，逃离大陆时无不匆忙，有的甚至连整理、转移家产的时间都没有，如阎锡山那样的地方实力派、当时的行政院长，也只是带走两箱黄金。宋子文却有充分的时间准备，一一安排，故损失甚微，把庞大的宋氏财团搬到西方，总部设在美国纽约。

1949 年 1 月 24 日，新任广东省府主席薛岳到任。同日，宋子文离开广州前往香港，6 月 10 日到达美国，定居在纽约曼哈顿的豪华住宅里。宋子文并非像他自己所说"从政 20 余年，已当休息"，并非只是一个客居异国的寓公。此时他是 56 岁，有 26 年的当官经商经历，有数千万（数亿）币值远高于现在的美元，精力充沛，资金充足，经验丰富，当然会继续经商。可摆在宋子文面前的无法改变的事实是，在中国和美国的经商环境大不一样。

到美国后的宋子文特权尽失，在基本按照价值规律运转的美国商界，谁会欣赏这个垮台政权的行政院长和省主席？在经济因素十分活跃的美国商界，宋子文的"财力"是什么也垄断不了；在靠竞争定输赢的美国商界，哪位大亨又会照顾这位失去权势、失去商业势力范围、失去广阔市场的宋子文？

因此，在美国学经济、在中国靠官商结合赚钱暴富的宋子文，反而不适应美国的经济环境，经营规模、经营项目、经营效益根本无法与在上海、南京、广州相比，只是从事石油股票和其他行业的批发业务。作为一个富商，再也无法像过去那样在商界招摇过市，以前美国商人愿意和宋子文来往、做生意，那是因为在和宋子文的交易中两者一起赚取南京政府和中国人民的钱。而且过去主要是在做军火和美援物资贸易，现在这条路也已断绝。故宋子文在经济活动中被冷落、拒绝、遗弃是经常发生的。宋子文的主要经历是在富有特权的气氛中度过的，平民、商人的日子本身就是一种无法忍受的折磨，到20世纪60年代，宋子文的经商活动开始减少。

郎舅台湾握手

宋子文到美国后，"他之前在中国的财产都充公了，他在纽约住的公寓，比在上海的房子要小很多"。宋子文的后人回忆说，和其他移住国外的人一样，宋子文"晚年也开始过着新的生活。他每天在纽约中央公园散步，午后小憩，与朋友共品美味小吃，观看美式足球，打牌，和外孙们一起捉迷藏"，"他既对医学津津乐道，也会为证交所的新上市公司兴奋不已"；"通常午餐以后散步一小时，不多的娱乐方式是与他的朋友一起打牌"，"很会跟老外应酬，他喜欢打桥牌、聊天，每次到三藩市，跟朋友玩桥牌、聊天时都兴致高昂"；"常仔细研究报纸刊登的股市材料，他喜欢看美国的电视新闻，尤其是NBC新闻，我记得，NBC新闻从7点播到7点半，看完新闻后，全家才一起吃晚饭"。

蒋介石在台北复职"总统"后，曾数次招呼宋子文回台"操持政府公务"。宋如回台湾，蒋家父子也会像安排其他国民党大老一样，一方面给予荣誉性的较高职位，当然是有职无权；一方面通过"立法院、监察院、国民大会"对大佬们在大陆的劣迹进行弹劾，当然只查不办，目的是要其安分守己。宋子文对这两点均不感兴趣。

四大家族曾经一起操作国民党的政权，只因蒋介石独裁专制，孔宋和陈家各有所攻，宋美龄听政，内部分赃不均，暗斗不断，最后各奔东西，宋子文当然也不想重圆和蒋介石的合作梦，更不想为蒋经国所调遣。他想的是如何抒发心中的怨气，想当初 17 年前孔祥熙配合蒋介石从他手中夺去财权，3 年前蒋介石又把他赶出行政院和南京城，此仇此恨未报，故对同住纽约的孔祥熙是断绝来往，到 1967 年 8 月 15 日孔祥熙病逝时，宋子文也未出场，也算表示出对姐夫的不满和抗议。

宋子文的怨气主要是对蒋介石的。宋某一直不理解的是，蒋介石不通常理、不符合西方民主准则的独裁统治，如何能维持下来？大败之后竟然还能在台湾复辟？自己一直在努力仿效美国的政治制度和经济制度，为何只能成为蒋介石手中的玩物？所以到美国后，宋子文就和留美国的李宗仁、胡适及留香港的张发奎、顾孟余、夏威等组成的"第三势力"有些来往，专门用美欧式的"民主"来挑台湾方面的刺和给台北国民党当局开"政治处方"。"第三势力"并不代表历史上的进步力量，在国民党当局的分化、拉拢、破坏之下不了了之，宋子文也就知难而退，脱离"第三势力"。

宋子文到最后也没明白，蒋介石之所以能在国民党统治集团内部不倒几十年，就是比宋更了解国民党，了解国民党官场。西方是按照预先制定的竞赛法则再争再斗，蒋介石集团是先上台再量体裁衣制定竞赛法则；西方是靠获得选票多数击败政敌后上台，蒋介石是靠权术阴谋上台后再逼各种政治势力就范。蒋介石深谙其道，宋子文只悉西方，不解国民党官场的东方特色，当然只能成为蒋介石的工具。

1959 年初，宋子文夫妇东来台湾。50 年代末期，国民党统治下的台湾政治进入稳定期，经济进入发展期，蒋经国接班已成定局，像宋子文那样过时的政治人物已难以对台北政局发生影响。再说蒋介石已经 72 岁，宋美龄已经 61 岁，宋子文也已 65 岁，对这一年龄层次的老人来说，忏悔、认错、和解等已属多余，他们需要见上一面，宋子文夫妇以"处理私务"和"观光游览"为名，先到马尼拉看望女儿，再到香港，最后飞台北，很快回美国。

在香港期间，宋子文在香港对记者说自己"和政治生活已隔开太久了"。在场人说宋子文是"显得苍老而瘦削，发已半白，与当年神采飞扬的 T.V. Soong 相比，判若两人"。

第二次也是最后一次去台湾是 1963 年 2 月间。在台期间，宋子文两次和蒋介石、宋美龄见面。曾经是命运宠儿的三位南京官场的主沉浮者，还有什么心情谈论过去，谈论历史？只是作为一家人叙叙家常罢了。

1971年4月25日，宋子文夫妇从纽约来到旧金山，在位于琼斯大道1250号公寓1601室的广东银行董事长余经铠先生家中用晚餐。宋子文因进食导致窒息，突然摔倒，再也没有醒来，经查为食物堵住气管引起心脏病突发所致，享年77岁。他的女儿说，"我母亲打电话告诉我们，他们在旧金山，我们在纽约。我很震惊，在我的印象里父亲从来不生病。之后我们飞到那儿，后来再到纽约准备葬礼。"

宋子文病逝后，蒋介石送来"勋猷永念"的挽额，可此时正在美国的宋美龄却没有在葬礼中露面。美国方面没有派正式官员参加葬礼，尼克松总统却给蒋介石发了一封唁电，说宋子文"他报效祖国的光辉一生，特别是他在第二次世界大战期间，为我们共同的伟大事业，所做的贡献，将永远为美国朋友们铭记不忘，和你们一样，我们感到他的逝世是一个损失"。

宋子文的遗体停厝于纽约北部芬可利夫墓园。79岁的张乐怡辞世后，与丈夫安葬在一起。

官场大吏 财界大亨
记蒋介石的连襟孔祥熙

"总统府资政孔祥熙，性行敦笃，器识恢弘。早岁负笈美邦，志存匡济，追随国父，奔走革命，宣力效忠。北伐以来，翊赞中枢，历任实业部长、工商部长、国民政府委员、中央银行总裁、行政院副院长兼财政部长、行政院长等职，多所建树。尤以财政金融制度，擘画兴革，克臻统一，八年抗战，长期戡乱，而军需民食，未曾匮乏，其忼谟勋业，自足千古。况时值政府艰勤力安攘，乃于外交军务，或承命以驰驱，或排难而弭乱。在艰弥励，益懋勋猷。综其生平，为国尽瘁，不矜不伐，当兹复兴之际，方冀老成匡辅，遽闻溘谢，震悼殊深。应予明令褒扬，并将生平事迹宣付国史馆，以示政府崇报耆勋之至意。此令。"

这是孔祥熙病逝后，蒋介石签署的"总统褒扬令"。对于国民党上层人士去世，蒋介石均有表示，颇有哀悼之心，追思之情，似乎死者在他面前人人平等，略知内情的人则明白并非如此。蒋介石的悼念里，有痛心哀悼，有官样八股。从形式上看也有不同，除为死者举行与其相称的追悼仪式外，对高级将领的去世，大都采用追赠一级军阶的办法；对元老的去世，大都采用颁"褒扬令"和赠"挽额"的办法；对为数不多的重臣和名家的去世，则在"褒扬令"和"挽额"之外，加上一副挽联。

孔祥熙在美国病逝后，蒋介石不仅在台湾举行追悼会，颁发"褒扬令"，还采用对其余元老、重臣从未使用的哀思形式：亲著2500余字的"孔庸之先生事略"，以示特殊关怀。蒋介石之所以破例著文哀悼，是要肯定孔祥熙对四大家族、对国民党统治集团所作的贡献，更是要对23年前的"蒋孔冲突"注释，既为自己开脱责任，又为孔氏"平反昭雪"。无论蒋介石怎么说，在国民党官场和历史上，孔祥熙留下两种形象，一是蒋介石统治集团的财务大管家，一是当官发财的典范。

一、宋家女婿

蒋介石在《孔庸之先生事略》中说："先生讳祥熙，字庸之，山西太谷人，祖庆麟，父繁慈，母庞氏。太谷孔氏，本为山西望族，自庸之先生之祖庆麟公起，经营商业，其在太原所设行号为义盛源，其在北平有义合昌，在西安有志成信，在沈阳有源泉溥，在广州有广茂兴药材行等，其他内地各重要城市，以及东北各省与蒙古之库伦、新疆之迪化、越南之西贡，皆有其分号，遍布于全国，故世人皆称太原孔氏为山西之首富。"

太谷名流

孔祥熙1880年9月11日出生于太谷程家庄。孔家在当地名声很响，原因有二，政治上的原因是此家乃孔子后代，祖籍山东曲阜，先祖到山西做官，后辈在此定居，不过官运没有遗传下来。由于是孔老夫子的传人，地位、身份自然就高人一等。经济上的原因是官道衰落后，改营经商，孔家确有经商之道。山西人士历来以善于理财而著称，孔氏更是胜晋商一筹，财运顺顺当当遗传下来，到孔庆麟辈已是富贾大号，到孔繁慈辈受政治动乱和战争的影响，商务活动受到一些影响。当然，孔家祖辈的家业和后来孔祥熙的家业比起来则微不足道。

孔祥熙早年在家乡活动甚多，主要集中于求学、信教、经商和地方政务等方面。鸦片战争以后，基督教传播到全国不少地区。在正当、合法传教之外，一些外国传教士传教之外，确有不法活动，成为文化特务；一些传教士无视教义教规，无恶不作，成为当地一霸；也有一些宗教仪式因不为周围百姓所认同引起反感，还有一些西方宗教文化与中国传统文化的差异引起必然冲突，导致中国人产生的本能的厌烦，为此基督教在中国的传播并不顺当，加入宗教的人也不算多。

在山西太谷也是这样，孔祥熙信奉基督教纯属偶然。9岁那年，正在城西南张村在其父执教的私塾里读书的小祥熙患上腮腺炎，因治疗不当而加重溃烂，经教会医院治疗后很快痊愈，医生把疗效归功于上帝的恩赐，患者当然更是向往。再则治病期间，孔祥熙跟着一些外国朋友，参观教堂、学校和教会机构，天真无邪的儿童心灵被与中国传统文化不同、完全是另一种风格的西方文化所吸引。教会所强调的现代文化科学知识、人与人之间的友爱平等互助、以人为本的道德伦理观念，对9岁的孩子来说只是朦朦胧胧、不知所以然，可对在儒家环境中长大的孩子还是很有新鲜感的。到最后孔祥熙也没有成为一个名副其实的基督教徒，他只是对基督教感兴趣，或者说只是对基督教中所反映的西方文化感兴趣，他绝不会用批判的眼光对待宗教。信教给孔祥熙带来了无可估量的政治效益，正是基督教把他和宋家连在一起，成为宋家女婿，进入国民党核心圈。只是9岁的孩子当时也没想到这一点。

第二年春，太谷华美教会学校招生，孔繁慈作为一个知识分子和经商者，思想比较开明，容易接受新知识、新思想、新观点，不顾族人反对，同意儿子报名入学。1894年秋，孔祥熙从该校毕业，成绩优良。第二年转入直隶通州美国公理会主办的潞河书院学习，在学期间正式受洗皈依基督教。

孔祥熙时值年青，具有商人的脑筋和思路，思想相当活跃，这跟他晚年的保守、刻板几无相同之处。由于教会学校管理宽松，限制较少，消息灵通，兴中会、戊戌变法等事件也是学生们议论的题目和内容，孔祥熙组织起"文友会"专门讨论时局，抨击清政府的腐败。"文友会"在历史上没有留下什么作为，只是说明他已不像祖辈那样只会打经济小算盘了。

孔祥熙在书院期间，义和团运动爆发。由于义和团勇士们政治上的不成熟和理论上的幼稚，在同帝国主义者的斗争中盲目排外，各地教会及教会所设的学校、医院、教堂等机构及传教士本人，均成为义和团运动冲击的对象。在八国联军和清政府的联合镇压下，义和团失败了。

在这过程中，孔祥熙在太谷等地活动频繁。潞河书院停课后，他回到家乡。太谷的教堂和教会已被查封，没有逃走的传教士被关押。20岁的孔氏真有胆量，用钱买通看守，暗释被捕的传教士。其行为显然不为义和团所赞成，故只身躲到任榆次县知县的叔父孔繁杏家。待风头一过，来到北京另谋出路。在义和团运动善后过程中，八国联军和不少传教士，得到清政府的默许后，疯狂反扑，残害中国人民。西方代表李提摩太和叶守贞先后找到孔祥熙，了解山西教案。李提摩太等能找到孔祥熙，是为山西传教士推荐所致，可见孔祥熙和传教士的关系之深。

孔祥熙用他的方式为家乡说情，劝说西方列强放弃在山西报复的打算，认为山西教案之所以发生乃巡抚毓贤制止不力所致，与一般平民无涉。经他的劝说，义和团志士不少依然被害，可山西大部分地区受损不大。话又得说回来，面对清朝80余万大军和中国人民的反抗，八国联军有限的军事实力也不允许他们深入华北腹地逞凶。事后，有些人认为八国联军未到山西烧杀抢是孔祥熙的功劳，这与事实不符。年轻的孔祥熙还没有那么大的能量和神通，凶恶成性、狡猾成奸的八国联军及西摩尔、瓦德西、李提摩太也不会听从一个无职无权、涉世不深的青年人的调遣。但是，孔的劝说确实提醒了侵略者，中国人民是压不服的，只能变换手法，换取在华的特权和利益，为此同意山西教案单独解决，山西更多地向西方开放、举办实业、开设学校。

孔祥熙的调处，得到李提摩太和李鸿章的赏识。李鸿章想不到自己一贯惧怕的外国佬竟然会为一中国小伙子所劝，更想不到一个毛头小伙也竟敢舌战洋人，自己作为长期主管朝廷外交的重臣竟然不及孔祥熙。为此，他当了一次"伯乐"，同意保送孔祥熙去美国留学，并让驻美公使伍廷芳予以关照。

在此同时，复校后的潞河书院也同意资助勤奋、好学、聪明的孔祥熙赴美留学。1901年秋，他到美俄亥俄州欧柏林大学学习，陪伴同行的有在书院中一直特别关照他的女传教士、老师麦美德。在大学4年间，先后主修理化和社会科学，毕业后又考入耶鲁大学研究院，专攻矿物学，1907年获理化硕士学位。这位学开矿、采矿、冶炼的硕士，以后从事的职业与所学专业几乎没有什么直接联系。在四大家族成员中还有类似的情况，陈立夫毕业于美国匹兹堡大学，专攻矿物学，最后从事党务、特工、经学研究。孔祥熙最终的选择充分显示出他的远见卓识，他对矿物学兴趣不大，即使搞此专业也不会有何成就，更谈不上挂印相府，首富天下。

学成归国的孔祥熙致力于办学。早在留学期间，凭着一些曾在山西任过传教士的外国友人的关系，打起"振兴教育、振兴实业"的旗号，募集到一批基金。回到太谷后就用此款开办县里的第一所中学，定名为"铭贤学堂"，孔任校长，讲授史地和矿物、体育等课程，校内老师不少是传教士。

孔校长讲授的主要课程没有多大反响，他本人当作游戏性质的体育课中的"操练"却引起社会的注意。其操练实际上是军事持枪训练，学生们手持木枪，按照从美国搬来的士兵持枪动作进行活动。同学们欢迎的原因是当时为数不多的现代型中学还没有这一课程，大家感到很新鲜。太谷商会却是大惊小怪，以为太谷来了什么"军事家"，特地盛邀孔为商团教官，警察局也屈驾上门，聘孔为局顾问。一夜之间孔某成了当地知名人物，他也将计就计，当起"军事教官"和"警察局顾问"来。

孔祥熙懂经济不懂武。遇到地方治安需要他的军事才华时。当然也就无法用"武"的方针来对付，只能用"经济手段"来解决。辛亥革命爆发时，太原10月19日宣布光复，从省城逃出的残兵流窜到太谷县城。为避全城洗劫之灾，当地名门大户呼请孔祥熙出面维持治安，保卫县城。孔氏一口应承，自称"太谷义军司令"，组织商团和铭贤学校的学生到城墙上守卫。这位"义军司令"，深知"义军"不是流寇的对手，对阵只是自寻灭亡，只能用非军事手段解决。他从北门上与溃兵们进行谈判，以3000两银子的代价，劝退逃兵，县城免遭横祸。此后，太谷各界名流决定把商团、铭贤学校的学生武装起来，作为地方自卫队，维持地方治安。并推荐孔祥熙出任"营务处长"，统率地方武装。他在太谷的名声很快传播出去，附近七八个县的大户和地方当局议决，公推孔为山西中路民军总司令。这位"总司令"和"中路民军"没有参加过什么战斗，却使孔祥熙竟然有了一段难逢的军事经历。

孔某在办学之余，不忘经商，此人身上充满经济细胞，具有经商的天才和遗传因素，所选择的第一个投资项目是销售煤油。中国习惯的晚间照明用料主要是植物油和蜡烛，孔祥熙看到了煤油的价值，无论是从价格还是效果来看，煤油均胜过植物油和蜡烛，果然不出他所料，煤油销售利润不薄。再凭着经济头脑，用25000英镑的代价，以"祥记公司"的名义，购得在山西全省经销英国亚细亚火油公司产品的代理权。这一垄断经营给孔带来很大的经济效益。经销亚细亚火油是他第一次独自经商尝试，有两条经验可得：选准投资方向和垄断性经营。在以后的赚钱生涯中，尽管有更多的致富之路，可这两条法始终没有被放弃。

孔祥熙在太谷也算春风得意，经商发财，当官有道，在家乡附近的影响已引起山西土皇帝阎锡山的重视，经常约请孔到太原会商山西军政事务。再则孔与晋境内的外国人保持密切的友谊，阎锡山在发展同外国宗教、商界人士的关系时，必然要借助孔的力量。如果孔跟阎一样不离开山西的话，最多是个"地方富豪"加"地方当局的高级幕僚"，不会成为阎锡山第二，他把眼光放在山西之外。

进入宋家

正是孔祥熙在宗教界的朋友，带来对孔一生来说极其重要的机会，时在孔亡妻之后。孔祥熙第一次婚姻发生在1910年，夫人为孤儿，从小在太原教会学校受教育，漂亮、聪明，可当时的绝症肺结核夺走了她年轻的生命。1913年8月，经传教士友人的推荐，正处于丧妻悲痛之中的孔祥熙接受中华基督教全国协会的邀请，到东京担任中华留日基督教青年会总干事。任职不久，结识了孙中山、宋霭龄及其父亲宋耀如。当时正值"二次革命"失败，袁世凯大肆镇压革命党人，为躲避迫害，孙中山等中华革命党的领导人和活动家，宋耀如等孙中山革命事业的追随者和拥护者，来到日本避难和开展革命工作。

孔祥熙早在美国留学期间，曾和孙中山、宋霭龄见过面，中华基督教会又是宋耀如任过牧师和联系不断的宗教组织，孔在他们的影响下很快成为中华革命党的支持者和参加者。在中华革命党内，孔祥熙得到孙中山的信任，作为工作助手留在身边工作。孙先生的政治、军务、党务、文字、翻译都有合适的助手，孔祥熙则成为合适的经济助手，主要处理当时最为重要的党内财政事务。

在孙中山的工作助手中，有一位女性，她就是宋霭龄。宋女士为宋耀如长女，少时留学美国，并非倾国倾城却有美国文化熏陶下形成的热情和大方。她（1889年）比孔祥熙年轻9岁，充满朝气，精力旺盛，办事果断利索，在担任英文秘书期间，深受孙先生的赞赏。孔祥熙、宋霭龄在频繁的工作接触中萌生爱情，1914年春在横滨结为夫妻。结婚之时，无任何特殊的背景可言，可此联姻不久则变为把孔祥熙推向仕途顶峰的潜在动力。

孔宋婚姻为孔祥熙带来一些特殊的关系。一是与孙中山的关系。孙先生身为国民党（前身是兴中会、同盟会、中华革命党等）的总理，在政界有崇高的威望。袁世凯、北洋军阀等反动势力也一直没有停止对他的迫害，因此孔祥熙追随孙中山存在相当的风险，在险恶的斗争环境中，孙、孔二人建立起深厚的友谊。此外在孙中山和宋庆龄恋爱准备婚嫁时，宋家几乎所有的成员均激烈反对，只有大女婿孔祥熙深谋远虑，力排众议，最早接纳孙中山，并劝说其他宋家成员承认孙宋婚姻，孔氏所为使其进一步获得孙中山的信任。此后孙先生建立革命政权时，孔、孙间的关系和友谊成为孔祥熙的政治资本。追随孙总理，改变了孔的人生道路，使得这位太谷地方级闻人走上一条通向权力峰层的道路。这条路对别人来说难于上青天，对孔来说却是如此简单、顺利，他结识孙中山是关键一步。

二是与宋家的关系。孔宋联姻时，宋家还名不见经传，宋霭龄的父亲只是一位上海滩的实业家、孙中山的朋友，以及基督教活动家。宋家祖籍海南岛文昌市，宋耀如到上海开创家业。在现代史上出名的宋家王朝，宋耀如时期远未达到全盛，身为宋府大女婿的孔祥熙也未带来过多的政治和经济利益。可在后不久宋家二女儿和孙中山结婚，三女儿和蒋介石结婚，以宋家为纽带组织起旧中国政治舞台上最强大的政治集团。孙中山先生病逝后，蒋介石夺取国民党的最高统治权，这一政治集团改组为四大家族，操纵、控制国民党政权，主南京政府沉浮，孔祥熙在其中既发挥主要作用又是最大受益者。

三是与宋霭龄的关系。霭龄从小在较为开明、封建色彩较为淡薄的家庭环境中长大，1904年5月28日离沪去美，进入梅肯市卫斯理女子学院留学，此时孔祥熙已在美国读大学二年级。宋霭龄在美期间，曾随参加"教育考察团"的姨父温秉中列席美国官方组织的白宫招待会，年仅16岁的宋小姐竟也不畏权势、回答美国总统的提问时说："（美国）是个非常美丽的国家，我在这里过得很愉快，可你们为什么要说'美国是一个自由的国家呢？'"宋霭龄在女子学院里也是一个明星级的人物，是一个课余社交活动的爱好者和积极参与者，1909年获得学士学位后回国。

留学美国，宋霭龄虽未取得什么专业上的成就，但她取得了有助于今后发展的几大收获：对美国社会构成的了解，对自由经济体系的了解，对美国生活方式的了解，对美国语言的了解，对西方资产阶级民主法则的了解。霭龄一回国，就由父亲安排给孙中山当秘书。与宋庆龄爱国、宋美龄爱权不同，宋霭龄被世人称为"爱钱"。说实话，宋氏家族成员中，对政治最不感兴趣的就是宋霭龄，此人的经商，善于积聚资产，这种"以经济利益为中心"的兴趣、本领，和孔祥熙可以说是比翼齐飞。宋霭龄把孔祥熙拉入宋家王朝，还对孔家财团的形成贡献甚大，成为孔家财团的大掌柜、具体执行人和最高决策者。她不出面干涉国政，也极少利用孔祥熙去表达自己的意志，她对"国事"的意见，常常通过小妹宋美龄去转达和实现。至于财经决策，则是她干预的重点。

四是与蒋介石的关系。如果没有与孙中山、宋霭龄的关系，孔祥熙这位山西"老西儿"很难与满口"娘希匹"的浙江人氏蒋介石相识。孔某到孙中山身边工作时，蒋介石已成为孙先生府上的常客，因蒋某学过军事，故被急需护法北伐军事人才的孙总理视为军事助手。孔祥熙来东京后，蒋介石对这位精通商道、身材矮壮、态度永远那么谦恭和蔼的山西人，印象特别深。1921年12月后，蒋介石开始向宋府小女儿宋美龄发动感情攻势，对宋美龄的大姐、大姐夫当然更是重视，有目的地增加对孔的感情投入，礼贤于孔，习惯成自然，以后蒋介石则干脆把国民党的财务大权交予连襟兄孔祥熙和大舅子宋子文。在与孔、宋的合作中，蒋更喜欢年长 7 岁的孔祥熙，即使把孔请出南京官场后，对孔本人及家人还是关照甚厚。蒋介石对孔祥熙政治上的发展和财富的积聚作用甚大，孙中山只是为孔祥熙提供了进入国民党统治核心的入场券，而蒋介石则为孔提供了带来无数政治、经济利益的委任状。与之相适应的是，孔祥熙对蒋介石忠贞不贰，竭智竭力。

五是与四大家族的关系。宋氏三姐妹的婚姻，为旧中国最大的政治集团、政治势力的诞生提供了条件。继孔、宋结婚，1915 年 10 月 25 日宋庆龄和孙中山结婚，1927 年 12 月宋美龄和蒋介石结婚；宋子文是宋家长子，蒋介石又是陈果夫、陈立夫的保护人。这些左右中国政坛的风云人物，是通过宋家三姐妹结盟、集结到一起的。让人不可理解的是，作为孙中山的姻亲，应该支持孙的政治路线和革命事业，可在孙先生逝世不久，除宋庆龄之外，这批人均背叛而去。

南京政府成立后，四大家族成员个个身居要津，分别控制政府的各个领域。蒋介石直接掌握军界和以军权统帅党政大权；陈果夫、陈立夫主管党务和组织系统，确保国民党的各级组织对四大家族的忠诚，为实现这一要务，又用所控制的"中统"特务组织予以配合；宋美龄、宋子文、孔祥熙负责对英美外交，以争取外援；宋子文、孔祥熙掌握财政大权，宋在领导财经工作中，西方的味道浓一些；孔在领导财经工作中，注重联系中国特别是国民党的特色。总的来说，国民党失败诸因素中经济政策的失败是其中之一，而经济政策的失败又是和宋、孔的决策基点、能力、作风联系在一起的，可以说宋孔基点不准、能力不足、为官不正。要论孔祥熙制定财经政策时的主要失误，就是用山西旧式商人的眼光和心理处理国家财政，考虑国家利益时总是摆脱家族利益的牵制，同时受商人见钱眼开心态的影响太大。

孔祥熙、宋霭龄结婚后的 12 年间，活动是多方面的。1915 年秋，夫妇回到山西。当时的孔祥熙，不会留在孙中山身边。此时孙的事业正处于低潮，短期内也无胜利的把握，更没有任何实际政治、经济利益可图，善于用投入产出效益看待事物、用经济规律对待政治斗争的孔祥熙，当然会暂时另谋出路。

他带着满身洋气的夫人，刚回到家乡，即被阎锡山聘为督军府参议。阎锡山在辛亥革命太原光复的过程中，依靠掌握的军队，以强制为主、议会民主为辅，当上山西督军。此人为现代军阀中的佼佼者，在北洋军阀和蒋介石统治时期，割据有他，剥削山西人民有他，维护山西利益有他，统治山西竟达 38 年，是近、现代史上地方实力派中统治一省之地时间最长的军阀。他之所以能维持这么长时间的统治，与其善于驾驭政治、有一套娴熟的政治手腕、以欺骗和压制为手段合成的颇有成效的统治方式有关。

孔祥熙为阎锡山的种种社会政治、经济、文化措施所感动，想不到在地处内陆的山西省，竟然有一位如此精干和开明的督军在进行现代社会的开发，故对阎锡山和其推行的社会改良措施大加赞赏。孔氏当然看不到阎锡山治晋的真面目。

孔祥熙利用在家乡的影响和实业基础，热心于家乡建设，做过一些善事，效果平平。可在20世纪初期的社会背景下能如此行事，也属不易，故当事人颇得民心，为人称道。

1922年，应耶鲁大学校友王正廷的邀请，孔祥熙出任北洋政府鲁案善后督办公署实业处长、胶澳商埠电话局局长。1923年改任驻奉天外交代表，负责中俄交涉，公务之余，结识张作霖、张学良父子。在北方期间，还作为孙中山的代表，就南北纷争和谈判、武力统一、分省自治、国民会议等问题，与北洋政府和军政要员磋商，只因南辕北辙，双方无共同之处，孔祥熙劳而无果。

在此期间有一收获，这就是劝说冯玉祥将军向南方革命阵营靠拢。冯将军时任北洋陆军巡阅使，为北洋军阀中后起之秀，因在反击张勋复辟、直皖战争、第一次直奉战争中击败对手而成为北京军政界的闻人。再加上冯部纪律较为严明，训练有素，名声较好，引起南方革命政府的注意。1924年初，孔祥熙受孙中山之托，与冯玉祥会见于南苑，详细介绍孙先生的政治主张，介绍三大政策和三民主义，以及正在进行的国民党改组等事项，并送上孙氏所著之《建国大纲》。孙总理的主张和南方革命政府所为，得到冯将军的认同。同年10月将军发动"北京政变"，囚禁曹锟，赶走吴佩孚，迎接孙总理北上，这与孔、冯会见有关，以后孔冯来往甚多。

孔祥熙活动于北方的同时，奔走于晋、京、沪之间，在山西等地发展实业，在北京进行政治活动，在上海与国民党上层保持联络，政务和商务均没有耽误。所以，从国民党筹备改组到1924年1月中国国民党第一次全国代表大会在广州召开，以及1925年7月国民政府在广州正式成立，孔某虽然人不在广州，可一直保持着相当的影响力，这与他和孙中山、国民党要员的良好友情有很大关系。

西山停灵

让孔祥熙名响天下的是主持孙中山先生的葬礼。孙总理北上至京后,旧疾复发,1925年3月12日病逝,孔氏是总理最后所见到的亲戚和同志之一,也是《遗嘱》证明人。孙中山逝世,广州国民党中央任命孔祥熙为"总理治丧处主任",全权负责葬礼。此职反映出国民党上层对孔祥熙的重用和对孙、孔亲密关系的肯定。因为实际在北京、具体操办葬礼的有李大钊、林伯渠、于树德、汪精卫、宋子文、吴稚晖等人,均为国民党中央执行委员和中央监察委员,却偏让在国民党中央无重要职务的孔祥熙任治丧处主任,可见其地位之重要。

总理过世,北洋政府表示予以"国葬",广州政府和唐绍仪、章太炎等政界元老均以"北洋政府为不合法政府"、无权国葬总理为由,予以拒绝。15日,在孔祥熙主任的安排下,总理遗体身着大礼服、头戴礼帽由侍从武官马超俊等舁入棺内。19日,孙总理灵榇被移至中央公园(今中山公园)社稷坛大殿。24日,发丧致祭,前后参加致祭悼念的有14万余人。4月2日,在十数万人的护送下,总理灵榇被移至西山碧云寺金刚宝座塔石龛内。

该寺建于1366年元朝文宗年间,初称碧云庵。16世纪初明朝武宗年间扩建为寺,改称现名。清朝乾隆年间扩建为现在规模,建500罗汉堂和金刚宝塔。孔祥熙在龛内挂的挽联,是由国民党中央执行委员张静江挥毫的"功高华盛顿,识迈马克思,知易行难,并有名言传海内;骨瘗紫金山,灵栖碧云寺,地维天柱,永留浩气在人间"。葬礼结束,孔祥熙又把收到的挽联、挽幛、花圈等祭品存放于他在北京的住所。从孙总理北上、治病,到逝世、葬礼的费用,主要由孔祥熙筹集;保卫、治安、典礼及修路、运输等所需要的军、警,则由孔祥熙请冯玉祥的国民军解决。为安排护灵事,孔祥熙又在北京停留1年左右。

这1年间孔祥熙的公开身份是中俄会议督办公署坐办,负责对苏联络。当时北洋政府和苏联方面都无发展友好关系的愿望,苏联正把广州革命政府视为合作的伙伴和输出革命的样板。北洋政府正和广州方面对立,反对苏联援助国民党和共产党。是故中俄会议时开时停,督办王正廷、坐办孔祥熙无事可议可办。

孙中山逝世后的1年间,北京城内局势多变,合力协作推翻曹锟、吴佩孚的冯玉祥、张作霖争夺愈烈;由冯玉祥、张作霖二人请出的段祺瑞掌握政府大权后,背弃冯玉祥，投靠张作霖；被赶走的吴佩孚政治转向，联合昔日对手张作霖、段祺瑞，一致对付冯玉祥。二方四派一时斗得人仰马翻，鸡犬不宁，最后大打出手，冯玉祥及国民军被赶出京津地区。在此背景下，孔祥熙在政治上无所作为，于1926年春借接受母校欧柏林大学授予的名誉博士学位的名义，离京去美，向华侨宣传孙总理的遗教，并为家乡的铭贤学校募集资金。通过孙中山先生的葬礼，孔祥熙成为众所周知的人物，在全国政界、商界留下深刻印象。

孙中山逝世4年后，已经在南京建立全国政权的国民党蒋介石统治集团，按照孙总理生前"希望辞世后葬回中华民国诞生地南京城"的遗愿，在孙先生生前选中的墓址紫金山，花费白银400万两，建成中山陵寝；花费白银128万两，建成南京城内的迎榇大道（中山路）及有关设施。1929年1月14日，正式成立"中国国民党总理奉安委员会"，由蒋介石任"主席委员"，孔祥熙任"办事处总干事"，具体负责、指挥移灵、迎灵、奉安事项。奉安委员会又指定何应钦为"奉安典礼总指挥"，孔祥熙及赵戴文、鹿钟麟为"指挥"，孔祥熙还是"迎榇总指挥"。

5月28日，载有孙总理遗体的迎榇专列南下至蚌埠车站，蒋介石、宋美龄、宋子文、唐生智登车致意。12时，总理灵榇乘"威胜舰"由浦口车站运抵中山码头。孔祥熙率32名杠夫上舰移灵，然后乘马指挥迎灵队伍至中央党部礼堂。下午4时至6月1日晨4时，孔某安排党国要员和外国使节致祭悼念和守灵。其中5月31日下午6时，公祭结束，由孙中山先生的连襟蒋介石、孔祥熙及孙府长子孙科涂殡封棺。

6月1日凌晨2时，孔祥熙和新任奉安总指挥朱培德，到中央党部安排当天的奉安大典。4时在国民党中央常务委员、"立法院长"胡汉民主持下，举行移灵典礼。礼毕孔祥熙执旗指挥，率领国府委员、中执监委、亲友把孙总理灵榇移至灵车，向中山陵运行，此时南京狮子山鸣炮101响，向孙先生致意。哀乐声中，送灵队伍缓慢前行，马路两边向总理致敬的市民有50余万人。到达陵前广场，孔祥熙指挥杠夫把总理灵榇抬向祭堂和奉安墓内。与此同时，再次鸣炮101响，全国民众停止工作，默哀3分钟。孙中山先生的葬礼事宜全部结束。

在中国现代史上这一少有的重大葬礼进行过程中，孔祥熙出力甚多，保证移灵中央公园、停灵碧云寺、迎灵榇南下、奉安中山陵等事顺利进行。他和蒋介石等人如此重视孙中山的丧事，除了表示对死者的悼念外，还有浓厚的政治色彩，葬礼成为一场针对政敌和非蒋嫡系的政治仗。似乎告诉世人，安葬总理的人，就是总理的信徒，就是三民主义的力行者，因而掌握国民党的统治权具有不可替代的正统性，反对他们就是反对总理，就是反对三民主义，蒋、孔安葬总理的本意在此。通过葬礼，巩固国民党统治集团的权力，为南京城里的执政者违背总理遗教、篡改三民主义拉起一面遮羞的大旗。总之，蒋介石、孔祥熙本来就是孙总理的姻亲，"总理奉安"一事又增加了蒋、孔等四大家族的政治资本。他们的亲戚关系，使得国民党统治中心不乏家族色彩，安葬、奉安总理一事更强化人们对此的认识。

二、蒋府忠臣

显赫官场

1926年冬，孔祥熙回到广州，这位精于经商之道的社会活动家，选择此时回国实有他自己的打算。考虑之一是巨富难成。他在家乡经营多年，钱赚不少，论富在周围也是令人羡慕的业主，论钱在当地也属颇有实力的望族，可离控制全国财经命脉，垄断主要经济部门，富甲天下，还有相当距离，无法相提并论。这并非孔不懂经商之道造成，而是落后的经济环境和动乱的时势所致，还不如暂时由商界转入官场，为商务活动再上一个新台阶做准备。

考虑之二是当官有望。孔祥熙在国民党内有相当雄厚的基础，跟几乎所有的国民党大员均有来往，他的理财能力早已得到国民党上层人物的认可。和孙中山及宋家王朝的关系，使他具备了一般人士所没有的优势，只要愿意从政为官，手中马上权重，地位马上高升。国民党早期的主要活动家中，曾在经济活动中有所成就的有张静江、戴季陶、蒋介石、陈果夫、孔祥熙等人，蒋介石忙于军事和夺权，张静江、陈果夫忙于党务，戴季陶忙于理论和宣传，只有孔祥熙远走他乡。广州国民政府分外重视孔氏，多次派人带话传信，邀其回国负责财政事务，这就是说只要孔祥熙回到广州，等着他的就是高官厚禄。

考虑之三是机不可失。从国民党当局的前途看，面临新的转折，广州国民政府（1925年7月成立，在此之前是大元帅府）在两广地区全面行使国家权力近4年。

自1926年5月开始北伐以来，年底已至长江流域，中国一半领土已为国民党的天下，广州国民政府的管辖范围开始由两广向全国扩展，即将成为有名有实的全国政府，故此时为政治投资入股的最佳时机。在此之前，大局未定，要冒风险；在此之后，待坐定江山再来报到，有"下山摘桃子"之嫌。就在军事态势肯定胜利还未胜利之时、政局已定还未全定之际，参加"革命阵营"，既无险可冒又无坐享其成之嫌。出于以上三种考虑，孔祥熙决定回国参加国民革命。不出他之所料，等待着他的是宽广的仕途。

孔祥熙一到广州，即被国民党当局任命为"中政会广州分会委员、广东省财政厅长兼理后方财政部务"。其在国民党政府内出任的第一个职务有三个特点：一是他一生所任官职中最低的职务，孔祥熙活跃官场19年，任过的职务不少，可初进官场只是"财政厅长"而已。二是所任职务相当重要，当时的中央财政部长是宋子文，当时国民党的财政收入主要靠广东，这广东的"财政厅长"是"财政部长"的大姐夫，宋、孔两人事实上全盘控制国民党的财经大权，成为南京政府垄断资本的创始人，成为孔、宋财团的创始人。三是"官"途无量。四大家族成员踏进官场的起动职务有高有低但均十分重要，如陈果夫1926年3月间到广州出任的第一个职务是"中央组织部代理部长"，陈立夫的第一个职务是"黄埔军校校长办公室机要秘书和中央党部调查科科长"，宋子文的第一个职务是"总理秘书兼税务局长、中央银行副行长"，孔则任"财政厅长"。对他们来说，实际上无高低之分，只是一种官场的势力再分配，并不影响以后的仕途。拿孔祥熙来说，不出一年，其升任工商部长、国府委员；再一年余，进入国民党中央执行委员会；又一年，改任实业部长；到1933年取代宋子文独掌财政大权。

孔祥熙政治上发家，有着蒋介石政治上发展的背景。蒋氏篡夺国民党的最高领导权和建立自己的政权，分三个阶段进行。第一阶段是1927年初到南京政府开张，在这5个月内，蒋介石以"国民军总司令"和"北伐军总司令"的身份及实力挑起"定都之争"，致使宁汉分裂，正式建立蒋记政府。蒋介石的要害就是否定武汉政府的正统性和合法性，为南京政府的成立制造舆论和时机。

孔祥熙回国之初，是赞成广州国民政府迁武汉的，并作为先遣队员到武汉考察和筹设办事机构，财政部和财政经费大部已迁武汉。首都地址之争激烈后，才改变主张，倒向蒋介石，支持在南京另立政府。1927年3月，北伐军占领上海，孔祥熙马上离开武汉东下，为蒋介石捧场，代表蒋出面与西方银行代表、江浙财团代表、黑社会代表会谈，为即将成立的南京政府募集资金和寻找政治上的支持。孔的游说取得成功，江浙财团和西方银行提供了蒋介石分裂武汉革命政府所需的经济支助，黑社会则保证配合蒋介石进行的任何反共行动。

南京政府得以成立，经费难题顺利解决是关键之一，孔祥熙和宋子文在寻求经济支助中起了关键作用。蒋介石不忘两人的贡献和业绩，在以后的20年间，一直把财政大权交由孔、宋掌握。两人均为蒋介石的亲戚，在配合蒋时，有不同之处，宋子文有自己的主张，孔祥熙则无论财力如何困难，均能满足蒋介石的经费需要，所以蒋介石更易接受孔祥熙的服从加理财之道。

胜任要职

第二阶段是1927年4月18日南京政府成立到1928年1月蒋介石第一次下野后复出。蒋记政府挂牌营业，面临的党内挑战来自武汉国民政府、上海西山会议派。当务之急是把申汉两地的政治力量集中到南京城来，把北伐中新兴的两大实力派冯玉祥、阎锡山部统一到蒋军中来。在这过程中，孔祥熙有独到的贡献。

一是挤垮武汉政府。挖武汉政府的墙脚，孔祥熙是好手，先于1927年4月初拉走宋子文。对革命和工农运动本来就有对立情绪的宋子文经大姐夫的开导，离开武汉东下上海。对国民政府来说至关重要的财政部、中央银行原由宋子文严密控制，现其一走，财政部陷于瘫痪，金融市场、经济信贷、债务往来、物价指数、厂店经营陷于一片混乱，加剧了本来已对革命政府极为不利的紧张局势。政府缺少资金和军费，无法维持正常开支，孔、宋把武汉国民政府送上末日。

在拉宋子文的同时，孔祥熙出面同昔日旧友、武汉政府和上海西山会议派中的核心人物谭延闿、孙科、于右任、汪精卫、唐生智、许崇智、林森、谢持等保持联络，劝说他们放弃己见，投靠南京。这些人并非稚童，也非全为孔祥熙所说动，而是看到蒋介石的雄厚实力，不得不放弃"独立"，来宁臣服。1927年9月16日，以南京政府为中心，成立中央特别委员会，完成"宁汉合流"。孔祥熙出面劝说、拉拢，要比蒋介石合适、方便。蒋介石公开另组政府，与原有法统地位的武汉政府分庭抗礼，国民党上层对此议论纷纷，蒋有嘴说不清，且无理更道不明。孔祥熙则不一样，可以说蒋不便说的话，做蒋不便做的事，宣传蒋的反共国策，美化蒋家天下，为扩大南京政府的"统一战线"尽策尽力。

二是劝说北方两大实力派投蒋。蒋介石在"一期北伐"中，在打败吴佩孚、孙传芳的同时，基本上把南方的各路实力派统一到门下。北方的冯玉祥早在1926年9月就已参加北伐阵营，可在宁汉分裂时是倒向武汉还是倒向南京，一直没下决心。北方阎锡山，虽说表面上支持南方北伐，可晋绥军对娘子关外的奉军挂起免战牌。蒋介石如能拉住冯阎二将，称雄于国民党、压服武汉和上海的汪精卫派、西山会议派、元老派则易如反掌。

冯玉祥、阎锡山均为孔祥熙的知交、旧友，拉拢冯阎非孔莫属。冯、阎当时也有各自小算盘，计划利用掌握的军队，以取得在全国政治生活中的发言权，故被孔一拉就走，双双倒向蒋介石，反对武汉政府，迫使武汉方面于1927年7月15日公开反共。冯、阎与蒋介石、李宗仁一起，分别出任南京政府所辖四个集团军的总司令。

三是帮助蒋宋完婚。众所周知孔祥熙精于经济管理和财经工作，事实上对外是个不差的外交官，对内是个很称职的说客，蒋介石就多次借重过他的外交、公关、游说才能。

蒋介石和宋美龄的婚事，因蒋已有过三次婚姻及人品上的欠缺，长期活跃在上海上层社交圈内的宋家成员对他作为小女婿候选人一直不感兴趣。善于用商人之道进行决策的孔祥熙、宋霭龄已经敏觉到蒋宋婚姻巨大的政治效益，"投入"的是富家大龄小姐宋美龄，"产出"的却是将来"中国的第一夫人"。孔宋夫妇主动承担起说服宋母倪桂珍、宋家长子宋子文、当事人宋美龄的任务。在历史中，通过联姻改变地位、成豪富、成贵夫人的女性很多，可效益最高、收获最多的莫过于与帝王天子成亲。无须孔祥熙、宋霭龄多费口舌，"第一夫人论"足以使宋家成员思想上的难题迎刃而解。因为宋美龄找丈夫时可以放弃百万富翁，可以不择名家大师，可以拒绝达官贵人，但不会错过荣任"第一夫人"的机会，"已婚记录和人品好坏"不再起作用。蒋介石同华美、高贵、精明的才女结合后，当然不会忘记连襟兄的功劳。

四是为蒋复出奔走呼号。1927年8月13日，蒋介石以退为进，宣布下野。就在下野的同时，已在选择、寻找上台的最佳时机。孔祥熙比谁都清楚蒋介石下野的用心：并非隐退官场而是为了揽取更多更大的权力。因此孔比谁都聪明，从蒋介石离开南京之始，即开始为蒋的复出而忙碌。

孔某的做法状同以往，与党内各派频繁接触，主要有胡汉民系，黄埔军校毕业生为骨干的第一集团军临时主官何应钦等将领，桂系领袖李宗仁、白崇禧，以及以河南为落脚点的冯玉祥，盘踞山西的阎锡山。而宁汉合流后参加南京政府的汪精卫派和西山会议派，到1927年11月间已被排挤出南京，即不在孔祥熙考虑之列。

孔祥熙向对方所反复论证的基本问题就是北伐作战正处紧要关头，龙潭一仗表明北伐形势严峻，表明军事离不开蒋介石，自然党本身和政府也离不开蒋介石。南京政府的上层人物最后同意蒋介石复出，并不全是孔祥熙劝说的结果，还有他因。蒋介石之外，国民党的党政军要员就"谁接替蒋介石"一事争吵不休，互不服气，结果谁也无法服众，谁也无法出任首脑，既然如此，还不如再让过去的首脑蒋介石复出。1928年1月，蒋介石恢复"国民革命军总司令"职，2月兼任"中央政治会议主席、中常委、组织部长、军委会主席"，历时5月余的下野闹剧收场。孔祥熙是个识时务者，为闹剧主角跑龙套一再得手，两人配合到默契的程度，孔的忠诚和游说才干日后长期为蒋所信赖。在正式决定蒋介石复出的二届四中全会上，南京政府全面改组，加入南京政府不过年余的孔祥熙由"财政厅长"升任"国府委员兼工商部长"。此人出任如此高职，并非真是具备主管全国工商业的才能和素质、经验，事实上这是蒋介石安排四大家族成员操纵国家权力的基本手法，才使得孔、宋、陈他们鸡犬皆仙。蒋介石不放心把权力交给人民大众，放心把权力交给忠诚于他的四大家族成员等官僚。

第三阶段是1928年2月的二届四中全会到1932年初。1928年底，以张学良东北易帜为标志，北洋军阀的割据基本结束，南京政府名义上统一中国，但并不太平。蒋介石上台不到3个月，中共领导的武装起义接踵而至，直接冲击国民党蒋介石集团的统治。在国共两党势不两立的政治斗争、军事较量之外，国民党内的汪精卫系、胡汉民系及地方实力派不断围攻蒋介石集团。直到1930年10月中原大战结束，地方实力派对南京政府的军事威胁才告解除；直到"九一八事变"和"一·二八抗战"，汪精卫、胡汉民、西山会议骨干及地方实力派对南京政府的政治威胁才告停止，蒋介石的"龙椅"在党内才算放稳。在这4年间，孔祥熙为新生的蒋介石政权出力甚多。论本职工作，只因南京政府忙于军阀混战，经济建设无大作为，主管经建的"工商部长、实业部长"无事可做，故时常另有重任，奔走于各派政治和军事力量之间，作为蒋介石军事打击之外的第二条战线。中央军发射的是枪弹，孔祥熙发射的是"银弹"。

孔部长有使用金钱、收买对手的条件。新军阀混战和国民党党争本无本质之别，只是权力、利益分配不匀所致。因此只要谁开的价码合适，提供的金钱、职位称心，对手可以握手，对立可以并立。有金钱可以发挥作用的场合，还要有"钱源"。孔祥熙利用掌握国民党财政的便利，倾中央财政，慷国家之慨，为蒋介石一人服务，专营收买政敌、对手一事。孔部长的"银弹"击中不少地方实力派的主将，大大缩短蒋介石收编起兵作乱军阀的周期，减少军事围剿的难度。

"九一八事变"和"一·二八抗战"把中华民族推到最危险的时候，蒋介石没有因此而停止"围剿"红军，继续反共内战，攘外必先安内，可统治集团内部却有变化。日寇侵略缓和了国民党上层争权夺利的矛盾，南京政府出现从未有过的统一、合作局面，蒋介石的领导地位走向稳定。

从南京政府成立至此，历时5年，蒋介石在组建领导班子、巩固统治地位的过程中，培植起一批基干力量，以适应建立全国统治的需要。孔祥熙作为老朋友、新亲戚，当然成为蒋某优先考虑的人选。孔则不负蒋望，既为自己，也为蒋某忠勤工作。此5年，打下四大家族在大陆22年的根基，孔也成为蒋家帝业的创业者。

三、财经主管

作为"创业者"，可以分享政治利润；作为蒋介石的亲属，也可以出任要职。当然从民主法则和官场统治来说，"举贤不避亲"不如"用人应避亲"，自应采取回避制度，以清官风。四大家族成员没有如此高的修养和境界，那也应该因材而定，量材而用。从四大家族成员来看，蒋介石主管军事和政务在国民党官僚中是比较合适的，可力不从心，业绩无从谈起，成为现代史上最大的输家；陈果夫、陈立夫主管党务，国民党县以上组织不健全，县以下组织有名无实，党员更是良莠不齐，成为社会黑暗势力的集中地，可主管的特工系统功能超常发挥，业绩为他人所不及；宋子文、宋美龄、孔祥熙主管对英美外交，是跛驴之伍，外交虽扭转了自清末到北洋只听外国主子使唤或者以封建和愚昧方式蛮干的旧式外交局面，外交转入现代方式进行，可未争来什么国权和人权；至于宋子文、孔祥熙主管财经工作，20年间（1927年至1947年）是两头坏中间顺，最后国民党大失败的原因之一就是经济上的崩溃，造成经济困境的重要原因就是宋子文、孔祥熙两人本身所具有的劣根性。从两人主管财经工作所需的专业知识、才能来说，理论上宋高于孔，实际操作中孔高于宋。两人水准要高于大陆时期其他财政官员，可两人水准均差于台湾时期的财政官员。

改革币制

拿孔祥熙来说，有雄才无主见，故在政务中无所创新只是盲从蒋介石；有大略无魄力，故政务中无所作为只能修修补补；无主见无魄力之下管理尚可，解决难题、应付危局则显不足。有官念无廉洁，官念很强，权欲极盛，官高权重，可无当清官好官之基本条件，无廉洁无清正；有财富无仁慈，以权谋私，为富不仁，牟取暴利；无廉洁无仁慈之心，视国为家，视民众为奴仆，视天下财富为家族私产。孔祥熙对不起民众，民众当然也就不能容忍孔及同类人，孔也就谈不上成功，连同所效劳的党、国不可避免地走向失败。

从1933年4月起，孔祥熙主持国民党的财政达12年之久。其间以"七七事变"为界，事变前主要是继前任行政院副院长、财政部长、中央银行总裁宋子文，完成全国财经管理体制的建立工作和进行一些经济建设工作。事变后主要是应付8年全面抗战的艰难财经局面。

蒋介石说："自民国20年之后，内有'共匪'叛乱，外受日本军阀之侵略，当国家环境最为险恶，与军民生计最感困窘之际，而孔先生临危受命，卒能沉着筹帷，屡使革命大业转危为安，抗战军事转败为胜，举其要者：其一，为统一全国币制。其二，为统一各省财政。其三，为维护教育经费。其四，为充实军队饷糈。"他对孔的介绍，有实有虚。

到1933年间，蒋介石和宋子文在财经决策上的分歧越来越大，关键是宋在财政收支上对蒋的干预不满，蒋则对宋的不合作不满，存在的分歧导致蒋介石下决心把宋子文调离财经最高决策岗位，换上驯服、听话、能力不在宋子文之下的孔祥熙。1933年10月，孔出任"行政院副院长、财政部长、中央银行总裁"，宋则改任有职位无财权的"全国经济委员会主席"。说新任财政部长"维护教育经费"与事实有出入，因为拨出的教育经费与所需缺口太大，教育危机从未得到缓解。说新任财政部长统一币制和财政、充实军饷则为事实。

孔祥熙在抗战前主要做了三类工作。第一类是完成、完善宋子文开始的建立现代财经管理体制的工作。其中主要是通过改革全国税收和田赋的征收方式，统一中央财政，有效增加中央财政的收入；依靠国家特权，在中央银行的基础上，利用发行公债入股的手段，不费官方任何经费，半买半抢收购"中国""交通"等一批商办银行，建立起全国的银行网络，成为国家垄断资本的金融基地；通过发行钞票、增加税赋收入、经销公债、举措外债、垄断军火贸易、吞并民族资本等手法，积累资本，使得官僚资本在短时期内迅速膨胀起来。

在建立现代国家财经制度方面，孔祥熙是宋子文提倡的国家预算制和审计制的主要支持者。西方已作为基本财经制度的预算制、审计制，在古老的中国却是新鲜事物，清末起开始借鉴，清廷和北洋统治者唯恐失去财权，谁也不愿真心实施限制自己财权的预算、审计制，蒋介石也不例外。只是南京方面已和世界市场有所联系，不搞"两制"西方以外援实施无保证为名拒绝提供借款。宋子文和孔祥熙一起说服蒋介石实施"两制"。尽管蒋最后同意推行预算制和审计制，可在财政支出的大项、军费支出上坚决拒绝任何审计，所以"两制"无法全部实施。对于蒋介石所为，宋子文是能顶就顶，顶不住就骂；孔祥熙则以和为贵，随蒋所欲。

第二类是币制改革。到20世纪30年代，中国货币的混乱已到了非整顿不可的程度。就流通的货币而言，一是发行渠道多，清廷、北洋政府、国民党政权、地方实力派、大财团和大银行，都可发行货币，如此乱且多的发行渠道古今中外均少见。二是货币种类多，品种繁多是当时中国货币的一大特色，有历史上流行、通用的白银，有中央政府发行的钞票，有地方实力派发行的纸币，有财团和银行发行的代金券。三是民众受害深，由于发行渠道乱，品种多，同一纸币在不同的地区币值不一，不同的钱币在同一地区币值不一，造成流通地区受限制、币值不统一的后果，直接影响到民众的经济活动和日常生活。四是发展经济难，货币不统一和币值不一致，严重影响商品流通，影响民族工业的发展，加重政治经济发展的不平衡。

孔祥熙进行币制改革。就是打算改多渠道发行货币为中央一个渠道发行货币，收回货币发行权，以稳定货币流通、商品市场和发展经济。此外还有其他目的，一是控制白银外流。时值主要资本主义大国陷于世界性的大萧条，纷纷放弃金本位，扩大银本位，引起国际银价上涨，中国白银大量外流，造成国内银根紧缺，民族工业深受其害。同时直接影响到南京政府控制的金融市场涨落走向和财经收支的平衡。统一货币，停止市面上流通白银，将有效阻止白银外流。二是限制外国财团。外国在华的财团和银行，凭着外交特权和经济实力，集中相当的外汇和财力，随时可以操纵中国的白银市场，随地准备冲击中国的货币、金融市场，为解除这一威胁，只有统一货币，增加对白银、外汇及本国货币的控制权。三是通过增加对货币的控制权，增加官僚资本对全国经济活动的控制，从而达到增加南京政府对全国政治、经济控制能力的目的。

国民党统治集团内部最先力主币制改革的是孔祥熙的前任宋子文。1930年1月，时任财政首脑的宋氏，邀请美国经济管理学家甘末尔起草《金本位币制法》，只因蒋介石急于制服党内对手和地方实力派，无暇顾及；官僚资本实力不允许动"币制改革"这一如此大的全国性经济大手术；外国资本集团还未向国民党当局投资，缺少外援。种种限制之下，尽管币改理论推出，但无法变为实践。

1933年3月8日，南京政府实施半相币改，废两改元，停止使用以"两"为单位的白银流通办法，颁布银本位币铸造条例，一律以"一元银币"为货币流通的本位币。这类本身具有价值（基本与币值相等）的货币远没有本身无价值，只是代表价值的纸币方便。

到1935年间，币改条件逐渐成熟。第一，南京政府已成立8年，官僚资本企业和民间企业有了一定程度的发展，经济的发展呼唤统一的市场，统一市场的必备条件是统一货币。杂乱的货币已无法适应市场和经济的需要，工商业的发展又为币制改革、取消杂币、发行新币提供了经济基础。第二，蒋介石集团的统治地位出现强化趋势，政敌和军阀们或多或少地接受南京政府的领导，政治权力的稳定为推行全国性的币改提供了政治保证。第三，经过对蒋记统治集团8年的考察，西方大国对中国统治者的认识深化，开始把蒋介石当作合作的好伙伴，以获取在华更多的经济利益和政治特权。见诸行动就是竞相在中国投资、输出资本。其中对中国的币改分外热心，美国以美元、英国以英镑、日本以日元，均表示愿意以此支助南京政府即将进行的币制改革,并欢迎中国加入他们各自的货币体系。

如果币改的客观条件已经具备,币改本身还需要金、银及硬通货为后盾,或者有足够的商品储备以对付因发行新币所引起的市场混乱。问题是这两条南京政府无法满足,孔祥熙和宋子文无法解决,只有向外国求援,借贷外汇作为发行新货币的保证金。

西方美英日三国对向华提供新币保证金反应热烈,竞争激烈。中国币改是西方大国扩大进入对华市场的好机会,只需向南京政府提供少量贷款作为币改基金,即能趁机控制中方的财经命脉,影响中国货币的发行,可谓是小本大利。最后英国捷足先登,1935年9月,伦敦方面委派财政部经济顾问李兹罗斯来华,建议中国方面在英镑支持下实行币制改革,英方提供1000万英镑。孔祥熙直接接受李代表的建议,为防不测,孔部长派出考察团前往东京和华盛顿,通报南京政府的币改情况。早在1934年10月,南京决策阶层已同意财政部的币改计划,并成立"币制研究委员会"。李兹罗斯来华后,由宋子文出面在上海召集工商界名流举行座谈,研究币改方案及可行性,会上反对的人不多,大部持赞成态度。1935年11月4日为发行法币而成立"发行准备委员会",由孔祥熙任主席,宋子文、陈光甫等为常委,"发准会"实际上成为币改领导、执行机构。

当天,财政部公布由孔祥熙签署的关于币制改革的6项紧急处分令。规定"(一)自本年11月4日起,以中央、中国、交通三银行所发行之钞票定为法币。所有完粮纳税及一切公私款项之收付,概以法币为限,不得行使现金(指本身具有价值的货币,如黄金、白银),违者全部没收,以防白银之偷漏。如有故存隐匿,意图偷漏者,应准照危害民国紧急治罪法处治。

"(二)中央、中国、交通三银行以外,曾经财政部核发行之银行钞票,现在流通者,准其照常行使。其发行数额,即以截至11月3日止流通总额为限,不得增发。由财政部限期逐渐以中央钞票换回,并流通总额之法定准备金,连同已印发未发之新钞,及已经收回之旧钞,悉数交由发行准备管理委员会保管。其核准印制中之新钞,并俟印就时一并照交保管。

"(三)法币准备金保管及其发行收换事宜,设发行准备管理委员会办理,以昭确实而固信用。其委员会章程另案公布。

"(四)凡银钱行号商店及其他公私机关或个人,持有金本位币或其他金币生金等金类者，应自 11 月 4 日起，交由发行准备管理委员会，或其指定银行兑换法币。除金本位币，按照面额兑换。

"（五）苟有以金币为位订立之契约，应各照原定数额，于到期日概以法币结算收付之。

"（六）为使法币对外汇价按照目前价格稳定起见，应由中央、中国、交通银行无限制买卖外汇。

"以上办法，实为复兴经济之要图，并非运用财政为目的"。

紧急处分令宣布，本身包含价值、等于价值的金银及非法币等钱钞一律停止流通，本身无价值但所代表的币值有含金量的纸法币为全国流通的唯一货币，法币发行者为中央、中国、交通三大银行（后又加入农民银行）。在南京政府的 22 年历史中，在重大经济决策上，只有 1935 年的币制改革最为成功。

币改的顺利进行是由多方因素所促成：南京政府和孔祥熙、宋子文准备充分，不像 1948 年第二次币改时那样匆忙上阵；迎合了民众盼望的结束清末以来货币混乱局面、发行全国统一货币的心理需求，不像第二次币改时那样违背人民的意志；法币兑换旧币时比率适度，兑换过程平稳，没有因新、旧币兑换比率不当引起贫富变化，不像第二次币改时那样金圆券比值太高，多少人家因旧币（法币）币值压得过低而沦为赤贫；币制改革选在 22 年间经济形势最好的时机进行，不像第二次币改选在经济崩溃的恶劣环境下进行。是故发行法币几乎是在无内外压力下完成。论孔祥熙的决策能力，要数"币改"一事上发挥得最好。

首次币制改革，发行法币，基本实现了蒋介石、孔祥熙、宋子文所预想的目标。通过币改，大大增强官僚资本的实力。"中、中、交、农"四大银行负责发行法币，把原来分散、混乱的货币发行权控制到南京政府手中。财权实行中央集权统治使得多少家民办、商办的地方银行和地方实力派发行的钞票，一夜之间取消流通权利，成为四大银行的附庸，永远失去了同垄断资本、银行抗争的能力。

通过币改，国家财路由官僚资本控制，民办、地方银行和地方实力派不再拥有货币发行权、储备权，仅存的营业权，使得地方当局无法再闹财政独立，大大增强南京政府的政治控制权，有利于蒋介石对全国的统治。蒋介石上台后，为取消地方军阀割据、扫除各省的半独立状态，有过许多决策和行动，恐怕最有效举措之一就是统一货币。

币改客观上有利于经济的发展。统一货币的出现可以加快商品流通，扩大经济活动范围，促进全国的物资交流。币改刺激了工商业的发展，实业界人士增加投资，中国的经济建设出现了继洋务运动、第一次世界大战期间及之后的第三次经济建设潮动。如果没有日寇全面侵华战争的爆发，宋子文、孔祥熙在财经管理、经济建设上有可能取得更多的成果。

币制改革也有令蒋介石、孔祥熙、宋子文失望的地方。

一是人们对新法币还有一个认识、接受的过程，在此过程中，容易引起部分物价上涨。虽说此次物价上涨的面和幅度都没到发生危机的水准，却给法币带来不好的预兆。法币一出台就遇到币值不稳的问题，在以后法币存在的13年中，币值一直保持下滑趋势，并且贬值的幅度越来越大，最终酿成巨祸，法币破产。

二是法币的优势还没发挥出来，就被国民党当局的官僚习气、管理水平低下、管理队伍腐败所扼杀，也被时隔不久的抗战所扼杀。到抗战中后期，法币名声、币值同步下跌；抗战结束前后，法币进入全面危机；第二次币改时，法币已名誉扫地，币值跌至最低点。

三是法币作为全国性货币的功能大打折扣。因为蒋介石事实上从未统一过全国，除人民军队建立的根据地、解放区外，即使在国民党统治区也不完整，山西、广西及西北、西南的实力派从未完全臣服于南京政府，拥兵割据，分庭抗礼。政治割据为经济自保提供可能，地方实力派不敢公开取消法币，却敢发行当地的补充代用券，以削弱法币在当地的影响。

四是法币有利于蒋介石及南京政府的政治统治，同时，由于蒋、孔、宋顽固反共，不顾国计民生，崇洋媚外，使得法币的效能受到严重影响，币值一贬再贬，给民众带来无尽的灾难。经济上出现的险情，又反作用于蒋介石、孔祥熙、宋子文的政治统治，国民党政权并未因为发行法币而过多地延长政治生命。

五是币制改革后，西方列强并未停止在中国货币体系上的争夺。美国、日本等国不甘心于英国在华取得的成功，联袂向中、英双方施加压力，停止在伦敦和一些国际金融市场收购中国白银，人为制造白银价格下跌，动摇中国的法币地位。英国财力有限，无力再提供更多的贷款，以维持中国白银和法币的稳定。南京政府不得不向华盛顿求援。1936年5月，国民党政府和美国政府签订"中美白银协定"，同意用中国白银换取美元，增加法币的保证金，法币也由英镑集团转向美元货币体系。日本更是卑鄙，以此作为借口，扩大在华北地区的侵略。

法币发行是中国现代经济史上的一项重大事件，只是由于南京政府不顾人民利益，横征暴敛，搜刮无度；对统治集团内部是高薪蓄贪、中饱私囊，致使法币只存在短短的13年。法币如此短命，不是"13"这一所谓不吉利的数字带来的霉运，带来不吉利的是反人民的政府及统治集团。

启动经建

孔祥熙在抗战前做的第三类工作是进行经济建设。蒋介石上台时，经济方面确是一副烂摊子。现代工业、科学技术落后暂且不论，仅拿国民党国都论，南京城虽为六朝古都，近代也是太平天国、中华民国临时政府所在地，可数百年间还无长期政权在此城存在过，作为现代国都缺乏相应的条件。从一个政权所需的财力、实力来说，蒋介石统治集团更为不足，可以说是一穷二白，百业待兴。如果他站在人民的立场上，减轻民众沉重的政治压力和经济负担，解放生产力，筹措包括外资在内的各种资金，发展生产，增加财政收入，和平建国，倒也不失为高明之举。

事实不是这样，宋子文、孔祥熙等财经决策者站在国家垄断资本的立场上，建立现代国家财经管理体制时的基点是掠夺人民，无视民生，穷兵黩武，热心内战，维持南京政府的生存和维持庞大军费成为财政开支的主要部分，经济建设成为被遗忘的角落。直到1934年才把经建费用单列，当年是5000万元，1935年是6000万元，1936年是9600万元，1937年上升到4.9亿元。经建费用分别是当年财经支出的1/6、1/4、1/3、1.2倍。

经建费用的增加，一是与当时财政收入增加有关，从1934年到1937年，财政收入分别是9.18亿元、9.57亿元、9.90亿元、15.11亿元；二是与蒋介石政府"反共"军事行动的规模缩小有关，从1935年到西安事变间，军事"剿共"的程度、次数、出动兵力数远不如1931年到1934年间的行动；三是蒋介石政府也感觉到经建的好处，新兴工程项目直接受益者是国家垄断资本及背后的蒋介石统治集团。在此背景下，南京政府进行了一些经济建设。在孔祥熙、宋子文的主持下，于1932年通过"实业部4年计划"，1936年通过资源委员会制订的"3年计划"，同年国民党中央又通过"经济建设5年计划"。

孔祥熙接任财政部长至"七七事变"的几年间，关心、决定、主持的经济建设项目主要有发展实业、复兴农业、交通建设、兴修水利等。就南京政府有限的经济建设而言，以上4项却也抓到实处，可谓是旧中国基础中的基础。孔部长虽说缺乏有效统筹全国经济的能力，但在南京中央政府大政方针确定后，还是能够分清轻重缓急，突出重点，取得令蒋记集团内部喝彩的成就。

这也是孔祥熙高于宋子文的地方，宋氏主持南京政府财政的6年间，机械照搬西方经济法则，始终强调币值和物价稳定，而这在政治黑暗、战乱不止、百姓贫穷的社会背景下，又在宋子文、孔祥熙亲定的民难富国难强的经济政策下，不可能实现"币值和物价双稳定"。因为宋子文照搬西方经济法则，所以在充满东方人际特色和无视经济规律的南京官场，他的言论、主张无人支持；因为他在无实现可能的前提下，强调币值稳定，控制货币发行量，干预蒋介石的军费开支，最后难免和蒋介石、军中强人发生冲突。为实现"双稳定"和减少冲突，宋子文为紧缩开支，只有停止经济建设。

孔祥熙则不然。他成功地把西方经济法则加入东方特色，即经济规律与行政命令相结合，始终让经济法则服从于蒋介石的政治反共、军事"剿共"的基本路线。因为服从蒋介石的安排，所以把持财政大权达12年之久（是宋子文的2倍）；因为不忘经济法则，所以也进行过一些大的调整和基本建设。

开发实业

发展实业是孔祥熙经济建设战略中的重头戏。就工商业而言，他是重官僚资本的"官"营企业，轻民族工商业。"蒋家王朝"开业后，基本上没有"国营、党营"企业，宋子文、孔祥熙是利用特权，白手起家，建起一批骨干企业。在"国营""党营"实业中，孔祥熙根据蒋介石的反共基本国策，优先考虑的是"国防经济"，以国家资助的形式，支持为数不多的军火工业和战略物资生产部门。虽说这些部门极少赚取利润，可直接为镇压民众、进行"剿共"内战服务，当然也为全面抗战出过力。

孔祥熙代表官方创办的民用工业实体，有不少来路不正，并非兴办而是吞并而来。国民党政权管理工业的机构之一资源委员会，抗战前开办了11个厂矿，其中吞并或用其他手段整来的有8个。另一管理工业的机构实业部，也以没收北洋政府官股、控制企业债权、强行投资和改组等方式，兼并民族工商业。除此之外，孔祥熙也建立起一些世界先进国家已经普及但旧中国刚刚萌芽的新兴工业、交通运输部门。到1935年，原本无一厂一矿一店的官僚资本所拥有的经济实体总资本已占全国工业资本的10%，当年"国营、党营"企业盈余上交达4000万元，1936年是4100万元，分别占同年赋税收入的7%强。

如何看待此类企业，以往议论颇多。一是彻底否定和外国资本的合作，批判其买办性。事实上借用外国的先进技术、资金、设备、管理制度、人才，是落后国家和地区、行业、厂矿迅速提高技术、效益的捷径，从经济发展的角度讲是允许的。当然蒋介石、孔祥熙等在同外国的合作中，牺牲国家的经济利益、政治主权，低价出售稀有金属原料等初级产品和战略物资，这是应该反对的。

二是"国营、党营"企业所具有的垄断性。作为军工企业、合资企业和新兴工业部门，给予一些经营特权是必要的，以利其立足、生长、发展。当然在向这些部门、企业倾斜的同时，对还不发达、比较落后的民族工商业也应该采取扶持态度。可蒋介石、孔祥熙等人，把对"国营、党营"企业提供必要的特权上升为对该项生产技术、产品销售的垄断权，对应该扶持的民族工商业却采取限制、压制的态度，这是应该谴责的。

三是"国营、党营"企业管理不善，亏损经营。公营企业亏损，并非国民党所特有，并非孔祥熙发明。洋务运动时就是常见病，即使在西方发达国家中国有企业亏损也是多发病，国民党的公营企业运行机制不畅通，亏损更是终身病，这是应该批判的。

四是孔祥熙主管经济，本应从全国大局出发，出自公心，为提升国家的经济实力和人民大众的生活而制定相应的、有效的政策。可这位孔部长并非如此，不专心为国却专心为家，利用掌握统筹全国财经的特权，抓住机会发展孔家公司和企业，照顾发展四大家族的各大财团，这也是应该否定的。

复兴农业

中国作为一个农业大国，农民占总人口的大多数，任何中国问题的解决都以解决农民问题为大前提。蒋介石、孔祥熙看到这一点也在发展农业方面做过一些事情，较之其他基建项目来，其投资数额大一些规模广一点，只是收益不大。蒋、孔"复兴农业"，主要是由官方出面，发放农贷，设立农村服务区，组织乡村互助社、合作社在一些地区进行新技术、良种试验，改良农业；并在各县没立示范农场，推广良种，组织农业团体，倡导垦荒、造林、修堤；推行农村教育，设立民众学校，成立少年服务团、互助读书团，改善卫生设施和医疗条件；发展副业生产。

"复兴农业"的种种措施，大都为治标不治本的热闹文章、有始无终、虎头蛇尾之举，并非收到什么社会效益和经济效益。中国农村落后不是因为设立农村服务区、推广优良品种不够，关键是半封建半殖民式的剥削的存在，关键是连年不断的内战。

如果不改变占人口80%以上的农民无地少地这一不合理状况，又如何调动农民积极性？组织什么农民服务区、青年励志团、互助读书团？农民们连生存的条件都没有，又如何改良农业、推广新技术和良种？只要半封建半殖民式的剥削依然存在，农民经济上就谈不上翻身，因而政治上也就谈不上解放。"复兴农业"的政策，舍本求末，绕开本质问题，不谈土地问题的根本解决办法，大谈特谈土地的耕种方法，没有任何实际意义。只要没有实行孙中山"耕者有其田"的政策，"耕者种好田"谈得再多也是空话。

说到底，蒋介石、孔祥熙寄希望于改良方式，解决农民问题，解决土地问题。此种做法，在当时无推行的可能，维持剥削制度的蒋、孔本人也不会真正接受这一"社会变革方式"。果然如此，时隔不久，"复兴农业"成为历史。

交通建设

当近、现代人们谈论中国的落后时，说到的原因不少，其中之一是"交通"。到20世纪初，当西方普遍进入火车、汽车、轮船为代表、与大机器工业相适应的交通时代时，中国的清政府和北洋政府还在把漕运、畜力作为主要运输方式。中国经济落后造成交通设施的落后，而落后的交通事业又阻碍了经济发展。在美国留学和生活过数年又作为中国现代经济管理体制创始人和力行者的孔祥熙看到此点，在他主持下，南京政府也搞过一些交通建设项目，使得中国的交通运输水平摆脱了清末民初的与农业经济相适应的落后状态，开始步入现代交通之门。南京政府成立后的前10年，也就交通建设成就为大。

其中铁路建设。新线建成7500余公里，主要有陇海线上灵宝至宝鸡段、大浦至连云港段，连云港至宝鸡这中国第一条横贯大铁路全线通车；平汉线完成最后一段株洲至韶关段，北平至广州这中国第一条南北大铁路（长江隔开）通车；完成杭州至江西南昌的浙赣线；完成淮南至裕溪口的淮南铁路；完成铜陵至南京、杭州至曹娥等江南铁路，并建成钱塘江大桥；完成衡阳至柳州、贵州都匀这第一条深入大西南的湘桂黔铁路。

其中公路建设。1928年南京政府制订全国公路计划，提出以兰州为公路中心，建设国道、省道、县道三种等级公路4.16万公里，以后就筹措资金，实施公路计划，孔祥熙是持积极态度的。到全面抗战爆发时，在交通极其落后的大西北完成的公路干线有兰州至西安、汉口，兰州至新疆，绥远至新疆，绥远至山西等。第二个重点公路网则是以四川为中心，把四川与沿川各省加以联络，修筑川青、川康、川滇、川黔、川鄂、川陕、川甘等线。第三个重点公路网是在东部地区的苏、皖、浙、赣及中原腹地的鄂、湘、豫等省。

其中航运方面。南京政府颁布了航政法规，设立上海、汉口、天津3航政局，修建连云港和葫芦岛港，扩大航运业务。在现代交通运输系统中，最先推行和发展起来的是轮船和航运。中国也是这样，现存于世的轮船招商局创办于洋务运动初期。南京政府一成立，在航运方面所做的第一件事，就是整顿航运大户招商局。在旧中国的交通运输业中，航运业和铁路业一样，要好于航空和公路运输业，承担起主要的客货运输任务。

其中航空建设。到20世纪30年代，航空业在世界上已经进入一个新时期，飞机和飞行技术已摆脱原始期和初级阶段，进入实用期和提高期。中国的航空业出现在20世纪初，初具规模是在南京政府成立以后。孔祥熙对空军和航空分外感兴趣，同时关注航空事业的还有其小姨子——蒋介石夫人宋美龄。在孔祥熙、宋美龄的鼓动和支持下，航空部门的经费得到保证，技术、规模有所发展。1930年，南京政府和美国方面合资组建中国航空公司，与法国方面合资组建欧亚航空公司，此外还有处于半独立状态的两广政府开办的西南航空公司。开辟的航线有上海至北平、成都、广州、新疆塔城；兰州至包头；成都至西安、昆明等国内航线，重庆至香港；昆明至仰光、河内、印度；广州至河内等国际航线。由于当时航空技术不高，容易普及和达标，所以中国的航空业与世界航空业的距离不太大，距离大的是中国飞机制造业几乎是零。

交通建设可以说是南京政府在经济建设方面成就最大的行业，它的成功有其独到的原因，因为交通直接为蒋介石的军事"剿共"政策服务，铁路、公路除了可以运兵运武器外，还可以作为"围剿"、分割根据地的封锁线，有助于蒋介石统一政令和军令，加强对全国的控制，当然受到南京政府的重视。从客观上讲，20世纪30年代的交通建设促进了经济交流和发展，并奠定基本交通格局。

水利建设

南京政府先后成立"导淮委员会、广东治河委员会、黄河水利委员会、扬子江水利委员会、华北水利委员会"，负责海河、黄河、淮河、长江、珠江五大水系的治理。对中国来说，涝旱无常，水利建设可以说是有关国计民生的要务，孔祥熙想到想做但没做好。10年（1927年至1937年）间，南京政府的4大经济建设工作中，完成最差的就是"水利建设"。

在黄河、淮河、长江等河流上，国民党政权确实进行过一些治理工程：如在淮河上修建邵阳、淮阴、刘老涧、三河等船闸和活动坝，控制洪水和调节流量；如在黄河流经河南、山东等地段加固河堤。由于孔祥熙没有提供足够的财力，水利工程收效不大。影响水利建设的因素很多，一是急需完成的工程项目不少，立项上马的工程很少；二是上马工程质量不高，有些工程完工当年就毁于洪水；三是负责工程的官员克扣粮款，欺负民工；四是治理河流的上上下下各级官吏，缺少为民造福、变水害为水利的信念。话又得说回来，中国现代水利治理并非易事，需要几代人的努力。

孔祥熙在1933年至1937年间主要进行的经济建设活动，论成败得失，"成"则成在南京政府的经济建设或多或少促进了全国经济的发展和层次的提升，使得中国的经济和技术开始摆脱封建狭隘、落后的手工作坊状态，进入大机器工业阶段。"败"则败在畸形发展，缺少基础设施，能源、通信、机床、重工、化工、机械、汽车、飞机、机车、造船等主要工业部门均无核心技术和规模级企业；引进技术不注意消化吸收，买进的汽车、飞机、军舰、坦克到1949年依然全是外国货。说到底蒋介石始终没有把经济建设作为中心任务，缺少发展国民经济的总体规划。"得"则得在孔祥熙的"经建"增加综合国力，"七七事变"前有利于巩固蒋介石的统治，全面抗战开始后有利于对日作战。"失"则失在国民党政权并非为人民着想，所以已经建成项目的优势没有得到很好发挥，人民大众没有得到实惠，民众无权、贫穷、落后的状况没有得到根本改变。蒋介石、孔祥熙最大的失误就在此。

孔祥熙任职行政院副院长、财政部长、中央银行总裁的前4年间，除本职工作外，还有两次重大政务活动。一是西安事变中力阻讨伐派，二是出使欧美。

观察西安

1936年12月12日，蒋介石被扣西安的消息传到南京后，国民党中央常委会、中央政治会议立即召开紧急会议，商讨如何解决事变。会议的基调就是严惩西安张学良、杨虎城拘禁领袖的犯上行为，组织讨伐军，向陕西进军，迫使张、杨释放领袖。

面对何应钦、戴季陶等"讨伐派"的强硬态度和主张，参加会议的宋子文、孔祥熙等人无力回天，另谋解决渠道。会议一结束，孔祥熙立即赶到上海，向宋美龄通报事变消息和会议结果。宋美龄回到南京，与宋子文、孔祥熙及冯玉祥等一起，要求谈判解决事变，停止任何军事行动。

双方争论的主要问题有：关于蒋介石的安全问题。孔祥熙等"主和派"认为，对西安的任何军事行动都将危及蒋介石的生命，蒋介石有可能被南京方面的飞机炸死，有可能被"叛军"认为和平解决事变无望而处死。谈判虽说是向张学良、杨虎城变相屈服，失掉中央政府的威望，却可保住蒋某的身家性命。讨伐派认为，中央政府不能不对将军们、实力派的拥兵割据、作乱行为采取行动，讨伐是为维护蒋介石的元首地位而战。如果一国之君被扣，无一兵一卒勤王平叛，那么蒋介石、中央政府威信何存？在军事高压下，张、杨不会孤注一掷，不会放弃和平解决事变的努力。故讨伐是既能争回中央政府应有声誉，又能救驾回宁。因此，在讨伐派的坚持下，3天后南京方面宣布讨伐令，组织大军从东、西两端向西安集结。身为行政院副院长、主持行政院工作的孔祥熙反对未果。

双方争论的另一问题是：关于宋美龄去西安问题。孔祥熙等人主张宋女士亲自赴西安与张学良、杨虎城谈判，以利于事变解决。讨伐派反对，认为宋飞陕只会使得西安方面又多一个重要人质，对南京方面更为不利。双方互不让步，宋美龄飞陕时已是12月22日。在她之前，南京方面已派出端纳、宋子文等人先后飞西安探听虚实。张学良、杨虎城两将军及中共代表团，真心实意就停止内战、一致抗日及如何遣送蒋介石回京问题，准备与南京政府的高级代表会谈，这是宋子文、宋美龄兄妹先后飞西安的背景。

考察孔祥熙在事变解决过程中所起的作用，有两个问题需要提出来。一是关于讨伐派对待蒋介石的态度问题。长期以来，认为讨伐派是要乘西安事变之机借刀杀蒋、何应钦等取蒋代之，此种观点不敢苟同。当时蒋介石的领导地位已经确立，国民党上层还没有可以取代蒋的人，直到他病逝，取代者也是其长子。

讨伐派骨干不会没有考虑：他们之中谁也没有足够的资格和威望来代替蒋委员长。即使委员长果真死于西安，出来掌握国民党和南京政府的还是四大家族成员或四大家族欣赏的人物，讨伐派中谁也上不了台，恐怕还要被追究间接杀害"领袖"之罪。其次，时值华北事变1周年，民族危机日重，讨伐派不敢冒天下之大不韪，悍然挑起新内战。他们的本意是勤王助君，以战逼和，迫使张学良、杨虎城向中央让步，礼送蒋介石返宁。如果讨伐派存心讨伐，恐怕非孔祥熙等主和派所能阻止。没有正式发动军事进攻，并非蒋介石、宋美龄、宋子文、孔祥熙的功劳，而是所面临的亡国亡种的危险，而是中国共产党人和平解决事变、一致停战抗日的政治主张，引导事变向好的方面演变，使之成为第二次国共合作的起点。

再则，讨伐派深知国民党上层的势力分配，蒋介石和孔祥熙、宋子文、陈果夫、陈立夫等四大家族成员及黄埔系、CC系、政学系、亲英美系已建立起牢固的权力基础和结构，讨伐派成员根本无法打破这一"升官网"。当时有无蒋介石并不重要，重要的是蒋介石多年来建立的关系网，不会容忍别人来插手。假如真是有人来抢当领袖、取代蒋介石，蒋家班会筑起联合防线，一致对外。讨伐派政治上并不幼稚，怎会提出以战逼战、借刀杀蒋的主张？从西安事变以后的历史看，孔祥熙、宋美龄、宋子文，包括蒋介石本人，从未谴责过讨伐派，从未谈及讨伐派所谓的弑君阴谋；以后讨伐派骨干的官职普遍越来越高，主和派骨干却没有人人为蒋介石所重用。

讨伐派如果真是"弑君"，恐怕作为"君"的蒋介石不会采取如此对策。

二是孔祥熙不去西安问题。西安事变发生，南京方面急于派出有相当级别的代表飞陕了解情况，成行的是全国经济委员会主席、中央执行委员、中国银行董事长宋子文。在这一场政治事件中，同为蒋介石至亲的孔祥熙似乎比宋子文更有代表性。孔为中执委、财政部长、行政院副院长，从名义上讲更有权威性。再说他和蒋介石的关系比蒋宋关系好，与张学良、杨虎城的关系比张杨与宋的关系好，说话更有认同感。

可他没有前往，这与1927年8月、1931年底蒋介石两次下野时为蒋复出四处活动的习惯做法不相符。孔某不飞西安，有合适理由：行政院长蒋介石被扣，作为副院长的孔需主持院务无法远行飞陕。事实上，孔副院长有自己的考虑：如去西安，肯定要与中共代表团及张学良、杨虎城将军会谈，并达成某些协议，可是这一谈判和协议蒋介石、南京方面承认不承认？蒋介石在解决事变过程中，肯定会做出某些承诺，谁又能保证蒋某以后不变卦？届时作为在蒋委员长身边见证人的孔祥熙又如何向历史交代？

看来山西出身的孔祥熙要比上海出身的宋子文更了解蒋介石，孔副院长宁愿留在南京和讨伐派周旋，也不愿去陕西。宋子文赴西安的结果正如孔祥熙所料，整个谈判期间，蒋介石委托宋子文、宋美龄兄妹出面会谈，这为以后修改、背弃协议埋下伏笔。只因全面抗战爆发，蒋介石无法从西安事变的和平协议中后退，可关于保障兵谏领导人安全的承诺，却为回南京后的蒋委员长所推翻，官方对张学良、杨虎城等将领的迫害，给当时在西安作为证明人的宋子文带来很大的难堪。

在整个事变过程中，蒋介石扣于西安，南京城内乱作一团，群龙争雄。宋子文、宋美龄等忙于营救本来就没有生命危险的蒋介石，南京官场实由孔祥熙负责，在制衡讨伐派时起过不小的作用。如果没有孔祥熙，国民党上层讨伐派的势力可能更大。当然，孔副院长劝阻讨伐派并不全是为了防止新的内战发生，主要是为了蒋介石的安全。

在当时条件下，只要蒋介石同意放弃反共内战政策，同意"六项口头协议"，生命绝对有保障。而在日寇的步步进逼下，全国人民纷纷要求抗日；张、杨二将军大义凛然，兵谏促蒋抗日；中共代表团提出"拥蒋抗日"，三条之下蒋介石接受停战、抗日主张是有可能的。既然这样，蒋介石本身就无生命危险之说，孔祥熙、宋美龄多虑也。

蒋介石的生命危险不存在，可内战的危险依然存在。如果讨伐军向西安方面发动军事进攻，东北军和17路军进行自卫反击不是没有可能，双方冲突发展为局部内战不是没有可能。这一局面只会干扰抗日大方向，削弱抗日力量，讨伐派只思"勤王"，几乎危及抗日大事，影响救亡。孔祥熙为保护蒋介石的生命安全，极力抑制讨伐派，避免南京、西安间发生直接冲突，客观上配合了中国共产党方面提出的和平解决事变方针的贯彻落实。

平衡预算

南京政府对欧美外交，一向由宋孔集团控制，不容他人染指，出使欧美的使节都是宋、孔夹袋人物。主持对欧美外交的是宋美龄、宋子文，孔祥熙是协助督导。

"一·二八淞沪抗战"以后不久，孔祥熙作为特使，第一次代表南京政府去欧美考察实业。名为考察工商业，实是采办军火，其中最大的一笔是向德国购买价值2500万美元的武器。在意大利考察期间，与夫人宋霭龄、长子孔令侃一起受到墨索里尼的接见。这位法西斯头目细心传教，建议中国加强军事实力应从发展空军入手，并表示愿意提供援助，帮助中方在洛阳筹建飞行学校，在南昌筹建菲亚特飞机总装厂。

孔祥熙自此和蒋夫人宋美龄一起成为空军的热心支持者，主要贡献是提供充足经费。国民党空军原来有名无实，只有几架飞机而已。孔部长在组建民航的同时，花费相当大的力量扩充空军。其中一次就从美国争取到4000万美元的航空借款，用于购买飞机、部件和相应设备。仅在1936年间，一次性向美国赖特公司购买120架飞机，这一军事合同是南京政府成立以来最大的一笔单项武器交易。为给空军寻找资金，财政部强行推行"救国飞机捐"，为蒋介石"献机祝寿"，这些名为"献"实为"征"来的钱，也变成了军用飞机。到全面抗战爆发时，国民党空军已经具备一定的作战实力。

1932年8月31日，原军政部杭州笕桥航空学校正式易名中央航空学校，蒋介石兼校长，航空署署长葛敬恩代校长，毛邦初副校长。航校从此发展很快，成为"空军的黄埔"和空军指挥员、飞行员及技术人才的摇篮。航校所需经费，孔祥熙百般照顾。可以说国民党空军如果没有孔副院长的关照，将会大受影响。

1937年3月20日，孔祥熙第二次出使欧美，赴伦敦参加5月12日举行的英皇乔治六世加冕典礼。孔部长一生外交活动中，只有此次最为辉煌。在加冕仪式上，英国外交大臣艾登称孔为"统一中国财政、整理中国税制、改革中国通货、恢复中国实际信誉，平衡中国政府预算"的"伟大理财家"。不知英皇听后有何感想。

说孔祥熙"统一中国财政"，此话不假。南京政府成立后，无论是扩大官僚资本，还是建立现代国家财经管理体制，加强中央财政，孔祥熙、宋子文为此做过许多努力。但是财政是"统"起来了，可没有达到"一致"。地方实力派割据称雄，谈不上向中央政府上缴财政；上缴财政的省份，欺上瞒下，贪污浪费，十交九不足。"统一中国财政"，孔祥熙只是做到表面"统一"，蒋介石做不到真正的军政统一，孔祥熙也做不到真正的财政统一。

"整理中国税制"，此话不假。在孔祥熙、宋子文的主持下，南京政府在税制上采取3大措施：取消厘金、提高税额、加强税收工作。3项措施在实行力度与所取得的效果方面存在差异。其一，"取消厘金"不彻底。盛行中国千年、严重阻碍商品流通、为工商界所深恶痛绝的厘金取消，是中国税制史上的一大改革。可取消厘金不彻底，名消实存，新设立的统税和厘金并存。其二，"提高税额"卓有成效。1933年至1937年间，财政部下令裁免7100余税种，可税额没有减少，税收大为增加。税收增加，工商实业界深受其害，最后又转嫁到人民大众身上。田赋也是赋种减少赋额大增。民众的税务负担远高于北洋时期。其三，"加强税收工作"为孔祥熙所看重。为从民间获得更多税款，孔、宋采取强化税收机构、增加税务人员、组织税警队、巧立税收名目、实行预征制、田赋折实等方式、手段，搜括人民。在孔祥熙的所有财经事务中，"加强税收工作"是最受重视的。"整顿中国税制"，孔只做了有利于官僚资本的事情，没有做有利于人民大众的事情。

"改革中国通货"，此话不假。财政部长、中央银行总裁孔祥熙为结束自春秋战国后就开始的货币混乱状态，先是废两改元，再是发行法币。可就改革通货而言，改革币制易，保持币值难。而货币的生命力和声誉，改变形式有必要，而更多是靠币值多少来保持。孔祥熙只做了"统一货币"的工作，没有做保持币值和购买力的事情。

"恢复中国实际信誉"，此话则有不实之处。孔、宋主持财经工作后，南京政府的性质没有改变，中国半殖民地半封建社会的性质没有改变。在国际地位方面，南京政府比起数家分晋的北洋政府来，因有一个全国性的政府，权威和效率也高于清末民初。在西方人的眼中，蒋介石统治集团能够得到认同和承认，但是在世界政治舞台上，中国没有什么发言权和决策权。说孔祥熙"恢复中国实际信誉"，只有一个证明，那就是孔、宋等辈能从西方借到钱。孔、宋用中国的初级产品和农副特产作为还外债物资，恢复了"中国的债务信誉"。因此在"恢复中国实际信誉"方面，孔祥熙只做了有助于增加南京政府统治实力（举措外债）的事情，没有做有助于提高国际地位的事情。

"平衡中国政府预算"，此话不假。财政部长孔祥熙深知"预算、收支平衡"是国家财经制度和管理中的核心问题，前任宋子文曾极力想实现收支平衡，孔为此也进行过努力，遗憾的是目标均未达到。孔部长只是做到尽量保证南京政府的财政开支，可没法保证法币的币值，他的"收支平衡"是建立在通货膨胀、物价上升、生产和市场萎缩、民众生活痛苦之上的。话又得说回来，南京政府的收支实际上一直没有真正实现平衡，造成这一"不平衡"结果的不是孔祥熙、宋子文，而是蒋介石，是蒋介石的反共内战政策，是"围剿"红军所需的巨额军费。宋子文还曾就军费支出向蒋介石提出质询，可孔祥熙却是百依百顺，实报实销。蒋介石之所以能够让中央红军被迫退出根据地及镇压抗日力量、民主爱国力量，与孔部长财政上提供所需军费有很大关系。需要提出的是，从国民党方面公开发表的财政收支、审计报告看，收支基本相抵，不实之处在于蒋介石已把军费列为特别支出。1931年至1935年间，每年军费造成的实际赤字超过财政收入的十分之一强。"平衡中国政府预算"，孔祥熙只是做了满足蒋介石军费开支的事情，没有做平衡预算的事情。

艾登称孔祥熙为"伟大的理财家"，则是外国人的热烈、轻率和善于辞令所致。孔为中国现代财经管理史上的一位重要人物，可以说超过了清末、北洋时期的同行，到国民党败退大陆，南京政府内部也没出现超越孔祥熙、宋子文的财经管理专家。从洋务运动到南京政府被推翻，站在管理国家财政的角度讲，两人也是有为之士。但是，说孔是"伟大的理财家"则不合适。从国家管理高度讲，孔祥熙跟着蒋介石坚持反共政策等且不论，就论财经方面，孔祥熙缺乏领导大国又是穷国经济的能力。如果作为一个实业家、银行家，肯定是一个理财好手和致富专家，可管理南京政府，有着旧时晋商的精明、做生意的技巧、暴发户的心态，但管理一国财富应有的政治觉悟、职业道德和管理水平不足。

蒋介石重用孔祥熙，除因为将财权交给别人不放心外，没有更合格的经济人才、不重视经济建设也是主要原因。蒋治国策中深受"有枪就有权"旧时社会政治理论的影响，对军队最为关心，对党政也不放松，可忽视经济。尽管他本人、四大家族、国民党军队、南京政府谁也无法离开经济而生存，蒋介石却同大多数中国封建时期的君王一样，从没把经济放到首位。不重视经济，当然不会注重经济管理人才；不重视经济，只重视财权，当然只注意掌权人的"德"，是否是"人才"则不重要。

说孔祥熙为国民党的理财家，不是不可，可说是"伟大的理财家"，则与事实不符。英国外交大臣的捧场，带来的好处是有助于中国特使的外交活动。英国访问结束后，孔特使又去意大利、德国、法国、美国等8国活动。他还在欧洲时，"七七事变"爆发，按照蒋介石的指示，向所到国家的政府和民众揭露日本帝国主义的侵略阴谋，谴责侵略者屠杀妇女、儿童及老人、抢劫民间财产的罪行，呼吁世界各国的有识之士支持正在进行艰苦作战的中国人民。特使的活动获得积极的结果，抗战第1年中国政府就收到4笔贷款，总计4亿法郎、4700磅。

四、部署抗战

孔祥熙主持全国财政的前4年间，无经济风云，无危机恶浪，可以说是中国在半殖民地半封建阶段中经济形势最好的时期，经济呈上升趋势，物价升幅不大，法币币值下落有限。与之相适应的是国内政治、军事形势也在向有利于蒋介石统治的方向推进。但是，这一黄金季节只能是暂时的。原因之一是蒋介石对日妥协违背民族主义，专制独裁违背民权主义，搜括无度违背民生主义，所以南京政府的政治、军事、经济路线均脱离人民大众，缺乏民众的支持，非垮不可，只是时间问题。原因之二是日寇亡我之心不死，正在华北步步进逼，这将全面打破蒋介石、孔祥熙等人所设计的建国计划。

出任院长

孔祥熙从美国归来时,全面抗战已经打响4个月,这一场战争,提前把他推到仕途顶峰。1938年1月,出任行政院长,兼任财政部长、中央银行总裁、农民银行董事长、中国银行董事长、(1939年11月任)四行联合办事处副主席、中央常委。没有全面抗战的爆发,孔祥熙就当不成"行政院长",他在1935年7月曾代理行政院长5个月,离正式院长还有相当距离。

从南京政府成立至抗战,出任过行政院长的有谭延闿(1928年10月25日至1930年9月22日)、蒋介石(1930年11月18日至1931年12月15日)、孙科(1932年1月1日至1月28日)、汪精卫(1931年1月29日至1935年12月1日),其余时间则是代理,宋子文代理过2次,陈铭枢代理过1次,蒋介石代理过1次,王宠惠代理过1次,孔祥熙在1935年7月2日至8月23日、11月6日至12月7日、1936年12月13日至1937年4月4日代理过3次。正式就职和开展工作的行政院长只有谭延闿、蒋介石、汪精卫3人。谭、蒋、汪均为同盟会活动家,参加过辛亥革命、倒袁、护法战争的元老,广州国民政府的领导人,在国民党上层的地位和影响远远超过孔、宋、陈、孙等人。由此可见,出任行政院长的都是国民党内一线领袖级人物。

孔祥熙及宋子文等人,进入国民党核心圈较晚,长期掌握财权可以,可任行政院长档次不够。在讲究资历、声望和势力范围的南京官场,参加国民党政治活动仅11年的孔祥熙"挂帅相府"确有难度。孔祥熙长期出掌财经,已经形成相当的"势力范围",有势力范围就有当行政院长的基本条件;可没资历声望,则无任行政院长的基础。所以蒋介石也是讲究分寸,让其数次代理行政院长,但时间均不长。抗战军兴,财政压力越来越大,具备解此方程条件的只有孔祥熙、宋子文两人。就孔、宋来讲,孔擅长于守财理财,处理国民党财政难事的能力要强于宋;在争取外援上宋要比孔能干。蒋介石取其所长,委派宋子文专司谈判、争取西方的对华援助,委派孔祥熙出任行政院长,专司抗日期间的财政。国民党上层圈内,争权者、争利者不在少数。可在此时财政是军事之外的第二大难题,从军需供应上说财政又是军事之前的头号难题。现在已不是入不敷出、寅吃卯粮,而是战争引起财源断流、难以为继,面对此现实,即使孔祥熙让出财权,争名争利争权者也不会来抢,就这样孔氏顺顺当当走马上任行政院长(1938年1月1日至1939年12月11日)。

说到孔祥熙在全面抗战中的所为,蒋介石极为推崇地说:"当时我政府决策,对日本军阀之战略,舍弃由北向南,而决取由东向西之计划,使敌人在我大陆,不得不深陷泥淖,达八年之久,而无法侥幸得逞,并保我国以空间换时间、积小胜为大胜之战略,获得最后胜利者,实当时主持行政院与财经责任之庸之先生之贡献为最大,乃为中外所共见。尤当日本军阀侵华之初,沿海各港口皆被敌人封闭,我国陆海交通与贸易,与国外完全断绝,迨至民国31年太平洋战争既启之后,国际交通线仍在封锁之中,而我前方军需,后方民生,皆无匮乏之虞,更为其对国家贡献最堪纪录之时期,所谓'兴国者必于多难之时,治国者必至危之地',先生实足以当之。"孔院长在全面抗战八年中,"贡献"主要是蒋介石所说保证"前方军需、后方民生"。

全面抗战打响,财经形势十分严峻,令人担忧。解决财经难题无非有两种办法,开源和节流。日寇入侵,使得"源"大为减少:日寇的烧杀掠、打砸抢,造成中国官方和民间损失无数财产;经济发达地区几乎全被侵略者占领,财政断流;一批大型企业和学校、机关向大后方转移,迁移费用不计其数;因为战争兴起,关税、统税、田赋、盐税及各种消费税收入大为减少,1937年赋税收入比1936年减少30%,直到1940年税收才略高于1936年,税收减少直接导致政府财政收入减少。

财源大减,节流更是无从谈起,流"洞"不断扩大。抗战打响,军费所需浩大,从国民党官方公布的全面抗战时期前5年的军费看,分别是同年行政费用的1.6倍、2倍、4.5倍、1.38倍、1.5倍,由此可见,军费是财政的主要负担;工厂迁到大后方复工、学校迁到大西南复课、机关迁到内地恢复办公,从用房、设备到招聘人才,无一不需经费;本来由全国各地承担的国家公粮现集中到未沦陷的国统区,国统区的农民压力大增,为推动战时农业生产、保障战时供应,需要巨额农贷;还有一点不能不说,即国民党官场并非因抗战而变得廉洁无私,国民党当局上上下下,包括四大家族、全面出现腐败起自抗战,这更是一个看不见、无法计算的"黑洞"。面对抗战带来的"源"少"流"多的局面,孔院长没有推诿责任,还是开展了一些颇有成效的工作。

战时措施

孔祥熙出任行政院长,全部工作都是为全面抗战服务。尤其是战争刚打响,各部门各行业都需要一个适应过程,都需要制定相应的法律法规、运作方式,尤其是财经领域。

加强金融控制

到1936年底,官僚资本已经形成对金融业的垄断。"七七事变"后,为集中使用资金,应付全面抗战和西迁大后方的需要,孔院长下令对"中中交农四银行"系统实施行政干预。具体行动是:"八一三抗战"打响后,上海、南京人心浮动,发生挤兑风潮,远在美国的孔祥熙下令各银行息业两天,颁布《安定金融办法》,对防止巨资转移、支持前方、稳定后方起过一些作用。

如控制法币发行量,在抗战阶段前两年,尽管为战争初期急需经费,孔祥熙为避免通货膨胀、币值下跌过快,坚决把法币发行量控制在中央财力和民众财力所能承受的范围内。发行指数由"七七事变"时的100到1938年12月的164,购买力指数下跌39,虽说幅度比较大,可比起1939年以后法币发行上升率和购买指数下跌量来,则要小得多。从抗战第二阶段起,孔祥熙干脆放弃法币发行限制政策,远远超过商品流通总额所需的数量。到这位财政部长下台时,发行指数已升至13464,购买力指数跌至0.17。

如在1938年3月14日,公布《购买外汇清核办法》,由官方管制外汇买卖,孔最初的设想是想通过此办法稳定法币币值。法币先是以英镑、后是以美元为保证基金,实际上成为美元在中国的代表货币。抗战引起的通货膨胀,势必会引起法币对外价值下跌,限制外汇买卖的目的就是保持法币对美元的比价。可是美英等国银行并不支持孔的主张,自行挂牌进行外汇交易,于是市场上除官价汇率之外,又出现美元、英镑等硬通货的黑市汇率。到抗战中后期,孔祥熙也利用孔家财团的财力,做起炒汇生意。

如1939年8月,成立"中央、中国、交通、农民四银行联合办事总处",作为最高金融管理机构,蒋介石任主席,孔祥熙、宋子文等任副主席,实际上由孔祥熙主持,负责对四大银行体系实行战时管理。"办事总处"的设立,使得蒋、孔对四行的控制权力得到加强,并通过"四行"对全国金融业的控制权力也有所强化。

如 1939 年 9 月，为保证抗战之需，增加硬通货，增加中央政府的实力，财政部门规定黄金收归国有，禁止自由买卖，由官方规定价格集中收购。此举在战时允许，可收购到的黄金并未用到抗战之中，而是成为官僚资本增值的财源，变为对民众的搜括。更为令人气愤的是，到 1943 年 6 月，财政部宣布黄金解禁，可以自由买卖，通过政府出售黄金和吸引"黄金存款"来回笼法币，稳定物价，这又为官僚资本及孔宋财团依靠雄厚财力、进行黄金投机提供条件。

如 1939 年 10 月 1 日起实施《中央国库法》，并在各省市县建立国库网，官方所有收入一律集中国库，统一使用，不得克扣。

"加强金融管制"，是世界各国为适应战时需要、保障军事作战顺利进行通常使用的办法，孔祥熙的种种措施也取得相应效果。要论不足的话，一是不顾民生，一再侵犯民众和民族工商业的利益。二是以权谋私，利用国难之机和掌握的财经大权，财从孔家发，钱在孔家增。三是"金融管制"为早期好、中期差、后期坏，抗战最后 4 年，"管制"已失去当初的实用价值，而成为四大家族为代表的官僚资本剥夺人民、积累财富的手段。

经济中心西移

抗战爆发，国民党政治中心西迁，经济、文化、教育等各个方面都跟进。其中经济领域，到 1940 年间内迁工厂已达 448 家，至抗战胜利前夕国统区厂矿已达 5266 家，资本按 1936 年价值计算达 5 亿元。其中川、湘、桂、陕、甘、滇、黔 7 省占国统区厂矿总数的 88.63%，资本占 93%。特别是重庆一地更为后方工业中心，厂矿占国统区总数的 45.24%，资本占 53%。尽管国统区的全部厂矿仅为战前上海一地的厂矿企业拥有量，可毕竟使昔日落后的大西南、大西北，出现一批新兴工业区。从全国范围讲，布局趋于合理。战时生产的发展，背景是全面抗日战争。

战前，中国只能作为一个生产和生活原料输出国，所需工业品乃至许多日用品、消费品，均从外国输入，美国商品为主的洋货像潮水般涌来，充斥大城市乃至农村集镇。战争爆发，进口商品品种、数量显著减少，国内需要量激增，刺激了国统区工商业和农副产品加工业的发展。再则，西方大国为准备和进行第二次世界大战，扩大军工生产，贮存战略物资，我国已开采的一些稀有金属和有色金属原料在世界上行情看涨，刺激了国统区工矿业的发展。

孔祥熙为发展战时生产，保障后方供应，支持前方作战，制定一系列政策，总的态度是积极的。如通过官方的资源委员会、战时生产局和农产、矿产调整委员会，通过统购统销，指导生产和发展经济。身为行政院长和财政部长，为改善大后方的经济环境，逐渐增加经济建设投资，1940年达到13亿元，占同年行政费用2.7倍。这些投资建成一批在大后方称大称全称先进的工矿企业，如资源委员会到抗战胜利时直属大型企业就有125家。在大后方建立的官僚企业，虽说数量上只有民营企业的五分之一，可资本占全部总额的69%。经济建设费用主要不是用来支助民族工商业，但毕竟增加了大后方的经济实力和活力。

孔祥熙本人，历来过问关系国计民生的农业问题。抗战期间，农业生产地区大为缩小，对粮食、棉花、油料等农产品的需求量大为增加，对川、陕、甘、湘、桂、滇、黔等省区的农业压力越来越大。为解决这一难题，孔祥熙采取倾斜政策，推动农业生产，到1941年，每年发放农业贷款在4亿元至5亿元之间。

发展战时生产计划，对坚持长期抗战起到一定的作用，增加了抗击侵略者所急需的经济实力，只是由于政策本身的局限性和执行时的差距，也带来不少问题。孔祥熙的抗战经济路线基于国民党的片面抗战路线而定，蒋介石统治集团政治上对人民大众的抗日热情和行动一直采取限制态度，经济上也有反映。不是鼓励和帮助实业界、民间休养生息、以养备战，而是推行以战为名、过度和超量剥夺大众的政策，所以发展战时生产的种种措施，大都有副作用。

孔祥熙的统购统销政策，出台之初是为了保证从原料、加工、生产、出售的整个产供销过程的正常进行，稳定大后方的生产和市场。可是不久则成为控制原料供应、抬高国家出售原料价格、压低国家收购商品价格、上扬国家控制产品价格的垄断政策。这些垄断行为给后方生产带来巨大影响，不少厂家无法正常开工，仅重庆一地在1943年就有三分之一的工厂停工减产，不少厂家倒闭破产。农副业也受到很大伤害，如猪鬃市场价是一担67万元，统制价仅是该价位的十分之一，无人愿意扩大再生产。四川桐油统制前年产量50万担，统制后几乎全部停产，川康两省的生丝也因统制下降十分之九。统购统销成为发展战时生产的阻力之一。

财政部拨出的经建资金，出台之初为恢复西迁工厂的复工和创建大后方合理的工业体系起过一些作用，不久就变相被官僚资本和孔宋财团挪用，成为操纵市场、压制民族工商业、扩张官僚资本和大财团势力的投机资本。

孔祥熙主持的"指导和推动战时生产"的各类机构，出台之初为总体设计大后方的经济方案、扶助重点项目做过一些工作，不久就变为压制和吞并民族工业、发展官僚资本的垄断机构。

他的"扶农措施和发放农贷"，出台之初解决了一些农业生产急需，可并没有改变农村农民缺少土地、地主超经济剥削的现实，没有减轻农民的苦难。这些"农贷"根本没有到达急需农贷的贫民手中，农民的劳动成果则大部到了地主、政府的手中。更为严重的是，农业贷款到后期，开始转为农村高利贷，盘剥农民；部分农贷资本还直接参与兼并土地活动，建立所谓大型农场，把土地租给农民，对农民直接进行封建剥削。孔祥熙的"扶农政策"带来的结果是农业生产进一步衰落，以1942年为例，大后方13省的农作物播种面积减少17.39%，产量减少13.99%。

横征暴敛的增税方案

抗战期间，孔祥熙始终把增加田赋捐税作为解决财经困难的主要途径。战时提高税收是各国通行的惯例，可以理解和接受，孔祥熙的不正常之处是：增税幅度太大，民众难于接受。抗战打响后，财政部下令新增"非常时期过分利得税、遗产税、财产租赁所得税、财产出卖所得税"。在货税方面，战前征收的统税只有火柴、面粉、棉纱、水泥等工业品，从1943年3月起又开征竹、木、皮、毛等货物和商品的统税。通过开辟新税源和提高税额，从1941年起赋税收入大幅度增长，当年的赋税收入是上年度的2.85倍，1942年又是1941年的4.9倍，1943年又是1942年的2.52倍，1944年又是1943年的2.4倍，即使扣除物价上涨因素，"增收"还是到了令人吃惊的程度，而这"增收"部分全由老百姓负担，使得深受战争之苦的人民大众经济压力更重。

征收方式别异，想方设法夺取民财。对于商品税，抗战之前南京政府就宣布只征"统税"，取消盛行的"买路钱式的厘金"。可到抗战期间，厘金依然存在，商品、货物到一处被收一次税，一部卡车从安徽到福建要过72道各地官方、恶霸设立的关卡。过一关剥一层皮式的盘剥，使得地区间的商品流通和经济活动大受影响。因法币贬值太快，税赋捐款也由现金改为实物，以便保值和升值。从1941年下半年起，田赋率先改征实物。1943年2月，面粉、棉纱统税也改为征实。以物代税，比货币交税更为稳定。物价上升太快，如交货币，因购买能力很快下降造成有效税收减少；如交实物，因销售价格很快上升造成有效税收增加。此外，税赋征实，可以确保官方对战争急需粮、棉的控制能力，对交税者来说也有便利之处，可以减少现金、资金周转的压力，用不着把商品、农产品兑售为货币后再交税款，而是直接用产品代现金交税。

税赋征实的问题是出在孔祥熙在核定征实数时，把产品、农产品的价格定得过低，一定的税额下要交出更多的实物。如1941年规定每元折实数为2市斗稻谷，次年因物价上涨2市斗稻谷早已超过一元，每元折实应少于2市斗，可当年的折实数为每元税赋要交4市斗稻谷。苦难的农民如今更苦，在"征实"之下，又有预征、带征、带购、带借、地方加派，农民负担远远超过官方所定的实物税。

收税标准不一，压贫助富。孔祥熙的税收政策在商业投机资本和工业生产资本中，按资金基数同等收税，向商业投机资本倾斜，有利于重视投机活动的大财团，不利于民族实业。在暴富户和贫困户之间，向暴富户倾斜。如在四川一年收入4500石粮食的大地主，只需缴田赋150石，占总收入的3%，而一年收入10石的小农却要缴1.336石，占总收入的139%。本来抗战为有人出人，有力出力，有钱出钱，有粮出粮，收入多应该多出，孔祥熙正好相反，可见其立场如此。更为可气的是，地主们缴税赋原本不多，可在实际运作中又把税额转移到租户、佃农头上。

孔祥熙的增税方案，在基层执行时，变成横征暴敛、搜刮民财的措施。方案有错，执行过程漏洞更多。所存主要问题之一，是当时社会制度下，富人为富不仁、带头逃税减税，败坏税纪税纲。所存主要问题之二，是各级税务官员，官官相护、受贿贪污盛行，他们造成的政府经济损失，还是靠榨取百姓血汗弥补。

借债度日

此项是孔祥熙主持战时经济的又一重要工作。中国人民进行的抗日战争，是世界反法西斯战争的主要组成部分，理当得到富有正义感的各国政府和人民的支持。经过中国代表不断向美英等国晓以利害，西方列国也有所觉悟，意识到中国战场在消灭日本法西斯过程中所起的决定性作用，同意向中国政府提供援助，这样使得孔祥熙举措外债成为可能。

在争取西方援助中，孔祥熙和宋子文各有分工，孔坐镇重庆，宋则联络海外，依靠各自的外籍友人，同西方国家的政界、商界、军界人士周旋，争取外援成效颇丰。到1942年底，中国方面共获得32笔贷款。具体情况是这样的：美国提供8笔，计7.476亿美元；英国提供12笔，计1.185亿英镑；法国提供4笔，计10.3亿法郎和150万英镑；苏联提供5笔，计3.0638亿美元；德国提供1笔，计1.2亿法郎；比利时提供1笔，计2000万英镑；捷克提供1笔，计1000万英镑。自苏德战争和太平洋战争爆发后，苏、英、法等国的对华贷款大量减少，直至取消，只有美国成为对华债权国。美国根据租借法案向中国提供8.7亿美元及大量军事物资。

以上贷款，是对日趋紧张的中国财政的巨大支持，也是政治上和外交上对重庆国民政府的巨大支持。引进外资是国际经贸往来的基本方式，可如何使用、管理、偿还就表现出不同的立场和理财能力的高下。在上述贷款中，还是有不合理的地方。

一是使用不合理。既然是为援助中国抗战提供的贷款，那么所有的抗日力量都应分享，负责分配、使用贷款的孔祥熙对在敌后坚持抗日作战的中共方面却分文不给，甚至一些驻中国战区的美国代表也觉此事不公；既然是援华抗日，那么就应在抗日最艰苦的岁月中（抗战第二阶段，即战略相持阶段）使用贷款，以巩固抗日军政战线，可在抗战最困难的1942年得到的美国提供的5亿美元财政信贷借款（14年抗战中最大的一笔外援），直到抗战结束前夕才开始有限度动用；根据租借法案，美国向中国提供的贷款、装备、军火中的四分之三，应蒋介石、孔祥熙之请，到1945年间才运到中国，也就没有投入战场。从中可以看出，推迟使用美援，并非简单的时间问题，而是出于"美蒋合作、扶持国民党统治"的需要。孔祥熙是按照蒋介石的旨意，把大部分外援用以壮大军事实力，以准备应对抗战胜利后的国共纷争。

二是偿还方式不合理。以美国为首的西方列国对华提供贷款，有其政治目的，这就是贷款是要取得一些在华政治特权。也有其经济目的，则不少借款是用中国的稀有金属、有色金属、战略原料等初级产品偿付的，不可否认西方也在发"中国国难财"。

三是管理不合理。中国政府借到的钱，并非全权由重庆方面支配，美国通过双方建立的合作委员会和提供的顾问，干预贷款的使用，控制中国的财政金融。即使孔祥熙主管的外国贷款，也没有全部用到抗击日本帝国主义的战场，没有发挥应有的作用。

借外债的同时，借内债更多，以"举债度日"来形容国民党 14 年抗战的财经状况，并不过分。从财政部公布的中央政府岁入预算分析情况中可以看出，（包括内债、外债的）债务收入已成为国家主要收入项目，1939 年是 16 亿元，是当年赋税收入的 3 倍；1941 年是 90 亿元，是当年赋税收入的 5 倍；1943 年是 357 亿元，是当年赋税收入的 1.6 倍；1945 年是 218 亿元，是当年赋税收入的 9/10。债务收入和赋税收入相加，几乎就是当年的岁入总数，由此可见债务收入已到决定孔祥熙财经预算是成是败的程度。

债务收入主要是靠外国贷款和发行内债、银行贷款利息和本金、发行通货所获得。孔祥熙的财政部在 8 年中共发行 16 笔公债，其中救国公债 1 笔，计 5 亿法币；整理广西公债 1 笔，计 1700 万法币；国防公债 1 笔，计 5 亿法币；金公债 1 笔，计关金 1 亿元、英金 1000 万镑、美金 5000 万美元；赈济公债 1 笔，计法币 3000 万元；建设公债 3 笔，计法币 18 亿元、英币 1000 万镑、美金 5000 万美元；军需公债 3 笔，计法币 30 亿元；同盟军胜利公债 4 笔，计法币 90 亿元、美金 1 亿美元；整理省债公债 1 笔，计法币 1.7 亿元，总计 151.22 亿法币、1 亿元关金、2000 万英镑、2 亿美元。

发行公债乃治国策中的经济偏方，不可不用，也不可多用。孔祥熙不会不用，不然庞大的财政赤字空洞无法填平。据不完全统计，1938 年赤字是全年预算的 44%，1939 年是 73%，1940 年是 87%，1941 年是 84%，太平洋战争爆发后的几年间，赤字更为可观。孔部长为弥补赤字，只好动用发行公债这一各国常见的处理经济危机的方式。发行公债，并不为过，问题是他既发行公债，又滥发货币，且已到令人无法容忍的程度。就发行公债而论，孔祥熙作为最高财经主持人，确有失误之处。

一是发行方式不光彩。16 笔公债中除"救国公债"外，其余 15 笔既无公开发行，也无印出公债票，只是以"总预约券"的方式向"中、中、交、农"四行抵押，再由银行垫款给重庆国民政府。这样，政府发行的公债，并未得到足额款项，承销银行的"手续费、代办费"高达三成到四成，孔祥熙解决国家财经困难时，仍然不忘为官僚资本积累财富。政府发行的公债，可公债利益却回到官僚资本手中，这并非财政部长的疏忽所致，而是其有意为之。

二是还债方式不光彩。全面抗日8年，物价扶摇直上，物价指数1938年比上年增长66，1939年比上年增长191，1940年比上年增长921，1941年比上年增长1460，1942年比上年增长5030，1943年比上年增长13164，1944年比上年增长37814，1945年比上年增长153946。物价上涨如此之快，物价指数上升速度更是惊人，财政部发行的公债无保值一说，利息远低于物价上涨指数。所以"公债"在为政府集资的同时，给购买公债者带来的损失之大可想而知。更坑人的是，抗战胜利后，已非在孔祥熙领导之下的财政部，对1941年以前的公债"一律恢复普遍偿付"，偿付回来的债券本息还不够去银行取款的交通费，"公债"果真名副其实地充"公"了。

蒋介石对孔祥熙的战时经济处置办法评价甚高，赞扬说："当其正式交卸于后任时，其在国库者，实存有外汇9亿余万美元，而其他金银镍等各种硬币，所值美金1.3亿，尚不在此数之内，以上两项合计，实值美元10亿美元以上，乃可谓中国财政有史以来唯一辉煌之政绩。"

蒋介石真是好话说尽的政治家，话说得让人难以相信。说连襟兄在抗战中"贡献为最大"，不与他党他派他人比，就与国民党上层人物比，他的"贡献为最大"，那么把蒋介石本人又放在什么位置？贡献为"最大"还是"次大"呢？如果社会舆论真把孔祥熙称为"贡献最大"，恐怕最先过敏的是蒋介石。

抗战阶段中的蒋介石、孔祥熙，确是处于"多难之时"，但没有"兴国家"；确是处于"至危之地"，但没有治好政。若论具体事情，蒋某的捧词问题更多。"前方军需，后方民生，皆无匮乏之虞"是浮夸之说。实际上巨额军费支出造成财政赤字黑洞，捐税、物价升级造成民不聊生惨状，蒋介石的话要么是高高在上不解民情，要么是文过饰非欺骗天下。"匮乏"是真，在战时出现财经困难也不为过，身为党魁的蒋介石没有必要掩饰；孔祥熙能够把国民政府财政度过8年全面抗战也属不易，蒋介石没有必要拔高而弄巧成拙；至于"军需民生充裕"之说，则不符基本事实了。

国库积余"值10亿美元以上，乃可谓中国财政有史以来唯一辉煌之政绩"是夸大之词："积余"是有，但不是"唯一辉煌之政绩"，因为积余并非真正财政开支后的盈余，而是靠不当手段获得。身为财政部长的孔祥熙扣住外援不动，把财政危机、军费负担全部转嫁到已经苦不堪言的百姓身上，用对百姓的无度搜括解决财经困难，这才有此"积余"。从此点论，孔部长就不值得嘉奖。当然，同样程度的搜括，抗战以前的10年间国库几乎无一文积余；同样有外援，且数目超过抗战时期，抗战以后的4年间国库几无积余，只有孔主持的全面抗战8年财经期间才有10亿美元积余，看来此人还是有一定的理财能力的。

至于说是"辉煌之政绩"也有不妥。尽管积余10亿美元，可整体财经状况远没有1934年至1936年平顺；百姓生活在国库积余不断上升的情况下，生活水准飞流直下，政绩岂能说"辉煌"？对孔祥熙来说，国库积余10亿美元，他和子女的财富也到天下首富的水平，到底是为公为私？还是公私兼顾？既是从私，又从何谈起"辉煌之政绩"？蒋介石对此情况不是不知道，称颂财政部长的"辉煌之政绩"，实际上是为当时身任"国民党总裁、国府主席、军事委员长、行政院长（1939年11月接替孔祥熙任此职）、四行总处主席（此外还有80多个国家部门级重要职务）"的蒋介石自己脸上贴金，以证明"政治、经济路线正确"，吹捧自己的"英明和辉煌"。

五、财界大亨

蒋介石接着又介绍孔祥熙说："乃至第二次世界大战告终，即我抗战结束之初，'共匪'乃千方百计，造谣惑众，动摇中外舆论，企图推倒我国民政府者，必先推倒我财经当局之阴谋，于是其矛头乃集中于庸之先生一人，使其无法久安于位，而不得不出于辞职之一途。

"在庸之先生功成身退之时，虽遭中外诽谤，所谓中国政府贪污无能之'共匪'谣诼，社会之中，亦竟有受此影响而多存怀疑之心者，至此当可以事实证明，其为贪污乎？其为清廉乎？其为无能乎？其为有能乎？自不待明辨而晓然矣！"

撤销职务

孔祥熙离开政治舞台的原因、时间、经过，与蒋介石所说的均不一样，蒋说错并非记错，不是健忘，而是别有他意。孔氏不是主动辞职，不是功成身退，而是被赶出官场。下逐客令的，并非他人，而是以蒋介石为首的国民党统治集团。

孔祥熙下台时间也非抗战胜利后，而是抗战胜利前。

最早就孔祥熙身份质疑一事发生在全面抗战的第2个年头，问题的提出是其出任行政院长一事。1938年1月，孔阁揆上任，引起国民党内各派侧目。元老派中时值在野的邹鲁、张继、李烈钧、丁惟汾，元老派中还在政治中心发生影响的林森、居正、于右任、吴稚晖，政界要员孙科、熊式辉、吴铁成、王宠惠，党务系统陈果夫、陈立夫、朱家骅、谷正纲，军界实力派何应钦、顾祝同、陈诚、刘峙，财经大员宋子文、翁文灏、俞鸿钧、张嘉璈，他们与孔祥熙的关系均不坏，都希望和财神爷保持良好的友谊，也不反对孔氏掌握财权，但是对他的新职行政院长似乎都有议论，核心疑问是他缺乏当院长的资历。蒋介石听取"群众意见"，也曾考虑，绕过许多任院长的条件、资格比孔更合适的元老派和实力派人士，任命孔出任行政院长似有不妥，但又不甘心把如此重要的职务授予他人。在国民党上层权欲不是最强的孔祥熙，还有自知之明，听取友人的"忠告"，于1939年11月情真意切、毫不犹豫地辞去行政院长职。此一壮举，并未降低其在行政院的地位，因为接任行政院长的是蒋介石，实际控制行政院、行使行政院权力的还是孔圣人的后代孔祥熙，只是由"院长"改任"副院长"，其余兼职不变。

第二次世界大战转入大反攻后，随着对华援助增加，美国对中国内政的发言权也随之扩大。一贯喜欢对"友邦"指手画脚、发号施令的美国方面，在拿美援为条件、迫使国民党政府就范的道路上越走越远。其中向蒋介石提出的一条"建议"，就是撤换孔祥熙，华盛顿方面讨厌孔祥熙的原因是多方面的。

一是孔家女掌柜、长子、次女、次子在孔部长庇护下，从事官倒，发不义之财的丑闻已传遍天下，为中美政界和舆论界所传扬，美国方面以孔氏特权谋私为由要重庆方面更换财政首脑。二是华盛顿决策者的"换马记"不是针对孔部长一人，而是对全盘腐败的国民党官场和贪赃枉法的国民党大员提出警告，不过是先抓孔祥熙这条大鱼矣，以后还抓过宋子文、蒋介石矣。三是孔祥熙就美国归还美军在华费用垫款及美援的分配问题，坚持有利于重庆国民政府的立场和要求，引起美国不快，就这样孔祥熙成为中美现代关系史上首次被美国方面拉下马的五院之一行政院的副院长。说来也怪，经美国干涉国民党当局先后撤过一位行政院副院长兼财政部长、一位行政院长、一位"总统"，均为四大家族成员，分别是孔祥熙、宋子文、蒋介石。华盛顿出面安排国民党政权的人事，并非为民除害，不是主持正义，而是违反国际法则，干涉别国内政，同时也是为了在华寻找更合适的代理人。

从抗日战争中期起，四大家族已成为国民党腐败、黑暗、贪赃枉法的代名词，孔家已成为热衷官倒、发国难财的罪魁，社会舆论提到孔祥熙、宋子文时都持否定态度。统治阶级内部的有识之士，也认为国民党要复兴、维持其统治，只有当机立断，秉公办事，撤换孔祥熙；国民党内的一些利禄之徒，当然不会放过此种乱中夺权的机会，十分"投入"，制造倒孔舆论。

四大家族内部也起变化，蒋介石为树立新形象，在抗战胜利即将来临之际，振兴党风不正、党纪荡然、党员不纯的国民党，特别是考虑到美国方面的要求，准备辞退孔祥熙。一直控制党务的"二陈"从来对这种人事要务，是背后使劲，以蒋介石的意见为意见，不会公开得罪孔祥熙。宋子文没有出面倒孔，对大姐夫还是尽"舅子"之礼。但是这位"国舅"对12年前大姐夫听从妹夫的命令、接掌财政大权一事耿耿于怀，此次也有取代孔祥熙之意，满足同态复仇的心理。作为四大家族大管家的宋美龄，是大家族中唯一主张保留孔祥熙地位和权势的人，但也无法挽救孔祥熙。为保持四大家族对全国的控制，行政院由宋子文掌握，财政部和中央银行由蒋介石的亲信俞鸿钧掌握，孔祥熙要下台，宋孔直接控制财政的格局被打破。

蒋介石和孔祥熙暂时"断交"，是继1927年4月宋庆龄离开四大家族、1933年10月蒋介石和宋子文争吵之后，第3次四大家族内部分裂。孔祥熙本人为力阻分裂进行过努力，没有像以往那样谦让，而是据理力争。向蒋介石、宋美龄列数12年来为管理政府财经所做的工作，列数为保证蒋介石的军费需求和积累官僚资本所给予的特殊照顾，并对蒋介石过河拆桥、卸磨杀驴的恶劣行为深表不满。蒋介石不想改变主意，经宋美龄劝说，孔祥熙以四大家族的大局为重，同意以辞职的方式接受免职。

事到如今，孔祥熙心灰意冷。当年弃商从政时46岁，19年的官场活动带来煊赫炙热的权力和令人羡慕的地位，可最后落得天怨地怨人怨的地步，甚至四大家族成员对他也是寻弊索瑕，洗垢求瘢，岂能无悔无怨？怨的是当初为何投身于争吵不休的国民党官场，悔的是当初为何为蒋介石主管财经。当然，只要孔祥熙离开财政部，继续从政，职位不会低于五院副院长或部长。只是下台部长64岁，从政为官欲念已无46岁时强烈，既然蒋介石、宋子文不予理解和同情，又何必恋栈不下，故提出不接受任何新职，准备出洋定居。孔之所以这样，一是对蒋介石"孔宋调包"的抗议，一是准备集中精力专营孔府私产。

1944年6月，孔祥熙前往美国新罕布什尔州的布雷特森林，参加国际货币基金组织世界银行会议，同时宋霭龄和宋美龄首次同行到南美。这是蒋介石的安排，为免职孔祥熙提供合适理由；这是宋美龄的安排，利用去南美的机会，安慰大姐和大姐夫；这也是孔祥熙、宋霭龄的安排，计划趁此机会离开重庆官场，寻找、安排孔记财团巨额资产的保存地点、投资方向。

孔祥熙的仕途到达终点。1944年11月至次年10月，重庆方面4次宣布：孔祥熙已分次辞去行政院副院长、财政部长、中央银行总裁、四行总处副主席、农民银行董事长等职务，各次辞职申请已得到国民政府和有关职能部门照准。在发布这些消息时，总有不少赞誉孔祥熙的话语，似乎让人们相信以下事实：孔氏自愿辞职，最高当局多次挽留无效。深谙中国官场内幕的国内外舆论界、新闻界甚至民间，十分清楚这类"辞职""照准"的含义。孔祥熙正在执行重要财经外事任务怎么辞职？果真自愿辞职、功成身退，为何不回国宣布？既想辞职，为何5个职务分4次进行？他又为何保留中国银行董事长和中央执行委员职？看来"辞职"是假，"照准"是真。

综上所述，可以证明蒋介石介绍的孔祥熙下台一事与史实不符。中共在抗战中、后期还没有取国民政府而代之的实力和计划，也就不会对财政当局采取什么行动，不会对孔祥熙实施离间计。使得孔祥熙不能"久安于位"的，不是共产党"造谣惑众"，而是孔祥熙自己的"官倒交易"和蒋介石的"换孔决策"。即使真有"离间计"存在，即使真有"中外诽谤"存在，只要蒋介石不信谣不传谣不以谣定罪，只要蒋当时也有23年后在孔祥熙病故时发表的对孔的评价，只要蒋不下达撤换孔祥熙的命令，孔祥熙也不会被赶出官场。所以"辞职"事过23年，蒋介石为孔鸣冤叫屈、恢复名誉，只能让人感到奇怪，蒋介石当初为何不明察秋毫、秉公断案？

蒋介石为证明孔祥熙被人离间下台是个不可弥补的历史性错误，又说："然当其辞职以后，国家之财政经济与金融事业，竟皆由此江河日下，一落千丈，卒至不可收拾。于是未及3年，'共匪'之阴谋达成，而我们国家与民族至今竟蒙此空前之浩劫，政府与人民且遭如此奇耻大辱，更足以证明孔前院长在其任职期间，自北伐'剿共'至抗战胜利为止之20年中，不辞劳怨，不辩枉屈，而一心竭智尽瘁，报效党国。"

蒋介石又在说不负责任的话。在他看来,南京政府发动全面内战失败,就是因为孔祥熙离开了财经领导岗位。这又与事实不符,国民党兵败大陆,你蒋介石无法挽救,更何况孔祥熙?孔祥熙又有什么救党(国民党)救国(南京政府)高招?如果孔祥熙坚守领导岗位,只是最后又多一个战犯!蒋介石不是傻瓜,不是不知道败于中共之手的原因,不是不知道财经决策一再失误乃至如"江河日下,一落千丈"的原因,不是不知道有孔无孔均无法改变南京政府必然失败的命运,所以他褒孔扬孔,只是肯定自己的"圣明"和推卸撤换孔祥熙的责任。

就撤去孔祥熙职务一事,身为最高领导的蒋介石没有必要推卸责任,没有必要解释和自我表白。蒋介石公开承认撤孔祥熙职是自己所为又有什么关系?免孔祥熙职是国府主席的正当权利,无越权行为;孔祥熙任财政部长12年,任期不能说短,不当财长有何不可?蒋介石身为国君、党魁、统帅,重定"财政部长人选",对政府只有好处,又何必多虑?至于蒋介石挑出致使国家财政经济与金融事业"江河日下,一落千丈,卒至不可收拾"的官员主持财政部,那是用人失察,为主政者、统帅者所忌。至于南京政府财经的破产和国民党政权的垮台,并非由孔祥熙的是上是下所决定,而是由国民党的阶级本性和蒋介石的错误决策所决定的。

20世纪中,蒋介石也算一位政治舞台上的主角,位至至尊,在孔祥熙的去职问题上遮遮掩掩,推诿责任,放弃原则,虽为小事,却也看出其人格上的不完整。孔祥熙该去还是该留?蒋介石当初认为该去不该留,时隔23年蒋介石又认为该留不该去,从孔祥熙的所作所为看,实属该去不该留。论及此话题,对孔祥熙的处理也有不公正的地方。即在国民党政权内,从主席始到公务员终,该去不该留的官员很多很多,只下一个孔祥熙,其余贪官污吏照旧,这一结果孔祥熙难于接受,他的冤和屈应该是在此事此题上。至于他下台本身并非冤假错案。

国民党统治集团内部,四大家族内部,孔祥熙表现如何?"其为贪污乎?其为清廉乎?其为无能乎?其为有能乎?"是"不辞劳怨,不辩枉屈,而一心竭智尽瘁,报效党国"吗?孔祥熙从政,政治观念有误,所以越卖力,贡献越大,在逆社会前进方向的黑道上也就越走越远;孔祥熙主管财经,基本立足点放在扩大垄断资本、剥夺民众上,越积极,收效越大,对民众的伤害就越多,被民众打倒的可能性就越大。如果说以陈果夫、朱家骅为代表的政治上的强硬派,最大的错就是反共扭曲了灵魂；以黄埔军人为代表的军事力量，最大的错就是对蒋介石的愚忠；以于右任、陈布雷为代表的蒋介石的高级政务幕僚，最大的错就是为一个没有前途的政权服务；那以孔祥熙、宋子文为代表的财经决策者，最大的错是太爱财。

所以说孔祥熙"贪污、无能"是过分一些，说"竭智尽瘁，报效党国"并不十分贴切，却也大致相当，说"有能"，只能是在国民党上层人物中比较，说"清廉"则风马牛不相及。他的一生悲剧就在于好财。作为普通公民来说，好财爱钱可以理解，作为政坛要员如此好财廉洁奉公就无从谈起。他确有经商的天才和经历，对普通公民来说，将经商作为正常职业选择，无可厚非，作为政坛要员经商就是以权谋私搞官倒。孔祥熙的好财和经商，在积累巨额家产的同时，带来假公济私、以权谋私，也使其财经决策的正确度和财经决策能力大大降低。

理财高手

孔家有经商史，孔祥熙对下海经商也有浓厚的兴趣，在46岁前有过不少成功的经商实践。特别是和宋家联姻后，经商范围从山西发展到国际都市上海，并在日本、欧美也有一些经济活动和股票证券生意。由于有经商的才华和一辈子都有的经商的好运，在常常令人出乎意料的商场几乎从不败北，故被友人和宋家称为"似乎天生有一种理财的本领"。

从孔氏的一生看，加入广州政府前只能算是经商的初级阶段，进入国民党领导核心圈后的前11年间（1926年至1937年），孔家经商规模只是保持原有的祥记商行基础，有发展的话只是增加几个分行分店，扩展有限。这位11年间出任1年的财政厅长、2年的工商部长、4年的实业部长、4年的财政部长的孔祥熙，经商还没有放开手脚，有所顾忌。

孔祥熙进入发财高潮是在艰苦的全面抗战年代。8年间先后创办"庆记纱号、强华公司、大元公司、中国兴业公司、华福烟草公司"等多家孔记公司。尤其是中国兴业公司，开办时资本为1200万元，到1943年时资产达12亿元，为大后方最大的公司。抗战结束后又开办"扬子建业股份有限公司、长江公司"等。虽说此时孔祥熙已离开权力中心，可他支持儿子挑起"扬子事件"。

孔祥熙的"公司热"是在特定的背景下发生的，这就是抗战开始时的经济中心西迁和抗战胜利后的经济中心东归。"西迁、东归"都是全国性的经济重新布局，各种经济成分、经济力量及市场的重新分配。抗战大后方的出现及抗战胜利后沦陷区的恢复，面临巨大的经济建设任务，给投资者提供无数个机会。孔祥熙和家人抓住这两次有利于投资者的机会，利用政治特权和经济实力，进行商业资本投机，办起孔记公司，捷足先富于天下。如果孔家与民间一样，在市场法则之下进行公平竞争，赚取利润再多也不足为怪。可情况不是这样，孔记公司名为经商实为变相官商结合的官倒，赚取的巨额财富中的大部分是靠政治特权获取，这就是该受世人谴责的地方，也是孔家对不起世人的地方。

孔祥熙的发财秘诀有二：选准投资方向和垄断性经营，这两条的实质是以权谋私。身为全国财经主管的孔祥熙，充分利用统筹全国经济的便利条件，掌握市场供求关系，预知国家财经政策的转变和统购统销物资、市场物价的起落，选择投资方向，选择公司的营业范围和经销点，选择进货和推销的时间、数量，转手倒卖紧缺物资和美国援华物资及军火，进行股票、黄金、外汇等金融投机。这类权力下的交易，使得孔家在商场连连得手，迅速致富。

孔家财团经商、投机的另一特色是垄断性经营。孔部长利用手中的权力，为孔记企业、公司带来种种特权和优惠，无视政府的专卖规定，自行组织专卖，偷税漏税，囤积居奇，贱买贵卖，欺行霸市，牟取暴利。孔记公司带头套购、传播经济情报，在上海、南京、重庆等经济中心，呼风唤雨，掀起"黄金风潮"，扰乱金融市场，破坏国民的正常经济生活和国家的正常经济活动。试想一下，一位财政部长，晚上算计本家公司的财路，白天公务之余忙于如何把国家财政事务和私家商务挂钩，可谓是为国为家，为国必先为家，为国是假，为家是真。

在孔祥熙的亦官亦商生涯中，有三个人起着相当大的作用，分别是宋霭龄、孔令侃、孔令伟。四大家族中，蒋介石、孔祥熙两家是同一类型，夫妇共舞，父子齐鸣，宋、陈两家则无此情景。

宋家三姐妹活跃于中国政治舞台，宋霭龄以"爱钱"知名，没有三妹宋美龄"爱权"的紧张，当然也没有二妹宋庆龄"爱国"的高尚，只是浑身充满其父发家致富、善于理财的遗传因素。专门研究宋氏家族的专著《宋家王朝》中是这样写的："祥熙主持各种委员会，霭龄则同她在各处住宅的一批文书和账房掌管孔家的财产。她常常要她的文书昼夜工作。她利用丈夫的地位获取财政机密，大发横财，结果使她在中国搞得名声很坏。"

宋霭龄是个"意志坚强的人，具有超凡的干劲和强烈的权力欲，能力过人，精明狡猾，野心勃勃。她是中国最有影响的人之一"。

美国情报机关曾列举过宋霭龄一次在香港进行房地产交易的经过，"生意成交之前，两个年轻的中国人，大卫（孔令侃）和宋子文的弟弟（子安）到香港租了一套公寓，在密室里装了一部短波发报机，每天同孔夫人联系，向她提供详细情报，从而使得孔夫人得以操纵生意，从中净赚5000万元。"为此，美国财政部驻华代表也认为宋霭龄在破坏中国的经济和货币。

宋霭龄精力充沛，兴趣单一，志在成为一代富翁。因为在美留学时西方富翁给她留下难以忘怀的印象，占有巨额财富成为其一生都在不择手段追求的目标。作为孔祥熙夫人，有特权有情报，轻而易举地把各种各样市场急需的土货洋货弄到孔记公司，转手倒卖，成为庞大的孔氏财团的实际主持人。孔家的财产积累，与女主人的管家、理财和直接经营商务是分不开的，可以说没有宋霭龄就没有孔家的钱财，无宋则无孔，无孔则有宋。宋霭龄不受传统妇女礼节所累，活跃于社会，精明强干，倒也不失现代女性之风貌和竞争意识。如果手段、方式正当，发家致富也应鼓励。遗憾的是宋霭龄手段虽巧却非正常，方法虽妙却非正道，钱赚无数却来路不正。最后钱换来荣华富贵，却失去作为名门之后、名人之妻、女中强人所应有的荣誉。

宋霭龄作为地位不低的女性，有独到的思维方式和敏感，也曾感觉到自己贪图钱财的名声造成了不佳的社会影响。1932年陪同丈夫第一次去欧美访问时，唯恐老同学、老校友当面质询孔府聚财一事，因而不敢前往母校卫斯理女子学院参观。宋霭龄也有过善举，"八一三抗战"打响后，和大弟宋子文合办过两所伤兵医院，为前线服务，并捐出一批钱财支援抗战。

四大家族的第二代中，大陆时期活跃的只有蒋经国、蒋纬国、孔令侃、孔令伟（孔二小姐）、孔令杰，蒋介石有两个儿子出台一双，孔祥熙有4个子女出场3人。蒋家弟兄俩侧重官场，孔家三兄妹侧重商场。四大家族第二代虽说时有争吵，但为了家族和国民党的最高利益，曾合作十数年，真正分手是在南京政府垮台前夕。四大家族的当代人中，孔祥熙同蒋介石、宋子文闹翻在孔被撤职时，宋子文同蒋介石闹翻是1947年10月，陈立夫同蒋介石则从1950年起分手16年，（陈果夫已于1951年8月病故，无所谓与谁决裂）。第二代与父辈不同，各有所好，"官"不为"商"所动，"商"不为"官"所惑，双方瞧不起，只有互相攻讦，不见互相捧场；只有貌合神离，不见情投意合，家庭背景和阅历决定了他们一出场就是龙虎斗。

孔祥熙、宋霭龄的商务活动中，长子孔令侃成为助手、代表和代言人。孔大公子出生于1915年，虽为孔子第76代裔孙，对儒学则不感兴趣，跟父母一样长于敛财，不求闻达于诸侯，只求索富于天下。想富的人很多，能富的人不多，如果孔令侃出生于平常百姓家，能不能先富起来是个问题，富到什么程度更是个问题，可他是孔祥熙的长子，成功的概率就很高。孔家已经具备让孔令侃、孔令伟、孔令杰迅速富起来的一切条件。

孔家子弟和蒋家子弟比起来，让子女继承父辈的权力，不如让子女去钻研学问或者经商，这样对国家政治能起到一种净化的作用。从此点上讲，孔祥熙要比蒋介石聪明，孔家子弟要比蒋家子弟潇洒。当然经商必须在合理合法的范围内进行，孔令侃等则早已超出合理合法的限制。

孔令侃无须创业，只需在父母开创的基础上继续经营就足矣，大公子不负父望，把家办公司推向一个新的阶段。抗战期间孔家公司热的出现，从人事上讲就是因为孔令侃已正式参加商战。就像宋家产业膨胀过程中，宋子文及夫人、三位千金基本不出面，由弟弟宋子安、宋子良在前台指挥一样，孔祥熙所做的买卖、投机进行交易活动时，一般都让孔令侃出任"前敌总指挥"，充当代理人。孔祥熙、宋霭龄在幕后，长子负责出面接洽、交涉、谈判、经营、管理，成为这个商业投机王国的公开君主。

让孔令侃名闻天下的除了他家的财富和违法违纪经营外，就是"扬子事件"。扬子事件是四大家族第二代之间最为激烈的一次冲突，事件对立的主角是蒋经国和孔令侃。蒋介石、宋美龄平时十分喜欢大外甥孔令侃。侃甥21岁时，小姨夫就任命他为"中央信托局常务理事"。作为外甥当然也有一套如何讨得姨夫、姨妈欢心的手腕，这样，孔令侃、孔令伟、孔令杰三兄妹成为没有亲生子女的小姨妈的宠儿。

孔家"二虎一凤"凭着孔祥熙和蒋介石、宋霭龄的双重后台，有恃无恐。商场上、经济活动圈内为所欲为。孔令侃在其父下台后，不是收敛，而是为父鸣冤叫屈，并把这种愤怒化为更加肆无忌惮的捞财捞物的手段，触"电"擦"边"，存心和国民党当局过不去，刺激南京官场，以发泄心中不满，有关当局考虑到他的背景，奈何不得。

1946年4月，孔令侃在父母指使下成立"扬子建业股份有限公司"，总部设在上海南京和四川路口的迦陵大楼。扬子公司通过特殊关系，获得"汽车、药品、钢材、染料"等重要物资的进口、销售权。经营中更是通过走私、逃税、套取官价外汇及垄断货源等办法，两年间就赚取黄金、美钞无数。扬子公司的违法活动，一再成为报纸和中外通讯社的重要新闻。

1948年8月19日，南京政府为挽救正在崩溃的经济，宣布进行第二次币制改革。把法币换成金圆券。为保证币改顺利，同时实施"财政紧急处分令"，规定任何商店、企业、公司不得囤积物资，稳定市场和物价。扬子公司不会遵守，孔令侃比谁都清楚，此次币改没有成功的希望。新币金圆券无发行保证基金，无任何物质基础，绝无30年代法币发行时的社会效益和经济效益。既然金圆券从发行之初起即为一堆废纸，哪家商号、公司又会冒险按"币"来"低价"出售物资和商品？因此，资本家、商人们拿出看家本领，囤积商品，停止售货。观望市场变化，等待金圆券破产。

身为"上海经济管制督导员助理"、钦差大臣的蒋经国，明确宣布，凡是被查出违法乱纪、囤积居奇、有货不售、私自提价者一律严惩，货主店主法办，货物没收。为强调此次币改、经管的决心，蒋助理督导员多次表示："不打苍蝇，只打老虎。""在上海应当不管你有多少的财富，有多大的势力，一旦犯了国法，就要毫不留情地送你进监狱，上刑场。"令出法随，全市公司、企业、商店、市场、仓库、车站、码头，进行突击检查，果真查出一批"苍蝇、老虎"。

自以为是、趾高气扬的孔令侃从来不把国民党当局的律条放在眼里，根本没有作逃避检查的任何准备，正好撞到蒋经国的枪口上。9月29日，"戡乱建国义勇队"和军警当局根据举报突袭扬子公司大连路277号、虹桥等处的仓库。当时报刊报道，仓库堆满了近百辆汽车及呢绒、西药、钢材、染料、玻璃等300余种、3000余箱市场紧缺物资。蒋经国早就看不惯表弟、表妹们在商界的拙劣表现，只是没有合适的机会和合适的理由，敢怒敢言可没有用，现证据确凿，治孔时机已到，下令查封扬子公司和仓库、逮捕孔令侃。长孔令侃5岁的蒋经国没有对手成熟，低估了这位表弟的势力和能量。

孔令侃兵分三路行动,一路是在物资被查处之初,以在美国的父亲名义,把上海市市长吴国桢请到西爱咸斯路 51 号孔府,托市长从中斡旋。吴市长未见孔前部长出场,自觉被戏弄,分外气愤,甩手而去。蒋介石也曾致电吴国桢,要吴市长劝蒋经国放孔令侃,吴对气焰嚣张、为非作歹的高干子弟本来就有看法,故对"扬子案"是坐山观虎斗。

一路是从南京搬来宋美龄。宋美龄对四大家族的第二代人,一贯是重孔家"二虎二凤"、宋家三朵金花,轻蒋家之后。对 4 年前大姐夫被贬一事更是耿耿于怀,把对"贬孔"的不满变为对孔家第二代的爱护和纵容,岂能容许蒋经国如此对待孔令侃?9 月 30 日,正在主持宴会的宋美龄接到匿名电话,通报侃甥被抓。蒋夫人当即和上海警备司令宣铁吾联系,证实孔大公子已成阶下囚。这位第一夫人马上急电请正在北平的蒋介石来上海,制止蒋经国的"无礼举动"。次日,宋女士匆匆飞到上海,召见蒋经国,痛斥抓孔一事,下令立即放孔。10 月 8 日,蒋介石飞到上海,对爱子的行为不尽赞成,还亲切接见了宋美龄接来的孔令侃。

一路是操纵舆论。孔家势力通过被收买的报社和记者,大量散布消息,称"在扬子公司查获的大批新汽车及呢绒等,并非事实"。上海警察局发言人也称:"所抄查均已向社会局登记,所囤大批汽车并非孔令侃所有。"为孔令侃和扬子公司开脱。

三路夹攻之下,蒋经国无力反击,失败不算,在孔祥熙、宋美龄、孔令侃、孔令伟等人的喧嚣下,不得不公开发表谈话,称"在法律上讲,扬子公司是站得住的",自己打自己耳光。追踪报道扬子案的《大众夜报》《正言报》也在高压下被迫停刊。

扬子案失利,蒋经国的"打老虎计划"全部破产,无脸也无勇气在上海继续执行经济管制计划。10 月底,南京方面正式承认经济管制失败。11 月 4 日,蒋助理督导辞职,孔令侃全胜收兵。孔令侃赢了,可他目光短浅,逞一时之勇,得一时之利,却彻底失去表兄的友谊,以后两人视同路人,蒋经国的台湾不欢迎孔令侃。关于"扬子案",蒋经国唯一值得安慰的是,1948 年 12 月 21 日,国民政府"监察院"通过《对扬子建业公司囤积案之纠举书》,断案说:"公司总经理孔令侃有仗势逃税、囤积居奇、非法牟利之嫌,扬子建业公司应受停业处分,其涉及司法部分应移送法院办理。"此书只是废话,连蒋经国都抓不住的孔令侃,又有哪个部门敢抓敢管敢审敢判?

孔家"二虎二凤"，除长女令仪喜静、检点之外，令侃、令伟、令杰均继承宋家的基因，好动、狂妄、贪婪。如果只是"好动"，最多只是调皮而已；如果只是"好动加狂妄"，最多只是泼皮而已；如果只是"好动、狂妄加贪婪"，最多只是恶少太保而已。问题是孔家少爷小姐还与政治特权相结合，"好动、狂妄、贪婪加特权"，就会形成一股不良的政治势力和经济势力。

孔令侃如此，孔二小姐令伟也不逊色。她虽为女流，可自幼就有男儿性格。二小姐一出生则被小姨妈宋美龄认作干女儿，后来令伟飞扬跋扈、为所欲为，这和亲妈、干妈的庇护有关。到国民党当局撤离大陆时，她不过30岁刚过，可已是大名鼎鼎的人物。此人敢在南京闹市区枪击交通警察，可以进口大批违禁洋货甚至毒品，可以陪同宋美龄出席各种重要政治、外交、军事、商务场合，可以主持孔家大公司"祥广晋联合办事处"，可以在陪都大温泉与另一要员的儿子进行枪战，可以随时敲诈民族工商业者，可以在太平洋战争爆发、逃离香港时把国民党大员赶下飞机以给宠物让座，可以为保护经济利益而暗害公司职员，等等。孔令伟和其兄孔令侃、其弟孔令杰利用政治特权和经济实力，制造出不少成为当时头号新闻的丑闻。特别是在孔祥熙的指点和支使下，盗窃经济情报，套购黄金外汇、紧缺物资，侵吞公营资财，扰乱金融市场，留下不少劣迹。要评价孔祥熙的话，子女成为恶少太保也是其人生的一大污点。

孔祥熙官、商一生，精通且动用中国封建商人、高利贷和现代资本家、银行家的各种赚钱手段，动员和组织全家6位成员中的5位下海，奋战商场，插足和活跃于金融、证券、股票、房地产、外贸、金银、高档消费品、生产资料、工业品、援华物资等许多经济领域和部门，利润无数。庞大的孔氏财团有多少财富，国民党方面没有公布过，接受孔家存款的西方银行根据"为存户保密"的原则没有公布过，孔家也没有公布过，至今无法获得确切的数字。但有一点可以说，当时的中外舆论都把孔祥熙称为"世界上最富的人"。有的报刊称孔府资产值有"近10亿美元"，有的报刊称孔家有"5亿多美元"，有的报刊称孔、宋（子文）两家在纽约曼哈顿地区的银行存款有"20亿美元"，有的报刊称宋霭龄一次在纽约大通或花旗银行存款5000万美元，有的报刊说孔令伟离开大陆到美国重新开张时其父一次性资助1亿美元。后来孔令伟在台北病故时，遗产由90岁的姐姐孔令仪接收，仅需要补交的遗产税就高达1.5亿新台币，孔二小姐、孔家的富有程度，由此可见一斑。从以上数字看，从孔家在美国的投资活动和豪华、奢侈生活看，其时孔祥熙的财产不会低于5亿美元。

六、美国定居

孔祥熙60岁生日时，在所收到的众多的贺礼中有一副寿联："萧相转输资大计，武侯开济佐中兴"。萧何、诸葛亮为历史上两位辅助刘姓皇帝的名相，把孔同古代贤相相比，是捧场客套，不必细论。说孔祥熙是萧何、诸葛亮式的人物，他本人也不会赞成。论军政要务的运筹、决策，他不如料事如神的诸葛亮；治理朝政，关注民生，爱惜人才，他不如助君兴汉的萧何；论理全国财政能力他处中等：论个人赚钱功夫，他处上等。从总体上讲，实在和"转输资大计、开济佐中兴"的圣贤无相似之处。

为人随和

孔祥熙外表上给人的感觉并不坏，非和蔼可亲，却也非鸱视狼顾；非善气迎人，却也非凶气满脸。在国民党上层圈内，从没有像他子女那样不可一世、目空一切的架势，随和客气，永远有一股谦谦君子的味道，永远不失脸上的微笑，极少与同僚发生正面冲突，这与宋子文的严肃高傲、锋芒毕露形成鲜明对照。他以和善的态度和处理公务、处理官际关系软着陆的方式，在统治阶层内部换来不少人缘，减少了许多阻力。

孔祥熙身为行政院副院长、财政部长、中央银行总裁，住陪都重庆时，常常在路边小吃摊上，买上几根热油条当早饭。在行政院院务会议上，有人当面指责，他不予批驳，含笑听之。也有例外，一次称之为"财政部长四大金刚"的高级幕僚，提出不同意见，孔部长自以为老部下"四大金刚"不会计较态度，就把文件掷在地上，高叫"滚蛋"。此四人知道孔祥熙不会真下免职令，故也不怕。次日，四人送上8字组成的《辞职书》，云："奉命滚蛋，遵即离职。"孔氏自知言重，电话请其上班，四人不理。又亲自上门相邀，正在搓麻将的四位金刚致意后不再理睬。孔祥熙尴尬之中不无善意地说："余怒犹未息耶？吾诚知昨日失言，但可发誓，当时决非有意詈骂某一人，以肝火动，乃顺口而滑出此一流俗惯语耳。诸君现在可以叫孔祥熙这小子混蛋，看我生气不？"四人深受感动，急忙推牌起身要去上班，部长大人拦住道："今天干脆打牌，明天请早。"孔祥熙为商上斤斤计较，诛求无已，为官上却颇有肚量、圆滑平和，这是他能在南京官场坚持18年的原因之一。

中外舆论对孔先生"分外关心"，留有不少评论，有些评价令他高兴，更多的是令他失望。当年，蒋介石把孔祥熙赶出财政部，后来对孔的评价却很高，足以使长眠地下的孔祥熙感动不已。国民党财经界的后辈严家淦、徐柏园等也称孔"以宽厚仁慈之禀赋，光风霁月之襟怀，其宽和大度，休休有容，凡与接触者；莫不受其涵濡，而潜移默化"。"（他）为人肫诚仁厚，识度宏远，历膺艰巨，辅弼中枢，凡大政张弛，当时人或以为不然，但久而始知其正确。他遇事持大体，能果断从容规划，条理精密，对人则推诚相与，望之蔼然，祥和之气，使人对之自然生如坐春风之感。他的人德服人，所以人也乐为所用。""（他）不计个人毁誉，不屑自我宣传，这种伟大崇高的精神，实在是我们所当永远效法。"还有一些上海工商界人士称他为"唤醒中国商业之狮作出贡献的人"。

对孔祥熙更多的是更全面的评价："孔祥熙亦官亦商，聚敛了巨额资财，在四大家族中居于首位，是旧中国的巨富。孔在从政前虽也有些资产，但真正发迹还是在参加南京政府之后。孔利用所掌握的国家财政金融大权，在使国家垄断资本不断膨胀起来的同时，也使其私产迅速增长。孔家的资本以商业为主，他的金融机构只是其商业资本的保姆，工业资本则多半是他人依附或偶尔而之。"

"他胖墩墩的，脸皮松弛，下巴垂着一嘟噜肉，是漫画家一见就乐的对象。"

"他的智力像个12岁小孩子。如果我把和他谈银行业务的谈话录音下来，再放给人们听，谁也不会再把蒋的政府当成一回事了。"

"孔先生是位有争议的人物。他的一位前下属说：他是一位很难共事的人，他喜欢空谈和闲谈，不下达明确的指示。至于他的能力，他和所有那些山西银行家一样，是一位精打细算的人，但他不是具有政治家风度的理财家。"

"孔祥熙秉性诡诈而非天资智慧。正是由于这一原因，他常被邀请充当中间人。"

"蒋介石显然更喜欢孔博士，他在党内没有威望，也不公开抗蒋之命。""（孔）是蒋介石的御用国玺——一枚橡皮图章。孔对蒋是唯命是听，还要为夫人宋霭龄帮点小忙。就这样孔老伯使得宋子文为中国经济建立独立的财政基础所做的努力尽付东流。""倘若说孔老伯是个傻瓜，那么他也是个狡猾的傻瓜。"

以上并不完整的评孔语录，把孔祥熙在中国政治舞台上所起的作用，在国民党当局财政史上的地位，与蒋介石的关系和管理国家财政的能力、兴趣、性格，或多或少地有所说明。

转移财产

孔祥熙一生做出的少有的正确决定之一，就是在抗日战争结束前夕、被撤职以后，急流勇退，离开南京官场。1945年底，孔祥熙和宋霭龄去美国近1年半后回到重庆，亲自领导孔家财团大陆时期的最后一次扩张活动。在大小官员四出劫收的混乱之中，两人指导孔令侃、孔令伟、孔令杰把孔家在大后方的资产迅速转移到上海和南京等东部经济中心，重新选择投资方向和投资规模，成立新的公司。在抗战胜利后的4年间，孔家赚取的钱财并不少于全面抗战8年间的收益，特别是在利用经济情报和政治特权，炒黄金、美钞、股票、证券等方面，达到前所未有的疯狂程度。

1947年秋，孔祥熙以"为宋霭龄治病"为名，前往美国。离国以前，颇有先见之明的孔祥熙，已经预感到即将有家难回，特意回到山西太谷老家，处理祖传家产和游历，这是他最后一次回家探望。孔氏夫妇如此提前赴美，再次显示出过人的精明和眼力。国民党失败不可避免，孔家庞大的资产结束在祖国的业务需要时间，资产向美国的转移也需要时间，更需要安排。

于是，孔家兄妹在上海逐渐收拢资金转向纽约，已在纽约的孔祥熙则在曼哈顿及时处理，投入再生产。所以说在新中国成立之前，在外逃的资本家、大商人中，只有孔家在转移财产上最完整，几乎分毫无损，这和孔家有充分的时间、充分的准备有关。到1949年下半年，当那些不明真相的富有者为一张去台湾、香港、海外的船票、机票争得七生八死时，孔家已开始把从祖国捞取的钱财在美国进入新的运行阶段。

1949年1月，孔祥熙辞去"中国银行董事长"职。1950年7月，国民党中央改造委员会成立，该党第6届中央执行委员会解散，孔的"中执委"头衔自动免去。所任的新职有"总统府资政""中国银行纽约分行董事"。关于"资政"，台湾的国民党当局用不着远在纽约的孔祥熙操劳，蒋介石聘请"资政、国策顾问、战略顾问",不是准备重用他们,而是为安抚国民党的昔日重臣、元老,关于银行业务,孔祥熙无政事可问,对"纽约分行董事"职分外热心,不顾年迈体弱,每周上班数日至86岁(中间因定居台湾,中断一段时间)。

孔祥熙忙于分行事务有其背景,一是他一生以财经管理为业,养成一种职业癖,无法适应又退又休的生活,只能退而不休,直至身体无法坚持。二是管理全国财经他力不从心,可经营一家银行,能力绰绰有余,中行纽约分行是他经手办得较为出色的银行。三是蒋介石的委托,纽约分行作为台湾在美国的重要金融基地,既负责争取美援、吸收外汇存款,又负责收买美国院外游说集团,孔祥熙可以完成这两项任务。特别是他在美国金融界、财政界和院外集团有一些私交甚笃的老朋友,这为他出面帮助1948年、1949年间的南京政府和撤到台湾的台北当局争取美援提供了条件。四是孔家私产在美国投资后,需要一个融通资金的金融点,纽约分行成为孔记财团的金融"围城",帮助孔家财产向美国转移,在美国铺开,开辟新的势力范围。事关孔家根本利益,孔祥熙当然关心分行事务。

到美国后,出面经营孔家财团的已不是孔祥熙。在此之前,不少美国报刊对中国四大家族有过深入揭露,孔氏成为被批判的主要目标,其贪其诡其私足以使任何美国商人退避三舍,因此孔祥熙、宋霭龄只有退居二线指挥,一线分别由三子女负责。孔记财团活跃在石油、建筑、股票、期货、批发等领域,只是在实力强大的美国商界,地位远没有在国内时期的地位高、规模大,只是再无在国内时畅通无阻的特权。

孔祥熙的晚年生活,有一事该提,这就是和大舅子宋子文的关系。两人曾合作数年,帮助蒋介石建立和巩固政权,一起支撑南京政府,再加上又是亲亲热热的亲戚,本应无战事。只因蒋介石的好恶,先重用宋,又用孔代宋,再用宋代孔。虽说是蒋介石所为,可难免宋、孔互相怪罪于对方,最后成活不见面、不共戴天之势。在美国两人均住纽约,子孙辈也有来往,只是孔祥熙、宋子文再也没见过面,直到孔祥熙的葬礼也未见到宋子文的身影。

孔祥熙同台湾当局的来往没有停止,来往于纽约的国民党要员一般都要到孔宅拜访。1956年宋霭龄回到台湾,小妹、小妹夫都出场迎接、长叙,不少人为之捧场。年过80的孔祥熙落叶归根之心日增,"因年老而有归国之念",多次对友人说"我是中国人,我死也要死到中国"。蒋介石没有忘记连襟兄,于1962年

10月上旬亲用长途电话邀其返台长住。10月23日，以"为76岁的蒋介石祝寿"为名飞抵台北，孔祥熙、孔令伟在松山机场受到蒋介石、陈诚、蒋经国、蒋方良、张群、于右任等大员的迎接。回台的昔日党政大员中，欢迎孔祥熙的规格最高。

11月下旬，孔祥熙住院治疗白内障。12月5日和6日，蒋介石、宋美龄先后到"荣民总医院"探视问候。时过不久，孔祥熙返回美国家中，1967年8月16日因心脏病去世。台北方面派出由宋美龄、蒋纬国等5人组成的代表团参加葬礼，并带来"总统褒扬令"，"以示政府崇报耆勋之至意"。蒋介石还专门撰写《孔庸之先生事迹》，称："不愿其潜德幽光，湮没不彰，乃不能再避亲姻之私，而述其大略如此，世人当不以中正为有所偏私而加以辩解也，惟期对党国忠贞不贰之庸之先生在天之灵，有所慰藉云尔。"

在纽约5号大街的马尔布尔学院教堂举行了孔祥熙先生的葬礼。

又过6年，1973年10月20日，宋霭龄在纽约长老会医院因癌症病故，享年85岁，与孔祥熙合葬，位于纽约上州的佛龛瑞福墓地。

美国的《纽约时报》当时是这样说的，"这个世界上一个令人感兴趣的、掠夺成性的居民昨天在一片缄默的气氛中辞世了。这是一位在金融上取得巨大成就的妇女，是世界上少有的靠自己的精明手段敛财的最有钱的妇女，是介绍宋美龄和蒋介石结婚的媒人，是宋家神话的创造者，是使宋家王朝掌权的设计者。"

又过了30年又4天，宋家小女儿宋美龄病故，也葬在孔宋墓的旁边。

"蒋家天下陈家党"
——记"陈家党"主持人陈果夫

陈果夫在中国现代史上有较高的知名度。他之所以出名，是因为他曾一手经营过反共组织 CC 系，是因为与其弟弟陈立夫一起长期执掌国民党的党务组织大权和中统特务组织，也是因为此人也算社会一才子，政坛一奇人。

一、蒋介石的亲信

翻阅陈果夫的历史，可以看出他在国民党内确实是一个不一般的人物，更不是平庸之辈。国民党上层人士称其为"标准党人，是北伐到迁台前的中心人物"；"在党内确有其组织的天才和领导的高度智慧，非常人所能及的"；"施政培才，允彰绩效，劬学勤事，致咯血病瘵"。从中可以看出其在南京政府里的影响之大，就连蒋介石对他也是分外赏识，在陈果夫病故后，蒋介石送来"痛失元良"的挽额，褒扬他"资性弘毅，志行纯笃，继承革命家风"，评价之高可见一斑。

自蒋介石建立南京政府起，社会上就有"蒋家天下陈家党，孔宋两家管钱袋"的说法，它反映出陈果夫在蒋介石集团中的地位之重要。陈果夫的反共记录是历历在目，可是他还是一个不学有术、聪明过人的"奇人"。说是"奇人"不过分，陈果夫经商，财源茂盛，银圆滚滚而来；步入政坛，等待着的就是高官厚禄，作为蒋介石的最高助手之一，进入国民党的中央决策核心；工作之余热衷于"爬格子"，结果是著作之多、涉及的内容之广，非一般自由文人所能比。考察陈果夫的一生，他坚决反共，倒也才华横溢；身居高位，可业余爱好不少；本无专业，涉猎的学科颇多；文化不高，却是成果累累。总之确有独到、神奇之处，这在国民党内并不多见。

陈果夫是浙江吴兴人，1892 年 10 月 9 日出生。陈家在当地可算个望族，父辈弟兄 3 人，出过名人老二陈其美。陈其美早年追随孙中山，是同盟会在江浙沪地区的重要领导人，辛亥革命后出任过沪军都督。陈果夫是老大陈其业的长子，陈其美本身对这个大侄子没加过多的提携，但陈其美和蒋介石的亲密关系对陈果夫、陈立夫后来的仕途起过决定性的作用。

陈其美 1906 年前往日本警监学校留学，学习期间加入同盟会，积极奔走于革命党人的活动，深受孙中山的信任。1907 年蒋介石到日本陆军士官学校留学，学习初期结识陈其美，经陈介绍加入同盟会，并被引见给孙中山，开始了不平凡的一生。待来日蒋介石当上黄埔军校校长乃至夺得国民党最高权力后，大恩师陈其美已在1916年死于北洋军阀收买的凶手之手；就这样蒋介石把对恩师的怀念和感情，移植给恩师陈其美的两个侄子陈果夫、陈立夫，于公把果夫、立夫当心腹，于私把果夫、立夫当侄子。蒋介石的关照，是陈果夫一生奇异官运、仕途亨通的原因所在。

陈果夫下有弟立夫、民夫、衔夫，妹顺夫、敬夫、赞夫。其父陈其业早年也到过日本，原本走从商之路，无奈一事无成，连家中开支也待陈其美接济。陈其美遇刺后，家道从此中落。陈其业是靠儿子一举成名的，陈果夫、陈立夫在南京政府里出任部长后，父亲陈其业开始出头露面，竟然当上国民会议代表。抗战后改任国民参政员，1948年国民党"行宪"，又在家乡竞选"国大代表"成功。此外还任过全国商业联合会常务理事、全国工业联合会理事。到台湾后以"国大代表"身份继续活动。1961年3月病死于台北，蒋介石明令褒扬，称"其与人也恕，其律己也严，其宅心也厚，其治事也勤；盖诚存乎心，而仁显于外，故能表率子弟，成功成仁，睦辑乡里，以尊以亲"。事实上陈其业的一切，都是蒋介石送给他的，也是两个儿子给他弄来的，并非自己所为所及。

陈果夫的少年时代，并没有显出伶俐、聪明、智力过人的地方。1911年4月已是19岁的他才毕业于浙江陆军小学，6月考入南京陆军第4中学。这已是第3次小学毕业、第2次进中学。虽说学业上不堪回首，却也有值得一提的历史。这就是1911年春陈果夫加入了同盟会，平时热心于革命党人的秘密活动，"联络同学多做组织和宣传工作"。武昌起义打响后，离开学校，和学生军一起参加武汉保卫战。赶到武汉时，清政府南下的军队已经兵临长江，炮轰南岸武昌城。陈果夫踊跃参加支前活动，在一次修筑大炮工事、把大炮推往蛇山山顶时，劳累过度退下阵来。当天晚上肺血管破裂，口吐鲜血不止，从此就落下病根。

陈果夫的身体从小就很虚弱，他自己回忆说："母亲不许我运动，实在是因为我的祖母喜欢静的缘故。祖母是什么话都骂得出的，而母亲不容易受得进，所以只有自己管得我们不动，免得受骂。"1913年3月陈果夫乘"春日丸号"轮去东京杏云堂医院治疗，确诊为肺结核，没法治愈。以后的30余年内，肺病一直在折磨着他。故日常的陈果夫，无论到那里，无论在什么场合，都要随身带一只精致的小痰盂，以对付经久不息的咳嗽和令人生厌的痰沫。

久病不愈的陈果夫，在家乡休养几年后，因二叔陈其美去世，家景越来越差，甚至连大弟陈立夫的学费家里都拿不出，不得不再次远离家乡去上海谋生。1918年5月进入上海晋安钱庄当助理信房。一边供职，一边自己做金融买卖。借了1000两银子作本，不出3个星期，净赚600余两。他的经商，尤其是做金融生意的才华有了充分发挥的机会。事过不久，同在上海的蒋介石找上门来，合伙做生意。

陈果夫自己曾专文回忆过第一次见到蒋介石的情形。那是在1911年10月，"我以南京学生军的身份预备去武汉，到了上海，我的二叔（陈其美）卧病在床，但他还是指挥同志，进行苏州一带的革命工作。有一天，在二叔的病榻前见到蒋先生（蒋介石）。二叔替我介绍，说蒋先生是主持杭州方面敢死队的革命工作的。……蒋先生威毅稳重的风度，使我第一次所生的印象非常深刻"。蒋、陈就这样开始相交的经历，陈对蒋十分佩服，称"我对他的敬仰之心，便与日俱进"。自那以后，蒋家、陈家常来常往，如同一家。

陈立夫在谈到这段往事时，回忆道："因为先叔陈英士（其美）的关系，我们两家数十年是患难相共的通家。记得小时候，有时候经国同志（蒋介石的大儿子）来到我家，晚上同床而眠，等于手足骨肉之情。"蒋介石和陈果夫成为最亲近的朋友、无话不谈的至交。

CC系的一个重要成员曾经这样记述过蒋介石和陈果夫之间的关系："在委员长（蒋介石）面前，说话能够尽言而无所畏惧的，只见过两个人，一位是陈辞修（陈诚），另一位是陈果夫先生。他们两人跟委员长面谈问题，有时会使委员长生气。委员长生了气，有时很不耐烦，甚至拂袖而起，表示不再要听了，站起来转身要走。这时，他们两位先生都是同一种脾气，会从后头跟上去，尽管委员长生气不爱听，他们还是要把话讲完，希望委员长注意他们的话。"能够在蒋介石面前直言不讳，甚至在蒋生气后还要把话讲完，没有蒋的超级信任是不行的。陈果夫就靠了蒋介石的这种信任和庇护在国民党内展开活动的。

1920年秋，孙中山指示在上海的革命党人组织证券物品交易所，用于筹集活动经费，一是支持地下斗争，二是救济革命先烈的遗族。陈果夫事后说："蒋先生把这件事通知了我，并且要我研究这个问题。我因此特地到日本人办的'上海取引所'去参观了两次。不久蒋先生就要我和另外几个人商量，组织第54号经纪人，号名'茂新'，做棉花、证券两种生意。因为我比较内行，推我做经理。"岂知开市大亏，3000元资本的"茂新号"，第1天就亏本1700余元。不过陈果夫精于此道，经营有方，很快扭亏为盈，"茂新号"的名声逐渐大起来。不久又开一家"鼎新号"，该店收获不大。

"茂新号"的股东有蒋介石、张静江、戴季陶等一批国民党内的活动家，上海滩的交易使他们成为知己、死党，以后都是蒋介石统治集团的核心人物。"茂新号"赚了不少钱，除了拿出一部分供给革命斗争之需外，其余的都成了他们在十里洋场生活的资金来源。陈果夫还用此款支助弟弟陈立夫读完中学、大学和去美国攻读采矿学。

陈果夫的这一段经历，使他获得了国民党"理财专家"的称号。一次他在高兴之余，谈到过自己经商的"5大财神"，第1路是扩大营业之神，第2路是缩小营业之神，第3路是维持营业之神，第4路是停止营业之神，第5路是改换行业之神，条条大路通罗马。这是指根据市场的潮涨潮落、需求变化及时改变自己的经营规模、方式。在瞬息万变、捉摸不定的上海证券市场，他的经验之谈不无道理。蒋介石在大陆统治22年，一部分财权一直掌握在陈果夫的手中，长期兼任国民党四大银行之一——农民银行的董事长、中央合作金库理事长和中央财务委员会主任。之所以这样，主要是因为他是个"理财专家"，和蒋介石在上海共过难，一起做过股票生意赚大钱。这是陈果夫赚钱出奇的地方。

陈果夫进入国民党的权力圈已是1924年。当时正值黄埔军校创办，他在上海养病，孙中山派人送来委任状，任命陈果夫和赵澄志、刘祖汉为上海地区招生委员，同时为军校采购各种军用品。1926年1月国民党第二次全国代表大会召开，陈果夫竟然当上中央监察委员，正式进入国民党中央决策机构。从后来历史看，国民党官场权力大小的关键不在职务的高低，关键在于能否出没于蒋介石的身边和为蒋所重用。陈果夫一到广州就成为蒋介石最重要的助手。

1926年3月20日，蒋介石为篡夺革命领导权，突然宣布戒严，以"阴谋叛乱罪"逮捕中共党员、国民政府代理海军局长李之龙，调动武装包围苏联顾问办事处和住所、省港罢工委员会，强迫300余名共产党员退出国民革命军第1军。这就是震惊一时的"三二〇事件"。5月15日蒋介石同谭延闿、孙科、宋子文等8人又在国民党二届二中全会上提出限制共产党人活动的《整理党务案》，规定共产党员在国民党中央、省、特别市党部中担任执行委员的名额不得超过三分之一，共产党员不得担任国民党中央的部长，加入国民党的中共党员名单必须全部交出。在这次会议上蒋当上国民党中央组织部长、军人部长。

"三二〇事件"是蒋介石和中共方面的第1次公开较量。事件爆发后，广州黑云压城，形势一触即发。为应付面临的复杂局面，谭延闿向蒋介石推荐了他们共同的旧友陈果夫，说"果夫有办法"，让蒋介石把陈果夫调来实施整个反共行动计划。陈果夫就这样来到蒋介石的身边，出任中央组织部代理部长，具体执行《整理党务案》，改组原由共产党人谭平山任部长的中组部以及国民党各级党部。时年34岁的陈果夫，被39岁蒋介石一招来就出任"部长"，这在国民党上层仅此一例，也是陈果夫当官出奇的地方。

陈果夫"助蒋"正是在蒋介石一筹莫展之际，又是在蒋介石篡夺最高权力的关键之时。"三二〇事件"发生，如果中共方面反击成功，蒋介石的阴谋就会彻底败露。遗憾的是中共没有进行有力反击，结果让蒋介石占了上风，从此明里暗中开始了他的反共历程，其中有陈果夫的"功劳"。

陈果夫虽说以往在国民党内没担任过什么重要职务，也没什么大的活动，可玩弄权术却是轻车熟路，干得比蒋介石预计的还要好。陈果夫一当上代理部长，马上带着罗霞天、洪陆东、肖铮等一帮浙江人走马上任，着手部署党员登记和发放党证，从上到下改组各级党部，驱逐共产党人。蒋介石的《整理党务案》能得以贯彻执行，正是因为有了陈果夫这个忠心耿耿的帮手。所以陈果夫一到广州，就成为第一次国共合作、大革命运动的敌人。同时陈果夫自己也开始有了小班子、小圈子，中组部的一帮人形成了CC系的雏形。

在反共道路上，陈果夫追随蒋介石是亦步亦趋，步步紧跟。1927年初，蒋介石在九江、南昌等地先后向共产党人下手，得到陈果夫的支持。从广州迁来的坚持国共合作的国民政府和中国共产党人在武汉发动革命群众，勇敢地喊出了"打倒蒋介石""驱逐陈果夫"的口号。无奈此时，蒋陈二人已经成势，不再理会武汉方面的约束，公开反共只是时间问题。4月2日陈果夫出席8人参加的中央监察委员会议，鼓励他人通过会议决议："照吴委员敬恒所拟办法"，要蒋介石对共产党"以非常之处置，护救非常之巨祸"。这是为蒋介石向共产党下手作准备，使得"清共"在国民党内部合法化。"四一二"反革命政变以后，陈果夫具体主持"清共"工作，领导各级清党委员会，专门对付共产党人。

二、核心圈的要角

在作为蒋介石反共助手的同时，陈果夫还积极协助蒋介石对付国民党内其他派系的挑战，是蒋介石度过开府南京至1931年底这一困难时期的坚定支持者。蒋介石第1次下野后，陈果夫联合戴季陶、丁惟汾等一批人，在上海滩成立"中央俱乐部"，纠集"拥蒋力量"，准备"迎蒋上台"。"中央俱乐部"成为CC系的主要基地。"宁汉合流"后，国民党的党权落到西山会议派手中。陈果夫在中组部的势力、班底被彻底铲除，西山会议派从蒋介石手中成功地夺走对党的控制权，该派主将纷纷出任中央党部和南京政府的要职。由于合流后国民党内各派系互不服气，互相争吵，只有请出最大的实力派蒋介石主政主军。

在蒋介石复出的大局已定后，陈果夫手下的一批CC分子，于1927年11月22日庆祝西征唐生智胜利之际，趁机鼓动一些不明真相的青年学生上街游行示威，高呼"打倒西山会议派"的口号，南京政府当局下令开枪，酿成惨案。在一片追究杀人凶手的呼声中，西山会议派不得不下台离去。1928年1月，蒋介石重新上台后，中央组织部又落到陈果夫的手中。2月初，国民党二届四中全会召开，蒋介石再次出任组织部长，再次由陈果夫代理。他出掌中组部的一件大事，就是于1929年3月召开完全听从蒋介石指挥、陈果夫和陈立夫控制的国民党第三次全国代表大会。

"三全"召开时，陈果夫、陈立夫通过CC系在国民党各级党部中的活动，直接控制大会代表的选举，一脚踢开与蒋介石不合作的汪精卫派和西山会议派，联合另一大派胡汉民系，单方面召开"三全"。会议自始至终控制在"二陈"手中，特别是举行中央执行委员会和中央监察委员会选举时，蒋介石指使"二陈"和CC分子，把自己身边的人拉进去不少。结束了历史上形成的国民党内胡汉民、汪精卫、西山会议派和蒋介石等四派并立、不利于蒋介石派的局面，蒋介石得以掌握足够的多数票来对付其他三大派。如果是等四派分赃的话，显然不允许蒋介石一派一下子增加如此多的中执委、中监委名额。现在却是两派分赃，蒋介石给了胡汉民一点甜头，以趁机扩大自己的势力，以后再收拾胡汉民派。通过"三全"，"二陈"成功地把国民党改造成为清一色的"蒋家党"（也可以说是"陈家党"），大大巩固了蒋介石在党内的统治地位。

当然，"三全"也引起国民党内其他派系的反对，随之而起的国民党内的重要活动家汪精卫、陈公博、胡汉民、古应芬、许崇智、谢恃、邹鲁、李济深等人联合李宗仁、唐生智、张发奎、阎锡山、冯玉祥、陈济棠等地方实力派，先后挑起"护党救国运动、北平中央扩大会议事件、广州非常会议事件、西南执行部事件"等"倒蒋党争和军事混战"。根源之一在于"三全"的排挤和压制其他派系、军阀，受压之人不服也。

　　"三全"开完，陈果夫高升中央执行委员、中央常务委员、中央组织部副部长兼代理部长（部长为蒋介石），此外还是从1928年10月起担任的国民政府委员、"监察院"副院长。陈立夫则高升中央执行委员、中央党部秘书长。"二陈"当上中执委、中常委、中组部代部长、中央党部秘书长，整个国民党中央党部的大权均已落入弟兄俩之手。随着他俩在党内位置的升迁和巩固，CC系的势力在"三全"前后也得到空前的发展。

　　"三全"以后至"九一八事变"，国民党内进入内斗内乱高潮。在蒋介石对付挑战的过程中，陈果夫利用CC系在各省市的势力，公开地秘密地拆"倒蒋"各派的台，挖各家军阀的墙脚，起到了蒋介石的枪杆子无法起的作用，有效和及时地配合了蒋介石的军事和政治行动，深受蒋的赞赏。

　　1931年6月，陈果夫因肺结核病日益严重，提出辞去中组部代部长的要求，到政府里去任职。表面上从此就退出国民党的中央党务部门，不再从事以进行派系斗争和权力斗争为主的繁重的党务工作。事实上党权未旁落他人之手，而是移交给弟弟。陈立夫和CC系从来都是把陈果夫当作"精神领袖"，看他的眼色行事，围着他的指挥棒转。中央组织部长职由陈立夫接任，以后中组部除在抗战期间由朱家骅任过4年部长外，部长一直是陈立夫（一度改称为中央组织委员会主任委员。其间在1934年下半年由陈果夫接任过几个月的部长）。

　　与政学系在行政部门、黄埔系在军事部门、孔宋系在财政和外交部门一样，"二陈"控制的CC系牢牢地掌握着党务部门，成为蒋介石统治的四大支柱。陈果夫还通过弟弟陈立夫，指挥着国民党的两大特务机构之一——中央执行委员会调查统计局。使得CC系在对付共产党和国民党内的其他派系时，有了一个冷酷、残暴的执行机构，使得CC系和"中统"浑然一体，成为国民党内的核心机构。

　　1932年5月，屈辱卖国的《淞沪停战协定》签字，因"一·二八抗战"迁往洛阳的国民政府迁回南京。陈果夫与国府主席林森回到南京后，为疗养身体，又辞去"监察院"副院长职。8月出任导淮委员会副委员长兼代理委员长，不管效率如何和花费多少钱物，一度组织24万民工开上淮河工地，为减少河害多少作了点努力。10月又兼任江苏省政府主席至全面抗战爆发。陈果夫在省主席任内干过一件轰轰烈烈的大事。在1936年10月蒋介石50岁生日时，陈主席向军政部长何应钦建议，为蒋介石"献机祝寿"。顿时把全国弄得一片混乱，各种各样的"捐款"高达1200余万元。仅江苏省就"捐献"飞机9架，各行各业均遭殃，连小学生、童子军都在"捐"钱之例。"献机祝寿"使得全国各阶层人心惶惶，劳民伤财，实为一次名副其实的大搜刮。1937年12月19日，蒋介石任命正在撤往大后方途中的陈果夫为中央政治学校教育长，主持由陈自己创办的国民党政训干部的最高学府工作。1939年，委员长侍从室增设第3处，陈果夫调任处长。该处权限极大，负责选派参加蒋介石专门培训高级干部的中央训练团人选，掌管党政军各部门上层人物的陟罚臧否。抗战胜利后，侍从室改组，第3处撤销，陈果夫的"主任"职自动停止。自此以后，除了在经济界挂有几个头衔外，仅是中执委和中常委，在政界再也没有什么具体职务。由于CC系名声越来越臭，再加上他的身体越来越坏，蒋介石让其处于半退休状态。

三、官场上的杂家

出道前经商，出道后做官的陈果夫，在国民党上层人士中，除有"党人"这一"主要形象"外，还有另外几个"业余形象"。

一是"银行家"。早在1928年7月，他联合一批江浙财阀，筹集资金，组织成立江苏省农民银行。1933年蒋介石又另组豫鄂皖赣四省农民银行。到1935年"两行"正式合并成立中国农民银行。农行和中央银行、中国银行、交通银行一起成为"民国四大行"，也是蒋介石集团垄断金融和垄断资本的主要机构。农民银行重在扶持为地方富人、商人、强人所把持的合作社组织，作为在农村进行统治和管理的社会经济基础。到全面抗战爆发前夕，此类合作社发展到近4万个。农民银行基本上一直处于陈果夫的控制之下，长期兼任董事长，并且还是与之有关的中央合作金库理事长。为此他就成了国民党的"银行家"，再加上在上海滩做金融生意的经历，就成了国民党的理财专家、经济学家。长期参与蒋介石集团的财政咨询和决策工作，出任中央财务委员会主任委员多年。

二是"教育家"。陈果夫自己没进过什么大学，更没有出洋深造，可为国民党创建过一所颇有影响的大学——"国立政治大学"。当年从上海到广州代理中组部长，上任后撤换了原来谭平山部长任用的大部分官员、职员，急需一批新的、能跟自己走的、为蒋介石集团服务的上层党务管理人员。同时，陈果夫又开始改组国民党各级党部，急需大量的党务干部。为满足需要，特意创办"党政训练所"，培训干部。到南京后扩编为"中央党务学校"，1929年改为"中央政治学校"，1947年易名为"国立政治大学"。陈果夫在1927至1929年为党务学校总务主任，1938至1941年为中央政校教育长，其余时间兼任校务委员。虽然职务屡变，可他作为政校实际负责人的身份没变，大事小事都需他决断，政校也不愿意离开这棵大树。中央政校和黄埔军校一样，是蒋介石训练骨干、培植心腹的基地，不少政校毕业生成为党政部门的官员、军队里的政训军官和社会上的文化特工。此校和黄埔军校的延续陆军军官学校一起，于1949年底在川康地区被人民解放军打垮后就此结束。直到1954年，"政治大学"在台湾复校，此时陈果夫已离世3年余，学校也"政治色彩"也大为减少，教育、学术内容大为增加。

说起"教育家"，他还真有过不少关于教育的论著，但都是平平之作。1932年曾提出一个《改革教育初步方案》，中心内容是10年内文史艺类大学停止招生，扩充工农医科类大学。此种偏重理工、轻视文法的方案，如真实行，恐怕贻害无穷，累及几世。

三是"美食家"。说到陈果夫的"业余形象"，必提"美食家"。当"美食家"要有条件，条件就是要有吃的机会；吃过之后要有记录、有比较、有研究、有提高。这些对陈果夫来说都具备。像他这样的人，吃的机会不会少，吃遍中华无阻拦；一生重病在身，更讲究"吃"这等养身之道；他又是个勤动笔、爱动脑之人，故成"美食家"。

"美食家"的主要"成就"有两项：一是给"江苏菜"正名。陈果夫出掌江苏省省5年，公务之内、公勤之外，尝遍苏南苏北名菜佳肴。1934年秋，省会镇江举办全省物品展览会，陈果夫根据自己的"吃经"，组织了一席丰盛无比的"江苏菜"。席间用的都是产自江苏的原料和江苏的做法，做出江苏各地的名菜。"江苏菜"果然名不虚传：饮的是江苏名茶茅丽、碧螺春；喝的是江苏名酒洋河；用的是江苏水果萧县石榴、砀山梨。菜就更为可观：南京板鸭、苏州酱肉、无锡大排、镇江鲥鱼、南通鱼翅、扬州酱菜、淮阴鳝鱼、如皋火腿、七合龙池鲫鱼、阳澄湖的大螃蟹，一共30余种，美不胜收，形、色、味齐全。不管如何，陈果夫标出"江苏菜"，还是丰富了江苏的"饮食文化"。

"美食家"的另一项"成就"是发明"天下第一菜"，这是他吃尽天下百菜以后的创造。菜谱是把刚炸好的锅巴从油里取出，再把煮得滚开、加有虾仁和西红柿的稠鸡汁浇在上面。菜端到桌上时还在噼啪作响，番茄色艳，鸡、虾味美，锅巴香脆，令人垂涎欲滴。国民党上层爱吃能吃会吃、有各种机会吃的人很多，像陈果夫那样"吃"出名堂来的人可不多。

四是"杂家大师"。他一生地位显赫，手中权大无边，大有呼风唤雨、生杀予夺之势，可业余爱好不少，尤其是喜欢动笔撰文，每天日记从不间断，仅缺少临死陷入昏迷的两天。陈果夫写过小说、电影、歌曲，写过关于经济、教育、反共等理论文章，写过不少时政评论，还写过许多关于生活诸问题的杂感。到他病故后，台湾当局出版《陈果夫先生全集》，分教育文化、政治经济、礼俗、生活回忆、医药卫生、杂著6大部分，有10册，计190万字。他所作文章的内容是五花八门，应有尽有。早在20世纪20年代，陈果夫就喜好文学，阅报时碰到精彩的段落还剪下保存，一有感想就随手记下。凭着几进小学和中学的扎实基础和自学，提高很快，一度兼任国民党的重要刊物《民国日报》社的编辑。他的第一篇文艺小说在《星期评论》杂志上发表，到1928年12月，上海现代书局正式出版《果夫小说集》，收集了作者发表过的12篇小说。《小说集》的"序"中称作者"喜欢抒写一些作品，在这些作品里，他用轻淡微妙的文章，寄托某种深远的意思。讽刺的情调，充满在字里行间"。CC系重要成员程天放说陈果夫的小说"不夸张，不标新立异，平易近人，使读者感觉亲切有味"。另一个CC系骨干余井塘也说小说"最大的特点，在令人读时觉得亲切有味，写来如话家常；如说故事，如老友相逢，欢然道故；如师友切磋，津津乐道。故读来如吃家常便饭，味道可口"。

除小说外，陈果夫还写过近10个电影剧本，如《饮水卫生》《富强之本》《骨肉重逢》等。出版过《歌曲集》，收集了自己创作的40余首歌曲，如《国旗歌》《七夕歌》《造林歌》《腌菜歌》《教师歌》《儿童卫生歌》等。由于生病，陈果夫相当重视日常生活中小病小灾的预防和治疗，曾经出版过《自己治病简法》和《苦口谈医药》两本书。书中有些主张不无道理。如提出10项卫生原则："浴日光、畅空气、慎饮食、重整洁、勤劳动、善休息、适环境、正思虑、调七情、节嗜欲"。有些见解不够稳妥，如认为妇女患妇科类毛病是因为赶时髦穿短裤造成。有些做法就有点幽默可笑，如伤风感冒，夹住鼻子摩擦40下就好，妇女乳水不通，用米疳水一洗就通，等等。陈果夫死时60岁，留下著作近200万字。对此，中国学术界的一位大师胡适就这样说过："我觉得他是近代中国一个了不起的人。他以一个未受过大学教育的人，能写出这么多的著作来，老实说，我们今天在北京大学的，还没有多少人能做得到呢。"和陈果夫的反共生涯比起来，在著述方面的成就更能在历史上留下足迹。

四、CC系的主持

事实上，陈果夫最出"名"的是CC系大掌柜。可他作为CC系的创始人和大掌柜，至死都不承认有CC系存生。在他看来，CC系是别人叫出来的。

一是推到中共头上。说"当本党统一的局面逐渐完成之际，共产党又造出大同盟、CC团两个名词，来离间分化中央的力量。大同盟是指丁（惟汾）而言，CC是指我而言。因为当时丁先生任中央党部秘书长、我任组织部长的缘故。说我组织CC团排挤丁先生，说丁先生组织大同盟来对付我。凡是反共，与陈某接近，或是调查人员，或曾为国民党做过事而不肯变更意志的，均可以CC目之。故CC之名，实由于本党17（1928）年完全统一之后所反映出来之名词而已"。

二是推到国民党内的其他派系头上。说"胡汉民、孙科返国第一次参加常会，在会上称我搞小组织。过几天，在中央纪念周上，我特别声明，我同丁先生没有大同盟和CC团的组织。并且说明我的性格，不会用外国字来组织自己团体的道理……但是CC这个名词没有消灭，以后汪精卫的改组派，以及别的小组织，对于中央党部及我等，亦以CC为称"。

陈果夫说，由于上述两个原因，CC系才"以乌有之名传遍世界"。陈立夫也大叫冤枉说："绝对没有CC这个组织。我兄弟俩已受党的委托组织工作，有大的，何必还搞小的；党章规定不得有小组织，总裁怎么能允许；先兄最恨外国名字的命名，何用'CC'；戴笠的军统怎么对 CC 全国性组织找不到一点线索呢？先兄从不为自己打算，不然怎么帮助蒋先生（介石）指挥 500 万党员？""27（1938）年南京召开的全会中，宣布取消一切为了便利在军阀手下开展工作的需要而成立的秘密小组织。例：如天津的兴中会、实践社，山东的大同盟，江西的 AB 团等。中共造出'中央俱乐部 Central Club'，我当时任中央秘书长，马上又以二姓为名（'中央俱乐部'的英文单词和'二陈'的汉语拼音的第一个字母均是'CC'），积非成是。""二陈"的话，可以否定 CC 系这个组织，但不能否认 CC 系的活动和存在。

在国民党的历史上，可以说没有出现过名为"CC 系"的帮派组织。陈果夫没有公开号召、鼓动一帮人另立山头、另树旗号，没有为 CC 系订立入会条件、仪式，也没有制定组织章程、纲领和召开代表大会、定期进行组织活动。社会上说 CC 系，是说国民党内历来派系林立，暗潮汹涌，政争不断，蒋介石又善于利用派系斗争来作为自己运筹帷幄的工具，以达到以"派"制"派"的目的。即使是对于忠实于自己的孔宋、CC 系、黄埔、政学四派，也是利用四派之间利害冲突和权益之争，相互制约、牵制，以免一派坐大，以保持某种平衡。这就使得南京政府内的大官小官，都得找到一个政治靠山，投身一个派系，以免成为派系纷争的牺牲品，随着派系之间的某种平衡而保住自己的位置。这就是国民党内派系存在的政治基础。

在这个基础上，社会上说 CC，不是说它是一个有组织、有纲领的有形组织，而是说"陈氏兄弟"长年经营国民党的党务、组织、人事、宣传、文教、社会、特工等重要部门，20 余年稳坐权力峰层，提拔、培植了一大批人。下属们报恩谢师，甘心情愿趋集于他俩门下，自动形成以"二陈"为中心的一股政治力量，也从未受过什么大的挫折，势力越来越大。这就是 CC 系。至于谁先或后称呼，或者称呼"CC"还是其他，并不重要。此外，正好有过"中央俱乐部"的组织，正好此名与"二陈"的英文缩写都是"CC"，其他人用此名称来称呼"二陈"及其政治势力也比较合适。

CC 系内藏龙卧虎，曾经在国民党的党务、组织、人事、宣传、文教、社会、特工系统里，出任过要职的 CC 骨干就有张道藩、谷正纲、谷正鼎、肖铮、胡健中、余井塘、程天放、高信、洪兰友、黄少谷等许多人。CC 系在"二陈"的指挥下，在国民党外，一致对付共产党人和进步人士，镇压人民的反抗；在国民党内，互相提携，协调行动，与政学系、黄埔系、孔宋系争权夺利，争着向蒋介石效忠邀宠。

陈果夫和弟弟的话是无法否认上述历史事实的。国民党党规和总裁蒋介石不允许搞小组织，不是说没有搞小组织，问题是搞小组织的人谁也不会承认。能搞小组织的人又不是一般人，军统局又怎么敢追查CC？蒋介石不允许搞小组织，但只要搞小组织的人忠于他，就会得到默认，还会常常被用作官场斗争的工具。陈果夫搞CC，确实是为国民党着想，是为蒋家天下着想，是为了面对国民党的现实——派系倾轧，需要掌握一个强有力的派系，与其他派系对抗。同时可以依靠掌握的派系，便于自己的指挥，扩大自己的影响，以便把自己的意志变为国民党的行动，统一国民党的步调，巩固蒋介石的统治。

陈果夫、陈立夫就是凭着CC来控制国民党的中、下层，就是靠"小组织"指挥一盘散沙的"大组织"。当然多一个派系、派系斗争就加剧几分，以"派"制"派"只能更加混乱，单凭阴谋、权术"二陈"是管理不好有500万名党员的国民党的。只是加快失败的速度，最后同归于尽，退往台湾。

与陈果夫遮遮掩掩的态度不同，在CC系内部也有敢作敢当之人。CC的重要活动家肖赞育就坦率得多。他说国民党反共"必须要有一个坚强的战斗中心来做党的先锋和党的中坚，……至于人家说CC也好，或者其他名义也好，甚至于有没有这一个组织，我认为这是没有什么关系的，不是一个值得计较争论的问题。"CC系的活跃分子沈云龙也说："一个全国性拥有众多党员，庞大组织的政党，由于主张保守与激进之不同，或政治权益分配之不得其平，因而内部发生若干派系，这是很自然的现象。纵然派系之间有争执，也是其争也君子。""胡汉民先生主张'党外无党，党内无派'那才是误解政党政治极可笑的偏狭之见。"尽管他们论证的出发点不同，但都承认确有一股以"二陈"为中心的政治势力在国民党内起着不同寻常的作用。

五、台湾岛的亡魂

1948年12月，国民党的军事形势一片昏天黑地，凶信一个接一个。徐蚌方面，东援而来的黄维12兵团已被团团围住，逃离徐州的杜聿明三个兵团正在落入包围之中。平津方面，60万大军在东起滦县、西至张家口的长达数百公里的战线上被分割包围。蒋介石集团大败在即，重臣、大老们纷纷开始安排自己的退路。陈果夫捷足先登，一走了之。

12月6日晚10时，身体已经非常糟糕的陈果夫登上"中兴轮"，离开上海去台湾，第2天深夜到达基隆港，当夜赶到台中双十路8号定居。从此永远离开大陆，流落到同属祖国一部分的台湾，再也没有回过自己的家乡。

到台湾后的陈果夫并不轻松，政治上的打击尤甚，先是大权尽去。蒋介石从培植儿子蒋经国出发，乘国民党失败撤台之机，把党政军各种大权集中到以蒋经国、陈诚为首的"实力派"手中，不得不怠慢过去长期跟随过自己的老人。陈果夫及陈立夫也不例外。兄弟俩掌管22年之久的党务、组织、人事、宣传、文教、社会、特工等大权，全部落入"实力派"手中。陈果夫从抗战以来已剩不多的几个具体职务也被一一剥夺而去：中央执行委员、中执委常务委员职随着中央党部的解散、中央改造委员会成立而自动去职；中央财务委员会主任委员职交给俞鸿钧；随着农民银行、中央合作金库被裁撤，在这两个机构中的职务也自动撤销。一生高高在上的他，仅是中央评议委员、交通银行董事、中央银行理事，开始尝到重权尽失、寄人篱下的味道。

再是又遭清算。国民党在大陆惨败，使得党内不少人起来要求追究失败责任。"二陈"作为党务具体负责人，首当其冲遭到清算，要对国民党失败负责。说实话，失败的最大责任者是蒋介石，可谁又敢找老蒋算账？更有甚者，蒋介石正好利用追究失败责任的机会，整治一下大陆时期的当权派，让他们老老实实地交出权力。身为国民党过去的党政重臣、军队将领、派系首领，在蒋介石、蒋经国、陈诚严密控制下的台湾，失去了施展各自政治权术的市场，只有听候发落。

陈果夫、陈立夫在这种背景下中箭落马。弟弟于1950年8月4日带上夫人和1子1女，借出席"世界道德重整会议"为名引咎离去，远走美国躲避清算，直到16年后才回到台湾。哥哥已经卧床不起，只好任人指斥，与很多国民党的上层人物一起，充当蒋介石在大陆失败的替罪羊。

陈果夫的压力，除了来自政治上的麻烦外，还有是来自一辈子没有治愈的肺结核病。数十年来，肺部屡屡出现险情，靠着凭借特权弄到的国内外稀有药品，得以控制病情。为了弄药，甚至宋美龄、蒋纬国等人亲自出面到美国或到驻华美军中去搞。赴台前夕，肺部病情再度加剧，背后炎症流脓不止，经蒋介石特准后去台湾"安心养病"。在台中市，请遍两岸名医会诊，暂时控制住病情。

"安心养病"，怎能"安心"下来？各种打击不从一处来，除有政治、体质方面的，还有经济方面的，还得整日为高昂的药品费用支出发愁。治疗肺结核，需要巨额医疗费。陈果夫既无积蓄，又无财产，更无以前的地位。医药费都要靠朋友资助。为方便治病用车，农民银行看在老董事长的面上，给了一辆小车。可因为农行在台湾没有业务，再加上不久农行撤销，故不提供汽油，汽油靠老部下接济。

这并不奇怪，陈果夫虽说是国民党统治集团里的重要一员，但为了维护本阶级的利益，为了保持他的地位，提防别人的暗算，很少敛财敛物。正如他给农民银行的题词那样："一文不取谓之清，深思熟虑谓之慎，刻苦耐劳谓之勤，注重时效谓之敏。"在国民党上层，"慎"的人有之，"勤"的人有之，"敏"的人也有之，而像陈果夫那样"清"的人真不多见。事到如今，经济上的拮据使得陈果夫不得不放下架子，亲笔写信给交通银行的赵棣华，索取自己兼职董事的车马费。赵棣华急忙让洪兰友把陈果夫的窘境转告蒋介石，蒋介石赶紧批给5000银圆作为医药费，另外还批给一笔特别费。老蒋需要的是陈果夫、陈立夫等昔日的军政大员交出手中的权力，而不是把他们逼入死路，以表现他自己的豁达大度和不失情义，尤其是对"二陈"这样的重臣。

蒋介石不会忘记陈家兄弟和CC系对自己的突出奉献。1949年11月6日，他到阿里山休养，路经台中时特意到陈家拜访。此时陈果夫正在发病，不能讲话，只好用书面交谈，蒋介石让陈果夫不要太节省。1950年10月9日正逢陈果夫生日，蒋介石和蒋经国父子俩专门前往祝寿，询问治疗情况。问陈果夫"用中医治，抑西医治？"陈答道："现在用西医，将来培补时需要中医。"蒋介石劝说："还是西医可靠。"但是陈果夫已病入膏肓，中医、西医均已无济于事。

1951年1月22日，为方便治疗，陈果夫从台中迁往台北青田街，8月病情再度恶化，25日下午病逝。蒋介石对他的去世很是悲伤，26日、27日两天连续到台北极乐宾馆悼念，送上"挽额"，颁发"褒扬令"。并且成立了包括陈诚、蒋经国、何应钦、王世杰、吴国桢、周至柔、张道藩在内的31人的治丧委员会，洪兰友为总干事。他们把陈果夫埋葬在台北观音山西云寺的右侧山坡上。

是社会学者更是政坛政客
记蒋介石的师爷吴稚晖

1953年12月1日上午7时，台北松山机场笼罩着一片庄重、肃穆的气氛，国民党军政大员纷纷赶来。要员中包括"行政院长"陈诚、"立法院长"刘健群、"监察院长"于佑任、"司法院长"王宠惠、"考试院长"钮永健等人，可以说是一次少见的当局各部会主官大集会，他们要为国民党中央评议委员吴稚晖的骨灰送行。只见国民党中央常务委员、"国防部总政治部主任"蒋经国，中央评议委员、"国民大会秘书长"洪兰友，国民党中央常务委员、"政务委员"、中央党部秘书长张其昀护卫着从"忠烈祠"取来的骨灰盒赶到专机前面。

吴稚晖的骨灰放在香沙木制成的小匣内，木匣又放在金属匣内，外壳上面镌刻着当年孙中山选定的青天白日党徽，正前面刻着"吴稚晖之灵骨"字样。在送行仪式上，国民党元老、中评委员、"监察院长"于佑任致辞说："今日遵先生遗命，送先生葬于南海，愿先生骨灰化为百千万亿之祖国精神……"吴稚晖葬于台湾海峡，要说有"精神"，那就是叶落归根、人老返乡的民族习俗，也是他这样老人的心愿。他有家难回、白发妻子不见，冀借把大陆和台湾连接一起的海峡之水，葬同为祖国但距离大陆最近的地方，遥望神州，魂飘故里。

8点整，送灵飞机起飞，9点40分降落在金门机场。机旁站立着前来迎灵的"金门地区防卫司令长官"胡琏等官员和仪仗队数百人，金门县县长张超走上飞机迎接吴稚晖的骨灰匣以及随机而来的蒋经国、洪兰友、张其昀等人。骨灰盒先被放在金门太武山的"忠烈祠"祭厅公祭，祭奠仪式结束，骨灰在水头码头被捧上军舰，驶往大、小金门岛之间的海面。同行的还有用死者的100元钱雇来的一艘渔船。到达预定位置，蒋经国、张其昀、胡琏等人护着骨灰匣登上渔船。中午12时，在军舰的鸣炮声和哀乐声中，蒋经国等人和死者亲属用绳子将吴稚晖的骨灰盒慢慢放入蓝色的大海之中。这位当年"公车上书"的签名者、在中国政治舞台上活跃了60年的老人，就此永远静卧在万顷碧波之中。

一、学术界的学者

蒋介石在"吴稚晖先生百年诞辰颂词"文中说："吴先生是我国当代一位伟大的文学家、哲学家、教育家、书法家、社会改革家，不但是国民革命的先觉，而且是国父孙中山先生所特别推重其是一位革命的圣人。"蒋介石送给吴稚晖这么多头衔的目的，暂且不论。不过在近现代史上吴确是一个不大不小、颇有名声的学者。在其为数不少的成就中，推广普通话就是其中之一。

1983年2月，台湾"教育部"举行"吴稚晖先生倡导国语运动70周年纪念活动"，国民党元老、中评议会主席团主席、"总统府资政"陈立夫先生在讲演中称"由于他的积极倡导，终于民国19年使用着我们今天所一体采用的国语注音符号，致使国语运动推行的运动遍及全国各地。国家的各种建设，也因而能够得其利便，次第推展"。"教育部次长"李模也说"推行国语运动的动机是要提高一般国民知识水准，而国民知识水准高低是决定国家文明与野蛮的分野"。今天，汉语和普通话不仅仅在大陆、台湾使用，早已由华人带向全世界，成为世界最大语种，成为联合国工作语言，普通话把中国介绍给世界，又把世界介绍给中国。在神州大地上，普通话把56个民族联结到一起，天地南北回响着一种声音。虽然说普通话北有北调，南有南腔，东有东声，西有西音，但地方"官话"毕竟促进和方便了人们的交流和来往。作为推广使用一利语言，并设法得到社会的认同，更多的是属于社会改革范畴，当然不是一两人所能起决定作用，但作为使用普通话的提倡者、推动者，吴稚晖确是作出贡献的。

吴稚晖是江苏武进人，1865年农历2月28日出生，名眺，幼名纪灵、寄舲，字稚晖。以后改名为敬恒，在海外时又改名庵，别字觚庵。抗战时期移名翰青，晚年则称自己为朏庵老人。从这堆古色古香的名号里，可以看出吴稚晖非一般庶人。此人是桐城学派近代传人之一，从小受教于严厉的私塾老师，学习方式是死板的背诵练，基本教材是"十三经"及历代学者对"十三经"的解释文章。故学识基础扎实，古文底子雄厚，精通文字考据，学术造诣很深，文笔出手不凡，尤其是起草过不少民国史上的著名文件，如孙中山的遗嘱和开除汉奸汪精卫党籍的"决定"等。在吴稚晖死后16年，即1969年3月由国民党党史会编辑出版了《吴稚晖先生全集》，全书18册。洋洋数百万言，足以看出他的才华、学识，当然也可看出他的种种"反共"观点。要论吴稚晖的学识在社会上影响和成果最大者，如前所述那就是推广国语。

1912年，时任民国政府教育总长的蔡元培先生，邀请吴稚晖负责筹组全国读音统一会。统一语言，核定读音，不失为一历史性决策。蔡元培之所以找到吴稚晖，事因有三：一是蔡、吴关系甚密，曾在中国教育会里共事数年。二是吴稚晖为革命党内活跃之士，名声不小。三是吴稚晖具备担任此职的专业基础。他6岁丧母，在简单而又严格的父教下学习十分认真，26岁高中举人。由于又承师于古文学派，对中国文字及文字读音的变迁颇为拿手。早在1895年9月间就已创造出一套拼音字母，俗称"豆芽字"，教导失学的亲友识字读书。"吴氏拼音方案"虽说不如"现代汉语拼音"科学、实用，却也有开创性和独到之处，开始把旧时的切音法加以现代化，把语音从文人学者的象牙塔里搬到了民间，对普及文化知识、提高整个民族文化素质做了一个极好的尝试。

有以上三条，尤其是后者，引起蔡元培等学术界和政界人士的注意，吴稚晖被起用。吴稚晖一手筹办的全国读音统一会于1913年2月开会时，共有各地代表和语言学者40余人参加，就统一读音进行讨论。有人记述说：讨论时论音则南北相争，古今异议；定符号则千奇百怪，人人欲为仓颉，家家思作沮诵，意气之争，拘虚之见，读其记录，尤为惊诧。

身为会议主持的吴稚晖，利用雄厚的语言研究实力和卓越的辩才，平怒息争，挫锐避锋，"异己者信其平实，同侪者敬其周密"，终于使会议达到圆满结果，此会成为中国推广统一语音的开端。会后吴稚晖一直热心于普通话的普及工作，1916年编印《国音字典》，1919年起负责教育部新设立的"国语统一会"，1928年又任南京政府"国语统一筹备委员会主席"。他还负责制定过《汉语拼音表》及《注音符号歌》，审定过《国音常用汇》《中华新韵》《国语罗马字拼音方式》等国音书籍。1932年5月教育部公布了吴稚晖审定的《国音常用字汇》，作为全国通用语音读音标准。1935年"国语统一会"改组为"国语推进会"，会长由吴稚晖继任。

当时的政府称赞"国语定音"是"使汉字现代化，保留历史的优点，增加使用的便利，使语音标准化，为国家统一民主宪政，完成先决条件"。由于吴稚晖在国语运动方面的贡献和对世界文化的影响，1930年5月13日，她被聘为"国际文化事业协进委员会委员"。

纵观吴稚晖的一生，说他是文学家，确实写过不少文章；说他是哲学家，确实讲过一些经学；说他是教育家，确实当过校长和教师；说他是书法家，确实功底不凡；说他是社会改革家，确实从事推广普通话运动几十年。所以，说他是一个有成就的学者，没有不合适的地方。问题是在中国现代史上，还没有一个学者像吴稚晖那样，整日死心塌地围着蒋介石转，整日显眼于南京官场，政客的影子盖住了他的学者身份。

二、孙中山的友人

吴稚晖虽然研究的是沉闷、枯燥的古文字，可却是个开放、活跃之人，近、现代史上不少大事均与他有关。吴第一次参加的全国性政治活动是追随"康（有为）梁（启超）改良派"。考中举人后，参加了1892年的会试，主考大人是后来的密友李石曾的父亲李鸿藻，试卷有幸"堂备"而未中进士。1895年4月又来到北京参加会试，正值康有为、梁启超组织粤、湘两省举人到都察院请愿，以后发展到全国18省举人参加。举人们声泪俱下，痛陈日寇对中国的侵略罪行和慈禧、李鸿章等国贼的卖国行径，要求取消已经内定的《马关条约》。请愿无望，康有为又发动"联名上书皇帝"，申述政见。签名者开始有1300余人，最后坚持者还有603人。签名、上书行动虽以无结果告终，却也成了资产阶级改良维新运动的开端。这次清末知识分子以爱国为主题的最大的一次联合行动，史称"公车上书"。吴稚晖是参加者和签名者。请愿未果，举人们参加会试，幸运中进士者毕竟少数。吴稚晖虽也名落孙山，却也因参加请愿、上书活动而大开眼界，发誓以后"不读线装书"。从此一再投身政治，参加反清斗争。

吴稚晖参加的最后有意义的政治活动是追随孙中山。1912年初夏，吴受广东督军陶模的指派，带领胡汉民、朱执信、钮永健等26人赴日本东京宏文学院速成师范科就读。到东京后，吴稚晖又以领队的身份，私自保荐自费学生钮瑷等9人进入日本陆军成城学校学习，违反清政府陆军部进入日本军事学校必须要当局同意的相关规定。清廷指使驻日公使蔡钧出面，与日方协作，以妨害治安罪将吴稚晖逮捕入狱，7月1日由东京警视厅驱逐回国。这是吴稚晖与清政府发生的首次正面冲突，同时也开始与之决裂。

回到上海，他参加蔡元培先生主持的中国教育会和爱国学社。自此一是同革命党人经常来往，二是与蔡元培结为生死之交，称蔡元培为中国唯一的一位真正的大学校长。在沪期间，经常在《苏报》上发表反清文章，并成为报社的主持人之一。1903年5月，因邹容的《革命军》一书引起"苏报案"，吴稚晖也遭缉拿而逃避香港，前往欧洲游历。1905年春在伦敦求见孙中山，会面时对孙先生的见解非常佩服，从此成为孙的追随者，两人结下深厚的友谊。7月间孙中山离开欧洲去日本，主持成立同盟会事项。当年冬天，吴稚晖由曹亚伯介绍，加入中国同盟会，成为同盟会最早的海外成员之一。以后的20年，可以说是孙中山的友人和助手；在孙中山逝世后的近30年间，则是以孙中山的助手和孙氏理论的权威解释者自居，走的是背叛孙中山的路。在前20年中，吴稚晖谈不上是"革命圣人"，却也有革命的味道；在后30年中，紧跟蒋介石，与中共为敌。

吴稚晖的重要政治选择是信仰无政府主义。游历欧洲时，他待在巴黎的时间最长。此时遇上了5年前在上海结识的老友张静江、李石曾、褚民谊等人，共居一处。1907年由张静江出资，他们办起《新世纪》周刊和杂刊、丛刊，吴稚晖是主要撰稿人。刊物宣传、介绍巴枯宁、克鲁泡特金、蒲鲁东的无政府主义学说，赞扬用暗杀的手段对付清王朝。这批信仰无政府主义的理想主义者，还到法国、比利时边境搞了一个名称"鹰山村"的实验地，共同生活，共同消费，实施无政府主义的纲领。他们的观点，均是洋货，没有中国货，在现代中国思想流派中可以算作正统的无政府主义。反对一切权威，批判封建的伦理道德和等级观念，宣扬科学，吴稚晖等人的这些主张对封建专制来说，无疑是既革命又实用的思想。但当新民主主义革命起来之后，"反对一切权威"不可避免地会走向反对无产阶级领导的泥坑。吴稚晖固然这样，无政府主义支使他一辈子的行动，自始至终反对马克思主义，反对中共的政治主张。还以无政府主义不主张当官为由，极少担任行政职务，以在野身份为蒋介石捧场，以向人们暗示，南京政府已经好到连无政府主义者都要赞扬的程度，蒋介石的统治已和无政府主义者设想的理想社会一致，这就是吴稚晖信仰无政府主义的要害所在。

吴稚晖参与的大规模的政治活动是组织留法勤工俭学。在法期间，他与李石曾等人为实验自己的政治主张，建立理想社会，发起组织留法勤工俭学，于1909年间，创办"俭学会"，开办豆腐坊。并从李石曾的家乡河北高阳招去一批小知识分子，到法国边做工边读书。1912年，吴稚晖、李石曾又联合蔡元培、汪精卫、张静江、吴玉章等人，组织"留法俭学会"，这成了中国青年留法勤工俭学的具体指导机构。1919年5月第1批勤工俭学成员90人到达法国，以后为此赴法达2000余人。他们在法国边劳动边学习，自己管理，自己奋斗，把无政府主义者们乌托邦式的设想当成纲领。当然作为中国的青年，不少人从实践中认清了吴稚晖、李石曾等人政见的落后性和虚假性，开始接受马克思主义，最后成为中共的著名活动家。不管如何，吴稚晖等人组织的留法活动，对中国政治毕竟产生过积极的影响。为配合留法勤工俭学活动，1920年又在北京西山碧云寺设立中法大学，吴稚晖为董事兼副校长。同以前他时而任之的北洋大学汉文教习、南洋公学国文教习、爱国社教师比起来，中法大学副校长则是他在教学界的最高职务了。

吴稚晖参加的最严肃的政治活动是孙中山的葬礼。他在同盟会和国民党内是个特殊人物，由于孙中山周围的人士年龄大部小于吴稚晖，在称兄道弟的政治、生活环境里，吴氏就倚老卖老，把别人的尊重当作资本，训斥、痛骂他人是常有之事，被骂的人包括胡汉民、汪精卫等资深人士和冯玉祥、李宗仁等实力人物。偌大个国民党，吴稚晖不敢骂的只有三个人，第一人是孙中山先生。吴加入同盟会后，名望不低可参加的政治活动并不多，特别是一直远离孙中山亲自领导的反清武装斗争和以推翻北洋军阀为目的的"护法战争"前线，并对孙中山晚期"联苏联共扶助农工"的政府主张持怀疑态度，根据"从不批评孙中山"的原则出发，吴稚晖对孙中山从未提出过什么异议。无论是在公开或非正式场合，均表现出一种对孙中山及其理论的虔诚。

1924年1月20日，在苏联和中国共产党的帮助下，国民党在广东高等师范学校礼堂召开成立30年的首次全国代表大会。会上按照现代党团形式选举产生最高权力机关中央执行委员会和最高监察机关中央监察委员会，孙中山以总理身份继续担任最高领导人，吴稚晖当选为中央监察委员。极为微妙的是由41人组成的中执委里有10人是中共人士，而组成中监委的10人则全为正在待机反共的国民党右派。所以作为最高监察机构并没有把注意力放在监视和防止右派捣乱、支持国民革命方面，而是把眼睛盯着中共活动家的一举一动。他们心里的"恐共症"和"反共狂"仅仅是因为孙中山健在而得到控制。

1925年初，孙中山到达北京后，旧病恶化，自"一全"后一直在上海执行部工作的吴稚晖赶到北京探望。由于跟随孙中山一同前来的汪精卫好出风头，时常在公开场合和新闻界面前以孙总理的代言人自居，话多气狂，社会各界议论纷纷。孙中山为处理好自己病危后出现的政治事务，揭露段祺瑞、张作霖谋划的"善后会议"阴谋，正确地表达自己的政治主张，决定成立"政治委员会"，指定于右任、汪精卫、李大钊、陈友仁和吴稚晖为委员，黄昌谷为书记，鲍罗廷为顾问，全权处理日常事务。

孙中山先生病情日趋恶化，政治委员会讨论孙先生的遗嘱名称和内容时，有人提出仿封建帝王立遗命，并就是称"遗诏"还是称"遗训"而争论不休。吴稚晖在这一点上还是很有见地的，劝阻各位大员说：我们是信仰三民主义的，不应有帝王语气，应该称"遗嘱"。政治委员会接受了他的意见，并决定让他起草遗嘱。

起草总理遗嘱，是吴稚晖文人生涯中的杰作。以后在吴氏初稿的基础上，政委会多次讨论修改而定稿，这就是世存的总理遗嘱："现在革命尚未成功，凡我同志，务须依照余所著：建国方略、建国大纲、三民主义，及第一次全国代表大会宣言，继续努力，以求贯彻。最近主张、开国民会议及废除不平等条约，尤须于最短期间促其实现，是所至嘱。"由于在修改的过程中，汪精卫出力甚大，再加上会表现自己，在国民党内的地位又高，故在人们的印象中，汪精卫取代吴稚晖成了总理遗嘱的起草人。

1925年3月12日9时30分，孙中山先生与世长辞，吴稚晖和孙科、宋子文等8人签名证明遗嘱的存在。广州方面任命孔祥熙为治丧处主任，治丧期间，吴稚晖参与了全部治丧活动，孙先生的棺木就是他出面选择、购置的。在把总理的遗体由协和医院移至中央公园社稷坛大殿公祭时，吴稚晖为左绋执头界，以表现出和总理不一般的关系。值得一提的是，4年后南京政府把总理遗体由北京西山碧云寺停灵处移至南京中山陵安葬时，吴稚晖唱的又是主角。可以说，吴氏从孙中山处捞到了足够的政府资本，别人奈何不得于他，他自己则以"革命圣人"自慰自居。

三、蒋介石的师爷

在南京官场的幕后，吴稚晖素来有"疯狗"和"妖怪"之称，逮着谁咬谁，资深要员、实力人物、各界名流，都是他谩骂、攻击的对象。吴的"疯"，疯得很有分寸，对蒋介石是从来不骂的，对蒋介石喜欢的人是似骂非骂，对蒋介石反对的政治集团和个人则是大骂出口。他和蒋介石的笔杆子、御用文人、文胆不同，这批人是以"笔耕"为主要形式给蒋介石帮忙，而吴稚晖则以长辈和过来人的身份，以"嘴仗"为主要形式给蒋介石帮腔。吴的所为更原始、更露骨,只要蒋介石对谁不满意,一使眼色,就会扑上去撕咬。

吴稚晖不敢骂的第二人是蒋介石,并对蒋介石集团是鼎力相助,十分卖力,做了许多蒋介石统治集团内部成员想做又不好做、不敢做的事,说了许多蒋介石统治集团内部成员想说又不好说、不敢说的话。在蒋介石需要的时候,吴稚晖作为师爷,凭着敏锐过人的政治嗅觉,会自动出来献计献策,在关键时刻会自动出来应急,而在平常时刻则会养气待发,养精蓄锐。不差火候,恰到好处,此人不简单。

一是"弹劾"共产党。孙中山先生尸骨未寒,吴稚晖的反共本性就开始显露,并见诸行动。1925年11月,西山会议派到北京碧云寺哭陵,举行伪国民党一届四中全会,要求对共产党和国民党左派采取断然措施。会议原本推举主张反共由来已久的吴稚晖为会议主席,出乎意料的是,身在北京的吴稚晖并未到会,还公开致电广州国民政府主席汪精卫表示不赞成西山会议派的政见。吴此举有耐人寻味之处,此人老谋深算,有自己的考虑,当时反共时机还不成熟,与其贸然反共万一失败,还不如等待最佳发难时机;与其召开热热闹闹、毫无成效的分裂全会,还不如支持实力人物蒋介石;与其秀才政客开会纸上反共,还不如让军队出面将共产党置于死地。所以,西山会议派被广州方面清算弹劾时,吴稚晖并未受到什么牵连,神气依旧,在国共统一战线内部继续进行着挑拨离间、煽风点火的活动,借助"中山舰事件"等机会,干着有损于国民革命、有害于共产党的勾当。

1927年3月6日,吴稚晖与另一国民党要员钮永健一起,相约中共中央总书记陈独秀进行过一次有意思的谈话。吴说:"研究共产学说,自为共产党之责,若实行共产(指建立人民民主专政),当在200年之后。以我理想,200年尚嫌不足。"陈独秀胸有成竹地回答说:"中国实行列宁式的共产主义(指无产阶级掌握政权),只要20年时间。"吴稚晖听罢双脚直跳说:"你们共产党急迫如此,未免取得国民党的生命太快了一点,应当通盘商量才好。"两人预言的正确与否,历史已经给出了答案,22年后共产党建立了新中国,吴稚晖这位国民党高明的算命先生的预言与事实相差实在太远。

此时,吴稚晖认为反共时机已经到来:在和北洋军阀的军事较量中,南方已经占有绝对优势,军事压力减轻,国民党可以腾出手来对付共产党;蒋介石的统治地位已经确定，有能力、有条件建立独裁专制。吴稚晖觉得是自己站出来为蒋介石公开反共鸣锣开道的时候了。要论1927年4月间政治事变的具体责任者，蒋介石固然是反共总指挥，吴稚晖则为蒋介石的黑高参。

北伐军开进上海后一个星期，即1927年3月28日，国民党中央监察委员会举行座谈会，讨论由吴稚晖起草的"纠察共产党谋叛党国案"。4月2日，中监委会在缺席一半监委和6个候补监委的情况下，召集蔡元培、张静江、陈果夫、古应芬、李煜瀛、吴稚晖6监委和李宗仁、黄绍竑2候补监委，举行"全体"会议，由蔡元培担任主席，吴稚晖作报告。他描述了共产党员企图"叛党祸国"的阴谋和行动，要求会议咨请中央执行委员会"出以非常之处置，护救非常之巨祸"。会议决定"以吴委员敬恒所拟办法，备文咨送中央执行委员会"。吴的报告及中监委们的决议是对蒋介石的反共行动的支持和鼓励。4月3日，内定前往武汉主持国民政府的汪精卫路过上海，吴稚晖为劝说他加入上海反共阵营，当众下跪劝阻汪精卫西上。当汪不愿和蒋介石合作，坚持要到武汉与蒋介石分庭抗礼、一争高低时，吴稚晖一改下跪的"礼让谦恭"，当众破口大骂汪。如此表演，对一个已过60岁的人来说，不是一件易事。从后来的历史看，只要是蒋介石反共和专制所需，吴稚晖什么都干得出来。

吴稚晖此时的主要精力是想方设法支助蒋介石尽早打出反共旗号，为蒋的反共和争权活动推波助澜、奔走呼号。他暗中四处联络、串联不说，4月5日汪精卫、陈独秀《联合宣言》发表后，立即在报上发表《国共两党关系之说明》，针对孙中山的三大政策，说"'联共'二字，本不见条文。我们国民党之条文上，只有容纳共产党员加入国民党而已"。篡改三大政策，为对共产党下手制造舆论。事实上孙总理同意共产党员以个人身份加入国民党、接受中共的帮助，难道不是"联共"的"条文"和"行动"？

4月9日，上述8名中监委和候补监委由吴稚晖领衔又发表"护党救国通电"，攻击继续坚持国共合作、坚持三大政策的武汉国民政府。10日吴稚晖等人又鼓动蒋介石以"已被共产党所把持"为名，将邓演达将军主持的国民革命军总政治部解散。12日吴稚晖设计多时的"清党"在上海展开。考察他在公开反共前后的活动，可以说是十分活跃，态度鲜明，为蒋介石的上台、为南京政府的建立起过独到的作用。

比吴幼26岁、但在南京政府时期同为有名、一起坚持反共立场的胡适曾在《追悼吴稚晖先生》一文中说："当民国十五六年国民革命北伐最胜利的时期，国际共产党利用中国共产党来控制中国的阴谋渐渐显露了，但国民党的中央党部与国民政府都在阴谋者把持之下，没有"制裁共产党"的能力，也没有"制裁共产党"决心，在那个很吃紧的关头，吴稚晖先生以国民党中央监察委员的资历，挺身出来，向上海召集的中央监察委员会提出《共产党谋叛》呈文……我们在二十六年之后，重读吴先生当年控诉共产党的呈文，不能不佩服他老先生的远见。"胡适的话里有对中共的诬蔑，更有对吴稚晖在"四一二"反革命政变前后所起作用的肯定。在国民党内，吴稚晖以后一直是右派代表、反共中坚。

二是大骂"倒蒋派"。蒋介石在南京篡权主政后，用了4年多时间，基本制服主要地方实力派。中央政府的胜利，不足为奇，蒋介石有能够打败军阀们的中央军，有支撑前方作战的财力，更有吴稚晖等一批名人、大佬，帮着摇旗呐喊，用"中央""法统"的牌子压各路军阀，占有政治和心理上的优势，以配合军事上的作战。例如1931年3月广州"非常会议事件"起，国民党内鼎足而立的胡汉民、汪精卫、蒋介石三大派中，前两派集中广州，另立政府、中央和军委，以和南京方面对抗，蒋介石政治上处于极为不利的地位。吴稚晖焦急万分，到处奔走，分化、拉拢对手，为蒋介石争取支持。此举并未奏效，只有动用看家本领，以骂为手段，为蒋介石助威。把南京的中央和蒋介石称为"孙中山事业的继承人和正统革命者"，称广州的"倒蒋"分子为一堆"政治垃圾"。

他以骂出名，以骂为战，可也常常被人骂得狗血喷头，人不人鬼不鬼的。例如，1930年3月13日，中原大战战场已经战云密布，吴稚晖为在心理上压倒"倒蒋"一方，以赢得政治仗，打电报称冯玉祥甘为阎锡山的傀儡，虚悬爱民之志，劝冯屏弃干戈，以艰苦卓绝之精神努力建设。冯玉祥马上回敬一篇颇具新意的电报："顷接先生元（13日）电，回环读之，不觉哑然失笑，假如玉祥不自度量，复先生一电，文曰：'革命60年的老少年吴稚晖先生，不言党了，不言革命了，亦不言真理是非了。苍髯老贼，皓首匹夫，变节为一人之走狗，立志不问民众之痛苦，如此行为，死后何面目见先总理于地下乎'等语，岂不太好看乎？请先生谅之。"冯玉祥仿的是《三国演义》上诸葛亮骂王朗的笔体。不同的是，诸葛亮能骂死个性刚烈的王朗，可吴稚晖却没有王朗的刚烈和自尊。国民党统治大陆22年，统治集团内部不仅有

1929年至1931年的全面混战，对蒋介石的不满情绪一直存在，吴稚晖就充当了蒋介石用来压制这种不满情绪的高压枪。

三是大捧蒋介石。如果说前两项是用说坏话，以谩骂、攻击为特征的话，那此项则是用说好话，以颂扬、吹捧为特征。前两项是说得越坏、越狠，蒋介石就越满意；后一项则是说得越好、越亲，蒋介石就越高兴。吴稚晖对这一界限是非常清楚的，并且找到一个捧蒋、颂蒋的合适位置。

他早年信仰过无政府主义，反对一切权威，所以从自己做起，一再表示"官是一定不做的，国事是一定不可不问的"。这样就以局外人的身份过问国事，帮蒋说话，比在南京政府里任职的人说话更方便、更能欺骗人。从历史上看，像吴稚晖这样的资深人士所任过的官职之少，在南京官场为少见。

在国民党的"一全"上，吴稚晖当上中央监察委员，五届一中全会上又升任中监委常委，到1950年7月中监委解散，改任中央评议委员。1927年6月起出任中央政治会议委员，抗战时出任最高国防委员会常委，1947年11月又当选为江苏武进区区域国民大会代表，1948年5月兼任总统府资政，此外的职务还是国民政府建设委会委员和"中央研究院"院士。20余年中，职务寥寥无几，而且大都为监察、民意、咨询等职官。要说当官，也就是在1927年4月18日南京政府组成之初，当过几个月的国府委员。

在"官是一定不做的"这一点上，吴稚晖还真有过硬之处。1927年4月坚辞不就蒋介石已经任命的国民革命军总政治部主任职，1928年10月谢却政府改组时内定的"监察院"长职，1943年8月又一再不就林森逝世后空出的国民政府主席职。吴稚晖不做官和他人不同，"倒蒋派"不做蒋府的官，是为了同蒋介石一争高低，分享天下；民主派不做蒋府的官，是不满蒋介石的专制独裁，为国为民；当然也有一些名流不愿做官于南京，是为了隐居清静或从事其他专业。吴不做官，可对蒋介石之忠在南京政府里是出了名的，同其他国民党元老比起来，主见最少，骨气最少，不顾他人耻笑，一味紧跟蒋介石，还真难为了这位国民党统治中心的长者。

在蒋介石和吴稚晖的合作中，后者担负了什么角色，曾给吴稚晖立传的作者是这样说的："革命建国的绪统，由是而递嬗、发遑，先生以国之大老，每每躬与盛典，隐隐担负了协赞护持的重任。"也就是说，吴稚晖以年事高资格老的特殊身份，来为蒋介石唱赞歌。蒋介石则把自己宣誓就职时的"监誓和授旗"任务，经常交由吴稚晖负责，以作为吴忠诚自己的报答和给吴的最高荣誉。

1927年7月9日，蒋介石宣誓就职北伐军总司令，出任一生政治发展中继黄埔军校校长之后的第二个重要职务。总司令请出吴稚晖代表国民党中央党部授旗致辞，吴把"青天白日党旗"和"青天白日满地红国旗"授予蒋后说："今中央执行委员会代表全体党员，敬奉总理遗像、党旗国旗，授我革命军总司令，率全体将士，载而北征，牧野之捷，载主东下，一戎斯定，天下为公。"

1943年10月10日，蒋介石第二次就任国府主席，和1928年10月10日第一次就任国府主席时冷冷清清的场面不同，搞了一个热热闹闹的就职典礼，并请出吴稚晖监誓。吴在典礼上致辞曰："敬恒等随公至久，知公至深，公之治事治军以至于治学，罔不至大至纯，至精至明，而贯通融会，更一本乎圣经贤训，而持之以力行。以是而为国，国基乃巩；以是而济世，世道乃通。"此种场合，他还经历过两次，一次是1946年12月25日，"制宪国民大会"通过国民党的第一部《中华民国宪法》，吴稚晖以大会主席团临时主席的身份，代表国民大会向国民政府的代表蒋介石呈送《宪法》蓝本。还一次是1948年5月20日，蒋介石由国民大会选为"总统"，宣誓就职时由国民大会主席团主席吴稚晖监誓主持。

执行授旗、监誓，本无实际权力，纯粹是礼仪性的，可却需要"德高望重"之士来执行。蒋介石挑中吴稚晖，证明吴在南京政府内处于他人无法取代的位置，蒋、吴合作自始至终处于稳定之中。

四、蒋经国的老师

蒋介石有两位公子，分别交给两位吴姓亲信管教，小儿子纬国让吴忠信带养多年，大儿子经国虽说在吴稚晖的学校里仅上学两月，可结下了一辈子的师生之情。作为学生的蒋经国需要一位有地位有资格并对国民党的政治理论尤其是对蒋介石的思想具有相当研究的老师，以抵消自己到苏联留学、生活12年而一度带来的"红色嫌疑"。作为老师的吴稚晖则更明白这位不寻常的学生，会为自己在蒋介石身边和国民党上层站稳脚跟带来多大的便利。所以，吴成为蒋经国所交的元老层朋友中既时间长又来往多的"终身知己"，蒋经国也成为第三个吴稚晖不敢骂的人。

1925年6月，16岁的蒋经国因卷入"五卅运动"，参加浦东中学的学生罢课斗争，而被校方以"行为越轨"开除学籍。英租界警察当局和浦东学校此举，与其说是针对蒋经国，还不如说是向南方的黄埔陆军军官学校校长蒋介石施加压力。失去学籍的蒋经国由父亲安排去北京，进入吴稚晖主持的海外补习学校，一切杂务均由吴负责。

吴稚晖那时还真有点为人师表的样子，对蒋经国教诲甚多，曾对少年经国说："你能保持你的人格，失败了，我为你高兴。如果你不能保持你的人格，你成功了，不是我的学生。"蒋经国曾写过一篇《永远与自然同在》的文章悼念吴稚晖，文中叙述了与老师来往的经过和逸事。文章写道，在海外补习学校时，一次吴稚晖要蒋经国把友人送予的一辆人力车的两根拉杆锯掉，当沙发座用。吴稚晖说："一个人有两条腿，自己可以走路，何必要别人拉。你坐在车上被人拉着走，岂不成了四条腿？"说此话听此话挺怪的，把一辆价值远高于沙发的人力车锯掉，说明"人不能坐车"的道理有点牵强附会。

文中还谈到过去蒋经国留学苏联的事情，当时吴稚晖说"你去试试也好，青年人多尝试一次都是好的"，蒋经国回国后，用1个月的时间把离国12年的经历写成报告送给吴审阅。吴稚晖看后说："你的报告，我已看完了。你所尝试过的，是人间最苦的尝试，不过，你没有把命试掉，总算还好。"自此以后，两人就常来常往，关系比一般师生间还亲密。

蒋经国在文中还记述了吴稚晖最后几年的一些情况。1949年2月24日，吴由蒋陪同，乘坐蒋介石座机"美龄号"由上海飞往台北，因跑得匆忙，2万余册藏书和剪报、大量文稿均未带去，时年已经84岁高龄的吴夫人也因不愿赴台而留在上海。到台湾后，蒋经国摆出一副全面夺权接班的架势，引起被赶下台的过时元老、昔日重臣、离职部长、空头将军们的反对。成为众矢之的的蒋经国心事重重、情绪低落，来向吴稚晖请教，吴在听完"学生"的诉苦后说："我知道有许多人想用各种手段反对你，也有人造谣中伤你，算不得什么！你都必须好好地做，一个没有被人打击过的人，是不会成人的。我觉得你所受到的打击还是太少了。因为任何敌人所希望的是你放手、让步、不干！……荣华富贵都是空的，一个人能凭良心做事，那就好了，至于其他一切，还是能够想得开、看得远来得好，以免自寻烦恼。"这种至理名言出在吴稚晖这位专事打击别人、早已荣华富贵的人嘴里，让人听了实在不是滋味，用在当时为建立"父子王朝"而不择手段的蒋经国身上，实在对不上号。

到台湾后，吴稚晖已经进入垂暮之年，体力不支，只是在台湾南北游山玩水，以养身延年。1951 年 9 月起，严重的老年性疾病小便闭塞症（前列腺肥大）搅得老人不得安宁。1952 年春感到自己将不久于人世，预先立下遗嘱。1953 年 6 月 21 日，88 岁的夫人在上海吐血身亡，女儿吴孟芙出面安葬母亲。应该到场的丈夫吴稚晖却为海峡所隔，一眼未见，悲痛之情可想而知。从此吴稚晖病体每况愈下，10 月 30 日深夜 11 时 28 分病死。蒋经国记道："先生去世的时候，我站在他的身旁，看着他安详地闭上眼睛。"还真有点师生浓情的样子。

吴稚晖死后，蒋介石非常重视，特地召开临时国民党中央常委会，研究组织治丧委员会和葬礼事项。任命于右任为"主任委员"，陈诚、张其昀、王世杰为"副主任委员"，洪兰友为"总干事"，蒋经国为"副总干事"。公祭时，蒋介石两次亲临祭堂悼念。大殓时，于右任、王宠惠、吴忠信、张群等还往吴稚晖的红漆灵柩上覆盖国民党党旗。11 月 3 日遗体送到舒兰街火化场火化。火化后骨灰存在"忠烈祠"，待安排海葬。

吴稚晖投身政治近 60 年，也算近现代中国政界大元老；留下著作 18 册，也算博学多才的大家；公务之余走遍祖国的名山名水，也算见多识广之士。可他政治上的错位之大也令人吃惊，与中共反目，终于落到夫妻难见、家庭分离的下场。作为政治舞台上的要角、蒋介石的师爷，曾为国事出过不少颇有分量的建议，可他没有算准自己的未来，更没有想到最后要借海峡之水魂回故乡、相会白头妻于九泉的结果。

蒋介石的助手
记国民党重臣陈诚

在国民党上层，由蒋介石发现、培养、信任、提拔和重用的人中间，要数陈诚，无人出其左右。在大陆时期，国民党和南京政府内，比陈诚官职高的人很多，但都有一点特点，那就是结识蒋介石的时候，或被蒋介石任用时，职务都比陈诚与蒋介石相识时的职务高。或者说，比陈诚职务高的人，进入蒋介石阵营都是来当官的，是来帮蒋介石带队伍的，陈诚被蒋介石发现时，只是一个基层军官。

一、"准黄埔系"的旗帜

1965年3月10日上午，在陈诚的灵堂里增加了两个红木玻璃柜，里边陈列着死者生前获得的各种勋章，有"青天白日、忠勤、一等宝鼎、一等景星、一等云麾、一等卿云"等12枚勋章；有"干城甲种一等、华胄荣誉、光华甲种一等"等5枚奖章；有"抗战纪念、国族干城、蒋委员长西安蒙难"等5枚纪念章。有"美国司令、美国金叶自由、越南一等金磬"等25枚外国授予他的勋章。47枚勋章反映出陈诚在国民党内不寻常的经历。灵堂里还摆满了471个花圈花篮、95幅挽幛、1347副挽联。张群在挽联中称陈诚"负遗大投艰之任，矢鞠躬尽瘁之忠，在莒不忘，一德股肱翊元首"。何应钦称"当年患难同舟，志略非常，夙深钦重"。顾祝同称"论交逾四十年，骖靳济时艰，鹤立勋名洵杰出"。蒋经国送的挽联是"三十年导师中殂，忧国不忧身，少长皆令照肝胆"。黄少谷更是称陈有"党人的志节，儒者的修养，农家的淳朴，军人的勇毅，政治家的眼光"。以上祭品、悼词反映出陈诚在国民党内的巨大影响。

陈诚的灵前放着一个花圈，两条白布上写着"辞修同志千古。蒋中正、宋美龄挽"。除此之外，蒋介石还送上手书的挽联："光复志节已至最后奋斗关头，那堪吊此国殇果有数耶？革命事业尚往共同完成阶段，竟忍夺我元辅岂无天乎？"他的悼念反映出与陈诚之间的非同寻常的私谊。陈诚死时年仅68岁，死在国民党副总裁、"副总统"任内。在为蒋发现、信任、重用的人里边，他是最突出的。

陈诚投靠蒋介石后，由连长起步，5年升为师长，6年升为军长，12年授衔陆军上将，13年当上军委会政治部长、战区司令长官，22年当上参谋总长，25年当上"行政院长"，而后又任"副总统"、国民党副总裁。在国民党内冷酷而激烈的政治竞赛中，他超越了所有的人，遥遥领先，登上一人之下、万人之上的宝座。当上"副总统""行政院长"不说，蒋介石还特意给他设立一个高位：国民党副总裁。早在抗战初期，蒋特设"副总裁制"以安排汪精卫，汪叛国后，副总裁制也被取消。直到撤台后国民党召开"八全"，总裁蒋介石又增设"副总裁"，安排陈诚。陈诚病故后，"副总裁制"取消。汪精卫当上国民党副总裁是凭老资格，而陈诚能当上副总裁则是凭蒋介石的信任。陈诚过世，蒋介石再也找不到这样的副手，就取消该职，还是由他"总裁"。国民党当局"副总统"有多人次任过，"行政院长"有多人任过，而"副总裁"却只有汪精卫、陈诚两人任过（以后是在李登辉时期开始设置副主席）。尤其是为陈而设，陈去而止，可见陈、蒋关系之深，蒋对陈信任之甚。

陈诚以一介平民发迹为国民党内身份仅次于蒋介石的经历是惊人的。陈诚起家背景是蒋介石黄埔建军。中央军是蒋介石的嫡系，"黄埔系"则是中央军的核心。黄埔系包括两种人，一种是黄埔军校的毕业生，他们是黄埔系的主要组成部分。另一种人分别毕业于日本士官学校、保定军校、陆军大学等军校，在蒋介石创建军校之初被邀请来担任教官和管理人员，他们为数不多，组成"准黄埔系"。蒋介石当上北伐军总司令后，自己培养的黄埔学生挑大梁，主持军事，出任军长、师长还要10年左右的时间，故在抗战期间黄埔系出掌各级军事指挥岗位以前，蒋介石还要借助于准黄埔系作为自己的军事班底。所以准黄埔系在前十年里，几乎掌握中央军的所有重要职位，后十年里准黄埔系中的主要骨干也一直是蒋介石最信赖的军事助手。陈诚因为不是黄埔军校学生而又在军校任基层管理职务，所以也算准黄埔系，只是在准黄埔系起步较低，被蒋介石相中后，很快成为准黄埔系的旗帜性人物。

陈诚，1898年1月4日出生于浙江青田县高市乡外村。乳名德馨，字辞修，取自《周易·乾》里"修辞立其诚"之意，别号石叟。其父陈应麟毕业于杭州初级师范，在山沟里也算一大秀才了，后来出任青田县敬业高等小学校长。父通文墨，家境小康，小德馨自幼认字，就读于家乡高市小学。1913年1月，瞒着父母步行100余里来到丽水，考上省立第11师范学校。1917年毕业后又入省立体育专科学校，1918年毕业。陈诚回到家乡，有人向陈父推荐，录用陈诚为敬业学校的体育教员，陈父以校长安排儿子任职是谋私行为而予以拒绝。不意这一拒绝，使陈诚走上另一条路，从军从政。其知名度和效益非一个小学体育教师所能比。

20出头的陈诚志不在教,混乱、黑暗的旧中国是外出闯荡的好机会。离开体校,他又报考保定军官学校。初试录取40余人,再到保定复试,只录取3人。陈诚有幸两次均名列榜中,成为军校第8期炮科学员,同期同队的学员有刘翰东、罗卓英等人。1920年军校因"直皖战争"停办,陈诚南下粤军第1师第3团供职,其间加入国民党。1921年军校复课,又北上完成学业。1922年6月军校毕业后,被分发到浙江陆军第2师第6团第3连任见习军官。1923年2月孙中山在驱逐陈炯明部后回到广州,组织大元帅府,部署统一两广革命根据地和北伐工作,广东呈现一片欣欣向荣的景象。陈诚跟原粤军中的朋友联系后,离开浙军南下,到粤军第1师任中尉副官、上尉连长。一次在西江作战时胸部负重伤,9月伤愈后升任师部独立连少校连长,担任过大元帅府的警卫工作。粤军第1师是一支能攻善战的部队,师中出过不少军事人才。陈诚在第1师,为以后走进黄埔军校大门创造了机会。

1924年初,孙中山决定改组国民党、实行三大政策。决策之一就是筹建黄埔陆军军官学校,由蒋介石出任筹委会委员长。建校时,蒋介石单枪匹马到黄埔,利用挑选军校的教育、训练、管理、后勤、校务班子的机会,开始组建自己的军事势力小圈子,这就是准黄埔系的来历。蒋介石找的合作伙伴有以何应钦、王柏龄为代表的日本士官学校的毕业生;以李济深、张元祐为代表的陆军大学的毕业生;以邓演达、钱大钧为代表的保定军校的毕业生。此外还有俞飞鹏、宋荣昌、叶剑英、蒋鼎文等毕业于其余军校的毕业生。其中毕业于保定军校的军人为最多。蒋介石找来的这批到军校任职的军人大部来自粤军各部,粤军中不少来自第1师,陈诚也在其中。准黄埔系实际上是蒋介石黄埔系的主要帮手,没有准黄埔系就没有黄埔系。鉴于对蒋介石的野心、权术、反共不满,合作伙伴中纷纷有人离去,有的人成为中共将领,有的人走上反蒋道路,这就不再一一细说。

陈诚到黄埔军校后,先是在校部机关服务,任过上尉教育副官、特别官佐。1924年11月军校教导团成立时,因其是保定军校炮科毕业所以出任炮兵营第1连连长。就这样由一个军校的初级军官踏上仕途,开始了与蒋介石长达40年的合作过程。

陈诚当时在准黄埔系里根本排不上号,上有何应钦、王柏龄等少将主任、总教官,中有顾祝同、刘峙、钱大钧、严重、陈继承等中校、少校教官和军官,即使在军校任职的保定军校毕业生中，他这个"8期生"也属晚辈。就是这位1930年冬已经出任副军长、前往日本观操时被日本将领认为"身材矮小（1.65米高），而且并不强壮，恐不适合当军人"的陈诚，当初为蒋介石赏识、看重，当然有浙江同乡关系、政治上紧跟不掉队等原因，也有在大革命的洪流中陈诚写出了自己的成名之作，最后成为蒋介石的副手、准黄埔系的掌柜。

那是在两次东征时，陈诚有过异常出色的表现。当时身任军校最高指挥官的何应钦曾在陈诚的灵堂里和专文谈到过此事。1925年3月第一次东征进军途中，有关全局胜负的"棉湖战役"打响后，陈炯明部偷袭东征军侧翼，战局对东征军极为不利。陈炯明部步步进逼，东征军反击连连失利。"敌人固守在泥墙筑成的房屋之中，况且敌众我寡，陈辞公仅用三发炮弹，对敌人最重要的据点加以轰击，使泥墙崩溃房屋倒下，据守屋内的数百敌人全部压死。陈连长三发炮定江山，就此闻名。"

另一仗是1925年10月，第二次东征经一路苦战，打到惠州城下。惠城地形上易守难攻，又是陈炯明经营数年的老巢，东征军攻城进展不大。"因为敌人在城墙的'侧防'上，安置有机关枪，必须靠炮兵把敌人的机枪打毁。"陈诚已是炮兵营营长，成功炮击北城门上机枪阵地，打开攻城通道。

两仗打完，"陈诚"两字引起蒋介石的重视和器重。陈诚也开始甩开仕途上停滞不前的处境，直线上升。陈诚当官有两个特点：一是任过的官职多。蒋介石有什么要职，一时找不到合适人选，都先让陈诚来担任，以解一时之急，有的要职只任数天、几个星期。他所任过的官职之多，在准黄埔系和国民党上层人士中是少见的。二是升官快，不几年后就高职集身，这就是准黄埔系甚至黄埔系里的其余人所望尘莫及的。

1926年1月东征归来，陈诚调任军校特科大队长。6月他调任北伐军总司令部中校参谋。年底升任第1军21师63团上校团长，跨上仕途的一个新台阶。此时蒋介石实力膨胀很快，但以黄埔子弟为主的嫡系还是只有第1军一军之众，陈诚能混个"团长"，地位已经相当之高。且不说"团长"，此时1军中的班长、排长，日后都是黄埔系的重要成员，一般都能弄个师长、军长当当。事实上他已进入蒋介石的核心小圈子，成为蒋介石的心腹。

二、反共阵营的重臣

1927年2月,第63团参加东路军序列,在何应钦和白崇禧的指挥下,入浙作战。第21师与2师、12师等部在兰溪一带与孙传芳的第3、4、5方面军激战,孙部大败。作战中陈诚的第63团在游埠击溃孙军的一个师后,一鼓作气追至桐庐的孙传芳前线司令部。兰溪获胜,东路军的何、白两位总指挥会商富阳,议定由白崇禧率领第1、2、3纵队会攻上海,由何应钦率领第4、5、6纵队等部经宜兴、常州向南京方面运动。

陈诚部随白崇禧行动,3月底,第63团随大部队一起,出平湖沿太湖东北岸运动,一举攻克苏州城。在此前后,北伐军已进入上海、南京及长江中下游地区,江南半数土地均为北伐军所占领。大革命和北伐的胜利成果,很快为蒋介石所窃取,"四一二"反革命政变开始了国共间的全面较量。蒋介石之所以敢于一方面向中共下手,一方面在国民党内公开篡夺最高权力、另组政府,主要是因为有以第1军为主的第1集团军的实力,尤其是有准黄埔系的忠诚和支持,陈诚更是甘心为蒋介石所驱使。

十年内战时期,陈诚对蒋介石的贡献有四:充当先锋、"剿共"主将、主持军训、四出救急。其中前二点,则是黄埔系和准黄埔系里的每一个骨干必需的经历。

一是充当先锋。蒋介石主政南京后,党内的"倒蒋派"成为心腹之患。在蒋介石对付"倒蒋派"的过程中,陈诚是个先锋将。1928年底,国民党的"二期北伐"就此完成。蒋介石借口"统一"已成,不再需要200余万大军,趁机进行军队编遣,大量裁撤冯玉祥、阎锡山、李宗仁等人的军队。而对自己的部队,实际上只是淘汰一些老弱病残,改换编制名称和番号,实力丝毫不减。此举引起各家军阀和派系接连起来发动"倒蒋运动"。

陈诚在蒋介石主政南京后的近两年间,先后出任过第21师师长、第3师师长、军委会副厅长、驻沪办事处主任、代厅长、教育处处长、国民革命军总部警卫司令兼炮兵集团军指挥官、第11师副师长等职,到编遣军队时屈就第1师第31旅旅长。不久蒋介石把所谓的"平时编制"改为"战时编制",整军备战对付各路"倒蒋派"。陈诚部也恢复编制,奔赴前线,为蒋而战。1929年6月出任第11师师长,作为蒋介石的主力,前往"倒蒋"各派活动频繁的中原地区。10月11日,南京政府下令讨伐进潼关入豫境的冯玉祥20万大军。陈诚兼任第1路军第2军副军长。到11月下旬，双方在襄樊、新野、郑野一带交锋，结果冯部被赶出潼关。

一波未平，一波又起，身为讨伐冯军第5路总指挥兼讨冯军前敌总指挥的唐生智为报两年前在武汉"倒蒋未果、反被蒋打"的一箭之仇，在河南讨冯前线通电拥护汪精卫"护党救国"的主张，公开"倒蒋"。1930年1月，陈诚率领11师在冰天雪地中开到前线驻马店。正逢唐部两个师反扑，前线异常紧张，告紧电话打到师部，陈诚在电话中回答："不能退，我马上来！要死咱们死在一起。"最后与其他部队一起，于确山一线将唐生智部彻底击溃，唐本人化装出逃，流亡海外。

"中原大战"爆发时，陈诚兼任蚌埠戒严司令在东线战场作战。1930年5月1日，蒋介石发布讨伐令，双方开始军事接触。陈诚立即挥兵收复马牧集，生擒"倒蒋方面"的旅长万殿尊，赢得开战来的第一个胜利。蒋介石特意赶来嘉奖一番，同时指挥围攻中原重镇、位于皖鲁豫3省交界处的归德。得手后陈诚又率部逼近宁陵，劝降冯玉祥部大将刘茂恩。陈诚在陇海线东段的成功，打乱了冯玉祥、阎锡山方面把东、西两战场连在一起的军事部署。蒋介石见陇海线上的胜利，使得部署在陇海线西段、平汉线上的冯玉祥部，和部署在津浦线上的阎锡山部一时无法会合，急忙把陈诚部和其他一些部队调到津浦路对付晋军。津浦线上形势对蒋介石不利，原山东守军韩复榘部无心死守，晋军傅作义、张荫梧部直下济南，很快占领了大汶口，与夏斗寅、马鸿逵在曲阜、兖州一线对峙。7月初，陈诚部和第19路军赶到曲阜，夹击傅作义，扭转津浦路上的颓势，转入进攻。8月中旬陈诚率部参加克复济南之战。济南一到手，晋军败局已定，守不能固，战不能胜，只有往北逃跑，蒋介石又把陈诚部调回陇海线，先后参加围攻西北军张维玺部之战和克复郑州之战。

"中原大战"结束，陈诚和钱大钧等将领组成军事参观团，前往日本东京观看日军演习。观操之余，陈诚曾对陪同参观、身居要职的日方将领吐露了自己年轻时想到日本士官学校留学的愿望。岂知被对方以身材矮小而嘲笑一番，这一经历对陈诚来说是刻骨铭心、难以忘怀。年底回国他升任第18军军长，正式执掌在以黄埔子弟为骨干的第11师基础上组建起来的中央军主力第18军。第11师、第18军以及后来的12兵团，成了他的势力范围，而且是旁人不敢染指、只有输诚投靠的势力范围。就这样，陈诚在新军阀混战中，连连打败"倒蒋派"，强固了蒋介石在国民党内的统治地位。可以说陈诚是蒋介石消灭异己、打击政敌的好助手。

二是"剿共"主将。陈诚在协助蒋介石把各路军阀的气焰压下去以后，赶到南方反共前线"围剿"红军。说到反共，他可是蒋介石身边最早的反共分子之一。还在黄埔军校时，陈诚就带头发起组织孙文主义学会。学会在潮汕成立时，他是唯一的营长级成员，成为事实上的头头。学会的所有反共活动，都与其有关。

陈诚赶到江西，正值鲁涤平、张辉瓒指挥的第一次"反共大围剿"刚刚失败，为便于作战，他又兼任第14师师长。在第二次"围剿"中，兼任"剿共"追击军第二路指挥官。在第三次"围剿"中，兼任吉安警备司令、第52师师长，一直在江西和红军较量。1932年元旦，陈诚解除与结发妻子吴舜莲的婚姻，和国民党元老谭延闿的女儿谭祥成婚。新婚刚完，立即赶到赣州，组织9个师的部队与红三军团决战。

在此前后，又为蒋介石办成一件大事。那就是联合一批黄埔系和准黄埔系的骨干，成立了以"复兴民族"为名的中华民族复兴社。对国民党内来说，复兴社是蒋介石亲手控制的派系组织，任务是巩固他在党内的统治地位。对社会来说，则是一个专司反共和镇压抗日民主运动的特务组织。

第四次"围剿"开始后，陈诚改任抚河方面"进剿军"前敌总指挥。1933年2月升任赣粤闽边区"剿共军"中路军总指挥。9月又任北路军第三路总指挥兼第五纵队指挥官，负责进攻中央苏区黎川方面的红军。第五次"围剿"开始后，升任"围剿军"主力北路军前敌总指挥兼第三路总指挥，成为事实上的"剿共"总指挥。

在前四次"围剿"中，国民党方面损兵折将，出尽洋相。第五次"围剿"一开始，蒋介石派出的50万大军把中央苏区团团围住。面对强敌，中共内部"左"倾冒险主义路线正统治着中央，军事上采取硬打硬拼的错误战术，正中蒋介石消耗红军有生力量和作战物资的计谋，陈诚也跟着大占便宜。在前线，他身着士兵装，喊着"找'匪'打、与'匪'拼"的口号，提出"吃一身、睡一身、用一身"与红军夜战。并在"进剿区"内到处修筑公路和碉堡，碉堡之间间隔仅有300—400米，各路大军之间不准有间隙，对红军进行严密封锁，给中央苏区造成严重困难。同时，陈诚指挥军事行动时，每个士兵只能分到几斤米和一小包盐，其余需要全靠到老百姓家中去抢，再加上修公路筑碉堡都是就地"取"材，顿时根据地陷入一片灾难之中。

陈诚指挥着优于红军数倍的兵力，1934年4月占领苏区门户广昌，9月占领苏区中心石城、瑞金，10月占领宁都，11月占领雩都、会昌，12月出任赣绥靖预备军总指挥，"进剿"红军主力长征后留下来的红军小部队。陈诚取得了攻下苏区、拿下红都的反共头功。他在反共前线连连为蒋介石出力，由于中共"左"倾冒险主义的错误，他竟然成为军事上的胜利者，且是国民党和共产党较量的历史上唯一的一次战略上的成功。虽然红军不仅没消灭，而且在更广阔的范围内得到了更大的发展，但中央红军主力主动撤离苏区，毕竟成为陈诚这个前敌总指挥的政治资本，反共坚决是蒋介石欣赏他的关键因素，反共有功是陈诚日后不断高升的重要原因。

三是主持军训。1934年2月，蒋介石发起的"新生活运动"最先在陈诚的驻地抚州展开，顿时全城各处像做游戏一般热闹起来。抚州一"热"，蒋介石赶紧电令各省各军派人来参观。各省府和各军阀不敢怠慢，立即派出大批要员、将领分作两批前来参观，参观时均由陈诚出面接待。这是蒋介石加强精神统治、树立权威的一种手法。江西参观，提醒了蒋介石、陈诚等人，与其走马观花式地参观、教育、训示，还不如干脆把各家军队的将领召来专门受训一番。

军官训练最早在陈诚的北路军中进行，并由他出任训练团团长。到1934年5月，军官训练全面展开。蒋介石决定把当时有"夏都之称"的庐山牯岭作为训练基地，自兼军官训练团团长，任命陈诚为主任，后为副团长兼教育长。军训团的连、排长都是由少将旅长或上校副旅长担任，出任营长、营副、团副的更不是一般人物。任过团副的就有商震、上官云湘、梁冠英等人，任过营长、营副的就有孙桐萱、王东原、何柱国、刘汝明、冯安邦、孙震等人，任过连长、连副的就有桂永清、裴昌会、万耀煌、孙元良、黄杰等人。训练团的学员来自所有的中央军和地方军阀部队的主要将领和军官。

军训以精神教育为主，军事技术为辅。教官大都由各军校的教育长担任。训练团每期的最重要的内容是蒋介石的数次训话和结业时与挑选出来的将领面谕，以示关怀和信任。以后陈诚又在1935年5月兼任陆军整理处军官教育团团长，8月筹办峨眉山训练团。1937年4月筹办庐山暑期军训团，仅此团就调到党政军官员7000余人。这些训练主要是灌输蒋介石的反共理论、政治专制思想，以及忠君、仁义礼智信、不成功则成仁等伦理道德。

通过训练，调训了各军的大部分将领和主要军官，逐渐把国民党内的各派和其他军阀的军队，统一到蒋介石的门下，对巩固蒋介石的统治起到极大的作用。对军阀们来说，中、上层军官纷纷被调去受训，接受蒋介石的召见，此种蒋介石的拉拢、陈诚的训练，无疑是釜底抽薪之举。蒋、陈分化、离间军阀部属的行动，使得军阀部下的离心力大大增加。

对陈诚来说，正好利用主持军训的机会，同各方将领们设立起广泛联系，以扩大自己的影响。除此以外，陈诚还在1938年2月主持过武汉珞珈山军官训练团，5月兼任中央训练团主任、教育长、军训处处长、军委会战时工作干部训练团第1团副团长，1939年2月兼任游击干部训练班副主任，1945年6月出任国防研究院副院长，1955年2月出任"革命实践研究院"主任，长期主持国民党的干部教育。尤其是抗战前的4次军官训练，把蒋介石的意志、思想移植到国民党军内的大部分军官的脑子里，可以算作蒋介石的一项精神建军、精神统一运动。

四是四出救急。从江西"剿共"归来，陈诚已由准黄埔系的后辈，跃过该系中的许多人，走在仕途的前列。蒋介石开始把陈诚当作自己的特使，哪里有危机就把陈派到哪里救急。1935年10月出任委员长宜昌行辕参谋长，围堵红二、六军团；1936年3月，红军进行东征，陈诚出任第1路军总指挥，率领几个师的中央军开到山西帮助阎锡山进攻红军，之后又任陕晋绥宁四省边区"剿共"总指挥，继续热衷于反共内战；1936年6月"两广事变"发生，又千里迢迢率兵南下抢先占领衡阳，向陈济棠、李宗仁施加军事压力，9月出任广州行营参谋长，授衔上将，一手处理两广善后；11月日本侵略军和汉奸德王派遣的王英、李守信部进攻绥远，绥远告急，蒋介石又让陈诚北飞太原，协助指挥反击，最后傅作义部成功收复百灵庙。

1936年12月，蒋介石为压张学良、杨虎城两将军反共打内战，亲赴西安，结果被张、杨扣留。此时任军政部常务次长的陈诚也跟随前往，准备接替原由张学良担任的"西北剿总"之职。西安事变中，陈诚也被扣押10余天。因是跟"领袖"蒋介石同赴"难"，故不仅没丢脸，反而在所获的勋章里又多了一枚"西安蒙难纪念章"。事变和平解决后，他出任第四集团军总司令，坐镇潼关，向东北军、西北军施加军事压力，逼迫两军接受蒋介石改编的命令。

在十年内战期间，陈诚已经在国民党内打下坚实的基础，成为蒋介石最为信赖的军政助手之一。他的成功之道，就是勇猛好战，反共有功，所以深受蒋介石的信任。因蒋的信任，他可以对蒋直言不讳，敢说蒋不愿听、但对蒋的独裁统治有益、其他人不敢说的话；因有蒋的信任，所以他平时敢作敢当，很有魄力，治军严格，以杀立威；因有蒋的信任，他的官职越来越多，官也越做越大。

至于说他能攻善战，实有偏颇之处。陈诚从基层起家，作战经验不少，可指挥能力并不强。他带领1个师、1个军作战得心应手，指挥大兵团作战就显得力不从心了。这个弱点在全面抗战中的淞沪会战、武汉会战中屡有表现，在解放战争时期和解放军的交锋中他更是一败涂地。除有不同的政治原因外，主要是他的指挥修养太差。可他至死都自信自己的军事才能，蒋介石更是把他当作自己的军事助手和一流军事家。

三、全民抗战的将军

全面抗战8年，陈诚一直在正面战场的前线指挥作战。指挥过的重大战役之多，在国民党上层将领中少见。之所以有如此多的机会，是因为蒋介石还是把他当作救急的特使，南来北往，四处奔走，各地正面战场上都有他的活动。

1937年8月，淞沪会战打响后，蒋介石几乎把当时全国范围内所能调动的机动兵力大部调到上海，与日寇决一胜负。陈诚也被派到前线，出任负责淞沪作战的第3战区前敌总指挥，在罗店附近与敌激战。9月改任第15集团军总司令兼第4预备军副司令长官，防守浏行一线。11月又任战区前敌总司令。当时的一位将领曾经说陈诚在上海抗战的3个月中"没有一晚不是和衣而卧，每晚只得三几个小时的休息，头发长得像一个荒山野人，脸孔也瘦得如同马骝（猴子）"。

1938年1月，蒋介石改组军事指挥机关，将原大本营第6部、军委会政训处、训练总监部国民军训处合并为政治部，与军政、军令、军训3部并列为军委会的执行机构，陈诚出任政治部部长，副部长是中共领导人周恩来和黄琪翔。

陈诚指挥的第二次重大战役是武汉保卫战。南京沦陷后，武汉成为军政神经中枢，各方要员云集三镇，此地也同时成为日寇下一步的进攻目标。政治部长刚刚上任，就在同时被任命为保卫武汉的最高指挥官卫戍总司令。1938年6月14日，又被任命为新成立的负责武汉地区作战的第9战区司令长官兼湖北省主席、三民主义青年团书记长,专门负责武汉防务。8月10日,日军进攻星子、瑞昌,会战揭开序幕,8月下旬是瑞昌、武宁之战。9月20日,卫戍总司令一职交罗卓英,陈诚专任第9战区司令。第9战区的新任务是防卫江南沿线,战区防区内战事频繁。10月初是万家岭、排市之战,中旬是辛潭浦、溪口之战,下旬是大冶、金牛之战。10月25日,汉口近郊已经发生激战,蒋介石不得不下令武汉守军撤离战场。武汉会战和上海会战一样,要胜,条件不具备,但为党政军机关、一些工商企业和大专院校向大后方转移,争取到了时间。

武汉保卫战之后,陈诚多次担任钦差大臣,到前线督战,协助指挥。1939年9月,日寇连犯长沙,他赶到湖南,协助时任第9战区司令长官的薛岳指挥反击,夺回失去的阵地;10月,为加强湘鄂防务,陈诚兼任第6战区司令长官;11月,日军在钦州湾登陆,攻陷南宁,进犯昆仑关,1940年1月,他飞赴桂林,协助第4战区指挥桂南会战,取得昆仑关大捷;1940年6月,日军由襄阳进攻宜昌,他飞赴前线出任右翼兵团总司令,最后宜昌还是失守,宜昌一失大后方四川告急,严重威胁陪都重庆,为保卫大后方,蒋介石要陈诚解除一切兼职,专任第6战区司令长官兼鄂省主席,驻节恩施,抵御日军;1943年2月,为协调中国战区内各国的对日作战,中美双方决定组织中国远征军,任务是恢复中、印、缅三国之间的水陆交通,协助英、印盟军收复缅甸,蒋介石又把此重任放到陈诚身上,1943年3月28日,陈诚由恩施飞云南楚雄,出任远征军总司令;原定8月完成作战准备,远征军出动。5月,日寇大举进攻鄂西,直逼四川,第6战区代理司令孙元良举棋不定,蒋介石急电陈诚赶回恩施,指挥阻击,取得石牌保卫战的胜利,至月底日军全线退却;鄂西局势一缓,陈诚又飞回楚雄总部,11月,因胃病发作回重庆养病,但还在遥控远征军的行动;1944年4月,日寇在豫中发动大规模进攻,郑州、许昌、洛阳等城接连沦陷敌手,陈诚奉蒋介石命飞西安,协助第8战区指挥战事,6月,日军已兵临潼关,西北告急,蒋介石决定在汉中设立第一战区,陈诚为司令长官兼冀察战区司令,此时的陈诚,管辖河南、陕西、河北、察哈尔、山东、苏北等6省区,手下节制9个集团军23个军,实力在全国各战区司令之首。西北之行是他在抗战期间指挥的最后一次战役。

1944年11月,陈诚把第一战区司令长官职交给胡宗南,回到重庆,接任军政部长。1945年1月,陈诚兼任后方勤务总司令,负责国民党军队整编,以应付抗战结束后国共斗争的新局面。

全面抗战8年中，陈诚在抗日前线度过绝大部分时间，这是对中华民族的贡献。虽说在以上战役中，陈诚过分相信自己，缺乏正确判断，脱离人民群众，常常凭着蒋介石给他的尚方宝剑，实施铁腕指挥，鼓动官兵的抗日士气不足，动用军纪压人有余，但毕竟以中国军人的英勇作战和牺牲，换来战场上的胜利，保住了大后方，坚持到抗日战争的最后胜利。

四、全面内战的败将

解放战争时期，陈诚为蒋介石服务主要在三个方面：整军备战、部署内战、东北"剿共"。从开始到结束，陈诚几年间只得到一个的结果，那就是失败开始，失败结束。这对无论是从政治信仰来讲，还是从军事艺术来讲，或是从一人一生从事的事业来讲，陈诚都是无法接受的。

一是整军备战。抗日战争一结束，陈诚立即遵奉蒋介石的旨意，进行反共内战的紧张准备工作，其中最重要的是整军。所谓整军，就是要把经抗战膨胀起来的部队，加以整编，充实武器装备，以适应发动全面反共内战的需要。1945年12月，蒋介石任命陈诚为中央军事机构改组委员会主任委员，继续年初出任的后方勤务总司令的职责，整编军队。一年来，在陈诚的主持下，名义上把124个军缩编为87个军、354个师缩编为223个师、4550多个军事机构缩编为1779个，总兵力从590万人减为434万人，事实上所有的军事单位都已转入实战状态。尤其是野战军、师都已完成作战准备，其中已完成装备美援武器的就达36个师，还有20余个师待装备。一句话，经过整军，国民党军队已经达到蒋介石、陈诚设想的进行反共内战的实战要求。另一个方面，就是配合了蒋介石假和平的欺骗行动，借此在重庆谈判议定《双十协定》时压中共方面缩编军队。

二是部署内战。1946年6月，为进行内战，蒋介石决定仿照战后美国军事指挥体系全面改组军事机构，军委会改组为国防部和三军总部，陈诚出任国防部参谋总长兼海军总司令，具体编制内战计划。他根据自己12年前在中央苏区"进剿"红军的经验，夸下海口，公开宣布了消灭八路军、新四军的"时间表"，要在5个月内"解决"共产党。具体时间安排是，在6月份用48个小时消灭中原解放区的人民武装，在 7 月份用两个星期占领苏皖解放区，在 8 月份用 3 个星期打通津浦线和胶济线，在 9 月份占领冀热辽和晋冀鲁豫解放区，然后摧毁其余解放区，让解放区成为历史上的名词。

陈诚是狂了点、话说得早了点、过了点。殊不知，今日中共军队的实力和 12 年前大不一样，更重要的是在正确的政治、军事路线指引之下，可以说是稳操胜券。1946 年 6 月下旬，蒋介石、陈诚指挥 160 万大军向各解放区扑来，开战不足 8 个月，全面进攻被解放军粉碎，损兵 70 余万。接下来按照参谋总长陈诚制订的战略方案，又调动 60 余万大军，重点进攻西北的陕甘宁解放区和东部的山东解放区。开战不足 4 个月，两地的进攻均被解放军粉碎，损兵 15 万人。面对军事战略上的两次大失败，蒋介石撤换、处分了一大批军事将领。对于陈诚，不撤难以服众，只得免去他的参谋总长职务。

三是东北"剿共"。1947 年 8 月，撤职后的陈诚再次作为蒋介石的特使，赶到危机四伏的东北战场，出任国府主席东北行辕主任兼政务委员会主任委员。一到沈阳，陈诚立即着手整饬内部，裁并机构，整顿军队，大量撤换原有的军政干部，换上自己小圈子里的人。最典型的是，把自己在保定军校学习时的中队长、阎锡山的大将楚溪春请来出任沈阳防卫总司令。陈诚的整饬搞得人心惶惶，内部不稳。只因他有蒋介石的钦旨，再加上东北军事局势不妙，失败在前，被陈撤下来的人不仅没有异议，反而借机溜回关内避风。

陈诚到达东北后，还想挽回失败的面子，在东北战场上又像当年在江西那样，与共产党决一死战。为此大力扩军，从 52 军中抽出 1 个师扩编为新 5 军，从新 6 军中扩出新 3 军，从新 1 军中扩出新 7 军，并从关内运出周福成的第 53 军、王铁汉的第 49 军共 9 万余人。此外还从关内几大城市购买了 2300 亿法币的军粮备用。陈诚以为胜利在望，踌躇满志之际，公开宣布东北国民党方面已经度过最困难的时期，和共产党决战的时机已经成熟。

1948 年新年刚过，他调集第 49、71、新 1、新 6、新 3、新 5 军共 40 万人在沈阳西北的辽河、柳河交汇处，向解放军发动进攻。攻击失败，1 月 7 日，新 5 军的两个师在公主屯被歼，军长陈林达和师长谢代蒸、留天光被活捉。3 天后，蒋介石在杜聿明、俞济时的陪同下匆匆赶到沈阳检讨军事。陈诚损兵折将，自请处分。在和共产党最后一次面对面的较量中，他是失败者。对于陈诚，蒋介石又有一项重要任务要交给他去执行。不过,先要让陈去治病。

1948年5月,陈诚辞去了几乎所有的职务,前往上海国防医学院治疗因长期喝酒过量留下的胃疾,经手术割去三分之一的胃。手术时主刀医生发现陈诚的肝部出现早期病变。胃部手术是成功的。10月,蒋介石让陈诚飞台湾草山休养。此次休养,非同寻常。

此时的蒋介石已经预感到无力回天,败局已定,打算把台湾作为退路。挑选经营台湾的人选是一件关系到国民党能否顺利撤退、撤退后能否生存的大事。经过再三斟酌,又一次选中陈诚,故让陈诚先行飞台安排。

到台后的陈诚,为延续"蒋家王朝",为重建和巩固国民党在台湾的统治,作出了独到的"奉献",这是一生中对蒋介石最大的"贡献"。

一是全面控制大权,为蒋经国"护航"。1948年12月29日,陈诚正式出任台湾省主席兼"警备总司令",1949年8月兼任"东南军政长官",1950年3月辞去以上职务后、在蒋介石复职"总统"时升任"行政院长",1954年5月辞"院长"职任"副总统",1958年7月至1963年12月又任"行政院长"。党内也是这样,1950年8月出任国民党中央改造委员会委员,1952年10月在国民党"七全"上当选为中常委,"八全""九全"连任,1957年10月在"八全"上成为副总裁。此外,在1954年11月兼任"光复大陆设计研究委员会主任委员"。这就是陈诚到台湾后的升官图,在蒋介石主政期内的国民党里,包括蒋经国在内,没人有他如此的好运。

陈诚升官也是蒋介石政治权术的重要一招。蒋介石到台后,政治上的关键一步就是扶植儿子,有意建立"二代蒋家王朝"。要让蒋经国顺利接班,最大的阻力莫过于正在台上的军政大员不接受资历浅、年纪轻的蒋经国的调遣。从当年蒋经国上海"打老虎"失利,到撤台后的"吴国桢事件""孙立人事件",除有不同的背景外,都有一个基本点,就是身居高位的不少大员对蒋经国的各种干涉不满。为清除这些阻力,蒋介石一是提拔陈诚,利用陈诚来为蒋经国"护航",待蒋经国羽毛丰满、地位稳固后再登前台。二是利用战败的机会,借追究失败责任,把大陆时期的党务主官、政府高官、军事将官不少赶下台,为陈诚、蒋经国合作掌权扫平道路。三是放手让他们二人选择助手,重新组织势力范围。就这样形成了以陈诚、蒋经国为首的"实力派"。

陈、蒋"实力派"的形成和国民党的改造是同步进行的。1949年7月，忙于败跑的蒋介石提出了"国民党改造方案"；1950年8月5日，成立中央改造委员会，此部门由陈诚、蒋经国具体负责。两人以国民党第六届中央执行委员会和中央监察委员会要对失败负责为名，宣布解散上述两大机构。无形之中一贯由CC系控制的中央党务、组织、人事等大权一下子落入"实力派"手中，过去的"中央执行委员、中常委、中央监察委员"顷刻之间沦为平民一个。1952年10月，国民党召开"第七次代表大会"，宣布国民党改造完成、选举出新的中央委员会时，中央党部成员基本上都换成"实力派"的人马，过去的一批蒋介石还算满意的老人进了有名无实的国民党中央评议委员会。对于军队，陈、蒋"实力派"更是抓住不放，撤台后的6年间整编5次，不少将领、军官被宣布退、除役和解除职务，在职的指挥官都换成了他俩的心腹。对于政府机构，两人抓住"行政院"和台湾省府。1950年3月，陈诚出任"行政院长"后，全面改组"政府"，"阁员"都换成陈、蒋的老友新朋。关于"台湾省政府"，两人尤其是蒋经国暗中拆台，弄得省主席吴国桢忍无可忍，最后辞职去美，省府落入"实力派"手中。对于"特工情报系统"也是这样，由蒋经国出面担任"总统府资料室主任"和"国家安全会议副秘书长"，接掌特工系统，更换各套班子成员，把警察、宪兵、特务、情报大权紧紧控制在"实力派"手中。

通过一系列的改造、整编、改组，陈诚和蒋经国建立起自己的权力基础，其他派系首领、骨干和过去党国重臣、封疆大吏，如今要么被赶入冷宫，要么转投"实力派"门下。一时间"实力派"内人丁兴旺，人才济济。到1954年3月"国民大会"1届2次会议召开时，"实力派"的夺权行动以全盘胜利而暂告结束。在整个夺权过程中，陈诚、蒋经国配合默契，互相协作，终于达到预定的目的。两人之间的协作习惯一直延续到陈诚过世。陈诚及蒋经国当时毫不留情的整治，竟然换来了台湾岛内国民党的大一统局面。

陈诚自己也把大权抓到手，成为仅次于蒋介石的第2号人物，成为"蒋家王朝"的红人，开始了一生中最神气、得意的时期。他在台湾15年，完成了对蒋家来说异常重要的一项大任，就是他在前台的15年，正是蒋经国逐渐执掌国民党当局的最高权力、组织"二代蒋家王朝"的关键的15年。在这15年里，蒋经国靠着老子，在陈诚的"护航"下，从逐步扩大权势到培植社会和民众的心理承受能力上，都完成了接班准备。为此蒋家对陈诚是十分感谢的。

二是实施"土地改革",稳定台湾社会。陈诚一到台湾,为扭转国民党撤台引起的全岛混乱局面,采取了一系列严厉措施,加强对社会的控制。例如1949年3月执行"台湾省出入境管制办法",5月起定期实施"户口总检查",5月20日颁布"戒严令",6月宣布"台币改制",1950年2月起分期实行"地方自治和选举"。1951年初采取"经济金融紧急管理措施"和改订"外汇管理办法"。1952年初起分期"训练后备兵员"等。上述措施,虽有不少为苛政,但对台湾的稳定起到不小的作用。对陈诚的招数之多之灵,蒋介石是非常满意的。陈诚的招数里最残酷的一条,就是白色恐怖,和蒋家父子一起,对感到不放心的人物,不少以"共谍罪"予以逮捕、关押和处决,其中不少撤台后对"实力派"不满的高级将领也被处以极刑。

陈诚的招数里,他自己感到最得意的一条就是实施"土地改革"。最早是1941年4月,时任湖北省府主席的陈诚就颁布过《湖北省减租实施办法》,推行"二五减租"。撤台后,有了一个相对安定的环境,全力以赴推行"土地改革"。在1949年2月4日的农民节上,首先发表"减租增产、改善农民生活"的主张。"土改"分为"减租、公地放领、耕者有其田"三个步骤。

"减租"。1949年4月开始实行"三七五减租"。根据条例,规定租额不得超过主要农作物正产品全年收获量的千分之三百七十。超过的要降下来,原来不足37.5%的不准升到37.5%。最后减租签约的佃农数达近30万户,租约件数达29万件。

"公地放领"。1951年6月4日,陈诚核发"台湾省放领公有土地,扶植自耕农实施办法"。国民党当局的公有土地占台湾耕地的21.58%,达18余万甲(每甲合14.5市亩),主要是从日寇手里接收而来。放领售给佃农的土地地价为全年正产作物收获总量的两倍半,分10年摊还,免纳田租但须缴纳田赋或土地税,每年摊还的总数不得超过其正产作物收获量的37.5%。一年之内公地放领达7万余甲,承领农户近14万户。还有一批公地实行放租,集中的公地一般租给占地300亩和10户以上农户组成的合作农场,零星公地则租给私人。

"耕者有其田"。1953年1月,陈诚宣布台湾省为"耕者有其田"实施区域,开始对私有土地进行改革。按照规定,每户地主可以保留3甲水田或6甲旱田,其余的土地由"政府"收购,再按公地放领的原则出售给无地、少地的佃农。到当年年底,征收的放领耕地达14余万甲,承领农户近20万户。当局付给出售多余耕地的地主7成实物土地债券和3成公营事业公司的股票,各种债券10年还清,年息4%。陈诚的"土改",是一场资本主义的改良运动,在一定程度上平息了农民阶层的不满,农业生产有所发展。地主阶层也通过"政府"征收多余土地,把土地转变为资金,既使地主开始向小业主转化,又使台湾工业发展有了资金来源,为台湾经济的稳定和以后的发展提供了条件。所以"土改"在国民党上层被称为是陈诚"留给我们的一大事迹"。

三是主持日常政务,风云台湾政坛。国民党撤台后,蒋介石身为"总统"、总裁,高高在上,深居简出。陈诚先后任过9年"行政院长"、11年的"副总统"、8年的副总裁,其中1957年7月至1963年12月一身兼任3职,故台湾当局的日常政务、外事、军事、经济活动均由他主持。整日间陈诚社会活动频繁,日理万机。在社交场合,颇能礼贤下士,同各界人士保持相当不错的关系,在台湾的名声还好。事实上他这个官不好当,上有蒋介石发号施令,令出法随;下有蒋经国事事牵制,处处指导。尤其是随着蒋经国的崛起,他周围的人时常出来给陈诚找点麻烦。陈诚是个聪明之人,平时常装糊涂,听之任之,以"忍"为上,从不计较,正如他在赠友人的诗中所称的那样"不辱从知忍有功"。到晚年,他的室内高挂着友人赠送的条幅"忍",不是没有道理的。到20世纪50年代末期,陈诚就以身体欠佳为理由,连连向蒋介石提出辞呈,意在为蒋经国让道。只因蒋经国羽翼未丰,蒋介石一直不准。

陈在当官之余,也想留下传世之作,青史留名。这就是与土地改革并称为"两大事迹"的石门水库。1955年7月,陈诚出任"行政院石门水库建设筹备委员会主任委员",主持这项当时在台湾数得着的大工程。次年工程获得美国援助,到1964年6月水库落成。建成的水库位于大汉溪上游,高133米、长380米的大坝造成了一个面积约8平方公里的人工湖。今天水库除有防洪、灌溉、蓄水、发电功能外,还成为一个著名的旅游区,每年接待游客近200万人次。水库能顺利建成,和陈诚亲手抓筹建是分不开的。此项工程给陈诚这位军政人物增加了不少光彩。

处于权力高峰的陈诚,身体正在每况愈下,肝区的病灶多年来一直在蔓延。早在1948年胃部动手术时,主刀大夫美国的瑞克斯已经发现患者的肝部出现硬化症状，为此陈诚戒了酒，却开始抽烟。进入20世纪60年代后，病情加重，自己感到"易于疲倦及懒惰，情绪上易烦躁"。1961年9月，医生诊断为肝炎。1963年6月台湾当局出面承认陈诚有病，说他"劳瘁疲乏，蒋介石准假1个月以资调养"。年底，辞去"行政院长"一职，减轻政务，以助养病。1962年8月起，陈诚腹泻不止，经台美名医会诊为肝癌，已达晚期，只有用保守疗法，尽量延长生命和减少痛苦。患者得知病情，很是乐观，对陪同人员说："我还早呢，至少还要活20年。"1965年2月下旬台湾当局正式发表病情公告，公布陈诚的病状。3月5日下午7时陈诚病故。

对于陈诚的病，蒋介石是非常关切的，经常出面探视和询问病情，一再劝导患者安心静养。在陈诚病故的前一天中午，特意和宋美龄一起赶到陈家慰问，陈诚还可以从病榻上坐起来点头致意，断断续续地说："总裁，我的病恐怕不行了。"并对家人道："我很累，恐怕不行了，别人要来看我，你们不必再阻止他们，请他们进来，见我一面。"就在死前的下午和闭眼后，宋美龄两度赶来看望。至于葬礼，蒋介石特准以当时最高礼节予以安葬。

陈诚的去世，惊动了台湾当局的各位要员。3月5日下午陈家外面的信义路上停满了专车，到陈家等着给副总裁、"副总统"送终的军政大员纷至沓来。陈诚临故时守在身边的要员就有"行政院长"严家淦等"五院院长"，"国防部长"蒋经国等"内阁"成员，"总统府秘书长"张群、"战略顾问委员会主任委员"何应钦、"副主任委员"顾祝同等元老，"总统府参军长"周至柔、"国民大会秘书长"谷正纲、"台湾省主席"黄杰、"中央研究院院长"王世杰等政府部门长官，还有黎玉玺、陈大庆、高魁元等十几位"上将"。

安葬时，蒋介石组成了张群、何应钦、"五院院长"等人参加的高规格的治丧委员会。公祭之日，昼夜轮流给陈诚守灵的除以上大员外还包括大部分的国民党中央常务委员。大殓时，张群出任"主祭官"，由"五院院长"盖"国旗"，由何应钦、顾祝同、周至柔、谷正纲盖党旗。葬礼可以说是隆重之极，陈诚的一生随着葬礼而结束。

陈诚生前，权重势大，享受人间荣华富贵；出将入相，官阶高得不能再高。可他也有背后之言，在此录上两段，以作本文结尾。1974年底，台北一家杂志连续登载两篇文章评说陈诚。一篇是《苦国之苦痛国之痛》，文中说陈诚一生"误国"，当参谋总长时，在他手里的事全部搞坏，全部搞垮。权势冲昏了头，乱整乱裁，把军队搞了个七零八落，乱七八糟。无军不缩，无军不整，无军不裁，人心在慌乱中，当然无法打仗。

　　一篇是《老兵论陈诚》，文中说陈诚是"当代中国人的罪人"，上至指挥官，下至役夫走卒，均对陈诚痛恨入骨。凡他所到的地方，除杀人外，就没有更佳的法门。他最善于制造派系，什么南派北党，他善于用一派去打击另一派，使军中充满紧张和阴险。他是历史巨奸，来台后仍高居政坛，实在令人痛心之至。他死得早，也可说是中华民族的一大庆幸。

蒋介石不忘为他祝寿

记黄埔系管家何应钦

1979年3月11日，是何应钦将军90大寿，家门前很是热闹，上门祝寿的诸亲好友、各界要人络绎不绝。时为"总统"的蒋经国也钦令颁发"国光勋章"贺喜，并在何氏宗亲会编印的何氏所藏书画选《云龙契合集》上题词"松柏不凋于岁寒"。从历史上看此举并非第一次，何氏80岁时"总统"蒋介石送上手书"寿"字祝寿，以往也是，70岁时送上手书"同舟共济"，60岁时送上手书"安危同仗，甘苦共尝"，50岁时送上手书"寿"，每逢何应钦生日，蒋介石、蒋经国从来没有忘记过。蒋介石对何应钦的评价也很高。1946年8月，何应钦到联合国任职前，蒋介石"特令嘉奖"说，"该员历年内长军事，外总师干，忠勤精一，卓著懋勋"，类似的话还有多次。由此可见，蒋家对何应钦的感情不一般。

蒋介石和何应钦的关系之密，在国民党上层是人所皆知的。何应钦90大寿时，国民党元老谷正纲借用《易经》上"同声相应，同气相求""云从龙，风从虎"来形容蒋何关系，还把何应钦比作管仲与太公，说："治国之难，在于知贤，而不在于自贤；治兵之难，在于知众，而不在于得众，是故管仲相齐桓，太公佐周武，云龙契合，而成不世之业者非常之际遇也。"有类似看法的军政元老不少。一则说明何应钦在国民党内位置之高，二则说明蒋介石对何应钦信任之甚。至于"不世之业"则有不实之疑。1969年何应钦80岁时写下《八十诞辰感言》一文，说："我个人极平凡，过去卅多年，对于党国有一些贡献者，不外下面三点。第一，得蒋（介石）总统的信任；第二，将士用命，上下一心，精诚合作；第三，每担任一要职，必选优秀之幕僚相助。"三点中后两点有待商榷，他的成功、贡献、经验要看是什么时候，在进行反共内战时则是个败军之将。第一点确有其事，那就是蒋介石的信任，使他从一个地方实力派里的一位中级军官，升为叱咤风云半个世纪的军界元老、政坛红人。

一、黄埔系的管家

何应钦，字敬之，贵州兴义县人，1890年4月2日出生于该县黄草坝泥荡村，祖籍江西临川。黄草坝地处贵州西南角，在近代史上先后出过督军刘显世、黔军总司令王文华等名人。在名人和家族的影响下，当地居民都有一种开放的心理。

何应钦出生在一个商人之家，兄弟五人，排行第三，7岁进私塾读书，后入县立高等小学读书。17岁那年以考选第一名资格，保送贵州陆军小学，毕业后又入武昌陆军第三中学，进校不久被录取为留学生，赴日本陆军士官学校学习。同船前往的还有后来在南京政府内同朝为官的朱绍良、谷正伦等。到日本后，先到士官学校预科东京振武学校第一期学习。

留学期间，何应钦加入同盟会。辛亥革命爆发时，中断学业回到上海，参加起义。先后出任沪军都督府一等科员、陆军第7师第1旅3团营长。"二次革命"失败后，回到日本继续攻读军事，到陆军第59联队为入伍生，半年后升为士官。1914年秋，转入日本陆军士官学校步科。1916年秋毕业后回国，回到家乡出任护国军黔军第1师第4团团长兼讲武学堂学生营长。1917年底，曾随部队远征四川，击败长江上游总司令兼四川查办使吴光新于重庆。在黔军里，何应钦步步高升，先后出任步兵第2旅旅长、第5混成旅旅长、省警务处长兼贵州讲武堂校长、贵阳警备司令等要职。军务之余，创设"少年贵州会"，自任会长，一度发展迅速，在80余个县市有分会组织。

1920年，因内部纷争自动辞去本兼各职，前往昆明，作为黔军驻滇代表。1921年，在华丰茶楼被受雇于人的杀手击中两枪，弹中肺部，几乎丧命。昆明当局为防止杀手因何未死再来加害，故意宣布何应钦已伤重不治而死。他在昆明法国医院治疗半年，最后在医生判为"至多只能活5年"后出院。昆明受伤，可以说是何一生中唯一的一次惊险遭遇。

伤愈出院后，夫妇两人前往上海继续养伤。身体好转后，滇军军长范石生邀他出任参谋长，蒋介石也来邀他到黄埔军校任教。何应钦在黔军里路路均通，事事顺利，名位、利益均全，黔军上层内部不和也没有影响到他的利益，可黔军毕竟一省之兵，无多大作为，何需要更大的政治舞台，来实现自己仕途上的目标，求得更大的发展。大革命运动和国民党改组给他带来了机会。何应钦看清时机，决定放弃当时来讲名位、利益高于"教官"的"军参谋长"职，来到蒋介石身边。

1924年1月，孙中山决定重新解释三民主义，实施三大政策，改组国民党。决策之一就是筹组黄埔陆军军官学校，蒋介石为筹备委员会委员长。孙中山筹办军校是准备组织革命军，武力统一中国。蒋介石则是想利用军校建立忠实于自己的武装。由于蒋介石是单枪匹马来到黄埔，需要借重一批保定军校、日本士官学校毕业的人士来为自己训练学生，同时在黄埔学生正式成长为各级指挥官之前的十数年间，还要借重那批人士执掌军事。以后在国民党军界，被蒋介石邀请、任用，担任黄埔校部主官、中层领导、高级教官和中上层管理人员的保定军官学校、日本士官学校和陆军大学等军校毕业的军人，成为"准黄埔系"，黄埔军校毕业生则成为"黄埔系"。何应钦作为准黄埔系的实际主持人，也是黄埔系的实际负责人。

所以，蒋介石聘任军校教官等于就是组建自己以后的军事班子。聘任时分外严格，尤其是对自己准备长期使用的人，更是慎之又慎。由于何应钦在辛亥革命时就和蒋介石在沪军都督陈其美处共过事，有过旧情；何在黔军又有过训练军校学生的经历，专业对口；此时他还是孙中山大元帅府的军事参议，蒋介石于是挑中了何。从蒋、何合作之初，双方就体现出诚意。一个信任，一个忠诚，成为两人合作的基础，蒋介石非常看重何应钦，任命为少将总教官，事实上就成为最重要的军事助手。两人合作50年，何应钦的职务有变化，但作为蒋介石最高军事助手的地位一直没有变。何应钦忠诚于蒋介石，从进黄埔起，在各种基本问题上，从不违背蒋介石的意愿行事，服从到盲从、相信到迷信的程度。正如他的友人所说：何"深感介石的知遇之隆，秉坚贞不贰之志节，竭智尽忠，驱驰效命，五十余年如一日，未稍或渝"。

黄埔和北伐时期是何应钦值得夸耀的时期。在这几年间他干过两件大事，一是出掌黄埔系，二是三仗出威风。

蒋介石是黄埔系的大掌柜，可他最早是把黄埔系交给何应钦管理的。1924年11月28日，黄埔军校校军教导团成立，何应钦出任团长，教导团是国民党有史以来自己创建和指挥的第1支军队，所以使得何应钦在国民党军界占有很高的地位，成为仅次于黄埔军校校长蒋介石的军界元老。因为教导团又是集黄埔系大成的浓缩部，组成黄埔系的主要骨干大部出于该部，所以使得何应钦在后来国民党高级将领，黄埔军校中、下级教官和前6期军校学生中有很高的威望和影响力，他成了黄埔系的大管家。

1925年4月，教导团扩编为党军第1旅，何应钦为旅长；8月第一旅又扩编为国民革命军第1师，何应钦为师长。同时成立第1军，军长为蒋介石，到1926年7月蒋介石出任北伐军总司令，第1军就交给何应钦统领。第1军的成立，标志着黄埔系已初步形成。黄埔系的形成过程，和何应钦在蒋介石集团中的起家、发家过程是同步的。负责黄埔系是他在国民党内立于不垮之地的保障。

作为负责黄埔系的一个重要内容，那就是何应钦帮助蒋介石扩充实力。在北伐开始后的两年间，把一个以黄埔子弟为核心的第1军扩展为拥兵近百万、编制为4个军团、十几个军的第1集团军。更为重要的是，在发展实力的过程中，何应钦协助蒋介石栽培、提拔了一大批军事将领，网罗了一大批蒋介石所需要的人才。后来中央军的师长以上将领，几乎全部出在这个时期的第1集团军里。正是凭着第1集团军的实力，蒋介石才敢于在上海公开反共，在南京另立政府，建立自己的反动统治；才能够打败各路军阀的挑战，成为国民党的统治中心。第1集团军是蒋介石反共独裁统治的实力基础，何应钦是组建第1集团军的关键人物，为蒋氏政权立下汗马功劳。

何应钦作为职业军人，又是在动乱年代里升迁，一生中参加多少次战斗，应该无法统计，但他有三仗，深受蒋介石的赏识。

一是棉湖战役。1925年3月，东征军连下淡水、潮州、汕头等地，由于左翼滇军和中路桂军行动缓慢，东征军主力右翼部成孤军深入之势。敌方陈炯明派部将林虎率1万余人在棉湖一线突袭何应钦的教导第1团，意在包抄东征军总部。3月13日，团长何应钦指挥所部历经恶战，反击成功。事后蒋介石说："棉湖一役，以教导第一团千余之众，御千余精悍之敌，其危实甚。万一惨败，不惟总理手创之党军尽灭，广东革命策源地亦不可保。"此仗打完，何应钦升任旅长，数月后升任师长，兼任黄埔军校教育长，并在1925年1月的国民党第二次全国代表大会上当选为中央执行委员会候补委员，首次进入中央领导机构。对于此仗，何应钦一直不忘。在晚年，每逢3月13日，均要召集在棉湖战场上共过难的官兵将领聚会，以示纪念。

二是松口战役。北伐开始后，蒋介石没有把第1军投入两湖江西主战场，何应钦指挥第1军只是负责镇守潮汕，警戒福建方向，保证北伐大军主攻方向的侧翼安全。到1926年10月间两湖战场战事已近完成，第1军才开始向正面守敌——孙传芳的第4方面军总司令、福建总督周荫人部发动进攻。10月13日，何军长指挥所部第3、14两师，出击周部的5个师。先夺敌军总部永定城，周荫人越城而逃。再夺松口，消灭敌人主力，敌将刘俊被打死，李宝珩被活捉。5天后蒋介石亲自发表谈话，嘉奖何应钦，称他"能从容应付，完全消灭敌军主力。因此预测到此次北伐之目的，一定可以达到"。松口一仗，打得不轻松。此仗一完，何应钦升任东路军总指挥，指挥3个纵队十数万大军，没打什么硬仗，一路收编北上，至1927年3月下旬，进入南京城。

三是龙潭战役。"四一二"反革命政变后，革命的北伐已经结束，蒋介石的"继续（二期）北伐"已是一种新形势下的新军阀混战。1927年8月，国民党上层纷争加剧，武汉、南京并立的两个政府和党中央互争正统，争吵不休。8月13日，蒋介石在内讧中下台，南京城里群龙无首，各派争权夺利，无暇顾及北伐军事。25日孙传芳乘虚而入，纠集残部5个师3个混成旅共7万之众，分3路强渡长江，向乌龙山、栖霞山、龙潭一带发动突袭，兵临南京。何应钦与李宗仁、白崇禧等人指挥第1、7、14、40军等部反击，至30日晨5时，收复龙潭车站，战役宣告结束，孙传芳被打回江北。南京方面对龙潭战役事先毫无准备，仓促迎战，打得又乱又苦，取胜实属侥幸。何应钦从前线回到南京，见到迎接的人第1句话就是"这一次几乎不能和你们见面了"。可见战斗之艰苦。

蒋介石在谈到此战时说："（龙潭战役）关系首都之安危，革命之成败，在国民革命战史上实占重要之地位；而战斗之激烈，可与棉湖、松口、汀泗桥、武昌、南昌诸役相埒，或且过之。"并且肯定何应钦"果毅杀敌……表现军人奋斗精神也"，还奖给他"捍卫党国"锦旗一面。战役结束后半月余，宁汉双方宣布"合流"，成立中央特别委员会，组织国民政府。何应钦被推为特委会委员、国民政府委员、军事委员会委员和主席团委员。

以上三仗的历史背景不同，它们的意义也有不同。棉湖战役对第一次国共合作的成败得失、广东革命根据地能否巩固关系重大；松口战役则是保证北伐军主力及时、安全地转向江西和东南战场，加速北伐进程的关键一仗；龙潭战役对南京政府来讲关系重大，使得成立数月、远未巩固的蒋记政权免遭灭顶之灾。作为三次战役胜方主将的何应钦以及蒋介石，在总结经验时确有疏忽之处，前两仗他们忘了在国民大革命高潮中，中国共产党发动和组织广大人民群众踊跃支前，协助东征军和北伐军作出的历史性贡献。第二仗则是靠人多势众，乘北伐一路胜仗的余勇，对手孙传芳部又是屡战屡败的残兵败将，南京方面的胜利不足为奇。更何况桂系为战役胜利出力甚大，打得不比第一集团军差。不管如何，三仗打完，何应钦作为国民党内高级军事领导人和蒋介石的高级军事助手的地位更加牢固。

二、蒋介石的助手

龙潭一役胜利,"宁汉合流"完成,下一步是下野后的蒋介石怎么办。当初蒋介石之所以放心下野而去,主要是有何应钦代他执掌着实力在第二、三、四集团军之上的第一集团军。有第一集团军在手,就可以退为进,东山再起。

"宁汉合流"后,各政治派系、各地方实力派之间互不相让,互不服气,只有请出最大的实力派蒋介石。1928年1月7日,蒋介石复职国民军总司令、军委主席。为感谢何应钦对自己的支持和忠诚,先利用二届四中全会把这位黄埔系大管家晋升为中央执行委员(以后连任至"六全","七全"起为中央评议委员,"十全"起为中评会主席团主席),再任命为总司令部总参谋长。以后蒋介石亲率大军向平津地区运动,消灭北洋军阀残余孙传芳、张宗昌、褚玉璞部,把奉军打出山海关。在这半年余的时间里,何应钦留守南京,替蒋介石看家。撤到东北的张学良将军深明大义,同意归顺中央,蒋介石就此完成"一统"大业。王业已成,政府改组,蒋介石当上国民政府主席,任命何应钦为训练总监部部长。

十年内战时期是何应钦喜忧参半的时期。喜的是在南京政府里的地位稳步上升,忧的是再也没有什么值得炫耀的战果出现。在这数年间,他交叉以三种身份活动于政治、军事舞台:蒋介石排斥异己、削藩压军阀时,何应钦是一个称职的助手;蒋介石反共、"围剿"红军时,何是一个卖力的助手;蒋对日寇妥协求和时,何是一个老练的助手。何时以何种身份出现,取决于蒋介石的需要和安排。

一是"称职的助手"。蒋介石当上国府主席和军委主席后,有一件心事未了,各地方实力派拥兵自重,割据一方,已成大患。当务之急是要在消灭北洋军阀后,迅速削弱乃至制服各路新起的军阀。故从1929年初起,军事上开始编遣冯玉祥的第二集团军、阎锡山的第三集团军、李宗仁的第四集团军及唐生智、石友三等部;统一军令政令,取消各集团军总司令制。具体编制和执行编遣计划的就是何应钦,先后出任编遣委员会筹备主任、编遣会常委、中央编遣区主任、编遣会编组部主任。政治上不顾汪精卫派、西山会议派的抗议,联合胡汉民派召开国民党第3次全国代表大会,把国民党改造为清一色的"蒋家党"。蒋介石的阴谋必然会遇到地方实力派和党内各派的反对,混战起于编遣,党争源于"三全"。"倒蒋"各派今日合纵,明日联横,掀起国民党内新军阀混战的浪潮。各政治派系则推波助澜,趁机发难，借助军阀之手，图谋取蒋代之。

地方实力派是武装反抗，蒋介石是武力镇压。何应钦则多次出马，南北奔走，充当蒋介石的打手，逐次收拾一家家军阀。1929年3月，桂系"倒蒋"，何应钦兼任讨逆军参谋长、武汉行营主任，讨伐桂军。同年9月中旬，国民党陆军第4师师长张发奎在湖北宜昌树起"护党救国"的旗帜"倒蒋"，挥兵南撤粤桂边区，蒋介石任命何为广州行营主任，讨伐叛军。此行未果，又返回武汉主持平定唐生智叛乱之战。因作战指挥有功，1930年1月被授予"一等宝鼎"勋章。

"中原大战"起，何应钦兼任军政部长，调拨百万大军对付冯玉祥、阎锡山、李宗仁、汪精卫、谢持等人组成的"倒蒋联合阵线"——"中央扩大会议"。由于张学良"拥蒋"，"倒蒋"一方败于一旦。何应钦出任郑州行营主任，主持中原军务和全权负责整编、遣散"倒蒋"的几十万大军。经过何应钦的"善后"，"倒蒋派"元气大伤，实力大减。虽说以后还有过"倒蒋活动"，可再也没有过多的力量进行大规模的"倒蒋军事行动"。

二是"卖力的助手"。蒋介石五次"围剿"中央革命根据地，何应钦指挥过三次，可谓是反共先锋。南京方面第一次"围剿"中央苏区以失败告终，1931年2月，蒋介石又开始第二次"围剿"。2月10日，任命何应钦以军政部长身份兼领南昌行营主任，代行三军总司令职务，组织前线最高指挥部，统率20余万人从吉安打到建宁，浩浩荡荡，不可一世，大有摧毁中共中央革命根据地之势。三万红军在毛泽东、朱德、彭德怀等人的指挥下，针对敌方"稳打稳扎，步步为营"的战术，隐蔽主力，各个击破，在5月16日至31日的半个月内，由西向东行军700里，接连在富田、白沙、中村、广昌、建宁连打五仗，俘敌三万余，缴枪两万余支，全歼何应钦部的第28师、第47师第3旅，重创另外三个师。这是他自参加护国军以来所打的最大的败仗。几万人枪的损失，并没有使他冷静地思考，更没有使他觉醒，今日对手已不是往日的各种名号的军阀，而是一支共产党的武装；正在进行的已不是往日那样对半封建军阀的讨伐，而是一场师出无名的反共内战，岂有不败之理？失败之余，何应钦只有满腹的不服气。

1931年5月失败后不到1个月，他又来到"反共"军事前线，兼任空军总司令、"剿共"前敌总司令、左翼集团军总司令，手下30万人。冲到中央苏区，改变战法，变"稳"为快，"长驱直入，分进合击"，企图将还未来得及休整和补充的中央红军消灭于赣江东岸。红军又显神通，采取"诱敌深入，避敌主力，打其虚弱"的方针，数天之内三战三捷，消灭敌人三个师。再乘胜追击，又消灭敌军一个师。到9月15日，蒋介石、何应钦指挥的第三次"围剿"彻底失败。

何应钦还想和红军较量。1932年4月出任赣粤闽湘边区"剿共"总司令，年底来到江西，调集30个师、两个旅和两个航空队50万人，扑向中央苏区。他们在苏区广筑碉堡、公路，封锁红军，用高压政策和残酷手段来割开人民和红军的联系，事与愿违，红军越打越强，越战越勇，结果消灭何部三个整师，俘虏何部3万余人。何应钦再次失利。历史常有巧合之处，他靠三仗扬名，但在和红军的决战中，三仗三败。其败，败在不合时代潮流；其输，输在没有人民群众的支持。作为蒋介石"围剿"红军的"卖力的助手"，面对屡战屡败的事实，雪"耻"无望，报"仇"无能，无法再在前线待下去，怆然回南京而去，结束了与红军"相处"的经历。

三是"老练的助手"。"九一八事变"以后，日寇步步进逼，侵略胃口越来越大。蒋介石从事变爆发之初起，就采取妥协退让政策，姑息侵略，纵容日寇。在蒋介石推行以"妥协退让"为核心的对日外交政策的过程中，何应钦是一个"老练和内行"的助手，负责具体交涉行动。何应钦和日本有很深的关系，早在日本习武期间，就结识了不少后来成为日本各界要员的校友，其中不乏军国主义分子和战争罪犯，不少人从20世纪30年代初期起就来到中国从事侵略活动。蒋介石之所以要何应钦来主持对日外交，正如张群所说的那样，"（蒋介石）希望能运用我们这些人的对日关系，直接和日本办交涉，调整中日关系，与日本取得暂时妥协，设法延缓中日间的紧张形势"。蒋介石的对日外交基调是"攘外必先安内"。"安内"就是集中力量在南方"剿共"。"安内"在先，"攘外"抗日就被延缓，付出的代价就是默认日寇的侵略，牺牲国家主权，放弃领土完整。

何应钦在执行蒋介石的对日卖国外交方面，到了不能容忍的地步，固然没有辜负蒋的期望。1933年3月，应钦从江西"反共"军事战场来到华北，出任军事委员会北平分会委员长，作为华北地区与日寇谈判交涉的中方最高代表。手中握有尚方宝剑，再加上与日寇将领之间的私谊，在出让领土主权方面，可以说是慷慨大方。

到北京的第一件事，就是把有关察北、冀东主权的《塘沽协定》在一天内高速谈成，以上地区成了日本人的天下。到1935年6、7月间，又先后与日方签订《何梅协定》《大滩会议文件》《秦土协定》。根据这些条约，国民政府让出了在河北、察哈尔的主权，出面制止华北地区的抗日活动。

何应钦根据蒋介石的指示，在北平主持的卖国活动，表面上换来了几年的北线无战事，配合了蒋介石在南方安心"剿共"的行动。事实上，更多的是蒋、何等人的让步，对日暂时妥协，激起侵略者的野心，日本全面侵华仅是时间问题。何应钦在华北的投降卖国行为，为全国人民所痛恶。在一片痛斥声中，1935年11月蒋介石以出席国民党"五全"为名把何调回南京，华北的"政务烂摊子"交给平津卫戍总司令宋哲元。

10年内战时期结束前夕，何应钦又有了一个向蒋介石效忠的机会，这就是西安事变。1936年12月12日凌晨，张学良、杨虎城两将军响应中国共产党"停止内战，一致对外"的抗日号召，武力扣押蒋介石，要求蒋介石和南京政府改变媚日妥协的外交政策，停止一切内战，抗日救国。张、杨的壮举得到了全国各界人士的支持。

消息传到南京城，在国民党中央紧急会议上，军政部长何应钦别有用心，力主"讨伐勤王"，自告奋勇出任讨伐军总司令。会后即派大部队向潼关方面运动，南京方面的轰炸机已经开始轰炸西安附近，内战一触即发。在周恩来等中共代表的努力下，西安事变最后以释放蒋介石、和平解决而结束，何应钦借机再度挑起大规模内战的阴谋没有得逞。虽然何应钦不顾蒋介石安危企图发动内战，暴露出蒋、何两人的矛盾，可他的"武力勤王"，为蒋介石篡改一生中使自己最为难堪的在西安被抓的事实，找到了借口。事后蒋介石说中共之所以同意和平解决、张学良之所以礼送他回南京，是因为何应钦的讨伐、施加军事压力的结果。因此在西安期间自己并没有作出任何让步，"停止内战，一致抗日"的决策是他自己早已确定的战略，以此粉饰自己，也就是说何应钦的讨伐给蒋介石备下很好的台阶。其实蒋介石有所不知，如果何应钦的讨伐计划真能实现，兵临西安，再起战火，他很可能已成地下新鬼。

三、日降典礼主持

"七七事变"后，何氏一度重新带兵作战，投入正面战场。1938年1月中旬，蒋介石调整军事机构，军事委员会设立军令、军政、军训、政治四部，何应钦连任军政部长兼军委会总参谋长、第4战区司令长官，驻节广州。战区所辖第12集团军，共计9个师又2个旅，负责两广方面的作战。全面抗战初期，在国民党军队内涌起一股"撤退热"，第4战区也是这样。1938年10月，汉大会战的紧要关头，日寇为策应对武汉的攻势和切断中国最后的出海口，发动对广州的进攻。广州人民群情激昂，10月17日，万人举行游行示威，决心誓死保卫武汉、保卫广州。无奈第4战区防御力量不够，再加上确实没有在大城市与日寇决战取胜的形势和条件，何司令长官和集团军总司令余汉谋无心恋战，10月21日主动撤兵，广州被日寇占领。

何应钦把战区司令长官职交给张发奎后，以总参谋长的身份来往于各战场，指导作战，正面战场的重大战役大都参与过。如台儿庄、南昌、随枣、桂南、晋南、浙赣，以及三次长沙会战等。他直接指挥的、略有名气的一仗要数1944年9月发生的贵州保卫战，解除了大后方的危急局面，粉碎了日军从桂黔向四川进攻的企图。特别是因为参加对中国战区的美、英、印军的指挥和指导中国远征军出击缅甸，于1943年7月7日获得由史迪威代颁、罗斯福总统授予的"司令勋章"和奖状。后又获得美国"金椰勋章"。紧接着，蒋介石也连着授给他几枚勋章。

1944年11月，世界反法西斯力量胜利在望，美国等强国已经准备划分大战后的势力范围。为取得在中国的特权，获得有利的国际战略地理位置，有助在世界范围内巩固其势力范围，对华采取"扶蒋反共"政策。从抗战结束后国共两党斗争的力量对比出发，开始大规模地援助蒋介石，帮助训练、装备国民党军队。为实施受援计划，蒋介石决定成立陆军总司令部，脱离各战区，集中一批嫡系部队，接受美国新式武器装备。对于这样一支部队，蒋介石不愿意交给他人，再次交给何应钦负责。何应钦在把任职15年之久的"军政部长"职交给陈诚后前往昆明，主持陆军总部工作。到全面抗战结束时，美国已帮助装备36个师，到蒋介石向解放区发动全面进攻时，已达50余个师。昆明练兵集中了中央军的大部分主力，蒋介石基本上没有把这批大军投入抗日正面战场，待抗战胜利后，这批美械师靠美国提供的运输工具，陆海空三路并进，昼夜兼程，抢占远离大后方的各大城市和重要地区，成为发动反共内战的骨干力量。就像当年出掌黄埔系一样，何应钦再次掌管蒋介石的嫡系武装。

全面抗战中的何应钦,政治上活跃,奔走于重庆、昆明、桂林等大后方各要地;军事上多为,出现在正面战场的多个大战役中。此外,不能不说另外两件事。

一是主持枪毙韩复榘。韩起家自西北军,此人略通文墨又勇猛善战,遂由总司令冯玉祥提拔为师长、总指挥、省主席,1929 年"蒋冯战争"前夕叛主投蒋而去,换来主持鲁政 8 年。8 年间又一再和蒋介石闹别扭,割据称雄。全面抗战开始,身为省主席兼第 3 集团军总司令的韩复榘,在日寇兵临鲁境之际,多次违抗蒋介石和顶头上司第 5 战区司令长官李宗仁要其死守要地的命令,从黄河边一直逃到鲁西南,半月之内,山东大部沦陷日手。违纪抗命,临阵逃脱,放弃阵地,足以成为军法从事、处决韩复榘的理由。但在国民党内却不会成为理由,因为类似于韩弃职逃命的将领很多。真正置他于死地的原因,是他联络川军刘湘和西北军旧友宋哲元,准备合力"拒蒋入川",趁国难"倒蒋"。蒋介石得知此讯,新仇旧恨涌上心来,不杀韩不足以解心头之恨,1938 年 1 月 11 日,在开封袁家花园礼堂举行军事会议时诱捕韩复榘得手。大敌当前,蒋介石处置韩这种地位、身份不一般的大军主帅,较为谨慎,为防止意外,特意交给何应钦执行,由何应钦出任为韩而专设的高等军事法庭审判长。何应钦这个审判长,责任重大,可很轻松,只要按蒋介石的旨意把韩复榘判处死刑了事。故只在 22 日下午草草开庭一次,两天后把被告枪毙在关押处。

二是围堵新四军。进入"二期抗战"后,国民党当局开始加紧反共,挑起一起起反共事件。其中规模、危害最大的是制造"皖南事变"。按照蒋介石的要求,直接出面挑起事端和一手策划行动的是何应钦。1940 年 10 月 19 日,他致电中共军事领导人朱德、彭德怀,要"中共"军队务限于月底撤往黄河以北,让出原有的根据地,以此限制人民军队的发展,捆住人民大众的抗日手脚。12 月 8 日又发表"齐电",9 日又向中共方面下达"限期北移"的命令。对于国民党当局的图谋,中共进行了坚决斗争,但为了全民团结抗日的大局,同意作出必要的让步,决定把新四军撤往江北。根据蒋介石的手令,何应钦电令第 3 战区司令长官顾祝同,调集 7 个师 8 万余人,于 1941 年 1 月 6 日在茂林一带突袭正在撤退行军中的新四军总部 9000 余人。除 2000 人突围外,其余新四军官兵大部牺牲。这就是何应钦一手导演的"皖南事变"。他终有机会以报 7 年以前在江西三仗三败之仇。换来的结果只有一个,那就是同室操戈,抗日力量遭受巨大损失。何应钦坚持反共立场,政治上的不成熟充分显现出来。

何应钦一生出尽风头的是主持日本国投降典礼和负责遣返日本战俘、战犯工作，这是蒋介石送给他的最高荣誉。日本天皇宣布投降时，何应钦正在国民党军队反攻广东的前线总部，听到日降广播后，马上赶回重庆。蒋介石要他立即飞赴受降前进基地湖南芷江，与日本侵略军副参谋长今井武夫商谈日本投降典礼仪式、日军缴械等问题。

1945年9月8日上午9时，作为中国政府受降代表的何应钦将军飞抵阔别8年的南京，同时空运廖耀湘的新6军到宁负责警戒。9月9日上午9时9分，在原中央军校礼堂举行"中国战区日本投降签字典礼"，何应钦将军接受日本侵华军总司令冈村宁次大将、参谋长小林浅太郎中将、舰队司令官福田良之中将和今井武夫少将的投降。嚣张14年之久的侵略者不得不在投降书上签字。冈村宁次拿起老花镜，投降书的内容看也没看一眼就签名盖印。事后其回忆说："仗都打败了，教我怎样签就怎样的签，这就是无条件投降。"这是中华民族的胜利，这是世界正义力量的胜利。蒋介石让何应钦在如此重要和光荣的时刻出场，可见对其有很深的感情和信任。

在何应钦主持抗战胜利善后期间，根据蒋介石提出的对日本"以德报怨"的方针，便于战后拉拢日本政界和发展与日本的关系，便于尽可能多接收日本侵华军交出的武器装备，尽可能地确保日本战犯和战俘的利益。何应钦和在华北与日寇办交涉、妥协退让一样，再次显出特有的精干。在善后过程中，无视国际准则和人类正义，对战犯、战俘采取无原则的宽大，使侵略者从精神和物质上得到许多好处，受损的是中华民族的利益、威严和主权。

例如日俘回国时，按照盟军的惯例，每俘可携带15公斤的行李，可何应钦他们主动提出增至50公斤，最后由于反法西斯阵营的干预才减为30公斤。准许带走的行李越多，日俘带走的从中国战场上抢到的财物也越多。特别是从上海上船的日俘，所带的铺盖、食品还不计在限数内，除武器以外的什么东西都可以带走，包括从中国战场上掠夺到的无数金银珍宝、古董文物。

例如对于日本战犯，这些在侵华战争中对中国人民欠下笔笔血债的刽子手，理应受到深受其害的中国人民的审判。可何应钦一再主张宽大、让步，战俘不按国际法处置，称之为"徒手官兵"，保持原来的编制；侵华军头号大战犯冈村宁次成为"中国战区日本官兵善后联络部长官";全部侵华日军中总共只判处145件死刑和400余件有期徒刑,并且于1949年初把所有在押战犯送回日本。也就是说,120万日本侵华军在长达14年的时间内,在中国犯有反人类罪、战争罪、大屠杀罪的战犯何止千万,在何应钦具体主持下,只有极少一部分战犯得到应有的惩处,包括冈村宁次在内的众多日本战犯逃脱制裁,制裁日本战犯就这样轻描淡写地走过场。

当然,蒋介石、何应钦他们接收到的武器颇为壮观:68万余支步枪,1.8亿发子弹,6万余支手枪,近3万支机关枪,1.2万门各种口径的火炮,7万匹战马,534辆各种坦克和装甲车。以上武器大大增加了蒋介石的内战武器库。何应钦的这种只图集团私利、不顾民族利益的媚日行为令人愤慨,日本军国主义分子给中日两国人民带来深重的灾难,不谴责侵略,不揭露暴行,不维护正义,不坚持原则,怎么能防止类似的悲剧重演?中日两国人民怎么能长期友好下去?和20世纪30年代在华北对日妥协投降一样,这是又一种形式的卖国。蒋介石、何应钦姑息养奸、纵容包庇战犯,最终为中日两国人民所不齿。

四、行政院长哀歌

解放战争时期是何应钦倾心反共的时期。他负责的日降善后事项和当年在北平主持对日谈判一样,严重丧失国格,全国各界人士对此议论纷纷。为逃避责任,1946年8月蒋介石把何应钦派到联合国,出任安理会军事参谋团中国代表团团长。1948年3月国民党召开行宪国民大会,组织内阁,"国防部长"人选难定。原任部长和其他几个主要将领如陈诚、卫立煌、顾祝同、刘峙等均在反共内战战场上败绩累累,即使蒋介石要他们出任国防部长的话,这几个人自己也无脸出台,最后蒋介石只好再次请何应钦在这关键时刻出场。

此时国民党当局在军事战场上危机潜伏,战略态势明显处于劣势,内部人心浮动,上层军官消极悲观,下层士兵士气低落。蒋介石拉出何应钦,以壮声势。1948年4月1日,回到南京当天,报到出席国民大会,并当上大会主席团主席。大会之后,出任翁文灏内阁的政务委员兼国防部长。内阁成立不过数月,致命硬伤连出两起,经济上币制改革破产,军事上辽沈战役失败。11月26日翁内阁垮台,孙科组阁，何应钦挂印而去。

事隔不久，蒋介石第3次下野。1949年3月，孙科内阁结束，代理总统李宗仁属意何应钦组阁，何自己担心此举会有趁乱勾结桂系之嫌，引起蒋介石的怀疑，赶紧一走了之。蒋介石下台后去了家乡奉化，何应钦跟着去了杭州，以示与蒋介石共进退。蒋深受感动，特题"安危同仗，甘苦共尝"8字祝何60岁生日，并要他出任行政院长。

蒋介石老谋深算，李宗仁上台后一直设法和中共方面接触，极其微妙，国共"和谈"势在必行，只有派出何应钦为行政院长，干扰李宗仁的"和谈"部署，才能实现他自己的"拒和"计划。3月10日，蒋介石书信一封，托人带给何应钦，以函促驾，要他"能以中（正）之意志为意志，承当此艰危之局势也"。何应钦见有蒋介石的支持，放心出台。3月12日立法院同意李宗仁的院长人选提名，15日何应钦到达南京，24日新内阁组成。对于"和谈"问题，他不负蒋望，遵照蒋介石"'和谈'，必须先订停战协定"指示行事，以便暂行停战，争取喘息时间，依托长江天堑，隔江而治，阻止人民解放军的胜利进军。由于国民党当局对和谈缺乏诚意，拒绝中国共产党的一切和平努力，致使"和谈"破裂。

何应钦破坏"和谈"的目的已经达到，5月13日放心离职而去，行政院长职由阎锡山继任。蒋介石彻底失败前夕，最担心的就是李宗仁与中共方面"和谈"成功。破坏"和谈"的大任，又交给最能体现蒋意的何应钦。何应钦在关键时刻又为蒋介石了却一件大事。

何应钦到台湾后，出任"总统府战略顾问委员会主任委员"（1972年7月，"战顾会"撤销，改任"战略顾问"），此职和"总统府资政""国策顾问"一起，虽然是给离开权力中心的过去的党国元老、军界将领和各界显要而设的荣誉性机构，可何应钦的职务是此类人员中地位最高的。根据蒋介石为儿子接班所做的重大安排，大权统归以陈诚和蒋经国为首的"实力派"手中。何应钦和昔日的众多重臣一样，从此就退居二线，永远离开权力圈和决策圈。何应钦凭着他和蒋介石的特殊关系，没有完全退出历史舞台，还能在边缘上转转，敲敲边鼓。军机大事用不着他，文化往来、民间交流时经常出场，还能常常出台见报。他对此缺乏心理上的承受能力，曾经大发牢骚："我现在什么都不打了，只有三打，一打桥牌，二打猎，三打球。"平时以打猎、摄影和栽花种草为消遣，常常是婚礼上的证婚人、葬礼上的盖旗者。时间一长，对自己经常出席的活动也就习惯成自然，知足常乐也。

一是20世纪50年代中期起搞起"世界道德重整运动"。道德重整运动的创始人卜克曼早在何应钦任职联合国时与之相识，何应钦还参加过一些活动。50年代早期，该"运动"两度组团访问台湾。卜克曼和何应钦颇有共识之处，议决利用中国传统文化中的某些内容，作为攻击社会主义制度和祖国大陆的思想武器。事实上这与道德重整运动的四大目标"绝对的诚实，绝对的无私，绝对的纯洁，绝对的仁爱"是相矛盾的。以后何应钦热衷于"道德重整运动"，先后10度组团出去访问，推行这一运动。为了给这一以反共为主题的、毫无生气的、缺少市场的运动增加色彩，还别出心裁组织一批人编排《龙》剧，以道德重整运动为名，去欧美演出。由于这一运动本身固有的反动性和落伍感，使得运动本身不了了之，无所结果。

二是继续从事"对日外交"。1952年7月，日之间成立"文化经济协会"，他先为"副理事长"，后继张群为"理事长"。1957年又被聘为"台日合作策进会顾问"。"两会"的任务主要是联系和拉拢日本各界人士，尤其是发展与日本右翼势力的关系，阻止中日之间的正常经济、文化、外交往来，阻止中日邦交正常化。何应钦从事的这一工作，违背了中日两国人民的意愿和根本利益。到1972年9月中日恢复邦交，意味着"两会"工作和任务的失败。

三是主持"三民主义统一中国大同盟"工作。1981年4月，国民党第十二次全国代表大会通过了"贯彻三民主义统一中国案"。11月何应钦在台北主持"三民主义统一中国研讨会"，会上决定成立"三民主义统一中国大同盟"。1982年10月22日，由国民党、青年党、民社党及宗教界、学术界、新闻文化、工商界等各界人士1600多人成立"三民主义统一中国大同盟"，何应钦出任首任会长。1983年"三民主义统一中国大同盟"成立"三民主义统一中国大同盟基金会"，还在海内外发展数个组织（1991年三民主义统一中国大同盟正式由政治团体改为社会团体）。

何应钦夫人王文湘女士是黔军总司令王文华的妹妹。当年何与同学谷正伦、朱绍良留学日本士官学校回国后，共同在黔军里任职。3人的配偶皆为贵阳城里的名小姐，朱妻花德芬，谷妻陈定坚，何妻王文湘，轰动一时，大有英雄配美人一说。

何王几十年来，恩恩爱爱、白头偕老，很少有河东狮吼一说。何应钦经常出入厨房，喜欢家务，在朋友圈内有"中国第一好丈夫"之称。两人育有独女（过继的何应钦弟弟何辑五的女儿）丽珠，视同掌上明珠。1951年1月，王夫人身患绝症，前往日本东京进行手术治疗，以后每年均要到日本作定期复查和治疗，1978年6月23日病逝。病故前1年，夫妇两人举行"钻石婚"纪念会，时任"总统"严家淦和国民党中央主席、"行政院长"蒋经国等大批军政大员均到场祝贺。

1986年4月，何应钦患轻度脑溢血住院，1987年10月21日上午7时30分在"荣民总医院"病故，时年97岁。当时的职务有："陆军一级上将"、"总统府战略顾问"、"国民党中央评议主席团主席"、台北中山纪念馆管理指导委员会主任委员、台湾观光协会名誉会长、人生哲学研究会名誉理事长、联合国同志会理事长、红十字会会长、"三民主义统一大同盟主任委员"、"台日文化经济协会理事长"、"台日合作策进会高级顾问"。此外还是日本国日本大学名誉博士、中华文化大学的名誉哲学博士。

何应钦去世时，当时病重的蒋经国发布"总统令"，深表哀悼，特派"副总统"李登辉、"行政院长"俞国华、"国民党"中央党部秘书长李焕、元老薛岳和谷正纲等人负责治丧。

只因九州未"统一"，何应钦只能安息在同为祖国一脉但远离家乡故土的土地上。对于这位贵州老人而言，不能不是一生最后的憾事。

无法叶落归根的军人

记一级上将顾祝同

1985年8月10日，台北的夏季溽暑难忍。93岁高龄的顾祝同头脑昏涨，周身不适，血压陡然上升，当天晚上被送进"荣民总医院"治疗，次日上午血压正常后又回到家中静养。12日雅兴又起，前往花市赏花。烈日炎炎，高温不下，老人不宜外出。本来所患高血压就未彻底治愈的顾先生犯下此忌，当晚返回寓所，阅报时一阵头晕，眼前一片昏暗，送到医院诊断为脑部微血管阻塞。以后就卧床不起，无法交谈，一直住院治疗，终日陪伴的有妻室儿女。他在黄埔军校执教时的学生、老部下、老友人黄杰也在隔壁病房住院，时常乘坐轮椅过来问候。1987年1月17日凌晨4时20分，顾祝同病逝于"荣民总医院"，终年94岁。

说起顾祝同，在国民党上层比起来并非平庸之辈。当年一起进黄埔军校出任中级军官、教官的人中间，后来官阶最高的要推顾祝同。这批人中间，佼佼者有中校战术教官刘峙、严重，中校兵器教官钱大钧、陈继承，少校军需官俞飞鹏、上校周骏彦等，大都官拜战略方面军总司令或中央部门主管长官，授衔中将、上将。

其中只有顾祝同高出一头，荣任国防部长、参谋总长。而且是稳扎稳打，稳步上升，从未离开过军事指挥中枢，从未罢免过指挥军队的实权。虽说在黄埔军校时只任下级军官、上尉副官陈诚后来居上，官居顾祝同之前，但陈诚树敌甚多，在国民党上层圈内名声远不如顾祝同好。尤其是陈某喜好制造派系，位高而手狠，即使在中央军内，非一手扶持的"土木工程系"（指他任职过的第十一师、第十八军）的一般将领都不愿到其手任职。而顾祝同则不然，不仅中央军，就是杂牌军的头目也都情愿到其手下听命。在国民党上层，顾祝同是个被各派政治势力、军事势力都能接受的人物。就他自己来说，同各方的关系均处得不错，很少引起非议。当然要论亲密的话，除了与蒋介石的关系外，与准黄埔系的总头目何应钦的关系更上一层。

作为军人，顾祝同已经得到了军人能够得到的一切。虽说没像何应钦、陈诚那样出将入相、总理一切，但也不凡：军衔从少尉起，到陆军一级上将；军职从排长起，到国防部长；文职从省府委员起，到"国防会议秘书长"，完整地走完了军人晋升之道。遗憾的是，走的是一条失败之路，他也成为败军之将，留给现代军事史的只是失败记录。

一、习武从军不顺利

1893年1月9日，生长于苏北涟水县石湖镇顾家庄，顾家有田百余亩，在当地也算小康之家，所以顾祝同6岁至13岁时能进私塾念书，打下较好的古文基础。15岁时进小学读书，第2年转入县城高等小学，不久被县里保送进南京陆军小学，1910年正式录取陆军小学第5期生。

顾祝同在回忆录《墨三九十自述》（顾祝同字墨三）曾专节谈到此事："根据两江总督的命令，陆小招生的候选生由各县保送。高等小学是涟水县的唯一县立学校，身为堂长的清代拔贡朱云舫先生向县府推荐了我和张健两人。到南京是我第一次离家远行，考试分为两场，可考试内容和形式都一样：数学和国文、闭卷笔试和口试。由于自己在小学已学过四则运算，两场数学考试轻易过关。国文考试的题目分别是《以不教民战，是为弃之》《执干戈以卫社稷》。两轮考试，张健被淘汰。我再参加面试，3月发榜正式录取为陆小学生。"顾祝同放弃读书做官之道投身军旅，习武练兵，遭到顾家这个在当地小有名气的家庭、亲友的反对。殊不知如果顾祝同真走文人之路，应该说很难有超过他在军界那样的成就。

陆军小学规模不大，每期只有学生120人，编为1个队3个排，名为军事学校，实际上只是军事化管理和学一些徒手操枪课程，并无其他军事理论、战术、武器课程，最主要的学习课程是相当于高中阶段的文化知识。这些课程对他来说，并无特别困难之处。除图画一门课使其难堪外，数理化、文史、修身、法语等均能或优或良。只因陆小生活是他首次在外独立生活，又加学习顺利，心情舒畅，故南京就读对他印象很深。直到晚年谈起还津津乐道，如数家珍。

1911年10月10日，武昌起义爆发，陆军小学在校3期学生中的应届毕业生不少前往武汉，参加义军，抵抗清军的反扑。另外两届在校生就地解散，同学们大部回到各自家乡。5期的顾祝同和4期的韩德勤，家乡同处苏北，一起经镇江转淮安回家。到淮安时经同学介绍，两人参加了革命党人组织的炸弹队，带着真、假炸弹前往清廷陆军第13混成协策动起义和准备暗杀江北都督蒋雁行。蒋都督闻讯逃跑，混成协被革命党人收编为北伐清军的先遣队之一，顾祝同当上该部排长，不久先遣队改编为陆军第9师第18旅。炸弹队行动可以说是他最早的一次实战型军事行动。

1912年7月，南京方面为收容陆军小学学生成立的临时军官学校恢复为南京陆军小学，顾祝同得知此事立即辞去排长职务，赶回陆小完成学业。因复校时到校报到的学生不多，4、5两期就合并为一期，这样韩德勤就和顾祝同成为同期学友，以后长期共事，受顾关照和提拔。

一年以后，陆小毕业，可升学受阻，又第二次中断学业。那是1913年7月"二次革命"兴起，黄兴将军赶到南京成立"讨袁军总部"。刚离陆军小学的顾祝同因应该升入学习的第4陆军中学已经停办，只得来到南京卫戍总司令部出任参谋。在北洋军阀核心成员冯国璋的女婿、陆军第8师师长陈之骥突然叛变进攻南京时，顾祝同和几个友人借着红十字会的旗号逃出南京城。"讨袁"斗争失利后，一片白色恐怖，到处搜捕革命党人，逃回家乡的顾祝同也四处躲藏，以避杀身之祸。

1914年3月，北洋政府陆军部通知原来的陆军小学毕业生一律到武昌陆军第二预备学校报到。当时全国类似的学校只有两所，都是由原先仅有的两所陆军中学改编而来的。在预校里，顾祝同和韩德勤为同班学友，钱大钧则为同届异班学友。预校的学习内容和陆小差不多。1916年春袁世凯称帝，顾祝同参加了秘密反袁活动。后因听说官方已经掌握了反袁分子的黑名单，就与韩等人潜回家乡，第三次中断学业。直到袁世凯死后，预校恢复，才返回预校。年底毕业后升入保定军校第六期步兵科。

1917年春节一过，第二预校的数百名毕业生，乘专车到达保定。上学以前，这批已经学习军事几年、掌握一些基本军事常识的年轻军人，专门进行半年的入伍训练。严酷、艰苦的训练淘汰了不少学员，顾祝同坚持下来。

顾祝同晚年回忆时，讲述的不是严格的操练和单调的生活，印象最深的一是"天气，原极寒冷，初入伍时又恰值冬季，我们这些南方来的学生，自然更感觉酷寒逼人，尤其是夜间的值勤守卫"。二是"风沙很大，有时卷起风柱，俗称龙卷风，更是飞沙走石，十分惊人。操完回队，耳鼻内大都塞满灰沙，衣服上也全是灰沙，乍看起来，简直是一个灰人"。三是在军校大操场上一起出操的有北洋军陆军第3师曹锟、吴佩孚部，"在他们出操时，可以看到北洋部队的旅团长，神气十足"。顾祝同一想到自己从军校毕业后也能一登龙门，弄个一官半职，当时的苦和累也就不足道也。

保定军校的教程分为战术、兵器、筑城、地形、交通五大项，再加上外语，大部分时间用来操练和野外实地演习，进行的是标准化的现代初级军官教育。军校的教官大部毕业于日本士官学校等外国军校，有一套系统化的军事知识。再则作为当时唯一的全国性的军官学校，管理严格，选拔学生的要求较高，所以该校出过不少军事人才，许多毕业生成为北洋军队和后来国民党军队里的高级将领。

军校学生分为步、骑、炮、工、辎五科，顾祝同被编在步科，同科的同学有韩德勤、余汉谋、李汉魂、黄琪翔、吴奇伟、周浑元等人，他们后来都成为现代军事舞台上的风云人物。顾祝同年岁较大，入学时已经24岁，1919年2月毕业已经26岁。他老练持重，刻苦认真，学习成绩相当不错，在结业典礼上，双手接过校长杨祖德为表扬他的优良成绩而奖给的一条毛毯。顾祝同从此结束了为时不短、反复几次的军事学习生涯，正式步入军事领域。

按照北洋政府陆军部的规定，保定军校的毕业生，必须经过6个月的见习期，见习单位由各位学生自报。经同学介绍，顾祝同前往长江上游守备总部武汉，出任第13旅1团1营见习官。主要任务是给士兵讲课，教授射击要领和军事操练常识。半年见习期满后，授衔少尉，不久调任暂编第4旅7团第9连连长。次年秋"直皖战争"起，皖系的长江上游总部总司令吴光新被直系军阀、两湖巡阅使王占元诱捕。吴部顿时乱作一团，顾祝同与一起来实习的十数位军校同学离开所在团队，转往南方各省。

顾祝同到达长沙，又经同学介绍，先后任湖南清乡司令部副官和卫队营营副。由于该部空有其名，招兵买马不见成效，只得辞职而去，客居长沙度日。

1921年7月，湖北闻人蒋作宾出任临时省总监，主张"鄂人治鄂"，组织"自治军"，以期赶走北洋军阀王占元部。湖南方面赵恒惕的湘军组织"援鄂支队"，北上会攻王占元，顾祝同当上支队的少校军官。作战中王占元一败涂地，被"北京政府"免职，吴佩孚、肖耀南率大军南下进攻两湖，取代王占元。9月1日赵恒惕和吴佩孚谈妥条件，握手言和。战事一停，"援鄂"结束，顾祝同无事可做，再次"换主"而去。

从保定军校毕业后的两年半间，已近而立之年的顾祝同只是想混个一官半职，漫无目的地东奔西忙，三移其主。结果是毫无作为，屡遭失利。正在三餐无以为继、前途渺茫之际，终于找到一条出路。原来在此之前，即1921年4月7日，广州"国会非常会议"众、参两院联合会通过《中华民国政府组织大纲》，一致选举孙中山为"非常大总统"。在孙大总统的领导下，南方几省大军联合兵扫旧桂系陆荣廷进展顺利。10月大总统亲赴广西，部署北伐大计。一时间两广革命气象万千，名声日隆。顾祝同闻讯，立即感到这是具有无限前途的伟大事业，军阀们的割据是无法与之相提并论的。毅然决定奔桂而去。

1921年12月，他同友人离开长沙，路上交通不便，赶到桂林时已是1922年1月，经同学介绍，特意拜访校友——从保定军校前身陆军速成学堂毕业的蒋介石。见蒋成了顾祝同一生事业的转折点，从此找到一位知己。以后他的前途就和蒋介石的命运连在一起，水涨船高，蒋顺顾也顺，蒋高顾也高。

当时蒋介石首次在国民党中央核心机构里任职，担任孙中山桂林北伐大本营参谋长兼粤军第2军许崇智部参谋长，正想寻找一些有为之士，作为自己的助手，军校校友更在考虑之列。

顾祝同回忆说：蒋见到自己时"表示十分亲切，俨如家人"。蒋介石原本安排顾为军部参谋，后因参谋位置已满，第2天就改任命为军部上尉副官、军士教导队区队长。同时出任区队长的还有后来成为中共方面国防部长的叶剑英元帅。

蒋、顾之间第一次来往，给顾留下了深刻的印象，他在《回忆录》中说："我第一次谒见蒋公，只觉得蒋公比我年龄稍长，是一位青年军官的气概，与一般军官显然不同。"顾祝同怀着对蒋介石的钦佩之情，开始出现在蒋的身边。

此时的蒋介石，并不满足于这种手下无军队、手中无实权的地位，离当上黄埔军校校长、实现篡党夺权计划中关键一步还有两年时间。两年内时常扔下革命工作于不顾，来往于广州、上海、家乡之间。因此在蒋介石提携下才能起家的顾祝同，此时也一直只是个下级军官，机会未到。

陈炯明叛变前夕，顾祝同奉命离开粤军，来到赣军担任两军联络参谋，前往江西，参加赣军、滇军在赣南的北伐行动。陈炯明公开背叛孙中山后在韶关一带击败粤军，使得各军之间脱离联系，联络参谋失去作用。顾祝同不愿留在客军，就与友人一起离开赣军在粤赣边境的驻地，化装后跑到广州、梧州等地寻找粤军第2军。直到1922年底，绕道香港，从海路回到已经赶走北洋军李厚基部、进驻福州的第2军。在此之前，孙中山派出廖仲恺、蒋介石为代表到福州，筹组东路讨贼军，全力以赴讨伐陈炯明部。

蒋介石作为讨贼军总指挥许崇智的参谋长。顾祝同一到福城，立即先去朝见蒋参谋长。经蒋向总指挥保荐，顾祝同改任中校副官代理总部副官长。讨陈军事开始后，东路军迅速兵克泉州，西路讨贼滇桂联军在杨希闵、刘震寰等人的指挥下，首克梧州。东、西两路大军分两路南下，1923年1月14日进入广州城，陈炯明逃往惠州。孙中山在各方各界的欢迎下，重返广州城组织"大元帅府"。蒋介石重任大本营参谋长，1923年4月走马上任，时隔四月作为孙中山的全权代表率团前往苏联考察军事。

当时的广州城并不太平，陈炯明部经常来犯，威胁着孙中山政权的安全。粤军和其他各军一起，多次对陈部作战。顾祝同虽然参加了一系列的军事行动，但在军阀风气一片、地方色彩很浓的粤军里面，没有人理会这个外省之人。无所作为不说，还连遭排挤，正如他自己所说："各方情势混乱，蒋公不在，我们在粤军总部亦很难有什么发展。"于是就辞去副官长职务，与另一保定军校同学一起离开粤军总部，通过活动到大本营军事总部担任上校参议。

二、黄埔建军走新路

1924年1月国民党"一大"期间，蒋介石由孙中山任命为黄埔陆军军官学校筹委会委员长，4个月后正式当上校长，军校成为蒋的发家基地。他凭着在国民党内多年的经验及中国政治舞台上枪杆子的发言权，充分意识到该校对自己的重要性，十数年来手中无枪、无兵、无权、无势的日子就要结束。办好军校是能否在国民党内成功的关键，而选聘教员是否理想则成为军校能否办好的关键。

军校开办之初的教员，近期则是可以帮助蒋介石完成训练黄埔系的任务，以后则成为蒋介石的军事指挥班子。无论是近期还是远期，反正大都可以成为蒋介石势力范围的核心人物，故挑选教官和军校管理人员显得尤为重要。从后来的历史看，蒋介石挑选这批助手是成功的，达到了目的。后来走上反蒋道路的人不少，但大多数成为蒋介石的追随者，成为国民党中央军和黄埔系的高级将领。

如果把黄埔军校的毕业生称为"黄埔系"，那么这些当年的教官、军校管理军官则可以算作"准黄埔系"。他们和黄埔系成员一样，深得"蒋氏真经真传"，为蒋所驱使，为蒋尽力。蒋介石靠黄埔军校最后在国民党内获得统治地位，"准黄埔系"则在蒋校长的提拔下，开始了各自飞黄腾达的历程。

由于准黄埔系在国民党的军事史上担负起为蒋介石培植嫡系军队、在黄埔学生全面接掌军事指挥大权前全盘指挥军事这两种职能，所以他们人数不多，但对蒋介石的统治起过极大作用。准黄埔系中间，顾祝同是中坚人物，曾与何应钦、陈诚、刘峙、蒋鼎文、钱大钧、周至柔等人活跃在国民党的军事舞台，统率数万、数十万大军更是常有之事，中国现代军事史上的历次大型战役均有他们的身影。这一切全开始于1924年6月，开始于黄埔军校开学之后。顾祝同也是这样。

蒋介石初掌黄埔军校，当然忘不了已经结识两年的顾祝同，顾某年龄稍大，可为人低调、不露锋芒、颇有主见的特点深受蒋介石的欣赏。在组织军校教授部时，特聘顾祝同为中校战术教官。军校中分管"军事学科、军事术科"分别为教授部和教练部，简单地说就是一个分管课堂，一个分管操场，半年后（1925年1月30日）两部合并为教育部，后又改称训练部等。

教授部和教练部事实上成为准黄埔系的主要集中点，第一批二十位学科、战术、兵器、地形、筑城教官和总教官、主任和副主任中，后来出任过国民党内军事要职的就有17人。例外的是教练部副主任少校叶剑英等走的是另外一条光明大道。

身为战术教官的顾祝同，处处受到蒋介石的关照。1924年10月荣升军校管理部代理主任，主管全校杂务。12月继刚成立1月的校军教导第1团之后，第2团成立，顾祝同转任第1营长，团长则是教授部主任王柏龄少将。顾祝同参加教导团的第1次战事是1925年2月的东征。

孙中山北上病重时，陈炯明借机准备进犯广州。1925年1月30日，粤中各军的军事会议上一致决定兵分三路讨伐陈逆。杨希闵的滇军为左翼，许崇智的粤军为右翼，刘震寰的桂军攻惠州，并未要黄埔军校参战。蒋介石直接致电孙中山获准后率领校军开赴东征战场，顾祝同所部一同前往。事实上东征中主要作战的只有3000余名的黄埔军校校军及一部粤军。东征军连下东莞淡水、潮安、汕头等城。3月13日，陈炯明的右路军林虎部集中刘志陆、黄任寰等人指挥的2万余人，向东回援，何应钦任团长的校军第1教导团自揭阳回师反击。在普宁市内的棉湖两军相遇，双方兵力悬殊太大，战况甚烈，人枪均为劣势的教导团处境危急。顾祝同所在的第2团正在距离战场10里外的鲤湖，闻炮声全团跑步赶来增援，突袭林虎总部成功，教导团全胜收兵。作战中第1营战绩不凡，顾祝同带兵打仗的才华引起同行们的重视。

棉湖仗完，顾营长升任为第2团参谋长。平定东江后东征军正要乘胜追击，后方来电告急。原来已经决定参加东征的滇、桂军，在杨希闵、刘震寰的控制下，按兵不动不说，还在校军、粤军上前线之际，南联唐继尧，北结段祺瑞，图谋割据作乱。东征军奉命回师戡乱，校军与陈铭枢、许济、吴铁城等部联合作战，把叛军消灭于广州城内。顾祝同也身经了这一场巩固大革命根据地的战斗，10月又参加第二次东征，凯旋后接连升任第2团中校团副、第3师上校参谋长。到北伐军兴，已经担任了半年多的第3师少将副师长。

可以说广州时期已经奠定了顾祝同在国民党军界的基础。当时蒋介石羽翼未丰，兵不过数千，将不过数十，属于嫡系、由黄埔门生组成的军队，北伐开始时不过第1军一个军的编制。后来成为国民党军队的各级军官，尤其是中、上层指挥官的黄埔系还处在萌芽时期，走红者不过是连、排长，大部只是班排长甚至普通士兵而已，可顾祝同已是蒋介石嫡系第1军中的副师长，所有的黄埔学生在他面前都为后辈，就是在准黄埔系里面也是名列前茅、官阶较高的。所以在国民党军界，顾祝同素有"元老"之称。在晚年，黄埔学生中不少有过将军、司令、军长和部长、省主席经历的人，遇见顾无一不"墨师长、墨师短"的，实可以理解。

北伐中蒋介石的实力大增，军队由一个军一跃而为数十万之众的第1集团军，成为各路军阀之首。为此需要大批干部，前6期的黄埔学生纷纷出任中、下级军官，准黄埔系的成员则大部当上各军主官，这就是顾祝同北伐起家的背景。1926年7月，北伐大军兵指两湖北上后，蒋介石把第1军嫡系放在东线，避开北伐主攻方向，待机而动。让何应钦军长以防止福建军阀周荫人部偷袭广东为名，把所属第3师、第14师部署在潮梅地区。10月，武汉三镇克复在前，北伐军进展迅速，第1军再不行动，两湖方面的主力就要转向江西战场和东南战场，第1军就要失去捞取战功的最好时机。最关键的是东南为财富之地，京沪杭一带如落入他军之手，蒋介石的势力就会被挤出门外。

在武昌城被北伐军包围、北洋军阀内部人心浮动之际，潮梅地区的第1军突袭周荫人部，第3师一举攻克永定，12日各部联手又在松口地区歼周数万大军，北伐军余将剩勇直下福州。进城后各将领论功行赏，顾祝同因指挥有方、连战皆捷而功升第3师师长，从此步入高级将领行列。之后第3师编入东路军第4纵，一路北上，经浙江转苏南。1927年3月26日，第3师继第19师、第2、6军之后，在顾祝同师长率领下护卫着东路军总指挥何应钦进驻南京，半数领土就此归入北伐军之手。北伐胜利是国共合作的胜利，是第一次大革命的胜利。可顾祝同这位当年北伐的名将，从不承认这一事实，他把胜利都记在蒋介石和国民党军队的功劳簿上。

蒋介石发动"四一二"反革命政变后，南京政府取代以国共合作为基础、以三大政策为指导的广州、武汉革命政府，中国现代史上以国民开始觉醒奋起、国共两党携手合作、共图北伐统一大业为重要标志的国民革命就此结束。中国一时间成为国民党的天下，国民党则成为蒋介石统治的工具。蒋介石在石头城里面南称王，反对的政治势力不少。一是他的独裁专制统治，中共不同意，22年后把蒋介石赶下台。二是北洋军阀的残余盘踞北中国，不甘心把政权和地盘拱手交给南京方面，还要一争高低。三是国民党非主流派的各种派系和各路军阀，面临着蒋介石为巩固权力而采取的削藩政策，力图自保，"倒蒋"势在必行。在蒋介石进行反共战争，进行以北洋军阀残余、"倒蒋派"为对手的新军阀混战中，顾祝同左辅右弼，效尽犬马之劳。

1927年5月，顾祝同的第3师被编入第2路军的第2纵队，在指挥官白崇禧、杨杰的率领下，渡江北伐，与友军直取皖北，兵临山东临沂城下。6月底，武汉方面的唐生智部东下"讨蒋"，第3师急忙南撤长江一线，保卫南京城的安全。此后金陵古城内政治风云四起，"宁汉合流"已成大局，挑起"宁汉之争"、已成为双方合流主要障碍的蒋介石，8月12日离开南京，次日"通电下野"。

蒋介石走后不到半月，北洋军阀孙传芳调集残兵败将7万余人，1927年8月25日，从望江亭、划子口、大河口分三路渡江南下，威胁南京政府的国都。在这场关系到成立不过4月政权安危的激战中，南京方面处于极为不利的地位：蒋介石走后群龙无首，将领们互不服气；上层的混乱影响到军事安排，防御处于无计划状态。

大敌当前，主持南京军事的何应钦和桂军李宗仁带兵仓促迎战，正在上海筹款的白崇禧坐镇镇江指挥东线反攻，驻扎在沪杭线上的第1军奉命西援南京。顾祝同的第3师从上海赶来前线，参加龙潭车站的决战。南京方面以惨重的代价换来了孙传芳的失败，第3师同其余参战部队一样伤亡很大。龙潭胜利加速"宁汉合流"的步伐，国民党中央蒋介石、汪精卫、胡汉民、西山会议派等四大派暂时和好，武汉政府的谈判代表顺江东来，双方握手言和。权力再分配时，作为蒋介石的亲信顾祝同高升第9军军长兼国府军委委员，韩德勤是他的参谋长。

1928年7月，奉军张学良明确表态归顺中央政府，蒋介石见一统有望，就把削藩视为头等大事。为顺利压制各路军阀，迫使地方实力派裁兵减军，中央军也宣布带头裁撤军队，第9军缩编为陆军第2师，顾祝同由军长缩任师长。此外还兼职江苏省府委员。事实上顾师长手下人枪未变，实力依旧，9军、2师仅是换个名称而已。

蒋介石对嫡系军队是明裁暗不减，对在北伐中趁机发展起来的阎锡山、冯玉祥、李宗仁三家，则是快刀斩乱麻，非裁不可。就这样各地方实力派多次发动"倒蒋战争"，蒋介石将计就计，正好把此当成武力讨伐、消灭对手的机会，一次又一次，终于把大小军阀们强压下去。

在这些讨伐战中，中央军的主要将领几乎是清一色的准黄埔系。准黄埔系为强化蒋介石在国民党内的统治地位，作出了远高于当年"助蒋黄埔练兵"的贡献。顾祝同也是这样，1929年3月桂系率先举旗"倒蒋"，陆2师编入讨逆第1军，离开驻地蚌埠开往湖北战场，事变平息后当上第1军军长。12月率部北上，在豫南皖北迎战"倒蒋"唐生智部。1930年"中原大战"起，先后出任讨逆军第16路总指挥、陇海路总预备队总指挥、归德警备司令、右翼挺进军前敌指挥、右纵队指挥官、洛阳行营主任、潼关行营主任。在这场中央势力和"倒蒋"各派的大会战中，顾祝同奔走于各地，奋战在激战前线，为蒋介石立下汗马功劳。此次混战"倒蒋派"元气大伤，基本结束"军事倒蒋活动"。以后虽然在两广地区还有"倒蒋事件"发生，但真枪实弹、会战一场的架势再也没有，双方军事力量对比上，一直处于中央大大优于地方各派的不平衡状态。蒋介石的胜利，主要依靠顾祝同那样的准黄埔系及在中央军中出任中、下级军官的黄埔系。

"倒蒋战争"的接连进行，大大有利于准黄埔系的升迁，到"中原大战"结束，随着蒋介石在国民党内统治地位的逐渐稳固，准黄埔系的地位也越来越高。单一个顾祝同就被蒋介石委以一系列重职：国民政府警卫军军长、第2军团总指挥、江苏省政府主席、中央执行委员，还被授予"二等、一等宝鼎"勋章各1枚。就这样，一个参加护法北伐时的上尉副官用不到十年的时间，一个被蒋介石选调进黄埔军校时的中校教官用不到七年的时间，一个北伐时国民革命军的副师长用不到五年的时间，就成为出入于国民党军政中枢的大员。论党，是中央执行委员；论政，是领一省之地、拱卫南京的江苏省主席；论军，是军团总指挥。升迁之快，只有准黄埔系中的几位成员可比，其他成员和黄埔系中的冒尖之士也只能自叹不及。

三、反共内战冲在前

1931年12月及后两年间，顾祝同在任江苏省主席。军人领政只是军阀政治下的一个产物，对地方来说，则是起到威慑作用；对武人来说，尤其是到家乡任职，则是一种荣誉和机会。事实上军人领政出政绩的不多，顾也是这样，任内一事无成。

1933年10月，蒋介石见江西"剿共"事项毫无进展不说，还接连4次损兵折将大败而归，准备更换原有"剿共"军事指挥班子，重新组编军队。把原有的赣粤边"剿总"及下属中央、左路、右路军及总预备队，编为南昌行营及下属北路、南路、东路军。其中北路军是由中央军组成的主力，顾祝同把省主席职交给陈果夫后，走马上任北路军总司令兼第1路军总指挥，领兵40万，从北边压向中共中央根据地。与他搭档的是蒋鼎文、钱大钧等准黄埔系的上层人物，也有陈诚等准黄埔系的后来居上者。

顾祝同上任之初正值"福建事变"，爱国民主人士李济深、陈铭枢、蒋光鼐、蔡廷锴等人，不满蒋介石的专制统治和对日妥协的外交政策，依靠淞沪抗战中的英雄第19路军，在福州成立民主政府，举起"反蒋大旗"。蒋介石电令北路军趁福州方面与中共方面联合形成之前，迅速拔掉这根肉中刺，以绝第五次"围剿"中共中央根据地之后患。顾祝同指挥蒋鼎文的第2路军和张治中的第4路军，星夜入闽，镇压义军。面对南京方面的高压政策和军事进攻，事变的领导人不得不离去，英勇的抗日部队第19路军被冲垮改编。

1934年1月"福建事变"一结束，顾祝同就指挥各路大军全面压向中共中央革命根据地，给闽赣人民带来了深重的灾难，根据地面临空前的劫难。军事上顾祝同采取面上公路连片、碉堡连环，点上集中重兵、整体推进的战略，集中攻打苏区北大门。由于中共内部王明"左"倾路线正占统治地位，面对数倍于自己的敌人，屡犯军事冒险主义错误，采取硬打硬拼的消耗战略，在黎川、广昌、驿前会战中先后失利，门户洞开。10月中旬，中共领导不得不决定退出中央根据地，绕道北上抗日。顾祝同的北路军乘虚而入，占领石城、瑞金、宁都、会昌等地。

红军长征后，蒋介石一面派薛岳、吴奇伟、周浑元带着两个纵队8个师紧追红军而去；一面改组"围剿军"，任命顾祝同为驻赣绥靖公署主任兼军政部政务次长。1935年1月，绥靖主任把江西划为8个绥靖区，任命孙连仲、刘兴、陈继承、余汉谋等8人为司令官，分割包围留守闽赣的中共中央分局、中央军区、中华苏维埃政府办事处和部分红军部队。2月，中央苏区全部沦陷敌手。中共方面留守人员在仁凤地区突围成功，数千红军在陈毅、项英、谭震林等人的领导下，开始了艰苦卓绝的3年游击战。

中共武装斗争的暂时挫折，成了顾祝同头上的光环。1935年4月，顾祝同被授予二级陆军上将衔，从中校军衔起，至此只用了11年时间，就成为蒋介石的国民政府任命的第一批上将之一。值得一提的是，第一批上将主要来自准黄埔系。

顾祝同离开江西后担任过不少重要职务。1935年5月兼任贵州绥靖主任。自蒋介石设计逼走贵州军阀王家烈后，黔政暗潮起伏，黔军军心不稳，省主席吴忠信没法行使职权，号令不出主席府。为解决贵州与中央的矛盾，蒋介石特派顾祝同前来压阵。不到半年，顾另有重用。

1935年10月，经过1年的长途跋涉，中共中央红军到达陕北，胜利结束传奇式的战略转移。为"围剿"四川境内的中共红四方面军，阻止中共红二、六军团经川康一带长征北上，截断两支主力红军的联系，把红军消灭在大西南的大山中，蒋介石特意把年初赴川指导川军"围剿"经川北上的中央红军而成立的参谋团，扩编为重庆行营，任命顾祝同为上将主任。

在四川一年间，蒋介石要行营主任完成两个任务，一是消灭红军，二是制服西南军阀，尤其是制服四川军阀。只是以上两条一条也没做到，红二、六军团顺利经川西北与红四方面军会合后，于1936年10月到达陕甘与中央红军会师。红军既没被挡住，也没被消灭，而且进入大发展时期。

四川军阀还是照旧行事，西南军阀跟中央政府抗争多年，双方互不放心，上虑下割据，因而要下手压制；下怕上吞并，因而要设法抗拒。中央势力直到1935

年1月才得以进入四川，川军各将领是明抗暗拒，决不让步，顾祝同来后也是如此。到全面抗战前夕，蒋介石为逼川军就范，采取釜底抽薪之计，全面整编川军。任命顾祝同为副主任、何应钦为主任组成川康军整理委员会，实施整编计划。整垮川军的方案眼看就要成功，却因全面抗战爆发不了了之。川军大部分将领以抗战为重，纷纷请缨上前线。

顾祝同的两个任务均未完成，并不是无能或不得力，换个人来也是同样下场。消灭红军不符合时代潮流，师出无名，必败无疑。至于军阀，他们占天时地利，根基不浅，要制服他们并非易事。再则蒋介石又喜好以派制派，来驾驭党内各派。蒋与地方实力派之间有"中央"和"地方"的名义外，更有大小军阀头子所共有的因素，故缺少根本解决军阀难题的前提，所以到蒋介石垮台前夕也没把大部分川军制服。在行营主任任内，顾祝同政绩平平、"两事"无成是不奇怪的。

顾祝同在四川任职期间，还有过两次临时"重任"。一是贵州自他走后政局一直不稳，文官出身的吴忠信不得不辞职而去。1936年8月，蒋介石让顾祝同回黔主政兼任省主席、保安司令推行实力、高压政治，9个月后交给薛岳继任。二是"两广事变"时，粤方陈济棠被压服。蒋介石对桂系出尔反尔，推翻承诺的条件，桂系不服，准备以武力相争。南京方面不顾日益严重的民族危机，不顾正被日寇蚕食的华北地区安危，派出大批部队四面压向广西。在这次行动中，顾祝同兼任定桂军第1路总司令，配合中央大军，对桂军起包抄之势。最后事变双方有所克制，和平解决，没有酿成内战。

1936年12月12日，震惊中外的西安事变爆发，顾祝同是讨伐张学良、杨虎城的先锋，担任讨逆军西路集团军总司令，与陇海线的东路集团军刘峙部遥相呼应，在讨逆军总指挥何应钦的督率下，由西、东两面压向西安。在中国共产党代表团的努力下，事变获得理想结果，蒋介石由张学良护送安全抵达南京。12月29日，国民政府明令撤销讨逆军。

顾祝同成为西安事变的中心人物是在善后过程中。1937年元旦，蒋介石不顾国难，要报被扣私仇，召集顾祝同、朱绍良、熊式辉等人会商，决定"以政治为主、军事为从方略，以解决西北问题"。蒋介石的"政治为主"就是趁机削弱东北军、第17路军的实力，"军事为从"就是如张学良、杨虎城拒绝接受调遣就不惜武力收编。

政治上蒋介石的"三部曲"是扣压张学良将军、第17路军和东北军调离现防地、中央军5个军开进陕甘宁一带。针对留在西安的杨虎城，蒋介石的"三部曲"是拉走第17路军所辖两军之一的冯钦哉军长，另一个军长孙蔚如升为陕省主席，再拉走孙军的第49旅。谁都明白蒋介石是想整垮张、杨及他俩的部队。说到底南京方面的"政治措施"就是逼你造反，然后军事打击在后。杨虎城忍无可忍，于1937年1月5日举行记者招待会，宣布拒绝中央方面对西北问题所做的安排，拒绝东北军、第17路军分开驻防计划，同时派出代表前往南京方面有关部门陈述。

杨虎城不肯就范，蒋介石岂肯罢休？同是1月5日，南京宣布特派顾祝同为西安行营主任，全权负责处理事变的善后事项；重新设立讨逆军总司令部，何应钦为总司令，刘峙为前敌总指挥，顾祝同与蒋鼎文、朱绍良、陈诚、卫立煌分任第1至第5集团军总司令，总兵力为30个师，5个预备军。按照顾祝同的回忆，他的第1集团军布置在潼关至洛阳的陇海线上；陈诚的第4集团军布置在陇海线右翼即渭河北岸；卫立煌的第5集团军布置在左翼即华山以南地区；蒋、朱的2、3集团军则在陕甘边境，前锋直指咸阳。讨伐大军对西安取东西包围之势。

1937年1月6日，顾祝同飞赴洛阳，具体布置作战准备工作。1月22日，带领随从前进到潼关办公，为防万一，把指挥所设在列车车厢内以便随时脱离前线。23日派出飞机对渭南一线进行侦察飞行和对东北军阵地进行轰炸，并在华县、赤水一带炮击对方阵地。24日，也就是蒋介石所定的最后期限，为避免内战、共赴国难，杨虎城派出代表米春霖、何柱国、谢珂赶到潼关，会见顾祝同，表示接受南京方面的安排。2月4日，顾祝同指挥东、西两部向前推进，接替东北军、第17路军让出的防地。8日，36师宋希濂部开进西安城，9日，顾祝同乘专车到达古城。

2月14日，同从三原回来的杨虎城会谈，顾祝同劝杨去南京面见蒋介石和辞职出洋。3月中旬，东北军因不愿西调而东开鄂豫皖地区，第17路军被撤销番号后分散驻扎。5月1日，杨虎城被撤去职务，西安绥靖公署结束办公，至此西安事变的善后全面完成。顾祝同作为南京方面的最高代表，为解决事变难题，替蒋介石出谋划策，对西安方面软硬兼施，不惜大打出手。最后蒋介石心满意足，张学良、杨虎城遗恨绵绵，顾祝同则是踌躇满志，先后获得"委员长西安蒙难"纪念章和陆海空军甲种一等"奖章。

四、消极抗战酿大祸

抗日战争一打响，把西安行营主任一职交由蒋鼎文代理后，顾祝同返回南京，参加对日作战。1937年8月9日，日军在上海虹桥机场附近挑衅；13日，调集30余艘军舰、数万名士兵，向中国方面发动进攻，淞沪会战就此爆发。顾作为第3战区副司令长官兼第5集团军总司令，一直在前线指挥作战，先后指挥张发奎的第8集团军、张治中的第9集团军、刘建绪的第10集团军、陈诚的第15集团军、薛岳的第19集团军及朱绍良、罗卓英、胡宗南、廖磊、刘兴等部约70万人，阻击穷凶极恶、武器先进的30余万侵略者达3个月之久，以惨重的代价、悲壮的奋战，为中央政府和上海各界的撤退争取到必要的时间。此次对日作战成为全面抗战8年中规模最大的一次会战。

会战以日军迂回东南金山卫，国民党数十万大军退路面临被切断的危险后全线撤退而告终。自此至抗战胜利，顾祝同一直在东南作战，年底所兼的西安行营主任职被撤，以第3战区副司令长官份兼任江苏省主席、保安司令，不久升任第3战区司令长官兼第24集团总司令。此职不一般，一是能任此职的军人都是在国民党军界颇有名气的人物，总共不过十数人，可见顾祝同的地位之高。二是第3战区地理位置异常重要，孤立于大后方之外，所辖苏南、皖南、赣东北、浙、闽地区是打击日寇的重要基地和轰炸日本本土的前进基地。三是第3战区实力雄厚，有4个集团军、10个军及一些特种兵、地方部队，经常保持有数十个师的编制。总之，顾祝同执领第3战区反映出蒋介石对他的偏爱。

同第3战区的抗日战绩比起来，名声更大的却是"反共"摩擦。1939年10月，顾祝同把兼任的江苏省政府委员、省主席、保安司令职转交给追随自己多年的同乡、同窗韩德勤。到江北走马上任的韩主席，在司令长官的授意下，并没有把枪口集中对准日本人，而是全力以赴限制正在建立江北抗日根据地的新四军的活动。并且在1940年10月，再次向苏中泰兴市黄桥地区的新四军陈毅部发动军事进攻。"黄桥决战"的结果众所周知，韩德勤没有占到便宜，损兵折将，一败涂地。主力第89军被歼，军长李守维落水身亡，第33师师长孙启人、旅长毛瑞体等数千人被俘。

与之相反，新四军一仗打开了华中抗日的新局面。

小兄弟的失败，当大哥的顾祝同同病相怜，开始部署更大的反共阴谋。黄桥决战后的半个月，重庆方面以总参谋长何应钦、副总长白崇禧的名义发表《皓电》，把国共两军的冲突责任全部推到共产党一方，要求第18集团军和新四军1个月内撤往黄河以北地区。1940年11月14日，军令部指示顾祝同集中力量迫使新四军在1941年2月28日完成北移行动。1940年12月8日，何、白两人又发《齐电》进逼新四军，以先声夺人之势来影响社会舆论，丑化新四军的抗日形象。12月9日，蒋介石手令要新四军"限期北移"，并要顾祝同将新四军在皖南的部队"立即解决"。

面对国民党当局的反共活动，延安中共方面为巩固抗日统一战线的团结，保存抗日武装力量，避免内战，同意作出必要的让步。早在1940年11月29日延安总部已经命令新四军在皖南的部队撤往江北。可是国民党当局要新四军北移不是真意，而是借机挑起事端，趁机打击新四军，以报黄桥决战失败之仇，执行这一反共计划的是顾祝同。

在他的《回忆录》里，是如何把"皖南事变"的责任推到新四军身上的呢？他说："新四军奉令后，迄无行动表示，而藉口要求粮弹，假道苏南。我于侦知该军真正企图在盘踞京沪杭三角洲地区后，既令当地驻在皖南各部队，密切注意该军行动，预为防范。次年1月4日据报该军将所有部队集中在泾县茂林附近，6日午夜该军突然集中7个团的兵力，3路袭击驻在三口附近的国军第40师，攻击十分激烈。……战区为避免第40师被该军包围歼灭，并为整饬军纪，我乃不得不一面呈报中央，一面采取紧急处理。"顾祝同这位司令长官的话与事实不符。

一是新四军在项英将军的不当指挥下，北撤行动没按中共中央军委的部署及时间进行，北移路线选择也不尽正确，但从未有过撤到京沪杭地区建立根据地的计划。况且由新四军总部机关、东南分局和不少非战斗人员组成的9000余人的大部队，也不可能开进根本不适宜作为根据地、处于日伪统治中心的长江三角洲核心区。

二是第3战区的部队已把新四军北撤之路层层堵死，团团困住，一再挑衅，难道还不准新四军自卫还击？问题是蒋介石、顾祝同消灭新四军的主意已定，即使新四军不还击，国民党顽固派也照样下毒手。

三是新四军军纪严明。一方面，它是抗日统一战线中各种政策的模范执行者，对国民党友军的种种不合理要求，从抗战大局出发，一再作出让步。另一方面，新四军对百姓那就更无违纪一说，新四军的生命力就存在于军民团结之中。新四军需"整饬军纪"，纯粹是莫须有。

历史已经记下，顾祝同是"皖南事变"的真正策划者之一，"皖南事变"是国民党当局在全面抗战期间筹划、实施的一次影响最大、后果最坏的反共活动，受损失的只是抗日力量。抗日名将叶挺无故被扣押4余年，数千新四军官兵战死或被俘，新四军番号也被重庆方面取消。但新四军没有被消灭，而是得到更大的发展。

在抗日部署和行动上，顾祝同的第3战区主要是消极防御，作战记录并无惊人之处。正面战场上的大战役大都发生在其他战区，3战区发生的较大战役是浙赣战役。1942年5月，日军沿浙赣线发动进攻，连下衢县、上饶等城，第3战区司令长官部也从上饶搬到福建建阳（后又至江西铅山）。面对日寇进攻，顾祝同连调大军，连续堵击，3个月后会战结束，失地收复。浙赣会战对正面战场的胜负影响有限，可它以胜利告终，中国官兵的牺牲没有付诸东流。

1945年1月，顾祝同升任赣州行营主任，7月改称东南行营。顾主任手下统管第3、7、9战区，权力之大，令同行侧目。他凭着几十万大军，一直坚持到抗战胜利。蒋介石之所以给他如此大的权力，就在于顾祝同能够创造性地贯彻执行蒋的指示，获得的结果比蒋设想的还要好。就拿第3战区来说，这是深入日寇腹地、远离大后方的独立阵地。蒋介石的方针是既要保住阵地、得以保住抗日形象，又要避免与日寇硬拼、得以保持实力。所以东南战场8年来，并未利用自己的有利战略位置向日寇出击，硬仗、大仗有限。

可东南地区又是当年江西"剿共"后仅存红军组编的新四军的作战区域，见到新四军，就使蒋介石、顾祝同想到"剿共"失利这一不愉快的经历。顾祝同就以"黄桥决战"为开头，策划"皖南事变"，围攻新四军，既响应了蒋介石在二期抗战开始后实行的积极反共指令，又满足了蒋对新四军的制裁、报复心理。

更为有用的是，对于抗战结束后国共两党战略态势的形成和划分，第3战区处于非常关键的地位。蒋介石的百万大军大部在大后方，远离大城市和经济富庶的东南特别是长三角地区。顾祝同的部队就在国民党原来的统治中心南京、上海周围，下山就到，待抗战胜利之时，完全可以抢先进入东南财富中心地区。以上这些见侵略者要让、见新四军要打、见胜利果实要抢的特殊任务，非顾莫为，所以蒋介石让顾坐镇东南 8 年整。

日寇投降后，顾祝同当上第 3 战区受降官。在南京举行的中国战区日军投降典礼上，中国陆军总司令、准黄埔系头领何应钦接受日寇侵华军总司令冈村宁次的投降。顾祝同作为中国陆军代表参加这一仪式。全面抗战 8 年，他的兼职还有中央执行委员、特别党部特派员、战地党政委员会 3 战区分会主任委员、苏皖联立技艺专科学校校委会主任委员等，先后获得过蒋介石签颁的"华胄、干城一等、光华甲种一等、一等绩学和胜利勋章"，他在国民党上层的地位得到巩固和加强。

8 年间准黄埔系有起有落，何应钦、刘峙、蒋鼎文、钱大钧等人因种种原因，不是被束之高阁、位高而无实权，就是保持原有的位置而无进展，更有甚者则被削去实权，深受冷落之苦。只有二人取不断上升之势，一位是陈诚，已经领先一筹；另一位是顾祝同，正在继续走红。要说有特殊的大背景，则是黄埔系已经在国民党中央军系统全面接班上阵。

五、反共失败去台湾

1945 年 12 月，蒋介石为对付共产党和发动内战，在全国主要地区设立绥靖区，顾祝同出任徐州绥靖区公署主任，下辖由汤恩伯、王耀武、冯治安、夏威任司令的 4 个绥靖分区，运作兵力有装备整齐的 20 个军或整编师。1946 年 5 月国民政府军事委员会全面改组，仿照美国军事编制成立三军总部，顾祝同为陆军总司令，与海军总司令陈诚、空军总司令周至柔一起成为军事三巨头。同时成立国防部和总参谋部，由白崇禧、陈诚出掌。

全面内战爆发，国民党军队向各解放区发动全面进攻的军事计划，在蒋介石的控制下由陈诚一手部署，总长大人刚愎自用，岂容他人干涉？新任陆军总司令无事可做，带着几个人飞赴昆明，专案处理"闻一多被害案"。在闻先生被害前 4 天，同为民盟中央负责人的李公朴先生已经遇刺身亡。闻、李二先生主张爱国、民主、和平，终为国民党当局所不容，最后死于特务之手。蒋介石派顾祝同来查"闻李被刺案"，可谓是贼喊捉贼，无非是拉出几个替罪羊，欺瞒公众舆论，以此永远掩盖事实真相。顾祝同完成得越好，蒋介石越满意，他们对历史就越难以交代。

蒋介石派出160万军队进攻各解放区，到1947年初已见分晓，损兵折将70余万换来的只是解放军主动撤退后留下来的数十座空城。"中原突围、七战七捷、莱芜歼敌、三下江南、四保临江"等中共方面完成的漂亮战役，并没有使国民党方面聪明一点。蒋介石又让顾祝同指挥重点进攻，与胡宗南分别指挥哑铃式攻势的两头：胡在西北，目标是直取延安城，以打击中共首脑机关和人民解放军总部；顾在华东，目标是鲁中，以解除对南京和上海的威胁，保住国民党的首脑机关和军事总部。

为布置山东战事，蒋介石决定撤销徐州、郑州两绥署，分别成立陆军总司令徐州司令部和郑州指挥部，授权顾祝同统一指挥、协调两战区作战。1947年4月6日，顾祝同率领3个兵团13个整编师共25万人，浩浩荡荡地开入沂蒙山区。当年在江西、苏中时的老对手华东野战军首长陈毅、粟裕将军率部迎头相击。到26日以第72师被歼、泰安城被解放的结果，宣告顾祝同的行动失败。

鲁中失败是顾祝同"反共"军事生涯中的首次大失败，可他没有就此为止，而是继续较量，一输再输。1947年5月16日，顾祝同所部汤恩伯集团军的整编74师，深入沂蒙腹地孟良崮。这支被称为国民党"五大主力"之一的精锐之师，全部落入华东野战军之手，师长张灵甫、副师长蔡仁杰战场自杀。至7月中旬，顾祝同被华东野战军全部赶出鲁中地区，西北方面胡宗南也只拿到一座延安空城。至此国民党的重点进攻就此结束。深受蒋介石宠信的顾祝同，并未因失败而带来噩运，而是官运依旧、福星高照，先后被授予"一等云麾、河图勋章"，先后兼任中央训练团徐州分团主任、陆军第2训练处处长等职。

1948年5月，顾祝同仕途上又上一台阶，从初进黄埔军校时的下级、如今的上司陈诚手中接过参谋总长一职，全盘指挥反共内战。新参谋总长上台之后，重新全面安排军队防地，组织重点防御，组成以徐州、武汉、平津、西安、沈阳为中心的5大集团军，准备与共产党方面最后决战。

事与愿违，他的上台成了国民党当局大溃败的开端，他的重点防御给解放军歼敌主力、加快革命进程提供了机会。不到半年，三大战役连起，顾总长等到的尽是败讯；又不到半年，解放军已经打过长江，挥兵直指华南、西南、西北；再不到半年，中华人民共和国宣告成立。蒋介石对这位心腹的信任在关键时刻得到充分体现，连续任命其为中训团副团长、陆军总司令、非常委员会军事小组成员。

特别是在大陆的最后一仗中，蒋介石从准黄埔系中和黄埔系各挑选1人，命令其顽抗下去，分别是胡宗南和顾祝同。

1949年12月7日，也就是国民党政府宣布搬往台北的同一天，顾祝同、胡宗南被任命为西南军政长官和副长官，任务是利用西南地理条件，加强防卫，阻止人民解放军的进军，保住国民党在大陆的最后一块基地。在此以前，即1949年10月间，蒋介石部署西南保卫战时，顾祝同就已坐镇西南，四出调兵遣将，堵击从东北、东南两面挺进四川的中共第一、第二野战军。11月14日，解放军歼敌主力于四川的决策正在实施，蒋介石从台湾再次飞到重庆督战，派出顾祝同和蒋经国前往川东各守军驻地查询。可守军失败之快，出乎蒋介石的意料。29日从江口过江的刘邓大军的先头部队已兵临重庆，距白市驿机场不足20里。顾祝同担心万分，唯恐机场、飞机落入"中共"手中，蒋介石难以逃脱。就与宪兵司令张镇两人坐在"美龄号"座机上指挥作战，等候蒋介石到来。11月30日4时蒋一来飞机就飞往成都。在成都，蒋介石重编"西南军政长官部"，为西南保卫战作再一次努力，布置完后于12月10日先飞台湾。

顾祝同和胡宗南为完成蒋介石的设想，筹划在成都地区与进川解放军决一死战。可中共贺龙的第一野战军进军神速，顾的决战计划还未执行就被打破。1949年12月22日，台湾派来飞机接走西南军政长官部主要官员，顾祝同从此永远离开大陆。5天后成都解放，残敌逃往西昌，1950年3月被全歼，蒋介石策划、顾祝同和胡宗南实施的西南保卫战就此彻底失败。

顾祝同到台湾后，蒋介石对他信任依旧。在准黄埔系中，到台后继续担任要职的人不多，尤其是在党政军权力中心任职的人更少，大部被搁置一旁。被蒋介石重用的人里边，领导潮流、辅助于蒋的要推陈诚；权势如往、身居要津的要数顾祝同。

1950年1月，顾代理"国防部长"。两个月后蒋介石复职"总统"，"阎锡山内阁"被"陈诚内阁"取代，顾的代理"国防部长"、"参谋总长"和"陆军总司令"职分别由郭寄峤、周至柔、孙立人接替。面对国民党上层一片追究失败责任的呼声，蒋介石让这位在"参谋总长"任内丢了整个大陆的败将暂时下台避风，并亲自出面说情，再加上顾祝同的好人缘，故未受到大的冲击。时隔不久，出任"总统府战略顾问委员会副主任"。"战顾会顾问""资政""国策顾问"是蒋介石为昔日高级将领、党政大员安排的荣誉、清闲职位，其中只有"战顾会"是个组织单位，其余均为个体单干。"战顾会主任"是何应钦，另一位"副主任"是白崇禧。蒋介石把"副主任"授给顾祝同，对得起这位多年追随、忠于自己的部属。此外顾的荣誉职位还有国民党中央评议委员，以及在1954年7月晋升的"陆军一级上将"。

蒋介石对顾的偏重，还反映在1959年6月任命他为"国防会议秘书长"。"国防会议"为国民党的最高决策机构，由主要党政军机关主官组成，由蒋介石亲自主持汇报，重大决策均出自此会议。顾祝同将军能够连任"秘书长"8年，说明还在权力中心活动。

蒋介石到台湾后，既定方针是扶植儿子接班。为给儿子创造接班条件，在人事安排上是利用极少数过去重臣到前面压台，这样既可以一堵闲居"冷宫"的官僚们的嘴，以避免把矛盾集中到自己和儿子身上，又可以把蒋经国及其助手们还不宜担任的关键职位，先让老臣承担，待蒋经国羽翼丰满后再接班。顾祝同、陈诚等人就成为蒋介石向儿子交班过程中的护航、保驾人物。

1967年2月，"国防会议"改组为"国家安全会议"，顾祝同辞去"秘书长"职，再任"战略顾问委员会副主任"。5年后"战顾会"撤销，改任"战略顾问"。1976年11月又当上国民党中央评议委员会主席团主席。到病故时，兼职还有"中国孔学会名誉理事长"、台北市江苏同乡会名誉理事长和私立强恕中学董事长。

顾祝同早年从军，一生以当兵为职业。从参加辛亥革命起，历经战役无数次。这位北伐老兵，在数十年的政治风云中是一误再误，作为"反共"军事阵营的主要决策者，一再与共产党军队较量。他的立场和所服务的对象，使这位颇具军事才能的军事将领，在自己作战史上记下不少失败记录。当然与南京政府的失败比起来，他的失败只是其中一部分。设想一下，如他在南京政府大败前夕，跟他指挥西南保卫战时投诚、起义的众多国民党将领一样，当机立断留在大陆，那就会成为新中国的建设者。可他没有这样做，最后流落到与大陆一样同属祖国的台湾，38年没有踏上故土，至死也未见到家乡一眼，94岁老人临终的心情之复杂、沉重可想而知。

后来居上的军界狂人

记「京沪杭警总」汤恩伯

用"臭名远扬"这个词来形容汤恩伯，是再合适不过的了。此人在国民党内名声不佳：他官大架子也大，傲气十足，不把其他将领放在眼里，是个狂妄自大的家伙；他是军人，可更是小人，喜好于打小报告和告密，是个令人惧怕的家伙；他手握重兵，只对蒋介石一人负责，对上敢顶，对下敢压，是个欺上瞒下的家伙。此人在历史上更是劣迹斑斑、恶行累累。就外交来讲，他对日妥协，无原则地宽待日本战犯和战俘，严重损害国家利益；就内政来讲，他为非作歹，涂炭百姓，搞得民怨沸腾，民不聊生；就政治来讲，他反对进步，镇压人民革命运动，成为人民的凶恶敌人；就军事来讲，他一直把"中共"军队当成自己的对手，较量到他自己和国民党失败的最后一刻。

尽管汤恩伯早期就名声欠佳，一路走来，形象、名声越来越差，竟然自始至终得到蒋介石的欣赏，一直手握重兵，一再成为军界要员、南京政府的封疆大吏，有些军政头目对他还十分欣赏，顾祝同称其是"心如铁石，气夺风雷"；陈诚称其是"擐甲胄以卫邦家，战垒勋高，出塞早传三箭定"。黄杰为汤题的"挽诗"是"鼓角当初绝戟门，戈回落日梦难温；最怜墓草青还后，风雨年年怆客魂"。

不难看出，汤恩伯在国民党军界还有一定的地位和影响。他的起家，则完全是靠蒋介石的提拔。如果说蒋介石的军事助手何应钦、顾祝同、陈诚等人和胡宗南、关麟征、黄杰等黄埔系骨干，在大革命时期曾在巩固广东革命根据地的战斗中各有成功，为蒋所看中的话，那么汤恩伯在这方面却是空白。可他在蒋介石的关照下，当官之顺，升官之快，官品之高，使同行们目瞪口呆。当汤氏跨入国民党军界当官一马领先时，已经跟着蒋介石南征北战数年的黄埔门生和其他将领，难免有愤愤不满之心，因慎于蒋介石的威严而礼让三分，只有望汤兴叹。因此有人评说汤恩伯是国民党军界一颗奇怪的星。

一、寻师求助，当官

汤氏原名克勤，取克己、勤奋之意。字恩伯，取有恩思报之意。1898年9月20日出生于浙江武义县汤村镇。汤家在当地也算名门，祖辈均为读书人，堪称书香门第。遗憾的是科举场上并无斩获，屡试不中，汤家无炫耀之处。先辈的遭遇使得汤克勤虽出生在读书人家，却不愿再走父辈的习文之路，改为习武。他的选择是成功的，汤家终于出了这个不大不小、不上不下的人物。

1918年，汤恩伯离开家乡，凭着扎实的文化基础，考上浙江省立体育专科学校。此校出过多少专业人才暂且不论，可出过国民党的高级将领除汤氏外，还有陈诚，该校名声后来由此而起。1920年毕业后，汤恩伯并未从事体育运动，而是考进闽浙军讲武堂。讲武堂仅为地方军所办的军事人员训练处，无规范、地位、水平而言，对汤这样的有志之士来说当然不会满意。1921年毕业离校，来到浙军服务，出任排长。少尉排长职，留不住胸有大志、时刻想出人头地的青年汤恩伯。1922年春，他东渡日本留学，考入东京明治大学法科，主攻政治和经济，远离军事专业。上学之余，为解决生活与学习费用，用一位学友解囊相助的1000日元，开办一间小店，维持生计。虽然在攻读大学本科，可汤恩伯志在从军，目标是对中国许多青年军人很有吸引力的日本陆军士官学校。

日本陆军士官学校创办于明治元年（清同治七年，1868年），校址先在京都，4年后迁入东京市谷。学校校名初为"兵学寮"，7年后易名"陆军士官学校"。后来在1937年，本科以外又另设预科，定名"日本预科士官学校"，这是后话。"陆士"从创办到日本投降，招收本国学生断断续续有58期之多，毕业学生有数万人。至1937年7月全面侵华前，非皇族成员毕业生当上大将的就有87人之多，侵华的罪魁祸首也大部出于此校。

"陆士"招收中国学生起于清光绪二十六年（1900年），日俄战争前共招收3期，到全面抗战爆发共有28期。中国的日本陆军士官学校毕业生，后来成为国民党高级军事将领三大来源之一，与保定军官学校、黄埔军校并列。这批留学日本陆军士官学校的中国学生，在中国近现代军事史上占有重要地位，出过许多名将。

如1期生铁良、吴禄贞等，2期生良弼、兰天蔚等，3期生许崇智、蔡锷等，4期生蒋作宾、方声涛等，5期生何成浚、陈仪等，6期生孙传芳、阎锡山等，7期生吴思豫、徐树铮等，8期生张辉瓒、杨宇霆等，9期生臧式毅等，10期生蒋介石、张群等，11期生何应钦、朱绍良等，12期生钱大钧、何柱国等，以及以后各期的黄国书、罗广文、孙元良、钮先铭等人。这所现代军事学校，当然成为汤恩伯向往的地方。

他进校并不顺利，虽说汤恩伯已在日本明治大学学习，可没有政界名人或军界大员推荐作保的话进不了士官学校。1925年8月，他特意赶回上海，写信给东南军阀孙传芳，请求保举。重兵在握称雄一方的孙传芳，怎么会把无名小卒汤恩伯放在眼里？根本就没加理睬。汤氏碰壁后，听取留日同学徐远樵的建议，登门拜访素不相识的浙江第1师师长陈仪。陈仪爱才心切，对汤恩伯的志向大加赞赏，同意以师长和"陆士校友"的身份，向日方保荐汤恩伯和提供路费。汤恩伯这才夙愿实现，进入日本陆军士官学校第18期步科，迈出一生仕途中决定性的一步。为感谢陈仪，他易字为名，由"克勤"改为"恩伯"，以纪念恩人德泽。尽管他已几进校门，军事、文化都已学过不少，可在"陆士"学习成绩并不理想，最后还是靠日本教官、后任侵华军总司令的冈村宁次的关照，才得以蒙混过关，所以冈村就成了他的第二个恩师。

自清末、北洋至南京政府，日本"陆士"的毕业生是中国军界普受欢迎的人才，再加上每期的毕业生人数又少，他们一回到国内就立即成为中央政府军和各地地方实力派的座上宾。到蒋介石主政后，对"陆士校友"更加看重，不少"陆士"毕业生成为国民党的军事主官和部门主管。汤恩伯的前途看好。为此蒋介石成为汤恩伯的第三个恩人，也是使汤受益最大、汤一生效报的恩人。

1927年夏天，汤恩伯毕业后离日归国，来到蒋介石的国民军总司令部担任参谋，开始结识蒋总司令。在大陆时期，蒋介石任命的担任过战略方面军总司令的将领里边，资历最浅、和蒋介石来往时间最短的就是汤氏。

说浅，他参加蒋介石阵营已是蒋执政南京政府后，而其他出任过师、军长的军人，大部在大革命时期、国民党改组前后就已参加国民军或考入黄埔军校，没有参加过两次东征的已经算晚，北伐进军中当兵的军人几乎没有什么指望能当上高级将领，汤恩伯是个例外。汤恩伯与平定商团叛乱、平定刘震寰及杨希闵叛乱、东征、南征、北伐等一系列国民军的战斗无缘，无资历可言。

说短，蒋介石重用的高级将领里，有人早在辛亥革命时期就已和蒋来往，如何应钦、朱绍良等人；有人也在护法北伐时期就已和蒋来往，如顾祝同、刘峙等人；更多的是在国民革命时期就已和蒋来往，如黄埔系成员。也就是说在蒋介石开府南京未成之前，他们已和蒋介石共患难共享乐。相比之下，汤恩伯朝见蒋介石、两人往来显得较晚。但是他的"浅""短"并未影响仕途。

在总司令部里，军装永远笔挺、外表一尘不染的汤恩伯特别引人注目，尤其是得到先后求学于保定陆军速成学堂和日本陆军士官学校、同样注重军容仪表的蒋介石的注意。除外表外，引起蒋介石注意的另一事因，是汤恩伯这个人脑子很活，时常就一些军政要事提出自己的意见，通过不正常的渠道"直送"蒋介石，开初蒋介石不以为然，时间久了还挺赏识。蒋汤热线是汤晋升的最佳路线。

汤恩伯他那绍兴师爷式的思维，坏主意多于好念头。送给蒋介石的材料，有谈军机大事，有谈社会问题，也有坑陷他人的小报告，尤其是后者在国民党上层颇有名气。有打小报告的人，没有信谗言的人，那也不会有什么结果。可蒋介石偏是个对助手、部下富有猜疑心之人，助手和部下中也确有不少欺上瞒下、报喜不报忧之徒，故蒋对多少说一点真话、道一点真情的"汤氏文件"，越来越相信，比正式送上来的文件还看重，汤恩伯因此而走红。

没过数月他升为作战科长，主管全军作战、训练计划的起草和实施。论军事才华，他的军事理论要比实践好，训练要比实战强。行家和同行对汤的评价是，战前冷静，或攻或守或进或跑安排得头头是道；战时慌张，炮声一响就陷于混乱状态，不知所措；战后清醒，为失责、战败、损兵折将寻找理由，推卸责任。所以尽管他主管过全军作训计划的起草，后来带过几十万大军，却是一个蹩脚的主帅。他军事生涯中为数不多的胜仗，都是靠优势兵力、猛打猛冲和伤亡惨重换来的，而不是靠指挥艺术和军事造诣。论水平而言，在国民党军界上层也是个二三流将才，就这样一个人，20余年中一直被蒋介石当成宝贝。

在司令部任职时间不长，汤恩伯来到由广州新近迁南京的陆军军官学校任职。此校前期办在广州黄埔，第6期学生中有一部分随北伐军一起行动。蒋介石发动反共政变建立南京政府后，随军到宁的这批学生就成为军校南京阶段的第1批学生。军校两地办学，一分为二，需要增加大批教官和管理人员。蒋介石又特别重视军校，视军校为培养自己嫡系干部的摇篮，自黄埔军校办起，就挑选自己所信任的军人去军校任职。他的亲信、高级军事助手几乎全部在军校中任过教或受过训。汤恩伯也来到军校，出任管理干部，担任第6期学生总队大队长。任内搬来洋人的军事理论，结合国民党军队实际，写出《步兵连教练之研究》一稿。此书送到蒋介石手中，大加赞赏。这也不奇怪，汤恩伯送给蒋介石的材料，大都是东一榔头西一拐杖，难得有这么一篇有论有据、系统阐述见解的文稿，受蒋欢迎是可能的。

蒋介石为把此文的理论变成实践，把汤调升军官团副团长，负责初、中级军官训练，以加强连、营制式训练。说实话，从训练所需要的理论和口才来说，汤恩伯是块好料子，他纸上谈兵的理论，滔滔不绝的口才，在军界上层人士中堪称一绝。

在军校里，汤恩伯遇到第四个恩人、军校教育长张治中。张教育长十分佩服汤恩伯的才华，大有汤在军校真是屈才之感，故极力向上峰推荐，要汤带兵作战。1929年春，汤恩伯升为教导第2师第1旅旅长。此时的"教导师"非一般军队，两个教导师是最受蒋介石宠爱的嫡系军队之一，是蒋介石掌握政权、"统一"全国后按照现代军队的建制和培养方式组建的军队。官经过多次挑选，兵经过严格训练，武器是优良、齐全，经常担当给其他军队作示范表演的任务，汤恩伯的师长就是以教育长身份兼职第2师的张治中。汤恩伯出任第1旅旅长，可见蒋介石对他的信任。

在蒋的眼里，汤恩伯是个经过系统教育、具有相当理论基础的出色军事家。此时蒋介石需要大批军事干部和党政干部，自己重用的来自日本士官学校、保定军校的"准黄埔系"人数有限，蒋介石在北伐时先是只有1个军后是只有1个集团军时，还算人才济济，可以对付。可是"四一二"反革命政变之后，中央军事指挥体系和中央政府、中央党务系统都要换上可靠的人，光靠以前这批人无论是质量还是数量上都是不够的。蒋自己培养的黄埔弟子，即使是1期生，也只有几年时间，不可能大量整批走上高级指挥岗位。所以在用人问题上正处于青黄不接时期，当蒋发现汤恩伯这样一个"人才"时，立即予以破格提拔。汤一跃而为中央军的重点旅旅长，此时距汤认识蒋介石还不到2年，他的晋升在国民党军界是个奇迹。

出任旅长不到半年，汤恩伯调升陆军第4师副师长兼第10旅旅长。此职对其来说异常重要，虽说是副师长，可成为在国民党军队里自成一系的开端。第4师和后来任职执掌的89师以及13军，成为他的基本队伍和势力范围。一方面这些部队是蒋介石所倚重的精锐之师，另一方面又是别人无法插手的"汤氏王国"。

"中原大战"起，为对付第1次"倒蒋大联合"，蒋介石几乎出动全部机动兵力，开赴前线同冯玉祥、阎锡山、李宗仁的数十万大军较量。第4师也被拉到山东战场，参加胶济路方面的作战。在前线第4师身兼两职：一是参战，对付连战皆捷的晋军，可汤恩伯部并未投入作战。二是督战，因主持山东军事、第1军团总指挥韩复榘面对"倒蒋"晋军，无心抵抗，逃往胶东，蒋介石派出汤恩伯部等中央军前来增援。

名为增援，实为逼实力并未受损的韩复榘反攻，固然在中央军督战下，韩复榘部和中央军联合起来一举扭转胶济线上的被动局面，使得胶济线成为山东战场最早反攻的区域，使得山东战场成为中原战场最早的反攻地区。

"中原大战"结束，汤恩伯调升陆军第2师中将师长。陆2师在国民党建军史上占有重要地位，它的前身是第1集团军第9军，第9军的前身是国民革命第1军第3师，第3师创建于大革命时期，是继第1、2师之后建立起来的又一支以黄埔学生为骨干的新式军队。从广州时期起，第3师就成为蒋介石的精锐之一。南征北战，为蒋介石统治的建立和巩固立下汗马功劳。第3师师长、第9军军长、第2师师长（1929年初在编遣中第9军改编为第2师）均为蒋介石的主要军事助手、准黄埔系骨干顾祝同。到"中原大战"结束，顾祝同已经数度升迁，高奏凯歌，出没于蒋介石左右和军事指挥中枢，第2师交给汤恩伯执掌，这件事本身说明汤的地位之高。当然此时蒋介石授予的中将、少将、师长、军长已经不少，可像汤某那样年龄30出头，跨入中央军才4年余，又是师长，又是中将，在当时是个例外。

第2师既是中央军主力，又是富有传统的部队，师内的黄埔门生眼界就更高，根本就瞧不起没进过黄埔校门、军龄少于自己的汤恩伯。不足1年，汤恩伯颇有自知之明，知趣走开，就任主要由新兵组成的第89师师长。汤恩伯的想法有独到之处：自己在国民党军界资历浅薄，又无战功，当务之急是建立自己的体系。有了看家资本，不用担心上下挤兑，上可顶其他将领的妒忌，下可压非嫡系军官的冒犯。要达到以上目的，到新组建师任职是最好机会，把还没有成为他人势力范围的军队纳入自己的体系。固然如此，第89师从此成为他的基本队伍之一。

二、猛攻瑞金，反共

1932年5月，蒋介石出任鄂豫皖3省"剿共"总司令，驻节武汉。由刘峙出面具体指挥对鄂豫皖苏区进行的第4次"围剿"。汤恩伯的第89师也来到"反共"军事前线。此次行动对国民党方面较为有利：一是兵力占绝对优势，为对付中共红四方面军，蒋总司令调集11个纵队前往。二是红军内部中央分局书记张国焘执行"左"倾盲动主义路线，放弃行之有效的战略战术，采取硬打硬拼的方针，正中蒋介石寻找红军主力决战的诡计，红军主力多次主动暴露在强敌面前。汤恩伯师在鄂东北小河溪、长轩岭、三里城一带与红军决战。因寡不敌众、指挥失误，红军在三里城、宣化店、长轩岭处接连失利，再加上在霍山、金家寨等地的失败，红四方面军撤出苏区，西越平汉路，去开辟新的根据地。虽然这一仗并未把红军打散，可汤恩伯等人一直以此为荣，作为反共资本，屡加炫耀。也可以说鄂东北"剿共"得手，提高了汤恩伯在国民党内的地位，蒋介石对他更亲，同行们也开始刮目相看。

从鄂回来后，汤恩伯口气大多了，时常信誓旦旦地说："人所不愿为的事交我，人所不愿打的仗交我，人所不愿履的险我去。"在国民党上层军事将领中，他的"狂"也是出名的。蒋介石在鄂豫皖地区的战事结束后，立即调兵南下，对闽赣地区的中共中央革命根据地进行第五次"围剿"，总共调集75个师50万大军，组成北路军取攻势，其余3面取守势，把中央红军团团围住。汤恩伯再次来到反共前线，自告奋勇担负进攻中央苏区东北门的任务。1933年底一到江西，马上出动进攻正在黎川一线出击的红7军团萧劲光部。

就在蒋介石紧锣密鼓筹备第五次"围剿"之时，1933年11月20日，反蒋爱国志士在福州宣告成立"人民政府"。蒋介石见后院起火，急忙命令江西"剿共"部队集中15个师的兵力先打福州。身任赣粤闽湘鄂"剿共军"第2路军副总指挥的汤恩伯指挥嫡系第4师邢震南、第89师王仲廉及第10师李默庵等部，率先向"人民政府"杀来。1934年新年，第4师开始攻打福州前沿阵地延平，打响镇压"福建事变"的第一枪。占领延平后，又与张治中指挥的第87、88两师合围福州西部重镇古田，兵临福州。1934年1月13日汤恩伯部89师在友军配合下，攻入福建省城，历时53天的反蒋运动到此结束。

"闽变"一了，蒋介石任命蒋鼎文为东路军总司令，与北路军顾祝同、南路军陈济棠、西路军何键一起，最后完成对中央苏区的四面包围，开始实施对当时中国革命领导中心的全面进攻计划。汤恩伯出任北路军第10纵队总指挥，辖有第4、89、88师等3个师。北路军是第五次"围剿"的主力，第10纵则是北路军中的先锋。1934年3月间，国共双方对峙在建宁、泰宁一线，国民党军队已经进入苏区，军事态势对红军极为不利。此时的中央红军指挥权掌握在军事教条主义者和"左"倾盲动主义者手中，战略上采取不适当的对策，在敌我力量过分悬殊的不利状况下，以进攻代替防御，提出"以碉堡对碉堡""御敌于国门之外""全线出击，短促突击"等错误的军事原则,导致军事上出现一系列失利。

在黎川战役中初占便宜的汤恩伯得陇望蜀,1934年4月中、下旬又在广昌与红军第五、九军团进行会战。双方大筑碉堡,红军死守,汤部猛攻。红军在错误路线指挥下,由黎川战役进攻中的冒险主义变为防御中的保守主义,主动寻机出击不够,失去不少消灭敌人的有利时机。汤恩伯仗着优势兵力和几倍于红军的火力,最后占领广昌。5月16日,另一支中央军占领建宁,中共中央根据地东北的两大要地落入国民党军队之手,大门洞开,北路军长驱直入。右翼为泰和、兴国方面,中路为滕田、古龙冈方面。右翼为陈诚、汤恩伯部,沿广昌偏西南下,目标是中共中央根据地红都瑞金。此路实力最强,汤恩伯部直冲中心地区,迎战于高虎脑、万年亭处备战的红三军团。红军官兵身不由己,由上级安排的正规阵地对抗战无法发挥运动战、游击战的长处,被动挨打,遭受不必要的牺牲。7月21日,第10纵队到达中共中央根据地北面的最后一个屏障驿前,红军集中主力,于8月14日打响会战,争取时间,掩护即将进行的大转移。战士们英勇顽强,用鲜血和生命保卫红色政权。

汤恩伯以惨重代价拿下驿前,至此中央根据地的核心地区完全暴露在敌人的面前。10月6日起红军实施有计划的撤退,红三军团退出石城,陈诚、汤恩伯紧随而至。11日西线红军一、五军团离开兴国。军事上的失利,使得红军只剩下一条路,实行战略撤退。1934年10月中旬,中共中央、中央军委和中华苏维埃政府各机关及红军各部,为摆脱军事上的被动局面离开了战斗数年的根据地。26日宁都落入敌手,11月10日汤恩伯率部进入瑞金。到1935年2月,存在7年之久的中共中央根据地全部沦入敌手,留下来坚持斗争的中共机关和红军官兵,于2月10日胜利进行仁凤突围,冲出敌人包围,去开创新的革命根据地。

汤恩伯又一次赢了,蒋介石同共产党兵戎相见多年,江西"剿共"是唯一的一次战略上的胜利,红军力量薄弱及内部政治、军事路线上的错误,促成了蒋介石的成功。这一仗中汤恩伯出力不小,蒋介石常常把汤恩伯、北路军总指挥顾祝同、前敌总指挥陈诚等人同江西"剿共"的胜利联在一起。在反共功劳簿上,他们以劳苦功高而著称。尤其是蒋介石先后拿下过共产党的瑞金和延安,后者的最高指挥官是胡宗南,前者有汤恩伯的功劳。虽然拿到的都是空城,并未达到预期消灭共产党中央领导机关的目的,但都是国民党当局炫耀胜利的最佳宣传材料,其中汤恩伯是出足风头。

江西回来，汤恩伯在国民党军界的地位有所强化，出任第13军中将军长。以前对汤冷嘲热讽的黄埔门生、军界元老，再也不敢慢待他。虽然这些人看到他一再升官，心中颇有酸楚，但对汤恩伯为蒋服务的干劲还是佩服的。作为汤恩伯本人来讲，在几年的作战中，已经带出了一支忠于自己、自己熟悉的"汤家军"，第4、89师等编为13军后再也没有离开过老长官。值得指出的是，蒋介石及汤恩伯等人江西"剿共"的胜利是表面的，因为红军有损失但未消失，14年后被蒋、汤赶出江西的红军反而把蒋、汤等赶出了祖国大陆。

1936年2月20日，红一方面军（3月10日改称中国人民红军抗日先锋军）开始渡黄河东征作战。山西军阀阎锡山派出重兵武力堵截。阎锡山自知不是红军的对手，迭电向南京请求增援。蒋介石立即从衡阳调来第13、32军及第25师等部，赶到山西围堵红军。由陈诚担任晋陕绥宁4省"剿共"总指挥，汤恩伯出任"剿共"善后办事处主任。

随着中央军开进山西，内战危险大大增加，中共方面坚决履行"停止内战，一致抗日"的诺言，将渡过黄河的抗日先锋军全部撤回陕北。汤恩伯没有撤走，根据蒋介石的设想，中央军要借"善后"之名，趁机插手山西，打破阎锡山独立割据局面。智少谋多的阎锡山看清蒋、汤的真面目后，明请暗挤把中央军赶出山西。汤恩伯带着第13军来到绥远集宁驻防，成为当时华北地区唯一的一支中央军主力。汤恩伯抗战前的反共历史至此暂告结束。

三、抗战两极，避战

汤恩伯和国民党军界日本士官系成员一样，和日本关系较深，在东渡日本留学特别是在日本陆军士官学校学习期间，结识了不少日本友人，其中不少是后来侵华战争中的战争罪犯，这些日本军人在与中国友人大谈友谊的同时，并未放弃、放松对中国的侵略。与此相反，国民党内类似于汤恩伯的不少亲日派成员在与日本友人大谈中日两国友谊之时，却忘记了对日本侵华野心的警惕和对日本侵华行动的反击。更为关键的是，汤恩伯的对日态度是随着蒋介石的意志而改变，与国民党的对日政策始终保持一致。

在蒋介石的妥协退让中，日本侵略者魔爪自"九一八事变"起，从东北伸到平津城下，到 1936 年冬，南京政府决定对日采取"革命外交"，一改 5 年妥协让步，对咄咄逼人的日本强盗，采取一些较为强硬的行动。

1936 年冬，在风云翻滚的华北，蒋介石同意太原绥署主任阎锡山关于武力阻止绥远汉奸德王、李守信南下扩大侵略的计划，决定由绥省主席、第 35 军军长傅作义具体负责收复绥北要地百灵庙。傅将军指挥所部，冒着零下 40 摄氏度的严寒，行军 430 里，于 11 月 24 日胜利到达作战目标。此战影响极大，为抗战前少有的一次胜仗。作战期间汤恩伯的第 13 军在驻地进入战备状态，随时准备出动，以防止日寇对百灵庙方向的增援，有力配合了傅作义部的远征。

在抗战前期，蒋介石政府采取的是积极抗日消极反共的方针，在正面战场起过一些好的作用，汤恩伯的对日作战也算尽力。"七七事变"开始全面抗战的第 3 天，蒋介石亲自致电汤恩伯，要 13 军"迅速准备待命，并对冀察善为联络，务期中央与地方融为一气"。为挫日寇在华北的侵略势头，汤恩伯根据蒋的电令，与冀察政务会委员长宋哲元、察省主席刘汝明联系获准后，第 13 军抢占军事要地南口镇，控制日寇向山西、绥远、察哈尔方面进攻的咽喉。南京军委会也派出山西炮兵第 27 团、第 17 军前来增援。

为巩固冀察战线，1937 年 8 月初，南京方面调整华北抗日部队，新组第七集团军，由傅作义、刘汝明出任正副总司令，汤恩伯出任前敌总指挥，下辖第 13、35、61、17 军等部，作战区域为八达岭一线约 100 里阔的防线。8 月 3 日，汤总指挥下令破坏青龙桥和铁路，把第 89 师放在南口、第 84 师放在独山口、刘汝明部则在张家口和宣化一线。8 日晨占领平津后的日寇向得胜口发动进攻，10 日南口正面战斗全部展开。

汤恩伯集中主力固守双岭口、马鞍山等主阵地，一方攻得猛烈，一方守得艰苦，双方陷入一片血战之中。8 月 14 日迂回中国军队右翼的日军偷袭得手，南口右侧高地失陷，居庸关暴露在日寇面前，汤部告急，傅作义总司令急忙派出 6 个团赶往南口。20 日，第 14 集团军总司令卫立煌也来电告知，21 日一定赶来增援，并约定到达前线时与汤部夹击日寇。汤恩伯为之一振，与傅总商议为迎接卫部的到来，在 21 日黄昏全面出击。

遗憾的是日方援军先期到达，并于 21 日晨向汤恩伯部防线发动全面总攻，而傅作义、卫立煌派来的援军均未如期到达,汤部不支,再加上日军从察北穿插,直指张家口,南口前线部队的退路被截断。24日南口镇边城又失守,使得汤恩伯处于极为不利的位置,26日奉命向蔚县、广灵、涞源一带撤退。南口抗战,是汤恩伯抗日出师第一仗,官兵上下,同心协力,为了民族利益打得顽强,战得悲壮。

1937年9月2日,正在顺德、彰德休整的第13军扩编为第20军团。军团长汤恩伯上任后立即率部到漳河布防,不断出击日寇。11月初,山西战事紧张,第2战区前敌总指挥汤恩伯带着第20军团兼程赶往太原。可因行动迟缓,未赶到指定作战位置,8日太原城就已落入敌手。太原保卫战失利,责任当然不在汤一人身上,国民党军队盛行的撤退之风是主要原因。

汤恩伯参加的另一次大会战是台儿庄战役。1938年3月,蒋介石为阻止津浦线北段日军南下,计划在鲁南的藤县、台儿庄、峄县一带组织会战。日军占领济南和青岛后分兵南侵,津浦线上是野蛮好战的矶谷师团,由青岛向西南行兵的是与矶谷齐名的板垣师团。3月上旬,东线临沂守军第3军团庞炳勋部和第59军张自忠部力挫板垣的侵略锐气。津浦线藤县守军川系第41军122师王铭章部,血战到底,全部牺牲,推迟了矶谷南下的日期。

藤县告急时,蒋介石电令正在安徽亳县休整的汤恩伯部立即北上增援王铭章部,可汤恩伯的第20军团还在行军途中第122师已经全部殉国,汤部随即转移到东部的抱犊崮一线。3月23日,台儿庄战役进入最紧张的时刻,台儿庄方面作战异常惨烈,中国官兵表现出崇高的爱国和牺牲精神,与装备优良的侵略者在台儿庄内对峙、拉锯、巷战、肉搏成为基本的作战方式。此时第5战区司令长官、会战最高指挥官李宗仁几次三番命令第20军团向南出击,以解台儿庄方面守军第2集团军之围。汤恩伯置之不理,准备重演太原、藤县故技,待友军失败后,把部队拉出去兜一圈,既表示执行命令出兵增援,又没有投入作战遭受损失。

第20军团是会战中实力最强的一支,配有编制尤其是装备完整的两个军5个师,它参战早晚影响到整个战役的成败。李宗仁以"再不出兵就军法从事、与刚刚处死的韩复榘一样严办"的急电,把汤恩伯逼上阵来。4月4日,台儿庄守军第31师池峰城部倾全力趁晚间出击。天明时分,正与池峰城部激战中的日寇矶谷师团背后出现第20军团,南北夹击,敌方狼狈逃窜,台儿庄战役以全胜收兵。汤恩伯运气真好,让他赶上前期抗战中最大的一次胜仗,并以最小的损失换取最后的胜利，成为会战英雄。战斗中，第 20 军团既没有王铭章部的牺牲，也没有庞炳勋、张自忠、第 2 集团军孙连仲、池峰城等部的苦战，当友军牵制日军、日军被整得筋疲力尽之际，汤恩伯带着军团，凭着强大的阵容、休整多日后旺盛的精力，一冲而获结果。

1938 年 5 月中旬，参加会战的几十万大军还未从欢庆胜利中走出来，就面临被日夜兼程赶来的日军包围的危险，在李宗仁等人的指挥下，中国军队顺利西移。汤部也转往中原归德地区，扩编为第 2 兵团，汤为兵团司令。1938 年 6 月，第 2 兵团扩编为第 31 集团军，辖有 13、52 军等 5 个军，在总司令汤恩伯率领下参加武汉保卫战。事实上并未投入作战，只是在豫南作为机动兵力待发。

1938 年冬，汤恩伯再次插足于军事教育，兼任南岳游击干部训练班教育长，中共负责人叶剑英将军担任副教育长，负责集训连长以上、旅长以下的军官。汤恩伯对中共的主张不欣赏，对中共不友好，但对叶将军还是尊重、推崇的。对国民党军队的游击战，汤也接受了中共提出的军事原则，提出游击战应做到"看得准，藏得稳，抓得紧，来得快，打得猛"，"敌进我退，敌退我追，敌驻我扰，敌围我散，敌散我围"。从纯军事角度谈，他的游击战术不无可取之处。但不主张发动、组织群众，阻挠、镇压人民的抗日行动，尤其是坚持反共政治立场，这就是汤氏军事理论的致命弱点。

武汉失守后，全面抗战进入相持阶段，蒋介石的基本方针也转向消极抗日、积极反共，正面战场的对日军事行动也由积极防御转向消极防御，对日作战由高潮趋于低沉，汤恩伯也是这样。以后的几年里，再也没有南口、台儿庄会战时的壮举，只是躲在正面战场后边休生养息，扩展实力。

如在 1939 年 4 月、5 月间的随枣会战中，汤恩伯公开抗拒李宗仁长官要其出动 5 个师配合作战的命令，致使会战失去更多的歼敌机会。仗后就撤往豫西，退避正面战场敌我对峙战线。1941 年，转任鲁苏豫皖 4 省边区总司令兼军政分会主任委员，不久又兼任第 1 战区副司令长官，手下重兵云集。任内唯一的一次对日作战，是豫中会战。1944 年 4 月，日寇出动 5 个师团、2 个步兵旅、1 个骑兵旅、4 个炮兵联队及 5 个航空兵团共 16 万人，分别由开封、新乡、晋东南、信阳、皖西正阳关方面向豫中第 1 战区总部所在地进攻。

中国方面调集 56 个师 28 万人阻击，由第 1 战区正副司令长官蒋鼎文、汤恩伯分任会战正副总指挥。双方在东北许昌、郑州、荥阳一线和西南襄城、禹县、登封一线摆开阵势。西南线中方主将是汤恩伯，日方主将是汤的恩师冈村宁次。

日军第1步在中牟强渡黄河，占领邙山头，得以在火力掩护下修复黄河大铁桥。同时南线攻占确山、西平、漯河、许昌、郑州等城，打通平汉路的目标实现，为巩固战果和保住平汉路，又向陇海西线和平汉路西进击，到6月4日已经拿下灵宝，直逼潼关。国民党军队实力并不弱，可各路指挥官为保住实力，无心恋战，只顾撤退，丢了平汉路不说，第1战区司令长官部也被赶到卢氏、潼关。当然在游击战的袭扰下，日寇的平汉路运输一直没有畅通过。

第1战区实力可观，有何柱国的第15集团军、陈大庆的第19集团军、王仲廉的第31集团军、孙蔚如的第4集团军、刘茂恩的第14集团军、李家钰的第36集团军、高树勋的第39集团军等8个集团军18个军，由汤恩伯直接控制的第19、31集团军是战区主力。就这样一支几十万人的大军，不见主动出击、歼灭日寇不说，还在日寇的进攻下丢失大片守土，把长官部所在地洛阳城也加以丢弃，大批日军兵临潼关，造成威胁大后方之险。由此，当时国民党正面战场的抗战之效，可见一斑。

汤恩伯在河南6年，时间不短，手握重兵，名声不佳，一再对日避战让战外，还成为"四害之尾"。

一是搞"反共"摩擦，常常指使手下部队以游击战为名，袭击八路军和新四军，中共新四军负责人陈毅将军曾向汤恩伯提出严正警告和挥兵做出反击。

二是欺压百姓，汤部纪律之坏，为各军之冠。尽管汤部是蒋介石嫡系，列为后勤供应重点保证单位之一，可汤恩伯还以军费、后勤供应不足为借口，自行解决军需，纵兵抢劫。每到一处，给当地百姓带来巨大灾难。

三是投机生财，汤部常常驻扎在敌我交界处，军务之隙，官兵一起在蒋管区、游击区和沦陷区之间倒卖货物，强卖强买，牟取暴利，这种战争副业腐蚀了军队的战斗力，也扰乱民间的正常经济活动。

几年下来，汤恩伯名声鹊起，被河南人民同严重危害生存的水、旱、蝗灾并列起来，成为"水旱蝗汤，四害之尾"。人们甚至这样说："宁愿敌军来烧杀，不愿汤军来驻扎。"由此可见汤恩伯在驻地为非作歹已到什么程度。

汤恩伯战绩、名声太坏，时而传到委座蒋介石的耳中。可蒋介石爱"才"心切，不愿惩处。汤对下、对友军是飞扬跋扈、称王称霸，可对蒋介石却是马首是瞻、唯命是从。在蒋的眼里，汤恩伯是个人才加奴才的双料货，当然一如既往，加以重用。汤恩伯被日寇赶到豫西后，蒋介石为使汤摆脱被动挨打的困境，指令汤带兵远下昆明。

1944年12月25日，根据国际反法西斯盟军的安排，蒋介石在昆明成立陆军总部。此时美国对华援助源源不断地大批到达中国大后方，面对美国提供的大量新式武器，蒋介石决定挑选一些嫡系部队到昆明，由陆总负责集训，装备美械。汤恩伯部应选其中，编为第3方面军，辖有换上新装备的14个师，与邱清泉的第5军、廖耀湘的新6军、胡琏的第18军等部一起成为国民党陆军中装备最好、实力最强的部队。

装备一新、火力加强的汤恩伯部，参加的第1次大规模军事行动是湘西会战。日寇为保证在1944年底结束的豫湘桂战役中所占领的粤汉、湘桂铁路的正常运输，夺取中国方面的前沿军事基地，于1945年4月出动以第20军为主的8万余兵力，北起湘北益阳、宁乡，经衡阳、零陵，南至广西全州、兴安，由东向西全线"扫荡"。重庆最高军事指挥当局，命令陆军总司令何应钦指挥汤恩伯的3个军及另外6个军，共11万人，分兵阻击。在中美两国空军的增援下，利用易守难攻的多山地形，取得重大战果。

汤恩伯部参加第2次大规模军事行动是收复广西之战。湘西会战后中国军队乘胜追击，在广西境内全线出击，其中汤恩伯率领的第3方面军参加过5月27日收复南宁、6月29日收复柳州、7月28日收复桂林之战。总的来说，昆明陆军装备为美械、编制均满员、后勤供应充足，他们有限的作战任务和他们如此强大的实力是不相称的。2个月后就一目了然，原来蒋介石已经另有打算，考虑到抗战胜利在前，国共双方冲夺、决战不可避免，为占据有利的战略地位，必须保存实力，以准备发动内战、消灭共产党。所以几十个美式装备武装起来的陆军机械化师，蒋介石只是把他们放在云桂湘边区小试牛刀，而不愿投入急需援助的正面战场各战区。这批由美式装备武装到牙齿的大军，出山的时候，抗战已经胜利，日寇已经投降，他们前往各地是为了抢夺胜利果实。

1945年9月8日，汤恩伯的专机在上海机场降落，日寇投降后的和平局面和美国飞机，使他得以飞越3000里，从西南腹地柳州抵达东方名城。上海不同凡响的地位，使得上海受降成为仅次于南京受降的重要仪式。蒋介石不是就地取材，没有从上海所属的东南行营3个战区中选出一将赴沪，而是舍近求远从千里以外搬来汤恩伯，可见对他的看重。在一片耀眼的镁光灯中，汤恩伯接受了松井太久郎及日寇侵华军第13军和第27、60、61、69师团指挥官的投降。如此光荣的场合，是汤恩伯一生中唯一的一次得意时刻。因为，自此以前没有过类似的好事，自此以后他的经历就和失败、丑闻联系在一起。

作为东南方面的最高军政长官，再加上上海又是重要对外口岸，去日本海运极为方便，故蒋介石安排汤恩伯具体负责遣返日本战俘和侨民工作。如果说在全面抗战期间汤恩伯也做过一些错事，可毕竟站在抗战一边，坚持到抗战胜利，而在遣俘过程中，汤恩伯在得到蒋介石的批准后，丧失原则，偏袒战俘，对民族和人民犯下不可饶恕的罪行。

日寇投降时的侵华军最高指挥官冈村宁次，是汤恩伯在日本士官学校留学时的恩师，感情丰富的汤恩伯对冈村宁次旧情不忘，深怀报恩之心，故对日本战犯和战俘百般照顾。为安排遣返，汤恩伯设立"日侨管理处"专司此事，负责遣返从华南、华中、华东地区运来的日俘。各地的日俘源源不断地集中到管理处等候上船，一时上海港虹江码头全为战俘所占，每个月开往日本的轮船多达数十艘，最多的月份有60余艘。共有82万日本侨民、战俘和受日军雇用的7万余名朝鲜等国的战俘，从上海出港回到各自国家，此外还有1万余名台胞也回到自己的家乡。

冈村宁次在战后回到日本、接待前往东京治病的汤恩伯时，特意谈到遣俘之事，表示感谢说："凡是败北的军队，在解除武装时，都应该将将校、尉官、士兵分别收容，受俘虏的处置，这是国际的惯例。然而当时在中国，却把我们当作徒手官兵处置，武器虽然交出，但仍保持着军队的形式，直至返国为止。同时又承认我的指挥权，为便利我行使指挥权，更将通信机件、飞机、汽车、单车等交通器物，在某一时期全部贷与，因此遣返工作，进行极为迅速顺利。当时我在国外军民约500万，其中在中国者约200万。此200万军民，不到1年，几乎全部返国，经过上海者约85万，全都是汤恩伯将军的帮忙。"

遣俘尽快完成是应该的，无故推迟、制造麻烦是不必要的，但是，也不能不顾国际准则和协议，战俘不作战俘处理，野蛮成性、坏事做尽的日本侵华军人倒成了南京政府的座上宾，侵华战争罪犯、军国主义分子也受到种种优待，放弃一个战胜国应有的权利和象征。这就有损国格、人格，有损祖国的尊严。汤恩伯对冈村的感情超越了对祖国的感情，一副洋奴丑态。

在主持遣俘过程中，汤恩伯在损害国家尊严的同时，还大肆出卖中国人民的利益。120万名日本侵略者，在14年的时间里，在所侵占的中国东北、华北、华东、华中和华南这些广阔的地域内，从政府收藏机构、高校和文博馆藏、无数民众家里，用各种卑鄙、无耻、残忍的手段，掠夺到无数的文物、字画、珍宝、黄金，数量之多、规模之大、价值之高，在帝国主义对华掠夺史上创下纪录。在侵略者投降的时候，中国方面应该通过正常途径予以没收，这是中国人民的正当权利，也是维护人民、国家利益的有效手段。

可汤恩伯不是这样！管理处专门设立陈列馆，保存从日军手里收交来的物品，分类登记，以便由抢劫者本人认领归还。此还不算，汤恩伯还为强盗们把所抢物品带回国大开方便之门，强盗们所带物品的多少取决于中国方面对战俘行李数量多少的限制，及所带物品种类别的限制。遗憾的是，前者南京政府大方，后者被汤恩伯取消。

在战俘所带行李数量问题上，南京当局提出每人可携带50公斤，而盟军方面的规定和惯例是15公斤。由于美国方面的抗议，蒋介石才不得不减为30公斤。此规定到上海执行的时候，汤恩伯又允许铺盖、食品不计在30公斤控制数内，并且除武器以外的任何物品都可以带出境。就这样，多少中国的国宝、民族文化的象征、人民的财富都成了战俘们的战利品。难怪当时的战俘也说："由上海回日的人最幸福。"此话让汤听了，不知有何感受，他身上哪还有一点中国人的良知和骨气？

对于战犯，南京政府本来处分很轻，到1948年11月汤恩伯又亲自向蒋介石提出建议，要求释放全部在押日本战犯。经蒋介石同意，1000余名战犯全部回到日本，这批对中国人民犯下滔天之罪的战争罪犯，一夜之间成为无罪之人，彻底逃过了中国人民的惩罚。这又得谢谢汤恩伯。

汤氏如此行事，并非一人所为，既有蒋介石对日寇实行"以德报怨"的指示为依据，又有南京受降前后中国代表何应钦的媚日表现为榜样，更有南京政府轻处战争罪犯、放弃战争赔偿的卖国行为为先例，他们作为战胜国的代表，姿态高到不要国家的程度，自己贬低自己，丢尽战胜国的脸，也丢尽了他们自己的脸。此种左袒行为仅仅换来了为数不多的军国主义分子的喝彩，而遭到中日两国人民的反对。

汤恩伯把应遣返的日寇第13军的高级将领捧为上宾，临走时还特意设宴送行，在宴会上祝酒时说："中国与日本隔海相望，互成掎角，人为同种，文为同文。合则共存，分必同亡。8年血战，而今两败俱伤，痛定思痛，我兄弟应抱头痛哭，今日弃干戈而送君回去，他年当迎君怀玉帛以重来"。他的话不错，可中日不再战、中日友好难道就能靠蒋、汤这种无原则的让步来实现吗？蒋汤之流讨好日本军国主义分子，违背中日两国人民的根本利益，事过20余年，中日两国人民重新携手合作，恢复邦交，抛弃台湾国民党当局，这是国际公理的胜利，也是蒋介石背弃国际准则的结果。

四、内战狂人，败北

在国民党军界，汤恩伯的反共经历不一般，在拒绝与中共合作、接触的将领中，他是一个死硬派，一面黑旗。在同行中间，他名声最大的，不是带兵打仗，而是强硬的反共立场。抗战胜利后，基于对共产党的仇视，他成为蒋介石内战政策的最坚定的支持者。

1946年4月，汤恩伯出任京沪卫戍总司令兼徐州绥署第1绥靖区司令，驻节无锡。自柳州飞上海，到1949年5月撤离大陆，一直作为蒋介石的心腹和助手，执掌重兵驻扎京沪杭一带，成为事实上的御林军。既可保护国都、上海和杭州的安全，防备解放军的袭击；又可防止"宫廷"政变，对付国民党内的"倒蒋势力"。全面内战爆发后，升任陆军副总司令兼首都卫戍总司令，这是首次进入中央军事总部，参与探讨内战战略和筹划军事计划。无奈他们的军事安排，向来是纸上谈兵，无实战效果，与现实脱节太大。全面进攻动用160万大军，8个月后战绩几无。蒋介石按照助手和顾问们的主意，又把赌注下在对山东和陕北的重点进攻上。

1947年3月3日，蒋介石为布置山东战争，特令陆军总部由南京迁徐州办公。在参谋总长陈诚主持下，陆军总司令部决定撤销徐州、郑州两绥署，由总部统一指挥两地战争。4月6日，在陆军总司令顾祝同、副总司令汤恩伯指挥下，13个整编师 25 万大军扑向中共山东解放区腹地沂蒙山区，寻找华东野战军主力决战。20 天后华东野战军解放泰安城，全歼第 72 师，首战国民党方面失败。5 月 16 日，孟良崮一仗，被南京方面称为"五大主力"之一的整编 74 师自师长张灵甫以下 32000 余人全军覆灭，第二战国民党方面又告失败。7 月，国民党军队全部被赶出山东解放区，第三战再告失败。

整编 74 师被歼和张灵甫被击毙，震动南京，蒋介石闻之色变。有材料说，"蒋介石当着众将领的面，勒令对孟良崮惨败负有责任的汤恩伯跪下，举起手杖就打，致使汤恩伯满头是血。"南京军事上层追究责任之风屡起，徐州方面无法交代，只得让汤恩伯提出辞呈，以谢指挥失责之罪。他敢于辞职，是因为知道国民党内能不能当官、当什么官、当多长时间的官，取决于蒋介石的态度。所以只要蒋不甩掉汤，汤提不提辞职无关紧要，不仅不会影响仕途，反而会成为逃避责任、以退为进的手段。

果不出所料，两个月后即刚从山东战场退回南京，汤恩伯就被调升为代理陆军总司令，负责编练第 2 线后备兵团，以应付内战一年来前线战场平均每月高达近 10 万人 8 个旅的损耗。1948 年初，面对一败涂地的军事战场，蒋介石撤职查办一批败将，调整一批将领，汤恩伯也被降调为浙江衢州绥署主任。

凡属蒋介石的亲信、心腹和爱将，升降、调职的含义，只是换过名称而已，无实质损失。汤恩伯非降调不可，因他升官太快又盛气凌人，才华平平又满身傲气。国民党中央机构内元老、官僚一大堆，岂能容得下汤氏这样不知天高地厚的家伙？汤氏所为，已经成为同行们酒足饭饱后议论的中心议题，在背后指点、嘲弄之人非属少数。如同当年把臭名远扬的汤恩伯从河南调往昆明一样，蒋介石再次把汤调离中央总部，下放地方。出任主任，对汤来说并非屈才。衢州绥署是江南大型训练、补给基地之一，华东战场的军需供应站，到衢州任职的都是蒋介石的重臣。

不足一年，蒋介石遇到麻烦，外有大老板美国方面主张换马，支持李宗仁取代蒋总统；内有桂系遥相呼应，联合湘中政界人士为代表的反蒋势力，用"和谈"来"逼宫"。蒋介石在内外交因中下野而去，隐居家乡奉化溪口遥控政局，关键是辞职前对人事方面作了重大安排，关键岗位上都换成心腹干将。也就是说经过蒋介石的安排，李宗仁拿到了"代总统"职，可政务军务党务很难推行。汤恩伯被蒋介石任命为京沪杭警备总司令兼政务委员会主任委员，全面控制京畿重地、上海经济中心、蒋介石隐居的家乡奉化溪口，震慑东南，同时阻挠李宗仁实施与中共方面的和平计划、落实蒋介石的长江顽抗计划。

汤恩伯任职浙江期间，江北的军事形势发生根本变化，辽沈、平津、淮海三大战役结束已置国民党于死地。虽说汤恩伯没轮到，可无法逃脱解放军的下一波打击。淮海战役结束时，长江以北已经看不到国民党的一城一池、一兵一卒，解放军饮马长江，渡江在前，解放南京指日可待。

国民党当局失败前夕，汤恩伯是劣迹斑斑，坏事连串。面对中共即将胜利的事实，没有丝毫悔改、醒悟之意，在荣任"警总"的10个月，所干坏事主要有以下几方面。

一是反对和谈。国民党负责江防的有两大集团军，一个是听从李宗仁指挥的华中白崇禧部，另一个是听从蒋介石指挥的华东汤恩伯部。汤恩伯重兵在握，背后又有蒋介石撑腰，一切行动均以溪口来电为准，根本不把李宗仁放在眼里。李宗仁准备接受中共呼吁，派出代表会谈。汤恩伯威胁说："如果李宗仁代总统要举行所谓和平会议，请到北平、天津去，不要到南京、上海来开会。李代总统如要向共产党投降，我们不能负他的安全责任。"一副军阀的嘴脸。当黄绍竑、屈武把《和平谈判协定草案》带回南京请国民党最高当局最后核准时，汤恩伯要挟说："这根本不是什么谈和条件，而是一纸投降的通牒。如果你们要谈的话，我走了。"一副蛮横、凶狠的样子。于国于民有利的"国共和谈"，正是因为幕后有蒋介石的反对，台前有行政院长何应钦等人的反对，文有CC系骨干的反对，武有汤恩伯、胡宗南等人的反对，最后由李宗仁、何应钦出面加以拒绝。致使中共只有调整为和平所做的努力，只有向全国进军，解放全中国。

二是卖师求荣。汤恩伯一生中遇到过四位恩师，四位恩师造就了汤恩伯。四人中两正两反。"两反"是蒋介石和冈村宁次，为汤一辈子所看重。"两正"是陈仪和张治中。张治中因为不满蒋介石的独裁统治，利用出使北平与中共代表会谈的机会，走向光明。为此汤恩伯至死不容，不再承认这位对他当年出掌军职起过关键作用的恩师。如果说汤对张将军是忘恩负义的话，那对陈仪先生则是卖师求荣了。

陈、汤关系之亲为国民党上层所共知，没有陈仪就不会有汤恩伯，平时汤视陈为父亲，陈因没有儿子而把汤当作义子。陈仪早年留学日本陆军士官学校，后又以日本陆军大学第 1 名毕业。回国后到北洋军内服务，北伐过程中率部投靠蒋介石，以后官至军政部次长、台湾行政长官、浙江省府主席。到 1948 年底和次年初，陈仪不愿看到沪宁杭富庶之地、工业基础、文化遗产、秀丽风光毁于兵火，通过友人、中共地下党员胡邦宪和反蒋民主人士陈铭枢等人，与中共取得联系。在中共支持下，陈仪派出外甥丁名楠和胡邦宪分别于 1949 年 1 月 31 日和 2 月 7 日，前往上海会见汤恩伯，劝汤率部起义。2 月 10 日，又让丁名楠去沪向汤面交亲笔信，信中提出"起义五要件""起义准备八要领"。汤恩伯对前"两次会谈"是敷衍了事，引陈上钩，并且拿到亲笔信后，证据在握，立即派毛森乘专机送溪口蒋介石处。蒋又派专机到上海来接汤去溪口会谈，询问汤的意见。汤当即表示："国家大事，义不徇私，自应以领袖之意见为意见。"并主动向蒋介石推荐周嵒取代陈仪为浙省主席。

蒋介石为稳住陈仪，1949 年 2 月 17 日宣布陈撤职后，立即致电汤恩伯："汤总司令转公洽兄（陈仪字公洽），交卸后务请来溪口一谈。"两人继续合演害陈骗局。陈仪似觉不妥，未去溪口，而是来到上海汤公馆以求保护。2 月 21 日，汤恩伯又向蒋介石密告根本没有赴港计划的陈仪要"潜逃香港"，蒋介石一怒之下将陈仪扣押，令其在上海、重庆、衢州 3 处任选 1 处服刑，陈仪选后者。陈仪见大势已去，开始以沉默来抗议。解放军过江后蒋介石又把陈仪迁押厦门、台北，于 1950 年 6 月 18 日处决。

陈仪将军劝降此举，对陈是误，对汤也是误。陈仪误在 20 余年来竟未认清汤恩伯的狼心狗肺，一错再错。一错是没摸清汤的政治倾向，就把白纸黑字的"劝降书"交给他，授予证据，被"义子"置于死地。再错是事发之后，不听中共方面的劝告，没有及早脱身，过分自信，过分相信汤恩伯，自投狼口。陈仪将军死在交友不慎上。汤恩伯误在不识时务上，功臣和败类取决于一瞬间，如听从恩师的劝告，则为解放东南、上海的一功臣。遗憾的是他卖师求荣，顽抗到底，败类、小丑一个。

三是固守上海。京沪杭总部负责的长江防线起讫吴淞至马当，全长 1500 里。1949 年 4 月 20 日，解放军分三路飞渡大江，东路 35 万大军在粟裕、张震的直接指挥下由江苏张黄港至江阴龙稍港处顺利过江，直插宁沪铁路和宁杭公路，切断三大城市的联系；中路 30 万大军在谭震林直接指挥下，在安徽裕溪口到枞阳段过江，配合东路军以完成对南京、镇江的包围；西路 28 万大军在刘伯承、邓小平直接指挥下在江西湖口处过江，直插浙赣线，切断汤恩伯和白崇禧部的联系。

汤恩伯经营数月之久的长江防线不堪一击，长江沿岸的守军第 8、17 兵团及安庆第 47 军、浦口第 28 军、芜湖第 20 军、南京第 45 军、镇江第 4 军、苏州第 37 军、扬中第 54 军，全部在稍加阻击后弃城逃跑，令汤和国民党军界引以为豪、能阻解放军于长江的江阴要塞炮台，也在大军过江时发生兵变，宣布起义。4 月 23 日，国民党当局国都南京城解放，中共胜利了。当第三野司令员陈毅在蒋介石使用的总统办公室里向北平中共中央主席毛泽东通话时，身为长江下游上海、京沪杭警备总司令的汤恩伯无计可施。

4 月 24 日，南京解放次日，国民党总裁蒋介石乘坐"太康号"军舰离开家乡前往上海。时过半月，苏州、杭州、奉化相继解放，上海已成一座孤城。蒋介石的到来，与其说是督战，还不如说是安排退路。老蒋比谁都清楚当时的军事形势，国民党的失败不可避免，虽说已经全面开始部署向台湾的撤退，可台湾一缺钱，二缺物，三缺兵，赶来上海的目的就在此。

失败将至，蒋介石要汤恩伯尽量地守，多守一天就能多运走一些台湾急需的设备、资产、技术和人才，也能多接走一些富有的达官贵人、公子小姐。尤其是可以运完对固守、开发台湾至关重要的黄金、银圆。从 1948 年 12 月到 1949 年 1 月，蒋介石已经运走 4 批储备黄金，后因李宗仁的反对才停运。5 月 16 日，上海外围战已经白热化，蒋介石指令汤恩伯搬走在上海的所有储备金银，汤总司令指定上海警备司令陈大庆负责此事。陈大庆派出警备营的 1 个连，于午夜 12 点赶到中央银行金库，用 6 辆卡车 3 个来回运走全部黄金和银圆，并让此连官兵同金银一起登上登陆艇，押运基隆，交台湾银行接收。钱的问题解决，再解决兵的问题，蒋介石要汤恩伯相机行事，把主力撤出战场，运往舟山群岛再转台湾。两事一有眉目，5 月 7 日蒋介石乘坐舰先行离去（5 月 17 日至 25 日又回到吴淞口江面），1949 年 5 月 27 日中国最大的城市上海解放。

汤恩伯在上海遇到的对手，是 15 年前在江西、两年前在山东相遇的中共要员陈毅。汤恩伯为迎接决战日子的到来，用了半年时间整治作战环境，工事、碉堡、火力配备、兵力部署完全符合兵书教程，达到东方一流标准。固守上海的外围阵地分为浦西、浦东两条。浦西线在南翔、华曹、七宝、华泾镇至黄浦江西岸，浦东线在川沙、北蔡至黄浦江东岸，再加上崇明岛、吴淞口外 17 个小岛，由第 51、

123军等部防守。二线阵地在浦西是由吴淞经月浦、大场、虹桥至龙华，在浦东是由高桥经洋泾、塘桥至江边，由第52、75、37、12军等部防守。三线核心阵地在四行仓库、国际饭店、中央银行、市府、警察局、法国兵营等处，由第13、21军及6个交警总队、第99师等部防守。为方便指挥和逃跑，上海防守司令石觉、上海警备司令陈大庆把指挥所迁到吴淞炮台，京沪杭警备总司令汤恩伯则干脆把指挥所迁到军舰上。

中共方面解放上海的前线指挥官、第三野战军司令兼政委陈毅针锋相对，命令东线兵团第一路由南往北，进攻吴淞，目标切断上海守敌退路；第二路沿沪宁线攻徐家汇，目标是把上海市区一分为二，以便各个歼灭敌人。西线兵团第一路由刘行经大场攻市区，第二路攻七宝镇，正面打市区。

1949年5月12日，双方开始火力接触，汤恩伯设置的纵深数十里的碉堡群、地雷阵、火力网挡不住华东野战军的脚步。进攻的第一轮炮火刚过，华东野战军就以团为单位突入汤部的1、2线之间，东线直逼高桥，威胁吴淞口，西线全面推进，无论汤恩伯使用什么招数，均无济于事。21日浦东防线已被华东野战军突破，汤恩伯急忙抽调第75、54军一部前往增援未果，23日又组织7个团的主力在金家桥与中共方面决战失利，再无组织大规模反扑的能力。24日下午虹桥机场失守，解放军进入市区。5月25日汤恩伯的第21、37、52、123军损失殆尽，在军舰上观战两天的蒋介石不得不下令撤退，指示"国家全局，断非决于此地之一战，应将现存力量，转移于舟山、台湾方面为得当"。汤恩伯接到指令后，昏泪连下地说："对不起领袖，对不起民众，对不起国家。"事实上民众、国家对汤恩伯来说无所谓，只有蒋介石对他来说是至高无上的。

汤恩伯用早已准备好的7万吨船舶，把上海守军中的8万余人，其中包括装甲兵全部，运往舟山、嵊泗列岛。留在上海市区核心阵地掩护撤退是交警总队，他们凭借苏州河南岸百老汇一带的高大建筑进行顽抗，指挥官是汤恩伯临逃时任命的上海警备司令刘昌仪。25日下午7时，刘昌仪不愿再进行毫无胜利把握的固守，接受解放军前线总指挥部的呼吁，双方开始谈判。26日凌晨，刘昌仪部所有的阵地由解放军接管。27日，上海敌军的最后一个据点、由第203师8000余人防守的发电厂、自来水厂被解放军智取。下午7时，上海全城完全解放。上海逃跑是汤恩伯继沂蒙山失败后的又一次惨败。

四是厦门顽抗。汤恩伯弃城损兵并未带来噩运，8月15日，福州绥靖公署主任、省主席朱绍良接到蒋介石的亲笔信："西南方面另有事借重，请将福州绥署任务交汤恩伯同志照料，即来台北。"16日起，汤"同志"就取代8个月前出任此职的朱绍良。早在上海时，蒋介石就对汤说过："台湾为民族复兴的基地，舟山、马祖、金（门）、厦（门）等地至为重要，必要时应增强其守备。"7月2日，汤恩伯带着助手和警卫团飞到厦门，开始"照料"绥署工作。

金门守军有李良荣的第22兵团、青年军第201师及装甲第3团第1营、炮兵两个连，从长江南岸一直逃到闽南的刘汝明第8兵团守厦门。1949年8月17日，解放军的3个军在解放福州后挥师南下，9月中旬开始同第8兵团交火。25日双方在澳头、集美、深奥等地激战，10月上旬战斗已在厦门外围展开。

10月7日，因为汤"同志"出任"福州绥署主任、省主席"一事，由于"代总统"李宗仁拒不签字批准而搁浅，蒋介石特意赶到厦门召见团长以上的将校，单方面宣布汤"同志"的任职，并要厦门守军精诚团结，尽忠尽力，不成功便成仁。希望汤恩伯能够保住作为台湾在大陆前进基地的金厦地区，与两广地区的白崇禧和陈济棠部、陕川康一带的胡宗南部遥相呼应，固守下去。事实上蒋介石自己对守住金厦地区也信心不足，为防备解放军随时都可能发动的总攻，他连有重兵把守的厦门都不敢进，留在座舰上召见、宴请军官。此时为中秋之夜，与会者心事重重，都在考虑明年的中秋会在那里度过？能否再在鼓浪屿边赏月？酒浓菜香，可这些惊弓之鸟雅兴全无。一个星期后，解放军自三面向厦门发动猛攻。1949年10月17日，解放军全胜收兵，刘汝明率领残兵败将仓皇出逃，汤恩伯先一步躲到金门岛上。

五是防守金门。厦门未破，主将先跑，蒋介石得知此讯，大为不满。10月22日急电金门，要汤恩伯"金门不能再失，必需就地督师，负责尽职，不能请辞易将"。金门四周岛屿的战局对汤很不利，在此之前10月10日大嶝岛解放，13日小嶝岛解放，金门岛的西北区已经在解放军的炮火控制之下。18日角屿解放，汤恩伯非常紧张，于24日举行驻岛各部队配合协作的反登陆演习。

10月25日凌晨2时，解放军一部渡过海峡，进攻金门岛西北部古宁头处的第201师防地。由于出现新的情况，大陆方面主动停止一切军事行动，使得汤恩伯又一次逃脱解放军的惩罚。解放军此战让步，事出有因。从地缘政治讲，金马地区由台湾方面管理，成为台湾和大陆"同属一国"的纽带。此外，也是为撤到台湾的国民党当局着想，为台胞着想，以加强台湾与大陆的联系，提供一个接近大陆的落脚点，以满足在台湾的国民党元老、官员和军人、同胞的思乡之情，使得他们能够来到金门岛上看望近在咫尺的神州大陆。

从军事上看，第三野战军的古宁头之战失利，有主观方面的原因，如长期从事陆战的解放军对海战不熟悉，对潮汐不了解，第一批登陆部队上岛后正逢退潮，船队搁浅无法返回，导致第二批增援部队因没有船只而送不上去，而船队因为搁浅也被对方破坏；如整体上的轻敌思想，以为金门守军李良荣的第 22 兵团刚才败在第三野战军手下而没有还击能力，所以参战部队数量不足，上岛登陆部队作战准备不足。客观原因是，原先国民党方面在金门的守军 6 个团，就是登陆作战前一天，从潮汕运来的胡琏第 12 兵团登岛，金门岛上守军达到 30 个团，登陆部门只有 9000 余人，显然是敌众我寡，战斗力差距过大，而这些竟然没有引起解放军方面的重视和调整。

虽说古宁头登陆因渡海作战特殊性和金门守敌援兵到来而受挫，可从实力上看攻占金门并非难事。大陆沿海岛屿成千上万，面积超过 500 平方米的就有 6500 多个，大到海南岛，小到无名岛，都已被逐一解放，解放金门岛又难在何处？任何时候均可登陆作战，拿下大小金门。但为了祖国的统一、民族的利益，为了台湾的稳定和繁荣，大陆军事上做出让步是正确的、必要的，表现出中共领袖们的胸怀和远见。

大陆的让步和照顾，却成了汤恩伯炫耀的资本，内战三年来，汤恩伯一败再败，最后靠军事对手、第三野战军在金门马祖地区的单方面停战，才有了能够向蒋介石和台湾当局交代的"胜利"。一时他在国民党上层的名声四起，又成"反共英雄"。蒋介石也难得糊涂，将错就错，把金门古宁头之战当作"大捷"到处宣传，给国民党内人皆有之的失败心理注入一针强心剂。由于汤恩伯不久病死在日本医院的手术台上，人走茶凉，当时在金门作战中间率领 12 兵团赶到前线增援、后来高升"陆军副总司令"的胡琏，以及当时负责金门防卫的第 22 兵团司令李良荣，演出一场金门战事争功闹剧，三人的各自追随者还吵得不亦乐乎。

1949 年 10 月底，汤恩伯调回台湾，出任东南军政长官公署副长官，作为陈诚的副手。1950 年 3 月，长官公署撤销，调任"总统府战略顾问"。从心理分析角度看，汤恩伯是权欲极强之人，权力是支撑他活着的支柱，一旦权力失去，对他来说一切都变得无足轻重，生命也将走向完结。"战略顾问"闲职一个，无事可做，本可以修身养心，可他空虚无聊，身体迅速崩溃。

汤恩伯原有胃疾，最初是在"围剿"中共鄂豫皖苏区时留下的病根。"围剿"红军他异常卖力，吃睡不顾，引发胃病，发作时躺在担架上指挥作战。以后20年来，靠官场得意的心理激素支撑着病体。像他这样的官场红人一夜之间被打入"冷宫"坐冷板凳，在真枪实弹的军事战场上多年紧张的神经一下子全部松弛，再加上被削去实权后的无限怨恨，引起旧病复发，来势凶猛。刚到台湾不久，因阑尾炎在住地台北县三峡镇中心诊所动过手术。到1954年春因腹部剧痛被诊断为胃溃疡和十二指肠癌症。为治病，汤恩伯前往日本。经三次手术，发现肠、胃、胆、肺四大零件均已重度病变，治愈无望。

日本方面并未因为过去汤恩伯对日本战俘、战犯的"友好"而对汤"友好"，也未减少医疗费用和给予特殊照顾。为解决昂贵的医疗费用，汤恩伯特意写信请胡宗南出面，找蒋介石予以拨款。日本方面对汤恩伯的治疗满不在乎不说，还在1954年6月29日最后一次手术时出现了差错，致使手术台上的汤恩伯剧痛难熬，在一阵哀号、呼救声中提前结束生命。

汤恩伯不老先亡，蒋介石十分悲痛，在台北极乐殡仪馆公祭时，还亲临致祭，追赠汤为"上将"。但也是这位蒋先生，还为汤死发表过一段妙论。1954年7月5日，蒋介石在"革命实践研究院党政军干部联合作战研究班"第3期上说："这几日以来，由于汤恩伯同志的病逝日本，使我更加感觉革命哲学的重要。本来汤恩伯在我们同志中，是一位极忠诚、极勇敢的同志，今日我对他只有想念、感慨，而无追论置评的意思。我之所以要对大家说我的感慨，亦只是要提醒大家，对生死成败这一关，总要看得透，也要勘得破才行。汤同志之死，距离他指挥上海保卫战的时候，只有5年光景。这5年时间，还不到2000天，照我个人看法，假使汤同志当时能够在他指挥上海保卫战最后一个决战阶段，牺牲殉国的话，那对他个人将是如何的悲壮，对革命历史将是如何的光耀！我想他在弥留的时候，回忆前尘，内心感慨和懊悔，与其抱恨终天的心情，一定是非常难过，所以值得我们检讨痛惜和警惕的。"

不难发现，原来蒋介石要部下"同志们"掌握"革命哲学"，"革命哲学"

要国民党军队的官兵怀有对蒋的忠诚,对蒋的忠诚则要官兵不成功便成仁。汤恩伯为何不战死成仁于上海?为何苟延残喘2000天?为何不为"革命哲学"争口气?难怪蒋介石感慨万千。殊不知,若以"上海逃跑"来论"革命意志",那在上海被解放军占领的前数天,蒋介石就带着儿子蒋经国先于汤恩伯一走了之,躲到军舰上观战,汤恩伯逃跑比蒋还晚,"革命意志"比蒋还"坚定"。蒋介石既没成功,也没成仁,而是逃命,"主"且如此,何况"奴"乎!

黄埔系升官的旗帜

记蒋介石的爱将胡宗南

在国民党军队里，中央军代表蒋介石的嫡系，嫡系中黄埔系代表核心，核心中胡宗南就是一个铁杆。他被称为"黄埔军人的楷模，黄埔精神的代表"。1962年2月14日病故后，蒋介石挽他"功著旗常"，另颁"旌忠状"以"永垂式范"，并由陆军二级上将追赠为"一级上将"。蒋经国说是"痛失知见"，蒋纬国是"追思往昔，涕泪凄怆"，黄杰称他"其志洁，其行廉……遇上忠，遇下爱"，盛文说他"功满天下，名满天下，谤亦满天下，……忠冠群伦，智冠群伦，廉更冠群伦"，余纪忠说他"打脱牙齿和血吞"，未亡人说他是"梦里的王子，风流儒雅的将军"。其实"廉洁"也好，"功满天下"也好，"风流儒雅"也好，"永垂式范"也罢，都是些对过世之人的颂词，也多少说明胡宗南在国民党内确有非同一般的影响和令人羡慕的地位。

他早年投身黄埔，巧遇良机；大陆时期黄埔学生中只有他任过战区司令长官、西安绥靖公署主任这类战略方面军主官职务，不可一世；新中国成立前后，国民党当局大溃败，他死守西昌于最后，落荒而逃；到台后因在西北、西南的败绩又被弹劾，狼狈不堪；有负"钧座"栽培，无脸再见同行，改名换姓；最后忧愁而终，了此一生。

一、投奔黄埔能打仗

胡宗南，生于1896年5月12日，浙江镇海陈华埔朱家塘人。6岁时随开办药店的父亲胡敷政带全家到孝丰县鹤落溪村定居。16岁那年以第2名的成绩毕业于县城高等小学堂，次年考入湖州公立吴兴中学，1915年毕业，成绩名列榜首。一毕业就担任孝丰县立高等中学的国文、历史、地理教员，还被聘为当时全县最完善的学校"私立王氏学校"高年级与补习班主任教员。他的朋友回忆说，胡宗南在执教之余，忙于经商赚钱，长途贩运毛竹，无奈行情不起，货物滞销蚀本，背上一屁股债。1923年11月，他为躲避债主，跑到上海另谋出路。怎么办？如回老家，逼债日子不好过，脸上也不光彩；混迹十里洋场，胡宗南还没学到那套"海派"生意经。正逢黄埔军校在上海秘密招生，给他带来一线生机，就把全部赌注压在上面，经过同乡阚怀珍介绍，报名投考军校。

此时他已超过18—25岁的入学年龄范围，28岁的胡宗南凭他的老练持重和扎实的文化底子，顺利通过在上海进行的文化考核、体格检查和政治考试（口试方式考三民主义以及品质、爱好和志向等）。1924年2月，他和贺衷寒等人乘坐日本轮船"嵩山丸"号去广州参加复试。3月27日，各地秘密招来的700多名青年在广州广东高等师范学校举行复试。连考3天，戴季陶出国文题，王登云出数学题，王柏龄负责其他各项考试。考试要求很严，录取200人左右。因为第1批考试不合格人数过多，所以又招考1次。到4月28日放榜，总共正取350人，备取120人，胡宗南榜上有名。5月5日入学，他被编入第1期第2大队第4队为入伍生。

1924年6月16日开学。在开学典礼上，孙中山亲临致辞："今天在这里开这个军官学校，独一无二的希望，就是创造革命军，来挽救中国的危亡。"开学仪式热烈而隆重，胡宗南在阅兵行列中感想万千，他对孙中山的话不感兴趣，也没听进去，但他敏锐地感到自己正投身于一个即将兴旺发达的事业，将会给他带来很好的机会和很大的成功。这一步是让他跑对了地方，从此开始他那堪称"荣耀"的时期。时隔不久，蒋介石就把黄埔军校变为夺取国民党最高领导权的依靠力量，胡宗南则靠着蒋介石不断升迁，官越当越大，兵越带越多，权越来越重。

胡宗南在黄埔军校开始军事生涯，很快为蒋介石所信任，得到校座的重用，一马当先，跃居众同窗之前，黄埔系对他更是刮目相看，唯他马首是瞻，以搭上胡宗南路子为荣。他成功的"天书秘籍"在哪里？是不是仅因为胡宗南是蒋介石的浙北同乡？话不能这样说，黄埔学生中浙江人不少，像胡宗南那样飞黄腾达的是有几个，但也不是功成名就。再则蒋介石的爱将重臣一大堆，并不全是浙江同乡，如张群、曾扩情是四川人，何应钦、谷正纲是贵州人、严家淦、顾祝同是江苏人，桂永清、黄维是江西人，关麟征、杜聿明是陕西人，黄杰、宋希濂是湖南人，王耀武、李仙洲是山东人，此类事甚多，并不鲜见。当然，不可否认的是蒋介石见到浙江同乡会更亲热些。

胡宗南的起家有他特定的背景和条件。背景就是蒋介石当上黄埔军校校长，在孙中山逝世后着手准备夺取国民党的最高领导权，为此急于培植个人势力，组织发展"蒋记部队"，这就需要大批军事干部，黄埔学生就成了他的注意对象和依靠力量，大批大量破格提拔军校学生，胡宗南就是在这种背景下发迹的。胡宗南起家也有他特定的条件，就是效忠于蒋介石，肯为国民党卖命，顽固反共到死；尤精于笼络部下，收买人心；再就是在自己的权欲满足后，对其他的欲望就有所收敛，不是肆无忌惮，贪得无度。这与国民党将领中比起来，就容易成功些。

胡宗南在军校受训时，正如他朋友所说，确实没有什么优异的"表现"，在紧张的课程和训练之余，当然也没有他表现的机会和场所。1924年底毕业以后到校军教导第1团3营机枪连任中尉排长。接近而立之年的胡宗南一离开学校，就开始"表现"起来，迅速弥补起跑过晚的不足，在黄埔系中冒出来。胡宗南的成功，关键是有蒋介石的欣赏，蒋介石最初最欣赏他的是"能打仗"。

胡宗南和黄埔系中的大部分人一样，参加过两次东征，不过黄埔系中大多数人没有像胡宗南那样的运气，受到蒋介石的青睐和器重。两次东征中重要的战役有两次，一次是棉湖战役。1925年2月3日，以军校两个教导团为主的东征军从广州出发东征军阀陈炯明。校军中的中国共产党人以身作则，奋勇杀敌，再加上中国共产党人号召、动员、组织广大人民群众支持东征，到3月7日，东征军就占领汕头和潮州。由于东征军的左翼滇军和中路桂军进军缓慢，蒋介石指挥的校军、粤军第2师和第7旅组成的右翼成孤军深入之势，使得陈炯明有机可乘，派部将林虎率领1万多人进攻只有1000余人的校军教导第1团，情况之危急可想而知。在战斗最激烈的左面战场，在当时步兵作战武器水平不高的情况下，胡宗南的两挺机枪发挥很大威力，压住整个防线的阵脚，引起上级的关注。仗打完，他当上上尉连长，不久递升第1师第2团第2营副营长。

一次是河婆战役。1925年9月28日，为打退东江陈炯明的3万余人、粤北熊克武的8000余人、粤西邓本殷的3万余人对广州的合击，广州国民政府组织第二次东征，收复海丰后，胡宗南递升营长。10月28日，陈炯明的部将洪兆麟部进攻河婆横峰，企图截断由黄埔校军发展而来的国民革命军第1军第1师的后路。胡宗南亲自带领第6连李铁军部夺取制高点，粉碎敌人围歼国民军东征部队的阴谋。两仗一打，胡宗南名声大振，在黄埔学生和第1军上下出足风头，他的奇异"表现"，开始引起蒋介石的分外注意和重视，这是胡宗南连续升官的重要因素。

广州时期，胡宗南为以后的发展打下坚实的基础，北伐时，胡宗南已经是第1军第1师第2团上校团长，此时他进入黄埔军校、加入国民党才两年多，而"团长"在国民党仅有的1军嫡系里可不是一个小官了。第1师作为进攻两湖地区北伐军的预备队，相随大部队向湖南开拔。平心而论，他也打了不少硬仗，为北伐的胜利作出过自己的贡献。

1926年9月，北伐军进攻武昌城前夕，14省联军总司令吴佩孚向东南5省联军总司令孙传芳求援，胡宗南返回浏阳，成功阻击前来增援的孙传芳第3方面军扬镇东部。10月，北伐军第2次进攻南昌，第1师的任务是夺取重要据点牛行车站，胡宗南部担任主攻，于11月6日攻克，迫使南昌守敌邓如琢、唐福山等开门请降，之后第1师又猛追残敌，胡宗南部为先锋，俘敌近2万人，基本消灭孙传芳在江西的全部兵力。1927年2月间，胡宗南部接连在浙江新登、洋埠、富阳、杭州等地，和其他部队一起，彻底击溃孙传芳在浙江的孟昭月部。3月18日，胡宗南部在东路军占领杭州后，又成为进攻上海的先头部队。在其他部队的支持下，20日从闵行渡过黄浦江，击败直鲁联军毕庶澄部的白俄雇佣军，占领莘庄、龙华等地。

此时，中共领导第三次上海工人武装起义，占领上海市区，北伐军不战而得上海。我们说广州国民政府进行东征和北伐，打倒列强，打倒军阀，以期推翻帝国主义列强和封建军阀的反动统治，统一国家，顺应新民主主义革命潮流，中国共产党最大限度地动员人民群众支持东征、北伐。胡宗南在这两场战争中客观上代表革命力量，站在人民大众一边，在人民群众的支持下，他的军事才能得到充分发挥，打过一些胜仗，立过一些战功。

1927年4月12日，蒋介石凭着手里的黄埔子弟为主要成分的中央军，凭着像胡宗南那样的黄埔骨干组成的军事指挥体系，发动反革命政变。胡宗南从此心甘情愿地为蒋介石所驱使，为国民党当局卖命。值得一提的是，在新军阀混战中，胡宗南为蒋介石立下汗马功劳。"四一二"反革命政变刚过，蒋介石晋升他为第1师少将副师长兼第2团团长，胡宗南从此步入高级军事将领的行列。

胡副师长第1仗是1927年8月参加龙潭战役，他带领第1师从杭州赶来南京参战，8月31日攻下孙传芳的司令部所在地。第2仗是11月16日，第2团击毁直鲁联军白俄雇佣兵的铁甲车队，保证第1师顺利占领军事要地蚌埠。打完仗，蒋介石提拔胡宗南为第1军第22师师长。到此为止，黄埔学生中任师长的他是第2人，但在中央军嫡系里他是第1人，另一个是后来任过他副手的黄埔军校1期生范汉杰，在1927年初就担任地方军浙江警备师的师长。第3仗是1927年11月至1928年5月，第22师继续参加收复徐州、济南战役。1928年5月1日，日军在济南制造惨案，胡宗南部于5月5日夜间搬到城外，后到曲阜整训待命。

1928年7月，张学良已经答应"易帜"归顺南京政府，蒋介石"二期北伐"

大功告成。紧接着他欺骗人民，为达到编遣第2、3、4集团军的目的，主张裁撤军队。对于第1集团军，在不减部队实力的前提下，蒋介石用更换机构名称和趁机处理老弱病残的做法，装模作样地率先裁军。胡宗南的第22师名义上取消，实际上只是改称为第1师第2旅，他的官衔也换成为第2旅少将旅长。蒋介石为表扬胡宗南对初建不久的"蒋记南京政府"的奉献，于1928年11月，第2旅评为中央军"模范旅"，还把该旅的团以上官佐接到南京官邸面示训勉一番，一边装出礼贤下士，一边真是受宠若惊，类似的荣誉在国民党军界是空前绝后，唯此一例。

第4仗是追击桂军。针对蒋介石编遣不遣自己、裁撤只裁他人的吞并杂牌、打击异己的做法，1929年2月，李宗仁首先造反，胡宗南部为江北军前卫追击桂军到武汉。第5仗是同冯玉祥、唐生智对阵。冯在1929年10月，唐于1929年12月先后发难，胡宗南在其他部队的配合下追击冯玉祥部的主力孙良诚部到少林寺，又收买唐生智部，不战而胜。第6仗是1930年的"中原大战"，第1师师长徐庭瑶作战负伤，胡宗南代理师长，再战孙良诚部。在混战中，对方逼近离蒋介石专列只有10华里处，守军张治中、陈调元部先后被打败，老蒋眼看就有被擒之难，胡宗南部及时赶到救驾，解除危急，校长有惊无险。第1师又从山东经河南商丘、许昌，截断冯玉祥部的退路，为中央军打赢这场混战创造有利条件。

作为蒋介石看家部队的胡宗南部，由于武器装备、后勤供应、士兵补充都优于他人，对手又是一些过时的军阀部队，故能把一帮军阀打得抬不起头来。以上数仗，大大增加了胡宗南的军事资本。1931年冬天，胡宗南正式荣任国民党第1军第1师中将师长，所部狂称"天下第一师"。此时起，胡宗南就把黄埔同学远远地抛在后面。要知道，此时胡宗南军龄不足7年，从一个任职9年的高中文科教师升为中将师长！

二、举旗反共不改悔

黄埔系中胡宗南是一面反共黑旗，是一个挂帅人物。他之所以一再升官，除会打仗外，就是反共最顽固。在黄埔军校毕业生里，他是反共第一人。1925年10月，第二次东征告捷，第1师师长何应钦兼任潮汕督办，胡宗南的第2营驻扎在汕头。军务之外，他在军校学生中带头组织"孙文主义学会"。孙文主义学会得到蒋介石的支持，借孙中山之名，行反对国共合作之实，把蒋介石的反共哲学基础戴季陶主义作为理论基础，通过广州市公安局的吴铁城、海军中的陈策，还有段锡朋、喻育之等人，和京沪地区的西山会议派拉上关系，成为革命统一战线内部的新右派。孙文主义学会的主要活动，就是反对黄埔军校里以中共党员和共青团员为主体的"青年军人联合会"。

历史是最有说服力的。青年军人联合会出了不少优秀的军事家和活动家，如国防部长徐向前、国防部副部长陈赓、中共第1位海军将领李之龙、八路军副总参谋长左权、工农红军第2军团政委周逸群等。他们及他们所从事事业的成功，表明他们是胜利者。孙文主义学会也出了一批国民党的中坚人物，如第一战区司令长官胡宗南、海军总司令桂永清、交通部长贺衷寒、四川省党部主任委员曾扩情等，他们及他们所从事的事业的破败，表明他们是失败者。

对于这两个军校学生组织，校长蒋介石貌似公允，以精诚团结为名，不分良莠，下令同时取消。两个组织存在时间尽管不长，实为蒋介石和中共的首次较量。蒋介石用心良苦，以名义上取消孙文主义学会的代价，达到取消青年军人联合会的目的。胡宗南的孙文主义学会，分化破坏统一战线，做了蒋介石想做而当时还不敢做的事，说了蒋介石想说而当时还不敢说的话，是一次讨好于蒋介石的极好机会，从此就把自己紧紧地拴在蒋介石的反共战车上。

蒋介石通过孙文主义学会，尝到拼凑小组织、拉帮结派的甜头，就把搞小组织当成培植亲信、发展个人势力的必要途径。以后他在黄埔系中也热衷于"同学会、调查处、复兴社、十三太保"等，组织权力圈，同时还发现胡宗南这位效忠自己、善解人意、顽固反共的下属，对他就另眼相待，倍加重用。

胡宗南进攻红军最早是1932年的"一·二八抗战"以后。1932年5月5日，在日本侵略者没胜、中国军队没败的情况下，南京政府妥协退让，和侵略者签订"停战协定"，以便迅速停战，抽出部队去"围剿"红军。

此战一结束，蒋介石立即成立豫鄂皖3省"剿共"司令部，"围剿"大别山区的红四方面军。胡宗南的第1师编为右路军第3纵队。1932年6月底，红军主动撤退，与敌周旋，胡宗南部趁机占领鄂豫皖苏区的霍山、苏家埠等地。10月中旬，第1师为中路，刘茂恩的第65师为右翼，肖之楚的第44师为左翼，范石生的第51师为后备，向红四方面军扑来。经随枣、新野、郧阳、漫川关，追到四川大巴山，一直追了千里之遥。

胡宗南追到四川边境，被川军田颂尧、邓锡侯部拒之门外，不许中央军入川，以防蒋介石染指四川，理由是四川境内的红军由川军自己来对付。胡宗南无能为力，只好先到红军北上抗日必经路上去堵截红军。蒋介石借机把驻防甘肃的第17路军杨虎城部调陕西去进攻陕北红军，借刀杀人，让红军来替自己消灭异己。另调胡宗南部进驻甘肃，司令部在天水，大部队布置在川甘陕交界的碧口、昭化、徽县、成县、略阳一带，等候红军。

1935年6月，红一方面军长征到川北，胡宗南匆匆赶到松潘阻击，第1师第1旅李铁军部留在松潘当机动部队，李文的第2旅把守岷江大道，丁德隆的独立旅把守岷江以西，廖昂的补充旅把守松潘和毛儿盖。此外王耀武的独立第32旅守平武，陈沛的第60师守漳腊，伍诚仁的第49师在漳腊、黄胜关一带为预备队，摆出一副合击的架势。

中央红军在毛泽东、周恩来等人的指挥下，略施小计，就把胡宗南搞得晕头转向。红一方面军经毛儿盖，穿草地，翻岷山，出腊子口，先后击溃廖昂、李铁军和伍诚仁部，打通北上路线，向陕北挺进。留给胡宗南的只是茫茫草地。他厚颜无耻地把失败责任推到成都行辕头上，说行辕没有及时向毛儿盖派兵增援。还说伍诚仁部增援迟缓贻误军机，借此掩盖自己的无能。红军尽管经过长途跋涉，疲惫不堪，缺衣少食，弹药不足，可是红军是中国共产党领导下的新型军队，能攻能守的军事素质之好、勇于献身的政治素质之高，非胡宗南所能比，胡宗南不了解，也不承认。他又带着第1师越过马杠岭，沿南坪、礼县穷追数百里，没有奏效。1935年10中旬，中央红军和刘志丹领导的陕北红军胜利会师。

胡宗南围堵红军虽然失败，蒋介石却继续给他升官。1935年11月，国民党第五次全国代表大会召开，胡宗南成为国民党中央监察委员。黄埔学生中还有曾扩情、贺衷寒进入中央执行委员会。他们3人当选，标志着黄埔系的势力进入中央决策机构。1936年9月，第1师扩编为第1军，胡宗南递升为中将军长。中央监委加中将军长，对其他黄埔学生来讲，还是几年以后的事情，当时连想都不敢想呢！要知道，胡宗南此时军龄不足13年。

胡宗南野心勃勃，狂妄自大，打红军打昏了头，以为能在自己"清剿"的陕甘宁地区置红军于死地，到南京夺得反共头功。胡宗南与胜利会师后的工农红军接连在水晶堡、甜水堡、同心城、山城堡等地交锋数次，均损兵折将，没占到便宜。他计划在甘肃环县一带合围工农红军，由于驻固原附近的东北军不愿打内战，采取不合作政策而没有得逞。

抗战开始后，胡部被调出西北，参加"八一三抗战"。1937年9月2日起投入战斗，先后在宝山、杨行、刘行等地抗击日寇。激战中他又官升第17军团军团长，又创黄埔学生当官纪录。10月初，守大场，原令守7天，第17军团竟然守了40余天。他们在上海的两个多月时间内，作战异常激烈悲壮，殉职、负伤的营长、团长就超过百人。11月16日撤出战场，20日过江去扬州。南京沦陷时，正在浦口的第17军团无能为力。上海抗战是胡宗南个人历史上少有的光彩。

1937年12月底，第17军团回到关中，名义上是固守黄河河防，防止日寇从同蒲线南下和从陇海线西进，屏蔽川蜀，保护大后方。黄河河防战线东起陕州，沿黄河北到宜川，长1100余里。因为黄河东边的山西有中共的太行山根据地前卫，黄河西岸有中共陕甘宁边区后卫，所以日寇从来不敢碰这条防线。国民党的河防防线形同虚设，主要军队均被胡宗南调去封锁中共中央所在地陕甘宁边区，限制边区的发展。封锁陕甘宁边区的陇东封锁线东起宜川，经洛川到甘肃的环县，长1300余里。除了封锁线外，他还制造多次"反共"摩擦，发动"反共"高潮，给边区的巩固和发展、给中共的抗日活动造成很大的困难。但终究胡宗南困不死中共，相反的是，中共发展得更快更好。

三、封锁陕甘终失败

抗战期间，胡宗南率部还参加过几次战役。1938年5月保卫开封之战，9月下旬支援信阳之战，1944年9月空运增援桂林、重庆，1945年4月豫西西峡口之战，以上几仗主要不是胡宗南部打的。他打鬼子不多，官却升得很快，达到个人仕途的顶峰。当然整个黄埔系大都是在抗战期间出任要职的。1940年初，第17军团扩编为第34集团军，总司令胡宗南直辖、指挥、代管的部队达9个师、1个骑兵师和两个补训处。1942年3月，胡升任第8战区副司令长官，手下有他自己、范汉杰、陶峙岳任总司令的3个集团军。1944年4月，郑州、许昌和第1战区总部所在地洛阳沦陷敌手，第1战区总部西撤，关中划归第1战区，陈诚出任司令长官，胡宗南、郭寄峤副之。1945年1月12日，陈诚接任军政部长，胡宗南官升第1战区司令长官。手下有4个集团军、16个军、42个师、5个特种兵团，成为名副其实的"西北王"。抗战胜利后主持郑州地区日军投降典礼。没过几天，被授予黄埔学生中第一个上将军衔，这种状况是空前的，胡宗南再创黄埔学生当官的最高纪录。直到撤台前，黄埔系成员谁也没能打破他的这项纪录，他自己也没有打破这项纪录——上将衔的战略方面军总指挥。

胡宗南官运之好，不是因为他打日本鬼子的功劳大。打鬼子他战功不大，蒋介石赞誉他的是封锁陕甘宁边区的反共功绩，赞誉他的是躲在大西北为蒋介石训练、保存了几十万军队。

对于胡宗南来讲，他紧盯着的是在延安的中共领导机关。进攻延安，对胡宗南来说是朝思暮想、唯此为大的事情。拿下延安，以此用来报答蒋介石的知遇之恩，也可为自己争来他人只有眼红但无法得到的反共资本。

抗战结束后，第1战区财大气粗，兵强马壮，拿出5个师给孙连仲的第11战区，3个师给刘峙的第5战区。1946年4月，国民党军队整编，"军"改称为"整编师"，"师"改称为"整编旅"，第1战区拥有10个整编师及各种特种部队共20余万人。日降以后，胡宗南仗着人多势众，劣根不改，内战内行。早在1945年10月7日，就派出严明的第90军和王应尊的第27军在河南登封，15日又派出孙殿英的新编第4路军在河南汤阴和安阳，挑起一系列内战。蒋介石发动全面内战后，1946年7月下旬，胡宗南派出大部队图谋阻击豫陕地区突围的中原野战军。8月间，派出董钊部进攻晋南解放区。

胡宗南的主要目标是延安，还在内战爆发前，《攻略延安作战计划》就已送到蒋介石的面前，蒋介石迟疑不决。校长到底比学生棋高一着，打延安，付出重大代价只能得到一座空城；学生比校长利索果断，打延安，犁庭扫穴，彻底破坏中共领导机关于一役，胡宗南的如意算盘打错了。1947年2月18日，他飞到南京，就进攻延安的准备工作乱吹一通，给老蒋吃颗定心丸，顺便再要点飞机帮忙助战。

3月11日，胡宗南在洛川召开军事会议，确定进攻延安的具体计划。3月13日，从上海、徐州、西安起飞的94架轰炸机开始轰炸延安及附近地区。第2天，胡宗南亲自指挥用美械装备起来的5个整编师和1支机械化部队共8万4千余人，分两路向延安扑来。由宜川、平路堡、张家桥方向开进的是董钊的整编1军，辖有罗列的整1师，王应尊的整27师、陈武的整90师等；经洛川延安公路开进的是刘戡的整编29军，辖有钟松的整36师、何文鼎的整17师等。只有两万余人的西北野战军在彭德怀的指挥下，英勇阻击7天7夜，重创敌军，一方面是掩护中共中央各机关转移，另一方面也可以达到诱敌深入、各个击破的战略目的。使胡宗南吃惊的是，重兵压境，中共领导人临危不惧，从容转移，一直到最后一刻才离开。进入延安时发现中共中央主席毛泽东看的书还翻开在那里，也就是说毛泽东主席转移时连正在看的书也来不及收拾，说明胡宗南部已经很近了。

3月19日，董钊、刘戡两部先后进入延安。胡宗南费九牛二虎之力，以惨重的代价换来一座空城，无法向南京交代，胡宗南只得抓捕一些老百姓，并组织作战参谋捏造战报，大吹大擂"俘虏敌5万"的"重大胜利"。他攻占延安，根本没有也不可能达到预期破坏中共领导机关的目的。蒋介石求胜心切，将错就错，承认现实，派出一帮御用记者前来参观报道，杜撰事实，吹嘘不存在的胜利。为此蒋介石授胡一枚"二等大绶云麾"勋章，还给自己的高足拍了一个电报："吾弟苦心努力，赤忱忠勇，天自有以报之也。"

蒋介石、胡宗南两人说"天"却不明白"天"。"天自有以报之也"就是得道多助，失道寡助。蒋、胡内战内行，不得人心，失道寡助，注定是要失败的。胡宗南进攻延安，拿到一个空城，失算于中国共产党人之手，并不奇怪，自走上反共内战战场后，一直不顺利，一再受挫折。占领延安起码还顶着一个虚假的"胜利"招牌，自那以后，就江河日下，只有挨打的份儿，只有逃跑。

1947年3月24日，胡宗南把前进指挥所由宜川搬进延安，为保住历经苦战拿下的延安城，四周安排5个整编旅负责守卫。问题是，延安城进了，可并不太平。第2天，第31旅在青化砭大部被歼，旅长李纪云被中共俘虏。紧接刘勘和董钊部在陕北进行"扫荡"、寻找西北野战军主力决战、追捕中共领袖们一无所获。20天后，4月16日，第135旅在羊马河被全部歼灭，代理旅长麦宗禹被中共俘虏。又过20天，5月7日，第167旅在蟠龙被全歼，旅长李昆岗被中共俘虏，蟠龙的众多战略物资成为解放军战利品。两个整旅被歼，是胡宗南和中共军事较量中第1次损失如此惨重。

1947年6月南京当局撤销"战区制"，第1战区改为西安绥靖公署，胡宗南、裴昌会任正、副主任，新主任上任，等待他的是更为严峻的局面。8月6日，为配合陈谢兵团挺进豫西，西北野战军进攻榆林，胡宗南的整编第36师等部队增援，接着紧追主动撤退的解放军，22日整编第36师在沙家店全军覆灭。10月4日解放军猛攻清涧，10日全歼整编第76师。年底，陕甘宁边区大部分被解放军收复，胡宗南在军事上越来越被动。

1948年2月23日，在前往救援宜川守军时，刘戡的整29军在洛宜公路瓦子卫附近被包围，激战到3月1日，全军覆没，军长刘戡、师长严明见到战无援兵，退无后路，逃无出处，老本拼光，回来也不光彩，更无好下场，在绝望之中"自杀成仁"。此仗失败，对胡宗南的心理平衡影响很大，实力远在一般国民党军队之上的整编29军被解放军全部消灭的事实，使得胡宗南以后再也不敢和"中共"军队对阵。在以后的两年间，他碰到解放军，躲来闪去，摆出打的架势，赶紧一走了之。

四、顽抗西昌是徒劳

1949年1月20日，蒋介石第三次下野，下台后仍然在幕后操纵一切。离开南京前，就政治、军事、经济各方面都做了重大安排。其中就西北问题，就分别电、函胡宗南，要他"作死中求生之奋斗……中（正）不论在何地何时，对弟部一切，必如在京时无异"。此外还给他两个军和4个师的番号与装备，从中可以看到蒋介石对胡的信任程度，可以看到两人关系非常之密。当时西安是大军云集，实力可观，绥署有第1、3、90等10个完整的军和其他一些部队。兵力虽多，胡宗南却已成惊弓之鸟，乱了方寸，早就顾不上蒋介石"死中求生"的教诲，而是准备为"生"而跑。

解放军的大反攻开始了！1949年5月，第一野战军向南移动，开始全面反攻，5月16日，第1、2两个兵团直逼咸阳，解放全部华北地区后赶来增援的华北野战军第18、19两个兵团从潼关、韩城处渡过黄河，向西安靠拢。胡宗南以"诱共深入"为幌子，18日逃出西安，将主力撤至宝鸡一带。为避弃城逃跑之嫌，又装模作样地组织西北马家军等部，合击收复西安城，最后被解放军各个击破。

此时，蒋介石准备固守西南，重点是保住川康地区。为实施这一计划，命令胡宗南部撤至秦岭、汉水一线，前卫四川盆地。胡宗南到达汉中后，布置第27军军长兼安（康）石（泉）警备司令李正先带领3个军在陕鄂边区，第3、17军在秦岭东北，第5兵团的3个军在秦岭西北，任务是阻止西北解放军南下四川。8月8日，胡宗南的西安绥靖公署已经名不副实，改任川陕甘边区绥署主任。

1949年10月1日，北京天安门城楼上毛泽东主席宣布中华人民共和国成立，同时命令中国人民解放军向全国尚未解放的地区进军，消灭残敌。

10月13日，在渡江战役前夕从南京迁往广州的国民党政府，在解放军的追赶下，又迁到重庆。在此以前，10月3日，胡宗南飞到台北去见蒋介石，意在摸底。面对在大陆的全面溃败，蒋介石的对策是"政治台湾，军事西昌"，准备在西南顽抗到底，保持在大陆的最后一块基地。一句话，养胡千日，用胡一时，要胡宗南打赢国民党在大陆的最后一仗。胡宗南暗暗叫苦，如今军中失败之风弥漫，官兵无心再战，更有甚者，以前起码有人多势众的优势也已失去，人、枪均处劣势，最后固守的西昌更是一隅之地，岂有不败之理？当着蒋介石的面，他还是一口应承下来，表示誓与西南共存亡。心里已经在设计如何逃跑了。

一回四川，他见到自己的川北防线，远离成渝，孤军突出，极易落入解放军的前后夹击之中。安排川陕甘防线，本为虚张声势，现更无心再守。10月19日，就把第1师的朱光祖团空运西昌，先行布置退路。11月14日，蒋介石为部署西南保卫战而飞重庆，胡宗南不失时机，借"保护总裁"之名，迅速把部队南撤，其中第1军运重庆，第3军运江津。

重庆和川东的战局出乎他的意料，解放军进军神速，守卫川东的主力宋希濂部已经溃败，罗广文第15兵团已被击垮，杨森的第20军也逃之夭夭。第1军见势不妙，恐怕落入解放军之手，11月30日，那天不去重庆，临时改道璧山西窜，随后解放军进入山城。第3军一见重庆解放，窜往成都。此时已改任西南军政长官公署副长官的胡宗南根据蒋介石的部署，集中16个师的大军，准备在成都东南地区与解放军决一死战。

1949年12月10日，蒋介石先行离去。临上飞机，3次单独召见胡宗南。3年来蒋介石异常伤心，自己精心培植的黄埔系打仗不胜不说，没有杀身成仁不说，还纷纷弃暗投明背叛自己。黄埔系能不能为自己挣面子，现只有寄希望于胡宗南，寄希望于成都决战和西南保卫战。3次接见无法改变胡宗南"恐共"的心理。

蒋、胡成都决战的算盘再次打错，事到如今愿意为国民党政权卖命的人还有多少？各路在川部队刮起起义潮，战线不攻自破。特别是刘伯承、邓小平指挥的大军由东南面，贺龙指挥的大军由北面向成都压来，还未"决"未"战"，胡宗南败局已定。12月22日，台湾派来19架飞机接走了西南军政长官公署人员，逃命而去。胡宗南似乎很镇静，一再表示坚持到底，决不先跑。布置残部沿岷江，经大凉山向西昌转进，准备垂死挣扎。第2天凌晨，胡宗南顾不上蒋介石的重托，悄悄钻进飞机，直飞海南。1个星期后，解放军消灭大批敌人后解放成都。

胡宗南弃职逃生，尤其是在成都还可顽抗数日、不算危急之时就乘机离去，震惊了蒋介石，亲笔手谕到海口，逼胡前往。1949年的最后1天，胡宗南不得不登上飞西昌的专机。此时西昌的守军负责人、警备司令贺国光，是个光棍司令，像样的部队只有胡宗南部朱光祖的700余人。跟着胡宗南后面来到西昌周围的残部有顾葆裕的第124军2000余人，刘孟廉的第27军700余人，樊廷璜的突击总队1000多人，胡长青的第64军1400多人，此外还有一些散兵游勇。昔日胡宗南手下的几十万大军，都已覆灭。为安定已经无法安定的军心，胡宗南封官许愿，奉送不少乌纱帽给准备送死的人，其中胡长青晋升为第5兵团司令，其余只要带兵来西昌的不管兵多兵少，多封个"师长"干干。

1950年1月，蒋介石派蒋经国飞临西昌，面对蒋经国，胡宗南说了不少豪言壮语以示忠心，顺便开口要武器弹药。从2月8日到3月23日，蒋经国派人运来40架次飞机的弹药装备。

此时西昌已经被解放军团团围住，蒋介石心里有数，在西昌留多少人马就得报销多少，西南保卫战已经彻底失败，多一将少一将无足补天。既然已败，还不如把胡宗南接回来。这样虽说眼睁睁看着几万人马和一批将领被消灭，但接回胡宗南，还可以给自己换个"不忘党国忠臣"的美名，以便收买人心。1950年3月26日，蒋介石派飞机接走了胡宗南。

飞机刚起飞，解放军就向西昌发动总攻击，国民党留在西昌的残部凡是和人民对抗到底的，均被消灭。胡宗南指挥的在大陆的最后一仗彻底失败，标志着蒋介石集团在大陆的最后一块地盘的丧失。

1950年3月27日，胡宗南人还在海南岛海口市，西南长官公署已被撤销，胡改任闲职"总统府战略顾问"。4月4日，胡宗南飞回台湾。因兵败逃回无脸见熟人，悄悄住在东海岸花莲。

对于胡宗南的败绩，"监察院"里46个"监察委员"，由李梦彪领衔提出"弹劾"："窃以为胡宗南者，自上尉连长，不三数年浒升少将师长，又不数年位至兼圻，军政大权，操于其手者十余年之久，受国家特殊之优遇，居军事特殊之地位，自当不同于凡众"；"国家岁糜巨饷，为胡宗南所养之数十万大军，今皆何在；所界予重地，节节放弃，以至于寸土无存。丧师失地，事实昭然。……理合依然，提出弹劾"。

弹劾对胡宗南不起作用，一是胡宗南的起家，是由于蒋介石的信任和提拔，蒋介石并没有怀疑过胡的忠心。二是胡宗南反共失败是历史的必然，换一个将领同样失败，国民党的所有军事将领都打了败仗，蒋介石是失败的总根源，仅追究胡宗南是不公平的。三是要说胡宗南不忠于蒋介石，那是冤枉了他，他奔走于蒋介石的鞍前马后20余年，竭智竭忠竭力。有以上三点，谁也搞不倒他，事实上"弹劾案"最后不了了之。

蒋介石看到胡宗南的窘境，很过意不去。论胡过去的地位，起码可以到"中央部门""三军总部"当个主官，可是没有空位，台上的诸位现职大员也是蒋介石到台湾后新挑选出来的亲信和嫡系，况且大陆时期大名鼎鼎的胡宗南已成众矢之的，担任显要职位有碍观瞻。胡自己也无脸再见老上司、老部下、老同事，碰巧有个遗缺："江浙反共救国军总指挥"兼浙江省主席。此职管辖范围是数十个小岛，地不过百步，人不过几万。除了实权其微外，还要到远离台湾的大陈岛上驻防。蒋介石让陈诚出面劝他屈就上任。

胡宗南眼见大陆时期的党国要人、军队主帅都已削职丢官，自己去大陈大小还是个省主席，再加上新遭弹劾，形象不佳，远离台湾，可以避避风头。再说去大陈前线，还可以继续和共产党周旋，以满足早已偏执的反共心理。1951年9月9日，胡宗南改名换姓，化名秦东昌去大陈岛赴任。黄埔系中的领头人物此时连真名都不敢用，只有到小岛上去哀叹人生对他的嘲弄、历史对他的讽刺。

当时的大陈海域共有90多个岛屿，岛上有一批从大陆沿海逃过去的散兵游勇、土匪海盗。胡宗南于1952年2月将这些人编为6个突击大队、1个海上突击大队，共23000余人和28艘炮艇。凭着靠近大陆的有利地理位置，时常到大陆沿海地区打家劫舍，干着月黑杀人风高放火的勾当，严重影响沿海人民的正常生活。

为消灭匪患、保障浙闽沿海人民正常生活生产秩序，1953年6月24日，解放军胜利进军距大陈岛一万四千米的积壳山岛。台湾当局慌了手脚，赶紧撤销"江浙反共救国军"，成立"大陈防卫司令部"，调刘廉一接替胡宗南，7月23日胡宗南乘飞机跑回台湾，又一次躲过惩罚。1955年2月14日在解放军的强大攻势下，大陈敌人仓皇离去。

胡宗南回到台湾，以"战略顾问"的身份，于1953年8月进"国防大学"深造，1954年2月毕业。1955年8月赴澎湖任"防卫司令"，1956年4月、5月间还以考察名义前往美国转了一圈，这是他一生中唯一的一次出国访问活动。1960年6月，在"国防研究院"第1班毕业，并被该院同学会选为会长。1961年7月，胡到"陆军医院"检查身体，发现血脂肪过多，血糖过高。1962年2月7日，胡身体不舒服住院治疗，蒋介石、蒋经国父子第2天闻讯赶来探望。胡宗南见到自己为之服务38年的蒋家两代人，不无预感地说："我这次恐怕将翘辫子哉。"2月13日，处于回光返照阶段的胡宗南精神焕发、神采奕奕，给主治医师造成错觉，竟然通知胡夫人叶霞翟准备接丈夫出院。岂知14日凌晨3点左右，胡宗南突然惊叫不止，遂即进入昏迷状态，3时50分死于心脏病。

台湾当局组成以何应钦、顾祝同为正、副主任的治丧委员会，追随胡宗南多年的罗列为总干事，把死者葬在台北北投纱帽山。胡宗南为蒋家政权的"奉献和牺牲"是黄埔系中的其他成员所不能比的，蒋介石对他的死也感到分外悲伤，特意发表纪念谈话，亲自参加致祭和视察墓地，还在凤山"中央陆军军官学校"（黄埔军校的延续）、中国文化学院、澎湖岛、乌丘岛、马祖岛等处建立一批纪念物，以示纪念。

胡宗南历经黄埔系的兴盛衰败。他的起家代表黄埔系的兴起，他的衰败代表黄埔系的衰败。到台湾后，蒋介石要扶植儿子蒋经国，指使蒋经国、陈诚等人把一大批黄埔系的骨干人物赶下台，胡宗南也被赶到荒凉的小岛上。

黄埔系成员的命运并不完全如此。黄埔系中的进步人士在反共前线毅然调过枪口起义，成为中共的同路人，历史将记下他们的名字：郑洞国、侯镜如、陈明仁、唐生明、罗广文、李默庵、郭汝瑰、陈克非等率部起义；黄埔系中的明智人士失败了就放下武器，不是愚忠送命，也不是远走他乡，而是诚心诚意接受中共的帮助，做了不少有益于两岸关系、祖国统一和民族复兴的事情，历史也记下他们的名字：杜聿明、宋希濂、黄维、范汉杰……

胡宗南没有走上述光明大道，最后客死他乡。

半辈沙场 余生为囚

记台『陆总』孙立人

在 20 世纪 90 年代台湾龙潭"陆军总部"的军史展览中，撤台后历任"总司令"的名字和戎装照片高悬墙上，黄杰、彭孟辑、罗列、刘安琪……赫赫在目。可只要细心一看，即可发现名列第一的是 1954 年 7 月上任的黄杰，在他之前的 4 年间是个空白。不是从 1950 年到 1954 年间，国民党方面没有"陆军总司令"，也不是军史陈列展览部门无意遗漏，而是当时的"总司令"孙立人后来被撤职、软禁在家，不符参展条件，最后为了政治和宣传的需要，只有委屈历史，20 世纪 50 年代前 4 年也就成了没有"陆军总司令"的时期。

军史展览中有"没有陆总的时期"，可史实中"没有陆总的时期"确实有"陆军总司令"。作为撤台后的首任"陆军总司令"孙立人，虽然在台湾政治舞台上已经销声匿迹多年，虽然军史上不承认他的存在，可在国民党的军政界，他还真是个自己用行动写下独特经历的将军。在直接宣判他政治死刑的"总统"、总裁蒋介石和"孙立人事件"的直接责任者之一蒋经国相继辞世后，台湾社会为过去 30 余年间的重大历史事件，刮起一股翻案风，其中"孙立人事件"最为引人注目。

孙立人作为"二级上将"被软禁在家，形同待毙，已经数十年，刑期不为不长。世人从孙立人的遭遇中，极易联想到另外一位也遇软禁、失去行动自由、被剥夺政治权利的一级上将张学良先生。他因主张抗日、发动兵谏捉蒋，失去自由的时间比孙立人早了整整 19 年。张将军为了中华民族的奋起，被专制独裁迫害达半个多世纪。而孙将军无法适应蒋介石、蒋经国的需要，在"二蒋"巩固政治基础的权力争斗中败下阵来，以致被长期变相关押。历史有惊人的相同之处，两人的判决均依据蒋介石令，虽相距近 20 年，可极为相似。张学良是"交军委会严加管束"，孙立人是"由国防部随时察考"。宣判书中不见"有期徒刑""无期徒刑"字眼，可令人肃然起敬的"察考""管束"，竟然使得张学良失去自由大半辈子，孙立人被软禁后半生，足见"文"笔之妙，寓意之毒，为世间所罕见。如果说蒋介石报复张学良，是无国仇有私恨，可对孙立人则连私恨都没有；如果说蒋介石有一府之尊，至高无上，换个将军、司令，易同弃履，那对孙立人不满意，削职去官，并无难处，为何把一个"对于钧座尽忠效力，不惜贡献其生命以及一切，冀报万一"的孙立人，撤职不止，羁押又加？何故如此？显然有内情。

一、孙立人将军

蒋介石的军队富有浓厚的东方特色，虽说"国军"里的各级军官大都有过军校学历，高级将领大都有过初、高级军校的完整学历，可就读的军校大都为东方军校。出名的就有保定陆军军官学校、黄埔军校、陆军大学、中央陆军军官学校，以及杭州、洛阳的航校和马尾、青岛、江阴的海校等各类特种兵学校，此外还有一些军官毕业于日本士官学校。

以上学校的各自校友在掌握一定的军政权力后，组成一批有形和无形的政治集团，这就成为军队里各种派系的基本来源。国民党军界的大型派系有陈诚、顾祝同、周至柔、刘峙、徐庭瑶为代表的保定系，有何应钦、朱绍良、钱大钧、汤恩伯、彭孟辑为代表的日本士官系。保定、士官两系的主要骨干被蒋介石相中，来到黄埔军校、中央官校等校任教，协助拉扯黄埔系，所以他们也成了准黄埔系，成为蒋介石所依靠的高级军事指挥官员。

军队最大的派系首推黄埔系，胡宗南、黄杰、杜聿明、廖耀湘、罗列、刘安祺、桂永清、高魁元、陈大庆、郝柏村、郑为元、王叔铭等黄埔门生，占据了军界指挥中枢、前线总部、一线指挥岗位和军、师、旅、团主官等大部分职位，可谓是人多势众，在军界颇有顺其者昌、逆其者亡之势。其他系的将领军官们对此心中多有不满，可表面均曲意奉承，礼让为先。以保定系、士官系成员为主的准黄埔系，资历深于黄埔系不说，还是黄埔学生的教官及蒋介石早期的军事助手和中期的中央军事主持人，所以黄埔系、准黄埔系在争权不断的情况下，还能共处，形成军界两系分权、一统天下的局面。孙立人则不然，他是由西方培养出来的军人。投身被蒋记军人把持的军界，尽管是美国弗吉尼亚军事学院的高才生，并是乔治·马歇尔的前后期同学，可他的西派作风与东方格调时常矛盾，难免与黄埔系、准黄埔系发生冲突，最后成为悲剧性人物，被迫退出军政舞台。

孙立人，安徽舒城三河人，1900年12月8日出生。年轻的孙立人志不在兵，而是幻想当一个建筑工程师。在清华大学学习期间，爱好体育活动，擅长于当时中国并不普及的篮球，并成为国家队成员，参加过一些规模不大、级别不高的比赛。说来可笑，孙立人有着篮球运动员的身材，魁梧结实，相貌堂堂，在他日后成为军中之将后，也常把有否"福相"作为提拔下属的标准，以貌取人。矮小、貌不惊人的下属失去了升迁的机会，因为他们的上司孙立人喜用年轻英俊帅气之士。除此之外，孙立人厌恶的就是行伍出身和黄埔系统的军官。

孙立人1923年毕业于清华大学，过了整整60年，台湾的清华校友会向他赠送了校友纪念盾。离开清华，孙立人考上官费留学生，前往美国普渡大学攻读土木工程，一年后获工程学学士学位，事过整整30年，美国母校向他这位并未从事过任何建筑设计、施工的校友颁赠了工程学博士荣誉学位。值得一提的是，先于孙立人两年毕业于清华大学、后来一起成为南京政坛一文一武两颗新星的文官吴国桢，此时正在普林斯顿大学哲学系学习，攻读政治学博士学位。20世纪50年代，吴国桢也先于孙立人两年以"吴国桢事件"结束了与蒋介石的合作关系。

孙立人获得学士学位后，放弃自己喜爱的土木工程，改行军事，考入弗吉尼亚军事学院，专攻军事指挥而非军事工程。这位对工程学有一定研究的学士，学习军事也很认真。在军校的两年间，完整地掌握了西方的军事理论和实战经验。由于受盛行西方军事领域的武器决定论的影响，他学习的重点就是如何运用先进、杀伤力大的火器及各类军事机械、车辆、坦克等。在孙立人当上师长、军长后，这就成为其作战特点。他所学的军事理论，并非制胜法宝，在对付侵略者时起过一定的作用，在对付共产党的武装力量时却无多大收获。美国军校的学习经历，使他成为西方军事当局的支持对象之一，以图扩大在被黄埔系、准黄埔系控制极严的中国军队里的影响。孙立人经过学习，也同在第二次世界大战前后成为西方军事名将的校友们建立起不一般的联系，这些校友中包括著名的军事家艾森豪威尔、马歇尔、麦克阿瑟、史迪威等。

1927年孙立人毕业离校，因国内政局动荡，刚上台的蒋介石下野出走，前途未卜，为待时局稳定，孙立人转往英、法、德等国。通过异国校友安排，实地考察欧洲军事状况。近两年的考察，对他消化在美国军校所学的军事理论及形成自己的作战风格，起到极其重要的作用。所以说他是在具备完整系统的军事理论、相当的国防实力、现代化的武器装备、良好的后勤支援、快速机动的行军速度、严密的军事法纪和开放型的官兵思维、把雇佣军当作假设敌人的军事教育气候中学成的。国民党当局的军校和军事状况无法与之相比，它不具备必要的条件，使得孙立人难免有轻视、取笑之意；而国民党军界中封建保守型的人治管理，孙立人则很难适应，双方难趋一致。

西欧之行，是他第一次到欧洲考察，16年后再次来到欧洲考察时，已是功成名就的一军之长。1928年6月，孙立人绕道日本回国，并把日本作为考察的最后一站。这位数年来一直接受西方式教育的军人，对日本举国上下、疯狂至极地扩张意图和军界歇斯底里般的法西斯情绪感到震惊。这是他首次具体接触日本军队，事过8年，双方在中国战区成为对手，对阵日军成了他的手下败将。

1929年10月间，孙立人回到南京，第一个军职是中央党务学校军训队中尉排长，不久升为队长。党务学校培养的是国民党的党务干部、文化特务和政训人员，学校管理严格，学生定期军训。孙立人在军事理论、实践方面都有一套，训练学生当然不在话下。可他志不在此，时刻在寻找时机，谋取更大发展。

1930年前后，中央银行总裁、财政部长宋子文成立税警团，由财政部缉私处直接指挥，负责设卡缉私，查办私枭。税警总团的费用出自每年摊还"八国银行团"借款的盐税剩余款，部队编制、装备、人事由宋子文决定。税警总团成立时编有5个团，加总团直属部队，相当于6个团，编制满额到位，武器先进齐全，拥有兵力3万余人。一贯崇拜西方文明的宋子文，选用税警团军官，一眼看中美国弗吉尼亚军事学院毕业生孙立人，孙氏由此脱离CC系的基地党务学校，出任税警第4团团长。

他的新职，引起其他军人的不安，黄埔军人更是议论纷纷，他们不能容忍归队才一年的孙立人荣升上校团长，而黄埔门生跟随蒋介石已6年之久，升官快的也不过为"上校团长"。事实上这无任何非议之处，因为在当时保定、黄埔两军校的毕业生，离校见习期满后至多是个上尉连长，而日本士官学校的留学生归国后不少任校官团长。那孙立人就读的也是洋人办的著名军校，当个校官也属正常。问题是缉私税警是个肥缺，人人都想得到这个美差，现眼睁睁落入孙立人手中，当然有人眼馋。再说税警团为财神爷所办，装备一流不说，待遇也高于其他中央军，不愁军饷、后勤，当然令其他军队眼红。令人眼热的是，税警团还身居闹区，怀揣进口武器，却无野外风餐露宿之苦，更无战场丢掉性命之险。

税警团本为非战之军，蒋介石自1929年3月开始的镇服各路军阀的混战，以及以对中央苏区五次"围剿"为中心的"剿共战争"，孙立人均没有参加，颇有在后方享福之嫌。从国民党的军事史看，黄埔系、准黄埔系作为蒋介石的军事打手和作战主力，有过5次升官高潮。第一次在北伐进军，第二次在军阀混战，第三次在"剿共战争",第四次、第五次是在以后的全面抗战时期和内战时期。孙立人北伐时还未回国,军阀混战和"剿共战争"时税警团没有作战任务,故前三次升官高潮没有赶上,"团长"一当就是11年。直到第四次升官高潮中期起,才官运亨通,连连晋级,由团长升为"陆军总司令",由上校升为"二级上将",短短9年间一跃军界同人之先。所以说前10年,他因遭冷落、官运受阻多;后10年,因升官太快,终成其他将领的排挤对象,为官场所不容。宣判他政治死刑的,是曾信任他、提拔他的蒋介石,蒋把他送进天堂,也把他送进地狱。

二、半辈沙场曾是将

1955年8月3日,孙立人为"孙立人事件"给蒋介石的"请罪签呈"中说:"窃职材识庸愚,唯知忠义,自游学归国预身宿卫以还,念18年间,自排长以迄今职,纯出于钧座一手之栽培,恩深谊重,虽父母之于子女无以过之,对于钧座尽忠效力,不惜贡献其生命以及一切,冀报万一,为职此生唯一之志愿。"孙立人写"请罪签呈"时,心情难以平静,出现不符史实之处难免。如在1941年11月以前,任职排长、军训队长、团长,并非蒋介石"栽培",要说有人栽培,那就是宋子文。话又到说回来,宋子文虽为蒋介石的大舅子,一手掌握国民党的钱柜,可军权几无,为缉私成立的税警团还连连被人指责为超脱于"国军"之外的宋家武装。所以说宋子文虽然赏识孙立人,可税警部队编制如此,至多只能给他一个"团长"职位,再高的军职非宋所为。真正栽培孙立人的是蒋介石,仅仅是时间比孙自己所说晚了12年。

税警团名声不佳,官商富商走私,地痞恶棍走私,它不敢管也管不了。对民间,"缉私"则成了敲诈勒索的机会。更有甚者,缉私者和走私者明斗暗联,沆瀣一气,一同走私谋利。哪里有税警团,哪里的人民就多一分灾难,工商界人士对此更是深恶痛绝。即使国民党军界、政界、财界、商界,对税警团也是闲话四起,不时传入宋子文、蒋介石的耳朵里。

"七七事变"后,日寇为呼应从华北南下的侵略行动,在上海另辟进攻南京的西进线路,南京政府组织"淞沪会战",抗击日军。中国方面调集70余万机动部队投入战场,税警总团由黄杰任司令,编为第9集团军总司令张治中将军名下的第1、2支队（分别由何绍周、王公亮任司令），第1团驻徐家汇，第2团驻南翔，第3团驻闸北，第4团驻清东，总部设在徐家汇。日寇进攻地区，地势平坦，便于发挥坦克、大炮等大型火力装备优势，中国军队为保卫国家、民族，面临占压倒优势的火力杀伤，冲锋陷阵，分外勇敢。税警团许多官兵奋勇杀敌，2团2营官兵在战斗中几乎全部壮烈牺牲。

第4团团长孙立人身先士卒，在指挥温藻浜一线的阻击战中，负伤13处。生命垂危之际，幸亏一位支前学生无私献血，才脱离危险。部队撤离战场后，孙立人被送往香港养伤。他以自己的行动，在关系到民族存亡的危急日时刻，表现出一位中国军人应有的责任和精神，同时也开始了一生最光荣的时期。这就是参加改写中华民族历史的全面抗战，为世界反法西斯战争的胜利作出努力，并成为盟军中小有名气的一位将领。

1938年，孙立人回到在湖南长沙新近改组的税警总团，不久随部前往贵州都匀地区。1941年11月，这支装备一新、编制完整的警察部队改编为野战新编38师，开赴正面战场一线作战。孙立人出任少将师长，在民族反侵略战争中步入高级将领的行列。

日寇偷袭珍珠港，太平洋战争爆发，促进世界反法西斯统一战线全面形成，同盟军中国战区随之成立。为协调中国战区的战事，根据中英"共同防御滇缅路"的军事协定，保证滇缅路畅通无阻，开辟中方接受美英援助的陆上通道，中国远征第5、6、66军，按照中美英三国商定的方案，于1942年4月间开入缅甸，抗击日本侵略军。孙立人的新编38师，编入66军序列。

远征军面临的形势是严峻的，10余万日寇陷落仰光后，分东西两路北上，配合行动的还有从泰国向缅东进攻的一支兵力。日军的进攻路线分别位于伊洛瓦底江谷地两侧，极易展开兵力和火力。按照远征军总司令罗卓英和美国代表、中国战区参谋长史迪威的布置，第5军的200师先行行动，3月6日到达同固，以保卫缅甸当时的首都曼德勒。4月16只，38师为阻击东线日军，开到前线乔克巴当，此时200师在戴安澜将军的指挥下胜利进行了同固战役。

孙立人部立足未稳，英军第1师和装甲第7旅陷于日寇重围的告急电报已经传来，38师随即赶往仁安羌救急。血战3昼夜，击溃日军33师团，消灭日方1200余人，英军7000人得以生还，撤往加里瓦。仁安羌大捷及英国军队被救，轰动英伦三岛，也使得孙立人在盟军中名声始起，伦敦给英勇作战的中国官兵及孙立人送来了皇家勋章。

同固和仁安羌的胜利，使得一再轻视远征军、骄狂至极的日寇，不得不改变原来的作战计划，暂缓北进中国，先行解决远征军。远征军在前线苦战期间，英军大部却撤到缅北安全地区，原计划协助英军作战的远征军，成了孤军作战。日军绕开中英两国军队固守的曼德勒，经曼德勒东部地区，沿腊戌、南坎一线，直插中国滇西畹町，到达惠人桥、腾冲一线，既造成与中方在怒江对峙、随时渡江东犯之势，又与缅南的日军一起，对远征军形成南北夹击之势。日军暂缓对怒江方面的行动，全力以赴对付在缅甸的中国军队。面对占绝对优势的敌军，史迪威和罗卓英预定的在平满纳和曼德勒与日寇会战的计划均未成功，孙立人部和远征军大部分别撤往缅北的八莫、密支那等地，途中又被日军冲散，各部只得自行突围。

由于缺乏统筹安排和必要掩护，远征军突围过程伤亡惨重。第200师等部历经千辛万苦于6月中旬回到祖国。第5军新编第22师和军部4500余人在军长杜聿明的指挥下，翻越野人山地区，两月后到达印度利多地区。38师4000余人与远征军长官部600余人被隔绝在仰光至曼德勒铁路以西地区，不能与远征军主力会合，于1942年5月24日抵达印度英帕尔地区。西方的两位军事学者这样写道："从第一次缅甸战役开始，第38师及其才华横溢的师长应运而出，建立他们的声望。除了在仁安羌战功外，英勇能干的孙立人还有另一次卓越的成就，就是率领第38师越过青岭，成为完整的战斗队伍，纪律和军心士气丝毫不受损折。"

缅北战役失败，滇缅路被切断，中国抗战大后方西南对外陆上交通全部断绝，大后方与西方的联系，只有依靠中印间的空中交通线。撤到印度的中国军队，经过中美英三国协商，利多的兰姆迦军营改为中国军队的训练基地，由英国租借物资负责军需，美国提供武器装备和教官，集中训练中国驻印军。中国官兵由往滇川运送作战物资返回印度时的空机返回时送达，4个月内只运送了3.2万余人。

1943年8月，驻印军扩编为新编第1、6两个军，2支突击队，7个装甲车营，4个炮兵团，6个特种兵团。这支部队接受美援，一式美械装备，成为国民党军界五大主力中最早成立的两支劲旅。有趣的是，新1、6两军差不多同时在同一地点编成，6年后也是几乎在同一时间同一地点被"中共"军队消灭。

孙立人以他的战绩，受到盟军方面的赏识，经史迪威等人向蒋介石力荐，重庆终于发来委员长手谕，任命孙立人为新编第1军军长（作为牵制和平衡，黄埔系骨干、一期生郑洞国为驻印军副总指挥，担任史迪威的副手，黄埔系的另一骨干、六期生廖耀湘为新6军军长）。从国民党的军事史上看，孙立人的升官速度并不亚于黄埔系。偌大的黄埔系除胡宗南、郑洞国等少数人升官冒尖外，幸运者此时也不过为师长、军长。孙立人为军长不说，而且从留学归国任排长到任军长，仅用13年。这与黄埔学生中当官第一号种子选手胡宗南升到军长所花的时间一样，所不同的是除两人当官都靠蒋介石提拔外，孙立人一直有美国背景。

中国驻印军组编前后，"史迪威事件"发生，蒋介石、史迪威间的矛盾屡起。其中之一是史氏在印度利多越权控制、指挥中国军队，把他认为不服从指挥的中国军官，都以"不合作"的罪名全部赶回中国；为笼络人心，发饷时绕过军部师部，直接发到部队；甚至调动中国军队不通知中国将领，以上所为伤害了中国官兵的感情。廖耀湘、孙立人两将军不时直接电告重庆，通报史迪威的失礼之举，并要求蒋介石批准新1、6军经西藏返回中国战场。蒋介石从扩充和保存实力考虑，把何应钦派来印度利多，安抚孙、廖各部，并要两军长忍辱负重，保持与史迪威的良好关系，以便把美国装备全部拿到手和利用美国训练机构把部队训练好，反正美国人不会把中国军队带到华盛顿去。

蒋、史间的其余矛盾则有如何分配美援物资、如何指挥驻印军队、怎样对待中共领导的八路军和新四军、是否允许揭露国民党官场的黑暗等问题，再加上史迪威的个人专断作风，使得蒋、史两人关系恶化，大有不共戴天之势。经蒋介石一再要求，史迪威被罗斯福总统召回。史迪威在中国的最后一次行动是与孙立人合作，指挥第二次缅北战役的第一阶段激战。滇缅公路被切断后，中美英三国决定修筑自昆明，经八莫、密支那、孟关到利多的中印公路，重建西南对外陆上交通运输线。为打通中印公路，1943年11月，在日军于怒江西岸腾冲一带渡江东犯的同时，利多的中国军队向东开拔。当年冬天，孙立人部已前进至缅北胡康谷地。1944年3月5日攻下孟关后乘胜前进，进入缅北之险坚布山，进入孟拱河谷。4月间史迪威、孙立人指挥所部88团、150团及美军一部，经长途跋涉，翻越人烟稀少的库芒山区，于5月中旬奇袭密支那机场，紧接着驻印军部分主力空运抵达，向密市发动全面进攻，经两月余的反复争夺，于8月3日完全占领缅北要地密支那，第二次缅北战役第一阶段全胜收兵。

如果说仁安羌一役说明孙立人将军会"进",38师撤到印度说明会"退",那东进密支那则证明会"攻",孙立人的名字与缅北战役的胜利消息一起在盟军战场上传扬,将军本人还被盟军军官们称为"东方的隆美尔"。在第二阶段的作战准备期间,史迪威将军于10月19日被限令离华,接任总指挥的萨尔登则更多地依靠孙立人做出决断。

1944年12月中旬,密支那的中国军队在英、美军队的协作下,分三路出击,合围中印公路上的另一战略要地八莫城,15日占领该市。为配合缅北战役,中国滇西远征军在卫立煌将军的指挥下,于1944年5月10日强渡怒江,一个月后打到龙陵。1945年1月15日,在南坎、畹町等地获胜,占领芒市的郑洞国、孙立人、廖耀湘部与卫立煌部胜利会师,中印公路完全打通。不知何意,蒋介石竟然用被自己赶走的美国将军史迪威的名字命名这条新开通的公路。

远征军经过近3年的艰苦作战,终于达到预定的作战目标,盟国援助中国抗战的物资经中印公路大量运入中国大后方。值得一提的是,运来的美援特别是军事装备,以及美国在昆明装备训练的数十个师的国民党精锐部队,蒋介石并未全部加入对日反攻作战,而是留待抗战胜利后的"劫收"。

中印公路打通,滇西远征军在中缅边境的畹町等地休整。孙立人率部返回缅甸,同英、美军协同作战,南下攻占腊戍后在该城驻扎,直至日本投降。欧洲战场胜利后,盟军主帅艾森豪威尔将军为宣扬反法西斯战争的战绩,邀请一些反侵略国家的军事代表,来欧洲各战场视察。3年来一直与美国人并肩作战的孙立人将军,作为名将和校友,被艾森豪威尔邀往欧洲考察。在欧逗留期间,孙将军马不停蹄,飞行几万英里,从一个战场转往另一个战场,了解作战实情,总结作战经验,考察指挥艺术。20余天的战地之行,对他的指挥、作战大有裨益。但是孙将军独出风头,重庆城内那么多的高级将领被排除在外,显然对孙立人是不利的,此种荣誉使他在军界上层更加孤立。

孙立人回到驻地,日本已经宣布投降,驻印军的两支劲旅全部开往受降前线。作为大后方开往日寇占领区的第一支主力的新6军,空运南京,为何应钦主持的受降仪式警卫。孙立人的新1军紧接开往华南最大的城市广州,军长本人作为广州地区受降主官、第2方面军总指挥张发奎将军的助手,接受日寇第23军、129师团、130师团等部的投降,日方主持、投降代表田中久一向中国的将军们交出了象征权力、军威、国威的指挥刀。至此，孙立人将军已在抗日战场上奋战8年，作为一位高级将领，以一连串军事上的胜利，写下有助于树立自己形象的记录。全民族的抗战，把他推上反侵略的军事舞台，将军率领的正义之师一再获胜，个人的军事才华也有了充分的发挥。可是，历史是按自己的规律前进的。没过多久，历史又把他抛到内战罪人的位置上，再也不见昔日的朝气，用兵一再失误，作战接连失败，开始由鼎盛走向衰落，一手拉大的新1军被消灭得干干净净。孙立人是这样，黄埔系是这样，国民党及其统治者也是这样。

抗战胜利后，原为日寇占领区的东三省成了国民党"下山摘桃子"的重点地区。1945年10月16日，蒋介石下令把实力雄厚、编制完备、一直躲在大后方的"昆明防守司令部"改组为"东北保安司令长官部"，黄埔系骨干、一期生杜聿明出任司令长官，郑洞国、梁华盛为副司令长官，熊式辉为东北行辕主任。还把东北地区分为辽宁、安东、吉林、辽北、松江、嫩江、兴安、合江、黑龙江9省和大连、哈尔滨、长春、沈阳4特别市，分别任命张嘉璈为行辕经济委员会主任委员，徐箴、高惜冰、郑道儒、刘翰东、关吉玉、彭济群、吴焕章、吴瀚涛、韩俊杰、沈怡、杨嬅庵、赵君迈、董文琦分别为以上省市主官。

蒋介石虽说任命东北完整的党政军班子，可能否实施运作则要看军事争夺的结果如何。按照蒋介石的密令，在抢占东北要地、挑起东北地区内战方面，最为卖力的是新1、6军。10月24日，东北保安司令长官部由广州上船经海路北上，先行到达苏联红军控制下的沈阳。孙立人率新1军随后海运秦皇岛，之后到达秦市的国民党军队还有赵公武的52军、卢浚泉的93军、石觉的13军、陈明仁的71军、曾泽生的60军及廖耀湘的新6军等十数个军，只待一声令下，便扑向关外。

1945年11月16日，国民党军队抢先占领山海关，只因南京当局与苏联红军订有协议，必须在苏军撤离东北后才能进驻中国军队，所以几十万大军只能暂时集结山海关、秦皇岛地区。12月20日杜聿明指挥的部分军队，在美国军舰的帮助下抵达葫芦岛。

蒋介石一手制订的东北内战计划，第一步是夺取锦州，并以锦州为中心基地向四周扩散。1945年12月27日，锦州城落入杜聿明之手，下属各部分头向义县、新立屯、阜新、朝阳、凌源、平泉等地进犯。在以上进兵过程中，孙立人率新1军一直是向北进攻的主力。以上计划得手，国民党处于有利的战略态势后，1946

年1月15日，蒋介石下令执行5天前与中共方面签订的《停战令》，以遏制中共方面为反击国民党军事挑衅所采取的必要行动。

蒋介石的第二步是占领沈阳，再向四周做放射状占领。就在15日军调处执行部的飞机开始向各热点地区散布《停战令》的同时，国民党大军开进沈阳，随即向法库、新民、辽阳、抚顺、铁岭发动进攻。1946年3月37日，南京方面见拱卫沈阳的5大据点得手后，又与中共方面签订《东北地区停战协议》，以阻止中共方面向东北地区进军。《协议》墨迹未干，国民党军队又向整个辽东地区进攻。为配合下一步行动计划，杜聿明命令孙立人部自铁岭北上开原。孙立人与中共指挥的东北民主联军的交锋，现在才真正开始。昌图一役，新1军主力38师近2000人被歼，孙立人首战失利。

1946年5月3日，苏军全部撤走，蒋介石开始执行第三步计划，即沿中长路向北推进，前锋是曾合作数年的新1、6两军。中共方面为争取时间，掩护撤退，安排林彪指挥所部东北民主联军在四平街迎战孙立人部。孙立人凭着美式装备和强大的火力，猛攻四平。连攻不下，伤亡惨重。5月18日，新1军已损失近万人。蒋介石见四平久战不决，派出新6军等部前来增援，将攻城的兵力增至10个师。东北民主联军总司令林彪见阻击、教训敌军的目的已经达到，按照延安总部指示精神，主动撤离四平、公主岭、长春等城市，向东西两边广大的腹地和第二松花江北岸推进。孙立人顺利进入以上3城，此仗给他戴上"常胜将军"的光环。蒋介石见东北的主要城市和地区已经到手，为防止东北民主联军南下进攻，故于6月5日同意东北地区实施半月停火，后又延长8天，以捆住中共手脚。所以说在全面内战爆发之前，国民党的军事行动是关内小打，关外大打。孙立人则为关外大打的先锋官。

孙立人进了长春，按照国民党军界"谁下城城归谁"的惯例，出任长春警备司令。当时竞争这一职务的还有黄埔系骨干、一期生陈明仁，两人为此结下恩怨。连下3城的孙立人司令，已经忘掉在昌图、四平两处的重大损失，踌躇满志，咄咄逼人，把东北民主联军的自卫反击行动称为"苍蝇打老虎"。趾高气扬的他有所不知，中共并非"苍蝇"，国民党并非"老虎"，不出半年，他就要修改自己的说法，"苍蝇"正是国民党的大军。

1947年1月6日，东北民主联军一下江南，在东起九台、西至伏龙泉的100

多公里的战线上，3路南下，左路和中路取九台、德惠，迎战孙立人部；右路取农安，迎战陈明仁部。2月23日，东北民主联军北满部队又南渡松花江，一度收复长春东北、西北的两大前卫阵地九台、农安，直逼长春和吉林省省会吉林市。3月10日，东北民主联军北满所部乘冰封松花江之际，再度南下，在农安地区围歼前来增援的93军、60军和新1军30师等部。三下江南又使孙立人损失万余人。战役期间，杜聿明无兵可调，为调出守卫永吉和小丰满水电站的60军，曾下令将电站12万千瓦的电力短路融化丰满至乌拉街坚冰，造成防守电站和永吉的北面天险，抽出60军，会同从锦州调来的93军一起前往长春北部，解救被围于九台、农安的新1军和71军。

因全面反攻的形势还未到来，按照预定方针，中共方面主动退回松花江北岸，长春的警备孙司令又可高枕无忧了。战事暂息，内部争吵已起，71军军长陈明仁为推卸88师被歼、农安惨败后弃守的责任，以及为报当初北占长春时、警备司令职被孙立人抢走的一箭之仇，向黄埔同期学友杜聿明，诬告孙立人在长春"见死不救"。杜长官从未放松过抓孙立人的小辫子，对陈军长的话深信不疑，决意对孙采取行动。事实上农安被围时，孙立人在中共的三路进攻下已无兵可调，只有长春城内唐守治的30师为机动。当30师88团为避中共围点打援之计，迂回前往增援还是被阻时，陈明仁已逃回长春。尽管如此，杜聿明依然袒护陈明仁。更有甚者，孙立人与杜聿明公开发生冲突。在长春战役检讨会上，杜长官偏听偏信，表示对"指挥无方、作战不力"的唐守治要予以严惩时，孙立人不无他意地回答："88团是我的所属部队，作战不力，应由我负责，我愿接受长官的处分。"

本就从心底里对这位美国军校的高才生、美国人眼里的红人不满的杜聿明，对孙立人的当众不敬更是反感。只因孙立人有受美国军界和舆论欣赏的背景，非杜聿明能置孙于死地，只有采取迂回手段调虎离山。1947年5月18日新1军1个团在怀德被歼，下旬东北民主联军已进逼长春城下，6月14日中共又发动四平街战役，歼敌近2万人，面临一连串的失败，杜聿明以检讨战役、加强上层指挥为名，把孙立人调升东北保安副司令，新1军由黄埔系骨干、四期生潘裕昆接管。孙立人明升一级，暗中兵权被剥夺，成为空头副司令长官。

1947年9月，陈诚到任东北行辕主任，这位权势炙人的准黄埔系首领，更不会让孙立人在身边指手画脚，于年底把孙立人献送南京，请蒋介石任命他为陆军副总司令兼陆军训练司令。孙立人作为接替杜聿明在东北军事指挥位置的合适人选，却先被调出第一线指挥岗位，继而被赶出东北，这是他首次受害于黄埔系。陈诚把孙立人赶走，而对孙训练出来的部队分外重视，把新1军调到沈阳，拱卫总部。把由38师扩编成的新7军，留在长春，与60军一起固守最北的据点。

在南京军界，孙立人也算一位能干的将领，战时攻守兼备，指挥能力较强，临战不慌不忙。火力配备、军队分配设点，常有出奇之处，善于迂回前进、重点突破，打起仗来也较之于其他国民党军队顽强。尤其是打起仗来，能够及时作出各种判断，敢于决断，颇受西方军事理论的影响。他的思路、打法，在对付日本侵略者时受益不少，成为少数闻名于西方盟军的中国将军之一。投入内战战场后，他的一切没有改变，依然如故，武器、火力、人员比在印度有过之无不及，可对手换了，对手是由中共指挥、有一套克敌制胜军事法则、得到民众帮助的革命军队，难怪孙立人逢战皆输。这就是政治在战场上的反映，决定胜负的是兵力、火力、民心的对比，失掉人心的军队，就算有足够的军队和武器，也无法逃脱失败的命运。

孙立人从此离开战场，到南京出任无所用心的闲职。进入1948年，南京政府在各个战场损失惨重，兵员供给十分紧张。为凑足兵员人数，到处抓丁拉夫，新兵集训任务繁重，原本无事可做的训练司令，变得忙碌起来。蒋介石希望借重孙立人在美国弗吉尼亚军事学院打下的良好基础来训练新兵，特意在台湾成立新兵编练部，派出孙立人到台湾凤山主持该项军务，同时兼任陆军总部第4军官训练班主任。后来他训练的新兵除一部被送到内战前线外，其余则成为国民党大规模撤台以前防卫台湾岛的主要军队，而第4军官班于1950年10月1日被改组为国民党陆军军官学校，以接替在大陆被打垮的中央陆军军官学校。

孙立人在台湾、南京间，迎来了国民党当局军事上的大溃败，他花费不少心血的新1军、新7军也在内战战场上被彻底消灭。内战中期起，新7军和60军为主的10余万人，在东北"剿总"副总指挥郑洞国指挥下戍守长春，从1948年5月23日起，由东北民主联军移名而来的东北野战军第1前方指挥所司令员萧劲光、政委萧华指挥两个纵队和7个独立师，再次发动四平战役，长春已被包围，城内皇宫机场被迫关闭，与外界交通全部断绝，国民党最北的据点成为孤岛。

5月24日，东北野战军第1、第6纵队和独立第6、第11师试打长春，攻占了西郊大房身机场。作为解放战争期间第一场大城市攻坚战，中共领袖们较为谨慎，并且也为以后攻占大城市总结经验，自6月中旬起，决定对长春采取久困长围的方针，第12纵队及独立第5、第7、第8、第9、第10师开始对长春国民党军紧缩包围，一方面打击出城骚扰、抢粮和企图突围的守军，一方面展开宣传攻势以瓦解守军，一方面在经济上加紧封锁以阻止粮草入城。到9月间，东北野战军共有16万人参加围城，连营数百里，形成严密的围困和封锁线。10月15日，锦州解放后，东北野战军准备解决长春问题，蒋介石到长春空投手令，命令郑洞国率部突围南撤。只是为时已晚。17日，60军军长曾泽生率军部和第183师，暂编第21、52师共2.6万余人起义。19日，新编第7军军长李鸿率军部及新编第38师和暂编第56、61师投诚。21日晨，郑洞国率第1兵团部放下武器。

在新7军被困长春期间，孙立人数次向上峰请示，愿空投长春，指挥新7军、60军突围反击，以救回原38师旧部。南京最高当局没有同意，如让孙立人前往长春，救不回新7军还好，如真救出来这两个军，岂不又是在耻笑黄埔系、准黄埔系无能？事实上孙立人如到长春，应该是带不走新7军，最后是他自己也和新7军一样，留在大陆，加入新中国的建设行列。

新7军绝大部分官兵有了一个好的归宿，新1军则不同。在辽沈战役中，新1军随廖耀湘指挥的第6兵团西援锦州。行进时廖耀湘首鼠两端，四易行军计划。10月15日，锦州解放时，一贯以行动迅速、机动性强著称的新1、6军才赶到新立屯，离锦州还有150公里之遥。10月21日，在虎山、黑山地区遇到解放军猛烈进攻。10月26日，强大的解放军将"西进兵团"包围在饶河以东、大虎山以西的魏家窝一带后全歼，新1军副军长文小山以下的官兵或死或伤或被俘。国民党军界"五大主力"内唯一不是黄埔系掌握的一支主力、孙立人的起家子弟就此彻底完结。

孙立人到台湾后的数年内，仕途还处上升时期，蒋介石对他还是满意的。这些年来，他孤身于军内主要派系之外，靠战场上见高低起家，1941年任师长，1942年任军长，5年后任陆军副总司令，1949年9月改任权力较大的台湾防卫司令兼东南军政长官公署副长官，1950年3月升任"陆军总司令"，1954年改任"总统府参军长"，成为蒋介石的最高军事幕僚长和军事召集人。其间于1951年5月晋升为"陆军二级上将"，而在此时军龄资历比他起码多6年的黄埔系成员能晋升此官阶的还不多。孙立人在这十数年间的高升，有美国方面的重视和支持，更有蒋介石的信任。问题是国民党上层圈内的任何人，只要缺少蒋介石的赏识，那就很难落脚，孙立人也是这样。

三、"孙立人事件"

1955年10月31日，蒋介石发布"总统令"："以孙立人久历戎行，曾在对日抗战期间作战立功，且于案发之后，即能一再肫切陈述，自认咎责，深切痛悔，既经令准免去'总统府参军长'职务，特准予自新，毋庸另行议处，由'国防部'随时察考，以观后效。"同时发表的还有"孙立人事件九人调查委员会报告书"。至此，关于"孙立人事件"的调查宣告结束，孙立人开始了漫长的囚禁生活。

震动台湾的"孙立人事件"，当事人并非孙将军本人，而是时任"陆军步兵学校总教官室少校教官"郭廷亮。事件的内容也有两个层次，一是郭廷亮预谋"兵谏捉蒋"，被逮捕关押；一是孙立人在不知情的情况下，利用郭廷亮出面联络自己旧部，以加强联系，保持自己对军队的影响，郭廷亮事发殃及孙立人。

郭廷亮是孙立人的老部下，毕业于税警总团干部教练所学员队二期，留所曾任区队长等职。新编38师成立时，被孙立人师长看中挑来任职，出任中尉排长，自此一直追随孙立人的前后。缅北二次战役时为重炮营上尉连长，新1军开往东北内战战场后升为榴弹炮营少校连长。1948年10月新1军被歼后，从东北流落台湾，求见老长官孙立人。时任"陆军训练司令"的孙立人派其担任"陆军训练司令部储备训练班第四队副队长、第四军官训练班入伍生总队少校营长"。当时台湾挤满各类来台人员，官场人满为患。且不说"少校连长"，就是"师长、军长、司令、将军"流落台北、高雄街头的也不少见，郭廷亮能有此职务，显然是孙立人帮忙的结果。

郭廷亮在孙立人升任"陆军总司令"后，转任"第四军官训练班示范营营长、陆军军官学校教导营营长"，1952年初改任"陆军总部搜索组大队长"，1953年调到"陆军步校"任职。孙立人时时没有忘记这位旧属，处处给予关照，更是视为心腹。正如"九人调查委员会报告书"所说："郭廷亮之为孙将军部属，自二十八年（1939年）迄今，共历16年。在此期间，虽其军阶仅自中尉晋升至少校，然孙将军选予任使甚为信任。"这就使得郭廷亮的所作所为，都会抹上孙立人的色彩。

1948年1月，新1军由陈诚下令驻防沈阳，该军榴弹炮营少校连长郭廷亮与连部驻地铁西二道街三义和米栈的老板白经武来往较多，郭与妻李玉竹就是经白老板介绍相识的。4月，郭廷亮部开往前线"剿共"，白经武被国民党当局以"共谋嫌疑"逮捕。沈阳解放后的第二天，从前线化装逃出的郭廷亮，找到已经出狱多日的白经武，请求助找一张路条，以离开解放区。

11月3日，白老板把郭引到沈阳铁路局饭店会见其兄、东北铁路护路军联络科科长白经文。白科长在先后4次见面中，"因询悉郭为孙立人将军旧部，在'国军'中关系亦多，乃嘱郭来台湾为'匪'从事兵运工作"。郭廷亮同意后取得路条一张和黄金10两。11月12日，同妻子一起逃到天津，碰到几个新1军的散兵游勇，于年底一同来到台湾。由此可见，郭廷亮并非中共党员，也未参加过任何进步组织，只是答应做些"工作"。

郭廷亮到台湾后，曾向沈阳"二白"处写过一封信以报告到台后的情况。在没有接到回信的情况下，也没有什么活动。到1954年9月间，一位李姓的先生到郭家求见，"要他展开工作，联络友人同学"。当时并未说过任何具体计划，"孙立人事件九人调查委员会报告书"里也未提到是中共布置郭廷亮发动"兵变捉蒋"。由此可见，郭廷亮之举乃他个人所为。

郭廷亮仅为少校，要联络他人多有不便，别人也极易引起怀疑，故只有借重于孙立人的名望和关系网，为自己的活动提供掩护和方便。在此之前，孙立人从顶住黄埔系排挤、扩大自己的势力范围和权力基础出发，需要找一个心腹，来为自己联络散布在各部队的旧部，最后选上郭廷亮。两人不谋而合，为各自不同的目的和任务协作行动。

郭廷亮发展的核心人物有任"陆军总部第五署督导组中校组长"江云锦，某部"上尉情报官"田祥鸿、刘凯英，"五署中校副组长"王善从，"参军长办公室少校"陈良埙等5人。同意保持联络的校尉官有百余人。郭廷亮本人缺少正确的理论指导和必要的组织才能，也没有掌握发展组织和领导政治团体的基本要领。他找到了人，没有找到心，没有进行有效的思想改造工作，没有给予正确的引导。郭廷亮和他所联络的对象，思想状况、政治觉悟依然如故。内部成分复杂，组织涣散，没有一个共同的奋斗目标和领导核心，缺乏必要的纪律约束，根本不可能成为发动重大行动的基本力量。在这百余人中间，大部分是为了追随老长官孙立人，听命于郭廷亮的几乎没有，更没有人认为和知道自己的行动是为了兵谏捉蒋，郭廷亮在做一次毫无胜利把握的政治游戏。

1955年6月初，台湾军事当局计划在台南地区举行有"总统"和"美国顾问团"检阅的军事会操，郭廷亮决定在屏东机场检阅时，采取行动，一举活捉蒋介石，成为张学良第二。遗憾的是，屏东起事无论是从政治上、军事上还是从社会背景上讲，均不同于西安事变，失败是在预料之中。

为取得孙立人的同意，5月15日郭廷亮找到孙立人说："第四军官训练班同学因部队中存有一般不良现象，拟向'总统'呈递意见书"，并准备借某部于5月中旬由营教练毕转向团教练之间的10天间为行动时间。尽管没提发动"兵变"，孙立人也没有同意，只是表示：同学勿轻举妄动，如有意见，等自己于5月25日左右到屏东后再说。

郭廷亮为鼓舞士气，视大事为儿戏，对自己所联络的对象们称：孙将军已决定在5月底6月初行动，并决定在南部某地设立指挥部，为便于行动，将乘汽车南下，沿途通知和指挥已经联络好的部队。临到发难，郭廷亮在准备兵变过程中的薄弱环节集中暴露出来：这些在各部队中的联络员，大都没有掌握所在部队的指挥全权；不少联络员在得知兵变计划后纷纷退却，其中有20多人分头向上级、政工、特勤部门报告了郭廷亮、孙立人异动的秘密。"国防部保密局局长"毛人凤突然乘飞机火速南下，统一行动，逮捕在各部队的联络员。而郭廷亮本人则在5月25日被"保密局特勤室主任"毛惕园扣押。28日仅由陈良埙乘车南下，沿途通知各联络员，可无人响应。郭廷亮8个月来的活动毁于一旦，"兵变计划"还未实施即行流产。

孙立人联络旧部、扩张势力的行动，是借助郭廷亮进行的。所以说孙、郭两个方案，是同步实施，时常交叉。如果没有孙案，则郭案无法执行；而没有郭案，则孙案也是一纸空文。孙立人升任"陆军总司令"后，在黄埔系势力遍及各个角落的军界内，时刻都有一种孤独感，与他亲近的上层人员少得可怜，数得着的只有"陆总副司令"贾幼慧、"陆战队司令"唐守治、"副总参谋长"余伯泉、"大陈岛防卫司令"刘廉一、"台湾防卫总部副司令"舒适存等人。他的旧部大都已在东北被消灭，因此寄希望于自己到台湾后主持的第四军官班的学员身上。1950

年 10 月，"陆军军官学校"成立后，以上学员中的校官队、尉官队、军士队、特科总队、政工队部分入伍生总队的队员，成为"官校"正期生，到 1954 年 3 月全部毕业下配部队。

从 1953 年 11 月下旬起，孙立人指示江云锦与以前已经毕业的"第四军官班学员"保持联系。具体方法是利用"督导组"的有利位置，通过各军的"督训官"到各团各营视察的机会，指定一个"职阶较高、学识较优、服务年资较深之同学为负责人"。孙立人自己说这样做是"因为他们这班人太多了，我不是每个人都认识，都是我叫他们多方面去联络。对部队上负责热心的，都是这样做"。

到 1954 年元月，孙立人又要江云锦把指定"负责联络责任之学生联起来"，建立横的、纵的联系。由于江云锦对这样做的用意有所怀疑，开始对联络工作"不甚热心进行"。1954 年 6 月，孙立人正式交出"陆军总司令"职务时，曾命江云锦把已指定的各联络负责人"造具名册"。江只是让"督导组副组长"于新民"写了一个很马虎的名册"，孙立人认为江不太积极，就在 8 月间召见郭廷亮，要其接替和完成江云锦的工作。郭廷亮正在筹划自己的方案，故对孙的安排"极感兴趣"，在田祥鸿、刘凯英的协助下，指定"各军、师、营，各单位之负责联络人建立系统，在部队中形成组织"。孙立人是这样解释"横的联系"的，他说："我是说在横的方面应当彼此有个比较，就是哪一个团比较好，哪一个营比较好，互相勉励，并没有说是做成像网似的做成面。"

为开展"第四军官训练班学员"的联络工作，孙立人为江云锦、郭廷亮等提供种种方便和经济上的支助。本人也经常出面，通过郭廷亮等人的安排，会见那些联络员。以上构成"孙立人事件"的主要事实，"九人调查委员会"认为孙立人对部队中"第四军官训练班学生"进行联络，"意在铸成一种力量，以为实行其意见之支持，自甚明显"。

"九人调查委员会"自 1955 年 8 月 20 日开始、10 月 8 日结束调查工作，其中包括在草山第一宾馆直接侦讯孙立人本人，最后认定他有如下责任：对第四军官训练班部分结业学生发动联络组织，其动机并不正常，虽据称此非有形之组织，虽据称用心无他，可显然企图形成以个人为中心之一种力量，行为上实有在军中"违法密结私党或秘密结社集会之嫌"，孙立人为加强上项联络组织，加派郭廷亮等更积极展开此项违法的秘密活动，虽然不知道郭廷亮的"兵变计划"，可偏听偏信，

"未作任何适当之防范,应负失察之责任";"对旧部不法言行,恒循情姑息之态度,知情不报以及其平日之管束无方与训导失当";刘凯英被追捕时于6月2日来到孙家,孙立人先是劝其回部队报到,后在刘凯英说明不敢回去后资助路费,"实有循情包庇之嫌"。

以上4条罪名,除第一条把一个老长官想保持与部下的联系,这种在国民党军队内极为普遍的现象,说成是"密结私党"、无限上纲外,其余3条基本是客观的。即使从长达16000余字的报告书看,孙立人的问题也不过如此,换个朝中红人则太平无事,孙立人则在辞职后被软禁30余年,惩处确实偏重。

四、余生在狱复为囚

继郭廷亮、江云锦等人被捕,孙立人也失去自由。1955年8月2日,经"副总统"陈诚批准,"九人调查委员会"向孙立人公布"郭廷亮案"。次日孙立人签呈蒋介石,称对郭廷亮是"职竟未警觉,实为异常疏忽,大亏职责";称联络旧部"不但有形成小组织之嫌,且甚至企图演成不法之举动,推源究根,实由职愚昧糊涂,处事不慎,知人不明,几至贻祸国家,百身莫赎"。8月20日,蒋介石发布命令,决定"'总统府'参军陆军二级上将孙立人因'匪'谍郭廷亮案引咎辞职,并请查处,应予照准,着即免职。关于本案详情,另组调查委员会秉公彻查,报候核办。派陈诚、王宠惠、许世英、张群、何应钦、吴忠信、王云五、黄少谷、俞大维组织调查委员会,以陈诚为主任委员,就'匪'谍郭廷亮有关详情彻查具报"。

此事一出,港台及西方顿时人言啧啧,存疑不少。第一,郭廷亮是不是"共谍"?调查报告书一再称郭廷亮为中共作"兵运","造成事实,引起混乱局势,实行颠覆政府之阴谋"。可从审判结果看,仅判为无期徒刑,后又假释。而当时台湾当局对"共谍"是格杀勿论,更不要说对有"兵变捉蒋行动"的"共谍"会有宽待。人们清楚地记得,国民党元老陈仪将军、"国防部参谋次长"吴石将军、前第10绥靖区司令李玉堂将军、孙立人的部下新7军军长李鸿的夫人,均以"共谍"罪死在刑场,为何郭廷亮一个少校军官能留下来?

第二,有无"兵变捉蒋"事实?郭廷亮受孙立人委托联络第四军官训练班学员固然无可否认,可"九人调查报告书"对此也是一本糊涂账,只是说"建立系统,形成组织",可未讲是什么组织、谁是领导、纲领规章如何、有何经常性的秘密活动和完整的组织系统、掌握了几团几营几连的部队。如果说连一个有形的组织、一支可靠的军队都没有,"兵变捉蒋"又从何谈起?

第三,为何就孙立人大做文章?孙立人身为"陆军总司令"和"总统府参军长",挑选几位旧部作为亲信,实属正常。郭廷亮挟"孙"行事,孙立人有所不察,本为郭廷亮之事,为何国民党当局反而把重心放在孙立人身上?

第四,孙立人并未加入"兵变"事件,为何又被整肃下台?

第五,办案何故特殊?一起被告密者说成是"政变"的案件,在主犯被抓近3月、案情已明的情况下,为何蒋介石还要组成以"副总统"陈诚为首的最高层次的"调查委员会"查处此案?能够说明以上问题的,只有一句话,那就是蒋介石已经决定抛弃孙立人,孙立人必须垮台。

蒋、孙冲突起于孙立人"陆军总司令"的第2任期内,孙的第1任期可以说是蒋孙关系的蜜月时期。当然,蒋介石的信任、孙立人的走红又是和美国人的支持、黄埔系的吃醋连在一起的,也就是说,蒋介石用孙事出有因。

一是撤台初期,蒋介石准备撤台的部队还在海南、舟山、大陈等地,台湾的守军主要是孙立人训练出来的军队,"防卫司令""陆军总司令"的人选,从实力角度出发,非孙莫属。

二是孙立人自1947年底就已脱离内战主战场,同在前线与中共决战时败绩累累的黄埔系、准黄埔系的各位头目相比,孙立人虽说是被排挤出东北,可败绩也就少得多。蒋介石在选举"陆军总司令"人选时,挑来挑去,挑孙立人多少能改善一下国民党政权的形象。

三是撤台之初,岛上军事人员来自近百个军、数百个师、各军兵种、各总部机关和地方"绥靖机构"、军管区、师管区,参差不齐,人员复杂,机构混乱,裁撤、整顿、训练的任务很重,而负责整训的又是"陆军总部"。

蒋介石让孙立人出来主持问题最大、最多的陆军整顿,并非盲目行事,而是择能从之。在蒋介石、蒋经国看来,黄埔系成员无法完成整顿黄埔系的任务,孙立人非黄埔军校出身,整顿由黄埔系控制的陆军狠得下心,下得了手,是最合适的人选。再说孙立人在训练和管理上采用的是美式方法,而国民党当局撤台后的主要保护伞是美国,按照美式要求、惯例训练、整编军队,有益于接受美援和使用美援，有益于"美军顾问团"的指挥。

四是蒋介石为摆脱撤台后的困境，想方设法争取美援。为取得美国老板的欢心，在用人上任命了一批深受美国要人欣赏的人物，如台湾省主席吴国桢、"国防部长"俞大维、"总统府秘书长"王世杰等，军事方面用孙立人也属此意。为此孙立人当上"司令"，按照军事长官两年一任、连任一届的规定，他在一任之后又连任一期。1954年6月，第二任到期后，因蒋介石已另有主意，孙立人调任"总统府参军长"。

孙立人是国民党决策圈内，为稳定军队里的混乱局面，把60万军队数十万军事人员，改编为整齐的现代化军队过程中的关键人物之一。在蒋介石、蒋经国、陈诚等的指示和支持下，军事当局完成了台湾地区的整个防卫设想。根据这一计划，防卫上分为金门前线、澎湖前线、东部守备、北部防区、南部防区、中部防区等6个作战区域及相应的作战规划。在设置新的作战规划的同时，为使编制与之相适应，军事当局大刀阔斧地进行了军队整编，裁并机构，取消番号，淘汰老弱，清理编制。在他任内几乎每年整编一次，把国民党在大陆时保持的400余万军队编制和近百万撤台军事人员，彻底打乱，重新编队，缩编为两个军团4个军和台湾、澎湖、金门、大陈等4个防卫部近30万人，基本确定了台湾的陆军规模，以后的变动都是以此为基点。

同时，蒋介石、蒋经国、陈诚等整军的另外一个内容，就是加强军事长官和军士的教育和培训，以加速军队的正规化和现代化。经过连续整顿，军队内部原有的派系现象有所克服，效率较前提高，适应了蒋介石建设台湾、"防卫"台湾的需要，为全面接受美国军援提供了条件。军事整顿，建立在蒋介石的"反共复国"的理论基础上的，有助于巩固"蒋家王朝"，成为国民党当局在台湾地区的重要保障。

在这一过程中，孙立人是负责陆军方面整顿的具体执行者，因此成在整军，败亦在整军。同为"整军"，曾经得到蒋介石的赞扬，却也为蒋介石所不容。

一是孙立人的整顿，侵犯了黄埔系的利益。黄埔系在孙立人的眼里，始终是一帮练兵不精、打仗没有章法、官官相护、吃空额喝兵血、胡作非为的草寇。自己受气于黄埔系已多年，只因黄埔系势力庞大，一直没有教训他们的机会，如今蒋介石的整顿令在手，整治这帮不法之徒的时机已到，决不手软。因此，在整顿中黄埔系、准黄埔系花费30年创建起来的军事局面，全部被打乱，用人惯例、人事安排全部被取消，成批成批的"两系"将领被撤离岗位。虽然都知道这是蒋介石的安排，军队主官大都还是黄埔学生和中央军校学生，可失意者都把此记在孙立人的账上。军界上层一片反对之声，编余军官群起而攻之，为改变自己被整肃的命运四出告状，到蒋经国、陈诚、何应钦、顾祝同等人处进谗言，诉说孙立人不是的黄埔系成员络绎不绝。积非成是，孙立人要"整垮黄埔系"的说法不胫而走，蒋介石当然不允许孙立人"腰斩"黄埔系的行为。这样孙立人的整军，昨天还算功绩，今天却成为罪行。

二是孙立人的整顿，配合了蒋家父子在台湾重建国民党的大业，功劳卓著，不免引起其他军中重臣的妒忌。军事上的烂摊子就是这批军中重臣留下的，可收拾烂摊子的却是孙立人，军中重臣当然不甘充当孙立人的反衬。于是妒火中烧，台上赞成，暗中拆台，台下加入倒孙大合唱。军中重臣以陈诚为首，而孙立人又是陈诚自抗战中期以来极力排挤的对象，"倒孙"过程中陈诚之卖力可想而知。这帮军中重臣大都曾帮助蒋介石篡权上台、30多年来一直被蒋介石视为心腹股肱，他们的意见往往能影响蒋介石的决策，所以孙立人必倒无疑。

三是随着孙立人整顿的进行和时间的推移，蒋介石自己的态度也起了变化。蒋介石到台湾后的一条基本路线就是为蒋经国接班上台作准备，军事方面也是这样。孙立人在整编过程中，起用了一批深受蒋经国赏识的军人，这是符合蒋记基本路线的，也是得到蒋经国赞同的。可是蒋经国此时出任"国防部总政治部主任"，正利用政工系统全面干预军事指挥事务。孙立人从西方军事管理理论出发，对过去在前线率领新1军时受到的政工系统的干扰，记忆犹新，更对现时无处不在、蒋经国政工势力的牵制分外反感，故把削弱乃至取消政工系统也列为陆军整编的一大内容。当他让"美国顾问团团长"蔡斯提出这一建议后，除得罪了大多由军中特务担任的、权力很大的政训人员外，也得罪了蒋经国，从而得罪了蒋介石，蒋、孙分手难免。

孙立人在台湾军界成为不受欢迎的人，本无关系，国民党上层不得人心、照样当官的人不在少数，问题是孙立人与蒋介石之间的矛盾迅速激化。蒋介石看不惯孙立人那高傲、盛气凌人的气势，"孙司令"平时缺少黄埔系成员的那股"机灵劲"，说话坦率刺耳，作风明快偏激，断事利落无情。特别是孙立人很受美国方面的宠爱，在"美国顾问团团长"蔡斯眼里，只有孙立人，而无他人。孙立人更挟"洋"自重，目空一切，蔡、孙的亲热关系，刺激了包括蒋介石在内的台湾军政要员。孙立人只尊不敬的态度使蒋大为不满。在蒋的眼里，孙立人成为一个不可不用、不可久用的人物。"不用"，人才难得；"久用"则恃才傲物。如今已到结束"久用"的时候。

蒋介石时机选得很准，此时美国已经准备在干涉中国内政的黑路上走下去，维持台湾当局的统治，反对新中国，运到台湾的美援已经进入正常化、制度化阶段，蒋介石不必整日为美援能否准时到来而担心，也不必再用美国方面喜欢的官员来争取美援，所以在两年前结束了孙立人的好友，即同样看不惯蒋经国横行霸道的吴国桢的政治生涯，王世杰也因吴国桢事件被赶出"总统府"。在这种美援不断的国际背影下，孙立人下台的时机到了。

从台岛内部政治发展看，军事整顿已告一段落，按下来进入正常时期，不再需要"军中强人"。尤其是孙立人这样倚仗美国支持的"强人"存在，将会威胁到蒋介石的权威，增加蒋、孙之间的摩擦系数，成为蒋经国接班路上的障碍。蒋介石清醒地看到这一点，为消除后患，像当年在东北长春一样，调虎离山，于1954年6月，任命孙立人为"总统府参军长"。"参军长"位置不低，可实权远不如"陆军总司令"，根本没有指挥一营一连的机会。明眼人知道，这是孙立人被贬职的信号。

蒋介石不用孙立人，贬职可以，撤职也可以，但是施以如此重罚，实乃准黄埔系、黄埔系头目所为。过去他们作为统治集团内部的主流派，对孙立人宿怨已久，到台湾后，偌大的黄埔系竟成了孙立人玩弄的对象。孙立人本人更是招摇过市，神气一时，黄埔系看在眼里，恨在心里，真可谓之旧恨未了，新仇又添。该系内藏龙卧虎，岂能咽下这口气？

就在孙立人上任"参军长"，不再直接控制部队、加紧进行旧部联络之际，尾巴被黄埔系及特务机构揪住。为整倒孙立人，"联络旧部"说成是要在军中建立"纵的横的联系网"，负责此事的郭廷亮被说成是"匪谍"；郭的活动被说成是借孙立人的名义进行受中共指使的"兵运兵谏""制造大变乱"；孙立人则被说成是参与"共谍"所进行的阴谋活动，并是郭廷亮他们推举的最高长官。在陈诚等人的指使下，一桩错案就这样制造出笼。由于孙立人地位特殊，时任美国总统的艾森豪威尔和五星上将麦克阿瑟等国际级闻人，致电蒋介石对孙立人"慎重处理"。一贯对西式文明有好感的蒋夫人宋美龄也极力为孙立人辩护。蒋介石不得不任命

"副总统"陈诚为首的"调查委员会"，专门调查此事，以示重视和认真。最后"调查委员会"对孙立人的责任进行了部分澄清，把孙和郭的关系加以区分，把"参与"改成"包庇"。但是，关于郭廷亮的问题还是全盘肯定，这同样决定了"孙立人事件"的性质。因此可以说，孙立人垮台是第二次也是最后一次受害于黄埔系。

蒋介石在得到孙立人参与"共谋发动的兵变"报告后，眼前马上映现出当年在西安临潼华清池东躲西闪被活捉下山的狼狈样，不禁龙颜大怒，语无伦次，一再表示要对孙立人施以重罚，由于此案钦定及黄埔系的倒腾，任何调查结果都不会改变孙立人的命运。

孙立人得知郭廷亮等将在会操期间向"总统"呈递意见书的报告后，定于1955年5月28日去台南转屏东。郭廷亮被捕后，孙立人已处在特工部门的控制之下。蒋介石为防止意外，要孙立人30日与自己起乘飞机南下。6月6日，在台湾最南端的机场举行南部7万驻军校阅，为保证因"孙立人事件"惊魂未定的蒋介石和"美军顾问团团长"蔡斯、美军第8军军长泰勒的安全，特工人员两度对会操场地反复仔细检查，校阅也因此推迟两小时，延至11时30分举行。当日晚，蒋介石为从韩国飞来的泰勒洗尘，参加过检阅的孙立人也应邀出席。6月15日，"国防部长"俞大维主持黄埔军校校庆并为蔡斯任满返美举行的宴会上，蔡的好友、"参军长"孙立人没有出现，他已失去自由。待事实基本查清后，因台北不便控制，官方强迫孙立人迁往台中居住。

在台湾上层社交圈和社会各界的疑惑之中，孙立人在台中开始了为期33年的囚禁生活。他离开了灯红酒绿、热闹非凡的政坛，冷清、凄凉、孤独，再无以前的前呼后拥、居高临下之势，虽说不服气、不习惯，可有张学良被关押大半生的明鉴，孙立人也无过多的奢望。每年除到台北荣民总医院做一次例行体检外，平时极少去台中以外的地方，由特工人员"保护"在家闭门思"过"、读书、养花。

直到蒋介石病死后，继承父位的蒋经国曾派"总统府秘书长"马纪壮到台中探视孙立人，试探孙将军愿不愿意去见蒋经国，岂知秉性刚直的孙立人数十年来"思过无效"，对蒋家的"恩泽"领教不浅，不愿去见这位曾经参与置自己于死地阴谋的过去"太子"、今天的"天子"。只是提出3点要求：正式退役、请当局代修住房、恢复自由。由于孙立人冷落了蒋经国，结果是"代修住房"总算完成，"正式退役"的退役金由70万元减为50万元，"恢复自由"则是在蒋经国1988年1

月 13 日病故后才实现。

  1988 年 3 月 20 日，经"总统"李登辉批准，一直负责"随时察考"孙立人将军的"国防部"，派出"部长"郑为元，来到台中孙家，宣布"你现在已自由了，你愿意干什么就可以干什么，你爱上哪里去，就上哪里去，并可以同任何人交谈"。此时孙将军已经 88 岁。此后逐渐恢复了一些基本公民权利的孙立人，一直在等待着官方澄清事件真相、纠偏平反日子的到来。两年半后，1990 年 11 月 19 日，老人在等待中死去。

蒋介石的文胆

陈布雷

蒋介石在大陆时期的"文胆、智囊、大秘"有不少，出名的就有程沧波、胡健中、黄少谷、陈方、李惟果、陶希圣、陈布雷等人，其中最为蒋介石所倚重、为蒋介石服务最多的要数陈布雷。

二十余年间，蒋介石的一篇篇文章、一次次讲话，侍从室飞出的一道道指令，一页页电报，几乎均出自陈布雷之手。陈布雷，早年为名副其实的秘书，即文件由他起草，交蒋介石定夺；中后期则为名副其实的秘书首席，即有一套秘书班子起草文件，再由他修改、润色后送蒋介石。

想当年，虽说在国民党上层政治舞台前台，陈布雷出头露面时而有之，颐指气使却从未有过，胡作非为更是闻所未闻。可他作为最高决策中心的首席笔杆，笔尖底下风云狂卷，公文纸上波涛汹涌，地位之显赫，位置之重要，非常人所能想象。具有讽刺意义的是，就这样一位不同凡响的人物，最后自尽而去，给人们留下不少话题和疑惑。

一、上海滩上的"名报人"

陈布雷起家，不是在投靠蒋介石、当上蒋介石的私人秘书之后，而是在靠文章和办报出名后再为蒋介石所看中。

少年的陈布雷不同一般。此人为浙江慈溪人，家境中等，1890 年 11 月 15 日出生。名训恩，字彦及，号畏垒。至于"布雷"，则是上学时同窗好友送给他的绰号。1936 年他写成回忆录，书中记载下自己幼时、少时的读书生活，5 岁时由父亲教认生字，7 岁时读《毛诗》《尔雅》，8 岁时读《礼记》，9 岁时读《春秋左氏传》和《唐诗》，10 岁时学 24 史，11 岁时读《周易》，12 岁读《公羊传》《穀梁传》。

传统方式的教学和熟读代表中国传统文化，集政治、历史、文学、礼仪、道德、做人等各门知识于一身的经典书籍，对这一先是"文章机器"、后为"政治笔杆"的形成，有不可低估的作用。陈训恩自己记下了少时的一首七绝《秋日苦雷》，云："游子浮云梦不成，挑灯独坐夜凄凄。明朝欲向横塘路，大雨潇潇久未晴。"从中可以看出 13 岁的少年出笔不俗。

1903 年 10 月，参加"县试"。岂知初次上阵，不知深浅高低，视考试为儿戏，结果发榜时名列第 151，参加县试的人数正好 151 人。一向夸耀儿子聪明的陈父不禁大怒，着实教训儿子一顿。头遭挫折，13岁的陈训恩卧薪尝胆，发愤读书，3个月后参加更高一级的"府试"。发榜时名列榜首，取得院试资格。15岁那年，参加由浙江省府学政主办的院试，高中第5名秀才。这在封建社会里可是一件大事，慈溪陈家出了一个15岁的秀才，年少有为，前途看好。

可是，时代已经跨进20世纪，少年秀才虽奇，而科举功名已经走到尽头，不如以往值钱，要奔前程还得接受新式教育。陈训恩又到慈溪县中学堂上学，17岁转入宁波府中学堂上学。上学期间，每周一篇的作文是他值得骄傲的课程，每篇总是评为优等。

由于他在府学堂发表讲演，主张新思想，遭到旧势力的反对，被迫退学。半年后，重又考入杭州浙江高等学校预科。在校中因陈训恩年轻，脸色红润，面孔像面包，同学就用"面包"英文单词（Bread）的译音叫他"布雷"。一个玩笑，使他有了最喜欢的笔名。

辛亥年夏天，毕业离校去上海堂兄陈训正主办的《天铎报》供职，后成为国民党要角的戴季陶也在此报馆，两人在工作中互相帮忙，代写文章，相交甚欢。陈训恩的工作任务是每天须交短评两篇，每10天须交社论3篇，发稿时正式用名"布雷"，开始其报人撰述生涯。他确实是块天生的写文章料，文笔犀利，才思敏捷，一坐办公桌前爬格子时，下笔千言，落笔成文，报纸所需的评论和社论一挥而就。文章不乏精彩之处，有骨有肉，有色有味，不缺传统儒雅，又有新式时尚，颇能吸引人。写到得意处，摸出常备不懈的白玫瑰酒，小酌一番，菜是每日必购的2角小银币的酱牛肉。他的才华和卖力，并没有给自己带来好运。总编辑李怀霜妒忌他，40元的月薪一直不给增加，他一气之下辞职回家。

从1911年底起，陈布雷在宁波效实中学任教，并加入同盟会宁波支部。两年后出任校长。执教之余，继续从事新闻写作投稿，上海的《申报》聘他为特约评论员，经常能见到他的文字。地方小报《四明日报》几乎每天都有他的短评，陈布雷已和新闻结下不解之缘。

1921年1月1日，堂兄陈训正和汤节之等人创办的《商报》在上海创刊出版，特邀陈布雷为编辑主任，同事中有一位闻人潘公展。陈布雷虽为主任，每周仍以"畏垒"署名发表评论6篇。文章很有特色，为社会所看重，《商报》成为上海滩各界人士必看的报纸，都想知道"畏垒"今天又作什么文章。

陈布雷闯出局面，名声日起。有人称他为"民国以来，在言论上最有特殊成就的名记者"。也有人说，"全国报界主持社论之人才，寥寥不多得。其议论周延，文字雅俊者，南（方）惟陈畏垒而已"。还有人把他与报界名人北方的张季鸾平称齐名，称"北张南陈"。1926年，国民党要员邵力子从广州到上海，约见新闻界朋友，宣传广州国民政府的政治主张和大革命形势。席间遇上陈布雷，视为知己，特意代表蒋介石送上一张有蒋介石签名的照片，以表达蒋介石的仰慕之情。这可算作是蒋、陈合作的先声。以后蒋介石多次派人来传话，邀请陈布雷以记者身份前往视察。

1926年11月上旬，北伐军三度进攻拿下南昌城，蒋介石已经在筹划"分共阴谋"，准备公开反共，建立自己的政府。这样就需要人才，尤其是需要一个有才华但不傲慢、有主见但不倔强、善于出谋划策而又能体会蒋意、工作肯干卖力而又能毫无怨言的人出任自己的私人秘书。

合适的私人秘书是非常重要的，秘书可以把自己的点滴见解变成一个有声有色的方案；把片言只语变成一篇切合时宜、富有鼓动性的讲稿；把零散文字变成一篇高水准的文章。蒋介石挑中陈布雷，之所以这样选择，反映出蒋对陈的偏爱。陈布雷当编辑多年，顺从不盲从，早已习惯于领会上峰的意图，知道如何把上司的意图创造性地编织成上面所喜欢的文章，再则他又是能干、会干、生活检点之人。终为蒋介石所看中，由一个十里洋场的名记者一下子成为全国朝野瞩目的人物。

二、总司令部的"聪明人"

蒋、陈合作，陈布雷办事，蒋介石放心。陈对蒋是竭心尽力，忠心一片；蒋对陈则是重用不疑，信任尤甚。

1927年春节前夕，在报馆节日休刊之际，陈布雷和潘公展一起赴南昌。一到南昌城，因蒋介石远在庐山，由时任代理国民党中央常委会主席的张静江负责接见。蒋介石从牯岭回来，立即约见二人。交谈之中，劝两人加入国民党。经蒋介石和陈果夫介绍，两人办了入党手续。由此可见，蒋和陈一开始交往，蒋就很是器重陈。在蒋介石的挽留下，陈布雷没有随潘公展一起返沪，被当作上宾，特邀到北伐军总司令部居住。他的前室邻居是总司令部总参议张群，对门邻居是蒋总司令的好友黄郛。

从此以后，陈布雷就开始成为蒋介石事实上的私人秘书。总司令三天两头找他谈话，会商，让其起草文书。南昌期间陈为蒋起草的一篇重要文稿是《告黄埔同学书》。

蒋介石发动反共政变后，陈布雷回浙江省出任省政府秘书长，当时的省政府只有省主席主事，副主席一般都不多，有的话也不管事，省政府秘书长成为事实上的二把手。他在国民党内的第一个职务就是如此之高，确实不凡。在国民党内，一个刚加入国民党才几月，除任过中学校长外从未担任过什么官职的人，一步高就省府秘书长，仅此一例。时任此职的人，一般均为在同盟会、中华革命党、国民党活动多年的人，或是北洋时期就已是南北政坛上的活跃之人，陈布雷破例高升，非他因，只因他深受蒋介石的赏识。即使在蒋介石赏识的人中间，未相交几日就高跳龙门的人，也是就此一例。

1927年6月，浙江省政府秘书长的椅子还未坐热，陈布雷辞职而去，赴南京就任国民党中央党部书记长。第二次破格提拔，正式进入中央决策核心圈。8月，蒋介石在"宁汉分裂"时下台，仆随主便，陈布雷在为他起草好《辞职宣言》后也宣布辞职，和蒋介石共生死同进退，对蒋是一片忠心。蒋介石下野后，与张群等一起去日本，本想让陈布雷一同前往，只因他不懂日语而作罢。陈布雷回到上海后，应邀为《时事新报》特约撰述，任务是每10天写3篇社论，工资150块银圆。

1928年1月，蒋介石复职，重任国民军总司令。飞赴南京时，带上陈布雷一同上任。几天后，蒋介石让陈立夫出面，邀请陈布雷出任总司令部秘书长。如此高职吓得他不敢前往：陈布雷是聪明之人，对自己是了解的，在国民党一无资历，二无建树。对官场更为了解，自己无一分功劳，无法服众，凭空出任总司令部秘书长，在国民党内争权纷争不断的情况下，要么是无所作为，要么是被赶下台，还不如趁早拒绝。更重要的是，此时的陈布雷初涉官场，还未染上官瘾，书生气未泯。他对说客陈立夫说："余之初愿在以新闻事业为终身职业，如不可能，愿为公（蒋介石）之私人秘书。位不必高，禄不必厚，但求能有涓滴为公之助。然机关重职，非所能任。"然后他离开南京，回到上海，担任《时事新报》总主笔。这对一个从事多年新闻工作的报人来讲，是一个梦寐以求的职务。

事到如今，陈布雷要抽身因民党官场已经不可能，蒋介石无法离开这个好助手。

就这样他作为蒋的私人朋友，来往于南京、上海之间。1928年8月，"二期北伐"结束，蒋介石经武汉去北平祭扫孙中山，陈布雷陪同前往。途中为蒋介石起草两篇重要文稿，一是蒋介石为改组政府、出任国民政府主席而辞去国民军总司令职的《辞职呈文》；二是蒋介石西山祭灵时用的《祭告总理文》。1929年3月，国民党第三次全国代表大会召开，党龄才两年的陈布雷当选为中央监察委员会候补委员。当选后陈布雷自己也不明白，没想到国民党的全国代表大会如此儿戏，把他也选上，赶紧上书胡汉民、谭延闿、蒋介石三常委，力辞候补中监委职。辞职未成，于8月调任浙江省政府委员兼教育厅长。

陈布雷身在浙江杭州任厅长，帮蒋介石起草文件却是最重要的工作。常常蒋介石一个电话，陈布雷赶紧携带文房四宝，悄悄去南京。他的朋友、同事就曾说过：只要陈布雷匆匆赴宁，就知道蒋介石要有大文章发表了。甚至"中原大战"时，蒋介石赶到前线在火车上指挥作战，也不忘带上陈布雷，蒋在前线发表的《告中央各同志书》就是陈的大作。1930年12月，蒋介石兼任教育部长，提名陈布雷为常务次长、政务次长兼中央宣传部副部长。1931年12月15日，"倒蒋"各派集中广州，召开"非常会议"。在广州方面的坚决要求下，蒋介石第二次下野。同时陈布雷也再次宣布辞去一切职务，此次辞职未准，而是重回杭州任教育厅长，直到1932年初淞沪抗战起，国民政府设军事委员会，蒋介石任委员长，陈布雷再回南京，任秘书处长至1934年。

从1927年以来的数年间，陈布雷虽然没到官邸任职，没有当蒋介石的秘书；虽然做过党务官员、行政官员，但事实上就是蒋介石的私人秘书。此一时期，蒋介石的重要文章、演讲、文稿，几乎都是出自陈布雷之手。他成了为国民党统治服务、被蒋介石操纵的"文章机器"。

三、国民党内的"异常人"

在国民党上层，几乎人人都曾抱怨过蒋介石对他们的分内之事横加干涉，挑剔更为常见。而陈布雷替蒋介石所写的文章、起草的文件，深受蒋的欢迎，更无挑刺一说，真有一字千金之意。契机在哪儿？陈布雷办事，蒋介石放心矣。平时蒋介石见到比自己小4岁的陈布雷时，都得客气地称一声"布雷先生"，可见两人关系之"铁"。其他大员见到陈有如此绝招，不无他意地称他为"大手笔"。

陈布雷的绝招，说"绝"是"绝"在正到火候上。替蒋介石写文章，实属不容易。比蒋自己写得差，蒋不高兴，反映不出"才华"；比蒋自己写得好，蒋也不喜欢，一国之君是最聪明的，手下臣民岂能超过主子，不是有意贬蒋、压蒋、笑蒋无能吗？照搬蒋的原意不行，这样会枯燥无味，而且发挥过多也不行，这样会偏离蒋意，也会引起不满。一句话，文章要写得比蒋介石的原意要好，还要让蒋介石看出是他自己的意思和作用。

陈布雷就有这般功夫：替蒋所写的文章，主题是蒋介石预先定夺的，但有发挥；套路是蒋预先设计的，但有新意；格式是蒋所喜欢的，但有新招；见解是蒋原有的，但更完美些；语言是蒋常说的，但有提炼。这样照搬不失提高，提高不失原意，出来的成品，比蒋介石原来设想的要好，似乎比蒋原有的又好不到哪里。难就难在对蒋某人的内心，要能够完整不漏地揣摩出来，再巧妙合理地加以阐述，恰如其分地加以表达。作出来的文章，符合蒋介石的水平和风格，看不出刀笔吏的成分，这是陈布雷的独家功夫。蒋介石的其他秘书就远远不及，只要陈布雷一请假休息，那剩下的文胆就"苦"了，一篇文稿不来回折腾数次在蒋介石那里是通不过的。

陈布雷结束"业余秘书"的经历是1934年5月。当时蒋介石为"围剿"中共中央苏区，正在南昌行营指挥战事，理论和文字工作离不开陈布雷。再把陈动辄从京沪请来不甚方便，干脆任命他为行营设计委员会主任。设计委员会实为蒋介石的智囊团，成员包括行营秘书长、参谋长及各部门主管首长，主任陈布雷实为蒋介石的首席智囊、第一笔杆、最强文胆。陈布雷经过7年官场，资本渐厚，蒋介石身边舍我其谁，以往的一番客气也免了，马上走马上任。在南昌期间替蒋介石写出一篇蒋自己一生看重的文章《敌乎？友乎？》，以"徐道邻"的笔名送上海《外交评论杂志》发表。该文一方面为蒋介石自"九一八事变"以后执行的对日退让、妥协外交路线辩护，一方面对日寇的侵略也提出了一些与过去不同、较为强硬的主张。

1935年10月，中共中央红军退出中央苏区后，为"围剿"红军特设的南昌行营已无存在的必要。行营撤销后，委员长侍从室改设1、2两个处。1处主任是原侍从室主任晏道刚，设总务、参谋、警卫3个组。2处主任为陈布雷，设秘书、研究两个组。后来又成立以陈果夫为主任的第3处，主管人事和培训。

"侍二处"作为蒋介石的秘书班子，陈布雷则为首席秘书。陈布雷的秘书蒋君章把"侍二处"比作清王朝的"军机处"是不无道理的。"侍二处"的服务对象只有1个人，就是蒋介石。凡是有关党政经社文军警宪特团各机构向蒋介石提出的报告和请示，包括政治情报在内都由"侍二处"先加整理和附上处理意见后再送蒋介石。蒋介石下发的指令、电报、批示则也由"侍二处"起草。这样陈布雷已由蒋介石的笔杆子变为国民党的印把子、"守印人"，不再是仅为蒋介石起草文稿的"文章机器"，还开始掌握巨大的权力。

尽管不能代替蒋介石决策，但是可以帮助思考，平章国事，帮助蒋介石的大脑工作。尽管没有蒋介石的首肯，陈布雷无所作为，但是可以影响蒋介石观点的形成、左右蒋介石最后下决心。对下，则成为既神圣不可犯又神秘不可测的谁也不敢惹的人物。国民党官场腐朽流行，互相推诿、不负责任、互挖墙脚为常事，即使是挂着蒋介石名字、由侍从室批下来的"圣旨"也常落得有始无终、虎头蛇尾的下场。然而署名"蒋介石"加署"侍秘二"即陈布雷下发的公文，则是非办不可的。国民党的"财神"孔祥熙曾对拿着蒋介石署名的电报来要钱的人说："你晓得委员长名字底下，还有一串字咧！'侍秘二'是最有效的。"像孔祥熙这样的人，对陈布雷也如此认真，可见"侍二处"和陈布雷的位置不一般。在陈布雷的"侍二处"向上或向下起草文件时，多一句或少一句，对下面却往往起到不平常的作用。国民党内中、上层官员谁都明白这个奥秘，故谁也不敢轻易得罪陈布雷。"侍二处"和陈布雷的话当然就有效了。陈布雷当上主任，从事和完成的事主要有出任要职、出手作文、出谋划策等。

一是出任要职。陈布雷除任"侍二处"主任外，还兼任不少重要职务。1935年11月，陈布雷在国民党第五次全国代表大会上，当选为中央执行委员和中央政治会议副秘书长。全面抗战开始，军事委员会增设秘书厅，负责人是张群和陈布雷。中央政治会议改为国防最高会议后，正、副秘书长还是他俩。1938年7月，"三民主义青年团"成立，与此从不挂边的陈布雷出任临时中央干事、常务干事。全面抗战胜利后，委员长侍从室改组，第1处大部改为国民政府总务局，第3组（警卫）改为军务局，第2处第4组（秘书）改组为国民政府政务局，第5组（研究）取消，后来增设的介乎于1、2处中间的第6组归军委调查统计局。陈布雷担任10年之久的"侍二处"主任职自动去职,专任国防最高会议副秘书长。1947年4月,国民政府改组,成立国务会议,为国务委员。同时恢复中央政治会议,出任秘书长。1948年5月,蒋介石当上总统,原拟让陈布雷出任总统府秘书长,但陈则坚持出任国府委员兼总统府国策顾问。至此为止,陈布雷的官职有变,但性质未变,一直作为蒋介石的最高幕僚,参与机要,起着首席私人秘书的作用。还有一个"未变"是陈布雷虽然早已不当主任,可人们一直称他为"主任"。因为只有这个"侍二处"主任职,才能真实地反映出他的身份和在国民统治集团内部、在蒋介石眼里的地位。

二是出手作文。陈布雷当"侍二处"主任和秘书长后,蒋介石的文章还是由他作。1935年11月,蒋在"五全"上的外交报告,就是他的手笔。反映"九一八事变"以后,国民党当局对日寇的侵略一再退让妥协的名言,"和平未至绝望时期,决不放弃和平;牺牲未至最后关头,决不轻言牺牲"就是来自此报告。西安事变和平解决后,蒋介石回到南京,首要之举是如何描述这段不寻常的经历,遮盖因为不抗日而被部下关押的"丑事"。很快,一本不清不楚、是非不明的书《西安半月记》出版了,此书是没有去西安的陈布雷所作。1938年12月22日,日本政府发表第三次对华声明,提出建立"东亚新秩序"。26日,陈布雷接到蒋介石的指示,用1天时间起草好蒋委员长驳斥近卫声明的讲演词。此文被张季鸾称为是国民党抗战中"第一篇有力文字"。

抗战期间,陈布雷不仅为蒋介石准备大会小会的开幕词、闭幕词,记录整理蒋介石会见外国要人时的谈话,起草各种宣言、公开发表的文章、重要会议的文件,还为蒋介石起草过一批理论文章。如《行的道理》《政治的道理》《三民主义之体系和实施程序》等。不过需要说明的是,1943年3月,正中书局出版的蒋介石的两大代表作之一《中国之命运》的起草,不是陈布雷所为。当时蒋介石急于为发动第三次反共高潮作舆论准备,此时陈布雷又在成都养病,故请另一兼职文胆陶希圣所作。

三是出谋划策。向蒋介石提供咨询服务的人很多,文武要员都有,其中陈布雷是专职的。他的计多谋绝,就像蒋介石喜欢他的文章一样,对陈大多言听计从。这表现在两方面,一方面蒋介石在做出重大决策之前,定要听取陈的意见,再由陈起草最后的决策条文。例如1948年6月成立国民党行宪后的第一届内阁,行政院长一职原定是不久前为成立新内阁作准备而辞职的张群,由于国民党内有不少人提出此职应由"没有派系倾向的专家来担任",蒋介石改用翁文灏。此事的内幕是陈布雷向蒋介石力荐。翁虽为留欧的地质博士,从政多年,任过资源委员会主任委员、经济部长、战时生产局局长,但要让蒋介石撤张(群)换翁(文灏),同意换马确非易事,此事只有陈布雷能办到。一方面是蒋介石做出决定,再由陈布雷从各方面加以权衡,加以完善,贯彻下去。例如1945年底,昆明西南联大的学生,掀起制止内战、实现和平、成立民主联合政府的爱国民主运动。蒋介石倒行逆施,下令解散学校、遣返学生回家。陈布雷没有奉谕照转了事。他心里明白,此令一下无疑是火上浇油,学潮更烈。故先劝蒋介石收回成命,再派人拉拢学校的教授和职员,暗中分化学生队伍,并让学生家长召回子女,离开学校,最后一招是命令昆明驻军作好接管学校的准备。他的招数不露锋芒,更有欺骗性,也达到了镇压学潮的目的。当然爱国学生是不会上当的。

陈布雷在国民党统治集团里起着不可低估的作用。对此,一位私交曾经问过陈布雷:你对蒋介石的贡献究竟在那里?陈布雷稍加思考后答道:蒋介石为火车头,"有时拉着国民党的火车,在不平的路基上跑得太快,左右摇摆太大时,我的作用等于'刹车'。必要时可使速度稍减,保持平稳,这就是我一点微小的贡献"。他这样来比喻与蒋介石的关系十分恰当。事实上,国民党这列火车,在蒋介石的控制下,不但没有平稳,最终还是颠覆了。

陈布雷虽然权倾朝野,受人注目,可谨慎从事,在官场上以"俭朴""高效率"著称,被蒋介石称为"一代完人"。

国民党内不被蒋介石训斥的人不多,而不让其他派系和大员暗中骂的人更少,陈布雷可以说是最不引起非议的人物。平时不越权,蒋介石满意;有才干,蒋介石欣赏。权重而谨慎,位高而检点,非关键时刻不说话,非深思熟虑不行事,他人无辫子可抓。是故陈布雷的位置从来没人争过,也从未受到国民党内众多派系的威胁,这在国民党内是少见的。作为陈布雷本人,在官场上和他人比起来,确有异常之处。

一不搭攀派系。国民党上层的派系之多人所周知。蒋介石的嫡系就分为4派,党有CC系,政有政学系,财有孔宋系,军有黄埔系。时常与蒋作难的其他派系则有胡汉民系、汪精卫系、太子系和西山会议派等,此外还有影响、规模和实力比较大的南北12家地方实力派。以上派系相互之间,明争暗斗,争吵不休。一时拳脚相加、互不相让，一时又举杯言欢、和好如初，闹得国民党内乱无定数。如谁想坐稳交椅，就得选投山门，加入派系，以免被他人弄下台，依靠自己所在派系的力量加强自己的地位。一次，重庆《新民报》的女记者问陈布雷属于国民党中的哪一派。陈回答道："这个问题，好比待字闺中的少女，有人问她：你的爱人是谁？她势必难以答复。我告诉你，国民党中我的好朋友甚多。如张群先生、吴铁城先生、陈果夫先生、陈立夫先生、陈诚先生、朱家骅先生等都是。"

陈布雷确是国民党中无派自重的人。对派系，他是搭不上，当初投靠蒋介石时，其他派系都已初具规模，"关门弟子"已经收完，领导圈子已经形成，他来晚了。再则陈布雷也不用搭，因为他一进国民党的门就权大无边，尤其是在蒋介石的身边主事，无人能撼这棵大树。其余大员上门巴结还来不及，都想从他那里找到接近蒋介石的捷径，岂用陈布雷担心他人拆台？还有陈布雷也不愿搭，他的地位引人瞩目，各派头目都来活动过。可陈知道，加入一派反而会受到限制，成为其他派系攻击的目标，还不如超然处置，玩派系于股掌之上，周旋于各派之间。每当国民党内派系矛盾尖锐时，就利用自己的有利位置加以调和；每当国民党内权益分配时，就建议蒋介石尽量照顾到各派的情绪，四处做好人。所以他的人缘不错。

二不抛头露面。这是他的高明之处，出人头地者再好出头露面，更易遭人非议。陈布雷熟读经书，深知历史明训，当然不蹈此辙，低调做人。自当上"侍二处"主任后，还是当编辑时养成的习惯，喜好关起门来作文章。一到写字台前，一坐就是半天、一天乃至数天不动窝，偶尔在公开场合活动。1948年3月，国民党召开国民大会，他被浙江省的"代表"联名推举为主席团主席候选人。陈布雷知道后一口拒绝，最后连大会都是让秘书代劳参加。其喜静不好热闹的性格是陈布雷在官场上长盛不衰的原因之一。蒋介石也为他不争于官场而感动。陈布雷50岁时，蒋介石亲笔书幅"宁静致远，淡泊明志"祝寿。陈布雷不是不争名不争利，而是他有权有势，不当部长可以决定部长的去留，不上主席台可以改变大会的决定，也是别有一番情趣在心头。在幕后掌握台前人物的政治春秋、阅尽达官贵人的花开花落，更是一种高层次的满足。

三不取巧怠慢。陈布雷服务的对象是蒋介石，投机不得，取巧不易，怠慢更难。陈的实干苦干，在国民党内是出了名的。蒋介石这个人难侍候，难就难在布置任务时，从不考虑是否提供了必要的准备时间，陈布雷就有这般功夫，能在蒋介石规定的期限内，如数完成，这是一难。二难是蒋介石随时都可能找他，从不分时间早晚白天黑夜，陈布雷是严阵以待，极少回家和妻儿团聚，吃住都在办公地点，随叫随到。三难是蒋介石很会挑剔，所提问题常常令人莫名其妙，无所适从，可陈布雷能够应付自如，及时完成任务不说，还包蒋满意。话说回来，要骗过蒋介石并非易事。他身边的人从侍从室主任到秘书、警卫人员，经常更换，只有陈布雷凭他的忠贞、才干、苦干、巧干、能干稳坐钓鱼台。对蒋介石来说，陈是最合适的秘书和助手。

四不奢侈豪华。陈布雷的个人生活、家庭生活很注意，不缺书生本色，基本不贪不捞不挥霍。他在蒋介石身边服务，为集中精力工作，一直与夫人王允默女士两地分居，一个南京，一个上海，两人离多聚少。尽管这样，游远、逛街、烟花巷中从来看不到陈布雷。只有他生病的时候，才把夫人接来或去家疗养一阵。日常饭桌上也无宴席时的场面，可饭菜还是挺精致的，像陈布雷这样的人，薪金不少，可捞钱的机会还是有的，不说受礼受贿，合法的是随便去哪个部门都会有人请他兼职，增加一笔收入，连秘书都会有车马费。甚至可以办公司做生意，那更是一本万利、财源茂盛。此种事在国民党要人中间比比皆是，蒋介石见陈布雷的清苦，不但是劝陈布雷同意兼职，而且还亲自给陈联系。可陈布雷只同意兼职中国文化服务社的董事长，因为此职是没有兼职费的。为此他的秘书都有抱怨，失去捞外快的机会。

一次国民党中央党部公布各位大员的汽车耗油数字，陈布雷因公务活动较多，耗油名列第一。得知此事后他大发脾气，怒责手下人，并且决定以后亲自控制用车。当然趁此机会他提出把耗油多的旧式车换成耗油少的新型福特车。就这样陈布雷尽量避开贪污、挥霍、多占的事情。唯一的享受是烟和茶水，这个文人，工作是作各样文章，脑汁绞尽，需要刺激，靠烟和浓茶帮忙，一天抽烟达50支以上。故见到友人出国点名要"三五牌"香烟。

他的行为与其说是洁身自好，还不如说既为自己又为国民党。说他为自己，陈布雷文人出身，足智多谋，城府深而老练，深知自己并无实战功劳，又无经济奇迹，仅是蒋介石的笔杆而已，而又握有令人羡慕的权力。国民党上层人人都在盯着自己，稍有不慎，辫子、话柄就会落入他人之手，很容易被人置于死地，取而代之，故不愿为生活小事而误了前程，况且他的生活还是相当舒适的。说他为国民党，陈布雷身居高位，对国民党内的腐朽阴暗最清楚，也想从自己做起，延缓国民党的失败。事实上这是不可能的,如果说他的廉洁奉公有什么效果的话,至多是死后蒋介石和其他人多说几句好话而已。

四、自杀辞世的"明白人"

陈布雷一生聪明,足智多谋,最后自杀而去,实在令人费解。

陈布雷在民国政治舞台上,可以算是一个走运、走红人物。1927年初才结识蒋介石的人,竟然成了虽说名位也高可运作权术无边的人,超越国民党内多少名家,遥遥领先。许多元老、重臣、宿将、新人都为之侧目,成为南京政府的一颗政治明星。1948年11月12日,陈布雷突然吞服安眠药自杀,明星成了流星,死因是什么呢?

有人说是"尸谏",因劝说蒋介石接受中共和平停战的建议不成,一死了之。勇于"尸谏"的人不会放弃通过遗书作最后一次直谏的机会。可陈布雷留给蒋介石和他人的一堆遗书里,没有一点"尸谏"的内容,更有检讨与共产党的笔战不力的文字,并且还要家人和同事,坚信蒋介石的领导和对付共产党方针的正确性。更何况还无其他史料能证明陈布雷在对待与共产党决战的态度上,与蒋介石为首的顽固派有何不同。二十余年来,陈布雷一直是唯蒋的意志行事的,到死前也是这样。经历加遗书证明陈布雷不是"主和派",不是"主谈派",他的死亡也不是"尸谏"。

也有人说是陈布雷因有3个子女是共产党员,受到蒋介石的训斥,开始遭到冷落,不堪忍受而自杀。此话不能服人。国民党内不少高级官员的亲戚、朋友、亲人、家属是共产党员,更有一些高级官员本身就曾是中共的朋友,他们都没有受此影响,都没被蒋介石踢开,更何况是陈布雷这样的人。再说他的子女参加中共活动,国民党当局早有所知,陈的秘书蒋君章还和陈布雷加入中共的小儿子辩论过。长期以来蒋介石并没有对陈有所怀疑,几个月前还要陈布雷出任名实一致、权大势大的总统府秘书长,怎么会到1948年11月间突然不信任了呢?可以说他的两子一女参加共产党是事实,但不是他们父亲的死因。

陈布雷的死因就是令他不安和绝望的事情。他在国民党内的地位没有丝毫动摇,党内是中央执行委员、中央常务委员,行政是中央政治会议秘书长、国府委员、总统府国策顾问,仕途问题不会成为死因;政治观点上和蒋介石从无分歧,不会成为死因；他对蒋介石的忠诚没有变，遗书中一再感激蒋介石的知遇之恩。蒋介石对他的信任也没有变，虽然蒋周围常有"主和派"和"顽固派"去游说，可这并不影响蒋介石对陈布雷的信任，蒋、陈关系没有危机，也不会成为死因；家庭内部因政治信仰不同而出现分裂，家中出了三个中共成员，此事在国民党上层确有人想做文章，借机教训一下陈布雷，压一压陈布雷，可陈本人对此事并不在意，更不担心，儿女大了父母管不着管不了，以此来整也整不倒，家庭里的信仰分歧也不会成为死因。总之一无仕途危机，二无政治压力，三无任何不测，更无弥天大罪，陈布雷纯粹是蓄意自杀，使他下决心去死的因素，可以说是国民党的败局。

一是失败在即。进入1948年11月以来，南京政府的日子越来越不好过。辽沈战役刚惨败，徐蚌会战又打响，战局一拉开就形成对国民党极为不利的局面。军事上的失利接二连三，政治上美国正在积极活动，图谋换马。桂系掌柜和美国大老板眉来眼去，合力"倒蒋"，搞得国民党上层人心惶惶。经济上币制改革带来恶果，物价以天文数字上升，民不聊生。在中共的解放军和国统区人民群众组成的两条战线联合进攻下，国民党败局已定，谁也没有回天之术，陈布雷更清楚这一点。失败之际，为之服务多年的政权顷刻之间就要垮台，心中不免充满惆怅，无限空虚，还不如死去了事，万事空也，免得坐待失败日子的到来。作为蒋介石的最高助手，谋事失败，无脸再活下去，引咎自责。如同战场上的败军之将，无可奈何时只有把死作为最后一次向蒋介石尽忠的机会。陈布雷真有点古代名士之遗风，很可惜表现得不是地方，成了国民党蒋介石集团失败的无谓的殉葬人。

二是失眠的折磨。蒋介石的助手很多，应该为失败负责的人不少，为什么只有他一人自杀，这就是他自杀的第二个因素：身体已到了垮台的地步。这是他多年的文字工作造成的，当编辑时为赶文章，不分昼夜写稿，休息不正常，生活不规律，患上严重的失眠症。当上蒋介石的秘书后，半夜三更被叫醒更是常有之事，失眠越发厉害，到了只有靠安眠药才能睡上一会儿的地步。服药量从2片增加到6片，如果不是秘书们限制的话，还会增加。一次他对副官说："这瓶药给我一下子'报销'掉就好了，省得你再操心了。"失眠和过量服用安眠药，使得他平时身体羸弱，面色枯槁，一副病态，局外人曾误认为这是抽鸦片所致。"失眠"这个不治之症，每日夜里无休止的折磨，使他对生活和存在失去了信心，终于走上轻生的道路。

以上两条只要有一条好转，他就不会走上死亡之路。国民党的失败局面和他自己的健康恶化这两个不治之症，使他提前结束了自己的生命。

陈布雷不想活下去并非一日之念，仓促而成，而是几天前就有迹象。生命的最后几天，整日心神不宁，精神处于崩溃状态。神不守舍，一反过去埋头桌案的习惯，静不下心来。往往公文没批完，又去看报纸，报纸随手一翻，又去做其他事。手下人多次见到他夹着烟卷边踱步背诵着杜甫的诗句："君不见，青海头，古来白骨无人收。"他的秘书、副官都已觉察到他的反常现象，还通知其同朝为官的弟弟和上海王允默夫人前来劝说、开导。可谁都以为他在为国民党的失败而担忧，没想到要去死，故稍加劝说后就各自回去了。再说真准备死的人，劝是劝不回来的。

1948年11月10日中午过后，陈布雷参加中央政治会议回来后，一反常态。往常是午饭后点上一支烟，与办公室里的助手们聊上几分钟，然后上楼休息。然而这一天竟然一谈就是两个小时，从当年秀才落第到在《天铎报》替戴季陶写社论，及进侍从室后的要闻大事，听得大家兴趣盎然。回忆完往事，已近傍晚，陈布雷盼咐副官晚上不会客后就上楼休息。白天的回忆使他可以不留遗憾地死去，晚上的休息则是起草遗书了。第2天，国民党中央党部举行孙中山诞辰84周年纪念活动，陈布雷请假未去，为死去作最后准备。上午理发、洗澡，午睡后先后有上海市市长吴国桢和总统府军务局长陈芷町来访。客人走后，陈布雷和副官乘车前往玄武湖和中山陵一带游玩，途中大有告别之意，最后下定自杀的决心。

回到公馆后，陈布雷饭也没吃，匆忙上楼。当天晚上办公室里只有副官陶永标在家，首席秘书蒋君章应邀去"中央"日报社赴宴，另外翁、金两秘书也因事外出。陈布雷一上楼（办公室和卧室均在楼上）以后就再也没有动静。晚上9点半，蒋介石侍从室来电话通知陈布雷次日上午8点半去中央党部开会。蒋君章秘书回来后见楼上有灯光，但没上楼问候。

13日早上，以往7时许起床的陈布雷没有起床，房门紧锁着。9点钟侍从室来电话催开会，蒋君章回话说"陈主任身体不适，今天还未起床"。近10点还无动静，人们感到不对头。陶副官从气窗翻进屋里时，发现陈布雷已经僵硬地躺在床上，胸口仅存一点微温。匆匆赶来的总统府医官陈广煜、熊丸检查后断定，两小时以前心脏已经停止跳动。也就是说，他的随从如能像以往那样7点左右查询的话，还能有一丝救活的可能。蒋介石的文胆陈布雷留下给蒋介石、张道藩、陶希圣、秘书、妻子、子女等人的10封遗书后，吞服巴比妥安眠药自尽，时年58

周岁。陈布雷在死前已把后事一一安排完毕，遗书中连什么样的椅子交还什么单位都交代得清清楚楚，就这样有计划、有准备地结束了自己的生命。

蒋介石对陈布雷的突然死去，非常悲哀。得知死讯时，脸都变了颜色，并且宣布停止正在举行的中央党部会议，驱车去陈住处。见到遗体时眼圈都红了。蒋介石亲自出席公祭典礼，并送上题有"一代完人"的挽额，还特意写祭文，怀念这位助手。

国民党的另一元老于右任送的挽联是"文章天下泪，风雨故人心"。说到文章，陈布雷进侍从室后，文章上都署上了"蒋介石"的名，无所谓他的文章了。设想当年陈布雷如不从政，心灵不被扭曲，继续他的名报人生涯，在这二十余年中，真可写出令天下落泪的文章了。

国民党对日交涉的『王牌』
——记张群的『外交生涯』

国民党蒋介石集团上台后，对外关系中有四大支柱，一为对英美外交，二为对日外交，三为对苏外交，四为对德外交。对英美外交，一直由四大家族成员亲自把持；对苏外交，搞得最热乎的是抗日时期；对德外交，随着希特勒法西斯统治垮台而暂时中止；对日外交，主要由亲日派进行。亲日派中张群是重要成员。说他重要，一是他深受蒋介石的信任和重用，在国民党内地位显赫，成为亲日派的当然负责人。二是国民党开展对日外交，一直由他主持。三是日本政界的右翼要员都是他的朋友。20 世纪 70 年代张群自己写《回忆录》时，把"如何开展对日外交"作为唯一的线索和主题，原因就在这里。

一、和蒋介石一起留日

张群和日本发生联系，是在 20 世纪初。1907 年夏，清廷陆军部保定全国陆军速成学堂第 1 期招生，来自东部浙江奉化 20 岁的蒋介石和来自西部四川华阳 19 岁的张群均被录取。蒋在炮兵科，张在步兵 2 队。1907 年冬天，陆军部招考远赴日本陆军士官学校的留学生，蒋、张又同时入选，1908 年初同船赴日留学。在船上，本不相识的两人相见恨晚。交谈之际张群自叹不如，对蒋介石极为佩服，见贤思齐，把原定所学的军校步科改为与蒋同学炮兵科。东渡去日，对张群后来的政治发展、仕途经历影响甚大，既是和日本发生关系之初，又是和蒋介石发生关系之初。与日本和与蒋介石的特殊关系，对张群的历史定位十分重要，尤其是和蒋介石的关系，决定张群的人生和成就。

张群，字岳军，1889 年 5 月 9 日出生在四川华阳县。与蒋介石一起到日本留学后不久，1908 年春，在陈其美的安排下，一起加入同盟会，追随孙中山。在日本陆军士官学校预科振武学校毕业后，两人又以士官候补生资格，一起到新潟高田第 13 师团 19 联队服役。

振武学校的学习经历，给张群和蒋介石留下深刻印象。日本振武学校创办于 1903 年，由清廷陆军部派良弼和日本政府参谋本部福岛安正中将、青木宣纯少将组成的"清国留日学生委员会"主持，校址设在东京都新潟区河田町 21 番地。蒋介石到校时，由福岛任清国陆军学生监理委员长，木村宣明任学生监，野村岩藏任舍监。学校管理很严，只有星期天才能外出。为此，张群和蒋介石在外面合租一间民房，专门过周末。

对于这批学生，清政府发给10元，校方再发给3元，每顿早餐只要4分钱，两人不抽烟不喝酒，手头比较宽裕。再则两人都出生在生活状况较好的家庭，会学习之外也会生活。周末，他们就用8角钱买当地人不吃的一整副猪下水，改善自己的生活。

就学习来说，学校主要是进行语言教育，提高日文水平，军事上只是讲一些两人尤其是蒋介石早就精通的军事常识，也有一些军事理论知识。对于张群和蒋介石来说，印象最深的是到高田炮兵部队当见习生时，经历的艰苦和繁重的军事化生活。伙食很差，每人每餐只允许吃一中碗饭，下饭菜是三片萝卜，有时有1块咸鱼。只有星期天才能吃上一点豆腐、青菜和肉片。一般人都吃不饱，只得到军营俱乐部去买饼干吃，可一次只能买三片。此外，高田位于北海道，天气寒冷，冬天更是大雪纷飞。但部队规定每天5点前必须起床，然后再到井边取冷水洗漱，张群和蒋介石也学不少日本人那样，用雪擦身、冬天洗冷水澡。这些事应该是难于忘怀的。当然，艰苦的生活和经历，也增进了两人的友谊。

1911年10月，武昌起义爆发，士官学校的不少中国学生回国参加革命，张群与蒋介石一起偷渡回上海，成为陈其美的部下，参加反清起义。11月4日，陈其美出任都督，黄郛为参谋长，张群任军务处军械科长。蒋介石参加光复杭州起义成功后，担任沪军第5团团长。1912年，黄郛任第23师师长，张群升任营长。

辛亥革命后，张群与蒋介石都希望到国外去留学，继续读书深造。得到北洋政府稽勋局局长冯自由的赞助，张群与新婚夫人马育英一起前往天津，准备去英国留学。1913年3月，宋教仁被袁世凯方面派遣的凶手暗杀身亡，孙中山由日本回国，于7月间发动"二次革命"倒袁，张群在陈其美催促下，放弃去英国的计划返回上海，参加"二次革命"，任上海讨袁军副团长。

"二次革命"失败后，面对袁世凯当局的疯狂追捕，张群夫妇与许多中华革命党成员一样，为躲避白色恐怖，逃往当时来往方便的日本，这是张群第二次来日本。正好日本政府同意辛亥年在日本士官学校学习和在部队见习的中国士官生继续进校学习，张群于1914年再度进入日本士官学校读书，翌年毕业后应友人之邀，到南洋荷属东印度的爪哇巴达维亚中华学校教书。

1915年12月，袁世凯复辟帝制，改民国五年为"洪宪元年"，孙中山发动"护国运动"讨袁，张群从爪哇回国，投身反袁，曾任浙军参谋官。

张群参与第一次对日交涉也在此时。1917年，北洋军阀段祺瑞任国务总理，通过"西原借款"等善后大借款，出卖主权，遭到各界谴责。张群积极参与反对段祺瑞借款的活动。他代表上海的两家报社《中华新报》和《民国日报》，参加上海新闻记者访日团到日本，进行反对借款的活动。这是张群第三次去日本。

在日期间，张群与当时的日本参谋部次官、中将田中义一进行了交谈。张群开导田中说，日方看错人！中国和日本不一样。中国军阀的派系多，互相混战，如果这一派的势力增强了，使他有了凭借，正足以挑起他的野心，引起更多的内战，使中国内战不休，更贫更弱，这哪里算是帮助中国呢？显然，日方军方和政界侵略中国的野心正在极度膨胀，不会赞成张群的话。张群尽管是孙中山大元帅府的参军，他在记者团中只是一个配角，处于一个无关紧要的位置。

自此以后，张群主要在广州，参加革命政府的活动。1924年前后，接受三民主义的各路军阀改编时，张群参加国民革命军第2军，并担任河南省警务处处长兼开封市警察厅厅长。时间不长，随着蒋介石在广州国民政府和国民党上层地位的上升和强化，张群也南下，成为蒋介石的主要政治助手。1926年间，任国民革命军总司令部总参议兼军事委员会委员。

张群的第四次去日本，负有特殊的使命。是在蒋介石完成反共政变、篡权成功之后，1927年8月13日，蒋某在内讧中第一次下野，到上海后发表《辞职宣言》，假惺惺地表示要用一年时间游历世界。真意则是测试一下南京、武汉方面国民党内各派对自己的态度。出洋游历，日本作为第一站。9月22日，张群先行离沪，到日本为蒋介石打前站。28日蒋乘"上海号"轮到达长崎。两人在日本期间，一是游名胜，走了不少地方，旧地重游。二是见故旧，会见的人中间有孙中山的朋友犬养毅、萱野长知等人，有当兵时的13师团长长冈外史、19联队长飞松宽吾等人。三是访政界，尤其是11月5日特意到日本首相田中义一家中求见，要日本当局协助南京方面打败北洋军阀，完成中国统一。蒋介石的要求遭到田中的拒绝。对华不怀好意的日本军阀田中义一之流当然不希望中国统一，劝导蒋、张"使长江以南的基础巩固下来，专心于南方的统一"，希望中国分裂成南、北两部分，国民军停止向长江以北的行动，日寇则坐收渔利，通过北洋军阀的残余控制北中国，这成为次年5月"济南惨案"的先兆。蒋日双方一致点是对付共产党，"对于共产党问题则双方意见一致,都认为非清除不可"。此次外交活动,蒋虽属在野之身,和田中的会谈也为非正式会谈,可已经为以后双方的外交定下基调。对日本来说,干涉中国、侵略中国的方针,已向蒋介石通告,对华外交的最终目标就是侵华。蒋介石深知其情,在日记中有明确记载。对蒋介石来说,日寇的侵华行动,仅为远虑。巩固统治、对付军阀的挑战、镇压共产党人却是近忧。故宁愿对日让步,也要先行安内、"剿共",这就决定了对日外交的基本对策是妥协。张群不虚此行,深得蒋介石的对日外交"真经"。四是办私事,是蒋介石要迎娶宋美龄,进入最后攻关阶段,前往日本探望正在日本镰仓的宋美龄母亲倪桂珍,请求批准。宋家不满意蒋介石和宋美龄的婚事,是以前的事,现在蒋介石已经马上要复职北伐军总司令和国民政府的党政军要职,宋家上下已经同意小女婿进门,所以蒋介石的私事也办得十分理想。

对日交涉办得不理想,但是张群和蒋介石的关系越来越紧密,张群开始紧紧地围绕在蒋介石的身边。1928年1月7日,蒋介石复职总司令,张群担任总司令部总参议。在国民党二届四中全会上,张群成为军事委员会委员、中央政治会议外交委员会委员,不久出任上海兵工厂厂长、军政部第一政务次长、兵工署署长、上海特别市市长等职,也就是在蒋介石的编遣军队引发反抗、"三全"引发党争导致新军阀混战中,张群主要在后方为蒋介石的军事行动服务。

1932年起,张群短期开始离开政治、经济中心,外放外地任职,成为南京政府的封疆大吏。先后任豫鄂皖三省"剿匪"总司令部党政委员兼政务指导委员会常务委员,北平政务委员会常务委员、军事委员会北平分会委员兼北平市整理指导文化委员会副委员长。1933年7月,出任湖北省政府主席。1935年12月,回到中央部门任职,就职外交部部长1年余,主要负责对日外交,其间曾遭鄂悌不成功的暗杀。全面抗战开始,任中央政治会议秘书长后改组为国防最高委员会秘书长,1938年1月,任行政院副院长、国民精神总动员会秘书长,1938年任重庆行营主任。1940年11月15日,任四川省政府主席兼成都行辕主任,实际控制作为抗战大后方、临时首都所在地的家乡。全面抗战胜利后,张群的官运达到高峰,1947年4月到1948年5月任行政院长。1948年初,当选第一届国大代表,5月任总统府资政,1949年2月任,重庆绥靖公署主任,后任西南军政长官。从张群的任职图中,可以看出张与蒋介石不一般的关系,他是蒋介石走向社会时最早遇到的朋友和战友。

二、领政学系一起助蒋

张群与蒋介石的关系，除上述之外，或者说除了有最初结识于赴日留学的轮船上的相遇、在早期共同进行反对北洋政府的斗争、张群无条件地支持蒋介石的反共政策和夺权行动外，还有很重要的一条，就是张群通过自己掌握的政学系，为蒋介石的基本政治路线服务。

在国民党内，活跃着一批派系和军事实力派。在蒋介石夺取国民党最高权力、主持南京政府后继续延续下来，在最初的 4 年多时间内，派系之争和军阀混战接连不断，最后面对日寇制造"九一八事变"、发动侵略华战争的严峻局面，蒋介石完胜收兵，被打败的众军阀和被斗败的众派系也就接受现实，安身立命，开始与蒋介石和南京政府的合作时期，蒋介石一方面"攘外必先安内"，对日本的侵略一再妥协让步，一方面有时间、精力、财力来对付共产党，"围剿"各地红军。蒋介石对付派系和军阀对策的成功，是由国民党内派系特点决定的。

一是国民党派系的本质一样。虽说具体的政见、政策、论述和主张不同，但是阶级本质是一致的，目标是要维护国民党的统治，因此谁也不能把谁斩尽杀绝，赢者是为王，败者不是寇，战场上打完政治上斗完，然后还要共同来分赃。最为明显的是，多少起"倒蒋战争"后，最后交战各方都要坐下来"论道分权分钱"。在蒋介石、汪精卫、胡汉民、孙科、西山会议等派和 12 家地方军阀及实力派中，基本上是蒋介石处于进攻状态，其他各派各家是反击自保，所以蒋介石每次都能手下留情，给失败者一点利益，共同支撑南京政府的门面。

二是国民党派系先天不足。国民党派系存在实力、地位、影响大小之分，存在相互要价高低之分，存在着谁先谁后之分，存在着服气与赌气之分，这就不可避免地出现派系之争、军阀之战，最后由综合实力大小来决定胜负。蒋介石和"拥蒋四派"的胜利，就是建立在实力超群基础上的。蒋介石有正统性，他控制中央政府，所以是平叛，出师有名，其他各派和各军"倒蒋"先天不足；蒋介石有实力，他控制中央财政，不仅有钱来打压对手，还能有钱来收买对手，其他派系和各家军阀的失败，综合实力尤其是财力不够是重要原因。

三是蒋介石的"以派制派"对策的存在。派系之争、军阀之战，特别是赢者不是全拿，但是赢者拿大头是基本法则，所以派系有了存在、发展和利用的价值。

先要发展派系,没有发展就没有壮大和实力,这一点蒋介石掌握的政治、行政、经济、军事资源最多,发展派系条件最好。再是要利用派系,以"自己的派"去制"别人的派"、让"别人的派"互相残杀,这一点蒋介石同样有优势,他掌握的资源最多,逗玩派系的"诱饵"也多。这不仅成为派系生存的前提,也成为派系互斗的原因。所以国民党派系的根源是蒋介石的以派养派、以派制派政策。

四是派系有发展成员的渠道。国民党的派系产生于兴中会、同盟会时期,一直延续下来。到孙中山先生病故,党内存在蒋介石、汪精卫、胡汉民和廖仲恺等四派,这样就使大革命前后加入国民大革命的人,在进入国民党之时就面临向谁靠拢的问题。四派又有各自负责的机构和系统,自然成为各自派系的根据地。新来的人要想有发展,只能在某个系统也就是某个派系下存在,也想通过自己所在派系的支持和扶持,从而取得更大的发展空间。这样下来国民党的派系就自然成长,成员自然不缺。最为典型的是黄埔系,只要进入黄埔军校学习的自然就是成员。

五是派系活动的政治背景发生变化。蒋介石控制国民党和南京政府后,派系和军阀内斗盛行长达四年多,"九一八事变"以后,面对一致对外、抗日御侮的社会呼声,蒋介石通过赢得"中原大战"而权力基础大为巩固,国民党内的派系和军阀因为失败和"倒蒋"的合法性减少而趋于低潮,在此背景下"拥蒋四派"越来越活跃,后者成为蒋介石行使权力、党政运作的基础,也是蒋介石执政机器的重要组成部分。1946年7月,全面内战开始后,中共领导人周恩来曾谈及此事,指出"党务操在CC系的手中,财务操在宋、孔的手中,军事操在黄埔系的手中,行政方面则政学系的势力较大"。

在派系存在和演变的过程中,政学系有其特殊性。南京政府时期的主要派系,都是孙中山病故后国民党内的主流派、实力派,军阀也是在护法运动和北伐过程中快速增长起来的实力派,与此不同,政学系的发起和存在,都是国民党内非主流派,在蒋介石夺取国民党最高权力和建立南京政府前后,政学系都是局外人,想"拥蒋"或"倒蒋"都没有路子,也是由蒋介石引进,当然成为国民党内的"拥蒋派"。

政学系源头在国民党成立之初,当初在宋教仁把同盟会改组为国民党时,"激进派"跟着孙中山发动"二次革命"倒袁,"温和派"则走合法的议会路线。孙中山在日本成立中华革命党时,一些党员另外成立以黄兴为精神领袖的"欧事研究会",主要参加者有原来的"温和派"和"欧事研究会"成员,有李烈钧、李根源、熊克武、陈炯明、邹鲁、程潜、陈独秀等100多人,后来政学系的核心人物杨永泰、张群都是该会中的一员。1916年11月,李根源、杨永泰等人以"研究政务、实行改进"为宗旨,在北京发起政学会,成员主要有"欧事研究会"的会员和当时的一些国会议员,他们在袁世凯病亡后主张走议会路线改变北洋政府,所以在1918年,杨永泰、李根源等人联合旧桂系陆荣廷,改"军政府"为"七总裁制",逼孙中山辞去"大元帅"职,政学会也成为北洋政府的附庸。1924年"北京政变"、孙中山北上后病故,段祺瑞的临时政府,并任命梁士诒为"善后委员会委员长",政学会的骨干黄郛和杨永泰为副委员长,只是不到1年,"善后委员会"解散,辛亥革命时曾在上海与蒋介石、张群一起进行反清武装起义的黄郛应蒋介石之邀南下。南京政府成立后,黄郛向蒋介石引荐杨永泰。

南京政府和国民党上层开始有了政学系的影子。杨永泰反对孙中山的过往无法得到不少国民党元老、重臣的宽容,但他以特有政治嗅觉,看到蒋介石的发展前景,投靠蒋介石。作为蒋介石的谋士,为蒋介石分化、瓦解、拉拢、收买其他派系奔走。特别是在"蒋桂战争"和"非常会议"期间,为蒋介石"赢牌",杨永泰针对分化、瓦解"倒蒋阵营"提出过一些行之有效的建议,发挥不小的作用,显示出他的才华。以后在蒋介石"剿共"期间,第四次"围剿"时的"三分军事,七分政治"就是杨永泰提出来的,他也因此获得蒋介石授予的第一个正式和公开的官职:赣粤闽"剿共"总部秘书长,后又任军事委员会南昌行营秘书长。蒋介石越来越重视杨永泰的作用,1935年,杨永泰接替张群出任湖北省主席。

由于当时福星高照、仕途通达的杨永泰与同在政府系统、政务领域的张群(外交部部长)、熊式辉(江西省主席、南昌行营办公厅主作)等来往较密,他们直至抗战军兴前在政坛上、社会上都相当活跃,因为杨永泰、张群等曾是"政学会"要员,所以习惯上都称他们为政学系。为了与以前的政学系有区别,故称20世纪30年代的杨永泰他们为"新政学系",习惯上也称为"政学系"。

政学系的辉煌时期是1935年前后,在改组内阁时,行政院秘书长翁文灏、政务处长彭学沛(3个月后由蒋廷黻继任)、外交部长张群、铁道部长张嘉璈、实业部长吴鼎昌、教育部长周诒春等,都是社会上和习惯上认为的政学系成员。

1936年10月25日,湖北省主席的杨永泰参加日本驻汉口领事馆晚宴结束后,在途经江汉关轮渡码头时遭暗杀。12月5日，黄郛也在上海病故。政学系两大灵魂人物离去，张群好友王又庸说："杨永泰死后，新政学系分子逐渐减少了，这是有可能的；另一方面，它的上层分子则逐渐增加，也是事实。""上层分子"，就是指在政坛上道路越走越宽、权力越来越大的张群等人，他们逐渐成为政学系的核心。

在张群的主导下，政学系成为国民党内主要政治派系，与孔宋系、CC系、黄埔系一起组成"拥蒋四派"。学者周渝在题为《叱咤民国的政学系：学者型官僚组成的精英集团》一文中，比较详尽地谈到政学系的情况，将其定性为"熔旧式官僚、新派学者和政客名流于一炉的松散的政治组织"，"品质既杂，水准不一，关系微妙。1931年'新中国建设学会'在沪成立，这是'新政学系'走向公开的标志"。事实上，20世纪30年代兴起的政学系，主要是由一批技术官僚和专家治国论者时常进行的带有政治味道的休闲沙龙。

一是维护蒋介石的统治。正如"百度·张群"所说，"政学系的主要工作，就是拉拢各党各派，增加蒋介石政权的实力。其中，张群起了重要作用。张群在蒋介石身边，被称为做'糨糊、胶水工作'，许多实力派、反动党派，几乎都通过张群而与蒋氏结合。所以有些人又说，在中国政治舞台上，张群是'蒋介石的怀刀'，为蒋氏出谋划策，四处游说。蒋氏经常把最不放心、最难处理的事情交给张群去办理，张群也最能领会蒋氏意图，而不折不扣去执行。张学良东北易帜，中原大战时入关援蒋，都因为有张群的周旋奔波。民社党首领张君劢、青年党主席曾琦等，都由张群介绍给蒋介石。一些地方军阀，杂牌队伍，也通过张群拉拢而依附蒋介石"。在蒋介石的国家机器中，张群的作用就是政学系的作用。与CC系的党务、孔宋系的财经、黄埔系的作战相比，政学系"由政助学，引学辅政"，从事的政务和派系活动结合在一起进行，进行过程不明显，从事活动不高调，有时政治和社会效益很大，所以对蒋介石的统治帮助极大，作用极为重要。

二是组织型态不明显。"拥蒋四派"都不像"组织"，从政团组织的基本条件看，"拥蒋四派"没有"登记、形式、领导、规章、经费、人事、联络和活动"等现代政团组织所需要的基本要素，但他们确实有政治核心、领导核心、组织核心，有目标、方向、任务、理论、信念和纪律。当然，从组织上看最像的是孔宋系，本为四大家族的成员，负责的财经和对英美外交，其他势力很难插足。从成员上看最像组织的是黄埔系，都是一个学校的教职员或学生，又都在军队内，生活、训练、作战在一起，从里到外都有"组织"的模样。从功能上看最像的是CC系，活动范围、功能作用主要集中在党务上层，集中议会机构，有事无事都表现出人往一处走、话往一处说、劲往一处使的样子，因此比"组织"表现得还"组织"。应该说政学系，在南京政府时期，是最不像"组织"的派系，更多的是一批技术官僚、志同道合者，因为共同政务进行协商和处理，主观上是为政府服务、为政策落实，客观上也成为政学系自身的活动。因而政学系的派系，更多的是其他派系、其他人对政学系成员的看法。

三是政学系的定位。政学系在国民党内的位置，取决于与蒋介石的关系。学者金以林认为，"政学系吸引蒋的，是其工具层面的行政才干，而非价值层面的高山流水，双方其实缺乏共事的强固基础，相互利用，而非相互认同"。无论是从历史过程，还是从具体事实看，政学系和蒋介石之间的政治基础、相互认同，与CC系、黄埔系、孔宋系有区别，但基本上一致。张群在1946年8月也对康泽说过，"人家都说我们是政学系，其实我们并没有什么组织，我们只有一批朋友，这批朋友多少有些能力和经验。"政学系的"能力和经验"即维护蒋介石统治的基本功，是该系政治定位的前提和基础。陈立夫可能因为对社会上有关CC系的议论有体会，所以在提到政学系时说，"事实上政学系是没有正式组织，但他们的组成分子都保持很密切的联系，他们不做底层工作。他们将力量集中在高层，尽力研究蒋先生、研究汪先生，想尽办法来逢迎领袖及他身边重要的人，这一做法目的是赢取信任和好感，然后再运用这些权势去实现他们的计划和他们的目标——取得重要而正式的官位及发财。"和另外的"拥蒋三派"一样，政学系对蒋介石是忠心耿耿、忠爱无言，内部也是心领神会、默契配合。

因为有了张群，政学系和蒋介石的利益、关系结合得越来越紧密；因为政学系，张群在蒋介石身边的地位和作用越来越重要。所以杨永泰和黄郛的过世重创政学系后，政学系没有停止脚步；所以CC系和社会上对政学系的批评，没有改变政学系的地位和命运。"拥蒋四派"一直坚持到国民党和蒋介石集团在大陆的大失败。

三、与亲日派一起妥协

张群在南京政府对日交涉中上升到举足轻重的地位，是在蒋介石发动反革命政变、夺取国民党最高权力之后。第一次实践是陪同第一次下野后的蒋介石前往日本活动，自此开始成为事实上的南京政府对日外交的主持人。

从1927年到全面抗战爆发的10年间，中日关系正常的时候少，异常的时候多；无事的时候少，有事的时候多；日本挑衅的时候多，中国反击的时候少。这种状况与日本军阀对华扩张野心有关，也与国民党和南京政府上层弥漫着的对日消极不作为、妥协退让求和的氛围有关，但根本是由蒋介石"攘外必先安内"的"坚持反共内战的基本国策"造成的。因而在国民党和南京政府上层，存在一批"亲日势力"，他们也和政学系等一样，没有正式的组织，没有登记的成员，但确实成为无形有声的"亲日派"，在全面抗战之前和抗战早中期都有活动。这一背景下，张群的对日外交不可能有理想的结果。

在这期间张群出面负责和日本人交涉的第一件事，是1928年5月发生的"济南惨案"。

1927年12月20日，蒋介石和田中义一会见后不久，日方就和张宗昌订好密约，双方准备合力把国民军阻挡于山东境外，条件是把青岛和胶济线转让日本。日本内阁为履行密约，作出了如果蒋介石继续北伐，就以保护日本侨民的名义出兵山东济南的决定。日本驻上海总领事矢田七郎也向南京方面表示：如果济南附近发生战事，日本便会出兵。一副赤裸裸的侵略者嘴脸。1928年4月17日，日本陆军大臣白川义则向内阁提出《出兵议案》。4月20日驻天津的3个中队，在小泉恭次的指挥下开进济南。日本本土的第6师团也在福田彦助的督率下运往中国山东。

身为外交委员会委员的张群于1928年5月4日去日本交涉此事，在日本得知了已在前日发生的"济南惨案"：日军突然袭击中方军队；关押、残害外交特派员蔡公时等；滥杀中国军民和伤病员3254人，打伤1455人；捣毁外交交涉署和许多民用建筑、商业区。张群受命从东京赶回济南，和日方参谋部第3部部长松井石根谈判。

侵略者异常嚣张，根本不理会坐着人力车赶来的张群，谈判毫无结果。身为国民军总司令的蒋介石一面把部队调出济南，绕道北上，一面发出训令："对于日本人，绝对不可开枪；为救一日人，虽杀十人（华人）亦可；若遇有事时，日人要求枪支，即以枪支与之；要求捕捉俘虏，即听其捕捉俘虏。"如此卖国训令为亘古所未有。国民党方面寄希望于国联和美国出来主持公道，岂知国联和美国又偏袒侵略者，蒋介石不获结果，最后让新任外交部部长王正廷和张群出面，与日本方面达成协议，宣布对济南之不幸事件既往不咎。这是蒋介石和日方的第一次正面武装冲突，蒋介石屈辱退让；也是张群第一次主持对日谈判，张群无能求和。

当时的国人对清廷、北洋军阀割地赔款的桩桩罪行还记忆犹新，想不到标榜为"革命的国民政府"的南京当局，在同日本的首次冲突中，同慈禧、袁世凯之辈毫无差别。正如一名作家所说：国人痛感"济南事件为重大国耻惨案，当局者草草结束，不仅丧权辱国，令人愤慨，且由于过分的忍让，致启日人轻侮之心，而招致日后更大之惨祸悲失"。以后的对日外交，张群和蒋介石配合默契，蒋做主，张出面面对日本强盗的挑衅，一再退让、妥协，与谈判"济南事件"如出一辙。

"济南惨案"的谈判遭国人唾弃，张群为避风头，暂时离开外交界。自1929年初起，国民党内新军阀混战屡起，蒋介石需要张群及政学系去和"倒蒋"的政客、军阀谈判，拉拢杂牌，巩固扩大统治基础。张群最杰出的成果，就是在"中原大战"中劝说张学良倒向南京方面成功，使得已经打得疲惫不堪的蒋介石轻而易举地击败以冯玉祥、阎锡山为首的"倒蒋大同盟"，转败为胜。

"九一八事变"以后，蒋介石、汪精卫携手合作，行政院长、外交部长由汪兼任，对日方针还是依据蒋、汪既定的基调。日本占领东北，打进长城，进逼华北，对日外交上毫无进展不说，卖国协议"淞沪停战协定、塘沽协定、何梅协定、大滩会议纪要、秦土协定"一个接一个地签订。国民党内的"亲日派、主和派、投降派"争相卖国，唯恐落后于他人，掀起现代史上的卖国潮。

1935年12月，华北危机日益加深。为应付危机，在行政院长汪精卫遇刺之际，蒋介石改组政府，自任行政院长，蒋作宾、何应钦、吴鼎昌、张嘉璈、张群为阁员，张群出任外交部部长。6人均曾留学日本，张群回忆说："蒋院长的这样一个安排，乃是因为鉴于国际对于日本侵略中国的行动，无意加以阻止和制裁，希望能运用我们这些人的对日关系，直接与日本办交涉，调整中日关系与日本取得暂时妥协，设法延缓中日间的紧张情势。如能争取三两年的时间，则我们安内的工作便得以完成，即可倾全力于攘外。"

张群的这段话道出了蒋介石一再对日妥协、退让求和的真谛：安内先于攘外。"剿共"重于抗日。国难当头，民族危机日重，蒋介石不惜国土、主权丢失，不惜遭国人痛骂，一意孤行，只为"剿灭"中共领导的红军。结果是红军虽被赶出中央苏区和鄂豫皖根据地，妥协退让却助长了日寇的侵略野心，最后导致全面侵华战争的爆发。

新任外长张群是蒋介石"攘外必先安内"方针的忠实执行者，在对日交涉中无非是故技重演，在个人的历史上再写下一页页不光彩的记录。上任伊始，指责汪精卫依靠国联解决日本侵华事端，避免和日本作两国间政府交涉的对日外交政策是误国之策，他认为"我们的应付方略，必须作具体的改变，即是采取主动与日本外交当局谈判的战略"。殊不知，抗议日本侵略，与日本外交当局"主动谈判"固然重要，问题是基本立场是"妥协、退让求和"，即使是"主动谈判"又有什么用？不可能迫使日本改变侵华目标和战略。

张群的"主动谈判"遭到的却是冷遇。先和刚由公使改为日本首任驻华大使的吉明交涉华北问题，毫无结果。1936年3月间，第2任大使有田八郎到宁，张群和他谈了4次，主题是澄清有辱于中国的"广田三原则"。有田拒绝谈东北、华北主权问题，不着边际地应付。4月17日，张外长再和新任驻华大使川越茂开始谈，前后谈过8次，史称"南京谈判"。在此期间，在华日寇挑起一系列事件，向中国施加压力。

"成都事件"。1936年8月24日，未经中国政府同意，日本单方面派遣的驻四川代理总领事岩井英二和一些日本记者在成都闹事，横行霸道，欺负中国人。其中两名日本记者被忍无可忍的中国人打死，日人罪有应得。通过张群和川越茂的谈判，满足了日方的条件。国民党当局屈从日方的压力，宣布撤销镇压人民群众不力的省警备司令、公安局长等人的职务，处决了一批富有爱国心、实施正当防卫的中国人，用人民的鲜血取媚于日本侵略者。日寇得寸进尺，要求中国政府公开接受"广田三原则"，开放长江上游，日本占领华北明朗化。

"丰台事件"。"九一八事变"5周年时，日军在北平丰台地区演习，一再侵犯中国领土，损害附近中国人的利益，破坏当地社会正常秩序，并且对第29军37师恶意挑衅，抓走中方连长孙香亭等人。经过谈判，国民党当局立即主动撤军，换取日寇刺刀下的平静。

"汉口事件"。日本领事馆巡查冈庭三郎自作孽被打死于日租界，日本海军陆战队上岸抓走几十名中国人。此事是1934年6月日本驻南京副领事藏本失踪事件的重演，是日本特务导演的苦肉计。经过张群的谈判，川越茂借题发挥，提出了一系列扩大在华侵略的要求，其内容超过"广田三原则"。

"上海事件"。1936年9月23日，强泊上海港的日本第3舰队旗舰"出云号"水兵在公共租界闹事，一人被打死，两人被打伤，涉事人员不知去向。日军出动装甲车，封锁闸北交通，任意抓人。此次，张群"主动谈判"也不行了，日方要求会见蒋介石。10月8日，蒋介石召见川越茂，正式拒绝日使在南京8次谈判中提出的种种要求，指出"中日间一切问题，应根据绝对平等及互尊领土、主权与行政完整三原则，由外交途径，在和平友善空气中从容协商"。从表面上看，蒋介石、张群并没有签订什么卖国协定，也没有全面满足日寇的侵略要求，和以前有所不同。殊不知，蒋、张二人仅是口头上说说而已，并没有谴责侵略，更没有以强硬的姿态、有效的手段（包括军事、政治和外交手段），阻止日寇在东北、华北、长江沿岸及上海的侵略，行动上也是基本接受日方的无理要求和侵略举措。华北领土依然在被蚕食，主权逐渐旁落敌手，日本军国主义势力经过多次摸底后，对蒋介石政府的底线分外清楚，点起全面侵略之火只是时间问题了。

对日外交毫无进展，陷入僵局，张群无力回天，只得于1937年初辞职而去，任外交部部长仅一年两月余。再次退居外交幕后，他对日外交第一阶段就此结束。不久，出任中央政治会议秘书长兼外交委员会主任委员，全在抗战开始后，很快由国防最高委员会秘书长、行政院副院长等职，转任军事委员会委员长重庆行营主任。

蒋介石给张群的任务是在抗战开始、控制四川多年的刘湘病死之际，回到四川家乡掌握川政，控制和伺机吞并各路川军，为蒋介石和中央政府把四川作为抗日大后方中心创造条件。得知此讯，川军各派联合一致对付蒋介石，反对老乡张群出掌四川省。无奈全民抗战已经兴起，任何地方实力派和中央之间及各地方实力派相互之间的争斗、任何削弱四川作为抗战大后方中心的举措，都不利于抗战，都不可能有市场。结果蒋介石吞并川军未成，张群"主川"也不顺利，蒋介石只有先任命张群为权限在四川省主席之上、同样主管四川大后方事务的重庆行营主任。但经二人分化拉拢、威胁利诱，1940年11月，张群终于当上四川省主席兼成都行辕主任。

抗战时期，张群还参与了德国、英国等国使节以"牺牲中国抗战、承认日寇侵略、蒋日共同反共"为条件的调停中日战争的"和平降日阴谋"。只因中国共产党、全国人民和国民党军队中的抗日志士的抗日热情很高，抗日大势所趋，救国人心所向，"和平降日阴谋"才没有得逞。抗战中后期，中日之间除了以汪精卫为代表的汉奸和日寇勾结外，重庆国民政府与日本的外交基本处于停滞状态。抗日战争胜利后，中日两国外交往来开始增加，中国政府参加了由美、英、苏、加等国组成的、对战败国家实施管制的远东委员会。

张群在抗战胜利后代表国民党当局，与中共方面谈判，作为"三人小组"成员，同周恩来及马歇尔正式签订了国共双方"停止冲突恢复交通"的命令。1946年6月底，国民党当局挑起全面内战，张群谈判使命结束。9月去美国纽约治疗颈部肿瘤。11月回国，途中特意到东京一转。到南京后出任为实施"宪政"而成立的国民党、民社党、青年党组成的首届联合内阁的行政院长。1948年5月去职，改任总统府资政。开始作为蒋介石的特别代表，又一次到台前主持对日外交直到年迈退下来为止。

1948年8月21日，张群到日本参访，在同麦克阿瑟会谈中，谈到中国方面对管制日本的态度时，就保持天皇制度、冲淡日本国民的神权思想和武士道精神发表了见解。特别提出要禁止军国主义思潮，扫除日本因战败而想报仇雪耻的侵略心理。在张群的对日外交生涯中，只有此次访日因为有全民族抗战胜利的底气，所以不失中国人的骨气，站在了正义力量的一方。

四、同国民党一起撤台

张群像陈诚、顾祝同等一样，被蒋介石视为左膀右臂，关键时刻首先想到他们几个人。只是陈诚、顾祝同等任职主要是在当时更为关键的军事领域，张群则是在行政领域。全面抗战时期四川是大后方的中心，蒋介石让张群负责，确保大后方的正常运行和国民党当局的安全。抗战胜利后，蒋介石宣布进入"宪政阶段"，要进行"制宪"和"行宪"，任用张群为行政院长，以完成"训政阶段"向"宪政阶段"过渡。中共组织的三大战役结束，国民党军事形势一片黑暗，蒋介石开始思考如何应对大失败的到来，再次准备把抗战大后方变成与中共决战的大后方，四川再次成为国民党上层关注的焦点。1949年2月，张群出任重庆绥靖公署主任，11月改任西南军政长官。蒋介石的用意很明确，要张群和副主任胡宗南一起，防止代总统李宗仁插手西南保卫战，并且打好在大陆的最后一仗。

无论是蒋介石，还是张群，都知道此时整体上已经回天乏术。面对中共第一野战军和华北野战军的两个兵团从北边，第二野战军从东面和东南面对四川的进攻，胡宗南和川军的几十万大军无防守之力，只是整天奔跑在由陕到渝、由渝至蓉、由蓉向西昌的撤退路上。张群更是无为，只能在安排国民党中央党部和政府、众多元老重臣富商名人撤退的同时，在孤城中等待失败。

其间，蒋介石给张群的特殊任务是两度飞昆明，以阻止云南省主席、绥靖公署主任卢汉的起义。张群与卢汉是旧友，蒋介石得知卢汉起义的消息后，立即派张群飞昆明，以准备在云南建立反共基地的计划来劝阻卢汉的行动。12月7日，卢汉为稳住前来当说客的张群，声称昆明近来一切正常。第二天，张群飞回成都向蒋介石汇报，但是不放心。12月9日，张群与准备前往指挥部队进攻卢汉的余程万、李弥、龙泽汇等将领飞往昆明。这时起义已经在紧锣密鼓地进行，因此张群一下飞机，就被监控在卢汉的新公馆。当天晚上，卢汉宣布起义，张群得知后写信给卢汉，作最后争取。12月11日上午，卢汉送张群从昆明巫家坝飞机场上了飞机。当飞机腾空而起时，机场四周的警卫部队又接到开枪阻挠飞机起飞的命令，但晚了一步，不起作用，张群得以跑掉。

12月10日，蒋介石飞离成都前往台湾。12月16日，张群也飞到台湾，出任国民党革命实践研究院主任，负责大败后急需的党政军高级官员的再教育。

晚年，张群和长子继正全家住在一起，生活由贤媳安排，倒也不失天伦之乐。老人很是乐观，笑口常开，曾不失幽默地对友人说："我似乎没有病，病在心脏，所谓知人、知面、不知心，我一生命运交给上帝，病痛交给医生。我忘了今年多少岁，否则就不能长寿呀！"他的长寿成了他自己的养身之道是否有效的最好佐证。

老人晚年生活清静，儿孙绕膝同乐，可心事未了。落叶归根，人老归乡，是每一位远离故乡、流落同属祖国的他乡的中国人的夙愿。但是，他虽然等到开放两岸同胞探亲日子的来临，只是因为台湾当局的政策限制和他的身体欠佳没有成行。

1990年12月14日，101岁高龄的张群先生在台北病故。

弟兄三部长　一门三中委

记谷家三兄弟

贵州安顺谷家三兄弟，在国民党上层名声甚大，虽说比不上四大家族内的蒋府两公子、陈家兄弟俩、宋氏三姐妹，可在官场上却也引人注目，为蒋介石所重用，更以"一门三中委，兄弟皆部长"为各方所看重。

一、家乡各有特色

谷家出名，并非在三兄弟这一辈。往上数几代，谷家在贵州省安顺市的知名度不低，其家族为当地大户，成为黔中望族，其父谷用迁笃学好古，考中清末举人。

在今天的安顺，当年的谷家在儒林路（大箭道）和在公园路（炮台街）有两处古居。两处相距不远，大箭道院落达1770平方米，砖石结构的江南民居面积有700平方米。临街平行并列，均为三进两院，为谷用迁所建，三兄弟就出生在这里，也是三兄弟在南京政府为官期间回家乡时的住所。炮台街故居约800平方米，住房面积有500平方米。从两个古居的位置、规模来看，谷家非一般平民之家。当然，现今住房应该也是谷家三兄弟成名以后修理和扩建，但也可以看出，三兄弟在家之时，谷家在当地本来就有较高的地位和影响。

今天，因为谷家三兄弟，谷府更加出名，1987年被列为"县级文物保护单位"，2004年间两处故居合并，列为"世界文物保护单位"，作为贵州地区著名的历史人物故居，每年前来参观的游客不在少数。这应该是谷家三兄弟没有想到的。

以前谷家出名，是地方级别的；三兄弟出名，则是出到省外，出到全国。

一是出在官品高。一家兄弟姐妹几个同为军公教职业的很多，谷家的不同是四兄弟除老二守家之外，有三兄弟出道，官职都不一般，均为"特任部长级"。论军，老大谷正伦授衔"上将"，官拜"宪兵司令"；论党，老四谷正鼎任过"中央组织部长"；论政，老三谷正纲官至"社会部长"。一家三虎，同掌大权，共任要职，不失为南京官场一奇。

二是出在后台硬，谷家三人谷正伦出道较早，不过主要是在贵州本地活动，谷正伦、谷正鼎外出就学，与蒋介石素无来往，相识较晚，都是在他执掌南京政府后才发生关系，远远迟于陈诚、顾祝同、胡宗南等人，可三兄弟个个成为蒋介石的重要谋士和得力助手。他们的升迁有着过硬的后台，丁惟汾、陈果夫、陈立夫等人的保荐，蒋介石的信任，是谷氏三人及时、顺利上升的根本保证。

三是出在仕途好。谷家三人官品很高，不是上将就是政府或党务部长，也就是民国文官制度的"特任、简任、荐任、委任"中的最高级。谷家兄弟的成功，非一二名家提名和保荐就能办成，其中有名家提携、时势所促和个人努力三条相合而成。大哥得道最早，可无一人得道、鸡犬升天之说，两弟弟都是凭着自己过人的聪明和能力，爬上仕途顶峰。3人具有共同点，那就是仕途通达。

四是出在反共硬。弟兄三人在对待中国共产党方面，可以说是一个比一个顽固，一个比一个积极。两个弟弟长期重视反共防共灭共思想战线方面的工作，其中谷正纲被一些台湾媒体称为"职业反共家"。大哥谷正伦则在蒋介石执政后的十余年间，负责"国都"的警备、戒严、宪兵事务，在他的指挥之下，下属不知捕杀过多少共产党人，破坏过多少中共各级组织、迫害过多少无辜群众。因他杀人如麻、杀人太多，故被同僚们和社会上称为"屠夫"，他是白色恐怖的制造者。因此，在历史上，谷家三兄弟留下的大都是负面记录。

谷家三人一起当官于南京官场，并不奇怪。数口一起担任要职的家庭，在国民党并不少见，仅仅是权贵世家的背景不同，荫子型有之，封妻型有之，鸡犬升天型有之，兄弟互助型有之，国民党的官场就是一幅家族政治图。谷家与之不同的是，它属于一种新的类型——半是机遇半是奋斗型。

旧中国的贵州省，被人喻为"天无三日晴，地无三尺平，人无三分银"，"三无世界"里如此差的自然条件，造成了贵州的贫穷。贫穷的经济、落后的文化、闭塞的交通，却使得半殖民地半封建社会的必然产物——军阀政治有了充分的发展。

军阀政治的出现和强化，使得军人成为最受欢迎的职业，军职的高低成为衡量一个人仕途的主要内容和标记。同时，它也在很大成分上替代教育、科学、文化上的奋斗，贬低了知识阶层和其他行业的地位，扭转了不少社会青年的求职心理和奋斗方向。

因此，就在一大批有志之士正在寻找救国救民的真理、探索振兴民族道路的同时，有些人却把从军当成飞黄腾达的捷径。谷家长子正伦属于后者，从小就有扛枪当兵的愿望。所上的小学是1906年毕业的贵州陆军小学，所上的中学是1908年毕业的武昌陆军中学，1910年又毕业于日本陆军士官学校预科振武学校，成为该校的第11期生。这几所学校在当时名声很大，多少青年人想进而难入。

清末民初的中国，教育事业十分落后，现代化的学校刚刚兴起，而军事教育却异常的正规和发达，学历从军事小学到官校、陆军大学一应俱备。凡是有军事学历的人，不论是到中央政府军还是到地方军阀部队，都能当个军官，前途、待遇、得失大大优于投军入伍的士兵，这就使得军校分外热门，报考者日众。

贵州陆军小学是贵阳城里唯一的一所少年军校，录取相当严格，谷正伦能够考入该校实属不易。当时的军校从培养现代化军队的军官着眼，在模仿和引进外国军校经验的基础上，把军事教育同科学文化教育结合起来。陆军小学、中学就是以后者为主、前者为辅，尤其对数学、外语、国文等科目要求较高。军校则以军事教育为主、文化教育为辅。也可以说当时的军校培养出来的不仅仅是武夫，而是集中了一批青年才俊，文武兼备。故在20余年后，清朝末年、民国初年的军校毕业生，不少出来一主沉浮，无论在政治阵营的哪一方，均为权倾一时之士，也是可以理解的。

从陆小毕业，就有了进入陆军中学的资格。进入陆军中学的门更窄，清廷陆军部核准的陆军中学只有四所，而且成都第四陆军中学根本就未办起来，只有北京、南京、武昌三所。谷正伦以优异的成绩被保送到武昌陆军中学学习，到1908年底又由学校保送到日本士官学校留学。同去日本的同学之间，出过四大名人，除谷正伦外，另外三人是何应钦、朱绍良、贺耀祖。他们同船赴日，何、朱学步科，谷学炮科，贺学辎重兵科，四人从此结下缘分，长期共事，互相帮助，倒也写下一段官场佳话。

到日本士官学校留学的中国学生，因为语言训练和便于清政府的管理，按规定到专为中国学生而设的预科振武学校学习。该校管理极为严格，和日本军队并无两样，主要是通过学习阶段，以适应日本军人的生活、管理和训练方式，同中国旧军队比起来，要多一些科学和严酷的内容。

日本东京等地是中国革命党人的活动地区之一，同盟会在留学生中间影响很大，到振武和士官学校留学的中国人，大部分经同盟会成员的活动和劝说后加入该组织。到日本后的第2年，谷正伦他们四人也成为同盟会会员。1910年四人毕业，又来到日本军队，以士官候补生的资格进行为期1年的实习。原本是在实习期满后免试进入日本士官学校学习，谁知1911年10月10日辛亥革命爆发，消息传到东京，中国学生群情激昂，纷纷回国参加"倒清灭清"的最后一仗。谷正伦赶到武昌，出任起义总指挥部科长、少校副官。差不多与谷同时回国的蒋介石出任沪军第5团团长，张群为上海督军府参谋，何应钦为沪军营长，朱绍良为沪军总部参谋，这批20岁左右的年轻人都成了辛亥革命的参加者和胜利者。

最后，革命成果落入独夫民贼袁世凯手中。民国政府北迁，谷正伦身为陆军总长黄兴将军手下的少校科员，继续追随孙中山。孙先生发动"二次革命"倒袁。袁世凯当局反扑，在各地缉捕共和人士和资产阶级革命党人，革命派被迫转入地下，不少革命者再次流亡海外。他们中间的士官候补生们趁机回日本完成因回国参加辛亥革命而中断的学业，与谷正伦一起返日的有何应钦、张群、朱绍良、贺耀祖等人。

在日本陆军士官学校里，军国主义者法西斯式的训练确实给求学者留下了深刻的印象。该校师资均为一流军事教育人才，培训以注重基本功和近似冷酷的严格而著称于世。军事理论上的特点是东西合璧，西方克劳塞维茨的《战争论》和巴尔克的《战术》书、东方的《孙子兵法》皆成为日本军界的珍宝，也是军校采用的基本教材。

中国年轻军人到外国留学，学回了不少中国自己的东西。这就是当时中日两国对待外国经验的不同态度，日本善于把外国（甚至是落后国家）的先进思想、技术加以引进，改造为自己的产品。中国不少人则守着宝不识宝，跑到外国去寻宝，寻回宝来连印记也不愿擦掉，奉若神明，抱住不放，更谈不上改造、发展了。

1916年春夏之交，谷正伦学成归国。士官毕业生在日本军队不过是个士官或准尉而已，可到了中国军界则大不一样，备受重用。士官生同中国保定军校的毕业生也不一样，出保定军校校门也不过是个见习军官，如陈诚、顾祝同都是从排长干起，可士官生一步就能进入中层，弄个校官团长。每年回国的士官毕业生，多则数十人，少则数人，对数量多、牌号杂、军校科班生巨缺的中国军队来说是供不应求，回国后马上成为抢手货，各路地方实力派和中央政府军都以重金高职来招聘人才。

在此前后，谷正伦的家乡贵州省，旧军阀、督军刘显世为保住自己在西南和省内的割据地位，起用自己的外甥王文华重整黔军。王文华利用一批唐继尧入黔时开办的军校毕业生，组织黔军新军。为此第1师师长王文华需要大批军官，通过长兄、原贵阳道尹王伯群致电东京，请何应钦邀请20名士官生回黔工作。最后何应钦拉到6个人,其中有谷正伦、朱绍良、张春甫等人。他们到贵阳后,立即委以重职。谷正伦出任炮兵团上校团长,朱绍良为黔军司令部参谋长,何应钦、张春甫也是团长。

在黔军里,谷正伦他们仕途顺利,却也受到军阀混战和黔军内部纷争的影响。当时的西南军阀中,黔军因为革新内部,实力增长很快。孙中山发动"护法战争",前来联络黔军出兵四川,进攻北洋军阀。刘显世见扩张的时机已到,立即任命王文华为总司令,率兵3团组成"援川支队"直指重庆,讨伐长江上游总司令兼四川查办使吴光新部。黔军和友军一起在黄桷垭大败吴部,占领重庆、成都,赶走四川军阀周道刚、刘存厚,扶持熊克武上台。谷正伦、张春甫等团随部行动,出力甚大。王文华见重庆等地到手和支持熊克武有功,就把"援川支队"扩编为5个混成旅,谷正伦升第2旅旅长,支队参谋长何应钦出任第5旅旅长。

王文华及其追随者的上升和实力增加,引起黔军内部保守势力的妒忌和不满。1920年11月,刘显世的红人、保守派头目郭崇光、熊范舆、何麟书等人在取得刘显世的另一亲戚、黔军第2师师长刘显潜的支持后,在王文华受孙中山之命离川赴沪之际,采取行动,公布王文华的"十大罪状",逼督军将王撤职查办。王文华方面武力反击,谷正伦、何应钦作为王的忠诚支持者,唆使贵阳城里的卫队团孙剑峰团长发动"民九贵阳政变"。省府秘书长熊范舆拿出几箱珠宝和金条未能换回自己的生命;政界元老郭崇光在被扣押送途中,路经猪肉铺时被借来的杀猪刀像宰猪一样被杀死;省府政务厅长何麟书闻讯躲入厕所幸免于难,可幼子、侄子被害;督军刘显世则被孙剑峰一伙送回老家兴义"养病"。这就是继1912年3月刘显世镇压贵阳革命政权后发生在省城的又一起血案。

政变期间,谷正伦特地从重庆赶到遵义,遥控卫队团的行动,随时准备增援。1921年6月,王文华被刺后,出任黔军总司令的卢焘为巩固自己的统治,把黔军内部的实力人物大部赶走,何应钦、孙剑峰被迫辞职远走昆明;谷正伦出任援桂军第4路军中将司令开往广西。1922年1月黔军另一支、王文华的原部下袁祖铭得到吴佩孚的援助,组织"定黔军",兵临贵阳城,卢焘把总司令职交给谷正伦后逃往广西,谷正伦居然趁危当上黔军总司令,此时他军校毕业仅5年,年仅32岁。

谷家弟兄4人,长兄正伦生于1890年,三弟正纲生于1902年,四弟正鼎生于1904年。其中谷家二公子正楷从小为人本分,无大志有勤奋,一生不求闻达于诸侯，甘心情愿留在安顺顶户看家，照顾父母。老三、老四对长兄的业绩异常向往，从小就有飞出贵州的打算。不同的是，弟弟没有像大哥那样习武从军，走"武"之路；而是上学读书，走"文"之路。

谷正纲、谷正鼎两人好学上进，聪明过人，学业有成，一个22岁、一个20岁时已经先后毕业于德国柏林大学。学习一向认真的兄弟俩，随着年龄的增长，投身政治宦途的心理在发育。在两人看来，中国缺少科学、教育发展的必要条件，研究学问、埋头书斋、以教为业只能聊以生活，而无出头露面的机会，更无兄长那样飞黄腾达的可能。权衡利害，决定投身政治，以"文"起家，满足自己的政治占有欲。谷家兄弟的估计不无道理，此时的中国正处于大变革时期，孙中山宣布接受中国共产党和苏联的援助，国共合作共同领导的国民革命即将轰轰烈烈地展开。

政治上的新形势，使得不少青年人为之鼓舞，投入国民革命。这种形势也为谷正纲、谷正鼎等人加入政治圈提供了机会，两人具备搞政治、吃政治饭的人所应有的看家本领，政治嗅觉极为灵敏，敏锐地感觉到孙中山的事业前途不凡，三大政策将会带来巨大的成功，国民运动将会推翻北洋军阀的统治。自己并不赞成共产主义，可从权术上讲，政治上的转折时期，"革命"成为时髦口号，"联苏联共"成了旗帜，自己进入政坛的门票非是"革命"不可。看准这个大气候以后，待机再见风使舵，随机应变。

当时，广州革命政府鼓动青年赴苏学习，接受革命熏陶。二谷通过友人与国民党海外组织取得联系、获得经费援助和推荐后，前往苏联莫斯科中山大学留学。中山大学是苏联为帮助中国革命、培养中国革命者而特设的一所专门招收中国青年的学校，学习内容主要是马克思列宁主义理论和国际共产主义运动史，以及为教学服务的语言训练。时任校长是波兰籍的国际共运活动家拉狄克。此人兼任德文班主任，精通汉语和德语，由于与有留学德国经历的谷家兄弟有"共同语言"，十分赏识一口流利、标准德语和汉语的谷正鼎，任命谷正鼎为自己的翻译。两人除工作上的接近外，拉狄克正在从事翻译工作，把中国的《易经》译为德文，这就更需要谷正鼎的帮忙。谷正鼎在苏联的两年间红极一时，里面有拉狄克、谷正鼎间不平常的关系在起作用。

国民党成立中山大学特别党部时，先是谷正纲出任党部组织部副部长，后由谷正鼎出任组织部长,弟兄两人同掌组织大权,成为中大校内不大不小的人物。不管权力和政绩如何,却也大大提高了两人的知名度,引起国内国民党上层的注意。

广州方面统一战线内部国共两党的斗争,特别是国民党右派对中共、国民党左派的疯狂进攻,在莫斯科中山大学内也有反映,分为左右派进行论战。在中大国共两党成员的论争中,谷家兄弟是右派的代表人物。

从一进中山大学起,二谷在政治立场上就明显偏右,对中共活动家采取敌视态度,经常与革命者进行辩论。在辩论的对手中,有后来成为中共领袖的邓小平,以及苏联当时的革命家托洛茨基和中共党员王明等人。此种辩论不可能取得一致,在中国革命的性质、动力、道路和对象等问题上,双方完全是南辕北辙,没有共同之处。

二谷在中山大学期间,后来成为新中国、中共领导人的不少人也在中大,成为兄弟俩的同窗学友。可二谷未被点化,无所醒悟,甚至时过几十年,谷正纲还未忘记在莫斯科与中共活动家打"舌仗"的旧事,把自己标榜为"反共的先知先觉"。确确实实,在国民党右派的青年群中,二谷是"头羊"。

蒋介石发动"四一二"反革命政变后,苏联方面扣下二谷等人,以作为对蒋扣押苏联顾问的回报。直到"宁汉合流"完成,才有人向蒋介石建议,用在押的苏联顾问换回被扣在苏联的国民党代表和倾向于国民党的留学生,谷正纲、谷正鼎得以回国。

二谷此时分别为25岁、23岁,年纪轻轻,政治上转向南京,支持蒋介石阵营,不足为怪。在二谷眼里,国共实力对比,国民党大大强于共产党。蒋介石掌握着百万大军,国民党通过改组发展为数十万之众,弟兄俩为官场内行、权术专家,当然倒向蒋介石控制的国民党当局。他们没有想到的是,就在他们忙于照搬西方民主、为蒋介石喝彩捧场之际,共产党同时发展起来,22年后夺取政权。

二、官场各有分工

谷家三兄弟与蒋介石来往,开始于北伐前后,大哥为先,老三、老四稍晚。谷正纲、谷正鼎回到南京时,蒋介石建立自己统治的时间不长,新政府开张,庞大的国家机器需要大批公职人员。蒋在选拔中、高级干部时,重用不少留学返国的年轻人，军事上借重日本士官学校的毕业生，如何应钦、谷正伦等；政务上借重不少留学美欧的毕业生，如王宠惠、王世杰、熊式辉、吴国桢等；党务上除用了如朱家骅、程天放、张厉生等留欧美学者外，更多的是借重留学苏联的学生，二谷则是其中最重要的人物。弟兄俩在国民党内的位置，总的来说是谷正纲居高不下，谷正鼎是稳步上升。

刚抵国门，二谷因在中山大学的出色表现，已成为大名鼎鼎的人物，蒋介石的党务助手之一丁惟汾慕名而来，邀请两人前往帮忙。丁惟汾成为二谷迈入国民党政界的引路人，被二谷称为"深受知遇的前辈"。

"前辈"丁惟汾确是一棵大树，党龄比蒋介石还长两年，辛亥革命前后已成为闻名全国政坛的活跃人物，国民党改组时为"一大"代表和第一届中央执行委员，以后数年一直负责国民党北方执行部的工作，在国民党也算一个说出话来蒋介石都要掂掂分量的人。丁凭着以往从苏联回国之人的口中得到的信息，异常喜欢二谷，称谷氏兄弟等人为"党的最优秀的生力军"。现二谷到来，丁惟汾立即上门相请，请谷正纲出任自己担任训导长的中央党务学校的训导处副主任，并推荐谷正鼎出任第26军政治部主任兼党代表。

谷家三兄弟都交上官运，起跑线都拥有如此优势，一步就跨入高级官员行列，成为国民党中枢系统成员，在政界并不多见。国民党内年轻人被一方大员看中一跃龙门的人不少，可像二谷一返国门就出任如此高职的找不出第2例来。就拿蒋介石的重臣吴国桢来说，开始步入政界，以教授身份换一个科长，翁文灏、张其昀等人也是被蒋介石考察多年后才予以提拔。二谷可以算作火箭式干部，这里面有丁惟汾的作用。

谷正鼎一到任，立即随军出发，参加蒋介石第一次下野复职后的重大军事行动，解决北方以奉军为主的安国军割据问题。第26军在军长陈焯的指挥下，编为第1集团军第2军团，由海州配合津浦线上的第1军团会攻泰安，1928年4月27日，南京方面的百万大军进入泰安城。5月2日，第26军及第2军团各军进入济南。"济南惨案"发生时，第26军及谷正鼎正在城内，正在济南医院治疗的第26军所属200余名伤兵惨遭日寇屠杀。蒋介石妥协退让，命令进城各部退出济南，绕道渡过黄河北上，各军进军神速。6月2日，敌方统帅张作霖在北伐军的压力下宣布放弃平津退回关外，蒋介石的"二期北伐"完成得如此之快，主要是安国军无心恋战。

"二期北伐"作战之中,国民党军队丝毫不见国共合作时政治工作的优良传统,政治部主任、党代表成了官兵上下讨厌的角色。与其说是做鼓动工作,还不如说是干特务勾当,进行思想、言论、行动控制,成为国民党蒋介石专制集团在军队的爪牙。

谷正鼎得意之际,岂知第1个高职竟如此不受人欢迎,不论干得再好再称职,在官兵眼里纯粹是丑角一个。再说他年仅24岁,既无资历,又无战功,供职讲究资历和军功的军队,纯粹是选错了地方,还不如趁早抽身,脱离军界党务部门,换入纯党务部门。

谷正鼎又去找到自己的引路人,请求保举。机遇正好,原来蒋介石北伐到华北,张学良宣布易帜称臣于南京,为加强对北平和华北的控制,国民党中央决定成立北平特别党部。北平是当年丁惟汾从事"倒袁、护法活动"的基地,国民党改组后又坐镇北平指导北方党务,更为重要的是现时身兼数职,是国民党中央常委、国府委员、中央训练部部长、中央党务学校教育长。虽说丁长期控制的党务部门已被蒋介石派来的陈果夫、陈立夫所夺走,可百足之虫,谈僵何易?丁惟汾的影响犹在,组建北平党部,当然要由丁惟汾来组阁。丁氏见爱徒来求,马上拍板,把谷正鼎调任特别党部党委,就这样他开始了党工生涯。

谷正纲担任训导处副主任的中央党务学校,是由陈果夫一手创办的国民党党校,前身是广州时期的党政干部训练所。中央党校规模一般,名声不大也不佳,可在国民党内地位之高,只有黄埔军校能比。两校成为一文一武两大干部训练基地,培植出一批批符合蒋介石要求的人才。谷正纲在校内官职不小,可一个教书匠无多大发展。尤其是他时常出没于上层社会,迎来送往到校演讲的一二流人物,看看人家,想想自己,阵阵醋意涌上心头,大有屈才之感,另谋出路势在必行。

看到后来在国民党当局内大红大紫的谷正纲,很难想象他曾是一个激烈的"倒蒋分子"。蒋介石开府南京后,开始对国民党原有的党政军系统大换血,由于改朝换代的工作进行得太猛太快,引起国民党内各种势力各扯旗帜,纷纷"倒蒋"。军界是各地方实力派反对编遣,阻止蒋介石吞并杂牌的阴谋;政界是元老级官僚反对蒋介石独裁,一直筹划用西方的民主方式来制约蒋;党内是汪精卫、胡汉民等人先后组织中央党部,和蒋介石争夺"孙中山正统继承人"的位置,从而掀起1929年至1931年底新军阀混战和"倒蒋活动"的高潮。作为政治游戏、闹剧好手的谷正纲、谷正鼎当然不会错过机会，急急忙忙重投山门，暂时与蒋介石分道扬镳。

老大谷正伦投靠蒋介石要先于两个弟弟。自当上黔军总司令后，日子并不好过，黔军内部暗潮起伏，政争不断，争权夺利之徒大有人在。王文华死了，刘显世、袁祖铭、卢焘等黔军元老和王天培、王家烈、彭汉章、周西成等新秀，又做起新的权力之争游戏。根基不足、孤立无援的谷正伦成为他们的刀下鱼、俎上肉。1922年3月，黔军第2混成旅旅长王天培联合第2独立旅旅长彭汉章等人，在取得吴佩孚援助的袁祖铭的支持下，发动政变，公开背叛年龄、军龄均小两年的谷正伦，转投袁祖铭，阴谋在黔东三江劫持谷正伦。危急之际，谷正伦急中生智把所乘船的缆绳砍断，船只顺激流而下，躲过王天培的追捕。谷正伦绕道返回贵阳城，原想挥兵反击，无奈此时总司令的命令已成空文，无人听从，叛军以1万银圆的巨金悬赏谷正伦的头，鼓动贵阳城里的军队起来造反。

谷正伦识时务，悄悄带着夫人陈白坚乔装打扮后逃出省城，远走重庆，顺江而下到上海隐居，一住就是2年。大难不死，万幸之余，落难之中的谷正伦决定把希望寄托在曾经追随过的孙中山身上，不愿再作冯妇为地方实力派卖命，当然，此恨此仇深深印在谷氏的心头。5年以后，蒋介石以"失职罪"处罚第10军军长王天培前来征求处理意见时，谷正伦毫不犹豫地出卖了王氏，与另外一些与王天培结下恩怨的人一起葬送了这位黔中名将、北伐战将的生命。谷正伦所为，真有大丈夫报仇十年不晚之意，终借蒋介石之手除王，以解心头之恨。

1925年初，孙中山病危北京的消息公布，正在上海的谷正伦也十分着急，为探视孙先生的病情，匆匆赶往北京。孙中山对谷正伦很有好感，4年以前谷正伦出兵离黔援桂时，直接在孙的指挥下作战，与粤、赣、滇军一起，共同讨伐旧桂系陆荣廷，先后收复梧州、南宁、桂林等城市，把陆从龙州赶往越南。收复广西是孙中山一生中亲自指挥的战役中较为得意、顺利的一仗，故对参战部队和指挥官印象也很好，对谷正伦也不例外。

孙先生在病故前，并未忘记北伐革命大业，时刻惦念着扩大、发展革命力量，布置谷正伦赶往湖南，联络处于北洋军阀控制之下的湘军中革命力量，为两广大军北伐创造条件。孙先生逝世后，谷正伦参与了治丧事项。凑巧的是在治丧、送殡、迎灵时活跃着一位女性，她就是一年后成为谷正伦小弟媳的皮以书。

丧事一完，谷正伦立即南下，前往长沙，凭日本士官学校校友的关系，找到老同学、湘军第1师师长贺耀祖。贺师长虽说身在旧军队，可心向广州城，赞成孙中山先生的政治主张，拥护三大政策，之所以按兵不动，只是在寻找最佳的倒戈时机而已。谷正伦的到来，贺耀祖即表欢迎，任命其为第1师顾问兼军官教练所教育长。

广州方面出兵北伐之前，谷正伦受贺耀祖之托，南下广州，拜访蒋介石，就北伐进军湖南问题提出见解，深受蒋介石的赞同，双方定下湖南方面呼应北伐、先行动手、迎接北伐军北上的计划。蒋、谷实质性的接触，此为第一次，谷正伦在合适时机提出了合适问题找到了解决问题的合适方法，迎合蒋介石的需要，以蒋介石的满意开始了两人相交共事的过程。

谷正伦回到湖南时，北伐军的第一个打击目标，即北洋军阀、14省联军总司令吴佩孚指挥叶开鑫、唐福山、贺耀祖等部，进攻宣布归附广州国民政府的湘军第4师师长、代理省长唐生智。唐告急，广州方面派出第7军第1旅和第4军叶挺独立团北上驰援，吴佩孚部失败而逃，贺耀祖临阵宣布参加北伐阵营。谷正伦由北伐军总司令蒋介石任命为国民革命军独立第2师副师长兼第1旅旅长，贺耀祖为第2师师长。对谷来讲，单枪匹马到湖南，借腹怀子，借鸡孵蛋，取得意外成功，拉出1旅之众，又有了与其他势力争名夺利、重建功名的资本。

第1旅立即被编入北伐军随军行动，北伐军进军武昌城下，把城团团围住后，把主力转向江西战线，谷正伦部参加的主要战役有攻克九江之战。江西一定，第2师随着东路军在谷正纲、贺耀祖当年的老同学何应钦的指挥下，直趋浙苏沪地区。到达浙北后，东路军兵分两路，一路由白崇禧率领取上海，一路由何应钦指挥攻南京。

1927年3月24日，独立第2师参与了进攻南京雨花台高地的战斗，谷正伦部为攻占南京打开缺口，程潜指挥的江右军第2、6军和独立第2师等部未经抵抗占领南京城。当天上午，南京突然爆发大规模的抢劫外国人的排外风潮，下午4时起，停泊在下关一带江面的英国和美国军舰，炮击南京1小时。南京秩序大乱，为维持南京治安，蒋介石急令贺耀祖将独立第2师扩编为第40军，由谷正伦任军长，程潜和李宗仁闹翻后，后由贺耀祖继任。贺出任第3军团总指挥兼第40军军长参加"二期北伐"，谷正伦代理南京卫戍司令。"济南惨案"时蒋介石对日妥协，为取悦于日本人，撤销贺耀祖本兼各职，谷正式担任南京卫戍司令。

此职成为谷正伦在南京政府里事业的新开端，开始了一生中最为得意的时期。与黔军里出来的何应钦、朱绍良和另一老同学贺耀祖一起，比翼齐飞于官场，取得惊人的结果，何应钦出任过国防部长、行政院长，朱绍良出任过第8战区司令长官、西北军政长官，贺耀祖出任过国府参军长、陪都重庆市市长，他们与谷正伦一起，成为蒋介石军事干部三大系统之一——日本士官系的骨干人物。

三、专业各有所长

在南京官场，论当官，谷家三兄弟均为上乘之料，各有所长，也各得其所。兄长谷正伦稳重，反共坚决，不为人言所动摇，且心重手辣，言出计随，蒋介石因材施用，让他当上宪兵司令，可谓是人、事对口，合适。老三、老四年轻好胜，学识丰富，口才不凡，又热心于政治，热心于反共，活跃于官场，蒋介石投其所好，一直把两人放在党务圈里，最后两人分别当上中央组织部部长、副部长。说来也怪，谷正纲、谷正鼎两人却是靠"倒蒋"发迹。

国民党内"倒蒋"之火由蒋介石亲手点燃。1929年初，蒋正式执行编遣计划，改变北伐兴起的非中央军扩军过快、过分强大问题，引起各路地方实力派反对；同时单方面筹备召开"三全"，以改变国民党数年来胡汉民、汪精卫、西山会议派支持票过高、蒋介石和"拥蒋派"支持票过低的局面。"两个改变"当然引起"被清算派"的反对。最后"非蒋"的政治派系和"非中央军"的地方实力派实现松散大联合，燃起"倒蒋"之火，谷正纲、谷正鼎投入汪精卫的怀抱。

汪精卫对二谷的吸引力主要来自以下几个方面。一是国民党内另一大派胡汉民，正和蒋介石处于热恋之际。而另一大派西山会议派虽也遭蒋排挤，可尽是老人，缺少生气。要"倒蒋"只有找"实力雄厚"的汪精卫。二是汪精卫为国民党内一大佬，资历、威望、能力不在蒋介石、胡汉民之下，作为"倒蒋"旗帜最合适不过。三是汪精卫扛起"护党救国"的旗号，以改组被蒋介石糟蹋后的国民党为号召，再加上手下一大帮人又从理论到实践上的阐述和分析，对二谷这样的人有吸引力可以理解。话又得说回来，改组派的笔头犀利、文字流畅，对南京政府的腐败、反动、黑暗的剖析上也有入木三分之处。遗憾的是，汪精卫、陈公博他们不是要变革不合理的社会,不是要革蒋介石和南京政府的命,而是在寻找取而代之的理由。这和二谷寻找新的升官捷径是一致的。

汪精卫把题目做在"三全"上,因为参加会议的 80% 的代表是由蒋介石、陈果夫、陈立夫控制的中央组织部圈定的,以通过控制与会代表这一关,把非嫡系人选加以排斥,把"三全"开成"蒋记大会",把第三届中执、监委变成"蒋记中央"。那时候蒋介石刚刚完成"二期北伐统一大业",军权在握,周围尽是赞美之声,故有恃无恐,连大会代表候选人走过场的选举也予以取消。

汪精卫及改组派主要成员抓住蒋介石的独裁、专制行为大做文章,举起"倒蒋"大旗。谷正纲、谷正鼎吃过几年洋面包,对西方民主极为欣赏,当然不能容忍蒋介石如此践踏自己和国民党党员的权利,闻之义愤填膺,拍案而起,立即与改组派取得联系,参加"倒蒋"阵线。事实上,蒋介石对二谷不尽民主,但对谷正伦还是非常"民主"的,圈定代表时,因为谷正伦在贵州区、中央组、军事组均排不上号,特意将谷正伦挂名到从无任何关系的哈尔滨市特别党部的名下,想方设法拉谷正伦到会。再说谷正纲也是南京市特别党部的代表,蒋介石也对得起谷家,可二谷不领情,弟兄俩有更大的追求,最后谷正纲成功了,谷正鼎也升官了。

谷正纲的到来,改组派非常欢迎,马上授其重责,让他担任改组派上海中央总部实际负责人王乐平的助手,插手改组派的全面工作。谷正鼎也成为改组派北平支部的主要负责人,兄弟两人一南一北分别在南京和北平起事。

除南京、上海外,改组派活动搞得有声有色、颇有规模的要数北平。北平改组派的势力不小,活动频繁,在蒋记"三全"开完后继续从事倒蒋活动。为把活动推向高潮,增加发言权,扩大影响,北平改组派支部还频频和华北地区准备武力"倒蒋"的地方实力派冯玉祥、阎锡山、石友三等人联系。

面对改组派无法无天的挑衅,蒋介石忍奈一时,待"三全"开完,组成"蒋记中央"既成事实后,全面、南北一齐反击,北平警备司令张荫梧根据指令,于 1929 年底把谷正鼎、刘瑶章、肖训等改组派活跃人物收押在监。直到"中原大战"和"扩大会议"起,阎锡山为拉拢、讨好汪精卫等改组派巨头,扩大"倒蒋"阵容,特意把谷正鼎等人释放出狱不说,还奉为上宾。在谷正鼎的经历中,就这样多了一段监狱生活。

和谷正鼎的活动比较起来,谷正纲显然高出一筹,改组派中最先发难的是南京的谷正纲。国民党南京市党部在夫子庙旧贡院开会议决出席"三全"的代表时，与会人员大部分反对中组部圈选代表。谷正纲首先开炮，谴责中央党部无视总理遗教、破坏党内民主、助长党内独裁的卑劣行径。他的发言引起会场轰动，党部会议一时成了声讨蒋介石的场所，文绉绉引经据典、从理论高度上批判的有之，恶狠狠满口脏话、从蒋介石的德行上大骂的有之，气昂昂、凿凿有据地从"革命实践"上痛责的有之，会场异常热闹。

当然会场里不乏小人溜出去告密，蒋介石闻讯后派出一批黄埔门生直奔旧贡院，目标是找谷正纲算账。刚刚还慷慨陈词的谷正纲不失为"俊杰"，经友人指点后赶紧一躲了之，免遭一顿皮肉之苦。全场经过一阵混战后，会议参加者被押上大卡车，送到中央党部大礼堂听候蒋介石训斥。风头一过，谷正纲靠友人帮忙，搞到一张半价优待车票，逃往上海租界，成为改组派中央总部的专职领导人员。直到三年后蒋、汪合作，改组派解散，谷一直是该派的主要骨干和活动家。

1931年底，由汪精卫、胡汉民及两广军阀携手合作发起的"中执监委非常会议"接近尾声，在善后过程中，各派各取所需，坚持国民党第四次全国代表大会分在三地召开，蒋派在南京，胡派在广州，汪派在上海，互不干扰，各选中委，用分裂的形式选出"统一"的中央。

谷正纲因其在改组派中的杰出贡献，在上海"四全"分会场上当选为中央执行委员。汪记"四全"是在上海大世界召开的，上海大世界在旧中国社会观感和舆论中以藏垢纳污、集中种种社会腐朽生活方式而闻名，故谷正纲等中委又被人称为"大世界中委""野鸡中委"。名声虽不好听，可中委还是当上了。由于蒋介石、陈果夫等人对谷正纲还不了解，更对他的所为怀恨在心，在四届一中全会上，把三个分会场的选出的"中央委员和中央监察委员"全面平衡时，谷正纲被降为候补中执委。不管如何，弟兄三人中他最先进入中央执行委员会。

在蒋、汪合伙政治分赃时，由失意官僚、政客、党工组成的改组派论功行赏，各得其所，出任副部长以上高官的就有十数人，一时改组派内部一派兴旺，弹冠相庆不绝。由于汪精卫坚持和改组派其他骨干的呼吁，谷正纲出任新近由中央组织部改组而成的中央组织委员会副主任委员，由一个"倒蒋"前的干校训导处副主任一跃而就中央核心圈成员。谷正鼎也来到中央机关，出任铁道部总务司司长，次长、部长分别是汪精卫老朋友曾仲鸣、顾孟余。铁道部掌握在改组派的手中。

谷正纲、谷正鼎升迁，容易使人想起一句老话：闹而优则仕。

汪精卫和改组派的其他头目，虽然也算官场常客、权术高手，可还是被二谷玩弄一番。谷正纲、谷正鼎见权力到手，可要想保住位置和谋取更大发展，蒋汪合作后汪精卫已成空头，靠汪是不行了，只有投靠党内独裁者、最大实力派蒋介石。就这样，汪精卫把二谷扶起来，二谷不是知恩图报，而是叛主而去。

汪精卫在和蒋介石讨价还价时，为了增加对组织大权的控制，特地把陈果夫、陈立夫经营数年的中央组织部改组为蒋汪合管的中组委，把大将谷正纲升为副主任委员，以增加改组派在党务问题上的发言权。岂知转眼之间，谷正纲成了CC系的核心人物，老四紧随，二人背叛，是汪精卫拉帮结派经历中最大的失算，也是谷氏兄弟一生中最成功的一次政治投机。

谷正纲当上中组委主任委员、陈立夫的副手后，以对"蒋氏王朝"和对陈果夫、陈立夫的忠诚，以及精干的作风和较强的工作能力，深受陈立夫的赏识，成为陈果夫和陈立夫的心腹，出任中央组织部副部长达8年之久，在国民党上层建立起广泛的基础，在CC系内部也有着很大的影响力。在1935年11月举行的国民党"五全"上，当上中央执行委员。这次会上谷家满堂红，大哥谷正伦也是中央执行委员，小弟谷正鼎则为候补中执委。最辉煌的还是在1937年2月的国民党五届三中全会上，谷正鼎递补为中执委，正式实现"一门三中委"。

全面抗战开始后，谷正纲兼任军委会第5部副部长和第3战区政治部主任。1939年11月，在国民党五届六中全会上，谷正纲出任社会部长，这是谷家三兄弟中出任的第一个部长职。1945年7月又兼任农林部长，两年后当选为国民党中常委。国民党内除领袖孙中山、蒋介石外，中常委是党员所能官至的最高峰，谷家出任中常委是谷正纲的专利，一当就是40年，这在国民党上层找不到第二人。

蒋介石假名行宪，长期受到黄埔系、政学系、亲英美系攻击、挤兑的CC系，利用掌握的国民党上上下下全套组织机构，在选举制宪、行宪国民大会代表和"立法委员"、"监察委员"之际，抓紧时机，操纵选举，选举大批CC分子进入政界和议会系统。在国民党内各派争权夺利历史中，CC系这一仗打得最漂亮，战果也最大。CC分子挤进政界、国民大会、"立法院"、"监察院"太多，他人、旁系无法管理，蒋介石只好请出陈立夫为立法院副院长，谷正纲以国大代表身份兼任政务委员、内政部长，以协助蒋介石管理不服调教的CC分子。政务委员是谷家三兄弟中所出任的最高行政职务。最后谷正纲带着为谷家挣来的殊荣，被中共赶出大陆。

谷正鼎也不甘落后，与三哥一起在党务系统通力合作，配合默契，可谓是红花绿叶，相映生辉。1937年初，出任5年铁道部总务司长的谷正鼎重回党务系统，来到西北担任委员长西安行营第2厅厅长。作为行营主任顾祝同的助手，处理西安事变的善后事项。在压迫杨虎城出国、整垮东北军和第17路军的过程中，谷正鼎是顾祝同的好帮手。进入"二期抗战阶段"，蒋介石下令撤销原有的重庆、广州、西安三行营，重新设立天水、桂林两行营，统一指挥南北两大抗日战场。谷正鼎出任天水行营政治部主任。

1943年初，谷正鼎又以中执委身份兼任陕西省党部主任委员。出任国民党省党部主任委员的，大部分是彻头彻尾的党工，除管理国民党组织外，更主要的是对付党内反对派、党外民主人士和共产党，是蒋介石反共政策最重要的中转站和加压站。陕西因是中共中央和军委总部所在地，又是阻"西北三马"于祁连山的要地，蒋介石尤为重视，到西安任职的都是蒋介石的重臣。自顾祝同走后，坐镇古城、执掌军政大权的是胡宗南，谷正鼎则先后给顾、胡当了9年的党务助手，后期以省党部主任的身份，具体负责"限共、防共、剿共"事项。

抗战胜利后，谷正鼎调离西北，升任中央组织部副部长，兼党政军联席会议秘书长，进入中央党部核心部门。副部长一当就是3年，1948年由于陈立夫调任立法院副院长，组织部长遗缺由谷正鼎继任。自蒋介石1926年制造"三二〇事件"，赶走中组部长、中共活动家谭平山之后，二十余年间，出任国民党中央组织部长的只有蒋介石、陈果夫、陈立夫、朱家骅、张厉生、谷正鼎6人。后者能挤入6人行列，实属不易。使他感到美中不足的是，在任期内迎来了国民党的彻底失败，上任一年余就被迫撤往台湾。

老大谷正伦和两个弟弟不同，自投靠蒋介石后是从无二心，仕途上一路顺风，出任过不少重要职务。1932年2月兼任首都上将卫成司令、警备总司令，1936年4月兼任军委会军法执行总部副总监，抗战之初出任鄂湘川黔边区上将主任，1939年2月改任第6战区副司令长官，1940年12月出任甘肃省政府主席兼保安司令。抗战结束后不久兼任西北行辕副主任，1947年5月回到南京升任政务委员兼粮食部长，1948年出任家乡贵州省府主席、保安司令，国民党溃败前夕又兼任贵阳绥靖公署上将主任。

谷正伦在粮食部长任期内，社会部长是三弟谷正伦。谷正伦外放家乡主政贵州前，四弟出任国民党中央党部组织部长，三人同为一朝，均为部长，正式实现"兄弟皆部长"，这在民国史上可算一绝。

尽管谷正伦时为朝中一品大臣，时为封疆大吏，时在前线，时在中央，可名声并不在此，他的名声在宪兵界。因为参加、主持过国民党宪兵的组建和扩建工作，故在国民党上层被称为"宪兵之父"；因为他在宪兵司令任内，残害无辜，草菅人命，故在国民党上层和社会上被称为"屠夫"。

事实上，他这"宪兵之父"有名不副实之处，中国宪兵并不是始于谷正伦。最早是在清朝光绪年间，当时的五大臣出国考察归来后，提出仿效西方治国方式的建议中，就有设置军事警察宪兵这一条。1906年北京地区正式出现宪兵，清政府还请日本军人在天津大沽口创办宪兵学堂。大革命时期孙中山还亲手制定过宪兵服务规程，东征时随军出发、维持军纪的就是专职宪兵。即使在蒋介石主政南京后，第一任宪兵司令也是在"二期北伐"过程中任命的吴思豫，当时有两团宪兵常驻南京，由于宪兵隶属于卫戍总司令部，也算由谷正伦司令指挥。

1932年2月1日，谷正伦出任宪兵司令，连任至南京放弃，南京政府和国民党中央撤往大后方。谷司令任内，国民党南京政府的宪兵完成正规化和大发展。在谷正伦的安排下，北伐时的宪兵营扩编为宪兵第1团，把他原来任师长时的部下改编为宪兵第2团，把武汉宪兵团改为宪兵第3团，单独成立交通宪兵第2团，此外还先后设立"宪兵军官讲习所""宪兵教练所"。1932年，谷正伦把后者改为"宪兵训练所"，扩大培训规模，1935年3月又把"宪兵训练所"改为"宪兵学校"。

谷正伦在宪兵司令任内，使得南京政府的宪兵完成正规化和大发展。说大发展，是说在他的手中，宪兵开始独立出来，几年间由编制8个团迅速发展起来，到离任时已达23个团；宪兵驻地、值勤处也由首都1处扩展到各大城市和各地区；宪兵职能也由最初的军事警察扩大为行政警察、司法警察等，以及专为破坏中共地下活动的宪兵特高部。

说正规化，国民党宪兵编制齐全，装备先进，经费充足，训练严格，一般不用上前线参战，实为国民党军队里的特权阶层。为发展宪兵、完成宪兵现代化，谷正伦通过他创办的"宪兵军官讲习所""宪兵训练所""宪兵学校"，以培训干部，和其他军校一样，宪校由蒋介石兼任校长，谷正伦兼任教育长。从1936年1月开学到谷离任时，该校有学员队、学生队、军士队各数期毕业，此外还有特教班、体育班等，宪校的毕业生几乎全部成为宪兵部队的各级军官。

蒋介石对宪兵寄予厚望，在1933年1月27日的一次训话中称"宪兵是革命本身的内部保障，宪兵不仅保障国家，而且要保护革命党、革命政府和革命领袖"。正如蒋所说的一样，宪兵以保护蒋介石和南京政权为名，到处插手，四处干预，成为无所不为、超越其他权力机关的监督和执行部门，成为蒋介石最为信赖的武装力量之一，成为维护、巩固国民党专制统治的主要支柱。所以且不说中、高级宪兵官员，一个普通宪兵的地位之强，非一般党政军官员所能比。

谷正伦指挥的宪兵对南京政府贡献甚大。一是充当行政警察，维护统治集团内部正常秩序，特别是对中、下层官员具有不小的震慑作用。二是充当司法警察，维护社会治安。在警察、特工、自卫、保甲等维持治安队伍中，宪兵名列首位。三是充当军事警察，执行军法，前线督战，驱使国民党军队官兵火线尽力作战。四是充当政治警察，查禁各种宣传中共的进步刊物、文艺作品和理论文章，破坏中共各级组织，抓捕和杀害中共地下党成员。

蒋介石主政的最初十年间，谷正伦一直负责南京的警备，并从1932年初起身兼卫戍总司令、警备司令和宪兵司令，直接指挥宪兵、军队、警察、特务，在宁沪杭一带大肆搜捕共产党人。中共内部王明"左"倾路线盛行的几年中，在白区工作中推行盲动冒险主义，过多地暴露实力和行踪，使得设在上海的中共中央机关屡遭破坏，中共江苏省委机关先后9次被破坏，中共领导的群众组织总工会、团中央、反帝大同盟等的总部机关也数度遭破坏，一些中共方面的著名活动家、高级干部、优秀党员被捕被关被害。

宪兵成为各地反共、抓捕中共地下党和爱国民主人士的主要特务组织。如在北平，宪兵第3团在谷正伦的亲信丁树中等主持下，便衣宪兵"化装成工人和学生，伪装进步爱国，打入了中共北平地下党组织，中共河北省委、北平市委及反帝大同盟、互济会等组织先后遭破坏，数百人被捕，使中共北平地下党的工作遭受重大损失"，此类事件在全国各地发生很多。为此，谷正伦为了更好发挥和施展宪兵破坏中共组织的功能，特意成立宪兵特务组织——特高科，派驻外地的叫特高队（后改为特高组），与中统、军统并称为"三大特务组织"。

谷正伦在他的从军和宪兵生涯中，也发生过多次屠杀民众的恶性事件，如在黄岩地区"围剿"时下令"限期攻克，不要俘虏，全部杀掉""干得好了有奖，空口无凭，以人头论赏"，结果宪兵特务"见人就杀，妇孺不免，上千名无辜群众惨遭杀害"，人称"谷屠夫"。

值得一提的是，面对宪兵内部存在的知法犯法、执法犯法的现实，谷正伦一方面在各宪兵团中建立警务室和特高组，在宪兵中实行特务统治，要求对上级绝对服从；一方面要下属"不说谎、不作假、守本分、尽职责"，并说"经验不足之过犯，尚可宽恕；倘为非作歹，则法所不赦"。蒋介石也训谕宪兵"以匪以导，必身先之；修己以教，教不虚施；大仁大勇，独立不移；唯勤唯敏，唯职之宜；敦为之率，唯尔是资"。可事实上宪兵执法违法、为非作歹之事屡见不鲜。

国民党失败将至，谷正伦接受蒋介石的特任，回到家乡任职，主持全面防务，以实现蒋介石西南顽抗、保住在大陆最后一块基地的计划。

1948年4月29日，已经在粮食部两个月没有上班的谷正伦，接替杨森，飞往贵阳出任省主席。此时，国共双方军事上处于胶着状态，中共的军事全面反攻正在筹备之中，但还没有实施，所以南京政府处于回光返照期，行宪国民大会举行，蒋介石刚选上总统。谷正伦因为在粮食部长任内，与行政院方面相处不合，已经两个月没有上班，蒋介石欲让谷正伦出任宪兵总司令，谷正伦看到蒋介石没有诚意，所以他也没有同意再回炉。

谷正伦回到家乡任省主席，分外高兴，这就是传统文化的光宗耀祖、衣锦还乡最高境界。新主席，信心很足，要把贵州建设成为"戡乱救国的基地"。谷正伦在控制住政局后，治理省政上也下过一些功夫，做过一些研究，推出一些新政。

一是忙官倒赚钱。贵州深受反共内战之苦，货币贬值十分严重，再加上不少商人囤积居奇，市面物价飞速上升，民不聊生。谷正伦下令，按照"非常时期取缔囤积居奇处理办法"，下令没收囤积物资的一些商行的棉纱、汽油等生产生活物资。关键是再把没收得来的物资做资本，成立"贵州省物产公司"，派他的亲信、原宪兵司令部军需处长朱迈沧为总经理，在省外香港、广州、柳州和省内主要城市设置分支机构，在收购和外销贵州土特产的同时，换购一些军需物资。一进一出，没收加低价收购土特产，再以高价折算军需物资，社会、民众没有受益，以省主席为首的一批人获取暴利。说到谷正伦在省主席任内的经济活动，顺便提一下他主持发行"甲秀楼银圆",除了设计新颖别致、做工精湛之外,还在右侧下部铸上"谷"字,用意无非是要炫耀他和他家。新银圆对经济没起到什么作用,只是到现在已经成为珍贵藏品,这恐怕是谷正伦当时没有想到的。

二是推行"二五减租"。他说,"共产党之所以迅猛发展,主要原因是在"共军"盘踞的所有地区,都要没收地主的土地,无偿分给农民,骗取农民的好感,把农民牢牢地拴在他们的战车上。这个问题,必须引起我们的重视"。所以,下令全省把农村的"租、佃对半分成""租、佃四、六分成"变为秋收粮食产量25%给佃农,75%由租、佃农平分,即佃农应得62.5%。"二五减租"是比较合适的农村改良之路,不是谷正伦的创造,除了他讲的"分田分地"是中共所为外,还有就是在抗战期间,陈诚出任湖北省主席时,也推行过"二五减租"。由于遭到地主阶层的极力反对,陈诚也是虚晃一枪,没有实际成效。谷正伦更是如此,因为各地地主联合起来抵制,根本没法推行。

三是军事准备顽抗。1948年底,中共军事反攻全面展开,正在进行的三大战役打得南京政府喘不过气来,蒋介石为部署迎接最后的打击,图谋把大西南像抗战时期作为大后方一样,作为最后的"反共"军事根据地。命令谷正伦第19兵团,下辖49军和89军,贵州同乡、何应钦的侄子、云南警备总司令何绍周为兵团司令兼49军军长,刘伯龙为89军军长,同时继续扩充地方保安团队。谷主席把5个保安团扩编成8个团,组建为4个保安旅。为解决扩编部队的军费,增收自卫特捐、百货营销税、食盐附加税搜括民众,更为可怕的是开放鸦片烟禁,广收鸦片烟税,残害当地民众。

四是顽固坚持反共。1949年6月,已经撤到广州的南京政府,为顽抗到底,要求蒋管区一些省份成立"反共保民委员会"。谷正伦立即行动,聘请一些当地的"省参议员、国民党省党部委员和三青团的骨干分子"担任委员,由并省参议会议长平刚为主任委员,副议长杜叔机、省党部主委黄国桢为副主任委员,省参议员郑代恩任秘书长,财政厅主任秘书陈本昌为专职秘书。委员会的职责主要是进行反共宣传,负责灌输反共思想,造谣称"共匪一到,家破人亡",强迫各地"保安人员"和参加反共培训的人要"拼命保命、破产保产",与"共军"顽抗到底。

在国民党官场博弈二十多年的谷正伦,深知南京政府已经江河日下,无可挽回。他一边认真组织"贵州省反共保民委员会",一边请假准备一走了之。1949年7月,谷正伦因胃病缠身多次分别向蒋介石、李宗仁请辞，只是蒋介石已经下野不能明确提出意见，李宗仁则想派桂系要员夏威主黔，由于谷正伦反对未成，他的辞职也推迟。

谷正伦在贵州的最后一个利用价值，是蒋介石要他准备讨伐卢汉。8月间，蒋介石得知云南卢汉要起义的消息后，一方面于8月24日由台北飞往重庆，邀请卢汉去重庆述职，进行安抚拉拢，稳住卢汉；一方面任命谷正伦为"援滇军总司令"，指挥贵州的何绍周兵团两个军、川南罗广文兵团的两个军、云南的第26军、第8军，准备讨伐卢汉。由于卢汉在面见蒋介石时表示要辞职，蒋介石未准辞职，还拨发100万银圆，同意云南扩编两个军，卢汉回去后也按照蒋介石的要求，逮捕中共地下党和外围人员200余人。卢汉让蒋介石"安心"，"援滇计划"自然结束，当然最后卢汉还是按照原计划进行起义。

1949年10月中旬，中共第四野战军向湘西推进，谷正伦深知贵阳不保，曾登门拜访名士卢焘组织临时维持治安机构。到11月初，谷正伦将省府机关迁安龙、兴仁等地，命令第49军誓死抵抗，他也知道"大势已去，我只是尽力而为罢了"。11月19日，谷正伦在盘县致电阎锡山呈请辞职，以便异地治疗胃病。22日又让谷正纲去催，23日下午谷正纲告知"经请示阎院长，兄病可异地疗养，母年老体衰，望妥为照顾"。谷正伦把军事安排后，11月25日上午逃往昆明，29日逃往香港。谷家三兄弟的为官大陆时期结束了。

谷正伦自任职南京政府后，就成为国民党反共阵营中的一名骨干。如果说他的两个弟弟主要是用"文"的手段对付共产党人的话，那老大则是用"武"的手段来对付和残害共产党人，最后文也好，武也好，均成为中共的手下败将，远走海岛，聪明过人的谷家三兄弟当初恐怕没有设想到这个结局吧！

四、结局各有不同

当时，在昆明乘飞机去香港，必须经云南省主席卢汉批准，谷正伦撒谎称是蒋介石让他去台湾，卢汉信以为真，同意谷离开。到香港后，用自己多年捞来的钱买房开"贵州公寓"，靠收房租生活。1952年初，台湾国民党当局经过初步整顿，无论是政局、军事和社会均进入高压统治下的稳定阶段。为稳定军心，增强其反共实力，蒋介石允许一些流落海外的军政要员来台。

谷正伦到台北报到后，复职无指望，来台的省主席一大堆，贵州省政府、贵阳绥署早已撤销，无主席、主任可设。宪兵对这个"宪兵之父"不感兴趣，自谷司令下台后，"司令"已换多届，现已牢牢掌握在蒋经国的亲信罗友伦手中，轮不上当年的"司令大人"。

谷正伦的职务是"总统府国策顾问"，蒋介石以总裁、专制出名，"国策"岂用他人又顾又问，谷正伦心里明白，平时是不顾不问，威胁更大的是消化系统的疾病，病情愈来愈重。病危之时，他感慨万千，见到自己为之奔波数十年的事业，没有成功不说，堂堂一个"政府"还被赶到海角苟度残生；一家兄弟三人，宦海沉浮，没有衣锦还乡、光宗耀祖不说，堂堂的"部长"、省主席、中常委还被赶出大陆，岂能吞下这口咽不下的气？临故愤愤不平地说："吾参加同盟会为会员，迄今四十余年，今虽未能亲见革命成功，但死后仍为国民党党鬼，而继续为党奋斗。"

1953年11月30日，谷正伦因胃癌在台北病死。此人最后留下的话是："余随总裁三十余年，蒙特达之知，不得反攻大陆，实死有遗憾。"此话有点不伦不类，可能是死之前有点糊涂了，忙碌一辈子，至死都不明白他和他所服务的政权为什么会失败，"党鬼"有何用？"遗憾"又在那里？

不甘寂寞的是老四谷正鼎，这个国民党中组部的"送终"部长，到台湾后成了陈果夫、陈立夫的替罪羊。国民党当局撤迁台北，党内有不少人要求追究失败责任。更有人说，国民党的失败是党的失败，应该先追究管党人的责任。长期利用CC系控制全党的陈果夫、陈立夫首当其冲，一再受到指责。为此，陈果夫病重垂危，陈立夫远走美国，留下的傀儡"中组部长"谷正鼎成了众矢之的，各种责难不从一处来。蒋介石正好利用这股呼声来为蒋经国开道，对党政军各系实行大换班，大批官员丢官弃职，由蒋经国、陈诚为首的"实力派"接替。

1950年7月，国民党中央改造委员会成立时，第6届中执监委和中央党部被统统取消，上任才两年的"组织部长"自动离职，谷正鼎只剩下"立法委员"、国民党中央评议委员职。

和党政军机构的改朝换代不同，蒋介石为顾及"法统"延续，"立法院"、"监察院"和"国民大会"等所谓"中央民意机构"，因为无法在全国范围内进行选举，所以无法换届，"立法院"里的CC分子完整不动地保存下来。谷正鼎等就在"立法院"内，利用咨询、审计政务的机会，兴风作浪，一再和台上权贵们过不去。

谷正鼎对随着国民党改造结束、一批批"实力派"成员出任各方面要职心怀不满，曾在1955年初的一次党内集会上，公开指责蒋介石，称"自党改造以来，名曰党内无派。盖奉总裁之谕，不准再有小组织，故任何人皆不敢搞小组织。然党员虽不敢有小组织，总裁竟亲自领导小组织"。蒋介石得知后恶狠狠地说："好吧，他们不满意党就让他们离开党好了。他们想要组织反对党，就等我帮忙他们组反对党吧。"谷正鼎拿出当年在改组派时"倒蒋"的劲头，以冀在政治舞台重展宏图，只因时势不同而没有得逞，他的党籍靠夫人向蒋夫人说情才得以保住，以后就一直被冷却一旁。在以后近20年间，参加的主要政治活动是给三哥助威帮忙，从事"世界反共联盟"工作。

说来奇怪的是，谷正鼎被打入"冷宫"，夫人皮以书却成为台湾政坛的红人，成为蒋夫人宋美龄的助手。皮以书出名于20世纪20年代，孙中山先生葬礼上她是执绋的青年学生代表。1925年底赴莫斯科中山大学留学，学习期间结识谷正鼎，于次年结婚。两人回国后可以说是夫唱妇随，各领风骚。谷正鼎任北平特别党部常委，夫人是党部妇女部部长；男为铁道部总务司长，女为中央民众训练委员会总干事；夫到西安供职，妻为妇女"新生活运动"促进会会长和宋美龄筹组的全国儿童保育总会西安儿童保育院院长。抗战结束皮女士获得"胜利勋章"和美国总统颁发的"自由勋章"。到1948年初，谷正鼎在家乡安顺区当选为"立法委员"，皮以书在家乡四川南川区也同时当选，以"夫妻双立委"而名噪一时。皮女士在台湾经常出没于士林官邸，成为宋美龄的助手，出任"妇女反共抗俄联合会总干事"，当上妇女运动的"次领袖"。

1969年，皮女士经查患有肺癌，以后一直在台湾和美国间治疗。最后一次从美国回来后不久，1974年3月14日，突然昏倒在办公室，再也没有醒来。谷正鼎悲痛万分，写下一篇情真意切、催人泪下的《哭以书》祭文，从此卧床不起，几个月后追随夫人而去。在谷家三妯娌里，从政为官的仅谷正鼎夫人一人，默默无闻的要数谷正纲夫人，才华不薄的是谷正伦夫人。

活跃官场的是谷正纲，在台湾被称为官场上的"常青藤、万年松"。还没有一个人能像谷正纲那样从撤台到20世纪80年代，一再受到蒋家两代人的信任和重用。

自脱离改组派、投靠蒋介石后，他对蒋介石的忠贞，在国民党上层是出了名的。最精彩的一幕是1949年1月21日，蒋介石就宣布第3次下野问题邀请高级助手座谈时，谷正纲号啕大哭。眼泪一是为蒋介石辞职所洒，二是向蒋介石宣誓效忠，三是表示和没哭者不一样。这中年男子不轻弹的眼泪，影响到谷正纲后半生的政治前程，成为谷正纲红遍台湾政坛、40年不倒的源泉。

哭过之后，立竿见影，蒋介石绕开众多的国民党元老、阁僚、政客、党工和正常的组织、党务系统，成立15人的中央改造委员会。中改会由陈诚负责，以蒋经国为核心，负责对国民党实施脱胎换骨大手术，以排除种种旧有的派系因素和失败阴云，重组集中、统一由蒋介石绝对控制的国民党。中改会成员都是为蒋家父子一挑再挑、百里挑一的放心人物，谷正纲凭"哭"选上。

1952年10月，国民党改造结束，召开"七全"，恢复被取消两年余的中央委员会和中央党部。谷正纲再次进入中央委员会和中央常务委员会，连任至"十三全"，达30余年，这在台湾找不到第二人。连任中常委难度较大，一是要有蒋介石、蒋经国即总裁、主席提名，能被圈定为"中常委候选人"；二是要能够通过选举关，获得多数票。故国民党上层人物中，通过一关的有之，被选上一两次的有之，在经常性的中常委改选中，像谷正纲那样久不落马的确实没有。

谷正纲的成功有独特之处，蒋介石的信任自不说，他的人缘也极好。在1966年的"国民大会一届四次会议"选举大会主席团时，谷正纲以100票当选，创下此项选举的得票纪录，而同次获选的第2、3、4名3人票数加起来也不过101票，可见谷正纲的群众基础不错，有一定的基本力量。

他的票数来自平时的培养，谷正纲日常十分注意塑造自己的完美形象，喜好活动，常出没于政治场合和公众场合。在经常性的外出演讲时，口若悬河，滔滔不绝，长时间的发言还拒收钟点费，不计报酬。谷的住房是分期付款购买的，当局配给的车子从不让家人搭乘沾光。以上小事，在国民党官场，对争取票数、同情和支持是极为有利的。

这样做并不奇怪，谷正纲是过来之人，看到腐败导致国民党在大陆的失败，看到多少国民党的达官贵人因腐败而毁掉前程，自己要想保住"国民党中常委"这个西瓜，就得抛掉一点享受方面的芝麻。再说他的生活已经是高水准的了，又何必为小事而授人以柄呢？在台湾政坛，谷正纲的活动主要集中在两个方面。

一是强化蒋家的独裁统治。1959年10月,他出任"国民大会秘书长",一任近8年。任内针对台湾岛内民主和改革的呼声,一再强调议会政治是协调政治,可在行动中一再坚持现阶段的议会政治就是国民党的政治。前者他取悦于各界"民意代表",为自己树立民主的形象;后者则取悦于国民党的峰层,为自己树立忠诚卫士的形象,为民为党均有。所以有些政论家认为谷正纲虽然满口议会政治、民主、协调,实际上"是一个不折不扣的国民党强硬派,是不留丝毫余地给异己的"。在出任"秘书长"期间,筹划通过的强化国民党、蒋家独裁统治的法案,就有在临时"国民大会"上通过的"创制、复决两权由'总统'运用法案"和"一届四次会议"上通过的"戡乱时期临时条款对'总统'授权案",两项"法案"大大增加了"总统"的权力,造成蒋介石、蒋经国两"总统"可以不顾"民意代表"的意愿否决任何代表赞成的提案、任意处置国事的恶果。也就是说谷正纲用民主手段,加强了独裁统治。

二是主持"反共联盟"。1950年4月4日,蒋介石煞有介事地发表号召书,要求社会各界"救济"大陆同胞,并还要基督教徒禁食一天以"救济"大陆。为此成立"中国大陆灾胞救济总会"(简称"救总"),"救总"任务是"救济大陆同胞、海外和港澳难胞",安置和接济来台人员等。"救总"一直是谷正纲出任"理事长",干过的一件大事就是到韩国"联合国军战俘营",对志愿军战俘威胁利诱,用尽各种卑鄙手段,裹挟走14000余人。除此之外,"救总"主要从事反共舆论工作。与此相一致的是谷正纲,还担任"世界反共联盟荣誉主席""亚洲反共联盟中国总会理事长",成了标准的反对大陆和社会主义大联唱的总指挥,台湾方面的一般反共活动均由他主持。谷正纲反共60余年,如今反共的结果一目了然,对共产党无所损害,对国民党无所裨益,可以说是劳而无功,有害无利。不知今日这位"职业反共家"有何考虑?

谷正纲出任的另一个重要职务是"国民大会宪政委员会副主任委员","宪政会"正职则是"总统"兼任的。作为几十年的重臣和元老,他的发言、态度在台湾政坛有着一定的影响力和号召力。特别是他亲自主持安葬了自己的哥哥和弟弟,看到兄弟葬在他乡,入土不安,自己难道没有叶落归根之心、思乡思家思亲人之情?1993年12月11日,老人过世时,已经91岁。

蒋介石权力的背后(下)

刘红 著

团结出版社

文化大师　政治红人

别话胡适

在台北市东郊南港区研究院路的"中央研究院"东侧小山上，有一座墓茔。墓碑上刻着："这是胡适先生的墓。这个为学术和文化的进步，为思想和言论的自由，为民族的尊荣，为人类的幸福而苦心焦思，敝精劳神致身死的人，现在在这里安息了！我们相信：形骸终要化灭，陵谷也会变易，但现在墓中这位哲人所给予世界的光明，将永远存在！"碑文往往把死者捧得太高太大，这往往是出于人们对已逝者的宽容和谅解。称胡适为给人类和世界带来幸福和光明的人，应该有点过；责胡适为反动派走狗、御用文人，现在也无人再提。纵观胡适的一生，确实是一个影响过历史的有争议的人物。

一、文学革命一大师

提起胡适，怎么说呢？说革命，他一生反对中国共产党；说反动，他却临死还受到国民党某些人的围攻；说进步，他不沾民主党派的边；说倒退，他力创文学革命；说治学，他多次惹出政治麻烦；说从政，他又一再力拒任职之邀。他学术成就卓著，受到的颂扬到了惊人的程度，可被指责和反对也屡见不鲜。

1891年12月17日，胡适出生在一个中层封建官僚家庭里，其父名传，字守三，号铁花。曾以秀才身份肄业于国子监，为岁贡生。死前是正五品台湾省台东直隶州知州。胡铁花是一位正直、爱国的读书人，在家乡一带远近闻名，戏称"三先生、包龙图"。胡适就说过，父亲如回家乡，他的大名能使附近的鸦片烟馆和赌场都关了门。胡适3岁时，随母亲冯顺弟去台湾台东父亲处。5岁时回家乡安徽绩溪读私塾。当时正值《马关条约》签订，台湾岛、澎湖列岛割让日本，清政府命令所有官员离开任所回大陆。当地居民在刘永福、丘逢甲等人率领下，组织武装，抗击日本侵略者。胡铁花一度协助义军，加入抗日阵营，后因患赤痢和脚气病，在日寇占领全岛前夕撤回大陆，病故于厦门。

5岁的胡适就由寡母抚养成人。冯顺弟比丈夫小30岁，至死守寡。对儿子要求很严，常对儿子说："你总要踏上你老子的脚步，我一生只晓得这一个完全的人。你要学他，不要丢他的脸。"胡适深知母亲的艰辛，一直遵奉母训，基本没有逾越之举，少年有过也是偶尔为之。胡母因病于1918年11月去世。走得虽早，但毕竟看到儿子学成还乡，光宗耀祖，倒也是最大的欣慰。

少时的胡适，天资聪慧，学习上一点就通，私塾念书很有长进。名家经典和文学名著，都曾读过。尤其是对先秦名家著作的熟读，为以后搞哲学、文学打下很好的基础。1906年夏，15岁的胡适到上海考入中国公学。进校不到一年，患上严重的脚气病，此病曾夺去他父亲的生命，不得不辍学回家乡养病两月余。

病中无聊，读得吴汝纶所选的古诗选，震动很大。事后说："我在脚气病的几个月中，发现了一个新世界，同时也决定了我一生的命运。我从此走上文学史的路。"胡适在校中参加"竞业协会"，第一篇作品白话文的《地理学》在该会会刊《竞业旬报》上发表。之后他的大作就源源不断地问世，从未中断过。《竞业旬报》是他最早的阵地，曾以"铁儿"的署名，发表过几十篇论文、小说、时评。内容五花八门，应有尽有；形式百花齐放，长短不一。他的一生成果说明，并没有走文学史的道路，而是一个道地的杂家。他杰出的才华，很快为同学所承认，被推举为《竞业旬报》主编。

1909年11月，18岁的胡适因学校解散，流浪街头，出没于妓院、酒馆之中，染上各种恶习，吃喝嫖赌，五毒俱全。儿子不孝，其母全然不知。一天晚上，喝醉酒后不省人事，和一帮无赖在街头闹事，被租界巡捕扣押。第二天醒来，罚款后被放出。脸上的伤痕和一夜铁窗，使胡适深感对不起为己费尽心血的老娘，决心彻底告别这一段不光彩的经历，改邪归正，重新读书、做事。

1910年7月，以第55名的资格考上庚子赔款第二批留美生，前往美国康奈尔大学修农科。一年之后改修政治、经济，兼修文学、哲学。1914年6月毕业，校方授予文学学士学位。1915年9月考入纽约哥伦比亚大学，投师于实验主义权威杜威博士。胡适自己回忆道："从此以后，实验主义成了我的生活和思想的一个向导，成了我自己的哲学基础……我写先秦名学史、中国哲学史都是受那一派思想的指导，我的文学革命主张也是实验主义的一种表现。"正如他所说的那样，在他的哲学观、政治观里深深渗透着"有用就是真理，真理等于实用"的思想和主张。他的独到之处，不仅是接受实验主义的观点，而且还同中国的传统文化结合起来，加上东方特色，最终成为一位有影响的学者。

在美7年间，胡适好学上进，又精通中国文化，被同行尊称为"现代孔夫子"。1917年5月27日，他的博士论文《中国古代哲学方法之进化史》获得杜威等6位教授批准。博士论文一通过，马上启程回国。回到祖国后，应聘为北京大学教授，讲授中国哲学史，时年26岁。

胡适主张的"有用就是真理""拿出证据来"等资产阶级实用主义的观点，对付封建圣经无疑是有力武器。因此他具备参加文学革命的思想基础。陈独秀、李大钊等人倡导的反对封建旧思想的新文化运动展开以后，远在美国的胡适旗帜鲜明地站在"民主、科学"一边，在给友人的一首诗中说："神州文学久枯馁，百年未有健者起；新潮之来不可止，文学革命其时矣。"给予新文化运动以很好的评价。1916年9月，他翻译的俄国小说《决斗》，在指导新文化运动的杂志《新青年》上发表，之后就成为《新青年》的主要撰稿人、投身于文学革命的勇士。其在《新青年》上发表的文章，时有独到之处，常常成为人们议论、传扬的话题。

不久，他的两篇重要论文《寄陈独秀》和《文学改良刍议》发表，正式提出了"文学革命"的口号，主张用"白话文"代替"文言文"，"白话文学"代替"古文学"。并且认为新文学应该"一，须言之有物；二，不摹仿古人；三，须讲求文法；四，不作无病之呻吟；五，务去滥调套语；六，不用典；七，不讲对仗；八，不避俗字俗语"。

1917年7月，胡适回到祖国后，更是新文化运动中的活跃之士。胡适的主张得到新文化运动的旗手陈独秀、李大钊、鲁迅等人的充分肯定和坚决支持。胡自己也在1922年提道，"当年如果不是陈独秀如此不容讨论余地，文学改革、白话文就不会有如今效果。"胡适提倡白话文，曾被另一个以古词古文称雄于学术界的大学问家章士钊称之为"浅薄"，胡则反唇相讥这位大师的古文词为"死文学"。两人大有不共戴天、势不两立之意。

几年之后，白话文已为大众所接受，古文学也没有全然死去，两位大师握手言欢、和好如初，并合影一张。拿手古文词的章先生一反常态，在照片后面写了一首白话诗赠胡适，云："你姓胡来我姓章，你讲什么新文字，我开口还是我的老腔。双双并坐各有各的心肠，将来三五十年后，这相片好作文学纪念看。哈！哈！我写白话歪词送给你，总算是俺老章投了降。"而喜好白话文的胡适也一反以往，用古律诗题词相送："但开风气不为师，龚生此言我最喜；同是曾开风气人，愿常相亲不相鄙。"

胡适的"文学革命"，从实用主义的立场出发，只是要求改变文学的形式，但它毕竟引起人们对文言文和封建文学的批判，"但开风气"，对文学、对社会、对历史产生过积极的影响。他以后的知名度如此之大，跟提倡"白话文"，主张"文学革命"不无关系。自此之后，胡博士在社会上和学术界的位置越来越高。至于海外有些文人说到新文化运动、说到白话文时，只提胡适，不提陈独秀等人，那则是别有他意，捧胡而不顾事实了。

胡适是一位多产的大师。清末民初，中国的学术界和知识分子开始了由传统的治学方式向新式研究方式的转变。在社会科学界，无数空白需要填补，时势造英雄，一批大学问家应运而生，胡适也是其中之一。他的国学基础堪称上乘，有"旧"的底子，又留美7年刻苦学习，有"新"的风采，两者为以后的成功铺平了道路，造就这位大师。他的著作实在太多。

一是数量大。从美国回来后，《新青年》成了他的又一个阵地。先后发表了100篇各类文章。同时在陈独秀主编的另一重要杂志《每周评论》上发表过数十篇。1919年2月，代表作《中国哲学史大纲》上卷出版，遗憾的是此书到作者病故时也没写完。1921年11月，另一代表作《〈红楼梦〉考证》一书脱稿。同月《胡适文存》第1卷出版，到抗战前共出过4辑。1922年10月，代表作《先秦名学史》出版。1928年6月，代表作《白话文学史》出版。1930年代表作《中国中古思想史长编》前7章写成，此书也是有始无终，即使是前7章也是病故后才见书。总之，一方面他才华横溢，大作挥手而来；另一方面他的任何一篇手稿、一次讲演、一封书信和日记，几乎都成为各报刊的抢手货。所以从他当初到上海就读中国公学，一直到在台湾突然病故，作品如有源之水长盛不衰。现在很难一篇不漏地统计出他到底发表过多少文字。

二是内容广。胡博士学术研究的成就相对集中在两个方面：哲学和文学。前者以《中国哲学史大纲》《中国中古思想史长编》《先秦名学史》等书为代表；后者以《〈红楼梦〉考证》《〈水浒传〉后考》《〈西游记〉考证》《白话文学史》《中国文学史选例》《中国新文学运动小史》等书为代表。他学术研究上最大成就之一，是关于《红楼梦》一书的研究，发表过研究《红楼梦》的重要著作十几种，到他病故前一年还出过研究该书的著作4本。学术研究上成就次于红学研究的是考据学，尤其是擅长于中国古典名著考证。其余著作、文章则涉及许多不同学科，其中不少为评述时政的文章。

三是见解新。胡适一生思想活跃，敢说敢为，时常提出一些一鸣惊人的见解。

在此略数一二。例如，1918 年 4 月在《新青年》杂志上，提出文学革命的唯一宗旨是"国语的文学，文学的国语"。1919 年 7 月，挑起"问题与主义"的论战；8 月提出"整理国故"的口号。1921 年 6 月，又提出把孔丘的招牌"拿下来、捶碎、烧去"。11 月在《清代学者的治学方法》的论文中，提出了著名的"大胆的假设，小心的求证"的治学方法。他的见解甚多，学术上善于创新，但欠推敲，确受实验主义的影响：大胆假设，随意打扮，再作求证。严格地说，他学术研究成果累累，治学态度有点轻率，有时陷入唯心主义的泥坑。

胡适在学术界的地位很高，留学归来后，执教于北京大学，人们对他言必称"胡博士"。尽管他回国时仅是通过了博士论文，正式被授予"博士学位"还是 10 年以后的事情。跟众多的著作、文章比起来，胡适的职务、头衔却少得可怜。

1925 年 12 月出任中英庚款顾问委员会中方委员之一，1927 年 6 月出任美国退还部分庚款为基金的中华教育文化基金董事会董事，1928 年 4 月出任中国公学校长兼文理学院院长，1931 年出任北京大学文学院院长，1932 年被选为德国普鲁士科学院通讯会员，1933 年应聘出任国立北平图书馆委员会委员长，抗战开始后出任驻美大使，1942 年 9 月卸职后应聘为美国国会图书馆东方部名誉顾问，抗战胜利后回国继蒋梦麟出任北京大学校长，1948 年 3 月当选为"中央研究院"院士，1958 年 4 月由蒋介石任命为台"中央研究院"院长。

跟寥寥无几的头衔比起来，胡适获得的博士学位却创下一个纪录。1927 年在美国哥伦比亚大学获得第一个博士学位，1935 年 1 月在香港大学获得第一个名誉法学博士学位，一生中得过五个博士学位。"胡博士"和"胡大师"还真是名实相符。

二、政治路上落伍人

胡适在研究学问、执教之余，不甘寂寞，爱好于政治活动，经常就时政问题发表意见。从他的无数篇时政评论和讲演中，可以看出他的政治倾向，基本上没有摆向中国共产党和社会主义这一边。

胡适可爱和创新之处，是一直在挑战社会、舆论、民众、学术界的承受能力，仅以大陆时期为例。1919 年 7 月，胡适挑起"问题与主义"的论战，抵制马克思主义在中国的传播；陈炯明叛乱时，居然称陈背叛孙中山的行为是"一种革命"；1924年10月，冯玉祥把清廷废帝溥仪赶出故宫，特意上书抗议；中共成立后，一直采取敌视态度，多次发表文章，称红军为"土匪"，攻击中共的政治主张；西安事变爆发后，公开指责张学良、杨虎城的爱国壮举为"叛国"；1946年8月，蒋介石集团已经向各解放区发动全面进攻，胡适四出活动，先是找中共代表董必武长谈，要中共临阵放下武器，不获结果，又致电中共毛泽东主席，要中共"痛下决心，放弃武力，准备在中国建立一个不靠武力的第二政党，万万不可小不忍而自致毁灭"，劝说中共单方面停止自卫反击，要中共武装交出武器，束手就擒。在以中共和蒋介石集团的较量中，胡适基本站在资本主义制度一边。

当然，他也时常发表讲演和文章，抨击国民党政治，认为蒋管区统治黑暗、不民主，国民党当局也对他采取过一些激烈举动。可胡适骂国民党不是为了支持爱国民主阵营、反对蒋介石的专制统治，而是因为胡适自己绝对崇拜西方文明，所以认为蒋介石把资本主义的"经"念偏了，学西方资产阶级统治走了样。只要蒋介石一改伪装，胡适又马上认错言和，重作冯妇，再唱赞歌。所以说胡的骂成了另外一种形式的捧场，这就难免他最终去了台湾，投靠了蒋介石。

大陆时期，胡适只做过一次公务官，那就是抗战期间做过4年的驻美大使。他自己标榜为不从政，不为官，可却是南京政府最好的在野帮腔者。1946年11月，国民党制宪国民大会开场，胡适以"社会贤达"的身份当上大会主席，甘心情愿当"过河卒子"。在中国共产党、各民主党派、一些著名学者拒绝出席的情况下，蒋介石有胡适莅临帮腔助威，聊以自慰，当然加以重用，委以"大会主席"职，胡适这个角色是很难堪的。

时隔不久，蒋介石正式请人出面邀请胡适出任国民政府委员兼考试院长，和以前一样，胡适以"不从政，不能毁了我三十年养成的独立地位"为理由加以拒绝，但他表示可以利用在野身份替南京方面说话、帮蒋介石的忙。1948年3月，国民党行宪国民大会召开，蒋介石不忘这位"社会贤达"，再次推举他为大会主席，并且让王世杰出面劝胡适充当总统候选人。

胡适对蒋介石的"信任、重用"，感动万分，也顾不上"不当官，不从政"的诺言，马上表示：我如果任总统，就让蒋（介石）先生当行政院长，宪法改写成内阁制。岂知这是蒋介石为避一人独占总统选举之嫌，拉胡适出来陪绑而已，以此在社会舆论面前"民主"一下。但又担心不易控制票数和票向流动，万一假戏真做，胡适凭声望获多数票，岂不自己等了二十一年的"总统"职位白白送与他人？故虚晃一枪，蒋介石收回承诺，确定"总统候选人"只有一名：蒋介石。

胡适领教蒋介石的"民主、谦让"之后，还是回北京大学干教书活。当初王世杰觉得玩弄了大师，对不起大师，不好意思直接告诉胡适。胡适曾回忆当时的情况说："他在我家不敢讲，在汽车上也不敢讲，一直把我载到中山陵旁的路上，下了车，坐在草地上讲的。"

1948年11月，翁文灏内阁因币制改革失败等原因而垮台，蒋介石让陶希圣飞到北京，前往东厂胡公馆，请胡适出任"行政院长"。胡心里很明白，国民党败局已定，楼倾难撑，自己出场只是多一个无谓的牺牲品。他对陶希圣说："我可以做总统，但不能做行政院长。"加以拒绝，同时不忘刺激一下老蒋。

1948年12月15日，蒋介石见北京傅作义起义在前，指定朱家骅、俞大维、傅斯年等人负责，派出两架飞机飞北平南苑机场，接走胡适为首的一批学者。胡适夫妇连次子思杜也没带上就匆忙离去，当晚飞回南京，17日蒋介石出面设宴给胡适祝寿。1949年4月6日，胡适由上海乘船去美国，就在百万雄师过大江那天，在纽约上岸。一边是中共第三野战军占领国民党当局的首都南京，一边是政治落伍者胡适在美国开始流浪生活。

三、台湾捧场走得急

胡适到美国后，遭遇、处境并不满意，再也没有当年拿博士学位时的威风。没有出任大使时的神气，也没有数度到美国讲学时的风度。在异国人的眼中，常把博士先生和那个失败的小岛当局联系在一起。学术大师备遭白眼、哀叹之余，只有继续关起门来搞学问。在他的一生中没有离开官场的挣扎，可他至死也没有放下手头的研究，学术著作、论文、评论依然源源不断。1950年3月，被推为"中华教育文化基金会干事长"，5月，为度生计，已得数个博士学位的大师只好屈就普林斯顿大学葛斯德东方图书馆管理员，整理一批别人捐赠的中文书籍，后为该馆荣誉主持人。

1952年11月自美返台讲学两个月，讲课之余还特意到台东父亲故居游览，怀念先父和自己的幼时时光。胡适在政治上还是一如既往，报纸上经常见到他的时评大作。对新中国，极尽贬低、批评之能事，特别是对留在大陆的儿子不幸去世一事，特别伤心，因而有时借题发挥。甚至英国牛津大学邀请他开《东方哲学讲座》，因为英国政府已经承认中国，胡适以"不愿从后门进入英国"为由加以拒绝。

对台湾当局，"骂、捧结合，名骂实助"。一到美国就支持搞起《自由中国》半月刊。该刊经常登载文章，指责台湾无民主、无自由，批评国民党的特务恐怖，和蒋介石闹摩擦。要求修改"宪法"，改组"政府"，并认为国民党已经腐败应当"毁党救国"。到胡适定居台湾前夕，甚至提出要冲破国民党关于不准组织新党的"党禁"，"组织一个以知识分子为基础的新政党"，以在野党的身份和国民党对抗。后来《自由中国》杂志社负责人雷震的组织"中国民主党"的活动，就得到胡适的支持。当雷震被捕后，胡适也伸张正义，出面为受害人辩护。

"骂蒋"的是他，"捧蒋"的也是他。1954年2月，国民党当局召开"国民大会一届二次会议"，多少"国民大会代表"留在大陆和远走海外，胡适却急急忙忙回台湾助兴，还接受了蒋介石的任命，担任"光复大陆设计委员会副主任委员"。

1958年，台湾当局在美援的接济下，日子大为好转，政治和"外交"上尽量摆出一副"民主姿态"，故特邀胡适回台出任"中央研究院"院长。蒋介石这样做是一箭双雕，一是把胡适这位时常说台湾当局坏话、对蒋大不敬的"自由之士"请回来，以示台湾政治民主、蒋介石宽容，装点门面，增加对海外侨胞、知识分子的号召力，胡适可以成为一个最合适的"台湾民主活广告"。二是胡适远在美国鞭长莫及，收回台湾便于控制，防止他直接加入在北美及我国港澳地区活动的"反蒋队伍"，再以"院长"职堵住其嘴。

蒋介石请胡适回来，"打、拉结合"。胡适在台湾没有房子，蒋介石表示要用自己的稿费为其盖一所别墅。1958年4月8日，胡适回台上任，蒋介石、蒋经国、陈诚为首的各界要员均到机场迎接、致贺。蒋介石还煞有介事在会上发表讲话，要人们学习"道德高尚"的胡适先生。

这是"拉"，还有"打"，在一片迎胡声中，台湾当局在胡适抵台前夕，出版了一本小册子《胡适与国运》，逐条反击胡适数年来对国民党的批评。借以警告胡适返台定居后，不要狂妄行事。

胡适是个软硬不吃的人，几句好话、几句坏话都不能使他改变立场。回到台湾后一如既往，并未有所收敛。趁走马上任、四出访友之际，到处宣扬美国的"文明"，称国民党当局是"保守的、排他的、反动的"。指责官方当局干涉创作自由，说台湾的言论自由，还不如他"年轻时经历的北洋军阀时代"。直到死前几个月，还在美国"国际开发总署"在台北召开的一次会议上，公开说蒋介石的统治是"种姓制度、独裁统治"。从胡适到台，台湾当局没有放心过，蒋介石经常组织"文警"、御用文人在报刊上进行围剿。在胡适病故前后，曾掀起规模最大的"剿胡浪潮"。蒋介石也亲自出面，怒斥胡适侮蔑中华民族，失态之极。

客观地说，蒋介石虽然把胡适收到台湾，可胡很少听命于蒋。胡博士一直用英美的民主制度来作为衡量国民党统治是否成功的标准，蒋介石的独裁统治当然成为他批评的目标。蒋介石能容忍他、与他论战，没有下毒手，一是因为没有根本的利害冲突，二是慑于胡适在学术界的地位和社会上的影响，三是容忍胡适可以在国际上和岛内塑造自己的"民主形象"。所以，两人斗法，时起时伏，长期成为岛内舆论界、政界的热门话题。或者说，胡适在台湾过的生命的最后几个年头，生活得并不轻松。

胡适还是很会找乐的。胡先生40岁生日时，地质学家丁文江曾送上一联祝寿："凭咱这点切实功夫，不怕二三是少数；看你一个孩子脾气，谁说四十为中年"。胡博士真有点"孩子脾气"，虽为学术大师，著述累累，政论文章更是锋芒毕露，四处出击，但在常人和同行眼里，是个好热闹、爱聊天、会扯各种问题的开朗温和之人，很有学者风度，却又异常地平易近人。只要他一出场，马上就像磁铁一样，身边围上一群人，成为现场的中心人物。每逢星期天，府上必定高朋满座，欢笑满堂。

生活中的胡适，更有诙谐、幽默的一面。常常一席话，或是妙语连珠，忍俊不禁；或是一语吐出，举座皆惊；或是哲理深奥，使人深思。抗战爆发时，蒋介石召集庐山会谈，胡健中在胡适发言后递上一首打油诗，"溽暑匡庐胜开会，八方名士溯江来；吾家博士真豪健，慷慨陈词又一回"。胡适马上回敬一首，"哪有猫儿不叫春？哪有蝉儿不鸣夏？那有蛤蟆不夜鸣？那有先生不说话？"散会后，胡健中谈起胡适的诗，在场的蒋介石、周恩来、林伯渠等人哈哈大笑。

胡适一次在台北谈到妇权问题，说如今妇女地位提高，男士有了新的"三从四得"，即"太太出门要跟从，太太命令要服从，太太说错要盲从；太太化妆要容得，太太生日要记得，太太打骂要忍得，太太花钱要舍得"，在场者无一不乐。

胡适一次借给另一学者陈之藩 400 美元，陈后来还上一张支票。胡把支票寄回并回信道："我借出的钱，从来不盼望收回。因为我知道我借出的钱，一本万利，永远有利息在人间。"想当年，另一大师林语堂赴美留学，官费未到，无以为继，胡适闻讯悄悄寄上 2000 美元。林博士学成归国，以为是校长所为，特向北京大学校长蒋梦麟致谢。后来才弄清楚是胡适所为。为此林大师一生感激不尽，亲口说："没有胡适就没有林语堂。适之（胡适字）先生在道德文章上，在人品学问上，都足为我辈师表。他的高风亮节，使我最佩服，最望风景仰，最望尘莫及。"

胡适深受西方文明的影响，主张个性解放，欣赏西方生活，力主婚姻自由。但他是个"发乎情、止于礼"的东方君子，从没有任何超越礼仪的行为。留美时曾和韦莲司女士谈过两年恋爱，两人情深意笃，海誓山盟。后又和陈衡哲女士交往，5 个月内胡写了 40 余封信。可是均未成眷属，而是遵奉母命，与家乡女子江冬秀小姐成婚。在他功成名就、威望日隆之时，在他为婚姻自由而欢呼时，从未做过一件对不起夫人的事情。甚至有的女士到胡家洒下爱的泪，有的为胡相思生病，胡不为所动。难怪他的好友说："胡适博士的治学方法是西方的，做人方法是东方的。"

1962 年 2 月 24 日，胡适博士的生命走到尽头。那天"中央研究院"举行第 5 次"院士会议"，欢迎新当选的"院士"任之恭、柏实义、程毓淮教授。"胡院长"非常兴奋，开场白就讲了一个痛快。说："我在离家来此主持院士会议之前，我的老太婆嘱咐我，说我有心脏病，既然不好，要少讲话，免得对身体发生障碍。不过现在老太婆不在这里，我也不管一切，要讲它一个痛快。"

他从发展科学到台湾的言论自由，愈讲愈激动，愤愤不平地说："我去年 11 月间 25 分钟的讲话（指前面提到的在美国'国际开发总署'会议上的发言），居然引起'围剿胡适'的浪潮。他们围剿我，我很欢迎……我挨骂了 40 多年，从来不生气。"兴奋之余，还讲道了他最得意的事情，"我对物理学一窍不通，却有两个学生是名满天下的物理学家，一位是当年北大物理系主任饶毓泰，一位是女物理学家吴健雄。而吴大猷是饶毓泰的学生，杨振宁、李政道又是吴大猷的学生，算起来已是'四代'了。这一件事我认为是生平最满意的，也是值得自豪的。"

如此激动，成了心脏病发作的因素。会议一散，又是酒会。散席时，天色已经暗下来，时约6时半。人们离去，胡适先生身边只有吴健雄、袁家骝、吴大猷等著名科学家和少数记者。突然，大师双眉紧皱，脸上涌出一种极大的痛苦，嘴巴僵硬地抽动了一下，按胸的手颤动了几次，然后整个身体重重地倒在"中研院"蔡元培馆的水磨石地上，再也没有醒来。

胡适病故后，国民党副总裁、"副总统"陈诚出任治丧委员会主任委员。葬礼在台北极乐殡仪馆举行，自发赶来悼念的人数达10万余人。治丧委员会收到的花圈、花篮、挽联达1000余件。悼念胡适先生的挽联有600余对，其中不少是力作。在此列举四副，作为本文的结束语。

一是"在学校，亲炙教诲，中西哲学，宋明义理，清儒考证，举世共称真博士；对国家，倡导学术，通俗白话，文化思想，科学发展，胡天不吊丧斯人。"这是对他学术成就的肯定和颂扬。

二是"胡复何言，当年假设太大胆；适可而止，来生求证要小心。"这是巧妙地借用"胡适"之名和他的名言，婉转地批评他的治学态度。

三是"旧伦理中新思想的师表，新文化中旧道德的楷模。"蒋介石送的此联令人叫绝，反映出博士先生的思想和实践：他主张新思想，但不忘旧伦理；崇拜西方文明，却又力行东方做人道德。

四是"您活着，有些人张牙舞爪；您死后，有些人猫哭老鼠。"此联则描述了胡适回台湾后的遭遇。

读书一世 为官半生
记华冈兴学的张其昀教授

在台湾上层社交圈内，张其昀是个热门话题。大陆时，此人以行教为主，参政为辅，更多的是学者的形象；迁台后，此人以做官为主，读书为辅，更多的是官员的形象。把他卷入政界的是国民党撤台后干部大换班的浪潮，在官场万官萧条之际，张被蒋介石看中，召到身边服务，成为"官邸派"的重要骨干，张其昀当官不忘著书立说，读书为官各有所成。在国民党上层，学人从政后仕途通达者还真不少，可像他这样从政不忘专业，且双获丰收者就不多了。

至于张其昀在台北华冈创办的中国文化大学，创办人和学校本身均已名扬四方。华冈兴学盖过他的其他所为，成为个人事业的顶点，这是张教授读书一生、为官半辈的高明之处。他的经历可以说是先为才子、后为教授、再为重臣、终为大师。

一、才子，浙东学者

张其昀先生病故后，公众舆论称他为"当代公认之教育家、史学家、地学家，又是军学家"，"现代人文地理学的开创人，也是历史地理学的鼻祖"，在学术界有相当高的地位。再加上他的家乡是浙江宁波鄞县，所以有人认为"晓峰（张其昀字）先生循浙东学派之渊源，继往开来，其学术之成就，实在不是偶然的"。张其昀是否算浙东学派的现代传人且不说，可浙东学派对中国传统政治、思想、文化影响之大，则无人无派可比。自中国经济中心由西东移后，东南地区迅速发展起来，经济、文化皆一领中国之潮流。浙东学派应运而生，形成于南宋，兴盛于明清，著名的大儒就有黄梨洲、万斯同、朱舜水、章学诚、王国维等。浙东出人才，少不了有人说多山多水多才，地灵人杰。人才分布果然受到地缘的影响，可作为明清两朝科举热点的苏南、广东番禺和浙东等地，人才辈出，主要原因为经济的发展，促进了文化的繁荣，当地教育较为普及，培养人才、发现人才的环境优于他方，多出人才的可能性大于他方。在如此环境中的张其昀，当然带有浙东学派的特点，一生好学、学识广博、功底扎实、著述丰富。但也有不同之处，评论、观点不如浙东派的公正、持平，受政治的干扰带有明显的倾向性。

张其昀出生于1901年11月9日，家庭条件比较优越，从小受到良好的教育。他的青少年时代，正是中国大量引进西方政治、经济、科技、教育等各种新观念的时期。所以张其昀儿时所受的教育，既有传统的经史知识，又有现代科学知识，前者为他研究中国史学、古地理学创造了有利条件，后者使他从更广阔的范围、用更新的标准及开放型的思维，去观察、研究问题。

张其昀就读于宁波的浙江省立第四中学最后一学期时，适逢五四运动爆发。北京大中学生反对卖国、反对军阀的爱国民主斗争，迅速得到各地青年学生的积极响应，宁波也是这样，张其昀也不例外。青春年少、血气方刚的张其昀，活跃在学生游行队伍中间，为科学和民主呼号，为声援北京学生奔走。由于省立四中为宁波地区的主要学府，当地的学运主要由四中组织，张其昀又是四中知名度很高的人物，学习成绩从来都是优秀，在学生中颇有威望，故被推为宁波地区学生会的代表，前往上海参加"全国学生联合会"。

18岁的张其昀虽说投身学运，可对政治并不感兴趣，欣赏的是这样一句口号，"救国不忘读书，读书不忘救国"，而事实上更爱读书，力行的是"救国先要读书，读书之余救国"。爱国运动未过，已回到书斋，认真学习，以第一名的成绩结束了在四中的学习。紧接参加中央大学的前身南京高等师范的招生考试，暑假过后，进入该校文史部学习。

大学招生时，校方不准备录取他。原因是张其昀长得单薄、体形瘦小，不符合身体条件。此时正在南高师文史部任教的大学者柳翼谋先生，以这位考生考分很高、人才难得为理由，据理力争，张其昀这才得以入学。这一推一拉为高校招生中常见，对校方来说并不奇怪，可是这迈向学术领域、科学殿堂的第一步能否通过，却关系到一位后来成为史学大师的青年能否走上科学之路。张其昀当上教授后，从柳老师那里得知此事，一时激动异常，差点流出眼泪。在感谢柳老之余，张暗下决心，将来定要创办一所大学，为青年增加一个就学深造的场所，为人才增加一个脱颖而出的机会，经过数十年的奋斗，到20世纪60年代终于实现兴学计划。

在四年的大学学习期间，张其昀迷上史学和古地理学，1923年秋毕业，在此前后，又以进修补修学分的办法，毕业于东南大学。在两校读书时，由于他功底扎实，学习勤奋，学识很有长进，深受名家柳翼谋、郭秉文、刘经庶、姚仲实等前辈大师的赏识，给予不少教诲，还被留在母校南高师任教，执教同时，受聘于商务印书馆。这就为他从事科学研究提供了有利条件，并通过编辑工作，结识不少学术界名人，扩大了眼界和社交面。从此，他的各种论文、考证、评论和专著，源源不断地出现在刊物上，开始了延续一生的著述热潮。

大学毕业后的前二十余年，张其昀基本上一直在中央大学和浙江大学任教。中央大学成立于蒋介石主政南京后。随着蒋介石权力基础的巩固，南京政府也做了一些经济、文化建设工作。在教育方面，蒋介石计划成立一流水准的大学，与京沪等地的老牌大学相抗衡，并作为中央政府在高等教育上的示范学校。为此，南京政府大学院决议，把南京城内的几所高校加以调整，以南高师、东南大学为主，改组为中央大学。中大虽然为新校，可招聘了一批高水准的老师，集中了堪为全国之冠的图书资料和各种设备，学校很快以自己的实力，在全国高校确立起领头地位。

中央大学为保持其水准，聘请老师极为严格甚至苛刻。建校之初，东南大学原有的一些留洋归来的青年教师如梁实秋、余上沅等，都未续聘。当然，这里面有门户之见，好用南高师、东大的毕业生；也有水平高低之分，或者有些小有名气的青年学者不被人识。张其昀则不然，既是南高师、东大毕业生，又是母校名师的高足。一直在母校、中大任教不说，还是本专业的拔尖人物、在校内外有一定影响的青年教授，所以长期受聘于中央大学行教。

张其昀以他受人欢迎的讲授，为一届又一届大学生服务。学生喜欢张教授的课，是因为他在身着长衫、悠然自得的文人传统形象外，有着雄厚的专业基础和广博的文理知识，论述精辟，见解独到。更有滔滔不绝的口才，说话风趣幽默，词意表达确切。单调的史学和地理，经他有声有色的讲授，基础知识、史地理论、人生哲理、中外典故、名人逸事，被有机地联在一起。学生们的思维随着他，时而来到壮丽山川，时而来到千年古城，在古往今来的历史长河和广阔无比的天地之间遨游，学生们与其说是在听课，还不如说是在欣赏一门艺术。张其昀以他积累的学术成果，精湛的专业知识，新颖的教学风格，奠定了自己在中大和教育界的地位。

他执教中央大学到1936年，13年间，教书之余，多次到祖国各地进行实地调查、考察，丰富自己的学识。作为历史学家和古地理学家，每到一处历史遗址和遇有不同的地方风俗，总是以内行的眼光进行观察、分析，得出自己的结论，既发表了大量的考察结果和专论，又充实了自己的教学讲义。面对祖国的锦绣河山、风景名胜和文化遗址，张其昀曾深情地说："中国任何地方均含有整个民族艰难奋斗之历史，名胜古迹，处处皆是民族之纪念碑，国民过此岂有不动可歌可泣之情绪也哉。"

1936年秋，国立浙江大学决定增设地学系，校长竺可桢教授，久闻张其昀的大名，特地聘请其到浙大任教。张教授见中央大学人才济济，发展余地有限，与其在中大维持现状，还不如另辟蹊径，再展宏图。于是欣然同意前往，出任浙江大学史地学系主任兼教授。

新主任赴任不到一年，全面抗战爆发，他随浙大一部一起撤往大后方。在重庆期间，一度兼任有"国民党党校"之称的中央政治学校文学部教授。政校教育长是蒋介石的党务助手陈果夫，学校的任务是培训国民党的党务、政工、文宣干部，主要进行的是党化教育。所以在选择师资时就有一个政治限制，张其昀这样的教授，能够为陈果夫看中来到政校任教，不难看出他的政治倾向性，同时也反映出他与官方的联系有所增加。

1943年2月，美国国务院文化关系司邀请中国各大学派出一名学者，到美国有关大学讲学。张其昀作为浙大的代表前往美国哈佛大学，边研究边讲学。交换学者，交流文化，属正常之举，不同的是在当时被留洋归国博士们主宰着的中国学术界和高等教育界，张教授这位土生土长的师范毕业生能够膺此重任，登上世界一流大学的讲台，足见他的实力之强。

张其昀的聪明才智和勤奋好学，使他在讲究功底、偏重传统文化的治学环境里，走出自己的成功之路。他自喻一生治学，不外五事，"一曰国魂，以谋发扬中华民族精神；二曰国史，探索中华文化之渊源；三曰国土，研究中国在世界之地位；四曰国力，衡断经济建设对国计民生之关系；五曰国防，以唤起爱国思想与民族正义，培养新生力量"。在张的学术体系里，既有西学的活跃、清新和明快，又有中国的完整、扎实、严谨，形成自己的风格。

一位学者在划分民国时期现代新史学学派时，称梁启超、陈寅恪为创始派；钱玄同、邓之诚为疑古派；吕思勉、缪凤林为正统派；柳翼谋、姚仲实为断代史或专门史派。在说到张其昀时，则列为从历史史实和政治制度着手探讨中国社会发展的正统派，在正统派中，张其昀也算一个中坚人物。他一生著述众多，其中不少是到台湾后才写的。大部头专著就有《中华五千年史》10册、《中华民国史纲》

5册，以及《中国地理学研究》《抗日战史》《中国国民党史》《开罗会议记实》《党务概论》《中国文化与三民主义》《三民主义论文集》《美国文化与中美关系》等书，主编过《清史》《明史》《元史》《中华民国地图集》《中华民国文物精华》等书，所以称他为浙东学派现代传人并不为过。

抗日战争胜利后，张其昀回到国内，再赴浙大任职，担任史地学系主任、史地学研究所主任，不久又被聘为文学院院长。这位浙东学者在自己家乡的最高学府里，度过了在大陆的最后一段时间。

二、做官，政坛常青

张其昀从政起步较晚，与官方经常性的来往，开始赴美之前。在他毕业于南高师后的十数年间，确实是一个典型的文人学士的形象。随着张其昀在中央大学和学术界的名气逐渐上升，一些官场显要便找上门来。为公的，则是想拉张入伙，以扩大国民党的包容力，造成广纳贤良的效果；为私的，则是想借张的名声，扩大自己在社会上的影响。在这些人中间，对张其昀的仕途发生重大作用的有两人，一人是浙江慈溪的陈布雷，一人是浙江吴兴的陈果夫。"二陈"并没有为张其昀谋取什么职务，但成功地把张其昀拉进政治圈，推荐给蒋介石，并且成功地使得蒋、张二人互相信任。

大陆时期，张其昀在国民党官场并不显眼，抗战前只是出任过短时期的国防设计委员会委员，抗战时为国民参政会参政员。同官职比起来，在学术界的职务要略多一些，兼有中国地理学会总干事、总编辑、会长，中国科学社理事，"中央研究院"第一届评议员。总之，他只能算个权力圈外之人，要说与别人有什么不同之处，这就是有直通蒋介石的热线。

全面抗战开始，张其昀在大后方，教学、科研、社交天地较前大为缩小，空闲无聊之际，出没官场的机会、次数逐渐增多。尤其到政校任教后，同陈果夫的关系由一般性接触变为知己。陈果夫看中张其昀，事出有因，张的专业知识，跟治国策有着微妙的关系。他的历史学，可以找到历代王朝兴衰的明训；他的地理学，可以成为军事战略地理学的基础；他从史地学的角度，对古代军事割据的天时地理及对军事要地的研究，更有现实意义。而三者的结合，则可作为国民党上层核心战略决策的依据。

陈果夫觉得国民党需要这样的人才，蒋介石应该有这样的助手。于是，就与陈布雷一起向侍从室推荐。"二陈"都是张其昀的同乡，更有甚者，两人除为国民党的重臣外，也是社会知识界的名人，陈布雷担任蒋介石的"笔杆子"之前，曾经是上海滩的名记者，陈果夫也发表过许多内容五花八门的文章，算一个业余学者，这样，"二陈"与张其昀之间还有着共同语言。张其昀接受他俩的安排，去见蒋介石。蒋介石对"二陈"的话向来深信不疑，对"二陈"郑重举荐的张其昀也不会轻视。

蒋、张见面，蒋为张广博的知识和精辟的见解所动，决定聘请他为自己史地方面的咨询智囊。张其昀开始接受应召，来往于官邸内外，为蒋介石服务。他的不少建议，为蒋介石所重视、接受。例如，1943年初，蒋介石在起草其代表作《中国之命运》时，正逢适合写此书的陈布雷去成都养病，只得请当时尚不老练的陶希圣执笔。所以书中涉及的历史和地理知识、见解、观点，几乎全部来自张其昀，蒋还亲自组织写作班子与张探讨，精心修改。蒋介石的一生中，如此虔诚地听取一位学者的意见，真不多见。

张其昀自己曾经谈起过替蒋介石出谋划策之事。到台湾后，有人当面问他是否为蒋介石捉刀，张一笑答道："总统学问很好，文章都是他自己所写，所以才那样深入，我顶多是在总统有所垂询时，偶尔提供一点浅见罢了。如果有人可以代总统写文章，那他岂不可以当总统了？"此话有对有错有偏，错的是"总统"的文章"都是他自己所写"，因为"总统"的许多文章都是别人所写；偏的是替"总统"写文章就可以当总统，因为捉刀人和当总统是两回事；对的是张其昀只是负责向蒋介石提供咨询，替蒋介石写文章的可能性不大。

张其昀的有些建议，甚至直接影响蒋介石的大政决策。例如，国民党政权在大陆溃败前夕，蒋介石集团内部有过一场逃向何方、撤往何处的争论，大部分幕僚凭经验主义，以抗战为例，主张撤往大西南大西北，利用西高东低的地理优势，取居高临下防守之势，与中共进行最后决战。这样虽说防备中共方面进攻的难度较大，可却有偷袭中原、东南之便。蒋介石作为最高决策者，很快否决撤往西南的方案。因为兵败如山倒，对接连失败的国民党军队来说，首要之举是躲避解放军的进攻，否则将全军覆灭，而撤到西南却挡不住解放军的乘胜追击。

代之西撤案的是东撤台湾方案。持东撤案的人认为：台湾同为祖国领土，台湾海峡对当时没有海、空军的中共来说，无疑是一条不易克服的天险，对有条件渡过海峡的国民党来说，将会有效地躲避致命的打击。张其昀在劝说蒋介石放弃西撤、决定东渡的过程中，起到决定性的作用。在他看来，把台湾作为"反共救国的复兴基地"，有着大陆任何地区都无法攀比的优越之处。

关于"天时"，张其昀发挥专业优势，论证说：北回归线从台岛穿过，热带和亚热带的气候适合动植物的生存。全岛农作物和植物资源丰富，土地利用率高，台湾农业和养殖业水平也较高，农渔业生产基础较好，基本可以满足撤台人员的需要。

关于"地利"，张其昀则是侃侃而谈：台岛有海峡，军事上便于防守；台岛位于太平洋西缘，扼太平洋西航道之中，取美国远东防线南北呼应之势，只要固守台湾，美国不会坐视不救；台岛内部交通便利，工业有日本殖民者留下的基础，经济有腾飞的条件。

关于"人和"，张其昀更是说得蒋介石点头称是。他说台湾未受红色"污染"，为数不多的革命志士经过"二二八事件"和高压措施，已幸存不多，国民党政权如撤到台湾，红色干扰将会减少到最低的水准。他说海岛对外呈封闭型，对内公路铁路四通八达，如出现反政府行为，极易调集力量制止事态于萌发状态。他说"台湾居民"在日本殖民统治下生活50年，回到祖国怀抱后对中央政府有一种回归感，这种心理状态对国民党统治极为有利。他说执行撤退计划时，必须带走尽可能多的各类技术人才，以增加建设台湾所需的技术力量。

一席阔论，说得蒋介石心服口服。从1948年底起，蒋就开始了经营台湾的准备工作，作为关键部署之一，就是任命军政助手陈诚为"台湾省政府主席兼警备司令"，看住当时的后院、后来的基地。张其昀为劝蒋介石接受自己的观点，把蒋介石最佳撤台海上路线图都已描绘完毕。这张地理学专家画的航海图，蒋介石去台时使用过一次，后来国民党收缩兵力，舟山、大陈等地的军队去台湾，也是用的张其昀为蒋设计的撤退路线。

蒋介石十分欣赏这位浙江同乡的才华，更是佩服其书生本色。张其昀的好学、简朴和文人有行的德行，对眼底尽收国民党官场的无能、奢侈、贪污成风的蒋介石来说，触动很大，他打算一反常规，不顾资历、政绩，越级提拔张其昀，参与国民党撤台后的振兴事务。

杭州解放前夕，张家南迁广州，6月间搬至台湾台北龙泉街，这位大学者带着全家永远离开了他曾踏遍足迹、研究一生的祖国大陆故土。在进入对教授来说还是陌生的祖国台湾宝岛的同时，也进入同样陌生的官场，蒋介石重用在即。张其昀一到台北，即被任为"考试院考试委员"，此职位置不低，可无权无事。令人注目的是，1949年8月1日，蒋介石在阳明山设立"总裁办公室"，张其昀被任为"办公室秘书组长"，成为继陈布雷自杀身亡后的又一位蒋介石的首席笔杆。当然，两人有不同之处，张的重点是在献计献策和审核把关，陈布雷则除此之外还时常自己动手起草文书。

在此前后，正值国民党全面失败于大陆，蒋介石忙于在华南、西南一带，指挥部署在大陆的最后一仗，无暇顾及党政及重建台湾的事务，"秘书组长"也无事可做，较为重要的活动是作为随从，陪同总裁于7月10日、8月3日，前往菲律宾和韩国访问。蒋介石入主南京后，外出访问只有5次，最后两次就是与菲总统季里诺举行"碧瑶会谈"和与韩国李承晚总统举行"镇海会谈"，议题是面对中共胜利后中国出现的新形势，组织太平洋西线的反共联盟，以遏制共产主义的发展。在两次会谈中，张其昀随侍在旁，既是资料库，又是智囊团，更是好助手，保证蒋介石在会谈时能够引经据典，左右逢源，顺利劝说对方接受自己的主张。

1950年3月9日，张其昀接到新的任命通知书，出任国民党中央宣传部长。他的崛起是惊人的，蒋介石用人是稳定之中带有特殊性，只要碰上了自己所喜欢的人，跨委、荐、简任三级到特任官的有的是，张其昀则是其中幸运儿，从政不足一年，已经成为名扬官场的"部长"。

当时国民党宣传工作的要务，无非是给失败气氛笼罩着的国民党注射一点强心剂。为"激发国人的革命热情"，解脱党内党外的悲观心理，张其昀接受蒋介石的委托，自己动手撰写《党史概要》一书。此书后来改名为《中华民国史纲》，共5册。写作过程中，蒋介石特准把自己的日记、文件交给作者参考。《党史概要》成为国民党内第一部较为系统、全面、大部头的党史宣传书籍。

7月22日，国民党召开中央常务委员会临时会议，通过由蒋经国、张其昀主持起草的"中国国民党改造案"，议决实施"国民党改造"。蒋介石在会上说："希望全党同志,同心协力,推行改造工作,健全党的组织,恢复革命精神,促成党的新生,承继本党五十年光荣的历史,开拓今后五十年乃至千百年光明的前途。"26日"中央委员"举行茶话会,会上蒋介石宣布了"中央改造委员会"人选名单,张其昀名列第二。领头的陈诚身任"行政院长",忙于日常政务军务,不可能有过多的时间和精力处理改造事务,"中改会"实际上就由张其昀和蒋经国负责。8月5日"中改会"通过"组织大纲",选派张其昀为秘书长,主持具体事务。张其昀是身负重任,在国民党历经毁灭性的打击之后,协助蒋家父子完成在台湾东山再起的工作。

由张其昀主持的"改造方案",主要是把蒋介石关于国民党党建方面的观点、原则作了理想化的阐述和肯定,同过去的国民党"党章、党纲"比较,没有什么新东西。当然,蒋介石对党组织进行为期两年的"改造",并不是为了重弹老调,而是借"改造"之名进行一场前所未有的整肃。他作为最高独裁者,心中比谁都清楚,非清理失职违纪者则不能整顿国民党,非重用新人则不能振兴国民党,非整顿、振兴国民党则不能建立复兴基地台湾,而非建立复兴基地则会断送"蒋家天下"。归根结底,蒋介石"改造"国民党的目的就是巩固自己的统治基础,从效果上看,国民党"改造"毕竟使得"蒋家王朝"延续了近40年。

在为期两年的"改造"过程中,张其昀运筹帷幄,出谋划策,帮助蒋介石完成了由以"军事剿共为主"向"经济建设台湾"为主的政治上的转变,较为彻底地进行了借追究失败责任为名,趁机处分、清理、淘汰大批旧官僚、党工、军人的整肃运动。最重要的是,一系列的清查、"改造",为蒋经国上台接班创造合适的大气候。

1952年10月10日,国民党第七次代表大会召开,会上总裁蒋介石出面宣布"改造"已经结束。"七全"肯定了国民党改造的成果,稳定了撤台三年来的失败悲观情绪,标志着"蒋家父子共治时代"的开始。张其昀作为"官邸派"的骨干,成为第七届中央委员、中央常务委员兼中央党部秘书长。秘书长是中央党务的实际主持人,中常委是最高决策班子成员。他的秘书长职到1954年5月结束,在不足二年的秘书长任内,继续进行国民党改造开始的组织清查,基本摧毁了由陈果夫、陈立夫主持二十余年的党务组织系统,重新组建了适合蒋家父子共治、兴建台湾的新的党务系统。

张其昀辞去秘书长并非别人的妒忌，也非没有政绩，更非蒋介石不信任，而是秘书长本人看中了适合自己兴趣所在的职位——"教育部长"。他从政已数年，可做学问没有放松、办校兴学之心未死，如果从有利于实现这两项计划来讲，那出任教头要比党头有利得多。1954年5月，台湾当局"内阁"改组，对张其昀不尽服气的陈诚离开"内阁"出任"副总统"，张得以入阁，出任"政务委员"兼"教育部长"。四年任期，政绩突出，为振兴国民党当局的教育事业出力甚多，同时为创办大学摸索出一条路子。

1958年7月，"俞鸿钧内阁"倒台，"副总统"陈诚再任"行政院长"，张其昀从此离开政府部门，改任"国防研究院主任"，"主任"职也是张其昀自己挑选的。平心而论，他对混迹于官场不尽热心，理想的职位是出任重点大学的校长。可是台湾的大学校长早已满员，不缺人选；再说曾任中央党部秘书长、"教育部长"的中常委，去大学就职未免有贬职之感。挑来挑去，还是来到"国防研究院"。

"国防研究院"同"革命实践研究院"一样，为国民党的中央级党校，先后有十二期700余人到院集训、进修，撤台后的政界党务军事干部，特别是后起之秀，大部受训于"国防研究院"。这些台湾政坛的重臣、要员，竟然成了张主任的学生。1972年11月24日，最后一期结业后，"国防研究院"解散，张其昀卸去主任职，谢绝蒋介石要其出任"五院"某"院长"的邀请，专心致志地经营他的已创办十年的华冈学府去了。

张其昀到台湾后，学术职务并不多，只是在20世纪50年代初期被选为"中华科技协进会"理事、"中华译学会"理事长，此外还有五类职务。

一是国民党中央委员、中央常务委员，从七届一中到十一届二中全会，前后共二十七年，退出中常会时已是78岁高龄。中常委能否连选连任，是当事人是否继续深受蒋介石、蒋经国信任，政治生命是否旺盛的标志。在此期间，许多中常委都有更换，张其昀只是一直连任的少数人之一。

二是"国民大会代表"。当时蒋介石准备"国民大会"在台湾复会，继续他的"总统"任期，只是因为撤台的"国民大会代表"不够开会所需的人数标准，从1951年2月补选一批"国大代表"。张其昀作为教育团体代表、出席"第一届国民大会二次大会"为始，直到病故才算退出，前后共三十一年。

三是"国民大会主席团主席"。由于国民党当局只能在台湾地区活动，在大陆时期选出的第一届"国大代表"无法改选,一直举行"第一届会议",并且自"二次会议至七次会议"。"国民大会"开会时,由一批元老、重臣出任"主席团主席",张其昀每次均当选为大会"主席",最后一次当选时他已83岁。

四是"总统府"资政。蒋介石到台湾后,一方面大失败导致执政区域由全中国减少到中国的一个岛区,带来的直接后果是大量元老、重臣、高官、将领成为闲人;一方面是因为国民党改造和军政整顿,旧有系统被实力派所替代。现实问题是,需要设计更多的空闲岗位来安置上述两种人,"总统府资政"、"战略顾问"、"国策顾问"、国民党中央评议委员会,就是为此而设。张其昀任此职时间不过六年,可也是直到离开人世才离开岗位。

五是国民党中央评议委员、中评会主席团主席,这是为退居二线人士所设立的最高党内职务。张其昀在1981年3月举行的国民党"十二全"上,经蒋经国提名,由大会通过出任该职。未等到下次大会,他已病故。总而言之,张其昀从政时已年近半百,在生命的后36年内,黄花不凋,常青于政坛,以随和、谦虚、好学,挡住来自各方的妒忌、指责、反对,以学者、官员的双重身份活跃于台湾上层社会。

三、办校,华冈兴学

在台湾教育界,张其昀的影响较大,有人称他"把荒芜的教育环境,滋润得欣欣向荣"。有人说他"是历任教育部长贡献最多的"。张其昀"入阁"出任政府职务,也就任过一届"教育部长"。他在所任过的岗位上,给同人的印象总的来说都不差,可要论干劲最大、创新最多、成效也相对多一些的,还是在出任教头的四年内。

他上任"教育部"时,国民党当局撤台已经五年,"阎锡山内阁"和"陈诚内阁"的"教育部长"分别是杭立武和程天放。在清苦的"教长"任内,杭立武自何应钦出任"行政院长"而上台,到1950年3月随阎锡山辞去"行政院长"职而下台,一年间的主要任务是安排教育界的撤台事项,有"逃跑部长"之称,论政绩,则是从大陆裹胁走不少专家教授。程天放党工出身,创业不足,守旧有余,唯一的政绩就是为防止大陆时期学生运动的再现,对学生采取训育、军训等一系列加强控制的措施。他守着一个烂摊子,当了四年的"无事部长"。台湾各界对两位"部长"的无能、守旧，对残缺不全的教育现状，十分不满。乱世出能人，张其昀凭着与蒋介石的热线联系，不顾各种权力、关系制约，以"内行"和"热心人"的姿态出现，大刀阔斧，不失时机，下达了一条又一条振兴台湾教育的指令。

一是兴起复校升级风。为改变高等教育严重不足的局面，张其昀上任两个月，先拿已经数年争执不休的"如何恢复大陆时期高校"这一难题开刀，批准争议最大的原来专门培养国民党中基层干部和培训高层干部的"政治大学"复校。"政大"复校，阻力很大，"立法委员"和教育界更是议论纷纷，责问"教育部长"，为何置未搬台而留大陆的百数大学于不顾，特批"政大"复校招生？张其昀特批政大当然有因，该校曾是他结识陈果夫、拉进侍从室的联络点，在张的经历中有着特殊的纪念意义。他隐下私因，以"政大"学生在大陆时曾加入与中共方面的最后一战、反共最坚决为率先复校的理由，顶住各界的指责。以后批准和筹办恢复的高校有"清华大学""交通大学"及"中央图书馆""南海学园"等一批学术、科研、资料、陈列专门机构，批准新设立的有艺术专科学校、音乐研究所等单位。经他同意升级的学校有原省立师范学院扩充为"国立"师范大学，原台南工学院扩充为成功大学。作为一项新的措施，张其昀大开私人办学之门，允许私立东海、东吴大学、中原理工学院、"中国医药学院"等校开考招生。

二是完成台湾的高等教育体系。在大学里首先设上博士班和文理法工农医等六种博士学位，建立相应的学术审议和学术奖金制度，培养出台湾第一批文科博士，虽说数量质量有限，可对台湾教育事业的发展和学术水平的提高，无疑是一大促进。为配合高等教育的改造和开拓新的领域，张其昀下令开办自费、公费留学考试。此类考试每年举行一次，从1955年起台湾的留学生开始成批赴海外求学。

三是建立联招制度。1954年以前，各大专院校自行招生，标准不一，不正之风盛行，尤其一些私立学校，更是利用招生之机，名要学生家长支助，实为变相勒索。纨绔子弟、官二代、富商后代，不论才学如何，大学门为之敞开。苦的是下层平民、寒门之家，有才无钱进不了大学。为革除各校自行招生的弊病，张其昀在经过两年试点后，于1956年暑假正式下令举行高中毕业会考和专科以上学校入学联合考试。大专联考有甲、乙两组，甲组为理、工、医、海事四类学科，乙组为文、法、商、教育四类学科，招生时按照统一的试题，在统一的时间进行统一的考试。大专联考大大优于以前的各自命题、分散考试，深受考生赞同。虽说有人对"一次考试定终身"不满，可找不出比联考更好的招生考试办法。当然联考联招并没有完全堵截漏洞，舞弊事件时有发生，可作为考试本身还是比较令人满意和切实可行的，毛病主要是出在招生录取这一环节。为增加人才冒出的机会，张其昀还让"教育部"作出规定，同意没有高中文凭的可以同等学历报考大学，没有大学文凭可以同等学历报考研究所。这种重学识才华、不重学历文凭的做法，受到社会和民众的欢迎。

四是试办"九年义务制教育"。1956 年，为扩大文化教育面，提高公民素质，减轻学生的升学压力，张其昀在台湾新竹县试办免试升学，凡国民小学毕业生，全部免试升入中学。并且在离开"教育部"后，一如既往，劝说蒋介石实施义务教育制。到 1967 年，蒋介石认为张的教育实验是成功的，决定在全岛推行"九年制义务教育"，这对台湾教育事业的发展和提高是有帮助的。

张其昀的教改，并未减少反共思想教育，并未放松对学生的思想控制，但是他把思想灌输同文化教育结合得要好一些。四年任期，张其昀紧锣密鼓，高潮不断，重大决策一个接一个，受人欢迎的有之，令人咋舌的有之，遭人非议的有之。他凭着学究式的认真及成功者的宽容，凭着蒋介石的支持，顶住压力，力排众议，把自己想干的事情全部完成，奠定了台湾现代化教育的基础。

他以前的两任"教育部长"，无创新无业绩；他以后的"部长"也无多大作为，无非是充实、完善张其昀定下的教育体制，要说政绩的话无非是随着社会的发展，文化教育的规模超过 20 世纪 50 年代而已。正如一位学人所说，台湾教育，在"中央政府"迁台之初，可说是一片沙漠。但经过张先生四年来的积极策划，辛苦耕耘，已变成了绿洲。可以说张其昀是台湾教育发展过程中至关重要的人物。

对张其昀本人来说，一生中最得意的并非官至万人之上，也非留下等身著作，更非开创教育新制，得意之作乃是一手创办并被一批追随者称为"世界上最大、最美、发展最快"的华冈中国文化大学。华冈兴学，使张扬名台湾，也使张其他方面黯然失色，人们说起张其昀，言必称华冈学府，似乎把他几十年所为及学术成就都已忘怀。从中可以看出，华冈兴学对张其昀影响之大，它把张的事业推向顶峰。

张其昀自撤台后，一直利用同各界来往的机会，悄悄地为创办大学作准备。在出任中央党部秘书长、"教育部长"时，已经同上层各方建立起广泛的联系。出任"国防研究院主任"时，同前来该院受训的、掌握方方面面实权的"学生"们，更是结下非同一般的师生关系网。以上关系网的建立，为张其昀办学提供了极为有利的条件。更为关键的是，张其昀的所作所为都能得到蒋介石的赞成，办学也是这样，蒋介石为中国文化大学的创建，提供了有力的支持。

早在20世纪50年代末，有一次蒋介石对随侍在车的张其昀说："我最喜欢的事就是办教育，我在住的地方总想开办一所学校。"蒋的设想使得张其昀对办学更有信心，开始把办学提到议事日程。到1962年3月，正在出任"国防研究院主任"的张其昀，正式备案"教育部"，创办中国文化学院，地址选在位于阳明山公园、森林公园的新、旧"总统官邸"都能望见的紫阳山麓下的华冈，以便蒋介石在家中就能见到校园。正是蒋介石的态度，以及张其昀的关系网，使得台湾当局各方均对文化学院采取倾斜政策，办学过程是一路绿灯。

纱帽山下，华冈坡旁，原为一片荒草地。张其昀白手起家，自己的投资是捐出两万册藏书、不支薪水（他以"国大代表"的资格在"国民大会"领取本职工资）及在华冈学府各刊物上发表文稿不收稿费，办大学的经费全部来自捐助。张其昀为教育"行乞"，向海外募捐很有办法。出任"教育部长"时，当局对教育是采取维持现状的政策，经费严重不足，公办学校财政告急的报告时常出现在"教育部长"的办公桌上。被"教育部"的同人称为"不只是位书生，也是位大将"的"张部长"，不仅凭有限的经费，轻松地应付着日常开支，而且还进行了相当规模的建设。例如南海学园的中央图书馆、历史博物馆、科学馆、艺术馆、教育资料馆等建筑群，几乎没花当局的钱，所需款项主要来自募捐。不管怎样，靠同胞相助，张其昀在四年中做出了其他"部长"为之羡慕、感叹的功绩。

创办文化学院，最大的问题是经费来自何方。创办人还是把钱的来源放在海外侨胞身上，劝说同胞解囊相助。为筹集这笔数目巨大的资金，张其昀利用一切机会向华侨宣传发展教育事业的意义，一再向海内外富商、实业家、教育家们诉说弘扬中华文化、创建一流综合大学的办校宗旨，动情的宣传换来了大量的资金。为得到更多的建校经费，张其昀还使用了过去使用过的老办法，为赠款者在校内挂匾，以资鼓励。例如菲律宾华侨实业家庄万里一次性捐款200万台币，"万里匾"，就挂上校内大成馆西侧厅。

当然，在集资过程中，张其昀也用了一些令人不能接受、容易引起非议的办法，如不问捐款者的水平如何，滥发各种学术研究所、协会的聘书，授予各种专业职称，以换取捐款。甚至不惜身份，经常主动找上门去，请求对方赠助。在1971年为筹建华冈博物馆时，几乎每周都出面会见画师们，恳请为华冈作画。他募集资金的方式方法，虽说不是人皆满意，可"行乞兴学"的精神还是令人感动的。不管怎样，靠同胞相助，张其昀在十数年中积铢累寸，聚沙成塔，凑足办学所需的款项，终于把学校办成。

文化学院，虽然是无本创业，可创办人在破土奠基之前，就已做出一流的既定方针，并要求无论是在整体或是单项建筑上，都要保持中国古典风格。为保证校园建筑的设计和施工水平，请来曾出任过南京市工务局长的名建筑师卢毓骏教授，主持设计和负责把关。学校招生时，校舍全无，第一届所招的72个研究生，于1962年11月24日报到后，在张其昀凭人情关系所借的"阳明山庄"上课。学校基建时，常常出现等米下锅的窘境，有的工程甚至半途中止，等到新的捐款到来，再继续进行。由于拖欠工程款太多，有人断言张其昀会因此而坐牢，可见困难之大。设想一下，如果没有张其昀在募捐方面锲而不舍的努力，坚持十数年，建校计划无疑早就流产。校园建筑最先完成的是大贤、大成两馆，又建大仁、大义、大伦、大恩等馆，20世纪70年代完成构思独特、风貌超群的大忠艺术馆。现在由二十多座建筑组成的华冈校园，以富有特色的建筑艺术闻名于台湾，已经成为游人的必到之处。

作为台湾全岛规模最大的高校，因为"私立"无"公办"待遇，文化学院只有靠自筹资金维持学校的正常运行，缺少稳定的经济来源，长期以来，可以说学校始终存在着巨大的经济压力。再加上学校规模太大，难以经营，致使亏损累累，入不敷出、无以为继的威胁一刻也未解除。

中国文化学院发展很快，创办之初只有文化研究所、三民主义研究所、实业研究所等几个机构，第一届仅招收72个研究生。之后迅速扩张，1980年改称为中国文化大学，到张其昀故世时，文化大学已有日间部44个系、晚间部16个系，学生17300多人，此外还有包括20多个研究所的中华学术院，成为台湾地区一个重要的高等教育、学术研究、资料收集的知识区。

文化大学花园式的校园漂亮，它的教育水准也为一流。创办人称办学的目的是要"承东西之道统，集中外之精华"，"为天地立心，为生民立命，为往圣继绝学，为万世开太平"。有没有实现张其昀的以上心愿且不说，文化大学对提高教学质量确实抓得很紧。校方采取了一系列行之有效的措施，用了不长的时间，在教育界确立起"文大"的地位。

"文大"聘请教师极为严格，能当上华冈教授的更难。为增加学校的吸引力和竞争力，张其昀以自己特殊的身份，聘请到林语堂、钱穆、吴经熊、陈立夫等一批一般学校难以请到的著名学者、大师，来学校任教。对于学生，校方从奖学金、高质量的讲授、新而全的参考资料和各类书籍、现代化的教学设备等方面，提供一个优越的学习环境。因此，虽说文化大学为私立学校，可社会各界对"文大"还是有所看重的。在当局组织的"外交官"考试、公务员求职和晋级考试、留学考试等各类考试中，文化大学的学生均能取得较好的成绩。可以说，除了学校经费困难一直没有彻底解决外，张其昀创办一流学府的目的已经达到。二十三年的努力换来如此成就，他感到心满意足。创办人晚年的惬意之事就是在校园内散步，就是接受不时迎面走来的年青大学生的致意。正如他自己所说："我只知道我很快乐，看到学生，我就很高兴。"即使在病危住进石牌的"荣民总医院"时，还要求院方调换病房，以便能随时见到校园。对进入垂暮之年的张其昀来说，中国文化大学已成为梦魂萦绕的圣地。

在学校管理上，张其昀也离不开学术界门户之见的局限性。文化大学除对名人、大师另眼相待外，人事上是块禁地，非"文大生"一律不用，校内各部用人均为清一色的本校毕业生，这种类似于自然界近亲繁殖的做法，对教学和科研不无消极作用。对大学管理颇有研究的张其昀，不是不懂吸收其他高校培养出来的教学、科研人才的好处，而是出于学术派系之见，为抬高文化大学地位的保守做法。此外，他组办的中华学术院，也受到学术界的指责。因为民办的中华学术院，经常与官办的"中央研究院"抗衡。在学术研究、评授学位等事情上，经常做出一些对当局主管部门富有挑战性的举动。以上所为很难避免集中学术界人才、代表学术界水平的"中央研究院"和"院士们"的抗议，很难避免官场人士借论是非，对张其昀和"文大"说三道四。

张其昀虽然为官半生，可极少沾染官场恶习。决断政务，从不趋炎附势，颇有书呆子味道，按照自己的判断，我行我素，当为就为，从不受制于他人。奇怪的是，蒋介石对他处处表现出极大的宽容，只要张定的事情，蒋极少予以否决，最高层的态度是张其昀敢断政务的大前提；官场行事，效率极高，批转、督办公文的速度之快令人吃惊，其他大员争执不下、不敢定夺的大事、烦事，到他那里轻松作出最后判决；饮食起居，不见奢侈豪华，很有文人本色，平时见利有义，更不利用职务之便中饱私囊，生活简朴为官场上层所少见；主持校务，每年只有大年初二是在家中与夫人、儿子全家团聚，其余日子自早上9时至晚上8时，都在学校董事长办公室度过，到时由心爱的孙女来电话通知时间已到，才放下书笔回家。上班期间，只要是华冈学生，不用任何手续都可直接找董事长张其昀面谈。平时他对下属和学生，从不发火训斥，多少怒气和烦事付于一笑之中，在华冈校园里塑造起一个令人容易接受的形象。

张其昀也有辫子可抓，有些人对他的廉洁不以为然，时常取笑他把稿费看得太重，说张常为稿费晚到几日就致函用稿单位，催促稿费，认为这有损于形象，似乎把钱看得太重。可是，也有知情者讲，张其昀只领"国大代表"的工资和一些津贴，不够家中开支和交际之需，只有借重于多写稿，多收稿费。

张其昀自撤台后，先忙于从政，后忙于办学，待华冈学府初具规模后，又把精力集中于著述。事实上无论是任职于中央党部或"教育部"，无论是在"国防研究院"还是在中华文化大学，他从未停止过学术研究，尤其是收集整理资料更是一刻也未放松过。收集资料，他已到着迷的程度。甚至别人送书给他都须给两本，如果只送一本的话，张其昀还会向赠书者再要一本，因为一本作为藏书归档，一本则用以剪贴，以丰富自己的资料集。他的最后一部著作是《中华五千年史》，原计划写32册。千万字的大工程，作者不愿差遣他人，坚持自己独自完成这部通史巨著。遗憾的是，张其昀动笔首卷时已经年事过高，书只出到第10卷，史只写到东汉末。

1985年8月6日，84岁的他在"荣民总医院"去世。

亲蒋远蒋两不同

记国民党重臣吴国桢

应全国政协邓颖超主席和中共中央统战部杨静仁部长的邀请，预定于1984年9月归国观光的原国民党要人吴国桢先生，不幸于同年6月6日在美国佐治亚州萨凡纳家中病逝。邓颖超主席为此专电吴夫人黄卓群女士致悼，对吴先生晚年思乡之愿永无了结深表遗憾，对其突然病故深表慰问。吴国桢先生年过八旬，身居异乡已三十多年，在即将回祖国大陆探亲观光之时过世，留下了绵绵遗憾。

吴国桢走的是一条学人从政的道路。早年出洋留美，学有所成，二十三岁获美国普林斯顿大学政治学博士学位；回国后从政多年，走红官场，为蒋介石所看重，为同僚所羡慕；晚年赴美反蒋，与台北方面"隔海大战"，以后改行执教，著书立说。一生道路颇有奇特曲折之处，折射出近现代中国之政治风云的变化和风云人物的迷惑，成为国民党内政治情势变化多端的一个缩影。因此，有些传记作家称他为国民党内"学人从政的先驱""有格调之反对（国民党蒋介石专制统治）者""一个历史见证人"。

一、公务秘书起步从政

吴国桢，号峙之，湖北建始人。1903年10月21日出生于封建官僚家庭，其父吴经明老先生毕业于日本陆军士官学校，后供职于清朝军务部，家居北京，吴国桢也在京城长大。1913年到天津考入南开中学就读，同窗学友中有两位使他终生难忘的名家。

一位是周恩来，在吴国桢出国留学之前，就投身于共产主义运动；在吴国桢任职于南京政府时，已担任中共中央常委和军事部长；在吴国桢任职重庆市市长时，作为中共代表团团长常驻重庆；在吴国桢出任最后一个重要职务台湾省主席兼"保安司令"时，已担任新中国政务院总理。周恩来被吴国桢称为"安国定邦之才"，吴国桢临终前，是周的战友和夫人邓颖超邀请其探亲观光。

一位是张道藩。张氏早于吴国桢一年进入官场，两人仕途上不相伯仲，张先后任过国民党中组部秘书、副部长，教育部常务次长，中央宣传部长，海外部长，"立法院长"。到1954年2月，吴国桢与台湾国民党当局论战开始，台北方面率先出面痛斥吴国桢的是张道藩。吴国桢的两位同窗，耐人寻味。周恩来和吴国桢政治上互相对立，吴为南京政府服务，周恩来以大家风度，不计前嫌，一直没有忘掉这位远在美国的南开校友。可张道藩与吴国桢宦海同游，携手于官场，最后张公开拆台，大批吴国桢，欲置吴于死地而后快。

1917年吴国桢考入清华大学，当时的校友有大吴两岁的孙立人。由于两人结识于清华，又曾留学于美国普林斯顿大学，以后一文一武在官场关系非同一般，过从甚密，乃至一直被人议论。到台湾后，被外界传为"华盛顿放置在蒋（介石）身边的两颗定时炸弹"。所以，平时两人保持一段距离，见面都在晚上12点以后。两人均以西方民主的准则鞭挞台湾当局的专制，由受宠于蒋介石而变为被蒋介石所痛恨，终被清算，文官吴国桢被放逐、批判；武将孙立人被撤职、软禁。

吴国桢以其南方人的聪明，学习刻苦认真，成效显著，成绩均名列前茅。他的好学作风一直保持到晚年，在美国时友人就说他"治学甚严，每日博览群书，更有做笔记卡片习惯"。学习中吴国桢很有心计，功底扎实，这为他从政26年后又专心治学、执教讲学打下了基础。

1921年吴国桢在清华大学毕业后考上官费留学生，就读于美国爱荷华的格尔奈尔学院，两年后获学士学位，三十年后获该院授予的名誉法学博士学位。在母校看来，吴国桢的名声和所为可以扩大该校的影响。吴国桢曾对名作家江南回忆说，在学院就读时，因品学兼优，得到的奖学金，远远超过清华官费供给的每月80元的标准。他不无感叹地说："那时节，奖学金的核定标准，不管家庭经济状况，完全以成绩优胜决定。"

学习期间，还得过全院演讲冠军。他的口才曾帮助他自己在官场上获得成功，树起"学人从政，才干超群"的形象；也曾帮助他在后来的教学生涯中获得成功，教学中富有哲理、才智和幽默的讲课极受学生欢迎。吴国桢的友人曾说，"他的口才和英语流畅，无懈可击。曾在此间华侨聚餐会发表英语演讲，其英语之流利，讲词内容之精彩，在座侨胞，无不钦佩万分。"平时谈话时"他谈锋甚健，几乎有问必答，如江海之滔滔"。

1924年从格尔奈尔学院毕业，考入普林斯顿大学，1926年以《中国古代政治理论》一文获政治学博士学位，年仅23岁，可谓少年有为，学有所成。在同时代的留美欧博士里，后来基本上都走了两条路，一条从政，出任政府要职，闻达于诸侯，如宋子文、翁文灏、陈立夫、朱家骅、王世杰；一条治学，甘于寒窗冷板凳，成为中国现代科学一些学科的奠基者，如李四光、丁文江、胡适、钱思亮、吴大猷。吴国桢兼而有之，故当官没有终结，治学不算深透。

吴博士回国之初，也有科学救国的思想，希望能以自己的一技之长振兴祖国，在当时学成回国的留学生中不乏此类主张的人。他回到了一别五年的家乡北京，应聘供职于国立政治研究所，研究的中心议题是如何把西方的政治制度和结构移植到中国，如何用西方的经济模式指导中国的经济，以改变中国的落后状况。事实上这一课题是吴国桢无法完成的。中国国情已决定了照搬自由经济、华盛顿的治国方式、欧美的议会制度必然要失败。政治理论的研究在军阀纷争、战乱不止、社会混乱、人民痛苦的现状下，实际意义有限。除此之外，吴国桢本人也无搞学问的恒心，经审时度势，看到埋头读书、钻研学问，出头之日遥遥无期，故已决定离开书斋。

经友人介绍，吴国桢出任刚刚成立的南京政府外交部秘书。南京政府成立不久，对立志回国从政的留学生心理也非不解，对这些不甘寂寞之辈待之不薄。如出洋学军的大都能马上授予校官团长，这在日本陆军士官学校毕业的中国学生中均为平常，待遇远高于刚刚走出清末和北洋政府所办军校的毕业生。文官也是这样，留洋博士出任文官，起码能弄个"委任官"当当。吴国桢更是幸运，很快由外交部秘书、江苏交涉公署交际科长，升为外交部第一司副司长。他第一次从事外事工作为时约一年，很快就离开南京。十五年以后，当年的秘书、科长再回外交部时已是外交部政务次长，具体主管部务两年之久。第三次进入外交界是撤台之初。

吴国桢在第一次的外交经历中职务偏低，远离决策中心，无值得夸耀的成果，却当过一次重要的"见证人"。1927年底，蒋介石最后一次结婚，中国现代史上开始出现"蒋夫人宋美龄女士"这一专用名词。在蒋宋结婚之前，虽为下野、可权重如旧的原国民革命军总司令蒋介石，已分别正式宣布和毛福梅、姚冶诚、陈洁如三女士离婚。毛女士替蒋介石在溪口老家看家、管家，姚女士寓居苏州等地，陈女士则赴美留学，在"才气"上要与宋美龄一比高低，后终获"博士学位"。陈洁如是秘密出国，吴国桢说"陈申请赴美护照时，我见过她"。

吴国桢并不满足于中枢机关办事跑腿的角色，他需要负责一个部门工作的权力，希望通过单独掌权部门的工作业绩，显示自己不同于他人的能量。江南先生是这样说的："吴具鸿鹄之志，外交部的差使，难以满足，前往武汉，效'公车上书'的先例，毛遂自荐，投书武汉政治分会主任李宗仁。"

吴国桢此举颇有考虑，在南京暂时难以发展，国民政府的有关部门暂时不会破格任用，到外地求职谋官根底不足，湖北是自己的第二故乡，可以在外求学、当官多年的经历、为家乡建设献计献策为理由，曲线升官。

再则，李宗仁自统一广西后，还未来得及建设省政就出师北伐。蒋介石率军进抵北京、东北军张学良准备易帜后，南京政府论功行赏，李宗仁出任中央政治会议武汉政治分会主席，控制两湖及广西地区。以前李宗仁忙于军机，不务经济，现独霸一方，也谋省政，有意证明自己武能安邦、文能治国，在武汉一展宏图。正值用人之际，接到吴国桢的来信，不几日回函任命吴为湖北省税务局长。吴若能胜任，则李为伯乐；吴若失败，请其离鄂也不晚。武汉对吴国桢的一生很重要，他最初出任的一方最高党政长官职是五年后就任的汉口市市长。

对税务一窍不通的吴国桢没有使李宗仁失望，新局长上任，省税务立即大见成效，税额高于以前同期数倍，这对到武汉不久、正准备与蒋介石分庭抗礼、急需资金补助军费的李宗仁来说至关重要。

李宗仁对任用吴国桢一事，颇有萧何发现韩信、李世民重用魏征之感。照理论，李宗仁是吴国桢的第一位恩师，吴应感激李的知遇之恩，生牢记死不忘，这种人身依附关系在国民党官场屡见不鲜。可吴、李间并没有那样，吴对李一直没有特殊的感情，吴更没有利用自己特殊的身份斡旋李宗仁和蒋介石的关系，为李宗仁在蒋介石面前说几句好话。即使后来两人在美国十五年，也没有什么来往。这是吴的高明之处，要想在国民党内有所发展，特别是进入高层，没有蒋介石的信任不行。要想得到蒋介石的信任，除了为蒋效劳之外，还要投蒋所好，远离失宠于蒋介石的人。李宗仁和蒋介石面和心不和，蒋介石基本上没有停止过限制、分化、排挤、打击李宗仁和桂系，深谙官场之秘的吴国桢，当然明白其中奥妙，自1929年3月"蒋桂战争"起就不再追随李宗仁，而以"党国"的利益为重了。

到1932年，吴国桢任过汉口市政府参事、汉口市地政局长、省财政厅长等职。

在任财政厅长时，他结识了宋子文。吴自己回忆说："我和宋先生打交道，是在做湖北省财政厅长期间，那年湖北大水，哀鸿遍野。何成浚主席派我去找财政部长宋子文，请求中央拨款赈灾。我到南京找宋，宋去上海，我追到上海，宋回南京，他总是设法躲着我，情急生智，用廿元大洋买通门房，始克如愿。"见面时，宋子文只给吴国桢5分钟时间，吴则用3分钟把湖北的灾情说得一清二楚。宋当即同意月拨50万救灾，并言明只有你在职，才能照办。说实话，吴国桢此举并非有意巴结宋子文，当时不到30岁的吴，年少气盛，有一股为民请命的劲头，终于见到宋子文。宋子文高高在上，却也十分赏识这位年青厅长的才华和干劲，两人从此成为朋友，吴要见宋再也不用买通门房。

几年间，吴国桢数移职务，所任官职对一个青年来说已不为低。可令吴心焦的是，既从政在外地就不如在首都，在南京就不如在国府，在中央机构就不如在蒋介石身边，而自己一直是在国民党统治中心圈外活动，缺乏实现政治抱负的条件。命运厚爱吴国桢，在他的前五十年中，机遇从未离开过。

1932年间，湖北政界元老何成浚把他引荐给蒋介石，出任侍从室秘书。

"侍从室秘书"官品位不高，实际利益却远高于职务本身。一是"侍秘"直接为蒋介石服务，有机会得到蒋的提拔，由"侍秘"出任高职的人不少，吴国桢也是这样。二是"侍秘"在国民党官场分外受人注目，谁也不敢慢待，"侍秘"的地位很高，吴国桢后来在官场敢于上抗下压与此有关，他人岂敢轻易冒犯。三是"侍秘"自身感觉优异，已有通天热线，他人所不及。

吴国桢的"侍秘"工作，说来愚昧、古板而可笑，具体事务是在蒋介石接见来访者时，坐在一边，默记下主宾间的谈话内容，会见结束后再追记下来。这一工作令人费解，如会谈的内容果真重要，这种默记、补记岂不误大事；如会谈内容是儿戏，又何必让"侍秘"在那里默默发"功"。再说，蒋介石会见来访者时，秘书在旁记录，工作再单调乏味，"意义"非同寻常，吴国桢挖空心思，专心有加，干得很有起色，深受蒋介石特别是宋美龄的喜欢，这为他在仕途上不断上新台阶打下基础，腾飞在前。

任"侍秘"的一年多时间内，吴国桢收获甚丰，为全面了解国民党官场、掌握党政经社文军警宪特团等情况、结识来访蒋介石的要人，提供了别无仅有的机会和场合。吴国桢也有遗憾的地方，他作为湖北籍北京人，对侍从室以蒋介石喜好为标准的"宁波菜实在吃不惯"。此事只能说明吴国桢没有口福，欣赏"宁波菜"的美食家和爱好者还真不少。

二、重庆市市长轰炸下台

1933年，吴国桢离开侍从室不久，被南京方面任命为汉口市市长，此时刚刚而立之年。自走上仕途以来，他是快马加鞭，离开汉口不足两年，走时是部门长官，回来已是一方最高行政长官。三十岁上下出任南京政府要职的人在当时为数不少，如武将中陈诚、胡宗南、汤恩伯、周至柔、桂永清等；文官中如陈立夫、蒋经国、谷正纲、谷正鼎、张厉生等，可像吴国桢一人外放中原要地或独掌中央一部的幸运儿还不多。

吴国桢坐镇汉口数年未动。只因汉市地处"剿共前线"不远，是蒋介石"进剿"南北中共主要革命根据地的基地和枢纽；再说武汉三镇为南国名城要地，牵制华中、华南不说，还是西进川康的必经之路；城固重要，可又逢夏必遇洪水威胁，更需要能干之才坐镇。在蒋介石眼中，吴国桢已是不大不小的人才，故能坐稳市长交椅。

全面抗战爆发后，武汉又成为华北、东南、华南向大后方转移的接运站，特别是国民党统治中心南京、上海、杭州地区的大撤退，更以武汉的接应为重。武汉一时变得十分重要，内迁的机关、学校、企业、物资要经该地中转。国民党中央机构入川方案因需要解决与川军的矛盾而拖延，武汉又成为国民党当局的临时首都。国民政府、中央党部、军事委员会集结而来，并在此召开了临时全国代表大会、五届四中全会、六月最高军事会议、国民参政会、成立三青团等重要会议。由全国流亡而来的难民、准备参军参战的抗日志士、被日本侵略者追得惊魂未定的国民党将领和散兵游勇，一时间也纷纷涌入武汉。吴国桢身为市长，为安排大撤退做了一些工作。大撤退本身也为年轻的市长提供了展示组织才干、领导才能的机会。其在武汉处事的政治手腕和因势利导的能耐，深得蒋介石的嘉许，这为他以后的"市长生涯"提供了前提，蒋介石两次把最重要的城市市长职交给吴。

武汉失守，市长职自动去职，转任最高国防会议第三组组长。最高国防会议是为了适应全面抗战新形势而设立的最高国家安全机构，吴国桢出任此职，开始进入国民党的决策圈。

蒋介石定重庆为陪都，一夜之间，山城冒出那么多的中央院部委、各种高级军事机关，集中了来自全国各地的名人、富豪、难民，原来并不显眼的重庆，现要作为战时首都领导抗战。要对付日本人的轰炸，要应付各实力派和中央大员的干扰，要维持山城的正常运转，"重庆市市长"任务之重、难度之大可想而知。

蒋介石从重庆的现状中仿佛看到了武汉大撤退的影子，故马上任命吴国桢为陪都市长，这是吴仕途上的一个新阶段。1927年以后的南京、上海市市长和抗战期间的重庆市市长人选均非一般，不是蒋介石信任的人不能上任。吴国桢作为一个结识蒋介石仅七年、年仅三十五岁的年青学者，竟然当上陪都市长，这在国民党内是破例的。

吴国桢任职期间，自恃有蒋介石的尚方宝剑，再加上他的官场手腕，不怕强龙，也不怕地头蛇。要论成败，那只是因为国民党与人民对抗的劣根性，在吴身上同样得到证明，战时重庆人民的生活得不到起码的保障，最后被迫下台。

他下台的直接原因是日军的"六五大轰炸"。自1938年1月日机首次轰炸山城起，该城就成为全面抗战八年中遭受日机轰炸次数最多、规模最大、时间最长、损失最重的城市。到吴国桢下野的那一年，日军在全面抗战的前4年中轰炸重庆208次，出动飞机9000余架次。仅吴下台的1941年间，日机就空袭山城87次，出动飞机3495架次，投弹8893枚，炸死2448人（间接死亡的不算在内），毁房5793幢。

使人民引起公愤，迫使吴国桢辞职的是1941年的"六五大轰炸"。有关材料记载，当年夏季是日军轰炸重庆最酷烈的时期。6月5日下午6时，城里响起防空警报，许多市民躲进大隧道，涌入的人数超过可容量一倍。而这五里长的大隧道通风设计不周，再加上隧道中的人过多，严重阻碍了空气流通，一夜警报没有解除，近万人因空气不够窒息死亡。惨案中的死难者，由二十余辆卡车，用一天一夜时间才运完。"六五惨案"是日寇犯下的滔天罪行之一，也是国民党政府防空力量不足、防空措施落后造成的恶果。

惨案一出，震惊国内外，舆论更是一片谴责之声。各界人士由川中闻人张澜领衔，要求"枪毙吴国桢，以谢川人"，吴国桢不得不辞去重庆市市长一职。平心而论，吴国桢身为市长，忽视战时防空设施建设，百姓横遭惨祸，罪责难逃。可吴作为国民党统治集团的一员，反映了所属阶级的利益，他有责任，国民党蒋介石集团更有责任。吴愿意辞职，颇有敢于承担责任的勇气，却也代人受过，帮了国民党蒋介石集团的忙。

吴国桢一生三次出任要职，均未善始善终，陪都市长是"辞职"告终；后来上海市市长是兵败撤走；台湾省主席是下野结束。第一次辞职后，吴国桢沉默了两年，之后第二次来到外交界服务，出任外交部政务次长。

1941年12月，太平洋战争爆发，为开展对美外交，蒋介石任命宋美龄的兄长宋子文出任外交部部长（宋未到任前由蒋代理）。1942年10月，新外长正式上任，3个月后又飞美，这位部长在外国的时间比在本国的多，需要1个助手实际控制外交部。外交事务与财经事务一起，是宋子文特殊喜好和亲自控制的系统，不愿轻易让他人插手，吴国桢是蒋介石、宋子文都能接受的人选。

当时宋子文接掌外交部，蒋介石曾向宋部长推荐蒋廷黻任次长，宋因为蒋廷黻是孔祥熙的人而置之不理，蒋介石马上说："有一个人，你不会反对吧？"这个人就是吴国桢。

吴国桢也愿意主管外交部，回到外交部并非是吃回头草，想当初离开外交部是出于无奈，如今回部已是响当当的部主管了，两者仅隔十五年。

当年的部下曾回忆这位政务次长说，他没有用一个私人，极端尊重外交部的良好传统。他英文之外，中文也很不错，吴氏行文，极重简洁扼要。吴氏是一个急性人，讲求效能，他的外国名字叫K.C.WU，中文喊为"开水壶"，一则音同，再则恐怕是形容他说话说得快，好像壶中的开水一样。他是一位有心人，还晓得看点相。吴国桢在外交部，主管部务内勤，至于当时与外交上的重点国家美、英、印、加等国的外交活动，则由蒋介石、宋子文具体出面进行了。

吴次长任内参加的唯一的一次历史性的外交活动是作为随员参加开罗会议。1943年11月，罗斯福总统说服丘吉尔首相，把中国拉入了反法西斯大国的行列，蒋介石也成为世界三巨头之一，三国议定召开开罗会议。11月21日，吴国桢陪同蒋介石、宋美龄飞抵开罗。23日在离金字塔不远的总统饭店里，代号为"六分仪"的中美英三国首脑会议开幕。会议就最后结束日本的侵略、美国援华抗战、归还被日本自甲午战争以来抢占的中国领土等问题，作出了有利于反法西斯战争早日结束、有利于维护中国主权的决定。

吴国桢在会议期间，作为蒋介石的智囊和翻译参加工作。他的尽职和高水准，除了获得蒋介石、宋美龄的欣赏外，还得到了外国同行的赞扬，吴开始成为西方人眼中的在国民党中少见的"人才、官员"。美国政界的看法，保证吴国桢在从政的最后几年中，获得了非同以往的政治地位和权力。

抗日战争胜利前夕，国民党召开第六次全国代表大会，会间吴国桢当选为中央执行委员会候补委员，这是其最高的党内职务，他没有任过中央执行委员，也没有进过中央常务委员会。从吴的从政经历看，对"党"一直不感兴趣，颇有古训"君子不党"的味道，很少像国民党内不少人那样，想方设法挤进中央执行委员会和常委会，而是重行政职务轻党内职务。再则他也有自知之明，自知党龄太短，自明为国民党效劳的年限不长，不具备其他中执委、中常委所有的资历，何必再争中执委、中常委的头衔？当然他的偏低的候补中执委的身份，并不影响其出任许多中执委、中常委都梦寐以求的重要职务。

国民党"六全"开完，重庆政府改组，宋子文离开外交部升任行政院长，吴国桢也离开外交部升任国民党中央宣传部长。部长并不喜欢自己的新职，更不喜好一直瞧不起的那种卖狗皮膏药、进行思想和言论控制的"文宣"工作，一年后去职。

三、上海市市长失败撤台

蒋介石对吴国桢有更重要的安排。上海历来是国民党当局的经济中心，更是蒋氏早期政治活动的圣地；再则，随着抗战胜利、国民政府"还都"和接收，各种各样的人物回到上海，上海的乱不亚于当年的武汉和重庆；还需要考虑的是，上海为中共的诞生地，是国共两党斗争看不见的战场，而上海地区两党斗争的胜负又直接影响到南京的稳定。以上三点，促使蒋介石下决心，任命吴国桢为上海市市长，这是他一生中的第二个重要职务。

1946年5月，吴国桢走马上任，三年后去职。三年中就像在武汉、重庆一样，很有一套治乱世的办法，很快在上海站稳脚跟，真是一块当"超级市长"的好料。他除了当时与中共不合作外，在南京政府官场里还算正直之士。

曾同吴国桢一起任职于上海的潘公展，在吴同蒋介石反目后所写的《我所见的吴国桢》一文中，对这位市长留下这样的评价，"平心而论，吴国桢并不是一个庸才，他确有一套看家本领。他的漂亮的仪态，流利的演说，讲得一口很好的外国语，十足一股洋派神气以及按时到办公室（上海人叫'上写字间'），见了什么人都飨以笑容，甚至和当时气焰很盛的闹学潮的学生，也表示一种即使'挨打'

也满不在乎的气度，的确使当时善观皮相的一般洋商和上海市民，仿佛都在想大上海何幸而得到如此一位现代化的民主市长。"潘公展有自己用心，用词欠雅，但多少可以看出"吴市长"的亲政作风。

当然说他是"民主市长"确有不妥。其在位三年，正是国共两党的最后较量、大决战的时期，上海人民积极投入反蒋第二条战线，吴国桢从未支持过民主爱国运动，对工人、市民和学生参加的"反饥饿、反内战、反迫害斗争"毫不留情地进行压制，只是他的手法比其他官僚高明，面临工运、学潮，笑脸相迎，实质上没有作出任何让步。

在上海市市长的最后任内，吴国桢为南京政府的大撤退作过安排。3大战役后，国民党的失败已经进入倒数计时时期。蒋介石虽然下野，却在处心积虑地思考国民党当局如何撤台、如何复兴。为了在台湾的生存，需要各类战略物资和生产、生活资料，作为经济中心的上海市，首当其冲，成为掠夺的当然目标。

蒋介石指示儿子蒋经国和吴国桢、汤恩伯密切合作，组织抢运物资。他们从中央银行的储备黄金到工业设备和原料、各种生活用品，包括上海的技术人才，能运走和转移台湾的统统运出，这次抢运不亚于抗战初期上海向大后方的大撤退，上海抢运出来的物资成为国民党当局撤台后，渡过最困难时期的物质基础之一。这是吴国桢和蒋经国在上海时期的第二次合作，由于有第一次（蒋经国上海打老虎）不合作的阴影，第二次合作时的吴国桢也就没人再提。到"吴国桢事件"发生后，台北方面甚至把吴市长这个组织国民党撤台的"有功之臣"，说成是"临阵逃脱"。

吴国桢和蒋经国第一次合作是"太子打老虎"。1948年8月19日，南京政府为抑制以火箭速度上升的物价和换取民间的金银，宣布实施经济改革，改法币为金圆券，并规定物价冻结在8月19日的水平。

为保证这一坑国害民的"改革"得以进行，南京方面向平津、上海、广州三地区派出经济督导员，监督实施经改方案。蒋经国带着由王升任大队长的第六"戡建"大队来到上海，执行经济管制。作为地方最高行政长官的吴国桢理应尽力支持蒋经国，这是向蒋经国也就是向蒋介石效忠的极好机会。吴国桢却不然，采取的是消极的态度。

吴国桢身为市长，根本不赞成"八一九方案"。他说："关于经济管制，南京方面事先从未征求我的意见，出这个主意的是翁文灏（行政院长）、王云五（财政部长）。翁是典型的书生，书生问政，难免与现实政治脱节。财长王云五不学无术，但专做有学有术的事情，焉有不闯大祸的。"他认为，经济问题"只能以经济手段去解决，用政治高压是绝对行不通的。当时国内通货膨胀，经济濒临崩溃，病根在于军费开支浩繁，财政出现赤字，不得已藉增印新币以资掊注，这种恶性循环的结果，钞票印得愈多，票值愈低。如果一定要改革，估计起码要有 5 亿银圆作后盾。南京方面有此准备吗？根本没有，蒋（介石）先生明白实情后，才着了慌"。

"我知道这个措施，是在俞鸿钧的饭桌上，时间大约是 1948 年 8 月 20 号，地点，上海江汉关大楼。那天，由俞和经国联合设宴请我，目的，通知我政府改革币制的详细内容，并希望得到我的全力支持。我听了以后大吃一惊，饭后回到私邸，即向蒋（介石）先生打了一通密电，陈述我个人的反对意见。蒋复电要我火速晋京。"

"我要求政府收回成命，撤换我上海市市长的职务（由我负币改决策失误之责），藉以维持政府的威信。可是，蒋先生不同意。不过双方约法三章，上海市政府尽量和经国合作，本人不负成败之责。"

对于吴国桢的不赞成，蒋经国是有看法的，他在日记中记道："吴市长到南京去辞职，不晓得是不是因为他对我的做法不满意的原因。"吴国桢和蒋经国首次合作的第一次冲突在此，是因为吴不赞成经济改革，蒋经国则寄希望于经济管制的成功，两者基本立场的对立所致。

首次合作的第二次冲突则是"扬子公司案"。扬子公司是孔祥熙的儿子孔令侃主办的公司，孔令侃倚仗父亲的支持，更得宋美龄的信任，干过不少走私逃税、偷税漏税、诈骗投机的勾当，为大众所不齿。吴国桢也认为孔公子是"仗着权势，无法无天，请外汇，搞进口，向来赚尽政府的便宜"。经济管制开始后，上海的不法商人、地痞把头、投机分子，囤积商品，抬高物价，用经济手段反扑。扬子公司因囤积居奇、抽逃资金、抗拒检查而被蒋经国查获。蒋经国准备严办这位表弟，以儆效尤，维持"八一九物价防线"。孔令侃向宋美龄求援，宋要蒋介石出面压蒋经国停止行动。

吴国桢对此事牢记不忘。他极其讨厌胡作非为的孔公子，曾举例说，"就在扬案高潮期间，有天，我接到一个电话，就是孔公馆的，孔院长（孔祥熙任行政院长）约我第二天下午去看他。接完电话，我感到有点奇突，孔祥熙不在国内，何以他到上海，事先一无所闻？第二天准时赴会，孔家门前车马冷落，心头更添疑窦。稍坐片刻，孔令侃出现了，但并没有孔祥熙的影子。我问他：'院长呢？''院长还没有回国。'于是我问：'那么是谁打电话呢？'他说：'是我打的。'我顿时感到受到了一种欺骗，疾言厉色地指着他：'大卫，你太不像话了，假使你有公事，可以到市府来看我；有私事，请到我家。'"吴国桢并不买恶少的账。

他还对抓经济管制的蒋经国不协作，对蒋介石、宋美龄要放孔令侃的指示不理睬。吴国桢说："扬子公司案发生后，蒋（介石）先生正在北平，指挥关外的战事，曾给我一个电报。电报内容是指令我去接办扬子案，并要我'立即复命'，我却故意搁置。我一开始就向蒋先生表示，不过问经济管制这件事，现在他把这个烫手的番薯，突然要交给我，岂不是要教我来难做人？于是，我只好装糊涂，到了第四天，蒋夫人给我打来一个电话，问我电报收到没有？我只好故意装作没有看见。蒋夫人还以为，我身边有了中共的间谍。"他承认，扬子案是由于蒋夫人的干预不了了之，但是他也认为"即使把孔令侃杀了，上海的经济管制也成功不了"。

扬子案本身对吴国桢没有多大影响，蒋介石和宋美龄也未因为吴甩手不管而见恨于吴，问题是出在蒋经国那里。"太子"一到上海，令出计随，说到做到，查办过奸商，惩治过不法之徒，一时间在上海声名鹊起。现扬子案一败诉，蒋经国和"戡建队"高叫的在经济管制中"只打老虎，不拍苍蝇"变成了"只拍苍蝇，不打老虎"，靠铁腕换来的声誉一扫而光，这是一。二是蒋经国想管扬子案管不了，既打击了他的满腔热情，无心再战；又使得没有认输认罪的奸商有恃无恐，趁机合力冲破"八一九防线"，蒋经国的严律暂时压住的物价立即直线上升，一日数涨，引起经济管制破产。蒋经国承认失败，离沪而去。在蒋经国的秋后账上，吴国桢有名，这位蒋介石眼中的"最佳市长"，在蒋经国眼中开始成为"不合作市长"。随着蒋经国在国民党内地位的上升，随着蒋介石有意栽培儿子，吴国桢与蒋经国的冲突给吴带来的危险性越来越大。

1949年5月1日，国民党政府宣布免去吴国桢的"上海市市长"职。吴协助蒋经国、汤恩伯抢运上海物资去台湾的任务基本完成，故带着老父和妻室儿女来到台北，出任总裁办公室外交组副组长。7月10日，陪同蒋介石去菲律宾访问，商议组织"远东反共联盟"。此时，蒋介石对吴已另有考虑。

大败之初的国民党，杯弓蛇影，惊魂未定，当务之急、急待解决的要务有三：

治理社会，争取美援，权力转移。前两项非借助于吴国桢不可，后一项又把吴作为斗争的目标。因为前两项，吴国桢必将受重用；因为第三项，非出"吴国桢事件"不可。

要说社会混乱的程度，台湾和台北远甚于全面抗战爆发时的武汉和抗战结束后的上海，整个台湾是上层乱、中层乱、下层乱；机构乱、编制乱、人员乱；军队乱、警察乱、特务乱；党务乱、政务乱、财务乱；政治乱、政策乱、法律乱；社会乱、民意乱、民心乱。国民党的大溃败，200万人撤到台湾，引起了面积不过36000平方公里、人口不过600多万的海岛大混乱。治乱，蒋介石当然想到吴国桢。

能否争取到美援，这是关系到国民党能否在台湾站住脚、再发展的关键问题。自美国国务院发表《美国与中国关系》白皮书后，认定蒋介石集团的腐败是国民党失败的基本原因之一。可美国从远东战略态势考虑，也不愿意放弃地理位置极其重要的台湾岛。因此，美国在答应"援台"的同时，提出台北方面必须清除腐败、重用被美国方面认可的官员，作为交换的条件。在1949年10月间，美国务卿艾奇逊向来访的国民党代表郑介民明确提出了"援台"的三条件：国民党当局愿意在台湾励行改革、由吴国桢担任"省主席"、台湾人民获得更多参政的机会。

吴国桢曾被美国舆论界称为国民党内"最好的一个官吏"（还被1950年8月7日的美国《时代》杂志选为封面人物），现在美国方面点名要其出任当时实权仅次于"总统""行政院长"的台湾省主席。美国人虽说是帮助吴国桢出台，事实上也是拆台，从长远看，洋人的捧场对吴的仕途好处不多。

蒋介石为获取"美援（元）"，本来也有此意，故同意了美国的方案。1949年12月14日，他派专机从台南接回吴国桢，次日签署"台湾省政府改组"命令：同意省主席陈诚辞职，任命吴国桢接任。吴同时兼任"行政院政务委员""保安司令"。蒋介石明确地对吴说："你很恰当，我要你全力争取美援。"

上任的当天晚上，吴国桢举行记者招待会，会上提出"四点施政重心"：彻底反共，密切配合军事；努力向民主途径迈进；推行民生主义，为人民谋福利；实行地方自治，发扬法治精神，起用台籍人士。省主席的主张内行得通的成分，有蒋经国掣肘干扰因而难于顺利实施；有些如"民主、民生、自治"，则直接和国民党专制发生冲突，没有推行的可能。

吴国桢上任后，大刀阔斧，治理乱世。协助陈诚的"行政院""戡乱法""戒严令"基础上，颁布了一系列限制人民自由、巩固国民党统治的法律法令。如"戡乱时期检肃匪谍联保联坐办法""台湾戒严时期户口临时检查实施办法""台湾省戒严期间新闻报纸杂志图书管制办法""戒严时期广播无线电收音机管制办法""'共匪'及附共分子自首办法"等。发起和组织一系列控制民众、使得人人自危的政治运动。如"检肃匪谍运动""效忠签名宣誓运动""社会保密防谍运动"等。假借民主，进行政治改革，开始搞起"县、市长等地方政权选举"，其中第一届县、市长和县、市议会选举在1951年开始举行，以后定期进行。对此项，一直为吴国桢所乐道，认为这是他首创和力争到的"最佳民主模式"。他说，自己"从心底里笃信民主自由，上台后，排除万难，拟订法规，切实推行县市长选举"。他就此议论道："人心到处都有，争取人民的向心力，说难不难，就是实行民主政体，这样，才比较容易新陈代谢，也免得大家杀来杀去，头破血流。"吴国桢的话，在当时台湾社会环境里，有一定道理，为政治稳定起到不小的作用。

从公务作风上，吴国桢一如既往，对同事、部下能礼贤下士。一有时间就往下层跑，几乎跑遍台湾岛，给台湾人留下了"亲民、民主、谦恭"的印象。他自称："我做主席期间，省府府令如山，绝不许半点拖泥带水。这就是我揭示的法治精神，至于和民众间，省府大门敞开，省民有事随时可见主席。"吴的话算对也算不对，说"对"，是他确实有时这样做过；说"不对"，是他这样做为民众事小而稳定国民党当局统治事大。

吴国桢的所为，正好配合了蒋家父子和陈诚的治乱稳定工作。为解决撤台时期的混乱，蒋介石亲自主持国民党的改造，撤销第六届中央执行委员会和中央监察委员会，取而代之的是国民党中央改造委员会，党的各级党务组织、机构、人员几乎全部重新安排。同时撤销已被赶出大陆可又在台湾挂起招牌的几十个省政府、省党部，仅保留台湾、浙江、福建3省建制，后两省还是名不符实。陈诚和蒋经国主持军队整顿，把原来在大陆450万军队的编制缩到1/10，裁撤了一大批军队早在大陆被消灭可还在台湾有牌号的兵团、军、师、纵队、绥靖区公署、军管区等番号。蒋经国还主持了特工情报警察系统的调整，重新调配机构、班子和成员。经过以上延续数年的大改组，台湾的秩序基本稳定下来。在这过程中，吴国桢作为省主席、"保安司令"，起了不小的作用。"吴国桢事件"以后，台北方面谈到撤台初期的情况时，不再提到吴国桢，若提到的话，也是把他打入另册。

四、台省主席离台赴美

蒋介石对吴国桢极其信任,这在"吴国桢事件"以前的国民党上层、政府内部是众所周知的事实,吴本人到晚年还承认这一点。他说:"蒋先生对我的恩惠,我永远不能忘记。我辞职,他派黄伯度传话,只要我愿意和经国合作,愿当'行政院长',可当'行政院长',爱当(台湾省)主席兼院长,悉由我挑。可是,我一概谢绝。""有一次蒋先生手中有5个重要职务,都想派给我。"

吴国桢离台前夕,蒋介石还召见面谈,共忆两人合作往事,吴当场表示:"'总统',我现在已50岁,不想好处了,只有两件事,我心里下不去。第一件,'总统'二十年的知遇,我不能不想到。第二件,大陆尚未打回去(此话永远不会成为现实)。"

宋美龄也十分欣赏吴国桢,吴和黄卓群婚配的红娘是宋。吴刚到侍从室任秘书,就引起女主人的注意,以后百般关照,这也是吴在官场久盛不衰的重要背景。江南是这样说的:"就凭(吴国桢先生当官经历)这样一张履历,国民党的高官中,受蒋先生如此器重的,无与伦比。"蒋介石对吴国桢的信任,事出有因,并非偶然。

一是吴国桢在前二十余年的政治生活中,崇拜西方民主,持有强烈的反共意识,在国民党内属于强硬反共少壮派。在对待共产党问题上,是决不妥协和从不手软的。全面抗战前期他任重庆市市长,可对常驻重庆的老同学、中共代表团团长周恩来,并未有什么照顾。重庆谈判时,他作为国民党中央宣传部长,与毛泽东、周恩来见面,在场的有赫尔利等人,吴国桢目中无人,不可一世,自称是"疾言厉色地斥毛",毛泽东巧妙地批驳了对手。正是因为反共态度、主战立场和与蒋介石的亲密关系,在新中国成立前夕,吴国桢被中共方面定为特级文官战犯。即使后来他在与台湾的论战中,基本立场也是建立在反共基础上的,称社会主义国家是"共产集权",对共产党的领导和社会主义制度批判甚多。到美国后,多次呼吁美国和西方支持蒋介石的反共斗争。这种反共政治上的一致性,是取宠于蒋介石的基本条件。当然,吴国桢对中共的误解到晚年有了根本性的转变。

二是吴国桢专攻政治理论,熟悉西方政治学说和中国传统文化中的治国学说。在日常政务中,决策时不乏理论指导,似乎有高人一筹之处。特别是他提到中国的传统政治学说时,对异常熟悉此点的蒋介石来说极为欢迎;他提到西方的政治学说和美欧政治制度时,对亲自经历多年和熟悉此点的宋美龄来说极为欢迎。吴国桢理论上有一套,再加上超群的表达能力,在国民党死气沉沉的官场就有可能独树一帜,脱颖而出,为蒋介石所发现和重视。因此,他被人称为"官邸派"和"夫人派"。要说他是"两系"成员,只能说蒋、宋与他的关系不一般;要说他不是"两系"成员,只能说"官邸"和"夫人"两系本身就没有有形的组织和正规的活动。

三是吴国桢干练、敢于负责,又颇有人情味。他断事果断,不拖泥带水;令出计随,不朝令夕改;敢作敢当,不推诿搪塞。为实现自己的目的,办好公务,他也能外圆内方,甚懂为官之道。这与国民党内普遍存在的有功就争、有过就推、不敢负责、不务正业的官衙作风相比,更容易成功些。事实上,在国民党上层,要想"果断决策,公正处事"的官员也有,但这要看有没有实行的可能,或者说有没有蒋介石的支持。有蒋的支撑,就可以上抗下压,就会有"果断、干练、敢管"的气魄;没有蒋的支持,谈不上带有个性特色的决断是非的可能,只能依照上峰的指令行事。吴国桢的气度则来源于蒋介石的支持、宋美龄的关照。

至于"吴国桢事件"后,有人说他"八面玲珑,圆滑乖巧,上下不得罪,左右皆和气",则与事实不符了。如果吴真是如此,则以后不会出现"吴国桢事件"。有人说吴国桢圆滑,因而也是政治上一贯善于抓住时机的政学系骨干。说吴和政学系头号人物张群关系很好,确有其事,说他和政学系有多深的渊源则难说。

蒋介石对吴国桢的信任,如果没有国民党的大溃败,没有远离大陆撤到台湾这一大变化带来的大改组,也不会亮起红灯,直至闹翻。既然失败,蒋介石就要重整旗鼓;既然大改组,蒋介石就要重新组合权力班底。也就是说,蒋介石到台湾后的第三项要务"权力转移",势必会引起"吴国桢事件"。

20世纪50年代初期的"权力转移",是继孙中山1924年改组国民党、蒋介石1927年上台之后又一次全局性的权力调整,即以蒋介石为首的国民党老一代活动家开始把权力向以蒋经国、陈诚为首的第二代活动家过渡。蒋介石为扩大国民党的影响,维持国民党的"一党专制",在大陆时期也进行过这方面的工作,最明显的是在军界大批起用黄埔系军人,在财经界和外交界重用孔宋系,在行政领域重用政学系,在党务系统重用CC系,特别是培植三青团、强行党团合并以扩大蒋经国的势力,但均未达到预定的效果。黄埔军人在反共内战战场一败涂地,孔宋系、政学系和CC系在二十二年间名声差到无以为继，蒋经国则在中央政治学校和上海"打老虎"一再受阻。现在时机成熟，蒋介石以追究国民党大溃败的责任为名，把国民党的许多军政大员驱赶下台，权力集中到蒋经国、陈诚为首的"实力派"手中。削职为民的昔日军政大员现在落魄台湾，已无往日的实力和基础，只有听凭宰割。"实力派"的崛起也直接动摇了吴国桢的政治基础。

到国民党"七全"召开，全党改造完成，政治上进入基本稳定期。经济上由于美国阻止中国统一大业，把台湾变成美国在太平洋上不沉的航空母舰，重新确定"扶助台蒋"的方针，不惜"重金援蒋"，经过三年的美元输入，经济上渡过了200万人移居台湾带来的巨大困难，财政状况有所好转。更主要的是，不会出现1949、1950年间美国会突然中断"援助"的难题。再加上朝鲜战争发生后，美国总统杜鲁门无视国际准则，公然侵略中国，派出第七舰队长驻台湾海峡，有美国飞机和军舰的保护，蒋介石的安全感大为增加，在台湾长期固守下去的条件已经具备。美国对台态度的好转，使得吴国桢在蒋介石眼中的重要性有所减弱。美国也不是抛弃吴国桢，只是美国和西方的外交从无原则可言，向来是支持实力派，美国不会因为吴国桢一事而同台湾方面闹翻，更不会因为吴国桢一事而影响美国在太平洋地区的利益。

与此同时，"实力派"在夺权过程中又一直受到作为台湾省主席吴国桢的干扰。本来吴顺应改组，把对蒋介石的忠诚扩大到对蒋经国的忠诚，也就无事。可是，西方政治理论中没有权力传子一说，东方的传子接班又是封建社会的产物，使得吴国桢对准备接位的蒋经国产生了不屑为伍的念头。得不到蒋介石的支持，就倚仗美国的支持，对蒋经国不听调遣、不肯就范不说，还多次挑起与蒋经国"实力派"的冲突。

蒋经国对这位省主席，本有旧怨，上海实施经济管制时，市长公开反对、暗中拆台之事，还记忆犹新，而今又添新仇，双方哪里还有合作的基础？正在蒸蒸日上的蒋经国，到台湾后"改"别人"革"别人还无对手，今日岂能容忍吴国桢在台上吆五喝六、神气活现，双方那能共处？两人的决裂不可避免。蒋介石已经下决心向儿子交班，培植儿子，在儿子和重臣的冲突中，偏袒儿子、支持儿子也属人之常情。

吴国桢自登上省主席宝座后，和蒋经国、陈诚等"实力派"的矛盾屡屡发生，温度不断升高。

一是指斥蒋经国当特务头子。蒋经国到台湾后，任"总统府资料室主任"，主持整个特工情报系统，继续沿用在苏联留学时学到的契卡、克格勃，以及中统、军统和保密局的那一套，对付人民大众，对付持不同政见者。吴国桢在上海时期，也没有反对过保密局特务的恐怖行为，现在扯起"民主、人权"的旗帜，来向蒋经国抗争。并且向蒋介石建议，劝导蒋如真要让儿子接班，就不应该让其插手特务系统，这样有损形象、名声。他还直接对蒋介石说，"经国兄，当然我是要帮忙的，'总统'叫他管特务，事情做得再好，天下人都是怨恨的。如果不做特务，做点社会福利方面的工作，我坚决尽力相助。"蒋介石听罢，"面露不快之色"，表示"我今天头痛，改天再谈"。蒋和吴的看法不同，他觉得要掌握整个国民党，战乱时代主要靠掌握枪杆子，和平时期除了需要掌握军队外，更需要掌握警察、特工、情报系统，否则无法执政，这就是蒋介石让儿子负责特工部门的目的。吴国桢明知故问，以关怀蒋经国为名，来给蒋家父子出难题。

二是卡蒋经国的经费。蒋到台湾后，组织起"反共救国团"，自任"主任"。"反救团"规模不算太大，却也搞得热热闹闹。蒋经国又特别喜好"发动民众"，组织起一个接一个的政治活动。这些活动经费不足，就由"蒋主任"到国民党"政府"管辖下的唯一的一个完整省——台湾省主席吴国桢处报销。吴则以国民党的党团活动经费不应由国库来解决予以拒绝，他是拿"西方政党活动法则"压蒋经国。蒋经国不会让步，国民党和国民党的政府，向来党"国"不分，"国"由党来支配，是党是"国"是由蒋介石来决定，岂止于一点活动经费？每次经费经"总统府""行政院"照准后，还是到省政府领取或报销。吴国桢明知无法阻止蒋经国，无非是给蒋经国出难题，以发泄心中的不满。

蒋经国与吴国桢也不合作。吴作为地方行政长官，力主"民主普选"，蒋介石对不涉及自己的权力、不动摇国民党专制根基的施政建议，也摆出一副"民主"的姿态来，同意在台湾进行中下层普选，县市长以下由选民直选，以后定期换届。尽管西方的议会政治、民选方式到台湾走了样，吴国桢对此"选下不选上"的台湾特色还是认可的。当时的蒋经国则有微词，不赞成"县、市长选举"，主张应由"党"来确定县以下政府的组成，还认为如果这样选下去，大陆到台湾只有200万人，而台湾人是四倍于此，"将来（当选的）都是台湾人，怎么办？"吴国桢主张废除抓丁拉夫、推行兵役制度，蒋经国也有同样的担心。吴国桢的建议对稳定台湾不无益处，蒋经国也是明知故问，以此表明与吴的不一致。过了二十年，是蒋经国本人开始减少和平息"省籍矛盾"，大力发展台湾籍的国民党员，增加台湾人参政的机会，扩大国民党的社会基础。他这样做顺乎台湾民意，可他从未提到过二十年前就主张"地方自治"的吴国桢。

三是和陈诚的矛盾。早在1950年3月"阎锡山内阁"垮台、陈诚出任"行政院长"之初，吴就感到省、"院"之间相处不易，急流勇退，上书请辞省主席，经台湾大学校长傅斯年从中说合才同意留任。吴国桢是这样说陈诚的："他把省主席的位置让给我，他一直耿耿于怀，老是卡着我。所以，我向蒋先生报告，请求辞职。"以后陈、吴间确如上述情形一样，互相设卡斗智。

陈诚时任"行政院长"，可这个"中央政府"下属只有3个省，其中浙江只有舟山（1950年5月后结束）、大陈（1955年1月后结束），福建只有金门、马祖等岛，完整的省只有台湾省。吴国桢职务没有"行政院长"陈诚高，可管理的地盘差不多，"省、'院'之争"时有发生。双方或彼此推诿责任，或互相攻讦，举凡金融、物价、人事等敏感问题上，意见经常对立。例如1953年间生活必需品价格暴涨后，"行政院"说吴国桢是"台湾经济陷于穷境的直接负责人"；吴国桢则反击说台湾经济陷于穷境是"行政院滥发纸币所致"，此类事甚多。

江南先生是这样看的："陈、吴都是蒋（介石）先生生前两张王牌。论才气和治事能力，陈不如吴，宠信之厚，吴稍逊于陈，两人一长军，一主政，大陆时代，彼此无冲突可言。偏安台岛，不免一山二虎，积不相容。"吴、陈之间的矛盾，蒋介石曾经表示支持吴，那是在吴上任省主席之初，蒋不怀好意地说："辞修（陈诚）和你斗，你就和他斗，我支持你。"可是，陈诚当时负有给蒋经国护航、协助蒋经国接班的特殊任务，蒋介石当然不允许吴国桢破坏这一计划的实施，也就谈不上支持这位省主席。吴国桢在抓军队走私、惩办内部不法之徒等方面，也得罪了一些"实力派"成员，这些人在蒋经国、陈诚向吴国桢的进攻中，推波助澜，煽风点火，对吴极为不利。

吴国桢和蒋介石、蒋经国、陈诚共事多年，深知其为人，如何看三人有独到见解。

"蒋（介石）先生的挫败，是缺少胆略，待人唯伪，才弄成今天这样残局。

蒋先生熟读孙子兵法，对曾文正家书也有研究，只是古人的长处，他没有学到罢了。"蒋经国"不学无术，绝非经世济国之才"。陈诚"领袖欲很大，结党有之，并不营私，陈志气大于才干，但并不是一个坏人"。依笔者之见，吴国桢先生的见解有欠妥之处，说蒋经国"不学无术"，恐怕言重了一点；说陈诚"不是一个坏人"，恐怕不太合适；至于说蒋介石的失败，只是"缺少胆略，待人唯伪"，恐怕是评判失误。

四是和蒋经国直接冲突。他曾对来访的传记作家介绍说："我们间（指与蒋经国）表面关系很好，恶化起由特务。我和经国第一次正面冲突，是为了台湾'火柴公司案'。此案发生在1950年初期的某天，省府召开资源方面的会议，有人报告，台湾火柴公司总经理王哲甫已于日前被捕，抓人是保安司令具的名，但司令由省主席兼，而我这个兼司令却一无所知。于是我马上找副司令彭孟缉到我办公室，问他究竟是怎么回事。

"彭说是总统的命令，随即他全案呈阅。看罢全卷，我更光火了。原来是怎么回事呢？台湾火柴公司的总公司设在上海，上海陷共后，公司的吴姓董事长依然留在大陆。后来，吴制了一部影片《民国四十年》，其中对蒋（介石）先生极不恭敬，透过国民党的特务系统，被蒋经国知道了，经国于是把台湾火柴公司总经理王哲甫逮捕，藉以泄愤。王（哲甫）虽然到香港和吴见过两次面，不过，在时间上是在影片完成之前。据王的供词，仅说是业务报告，和吴在上海的行为并没有任何牵连。

"因此，我认为这种随便入人于罪的办法，不足于服众。我命令彭孟缉立即释放，彭要我下手令，我下了一个条子。当天下午五点钟，彭要见我，而且是和经国一道来的。当时小蒋的职务是'总政治部'主任。我这才知道，经国以'总统府'机要室资料组的名义，控制着台湾的特务系统。经国说，王有罪，不能释放。我坚持无法无据，场面极为尴尬。最后我问彭：究竟你做主席兼保安司令，还是我呢？"

除此之外，吴国桢还写信给蒋介石，要求放人。王案是由蒋经国插手、彭孟缉执行、蒋介石拍板的大案，作为省主席的吴国桢无力逆转案情。蒋介石只是派了秘书周宏涛两次到省政府，劝说吴放弃己见，并且说看在省主席的面上，王哲甫已由无期徒刑缩判为有期徒刑7年。

除王哲甫案外，蒋经国还把吴国桢的红人、省财政厅长任显群以"担保有'匪嫌'的叔父由港入台"的罪名，判刑5年。吴认为有"匪嫌"的本人不抓，"担保人"却判5年，"这是百分之百的冤狱，是公报私仇"。蒋经国恨吴国桢卡自己的活动经费，对吴暂无惩治的办法，就对管理经费的财政厅长下手。从国民党的执政史看，利用"'共党'分子"这顶红帽子，杀害了多少有为志士无法计算，制造的冤假错案更不计其数，吴国桢在上海市市长、重庆市市长、汉口市市长任内也干过不少同类事，现在无非是情绪所致、意气之争，偏要和蒋经国论一高低而已。

第二件事发生在第二届县市议会选举时。一次，蒋经国命令进行"户口特检"，一夜之间，逮捕了900余人。900余人中犯有轻微违警事件的只有19名，经过吴国桢干预，大部分获释。

吴国桢接着说："有一天，基隆市长谢一贯向我报告，有两位市议员，午夜失踪。接报后，我向彭孟缉查询，彭先说不知道，后来推到保安司令部的一处长身上，那处长又说不知详情，案子是调查局办的。于是我下令他在3小时内开释。开释后，我要谢市长把两位台籍议员带来看我，出乎我意料的，两位议员表示，人既恢复自由，倒过来要求我不必追究真相，原因是怕特务报复。后来说出真相，原来是因为未遵党部指示，投国民党提名的议长一票，遂遭此惩罚。

"于是，我要彭把这位处长撤职，彭表面向我敷衍，表示遵办，骨子里阳奉阴违。我得到的消息，此人（处长）较前更为嚣张。我向彭追查原因，彭拿出蒋（介石）先生的手令。那么，我还有什么话可说呢？"从大陆时期的制宪国民大会代表、"立法委员"、"监察委员"选举，到台湾时期的县市长及议会选举，吴国桢经历过的全局性的选举已有多次，国民党依靠各级党务组织操纵选举司空见惯，国民党籍候选人作弊拉票多见不怪，吴国桢岂能不知？他只是在做蒋经国的文章，再论高低而已。

吴国桢说："我曾经把经国的情形，向蒋（介石）先生力陈利弊，他听了以后，低头不语，装出一副很沉痛的表情，最后向我斥责：别说下去啦。""识时务者为俊杰，我从此下决心，请辞台湾省主席，并且计划远走高飞。"

五是吴国桢认为有人要暗杀他。促使吴国桢当这个"俊杰"的，除与蒋经国、陈诚、蒋介石三人不和这一原因外，还有一件存放在吴心中的疑案，也就是蒋经国派人暗杀吴国桢案，使吴对蒋家父子彻底寒心。

此事发生在1952年的复活节，吴国桢和夫人从日月潭回台北。日月潭到台中段不少是山路，又加上下雨，路面很滑，汽车难行，方向盘还出现摇晃现象。到台中市无锡饭店吃饭时，司机发现车轮螺丝松动，极易出事。

吴国桢顿生疑窦：一疑临行和"总统府"关系很好的原司机不知去向，只好临时请司机和技工开车，是不是原来的司机参与共谋或知情怕死而有意躲避？二疑事后吴国桢向蒋介石要求追查，没有反响，甚至"请见不见，写信不回"，是不是蒋介石知情不查？三疑是吴把此案曾向离任回国的美联社驻台北记者阿瑟·戈尔谈过，宋美龄为何突然为该记者饯行，并以高薪邀其出任她自己的秘书？是不是想堵住洋人的口？为此，吴国桢断定，此案是蒋经国安排，以车祸方式使吴致残，从而退出政治舞台，幸亏当时黄少谷"识大体，坚持不可"，力阻蒋经国的安排，此谋未成。

"谋杀"一事恐怕有失真之处。既然黄少谷认为"坚持不可"，那么就不会有谋杀行动，那螺丝人为拧松也就不会出现。如果螺丝果真人为拧松，导致方向盘摇晃，两天几十里的山路又怎能运行？司机如真发现过方向盘摇晃难握，又有技工在身边，又在路面高低不平、拐弯不停的山间公路上行驶，为何不及时停下来检查？

蒋经国真要害吴，制造车祸的特务高手竟然在雨天、山路的情况下没有得手，是否有点离奇？他真要加害于吴国桢这样一位台湾闻名、在美国方面也挂号的"政务委员"、省主席兼"保安司令"，实属机密中的机密，只会单线向下布置，怎会与"行政院政务委员"黄少谷商量？这不是留下证人吗？

此事后，吴国桢照样任"省主席"一年。他离台赴美也能成行，应该说蒋介石、蒋经国对他还没有采取极端行动的计划。蒋经国谋杀吴国桢案，实为吴国桢"过敏"所致，也是蒋、吴长期斗法，吴痛恨于蒋的心理上一种异常联想的结果。如果蒋经国真想谋杀吴国桢，恐怕并非吴夫人黄卓辞女士所说的"靠上帝保佑"就能躲过的了。

吴国桢感觉到和蒋介石分手的时间已经来临，在"两名基隆市议员被捕"事之后，就向陈诚和蒋介石提出辞呈。按照惯例，蒋介石出面挽留这位省主席，希望吴能与蒋经国和好，任什么职务可以另外考虑，包括取代陈诚升任"行政院长"（此时蒋已有意让陈诚任国民党副总裁、"副总统"）。吴国桢与蒋经国已势成水火，和好无望，辞职已定。1953年3月8日，蒋介石批准吴国桢自次日起休假一个月，到日月潭治疗"气管炎和哮喘"（吴国桢有此病但不重）。4月5日，台北市9家民营报纸的社长联名致电慰问，祝其早日康复。

1953年4月10日，由"行政院"出面照准吴国桢辞职，省主席由俞鸿钧接任。"行政院长"陈诚发表谈话称："此次吴主席因病连续三度请辞'台湾省政府委员兼主席'职务，'总统'及本人迭经恳切慰留，希望继续勉任繁剧，共济艰难，惟吴主席因健康关系，辞意极坚，'总统'及本人考虑再三，不能不勉允所请。吴主席在职三年有余，对于地方行政及执行国家政策，备极忠勤，功绩昭著，本人对其因健康关系辞去省府职务，深表惋惜。"蒋介石、陈诚是顺水推舟，趁势换马。陈诚的外交辞令把人们对吴国桢辞职原因的思路引向"健康关系"，一年之后"吴国桢事件"发生，辞职原因和蒋、吴冲突真相也就彻底曝光。

吴国桢一面辞职，一面谋路远走高飞。其赴美理由有二：一是应美国有关大学邀请去作讲演，并接受母校授予的荣誉法学博士学位。二是治疗气管炎、哮喘病。赴美申请送到"总统府"后，蒋介石一度置之不理，经宋美龄说情，同意放行。

蒋介石放走吴国桢乃不得已而为之。让走，是放虎出笼；不让走，是龙虎相争。可放虎出笼，无碍台湾政局，但要冒挨骂的危险；而龙虎相争，将打乱培养蒋经国接班计划，但便于控制吴国桢。一个只是挨骂，一个危及传子，两害相权取其轻，又有夫人出面说情，还是"让走"。有关方面又搞小动作，先给平民护照，后又收回改发官员护照，并把吴国桢的小儿子修潢留作人质，以防止他滞美不归。不管怎样，赴美可以成行。

1953年5月18日，吴国桢对美联社记者称："政府"已获准给假两个月，让他赴美治病，并说他将在美发表多次演说，其夫人在美期间将展出一些文物。

5月24日下午一时，吴国桢夫妇乘西北航空公司班机离台飞东京转美国。机场上欢送的场面之热烈，看不出半点台北方面与吴国桢之间有什么不愉快的感觉。前来送行的有："行政院长"陈诚，"总统府资政"张群，"司法院长"王宠惠，"立法院长"张道藩，"立法院副院长"黄国书，中央党部秘书长张其昀，中常委谷正纲，"总政治部主任"蒋经国，"外交部政务次长"沈昌焕，"总统府一局局长"黄伯度，"参谋总长"周至柔，"联勤总司令"黄镇球，"联勤副司令"黄仁霖，中央评议委员蒋梦麟，省主席俞鸿钧等500余人。对于欢送吴国桢，陈诚、蒋经国、张道藩等人的心情就可想而知了。

五、为官终结致力执教

吴国桢临行,作为长者和好友的张群送来一副曾国藩的对联:"水宽山远烟霞回,天澹云闲今古同",意在劝他静心养身,宽心处事,忘掉不愉快的事情。吴国桢很爱此联,一直挂在家中。在美的前九个月间,他正如联上所说,很少涉及往事和与蒋经国的冲突,也未发表过不利于台北方面的言论,把吴逼上梁山的是台湾的"王世杰事件"。

王世杰何许人也?此人为巴黎大学法学博士,蒋介石在南京定都后任国府法制局局长,参与制定了许多法律、法规,以后任过教育部部长、宣传部部长、外交部部长等职,素有"蒋介石智囊"之称。王世杰和吴国桢同被美国认为是"最具西方精神"的国民党政要,王、吴间同为学人从政,经历相似,故关系较好,吴国桢离台时,王世杰确也在蒋介石面前为他说过话。

1953年11月18日,王世杰突然被蒋介石免去"总统府秘书长"职,公开的罪名是"蒙混舞弊,不尽职守"。

只因在台"总统府"内,基本上没有什么"公开性、透明度"可言,与蒋有关的事件和人物皆蒙上神秘的外罩,几乎都有与官方所说不一的议论。对王世杰突然下台一事也是这样,关于下台原因的猜测纷纷而起。主要有:

说王世杰任职"总统府",看不惯"总统夫人"颐指气使、事事过问的干政行为,二人积怨甚深;

说王世杰和美国驻台"大使"兰金关系密切,并和来访的美国副总统尼克松联系过多,引起蒋介石、宋美龄的嫉妒和不满;

说王世杰联系海外的第三势力,从事倒蒋活动;

说蒋经国、郑彦棻("行政院侨务委员会委员长")等人诬告王世杰,利用《香港时报》董事长的名义,挪用、贪污公款近百万港币;

说王世杰在吴国桢离台赴美时,曾批给12万官价美元,因此吴在美住豪华宾馆,银行有惊人的存款;

说王世杰为澄清事实曾同蒋介石大吵一场,结果是丢了乌纱帽。

上述关于王世杰免职原因的传说,是真是假本无足轻重,真亦好,假亦好,当事人谁也不会出来说清楚。只因涉及吴国桢,太平洋那一边掀起回音,开始了一场"隔海大战"。

远在美国的吴国桢，针对当地两家报纸就他离台时的套汇问题做的文章，公开致信辟谣，称"桢恳请贵报勿逼桢太甚，使桢不得不言所不愿言之言也"。1954年1月15日致信国民党中央党部秘书长张其昀，就有关传闻作出说明，来美时"以私人所有台币"向台湾银行购买5000美元，经"行政院长"陈诚批准，与王氏"从未谈过去美费用问题"；来美后住伊利诺伊州伊万斯顿城公寓，"房屋两间另一小厨房，内子执炊，桢自洗碗；来美已应邀演讲20余次，每次酬金450美元，借以维持生活"，"查桢为国服务20余年，平生自爱，未曾贪污"，"如桢个人有任何劣迹，敬请国人检举，政府查办"。并要求公开发表此信。

这篇"声明"，没有什么指责、批评台北当局的内容，不会对蒋介石、蒋经国、陈诚造成什么危害。从后来的情况看，国民党当局也没有扣压不发的意思，只是推迟了几天，2月7日正式见报。以国民党的官僚作风论，1月15日从美国伊利诺伊州寄出的信，20余天后在台北见报，速度也属正常，不算拖延。当然，作为收信人的中央党部秘书长张其昀，本来可以把此事办得更快些，可以早几日见报，现确实是晚了几天。就在见报当天，吴国桢以为"声明"公开发表无望，澄清事实不能再拖，是故采取行动。

1954年2月7日，美国芝加哥WGN电视台因预定的客人失约，临时拉吴国桢到电视台进行采访、报道，美国新闻界早就看到了吴国桢的经历、身份所带来的新闻价值。在回答记者提问时，吴国桢说自己离开台湾是因为"健康"和"政治"两个原因。"政治"的含义就是"因为我主张台湾民主化"，遭到主流派的反对，不得已而出走。"政治"的原因是他到美国后第一次提到。正是这段不长的谈话引起台湾方面的反击，隔海大战正式开始。如果国民党官方就吴国桢致张其昀的信早作说明、先行通知吴的话，以后的事情就不会马上发生。这种阴错阳差，也算是蒋、吴长期冲突的必然反映。

2月16日，吴国桢在家中接受合众社记者采访，明确提出他的政治主张：（1）除非吾人能在现行政治区内实施民主，则无法争取台湾人民及海外侨胞的全力支持，更无法争取自由国家，尤其是美国的同情和支持。（2）目前"政府"过于专权。国民党的经费，非来自党员，而靠"国库"支出，目的在永葆一党统治。（3）"政治部"完全拷贝苏联，若干人士竟认为——"与共产主义作战，必须采取共产主义的方法"。这是吴国桢第一次系统地评论国民党当局。美国多家报刊报道了他的谈话。

国民党当局对吴国桢的行动，明显缺乏思想上的准备，作为台北方面在吴走后从未发表过任何对吴不利的文字，怎么也没估计到关于王世杰的传闻中涉及吴国桢的内容，会使吴一反9个月来"君子绝交不出恶声"的做法，公开发难。直到10天后，即2月26日，台湾方面才急中生智，匆忙派"立法院长"张道藩出面应战和进攻。台湾方面的反击可以理解，可"先锋"是张道藩却选得不合适。

一是不应由"立法院"出面，按张道藩揭露的问题和进行的分析看，吴国桢的行为，靠只有质询权的"立法院"管不了，靠只对官员监督的"监察院"管不了，应该送到刑事或军法部门处理。蒋介石却让"立法院"以质询方式进行，或是台北方面无知，不知由那个部门出面；或是吴国桢的案情没有张道藩所说的那样严重。后来的过程证明，两者兼有。台湾当局准备整垮吴国桢，可又缺乏足够的证据，更重要的是管不了已在美国的吴国桢，只有演出质询和声讨闹剧。

二是不应由"立法院院长"出面，让一个御用"立法委员"当枪手也能达到攻击吴国桢的目的。质询时"院长"地位最高，所言所为回旋的余地不大，又遇上态度强硬且可自由发言的吴氏，"院长"只有挨骂的份。事实上，台北方面让地位如此之高的"立法院长"出面，也算抬举了对手。

三是不应由张道藩出面，张自己说："我和吴国桢是南开中学时代的老同学。卅多年以来，他和我之间虽然说不上至交，但是可以说是老朋友，长久以来，他无求于我，我也无求于他。……如今他反动，他错了，我就绝对不能宽容他，当然顾不得私交了。"张、吴是同窗学友，又同朝为官、同为蒋介石的红人，现吴国桢身陷困境，自我洗清诬陷也不为过，作为老同学的张道藩理当鼎力相助，救同窗于危难。可张不识时务，甘为御用，炮轰同学此非大义灭亲，只算落井下石。

张道藩1954年2月26日在"立法院"的质询和次日吴国桢寄出的"致'国民大会'函"，则汇集了此次隔海大战的主要论点。又是前问后答，颇有针对性，故阅罢两文，有助于了解双方的观点和事件的真相。

张道藩是这样开始质询的："我担任'立法委员'已经五年十个月，虽然发过许多次言，参加辩论，但是我从来没有行使过宪法第57条所赋予我的质询权。引起我忍无可忍不能不质询事实如下：2月7日，前任台省政府主席现任行政院政务委员吴国桢,在美国芝加哥WGN电视传真电台发表谈话。2月16日,吴国桢又在芝加哥他寓所里接见合众社记者发表他的所谓'政见'。"

他针对吴国桢的两次谈话说道:"吴国桢他离开台湾原因之一是为了'健康',其实他那样又肥又胖的样子,美国观众在电视传真里看见了,自然证明他那为了健康而出国的原因是在说瞎话。至于政治的原因,吴国桢当初和政府发生过什么争论,我们过去毫无所闻。

"他有何种事实证明我们的政府不争取台湾人民及海外侨胞?他又有何种事实证明台湾人民、海外侨胞对我政府不全力支持?他更有何种事实说明我政府不争取自由国家和不争取美国的同情与支持?他又有何种事实说明美国对自由中国不同情与支持?"

张道藩批驳完吴国桢的"政见"后,开始揭吴的老底:"比方三十八年(1949年)他任上海市市长时,徐蚌会战失利,他就要求辞职,不准他辞职他就不去办公,最后政府没有法子只好准他辞职,而以他人代理。这一事实是许多人都对他看不起的!因为他那一位在人事上虽说已经获准辞职,其实是'要挟''哀求'得到的,事实上等于'临阵逃脱'。""他在台湾时,常常于言谈之间,表示好像自由中国只有他一个人懂得民主政治,只有他一个人能过民主生活,实际上他只知道用一些小恩小惠,讨好一般民众。""至于台湾的根本大计'耕者有其田'政策,他常常于言谈之间,根本表示反对。对需要改革的许多大事,他大半都是如此态度,他是善于作表面工作,善于讨好友邦人士。"张道藩给吴国桢定的三条罪状是:临阵脱逃、狂妄自大、反对耕者有其田。

唇枪舌战升级。2月27日,吴国桢致函台湾"国民大会",申明自己的立场和基本政治主张。信中说:台湾方面造成的形势,"逼桢不得不言。桢虑若仍此含默,则对国家是不对,是为怯懦,是为冤枉"。此信就国民党的现行政策作了剖析,他说:"就目前国民党主政方式而言,则完全未照孙中山先生遗教而行,不独系一党专政,而且国民党之经费,非由党员之捐助,乃系政府、即国民之负担。所谓'民主',实系虚伪;所谓'集权',却是实在。国民党目前所采取之方式,实系操纵把持,与基本民主政治不合"。"桢承之台政,三年有余,几无日不在与特务奋斗之中。(特务)干涉选举,擅捕人民,威胁敲诈,苦刑拷打,所在皆是。不知法律为何物,使人民敢怒不敢言,以此巩固私人之地位或可。台湾已成为警察国家，人民权利，几已剥削净尽，无辜被捕被搜者，实不知有几何人数，每念及此，辄为痛心，言论不自由，报纸停刊，记者逮捕，事实俱在，毋庸赘述。""所谓反共救国青年团之成立，实系模仿希特勒，自青年团成立以后，动辄要求学校更换教员，压迫学生，以此诱导青年，造成不良风气，实将贻害无穷。"

综上所述，吴国桢要求，"组织委员会彻底查清国民党经费来源，公布真相，并颁布原则交由立法院议定的'政党法'；撤销军中之党组织及政治部；明白规定特务机关之权力，对于主持此机关之人选，更应慎重，不得由当局派其戚属主持，组织委员会公开接受无辜被捕及非法受干扰者亲友之控诉；组织委员会彻底查明过去言论之何以不自由，对于过去之非法措施，应追究其责任；议决撤销青年团。"

两人的观点无相同之点，一方是个人批判国民党当局，一方是台北官方对个人。双方力量悬殊，很快显出各自特色，吴国桢一边单枪匹马，不慌不忙，抓住要害逐一批判；台北方面人多势众，热闹非凡，强词夺理，空洞无物。

2月27日当天，吴国桢又发表公开谈话，针对已发出的"致'国民大会'函"，称："我准备以事实来支持我指责'中国政府'缺乏真正民主和过于专制的话"。对于张道藩的指责，表示"对他的不说真话，表示遗憾"。并针对"临阵逃脱"反驳说："我因为生病，所以离开上海，政府知道我生病，接受我的辞呈，如果我是一个临阵退缩的人，为什么过了不久，他们又要我出任台湾省主席？"

3月4日上午，张道藩举行记者招待会，指责吴国桢任职台湾省期间，私自滥发钞票，抛空粮食，包庇贪污，营私舞弊，勾结奸商，谋取暴利。

3月8日，"国民大会"两名代表，提议"政府应即刻召回吴国桢听候处分"。当天"国大"成立"五人小组"，研究吴的"致'国民大会'函"。

3月10日，张道藩唯恐吴国桢过关，又以书面形式向陈诚反映吴的13个问题。

3月11日，"最高法院检察长"赵深指示，对吴国桢的行为"严予彻查，依法办理"。

3月12日，吴国桢在家中对美联社记者表示，他自己唯一的罪过是"要作为一个爱国者"，"批评权势是我的罪过"。并说台北的"假审判对我是毫无用处的"。

当日起，国民党当局组织军界人士、省议会议长、有关官员、"国民大会代表"、一批中学校长等各类人物围剿吴国桢，称吴是"丧心病狂，假借民意，口是心非，惯用权术"，是"告洋状，期美国政府庇护"，是"叛国行为"。

3月17日，蒋介石出场，发表"总统令"称："据行政院呈'本院政务委员吴国桢于去年5月藉病请假赴美，托故不归，自本年2月以来，竟连续散播荒诞谣诼，多方诋毁政府，企图淆乱国民视听，破坏反攻复国大计，拟请予以撤职处分。另据各方报告，该员前在"台湾省政府主席"任内多有违法与渎职之处，自应一并依法查明究办。请鉴核明令示遵'等情。查核吴国桢历任政府高级官吏，负重要职责者二十余年，乃出国甫及数月即有叛国家诬蔑政府，妄图分化国军，离间人民与政府及侨胞与祖国之关系，居心叵测，罪迹显著，应即将所任政务委员一职，予以撤免，以振纲纪。"此外，蒋介石还斥责吴国桢"在一个外国庇护下空论及滥言民主和自由，与'共党'分子毫无互异之处"。

蒋介石挥手，追随者前进，"国民大会"当天通过决议撤销吴的"政务委员"职、核查吴的不法行为，依法究办、饬令吴迅速"回国"听候查办。国民党中央常务委员会同时开除吴的党籍。次日，临时省议会成立专案组，调查吴任省府主席期间的贪污渎职罪行。

至此，台湾方面能唱的戏全部唱完，能骂的骂了，能撤的撤了，而让吴回台听候查办则无实现的可能，招数已尽。又考虑到吴国桢长期在蒋介石身边，简直是一部活历史，熟知领导核心内部所有的秘闻，如果再吵下去，吴国桢越说越多，对台湾当局和蒋家父子极为不利，所以在美国驻"台北大使"的调停下，蒋介石就阶而下，结束论战。一夜间，台湾报刊原来铺天盖地的对吴的指责突然消失，当局还作出姿态，送还吴国桢被扣在台湾的小儿子吴修潢。吴国桢也遵守停战协定，自论战结束后，偶尔谈及此事，均未超出"致'国民大会'函"所涉及的范围，没有给蒋介石、蒋经国带来新的难堪，更没有利用自己所熟知的关于蒋家父子、宋美龄的内幕去赚取稿费。

"吴国桢事件"的出现，非蒋介石的本意，因为吴国桢对国民党的批判，会暴露出蒋介石集团的黑暗；而台湾当局对吴国桢的指责，只能增加吴国桢的新闻价值和抬高他的身份。在这场论战中，台北方面的力量远超过对手，可这不利于得分，越"战"失分越多。隔海大战可以说是吴国桢不甘受屈，主动挑战，揭国民党的伤疤，论点中多一点西方式的民主；蒋介石不甘受骂，反击迎战，查吴国桢的过失，论点中多一点东方式的专横。

蒋介石曾谈到吴国桢有"外国的庇护"，台北有关方面也说吴"告洋状"，说他有美国的支持，确有其事。隔海大战始终，美国国务院的一些高级官员明确表示同情吴国桢的遭遇，谴责台湾在王世杰、吴国桢问题上的极端做法，并保证吴在任何情况下均可在美定居。美国的一些新闻机构也为吴国桢提供种种方便，作为他向台湾反击的阵地。也就是说到美国的"庇护"，美国的第7舰队、美军"顾问团"、美国的巨额"军援"和"经援"，庇护出一个国民党当局；而对吴国桢来说，美国只庇护出一个"反蒋的发言权"。

撤销"政务委员"和开除国民党党籍，对吴国桢来说，早在预料之中，如果看重"政务委员"和"国民党党籍"的话，也就不会离开台湾。吴先生把想说的话说完以后，重新回到阔别多年的书斋。江南在准备写作《蒋经国传》时采访过吴，认为他没有染上那种"上台趾高气扬，下台牢骚断肠"的官场病，对蒋家、对台湾已恩怨全抛，代替的是一份知识分子的情怀和关切。政治人物的功过是非，本来是由历史来决定的。返璞归真，固为世俗所非议，然而，却是社会演进的必然定律。"吴先生是萨凡纳阿姆斯壮学院的政治学教授，年过七旬，风采依旧。江南认为：这一切归功于'不求富贵不求仙'的现实心态"。

吴国桢具有学人本色，名家气度。当官不成，重操旧业，继续研究中国古代文化，时常还作些学术讲座。1967年间，在佛罗里达讲演时，佐治亚州萨凡纳城的阿姆斯壮学院院长当场邀请他去任职，吴家由定居多年的伊利诺伊州伊万斯顿城移居萨凡纳，至此吴国桢才算有了固定职业。

有人说，凭吴国桢普林斯顿大学政治学博士的学位和重庆、上海市市长及"台湾省政府主席"兼"保安司令""政务委员"的从政经历，又长期在最神秘的政权核心圈内活动，本应为美国著名大学争聘任教的对象，可吴在到美后的前十三年间，只有大学来请他讲演，没有大学来请他任教。这和1949—1958年在美国定居的胡适一样，当年胡博士没有大学来聘，只好屈就普林斯顿大学图书馆兼职管理员。刚到美国的吴国桢上门看望胡适时问起此事，胡意味深长地说："没有一个学校会请我去教书，假如我去了，置他们的'中国通'于何地？"当别人问起吴国桢这十三年的经历时，他也重复了胡适的话。

在阿姆斯壮学院，吴国桢主讲中国文化，深受学生欢迎。到退休年龄时，学校按规定办事让其离开讲台。结果学生集合抗议，要求留任吴教授，最后学校董事会破例同意吴国桢延聘三年，三年间的薪金由学生捐助解决。江南在采访时，劝他撰写回忆录，记下几十年的风风雨雨。吴国桢表示，败军之将不足于言勇，不写。只是广泛收集资料，埋头著述，立志写出传世之作。到美国后他一共出版了三本英文著作：《古代中国政治理论》《永远坚定的小路》《中国文化史》。国民党上层官员，遭清算或退休后写回忆录的很多，写官场内幕的也不少，可专心于学术研究的却不多见，吴国桢能彻底摆脱官场羁绊，静心教书、著述，成果也较显著，这是他与过去官场同僚的不同之处。

远离祖国的吴国桢先生，一直关心着故土上正在发生的变化，尤其是对中共在十一届三中全会后决定实行工作重心转移、一心一意搞四化、开创社会主义建设新时期的伟大决策，感到由衷佩服。正如他在给友人信中表示的那样："虽身入美国籍，然仍炎黄血裔，能不为之欣然？"他说：现在中共有一个空前难得的机会，为国家、为人民，创造一新的社会经济制度，这一点，我寄予厚望。中国照目前的情况进步下去，发展经济，下一个世纪，将和美国、日本，鼎足而立。

一次他和江南先生论及往事，谈到中国现代史上的国共人物时，以历史见证人的身份把周恩来、邓小平誉为安邦定国之士。他说：《邓小平文选》我反复看了三遍，这个人我非常佩服。对邓小平先生之措施，无论大小，莫不留心。其枝节细目，事非亲历，游夏之徒，自不能措一辞。但对年来施政大纲，实感所见相同。若能照此方针，按步推进，不屈不折，既周且彻，一代坚持，一代继行，不出两代，中华神州当可成为21世纪中世界上最富强康乐之一国。

这些认识、看法并非心血来潮、一时冲动。吴国桢作为过来之人，看到过封建社会腐败无能、丧权辱国，看到过南京政府官场混乱、人民痛苦，也听到了新中国前进的脚步声。经过在美国三十余年的观察和思考，理性和良知使他正视现实，愿意向祖国靠拢，当初被国民党当局骂作"共产党的同路人"的吴国桢，现在果真成为"共产党的同路人"。

晚年的吴国桢夫妇，有一事反复萦绕心头，就是希望回国一游，亲眼看到祖国新貌。1983年底，吴老的儿子儿媳回国讲学，并联系其父回国具体事项。原定1984年春节吴国桢、黄卓群东来，因黄女士有病而未能成行，遂推至同年9月，岂知6月6日吴先生突然病故异乡。可是，异乡难埋思乡情，他的心愿成为遗愿，永无了时，只有神游祖国，魂归大陆，真是长恨绵绵思乡人，不尽哀思游子魂。

同为两元老　反目死对头

记胡汉民、汪精卫的恩怨

胡汉民、汪精卫两人，曾经是一对并肩作战的战友，同在国民党内开始各自的政治生涯，为推翻清廷、北洋军阀的封建统抬，作为孙中山先生的主要助手，多年如一日，互相支持，互相协作，在国民党的早期发展史上写下过团结战斗的篇章。随着国民党在中国政治舞台上的地位日益重要和孙中山逝世，两人很快决裂，长期不和，直至势不两立。蒋介石正好长袖善舞，坐收渔利，今日联汪倒胡，明日联胡倒汪，胡、汪成为蒋介石用来建立"蒋家王朝"和专制统治的工具。

胡、汪不和，是两人政治发展上的悲剧。本来两人携手，取长补短，可以各得其所，各自保住和支持对方在国民党内的统治地位。而分道扬镳后，互相攻讦，互挖墙脚，成了各自仕途上的障碍。胡、汪作对，也是国民党发展过程中的悲剧。继孙中山逝世、廖仲恺被刺，本来胡、汪、蒋三人共掌国民党大权的局面，因二人分裂而被蒋介石分而治之，落入他一人手中，并迅速完成国民党的专制化。纵观胡汉民、汪精卫的历史，虽说两人最后发展到"老死不相往来"的地步，可也曾走过一条同乡、同学到同志的合作历程。

一、民国两功勋，携手合作

要论胡、汪两人关系之亲之密，在国民党上层还不多见，他们是同乡。原本胡、汪两家祖辈均非粤籍，胡家原为江西吉安府庐陵县籍，祖父胡燮山来广东番禺出任低级杂务官员。汪家原为浙江绍兴籍，为避太平天国战乱全家迁至该县，两家后来成为当地望族、书香门第。说来也巧，胡汉民、汪精卫的父亲还一起共过事，胡父文照是县府专办诉讼事务的"刑名"，汪父𤤽是县府"师爷"，两家为近邻，两人少小相识，可以说是幼同里。

早年的胡、汪两人，遭遇也大致相当。胡汉民出生于1879年12月9日，长汪4岁，汪精卫出生于1883年5月4日。两人从小就才智过人，闻名乡间。胡在父、兄的教授下，5岁就能背诵不少古诗古文，7岁起随长兄进私塾念书。12岁时父亲病故，家景中落，入不敷出，小汉民中断学业。在以后的几年内，母亲及四兄弟妹去世。一连串的亲人离去，对胡汉民打击甚大。

汪精卫的遭遇要稍好于胡汉民，5岁时被送进私塾学习，一读就是十几年，故对国学相当精通。13岁那年母亲辞世，次年又失去父亲，弟兄四人成了孤儿。

在长兄汪兆镛的主持下，家景维持下来，并未到寅吃卯粮的地步。

胡汉民、汪精卫在失去父母后，生活缺少母爱，缺少照料，可好学的习惯一直没有改变，两人发愤读书，以图将来换取功名。问题是父母过世，失去经济来源，家中生活的重担落在子女身上，汉民、精卫都有过边学习边挣钱的历史，学习为将来，挣钱为解决眼前家中急需。

在这方面胡汉民的处境之艰要甚于汪精卫，胡母去世时，家中无力安葬，一直拖了两个月才设法筹款安葬了母亲。为维持生计，16岁的汉民就与大哥清瑞一起，开始以教书为生，教书所得报酬用来抚养弟妹及应付四位亲人的治病、丧葬费用。教书对少年胡汉民来说并非易事，不少学生的年龄都超过老师，为避免学识上出现捉襟见肘的窘境，他利用业余时间，先后考上菊波、越华、粤秀师院及学海堂学习。数年的勤奋学习，为以后政治上的发展打下了扎实的文化基础。1898年，20岁的胡汉民担任广州《岭海报》记者，直至1902年初赴日留学。此时起，家中经济状况大有好转，不用再为一日三餐发愁。几年的教学生涯，也结识了不少朋友，大部分友人后来成为革命党人，其中有后来成为夫人的陈淑子小姐。

汪精卫的经历要比胡汉民简单得多，在严兄的督促下，父母双亡后离开私塾，进入胡汉民就学过的学海堂学习。1901年11月报考广东大学堂，复试时未获通过。面临一生学习生涯中唯一的一次挫折，没有气馁，加紧自修。两年后即1903年参加科举考试，获中秀才。因此时家中无力再供他求学深造，新秀才只得屈就广东水师提督李准家的家庭教师职。李提督为求到这样一位青年才子担任子女的辅导老师而感到高兴，每月付给酬资20两银子。后因汪兆镛以秀才不能超过举人的月薪为名，每月收16两，再加上过年过节的馈赠，到1904年冬，汪精卫在近两年里已积下500两，这为他实现远大抱负、留学海外提供了资金。在科举功名上，汪要稍逊于胡汉民。在汪考中秀才前两年，时任记者的胡汉民已经高中举人。除此之外，在汪参加府试的同时，胡还为一人冒名顶替参加考试，竟然得以通过，为此得到酬银6000两。

两人成为同学，还是在赴日留学时。留学日本，胡汉民去过两次，第一次是1902年。胡汉民在当记者时，亲眼看见革命党人的反清活动，触动最深的是1900年10月郑士良领导的惠州起义失败，以及胡的好友史坚如为策应起义在谋炸两广总督德寿时事败成仁。从此之后，胡汉民非常向往革命党人的重要活动基地日本东京。他说："非游学，无以与革命党人谋，即个人学业，亦犹不足充所怀之志愿，乃决心为留学计。然其时个人经济，尚不能达到目的。"直到1902年初夏，与陈淑子结婚后，前往日本东京宏文学院速成师范科留学，同班同学中有后来成为中国政坛名人的黄兴和杨度。到日不久，因为带队人吴稚晖违反清王朝和日本军方的规定，保荐留日中国学生进入成城军事学校就读，日本当局以"未经官方推举不得入学"为名予以拒绝。吴稚晖因为组织抗议活动，被东京警视厅押送回国。原来，清王朝为防止具有反清革命倾向的中国青年进入日本陆军士官学校和成城军校就读，与日方协定进入两校学习必须有官方保荐。胡汉民见此情景非常气愤，为伸张正义，向当局送上《退学书》后回到广州，结束了为时不过数月的留学生活，可以说胡汉民自此就成为反对清朝专制统治的勇士。

胡汉民回到家乡后，担任代理《岭海报》主笔。因新主笔言论激烈，不为当局所接受，未几时就离职而走。应广西梧州中学总教习、当年胡汉民学生的家长沈雁潭之邀，到校主讲修身、国文。胡汉民教过书、中过举、留过学名声响亮，讲课深受学生欢迎，又被聘为梧州师范讲习所所长。因讲学时宣传革命党人的反清活动，为地方当局所不容，礼请回粤。胡汉民再往香山担任隆都私立中学校长，命运和在梧州时一样。

1904年冬关，当时倾向革命党人的两广总督岑春煊，获准保送15人赴日留学，胡汉民幸列其中。此外还有考上赴日留学的40人，汪精卫也在其中。两人同时离开家乡，同在日本东京法政大学速成法政科学习，成为名副其实的同学。汪精卫得以成行，则是靠了在李提督家执教时的积蓄，谢绝了提督的支助。

留学期间，两人由同乡、同学，发展成为革命同志。胡、汪一到东京，立即投入革命党人的活动之中。汪精卫参加了中国同盟会的筹备工作，在1905年8月20日举行的同盟会成立大会上，出任同盟会执行、评议、司法三大部中的评议部长，一跃而为革命党的主要领导人。此次同盟会成立大会，胡汉民竟然没有参加。当年暑假开始，他和廖仲恺两人赶回广州接各自夫人，待赶回东京，会议早已开完。这两位对同盟会的成立起过重大作用的人物缺席成立大会，不能不说是件憾事。返回东京，胡汉民、陈淑子夫妇住在廖仲恺家中。9月1日，孙中山来见廖仲恺时，胡汉民第一次见到同盟会总理、中外闻名的革命党领袖。从此时起廖、胡、汪成为孙先生的三大助手，尤其是在文字、宣传和理论上，孙中山更是借重胡、汪二人。

他俩随侍总理左右，为革命献计献策，勤勤恳恳，作出过不少贡献。再从二人的关系看，自同盟会成立到辛亥革命爆发、民国成立的几年间，可以说是两人友好相处、互相协作的最佳时期。

一是共同主办同盟会机关报《民报》。1905年11月26日，《民报》创刊，发刊词是孙中山口授，由胡汉民记录和润色后发表。胡汉民负责主编前5期，汪精卫任撰述，两人联袂合作，发表了一系列宣扬革命、反对保皇党人的文章。由于报纸观点新颖、文笔优美、文风通俗、有理有情，在广大读者尤其是在留学生中影响极大。在和保皇党人梁启超主办的《新民丛报》关于革命与立宪的论战中，大获其胜，最后保皇党方面主动停战，偃旗息鼓，《新民丛报》也主动停刊。

双方笔战时，一次梁启超称自己为"多泪多辩之人"。汪精卫针锋相对，不客气地回敬说："梁启超之泪，奴才之泪；梁启超之辩，民贼之辩也。"三十余年后，汪精卫成了汉奸，此话正好是他自己的写照。汪本人也是"多泪多辩之人"，口才出众，多愁善感。知情者就说过：汪的多泪是先天的，不完全出于作伪，亦不足于感情丰富，是气质阴虚、歇斯底里患者；汪多辩，如戏台上台词，声调铿锵动人，甚少理论价值。投敌后意气日沮，声调优点也消失了。青年汪精卫和中、后期的汪精卫，实在没有什么共同之处，政治上、人格上完全判若两人，当年为反清不遗余力、奋不顾身；以后则为权欲绞尽脑汁、使尽手腕。

在《民报》编辑部里，两人同时开始使用笔名"汉民"和"精卫"。胡氏原字展堂，名衍鸿。汪氏原名兆铭，字季恂。在《民报》上发表文章，用了不少笔名，如胡衍鸿用过"辨奸""民意"等，汪兆铭用过"家庭之罪人""枝头抱香者"等。作为他俩自己，则最喜欢"汉民""精卫"，以后则干脆以笔名代替原名了。

二是反对日本当局暴行。1905年12月初，日本政府为阻止中国留学生的反清活动，颁布《取缔规则》。中国学生行动起来，罢课抗议，陈天华也在大森海自杀以显示斗争到底的决心。胡汉民、汪精卫和朱执信等人组织起"维持同学界联合会"，领导留学生的斗争。在斗争中，由于"维联会"赞成以留日罢课为斗争手段，不赞成留学生以集体归国的行动为斗争手段，引起其他革命党人的误解。在中国学生的反对下，日方《取缔规则》名存实亡，到1906年1月维联会胜利宣告解散。胡、汪革命热情很高，政治事务不少，可并未影响学业，同年6月在速成部毕业后，升入专门部继续学习。因为两人的革命名声响亮，引起各方的注意和关切，清政府更是恨之入骨，以10万元的巨款同时悬赏他们的首级。

三是共同到海外宣传革命。1907年8月初，清政府同日本政府相勾结，一起镇压同盟会成员的革命活动，驱逐孙中山等人出境，胡汉民随同前往越南，汪精卫随黄兴前往香港。月底孙中山前往新加坡等地为武装起义募集款项和宣传自己的政治主张，汪精卫作为随员前往，并在此结识了后来成为夫人的陈璧君小姐。稍有眉目后，孙中山先行回到越南河内组织粤桂滇三省武装起义。在以后的一年内，起义6次，胡汉民直接参与了各次暴动的筹备、组织、领导、善后工作。其中1907年12月的镇南关之役，曾陪同孙中山、黄兴等人亲赴作战前线。1908年6月胡汉民接受孙中山的委托，秘密前往香港，同赵声会谈，决定今后要多做新军的工作，发动新军参加武装起义，改变以往主要依靠会党起义的局面。

次月，胡汉民来到新加坡会合汪精卫，两人再度合作，利用讲演和《中兴日报》等报刊，宣传同盟会的纲领和政治主张，反击当地保皇党人的喉舌《南洋总汇报》。同时，一起筹设同盟会南洋支部，胡汉民出任支部长。11月下旬胡又随孙中山去曼谷，至此他与汪精卫的合作暂告一段落。

在以后的8年间，胡汉民兼任同盟会南方支部支部长，主要在南洋、香港、越南等地主持军事工作，先后组织过广州新军起义和黄花岗起义。1911年4月27日打响的黄花岗起义，是由胡汉民、黄兴、朱执信亲自布置的。只因叛徒陈镜波告密和起义军布置失当，起义再次失败。前来接应的胡汉民经过化装，在广州码头居然骗过了手持照片在搜查他的清军士兵，安然退回香港，这是他第一次遇险而无险。黄花岗之役的意义和72烈士的业绩，已经远远超出作战本身，它成为武昌起义埋葬封建王朝的先声。

就在胡汉民作为孙中山的军事助手，负责指挥同盟会在华南各地的军事工作时，汪精卫自1908年冬从新加坡返回东京后，主要是从事一些同盟会的日常工作和理论批判工作。此时的汪精卫，时年25岁，春秋鼎盛，血气方刚，有革命大义，有一时之勇，也有个人意气。见自己的同乡同学胡汉民等人在南方搞得轰轰烈烈，震动中外，苦于自己无用武之地，无出人头地的机会，于是准备采取断然行动，一鸣惊人。

早在1908年4月，孙中山联合会党在云南河口进行武装起义的最后一次战役失利后，革命党内部开始探索新的武装革命道路。在孙中山、黄兴、胡汉民等人把军事突破口选在清朝新军内部的策反工作的同时，汪精卫准备效仿1905年9月24日革命志士吴樾于北京前门车站暗杀镇国公载泽等五大臣之例，去北京谋刺摄政王载沣。此事虽为冒险，却也不失为革命壮举。在清政府的封建高压下，革命总是和冒险、献身联在一起的。当汪把计划通知胡汉民时，胡汉民以他的老练和沉着，以及武装斗争的经验，劝告好友汪精卫放弃暗杀行动，不要急功近利，带来不必要的牺牲。

胡的劝告对汪反而起到了"激将"的作用，精卫不但未听劝阻，反而决心更大，咬破手指，血书"我今如薪，兄当为釜"送与胡兄。对这八字豪言，他自己解释说："革命之人只有二途，或为薪，或为釜，薪投于爨火，火熊燃，俄顷灰烬；而釜则尽受煎熬，其苦愈甚。二者作用不同，其成饭以供众生之饱则一。"1909年11月，汪精卫离开东京前往香港，部署北上谋刺事项。到北京后不慎在埋置炸弹时暴露，于1910年农历三月初七被捕。在狱中，汪精卫充满革命激情、献身精神和对封建专制深刻剖析的供状，竟然使负责侦查的内城警察厅厅丞章宗祥、京师四城巡警厅金事顾鳌为之感动，认为汪为难得少见的人才，就以"革命党非杀戮以能戢"为名，求请民政部尚书肃亲王善耆，出面求摄政王从宽处理。结果汪精卫免于一死，改判为由法部永远监禁。此时胡汉民在香港正逢广州新军起义失败，听了北京传来的消息，为汪的壮举所感动，为汪的遭遇痛哭失声，特写下一首诗以示怀念。诗云："挟策当兴汉，持椎复入秦，问谁堪作釜？使子竟为薪！智勇岂无用，牺牲其几人，此时真欲绝，泪早落江滨。"

为营救汪精卫，胡汉民与汪的情人陈璧君等人奔走南洋，募集救汪所需款项。作为一个同乡和战友，还是尽到责任的，不乏同乡情、战友情。待辛亥革命爆发，汪精卫出狱，两人又走到一起，他们联袂合作的又一杰作是出卖民国革命的胜利成果。

1911年10月10日，清军士兵熊秉坤的枪声，迎来武昌起义的胜利，孙中山和其他革命党人二十余年的奋斗如今终有结果，中华民国正式取代了千年封建王朝，胡汉民、汪精卫成了民国的当然功勋。胡除以前的革命业绩外，还直接领导了广东光复的斗争，进而被推为广东省首任革命都督。汪精卫因刺杀摄政王更是名闻天下。遗憾的是，两人并未利用自己在社会上的声望和在革命党人中的地位，来巩固新生的革命政权，而是百般劝说孙中山把"临时大总统"一职让位于大军阀、大地主、大官僚袁世凯，最后葬送了革命政府。

南京临时政府成立后，面临的不利因素有三：一是日薄西山的清王朝，还想垂死挣扎，扑灭革命烈火；二是权倾朝中的袁世凯，打算趁新旧交替之机，篡位夺权；三是革命党内部，有相当一部分的人把共和的希望寄托在袁世凯身上，排挤孙中山的正确领导。

事实上来自清政府的威胁不足为虑，在各地革命军的进攻下，统治中国260余年的满清王朝已呈土崩瓦解之势。率领清军南下进攻义军的袁世凯，又一直在和革命党人进行议和谈判，准备在必要时抛弃为之服务近20年的小朝廷，骗取革命党人的信任和支持，以换来"民国大总统"的位置，所以袁世凯成为南京政府的最大威胁。更为痛心的是，袁氏的野心和阴谋竟然得到革命党内大部分要人的支持，在这方面表现最为拙劣的要数胡、汪两人。

武昌起义后半月，宣统皇帝下诏宣布特赦革命党人，不足一月汪精卫出狱。他一离监狱，立即为袁世凯看中，袁氏要利用汪作为实现政治目的的工具。经袁氏说客梁士诒的劝说，汪精卫欣然答应合作，以后多次与袁密谈，这是汪的第一次政治投机活动，以便在袁汪勾结中获取政治利益。11月中旬，他与杨度等人组织国事共济会，主张南北立即停战，举行临时国民会议，推举袁世凯为临时大总统。同时汪精卫电示武昌军政府，劝其接受共济会的主张，以便南北达成议和，联合一致，迫使清帝退位。这就是袁世凯出任大总统的始作俑者，由于最初提出以上主张的竟然是同盟会的领导人、反清英雄汪精卫，影响之大可想而知。他的行动，使得南方革命党人非常被动，在这种情况下武昌的各省代表和黄兴将军都接受了汪精卫的建议，这就给后来孙中山任大总统造成很不利的气候。

月底，已经担任内阁总理大臣的袁世凯要儿子袁克定和汪精卫义结金兰，并在结拜仪式上说：汝二人今后异姓兄弟也，克定长，当以弟视兆铭；兆铭幼，则以兄视克定。吾老矣，吾望汝二人以异姓之亲，逾于骨肉。12月10日，袁世凯派出唐绍仪为议和大臣，南下武昌与武汉军政府议和总代表、外交总长伍廷芳谈判。奇怪的是，汪精卫被南北双方任为各自的议和代表。从这可以看出他政治可塑性的圆滑、反动。

1911年12月21日，孙中山在胡汉民等十数人陪同下，由香港到达上海，顿时南方数省的革命义军有了领导中心。一直受权力分配纷扰的各省都督代表，在选举民国政府组成人员时，因孙中山威信极高，众望所归，当上中华民国首任临时大总统。在民国政府的筹备过程中，胡汉民、汪精卫发挥了很大的作用，为新政权的组建发表了许多建设性的意见，深得孙中山的赞同。1912年1月3日，临时大总统孙中山任命政府成员时，胡汉民被任为总统府秘书长，汪精卫以京津保同盟会支部长的名义，担任孙先生的智囊。随着民国政府的成立，南北议和计划也在加速进行。

孙中山虽说反对议和、妥协，反对出卖过"戊戌六君子"的袁世凯来接替自己担任大总统职，但也不愿人们把自己坚持原则的举动看成是恋栈不下，故处于矛盾之中，犹豫不决。在劝说孙中山改变态度问题上，胡汉民则起了决定性的作用。事过以后，他专门谈过此事，检讨所为。他说："先生始终不愿妥协，而内外负重要责之同志，则悉倾于和议，大抵分为三派之说。其持中国固有宗法伦理思想者，则曰：'名不必自我成，功不必自我立，其次亦功成而不居。'其持欧西无政府主义者，则曰：'权力为天下之罪恶，为政权而延长战争，更无可以自恕。'其仅识日本倒幕维新、而不觉修正改良派社会主义之毒者，则曰：'武装革命之时期已过，当注意全力以争国会与宪法，即为巩固共和，实现民治之正轨。'余集诸人意见，以陈于先生。故汪精卫极力斡旋于伍廷芳、唐绍仪之间，而余则力挽先生之意于内。余与精卫二人，可云功之首而又罪之魁。"革命党内部的三种意见，使孙中山不得不辞职而去，袁世凯当仁不让。革命者为袁世凯上台、篡权、复辟提供了合适的土壤，是革命党自己毁了民国。

议和、和平建国本无大错，错就错在把袁世凯作为议和对象，而把革命政权拱手让袁这就大错特错；袁世凯倒清没有错，错就错在对袁氏此举评价过高，而看不到革命党人已经冲垮了清朝的统治基础，把袁氏当作民国头号功勋则大错特错。所以胡汉民称自己和汪精卫为民国"罪魁"，原因就在这里。

1912年2月12日，面对袁世凯"逼宫"日甚，清帝宣布退位。次日，孙中山向临时参议院提出辞职咨文，同时推荐袁世凯作为自己的继承人。21日，汪精卫与蔡元培、宋教仁、王正廷等人作为欢迎员北上迎接袁世凯南下。袁氏唯恐到南京后被革命党人所包围，拒绝南下，南京临时政府和参院再次让步，同意首都由南京迁往北京。3月10日，袁世凯宣誓就职，4月1日，孙中山辞职，至此革命成果全部落入袁世凯手中。从前因后果看，当然有孙中山、黄兴、宋教仁等同盟会领袖，不顾革命原则当谦谦君子的原因，也有社会舆论为袁捧场的原因。作为孙中山的两大助手胡汉民、汪精卫的责任更大，汪一再提出要袁来当大总统，胡一再劝说孙别当大总统，两人一唱一和，成了民国政府的直接掘墓人。在胡、汪两人的再度合作阶段，两人心照不宣、配合默契，以逼孙中山下台、灭革命党威风、长袁世凯志气的"政绩"，结束了最佳合作期。

二、革命两对手，矛盾激化

孙中山辞职后，胡、汪两人对革命事业采取了不同态度，汉民一直没有脱离革命中心，精卫则远避他乡。虽说两人大部时间不在一起，可在一些基本问题上还是能够理解、合作的，这种局面延续到孙中山先生逝世。

1912年3月11日，胡汉民协助孙中山起草的《临时约法》获得通过，该法把辛亥革命的成果用法律的形式固定下来。4月25日，辞去总统府秘书长职的胡汉民陪同下台总统孙中山，回到阔别17年的广州视察。两天后，胡汉民复任广东省都督、同盟会广东支部支部长，任内进行过一些地方经济建设和政治建设方面的尝试。孙中山更是认真思考起振兴中国经济的蓝图。

袁世凯不是这样，却是在有计划地消灭革命党人，投靠帝国主义，建立袁氏王朝。1913年3月20，国民党代理理事长宋教仁被刺于上海火车站，联想到一系列革命志士惨遭袁氏屠杀事件和袁氏政府卖国借款事件，使得一直为袁氏正经语言所迷惑的革命党人如梦初醒，才发现袁某是自己一年前放出来的魔鬼。1913年5月1日，胡汉民通电反对袁世凯向"5国银行团"借款等丧权辱国行为，6日联合湖南谭延闿、江西李烈钧、安徽柏文蔚"通电"，揭露北洋政府的反动面目，为此揭开了"二次革命"的序幕。当年同意由袁世凯接替孙中山的革命各领导人，至今后悔不及，奋起倒袁。

"二次革命"失败后，革命党的活动家大多来到日本，继续从事反袁斗争。1914年5月10日，《民国》杂志在东京创刊，胡汉民出任总编辑，杂志成为革命党人宣传政治主张、批判袁世凯复辟阴谋的主要阵地。总编本人也发表了不少好文章，为刊物增添不少光彩。7月8日，由同盟会改组而来的国民党，又改组为中华革命党，胡汉民出任政治部部长。任内帮助党的总理孙中山起草了《革命方略》

等重要文件，参与制定过各种斗争策略。1916年4月15日，为配合袁世凯被迫撤销帝制后国内出现的"护国运动"新形势，受孙中山之命，潜回上海以"陈国安、陈同荣"的假名，与陈其美等人一起领导东南地区的讨袁活动。5月18日，陈其美在萨坡路家中楼下被袁世凯收买、张宗昌指使的凶手程国瑞杀害时，胡汉民正在二楼，这是他第二次遇险而无险。

1916年6月6日，袁世凯病死，随着袁的消亡，中华革命党领导的讨袁斗争就此结束。9月胡汉民和廖仲恺等人为发展党务活动，前往北京，与北洋政府要员和国会议员频频接触商谈，孙中山并不赞成这种事实上的妥协行为。1917年5月，胡汉民受孙中山指派，离开北京，下广州、南宁，与西南实力派头子陆荣廷、唐继尧等人谈判，商议成立军政府事项。7月18日，国会议员在广州召开"非常会议"。9月10日，以孙中山为大元帅的"护法军政府"成立，胡汉民出任交通部长，任内再次做出不利于孙中山和革命事业的事情。事因是旧政学系、西南军阀联合起来，在军政府内排挤孙中山。1918年1月15日，桂系陆荣廷成立与军政府分庭抗礼的"护法各省联合会议"，2月2日，又建议将"大元帅"职改为"政务总裁"。孙中山吸取民国初年袁世凯夺权的教训，坚持不作任何让步。可胡汉民还像民国初年一样，要孙中山委屈退让，接受政务总裁的安排。5月4日，孙中山见无法改变军阀们的态度后，宣布辞职，前往上海。

胡汉民深知孙先生一走，自己如果留在广州则会成为下一步的打击目标，故跟随孙中山一起去了上海。在上海的两年半时间内，胡汉民主要是协助孙先生做了很多理论建设工作，以及向社会介绍孙的观点和理论。例如《孙文学说的写稿经过与其内容》一文，就是系统介绍孙中山力作《孙文学说》一书的专门长文。为加强宣传工作，1919年8月，孙中山自任社长，成立《建设》杂志社，胡汉民出任总编辑。孙中山的著名经济论文《实业计划》就是在这家刊物上发表的。10月10日，中华革命党又改组为中国国民党。

1920年12月，第一次"粤桂战争"打响，盘踞广东数年的旧桂系被粤军赶回老家，孙中山回到广州出任"非常大总统"，胡汉民被任为总统府总参议、文官长、政治部长、北伐大本营政务处长。陈炯明叛变时，胡汉民正在韶关北伐大本营，立即组织北伐部队，回师南伐广州。因粤军第1师梁鸿楷等部投降叛军，北伐部队接连失利，经江西撤往福建集结。胡汉民安置好部队，马上赶往上海会合孙中山。

1923年1月16日，滇桂军克复广州，胡汉民作为孙中山的先遣人员返回穗城。26日在主持军事会议时，旧桂系头目沈鸿英突然叛变，与会人员几乎惨遭毒手，这是胡第三次遇险而无险。2月21日，孙中山先生重回广州，领导"护法北伐斗争"，胡汉民则成为日常军政事务的实际主持人，也被孙中山视为自己的接班人。

同胡汉民的革命实践比起来，汪精卫的活动要少得多。1912秋，他与新婚夫人陈璧君及曾仲鸣、方君璧夫妇前往法国蒙达尔城居住。出洋的原因主要是政局的变化，他作为袁世凯继任大总统的始作俑者，从孙中山辞职和同盟会的主要干部均被排挤在袁氏新政权外的现实中，已经对自己铸成的大错有所觉察，袁世凯不是民主共和的拥护者，自己将成为民国的罪人，至于与袁氏父子不平常的关系，则成为自己政治上继续发展的障碍。此时不足而立之年的汪精卫对革命前途也已失去信心，建立民国，革命党人用了27年的时间，而新政府存在不过数月又落入袁氏手中，革命党人再想夺取政权又不知要多少年多少人的奋斗。思前想后，汪精卫决定一走了之，既断了与袁世凯间不正当的关系，又可躲避革命党内的同志们对自己为袁张目行为的批评，还可以等待国内政局的新变化，待机而动。

袁世凯的阴谋暴露后，汪精卫果然成为众矢之的，国内方面纷纷批评他引来了凶神袁世凯，还有人则干脆说汪精卫收受过袁世凯5万元的贿赂。汪精卫自觉很冤枉，他从袁世凯那里得到的唯一好处就是在1913年1月2日被授予"勋二位"，别无其他。故反复声言以后不再过问国内革命之事了。事实上这不可能，只是他以退为进、抵制国内批评的一种手段。要他退出中国政治舞台是不可能的，一是革命同志批评他但没有抛弃他，二是他本人非甘居寂寞之人，三是即使追究袁氏上台之事，胡汉民还是主动承担责任，为汪开脱。

总的说来，汪精卫在法国的活动不多，一是在孙中山下野之初致力于铁路建设时，根据孙的来电募集过筑路资金。二是与蔡元培、张静江、吴稚晖等人发起组织"留法俭学会"，这就成为中国留法勤工俭学之始。三是参加过黄兴、钮永健、杨永泰等人组织的"欧事研究会"。四是与友人创办编译馆，编译名作。五是参与发起组织"华法教育会"。以上活动规模不大，和国内政治斗争无直接联系。但是，汪精卫对国内的"倒袁、护法战争"并未置之度外，在以后的八年间先后两度回国，参加国内斗争。

第一次是1913年6月2日，经孙中山一再电召，与蔡元培回到上海，随后发表通电，吁请南方革命党人胡汉民、李烈钧、柏文蔚与北方袁世凯各有谅解，避免冲突。"二次革命"爆发后，又潜往南京，劝说第8师师长陈之骥起义讨袁。同时两次"通电"，敦请袁世凯辞职。此外，还与蔡元培、张继等人主办过几期刊物《公论》，宣传讨袁主张，以自己的行动来证明和袁世凯已无什么瓜葛。"二次革命"失利后，在革命党人一片痛惜失败的气氛中，谢绝了孙中山、胡汉民等人请他一起赴东京的邀请，匆匆赶往新加坡，次年夏天回到法国。

第二次是1917年6月，孙中山决心南下"护法"，电请汪精卫回国相助。时已由北洋政府任命为国务院临时国际政务评议员的汪精卫，取道西伯利亚回国。7月21日，在上海乘坐参加"护法"南下的海军舰只，前往广州。在舰上代为起草"海军讨贼檄文"，提出"护法"三目标：拥护约法、恢复国会、惩办祸首。到广州后出任军政府大元帅府代理秘书长，再次与胡汉民并肩作战，遗憾的是两人在孙中山和西南军阀的关系上，都是主张孙先生作出让步、迁就。回到上海后，参加过《建设》杂志社的工作。不久，谢绝南北双方要他出任出席巴黎和会代表的邀请，于1918年底返回法国。在途中写下"故国未须回首望，小舟深入浪千层"的诗句，抒发自己的情感。

1920年底，汪精卫带着全家回到广州。当时孙中山重组非常大总统府，开始"护法北伐"，正值用人之际，迭电法国要汪回国工作。汪回到广东，出任总统府高等顾问、广东教育会长等职，与胡汉民、廖仲恺等要员一起多作为联络代表，与桂、粤、滇、湘省的实力派谈判。自此到孙中山北上逝世，汪精卫再也没有离开过革命中心。

如果说胡、汪两人早期追随孙中山，成为资产阶级革命志士的话，但在孙中山开始转入新民主主义革命后，两人没有及时跟上来，最后由消极参加到完全背叛，成为革命的敌人。尤其是在孙中山先生逝世后，胡、汪及蒋介石三人，不论他们的政治口号、策略有什么不同，都是基于反共反人民的立场，都是为了争夺孙中山去世后空出的国民党最高领袖的位置。由于三人各有势力范围，各有政治背景，在国民党内各有相当的号召力，故三人之争显得复杂化、尖锐化，也富有戏剧性，结果是蒋介石全胜，胡、汪失利。

1922年6月16日，一直被孙中山视为依靠力量的粤军大部，在参加"护法"多年、深受孙中山信赖的总司令陈炯明率领下，发生叛乱，妄图置孙先生于死地。

陈氏叛变,成为孙中山一生革命经历中最大的一次挫折,几乎使革命党人反对北洋军阀的斗争毁于一旦。刚成立的中国共产党和苏联政府向绝望中的孙中山先生伸出了援助之手,孙中山则以强烈的救国责任和领先时代的洞察力,愿意接受帮助,以振兴国民党。经过亲自与苏联代表越飞、共产国际代表马林、中共代表李大钊会谈,决定改组国民党,实行国共合作,重新解释三民主义理论。在改组过程中,胡、汪成为具体执行人,开始最佳合作期的最后一次合作。1922年11月15日,胡、汪参加了孙中山召集的59位高级干部《国民党改进案》审核会,会上两人被推举为《改组宣言》起草人。

改组工作因为广东方面驱逐陈炯明进展顺利,需要部署回粤、恢复大元帅府事项而有所放慢。胡、汪南北奔走,往南是前往讨伐陈炯明叛军的前线,联络东西两条讨贼军事战线,往北是联络张作霖、段祺瑞等人,共同对付主张"武力统一"的北洋军阀曹锟、吴佩孚。

1923年10月,国民党改组才进入实转阶段。19日,孙中山任命汪精卫、张继、李大钊为国民党改组委员,25日胡汉民受命负责筹组临时中央执行委员会,1923年11月8日,《中国国民党改组宣言》发表,到此国民党改组全面展开。

对于实施三大政策的态度,在国民党改组问题提出之初,孙中山的三大助手各不相同。汪精卫是激烈的反对派,他曾表示"以为共产党如果羼入本党,本党的生命定要危险。譬如《西游记》上说:孙行者跳入猪精的腹内打跟斗多使金箍棒,猪精如何受得了"。同汪意见相反,拥护国共合作的是廖仲恺。胡汉民则是持中立态度,不置可否,由孙中山来决定。谁也没有想到,孙中山逝世后汪精卫成为国民党的"左派领袖",胡汉民积极"反共",只有廖仲恺始终坚持自己的观点。

1924年1月3日,胡、汪离开上海到达广州,国民党的中央党务中心同时迁往广州。15日两人又与廖仲恺、瞿秋白、鲍罗廷等人讨论国民党第一次全国代表大会《宣言》草本。20日具有历史意义的"一全"隆重开幕,胡、汪被选为主席团主席,担任主席的还有林森、谢持、李大钊。

国民党自兴中会、同盟会以来已有三十年的历史,可党自身建设工作一直十分薄弱,孙中山及胡汉民、汪精卫等对党建工作也缺乏应有的重视。国民党组织机构涣散,党员素质较差,甚至连全国代表大会都没有开过,中央和地方领导机构也不健全。作为政治组织,缺乏正确的、行之有效的纲领和政策。作为革命团体缺乏战斗力,作为领导力量缺乏群众基础,作为现代政党则缺乏必要的组织形式。国民党"一全"在中共和苏联顾问的帮助下,注入新的活力,结束了三十年来非政党非会党、非地下党非青洪帮的不正常状态,重新塑造了一个新型的资产阶级革命政党。更重要的是,开始和中共真诚合作,共同领导国民革命,迎来了中国现代史上大众革命的新高潮。

在"一全"上,国民党内的右派们就共产党员以个人身份加入国民党问题挑起论战。1924年1月28日,冯自由和方瑞麟两代表提议党章中增加新的条文"本党党员不得加入他党",此条的要害是规定共产党员不得加入国民党,加入国民党的共产党员必须退出共产党。大会主席之一、中共活动家、由孙中山亲自介绍加入国民党的李大钊,在大会上发表声明,再次重申中共方面对国民革命和帮助国民党的诚意,反击右派的进攻。

由于孙中山先生对联共问题态度坚决,没有后退的余地,胡汉民、汪精卫才没有附和右派提案,而是坚持大会《宣言》的基本精神,裁定右派提案不成立。但是,胡汉民并未完全放弃他自己固有的对共产党的成见和疑虑,在会上以主席团主席的身份总结说:"现听大家的议论,实际上没有什么争执。不过讨论之焦点,在怕违反本党党义和违反党德党章,但此种疑虑,只要在纪律上规定即可。现在纪律上已订有专章,似不必再在章程上用明文规定何种取缔条文,惟申明纪律可也。"发言立即得到汪精卫的附和,两人寄希望于党纪,以保持对中共人士的制约作用。事实上中共方面在国共合作过程中,始终按照当年由孙中山制定的政策所允许的范围行事的,应该受纪律处分的是国民党内那些违反孙中山指示、三大政策的右派。

大会选举中央领导机构时,胡、汪成为第一、二号中央执行委员人选,由孙中山的助手而正式成为中央领导核心成员。在两人的经历中,联袂合作到此结束。协助孙中山完成国共合作和国民党改组是胡、汪不计恩怨,相互间坦诚以待的最后一次合作,以后就分多于合、异多于同,最后是日月分食、水火不容。

国民党"一全"以后,两人还是一起工作,为大革命的兴起和展开做了不少卓有成效的工作。在一届二中全会上,两人同时被派往上海执行部任常委。5月13日,同时被孙中山任命为黄埔陆军军官学校政治教官。7月11日,同时为国民党新成立的中央政治会议成员。打破这一平衡的是孙中山先生。

为革命奔波三十余年的孙先生，被险恶的斗争环境和紧张的生活工作，严重地损坏了身体健康。自1924年5月下旬起，自我感觉不好，遵照医生吩咐，前往白云山休息，把日常政务、军务全部交给胡汉民负责代理。9月5日，孙中山不顾病体，决定带病率师北伐，大本营迁往韶关，命令胡汉民留守广州，代行大元帅职权。胡汉民主持全面工作，对权欲极强的汪精卫来说无疑是一个刺激，只是由于孙中山健在，对人事安排不便有所动作。作为胡汉民来说，学究治政，缺少当大元帅的气质，有计谋无魄力，有固执无灵活，尤其是对孙中山的三大政策有保留，故很难担当起领导国民大革命的重任。

　　他出任代理大元帅第一次处理的重大政治事件就是平定商团叛乱。对于商团事件，孙中山的原则是在法律范围内合理解决，如遭拒绝则应针锋相对，彻底镇压。胡汉民对敌我态势缺乏正确评估，对敌我界线认识不清，先是无视原则，后是优柔寡断，干扰了对商团的斗争。

　　1924年8月上旬，广州商团在帝国主义暗中支持下谋反时，胡汉民不是迅速予以处置，而是利用扣押的商团枪支做交易，要商团头目陈廉伯以钱赎枪，使商团更加有恃无恐；广东省省长廖仲恺为稳定局势、打击商团的嚣张气焰，采取了一些必要措施，可连连遭到胡汉民的阻挠，最后廖省长愤而辞职；陈廉伯的谋反之情日趋明显后，胡汉民又迟迟不敢下发平叛的命令，直至商团罢市月余，并于10月10日开枪打死20余名参加和平游行的群众时还在观望，待到14日孙中山任命胡汉民为新成立的革命委员会会长，胡会长才下达扫荡反动商团的命令。从中可以看出，胡汉民缺少主持全面工作的能力，缺少新形势下的政治洞察力，故很快被汪精卫、蒋介石搞下台。胡汉民、汪精卫矛盾加深，是有特殊背景的。

　　一是孙中山先生逝世。北京政变引起政局变化，孙中山接受冯玉祥、张作霖、段祺瑞的邀请准备北上。1924年11月4日，孙中山再次重申胡汉民代行大元帅职权，汪精卫作为中文秘书一同北上。极为可惜的是，13日孙中山先生离开广州后再也没有回来，中华民族的好儿子、一代伟人孙中山因肝癌在北京逝世，任命胡汉民为代理大元帅也成他的政治遗嘱之一。孙先生在胡、汪两人中选择胡汉民作为接班人不无道理：从理论上讲，胡要强于汪，尤其是胡对三民主义理论和五权分立的思想有独到的研究。从实际上讲，胡要胜于汪，二十余年来胡一直在孙中山身边，协助处理党政军大事。从品德上讲，胡要好于汪，胡正经认真，敢于直言；汪则口里不一，心术不正。从性格上讲，胡不同于汪，胡死板汪活泼，胡稳重汪轻浮。从外表上讲，汪要胜于胡，胡文质彬彬，弱不禁风；汪则风度翩翩，神采飞扬。从驾驭权力所需的权术、魄力、风度上讲，胡不如汪，汪有余胡则不足。而从政治上讲，两人都是顽固反共派。孙中山逝世，胡汉民的权威失去保护伞，在争夺国民党最高领导权的这场官场权力游戏中，显然精于权术的汪精卫获胜的可能要大于胡汉民。

二是国民党开始成为准执政党。国民党成立三十年来，从党本身来讲，历经兴中会、同盟会、国民党、中华革命党、国民党五个阶段；从开展的革命斗争讲，历经"灭清、讨袁、护法、改组"四大运动；从社会环境讲，历经清末、民国初年、北洋三个时期。虽说同盟会已于1912年8月4日宣布为公开政党，可基本上是处于秘密团体和地下党的状态，没有行使统治职权的地盘和正常的财税收入不说，从事反封建和反军阀斗争的国民党，在国内连个稳固的基地都没有，党内的职务和权力，不仅不会带来任何特权和享受，而是带有更大的责任和危险。自赶走陈炯明后，孙中山和国民党终于有了一块根据地，两广地区成为革命者的势力范围。国民党成了准执政党，有军队，有财力，有地盘，有群众支持，权力成了不少人追逐的对象。正如孙中山所说，"大多数党员都是以加入本党为做官的终南捷径"，汪精卫、蒋介石则为"大多数"中的佼佼者，收效也最大。

三是汪精卫的投机活动。国民党改组，国共合作，促成了中国现代史上又一次革命高潮，胡、汪对国民运动采取了既同又不同的态度。说相同，则两人的根本态度是一致的，谁也过不了新民主主义革命这一关，都是反苏反共的。说不同，则胡汉民以他的固执和直率，公开站在敌对的立场，而汪精卫则以政治上的"善变"，表现出奇特的适应性。孙中山北上时汪精卫同行，并于上海先遣直达北京。孙先生绕道日本到京后，已经病倒，汪精卫则时常在公开场合以总理代表自居，发表对时局的看法，引起不少误会。孙先生指定李大钊、于右任、吴稚晖、陈友仁等人组织政治会议，以牵制汪的行动。孙先生逝世后，汪参与了总理遗嘱的修改工作。总理停灵西山后，汪精卫匆忙赶回广州，开始有计划地夺权，其"变色"本领帮助他达到了目的。

在广州，他看到了国民革命的威力，国共合作创建革命军后，共产党人在战场上带头冲锋陷阵，英勇作战，广州革命政府军事上先后取得第一次东征和平定滇军杨希闵、桂军刘震寰叛乱的胜利；财政上摆脱了入不敷出的困难局面；政治上两广联在一起，人民万众一心，准备北伐。总之，孙中山的三大政策和遗嘱，深入人心。国民运动在国共两党和苏联顾问的领导下，迅速发展，力量不断壮大，大有顺其者昌、逆其者亡的趋势。

汪精卫再次进行政治投机，使出浑身解数，在各种公开场合极力表明自己从来都是三大政策的坚定拥护者和执行者，是国民党内关于国共合作的先知先觉。历史上曾经有过惊人之作的汪精卫，他的进步面具，革命假象，居然瞒过革命阵营内部的各界人士，其中包括苏联顾问和共和党人。在孙中山先生逝世后，重新选择国民党最高领袖时，人们把选择焦点放在汪身上。汪精卫为顺利夺权，争取党内军事实力人物蒋介石的支持，开始了与蒋的第一次短期合作。

四是蒋介石的崛起。蒋介石是1908年加入同盟会的，由于孙中山的信任，到"护法"后期，已经与胡汉民、汪精卫、廖仲恺一起，成为孙先生的四大助手。国民党中央组建黄埔军校时，又当上校长，由此，国民党自己培养起来的第一支军事武装落入他的手中，成为事实上的军事指挥中心。掌握枪杆子在旧中国就等于具备了称霸的必要条件，就在廖仲恺勤勤恳恳为巩固两广革命根据地、发展革命力量而工作；汪精卫想方设法伪装成一个国民党左派，计划借助苏联顾问和其他一些左派人士的支持，以夺取最高政治大权；胡汉民朝不保夕，面临挑战时刻，蒋介石有着自己的打算，有着更大的野心。可在他的面前有"三座大山"，论掌权，胡、汪、廖都是比他更合适的人选。所以蒋介石的夺权部署是清除左派廖仲恺，同时联合汪精卫，一起打胡汉民，逐个清除自己夺权过程中的障碍。最后汪精卫依靠蒋介石的支持，暂时达到目的。接着汪也成了蒋打击的目标。

1925年7月1日，根据同年2日19日中央政治会议关于"如孙总理不行，政府改为合议制"的决议，大元帅府改组为中华民国国民政府。选举政府领导人时，汪精卫以左派面目出任国府常委、主席，兼任国民党中央常务委员会主席，3日又兼任军事委员会主席。四十岁出头的汪精卫可谓煊赫一时，集党政军大权于一身。而代帅胡汉民则以中央政治会议主席的身份兼国府常委、外交部部长。第一个回合汪精卫占上风，事情并未到此为止。

胡汉民没有对降职鸣冤叫屈，更没有在行动上进行反击。这位先总理指定的接班人的存在，当然会让心怀鬼胎的汪、蒋等人焦虑不安。8月20日，廖仲恺先生被刺牺牲，此案的嫌疑犯大部是胡汉民的老部下，胡氏自觉与此案无甚干系，也未防备。就在他还未反应过来之际，汪精卫、蒋介石就廖案大做文章，意在把胡诬为谋杀幕后主犯。9月15日，作为负责审查此案的特别委员会主持人汪精卫，在国民党中央常委会上报告称胡汉民与刺廖案无关，可还是任命胡汉民为中国国民党赴外国代表，逼胡出国。9月22日，胡汉民被迫离开广州去苏联"访问"。胡的离去，一方面暂时抑制住两广的右派势力，有利于廖仲恺先生被刺后鼓舞人们继续发展大好形势；另一方面汪精卫终于把胡赶走，第二个回合，胡氏彻底失利。

胡汉民所担任的外交部部长职，交由陈友仁接替；中政会主席交由汪精卫接替。汪精卫当上国民党中常会、军委会、中政会、国民政府四个主席。此种状况，在国民党历史上并不多见。经过以上两个会合，胡、汪关系彻底破裂。胡汉民深受汪害，终于看清汪精卫这位同乡、同学加同志的真面目。两人再次握手时，已是六年以后，而两人的友谊至死也没有恢复。

汪精卫掌握超级权力的时间不过数月，很快就成为蒋介石夺权计划中的牺牲品。孙中山逝世后，国民党的领导权必然落入昔日四大助手之中。论资历、论威望、论贡献，蒋介石原本在接班名次上排行老四。岂知胡汉民被假左派赶走，廖仲恺死于反共恐怖活动，有资格问鼎最高领导权的只剩下汪、蒋二人。而汪精卫又在台上，蒋介石通过正常渠道，一时难以奏效，只有用非法手段窃取权力。

廖仲恺被刺后，汪精卫成为广州城里红极一时的国民党左派领袖。影响最大的举动，就是带头反击西山会议派的进攻。1925年11月23日，国民党右派头目林森、居正、张继、谢持等人于北京西山召开了一届四中全会，会议通过《取消共产派在本党之党籍案》。并以"任凭鲍罗廷操纵本党中央和国民政府，放逐胡汉民、谢持，重用共产党人士"等罪名，把汪精卫开除出中执会，停止党籍6个月。在汪精卫主持下，广州方面召开第二次全国代表大会，坚决反击西山会议派的进攻，对右派头目分别给予党纪处分。被右派攻击及反击右派，似乎汪精卫真成了左派。为时不久，这位假左派就被另一个假左派蒋介石赶下台。

1926年3月20日，由蒋介石一手制造的"中山舰事件"发生。这一事件成为蒋氏发家史上，继出任黄埔军校校长之后的又一重大转折。

一是通过实施"限共方案"，赶走了根据三大政策在国民党中央和第1军中工作的共产党员。为此蒋介石获得国民党上层内部，无论在人数还是在势力上都占多数的右派们的欢呼，奠定了在国民党内的政治地位。

二是完成夺权计划。他以汪精卫和事变有牵连为名，向汪施加压力。国民党中央通过《整理党务案》等"限共措施"时，右派们又把汪精卫当成左派加以攻击，使得汪精卫这个真右派假左派委屈万分，一怒之下辞职而走。

汪下蒋上，但蒋介石不像汪精卫，过于贪婪，一人任中常会、军委会、中政会、国民政府四个主席，只是盯着最有用的军权，出任军事委员会主席，以头号实力派的身份成为最高军事负责人，成为事实上的最高领袖。汪所任的中政会主席和国府主席由谭延闿接任，中常会主席由张静江接任。就像胡汉民痛恨从自己手中夺权的汪精卫一样，汪精卫对蒋介石也怀恨在心，他俩之间的谅解合流已是1932年初。值得一提的是胡、汪、蒋间的三角矛盾，并未影响到他们的反共活动，三人在不同的范围，用不同的手法，干着反对中共的事情，合力制造了中国现代史上最混乱的一幕。

胡汉民当上赴国外代表后，在汪精卫、鲍罗廷的亲自安排下，由秘书李文范、朱和中及女儿胡木兰陪同，于1925年9月22日登上苏俄海轮去海参崴，转火车到莫斯科时已是10月28日。旅途中胡汉民写下"稚子牵衣上远航，送行无赖是秋光。看云遮处山仍好，待月半时秋渐凉"等诗句，表达心中的沉闷之情。胡汉民留苏期间，第三国际和苏联把他当作中国革命阵营的代表，给予较高的待遇，邀请其在各地参观，到第三国际第六次执委扩大会议上致辞，安排同苏联和共产国际主要领导人的会见。尤其是斯大林还亲自出面，多次约见胡汉民，最长的一次长达数小时，商讨第三国际和国民党的关系问题。胡汉民也写过一些文章，解释三民主义理论，宣传自己的政治主张，其观点并未因为访苏而有所改变。

1926年3月13日，乘火车离开莫斯科回国，到达海参崴时正逢"中山舰事件"爆发，苏俄方面为防止事态扩大，劝阻胡汉民回国。直到4月19日才被允许乘苏俄轮船南下，10天后到达广州。一同回粤的有事变发生时正在苏联的鲍罗廷和外交部部长陈友仁等人。

5月8日，胡汉民在中政会上报告考察苏联经过，对所见所闻完全采取颠倒黑白、不顾事实的态度，认为苏联的无产阶级专政实质上只是斯大林个人专制，中国革命问题仅是苏共党内和第三国际内部斯大林和托洛茨基派相互斗争的工具。报告从维护国民党的"一党专制"和减少党内派系倾轧出发，提出"党外无党，党内无派"的八字政见。这八个字成为他以后一贯的政治主张，先是用来对付"倒蒋派"，后则自己利用此八字，对付蒋介石，另立中央。

由于蒋介石采取的《整理党务案》等"限共行动"，远远没有满足胡汉民设想的与共产党彻底决裂的计划，胡再次告别而去，5月11日经香港转赴上海。在去香港的船上，胡汉民的女儿木兰，看到因为"中山舰事件"被蒋介石赶走的汪精卫也在同一条船上，胡汉民没有前去见面。两位昔日战友，今日终成路人，已到不愿相见的程度。

胡汉民到达上海不久，1926年6月5日，广州国民政府颁布"出师北伐动员令"，任命蒋介石为国民革命军总司令。7月1日，北伐军开始进军两湖战场。1927年3月22日，上海被中共领导的工人武装和北伐军占领。胡汉民立即与蒋介石取得联系，向蒋提出建议，立即"清共"，另组政府。他还游说好友张静江、古应芬、吴稚晖、李宗仁等人，在中监委会议上提出弹劾共产党案。4月12日，蒋介石根据此案发动政变，一时间宁沪杭等一片血雨腥风。4月18日，南京国民政府成立，与武汉政府分庭抗礼，胡汉民出任中央政治会议主席、代理国民政府主席。代主席签署的第1号令，就是追捕190余位中共党员的通缉令。胡汉民和蒋介石在反共的基础上重又走到一起，两人合作达四年之久。

胡汉民实右，汪精卫则一直在形左，下台以后继续演着伪装革命的假把戏。1926年5月11日，汪精卫和胡汉民在同船不相见的情况下到达香港，由夫人陈璧君和子女陪同，前往法国"养病"。随着北伐胜利进军，蒋介石直接控制的军事力量急剧增加，身边集结的政界要人、财界大亨越来越多，"以军治党、以军治政"的独裁之心愈加明显。由广州迁武汉的国民政府还掌握在国民党左派和共产党人手中，为抑制蒋介石的反共独裁，增加对右派人物的抗衡力量，再加上对汪精卫的庐山真面目认识不清，武汉方面一再表示欢迎汪回国主政武汉。

1927年3月10日，国民党二届三中全会在汉口南洋大楼开幕，缺席的汪精卫当选中常委、组织部长、中政会主席团成员、国民政府常委和主席。4月1日，官运又起的汪精卫经莫斯科返回被工人和北伐军解放才十天的上海，6天前从军事后方赶来上海的蒋介石，马上约见，邀请汪精卫留在东南，合力建设南京政府。会晤结束，蒋介石还装模作样地发表"通电"，宣布所有军权、民权、财权、外交诸端，皆须在汪指挥之下。4日又邀请张静江等人会见汪精卫，决定汪正式复职。

蒋介石情真意切，话到令到，并不是有意帮助汪掌权，而是在挖武汉政府的墙脚，为即将成立的南京政府加一面彩旗。

汪精卫在逗留上海的八天里，再次施展政治投机的才华，进行表演。4日同意复职国民政府主席，5日与中共总书记陈独秀发表《国共两党领袖联合宣言》，要工农市民们放弃对蒋介石的怀疑，与蒋开诚合作，如兄弟般亲密。9日与蒋介石、李宗仁、吴稚晖等人举行秘密会议决定，在4月15日召开中执监委联席会议，议决"反共清党"问题。在此之前，通知共产党暂停一切活动，概不承认武汉政府的一切命令。在各军和各省党部的中共党员为阴谋捣乱者，暂时取缔、制裁，工人纠察队等武装团体不准存在。由于汪精卫对蒋介石组建新政府的能力估计不足，为保险起见，并避免与胡汉民共事，于9日悄然离开上海，投奔具有正统地位的武汉方面去了。从汪在上海的活动及4月6日会议的决议看，他也是"四一二政变"的决策人之一。顺便提一下，当时胡汉民正在上海与蒋介石打得火热，但未同汪精卫见上一面，两人成见之深、恩怨之重，可见一斑。

4月10日，汪精卫到武汉。一上岸就直奔鲍罗廷的住处；主持召开紧急会议，会后"通电"阻止南京方面原定的"四一五分共会议"的召开。蒋介石非但没被阻止，反而提前3天"清共"。紧急会议开完，汪精卫情绪高涨，雅兴顿起，挥毫写下"革命的向左来，不革命的走开去"的条幅，此话轰动一时。14日汉口各界召开迎汪大会，他本人更是情绪激昂，慷慨陈词，声称联合世界上革命之民族，共同反对帝国主义，这就是联俄政策；联合国内的一切革命分子来反对帝国主义，这就是联共政策；要把全国最贫苦、最受经济压迫之分子唤起来，做革命领导者，这就是农工政策。会上他还提出《拥护总理三大政策》《巩固共产党联合战线》等提案。为汪氏的革命情绪所感染，会场内的与会者们不停高呼"三大政策万岁！""汪精卫同志万岁！"在汪的主持下，15日武汉中央通过会议，把蒋介石开除出党，撤销一切职务。18日南京政府成立，两个番禺老乡胡汉民、汪精卫分别成为两个国民政府的主席。

要权不要脸、要势不要志的汪精卫心花怒放，得意忘形。他想当主席，可不想革命；想要权力，可不尽责任。面对南京方面的军事压力和武汉政府内部的反共势力，没有采取有效的军事反击措施，一再妥协退让；对共产党人和人民群众的活动，屡加限制。

6月1日，秘密接到共产国际第八次执委会《中国问题决议案》的国际驻华代表罗易，违反纪律，私自把密电副本交给汪精卫。汪精卫凶狠地表示，决议案对国民党将"加以根本的危害，随便实行那一条，国民党就完了。现在不是容共的问题，乃是将一国民党变成共产党的问题"。反共决心已下。

6月10日，汪精卫前往郑州，与冯玉祥会谈，商定近期"分共"。会议一完，随即把位于河南"二期北伐"前线的唐生智部调回武汉，作为政变时的使用力量。至此汪精卫已经准备撕去红色伪装，先行反共，再与南京方面争夺国民党的领导权，解决"宁汉分裂"问题。他反共的大气候是这样形成的，南京政府成立后，中国就有北京、南京、武汉三个政权，国民党内有南京、武汉两个政府及蒋记、汪记、西山派3个中央党部。在"宁汉之争"中，由于汪精卫打着"左"的旗号，蒋介石以武汉政府为革命政权为名，不予理睬。汪精卫几乎不存在与南京方面一争高低的理由，等于整个国民党领导大权拱手让给蒋介石。

汪精卫本来就是假左派，故准备公开反共，利用武汉政府和中央党部所具备的正统地位，来与名不正言不顺的南京方面一争高低。从实力上讲，汪已对武汉政府失去信心，由于蒋介石叛变和两湖地区的北伐军大部"投蒋"，武汉方面的优势很快消失，不久前还挥兵半个中国的革命政权已到政不出武汉三镇的程度。即使在市内也是谣言四起，人心不稳，正常的社会秩序已被打乱。一生喜好政治投机的汪精卫，当然不会出力来挽救国民革命失败和制止蒋介石的叛变，而是公开走上反共道路。

1927年7月15日，他召集国民党中常委扩大会议，宣布"分共"，要用共产党人、革命群众的生命来换取右派们的谅解。在举起屠刀的时候，他喊出"宁可枉杀千人，不可使一人漏网"的法西斯口号。并说："我们最大的错误是误解了总理的容共政策，是容纳共产党加入国民党，共同致力革命。由此可知，共产党员如果不和我们共同致力国民革命，我们便立刻不能容他。我们为什么一直等到共产党员快要消灭国民革命，我们才不容他，这真是我们最大的错误。"还发誓说："现在还要说是'容共'的，就不算得是人。"汪精卫真是中国政治舞台上的上乘演员，演左派像左派，当右派比其他右派更反共。就这样他和胡汉民、蒋介石一起登上贼船，成为中共的凶恶敌人。但他们内部矛盾并未消除，而是愈积愈深。

三、"倒蒋"两首领，势不两立

胡、汪不和，蒋介石正中下怀。南京政府成立标志着蒋介石在国民党内篡权成功，可从中央阶层的政治势力分配上看，除蒋系外，还有胡、汪、西山派三系，其中任何一派与蒋抗衡都是不可轻视的对手，更不用说三派大联合及地方实力派大联合。所以蒋介石在建立政权后的10年间，为巩固自己的权力基础，总要拉一派在自己手中，以免孤军作战。胡、汪既是超级政客，又是冤家对头。说超级政客，只要蒋介石给谁开的价码合适，谁就倒向蒋介石。说是冤家对头，只要一方与蒋介石合作，另一方必定退出，改与地方实力派合作，两人不相见于同一官场。即使在偶然的合作中，也是钩心斗角，你争我夺，配合无从谈起。所以说胡、汪后期交恶，是和国民党内地方实力派与中央政府间的矛盾联在一起的，也是和"倒蒋派"与"拥蒋派"之间的政争分不开的。有趣的是，两人在南京城，是汪来胡走，胡来汪去。

汪精卫发动"七一五政变"后，立即以孙中山的正统接班人和具有法统地位的中央党部、国民政府主席的身份，来主持"宁汉合流"事项。他用开封政治分会主席和三个省主席的职位，用七个方面军的编制，换来冯玉祥出面斡旋。22日，冯玉祥提出南京方面应取消中央和政府名义，改设南京政治分会；宁汉双方领袖同时下野，共同选出继承人。8月10日，汪精卫自己出面致电南京，"现在武汉之中央党部及政府，实为党国之最高机关，万不能以不慊于供职之个人之故，遂并机关而否认之"。

在此前后，宁汉上空电报频传，内容观点不见一致。汪精卫为取得更有利的正统地位，主动出面与当年在广州被自己开除出党的西山会议派取得联系，握手言和。通过两派联合，对南京方面增加压力。特别是西山派成员，都是国民党内的资深人士和孙中山的旧友，在党务方面尤能表现出不可替代的正统性。

军事方面，汪精卫派出唐生智、张发奎、朱培德等部沿江东下，用军事手段压"宁汉合流"向有利于汉方的转变。东征并不顺利，先是唐部的第35军军长何键抗命，转向蒋介石；后是张部的第20军及第4、11军各一部举行南昌起义，转向共产党，使得汪精卫、唐生智的实力大减，对南京方面已失去有效的威慑作用。

"宁汉合流"的过程，实质上就是国民党上层胡、汪、蒋、西山会议、桂系5派重新分配权力的过程，也是在反共基础上再次统一的过程。由于是五派之争，所以就不可能有一致；由于是权力分配，所以就谈不上团结。汪精卫最为关心的是重新成为各派承认的最高领袖，抑制蒋介石的势力，以报"中山舰事件"被流放的一箭之仇。他的私心遭到其余四派的反对，更被蒋介石、胡汉民所玩弄。

蒋介石在"宁汉合流"过程中，充分展现出在政治运筹上的功力。他需要统一，这样可以吞并汪记具有法统地位的中央党部和政府，南京非法政府则可成为国民党的合法政权。他同意让步，用8月13日的辞职下野，把汪精卫、西山派引来南京，稳住地方实力派桂系，为日后全面夺权整顿放下鱼饵。他制造混乱，辞职时带走一大帮人，中央监委张静江、蔡元培、吴稚晖等人及国民政府代主席胡汉民等人均辞职去了上海，南京城里负责与汪精卫谈判的是做不了主的桂系和何应钦等辈，这就为今后进一步捣乱埋下伏笔。最后，"宁汉合流"事实上是按照蒋介石的图谋进行的。

在南京出任政府首脑仅4个月的胡汉民之所以离宁，其中有表示与蒋介石协作、同进共退的原因，更有不愿意与汪精卫共事的原因。尽管汪精卫特地请人向胡表示过歉意，而且还在9月9日特意赶到上海求见胡汉民，负荆请罪，胡汉民没有原谅他，更没有支持他，而是和蒋介石结成统一战线，同心协力搞垮汪精卫。

经过几个回合的谈判，9月15日，宁汉代表在南京成贤街中央党部、西山派代表在中山陵，分别举行会议，通过三方面各自推出的人选，成立中央特别委员会。次日《统一宣言》发表，正式宣告"合流成功"。国民党三个中央党部合编为一个，两个中央政府合并为一个。政府改组时，经过蒋、胡本人及亲信的引导，汪精卫独揽大权的目的没有达到，仅为中特委、军委、国府三委员会的常委，"合法领袖"的地位被取消不说，而且是与胡汉民同任此职。失望之余，于21日和唐生智偷返武汉，成立政治分会。并认定中特委会取代中央党部为违反总理遗教、破坏党规党纪之举，故提出"护党"主张，决定由唐生智部出兵东征，讨伐南京中央特别委员会。10月29日，在唐生智部被南京方面全歼之前，汪精卫不愿殉葬，另谋出路，带着张发奎、陈公博等人潜回广州，准备依靠广东子弟编成的第4军，重整旗鼓。

第4军的前身是粤军等1师，曾在"护法"、北伐战争中立下赫赫战功，1927年8月初，因"追剿"南昌起义后撤向潮汕地区的起义部队而开往广州。就像当年在广东起家一样，打算回到家乡，补充在南昌起义中被中共方面拉走的部队，东山再起。汪精卫和第4军不谋而合。

此时的广州，正在桂籍人士李济深和桂系黄绍竑的手中。为改变这一于己不利的局面，汪精卫和张发奎，一文一武，一党一军，配合默契，发动"驱桂政变"。汪精卫以出席为"宁汉合流"善后的四中全会预备会议为名，11月16日把国府委员、军委委员、北伐军总参谋长李济深从广州骗往南京，调虎离山，造成驻扎广州的桂军无人指挥的局面。张发奎则在当天深夜以"实现汪主席救党主张"为号召，指挥第4军，发动兵变，包围留桂军军长黄绍竑的任宅，驱逐桂系第15军。

汪、张"倒桂"，成为国民党上层反汪派活动的好时机。不少大员联合一致指责汪精卫，监察委员提出弹劾案，国民政府则下令讨伐张发奎和第4军。汪精卫为躲难关，再次求访胡汉民，希求取得同乡同学同志的支持，胡汉民予以拒绝。

张发奎、桂系为争高下，双方都把军队调往前线决战，广州城里守备力量严重不足。12月11日，中共方面趁机发动武装起义。顿时南京方面对汪精卫的指责马上升级，认为他有通共嫌疑的人有之，认为他的驱逐桂军促成广州起义的人有之，认为他有意割据广东的人有之。任凭汪精卫如何解释，公布与广州方面来往的电报和文件，均无济于事。蒋介石和胡汉民更是幕前幕后，积极活动，以期挤走汪精卫。12月16日，国民政府下令，由胡汉民的好友、中监委邓泽如、古应芬负责查处汪、张等人。汪精卫在一片责骂和嘲弄声中，孤立无援，只有再次出走。1927年12月17日，汪精卫离开上海，经香港去了法国。他的离去，并未结束厄运。

1928年1月6日，国民政府将汪精卫与广东"倒桂"、中共起义关系案移送中央监察委员会查办，次日新恢复的国民党中央常委会决议，汪精卫、陈公博等四人不得参加对建立"蒋胡体制"至关重要的二届四中全会。10月，蒋介石组建"北伐统一"后的首届政府时，在党政军财各系统庞大的官员名单里，竟然没有汪精卫的名字。在政府的任命单中，堂堂的汪精卫仅被任命为故宫博物院理事和中华教育文化基金董事会董事。与其说是任命，还不如说是嘲弄。

汪精卫不甘被侮，奋起反击，开始为期四年的"倒蒋"生涯。论国民党历史上的"倒蒋派"，汪精卫的官衔最高，资历最深，"揭旗倒蒋"最早。国民党内新军阀混战期间，在每一次"倒蒋事件"中间，都有他的影子，汪精卫成为其他"倒蒋派"的旗帜。遗憾的是他为一介文人、一个党棍、一位政客，手中无一兵一卒，就像胡汉民需要依靠蒋介石手中的枪杆子才能生存一样，汪精卫也需要寻找地方实力派的军事支持。如果说汪政治上"倒蒋"，假举孙中山的三民主义对蒋还有一定的抑制作用的话，那么军事上"倒蒋"，借用军阀们的军队与中央军较量，皆一再败北，致使"倒蒋活动"有始无终。每次均是初为轰轰烈烈，中为险象环生，后为失败凄凉，"倒蒋大志"一再受挫，最后又是政治投机，与蒋介石坐到同一条板凳上，一边反共，一边对付胡汉民派。

蒋介石的统治建立后，遭到三种势力的反对，一种是中国共产党，一种是爱国民主人士组成的社会进步力量，一种是国民党内的"倒蒋派"。"倒蒋派"里又有两条战线，一条是各地方实力派的"军事倒蒋战线"，一条是以汪精卫为首的、从事以分裂国民党为主要目标的"政治倒蒋战线"，两条战线时常交叉，为共同的目标——"倒蒋"而走到一起。

1929年2月21日，驻扎两湖地区的第4集团军和武汉政治分会，在李宗仁的带领下，率先打响"倒蒋混战"第一枪，公开抗拒南京中央政府的命令，排挤蒋介石安插在两湖地区的鲁涤平等人。李宗仁、白崇禧之举，意在反对蒋介石削弱异己的编遣计划，同时向即将召开的、全面强化蒋介石统治的第三次全国代表大会，进行军事示威。汪精卫抓紧时机，3月11日在上海抛出领衔签署的"十三人宣言"，揭露蒋介石利用陈果夫、陈立夫兄弟掌握的党务组织系统，圈定"三全代表"、包办党务的阴谋。针对国民党已被改造为"二陈"控制的蒋家党、国民政府已经成为"蒋记朝廷"的事实，提出"护党救国"的主张。同时布置一批追随者在南京、上海、北平等地，利用合法身份进行活动，破坏蒋介石的既定计划。汪精卫的宣言和活动实质上是对"三全"的政治示威。

蒋介石也是两条战线同时作战。3月15日，国民党"三全"开幕，既定方针不变。20日大会通过决议：书面警告汪精卫，开除他的追随者陈公博等人的党籍，教训一下汪精卫。3月31日，蒋介石赶到九江，指挥"讨桂作战"，10天后打垮李宗仁、白崇禧的军事示威。蒋介石第一次对付反对派，获得政治、军事双丰收。

失败一方并不气馁，为抗议蒋介石的独裁，汪精卫拒不就任新当选的中央执行委员职。李宗仁也于5月5日接过汪精卫的口号，自称起"护党救国军总司令"。5月15日，第2集团军各路将领推举冯玉祥为"护党救国军总司令"，加入"拥汪倒蒋"行列。

1929年9月17日，已被蒋介石收编一年余的陆军第4师师长张发奎，在宜昌响应李宗仁"护党救国"的号召，要求撤销"三全"的决议，改组国民党，欢迎汪精卫回国主政。同时率部向广西移动。也在这一天，从法国赶到香港的汪精卫、陈公博、陈璧君等人发表"联合宣言"，主张恢复国民党改组精神，重组国民政府，废除独裁政治建立民主制度，改组派宣告成立。10月10日，冯玉祥挥兵三路，东下河南，进逼中原，摆出与中央军决战的架势。12月2日，在浦口准备南下增援广东陈济棠的皖省主席兼第13路军总指挥石友三，突然发起兵变，"通电"响应"护党救国"的主张。5日，第5路军总指挥兼讨伐冯玉祥军前敌总指挥唐生智领衔75名将领前线倒戈，在郑州"通电"拥护汪精卫。1929年间的倒蒋活动，表面上热热闹闹、南呼北应，事实上缺少配合、各行其是，最后为蒋介石各个击破，败的败，走的走，降的降，结果并不令人满意。

和"倒蒋派"的低层次活动一样，改组派在组成后的半年间，"倒蒋活动"也是低层次的，缺少与地才实力派的有效配合。自汪系骨干组织起反对"三全"的活动后，蒋介石指使特务组织暗中破坏，不断镇压，汪精卫的追随者活动有所收敛。改组派成立后，"倒蒋活动"增加。在上海租界成立了中央总部，各大城市和主要省区还有分部和基层组织。南京地区的改组派分子，为配合广西桂系和张发奎的"倒蒋活动"，曾计划在南京组织暴动。面对改组派的反抗，10月11日，南京政府明令宣布陈公博等人勾结军阀，破坏国家，务请各方缉拿严办。12月18日，国民党中执监委决定把汪精卫永远开除出党。南京方面对这批昔日的"同志"，毫不留情，大打出手。不少人被投入监狱，上海中央总部的负责人被刺死在办公室，到1930年初，京沪一带的改组派活动已经处于停滞状态。

蒋介石一系列的军事胜利和专制措施，使得地方实力派和"倒蒋政治势力"开始重新思考"倒蒋规划"，"倒蒋活动"从此进入一个新的层次。这就是实现"倒蒋大联合"，另立中央和政府。"倒蒋领导中心"的出现，使得汪精卫有了更大的表演舞台，成为"倒蒋统一战线"里的中心人物。

1930年初，蒋介石已经连败各路地方军阀，可积怨甚多，国民党上层怨声四起。蒋介石没有收敛，反而严厉制裁党内反对派。被永远开除党籍的要员有冯玉祥、李宗仁、张知本、汪精卫等二十七人，被通缉的要员有陈公博、许崇智、邹鲁等六人，被逮捕的要员有居正、李济深等四人，被撤职的要员有张发奎、石友三、唐生智等多人。除以上"倒蒋"各派的领袖被处分外，还有被清算的骨干人物达数百人之多。1930年3月，上述这些人已经大部来到北平，参加冯玉祥、阎锡山、李宗仁组织的民国史上规模最大的"倒蒋大联合""扩大会议事件"。

1930年4月11日，双方军事部署就绪，在津浦、陇海、平汉线上已经摆开决战的阵势，汪精卫托人从香港捎来一封信。信中否认南京"三全"的合法性，主张以粤第二届中执监委为主体，联合西山派诸同志，组织"中央党部扩大会议"。此议，立即得到阎锡山的赞同，改组派成员也为此开展活动。由此可见，这次"倒蒋"不仅是军阀间的大联合，而且是军阀、政客和党工的大联合。除有几十万大军外，政治上有改组派和西山派支撑。同过去各"倒蒋派"单干相比，此次对南京方面形成更大的威胁。

在成立中央党部问题上，由于改组派和西山派都要坚持各自的正统地位，都要以本派为主体，贬低对方，双方闹得很不愉快，僵持不下。"倒蒋盟主"阎锡山见军事进攻已开展多时，而成立党部、政府之事还不见踪影，一怒之下，准备撇开先成立中央党部后成立政府的惯例，单独成立"倒蒋政府"。汪精卫一见自己要被冷落，马上让步，同意离开香港前来北平，主持成立"中央扩大会议"。会议矛盾并未解决，互不相让，先是发表"中央扩大会议"成立《联名宣言》，然后是改组派以广州第二届中执委的名义发表《扩大会议宣言》，西山派以他们召开的第二届中执委的名义发表《赞成宣言》。何谈一致？何谈团结？由此可想，何谈"倒蒋"之胜利？

7月13日，"扩大会议"成立典礼举行，汪精卫还在来平途中，由郭泰琪代表出席和签名。有趣的是，在《联名宣言》上签名的应有三十名各派领袖，可是大部没有到会，阎锡山、冯玉祥、邓泽如、李宗仁、许崇智、陈璧君、熊克武、商震等十八名要角均由人代签。签名次序也颇费周折，都想往前靠，最后定为"长者为先"，按出生年月日排列。这批缺席的人中间，其中有在前线和外地来不了，也有人在北平故意不来参加。

他们在签署的《联名宣言》里表示，决意要和南京方面一争高低。宣言称，"务以整个的党，还之同志。统一的国，还之国民。在最短时间，必须依法召集本党全国第三次代表大会，解除过去之纠纷，扫荡现在之障碍……翌日成立中央党部扩大会议，以树立中枢"。用"中央扩大会议"来取代南京中央党部，另组国民政府取代蒋记政权。

1930年7月23日晚，汪精卫在陈璧君、顾孟余及曾仲鸣等人的陪同下到达北平，其住所铁狮子胡同中山行馆一时成为政治中心，各方频繁上门接触会谈。8月4日，汪精卫赶到"冯阎联军前线总部"所在地石家庄，会晤阎锡山，最后谈妥党部组织事项。两人分手后，汪精卫回到北平，8月7日上午主持"中央扩大会议"第一次正式会议。会上，成立了"扩大会议"设置的组织部、宣传部和民众训练委员会，决定了常务委员会人选。汪精卫成为七人常委之首和组织部五人委员之一。

就在北平按部就班、筹设党中央和国民政府之际，"倒蒋"军事前线屡屡告急。8月15日，济南失守，本来在阎冯军打击下，已成被动守势的前线中央军各部，在蒋介石调来的援军协助下，转守为攻连连获胜。"倒蒋方面"为鼓舞士气，也为一过官瘾，决定加快组织政府的步伐。8月29日，各派代表赶到太原与阎锡山商议组府问题，次日宣布由汪精卫、陈公博主持起草《国民政府组织大纲》，两天后汪精卫高速度完成的《大纲》草本获得通过。《大纲》规定政府由十一部八院委组成，与南京政府的五院制完全不同。同时经紧急、激烈磋商，互推阎锡山、唐绍仪、汪精卫、冯玉祥、李宗仁、张学良、谢持为国府委员，阎锡山为国府主席，后又加推刘文辉和石友三为国府委员。"主席"一职，改组派、西山派愿意让出，实在事出有因。从"中央扩大会议"内部来看，成分复杂，心思不一，可有一点是一致的，那就是"国府主席"非阎莫属。

论冯玉祥，虽在参与军阀混战，却是有正义感之士。在"倒蒋阵营"中出力最多，担负最艰苦的平汉路及陇海线大部的作战任务，可无争权争利之心，一心打倒"蒋氏暴政"。

论张学良，虽经扩大会议各派代表一再劝说拉拢，并未首肯，最后倒向蒋介石。故当时就声明拒任"国府委员"，也就不会看上"主席"高职了。

论西山派，全由党工组成，长年从事党务使得这批人思想上已经畸形，深知自己在枪杆子压过一切的社会里，只能打着孙中山的招牌，充当实力派庇护下的配角，随便给几个"委员"职就会满意而去。

论唐绍仪等一批清末民初的旧官僚，则是凭过去的声望立脚。各派政治力量时常把他们作为点缀，装饰门面，以壮声势，他们自己无任何过高之望。

论李宗仁、白崇禧，他们只是在粤汉路作战，人根本没来北平不说，军事上也已在6月中旬撤回家乡广西境内，当然也就不会来争"主席"。

论石友三、刘文辉等军阀，因实力有限，在扩大会议内部处于无足轻重的地位。让他俩出任"国府委员"，仅是为了扩大"倒蒋战线"，以便吸引更多军阀来归。

论汪精卫和改组派，他们野心最大，干劲最高，负责全部理论、宣传、文件起草任务，苦于没有实力，十分想当主席的汪精卫只好"谦让"他人。

论阎锡山，作为此次"倒蒋大盟主"，出钱最多；兵力仅次于冯玉祥的西北军，全面负责津浦路方面的作战，"扩大会议"的全部活动又都在阎的防地内举行。虽说"扩大会议事件"是他第一次也是唯一的一次公开"倒蒋"，可没有阎的支持就没有这次规模最大的"倒蒋活动"。再说此人之所以一反过去之含蓄，也是想过一过"主席瘾"也。

不管怎样，汪精卫为阎锡山筹安成功，总算有所结果。9月7日，阎某人从前线总部来到北平，汪精卫前往车站迎接。民国十九年（1930）9月9日9时9分，在北平的三位国府委员阎锡山、汪精卫、谢持宣誓就职，成立蒋介石执政后、第一个公开与之对抗的政权。虽说阎汪选的是"九五之尊"，吉利高贵，可好景不长，9月18日，张学良"通电助蒋"，和平进军平津地区，"倒蒋一方"腹背受敌，全面溃败。阎汪政权只生存了10天时间，寿命之短、垮台之快，可以成为民国之最。

随着军事上的失败，"中央扩大会议"跑往太原。汪精卫眼看半年来的心血付诸东流，分外伤心，为使"扩大会议"能在中国现代政治史上留下一点东西，到太原后全力以赴起草《约法》。10月27日，8章211条的《太原约法》和《国民会议条例》终于三读通过。虽说《约法》是西方政治制度和中国传统制度的混合物，可比起蒋介石的独裁统治来则要开明得多；虽说《约法》在中国没有实行的环境和可能，可改组派和西山会议派等制定者还是十分看重的。西山派的头目邹鲁曾为《约法》专门题诗称"百万头颅换得来，行间字里血成堆；漫云大法都须价，举国疮痍剧可哀"。

《约法》三读完成，汪精卫无事做了。在到晋城与冯玉祥、阎锡山会晤后，决定冯、阎两人同时下野，冯隐居晋南，阎跑往大连。汪带着陈公博、陈璧君等人于1930年11月1日经大同雁门关离开山西，前往香港。在长城脚下，夕阳残墙，汪精卫触景生情，半年辛苦换来彻底失败，心中不免酸楚阵阵，写下一首七绝：

"残峰废垒对茫茫，塞草黄时髦也苍；剩欲一杯慰李牧，雁门关外度斜阳。"感情容易冲动的汪精卫，此时只有失意、没落。一场"倒蒋大合唱"就此收场，失败并不奇怪，双方无是非之分，只有实力大小之差，蒋介石凭实力赢得了这场战争。双方给人民带来的只是战乱、灾难和死亡。

就在汪精卫忙于"倒蒋"大事的同时，胡汉民则一直忙于在南京做"拥蒋"的大官。"宁汉合流"后，汪精卫去了武汉和广州，蒋介石、胡汉民等人辞职去了上海，南京中央特别委员会的大权落到桂系和西山会议派手中。10月因讨伐唐生智、汪精卫武汉叛乱，桂系主力开赴两湖地区。蒋介石的嫡系，由黄埔子弟组成的第1集团军，又称雄于京沪地区。控制特委会党务大权的西山会议派，因对"一一二四惨案"负有责任，也被亲蒋势力赶到上海租界。南京政府又落入蒋介石手中，他下野后复职的时机已到。1928年1月4日，蒋介石正式复职国民军总司令。

蒋总司令走马上任后，立即邀请胡汉民回宁辅政。胡汉民见北伐未了，党务政务外交无从展开，无须自己出场。故于1928年1月25日离开上海前往欧洲考察，同行的有女儿木兰、孙科、伍朝枢等人，数月间主要在南洋、土耳其、法国、英国等地游历。特别是在土耳其停留期间，对凯末尔和资产阶级政府的社会改革措施，极为佩服，影响到他自己的为政思想，更希望中国的蒋介石成为凯末尔式的人物。到法国后，一直拒绝与汪精卫见面。

胡汉民身在外国，没有忘记"指导"蒋介石。1928年6月3日，南京方面的"二期北伐"接近尾声，北伐军进驻平津地区，胡汉民就这一形势致电南京，向国民党即将召开的二届五中全会提出《训政大纲草案》，提示蒋介石，根据孙中山设想的中国民主政治三部曲，现在军政时期已经结束，训政时期开始，为将来进入宪政时期作准备。蒋介石接受了胡汉民的建议，在8月间召开的五中全会上，颁布训政时期约法，实施训政。蒋、胡"训政"的真谛是"以党治国"，实行国民党"一党专制"。

8月28日，胡汉民回到香港，随后去上海。在港沪两地，前来迎接的夫人陈淑子和许崇智、居正、谢持等已被排挤出南京大半年的西山会议派要人，极力劝阻他去南京。胡本人已是蒋迷心窍，决意前往，对劝阻的人说："中国需要统一，需要统一建设，实行建设需要一个健全的中枢。我到南京，不是帮助个人，我是想帮助中华民国，完成中国国民党的革命使命。你们该把对人的观念，改易为事的观念，便不致误解我了。我所希望这所谓个人是凯末尔。"胡汉民确是这样，虽说他在南京从政两年余，是蒋介石的帮手，可他一直有自己的主张。那就是强化国民党的"一党专制"，而党内则应民主化和法治化。如果说前者得到蒋介石的赞同的话，那后者则为蒋介石所反对。

1930年9月3日，胡汉民到沪的当天中午，蒋介石、张静江、吴稚晖等人就赶来相会。20日，国民党中常会加推胡汉民、孙科为中央常务委员，10月8日，中常委通过国民政府改组案，组织第一届"训政"内阁，蒋介石第一次当上国民政府主席兼军委主席，胡汉民当上国府委员兼"立法院长"。从此后，虽然胡院长在南京时间不长，可用其特长——对三民主义和西方政治制度、政治理论较深的研究，为蒋介石的军事独裁政府的合法化，做出了他人无法替代的努力。

胡汉民曾在《三民主义的立法精神与立法方针》一文中提出过自己的立法基调："中国经历长期纷乱之际，社会之安定为立法之第一方针，经济事业之保养发展为第二方针，社会各种现实利益之调节平衡为第三方针。"由此可见，维护国民党的绝对统治，维护南京政府统治的稳定，维护大地主大资产阶级的根本利益，是立法的基本任务。到被囚前，他主持制定过民法、刑法、土地法、诉讼法、票据法、公司法、海商法等15种法律、法令。以上法典的起草人员，大都是留洋归国的法学人士，法律条例不少是照搬照抄西方国家的法律。经过胡汉民的加工和修改，使得国民党的基本理论和方针，全部反映到具体法律之中，真正体现出训政时期"一党专制"的特色。各种基本法的制定，再加上打着孙中山的三民主义旗号，实行五权分立的政治体制，南京政府给世人留下了"法治"和"民主"的印象。如果说胡汉民在立法方面书生学究式的认真，是出于好意的话，可从社会效果看却是无法无天。

胡汉民说过："立法宜宽，行法宜严。"这话是行不通的，立法宽，执法严就缺乏依据。执法严的前提是法律全而细、严而准。问题不是胡汉民不明此理，作为立法、执法的他，与国民党内的权势人物一样，一方面他们明知搞一党专制与"民主"和"法治"是无法统一的，所以"立法宜宽"就为在法律条文中加入专制理论提供了方便，也便于解释法律时进行有利于专制统治的辩解。另一方面，他们不愿意把法律条文定得过严过细，限制自己的行动，影响实行一党专政。在这样的法律之下，人民群众根本得不到法律的保护。而不少大大小小的官吏，则目无法律，肆意妄为，社会纲纪荡然，加速了社会本身的毁灭，也加速了国民党的失败。

当蒋介石独裁逐渐形成、国民党内各"倒蒋派"接连不断"倒蒋拥汪"，胡汉民则以特殊身份为蒋捧场喝彩。每当有"倒蒋分子"起来时，胡总是引经据典，念念有词，攻击对方的行动是违背总理遗教，分裂国民党。总是从"论""法"的高度，求证对方是僭越叛乱之举。如在"扩大会议"时，他称汪精卫"左到要与共产党通家，右到与西山派合作为阎冯筹安"。他的政治围剿，及时有力地配合了蒋介石的军事围剿。故在国民党上层有人称他是"在于征桂，则功超言论之外；对待阎冯，则功居后防之先。"

胡汉民的媚蒋、助蒋行动，使得当时的舆论对他十分不利，最后是他自己起来洗刷掉作为蒋家帮手的耻辱。胡汉民"倒蒋"引发又一次"倒蒋大联合""非常会议事件"。"非常会议"解散后又坚持"倒蒋"四年余，写下国民党内"倒蒋史"上新的一页。

蒋、胡决裂的起因在汪精卫身上。"扩大会议一结束，汪精卫留下一条豹尾——《约法》。《太原约法》提醒蒋介石，何不接过约法口号，乘中原大战凯旋之际，立即召开国民会议制定一部有利于自己的约法，把自己的领袖地位在法律上固定下来，为全面独裁创造条件。故在1930年10月3日，中原前线已经胜利但未收兵之际，从河南兰封前线致电南京中央，主张提前召开"四全"，确定召集国民会议的议案，制定训政时期的约法。

对法律颇有研究的胡汉民，一眼看穿蒋介石的阴谋。他认为当年孙中山制定《约法》是为限制袁世凯独裁；汪精卫制定《约法》，是从在野派的角度反对国民党上层蒋介石集团的专制。而蒋介石要约法，绝不是为了履行法律，而是为了约束他人，无限制地扩充自己的权力。胡汉民清楚，自己设想的中常会领导、中央政治会议议政、仿西式政治体制的互相制约的党治政府体制，将会被蒋介石的独裁所取代，自己控制的党务、立法机构的权力也将被剥夺。

接到蒋介石的电报后，胡汉民大到国民党的三届四中全会，小到私下交谈，利用一切机会一切场合，反对制定约法。基本调子是"总理之建国大纲，及第一次全国代表大会宣言中之对内政纲，较任何约法为完备，无需要作出钦定式的约法"；"且国民党第三次全国代表大会已议决，将总理所著的主要遗教，定为效力等于约法的根本大法，现在又谈约法，岂非将总理遗教搁开而另寻别径"。

蒋介石被胡汉民有论有据、有条有理地驳回后，并未罢休，指使吴稚晖等人出面，与胡汉民论战。胡汉民以他学究式的认真、卓越的辩才，堵死了"立法院长"及立法院赞成、支持和通过约法的路。

蒋胡合作之初，就有不可调和的矛盾。胡汉民自恃为国民党内无人可比的头号元老，具有党统的合法性，在党内的势力和影响远在蒋介石之上，占有足够的优势，故希望不断强化一党专制；在党内则仿照西方政党，开放党内民主，权力的分配、使用，应用和平、民主、法治的方式；党务、政务避免军队干涉，限制军事强人的出现。这样有利于自己在和蒋介石的合作中，扬善办党务之长，避不掌军权之短。蒋介石则随着实力增长，篡夺最高领导权的野心日起，可他多年的工作重心一直在军界，在党务、政务方面积聚资本的工作刚刚起步，离成为"大家长"还有一段距离。胡汉民因有党务本钱搞党治政府，蒋介石只能搞军治政府，胡汉民的民主与法治是压蒋介石的，蒋介石只有靠手中的军队，实行高压统治，压制各种反对派。所以两人都主张实行国民党"一党专制"，但胡汉民主张"一党专制"集体裁决，蒋介石主张"一党专制"一人独裁，两人"官念"上的差别，引起种种不和。

胡汉民不满蒋介石到处插手，不赞成蒋介石拉帮结派，更反对蒋介石滥用职权，故经常利用立法院质询、审计大政方针的机会，阻止蒋介石的计划实施，两人之间明争暗斗没有断过。更使蒋介石接受不了的是，胡汉民竟敢当面顶撞、指责他。至于胡汉民以老师的面目出现，把蒋介石当成学生，口讲指画、耳提面命之事也时有发生。正如他自己所说："余秉性率直，对任何事情知无不言，言无不尽。凡言有不合，理有未当，事有错误者，余当面指责，任何人在所不避。"在国民党上层，向蒋介石献计献策的多谋之士不多但有之，向蒋介石进尽忠言的大胆之士不多但有之，而敢于指导、教训、顶撞蒋介石的，就胡汉民一人。

问题是胡汉民所为对蒋介石来说，就显得无能为力。蒋介石对胡汉民和立法院的审核，为表示民主有时会敷衍一下，蒙混不过就我行我素，遭到抗诉就强行通过，从不把胡汉民放在眼里。两人之所以能够合作，是因为他俩各有打算，各有私心。蒋介石是想借助胡汉民在党内的声望，巩固自己得到不久的领袖地位；

胡汉民则是想借助蒋介石的实力，掌握尽可能多的权力，实施自己的政治方案，两人是军阀和政客的合作。两人的合作仅仅是因为胡汉民没有认清蒋介石的虎狼之心，蒋介石则需要胡汉民在后方看家装门面而得到延续。约法之事则使胡看透了蒋介石的真面目而蒋也下决心抛弃胡汉民。

约法之争同过去的蒋、胡争吵来说，虽说是激烈了一点，可却是平常之事，两人闹翻除有政治原因外，还有就是缺少一种调和和折中的因素。这就是1930年9月21日在检阅军队时突然中风死亡的谭延闿。"行政院长"谭延闿的突然去世，一方面使蒋介石以国府主席、陆海空军总司令的身份，兼任行政院长独揽大权，胡汉民对此有所异议；另一方面使得蒋介石和胡汉民之间少了一个调解人。

过去两年间每次能够平息蒋、胡争吵，并使蒋、胡握手言欢的，只有谭延闿。有人说如果谭不去，恐怕约法之争也不会发生，国民会议也会开成，约法也会出笼，也就不会再有"非常会议事件"。胡汉民在谭死后不无遗憾地怀念道，"风景不殊公逝后，江山无恙我忧时；去年今日经风雨，正是回章索和期。"所以有人把谭死对胡汉民的影响，比作中药里姜桂失去甘草不成药势一样。为此，在谭死时，胡汉民就已向蒋介石提出辞职。蒋介石心里明白，只要胡汉民下台，马上会成为"倒蒋活动"的中心。自己多养一个胡汉民那样的政客，可以安抚一大批人，可以增加南京政府的民主色彩，故没有同意辞职。

约法之争日趋激烈化，胡汉民利用其在党务和理论上的优势，以总理遗教传言人的身份，一再搬出"总理遗教"来压对方，指责蒋介石、吴稚晖等人是"曲解总理遗教"。这一罪名对蒋介石来说并无什么约束力，可谁也担当不起，也不愿意担当此罪名。蒋介石为堵住胡汉民的口，如期召开国民会议，顺利制定约法，经公开论战和私下劝说无效后，决心一冒政治风险，把胡汉民赶走。最后蒋介石如期达到目的，却也付出一些代价。

1931年2月28日晚，蒋介石设下鸿门宴。应邀而来的胡汉民，在提前结束立法院院会后，于8时许进入总司令部。胡院长根本没有想到，竟然会成为蒋主席的囚徒。他一进门就被司令秘书高凌百引进一间小房间，早已在里面等候的首都警察厅厅长吴思豫，送上一封蒋介石签名加注的信件。信中列举了胡汉民勾结西山会议派、运动军队、反对约法、破坏行政等罪行，阅罢信胡氏又气又恨，要求与蒋介石一谈。半小时后邵元冲进来转告说："蒋先生想请胡先生辞立法院院长。"

胡汉民答:"何只'立法院长',我什么都可以不干。组庵(谭延闿)未死时,我已说过辞职了,但必须找介石来,这样就可以了事吗?"直到12点,蒋介石才来与胡汉民见面。胡氏滔滔不绝,对蒋氏的信中内容逐条加以批驳。蒋介石听罢说:"胡先生讲话,向来严正,常常严责党务政治工作人员也太过,这些人都不自安。"

胡汉民听出话中有话,毫不客气地说:"我严责这些人,正是我看重他们。任情何为,擅离职责,国家体统何在?这批人,还不该受我的教导吗?"又进一步说:"你不对,只有我教训你。除我之外,怕没人再能教训你了。你不要以为我不敢教训你。"

蒋介石听后很不自在,赶快了此谈话,表示:"胡先生能辞职,很好,但不能不问事。我除总理外,最尊敬的便是胡先生,今后遇事,还是要向胡先生请教。"

蒋介石说完就走了,空着肚子前来"赴宴"的胡汉民这才吃上晚饭。后半夜,胡汉民的"辞职信"送出。第二天各报都刊出以下消息:"因身体衰弱,所有党部政府职务,概行辞去。胡汉民。"同时还亲书一信给蒋介石,信中说:

"我平生昭然揭日月而行,你必有明白的时候,去年我亦早已提出辞职之议。且自去年与组庵、湘勤(古应芬)等唱和以还,竟自审我非政治中人,而发现有做诗人的天才,实可为一诗家。当民国十五年自俄返国,避居上海,从事评述著作生活者年余,以维生计,以遣长日,竟颇有成就。今后心将以数年之时间,度我诗人之生活也。"信后附言:"留居此室,室小人杂,诸多不便,能住汤山亦好!"

次日上午9时,一夜未眠的胡汉民由邵元冲、吴思豫及军警"陪同"前往汤山,陪往的有女儿木兰和医生、男女服侍各1名。就这样,一位国民党头号元老、中常委、"立法院长",一位专门制定法律的人,竟然未经任何法律手续,被蒋介石看押。法律、人权、民主失去了尊严,任人嘲弄。蒋、胡决裂,反映出资产阶级政党的东方特色,即任何党内争论都可能成为势不两立、你死我活的恶斗。

胡汉民在南京过起囚禁生活。3月8日,因血压过高迁回双龙巷家中软禁。7月13日,改关香铺营孔祥熙府,平时获准探望的只有戴笠、吴稚晖、孔祥熙等数人。其中在5月4日蒋介石前来邀请胡汉民出席次日召开的国民会议,胡不软不硬地回答:"我身体不大好,怕不能出门,而且军警监视着,也不便出席。即使出席,怕也不好看吧!"

胡汉民几乎与外界隔绝，外界却已闹翻天；胡汉民自己并未说过多的话，其他人却大做文章。胡汤山被扣，迅速转化为蒋胡两派，紧接是蒋介石和"倒蒋"各派尖锐对立的"非常会议事件"。宁粤分裂，是继"宁汉分裂""中央扩大会议事件"后的又一次政争。事件在南京和广州同时展开。南京方面，蒋介石见胡汉民无法说话了，立即进行国民会议的筹备和约法的起草工作，负责约法起草的就是一贯被胡汉民瞧不起的吴稚晖。5月5日至17日，国民会议开完，《约法》通过。会议最大的得利者是蒋介石：通过《约法》从法律上进一步巩固了他的独裁统治，使他的军事夺权活动得到大法的肯定。蒋介石感到不称心的是，广州方面的"倒蒋"活动时时惊扰着会场。

胡汉民是国民党内数一数二的元老，又是粤中政界首席。故首先为胡汉民鸣冤叫屈的，是任职中央阶层的粤籍政界大员古应芬、孙科、王宠惠等人。他们一个个离开南京集中广州，图谋"倒蒋"。"倒蒋派"的行动，得到了早已有称霸广东图谋的陈济棠的支持。陈的割据计划苦于缺少政治旗帜和机会，而没有起事。现在是千载难逢的好机会，说旗帜有胡汉民，更有一批国民党的活动家已经来到广州，阵容相当。于是他出资出力出人，联合广西李宗仁部，决心凭两广实力，互助自保，与南京方面分庭抗礼。"扩大会议"失败后陷于低潮的"倒蒋活动"又进入高潮，各路"倒蒋英雄"又不约而同云集广州，形成民国史上第二次"倒蒋大联合"，其中还有汪精卫及其追随者。

汪精卫一生投机，没有什么固定的政治见解，仅仅是他已在野多时，复辟欲望强烈，所以也披上反对"蒋家王朝"的外衣，主张"护党救国"、消除腐败、增加民主、限制蒋介石的权力。并且不顾数次被胡冷落的难堪，主动站出来为胡汉民鸣不平。两位同乡在分手六年以后，在"倒蒋"的统一目标下，又一次走到一起，不过为时很短，不足一年又分手而去。

广州城里一片繁忙。4月30日，国民党中央四位监察委员邓泽如、林森、肖佛成、古应芬"通电"弹劾蒋中正，要求释放胡汉民；5月8日陈济棠通电响应；25日代表胡汉民系、孙科系、汪精卫派、陈济棠系、西山派、桂系和旧官僚显要的古应芬、汪精卫、孙科、陈济棠、邹鲁、李宗仁、唐生智、唐绍仪等二十二人，联名"通电"，要求蒋介石在48小时内即行引退；两天后，"国民党中央执监委非常会议"成立，次日成立国民政府，南京、广州两个政府、两个党中央的对峙局面形成。

由汪精卫执笔的《非常会议宣言》称:"现在南京之中央党部,从前表示反对之同志,固不认其存在;曾经参加者,亦以此党部为个人势力所劫持,实无存在之价值。当此存亡绝续之际,唯有以革命之手段,集合各届中央执监委员,对党有历史夙著忠诚者,相与组织非常会议,以为本党之领导机构。"以完成"救护党国,打倒独裁"的任务。汪精卫自始至终,一直十分活跃,出任"非常会议"常委兼国民政府主席,这是他继大革命时期的广州、武汉政府及"扩大会议"之后,第四次担任此类领导职务。

在此期间,南京城里热热闹闹地开完了国民会议,通过了《约法》。这一大事一了,蒋介石集中力量对付广州。5月28日,蒋介石复电孙科:"中正尽瘁革命,系受总理付托,所有本兼各职,均奉党国命令,既非赵孟之所贵,亦非赵孟所能贱。又确信革命乃为责任,并非权力之争,攘夺固所不许,放弃亦非所甘。"

次日,吴稚晖跳出来指责"非常会议":"如有可以一不得志,即南越北胡,随便乱走,昔仇今反,随便集会,此扩大会议所以见诮于中外。而今日广州六集团(吴是这样划分的:唐绍仪、林森、李烈钧、王宠惠为超然派;邓泽如、陈济棠、马超俊为国民党右派;孙科、许崇智、邹鲁为西山会议派;汪精卫、唐生智为改组派;陈友仁为第3党;李宗仁为桂系),之不伦不类而凑集,又于人类存污点也。如何邓泽如、汪兆铭并坐;古应芬、李宗仁同席;陈济棠、白崇禧握手;唐绍仪、陈友仁脱帽,而肌肤之上,能不起毛栗。"把广州"倒蒋阵营"说成是一堆"政治垃圾"。

蒋介石对南方的呼吁置之不理,决心全力击垮这次反对自己的大联合。由于"非常会议"同以往不同,对蒋来说,广州方面集中了人数众多的政界、党务、军事大员,特别是胡汉民、汪精卫、孙科三位元老和西山会议派成员,政治上的回旋余地很大,武力讨伐师出无名;对陈济棠来说,不愿意步各路"倒蒋军阀"的后尘把老本赔光,一再宣称不愿与蒋介石兵戎相见,故蒋介石没有下手的理由,双方打的是一场君子动口不动手的政治仗。胡汉民被囚事件引发了这场别开生面的恶斗,双方电报战、笔战不断升级升温,可胡本人却"不声不闻不动",处于蒋介石的"保护"之下,倒也闹中取静。

打破宁粤僵持的是日本侵略者的炮声,"九一八事变"发生,全国震惊。宁粤双方在全国各界人士"团结御侮"的呼吁下,继续内斗无法向国民交代,只得坐下来谈判。谈判过程中，胡汉民成了解决事变冲突的关键人物，10月13日，蒋介石在时隔5月余约见胡汉民，话不投机，10分钟就匆匆结束。谈话时间虽短，可解决了胡汉民最想解决的问题，即摆脱蒋介石的控制。蒋介石答应第二天放胡汉民去上海，会见南方谈判代表。

10月14日晨8时，蒋介石和张静江来为胡汉民送行。蒋见面就说："过去的一切，我都错了。请胡先生原谅。以后遇事，还得请胡先生指教。"胡汉民又是直言："不然，你说过去的一切都错，这又错了。你应当检查出在过去的一切中，那几样是错了，然后痛自改正，错而能改，并不算错。"蒋介石被逼得没法，只得问："据胡先生看，错些什么呢？"胡汉民不留情面地说："过去最大的错，是大家没有为党、为国、为中国革命去奋斗，只是努力于私人权利的斗争。人人将所有的心思才力，用以对付党内同志。党从此不能团结，党的力量以此不能表显，整个的中国革命，也以此完全失败。这种错误，谁都有份，不过我个人要比你们少些。"

虽说胡汉民经八个月的拘禁，对蒋介石已不抱希望，但对蒋介石此次放他离宁的真意并不了解。蒋介石明知放胡回粤，无疑是放虎归山。可不放的话，广东方面又不会坐下来谈判，南京方面也不好向全体国民交代。放是要放的，蒋介石之所以要放胡出宁除出于以上两点考虑外，还有一计附后。这就是广东已有一虎汪精卫，再放去一虎胡汉民，二虎相争是拆散胡、汪同盟的最好办法。蒋介石已经决定放弃不协作不听话的胡汉民，准备寻机与变化无常但易控制的汪精卫合作，变联胡打汪为联汪打胡。

胡、汪、蒋三人中，蒋介石坐大，胡汉民固执，汪精卫善变，无法共事。固执的胡汉民既不承认坐大的蒋介石的权威，又不欣赏善变的汪精卫的投机，与蒋、汪决裂是必然的。坐大的蒋介石对胡、汪两位党国重臣、孙中山的助手，不敢用，不用的话，自我孤立，不利于自己对国民党的统治；不能重用，重用的话，自我麻烦，不利于自己的独裁。所以只能空出不给实权的高职予以安置。胡汉民不同意这种安置，不甘当摆设，不甘被愚弄，终于离开了南京。汪精卫则不然，争权数年未得一利，今见缝插针，抓住胡汉民离宁这一有利时机，预备投向蒋介石。说实话他的"倒蒋"，还不是为了在与蒋介石做交易时，能够多分几分利。

胡汉民来到上海，主持和平会议，为宁粤合作最后铺平了道路。在此之前，双方各派代表在香港、广州已经开会数次，商议合作措施，由于广州方面坚持蒋介石先行下野、释放胡汉民这一先决条件，致使"和平会议"迟迟没有开成。作为广东代表之一的汪精卫、孙科为创造"叛粤投蒋"的气候，在谈判时宣布放弃这一先决条件，讨好宁方，只因古应芬、邓泽如等人坚持，才未形成决议。

1931年10月14日下午，胡汉民下火车后来到莫利哀路孙科家中住下。第二天，致电广州汪精卫、陈济棠、李宗仁等十四位要员："现在外患急迫，不下于甲午（1894年），而国内不协调现象，则为甲午所未有。其所以致此之由，在过去党内纠纷迭乘，政治举措失当。"故要各方"能体总理天下为公之精神，斯过去一切之错误，即可改正。而今后安内攘外之方，亦可确定"。电文最后邀请"非常会议"推举代表来沪参加和平会议。为使"宁粤合流"正常进行，南京中央党部于19日召开临时全会，议决凡是二届四中全会后因"倒蒋"而被开除党籍者，一律恢复。20日，一直不理南京方面要其北上谈判呼吁的粤方代表100余人，由汪精卫带队乘外国邮轮到达杨树浦。蒋介石的欢迎代表于右任、贺耀祖带着中执监委、国府委员前来迎接。国民党各派各界要员云集上海，一对间沪城成为政治中心。

1931年10月22日，蒋介石到达上海，下午1时在宋子文的陪同下参加和平会议开幕式。蒋介石、胡汉民、汪精卫终于见面握手，这是自1925年8月以来的第一次，也是最后一次聚会相见。席间三人谈笑风生，亲切热烈，似乎从前从未发生过什么不愉快的事情一样。蒋表示："诸同志皆党中前辈，本人为后进，向来服从前辈。此次诸同志议定办法，凡胡、汪先生同意的事，我无不同意照行。"会议开了三小时，一结束蒋介石就甩手回了南京。

问题并未解决，接下来就是为政治分赃，进行各不相让的谈判。胡、汪虽说同为"倒蒋"一方，可在和平会议期间，就是否依靠"国联"解决日寇侵华问题等事情上已起分歧，在"倒蒋"方针、态度上已起变化，汪精卫再次投机的决心已下，必要时与蒋介石第二次合作，只是在选择时机。

坚持"倒蒋"的只有胡汉民。10月28日，胡在广州"非常会议"的代理人古应芬，突然因拔牙感染而死，广州方面屡次电请胡汉民回粤主政，胡暗中打算趁机回粤另谋"倒蒋"出路。11月7日，和平会议经七次分会结束，会议避开了本该解决的政治分赃和政治改组这一关键难题，作出的主要决议就是分地召开国民党第四次全国代表大会，分配第四届中执监委名额。分配方案规定第一、二、三届中执委员、中监委员，除去有共产党嫌疑被开除出党的人，其余为四届当然委员。此外再增加48名，南京、广州各分24名。

"四全"是国民党历史上一次很重要也是很滑稽的会议，说重要，是说会议使国民党上层各派各得其所，以后再无大规模的"倒蒋"活动；说滑稽，是说全国代表会议，竟然分别由蒋、胡、汪三人主持分三地召开。

11月12日，南京"四全"首先开幕，行动和言行一直对不上号的蒋介石在会上异常虔诚地说，"倒蒋分子""实际上并未叛变本党，反对攻击者，系对我蒋某个人，故一切罪恶，皆由我个人而造成"。事实也是这样，"倒蒋派"的活动并非政治大革命，仅是争权夺利而已。现在蒋介石是胜利者，宽容是可能的，以便解决"宁粤对峙"。11月23日，会议收场，开得异常顺利。

要说南京"四全"在蒋介石的控制下，开得像模像样的话，那广州"四全"则无规矩可言，从头到尾吵得不可开交。吵的目的只有一个，那就是胡系、汪派、西山会议派及孙科系四派争夺24名中执监委员名额。11月18日，会议开幕第一天就因争吵不休而休会，到27日先后退出会议到达香港的大会代表，已达200余人，大部分是被陈济棠和胡系排挤走的汪精卫、孙科的追随者。待在上海观测风向的汪精卫，认为单干时机已到，干脆来电要这批人去上海另行开会。"非常会议"出现重大分裂，胡、汪再次分手在前。

1931年11月29日晚，调解会议纠纷及主持古应芬葬礼的胡汉民到达广州，至此彻底摆脱蒋介石的控制。胡汉民一到家乡，对如何善后、名额如何分配已无多大兴趣。他的志趣则在不愿称臣于南京，重新举起"和平倒蒋大旗"，凭两广实力割据，与中央政府对抗。12月5日，选举刚完，胡汉民就组织起中执监委临时办事处，7日正式成立割据政府和党部。到1932年元旦，胡汉民领衔"通电"，宣布以党权统一于中央，以治权还诸于统一政府，取消"非常会议"及国民政府。另外组织"中执委西南执行部、西南政务委员会、西南军事委员会分会"，与中央一起"负均权共治之责"，两广处于"半独立状态"。蒋介石解决"非常会议"的计划，因为胡汉民作梗，留下一条不大不小的尾巴。虽说两广陈济棠、李宗仁并未对中央政府造成什么威胁，但在以后四年半的时间里，"两广事态"对蒋介石来说是如鲠在喉，寝食不安。

汪精卫是个十足的伪君子，为了能进南京城做官，简直是不择手段。12月3

日,从香港赶来的 200 余名汪派、孙科系的代表,麇集上海大世界共和厅,召开"四全"。分裂广州"四全"是汪的既定方针,也是他一手策划的,更是献给蒋介石的见面礼中的一部分。汪精卫在会上无耻地说"听到广州各同志退出'四全'后,从悲痛当中感觉有无限的愉快,应该表示敬意"。这批政治圈里的活跃分子,把堂堂的"四全"视为儿戏,会议一天开完,上午选主席团,下午选广州"四全"空出的中执监委名额 10 人。由于上海大世界当时是十里洋场"游娼"集中之地,"游娼"又被俗称为"野鸡",汪氏的追随者们从此有了一个不太雅观的绰号"大世界货""野鸡中委"。此号对汪精卫这批人来说,还真有名副其实之感。

"四全"开完,开始政治分赃的另一项内容政治改组,这是汪精卫最关心的大事。对蒋介石来说已不存在难题,因为胡汉民不在南京,与汪精卫合作要比与胡汉民合作容易得多,现在是全力以赴拉汪入伙。12 月 15 日,蒋介石辞去国府主席兼行政院长职务的申请,由中常会批准,为政府全面改组创造了条件。22 日至 29 日,国民党四届一中全会召开,专门瓜分职位。奇怪的是三位巨头一个也没有出场,蒋介石去了奉化,胡汉民留在广州,汪精卫躲在上海租界,任凭部下拼个头破血流,而改组方案早已由蒋介石圈定。蒋介石、胡汉民、汪精卫同为国民党中央常务委员会、中央政治委员会常委,表面上平起平坐。"非常会议"方面除陈济棠、胡汉民外,其余成员大都有了新的官职。其中林森为国府主席,孙科为行政院长,他们再也不谈"倒蒋"了,再也不提民主和反对专制了。

由于会上通过《中央政治改革案》,规定国府主席不负实际责任,实行行政院负责制,行政院长就成了异常重要的职位,人选关系到蒋家统治的稳定。此时胡汉民已经在广州重新组织"倒蒋阵线",蒋汪合作已成定局。1932 年 1 月 13 日,蒋介石从家乡飞到杭州,托人带信给汪精卫,请其到杭州一叙。16 日,汪精卫见勾结蒋介石的时机成熟,接过蒋递过来的橄榄枝,不顾曾与胡汉民订下的关于"不准一人单独与蒋妥协"的协定,赶来杭州澄庐蒋介石住处密谈,商定成立蒋汪合作政治体制,先由蒋把汪扶上行政院长的宝座,再由汪出面呼请蒋出山。次日,两人联名致电胡汉民,名为请其北上就任中常委,实为通知胡汉民,蒋、汪已经合流。胡汉民接到电报,大骂汪精卫无耻,深感自己已被出卖,当然也就休谈北上就职了。

1932 年 1 月 23 日,刚到南京的蒋、汪主持中执委紧急会议,借外交和内政问题向上台仅三个星期的孙科内阁发动攻击。25日，孙科院长和陈友仁外交部部长离宁去沪，主动让贤。28日，中政会召开临时会议，同日上海"淞沪抗战"爆发，中政会的大员们对抗战不予理睬，不作任何决定，却忙于帮助蒋、汪夺权；追查陈外长就职期间违反蒋介石"对日不抵抗政策"的责任；撤销刚刚制定仅半年余的《约法》，因为蒋介石已不当国府主席，《约法》留在那里会成为新主席林森扩充个人势力、限制蒋汪等人的工具，故宣布作废；决定由汪精卫出任行政院长，同时重新设立军事委员会，选举蒋介石、何应钦、冯玉祥等五人为常委，为蒋介石上台作铺垫。30日国民政府因上海抗战而迁往洛阳，3月1日在西宫东花园召开四届二中全会，汪精卫提名没有到会的蒋介石为军委会委员长，18日蒋介石在南京宣誓就职，蒋汪分权、合作局面形成。

蒋介石名为主持军事，实际指挥一切；汪精卫名为主持政府，实际大事小事均要交委员长侍从室定夺，说穿了他只是蒋介石的高级办事员。当然，汪本人还是洋洋得意，庆幸自己的政治投机再次成功。这是他第五次出任中央政府要职，也是任期最长的一次。

虽说汪精卫无论是在国民党改组时的广州，还是在大革命后期的武汉，或是在"扩大会议""非常会议"期间，各方均会授予他高级领袖职务；虽说他外表英俊潇洒，相貌帅气，可他只是个出名的政治变色虫。他一生最大的缺陷就是为了当官，不惜名声，放弃政见，骨气全无。不比他人，就与胡汉民比，文弱书生胡汉民还算个硬汉子，仪表堂堂的汪精卫只能算是小人。

四、历史两闻人，死不相见

蒋、汪合作，同汪精卫以前的政治经历一样，也没有始有终，1926年3月，两人分手是因为政见不同，而再次分手时，汪精卫则成为头号大汉奸了。汪氏出任行政院长至1935年11月，任职近4年，政务有限，干的丑事却不少。

一是对日妥协，汪精卫成为蒋介石对日妥协退让政策的决策者和执行者，上台之初就绞杀了上海的"一·二八抗战"。在日方未胜、中方未败的情况下，5月5日与日本签订屈辱的《淞沪停战协定》，其卖国行为遭到各界爱国人士的抗议，甚至"监察院长"于右任提议由中监委对其予以惩戒。对于东北被占领问题，一味相信"国联调查团",直至袒护侵略、混淆视听的《李顿报告书》发表后,还坚持"依赖国联并不错误"。1933年5月,汪精卫提出:"抗日只能问尽力与否,至于胜败利钝,是不能预料的",带头唱起"抗日低调"。"察哈尔抗日同盟军"起来后,汪和蒋介石致电总司令冯玉祥,诬陷冯的抗日义举是"滥收散军土匪,引用'共匪'头目,妨碍中央边防计划,妨碍中央统一政令"。出卖主权和领土的《塘沽协定》签字后,汪精卫又发表书面声明,极力为这卖国协定辩解。1934年6月,日寇正在华北地区步步进逼,汪精卫却与日使有吉认真商谈"中日提携"事项。1935年2月,在中政会上汪精卫报告说:"以和平的方法和正当的步调,来解决中日间的一切纠纷,务使互相排挤、互相妨碍之言论行动,一天天消除。"正是蒋介石、汪精卫制定的对日妥协政策和媚日行动,使得日寇有恃无恐,在侵略中国的道路上越走越远。

二是顽固反共。汪精卫政治上变化多端,可自"七一五政变"后,"反共"这一点一直没有改变,即使在"倒蒋"的繁忙时刻,也没有忘掉"反共"。当上行政院长后,和他的"抗日低调"相一致的,是反共歪调也不少。如1933年5月1日在演讲中反复论证"抗日必先剿共"。8月间又说,"国民党之方策,治本莫要于充实国力,治标莫要于消除'共匪'"。如在蒋介石制订第5次"围剿"中共中央苏区的军事计划时,汪精卫直接参与起草和实施工作。要说蒋、汪在权力分配、行使上时有矛盾的话,但在对日妥协和反共"剿共"方面,竟然配合得如此自然默契。

汪精卫的恐日、亲日、媚日、降日的言论和行动,激起有良心的中国人的愤慨。1935年11月1日,国民党四届七中全会在南京丁家桥中央党部开幕,会后汪精卫先于蒋介石下楼与代表们合影。摄影时,被抗日志士、晨光通讯社记者孙凤鸣击中三枪。当即送往鼓楼医院急救,稳住伤情,几天后转往上海,8日施行手术,面颊上的两颗子弹取出,背部一颗子弹因靠近要害部位而无法取出。汪精卫的伤势较重,虽然治疗也无法痊愈,医生断定他只能再活十年,竟然言中,过了九年零九天,汪精卫死了。

如果说汪精卫的"护党救国"主张,引起了一系列的"倒蒋事件";如果说汪精卫的《太原约法》,引起了蒋、胡约法之争和"非常会议事件",那么汪精卫的被刺则间接引起一场新的政治风潮——"两广事变"。

胡汉民回到家乡后，成为两广军人防止南京政府插手的招牌。作为胡汉民本人来说，对孙中山创建的国民党的忠诚，使他不愿意成为国民党历史上一个"多变的角色"；书生本色使他能够在官场上"操行谨严"，因此他不想采取什么过激行动，相逼南京政府。所以说他的"倒蒋"与其说是政治行动，还不如说是对蒋介石非法囚禁的抗议和对蒋汪合作抛弃自己的赌气。

可是，当两广的"半独立状态"形成后，割据局面又非他能左右。广东有陈济棠，广西有李宗仁，党政军财的事务不容胡汉民干涉，更不用说有什么领导权威了。胡汉民在国民党上层，确实也算一个有真才实学、理论基础、资历威望的领袖，可在枪杆子有着至高无上决定权的现实面前，几年前就屈从于国家级军头蒋介石，现在对省级军头也只得礼让三分。当胡当民感到自己对两广时局无能为力的时候，就像当初对蒋介石称霸南京感到无能为力后溜回广州一样，不再过问两广政事，处于一种"半引退状态"，并在1933年初移居香港。

留居香港两年半期间，创办起《三民主义》月刊，写过一些回忆性文章，以当事人的身份记下所见、所闻和亲身经历，为民国史和国民党史研究留下了不少珍贵的史料。南京方面曾派"立法院长"孙科、中监委王宠惠及南京市长石瑛来港探望，劝说胡汉民放弃个人恩怨，到南京就任中常委职。胡汉民均予拒绝，几次表示："余谓与南京中委多数同志，为共生死之同志，……今日所争持者，为国家民族存亡问题与主义政策之实行问题，决不能徒以'情感'两字掩盖一切。"继续坚持自己的观点，然而他的抗日与"剿共"并举的主张，蒋介石不尽赞同，蒋坚持的是先"剿共"再决定是否抗日。他的党内民主化的主张和蒋介石的个人独裁的做法，则是永远也不可能合流。

在他的政见中，同汪精卫一致的是，反共立场没有改变，支持蒋介石和陈济棠"围剿"中共中央苏区。鼓吹"以北方的军队抗日，以南方的军队'剿共'"，抗日、"剿共"两不误。还把抗日、"倒蒋"、反共和三民主义连在一起，称之为"三民主义连环性"，作为自己的理论基础。

在政见中同汪精卫不一致的是，对日寇侵略有较为明确的态度。在他刚到广州之初，日本特务土肥原贤二紧随而来，愿意提供各种实质性援助来支持胡汉民组织"独立政府"。胡汉民面对日特务分裂中国的阴谋，义正词严地声明："本人与蒋先生之意见不同，实系本国之内政问题，不容他国干涉，如谓本人欲组织政府，尤无此意。如出自贵国（日本）政府口吻，实所不解。"以后又拒绝了日寇松井石根同类的提议。1934年4月28日，在所发表的文章中认为，日本《天羽声明》《广田声明》的"唯一需求，厥为独占远东，并吞中国"。他还在多篇文章和多次谈话中，要求中央方面对日作战，谴责蒋、汪的对日妥协政策。当爱国民主反蒋人士制定的《中华人民对日作战基本纲领》送来征求意见时，胡汉民毫不犹豫地签上自己的名字。同汪精卫的"低调"相比，胡汉民的"抗日主战论"且不说可行性如何，起码不失国民骨气。

胡、蒋对峙，引起国民党内各方的注意，1935年5、6月间，胡汉民的好友、西山会议派的邹鲁出面斡旋蒋、胡关系。为创造一个良好的调停条件和蒋、胡握手的前提，胡汉民接受邹鲁的建议，出国考察一段时间，待时机成熟，条件谈妥，再乘回国之势趁机回南京走马上任。

1935年6月9日，胡汉民离开香港，前往意大利、瑞士、德国、法国考察和游历。11月1日汪精卫被刺，离开政治舞台，汪"走"为胡"来"提供了可能。12日国民党"五全"召开，胡汉民当选为中央执行委员，大会就此为名，致电胡汉民，欢迎他回国就任新职，这是一个自然稳妥、顺理成章的返国进宁的台阶。1935年12月7日，五届一中召开，会议决定恢复"中常委主席制"，蒋介石以委员长身份兼任中常会副主席、中政会副主席，汪精卫为中政会主席但离职养伤，胡汉民出任中央常务委员会主席，主持党务。胡本人对这一安排是相当满意的，至此回南京城的障碍全部消失。

蒋介石如此大度接纳胡汉民，主要是因为对胡这样有地位名望、固执倔强之人，缺少惩治的理由和手段，既然治不了还不如收在身边，易于控制，这是蒋迎胡的小气候。为体现刚刚取得的江西"剿共"胜利这一新局面，为执行刚刚在"五全"上宣布的，对日本侵华采取的较为强硬的方针，需要国民党领导集团精诚团结，起码是表面一致，共同对外，这是蒋迎胡的大气候。而盛迎胡汉民的真正气候则是，蒋介石认为自己已经牢牢掌握党政军各类大权，汪主政、胡主党，不会影响蒋介石主持一切的行动。

胡汉民最后一站是法国，此时疗养枪伤的汪精卫也已到了法国，两人共同住在法国约四个月，可没有互相见上一面。论公，一人是中常会主席，一个是中政会主席；论私，胡、汪是同乡、同学加同志。且他们分手已经四年整，说公事，有必要见面；说私事，有必要见面。可没有见面，实有悖情理，"精诚团结"从何谈起？

1936年1月19日，胡汉民回到香港，蒋介石派来接驾的司法院长居正、中央党部秘书长叶楚伧已在港迎候。不料胡汉民回京一事遭到陈济棠、李宗仁的反对，为人正直、与陈和李患难与共四年余的胡汉民，不愿落个"背叛友人"的名声，准备寻求一个全面解决、各得其所的方案。更为重要的是，他想避免以前那种蒋介石大权独揽、一手遮天的霸政，希望通过讨价还价、谈妥条件，能对蒋介石的"犯规"行为有效限制和制裁。为此，胡汉民暂时没有北上。1月25日，体质羸弱的胡在广州招待友人时称，"健康实尚未恢复，比以体弱畏寒，医者谓北方寒冷，均嘱暂留。故以时间言，北行尚有时"。由于胡汉民的要求均没有结果，北上日期一拖再拖。

1936年5月9日下午，胡汉民应邀到妻兄陈融家做客，晚饭后与潘景夷摆棋对弈，8时左右突然晕倒，诊断为脑溢血。10时左右突然清醒后面对肖佛成、陈济棠、邹鲁及陈淑子、胡木兰等人，口授遗嘱："余以久病之躯，养病海外，迭承'五全'，大会敦促，力疾言还。方期努力奋斗，共纾国难，谁料归国以来，外力日见伸张，抵抗仍无实际，事与愿违。忧愤之余，病益增剧，势将不起。维追随总理，从事革命三十余年，确信三民主义为唯一救国主义。而熟视目前情势，非抗日不能实现民族主义，非澄清政治不能实现民权主义，非肃清'共匪'不能实现民生主义。尤盼吾党忠实同志，切实奉行三民主义，以完成本党救国之使命。""遗嘱"最后一次重申了生前的政治主张，再次把他的理论核心"三民主义的连环性"加以宣扬。"连环性"政治上抛弃三民主义的真谛，理论上经不起严密的推理论证，可它在国民党理论界毕竟是独树一帜。

5月12日下午7时40分，胡汉民因病情恶化去世，终年57岁。与他的一生政治生活发生重大影响的蒋介石、汪精卫，均未见上一面，汪正在法国疗养，蒋则派了八位大员南下，借葬礼发动政治攻势。南京代表名为祭奠胡汉民，实为逼陈济棠、李宗仁交出军权，取消两广的"半独立状态"。两广军阀见胡氏大旗已倒，蒋介石的整顿在前，匆忙发动"两广事变"拒蒋。胡汉民与蒋介石作对数年，死后又附上这样一件"告别礼物"。最后由于胡汉民的病逝，西南缺少政治中心，终为南京方面各个击破，两广归中央统一，李宗仁称臣，陈济棠出洋。胡汉民的死，引起国民党上层的派系势力重新组合，失去一股足以与蒋介石抗衡的力量。三驾马车只剩下蒋、汪两人，可汪精卫既无实力又无斗志与蒋介石对抗，只有借助外人的力量，进行最后一次规模最大、结果最坏的政治投机。

汪精卫受伤后，于1935年12月1日正式提出辞职，过了1个礼拜所任行政院长职由蒋介石兼任，所任外交部部长职由张群兼任，同时汪精卫升任中央政治委员会主席。1936年2月19日又远走法国以养枪伤，1937年1月14日回到上海。全面抗战爆发后，出任庐山谈话会主席，蒋介石在此会上发表了著名的《庐山谈话》，宣布全民抗战开始。抗战前期，汪精卫先后出任国防最高会议主席、国防参政会主席、国民参政会议长、国民党副总裁。

作为国民党内二号人物的汪精卫，在全民族的抗战打响后，不说为赶走侵略者献计献策，甚至连一个中国人起码的良知都没有。人民群众的抗日热情越来越高，他在后方组织起"低调俱乐部"，散布失败主义情绪；中国军人在前方与日寇血战，他在各种场合宣传"战必大败，和不致陷于大乱"，搞起出卖抗战的"和平运动"；侵略强盗把中国当成杀人游戏场，他公开称"如日本提出议和条件不妨碍中国国家之生存，吾人可接受之为讨论之基础"，主张和日降日。1937年12月14日，汉奸王克敏在北平出任"中华民国临时政府行政委员会委员长"；1938年3月28日，汉奸梁鸿志在南京出任"中华民国维新政府行政院长"。一南一北两个汉奸政权出场，使得汪精卫的"和平运动"有了更加明确的目标，也使得汪精卫加快了卖国部署，以免落后于其他败类，"组阁"任务落于他人之手。

经过与日方一系列的私下秘密接触，于武汉撤守前夕，汪精卫正式指定心腹、外交部亚洲司司长高宗武和汪系头目之一梅思平为他的对日谈判代表。1938年11月20日，高、梅二人在上海与日本参谋部代表影佐祯昭、今井武夫正式签订《日华协议记录》《日华谅解事项》《日华秘密协议记录》三个文件，规定"中日善邻友好、共同防共、经济提携"三个基本原则。11月27日，高、梅将协议带回重庆，12月2日，二人通知日方说汪精卫已接受条件，将于12月8日离开重庆，12月10日到昆明，全面执行叛国计划。

1938年12月6日，蒋介石突然从外地回到陪都，打乱了汪精卫的逃跑计划。18日，汪精卫借应四川党部主任委员陈公博邀请到成都发表演讲为名，通过原改组派骨干、交通部次长彭学沛办妥机票，与夫人陈璧君及国防最高会议秘书曾仲鸣等人一起飞到昆明，劝说云南省府主席龙云及第4战区司令长官张发奎，"通电"响应"和平降日运动"。龙云、张发奎两位将军不受诱惑，拒绝合作。汪精卫见事已败露，12月19日晚乘火车离开春城，前往法国殖民地越南河内。22日，日本首相近卫为配合汪精卫的卖国行动发表第三次对华声明，宣称"彻底击灭抗日之国民政府，与新生之政权相提携，以建设东亚新秩序"。12月29日，汪精卫致电蒋介石及中央党部，主张中止抗战，对日求和。电文称近卫声明"唯欲按照中日平等之原则，以谋经济提携之实现，则对此主张应在原则予以赞同，并应本此原则，以商订各种具体方案"。电文呼吁重庆政府"即以此为根据，与日本政府交换诚意，以期恢复和平"。以上臭名昭著的"艳电"发表，标志着汪贼精卫已经完全投入侵略者的怀抱。

中国政府为挽救汪精卫，作过不少努力。1938年12月27日，国民党总裁、军委会委员长蒋介石致电住在越南河内高朗街27号的汪精卫，恳劝其迅速回渝。1939年元旦，国民党中常会撤销汪精卫职务和开除党籍后，重庆方面又先后派出宋子文、王宠惠、陈布雷等人去河内，劝说汪氏以民族大义、个人气节为重，回国参加抗战阵营。1939年1月30日，蒋介石派出中央执行委员会、昔日改组派的干将谷正鼎带着签好的护照，赶到河内，劝说汪精卫出国游历。无奈汪氏的卖国主意已定，所有劝说都听不进去，一步一步走向深渊。蒋介石见劝说无效后，使出最后一招暗杀。无奈军统局特工人员陈恭澍、王鲁翘执行时遇到差错，被汪精卫逃脱，曾仲鸣成了替死鬼。汪精卫这家伙，真是坏人命大，两次遇刺不死。此招落空，中国政府于6月8日，签发通缉令，通缉叛国犯汪精卫。

此时的河内，一时成为汉奸们的集中地，汪精卫的追随者们大部分尾随而来。陈公博、周佛海、陈璧君、褚民谊、林柏生等败类，整日围着汪精卫商量卖国方案。一方面，他们极力为自己开脱。汪精卫在发表的三次和平宣言和《举一个例》等文章中，把卖国行为与蒋介石一度同意接受陶德曼调停行动等同起来，称自己的卖国行为是为国家民族着想，说自己卖国的依据是"蒋总裁在陶德曼工作之际，曾允以日方条件为和平之基础"，并说"中央心里想和，而口里不敢言和，余则心口如一"。真是厚颜无耻，想不到一贯口是心非的汪精卫，在卖国叛国问题上还真成为一个心口如一的人。历史已经证明，蒋介石想"和"而没"和"，同汪精卫想"和"就"和"是不能同日而语的。这是两个性质根本不同的问题；蒋是抗日决心有动摇，抗日决策有失误；而汪则是背叛民族、国家和人民。

另一方面，加紧与日寇联系。汉奸们频频与日方特务接触不说，还于1939年5月6日迁往上海，进入日本占领区。5月底，汪精卫、周佛海、梅思平、高宗武等人到达日本活动，与平沼骐一郎首相、有田八郎外相、板垣征四郎陆相等军国主义分子会谈。日方表示，汪精卫如"建立强有力中央政府，将予以充分的援助。总之，希望中国放弃容共抗日政策，为建设新东亚与日本合作而奋斗"。以后又于1939年10月初和11月初，两度飞日密谈，秘密签订了《日支新关系调整纲要》，再次重申1938年11月20日汪日双方议定的"关系三原则"。

第一次从东京回国后，汪精卫立即着手进行建立伪政府的工作。其中两次去天津找吴佩孚，劝吴出山主持伪政府军事，北洋军阀爱国觉悟也要比汪精卫高，曾为封建军阀头子的吴佩孚拒绝"当汉奸"之邀。汪精卫还多次与王克敏、梁鸿志会谈合流事项，并于1939年7月10日和1940年1月23日，在青岛召开群奸会议，以解决汉奸三集团内部权力分赃的矛盾。这批恬不知耻、良知全无的汉奸，为争当头号汉奸及争得更多的卖国权力而吵得不可开交。

1939年8月28日，汉奸们召开"国民党第六次全国代表大会"，宣布"以反共为和平建国之必要工作"，把反共与降日作为基本路线。1940年3月12日，发表《和平建国宣言》，表示"望重庆政府抛弃成见，立即停战，共谋和平之实现"。18日召开中政会会议，最后定下组织伪政府事项。23日汪精卫发表广播讲话，为把蒋介石拉入卖国阵营作最后一次努力，称"望渝方破除成见，加入和平运动"。30日上午，汪精卫发往重庆"请来卖国"的邀请没有任何结果后，决定自己公开出台，伪政权"中华民国国民政府"正式登场。汪伪开府南京，激起中华各界人士的强烈反对，国人纷纷斥道："汪逆叛党祸国，觍颜事敌，罪大恶极，浮于秦桧；伪组织下之群丑，沐猴而冠，认贼作父，丧尽天良。"

汪精卫出尽卖国风头。临时拼凑起来的伪政府，有名无实，大多成员实为酒肉之徒，不要脸面之辈，只有汪氏还能有点政治资本，日本主子挑来挑去，挑中汪氏，出任傀儡头目。尤其喜好掌权的汪精卫，坐上卖国第一交椅，本兼各职有"中央执行委员会主席、中央政治委员会主席、军事委员会委员长、国民政府主席、行政院长、最高国防会议主席、中央党务训练团团长、全国经济委员会委员长、清乡委员会委员长、中央陆军军官学校校长、新国民运动促进委员会委员长"，一时黄袍加身，大权集中。可笑的是，他的任何一项职务都没有相应的权力。只因他是日本刺刀和恩赐下的"儿皇帝"，所以党务政务军务财务外交事务均要由日本当局决策，汪只是一个高级办事员；只因他与人民为敌，与敌为友，新四军、八路军和国民党军队的进攻、打击，使他的政权只能在京沪杭一小块地区苟延残喘，汪只是一个高级维持会长；只因他是汉奸，只能干卖国的勾当，为虎作伥，汪实是一个高级洋奴。

想当初"倒蒋"时，汪精卫成为深受"倒蒋阵营"欢迎的人物，大有一呼百应、八面威风之势。可这次搞"和平运动"，却遭到各方的抵制，成为众矢之的。即使在叛国集团内部，也是难于一致。例如，原改组派三号人物顾孟余跟着跑到香港，明白叛国真相后又回到国内，参加抗战阵营。例如，汪氏降日的牵线人高宗武、陶希圣，在1940年1月21日代表汪精卫出席"日华国交调整会议"时，逃出南京，在香港《大公报》公布了汪精卫投敌罪证。汪逆一小撮，实为中国人民所不齿。

几年的卖国生涯，把汪逆拉向死亡。他走上卖国投敌之路后，就开始陷入深深的危机之中。体内的子弹无时不在折磨着他。1943年8月，麻痹和剧痛已经扩展到整个胸部。如果说生理上的病痛还可以靠医药一时加以抑制的话，那政治上的压力则使他惶惶不可终日。

一是来自不可逆转的世界反法西斯战争和中国抗日战争的胜利趋势。南京城里的汉奸们整日被抗击日寇侵略者的枪声，吓得心惊肉跳。汪精卫在命令伪军加紧清乡、屠杀抗日志士和人民群众的同时，加紧与日本主子合作，同东南亚的一批降日将领，大搞"东亚共存共荣"，这些丑陋的行为，无益于时局，只是增加了汉奸们的罪行。

二是来自汪伪政权内部的腐败。群丑们政治上反动，才智上平庸，可在捞取民脂民膏上却是个个一流水准。汪贼自己曾专门写过一诗来描述内部的贪污、腐败之风，诗说"窃油灯鼠贪无止，饱血惟蚊重不飞；千古殉财如一辙，燃脐还羡董公肥"。他的理智和直觉都已预感到贪污之风正在毁灭着南京伪政府，一只只饱血蚊、窃油鼠的行为，正在促使末日提前来临。

面对即将到来的民族和人民的胜利，汪精卫无可奈何。这位颇有诗才，写下不少诗词的政客、汉奸、诗人，在生命最后阶段的诗词中，情绪低沉，一片哀忧、伤感、凄凉之情。多愁善感的作者写道，"城楼百尺倚空巷，雁背正低翔；满地萧萧落叶，黄花留住斜阳。阑干拍遍，心头块垒，眼底风光，为问青山绿水，能禁几度兴亡？"他还特意注道："重九登北极阁，读元遗山词，至故国江山如画，醉来忘却兴亡，悲不绝于心，亦作一首。"汪精卫自己写出了合适的挽歌。

1943年12月19日，病入膏肓的汪精卫在日军野战医院取出了留在体内8年的子弹，病情一度好转，感觉良好。1944年1月，病情剧变，高烧和疼痛使他不能正常行动，医生诊断为压迫性脊髓炎，必须到日本治疗。3月3日，汪精卫在夫人、子女的陪同下飞往日本名古屋帝国大学附属医院治疗，复诊为"上骨髓肿病"，再次进行手术治疗，半年不见好转。汪精卫离开南京后，"国府主席"由陈公博代理，"行政院长"由周佛海代理。周佛海曾飞往日本探视过汪精卫，而汪精卫要陈公博来日本见他的电文却被陈璧君扣压，根本没有发出。10月间，汪精卫见自己来日不多，死到临头，口授"最后之心情"作为"遗嘱"，还表示希望下葬在广州白云山下。11月9日，为躲避盟军轰炸，医院把汪连人带床降到地下防空室，因上下时受惊吓和风寒，病情恶化，体温升至40度以上，进入昏迷状态。1944年11月10日下午4时20分汪精卫死亡，确证为"骨癌"。一代巨奸走完了不光彩的人生旅程。

汪精卫身亡，逃脱了人民的惩罚，但逃脱不了应有的下场。11月12日，汪的尸体由"海鹣号"专机运回南京，23日葬于南京中山陵梅花山。抗战胜利后，国民党当局认为汪精卫墓与中山陵并列，玷污了先总理，玷污了庄严肃穆的中山陵园，无法向国民交代，从重庆还都南京的国民政府也不想看到汪精卫的墓留在南京。1946年1月21日，第74军51师工兵营炸开汪墓，尸体棺木运到清凉山火化。在其余大汉奸陈公博、褚民谊、林柏生等押赴刑场的时候，汪精卫坟炸尸烧，倒也不失为合适之下场。

胡汉民、汪精卫同为国民党右派核心集团成员，旧中国变化多端的政争和令人作呕的官场，使得两人的生活轨迹和政治追求一再发生偏离。胡汉民不愿改变自己的个性和追求，应该成为国民党的领袖而没有当成领袖，最终还被排挤出南京官场。汪精卫把人生当成演戏，一生做作伪装，反复无常，给人留下的只是一个卑鄙无耻的形象。他不具备当领袖的品质可一直想当领袖，虽说多次当上领袖，可在历史上始终是个小丑的角色。

故人梦里两依依

汪精卫和四个女人

说到汪精卫，可谓是一生沸沸扬扬。激进的是他，舍身要炸清廷摄政王载沣；革命的是他，曾把"联苏联共扶助农工"的口号当作口头禅；凶残的是他，"七一五政变"时高叫"宁可枉杀千人，不可使一人漏网"；滑稽的是他，和胡汉民、蒋介石等一再上演政治闹剧；可耻的是他，抗战期间成为头号汉奸；凄惨的是他，死后葬后还被炸坟掘尸。本文所要介绍的，不是汪氏的激进、革命、凶残、滑稽、可耻、凄惨，而是四个女人与他的相思债、不了情，这里面有恋情、虚情、爱情和真情，也从多方面提供观察汪精卫的窗口。

一、恋情：刘文贞对汪精卫

汪、刘姻缘为媒妁之言，双方哥哥包办的亲事，可以说是门当户对、郎才女貌，完全符合当时婚姻的基本要求。男方汪家为书香门第，虽说在汪精卫年少时父母双亡，可同父异母的长兄汪兆镛治家有方，家景并未衰败许多。弟兄四人各有长进不说，老四汪精卫更是学习有方、学业有成。1888年，五岁的汪精卫进入私塾念书。在封建陈旧的教育方式下，苦读苦背苦写，经过十数年的学习，打下雄厚的国学基础。少年汪精卫已成开口滔滔不绝，伏案妙笔生花，满腹经纶非他人可比，闻名乡里的小才子。他才华出众，相貌也帅气，五官端正，眉清目秀，未脱稚气的脸上一股生气，令人喜爱。

汪精卫十六岁，大哥为其定亲完毕，女方是汪兆镛的好友刘子蕃的四妹刘文贞。刘小姐是知书达礼不说，长得也是亭亭玉立、分外动人。她对自己的对象是久闻其名，十分喜欢，唯一的遗憾是迫于封建礼教的约束，两人不能随便见面，当然也就谈不上互吐衷肠，只有把恋情深深藏在心里。即使是汪精卫后来高中秀才，刘家还送去贺礼秀才帽衣靴，可小姐本人也不能前往。1904年汪精卫考取日本法政大学速成科的官费生，远走日本，刘小姐也只好在闺房里为心上人高兴，无法前往面贺、送礼，这就难免会影响到两个人的感情。

1901年11月，汪精卫18岁，报考广东大学堂，初试通过，复试时落榜。报考失利，他的学习劲头不减毫分，两年后参加府试，高中秀才。在清代，广东番禺和苏南、杭州、北京一样，因人才多而名额少，秀才最难录取。汪精卫能考中家乡番禺案首，可见功底之深。新秀才并不走运，走上社会的第一个职业是屈就广东水师提督李准府上的家庭教师。次年冬去日本留学，到东京后与第二次赴日留学的胡汉民一起，追随孙中山先生，参加推翻清王朝的斗争。在中国同盟会的筹备过程中，汪精卫相当活跃，曾与黄兴等人一起起草会章和誓词，同盟会成立时被推举为评议部部长和维持留学界同学会书记，成为革命党内的重要人物。同时在同盟会机关报《民报》上时常发表文章，宣扬革命观点，鼓吹用行动来推翻清王朝的封建统治，批驳以康有为、梁启超为代表的保皇党。一时名声大震，为各方所注意。

汪精卫的行动引起长兄和刘家的不安，在封建专制高压下，为免遭杀身抄家之祸，汪兆镛和刘子蕃一再写信劝阻汪精卫，以家以学以安全为重停止反清活动。汪精卫没同意，为了让兄长放心，避免连累家族，修书两封。一封给家里，宣布脱离关系。一封给刘府，宣布解除婚约。长兄、舅兄明白此意，却苦了刘文贞小姐。她伤心地哭道："这是为什么？难道我刘家门第不够清白？难道他还嫌我丑陋？难道我做了什么不端之事，配不上他？他当初中了秀才，为什么还穿戴我家送去的衣帽，洋洋得意地到处拜客？"尽管这样，刘小姐还是一往情深，请哥哥转告汪精卫：不管他是不是形式上的退婚，她仍愿坚贞守候着他，决不改嫁。

汪、刘分离，并不足奇，刘小姐貌好人好，可是封建礼教束缚下的淑女，没有大胆追求爱情的勇气，对汪的恋情只是放在心里，甚至到毁约关头还不敢出面，最后是眼睁睁看着心上人离去。汪精卫拒绝了小姐的爱，与其说是为"革命"，还不如说是对旧式婚姻的不满。从事反对封建专制的革命活动和耳闻目睹、亲身经历外国开放生活方式，使汪精卫不会满意刘文贞封建、古板地表达爱的方式，两人的分离是必然的。

可怜多情的刘小姐被汪抛弃后，立志实现"决不改嫁"的诺言，并且走出闺房，发愤读书，中学毕业后学医，曾任广东省立医院妇产科主任医师，医道很好，名传一时，与孕妇、孩子打了一辈子的交道，就是没有结婚。用情太深的刘文贞女士，终于成了一方名医，没有成为大汉奸夫人。当然，如果汪精卫真的找了这位深情、漂亮、聪明、贤惠的女士，也许后半生不光彩的历史就会改写。

二、虚情：汪精卫对陈璧君

如果说汪精卫的首次恋情是因为搞革命而终止的话，那他的结婚则更有受革命影响的色彩。汪夫人陈璧君（1891年11月5日出生）为南洋富商家的千金小姐，在父母的宠爱下长大成人，养成任性、好胜、骄狂的性格。陈小姐的第一个恋人是表兄梁宇皋，两人既是亲上加亲，又是青梅竹马，一个情到，一个意中，可以说是相当般配的一对。风波起自汪精卫，1907年初，汪精卫离开东京，到达香港。后来随孙中山到南洋筹款和宣传革命。在槟榔屿小兰亭俱乐部讲演时，二十四岁的汪精卫被台下十六岁的陈璧君小姐看中。陈小姐是一见钟情，一往情深，凡是汪宣传讲演时，场场赶来助威。还劝说身为陈府四姨太的生母捐出一笔重金，取悦于孙中山和汪精卫。1908年冬天，汪氏回到东京，陈璧君跟随赴日，决意成为汪夫人。

对陈离家，理解不了、感到吃惊的除陈家外，还有就是未婚夫梁宇皋。当然，陈小姐没有用"绝交"来向梁宇皋告别，只是表示"我要到日本去得些更高深的学问，结识革命党人，参加革命。不但要争取汉族男性同胞的自由，而且更要争取汉旅女性同胞的自由"。未婚夫对这位长得并不漂亮的未婚妻，感情岂能一朝了结，在码头上送行时还不无幻想地说："不管你何时回来，我总等着你；如果你有不幸，我就终身不娶。"可未婚妻的回答却道出了两人分离这一不可避免的结果："我们虽说已经订婚了，但何时才能结婚是很难预期的。我如果参加革命，更不愿早早结婚。如果你另有合意的对象，我赞成你和她结婚，不必痴心等我。但是，你对我的深情，我会永远记在心头。"说实在话，梁宇皋无论从哪方面讲都敌不过汪精卫，陈璧君用她挑剔的眼力挑选丈夫时，选汪弃梁是正常的。

到日本后，陈璧君对汪精卫的接近、进攻均无进展不说，却成了另一革命党人黎仲实的追求对象，时隔不久，两人情感迅速热化，在同人的眼中，陈黎两人已成革命情侣。陈氏惹人喜爱之处，非貌非才，而是一腔少女的热情和活力。黎仲实为之神魂颠倒，结果是浪费自己的情感，断送自己的爱情，之所以这样也是因为有汪精卫。

陈璧君虽说和黎仲实搞得热火朝天，可对汪精卫的爱慕之心和情感进攻并未减少，经常以学习日语和古诗词为名，借机同汪接近。陈黎恋爱对女方来说，实际上只是个人恋史上的一段小插曲。作为一个青春少女，远离舒适的家庭，来到日本，需要别人尤其是男性的照顾。而输往汪精卫的秋波均无任何回应，生活和情感上有了黎仲实，当然充实多了。此时的汪精卫正值春风得意之际，对貌不出众、仪态平平的陈璧君，只是从"革命同志"和"小妹妹"的角度来观察这位多情的异性。

陈璧君对汪精卫如此亲热，黎仲实看在眼里，急在心里，劝阻无效，唯一的办法是自我安慰，往好处想，汪精卫身为同盟会的高层负责人，又是立志献身革命的血性青年，岂能见陈色起，夺人所爱？事实上黎仲实不了解陈璧君，陈、黎疏远并非汪所为，实乃两人无缘。陈璧君心系汪精卫，任凭黎仲实如何体贴、关心、百依百顺，甚至替陈小姐倒水洗脸洗脚，均无法改变陈璧君对汪精卫的情义。陈璧君对汪的追求也逐渐升级，由求教、说笑打闹到双双外出旅游。面对此情此景，黎仲实忍无可忍出示黄牌警告也无济于事。一天，黎再次询问陈璧君对自己的态度时，小姐一本正经地说："匈奴未灭，何以家为？大家都是同志，都正在为革命努力，爱情之事，将来再说吧。"就这样陈小姐的两位未婚夫，都因为汪精卫的存在，又以"革命"为理由，被小姐遗去。可怜的黎仲实，陷在对陈璧君的怀念之中拔不出身，一再表示时刻等待着小姐的归来。

陈黎分手，汪、陈间并无实质性的进展，汪精卫还为自己当上"第三者"而悔恨一时，所以对陈小姐更是敬而远之，仅以"革命同志关系"为限。陈小姐则以她的固执和任性，并未退缩，咬住目标锲而不舍。就在她的单相思濒临绝境之际，一件震动当时的革命壮举促成了汪陈婚姻。

时任同盟会南方支部秘书的汪精卫认为"不有剧烈举动，何以振起人心"。决心以身献国，完成刺杀清廷摄政王载沣之事，以唤起民众对革命党人的支持，当时的汪精卫还真有着革命者的气魄。1909年11月间，他和战友黄复生一起悄然离开日本前往香港，见机行事，这一走还真甩开了陈璧君的追逐。在香港，两人隐居在革命党活动家方声洞家中时，汪精卫结识了待字闺中的方声洞之妹方君瑛，两人相见引起了一段几十年没了的生死恋。汪精卫因有重任在肩，不久就和情投意合的方小姐告别而去，前往清王朝都城北京。

汪精卫到达天津，根据廖仲恺的安排，找到革命党人郑毓秀，请求她协助炸弹制造专家刘师复的工作，并把造好的炸弹设法运进盘查严格的北京城。计划商定后，汪精卫和黄复生离津到京，把琉璃厂火神庙西夹道的守真照相馆和东南园作为活动据点。此时陈璧君到了北京，找上门来。汪精卫离开东京后，陈小姐闻讯追到香港，并在几家报上刊登寻人启事，寻找"四哥"（汪在家中排行老四）。得知汪已北上谋刺摄政王，立意追随，故在革命党组织的帮助下赶到守真照相馆会合，参加谋杀活动，以助心上人一臂之力，既为革命又为爱情而赴汤蹈火。

谋刺载沣出现意外。1910年2月1日，郑毓秀用外国人行李免检的机会，把刘师复制造的炸弹借外国友人的名义运到京城，转交汪精卫。经过暗杀小组实地考察，选定什刹海旁摄政王每天上下朝必经之甘水桥，作为埋葬这位满族权贵的地点。2月21日，汪精卫、黄复生、喻纪云等五人潜到桥下作业，次日晚再来桥下工作，不料惊动了一只狗，狗的叫声引来清廷巡警。汪精卫等人虽逃脱，可留下了在"鸿太钢铁号"定做的装置炸弹的铁罐。巡警据此顺藤摸瓜，3月初七赶到守真照相馆，逮捕黄复生、罗世勋两人，又赶到东南园逮捕了汪精卫，陈璧君、喻纪云二人恰逢外出，故幸免于难。一时间，汪精卫的壮举传遍京城大街小巷，名扬四海。他自己也不含糊，"慷慨歌燕市，从容作楚囚，引刀成一快，不负少年头"的囚诗，使得多少中华儿郎激动万分。洋洋万言的供词则气吞山河、文采飞扬，以及与黄复生争当主犯的不怕死精神，竟然感动了复审此案的民政部尚书肃王善耆，把初审时由法部尚书绍冒的裁决"大逆不道，应立即处斩"，请旨改为"交法部永远监禁"。

汪精卫等进了监狱，革命党人想方设法营救。尤其是陈璧君更是焦急万分，不顾暴露和危险，经常前往探视。并且不惜重金，买通狱卒，为狱中汪精卫创造一个较好的生活环境。危难见真情，从不领陈情的汪精卫终于动心，接受了对方的爱。铁窗之下寂寞之中，汪精卫为回答陈璧君的订婚要求，写下一首七律《怀故人》、填了一首《金缕曲》转付陈小姐，表示愿结百年之好。诗文中"落叶空庭夜籁微，故人梦里两依依""眼底心头如昨日，诉心期夜夜长携手。一腔血，为君剖，泪痕料渍云笺透"的诗句顿时流传，不知赚下多少人的热泪。陈璧君乘汪之危，更因为汪所爱的方君瑛小姐又不在眼前，爱情进攻战取得决定性的胜利，得到"监狱里的爱情"。这对陈璧君来说，四年追求如今终有结果，难得一片真情，也令人感动。而对汪精卫来说，缺少感情基础，以后夫妻不和爱情名存实亡，此乃后果之源。

陈璧君得到汪精卫的承诺后，欣喜万分，无奈郎君还在狱中，解牢狱之灾为当务之急，故稍作安排后，赶回香港会合母亲和胡汉民等人，赴南洋筹款救汪。武昌起义发生半月余，宣统皇帝同意资政院、直隶省咨议局的呼吁，下达罪己诏，宣布释放政治犯，解除党禁。同时两广总督张鸣岐也电奏北京请求开释刺摄政王案要犯。汪精卫得以出狱，陈璧君闻讯赶来，虎口余生，分离重逢，两人还真难分难解，亲热一时。

民国成立，汪精卫因坐牢成为共和英雄，成为政坛风云人物，先后出任同盟会京津保支部支部长、议和参赞、广东省府高等顾问、迎袁世凯南下的欢迎员、同盟会总部干事和总务部主任，整日忙于参加同盟会、政界和社会上的各种重要会议，会见各界要人，南北奔走，为中华民国的诞生协助孙中山先生做了大量工作。陈璧君现在最关心的是汪精卫对自己的态度，最不放心的是汪精卫的才气和帅气。他出没于公共场合和忙于应酬，又会使多少女子倾倒，更担心的是使汪动心的方君瑛还在香港。夜长梦多，唯恐有变，所以对陈小姐来说最迫切的大事是举行婚礼，成为正式的汪夫人，以便和丈夫一起风光于各种场合。

1912年4月底，两人在广州正式举行婚礼，由李晓声作介绍人，何香凝为女傧相。时任广东都督的胡汉民在婚礼上称汪、陈为"患难姻缘"。热闹的婚礼惊动了四个人，一是刘文贞小姐，见到前来正式办理退婚手续的汪精卫，心中的悲怨之深可想而知。二是方君瑛小姐，见到汪、陈结婚，两年的思念已成泡影，伤心之余，为避伤心地，不久由香港迁往家乡福建。三是黎仲实，赶来祝贺，可已是身着和尚服，一口出家腔。四是梁宇皋，当新婚夫妇回到南洋陈家省亲时，在陈府举行的盛大喜宴上，梁特意赶来祝贺，并没有对背叛自己的陈璧君、夺己所爱的汪精卫有所责备。总之，同汪、陈有恩有怨的四个人均承认既成事实，和平分手。

陈璧君同汪精卫结为夫妻的心愿实现后，对自己数年来为讨得汪一笑而时常低三下四的恳求一事岂会罢休，如今煮熟鸭子不会飞，该是扬眉吐气的时候了。故对家中事务、丈夫政务，经常横加干涉，根本不把汪放在眼里。再则陈璧君生育后体形发生较大变化，让出没于社交场合的汪精卫感到难堪。长相如何不足论，只要心慈手软也能为人所尊，可陈偏是个气骄、神悍、志狂、心狠、面凶之人，心胸狭隘，俗不可耐。即使是对汪精卫的主要助手顾孟余、褚民谊、林柏生等人也是动辄就骂，视同无物。汪精卫忍气吞声，以退让求安宁，以对方君瑛的思念来弥补夫妻感情间的缺陷。陈璧君为何敢于如此狂为，因其深知丈夫有盛名之累，不敢离婚矣！丈夫的弱点被夫人抓住，夫妻三十余年，日子过得并不轻松。

夫妻关系的转折点是方君瑛小姐自杀身亡。1921年底，时为"非常大总统"

孙中山高等顾问的汪精卫兼任广东省教育会会长，任内在广州创办起一所以革命党活动家朱执信的名字命名的"执信中学"，学校具体事务由陈璧君主持。方君瑛应聘为教员，因公，因私，汪方来往过多，陈璧君明白此事内因后，和汪精卫大闹一场，还要把方君瑛赶走。当天晚上，方小姐自杀身亡，且不说汪精卫在方小姐死后如何悲愤欲绝，连陈璧君也深知自己铸成此错的后果。为弥补过错，采取种种补救措施，对丈夫的态度一度大为好转，但汪至死也没有谅解她。正如一位汪精卫的传记作者所说："陈璧君始终不能代替方君瑛在汪精卫心中的情人地位，也无法真的愈合汪因为方君瑛自尽所引起的心灵创伤。"

陈璧君的真情与过去一样，但仍无法使丈夫回心转意。在以后的岁月里，政治上，可以说陈璧君是汪精卫的好帮手、黑高参，在汪氏所干的坏事中，尤其在叛国投敌的决策中，陈是一个举足轻重的人物。论夫妻情，则貌合神离，有名无实。虽说平时丈夫慑于夫人的雌威，礼让三分，但陈璧君作为女性、夫人，对丈夫已失去应有的吸引力。最后，夫人不得不接受夫妻情上不愉快的现实，默认丈夫同女秘书施旦长期往来。在现代历史上，陈氏也算一个女强人，干什么事都有一股强劲。自十八岁起追求汪精卫，求到了身，求不到心，而变态的追求引起心理上的畸形，最后成为自己行为的牺牲品。设想一下，陈璧君如果理智一点，对汪的追求适可而止，恐怕真能找到属于自己的爱情，恐怕不会有如此凄凉的下场。

从女人的角度讲，陈璧君的爱情是和权欲、私欲联在一起的，直接受害者就有梁宇皋、黎仲实、方君瑛等人，其中包括汪精卫。从政治的角度讲，她是民族的敌人、祖国的叛徒，应该受到应有的惩罚。当然，惩罚的原因是后者政治变节，而不是前者感情纠纷。

抗战胜利后，陈璧君以卖国罪被逮捕，1946年被判为无期徒刑，移驻苏州狮子口第一模范监狱。新中国成立后，改押上海提篮桥监狱。在狱中她的骄狂、放纵并无任何改变，但监狱里再也没有她发泄的场所和对象，故到1948年底精神已经处于崩溃状态，只能靠麻醉品稳定情绪。每日的消遣只是手抄《唐宋诗绝句》和汪精卫的《双照楼诗选》，到临终时共有四大册，全是一笔一画、整整齐齐的正楷，计四万余字。1959年6月17日死于狱中，一个在政治舞台上折腾了近半个世纪的女人，就此结束了自己的生命，身边没有一个亲人。

三、爱情：方君瑛对汪精卫

汪精卫虽说是政治上的变色龙、大汉奸，夫妻生活更是别别扭扭，后期半公开地与人姘居，可还真有过属于他的爱情。不过同陈璧君一样，对爱情的变态追求最后是亵渎爱情，成为向陈璧君施加压力、发泄不满的有效手段。

早在陈璧君狂热地追求汪精卫的同时，汪精卫却爱上了另一位女性，这就是方君瑛小姐。1909年11月间，汪精卫为刺杀摄政王到达香港，找到友人、革命志士方声洞，方同志把汪等人安排在家中住宿，一为安全，二为北上作准备。汪精卫与方君瑛小姐会面时，两人可谓是似曾相识，一见倾心。方小姐从哥哥和嫂嫂曾醒处，早就对汪的才气和革命活动有所了解，仰慕已久。如今真见其人，果然名不虚传，人称"美男子"的汪精卫，年轻英俊，光彩照人，洒脱中不乏革命激情，言语间更是才华横溢，一时春心荡漾，掀起一股爱慕之情。

与对陈璧君不冷不热的态度完全不同，汪精卫对方小姐是一见钟情。因为有北上谋刺任务在身，为安全和保密起见，汪精卫很少外出，整天待在方家，陪伴着的是方小姐。对汪来说，和年轻女性如此亲近生活在一起是第一次。方小姐又是相貌出众之女，站则袅袅婷婷，坐则婀娜妩媚，一说一笑间更是仪态万千，极富东方女性美，且在哥嫂的影响下，好学上进，思想开通。总之，这位漂亮姑娘，使过去对异性无更深了解的汪精卫为之倾倒。

在方以前闯入汪的生活、接触最多的女人是陈璧君，陈和方小姐是两个完全不同的女性：陈相貌平平，方楚楚动人；陈热得烫人，方情深似海；陈豪爽不拘，方文静温柔。从更深的一层讲，陈是粗鲁剽悍的权欲狂，方君瑛则为善良贤惠的好内助。一句话，陈璧君的优点，方君瑛都有；方君瑛的优点，陈璧君全无。面对这两位反差、色彩对比强烈的女性，汪精卫当然喜欢方小姐。同样这也是婚后汪不满意妻子的原因所在，越是不满意陈，则越是怀念方；对方的怀念，又反过来促使汪更不喜欢陈。

汪精卫住在方家，无所用心，有事无事和方小姐在一起。方君瑛也很愿意在汪的身边，就以学习作诗填词为名拜汪为师。两人过从甚密，很快坠入爱河，到汪北上时，已到恋恋不舍的程度。男的说："有这样的好妹妹，就是天荒地老，海枯石烂，也忘记不了啊！"女的则以诗代话："为君歌易水，声意两同长"，"此处须珍重，无忘此日欢。"谁也没想到，此次告别使得方小姐永远失去了汪精卫，汪也失去了追求方小姐的正当权利。

汪精卫被捕后，在香港家中的方小姐缺乏陈璧君的勇气和行动，只有担心的眼泪和默默的祈祷，而泪水救不了汪精卫，祈祷不可能改变汪在狱中的处境。陈璧君则送去的是温暖和关怀，更为可贵的是明知汪氏"永远监禁"、出狱无期的情况下愿意以身相许，和汪氏结为白头之好。陈小姐为筹款救汪，回到香港，向友人宣布了自己已订婚的消息。方小姐从友人处闻讯，没有采取任何补救行动，只有气愤和伤心的眼泪。1912年4月，陈、汪举行婚礼时，汪精卫为奠祭已在黄花岗起义中牺牲的方声洞烈士，来到方家，跪拜灵前。正在家里的方君瑛小姐见汪、陈一面后就躲进闺房，再也没有出来，不久姑嫂两人就搬往福建老家。此时的方小姐，虽然对汪的变卦不满，可心里还是爱恋着他。汪也是这样，虽然有新婚夫人在一旁，可心里装的依然是方小姐。不了情，情难了。

1912年秋，汪、陈到达巴黎，除在次年夏回国和去南洋一次外，在法国住了近四年。四年间参加的社会活动主要有，与蔡元培、张静江、吴稚晖等人组织过留法俭学会和编译馆，并根据孙中山指示募集款项。对汪来说，在巴黎期间怀念最深、最想做的事情是与方小姐重逢。期间，方君瑛和嫂嫂曾醒也来到巴黎，汪精卫从方的妹妹方君碧、曾的弟弟曾仲鸣夫妇处得知消息，欣喜万分，特意赶到里昂港迎接。两位情人相会，心中只有遗憾，一个"误"字毁了他们的姻缘，真可谓是一失足成千古恨。以后两人经常见面和外出旅游，更多的则是促膝谈心，互吐衷肠。面对阴错阳差、月老牵错红线的现实，又不顾现实，开始"精神恋爱阶段"。汪精卫一片深情地对方小姐说："我是爱你的，知道你也爱我。可是，却被现实环境所限制，为此我常常很痛苦。"有爱有情有恨的方君瑛已经信佛多时，可心未净，情未了，意味深长地对汪精卫说："一切悲欢离合及生死之事，都是缘分。爱情寄托，最宝贵的是在精神，不局限于身体。此情贵在能天长地久的相知相维，又岂在朝朝暮暮共枕厮守？"

事实也是这样，汪、方两人爱得很深，来往不少，进行着不该继续的爱恋行动。汪精卫停留法国期间，国内因为袁世凯上台、称帝、覆灭，革命党人发动"二次革命""护国战争"和"护法战争"，掀起阵阵政潮，形势多变，孙中山、胡汉民等人一再电促汪氏回国加入斗争行列。只因在民国成立之初，汪精卫与袁世凯私交甚笃，与袁克定为兄弟，并且主张孙中山把"大总统"职让位于袁世凯，在袁世凯开始专制独裁，革命党人纷纷发表谈话和文章，谴责汪精卫的妥协和出卖行径时，作为汪本人不仅没有认错之意，反而以"不再过问政治"为名以退为攻，不愿在国内、东京等地长期坚持反袁斗争。对此他固然有被人误解后赌气的理由，其中也有不愿意离开方君瑛这一隐私也。

1917年7月起，汪精卫回到国内较长一段时间，协助孙中山建立"护法军政府"工作，为时一年余，随着孙中山被排挤出广州，又匆匆赶往法国。到1920年底，孙中山先生回到广州重组"军政府"，汪精卫得到电召，给方君瑛留下"十年相约共灯光，一夜西风断雁行；片语临歧君记取，愿将刚胆压柔肠"的诗句后回国。

汪精卫在广州和巴黎时一样，有夫人和幼女幼子陪伴，也可谓是天伦之趣，可对君瑛的思念更深。尤其是陈璧君的跋扈和粗鲁，更使汪怀念方小姐。故在筹组"执信中学"时，立即聘请曾醒、方君瑛姑嫂返国任教。从此，汪精卫成了方小姐处的常客，两人旧梦重温，爱意愈浓。在一次方小姐朗诵古诗"人间多少双飞侣，未必如侬切念君"时，感情丰富的汪精卫立即表示愿意私奔、隐姓埋名以求自己的爱情。方小姐伤心地说："叹天下有情人，都难成眷属，是前生注定事，已错过姻缘。"汪马上信誓旦旦地说："天可荒，地可老，海可枯，石可烂，我对你的爱，即是死了，也是永久不已的。"这位现代史上头号大汉奸的汪精卫，竟能说出如此深情的话，对爱情还有如此执拗的追求。当然这种有悖情理的婚外追求，最后难免悲剧的产生。

悲剧的直接制造者是陈璧君。作为妻子的陈氏，对丈夫的一举一动十分敏感，汪、方间来往岂能避过她的眼睛？十年前她到北京追随汪精卫时，并不知晓汪热恋着方君瑛。婚后见到汪、方不一般的感情，本来就无什么修养、从不吃亏的陈璧君，怎么能咽得下这口气？心中妒火直起，醋意满面，时常冷落丈夫。丈夫得不到家庭的温暖，更需要方小姐的安抚，更加远离陈璧君。这样就把陈氏逼上梁山，河东狮吼日凶，寻机发泄。话又得说回来，任何妻子都想独占丈夫的感情，要妻子接受丈夫的不忠不爱是困难的，尤其是要陈璧君这样的女人接受丈夫的婚外恋那更不可能。

执信中学开办之初，陈璧君一度去美国筹款。夫人一走，汪精卫为方便与方小姐见面，干脆搬进学校居宿。几乎每晚都来到方氏姑嫂的房间叙谈，谈则绵绵细语，夜深才止。就是在白天，两人也经常一起到广州城及附近风景点旅游，游则出双入对，尽兴而归。背人之处固然亲密无间，公开场合也是不避他人。一位孙中山的重要助手、身居要职的英俊青年，同一位如花似玉的漂亮姑娘，经常性的接触和亲密的举动，当然会成为同事和友人的话题。

待陈璧君回来，听到这些经过有声有色描绘的通报后，气得七窍冒烟，六神无主。醋劲、妒忌、怒气使她失去理智，对汪精卫，不顾汪的地位和影响，要拉着他去见孙中山论是非；对方小姐，不管姑娘的面子和声誉，赶到学校大吵大闹。任凭方家姑嫂如何解释辩白，均没有效果，陈璧君为解数年来的心头之恨，专拣尖刻、羞辱、攻出性的语词，大骂一气。极少抛头露面的方小姐面对这位泼妇，一时手足无措，无言以对，只有委屈的痛哭。当陈责问"清白的，谁能保证？问心无愧，问什么心"时，方小姐也只是无力地抗议说："你不能如此侮辱我，欺负我。"大骂之余，陈氏为绝后患，以学校主办人的身份，提出要方家姑嫂离开中学。

吵得不可开交之际，汪精卫赶来劝架，要妻子回家，待心平气和后再话是非。不劝还好，经汪一劝，顿时吵架升级，陈璧君雌威更足，又哭又闹，大叫："你不爱我，我就毁了你。你不要做人，我干吗还要做人？"最先退却的是方小姐，回到房中去哭了。不该退却的是汪精卫，如果真爱方小姐不爱陈璧君，那就应该在关键时刻拿出勇气，在这最佳时机说出心里话，重组家庭，了却此事，可他没有这样做。方小姐感到异常委屈和失望，为抗议陈璧君的当众侮辱，为证明自己并无越轨之举，一洗清白，也为表示对汪精卫的爱，忠贞不一，选择了死亡之路。

第二天清晨，曾醒醒来，发现小姐已经悬梁自尽，桌上放着三封遗书。一封是给汪精卫，信中悲愤地说："无形之精神之爱，亦不能维持，与其寂寞于他年，何如死亡于此日。于是不得不本兄过去从容作楚囚之精神，从容做其冤鬼矣！妹之生也，与兄有精神之爱，兄精神能永有我个人印象之存在，妹虽死亦生也。嗟夫！十年外之苦恋，以大智慧将之结束，谓之解脱，亦无不可，天缘有分，期之来生可耳。"

一封是给陈璧君，信中解释说："姊自知有信，知人不明，此妹心耿耿，虽死而不能忘也。妹不辞一死，所以明其志也，亦所以明四哥之德，消吾姊之恨也。姊内有神明，不应再恨我而恨四哥，其许我乎？九泉有知，亦当稽首以谢也。"

一封是给嫂嫂曾醒，信中安慰说："妹经痛苦考虑，非死实无以了此一场公案，明知不义，亦在所不辞。洞兄成仁之后，与嫂相依为命，一旦舍之而去，嫂固伤心，妹又何能恝然。妹能以清白之女儿身见洞兄于地下，方家有一对视死如归之男女在，不能谓家门之不幸，嫂今生已矣，责任存在，千万珍重。"

一颗善良的心，一颗对生活充满幻想的心，在留下要说的话以后，停止了跳动。方君瑛希望得到属于自己的爱情没有错，错就错在与已无法摆脱婚姻束缚的汪精卫热恋，最后难免殉情而去。汪精卫在爱情上有自己的选择没有错，错就错在脚踩两只船，最后难免害己又害人。陈璧君维护婚姻和家庭没有错，错就错在恶习不改置人于死地，最后难免适得其反。

闻讯第一个赶来的是汪精卫，把方小姐的尸体放下后边哭边说："我辜负了君瑛。"陈璧君来后还算有良心地说："君瑛，是我害死了你，我一时气愤，说话伤害到你。"最为伤心的汪精卫怒斥她说："你应该引咎抱愧，陪她去死。"他还帮助曾醒操办了丧事，在灵堂前挂上了亲笔书写的挽联："红颜知己，旷代难逢，可怜魔劫重重，万古和流新血泪；白日盟心，他年有约，太息恩情渺渺，三年永系旧精魂。"事毕，感情处于激动期的汪精卫，难于平静，写下不少诗怀念方小姐。其中有一首这样写道："谁识秦庭不死时，归还转却负娥眉；重逢已许他生约，再拜灵前一祷之。"

方君瑛死去，陈璧君达到了除去情敌的目的，可却欠下汪精卫的感情债。汪对方小姐的情义并未因丧事结束而了结，对方的怀念日深不说，还以此作为借口，成为要挟陈璧君的条件。如果说在此之前，不管怎样汪精卫对方小姐还是有爱有情有义的话，那后来对方的怀念，则是一种变态，则是亵渎方君瑛的纯真感情了。

四、真情：女秘书对汪精卫

在方君瑛死后的十年间，既是中国政治发生巨变的时期，也是汪精卫一生政治生涯中的特殊时期，先后经历了亲共、"拥蒋"、反共、"倒蒋"、"联蒋"的过程，成为政界的头号投机商。直到1932年初，蒋介石、汪精卫携手合作，汪当上行政院长，才有了六年的政治稳定期。当上"丞相"，并未忘记方君瑛，把方小姐的嫂嫂曾醒、妹妹君碧、妹夫曾仲鸣视为心腹，委以重任，以寄托对死者的哀思。

一日，汪精卫在曾醒家结识了一位和方小姐相貌相差无几的美妇。此人名施旦，已婚，丈夫为曾仲鸣的随员。施女士有方小姐的美貌和温柔，更有热情和大方，迷人的秀脸因性格开朗而更有神韵，优美的体形因成熟丰满而更具魅力。汪精卫真是个多情种子，未多久，就已和施旦相爱，情话讲了一大堆。施旦更被中年汪精卫的风度所吸引，因是过来人，故在情感方面无含蓄有大胆，无稚涩有老练。面对汪精卫的感情攻势，她说："皇天不负有心人，我能蒙你相爱，死而无憾。法律和道德只能限制你，却限制不了我。"

两人的行动很快被陈璧君掌握，她吸取汪、方事件的教训，寸步不离汪精卫，不提供汪、施幽会的机会，同时力劝丈夫注意名声，回心转意。汪精卫不予理睬，坚持的理由是"施旦太像方君瑛了"。言外之意是如陈璧君不同意他与施旦来往，就要和陈清算逼死方小姐的旧账。方君瑛成了汪与陈璧君摊牌、为自己另找新欢的筹码，方小姐九泉有知恐怕不会赞成。

汪精卫投降日寇后，施旦也从大后方赶来南京，当时正值陈璧君因急事南去香港。施女士主动向汪表示已经同丈夫离婚，已经摆脱法律和道德的限制，可以自由地爱。汪精卫见到分别多时的施旦到来，高兴万分，立即表示已经错过了方君瑛，不能再错过你。为使施旦的情人身份合法化，任命她为秘书。从此，施旦可以公开地出入汪公馆。

陈璧君从香港回到南京，醋缸打翻。岂知此次汪精卫还真下了决心，郑重向夫人宣布："施旦是个人的秘书，也是心爱的情人，谁也不准反对。"脾气之大，出乎雌老虎陈璧君的意外。和汪精卫的态度不同，施旦一席话，说得陈璧君怒气全消，欣然接受面前的事实。施旦说：

"他爱我，是因为我长得像方君瑛，把我当她来爱，当然是种心理变态，这对你们夫妻之爱，并没有妨碍。他对我说：在1935年11月被刺时，医生说只能再活十年，现在只剩下五年。医生的话，报纸上也发表过了。为肉欲谈不到，为财物也非我所欲，我只是爱惜他，仰慕他。我这样做对我并无利益可图，但对你却有好处，起码我能够以和他相处而安定他的心情，使他自觉生气蓬勃。你如果因此和他翻脸吵架，结果对你未必有利。我只是个仆人，福祸利害，在你一念之间，只要你决定要我走，我马上离开此地，离开他。"

到底是留过洋的现代女性，她的话不紧不慢，有柔有刚，攻守并用，一向强干的陈璧君竟然败下阵来，无言可答，只有承认现实。想二十年前，方君瑛仅是和汪精卫亲热一点、来往多一点，被陈氏骂得狗血喷头而赴黄泉；想二十年来，汪精卫在家中由陈氏任意处置的委屈情形；想今天是，面对汪、施在陈氏的眼皮底下共同生活得到默认，形成多么大的反差对比。真是卤水点豆腐，一物降一物，陈璧君不是施旦的对手。步入老年的陈璧君，心中悲伤之余，似乎也明白了"相爱"这一爱的前提，汪精卫不爱自己，这是不可否认、必须正视的现实。三十年的夫妻情，仅仅是体现在满足自己的权欲上，作为女性和妻子，她缺少丈夫的爱。为夺回丈夫已给别人的那份属于自己的爱，也经常抗争，也逼死过方君瑛，可一无所获，还不如顺其自然，保住夫妻名分。正好，此时汪精卫批准陈氏的弟弟陈耀祖为广东省省长，姐姐就作为政治指导员回广东作威作福去了，而把汪公馆主妇的位置让给了施旦。施旦轻而易举地赶走了令人讨厌的陈璧君，可以毫无顾忌地和汪精卫生活在一起。

好景不长。1943年底，随着抗日战争和国际反法西斯战争的不断胜利及反攻阶段的到来，南京伪政权的日子越来越不好过，儿皇帝汪精卫心情坏到极点不说，健康状况也日益恶化。八年前被刺时留在体内的子弹频频作恶，经手术取出子弹后并无根本性改观，连续高烧和伤口剧痛，已到卧床不起的程度。陈璧君从广州赶来探视后又很快离去，其余照顾全由施旦负责。

关于是否去日本治病问题，汪因日本方面不同意名不正言不顺的施旦同行而迟迟不作决定。为此施旦劝道："我会每天为你闭门诵经，祈祷佛祖，你一定能康复生还。"经她多次劝说，汪精卫才于1944年3月3日，由陈璧君和子女陪同，飞往日本名古屋帝国大学医院治病。临行前夕，汪向情人留下了最后遗言："旦，世间只有你最了解我的痛苦，能减少我的痛苦。如果我能康复生还，当然和你重聚。否则等我棺木运回，你可即刻离京，去隐姓埋名。明天，我将送些财产，供你维生。"

正如两人最后的谈话一样，汪在日本时，施旦诵经祈祷；汪死后和丧事期间，施旦避着陈璧君穿着孝服致祭；丧事一完，施旦带着汪精卫给的财物和陈璧君给的汪生前用过的衣帽等物前往香港定居，终身不嫁，守着自制的"汪精卫衣冠冢"度过余生。施旦确实得到了汪精卫的爱，两人卿卿我我，也是情真意切，可缺少道德和法律保障，最后难免随着汪精卫的坟炸尸烧而梦了花落。

汪精卫一生感情丰富，垂青于他的女人也不少，美中不足的是竟然和他并不欣赏的陈璧君结为夫妻。他一生后悔不说，旁人也是议论纷纷。国民党的一位元老胡汉民称汪是"一生受病在环肥"，认为汪所干的坏事，根源均在胖婆陈璧君身上。汪的头号助手陈公博也说："没有璧君，汪先生成不了事；没有璧君，汪先生也败不了事。""女人祸水论"固然不可取，可汪精卫的一生艳遇中，碰上陈璧君不能不说是一场悲剧，两人一起毁了属于自己的爱情。

爱国名将 民主斗士

记西北军的冯玉祥

冯玉祥将军是一位可敬的爱国主义者、民主斗士和中国共产党的亲密朋友。论从军，行伍出身，从士兵升至上将、国民联军总司令，统兵40万。论从政，官至蒋介石的副手、军事委员会副委员长，还是民革中央政治委员会主席，近现代史上许多重大事件留有他的影响。从人格上讲，有铮铮铁骨，无论是对外国列强，还是对贪官污吏、朝中权臣、民族败类、利禄之徒，均傲然屹立，浑身是胆，针锋相对。由于处于容易扭曲人的时代，冯将军也有失误。又由于他对失误敢作敢当，以及自己纠正失误，历史和世人宽容他、欣赏他。

说冯先生，不能不说西北军。冯将军亲手创建的西北军，在北洋军阀中是一支新军队，在国民党新军阀中是一支特殊的军队。它革命性强一些，更富有人民性，但不是一支人民的军队。它比较能打仗，有战斗力，可在新军阀混战中垮得最早。冯将军领导的虽是旧式军队，可人民却怀念他，中国共产党给予高度评价，蒋介石和南京政府要员对他敬畏三分。

这样的军事集团，这样的历史名人，在中国近现代史上是不多见的。正因为冯玉祥和西北军革命性强，坚持正义，蒋介石就容不下他的西北军，全力压制、打击，所以西北军就垮得最早；正因为西北军军纪严明，不侵扰老百姓，所以就留名于民间；正因为冯将军比较直爽，所以就屡遭暗算，屡败于蒋介石之手，几次跌进阎锡山的圈套；正因为西北军训练严格，重于提高基本素质，所以西北军能攻善战，出过不少名将；正因为冯将军率军固执、专断，所以笼络不住极具实力的部下，出过不少背叛者；正因为冯将军善于吃苦耐劳，倡导官兵在艰苦中磨炼，可缺少改造人、提高官兵觉悟的有效办法，所以西北军中不少官兵贪图享受、追名逐利，为南京政府的高官厚禄、甜言蜜语所拉拢，最后冯将军几乎是舟中敌国，众叛亲离；正因为冯将军没有根据地（地盘），所以容易被打垮；也正因为冯将军颇有威望，一旦起事，追随者影从，所以西北军有过几落几起，当然最终为蒋介石方面所打垮。

冯将军从几十年的奋斗中，看到自己屡遭失败的原因，就是没有脱离半殖民地半封建社会旧军人的本性，也看到自己在历次军阀混战中"倒蒋"的局限性，于是最终和蒋介石阵营决裂，和旧军人决裂，终于成为一个爱国名将、民主斗士。

一、军中起家

冯玉祥是一位清末民初动乱年代里起家的军人，经历说简单也可以，一直在军界活动；说复杂也可以，穷人家的苦命孩子，靠勇敢和机智，历经艰难，从十一岁的"小兵"晋升至"上将"，旧中国一个军人能有的经历均有过。当然，也有不同于其他旧军人之处，这个特殊之处也就是冯将军依靠枪杆子起家的成功之处，即是大部分新、旧军阀所没有的正义感和穷人本质。

农民性格

1882年11月6日，冯玉祥出生在河北青县兴集镇，原名冯基善，字焕章。冯家原籍安徽巢县竹柯村，父亲冯有茂，有泥瓦匠手艺，为谋生来到北方，在一个张姓地主家做雇工，一边干活一边偷看张家俩少爷所学的武术。少爷考武庠（军校）时，有茂负责挑行李前往，结果小主人没有考上，挑行李的却被录取到军校服役，并很快从哨长升为哨官，因所部淮军驻扎保定城，全家也在保定定居。冯玉祥弟兄7人，夭折5人，父母给他起名"科宝"，以示吉利和成材。"科宝"还真言中，科宝终成大事。

冯玉祥对童年的几件事记忆犹新，直接影响后来的生活习惯和某些观念的形成。冯将军说他的"农民性格"来源于早年的生活环境，当时家在保定城东康格庄，四周自然环境幽美，长空辽阔，鸟叫清脆，"迎面吹来的微风拂到脸上，一种愉快的感觉，似电流一样，传遍了我的周身。情不自禁的时候，我就放大了喉咙，喊上几段梆子腔"。这种自由自在、无拘无束的生活与环境，再加上亲眼看见农民的遭遇，给冯将军留下深刻的影响。他说："后来我自己怎么样也难以克服的农民性格，都是我过去的生活遗留给我的，这种生活与环境，深切地影响到我日后的思想与情绪，影响到我日常处理事务的习惯，以及我训练军队的方法，同时直接间接也使我自然必然的倾向革命，并且时时刻刻忘不掉改革劳苦大众生活的职志。"

冯玉祥说他"禁烟、不信神"也来源于早年的生活。在中国旧军队中，禁烟如此坚决的，也就是西北军。原来冯的父母都是吸鸦片的，其父在军中任哨官，每月12两银子，对付4口之家绰绰有余，就因吸毒，家里生活难以为继，时常跑当铺。当父母戒毒时，痛苦万分，见到此种戒毒惨状的冯玉祥说："以后我看见鸦片烟就要发恼，比看见仇人还气恨，从心里起一种不可遏止的憎恶之感。"所以他是决不允许部下吸毒的。

冯玉祥感受很深的还有就是不信神不供神，小时候，他的母亲病了，求神拜佛，冀望能早日解除病痛。"坑上有病人，不得不信神，到院子里向真高庄的刘爷庙方向叩头，叩头叩到半夜，四肢累得不能动了，前额突出了一大块"，可母亲的病并未见好，因此"对于神的信念，这是第一次在我心目中起了动摇"。

冯玉祥把"农民性格、禁毒、不信神"这三种军阀、将领们难以做到的事情归于童年的生活不无道理，穷人的孩子早当家，正是他从小开始，能够不断地自我总结、自我修正，最后成为具有很高道德修养的人。

类似以上第一感觉、第一印象、第一次尝试后就作出是断是续的事还有一些。如如何对待旧军人的三样基本功：吸毒、喝酒、赌博，冯玉祥对吸毒固然痛恨，可酒喝过，赌场到过。

当兵之初，冯玉祥就在一次宴席上首次喝酒，"既不知酒的分量，也不知取巧藏拙"，开怀痛饮，喝得酩酊大醉。第二天身上过敏，满身都是水泡。将军就此决定不再喝酒了，说到做到，以后滴酒不沾。

第一次赌博是到赌场"扣宝"，首次上阵，他不信神也就无菩萨、财神爷保佑，赌到半夜，输掉十几吊。担心父亲追查，用分期付款的方式偿还，每月几百文，三年后才还清，当时发誓决不再赌了。此话没算数，后又赌过一次。手气、牌运依然很不好，又输七吊钱。这"七吊钱"使他发誓再赌即"用刀砍掉右手"，以后真不"参战"，右手也保住了。

冯玉祥认为自己的"爱国觉悟"也是形成于当兵初期。八国联军打到保定，清军溃不成军，冯所在的部队也逃之夭夭，他躲在幼年朋友家里，因之亲眼看到汉奸的可耻行径。这些民族败类和软骨头，备了八种国旗，见到哪国侵略军就挂该国的国旗。同时冯玉祥也看到了外国侵略者的残忍，侵略者烧杀抢掠，丧尽天良，其中最无耻、最可恨的是日本鬼子。此事激发起冯将军的爱国热情和对外国侵略者的仇恨，在军阀和旧将领中，像他那样热忱爱国的还真少见。

冯玉祥"治军须严"的思想也是形成于早期当兵时期。进营为兵时，他仅十一岁，天真无邪，近朱者赤近墨者黑，冯近墨却没变黑，而是在走向社会之初，对军营的兵痞作风、不法行为，有着正确的鉴别能力，形成一个正直军人所具有的品质和作风。当时发生的三件事使他一辈子也不忘从中得出的治军须严的真谛。

一是发生在他当兵第三年，正逢甲午战争，所部离开保定到大沽口驻防，旧军队的阴暗面在调防中时有暴露。如有老兵痞吓唬新兵，新兵经不住吓唬悄悄逃走，老兵就把新兵的财物卖掉，然后上馆子进妓院。冯玉祥当时是十四岁的少年兵，也在被老兵吓唬、玩弄之列。以后冯玉祥主张兵兵友爱，禁止大吃大喝等恶习，当然也有人违反。

二是在义和团运动时发生的"金镯子事件"。当时冯所在的部队进攻保定城南的一处教堂时，不战而退。逃跑中十几名溃兵为抢一名贵妇人的两副金镯子，凶狠地砍掉她的玉臂，后面赶来的溃兵听说后将这十几名士兵全部打死，把金镯子抢到手。走在前面的溃兵听到此讯即埋伏起来，待抢金镯子的士兵赶来时一齐动手，杀人抢镯子。在查处抢劫案中，就地又有40余名嫌疑犯被处决，陆陆续续处死的嫌疑犯达千人。冯玉祥治军后，牢记此案，深感军队如果没有严格的纪律约束，就会无恶不作，"治军须严"，所以西北军的军纪是较好的。

三是冯玉祥任"副目（战斗小组长）"时，班里两个士兵得了伤寒，"正目（班长）"不但不管，反而虐待他们。冯一气之下，狠揍了正目，细心照顾病号。他的行动得到士兵的欢迎，不久被举荐为正目、排长。从此冯玉祥非常重视官兵关系，关心士兵，不准官兵侵犯士兵利益。

当然也有让人难以苟同的事情。冯玉祥特别喜欢《三国演义》，听正目刘贺堂讲该书时，"乐得我（冯）心花怒放，恨不能手舞足蹈"。在晚上熄灯后，他还违反营规，点着油灯继续看，看到得意之处，还拍床叫好，是诗文的还朗诵起来。他的大嗓门、粗气息、哑声音，睡着的被吵醒，醒着的被吓呆。一开始因为他年纪太小不予追究，以后就被值班军官处罚，方式是罚跪。以后冯玉祥当官入道、甚至官至集团军总司令时，也时常用"罚跪"来惩治部下，包括用此法来惩治西北军中的高级将领。

就像冯玉祥自己为镜的三件事一样，抓官兵关系、兵兵关系、强化军纪，可以说是抓住军中管理要害，有的是他在实践中形成的，不一定是他少年时三件事中换来的教训。可他抓军纪，只是重"管"，"教"则差些，后来西北军垮的过程中，"管"没管住，"教"则没起到作用。

科宝十岁时到私塾念书，这书原是哥哥读的，兄长提前补上军中"骑兵"的缺，可已交出的学费无法退还，剩下的三个月就由科宝补上。冯家并不指望两个儿子读书成才，当时也没有更多更好的求职门路，只有当兵吃皇粮是解决吃饭、出路问题的捷径。冯父所在的五营练军是有名的"父子兵"，老子退伍，儿子补缺，少年兵很多。

由于当兵就能领回几两银子，这对穷人、下层家庭无疑是很有刺激性的。1892年，十一岁的冯玉祥通过走后门补上五营练军的缺，此事办得匆忙秘密，主办人上报时连"冯基善"的名字也不知道，就随便写上"冯玉祥"，以后人们只知道"冯玉祥"，不知道"冯基善"，即使冯本人也只用"冯玉祥"，不用"冯基善"。事实上，作为一名大名鼎鼎的人物，冯用"玉祥"要比"基善"更好上口、称呼，便于扩大影响。

十一岁的冯玉祥，本该还是"放大喉咙，喊上几段梆子腔"的时代，可为生活所迫，当了"少年兵"。清军管理也不严，冯玉祥是只支军饷，不用训练，继续读书。十二岁起才开始训练，他吃苦耐劳，军训认真，为人正直。义和团运动被镇压，清廷和十一国议和，慈禧太后从西安回京，路过保定府。冯玉祥因身材魁梧、军容整齐被挑去参加仪仗队兼警卫。

1902年3月，21岁的冯玉祥离开所部，报考袁世凯的新建陆军武卫右军，录取为袁氏卫队3营左队左哨6棚正兵。冯玉祥年龄不大，可已有十年军龄，再则此兵学习、办事认真，又会领兵喊操，受到上司的赏识。不久保定部扩编为20个营，官长大都从武卫右军中挑选，冯玉祥当上副目，一年后当上4棚正目。1903年12月，冯玉祥任2营右哨哨长（班长之上，排长之下）。1905年武卫右军又改为第6镇24标3营，冯玉祥先后任司务长、后队排长、2营后队队官。

任排长时，冯玉祥和北洋军将领陆建章的内侄女结婚。冯玉祥的早期升迁与陆建章不无关系，不过，冯玉祥的第一位夫人遭丈夫误解而死去。1907年，第24标扩编为第1混成旅，冯玉祥任1营代理营长，随部进驻东北新民府。

此时，全国各地发生不少秘密反清活动，孙中山领导的同盟会更成为反清的领导中心。冯玉祥此时有耳闻，他早年贫寒的出身、贫困的生活，以及亲眼看见慈禧和清朝的腐败，致使推翻清廷的意识日益增长，认识到非推翻封建朝廷不可。

于是作为朝廷命官,自发组织起秘密反清组织"武术研究会",并在家中备有油印机,专司印刷传单,宣传革命道理和消息。1910年,第1混成旅编为第20镇,他改任第40协80标3营营长。"3营"成为冯玉祥的子弟兵和起家部队,以后只要是"老3营"出身的,冯均另眼相待,后来西北军的几乎所有高级将领都来自"老3营"。

武昌起义爆发前后,东北地区的革命党人准备呼应,第20镇统制张绍曾、第6镇统制吴禄贞、第2混成旅协统兰天蔚,计划乘滦州秋季会操之际,第20镇由滦州西进,第6镇由保定北进,第2旅配合合击北京。事情败露,滦州会操被取消,吴禄贞被刺于石家庄,张绍曾被调职。

1911年11月12日,在冯玉祥不知情的情况下,第20镇的革命党人成立军政府,金铭为大都督,施从元为总司令,冯玉祥为参谋长,石敬亭、鹿钟麟、张之江也担任要职。已经控制中央政府的假革命派袁世凯派来王怀庆,镇压军中起义,金、施二人被害。冯玉祥因为不知金铭的行动,又接受命令去阻击起义的民军有功,仅被监禁四天,其中两天不给饭吃。

事实上冯玉祥的反清,主要是对政体形式不满,对革命理论并不精通,更缺乏革命的彻底性。革命党人反对清王朝,他也觉得应该推翻清廷,可并不知道这场革命的实质、意义何在。当辛亥革命后,无论是南京临时政府还是北京北洋政府,无论是孙中山掌权还是袁世凯掌权,冯玉祥就不计较了,反正都已"共和",所以继续为北洋政府服务,官越当越大。

1892—1911年的二十年,是冯玉祥军旅生涯中的第一阶段,其中前十年是士兵时期,后十年是初、中级军官时期,其间没有打过什么大仗。第一仗是在保定城内的大街小巷轰瘟神,真正进入临战的是甲午战争期间所部曾到大沽口布防,摆开参战架势,但也没有打响。所以说二十年间冯玉祥没有战场之险,生活也算安定,只是军队生活艰苦些,尤其是当兵时期,没有地位和权利。冯玉祥这个急性子,能一待就是十年,也是委曲求全之功。当上排长、营长后则是主要考虑如何取得更大的成功,如何掌握更多的军队以谋取更大的发展。

冯玉祥解除四天禁闭后押送回保定康格庄,离乡多年的冯玉祥回家一无所有,生活无着,只有来到北京,投靠妻叔。1912年正月初三,找到陆建章时只余十八个铜板。北京城内风起云涌,2月12日清廷宣布退位,2月29日第3镇发生兵变,30日毅军发生兵变。袁世凯以京城不稳不宜南下为由,拒绝孙中山要其到南京出任临时大总统的邀请，在北京另立门户，篡夺了辛亥革命的成果，3月12日正式上任临时总统。

升官有门

为坐稳江山，袁世凯组建备补军，设前后左右中五路，陆建章为左路军统领。陆统领见到落魄的侄女婿，委任为前营营长。1913年后，冯玉祥升任第2团团长兼第1营营长。1914年又高晋一大级，升任警卫军左翼第1旅旅长兼第1团团长、陆建章第7师的第14旅旅长。此时，冯旅长率军第一次到西北，"追剿"白朗的农民义军。

冯玉祥1912年官复营长，1913年升任团长，1914年当上旅长，三年三大步，结束了前二十年徘徊不前的局面，官运之好前所未有，在北洋军里也算是举足轻重的人物了。

冯玉祥军旅生活的转折点是在1914年下半年，第7师14旅驻扎汉中，北洋政府命令撤销第7师建制，第14旅改编为第16混成旅，作为独立野战作战军事单位，混成第16旅也就成为西北军的雏形。冯玉祥出身下层，如今掌握一支不大不小的武装，凭着这支军队，他谋取军事上和政治上的发展有了资本。半殖民地半封建的旧中国，掌握必要的枪杆子是改变生活环境、进入国家政治生活的有效途径。通过这一途径，并非人人能走到理想的境界，同为当兵的冯父、其兄则功未成名未就，冯玉祥历尽艰辛，风里雨里，刀里枪里，二十三年磨成一剑，当然这里面不排除陆建章的因素。

第16混成旅旅长冯玉祥，没有像大多数武夫那样，凭借掌握的军队，作威作福，称王称霸，在军阀混战中自生自灭，成为历史上昙花一现的人物。冯玉祥是个有心人，此时不过三十三岁，胸怀远大抱负，以前官职低微，大志只是体现在管理好自己的军队、不欺负平民百姓、杜绝不良行为、加强个人修养等方面。当上旅长后，步入上层生活圈，开始有了新的起点，即把以前为人民做些力所能及的好事、不管政府是好是坏的低境界，升华到做一个"清官"的同时，思考中国的出路，思考救国救民之法。他当上旅长后的十年间，就是这一转变、升华阶段。前五年是局限于"清官"阶段，在北洋军中树起一个开明将军的形象，形成自己的带兵风格和特色，扩大自己的影响。后五年则把视野扩展到全国，思考如何利用手中的武力，加入国家政治生活，改变民众穷、社会乱的面貌。

冯玉祥当上旅长后的十年（1914—1924年），"乱"是中国的一大特色，中央政府乱，袁世凯和北洋军阀统治集团内部，争权夺利，争吵不休，政争不止；各省自辛亥革命起，出现许多大大小小的实力派，各自为政，互不听命，整个中国处于一盘散沙之中。"战"是第二个特色，中央军阀和地方军阀，地方军阀之间，打起"武力统一、分省自治、以战逼和"的旗号，内战不停，狼烟四起。"穷"是第三个特色，人民大众在战争、内乱之下，颠沛流离，啼饥号寒。中国已到了非变不可的关头！

怎么变？朝什么方向变？孙中山有他的救民之策，中国共产党有他的救国之路，蒋介石也有他的打算，谁胜谁负是长时期的斗争。冯玉祥面对"乱、战、穷"，有他自己的准则，内战能不参加就不参加；政争能不加入就不加入，再说此时还没有足够的实力影响中央政府；对于百姓的穷，他只能尽可能地不增加驻地附近平民的负担，不骚扰民间。可他应该想到，北洋军阀和地方政府养了包括第16混成旅在内的百万大军本身，就是加重人民的负担。

混成16旅到汉中后，很快奉命进驻四川，负责剿灭川北土匪，惩治过一些地方恶棍和匪首。护国战争起，冯玉祥对护国军和北洋军双方均按兵不动，可他劝说袁世凯的心腹、川督陈宧起兵倒袁。袁世凯接陈宧要其放弃帝制和下台的电报后，一病不起。川中实力派在袁世凯死后，提出"川人治川"，冯玉祥率部离开四川，因得罪陆军部次长傅良佐，被撤去"旅长"职，改任第6路巡防营统领。

1917年7月，张勋复辟。段祺瑞任命冯玉祥为讨张第一梯队司令，负责南面战线。冯玉祥又回到第16混成旅，向张勋的辫子军发动进攻，一路攻入天坛，击溃复辟军。孙中山发动的护法战争开始后，第16旅驻防湖南常德等地，依然没有参与，既不打护法军也不打北洋军。由于冯玉祥以自己不参加这一消极的方式反对内战，再者也不愿把自己的部队拿到战场上去冒险，不管哪一方发动的"统一中国"的内战都不赞成，时常得罪多方政治力量，故被人称为"倒戈将军"。话又得说回来，在当时中央政府和地方军阀之间、地方军阀之间乱打一气的情况下，政治形势一月数变，连更换拥护的通电和旗号都来不及，与其做见风使舵的"政治娼妓"还不如当保持中立的"倒戈将军"。没有胆量、没有远见，这种类型的"倒戈将军"还不敢当，当不好。

冯玉祥的基本政治态度很清楚，他在政治通电中曾说过：军阀们"不与外人较雌雄，只与同胞争胜负，无论成败，同属自残；即获胜利，讵有光荣？"并谴责北洋段祺瑞之流"对德是宣而不战，对内战而不宣"。主张南军（地方实力派）北军（北洋军）停战议和，罢兵修好，早定时局。冯玉祥的主张当时无实现的可能，即使"罢兵、议和"，也达不到"修好，早定时局"的目的，因为他的主张中没有解决中国根本社会问题的良策。

从1920年到1924年的"后五年间"，冯玉祥的态度有了转变，把"不参与军阀混战"的基本政策修正为"参战止战"。"参战"以惩罚他认为不仁不义的一方，"止战"以自己的力量尽可能缩短战祸的时间、缩小战祸的影响，减少混战带来的损失。

1920年，为争夺对中央政府的控制权，直、皖、奉三大系出场较量，冯玉祥成为参战主力。

一是第16混成旅经过数年的休养生息，严格训练，成为军阀中少见的能攻善战的军队。在过去的几年间，冯玉祥带兵、练兵已经形成特殊的风格，16旅官兵在冯旅长的指挥下，生活上不讲究，训练中不怕苦，政务中不扰民，军务中不欺兵，虽说该旅中违反军纪军规的事也不少，可它的军纪在军阀部队中却是最好的，在直、皖两系中，公认冯部能吃苦、能打仗。

二是控制中央政府的直、皖两系都想借助冯玉祥的力量。直系曹锟、吴佩孚和冯玉祥的关系较好，在反击张勋复辟时冯玉祥和段祺瑞有过来往。直、皖双方都想借助冯的力量打击对方，冯则一直为直系所用至1924年10月。张作霖和冯玉祥也有缘分，1907年冯玉祥随第1混成旅到东北新民府时，刚由土匪收编而来的张作霖也驻新民，和冯玉祥平起平坐，冯为代理营长，张为巡防营长。到1920年，张作霖已是东三省巡阅使、盛武将军、奉天督军，成为名副其实的"东北虎""张大帅"，冯玉祥只是旅长。张作霖图谋向关内发展，势必与冯发生冲突。

三是冯玉祥也想利用自己的实力，干预被北洋军阀弄得乌烟瘴气、丑闻百出的国家政治生活，扩大在国内政治生活中的影响，增加对国事的发言权，实现自己停战议和的政治主张，"国会早开，民气早伸，罢兵修好，早定时局"，准备加入中央阶层的军阀纷争，以期换取一个开明的中央政府。

到1920年，从个人发展过程讲，冯玉祥开始进入一个新的阶段。在他之前的政治、军事发展的早期阶段，冯将军由士兵变为高级将领，由粗识数字的平民变为见多识广、敢作敢当的名人，文化知识、思想水平、军政理论、指挥艺术都有很大的提高。其中，有几件事值得一提。

一是有读书学习的好习惯。冯玉祥的文化起点很低，最后当然没到"儒将"的水准，可也有较高的文化修养。这全是靠在军旅之余、戎马倥偬之中自学而成，古人闻鸡起舞、秉烛夜读，是他基本的学习方式。到有一定的地位后，更是经常请老师前来授课，他自然是最认真的学生。到中后期脱离军事第一线后，学习更是刻苦、内容更加广泛。

冯玉祥对部下的学习和提高也很重视，官兵学习内容主要分为三部分：关于军人修养、军纪明训；关于文化知识、扫盲识字；关于军事知识、训练规范、作战要术、治兵要领、战例战史。在中国旧军人中，像冯玉祥那样爱学重学的、文化程度高的将领不少，可像他那样重视普通士兵学习、提高的却不多。西北军在旧军队中出的名将很多，跟冯将军抓学抓练有关。

冯玉祥写过一些理论、军事专著，也写过不少诗文，用词虽然朴素、通俗一些，可境界不凡，有大家风采。1914年，冯玉祥率部进军四川时，路过秦岭紫柏山纪念张良的"留侯祠"，写下一首对联："豪杰今安在，看青山不老，紫柏长芳，想那志士忠臣，千万犹留凭吊所；神山古来稀，设黄石重逢，赤松再遇，得此洞天福地，一生愿作逍遥游。"细读细品，该联颇有功底，非一般所作。

二是治军严格、爱兵如子，有将军本色。作为一个有作为的军人，必然重视军民关系，处理好军民关系。中国历史上，凡是害民扰民的军队，没有不失败的，没有不留下骂名的；凡是爱民助民的军队，没有不留下美名的，当然受时代的局限，这样的军队不少也失败了。

冯玉祥对军民关系有很好的见解，他说："我觉得带军队没有比爱百姓更重要的事情了。"将军这样说，也是这样做，也是这样去要求部下。在对官兵进行正面教育的同时，对违反军纪、害民、扰民的严加惩处。一次一名连长诱奸民女被告发，一名连长强迫百姓换马，一名士兵吃西瓜不给钱，三个当事人均被当众处决。这种简单又过严的处分方法虽然不尽合适，可在乱世和旧式军队里是必要的。西北军不是没有侵犯百姓利益的行为，但只要被发现，冯玉祥是必定要查处的。

总的来说，西北军不扰民不害民是做得较好的，一次冯部三个旅路过挂满红枣的树林，没有一个人动一粒枣，军纪之好可见一斑。所以，西北军所到之处，均能留下一片好名声。

治军严格除了注重军民关系外，还体现在重视军事训练上。冯玉祥认为平时训练从严、考核认真是为了战时少流血，是真正的爱护士兵。在旧军阀的军队里，像冯将军那样正规化、从实战角度要求官兵的不多见。他从小兵干起，所以对单兵到班、排、连、营、团建制的制式训练都很精通，再加上他经常加以总结，这就形成了西北军的切合实际、行之有效的训练、治军办法。招兵时，西北军只要能吃苦耐劳的农民和学生，地痞、无赖、流氓不收。训练时，主要抓体格锻炼和基本军事要领训练，军训注重实战需要。管理上，强调官长以身作则，吃苦在前。

冯玉祥与治军严格相配合的是爱兵如子，他说："打仗是捐生命的事，官兵之间共生死、同患难的精神，必须修养于平时。在阶级上固然有官长士兵种种高下之分，但祸福利害却必须绝对一致，士兵的痛苦便是官长的痛苦，士兵的福利便是官长的福利，官长士兵应该觉得彼此的关系如同家人父子，息息相关，浑然一体。"

他规定士兵需掌握的战术、技术，当官的必须先学会；需要士兵遵守的纪律，当官的要先做到。平时，官长不许虐待士兵，不许侵犯士兵利益。只准上级请下级吃饭，不准下级请上级吃饭；只准上级给下级送礼，不准下级给上级送礼。冯将军还经常微服私访，听取士兵对部队管理的意见。他十分体贴士兵，爱护士兵，有时说到士兵的生活之苦时，自己当众打耳光，一边打一边说："我冯玉祥这小子混蛋。"士兵犯规违纪罚跪时，他如见到也不惜屈下双膝，还说："上帝啊，我冯某这种领导无方的信徒，求主赦免我的重罪。"声泪俱下，使得受罚的士兵深受感动，不再重犯。对待违纪事件的处理，冯将军也是分清是非，不伤及无辜，妥善处理后事。如诱奸民女被处决的补充连连长杨治清，后来他的两个弟弟，一个被提拔为团长，一个供到中央大学毕业。

西北军长期在条件艰苦的西北等地活动，又不捞取民脂民膏，军饷、弹药、粮草严重匮乏，官兵生活之苦在旧军队中少见，西北军能够存在和发展与冯玉祥的治军严格、爱兵如子不无关系。治军严格、爱兵如子也是西北军出名将的原因之一。中国共产党方面在1926年9月17日提到西北军时就说过："国民军（冯玉祥部）士兵纪律之好，战斗力之强，与人民感情之洽，在全国各军之上。"

三是有浓浓的爱国情。从袁世凯起，北洋军阀和地方实力派从发展实力、采购新式武器、增加对政敌威慑力的需要，大都寻找外国后台，冯玉祥没有，在国格人格上他是很有骨气的。远的不说，当上旅长后从没有过向外国侵略者献媚邀宠之事。冯玉祥对外国列强的认识，早期只是局限于对外国侵华分子胡作非为的仇恨，五四运动以后，则上升到外争国权的高度。

早期，冯将军虽然无法制止外国的侵略，可也用他直率、朴实的办法教训外国侵华分子。如驻军湖南常德时，兼任常德镇守使，市上不少商号为防军队、土匪骚扰都挂起日本"膏药旗"，日本军舰也以"保护者"自居，称霸于市。冯玉祥怒不可遏，下令街面上的日本旗一律烧毁，逮捕出售日本国旗的商号老板，没收赃款。一次日舰士兵挑衅，先打了中国士兵，中国士兵忍无可忍，捅伤日方三人。日本舰长和日本居留民会会长约见冯玉祥，气焰嚣张，要监禁中国士兵，冯将军十分气愤，脱下鞋子要用鞋底抽他们十个嘴巴。五四运动时，常德的一些日人商行被愤怒的中国人捣毁，日方向冯提出赔偿一事，冯一口拒绝。日方要求冯派兵保护，冯满口答应，每个日人洋行前派兵站岗，故意搜查进出洋行的顾客，使得无人再进洋行做生意，日人只得请求冯将军撤走岗哨。

虽说冯将军的壮举无法阻止北洋政府的卖国行为，可也让外国人知道，中国的脊梁还在，中国人的反抗还在。冯将军一生没有做过崇洋媚外、出卖主权和利益的事情，这成为他高出旧军阀的闪光点。他从所处的地位和所有的实力出发，身体力行，惩治帝国主义分子的不法行为，一贯、坚定地站在中国人民的立场上说话，爱国心强，力拒列强，有英雄本色。

四是本质很好，生活朴素，有穷人本色。此点在军阀头目中也是少见的，西北军的生活很苦，能够坚持下来，和冯自己能够坚持下来有关。他在贫困中长大，在艰难中上升，到当上混成16旅旅长乃至南京政府军委会副委员长，个人生活上从没有过什么奢侈行为。身为高级将领除了军大礼服外，从不穿绸缎呢绒，外出专车大都是敞篷货车，戒烟戒酒，粗茶淡饭，律己极严。他让士兵做到的，自己首先做到。以西北军最高指挥官的身份，带头节俭，为部下做了好榜样。正如他自己所说："平民生，平民治，不讲美，不讲阔，只求为民，只求为国，奋斗不懈，守诚守拙。"

冯玉祥对北洋军阀上层和后来南京政府上层的纸醉金迷、灯红酒绿的生活是深恶痛绝的，时常给以冷嘲热讽和当面抨击。被康有为称为"牧野鹰扬，百岁勋名才半纪；洛阳虎视，八方风雨会中州"的吴佩孚五十大寿时，作为部下的冯玉祥送的贺礼是一罐清水，不顾"鹰、虎威"，不顾寿星的情绪，称之为"君子之交淡如水"。一次见到穿着名贵服装的友人，冯玉祥举手敬礼，并讥讽说："我不是向你敬礼，而是向你绸缎衣鞋敬礼。"在南京曾穿着粗布衣衫、乘着大卡车去见"立法院长"胡汉民，竟被士兵拒之门外，他就坐在门口的台阶上等胡院长送客出来。在孔祥熙举行的宴会上，冯将军痛斥主人不该用山珍海味来接待他。这些并非将军矫揉造作、装腔作势，而确是他自己生活的真实反映。由于他的简朴，在北洋和南京政府内不被接受，被称为"怪物"。

五是关于"基督将军"。冯玉祥原本不信神不信教，早在保定教堂听布道，听到传教士说"打你右脸，连左脸也给他打"、"脱你外衣，连内衣也脱给他"，提倡盲目行善时，冯玉祥和几个士兵抬起教堂的桌子就走，有人来阻拦，冯说："你应当连椅子也抬来"。这个恶作剧对此教义真是通俗的讽刺和批驳。

很快冯玉祥开始信基督教。1917年7月起，冯玉祥驻常德的两年间，是他最热心于基督教的时期。当时冯旅长生了个大疮，治疗过程中医生要他感谢上帝，经常去听传道。冯在教堂里见到教友中无一抽大烟，没有游手好闲之辈，女性不缠足，开始对基督教产生好感。为弄清教义，冯玉祥钻研起《圣经》，耶稣的救赎精神和"爱人如己、舍己济人"的教义，使其大受感动，认为可以作为军人精神教育的资料。故每到礼拜日，请传教士到军营内来布道。冯将军认为"上帝即道，即真理，即科学"，自信是一个"科学的基督教徒"，人称其为"基督教徒"。至于有人说他用自来水给部下集体洗礼、皈依基督教一事，冯将军自己没有承认。冯玉祥信教在当时并不奇怪，在文明社会里信教自由，不容干涉。只是冯玉祥把基督教看得过分神圣化，事实上冯玉祥的后半生并未再把基督教当作自己的信条。

六是有些固执专断，家长作风严重。冯玉祥在西北军内有很高的威信，但他没有系统的政治理论和行动纲领，只是靠一些救国救民的口号和个人感情作为维系西北军的纽带。冯玉祥对部下的管理，则是建立在个人独裁基础之上，实际上是个"大家长"。在西北军内，冯玉祥有绝对权威，至高无上，官兵只知有冯玉祥，不知有军、师长。冯玉祥自己也是自信有余，民主不足，从不轻易听取别人的意见，手下的高级将领们则不能容忍。他又直爽坦诚有余，对手下将领和士兵，不分时间地点场合执行军法。他的头号助手鹿钟麟因不扎皮带过永定河，被当众罚跪；已任甘肃督办的刘郁芬因乘坐头等火车被罚跪；已任师长的韩复榘因拒绝冯玉祥调他心爱的手枪队的命令，被叫来为冯站岗；虎将宋哲元因有次听课迟到当众挨军棍。可见冯将军善带兵不善将将，最后西北军被蒋介石各个击破。将领们大都离冯而去，冯的专制是一股很大的离心驱动力。

论及冯玉祥的治军失误，还有就是没有重视根据地的建设。在近、现代史上的新、旧军阀中，他是唯一没有地盘的大军阀，张作霖有东三省，阎锡山有山西，李宗仁、白崇禧有广西，陈济棠有广东，龙云、卢汉有云南，何键有湖南，盛世才有新疆，马步芳有青海，马鸿逵有宁夏，吴佩孚、曹锟与段祺瑞则数年控制中央政府，冯玉祥则缺少一块像样的地盘，有了地盘也没有进行割据式的经营，兵源、粮饷、生存都受影响。

此外，冯玉祥勇敢有余，谋略不足，特别是对后期一些大战役，战前准备不细不周，偏重于战场上的大胆、勇敢行为。冯玉祥这样的高级将领，只应管大事，管作战计划的制订和实施，可他常常绕开军、师长，直接指挥基层作战单位，缺乏整体效应。

冯玉祥本身所具有的优势，决定了能成就大的事业。本身所固有的缺陷，因环境、条件发生变化，被对手别有用心地利用时，就会带来不可估量的损失。作为他本人，确实很好地坚持和发扬了自己的优势，可对自己的缺陷，没有像对待优势那样引起重视，及时修正，这是冯玉祥最后败于蒋介石之手的个人原因。

二、北京政变

到1920年间，冯玉祥开始把第16混成旅当作反对旧军阀混战的筹码。在直皖、二次直奉战争中，则是根据自己的判断，向认定的"卖国"和"叛逆"开战，以为这样可以惩治战犯，带来和平。他的计划是空想，在连绵不断的军阀混战中，春秋无义战，无正确与错误之分。解决军阀之间的纷争，是和解决国内政治问题联在一起的，是和人民的权利能否得到恢复联在一起的，是和结束半殖民地半封建社会联在一起的，用军阀混战的方式结束军阀纷争是不可能的。冯玉祥的良好愿望不可能成为现实，不管他的设想如何，不过是军阀混战的牺牲品。当然同其他军阀比起来，冯玉祥有高人一筹的地方，也就是尽管他的计划是空想，却不失为当时军阀们的治国策中最进步的方案之一。

两次北京政变

从历史上看，他的一些主张显然落后于时代。五四运动已经明确提出了反帝反封建的革命目标，中国共产党也于1921年7月成立，在次年的"二大"上又提出了"打倒列强，打倒军阀"的革命纲领，冯玉祥还停留在"速开国会，停战议和"的低政治水准阶段，明显与新民主主义革命不相符。当然，当冯玉祥开始觉悟、接受孙中山的三大政策、参加国民革命时，北洋军阀们则不能容忍，开始联合向冯玉祥部发动进攻。

湖南发生驱逐皖系军阀张敬尧运动后，段祺瑞在中央地位受到威胁，由北洋政府派到湖南常德的驻军冯玉祥部只得离开驻扎两年余的湘北，移驻河南信阳。北洋军阀对冯并不放心，也不满意，经常给冯出难题，在军饷上卡一下。冯玉祥部很少扰民、劫民，无"创收"来源，只有靠政府拨饷，以往是十给九不足，现干脆拒发。第16旅到北京领不到军饷，冯玉祥只有到保定向直系曹锟、吴佩孚支饷，曹、吴则以"应由中央政府解决"而不付分文，以挑起冯玉祥对皖系的仇恨，这也是冯玉祥不满皖系的原因。到直皖战争起，他一改"中立"习惯，助"直"反"皖"。此举标志着冯将军已经进入个人政治经历中的"发展期"，之后实力开始猛增，实力和职位突变上升，除了成为直、皖、奉三派争斗中举足轻重的力量外，还成为国内政治舞台上的主角。

冯玉祥终于有了发展的机会。直皖战争中央间的斗争结束后，控制中央政府四年的皖系段祺瑞之流逃的逃、走的走，来不及跑的就躲进租界。中央政府由直奉两系联合控制，原由段祺瑞任命的陕西总督陈树藩，抗命拒不交权，吴佩孚任命新任总督阎相文率领第7师、第4混成旅、第16混成旅到西安武力接收。

陈树藩逃走后，第16旅扩编为第11师，这是冯玉祥二进陕西。陕西对他是个吉祥之地，一进陕西时升为旅长，二进陕西升为师长，时隔不久阎相文自杀，又兼任陕西督军，三进陕西时已是国民联军总司令。

1922年4月，为独霸中央，就是否让亲日派政客梁士诒组阁一事，直、奉两派战场相见，直系吴佩孚请求冯玉祥出兵相助。冯玉祥向来亲直（系）吴恶奉（系）张，接吴电数小时后，冯玉祥即开拔出兵。出兵誓师时，他在台上讲话前把脚上的布鞋扔了两三丈远，说是为了讨伐媚日卖国的张作霖，"督军"职像鞋一样不值钱。事实上冯玉祥有所不知，张作霖、吴佩孚一样，背后都有外国列强的支持，张作霖是日本，吴佩孚是英美。

第11师分两路出击，一部由李鸣钟指挥及时赶到北京良乡，进攻奉军右翼得手，致使张作霖全线溃败。冯玉祥亲率另一路进攻河南，打垮投靠奉系的督军赵倜部。战后论功行赏，冯玉祥接任河南省督军。"河南督军"是冯玉祥朝思暮想的职位，他并非河南人，可河南地处中原，位于祖国腹地，虽说当时经济落后、人民贫困，地理位置却十分重要，便于政治上的发展。要进，东可取鲁冀平津，南取长江，在郑州交叉的京汉、陇海两路更是影响全国的大动脉；要退，可西撤潼关，西北可以藏兵百万。冯玉祥看到了这一点，时刻想控制河南，其他军阀也看到这一点，更不甘把河南交给冯玉祥。

他主政河南并不轻松，先后为两湖巡阅使、直鲁豫巡阅使的吴佩孚要这位豫督，第一个月上交80万元，以后每月交20万元。冯玉祥以"没有如此压榨百姓的本领"为理由予以拒绝，不到3个月就被吴佩孚调出河南，升任中央陆军检阅使兼西北边防督办。虽说冯将军的"师长、陕督、豫督、陆军检阅使"等职都是吴佩孚所委任，可吴对冯并不放心，深知冯玉祥并非志同道合者。时到如今，公开"削藩去冯"已不可能，只有利用和打击相结合，冯愿意"合作"就拉，不愿"合作"就打，现是明升暗降，以为可以把冯玉祥和"16旅"分而治之。冯玉祥也洞察吴佩孚的内心，即使效忠直系也无法成为吴的心腹爱将，还不如我行我素，寻机再图发展。这位陆军检阅使不但没有放弃一师武装，而是利用手中的权力，把部队开到北京南苑，扩编一师（第11师）为三个混成旅（第7、8、25旅），这是他继西安由"旅"扩"师"以后的第二次大扩军。又利用驻扎南苑的两年间，精心训练部队。南苑驻扎，使得冯玉祥具备了中央级军阀的实力，已可和奉、直两系论高低，这是吴佩孚所没有料到的，也是导致吴佩孚第一次大失败的原因。

冯玉祥在北京驻扎期间，先后发动两次"北京政变"，第一次是赶走黎元洪，协助曹锟、吴佩孚出台；第二次是赶走曹、吴，协助段祺瑞、张作霖出台。1922年6月，得到英美等国支持的曹锟、吴佩孚把总统徐世昌赶走，抬出黎元洪任总统。事过一年，黎元洪只是空头总统，吴佩孚居住的洛阳成为全国的政治中心，各界要人为国务大事请示吴佩孚而奔走于中州道上。与其为黎抬轿子，还不如自己坐轿，直系决定取而代之，出面倒黎的是冯玉祥。

1923年6月7日，冯玉祥、王怀庆等直系将领率领300多名警官到总统府，要求提取欠饷。6月8日，在曹锟、吴佩孚、冯玉祥、王怀庆等人的支持下，召开了有百人参加、被报界称为"万人大会"的"国民代表大会"，呼吁总统下台。6月9日，军警罢岗，社会秩序大乱。第二天，被直系用每人两角钱雇来的"市民请愿团""国民大会代表"一千多人聚集天安门，向总统示威。接连两天，冯玉祥、王怀庆等人指使两千余名军警向总统催饷。6月12日，被雇用来的"公民团"包围黎元洪的住宅，断水断电，黎总统只有"走为上"。去天津前将总统府的大小印信带到东交民巷的法国医院收藏。曹锟见没有印信，通知天津的直隶省长王承斌扣押黎元洪，查找总统大印。黎总统刚下火车即被扣，直至说出收藏点为止。

冯玉祥参与和组织的第一次北京政变是结束了，可带来的后果为冯玉祥所未料到。黎元洪出走后，曹锟为上台作布置，凡是国会议员每人一次性补贴五千银圆，出席会议的议员每人每星期再加一百元。大选当天出席会议的议员每人二百元，带病出席者再加二百元。1923年10月5日选举时，会场由军警控制，出席人数不到法定数，就拉临时出席者凑数，还赶到天津去请议员，最后曹锟以480票当选。历史就留下最肮脏的一页，"猪仔议员"贿选"总统"。

冯玉祥通过此次选举总统闹剧，准备和直系军阀彻底决裂。遗憾的是同直系决裂是对的，可找的合作者是皖系政客段祺瑞、奉系军阀张作霖，始终没有脱离军阀圈。不过也开始采取新的政治动作，和孙中山阵营取得联系。

1924年9月，控制江苏的直系军阀齐燮元，控制浙江的皖系军阀卢永祥，为争夺原归皖系的上海爆发"江浙战争"。一直图谋在关内发展的奉军张作霖，见华东战争起，以为时机已到，趁机发兵入关，问鼎北京。直系理应阻击，曹锟任命吴佩孚为讨（奉张）逆军总司令，亲率第1路军沿京奉路到山海关拦截奉军主力，第2路军由王怀庆指挥出喜峰口迎敌，北京城内直系军队大部离开，城内空虚。冯玉祥出任第3路总司令，吴佩孚老谋深算，给第3路军的作战任务是由古北口出长城，取热河攻东三省。此计毒也，如冯玉祥沿奉蒙交界处直插黑龙江成功，吴佩孚从辽沈配合，张作霖部被南北夹击，必败无疑，为直系政权解除"东北虎"的威胁。如张作霖取平津冀成功，曹锟、吴佩孚可向直系的势力范围河南、两湖地区撤退，东山再起有望，可远在关外、孤军深入的冯玉祥将被奉军消灭，为直系解除名为直系可不忠于曹、吴的这一内部隐患。反正此计之下，必除奉系、冯玉祥"两害"中"一害"。

冯玉祥对吴佩孚的阴谋如何已不在意，已经准备采取空前的政治行动。在出兵前，冯玉祥建议由孙岳担任北京警备副司令，负责防卫京城，对冯玉祥的计划已有所闻的孙副司令诙谐地对冯说："你特意把我弄来给你们开城门是不是？"

在没有领到一分军饷和开拔费的情况下，1924年9月24日，冯将军率部主动拔营起兵，向北推进。行军至长城古北口北60里的滦平，大军停止前进。冯玉祥在召集的军事会议上宣布"首都革命计划"，命令胡景翼部占领军城、滦州，切断京奉路，防止吴佩孚率军西归；命令李鸣钟旅占领长辛店，向南方警戒；命令鹿钟麟、孙良诚、张维玺、宋哲元、刘郁芬、张之江旅进军北京城各战略点。为保证计划实施，冯玉祥和张作霖的代表暗中进行谈判，议定由冯玉祥推翻曹锟统治，为奉军一报1922年4月第一次直奉战争中败于吴佩孚之仇；邀请"革命圣雄"孙中山来北京商议国事；奉军不再派军队入关。1924年10月22日，冯玉祥部回到北京，立即发布几道命令，第二次北京政变也称为"首都革命"变为现实。

一是囚禁由"猪仔议员"贿选出来的"总统"曹锟。23日晨，总统曹锟梦中醒来，（吴佩孚已乘军舰南逃），只见四周到处都是臂戴"誓死救国、不扰民、真爱民"标记的国民军官兵，"总统"被押至中南海延庆楼休息。

二是宣布成立"国民军"，胡景翼为副总司令兼第2军军长，孙岳为副总司令兼第3军军长。冯玉祥为总司令兼第1军军长，第1师师长鹿钟麟，辖有韩复榘的1旅和刘汝明的警备旅；第2师师长刘郁芬，辖有孙良诚的3旅和张维玺的4旅；第11师师长宋哲元，辖有佟麟阁的21旅和石敬亭的暂编4旅；还有石友三的第8混成旅、冯治安的卫队旅、孙连仲的炮兵旅、张之江的第1旅，冯玉祥已有3师10旅之众。他自加入直、皖、奉三派内战以来，一仗一发展，三仗大发展，直皖战争后由旅扩编为师；第一次直奉战争后由1师扩编为1师3旅；此仗后实力和职务相称，更为可观。军职上也是由旅长、师长和省督及陆军巡阅使，升为国民军总司令。

三是宣布成立执政府，请段祺瑞领衔。在直皖战争中被赶到天津租界的段氏马上致电冯玉祥"俯念国难方殷，国民属望，即日就职"，"本执政誓当巩固共和，导扬民智，内谋更新，外崇国信"。请出段祺瑞是一大失误，段身为皖系军阀头目，本性不改，岂能担当"再造共和，速开国会"的重任？冯玉祥请段祺瑞出山自有考虑，以为中央政府在国民军的实际控制之下，段祺瑞只是傀儡，岂敢胡作非为？他的考虑不无道理，只是情况出现变化，张作霖出尔反尔，原本答应不再派兵入关，在执政府就职的当天11月24日率兵来到北京。段祺瑞、张作霖暗中勾结，致使以后的政局出现逆转。段祺瑞为政客，现见奉军杨宇霆、张学良、郭松龄、李景林、张宗昌、吴俊升等人率军三十万入关，冯玉祥非奉系张作霖的对手，马上背叛恩人冯玉祥。"首都革命"所做的种种努力和赶走曹锟、吴佩孚的革命成果，竟为冯玉祥的"请段出山"这一招全部断送。

四是清理故宫。1924年11月1日，鹿钟麟出任北京警卫司令。5日摄政内阁国务会议决议把溥仪逐出故宫，收回国玺，此令由鹿司令执行。鹿将军面对已经退位十三年的"宣统皇帝"，问其是愿做平民还是愿做皇帝，"若愿做平民，我们有对待平民的办法；若是要做皇帝，我们自有对待皇帝的办法"。这位过时皇帝连说"我自然应该做平民"。

当着溥仪的面，宣布了由鹿钟麟和首都警察总监张壁签署的清室《优待条款》，条款规定：一、大清宣统皇帝即日起永远废除皇帝尊号，与中华民国国民享有同等一切权利。二、自本条件修改后，国民政府每年补助清室家用50万元，并特支出200万元开办北京贫民工厂，尽先收容旗籍贫民。三、清室应按照优待条件第三条，即日移出宫禁，以后得自由选择信居，但民国政府仍负保护责任。四、清室之宗庙陵寝永远奉祀，民国酌设卫兵妥为保护。五、清室私产归清室完全享有，民国政府当为特别保护，其一切公产应归民国政府所有。溥仪和"皇后"很快乘车前往醇亲王府。当场以死抗争、不愿搬走的只有太妃，她们离开紫禁城是半个月以后。没有皇帝的故宫，由吴稚晖、李石曾组织保管委员会接收故宫，故宫永远结束了作为封建复辟派小朝廷的历史。

五是邀请孙中山先生北上。冯玉祥对孙中山久闻大名，只是没有见面之缘。1924年初，孔祥熙受广州革命政府所托，送给冯玉祥一本孙中山所著《建国大纲》，事后冯玉祥说该书写得"太好了，太完全了，是我们中国唯一的对症药方，自从读了这个，我完全成为孙中山先生的信徒了"。之后孙中山又派人送来六千本《三民主义》和一千本《建国大纲》等书，冯玉祥把书全部发给部队，列为正课学习。尽管他接受中共和苏联的帮助、参加国民革命还是以后的事，可从此时起已把《建国大纲》看作是最佳救国方案，认为国内问题的解决应该有孙中山参加。

"首都革命"第二天，冯玉祥就和胡景翼、孙岳联名致电孙中山称："先生党国伟人，革命先进，务祈即日北上，指导一切。"10月28日，冯等人又发起召集"和平会议"的通电，"国家建设计划非一、二人所能集中，亦非一、二党派所能把持，必须一国英豪，同集京师，速开和平统一会议……海内贤豪，南北硕彦，匡时共切，宏画应多，务祈不吝，迅予指导，发表伟论。"11月1日，冯玉祥和段祺瑞、张作霖致电孙中山说："一切建国方略，尚赖指挥，望速命驾北来。"孙中山在10月27日复电北京称"诸兄功在国家，同深庆幸。建设大计，亟欲决定，拟即日北上，与诸兄晤商，先此电达，诸谁鉴及"。11月4日和7日，又两次复电，表示"数日之后，即轻装北上，共图良晤"，"与诸兄协力图之"。

1924年11月10日，孙中山发表《北上宣言》，主张速开国民会议和废除不平等条约。12月31日，经近50天旅途的奔波，孙先生终于到达北京。到1925年3月12日病逝，他留下几件憾事。

一是在段祺瑞、张作霖的捣乱下，孙中山主张的恢复共和的"国民会议"没有开成，军阀、政客们热心于政治分赃的"善后会议"。有人说1925年2月间召开的"善后会议"气死了孙中山。当然孙中山病故为绝症所致，可他对段祺瑞、张作霖之流感到极度失望和气愤却是事实。

二是总理自己病危。孙中山奔走革命三十余年，长期流离转徙的生活和艰巨复杂的斗争，使得体质变差，十年前就有肝病的症状，三年前就时常发病，到京后病情迅速恶化，1925年1月26日在协和医院动手术时被确诊为肝癌晚期，群医束手，3月12日9时30分与世长辞。一代伟人、中国民主革命的先行者孙中山先生的离去，给革命事业带来不可估量的损失，南方广州也好，北方北京也好，原来的政治格局被打破，新的政治危机开始出现。孙中山自己也是难以闭眼，革命事业刚在南方有些眉目，如今天不假年，于心不甘。孙中山先生的过早逝世，更是主导邀请他北上的冯玉祥始料所不及。

三是未能和冯玉祥见上一面。1924年11月24日，冯不愿加入张作霖、段祺瑞的政治黑交易，宣布辞去一切职务，隐居供奉顺治肉胎的京西天台山老爷庙。孙中山到京后，冯玉祥也没有下山。1925年1月13日，冯玉祥就任段祺瑞执政委任的"西北边防督办"，去了张家口。孙中山逝世后，冯玉祥督办致电北京警备司令鹿钟麟，要其关心总理丧事，"一切用钱、用人、用物之事，望悉听协和（李烈钧）之命。倘因此发生意外，吾两人当共负其责"。在孙中山遗体公祭、移灵、送灵西山碧云寺的过程中，鹿钟麟负责全部警卫工作和修建西苑至西山的公路等事项，冯玉祥并未回京。冯玉祥、孙中山没有见上一面，并非有隔阂。冯玉祥没有进京会总理，是担心被段祺瑞、张作霖等利用冯孙见面一事，作为攻击冯自己和孙中山的话柄，担心说冯玉祥是别有政治企图，故没有出场。冯将军、孙总理没有见上一面，无论如何是一件憾事。

对于冯玉祥自"直皖战争"至"北京政变"及以后"南口大战"间的作为，以往议论偏多。这几年是他"倒戈"最盛的时期，计拥黎（元洪）倒黎各一次，倒皖（系）段（祺瑞）两次拥皖段一次，拥奉（系）张（作霖）一次倒奉张两次，拥直（系）吴（佩孚、曹锟）三次倒直吴两次，如此多的反复是不正常的，起码说明冯玉祥政治上和理论上不成熟，缺乏准确的政治目标和正确的大政方针，加剧了国内局势的动荡和军阀混战的烈度。当然也应该看到在"军阀之争无义战"背景下，冯玉祥采取的一些断然措施却也在历史上留下了影响。如"首都革命"的成果虽被段、张篡夺，可使得冯玉祥和数万部下由旧军阀军队开始了向国民革命军的转变，准备参加反帝反封建的革命统一战线。如在段、张进行政治分赃时，冯玉祥急流勇退，甘当谦谦君子，不争权不争利，倒也不失大将风度，相比之下，段、张成为势利小人。如冯玉祥虽然屡有反复，几拥几倒，拥的是不良之辈，倒的是凶险之徒，可最终还是同他们决裂，走上新生之路。如冯玉祥下令逐废帝出故宫，也是勇敢之举，解决民国重大遗留问题，封建复辟派对冯玉祥的攻击、谩骂，无损于他的光辉。至于被冯玉祥赶出故宫、被封建复辟派奉若神明的废帝，后来却一度成为卖国贼，政治上也好、历史上也好，都无法与冯玉祥相比。

鹰飞得再低也是鹰，鸡无论怎么折腾也是鸡，冯玉祥应是雄鹰。当然鹰也有低飞的时候，对以上行为不能估价过高。如他急流勇退，辞职上山，可坚决主张"召开国会"的冯玉祥不负责任地一走了之，张作霖无所顾忌，为所欲为。假如冯玉祥不走不辞，依靠国民军实际控制北京城的优势，逼迫段、张采取一些改良措施，有可能出现好于皖奉合流的局面。如他能和北洋旧军阀决裂，可后来又成为国民党新军阀。如他把溥仪迁出紫禁城，可善后处理不细，致使不少国宝流失，话说得远一些，由冯玉祥制定的"清室之宗庙陵寝永远奉祀，民国酌设卫兵妥为保护"的规定，后来也是被他的部下孙殿英偷挖东陵而违反。慈禧太后死后二十年，竟被当年卫士的部下抛尸曝光。不管如何，对冯玉祥来说，"首都革命"开创了一个新的时期。

冯玉祥发动"北京政变"，善后过程中所犯的最大错误莫过于把权拱手交与段祺瑞。设想一下，如果他把权交给孙中山，或者自己先掌握一段时期，再与南方广州革命政府相呼应，历史将又是另一种情形。

冯玉祥请出官场老政客段祺瑞，段祺瑞并不感恩、领情，勾结食言而肥、放兵入关的张作霖，一起对付冯玉祥。冯玉祥对段的无耻感到气愤，对张的食言感到愤怒，对段、张反对召开国会感到不满，"三气"之下，决定辞职。1924年11月1日，由黄郛任总理的摄政内阁就职，11月24日，段祺瑞执政就职，就在当天冯将军宣布辞去"国民军总司令"职。辞职通电说："为彻彻底底共同觉悟之主张，务使军不成阀，阀不代阀，一可斩循环报复之根，二可去民治难行之碍。祥虽不敏，粗知大义，躬行实践，请自祥始。"

冯玉祥的辞职，使得受恩于冯的段祺瑞、张作霖无法下台，段祺瑞再三出面挽留，张作霖则以东北人的直率说"我若让你（辞职）走了，我就是混账王八蛋"，他还让张学良跪在冯玉祥的面前，求冯玉祥放弃辞职之意。冯玉祥不愿再做段、张的招牌，不甘被他们利用，辞意已定。国民军第2、3军军长胡景翼、孙岳力劝冯玉祥杀死张作霖，以绝后患。冯玉祥没有同意，不愿在世上留下此种不仁不义之事。历史就是这样有趣，此次抬出段祺瑞的是国民军，一年半后打倒段祺瑞的也是国民军。此次把张作霖放入北京的是冯玉祥，三年半把张作霖赶出北京的也是冯玉祥。

再去西北

冯玉祥辞职出于无奈，离开北京是真，离京的主要原因是他的实力还不够在中央政府周旋，无法战胜未败的张作霖和已败的吴佩孚及津浦线上和冀鲁地区的军阀。如果他有足够的实力，就可以拒奉军于长城之外，就可以制止张作霖和段祺瑞的阴谋，就可以实现政治抱负。冯玉祥并不灰心，没有什么沮丧，二十年前只是排长，十年前只是旅长，而如今已经逼走了吴佩孚，轻而易举控制北京城，成为全国朝野注目的中心人物。现急流勇退，另谋发展，也可以平息一下国人对他"倒戈"和"逼宫"的议论。

不管如何，冯玉祥并不糊涂。1925年1月11日，冯玉祥正式就任"西北边防督办"，前往张家口上任。临走，着重解决部队编制和地盘问题，把3师10旅扩编为6个师2个混成旅、2个炮兵旅共15万人，由熊斌任总监，刘骥任参谋长，纽惕生为总参议，鹿钟麟、李鸣钟、刘郁芬、张之江、宋哲元、郑金声为师长。早在冯玉祥辞职之际，政府当局就发布命令，取消"国民军"称号，改冯玉祥部番号为"西北军"，西北军名称就此而来。

冯玉祥作为西北边防督办，任命张之江兼察哈尔都统，李鸣钟为绥远都统，刘郁芬为甘肃代理督军（甘肃督军由冯玉祥自兼），薛笃弼为甘肃省省长，西北军至今有了三省地盘。不过冯玉祥拥有三省之区，跟军阀割据不一样，他只是"驻防"而已，并非"割据称霸"。

原国民军第2军胡景翼部，在"首都革命"时追歼吴佩孚残部到河南，击溃直系督军刘镇华，这样河南也落入国民军（西北军）之手。此外，直系陕督吴新田逃走，原国民军第3军军长孙岳取而代之，这样陕西也落入国民军（西北军）之手。北京政变后的政局对西北军不利，可经过这次大事变，使得西北军有了大发展，无论是军事实力还是管辖范围都升格不小，进入西北军的第一个全盛时期。正是冯玉祥实力的发展和地盘的扩大，引起奉系张作霖、直系吴佩孚的担心，不久这种担心终使两路军阀共同对付西北军。

北京政变后，段祺瑞、张作霖就从政治、军事两个角度开始倒冯。冯玉祥邀请孙中山北上共商国是，主张召开国民会议，恢复共和，段、张则用"善后会议"来对抗国民会议，1924年12月24日，执政府公布《善后会议条例》，规定会议参加者为有大功劳于国者；讨伐贿选、制止内乱各军最高首领；各省区及蒙藏青海军民长官代表；有特殊资望学术经验的名人学者。会议代表一共一百二十三人，除孙中山外，绝大多数是各地军阀头目。1925年2月1日"善后会议"开幕，当时的社会舆论就称此会议为段祺瑞的"御用会议",完全是第二个"筹安会"(第一个"筹安会"是为袁世凯称帝而设)。国民党于1925年1月31日就根据孙中山的指示,决定全党抵制会议,国民党籍代表一律拒绝与会。冯玉祥对军阀们的叛卖行径,气愤之极,可也无可奈何。

段祺瑞、张作霖控制中央政府后并不满足,因为西北军的主力还在平津地区,对执政府形成巨大威胁,准备武力解除西北军武装。此时,西北军的几项军事决策为军阀间的勾结和行动提供了机会和借口。

一是冯玉祥支持郭松龄倒奉。郭是张学良的好友、奉军主将,1925年11月与冯部秘密结盟,签订"反奉密约",在滦州宣布倒奉,回师沈阳,进攻东北军。郭松龄部被张作霖消灭后,张作霖对冯玉祥痛恨万分,大有灭此朝食之意。

二是得罪奉将李景林。奉军违约入关,李景林当上河北督军,西北军第2军进攻河南刘镇华部时,李景林也受到打击,请求冯玉祥出面解围。冯玉祥对李景林占据河北本来就有不满,故命张之江部的三个旅不要援助这位河北督军。李景林一气之下,退出原来的冯、郭(松龄)、李倒奉联盟,回到张作霖一边,围攻西北军。

三是进攻张宗昌。荒唐、残忍的张宗昌随张作霖入关后,出任山东督军。冯玉祥见西北军的防区大都为西北贫穷省份,坐享其成的东北军尽得冀、鲁、热、京、津等重要发达地区,咽不下这口气。当张作霖命令杨宇霆部进军苏、皖被孙传芳打败时,冯玉祥则命令原国民军第2军军长岳维峻(胡景翼于1925年4月病故)进攻山东。张宗昌把岳部阻于山东境外后,参加围攻西北军的行动。

四是与奉军主力直接发生冲突。李景林、张宗昌组织"直鲁联军"向西北军主力所在的平津方向运动时,张作霖为配合直鲁联军,从陆路和海路向关内运兵。1926年3月5日,奉军海军司令毕庶澄指挥8艘军舰到大沽口准备登陆,大沽口被冯玉祥部接管,3月9日,鹿钟麟下令炮击奉军军舰"海圻号"。奉军的行动得到日本的支持,次日大沽口外的日军舰只以"西北军违反协议"为借口,炮击西北军防地,打死十几名官兵,八国公使也提出根据"《辛丑条约》中有关中国政府的军队一律不准在天津二十里以内驻扎"的规定,要求西北军撤离。对于侵略者的侵权行径和蛮横无理的要求,3月18日北京各界人士10万余人,在李大钊、徐谦等人指导下集中天安门广场,抗议列强的挑衅,呼吁废除《辛丑条约》,撤走外国军舰。段祺瑞卖国求荣，一手导演"三一八惨案"，此日成为"民国史上最黑暗的一天"。

五是联合吴佩孚反奉不成。1924年10月从大沽口乘军舰逃走的吴佩孚，一直躲在湖南岳州，托庇于湖南实力派赵恒惕，招呼旧部，1925年10月，吴佩孚在汉口就任"十四省讨贼联军总司令"，讨伐冯玉祥和张作霖，以报"首都革命"之仇。在冯玉祥、张作霖两人中，吴佩孚更恨冯玉祥，是冯玉祥临阵背后一脚才把直系赶出华北，遭遇惨败，当张作霖反冯时，张、吴很快一致，联合攻冯。

张作霖的使者对吴佩孚说，冯玉祥反复无常，朝秦暮楚，你吴佩孚是深受其害，东北军也是如此，差点毁于冯、郭手中，所以冯玉祥不可信。张作霖的说客还造谣说，冯玉祥准备联系西南之兵南北夹击两湖的吴佩孚。吴在这等劝说下，新仇旧恨涌上心来，不禁怒发冲冠，恨不能立即杀冯才解恨。

冯玉祥过于简单，由于大沽口同奉军发生直接冲突，冯奉大战在前，为解一时之需，决定联合吴佩孚对付张作霖部和直鲁联军。为向吴佩孚表示诚意，1926年4月9日，冯玉祥发动"第三次北京政变"，推翻1924年10月冯玉祥自己请来的段祺瑞政府，同时释放也是当时由冯玉祥下令拘捕的吴佩孚的密友、前总统曹锟，并且致电汉口请吴佩孚入都主持一切，希望和直系和解。吴佩孚比冯玉祥复杂，考虑得更远更恨，复电冯玉祥，要他立即交出军队不说，还要"食汝之肉，寝汝之皮"。

勾结到一起的吴佩孚、张作霖，计划把西北军压迫到绥远地区全歼。直系由靳云鹗为总指挥，挥兵由保定分三路向察哈尔地区进攻；奉军由张学良、韩麟春任正、副总指挥，兵指南口及以东地区；奉军另一路由万福麟任总指挥，率军离热河攻察北；山西的阎锡山原为西北军的盟友，现见势忘义，倒向实力大于冯部的直、奉阵营。西北军面临直吴、奉张、直鲁和晋军的数重压力。

冯玉祥为避免这场战祸，以"和平"为重，准备以让步换取谅解，以交权换取和平。1926年元旦，冯公开表示愿意下野。3月20日，正式决定让出河北、河南两省，撤出北京，交出西北军，辞去"西北边防督办"和"甘肃督军"职，分别由张之江、李鸣钟继任，本人则经平地泉去苏联。同时，西北军各部分别向南口、郑州、开封等地集结，逐步向陕绥撤退。

张作霖、吴佩孚、张宗昌、李景林没有到此为止，决意消灭西北军，一场大战不可避免。为迎战，没有冯玉祥的西北军主力在南口重新整编，改编为7个军，由张之江任总司令，鹿钟麟、宋哲元、李鸣钟、郑金声、门致中、石友三、刘郁芬分任军长。张之江在张家口统筹全局，鹿钟麟在北京怀柔指挥前线，宋哲元、孙连仲、席掖池部在多伦方向阻击热河方面的奉军吴俊升、汤玉麟的骑兵；徐永昌、韩复榘、石友三在平地泉、丰镇一带阻击晋军，保护大军西撤通道；南口主战场则由刘汝明的第10师、佟麟阁的第11师负责，战线摆在居庸关、八达岭、青龙桥车站一线。

在围歼西北军的战场中，南口战场最激烈。位于八达岭的南口，易守难攻，地形对进攻、冲锋极为不利。1926年5月28日，吴佩孚下达总攻令，连攻数日没有进展。6月8日，再度总攻，前线总指挥已经改由张学良、张宗昌担任。"二张"乘着铁甲车到第一线督阵，西北军阵地依然如故。原总指挥吴佩孚已无心再顾及南口战事，更重要的战事在等他，南方广州革命政府开始北伐，前锋直指湖南战场，吴佩孚是第一个打击目标，这位被称为"玉帅、秀才司令"的军阀头目，更关心两湖战场。

1926年8月15日，南口战场态势发生变化，正面守军王书箴的第30旅防线被突破，导致整个战线陷入被分割的境地。在此同时，吴俊升指挥的奉军从多伦方向直逼张家口，撤往绥远的通道眼看有切断的危险。西北军前线总指挥鹿钟麟下达撤退令，各部放弃南口、张家口、归绥、雁北，向包头、五原方向转移。

西北军还有一个战场在山西，开战之初，韩复榘、石友三等部几乎拿下雁门关以北地区。阎锡山先是避过锋芒，保存实力，到西北军全军溃败时，晋军趁火打劫，出动主力围歼兵败如山倒的冯玉祥部。韩、石及陈希圣三位师长，见撤到包头、五原这类贫困落后地区，数万大军到那里别说打仗、整军，连吃饭、生存都无法解决，还不如见机行事，渡过难关再说，故三人叛冯而去，接受阎锡山的改编，分别被编为晋军第13、14、15师。阎锡山并不满足，又急令商震部北进，占领绥远不少地区，商震出任绥远都统，晋军也因此易名为"晋绥军"。精于算计的阎锡山并未占便宜，收编的三个师，三位师长也不愿意留在山西受气，凭阎锡山的吝啬劲是留不住外乡军人的，没过两个月，冯玉祥在"五原誓师"后不久，三个师物归原主，回到西北军，阎某白送掉两个月的军饷。

南口、晋北失利，是冯玉祥和西北军发展史上的大失败。以前冯玉祥从无到有，从小到大，自成一家，称雄一时，并且从来都是向其他军阀发动进攻，今天竟被打得溃不成军，逃到边陲落脚，冯玉祥本人则去苏联考察。南口、晋北失利结束了他作为封建旧军阀的历史，意识到用军阀混战的办法无法结束军阀混战，对军阀的让步也不能换来和平局面和祖国富强，军阀们决不允许任何为民伸张正义的行为。冯玉祥在失败和挫折中的思考，帮助其走上一条新的道路。历史就是如此多趣，冯玉祥因是军阀，被吴佩孚、张作霖、张宗昌打得无路可走；可冯玉祥参加北伐阵营后，却把吴佩孚最终击溃，把东北军赶到关外。

三、参加北伐

冯玉祥通电主和息争下野后，由李大钊安排，于1926年3月23日和夫人李德全一起，离平地泉经库伦去莫斯科。赴苏考察是他一生经历中的一件大事。

响应北伐

冯玉祥和苏联的关系开始于北京政变之后。1925年初，他邀请中共著名活动家李大钊担任西北军政治部主任，李未到任由另一中共要员刘伯坚担任。自此以后，李大钊就成为冯玉祥的好朋友，经李劝说，冯愿意接受苏联的武器、技术、资金援助。经中共牵线，冯玉祥和共产国际代表鲍罗廷、苏联驻华大使加拉罕有过直接接触。苏方派出几十名军事顾问常驻冯玉祥部，中共也派出一批军事、政工人员到西北军工作，这些事情对改变西北军的政治面貌不无影响。遗憾的是，此项"合作"刚刚开始，还未待结出成果就被南口失败所打断。冯玉祥与中共、苏联的关系则被吴佩孚、张作霖说成是"赤化"，他们围歼西北军的口号就是"讨赤"。

在去苏联的路上，冯玉祥由徐谦介绍加入国民党。1926年5月9日，到达莫斯科，同行的有徐谦、刘伯坚等人。苏联方面对冯玉祥非常热情，列宁夫人克鲁普斯卡娅、加里宁、伏罗希洛夫和共产国际领导人出面与将军会谈，当时斯大林正在黑海疗养，冯玉祥和他又无见面之缘。冯玉祥说："我很想和他（斯大林）见面谈谈，可是始终不曾见到他，引以为憾。"斯大林只是给冯写了一封信。

通过实地考察，冯玉祥对苏联的新型社会制度感到新奇、兴奋、满意，在回忆录里曾有过论述，留苏3个月"深切领悟到要想革命成功，非有鲜明的主义与参加以行动为中心的党的组织不可"。当然对苏联的看法，他也有偏颇之处。在莫斯科期间，冯玉祥介绍全体西北军将士，集体加入国民党。8月又派刘骥、李鸣钟到广州代表西北军进行入党宣誓。

冯玉祥离国去苏期间，国内政治形势发生巨大变化，对西北军有利的是南方国民革命军开始北伐，出韶关入湖南后胜利进军。对西北军不利的是南口大战损失惨重，要想收拾残局，重整旗鼓，只有响应广州革命政府的北伐。李大钊为增加北伐力量，扩大革命统一战线，及时站出来做这工作，委托在北方活动正遭奉军通缉的于右任赶到莫斯科，劝说冯玉祥迅速回国，再招旧部，树旗北伐。1926年8月21日，广州国民政府任命冯玉祥为国府委员、军事委员和西北军的党代表。回国前，他要求中共派员协助工作。8月27日，冯玉祥离开莫斯科回国，同行的有苏联顾问乌格马诺夫为首的顾问团和中共代表，为冯打前站的人员中就有时年二十三岁的邓小平。

1926年9月15日，冯玉祥到达五原，孙岳、方振武、徐永昌、石敬亭、宋哲元、鹿钟麟等西北军将领，一致公推冯玉祥为新改编的"国民联军总司令"。冯总司令在发表的宣言中宣布："我们要想战胜军阀，必须先要打倒帝国主义"，"工人农人及一切受苦难的人为什么这样穷，这样苦？就是帝国主义给的。今后将国民军建立民众的意义上，完全为民众的武力。意义是在解放中国被压迫之民族，以与世界各民族平等，解除军阀之压迫。"

次日，冯玉祥宣誓就职。9月17日，举行就职、誓师、授旗大典，于右任以国民党中央常务委员的身份授旗监誓。总司令和刘伯坚分别在会上发表演讲，宣布全军加入国民党，接受三大政策，赞成和支持国共合作，打倒北洋军阀，参加南方革命政府已经开始的北伐。从后来的实践看，冯玉祥对自己的誓言是有保留的。

大会场面极为悲壮，官兵们服装五颜六色，破烂不堪，武器装备之杂之差更为明显。正因为找到明确的革命目标和政治纲领，全军上下意气风发，斗志昂扬。大会宣告"国民联军"正式成立，鹿钟麟任参谋长、何其巩任秘书长（不久由黄少谷接任）、石敬亭为政治部长，刘伯坚为副部长（石敬亭很快去苏联，部长职由中共人士刘伯坚接任）。大会结束，会餐吃"革命饭"，汤是白开水，菜是大锅菜。

在一大批中共党员和苏联顾问的帮助下，国民联军开始走上革命之路，成为一支具有明确的民族民主革命纲领、同中共和苏联积极合作的武装力量，同广州国民政府遥相呼应，西征南伐。应该指出的是，要冯玉祥完全取消军阀意识还谈不上，在指挥联军问题上，不会让他人插手。在他看来国民联军必须在自己亲自控制之下，还是姓冯的军队。

冯将军五原誓师，并没有马上加入北伐主战场，而是先行"西征"，提出这一战略构想的是李大钊，他认为国民联军的出兵路线应是"出宁夏，取潼关，而后会师北伐"。西征战略是由于当时的敌我态势决定的，冯玉祥要挺进中原，走冀察道有强敌张作霖，走晋道有说敌非敌、是友非友的阎锡山，只有走西线。李大钊的建议也符合冯玉祥的心愿，冯向来把西北看成根据地，只有先平西北，有了稳固后方，再图中原，总体作战方针是"围甘援陕，联晋图豫"。此外，西安的西北军已处困境，再不解救只有灭亡一条路。敌我对比也好，生存、发展也好，解救西安也好，只有走西征这一条路。

重整后的西北军，分十路于1926年11月初向西安进发。西安守军是原国民军第2军李云龙部、第3军杨虎城部共一万余人，1926年4月，吴佩孚命令镇嵩军刘镇华部四万余人进攻该城。一个月后，西安城与外界断绝一切联系，到此时已被围困8个月，城中粮草全无，饿尸遍巷，市民"易子而食，折骸而爨"。全城军民在杨虎城、李云龙指挥下，固守待援。

冯玉祥任命孙良诚为"援陕军总指挥"，督率刘汝明、孙连仲、吉鸿昌、马鸿逵等部先后击溃北洋甘军孔繁锦、张兆钾等部，拿下天水和平凉等地，安定甘肃，打通道路，与同期到达陕南的陕西军于右任部，一起向咸阳及西安外围发动进攻。1926年11月27日，刘镇华率军向潼关逃窜，不久又向冯将军输诚。冯玉祥在宁、甘、陕的胜利，惊动阎锡山，唯恐西北军报晋北失败之仇，把收编的三个师还给冯不说，还主动提议成立国民联军和晋绥军联合办事处。为减轻阎锡山正面奉军的压力，冯玉祥也派出徐永昌部入晋，归阎节制，为以后力促阎锡山兵出娘子关、攻打奉军作准备。只是阎过于精明，冯过分坦诚，两人无法以诚相处和长期合作，因有冯的"坦诚"，两军时能合作；因有阎的"精明"，两军合则必分。

1927年1月，冯玉祥第三次到达西安，比第二次到西安时的督军、师长又高一步，已经身为"国民联军总司令"，西北军也开始进入发展史上的第二个全盛时期。

冯玉祥进西安，本应兵出潼关，可他按兵不动，作壁上观。国民联军固然需要休整，近一年来，原西北军又是扩编，又是作战，又是撤退，又是千里西征，到了西北名城有必要解决军费、给养、武器弹药等难题。可从当时北伐全局看，却有失良机。1926年底，吴佩孚兵败两湖，刚逃河南，北伐军转战江西、浙江、福建，国民联军如出兵河南，与从武汉北上的北伐军南北夹击吴佩孚的残兵败将和驻豫的奉军，必将一举成功。

冯玉祥此时离一个能够完成国民革命重任的革命将领的要求还有距离，他在西安观望有自己的打算。一是南方北伐能否胜利还未定论，孙传芳主力没被消灭，东南不下，北伐军则无前途和希望，冯在观看蒋（介石）、孙（传芳）决战结果。二是蒋介石的政治态度还未明朗化，是"联俄联共"还是"反苏反共"有待观察。三是冯自己妾身未明，"国民联军总司令"是自家自定，在国民党军界是高是低，有待横向比较。以上三点，使得冯玉祥举棋不定，难下决心。综观他的一生，到全面抗战开始止，他的政治、军事活动确有很大的投机性。作为北洋旧军阀和国民党新军阀，拥兵自重，割据称雄，今日合纵，明日连横，是远交近攻，是近交远攻，是称兄道弟，是兵戎相见，皆取决于各自生存和发展实力的需要，这些对冯的前期来说固然是此。可在他参加国民革命期间，也不乏表现出投机性。

冯玉祥接受中共和苏联的援助，主要是为了恢复西北军的建制，以取得在国内政治舞台上的发言权，更是为报南口失败之仇，和吴佩孚、张作霖再争高低。所以，冯玉祥没有明确的政治动作，在北伐的关键时刻没有及时出兵。

如果冯玉祥在西安胜利后，立即以国民革命的忠诚斗士和三大政策的忠诚卫士的身份，支持第一次国共合作，出兵攻占河南，和先广州后武汉国民政府携手合作，增加对国民党右派的威慑力，蒋介石很可能面对武汉国民政府和冯玉祥的政治合作，以及军事上的胜利，推迟反革命的时间。可冯玉祥在西安一停就是半年，蒋介石从中看到冯对武汉国民政府的不顺之心，放心公开反共。待蒋发动"四一二反革命政变"，冯玉祥马上修正自己五原誓师时确定的政治走向，走上反共之路。

1927年4月，武汉国民政府任命蒋介石、冯玉祥为第1、2集团军总司令，何应钦、程潜、李宗仁、唐生智为四个方面军总指挥。冯玉祥在国民党当局的地位得到确认，和蒋介石一起共领众家名将之风骚。此时孙传芳已被赶出东南财富之地，北洋军阀必败无疑。蒋介石已公开反共，冯玉祥同共产党分手已无顾虑。

三件事现已件件落实，再不出兵，河南就要落入张发奎之手。

1927年5月1日，冯玉祥在古都西安就任新职。"首都革命"时北洋军阀的"三杰"中，张作霖、吴佩孚没有冯玉祥的灵活，照旧还是旧军阀，被历史潮流所卷起。其中吴佩孚被打得落花流水，发誓不再带一兵一卒，张作霖因之而身亡，而冯玉祥适时而变，依然是国家的头面人物，实力超过以往。

冯玉祥叛变革命，和蒋介石有很大的不同，没有像蒋介石那样向中国共产党人下手，没有像蒋介石那样大搞专制统治和特务恐怖，没有像蒋介石那样培植垄断和大家族资本捞取民脂民膏，没有像蒋介石那样搞得民不聊生。而且冯玉祥很快认清蒋介石的反动真面目，开始三年"倒蒋期"。当然，倒蒋期内没有像中共那样高举推翻国民党反动统治的大旗，而是依照前例，用军阀混战的方式来与蒋介石争输赢，这就是冯玉祥的悲剧所在。

1927年5月6日，冯玉祥到潼关督军出征，第2集团军分别由孙良诚、方振武、宋哲元、岳维峻、石敬亭、刘郁芬等将领指挥，兵分五路：冯玉祥、鹿钟麟、孙良诚亲率主力中路军，沿陇海线推进；右路军为孙连仲部由商州、紫荆关方向推进；左路军为徐永昌部，假道山西，兵指河北；岳维峻部则集中陕东西为南路军；宋哲元部驻扎宁夏待命，备攻绥远。五路大军浩浩荡荡，其中主力中路军经潼关、陕州等地向洛阳进军。

河南分为两个战场，南边是武汉国民政府派出的张发奎部，猛攻奉军张学良部和吴佩孚的残兵败将，在临颍一带大败奉军，张学良、靳云鹗带兵退往郑州。冯玉祥一出潼关，在新安、洛阳同奉军万福麟部和已投靠奉系的刘镇华部相持，冯玉祥攻城几度受挫。5月26日，他亲自指挥孙良诚、方振武、石友三等部发动总攻，打败万福麟，刘镇华投降，愿意加入国民联军，进攻奉军。冯在占领洛阳后，挥兵乘胜追击，5月31日，占领郑州。又兵发两路，一路往北扫，把奉军赶出河南北部。一路往东扫，6月1日占领开封，豫东部分地区收复。同一日，北伐军刘兴到达中原重镇、陇海和京汉铁路交会点郑州，南伐、北伐部队胜利会师。

"两湖"大失败后，躲在河南巩县（今巩义市）的吴佩孚夫妇无法安身，为避免成为冯玉祥的俘虏，逃往四川。冯将军见到吴佩孚的下场，实为一大快事，吴作为过时旧军阀，败为正常。可冯玉祥没有想到，他的成功是得力于中共、苏联的帮助，借助于国民革命的大好形势，当与之相悖、成为国民党新军阀后，也很快失败。吴佩孚从"首都革命"到兵败武昌城下，不过两年。过一年余，冯玉祥从"二期北伐胜利"到兵败中原，为时不过两年又四个月。

冯玉祥一到向往已久的河南，忙于招兵买马，养精蓄锐，扩充实力。一年后，冯率部出发参加"二次北伐"时，已由占领河南时的十余万人增加到三十余万人，再也没有兵出潼关的"寒酸相"，当然他的这一"富态相"也不过保持1年左右。此时，冯玉祥不出河南、屯兵开封，却苦了蒋介石。

就在第2集团军占领郑州的同一天，第1集团军占领徐州。郑州、徐州虽说相隔近300公里，可位置均异常重要，两城有陇海线联结，又是直达北京的京汉路、津浦路上的要地。京汉路北段的奉军刚败于冯玉祥之手，津浦路南段的直鲁联军又败于蒋介石之手，蒋、冯两将如趁两城胜利之余威北进，直捣平津不是没有可能的。两位将军都没有这样做。

蒋介石为对付宁汉分裂中武汉方面的讨伐，从前线撤回主力防守定为首都不到两月的南京，张宗昌的十余万直鲁联军和孙传芳残部，反扑徐州。7月24日，徐州失守，蒋介石无法交代，拿替罪羊开刀，以莫须有的罪名枪毙徐州前线总指挥、第10军军长王天培。徐州告急，冯玉祥见败不救，重演攻豫前西安屯兵的旧戏，不愿把重兵投入北伐战场。他之所以这样做，除在中原养兵之外，还有就是宁汉对立双方胜败未定，不愿过早为任何一方牺牲自己的军队，又在投机矣。

助蒋反共

从1927年初起，蒋介石挑起"定都之争"，不同意广州国民政府迁武汉，到4月12日在上海发动反革命政变，18日组建南京政府，同以汪精卫为首的、从广州迁来武汉的国民政府分庭抗礼，这就是史书中所说的"宁汉分裂"。该事件是蒋介石上台后国民党内的第一次政治权力分赃，南京方面以广州国民政府合法继承者的地位，否定汪精卫政权的正统性。武汉方面不甘被蒋介石戏弄，全力反击。对汪精卫来说，他表面上推行的赞成国共合作的政策，成为宁汉合流中对汪最为不利的因素，蒋介石以"亲共、赤化"为缘，拒绝与汪精卫进行谈判。汪精卫在和蒋介石的争吵中，本来处于有利的位置，有国民党左派和苏联、中共的支持，有经过大革命运动教育过的工农群众的支持，也有相当的军事实力，更有从同盟会到国民党、从大元帅府到广州、武汉国民政府一脉相承的法统地位。诸因素中，"联共"与"反共"是关键，蒋介石也正是用这一条来作为宁汉合流的先决条件。

促使汪精卫公开反共的因素有三：一是蒋介石的压力，自不待言。二是汪本人的政治野心，此人乃是民国史上一大政客，权欲极强，只是没有蒋介石那样的军事实力而总是底气不足，只有靠政治投机换取功名，当然不会错过如今这一获取国民党最高权力的机会，以武汉政府为正统、南京政府为非法、蒋介石称臣必有把握。故决定自己搞掉表面上的"红帽子"，名实一致，与共产党分手。三是冯玉祥的作用。1927年春夏之交，冯的位置又类似于第二次直奉战争时的态势，直系吴佩孚、奉系张作霖双方死斗，冯玉祥倒向那一方均可置另一方于死地。现今也是这样，冯玉祥地处中原，沿京汉线南下可攻武汉；沿陇海线往东、沿津浦线南下可攻南京。联汪，对处于奉军、直鲁军、孙传芳残部威胁之下的南京十分不利；联蒋，可以迅速兵临武汉逼汪精卫就范。冯玉祥作为旧军人，对"政府"和"正统"不感兴趣，他自己就折腾过几届政府，他感兴趣的是军队，实力至上，有枪则有权，枪多则势大，经武汉和南京两府的军事实力对比后，当然更加看重军队数量、质量均高于武汉方面的蒋介石，行动上就是"联蒋压汪"。

把冯玉祥逼向蒋介石一边的，除"实力至上"的原因外，还有就是冯玉祥为避"赤化"嫌疑。北伐到徐州后，蒋介石就与奉军暗中接触，南京代表何成濬与奉军代表杨宇霆谈判时，杨提出，蒋介石、张作霖、阎锡山联合起来对付冯玉祥和汪精卫。奉方痛恨冯玉祥是正常的，冯玉祥的第2集团军在"五月战事"中，连败张学良、靳云鹗等部，洛阳、郑州、开封及豫省大部地区落入冯玉祥之手。

张作霖可以向从未交过手的蒋介石让步，决不会向有"宿仇"的冯玉祥认输。面临冯、蒋压力，"拉蒋打冯"是必然的选择。这就需要离间冯、蒋联盟，离间的最佳方法就是给冯玉祥戴上一顶"红帽子"，鼓动已经公开反共的蒋介石对冯玉祥下手。张作霖利用查抄苏联驻华使馆得到的文件，公布了苏联向冯玉祥提供经援、军援的清单，把冯玉祥和苏联、共产国际、中共间来往的有关文件亮相，称冯玉祥为"共产国际在中国的代理人、赤色将军、'共党'嫌疑分子"。

冯玉祥为避免南北受敌，落入张作霖和蒋介石夹击的圈套，一面否认自己和苏联的来往有任何政治目的，一面向蒋介石积极靠拢。并为证明"政历清白"和不是"赤色分子"，就跟着蒋介石向当时还是名义上坚持国共合作的武汉政府领袖、假左派汪精卫施加压力，逼其"清共反共灭共"，这样冯玉祥就成为"郑州会议"和"徐州会议"的主角。

1927年6月6日，汪精卫、徐谦、谭延闿、孙科、顾孟余等由武汉到郑州，邓演达到潼关接驾，迎接冯玉祥东来开会。汪精卫屈尊北上会冯，是出于增加对南京方面压力的需要，是为了说服冯玉祥留在武汉政府阵营内。会议10日开幕，12日结束，参加会议的有汪、冯外，还有唐生智、邓演达、张发奎、于右任、鹿钟麟及随汪北上的四位大员。会议上汪精卫开列的礼单，几乎满足了冯玉祥的全部要求：河南、甘肃、陕西的省主席分别由冯玉祥、刘郁芬、于右任担任；冯兼开封政治分会主席，指导豫甘陕三省省政；第2集团军正式扩编为7个方面军；陇海线以北、平汉路以东地区战事由冯玉祥的第2集团军负责，唐生智的第4方面军全部撤出河南。

武汉方面的礼品，冯玉祥照单全收。汪精卫并不大方，送上的豫甘陕三省早已在第2集团军的控制之下，汪对此任命"省主席"只是追认而已，并非新增。故冯玉祥也不感激，对邓演达、唐生智、徐谦等人在会上提出的"联合反蒋、促蒋下野"的要求不予理睬，还明确表态说："宁汉合流，一致北伐，武汉和共产党分家，谁不赞成谁就出国考察。"他的话让武汉代表倒吸一口凉气，看来这位手握重兵、曾经高喊"打倒列强、打倒军阀"的总司令，背叛革命、分裂武汉政府在前。汪精卫则心中有鬼，已在考虑如何"分共"，他与冯玉祥差不多，准备步冯后尘，拆散国共联盟。汪精卫有什么遗憾的话，那就是他自觉不该迟到此时才思反共。

蒋介石一见武汉方面高价收买冯玉祥，唯恐冯与宁对立，马上采取相应行动。声称要到徐州拜会冯将军。冯玉祥受宠若惊，立即由郑州东来。1927年6月19日，蒋介石与李宗仁、白崇禧特意来到徐州前的黄口车站迎接。冯、蒋两人是第一次见面，冯玉祥称蒋介石的"丰采和言谈态度无不使我敬慕"，大有相见恨晚之意。蒋介石称冯玉祥为"大哥"，冯提出要给蒋在郑州竖铜像，吴（稚晖）则肉麻地说冯"一柱擎天，唯公有矣"。

20日会议举行，除冯、蒋外，南京方面出席会议的有胡汉民、李烈钧、蔡元培、吴稚晖、张静江、李煜瀛、黄绍竑、李宗仁、白崇禧、钮永建、黄郛等大员，蒋介石是有意炫耀南京政府的实力和阵容。第2集团军出席会议的有李鸣钟、何其巩等。蒋介石与汪精卫不一样，礼单重在实处，知道冯玉祥难筹充足粮款，囊中羞涩，故一口应承从7月起月供军费250万元，冯出任南京政府军政部长。仅此两招，使得冯玉祥由衷感谢。在蒋介石于花园饭店举办的宴会上，冯玉祥满面春风地说："军阀对我辈称南赤、北赤，今日两赤见面，即可以救中国也。"冯、蒋不是"南北赤"，可勾结、同流已经确定。两人在徐州会议期间的唯一分歧就是冯不同意蒋提出的"北伐在后，剿平武汉为先"的主张，可冯同意出面致电武汉政府，要求汪精卫立即驱逐苏联顾问和中共人士。

21日，冯玉祥离开徐州回到郑州，即致电汪精卫、谭延闿，电文中完全接受南京方面的政治见解："近日武汉情形，店员胁迫店主，职工胁迫厂主，佃户胁逼地主，甚至利用打倒土豪劣绅之标语，压迫出征军人家庭，前方苦战奋斗之将士，不足以保护其在乡之父兄，彼等阳冒国民革命之名，阴布全国恐怖之毒。他如别有用心不良分子，搀入地方党部，擅行威权，杀人越货。"这就是他对国共合作领导下的工农运动的诬陷。电文中还要求武汉方面马上遣送鲍罗廷等顾问回国，按照郑州会议的决议"速决大计，早日实行"。为表示自己的政治立场，向武汉政府施加压力，冯玉祥还和蒋介石发表《联合宣言》，以示精诚团结。冯玉祥对中共和苏联态度起了变化，促使武汉汪精卫加快反共。

7月15日，以总理信徒、左派领袖自居的汪精卫，撕掉红色标签，向共产党人和进步力量下毒手。汪的叛变行为，使他有了与蒋介石讨价还价的本钱，可以参加宁汉合流中的政治分赃。

冯玉祥一见国民党内两个中央、政府的首脑均主动北上话好，不禁有些飘飘然，扬扬得意，摆出一副解决宁汉矛盾非我老冯莫属的姿态。

1927年7月14日，冯玉祥领衔致电宁汉双方，建议召开开封会议，安排合流事项。20日通电提出4项具体解决宁汉分裂的办法：武汉所定分离共产党，解除鲍罗廷职，应请明令宣示。中国国民党，本为本党同志共同建设，原为一家，只以前有"共党"分子及所请外国顾问，擅权弄柄，挑拨离间，以致同志间意见渐远，致成分离之局，现双方俱觉本党须由本党同志主持，所有以前借本党之名，而并非本党者，已经解除职务，则意见实已一致。请即恢复旧日局面，统一中央，或按原议政府迁宁或设南京政治分会，指导东南等省党务政治。各领袖在开封开一预备会，决定此一党潮，孰应下野？孰应继任？由中央执行委员会第四次全体会议解决，任免之。并即取消通缉及开除党籍各命令。未解决时，停止军事行动，以江西、安徽为缓冲地，仍继续北伐。22日，冯又致电宁、汉双方要员，重申20日通电中提出的"四大合流纲领"。关于"开封会议"的建议没人理睬，8月11日，又提议召开"安庆会议"，依然无果。此外还派出一些说客，劝说宁汉双方坐到谈判桌来。

如此热心于宁汉合流，纯系冯玉祥自作多情。在"七一五政变"前，蒋介石需要冯玉祥来压武汉方面反共，汪精卫需要冯玉祥作为自己反共的铺垫，如此而已，并非冯在蒋、汪心目中有多么高的地位。当"七一五政变"发生以后，宁汉合流则变成一场国民党上层的争权夺利的斗争和政治分赃。在这场官场赌博中，有三班人马出场献艺：蒋介石及南京政府，汪精卫及武汉政府，西山会议派。三派各有千秋，可均为国民党内工作多年的"同志"，都在为各自的利益争斗，谁又会听从冯玉祥和关注冯玉祥？权力角逐的角色向来越少越好，党龄不过一年余的冯玉祥暂时还进不了国民党内以蒋介石为首的真正的权力圈，他以后也没有真正进入过。

合流过程中，冯玉祥成为局外人一般。再说南京和武汉两府，不仅不理冯玉祥的好意安排，还马上见恨于冯玉祥。汪精卫对冯玉祥偏心于蒋介石，对在郑州、徐州会议中有意"抬蒋压汪、蒋冯合作"感到不满，更对冯玉祥就他汪精卫的施政纲领说三道四、指手画脚感到愤慨。

南京蒋介石对冯玉祥也有怨言，主要原因是蒋冯开会的徐州在7月24日被直鲁军攻克、第2集团军坐观其败。此外，蒋介石对宁汉合流过程中冯玉祥表现出来的政治上的幼稚感到失望。"四大合流纲领"没有为蒋介石说话，不顾蒋介石一心想控制中央的政治野心，赞成三方均分权力；不顾蒋介石相中的首都南京作为政治中心的现实，提议在南京仅设政治分会；不顾蒋介石8月13日辞职只是"以退为进"的策略，当时没有出面挽留，把蒋介石的假谦虚当作真谦让，把南京方面的假姿态当作高姿态。冯玉祥的政治动作，无法让蒋介石感到放心。

冯玉祥的坦率，真不适应于钩心斗角、虚情假意的南京官场。6月时还是宁汉双方争夺、拉拢对象的冯将军，到7月就身价大跌，无人再理了。宁汉合流谈判，用不着冯玉祥。可冯的三十余万大军，南京方面不敢轻视，冯被宁汉沪（西山会议派）三方推举为中央特别委员会委员、国民政府委员、军委委员和常委、中央党部工人部委员。

冯玉祥到南京做官的主意已定，与他政治上反共主张不一致的是，在对待和处理第2集团军内部的中共成员和苏联顾问问题上，还是颇有人情味的，远没有蒋介石、汪精卫那样绝情和残忍。1927年4月28日，李大钊惨遭奉系军阀张作霖杀害。冯玉祥听到噩耗后十分悲痛，令国民联军将士人人戴孝致哀。在联军举行的追悼会上，冯司令称"如此重大之党狱及惨杀，实为中国革命史上最壮烈而又惨淡的一页"，并说李大钊烈士是"世界革命中的领袖，……李同志一死，北京革命工作，失了领袖，本军亦受极大的影响"，表示"革命者的肉体虽可死亡，其精神永留被压迫人民心中"。

1927年7月8日，冯玉祥把本军内已暴露身份的中共党员用大卡车送走，把苏联顾问送回国。汪精卫把武汉的一些苏联顾问赶到冯玉祥的防区，企图借冯之手除掉，可冯没有这样做，把到达郑州的鲍罗廷等顾问均礼送出境。路过郑州的国民党左派领袖邓演达等也顺利北上。

冯玉祥的行动，保护了一大批中共党员，其中有些人士后来成为新中国和中共的领袖。事过五十多年，1983年9月14日，当年由冯玉祥送走的国民联军中山军事学校政治部主任、中共中央顾问委员会主任邓小平，在接见冯玉祥的子女时满怀深情地说："他（冯玉祥）对我们的态度是比较温和的，……焕章先生和我们是有缘分的。"冯玉祥对共产党人的温和行动并非说明他赞成共产主义和中共纲领，只是觉得做人要正，不能把友人送上屠刀。冯玉祥直到被蒋介石彻底打垮后，才开始成为中共的朋友。

冯玉祥和蒋介石原本并无交情，"徐州会议"是两人首次见面，冯不了解蒋，特别是两人政治上一致反共后，更是被蒋介石的表面词句所迷惑，把蒋当成总理的忠实信徒和总理遗嘱的执行者。宁汉合流后，又为蒋介石复出奔走呼号。

1927年9月16日，中央特别委员会成立，宁汉沪三方一致同意继续北伐，打倒北洋军阀。12月16日，第1集团军攻克孙传芳残部占领的蚌埠，打胜北上第一仗，与之相呼应的是冯玉祥指挥韩复榘的6军、鹿钟麟的18军、庞炳勋的20军、郑大章的骑兵军等东进徐州，与直鲁军交锋。第1集团军刘峙的1军、顾祝同的9军、杨胜治的10军等部，在何应钦指挥下进驻徐州，张宗昌、褚玉璞、孙传芳仓皇出逃。冯玉祥率部也到达徐州，一进城就以第1集团军（何应钦代指挥）、第3方面军（李宗仁、白崇禧指挥）、第2集团军三支大军难于协调作战为名，多次出面呼吁，吁请蒋介石复职国军总司令。事实上当时蒋介石辞职冯玉祥没有通电挽留，可被蒋的"急流勇退"的"高风亮节"所感动，如今正是基于这一认识又为蒋介石复出而出力。

1928年2月3日，国民党二届四中全会召开，蒋介石正式复职。会议一开完，总司令赶到徐州，召开高级军事将领会议，研讨军事改编问题。16日蒋介石在开封宣布，蒋、冯任第1、2集团军总司令不变，阎锡山为第3集团军总司令，李宗仁为第4集团军总司令。

冯玉祥和蒋介石的关系进入最热最好的时期，2月18日，两人互换帖子，义结金兰。蒋介石送给义兄的帖子上说的是"安危共仗，甘苦共尝，海枯石烂，生死不渝"。冯玉祥送给义弟的帖子说的是"结盟真意，是为主义，碎尸万段，在所不计"。两人的帖文，蒋某的稍雅些，可只谈靠不住的义气友情；冯某的稍俗些，可境界要高得多，把两人结盟的真意提高到实现三民主义的高度。作为两位名人，他们的誓言只保持一年左右，很快由"义兄义弟"变为"战场对手"。

蒋、冯友谊却给蒋介石带来加快"二次北伐"进程的结果。蒋介石把消灭张作霖、张宗昌的北伐称为"二次北伐"，由于他已叛变革命，"二次北伐"和北伐的性质已不相同，北伐是国共两党领导的反帝反封建的战争，"二次北伐"则成为军阀间争夺势力范围的内战。

冯玉祥所部成为"二次北伐"的主力，1928年4月5日，第2集团军先行肃清来犯豫北的直鲁军，5月初挺进河北境内，此时的冯将军辖有25个军，三十余万人，外有蒋介石、阎锡山、李宗仁3个集团军，张作霖、张宗昌碰到了克星。

会师平津

张作霖在军阀中也算冒尖之辈，称雄于关外白山黑水之间，凭借三十余万大军，一直图谋问鼎中原。到第二次直奉大战期间，借得冯玉祥的力量进入京津冀鲁地区，为实现入主北洋政府的欲望，说动吴佩孚，把冯玉祥和国民军赶到绥远。国民军一走，北京城成了张作霖作威作福的场所，张大帅成为北洋政府最后一任主宰者。1926年12月1日，张作霖出任"安国军总司令"，孙传芳、张宗昌、阎锡山为

"副司令"。1927年6月18日，张作霖在奉军、直鲁联军将领的拥戴下更进一步，当上"陆海军大元帅"。尽管是"大元帅"，可毕竟是山大王，只有拉队伍、抢地盘的功夫，不具备主政的素质，北京不是沈阳，大帅不是执政，他的上台是中国的悲哀，他的失败也在意料之中。

"二次北伐"打响后，张作霖手下有7个方面军团，军团长分别是孙传芳、张宗昌、张学良、杨宇霆、张作相、吴俊升、褚玉璞，全军分别部署在津浦、京汉铁路北段的鲁、冀、京、津地区。原辖安国军的晋绥军及阎锡山，已在1927年春改投南京政府，阎为第3集团军总司令。

在同张作霖的作战中，冯玉祥的第2集团军处于相当重要的位置，大军集结在河南，北攻，可以沿京汉路取石家庄、保定，接应出娘子关的晋军；东进，可以配合津浦路上的第1、4集团军北上。冯玉祥也愿意当先锋将，一则可以扩大影响，从蒋介石"北伐统一"的政治交易中分得一份"股金"。二则可以扩大势力范围，力争突破陕甘豫三省规模。三则可以扩大实力，按照旧中国仗越打兵越多的惯例，不打仗则无扩军机会，现进军平津无疑是发展兵员的良机。四则可以报"南口失败"之仇。

1928年4月间，张学良、杨宇霆率领安国军主力第3、4两军团共10个步兵军、1个骑兵军长驱南下，到达漳河以北，总指挥部设在磁州。冯玉祥任命孙良诚为第1方面军总指挥，率领3个军，主攻山东曹州、济宁；由孙连仲任第2方面军总指挥，指挥3个军沿京汉路推进；由刘镇华的第8方面军攻大名、顺德；由鹿钟麟的第9方面军，共6个军沿彰德、内黄方向北进，兵指石家口北路为进攻主力。这是自冯玉祥一年前进入河南后首次到省外的大规模军事行动。

1928年4月5日，双方在彰德周围展开激战。4月10日，蒋介石以"国民革命军总司令"和"北伐军总司令"的名义，下达出击令。第1集团军沿津浦线，第2集团军沿京汉路，第3集团军沿正太路和京绥线，第4集团军配合第1、2集团军行动，百余万大军直指平津。4月28日，冯玉祥发出总攻令，先后收复顺德、大名、禹城、德州。5月16日，冯玉祥部虎将韩复榘已经到达被晋绥军占领的石家庄。

津浦线的战事不太顺利。日寇制造"济南惨案"，蒋介石不是据理力争和强硬反击，而是屈辱退让，第1集团军绕过济南北行，到5月12日才渡过黄河前进，延缓了全军的行动。为统一"二次北伐"战事，蒋介石于5月10日在兖州召开"党政联席会议"，为"济南惨案"中的卖国行为辩解，布置下一阶段战事，会上还把山东划归冯玉祥，冯玉祥推荐孙良诚出任山东省政府主席。冯玉祥屯兵河南一年间，想山东已久，蒋介石不会不知，现在挺进京津之战的关键时刻把山东划给冯玉祥，意在引冯多战多卖力。

1928年5月21日，蒋介石赶到郑州，调整作战部署，第1集团军作战方向不变，继续沿津浦线前进；第4集团军沿京汉路前进，第2集团军沿第1、4集团军的中间地带前进，第3集团军配合李宗仁、冯玉祥部北进，各军定于5月28日发起总攻。

安国军自5月初在山东大败后，曾计划在京津地区死守，调集四十万大军分守保定、蓟县、南口；津浦线方面沧州有褚玉璞的1个军，盐山、马厂的守军是孙传芳的两个军；天津守军是张作相部；河间、交河的守军是褚玉璞的18军，任丘一带由张学良、杨宇霆部防守；京汉路上有奉军六个军，京绥路上有奉军三个军。首先在奉军防线前碰壁的是阎锡山的第3集团军，5月15日，阎部在保定附近的方顺桥，与奉军激战，打得难解难分，一贯用兵谨慎、胆小的阎锡山最后把卫队旅都拉上一线作战。战场危急之际，徐永昌派人找到第2集团军的先锋韩复榘，请求出兵援助。韩复榘按照冯玉祥的命令反而撤回石家庄，造成晋绥军右翼出现缺口，损失巨大。起因是阎锡山已预先关照过，拿下京津后冯玉祥不要再管彰德以北（冀、京、津）的事，冯玉祥就以"不要管彰德以北的事"为准，对韩复榘说："阎总司令已经关照不让管，我们就走嘛。"冯将军意气用事，视战事为儿戏，见败不救不应该，本来就小心眼、手笔不大的阎锡山能不恨冯玉祥？

5月30日，蒋介石到石家庄会见阎锡山，6月2日到新乡会见冯玉祥，三巨头会谈是为划分势力范围。蒋介石主张把收复后的京津交给晋绥军接管，理由是两城及相应地区日寇势力较大，唯恐出现第二个"济南惨案"，而阎锡山和日本关系由来已久，阎主政京、津，不会刺激日方。蒋介石劝阻冯玉祥说，西北军已有鲁、豫、陕、甘及青海、宁夏等省份，而晋绥军只有晋、冀、绥，北京和天津让给阎锡山治理并不过分。

蒋介石也是人中精灵，对阎、冯了解颇深，阎氏不管闹到什么程度，感兴趣的只是山西，娘子关以外的事情能管则管，管不着则不管；冯玉祥则有政治抱负，只是时势不成熟而已。防阎防冯，两害相权取其轻，防冯胜于防阎，故用偏袒晋绥军的办法来阻止冯的扩张计划和行动，同时挑拨阎、冯之间的关系。

南京方面的顺利进军，使得张作霖不得不重新思考军事战略，奉军如果在京津地区与南方军决战，张作霖只有"覆灭"一条路。这位东北汉子还真有股豪爽劲，过去胜利时是英雄，如今失败在前，敢于正视、承认失败，也不失为"失败英雄"，准备全线退兵。

1928年5月30日，大元帅府召开高级军事会议，张作霖、孙传芳、杨宇霆等人紧急会商后，为避免毁灭性的打击，把老本赔光；为避免古都北京毁于战火，决定退往关外。6月2日，陆海军大元帅张作霖发布出关通电，次日离开北京（6月4日到达沈阳皇姑屯附近被日本特务炸死），奉军退往滦州以北。直鲁军撤往天津，内部出现分化，一批将领阵前倒戈，投靠南京。

6月5日，第1集团军占领马厂，第2集团军骑1军占领安次，韩复榘部进驻固安，次日到达南苑，抢在晋绥军前面，可是不让进北京。其余各部也先后赶到小站、武清、南苑，望京兴叹。想当初他们被赶出京城，两年后历经艰辛，打遍苦仗，打到北京，可望着北京不能进，此种心情可想而知。

晋绥军前线总指挥商震督率孙楚、张荫梧部进驻北京，奉军留下来维持秩序和治安的鲍毓麟旅主动退出故都。6月8日，阎锡山在保定就任平津卫戍总司令，张荫梧为北平警备司令，傅作义任天津警备司令。11日，阎锡山和白崇禧抵达北平，25日，阎出任中央政治会议北平政治分会代理主席。

蒋介石担心第2集团军会闹事，命令冯玉祥把军队带离平津，到涿州、定兴、徐水、固安、高阳等地驻扎。在"二次北伐"中出力甚大的西北军，就这样被排除在接收北平、天津之外，冯玉祥表面服从全局利益没有反对，更没有武力进城，但已埋下仇恨和不满，蒋、冯冲突已无法避免。冯玉祥对蒋介石的认识是在不断深化的，自此以后，中原大战以前，蒋介石能否允许西北军四十万大军的存在，是冯玉祥是否与南京政府合作、分裂的标准；"九一八事变"以后，蒋能否抗战，是冯玉祥是否拥蒋的标准；抗战中、后期起，蒋能否实施民主政治，是冯玉祥是否反蒋的标准。

四、热衷倒蒋

蒋介石还未完全坐稳江山，即考虑"一统江山"后的势力划分，倒也不失一个谋略家、政治家的水平，只是无法服众，会带来令他不快的后果。蒋总司令把平津划给阎锡山名下后，冯玉祥马上就给蒋脸色看。1928年6月14日，国民党中央执行委员会委托蒋介石到北平祭告总理，南京方面则继续完成中山陵的建造工程，以便移总理灵南下安葬。

西山祭灵

1928年6月26日，蒋介石绕道武汉接上第4集团军总司令李宗仁一起北上，7月3日到新乡迎接冯玉祥。此次已没有两人首次在徐州见面时的热情，也无义结金兰时的真诚，冯玉祥只是派出刘汝明匆匆忙忙戴着大草帽去车站接蒋，自己则躲到滑县避而不见，另外单独赴平，冯玉祥的冷淡是对蒋介石的警告和抗议。

1928年7月6日，冯玉祥赶到北平，参加在碧云寺举行的各集团军总司令、各路军总指挥的"祭灵大典"。瞻仰中山先生遗容时，蒋介石抚棺痛哭，冯玉祥说："蒋哭了很久，还不停止，我走上去如劝孝子一般，劝了多时，他始休泪。"蒋介石舍得这么多的眼泪，一是珍惜和总理的友谊，孙中山北上逝世，蒋介石正在东征前线，两人没有见上一面，即使不考虑政治因素，从人之常情上讲也是令人惋惜。二是蒋介石表示自己是总理的接班人，正像当时有人所说："这才显出他是嫡子呢？我们都不是嫡子，叫他哭吧，我们走了。"

祭灵一完，冯将军跑到第2集团军具有特殊意义的南口，于7月9日召开"国民联军阵亡将士追悼大会"，会场人山人海，北平各界要员均到场致祭，蒋介石也赶来南口。场面之隆重、悲壮远盛于西山碧云寺祭灵。"南口大会"实际上是冯玉祥提醒蒋介石：你之所以能到北平来祭奠孙中山，靠的是第2集团军浴血奋战，不要忘恩负义，过河拆桥。冯玉祥的担心不无道理，蒋介石到北平祭灵，是以死者压活人，提醒3个集团军总司令，北伐告成，天下一统，可以告慰于孙总理在天之灵，可现在你们重兵在握，危及中央，孙总理在九泉之下不会同意你们拥兵称雄、割据造乱。所以蒋介石北上的真实意图就是实现谋士杨永泰所出的"削藩之计"，削夺晋、桂、西北三路军阀的兵权。

"削藩"成为蒋介石北伐结束后的当务之急，为此战事还未完全结束就紧锣密鼓地进行。1928年6月28日，宋子文主持召开全国经济会议，正式提出《请政府翹期裁兵从事建设案》，称国家财政收入无力负担84个军、272个师、18个独立旅、21个独立团组成的庞大军队，准备从财经方面减少军事费用，逼迫各集团军裁兵。如果按照宋子文所说的"减轻国家财经负担"的角度去裁军，那只应裁蒋介石所有的第1集团军，因为只有他的军队才从中央财政支出中领军费，第2、3、4集团军从南京方面领取的军费根本无法和蒋军相比。如果从"减轻全国民众的经济负担"的角度讲，那么4个集团军都应裁军，因为他们的军费无论是从哪方面解决，都是民脂民膏，军队、内战是造成中国贫穷的主要原因之一。

蒋介石的裁兵不是出自上述两点。7月5日，蒋连发两个通电，提出"今日非裁兵无以救国"。"我同志必当以真正之觉悟与全国人民切实合作，以完成此重大之职责。"蒋介石冠冕堂皇之后，伏笔在于倡议裁军，是要他人编成1师军队向中央上交1师，第1集团军全部上交中央。可人所共知，蒋介石就是中央，向中央交军队就是向蒋介石交军队。这样蒋介石不仅把嫡系、第1集团军完整保存下来，其余军阀的军队也落入其手中。如果蒋介石实施民主政治，如果蒋介石立军为民，如此裁军也无妨，也应该这样做，可问题是蒋介石本身是专制独裁，无民主可言，只是出于巩固执政和权力基础的私心，军阀之间当然就有"不公之说"。

1928年7月6日，祭奠孙总理的当天晚上，"总司令们"在碧云寺举行座谈会，蒋介石摊牌，拿出"军事善后案"，计划以"师"为战略军事单位，把全国现有的300个师，裁撤250个师，保留50个师的编制共80万人。11日举行首次"编遣会议"，成立"编遣委员会"，负责全军整编，同时公布《国民政府裁兵善后委员会组织条例》。8月8日，国民党二届五中全会开幕，通过《军事整理案》，决议取消各地政治分会。撤销由各集团军总司令和地方实力派担任的、党政军经一把抓的"政治分会主席"职，以避免利用政治分会控制数省与中央政府对抗的可能。12月25日，南京政府公布《国军编遣委员会条例》。1929年元旦，"军队编遣会议"正式开幕，通过了由蒋介石授意、阎锡山提出的方案。方案把全国分成8个编遣区，其中开封为第2区，太原设第3区，汉口设第4区，沈阳为第5区，其余4个区均为蒋管区。按此计划，蒋能编成"八分之四"的军队，开封的冯玉祥、太原的阎锡山、汉口的李宗仁、沈阳的已经易帜的张学良只能各编八分之一。

1929年1月5日，南京"国军编遣委员会"发表通电，为蒋介石的编遣造舆论，壮声势。1月28日，南京政府特任蒋介石、冯玉祥、阎锡山、李宗仁、李济深、张学良、杨树庄等为编遣常委，何应钦、宋子文、胡汉民、蔡元培、孙科等为编遣委员。李济深为总务部主任，冯玉祥为遣置部主任，阎锡山为经理部主任。2月27日，南京官方宣布各集团军总部、海军总部、各总指挥部于3月15日前一律撤销，各编遣区开始办公。这时已把刀架到冯玉祥、李宗仁、阎锡山等实力派的脖子上，要么向蒋介石臣服，要么是武力抗争。

2月21日，桂系领袖李宗仁先于蒋下手，驱逐蒋介石委派的湖南省主席鲁涤平。首起"倒蒋"，自此为止，蒋介石的编遣被打乱，名存实亡。

原本，裁撤军队、统一军队也是应该进行的，可蒋介石的编遣是不遣自己只遣他人，趁机吞并异己，扩编嫡系，建立蒋介石一统军界的局面，各路军阀当然不会任你摆弄，尤其不会让蒋介石动本——削权遣军，一个个起来"倒蒋自保"，死力抗争。面对蒋介石的削藩，受害最大、损失最多的是冯玉祥。

二次"倒蒋"

说冯玉祥受害最大，一是他在"二次北伐"中出力最多，三十余万大军倾巢而出，拼死拼活打到北京城下，蒋介石没有论功行赏，把平津划给晋阎，欺人太甚。二是阎锡山不老却又奸又滑，既无情又无义，经常干坑蒙拐骗他人之勾当，南口大战时助张作霖、吴佩孚堵国民军的退路，"二次北伐"待第1、4集团军已打到冀中才兵出娘子关，而现在成了英雄，在北平吃五喝六，迎宾送客，在编遣会议中和蒋介石眉来眼去，一唱一和，欺负冯玉祥和第2集团军，压人太甚。三是"二次北伐"刚结束，实力仅次于蒋介石的第2集团军成为编遣的第一号目标，逼人太甚。

说冯玉祥损失最多，第2集团军按照编遣计划要裁撤9个方面军部、10个军部、二十余万人，仅编成12个师，番号由20至31师，分别由韩复榘、梁冠英、吉鸿昌、冯治安、石友三、童玉振、程希贤、张维玺、宋哲元、刘汝明、佟麟阁、孙连仲为师长，原来实力稍逊于第1集团军的冯玉祥部，按此计划只剩1集团军的三分之一。既然动冯玉祥军队的难度大，其他军阀就瞧冯而动，蒋介石也把编遣重点放在冯的身上。

冯玉祥持反对态度是意料之中，理所当然，针对蒋介石的整军、削权的阴谋，决心凭借实力，举旗"倒蒋"，一争高低。

1928年7月5日，冯玉祥在保定发出《时局通电》，提出统一军权，废除各集团军总司令，军权归军委会，但必须各军事领袖实际参加中央各部工作，即交出军权换取实权。还提出组织"裁兵委员会"，即行"裁兵"，但不是各集团军平均按比例裁员，而是"枪支不全者裁，老弱不堪用者裁，纪律不佳者裁，训练太缺者裁"。

冯玉祥的通电就是说此"四条标准"西北军均不符合，因为西北军在河南的一年间和"二次北伐"中连战皆捷，斩获巨大，人枪齐全；西北军招兵严格，关心士兵生活，老弱者不多；西北军管理严密，军纪有令也有行，名声较好；西北军训练有素，官兵都有较好的素质。而此"四条"，第1、3、4集团军或多或少都存在一些问题，冯也是想裁蒋、阎、李的军队，保存自己的实力。故他的方案，蒋、阎、李都反对。

蒋介石、阎锡山、李宗仁三人中，蒋介石有他特殊的反对方式，即用冯的条件来"套冯"，接过冯的口号来对付各路军阀。冯玉祥通电一发，蒋介石表示赞成，同意用"权力换军权"的方式"统一军权"，任命李宗仁为军事参议院长，冯玉祥为行政院副院长，阎锡山为内务部长。10月冯玉祥到南京上任，12月上中旬阎锡山、李宗仁到南京上任。蒋介石见三位总司令已脱离各自部队，也就不再理睬冯玉祥提出的裁军条件了，一方面架空三位司令，一方面继续搞蒋记裁军方案。

在南京，冯玉祥又提出裁军"四条标准"之外的补充条件："有训练者编，无训练者遣；有革命性者编，无革命性者遣；有战功者编，无战功者遣；枪械齐备者编，枪械不全者遣"。具体方案是蒋冯各编9个师，阎李各编8个师，其余部队编8个师。蒋介石不会接受，可他不露声色，暗中利诱阎锡山出场反对，李宗仁也有微词，在蒋、阎、李的夹击下，冯消极对抗，编遣会议一拖再拖，到1929年初会议才正式召开。会议上蒋介石的设想并未对阎、李有一分偏爱，对冯、阎、李一视同仁，第2、3、4集团军非裁不可，各自保存的军队只有蒋的三分之一左右，三将方知上当。冯玉祥提议休会，1月26日会议收场，2月5日冯将军称病离开南京，回到西北军驻扎的河南，借住辉县百泉村。

蒋桂战争爆发后，冯玉祥答应起兵三十万从中原配合桂军在两湖的"倒蒋行动"。岂知桂军内部不稳，刚出师不久，主将李明瑞阵前倒戈，投向蒋介石，李宗仁兵败逃跑。冯玉祥见此状况，助李已无前途，只得答应蒋介石出兵讨伐叛将李宗仁。冯玉祥也有自己的打算，准备借"讨桂"为名派出虎将韩复榘率兵离豫入鄂，趁机拿下武汉。没有料到，韩复榘部刚离信阳，武汉三镇已被中央军占领。冯玉祥的计划流产不说，韩复榘南下孝感竟被蒋介石暗中收买。先答应"助桂倒蒋"后转变为"援蒋平桂"，李宗仁、白崇禧不满冯玉祥；暗中图占武汉，蒋介石又不满冯玉祥；冯玉祥的战略设想一样未成，还被蒋介石挖走韩复榘，这就是"蒋桂战争"给冯带来的结果。

"蒋桂战争"结束，蒋介石更觉"削藩"之重要，打击的下一个目标是西北军。第一步派出陈调元接任山东省府主席，把孙良诚部从山东赶走。第二步电"邀"冯玉祥到南京履职，以便西北军将兵分开，造成将无兵、兵无帅的局面，为下一步武力收编作准备。第三步收回河南，开始向河南运动兵力。

冯玉祥见状不好，一面电蒋说发饷不公不能到任，一面把河南省主席职交韩复榘代理，亲率大军向潼关以西撤退。孙良诚向陕西退却时，一路断路破桥，以绝追兵。1929年5月5日，西北军高级将领公开"通电倒蒋"，拥推冯玉祥为"护党救国军西北军总司令"。

蒋介石见收拾西北军的时机已到，采取各种手段反击。5月22日，在例行的总理纪念周上，蒋介石报告了冯玉祥反抗中央政府的情况，为冯罗织种种罪名。次日，国民党中央常务委员会决议开除只有三年党龄的冯玉祥的党籍和革除本兼各职。24日，国民政府下令缉拿背叛党国的冯玉祥。25日，国民党中央宣传部发布《讨冯宣传要点》，公布所谓冯勾结苏俄的证据和破坏交通的罪状。在政治上口诛笔伐的同时，军事上组织讨伐军向陕西进军，命令驻扎徐州的唐生智部西进，进攻冯玉祥。

南京方面的讨伐行动对西北军威胁不大，致命的威胁来自内部的叛变，韩复榘、石友三早就厌烦西北军的艰苦生活和清规戒律，早就和蒋介石谈妥条件，5月22、23日，两人趁机背叛而去。冯玉祥对内部亲信叛变痛心疾首，无心恋战，只有在5月27日通电下野，不战而败。自称从此"入山读书，遂我初衷"。第一次"倒蒋"失利，但他与蒋争盟的雄心不减。蒋介石见冯玉祥已下野，停止军事进攻，可消灭西北军的方针不变，双方都在进行一场新的大战。

初战未果，冯玉祥痛感单靠西北军的力量倒蒋是不够的，借入山读书、洁身引退为名，派人去山西劝说阎锡山一起倒蒋。对阎冯联盟，冯玉祥是失败之际报仇心切，急不择"友"，一片真心要联晋；阎锡山是趁此机会，扣冯于晋，既解1928年5月的"方顺桥遇难第2集团军不救"之恨，又可作为向蒋介石讨价还价的筹码。在搞阴谋方面，阎锡山无论是基本功还是技巧，均高于冯玉祥。为把冯玉祥骗来太原，当冯玉祥的使者邓哲熙、曹浩禁到太原时，阎锡山没有拒绝"联合倒蒋"，只是提出要冯玉祥来晋商谈具体事项。

阎锡山面临政治上的选择。冯玉祥5月"称乱"，蒋介石电令阎氏出兵，配合唐生智合击西北军。二十八岁就任山西督军、控制山西已经十八年、"少"谋深算的阎锡山心里明白，冯玉祥可欺可骗不可打。冯坦率、直爽则可欺可骗，西北军勇猛顽强则不可冒犯，且如果助蒋除掉冯玉祥，蒋介石的下一个目标就是除掉阎锡山。阎不愿进攻西北军，可也不愿对抗蒋介石的命令，因为还没到与蒋对抗的时机。

心术多端的阎锡山只有以退为进，致电蒋介石，提出蒋冯不宜交恶于战场，为保和平能实现，愿意和冯玉祥一起下野出洋。阎锡山的电文一箭双雕，一是骗过蒋介石。蒋介石一见阎冯联袂出洋，无疑是把晋绥军、西北军连成一片，两军势必组成反对中央政府的统一战线，这样除冯的目的没有达到，又多一个强有力的对手。为拆散还未成形的"阎冯联盟"，蒋介石极力挽留阎锡山，本来就没有出国打算的阎某，半推半就趁机提高身价。南京方面开出一系列委任状满足阎的要求：晋绥军参谋长朱绶光代理军政部长，晋系高参赵戴文为监察院院长，省府要员杨兆泰为内政部长，阎的私人代表赵丕廉为蒙藏委员会副委员长，阎锡山本人升为西北宣慰使，全权处理西北善后事务。最后蒋介石屈尊北上，到北平与阎锡山会晤，敲定阎不再出洋。阎锡山见一纸电文换来如此大的政治效益，见好就收。

阎锡山的计谋骗过蒋介石，也骗过冯玉祥。冯玉祥原对阎的邀请有顾虑，担心作为人质被扣太原，现见阎锡山愿意息争出洋，愿意与西北军携手合作，对他的疑虑全消，就把军队交给在陕西的宋哲元、孙良诚、石敬亭等人，带着夫人离开华阴赴晋，1929年6月24日到达太原。冯玉祥上当，阎锡山诡计成功。

冯玉祥到太原，阎锡山不但不和他谈倒蒋之事，反而背信弃义把他囚禁于建安村，这是在军阀混战中少见的无耻行径，只有阎锡山干得出来，冯再受阎害。冯玉祥不是无能之辈，没有坐以待毙，着手化解"蒋阎联盟"，把阎逼上"放冯联冯倒蒋之路"。冯玉祥指使留在陕西的宋哲元等将领，与蒋介石暗通款曲，假意输诚。7月中旬，西北军参谋长陈琢如赶到南京，表示西北军愿意接受中央的指挥，并声称西北军数月前之所以敢于脱离中央，是因为有表面上服从中央政府领导的阎锡山的支持。为增加可信度，陈琢如还向蒋介石要点军饷，给蒋造成西北军不靠中央无法存在的假象。蒋介石见西北军已无往日之威风，有屈服之意，再则为教训一下阎锡山，马上表态供给部分军饷。8月16日，蒋介石重新起用西北军第一次倒蒋时被免职的鹿钟麟为军政部长，22日任命西北军将领李鸣钟为全国编遣委员会遣置部主任。似乎蒋介石和西北军的关系密切起来，开始冷落一心想通过控制冯玉祥从而达到控制西北军、以便在同蒋介石斗争中获取好处的阎锡山。

阎锡山被冷落，这个多疑之人坐立不安，满腹狐疑，为了试一试在蒋介石眼中的地位如何，向南京方面提出辞职，以观反应。蒋介石将计就计，顺水推舟，8月10日批准阎辞去山西省府主席及其他兼职，任命商震为山西省主席、徐永昌为河北省主席。阎锡山的身价大跌，"蒋阎冲突"是冯玉祥所盼望的成果。

1929年8月1日至6日，第二次军队编遣会议召开，会议《宣言》称有必要对军队"大裁大减"，把每个编遣区的再减少几个师。此时桂军首脑大都在逃亡途中，西北军的冯玉祥还关在建安村，蒋介石的"大裁大减"是说给阎锡山听的："裁兵为今日唯一首要之任务"，他人"明知故犯，律有明条，自无不受其祸"。这些话让阎锡山听得心惊肉跳。

阎锡山见"蒋阎联盟"已不复存在，蒋介石"联冯压晋"不是没有可能，只有赶在蒋的前面，"联冯拒蒋"。中秋之夜，阎锡山赶到建安村，当面向冯玉祥赔礼道歉。冯玉祥一心想完成倒蒋大业，只要晋绥军同意"倒蒋"，往日恩怨一笔勾销。两人谈妥，先由西北军动手，拥阎为首领，然后晋绥军呼应，联合"倒蒋"。为防止阎锡山临阵缩回，把他牢牢绑在"倒蒋战车"上，冯暗中再让宋哲元、孙良诚等将领打着阎锡山、冯玉祥的旗号"通电讨蒋"，以造成阎锡山又支持、带领西北军造反的印象，拉阎下水，而冯玉祥还被扣押在山西，不会引起南京方面更多的注意。

1929年10月10日，就在国民党统治集团热烈庆祝国庆之时，西北军二十七名高级将领通电全国，列举蒋介石"假中央集权之名，行专制独裁之实"，"骄奢淫逸，自享帝王之奉"，"榨取民脂民膏民血"，"假编遣之名，一面令人竭力灭缩，一而自己加大招募"等"六大罪状"，开始第二次"倒蒋"。通电发出，西北军分三路东下，北路由孙良诚指挥，出潼关，沿陇海东进；中路由孙连仲、刘汝明指挥，出紫荆关攻南阳；南路由张维玺、吉鸿昌指挥，出老河口。10月12日，孙良诚部拿下巩县，石敬亭进驻洛阳，唐生智部退郑州，已投靠蒋介石的河南省主席韩复榘因无脸与昔日西北军战友作战，退避黄河以北。

蒋介石对付西北军并不困难，自任三军总司令，亲自到汉口主持战事。命令唐生智沿陇海线西攻，方鼎英部沿平汉路往北进，对付叛军孙良诚部；命令刘峙率军对付紫荆关、老河口方向的叛军。11月20日，陇海线上的孙良诚部遭偷袭，损失惨重，逃回潼关，造成继"南口兵败"之后的又一次大失败。中路军、南路军挡不住刘峙、蒋鼎文的凌厉攻势，撤回陕南，第2次倒蒋失败。

冯玉祥部的失利不足为奇，最为可气的是阎锡山再次违约充当小人。西北军兵出潼关后，阎氏违背诺言，按兵不动不说，在（10月30日）南京政府代表何应钦、方本仁的劝说下，全面倒向南京，11月5日，阎锡山就任全国陆海空军副总司令，并在北平、太原召开"讨逆（冯玉祥）大会"，痛骂西北军和冯玉祥，以示和冯彻底决裂。本来冯拉阎下水，结果阎不但没有下水，而且鞋也没湿，从背后踢了西北军一脚。冯阎时而结盟、时而翻脸的根本原因，是北方这两大军阀均想争夺对北中国的控制权，因此无从谈起稳固的联合和一致，蒋介石根据这一点，合纵连横，挑拨离间，以便能各个击破，分而治之。

阎冯算计

1929年底，对蒋介石来说是多事之秋，张发奎、俞作柏、石友三、唐生智先后作乱，虽说大部被击溃，却也给蒋带来相当大的压力。冯玉祥的"倒蒋大志"并未因他的"倒蒋壮举"失败而有所减弱，身处战场之外的冯玉祥经过冷静思考，深感只有南北齐动员，第2、3、4集团军共行动，才有可能整倒蒋介石。

1929年12月间，冯玉祥趁阎锡山率部赴豫北进攻唐生智之际，躲在天津租界的鹿钟麟悄悄赶到建安村会见冯玉祥，两位西北军将领决定，鹿钟麟立即赶回西安，筹组"倒蒋"大计。

一是整顿西北军，西北军因刚经大败，大部队撤到陕西，军费、后勤供应很差，军心不稳，指挥阶层不和，鹿钟麟到驻地后成为当然领袖，出任代理总司令，稳住整个西北军。

二是离间蒋阎关系。鹿钟麟回到西安，仿效"二次倒蒋"前的宋哲元，公开打出"拥护中央、开发西北"的旗号，并密派代表向何应钦认罪，蒋介石和何应钦见西北军败北不久、时任陆海空军副司令的阎锡山有可能坐大，独霸华北、西北，故向西北军的代表表示，只要鹿钟麟明确表明拒阎的态度，就可获得中央的接济，西北军终于又和南京政府拉上关系。

三是拉拢韩复榘、石友三，联合"倒阎"，韩、石愿意起兵相助。鹿钟麟有意把西北军同南京、韩、石之间来往的消息透露给外界，传给阎锡山。刚当上副总司令的阎锡山又生疑忌，轮到他难受了。

让阎锡山改弦易辙、释放冯玉祥、"联冯倒蒋"的是蒋阎关系的恶化。蒋阎合作，几度反复，本来就是同床异梦，各怀鬼胎。蒋介石打击晋绥军和其他军阀是既定方针，只是时机的选择上有所不同。南京政府每次给阎的好处，每次最终都成为圈套，成了诱饵。阎经不住诱惑，多次落入预先设下的圈套。

1928年6月，平津冀虽然归阎锡山管理，可蒋介石又另派了北平市长、公安局长、政治分会正式主席，置阎这位政治分会代理主席、平津卫戍司令于何地？阎得了平津，可第2、4、1集团军在平津冀地区均驻有重兵，特别是在北平南部不远驻扎的第2集团军更让阎夜夜担心，日日不安。1929年1月，蒋介石又接收平津地区的税务机关，断了阎锡山的财源，驻平津的晋绥军只领到一个军的军饷。所以阎虽说拿到平津，可党、政、军、经均打折扣，狗咬尿泡空欢喜，被蒋逗得团团转。

平津没全拿到可得罪了时刻想占领两城的冯玉祥，裁军时阎锡山被蒋当作炮弹向冯玉祥进攻；冯公开"倒蒋"阎站在蒋一边，可蒋一直在提防他，还被撤去山西省主席职；冯"二次倒蒋"，阎当上三军副总司令，可上任没几天，南京的蒋介石就放风说："在中央有职务者不得再兼省职，国府委员（阎是国府委员、副总司令）应驻京，无公事不能离职。"这是要阎离开山西，调虎离山；唐生智叛蒋，阎锡山"助蒋讨唐"，唐部被收编后，蒋介石收回诺言，原答应给阎锡山的"河南省主席"职也没有兑现。蒋介石虽说不断和阎锡山调情，可时时刻刻都在提防晋绥军的扩张。阎锡山是个易与之辈，以往"媚蒋"，是以屈求伸，希望能在山西之外发展部分势力，现形势所逼，几乎没有同蒋介石争地盘的可能，南京政府决不允许他跨出一步，"媚蒋"没有捞到实惠，还不如联合冯玉祥"倒蒋"，用武力争高低，逼蒋让步。

阎锡山自觉已到非反不可的程度，一是阎对蒋感到寒心，现在蒋又催他到南京履职，无疑是一边架空他，一边控制晋绥军，要想制止蒋介石的阴谋，不得不反。二是蒋介石接连打败冯玉祥、李宗仁、唐生智、张发奎等多路军阀，有可能趁余勇收拾晋绥军，要想制止蒋的阴谋，不得不反。三是各路被蒋介石打败的军阀实力还在，如果能联合行动，还可以和南京方面决一死战，为一致"倒蒋"，不得不反。

要联合"倒蒋"，谁来召集？谁来当盟主？此时有资格出任"倒蒋盟主"的只有冯玉祥、阎锡山和李宗仁三人，可冯在阎手里，李在南方一隅，只有阎有资格有可能当盟主。善于见风使舵的阎锡山不失时机地举起"倒蒋大旗"。

1930年1月22日，阎锡山主动发难，一是提出要建立"统一的党，统一的国"，批判蒋介石分裂国民党，分裂国家。二是要蒋介石"礼让为国，在野负责"，逼他下台。三是主张"党人治党，国人治国"，把蒋介石的独裁统治变为各路军阀的"集体统治"。四是要求取缔蒋介石一手包办的国民党"三全"及选出来的中央机构。"倒蒋"从"文攻"开始，"武卫"结束。

阎锡山深知，要"倒蒋"要打仗，还得找冯玉祥。再说阎某知道西北军和南京政府正打得火热，河南的韩复榘、石友三也在寻机"倒阎"，要摆脱这种被动挨打、三方夹击的局面，也只有找冯玉祥。

对于阎锡山的"联冯主张"，助手们提醒其提防"倒戈将军"、不要忽视西北军近期的"联阎倒阎、联蒋倒蒋"的反复行为，阎锡山也算了解冯玉祥的为人，他不无信心地说："共同倒蒋是冯求之不得的，他一定会竭尽全力，而且他好贪眼前的小利，只要我们在物质上满足他的愿望，哪能再生半途捣乱之心呢？他固然很狡猾，打完蒋介石，可能会捣乱，但他是个老粗，没有远见，我自有办法对付他。"阎是这样看冯，冯是如何看阎的呢？冯对来建安村的鹿钟麟就说过："蒋介石是西北军的敌人，阎则是西北军历史上的仇人，敌可以化为友，仇则不共戴天。"这就是蒋、冯、阎3人之间的关系，3人连也好，分也好，争斗是最基本的方式，谁连谁反对谁，取决于各自的利益和时机。

1930年2月28日，阎锡山第二次来建安村，迎接冯玉祥到太原，晋系要员贾景德、辜仁发、商震、周玳和各界代表均出场致敬，场面使容易激动的冯玉祥深为感动。阎锡山为表心迹，还把"倒蒋通电"亲读给冯玉祥听，冯听罢拍案连呼"痛快呀，痛快呀，这真是一篇理直气壮的好文章"。在欢迎宴会上，两人当即拍板成立"中华民国军"，再起"护党救国运动"。在阎锡山提议下，冯玉祥愿意留下夫人为人质，带着阎锡山给的八十万大洋、两千支手提机关枪回到潼关。

冯玉祥刚离开太原，阎锡山就向蒋介石间接宣战，致电蒋介石，挑战性地说，现已送冯玉祥去潼关，关于冯的事，请蒋与冯直接电商，向蒋施加压力，并为开战寻找理由。

留晋八个月，煎熬八个月，阎一旦放行，冯归心似箭，星夜南下。3月10日，冯玉祥赶回部队，集合旧部，部署军事行动。11日，西北军二十三名将领"通电"挽留假意辞职的阎锡山，表示愿意追随阎锡山奋斗到底。13日，晋军将领二十余人发出内容相近的电报。14日，鹿钟麟、商震、白崇禧、张发奎等各路军阀将领五十三人"通电"，拥戴阎锡山为"中华民国陆海空军总司令"，冯玉祥、李宗仁、张学良为"副司令"，公开宣战。

冯玉祥回到西北军，蒋介石知道刚刚输诚的西北军又要造反，故指使"御用元老"吴稚晖出面为拉拢冯玉祥作最后一次努力。3月23日，吴打电报给冯，称冯甘为阎的傀儡，虚悬爱民之子，劝冯摒弃干戈，以坚苦卓绝之精神努力建设。冯将军毫不客气地回电："顷接先生之电回环读之，不禁哑然失笑。假如冯玉祥不自度量，复先生的电，文曰：'革命六十年的老少年吴稚晖先生，不言党了，不言革命了，亦不言真理是非了，苍髯老贼，皓首匹夫，变节为一人之走狗，立志不问民众之痛苦。如此行为，死后何面目见先总理于地下乎？'等语，岂不太好看乎？请先生谅之。"这一电报仿三国演义中诸葛亮骂死王朗，只是吴稚晖不是王朗，冯玉祥不是诸葛亮，当然也就不会出现"骂死王朗"的情节。

1930年4月1日，冯玉祥在潼关成立"副总司令部"，所部编为第2方面军，辖有6路大军，分别由孙良诚、庞炳勋、吉鸿昌、宋哲元、孙连仲、张维玺指挥。其中孙良诚、庞炳勋、孙连仲部投入陇海线作战，最终目标是配合晋绥军夺取徐州；吉鸿昌、宋哲元部由郑州南下，投入平汉路作战，配合由广西北上的李宗仁、白崇禧部攻取武汉。此外，张维玺部出紫荆关攻襄樊，刘郁芬以陕西省主席的身份留守西安，各路骑兵归郑大章指挥进军豫东、皖北。26万大军奔赴前线，破釜沉舟，背水一战，成败在此一役。

同是4月1日，阎锡山在太原就任"总司令"，总部移驻石家庄，发出"宣战通电"，"古有挟天子以令诸侯者，全国必起而讨之；今有挟党部以作威作福者，全国人民亦当起而讨伐。"所部编为第3方面军，分别由孙楚、傅作义、杨效欧、张荫梧、孙殿英、万选才指挥。其中傅作义、张荫梧部等沿津浦路南下取山东、徐州，杨效欧部等由陇海线配合西北军东进。

也是4月1日，李宗仁在桂平正式宣布就任"副总司令"，所部编为第1方面军，由张发奎、白崇禧、黄绍竑指挥，沿粤汉路北上，先取衡阳，再与吉鸿昌、宋哲元部会师武汉。

同时，驻河南新乡的石友三被编为第4方面军，内定东北张学良部、川军刘文辉部、湖南何键部、河南樊钟秀部为第5、6、7、8方面军。

此次"倒蒋"方面参战总兵力达七十余万。分布在南到三桂、北到长城、西到陕甘、东到山东的广阔地区。为统一指挥"倒蒋主力"西北、晋绥军，任命鹿钟麟、徐永昌为"前敌正、副总指挥"，负责统一指挥。待打响后，陇海线、平汉线由冯玉祥直接负责，津浦线由阎锡山直接指挥，两湖战场由李宗仁直接控制，力争打赢此役，取蒋介石而代之。

1930年3月17日，冯玉祥下达"动员令"，次日西北军开出潼关。同时，任河南省主席的韩复榘只同意"倒阎"不同意"倒蒋"，更不愿意同冯玉祥、西北军交锋，故向蒋介石提出去山东津浦线打晋绥军和阎锡山，退往鲁西，冯玉祥不战而得洛阳、郑州。4月28日，冯玉祥在郑州机场检阅部队，西北军上上下下意气风发，同仇敌忾，只待"出击令"。

5月1日，阎锡山、冯玉祥会于新乡，5月3日同车到达郑州，谈妥作战计划。两天之后，总司令回到太原，副总司令回洛阳，两人分手时总司令对副总司令说："大哥，这里有什么困难，请随时吩咐，不要客气，我一定竭力办理。2、3方面军是一家人，我希望做到有苦共尝，有福同享。"阎嘴巴很甜，心里很苦，开战后就不把冯玉祥当"大哥、一家人"了。"郑州会议"后中原大战拉开战幕。

蒋介石及南京政府已有准备，1930年4月5日，国民党当局撤销阎锡山的本兼各职，7日开除阎锡山的党籍。次日蒋介石到徐州组织"讨逆总部"，自任总司令，朱培德为参谋长。15日任命韩复榘为第1军团总指挥，防守鲁西；刘峙为第2军团总指挥，防守砀山至徐州一线，此军团为蒋军主力；何成浚为第3军团总指挥，防守平汉路许昌段；陈调元部为总预备军团，总共34个师3个旅。南战场两湖地区何应钦任武汉行营主任，督率陈济棠的第8路军、朱绍良的第6路军、脚踩两只船的何键的第4路军围堵桂军。

蒋介石用心深沉，准备借此次"倒蒋大联合"的机会，彻底围歼"倒蒋派"。具体战略是重点打击西北军，西北军有精兵良将，兵猛将勇，又位于连接京浦线、平汉线的陇海路上，南可攻武汉，东可取徐州，故西北军是首要打击目标，冯玉祥一垮，晋绥军和其他军队不战自溃。因此，蒋总司令把刘峙、顾祝同、陈继承、蒋鼎文、陈诚、卫立煌、张治中等中央军精锐之旅，全部部署到陇海线上，以实现首先打垮冯玉祥部的战略目标，因此此次会战压力最大的是冯玉祥。

大战中原

1930年5月1日，蒋介石发布"讨伐命令"，第2天举行誓师典礼，5月8日渡江赴徐州，9日下达"进攻令"，11日双方开始大规模接触。首仗冯方失利，他手下部将刘茂恩因没当上"河南省主席"阵前倒戈，与蒋方勾结，诱捕主守皖鲁豫交界处重镇归德（今商丘）的河南省主席万选才。归德得手，刘峙抓紧时机进攻，连破杨效欧、孙楚部，5月22日占领兰封，冯玉祥急调总预备队孙良诚部和平汉线上的吉鸿昌、庞炳勋部，才稳住阵脚。到6月3日，双方在定陶、曹县、民权一线对峙。

陇海战场，曾经有过两次活捉蒋介石的机会，一次是5月31日。西北军郑大章的骑兵飘忽不定，来去神速，搅得对方防不胜防。当时突袭归德机场，烧毁敌机12架，可不知道蒋介石就在附近，而且蒋总司令身边只有二百多名士兵，因为没有相关情报，蒋总司令没有成为西北军的俘虏。另一次是在柳河车站，蒋介石的指挥部设在此地，"倒蒋"方面的孙良诚和孙楚部接连打退中央军张治中、陈调元部，冲到离蒋介石的指挥列车只有十华里处。同样因为没有相关情报，蒋总司令同样没有成为西北军的俘虏。

平汉路战场是中原大战最早爆发战斗的战区。1930年4月，初西北军劲旅张维玺部和刘汝明部东出紫荆关，到达鲁山、叶县一带，与之相呼应的、从郑州南下的吉鸿昌、庞炳勋部到达许昌、临颍一线，蒋介石急调何成浚的第3军团前往阻击，到6月5日双方还在许昌城下争夺。同日桂军攻入长沙，8日占岳州，马上就要进入鄂境作战。

冯玉祥为早日实现与桂军在武汉会师的计划，调集宋哲元、张自忠、冯治安、孙连仲部增援许昌战场，全线出击，何成浚被迫撤退。可冯玉祥判断失误，以为杂牌军编成的第3军团不足为战，没有乘胜追击。结果没有全歼第3军团不说，还失去了与李宗仁、白崇禧会师的机会。这是事关全局的严重失误，导致平汉路和两湖战场战局出现逆转。

津浦路战场在阎锡山的亲自指挥下，傅作义率部直下山东，韩复榘从保存实力出发，无意决战，迅速撤往胶东，等待中央军来扭转战局。1930年6月15日，晋绥军攻占济南，并在大汶口处与南京政府的、曾为西北军的马鸿逵部相持。傅作义进军神速，功高震主，阎锡山为牵制傅作义，又派出与傅作义水火不容的张荫梧率两个军到泉城，组织第2、4路军总指挥部。由张荫梧任总指挥，监督傅作义作战，二将不和，岂能打赢？经阎裁决，由傅作义指挥津浦线方面作战，张荫梧负责胶济线方面作战。

晋绥军上层的争吵，坐失良机，大汶口、曲阜、兖州处的南京政府的援军已经到达，堵住傅作义部南下，津浦线出现对"倒蒋"一方不利的趋势。张荫梧追歼韩复榘，双方在潍县、坊子、高密一线对垒，这种对垒对晋绥军极为不利。

在两湖战场，1930年5月中旬，李宗仁、白崇禧离开广西北上，决意占领武汉，与冯玉祥会师中原，以报自"蒋桂战争"以来数次失败之仇，27日，兵分三路的第1方面军汇集衡阳，6月8日占领岳州，先头部队已经进入湖北，作为一代名将的李宗仁、白崇禧估计6月15日可以拿下武汉，踌躇满志，此时冯玉祥又刚取得平汉路南路反攻大捷，更使桂军增添得意之气。

蒋介石、何应钦一见武汉告急，一面电告武汉方面加强向南防御，一面急电陈济棠，请广东出动三个师截断桂军退路。粤军由蒋光鼐率领第60、61、63师尾桂而来，6月10日悄悄攻占衡阳，李宗仁的后续部队第3路军和后勤给养的运输被切断，桂军被腰斩。李宗仁只能放弃北进武汉计划，调转兵锋杀回衡阳，在回军途中误中埋伏，损失惨重，狼狈逃去。这一仗挥兵北上，无功有劳不说，还差点全军覆灭，是李宗仁、白崇禧桂军组建以来的最大失败。平汉路上冯玉祥只顾胜利而没有抓紧时机乘胜南下取武汉，李宗仁只顾胜利而没有抓紧时机继续北上武汉，是最大的失策，否则两支大军占领武汉，即使津浦线失利，也能和蒋介石较量下去。

在以上中原大战第一阶段，"倒蒋"方面进攻，蒋介石反击，双方互有胜负，蒋虽说有些失利，可在战略上取得成功，获得战场上的主动权，保住四个战场上的阵地。特别是有效地阻止冯玉祥、李宗仁南北合流，接下来就是蒋介石的全面反击。

"中原大战"胶着对峙到1930年7月中旬，为及早收兵，蒋介石决定集中力量在津浦线先行反攻，陇海线上的中央军主力源源东开，不久前打败桂军、士气高涨的蒋光鼐部也来到山东，刘峙、贺耀祖坐镇兖州指挥。

1930年7月28日，南京方面发动总攻，8月1日傅作义部全线动摇。8月5日，阎锡山派周玳去见冯玉祥，要西北军出动6至10个团进攻蒋军右侧。冯玉祥推却说后方预备队全是新兵、不能让新兵去送死而拒绝。实质上是冯玉祥对阎锡山取消原先答应提供的军需不满，因为西北军后勤供应很差，饱腹都难，可晋绥军部在吃罐头，双方对比反差强烈。冯玉祥请求阎锡山支持给养，阎置之不理。现阎锡山见援兵不至，赶紧给冯送来大批面粉、子弹和50万元现洋，冯见后说：他如今是"急来抱佛脚，早些送来（这些物资），就没有今天（不增援晋方的事）了"。

冯玉祥拒绝出兵是逼阎锡山"出血"，可打仗不能含糊，8月6日即主动向蒋介石军队右侧发动进攻，牵制南京方面的军事行动，减轻津浦线的压力。无奈连天大雨，不利军事行动；陇海线上晋绥军又不予配合，拒绝提供火力支援，进攻徐州的六路大军一无进展，冯玉祥只得忍痛下令西北军停止进攻。蒋介石在陇海线上的主力都已调到津浦线，留下兵力很难阻止冯玉祥部的进攻，现西北军主动停止进攻退兵，蒋介石又有了喘息的机会。

津浦线上晋绥军在蒋介石的打击下，伤亡激增，当时正值下雨不止，在干燥的山西训练出来的阎军无法适应，8月11日在泰安坚持5天5夜后败北，14日放弃济南。当冯玉祥听到济南失守的消息时破口大骂："阎百川这个老弟真不是好东西，这个葫芦里不知究竟装的是什么药。"胶东方面，8月初韩复榘出任胶济线讨逆总指挥，南京方面的援军李韫珩的第16军也在青岛登陆，并给韩带来大批军需品，韩总指挥为之一振，8月7日开始反攻，3天后张荫梧带领晋绥军全面撤退。8月15日南京方面的第19路军蒋光鼐、蔡廷锴部占领济南后继续北进，所有山东军政要务，蒋介石均交韩复榘断理，韩开始对山东7年的统治。

津浦线上的胜利，使得蒋介石可以把大批精锐之师调回陇海路、平汉路作战，重点放在如何切断西北军西退陕西和晋绥军北回山西之路上，冯玉祥不得不将宋哲元等部从前线调回洛阳，以图保住撤退通道。1930年8月24日，蒋总司令向各军发出命令，先占领洛阳、郑州者赏银100万元，先拿下巩县者赏银20万元。

冯、阎各部开始从各个战场上收缩和退却，可在同时发生于沈阳、北平的两件大事，决定了冯、阎失败的来临。就在中原大战酣战之时，"倒蒋"各派还在北平上演一场政治闹剧，那就是改组派、西山会议派及冯、阎等人组织的"中央扩大会议"。

编遣一事引发新军阀的混战，在1929年3月召开的国民党第三届全国代表大会，则引发党内各派的党争。"三全"是蒋介石把国民党改组为"蒋家党"的一次关键会议，国民党上层蒋介石系、胡汉民系、汪精卫的改组派、西山会议派、孙科派中，后三派受到慢待、排挤和压制，胡汉民系则被蒋介石利用。改组派和西山会议派当然不甘，一再利用各种机会和蒋介石争吵。阎、冯和蒋的关系恶化后，国民党内的"倒蒋派"和代表人物纷纷到北平寻找"倒蒋舞台"。阎锡山、冯玉祥提出"党统问题"后，汪精卫、陈公博和西山会议派骨干"通电响应"，谴责蒋介石篡党夺权，包办"三全"。他们和被打败的吴佩孚、孙传芳、唐生智等辈，与冯玉祥、阎锡山政治上一拍即合，合作行事。改组派和西山会议派等"政治派系"需要"军事力量"作为"倒蒋后盾"，冯、阎则需要汪精卫、谢持等国民党资深人士来加深"倒蒋"军事方面的"法统成分"，使之合法化。

"倒蒋目标"一致的政客、军阀们决意召开"中央扩大会议"，成立"国民政府"，名正言顺地和南京方面"抗礼"。对此，阎锡山分外热心，这是"登基"唯一的极好机会。冯玉祥则不以为然，深知靠政治手段打不倒蒋介石，军事上打败对手是首要之举，因此对这场政客间的大戏不感兴趣，把政务、党务全部交给阎锡山处理，自己一心在前线与蒋军决战。

冯玉祥对此也有教训，当初发动"首都革命"因没有完整和强大的政治体系配合，请出段祺瑞等过时政客而断送"革命"成果，现在"倒蒋"需要一套政治组织，最好的办法是利用国民党内的"倒蒋势力"。问题是在筹设"中央党部和国民政府"的过程中，阎锡山是东道主，又是财神爷，立他为"盟主"理所当然。阎锡山心眼不大，不担心别人来争夺"盟主"，只怕冯玉祥来抢"盟主"，所以冯玉祥为避嫌疑，以免影响对蒋作战。冯玉祥摆出一套超然态度，这也是从全局出发所致，所以他不想过多加入"中央扩大会议"和成立"国府"的活动，忙于打败蒋介石。

"中央扩大会议"并不顺利，改组派、西山会议派和其他政客、军阀为多分一点权力和位置，吵得不可开交。直到 1930 年 8 月 7 日"中国国民党中央党部扩大会议第一次会议"才在一片萧条中开幕，另立中央，分裂国民党。此时，军事形势已逆转，晋绥军在津浦线告急，西北军在陇海线出击不顺，两湖战场的桂军早已失败。

1930 年 9 月 1 日，"中扩委员"宣誓就职，并通过《国民政府组织法大纲》。次日开始起草《约法》，公布"国府委员"为阎锡山、唐绍仪、汪精卫、冯玉祥、李宗仁、张学良、谢持（后又补入石友三、刘文辉），阎锡山为"主席"。

9 月 3 日，冯玉祥在前线通电就任"国民政府委员"。8 日阎锡山在"扩大会议第八次总理纪念周"上，为掩盖军事上的败局，稳定军心，大谈特谈蒋介石的"四必败"，称蒋某与党为敌、与国为敌、与民为敌、与公理为敌必然失败。事实上"中原大战"双方"四个必败"都有，并非蒋介石才有。

民国十九年（1930 年）9 月 9 日 9 时 9 分，在"国民政府委员"缺大半、"国民政府"没有成立的情况下，阎锡山在北平怀仁堂宣誓就职"国府主席"。"主席就职"仪式实为一出有名无实的闹剧，所选"九五之尊"的就职时间并未给"倒蒋方面"带来什么好运。就职不到两小时，"阎主席"就登上列车去石家庄总部指挥已经无法支撑的战争。后来，这位"新主席"不到十天就下台，他比社会上称为民国史上短命政权的"张勋复辟"还短两天。

1930 年 9 月 18 日，张学良挥兵入关，"扩大会议"的代表和大员们费尽力气找到一辆机车，前往石家庄和太原。10 月 27 日，汪精卫起草的《约法》完成，10 月 31 日阎锡山拿出 100 万晋钞资助各方代表离开山西。11 月 1 日，改组派的二号人物陈公博在离晋途中所写的"破晓寒鸡田野鸣，漫天风雨过燕京；轮声似慰亡人苦，碌碌长鸣嘶不平"一诗，真是"中扩会议"，也是汪、陈、冯、阎的哀歌。

发生在沈阳的大事是"争夺张学良将军"。"中原大战"还未开始，在关外名城沈阳，太原与南京方面争夺东北军的政治仗已经展开。今天的张学良，就像当年（1927年6月）冯玉祥在武汉、南京争吵中举足轻重一样，太原（北平）和南京战场上分高低，关外的奉军倒向哪一方都可置另一方于死地。如倒向"倒蒋一方"，冯阎增加三十余万大军，兵伐南京不说，饮马长江是有可能的，坐大北中国成定局。如倒向蒋介石，则要"倒蒋势力"的命，南北夹击冯阎，晋绥军和西北军只有投降或西窜两条路。

1930年元旦，阎锡山派出的代表邹鲁到达沈阳，劝说张学良"倒蒋"，张少帅答应"严守中立"。3月1日，张发出"通电"主张和平解决中央和西北军、晋绥军的争端。太原（北平）为把少帅赶上"倒蒋船"，任命他为"陆海空军副总司令"，奉军编为第6方面军，并把"倒蒋通电"送给张学良过目签字，张学良不予理睬。见此状况，阎锡山又派出梁汝舟、温寿泉，冯玉祥派出邓哲熙、门致中到关外，摆出非拉张下水的架势。

张学良对冯玉祥和阎锡山的印象并不好，冯玉祥在对待奉军的态度上，是几次反复，阎锡山也有投奉反奉的历史。两年前，冯、阎协助蒋介石把奉军赶出华北，大帅张作霖在撤军过程中死于非命。张作霖的儿子少帅张学良不忘家仇，不可能和冯、阎结亲。

张学良和蒋介石本无冤仇，虽说"二次北伐"时奉军连吃败仗，可张学良答应"易帜"后，蒋介石没有再和东北军发生过什么令人不快的往事。面对"倒蒋"方面的拉拢，张学良考虑的只是东北军上层的不同意见。张作相主张"保境安民"，尤其不能和蒋介石合作，"我们是吃高粱米的，哪能斗得起南蛮子？"熙洽也说："东北若与蒋合作，简直是拱手让人。"部将们的不同见解，影响到张学良的决策。既然举棋未定，犹豫不决，还不如静观关内中原的战局，待决出胜负后再决定东北军的下一步行动。张学良不会放弃这一进关的好机会，少帅和大帅一样，一心想在关内取得一块前沿阵地，进可以攻内地，退可以到关外休整，最理想的前沿阵地是平津冀地区，可该地区属于阎锡山的势力范围，精明、吝啬的阎锡山当然不愿意把同为山西晋绥军向外扩张前沿阵地的平津冀地区出让他人，张学良在等待这一天的到来——拿到平津冀地区。

蒋介石也在积极争取张学良出兵"压阎冯"。"中原大战"开战前派出前江西省府主席方本仁到沈阳做工作，"中原大战"打响后，张学良不参加"倒蒋阵营"，就是蒋、方的话在起作用。1930年6月3日，南京代表李石曾前往东北为30岁的张学良祝寿，6月21日张群又带着蒋介石签署的"张学良出任陆海空三军副总司令"的委任状赶到沈阳，蒋介石开出如此大的价码是因为蒋军在中原战场接连失利，急待奉军增援。张学良自觉摊牌亮相时机未到，还是重申"中立立场"。

蒋介石见状十分担心，7月21日又派吴铁城、张群赶到葫芦岛追寻张学良，还派刘光送来新的委任状，任命奉军主将于学忠为平津卫戍司令，王树常为河北省主席。8月10日，张学良去北戴河疗养，张群、方本仁又带着巨款赶去活动，最后同意少帅提出的接收平津冀地区和收编"倒蒋军"的要求，张学良的目的已经达到，准备公开表态助蒋。

让张将军下决心的还有两个因素，一是蒋介石8月反攻接连得手，进军神速，冯、阎败局已定；二是东北军内部一些将领已被蒋介石派人送来的"银弹"击中，和南京暗自来往，再不表态"拥蒋"，东北军有被分化的危险。张学良清楚"倒蒋军"后劲不足，中央军越战越勇，稳操胜券，表态的时机已到。等蒋介石胜利了再表态，价值不大，蒋不会看重，只有在这要胜未胜之际表态是为上策，付出代价不大，取得收益最大。

张学良向张群表示，等中央军拿下济南我就出兵。他的态度苦了太原、北平派来的代表，1930年8月，南京政府方面军事获胜，"倒蒋派"告急，加快了拉拢张学良的工作。8月19日，汪精卫的代表郭泰祺到北戴河，20日阎、冯合派的原北洋主将、张作霖和张学良的好友孙传芳到北戴河，22日"中央扩大会议"代表陈公博、覃振和阎锡山的代表贾景德、冯玉祥的代表赶到北戴河，同张学良会谈。傅作义也从中奔走撮合。对他们的劝说，张学良不为所动，明显冷落北平来的代表。

1930年9月10日，张学良召开高级将领会议，统一思想，决定"倒蒋、拥蒋"事项。17日少帅发布进军关内"动员令"，同日对《大公报》记者发表谈话称："衷心不愿国家再分裂……乃今日兵连祸结，徒苦吾民，而双方绝对的胜败，似均无大希望，长此相持，如何得了。……现在民困已达到极点，北平尤不宜再受兵祸，故余已不能不被迫而出兵干涉，惟余之意，干涉非用武力耳。"9月18日，张学良发表通电"吁请各方，即日罢兵，以纾民困……凡我袍泽，均宜静候中央措置，海内贤达，不妨各抒伟见，共谋长治久安之策。"正式出兵入关"助蒋"，当天下午于学忠的第1军、王树常的第2军从沈阳出发，直指平津。在蒋介石、张学良的夹击下，"倒蒋军"顷刻瓦解。

张学良"通电"一发，冯玉祥派代表张允荣到石家庄来见阎锡山，建议"倒蒋军"各部继续作战，不能中途而废。阎锡山听后连叫："不好办，不好办，仗是不能打了。"在石家庄正太饭店召开的会议上，冯玉祥提议"据守黄河北岸，万一不成则退入晋南"。冯将军不说还好，一说使阎锡山吓一跳。在阎锡山看来，军事失败不可怕，可冯的西北军"退入晋南"真可怕，如果冯玉祥进山西又占着山西不走怎么办？冯玉祥在山西又倒戈反晋怎么办？阎锡山马上在会上表示："成立两个政府是历史的罪人"，提议马上全线退兵，听候整编。会散，晋绥军向娘子关、晋南逃窜。

冯玉祥坚持最后一战，计划把大部队放在郑州外围与蒋决战，因阎部出逃，决战计划未能实现。实际上西北军已很难坚持，一是有蒋介石的进攻，阎锡山一走，只剩下冯部孤军作战，在9月18日后的一个星期内，蒋介石接连发布三个命令，全面围歼西北军。二是西撤退路被切断，洛阳守将葛运隆降敌，潼关被"降蒋"的杨虎城占领，逃回陕西已不可能，这是西北军全军覆灭的主要原因之一。三是内部出现倒戈风，纷纷"降蒋"。

1930年9月30日，陇海线上的西北军已被压缩到朱仙镇、新郑及郑州、开封一线。10月1日，蒋介石重新编组军队，何成浚率左翼军团、刘峙率主力中部军团、陈调元率右翼军团，共同会攻冯玉祥部占领的核心阵地。10月3日，占领开封，第二天蒋介石赶到开封，指挥追剿西北军。同一天，汪精卫、阎锡山赶到郑州与冯玉祥紧急会商，当晚离去。10月5日，冯玉祥和阎锡山联合致电张学良，声明"愿罢兵息战，请张为调停人，召开善后会议"。10月6日，中央军占领郑州，8日攻陷新郑，西北军残部向晋南撤退。撤军途中，在虎牢关以东的黄河边上被彻底击溃。

1930年10月14日，山穷水尽的冯玉祥宣布辞职下野，退到山西泽州定居。10月15日，由冯玉祥授权的西北军代理总司令鹿钟麟也"通电罢兵"。16日在石家庄召开"中央扩大会议委员会议"，冯、阎两人在会上宣布只要能实现和平，两人愿意下野不再过问政务军务。

现在蒋介石已不是要两人下野的问题，而是要两人出洋，取消两人的"善后资格"，以便可以随意处置被打垮的西北军、晋绥军。冯、阎两人均不想出国，冯到山西汾阳峪道河隐居，阎则开始和蒋介石新的一轮斗法。

"中原大战"以"倒蒋派"的彻底失败而告终，输得最惨的是冯玉祥，四十万大军损失殆尽。"中原大战"实现了蒋介石的战略目标，彻底打垮西北军，冯玉祥再无"倒蒋实力"，基本上退出军界，以后有过两次出线执掌军事，那已不能和执掌西北军时相提并论。蒋介石也狠狠教训了晋绥军，阎锡山再也不敢公开"倒蒋"，再也不敢向晋境外扩张。蒋介石还重重打击了桂军，有效遏制李宗仁的扩张。总之把第一次也是规模最大的一次"倒蒋大同盟"打得四分五裂、溃不成军。

"中原大战"本是一场无义之战，谁实力大谁就成功。冯玉祥的失败是因为他没有蒋介石的"法统"，无法利用国家名义争取到张学良；他没有蒋介石的权力，无法用高官拉拢、分化对手；他没有蒋介石所拥有的财力，无法用"银弹"来制作"枪弹"，收买敌将以起到枪弹无法起到的作用；他没有蒋介石的军饷、装备，无法为西北军配备精良武器，战斗力受到严重影响；他没有蒋介石那样广阔的统治区，西北军无路可逃，不是被蒋介石收编，就是被消灭。

作为"倒蒋方面"失败的主观原因，一是阎锡山有钱但吝啬，冯玉祥大方可贫穷，阎锡山缺少全局观念，尽打小算盘，不愿对友军提供必要的援助，"倒蒋军"大部缺少足够的军费，作战没有后劲。二是"倒蒋军"出动70余万大军，战场分布辽阔，可缺乏具有权威的指挥中心，没有具有约束力的作战计划，该进攻的时候不及时进攻，不该撤退的时候抢先逃命，该协同作战的时候各自为战，该互相增援的时候见败不救，诸上因素加速了"倒蒋阵营"的失败。

"中原大败"，致使冯玉祥认真思考自己的政治前途。几十年来，作为军人，目睹军阀混战给民族、百姓带来的灾难。自己满怀救国大志，时刻在念如何为民请命，解民于倒悬，可事与愿违，目标、大志未酬不说，人民依然在内乱中受难，民族依然在内战中流血，最后他惨淡经营几十年的子弟兵毁于一旦，这是为什么？大败之后，冯玉祥朦朦胧胧地意识到，用军阀混战的方法反对军阀混战是不可能成功的。因此开始新的转变，即由单一的军事手段改为多种政治方式，由扩军备战改为唤醒民众，由战场上的拼杀改为争取民主、争取进步，由联络、依靠军阀改为向民主爱国力量靠拢，成为中国共产党人的朋友。

五、叛冯之风

1930年10月9日，29岁的张学良将军正式就职全国陆海空三军副总司令，同时蒋介石实现诺言，让少帅负责华北善后事项。张学良从南京参加国务会议回到北平，就召集晋绥军、西北军将领开会，商谈编遣。

冯军悲歌

蒋介石对晋绥军是采取"限制政策"，晋军编为7个军（4个步兵军，1个正太路护路军，1个炮兵军，1个骑兵军）。蒋介石之所以如此宽容晋系是因为山西是阎锡山的势力范围，南京势力进不去，即使进晋也不好生存，故允许晋军存在，限制为主，安抚为辅。"限制"是防止阎锡山的势力冲出山西，"安抚"则是尽可能减少太原、南京间的对立。

蒋介石对西北军是采取"灭绝政策"，让"西北军"成为历史上的名词。老蒋看来，冯比阎硬，不肯臣服；冯比阎狂，胸有大志；冯比阎红，易被赤化；阎是守晋，冯争天下。故趁此机会，决不手软，置西北军于死地，削平冯的军事资本。

"中原大战"结束时期的冯玉祥和西北军的遭遇，使人容易连起想当年的吴佩孚：损兵折将，部下背叛，只剩光棍司令一人。在蒋介石的全线进攻和西北军叛军的打击下，西北军的不少部队被冲垮，兵败如山倒，简直无反击、喘息的机会。被打败虽然不堪回首，但为兵家常见之事，冯玉祥也不是第一次失败，南口大战时也是败得昏天黑地、不知所措。此次败固然令冯玉祥伤心，可令他痛心不已的是战场上的叛变之风。

切断西北军退往陕西通道的是冯玉祥的爱将葛运隆。葛氏为洛阳守将，到张学良挥兵入关时，被徐源泉收买，出任国军第33师师长。从前线赶回加强撤退通道防守的宋哲元被阻洛阳城北，宋一见不妙，赶紧率部去守潼关，可叛冯降蒋的杨虎城在占领龙门后紧追宋哲元部而来，宋部只好放弃西去潼关的打算，北渡黄河去了晋南。从军事角度上讲，葛运隆和杨虎城部所为才是冯玉祥彻底失败的主要原因。

只要让冯部撤到陕西，凭借华山之险，完全可以阻中央军于潼关门下，现不能过潼关，无险可守，平汉、陇海及中原地区便于蒋介石运动兵力，疲惫不堪的又被失败气氛笼罩着的西北军战已无心，只顾逃生，被冲散的就不计其数。再则，冯玉祥部如到陕西一带，有较好的社会基础，还有再起的希望，败军到西北经过休养生息，屯兵垦边，几年积聚，重竖"倒蒋大旗"不是没有可能。现无法到西北，则一切无从谈起。令冯玉祥不可思议的是，围歼西北军、实施"断其退路计谋"的，竟然不是中央军，而是自己的忘恩负义、乘人之危落井下石的手下。

严重影响西北军战斗力和改变敌我战略态势的大规模的降蒋也有发生。9月27日，平汉路上军事主将张维玺以"出任南京军事参议院参议"的价码，率部向蒋介石投降，使得南京方面的何成浚部长驱北上，平汉路上的西北军逃都来不及。

冯玉祥的虎将吉鸿昌以"出任第22路军总指挥"的价码，献给南京方面数师之众，并调转枪口，向开封进军。

骑兵师长张占魁接受中央军第3骑兵师师长的任命，率部向郑州的西北军发动进攻。

在兵败过程中，西北军中率部"叛冯投蒋"的将领有刘茂恩、石友三、庞炳勋、梁冠英、孙连仲、宋天才、焦文典等一批人。

这些将领混迹江湖、军旅多年，如败得磊落、勇于承担战争之罪或卸甲归田均可谓一条好汉，可他们不顾江湖上最看重的"义气"二字，不是合力渡过难关，也不是作鸟兽散，竟然过河拆桥、助蒋打冯，残杀昔日兄弟，则显得无情无义了。相比之下，宋哲元也接到了"出任第24路军总指挥"的委任状，张自忠也接到了"出任第23路军总指挥"的委任状，两将并未见利忘义、弃旧迎新，而是与蒋介石作合法斗争，对手下数万将士负责，对冯玉祥一片忠诚。

冯玉祥对叛变是切齿痛心，欲哭无泪，这些都是自己多年教养、提拔出来的将领，与其今日，何必当初？他们的"降蒋"，也是冯教之过，冯玉祥应该在痛心之余自我反省。"中原大战"以后，他之所以不愿再带兵作战，不愿再拉武装，和这一大批将士叛变、使他对培植将领感到寒心有关。从小兵到西北军总司令、从率领四十万大军到"光杆司令"的经历，促使冯玉祥向军事告别，向"军阀"告别。

"中原大战"善后过程中，蒋介石的灭绝政策，使得西北军终归消失。经过战争中被打死、打伤，被蒋介石分化、瓦解，再加上逃亡、走失，由宋哲元、孙良诚、张自忠、刘汝明、赵登禹等将领带到晋南的西北军官兵有7万余人，蒋介石、张学良只给1个军的编制，另把庞炳勋、孙殿英部编为2个师。即使1个军，南京方面只同意辖2个师。番号是东北军第3军（1931年6月改编为第29军），军长宋哲元，张自忠为38师师长，冯治安为37师师长。后来两师实在编不下，又增加1个暂编师，师长由副军长刘汝明兼任，另编2个军官教导团。从此，只有29军，再也没有西北军，冯玉祥成为被蒋介石最早打垮的大军阀。

第29军一直在华北驻防，"九一八事变"以后，成为中国政府驻平津的主要军队，宋哲元兼任察哈尔省主席。长城抗战时，第29军被编为第1方面军第3军团，担任喜峰口的作战任务，官兵英勇作战，赵登禹的大刀队更是威震一时。长城抗战结束，第29军扩编为4个师，宋军长也兼任平津卫戍司令、冀察政务委员长、河北省主席。到"七七事变"，第29军不忘其责，奋起抗战，坚守宛平县城和卢沟桥地区20余天，日军未越城池一步，给日军以沉重打击，给全国人民以巨大鼓舞，写下西北军历史上最为光辉的一页。1937年8月，第29军扩编为辖有3个军的第1集团军，总司令宋哲元，59军军长张自忠，68军军长刘汝明，77军军长冯治安，每个军番号的两个数字相加均是"十四"，暗示不要忘记"七七事变"。29军的军史和表现，对冯玉祥将军也是一个不大不小的安慰。

西北军在冯将军的治理下，出过一批著名的军事人物。由于受"军阀"所局限，西北军过早地消失，否则这批军事人物可以把西北军军史写得更加完整，他们也能在现代军事史上留下更大的影响。尽管不够理想，可西北军将领在被打垮后，通过激烈的分化，以各自不同的经历和遭遇，在军事史上留下各自的活动和纪录。

西北军中冯玉祥的两大助手之一张之江，中原大战后脱离军界，出任中央国术馆馆长、国民参政员。

继续从军的将领中，有的光荣起义、留在大陆参加建设新中国的工作，如土地革命战争时期在江西"剿共前线"参加红军的第26路军第73旅旅长董振堂和参谋长赵博生；抗战胜利后率部投向解放区的第11战区副司令官、新8军军长高树勋；淮海战役中临阵起义的第3绥靖区副司令长官何基沣和张克侠；1949年春脱离国民党当局的武汉行营副主任孙蔚如；1949年9月起义的华北"副剿总"邓宝珊；南京政府兵役部部长、水利部部长鹿钟麟等人则在新中国成立后愿意为建设新中国出力。

有爱国民主将领、第17路军总指挥、西安绥靖公署主任杨虎城；积极要求抗日、组织抗日，被蒋介石杀害的第30军军长、宁夏省主席、中共党员吉鸿昌和第4军团总指挥、安徽省主席、死于非命的方振武。

有在抗战中阵亡的第33集团军总司令张自忠，第29军副军长佟麟阁，第132师师长赵登禹。在抗日前线病逝的有第1集团军总司令、第1战区副司令长官宋哲元。

有投靠蒋介石的国防部次长秦德纯，河南省主席、"战略顾问"刘茂恩，"战略顾问"熊斌，第11战区司令长官孙连仲，第8兵团总司令刘汝明，第3绥靖区司令冯治安，"金门防卫部副司令"、"七七事变"时宛平县城守军第37师219团团长吉星文，骑3军军长郑大章等。

当然也有丧失民族气节、投降日寇的第2方面军司令、苏北绥靖区主任孙良诚，第24集团军总司令、晋冀鲁豫"剿总"司令庞炳勋，开封绥靖主任刘郁芬以及郝鹏举之流。

叛将余波

西北军中，还有另立门户的韩复榘、石友三、孙殿英等。

西北军出名将之多，在民国史上北方六大军阀（奉系张作霖父子、晋系阎锡山、新疆盛世才、宁夏马鸿逵、青海马步芳及西北军冯玉祥）、南方六大军阀（川系各路，粤军陈济棠，桂军李宗仁、白崇禧，滇军龙云、卢汉，黔军王家烈，湘军何键）中为之少见。如果说粤军中出的名将可以与之相比的话，可西北军将领的分化之大、归属之广却是十二家军阀中仅有。究西北军内叛冯之风风源，出在冯玉祥身上。

一是冯玉祥缺乏科学、现代化的治军规范，将兵可谓上乘，将将却显不足，不能很好联络部下将官，靠绝对权威和强硬手腕统率军队。把已经成为军长、师长、旅长、团长及将校，还视同20余年前"老三营"的"子弟兵"，不讲方法，不顾旧军队中将校们非常需要的威严，只用简单且又粗暴的方式，处理被冯玉祥认为违纪的将校们，伤害了一批握有实权的军官，离心力不断上升，这为其一。

二是西北军长期处于环境艰苦的西北，既领不到足额的政府军饷，又不能搜括民间无度，只能用降低西北军给养标准来弥补。不少官兵可以忍受一时之苦，可不能忍受长期之苦，特别是经过横向比较，其他军阀中的将校们个个权、利并举，本来当时这些行伍出身的人，具有正确的人生观和价值观的人不多，能不起羡慕他军之心、贪图享受之意？当蒋介石甩出数额惊人的"银弹"和政府委任状时，西北军的将领们不少叛冯而去。

三是冯玉祥缺乏一个军事家、革命家所必需的理论水平，因此也找不到一个行之有效的救国办法，也就不会有正确的治军方案，其中最重要的一条就是没有教育人、改造人的思想方法和工作方法，把部队上下维系在江湖义气上，故经得起一时、经不起长期的考验，最后到关键时刻，被南京方面一一拉走。

四是西北军被蒋介石打败和将领被蒋介石拉走，除了政治、军事上的差距，还有观念上的差距。西北军还保存着一套形成于北洋时期的、具有封建内容和形式的治军方法，而蒋介石则吸收了大量的西方资本主义的军事理论和现代化的训练方法，"蒋胜冯败"是必然的。

西北军的将领离开冯玉祥，在复杂的民族斗争和阶级斗争的较量中，接受激烈的战火和政治考验，出现了像吉鸿昌、杨虎城、方振武、张自忠那样一批优秀的爱国将领，这是冯将军感到欣慰的地方；大浪淘沙，不少将领随波逐流，走向南京方面，这是冯将军感到不安的地方；更有甚者，一批将领不顾家仇国恨，跟着汪逆精卫，投降日寇，成为汉奸，这是冯将军所痛恨的地方。

西北军将领中，自立门户，独树一帜的有韩复榘、石友三及孙殿英，他们不听冯玉祥也不听蒋介石的，在旧中国的政治激流中，和十二家军阀一样，以"生存、自立"为宗旨，与蒋介石互不信任，对南京政府明顺暗抗，成为新的地方实力派。

韩复榘小冯玉祥10岁，出身贫寒，随其父读书粗通文墨，因赌博输钱太多而到冯玉祥任管带的第20镇80标3营当兵，在冯玉祥一手提拔下，逐级上升。此人打仗以机灵、勇猛出名，与石友三、孙良诚、孙连仲、刘汝明、张维玺、佟麟阁、赵席聘、程希贤、闻承烈、韩多峰、葛金章、过之纲等一起被称为冯部"十三太保"，成为冯玉祥最为器重的将领之一。到南口大战时已是第1师师长，从士兵到师长只用了15年时间。颇有野心的韩复榘手中有了部队，开始谋取更大的发展。具体做法是朝秦暮楚，出尔反尔，有奶就是娘，谁给好处就投靠谁，像他这样唯利是图、卖身投靠、数度换新的军阀，在中国现代史确实少见。

一次"叛冯"是南口大战时，韩为前敌总指挥，协调石友三、孙连仲、方振武、石敬亭、韩占元等部负责晋北战场，保护京津地区的西北军西撤通道，结果先胜后败。1926年8月15日，鹿钟麟下达"撤退令"，韩复榘通过晋军前线总指挥商震和大同守将傅汝钧师长的安排，出任晋绥军13师师长，驻扎包头、归绥。

二次"叛冯"在西北军"树旗倒蒋"时。五原誓师后，冯玉祥赶到包头开导韩某，韩见老长官和大恩人，真心诚意地认错，并称"是暂时相投，借个盘缠的，你们当是真投降了不成"。归队的韩复榘出任援陕军第6路总指挥。以后兵占河南，他想当河南省主席。"二次北伐"时，山东归西北军节制，他想当山东省主席；打到北京城下，他又想当河北省主席。三次好梦未圆，韩起"叛冯之心"。1928年12月21日，冯玉祥推荐韩复榘出任河南省主席，总算了却心愿，可冯要他交出旧部第20师。

"蒋桂战争"爆发，蒋介石以"冯玉祥任行政院长、青岛特别市归西北军节制、湖北和安徽由冯任选一省"的代价换取第2集团军出兵"伐桂"。冯玉祥任命韩复榘为第3路军总指挥率7个师南下，抢占武汉。可桂军很快失败，韩部没有参战，蒋介石答应的三个条件全部收回。更毒的是，蒋把兵至孝感的韩复榘请到武汉，还亲到车站迎候，设家宴洗尘，称他为"常胜将军、战功卓著"，韩是受宠若惊。起决定作用的是蒋介石答应给他一个省和一张巨额支票，此次见面，韩复榘"叛冯之心"已定。汉口是蒋、韩第一次欢宴的地方，九年后韩也是在这里被蒋处决。

1929年5月间，冯玉祥准备收缩兵力西撤陕西时，韩复榘对此提出不同意见。冯在会上训斥说："这不是你说的话，西北饿不死你，真是小孩子见识。"还把他赶出会场，这把韩复榘惹得火起，多少怨恨一齐涌上心头，愤愤不满地说："我虽当了省主席，但和我在16混成旅当新兵时一样，甚至还不如。"冯的严格管理和家长作风，对一个没有地位和实力的人来说，还能起作用，对颇有实力的韩复榘则行不通。韩见时机成熟，率部东开开封，宋美龄还特意赶来劳军。冯玉祥得知爱将韩复榘叛离，哭泣数日，还时常打自己的耳光，后来在山西汾阳峪道河隐居时曾对来访的友人说："以前，我以为自己训练出来的军队是好的，外边来的部队是差的，可在危急患难的时候，倒戈的却都是股肱心腹，现在老远来看我的，都是外边的朋友。"

韩复榘凭着实力，脱离冯部，开始独打天下，就像对冯玉祥的态度一样，韩对蒋介石也是心怀二意，只是口头上拥护中央政府，与蒋介石互相利用，钩心斗角，成为第二代军阀的代表人物。他控制山东八年间，对冯玉祥有过两次报答。一次是"中原大战"中不愿参加进攻西北军的战斗，调往山东；一次是安排冯玉祥到泰山隐居。冯玉祥对他彻底失望的是抗战打响后在山东不抵抗、临阵退兵一事，导致冯也同意蒋介石处决韩复榘。韩某是蒋介石下令处决的军衔最高（上将）、军职最高（集团军总司令、第5战区副司令长官）的将领。

石友三小冯玉祥十一岁，十七岁当兵，二十一岁转到冯玉祥的"老三营"当马夫，从此和韩复榘一样不断得到冯玉祥的提拔，南口大战时，升为第6师师长。自成为高级将领后，每遇一次政治风浪，就出现摇摆，改换门庭，寻找新出路，其后半生就是"倒戈史"，谁有势力，谁给好处就投靠谁，仁义礼智信全无，在当时社会观感极差。

有些同代人不怀好意地说，韩、石的多次倒戈是向冯玉祥学习的结果，是冯的"遗传因素"在起作用。这是有失公理，冯玉祥"倒戈"并非为个人要达到什么目的，不是为换取高官厚禄，也不是为避难躲祸。从冯玉祥的本意上讲，每次政治选择都是为了改变兵祸联结、民不聊生的局面，只是受历史所限，没有取得所设想的结果，但这并不成为否定冯玉祥"倒戈"的理由。虽说他的"倒戈"没有为国换来繁荣、为民换来幸福，可从历史的长河看，他确要比其他军阀站得高看得远。与他相比，石友三才是出尔反尔、没有政治骨气的"倒戈军阀"。

第一次倒戈是在南口失败，找到小学时的老师商震联络"叛冯投阎"之事，出任晋绥军14师师长。

第二次倒戈是在西北军五原誓师时，脱离阎锡山的控制回到西北军，出任援陕军第5路军总指挥，出潼关后任过北路军副总指挥、第1方面军副总指挥、第5军军长、第24师师长等职。

第三次倒戈是在1929年5月和韩复榘一起叛变冯玉祥，投靠蒋介石，出任第13路军总指挥等职。

第四次倒戈是1929年12月3日，身为安徽省主席的石友三，按照蒋介石命令南下讨伐唐生智及"桂张联军"时，在浦口突然炮击南京，出任"护党救国军第5路总司令"，一起"倒蒋"。

第五次倒戈是在"中原大战"时，参加"倒蒋大同盟"的石友三，出任"国府委员、山东省主席、第4方面军总司令"。张学良部入关，石友三马上"通电响应"，私自退兵,造成陇海线上的西北军被动挨打的局面。晋绥军撤往晋南路过他的驻地,他又趁火打劫,收缴大批武器和物资,并投靠南京政府。

第六次倒戈是1931年5月,广州"非常会议"召开,石友三再次"倒蒋",出任"非常会议"的"国府委员和第5集团军总司令"。可他远离"倒蒋中心",孤军在河北顺德被刘峙、于学忠包围,六万余人全军覆灭,只身逃到韩复榘处避难。

第七次倒戈是1940年6月。全面抗战开始,石友三又召集旧部,拉起武装,出任第39集团军总司令、察哈尔省主席。可他抗日不力,暗中勾结日寇谈和,计划出任伪河北省主席兼治安军总司令。此次和以前军阀混战中的倒戈不一样,是对民族的背叛。12月1日,蒋介石批准处决石友三,西北军的同人高树勋负责执行。石友三生性残暴,滥杀无辜,杀人手法惨不忍睹,常常是"活埋",人称"石阎王",最后他自己也被"活埋。"石友三是蒋介石下令处死的军衔军职仅次于韩复榘的高级将领。

冯玉祥的两位爱将均为蒋介石处决。两人背叛冯玉祥的主要原因,是他们和冯根本不是一路人,至多仅为一时的同路人,权欲、野心、享乐,使得韩、石不顾人品人格,把自己抛进罪恶的深渊。

孙殿英是现代史上名声欠佳的人物,世称"流氓军阀",在西北军里只能算"杂牌",不能和韩、石等嫡系比,他和冯玉祥的渊源关系也远没有韩、石等人和冯的关系深。此人早年投奔土匪,不久又拉杆子起家,1925年被收编为第5混成旅,加入国民军第3军,开始和冯玉祥发生关系。

第一次叛冯是在南口大战时,倒向直鲁联军张宗昌部,任第14军军长。"二期北伐"时倒向蒋介石,任第12军军长。1928年6月,丧心病狂,派出工兵营盗挖河北遵化东陵内的裕陵乾隆墓和定东陵慈禧墓,盗走全部价值连城的殉葬品。事发后震动全国,南京政府追查不获结果,孙殿英派人销赃时珍宝古玩被人偷走。这是孙某上对不起先人、下对不起子孙的不可饶恕的罪行。

冯玉祥当时见到他,有骨有刺地说:"殿英老弟,你的革命精神我很佩服!咱们是好朋友,好同志,在反对清朝这一点上,我干的是活的(把称孤道寡的溥仪从故宫赶走),你干的是死的(掘墓盗宝)。你革命比我彻底,我不过把儿皇帝逐出宫外,你却把宣统的祖宗扔出坟外。"

第二次背叛西北军是"中原大战"时。当大战形势对"倒蒋方面"不利时,大战开战前参加"倒蒋阵营"的孙殿英把部队撤到黄河以北，脱离"倒蒋战场"，投靠张学良。此人还有一次最大的变节行为，即1943年春投降日本，成为汉奸。

孙殿英与冯玉祥的缘分并不多，加入西北军为时也不长，只因他的盗墓和冯玉祥把溥仪逐出故宫是性质不同、可都是针对清朝的行动，一些封建卫道士对两件事都感到不满，就把冯玉祥、孙殿英等同起来，以此来贬低冯将军。事实上冯、孙两人并非志同道合之人，孙满身匪气，除了半殖民地半封建的社会环境，很难想象会出现这样的无赖和军阀。在畸形社会里，当然也会出现畸形的人才！孙殿英不是一块好调教的料，在国民军、东北军、国民党军队里，不听冯玉祥的命令，不听张学良的命令，当然也不听蒋介石的命令，随心所欲，为所欲为，在第二代国民党新军阀中，也是一个充满军阀特色的人。只是他没有割据地盘，只能时常倒戈转舵，改换山门，维持生计，比起晋系、桂系、川系等有稳定"政治、经济生物圈"的军阀来，活得更累些。

冯玉祥从军事上讲垮得最早，可西北军结出的"瓜"最多最乱，这是诸家军阀所不能比的，所以蒋介石整垮了西北军，可无法消除西北军的影响。冯将军的优点、缺点和弱点都有人继承。将军的穷人本色和政治上追求进步，自有吉鸿昌、杨虎城、董振堂、赵博生、高树勋等将领效仿；将军注重军事、不重思想改造的旧式建军理论和实践，训育出一批不问政治、后为南京政府所利用的军官；将军的割据、拥兵自重的做法，则被韩复榘、石友三、孙殿英等学成，当然冯要比韩、石、孙的起点都要高。至于西北军出身的汉奸们，则根本违背了冯将军的爱国主张。

六、爱国反蒋

"中原大战"失利，冯玉祥把老本赔光，西北军几乎全军覆灭，可以算是他一生中最大的挫折，同时也开始了政治生涯中新的阶段、新的高潮。

察北抗日

冯将军后期有"两大主张"，一是抗日救国，一是反对专制。在进行爱国和民主的斗争中，再次和中国共产党合作，在反对蒋介石为首的反共阵营斗争中，冲锋陷阵，成为十二家军阀中最早站起来的卓越的爱国民主斗士。中共领袖周恩来曾经这样评价冯将军："先生在不得志时，从未灰过心丧过志，在困难时从未失去过前途（感），所以先生能始终献身于民族国家事业，奋斗不懈，屹然成为抗战的中流砥柱。"

冯玉祥到峪道河后，蒋介石放弃了"要冯出国"的要求，冯也同意蒋提出的条件，"决不召集西北军旧部"。为安排西北军从各地逃难而来的军官，筹办起军官学校，组织旧部学习政治、军事理论，他自己也认真读书学习，研讨一些社会革命的理论，并和中共有关方面取得联系，保持经常性的接触。

张学良出兵关内助蒋一年后，"九一八事变"突起。对待日寇侵略的态度，成为估价国内各政界要人政治立场的基本标准。冯玉祥面对民族危机，以及对自八国联军以来西方列强的侵华野心和罪行的认识，接受中共的政治主张和对时局的分析，逐渐由一个和蒋介石争地盘、争势力的国民党新军阀变为一个坚强的反帝反封建战士。

东北三省沦陷后，冯玉祥多次发表政见，要求抗日，共赴国难，收复失地。1931年10月21日，冯玉祥"通电"中主张备战和鼓舞军心；起用革命有功人员；恢复（国民）党的民主制；首都迁于适当地点；恢复民众运动，保障集会、结社、言论、出版自由，恢复民众的组织，加以军事训练；厉行减缩政策，裁并骈枝机关；实行财政公开，应用预、决算制度；严定官吏渎职贪污之惩戒条例，以清吏治；拟定生产计划，以合全国人民之必要消费为原则，国家经营对外贸易，奢侈品由国家专卖，并加以购买之限制；严征累进之所得税及遗产税；规定公务之最高薪及农工之最低薪；制定社会保险法，专设机关以实际执行；改正教育计划，使人民有平等受教育之机会等等。

冯玉祥称之为"抗日救亡十三项主张"，这些"主张"蒋介石不会听，不会去执行，更不会因此相信冯玉祥。当然即使按"十三项"办，也救不了中国，至多只是一些政治、经济和军事方面的改良而已。可南京政府和人民大众的矛盾，已非用"改良、改善统治方式"能解决。

冯玉祥在峪道河隐居十四个月，复出是在1931年12月。1931年3月，蒋介石和胡汉民之间的政争引发"非常会议事件"，胡系、汪精卫的改组派、西山会议派、孙科系联合广东陈济棠、广西李宗仁及石友三等军事实力派，组织第二次"倒蒋大同盟",召开"中央执、监委非常会议"和成立"国民政府","九一八事变"后南京和以广州为大本营的"倒蒋同盟"合流。1931年12月22日,国民党召开"四届一中全会",正式决议为1928年2月国民党"二届四中全会"以来开除出党的348名党员恢复党籍,冯玉祥也在其中。蒋介石特意派出冯玉祥的友人孔祥熙,回山西家乡请阎锡山、冯玉祥到会。会议闭幕时,冯玉祥身着青布短袄赶到会场,发表演讲时言出惊人:"只有自己到总理陵前痛哭流涕,责骂自己对不起中国,痛自忏悔。党中先进同志:汪先生学识宏富,胡先生是总理信徒,玉祥自己是个混账,蒋先生有其长处,有其短处,在郑州同我结金兰时,有海枯石烂、此志不渝(的词句),结果竟自打起来致今日之局,盼同志用手用嘴将此三人拉在一起,到总理陵前认罪忏悔。"

冯玉祥在自责和力主蒋介石、胡汉民、汪精卫三人合作之外,原想到中央全会就民族危亡、收复失地一事,申述自己的政见,动员诸位中央大员为解救祖国危机出力,无奈国民党上层依然如故,在"非常会议事件"善后过程中热心于权力的角逐和争夺,各派忙于分赃揽权,无人关注他的抗日主张。他希望蒋胡汪三人携手言和,以集中精力抗战,胡汉民和汪精卫原说定,必须两人一起与蒋介石谈判,可汪精卫却违反承诺,撇开胡汉民,单独与蒋介石合作,这也让冯玉祥感到失望。冯玉祥特意赶到上海准备请汪精卫早日回南京共商国是,汪称病不见,第二天汪精卫却去了杭州烟霞洞会晤蒋介石。冯玉祥拍案大怒,斥责汪精卫"毫无政治气节",这一评价对汪精卫的一生倒也合适。

蒋介石为缓和冯玉祥对"对日不抵抗政策"的反对情绪,暗示孔祥熙出面请客。在宴会上蒋介石一副情真意切的模样,忏悔说:"过去都是我做兄弟的过错,把国家闹到如此地步;可大哥也有不对的地方,那就是太客气,不好意思当面指出兄弟的缺点。现在国难当前,我们必须精诚团结,才能挽救国家的危亡。希望大哥随时指教,再也不要客气。"蒋某的这段话深深打动了冯玉祥,他以为蒋介石真是改弦易辙、改邪归正了,故也发自肺腑地说:"蒋先生有了很大的转变。"

冯玉祥对蒋介石的看法不到两个月即被蒋的卖国妥协行为所修正。"一·二八抗战"起,冯玉祥在军事委员会会议上提出"出兵援助正在上海艰难抵抗日军的19路军,派兵收复东北失地"的议案,提案获得通过,南京政府却没有行动,尤其是"派兵收复东北"更是毫无音讯。冯玉祥对蒋介石、南京政府的满腔热情和好感化为烟云,蒋介石还是蒋介石:对内专制独裁,对外妥协卖国;南京政府还是南京政府:无民主可言,无抗日大志。

无力回天的冯将军一怒之下离开南京,暂住徐州医院,预备重回峪道河定居。时任山东省主席的韩复榘得知此情,不忘旧情,派出钢甲车把自己在西北军时的老长官老领导接到泰山,安置在普照寺,并负责全部生活开支和安全警卫。韩复榘欢迎冯将军前往,也有个人目的,就是山东和南京中央政府唱对台戏已有时日,把冯玉祥控制在手中,有利于和蒋介石讨价还价,增加割据山东的政治本钱。

冯将军隐居泰山,并非不闻山下事,只是南京当局如不改变对日不抵抗政策,就不再与其"同流",更不会与其"合污"。行政院长汪精卫曾派人传话,邀请冯氏下山出任内政部长,冯不愿充当对日不抵抗内阁的阁员。汪氏还派郭泰祺送来两万元生活费,冯不愿收卖国政府的钱款。汪精卫本人路过泰安,要见冯玉祥,冯予以拒绝。调查日寇在东北侵略罪行、袒护侵略的国联李顿调查团想见冯玉祥,他以"失地未复,无脸见人"的理由加予拒绝。他的观点很明确:"宰割弱小民族之国联,能代中国求独立?能代中国打倒该会常任理事之日本乎?与虎谋皮,自欺欺人,乃甘为帝国主义工具而不悔。"冯玉祥拒绝与国联代表团会谈,以示抗议,并和李烈钧、程潜等著名人物一起,"通电"全国,要求南京政府放弃"不抵抗、依赖国联"的思想。

华北抗战失败后,日寇兵临长城,侵略势力直压平津及察哈尔地区,全国人民抗日呼声更加高涨,在中共人士和西北军爱国将领的劝说下,冯玉祥毅然决然来到张家口,组织抗日同盟军。察省是第29军防区,是日寇下一个侵略目标,省主席是老部下宋哲元,故在察哈尔进行抗日活动的阻力要小一些。冯将军下山,旧部吉鸿昌、方振武、孙良诚、高树勋等赶来会合,举旗收编10万从东北逃亡来的抗日义勇军和各地来的抗日志士。他的壮举得到人民大众的欢呼,各大报和救亡团体均来电视贺。中共方面专门成立前线委员会,协助冯将军开展工作,中共领导的蒙古抗日武装也加入冯部。广西的李宗仁、白崇禧和不少组织、名人提供钱款和物资。

1933年5月9日,冯玉祥在《大公报》上公开答记者问,表示了抗日救亡的意愿和决心。5月下旬起,多伦的日伪军南侵沽源,准备分两路南下,沿宝昌、康保、张北和独石口、赤城,图占张家口。5月24日,张家口各界组织"民众御侮救亡大会"，成立"民众抗日同盟军"，公推冯玉祥为"总司令"，下辖六个军十万余人。5月26日，冯总司令"通电"就职，任命原察省警务处长佟麟阁为代理省主席，吉鸿昌为省警务处长兼张垣警备司令。6月8日，日军占领康保，张北告急，同盟军开往独石口、张北布防。6月15日，同盟军举行"第一次军民代表大会"，成立最高权力机关"军事委员会"，冯玉祥为"主席"，方振武、吉鸿昌、宣侠父、张慕陶、孙良诚等十一人为"常委"，"军委令"任命方振武为"北路军前敌总司令"，吉鸿昌为"北路军前敌总指挥"，下令开始对日作战。

抗日同盟军旗开得胜，1933年6月22日收复康保，7月1日收复宝昌、沽源，大军向多伦进军。正当同盟军胜利作战时，南京方面的破坏加剧，一开始原察哈尔省主席宋哲元避而不见，北平军分会委员长何应钦数度派人要冯取消抗日行动，南京政府几次电请冯玉祥回南京出任"监察院"院长或黄河水利委员会委员长。恶毒的是蒋介石派出庞炳勋、阎锡山等部封锁同盟军，指使国民党南京市党部和华北、东北地区的十二个省党部，"通电"说冯将军是冒名抗日，勾结汉奸，割据地盘，实行赤化，要冯"放下屠刀，立地成佛"。蒋介石也致电张家口，称冯是"破坏整个国策，妨碍中央统一政令"。南京方面为何不让中国人在中国领土上打击侵略者？事因是何应钦代表南京政府已和日寇签订《塘沽协定》，把东北三省和华北地区划为日本的势力范围，唯恐得罪日本侵略者，一副卖国嘴脸。

抗日同盟军没有停止行动，1933年7月7日向多伦发动进攻，多伦在察省有"小上海"之称，军事、经济、地理上都占有重要地位，守军是日军茂木骑兵第4旅团两千余人和伪军李华岑部，另有在丰宁的日军第8师团策应，可谓是重兵防守。7月12日凌晨1时发动进攻，"总指挥"吉鸿昌带头冲锋，巷战3小时，收复沦陷七十二天的多伦城。多伦收复为中国人民抗战胜利的第一仗，人民大众高兴，各种团体纷纷来电祝贺和支前劳军。

蒋介石加速镇压抗日同盟军。南京方面庞炳勋、关麟征、冯钦哉三部向张家口压来；平绥路上傅作义、王以哲、徐庭瑶三部直逼察哈尔；7月28日，行政院长汪精卫发出最后通牒，要冯玉祥立即解散抗日同盟军，离开张家口。同时，凶恶的日寇，派出两个旅团和伪军张海鹏部向察北运动，限令冯玉祥三天内交出多伦。在中央军、日伪军的军事压力下，在南京政府的政治压力下，冯将军不得不于7月30日"通电"让步，表示"吾人抗日诚为有罪，而克复多伦则尤罪在不赦"。

抗日同盟军"军事委员会"也认为，如对抗下去，察哈尔又会爆发自相残杀的内战，日寇则坐收渔利，还不如邀请避离张家口的省主席宋哲元回任主持省政，起码还可以保存一批抗日力量。

1933年8月4日，冯玉祥向宋哲元交权，但表示还想留在抗日前线。宋主席担心意外不予同意，请冯将军离开察哈尔。韩复榘得知此信，又赶紧于8月14日派来钢甲车到丰台，欢迎老长官南下。8月15日，冯玉祥到达济南城，韩主席举行隆重的欢迎仪式，全市张灯结彩，悬挂欢迎标语，各界要员均到车站祝贺、致敬，称冯玉祥为抗日名将、英雄不老。冯将军见此状分外感动，连说："惊动大家，惊动大家。"三天后冯玉祥又上泰山，直至1935年11月。冯离开后，抗日同盟军解散，吉鸿昌、方振武又率余部继续作战，后被国民党当局逮捕、杀害。

察北抗战，是冯将军第二次出掌军队，跟第一次相比，历时不能比，第一次是三十八年，第二次不过三月余，可政治上、军事上的层次不同，后者是为民族、为抗日而战，使他成为民族英雄、抗日斗士。虽然自我退场，可虽"退"犹荣，冯将军自己也在1934年"纪念察北抗战一周年"的文章中说："察哈尔竖起了抗日旗，6月20日出兵收复失地。没到一月康、宝、沽、多全克复。多伦战后又向敌追击。这时候有人说我们是赤化，又有人指我们为叛逆，要我去做垦务督办，要我去做训练总监。什么意思啊？我是不懂的！只要我不抗日，什么官都可以商量计议，我明白了他们一贯的主义！压迫我们是为帝国主义的士气，使我不能不把张家口别离。"

反蒋旗帜

察北失利，冯玉祥没有泄气，也没有寓居享乐，而是在泰山好学上进，充实、提高自己，以便迎接即将到来的全面抗战形势。住房内的题词是"救民安有息肩日，革命方为绝顶人"。第一次上泰山时，冯将军就在山上成立研究室，系统研修关于社会发展史、政治经济史、国内外时事、中外历史、国际政治的理论，聘请一些中共人士、进步学者和名师大儒上山讲学。

冯玉祥学习很是认真，曾给将军讲过课的史学家翦伯赞教授就说过："他除了早晨读圣经和英文不算在内，每天有7小时是坐在教室里做学生。从上午8时到12时，下午2时到5时，都是他上课的时间。在这个时间内，任何客人都不接见。""冯将军对于学习，非常认真，他并不是随便听听而已，而是自己做笔记，我永远记得他戴着一副玳瑁框的老花眼镜，拿一支毛笔，一面听一面记的神气。他不仅自己做笔记，也要他的同学（冯的部下）都做笔记，为了怕他的同学不做笔记，有一个时候，他派鹿钟麟将军为笔记检查员，每天检查听讲者的笔记。"

郭沫若也写道："苟日新，日日新，又日新，这几句汤之盘铭，是冯先生一生所奉行的生活原则。"在国民党上层军事、政治圈内，名人好学的有之，可像冯将军那样坚持、系统、集中学的人不多。冯玉祥的好学从很大程度上改变了他文化基础偏低、理论修养不足的状况。在泰山的两年间，有益于冯玉祥提高理论水平，加强思想武装，探讨革命真理，锤炼革命意志，有助于把对蒋介石的个人恩怨等派系之见，上升到反帝反封建、抗击日寇侵略、反对国民党腐败统治的高度，自觉地、正确地和国民党专制集团进行不懈的斗争。

1935年9月，蒋介石以"商讨党国大事、集中国力、挽救危亡"为名，请冯玉祥下山，以便借他的抗日威望为南京政府装潢门面。11月1日，冯玉祥离开泰山，离鲁前一再声明"我由泰山到南京，主要为了抗日"。一到南京，蒋介石就设宴洗尘，其恭敬、友好、虔诚又感动了冯玉祥，冯玉祥过后说："蒋答之话最谦下，最诚恳，实为我最满意也。此次可谓不白来了。"

1935年12月18日，他和阎锡山一起被任命为"国民政府军事委员会副委员长"。从此冯玉祥就在国民党中枢大声疾呼抗战，伸张正义，主持公道，尽管蒋介石不会听从他的意见，他的主张也很难变为现实，但毕竟在国民党的最高阶层内有一股清新的声音在说话。西安事变爆发时，冯玉祥从抗日大局出发，力避内战，致电"中原大战"曾置"倒蒋阵营"于死地的张学良，劝其释放蒋介石，如果西安方面担心释放蒋介石对"兵谏方面"有什么不利的话，他愿意赴西安代替委员长做人质。这位副委员长的举动配合了中共关于和平解决事变方针的实现。蒋介石回到南京后，冯玉祥和宋庆龄、何香凝等国民党左派提出，国民党中央应恢复孙中山倡导的三大政策，蒋介石应接受中共抗日救亡路线，冯将军他们为实现第二次国共合作，做出了各自的努力。

"七七事变"后，将军立即奔赴抗日前线，老将再上战场。1937年8月14日，上海抗战的次日，出任第3战区司令长官，指挥此次大血战。此时中日全面交战不久，蒋介石思想、组织、军事准备明显不足，整个战场一片混乱，从后方开来的几十万军队都不知在哪里下车、哪里设防，冯将军为安定战场秩序、有效阻击日寇，作了巨大努力，可上任仅三十五天就被蒋介石取而代之。1937年9月间，平津已失，日军有沿津浦线南下之势。冯将军又出任6战区司令长官，负责津浦路北段的防卫，阻止日寇华北派遣军两个师团南侵。冯长官指挥宋哲元的第1集团军等部队，很想打出军威，出乎意料的是山东守将韩复榘拒绝蒋介石、冯长官的命令，不愿配合，致使全线失利，失望之际冯玉祥回到南京。

南京失守后，冯将军的"副委员长和战区司令长官"职被撤免，只剩下"国府委员、军委常委"等空职，军权再次被削，可他并没有停止抗战工作，经常奔走前线视察战场，激励士气；在大后方为改善前线将士待遇、支前而四出奔走，发动"献金救国运动"；在国民党上层利用自己的特殊地位积极做工作，反对投降，反对分裂，为巩固民族统一战线而出力；在国统区则不畏强暴，伸张正义，反对蒋介石的独裁，反对迫害进步人士，在抗战期间将军成为中国共产党的亲密朋友，和中共活动家进行广泛、深入的接触，敌人们常常给他扣上一顶"红帽子"，或者说他是中共"外围"、民盟"尾巴"，敌人的攻击正好证明冯将军已经站到中共这一边。

冯玉祥后期的另一主流是反蒋，蒋介石对内独裁、对外妥协的所作所为，使冯越来越失望。抗战胜利后蒋介石又热衷于准备内战、镇压民主力量，面对严酷现实，冯将军感觉到在蒋的高压政策下，已很难有所作为，决定出国西行，预备和蒋介石分道扬镳，政治上和蒋介石抗争到底。

他要出国，蒋介石马上同意。大革命失败以来，已有多少有影响的政治对手被蒋介石冠以"出国考察"之名驱逐出国。冯将军将计就计，利用蒋的恶习，以"考察水利"为名申请去美国，开辟新的反蒋战场。在出国前夕，蒋介石不失时机敲打一下，指使出任新成立的国防部部长的白崇禧，借抗战胜利后颁布的"复员令"，不经本人同意，为冯玉祥将军办了退役手续，将其整出军界。蒋介石手笔太小，以小人之心度君子之腹，如果冯玉祥珍惜"军籍"、怕失"军籍"的话，还会要求出国吗？还会反蒋吗？既然出国，既然从事反蒋活动，又怎会看重"军籍"？既然不再看重"军籍"，等于变相开除军籍的"退役"对冯也不会有何影响，只是反映出蒋介石的报复之心。

1946年9月2日,冯玉祥将军和夫人李德全、女儿理达及秘书、水利专家共八人,离开上海港,乘"美琪将军号"轮前往美国,孔祥熙、张之江、鹿钟麟等一百多人到公和祥码头送行。14日到达美国旧金山,住在加州柏克莱。

冯玉祥离开祖国时,蒋介石对共产党已大打出手,向各解放区发动全面进攻。一上岸,冯将军就中国内战问题向美国报界发表谈话,"今日中国内战之炮火惨烈,为八年抗战中所未见。同胞们死的死,伤的伤,饿殍载道,百业凋零,人人都已走投无路,苟无有效之法制止,中国将成何局面?中国将成何国?"从报上得知南京"五二○惨案"后,1947年5月26日,在《世界日报》上发表《告全国同胞书》,强烈谴责南京当局屠杀爱国学生,镇压民主运动,要求立即停止内战,成立联合政府,开始公开反蒋。

国民党当局马上对《告全国同胞书》进行"围剿",指责冯玉祥叛变国民党,无人格无骨气,是拿了共产党的津贴在替共产党说话。国民党美东支部、巴拿马支部电请中央开除冯玉祥的党籍和吊销护照,以逼其就范。冯将军和老蒋斗过多年,还怕小鬼捣乱?1947年9月7日,再次公开宣布"现在中国没有民主,没有自由,更没有和平"。

由于冯玉祥将军的革命行动,处境越来越困难。1947年9月28日,应居住美国纽约地区的爱国民主人士赖亚力、吴茂荪等人的邀请迁住纽约。10月9日到纽约的当天,冯将军在欢迎他的宴会上说:"除非蒋介石伏在总理遗像前叩三个头,表示忏悔认错,否则是没有什么余地可谈了。"以示和蒋介石势不两立的决心。在次日举行的记者招待会上,说中国人民已经抛弃贪污腐败、惨无人道的独裁政府,希望美国政府不要干涉中国内政。有记者问:"怕不怕蒋介石谋害你?"冯答:"我如果怕死,就不这样说了。"

1947年11月9日,旅美中国和平民主联盟成立,他当选为主席。新主席呼吁旅美侨胞不分党派、不分性别、不分职业、不分宗教信仰参加争取国内和平民主运动。旅美中国和平民主同盟成立后,冯玉祥在该盟安排下,到美国各地去演说,揭露美蒋勾结、助蒋打内战的阴谋,谴责国民党当局种种反共反人民的罪行,冯的演说深受听众欢迎。

蒋介石不能容忍冯的活动。1947年12月26日,吴鼎昌秉承蒋介石的旨意,致电驻美大使顾维钧,请顾催冯玉祥回国,冯将军一口拒绝。一招不灵,南京政府又撤销他的"水利特使"职,吊销护照。1948年1月7日,国民党中常会开除他的党籍,这是冯将军第二次被开除党籍,第一次是因为"倒蒋",第二次则是因为"反蒋"。冯将军英勇反击,2月8日发表《致蒋介石的一封公开信》,向蒋介石宣战,宣布与南京政府完全脱离关系,号召大众必须像对待清廷、袁世凯和北洋军阀一样,推翻蒋介石的统治,以便在中国最终实现和平民主。冯玉祥并且坦率地说:"现在我已经感到支持你的罪过,而要向中国人民负起责任,协助他们把你赶走。"远在东方香港的中国国民党内的爱国民主人士,于1948年元旦成立革命委员会,李济深当选为革命委员会主席,冯玉祥当选为政治委员会主席,并负责筹备民革驻美总分会。这是他参加的唯一的一个全国性的反蒋政治组织。

美国当局对冯将军是先拉后打。到1948年华盛顿方面就中国政局导演"换马术",密谋用更合适的人选取代已无可救药、必败无疑的蒋介石,故出面劝说冯将军接受美国援助回国收拾国民党残局,把反共反人民的内战打下去,以保住西方在华利益。

冯玉祥将军义正词严予以拒绝,他说:"美国人喜欢我们说什么,我们就说什么;美国人喜欢我们做什么,我们就做什么,那确确实实的,不单是三民主义的叛徒,并且是中国的卖国贼,你看我冯玉祥是做这样事的人吗?"拉不成则打,美国方面计划"驱冯出国"。1948年2月29日,美国移民局官员又来捣乱,非常礼貌地敬请冯将军离境。将军看到中国革命胜利在前,蒋介石政权灭亡的日子就要来临,应该回国迎接新中国的诞生。

为确保旅途安全,提防美蒋特务暗算,中共有关方面包租了苏联"胜利号"客轮上的舱位,安排冯将军绕道苏联回国。7月30日,冯将军发表《告别留美侨胞书》,说明离美并非屈从于任何美蒋政治力量的压力,而是回国参加新政协会议,组织真正民主的联合政府。

1948年7月31日,冯玉祥将军及夫人李德全、子女5人登轮启程,该轮旅客中有4名苏共中央委员、数百名苏联外交人员及家属,8月15日在埃及亚历山大港又有1000余名苏联公民上船。"胜利号"第一个目的地是苏高加索的巴统,苏联建议冯将军换乘火车直接去莫斯科,将军没有同意,失去了避免惨祸的机会。

1948年9月1日,轮船上的乘客为刚去世的日丹诺夫(苏共政治局委员)举行悼念仪式,船长宣布次日到达目的地。午后2点钟,轮船发现起火,正在父母客房的冯将军的第六个女儿晓达，冲向实为火源中心的楼梯口，将军和夫人最喜欢的小女儿就这样被烈火吞没。当十八岁的冯洪达来救父母时，父亲冯玉祥将军已经停止呼吸。

从轮船底舱影片胶卷室燃起的大火，带来重大损失，船上乘客大部遇难，四位苏联共产党中央委员三死一伤。轮船因为报务室最先被烧毁，连呼救信号也未发出。医务室也被烧毁，使得本来有救的很多伤员因得不到及时抢救而死去。前来寻找"胜利号"的军舰到9月3日零点才到达被烧焦的轮船旁。

1948年9月7日，苏联有关方面派飞机把冯玉祥将军的遗体和家属运到莫斯科，举行了隆重的军葬仪式，苏联领导人莫洛托夫等会见了李德全女士和子女，同意冯将军的儿子、女儿及女婿在苏留学，冯晓达则长眠于敖德萨公墓。

冯玉祥将军不幸遇难，震动了中共最高当局和各民主党派，毛泽东、朱德、周恩来、董必武及民革中央等领导人均专电致哀，悼念爱国名将、民主斗士。

1948年11月，李德全女士带着冯玉祥的骨灰回到东北解放区。1953年10月15日，在泰山西麓举行冯玉祥将军的安葬仪式，墓阶66梯，意在纪念他走过的66个年头。

一代名人，与世永存。

"倒蒋"最多的桂系将领

简说白崇禧

1949年11月底，一批舰船驶离了雷州半岛，前往当时还在国民党重兵控制下的海南岛海口市。船队的舰只都是空载，指挥舰上乘坐的是国民党中央常委、"华中剿共总司令"白崇禧上将以及其主要随从10余人。身着将军服的"白司令"，一脸阴云，愁眉紧锁，混浊的双眼空望云天，无限惆怅。这位国民党的名将，在和共产党的较量中，为挽救覆灭所做的最后一次努力宣告破产。

此次军事行动非同小可，按照计划，船队是去接运被解放军追得逃无去处的桂系旧部的。故关系到桂系和白本人的命运。只要有军队，桂系可图东山再起，白崇禧也因有实力而可保持自己的地位。对接运计划，他异常重视，除周密布置外，为防意外还决定亲自前往。无奈在船队到达指定地点的前一天，原以为还需几天时间才能赶到的解放军，从天而降，已把被解放军紧追而来的桂系败军下海的逃路截断，只得空船去空船归。人称"小诸葛"的白崇禧比谁都更清楚今天的落空意味着什么，一生争雄，今已败北。在此之前，凭借桂系实力，位高权重，连蒋介石对他也得忍让三分。在此之后，资本全无，所任重要职务均被蒋介石撤去，失意官场，看尽朝中权贵的白眼，最后忧愤而死。

白崇禧在1949年的惨败和到台湾十七年的凄凉生活，都是他七十余年经历的必然结果。他曾得意过，凭借枪杆子割据一时；他曾威风过，当过国民党的首任国防部长。可他一直作为反共阵营的核心人物之一，与中国共产党为敌，最后难逃失败的命运。再则在得意之时，又和南京当局一再争高低，对蒋介石有过几回落井下石之举，最后难免到台后被"冷处理"的下场。他作为中国现代史上军事方面的一位活跃人物，国民党的将将之才，纵观其一生，可以说是起在投军，成在割据，兴在北伐，乱在"倒蒋"，功在抗日，衰在内战，败在反共，哀在台湾。

一、割据广西

白崇禧字健生，祖籍江苏南京。1893年3月18日，生于广西临桂县南乡三威村，与后来成为桂系头号人物的李宗仁是同县老乡。家景原本不错，没过几年，1903年父亲去世，家景从此中落。白崇禧五岁起在私塾读书，九岁和六弟崇祜到离家三里地的会仙镇会仙小学走读，父亲去世后得到叔叔的支助。幼时的白崇禧，机灵活泼，聪明好学，几乎过目成诵，奠定了扎实的文化基础。

20世纪初，经济落后的中国尤其是广西，就业门路不广。与当学徒比起来，报考军校和当兵既可以解决生计，日后还有出头之日，所以受到不少有为青少年的欢迎。1907年冬，经当地李任仁老师的劝说，白崇禧参加蔡锷任学校监督的广西陆军小学第二期招生考试，全省录取120人，白崇禧以第六名被录取，结果因病退学。不久又一度改行考入广西政法学校。在校中因是回民，不吃猪肉，生活不习惯，不得不退学回家。还是在李先生的劝导下，返校复学。白崇禧后来割据广西成功后，不忘先生的指路之恩，曾保荐李出任广西教育厅长。

在法政学校中没待毕业，辛亥革命爆发，清廷派出重兵围攻武汉三镇以及其他宣布起义的一些城市。各地革命党人和有识之士纷纷行动起来，利用各种形式进行援助，白崇禧也参加了湖广地区革命党人组织的学生军，奔赴长江流域抗击清军。还没投入战场，南北议和，学生军宣告解散，他转入武昌第二陆军预备学校重读。好学生不怕考试，1913年6月北上考中录取人数有限的保定陆军军官学校第三期，同学中有后来成为桂系头目的黄绍竑、夏威等人。1916年毕业离校回广西，供职于桂军第1师，开始了由一个默默无闻的下级军官发展为地方实力派的神奇经历。次年夏天，又转到新组建的桂军模范营营长马晓军手下出任排长。该部还有任营副的黄旭初和连副的黄绍竑，三人相结于模范营，是他们与李宗仁合作、共图霸业的先声。

白崇禧的起家和新桂系的形成是同步的，两者又都是在军阀混战中起来的。马晓军的模范营则成了新桂系的摇篮。模范营参加了旧桂系陆荣廷的一系列向外省扩张的战争，如"援湘战争""两次粤桂战争"。在这些战争中，白崇禧等人手下的人马武装逐渐增多，官职逐渐升迁。到1921年7月"第二次粤桂战争"后，桂系败于粤军之手，陆荣廷、沈鸿英逃出广西避难。广州非常大总统孙中山任命马君武为广西省长，马晓军宣布脱离旧桂系，接受马省长的任命，出任田南道警备司令。黄旭初当上参谋长，黄绍竑、白崇禧当上营长，已经具备独立拉出一路兵马的条件。是时李宗仁也被粤方编为粤桂边桂军第3路司令。

时隔不久，广东是陈炯明叛变，广西是旧桂系复辟，马晓军被旧桂系的"自治军"打垮。白崇禧跳墙逃走，带着一连残部跑到黔桂交界处苦撑待变，组织军民继续抵抗自治军。待孙中山组织力量赶跑陈炯明、讨伐旧桂系时，黄绍竑只有四百条枪，白崇禧手下只剩下二百条枪，再加上跌伤未好，就把部队交给黄绍竑后去广州就医。黄绍竑则带着人马投奔了在玉林一带活动的李宗仁，出任第3支队司令。另一要员黄旭初也被自治军活捉，幸亏为李宗仁救下，出任参谋长。这是新桂系形成很关键的一步。

自此以后二十余年间，李宗仁、黄绍竑、白崇禧、黄旭初四巨头合作一致，基本没有分裂过。要说"分裂"，那也是明分暗不分。说起李宗仁，一人成不了气候，只要有黄、白、黄一人相助就能成大业；说到黄绍竑、白崇禧两人，都不是坐头把交椅的人，也都没有争当头号人物的野心，但都想当二号人物。故明争没有，暗斗常在，最后黄去白留，白崇禧成为二号人物。黄绍竑因有桂系渊源，投蒋介石一直受到厚待，蒋一直想利用他作为分化桂系的王牌。黄绍竑则利用在南京政府内的有利位置，暗中协助李宗仁、白崇禧与蒋介石斗。黄旭初原本是黄绍竑、白崇禧的老上司，却是个甘居第三的人物，故成为其余三人最为信赖的助手，具体出面控制、处理新桂系内部事务，是新桂系的管家人。就这样四巨头在以后的年月里颇能精诚合作，从不干挖墙脚、掺沙子之事，互相残杀更为闻所未闻，窝里斗达到很低的程度，这在旧中国的军阀中实为少见。

1923年2月，孙中山回到广州讨伐旧桂系沈鸿英部，白崇禧受黄绍竑委托赶去会见，要求参加革命阵营，孙中山表示欢迎，并且任命黄、白为讨贼军总指挥、参谋长兼前敌总指挥。讨贼军与李宗仁部一起合称为"定桂军"，趁机扩充实力，开赴梧州，与玉林互为犄角，扼守广西门户，占据有利地理位置，准备取代旧桂系。李宗仁、白崇禧等起于内战，成于内乱，已有相当实力，手中掌握五千余条枪。但要取代旧桂系，消灭陆荣廷、沈鸿英等部，割据广西并非易事，还要经过一番拼杀。

白崇禧他们的第一个目标是打通西江，同广东取得联系，为广州革命政府"平定两广"创造条件，同时借重粤军，消灭旧桂系。到1923年11月拿下由旧桂系陆云高驻守的桂平，这样从贵县到广东，整条西江均落入革命军之手。第一个目标得手后，下一个的目标是陆荣廷。陆荣廷有三万余人，实力之强非白崇禧他们所能比。此时陆荣廷和沈鸿英正闹得不可开交，定桂军决定"联沈打陆"。1924年6月占领南宁，8月占领柳州，9月23日陆荣廷见大势已去，只得"通电下野"，在"灭陆"的最后一仗柳州之战中，因白崇禧一计促成胜利，故获"小诸葛"美称。陆荣廷一去，定桂军只剩下一个对手，即有两万支枪的沈鸿英。到1925年春连吃败仗的沈氏率残部逃出广西，白崇禧率兵紧追不放，一直追到湖南的城步、武岗一带，将沈部全部歼灭。事后沈鸿英气愤难平地说："我沈鸿英十余年来，带兵数万，横行桂、湘、赣、粤四省，谁亦莫奈我何，却不料今日竟败于几个排长出身的小子之手。"事实上，陆荣廷、沈鸿英两人系土匪出身，横行乡里，人心丧尽，落后于时代，逆动于潮流，人多枪多干的坏事也多，岂有不败之理？即使从军阀内部来讲，旧桂系也没有定桂军方面的朝气，作战方式、带兵方式陈旧落后，被打败是不足为奇的。

陆荣廷、沈鸿英一走，旧桂系就此完结，残余部队纷纷被定桂军收编。李宗仁出任广西绥靖公署督办，黄绍竑为会办，白崇禧为参谋长，"新桂系"应运而生。这个"运"就是适应了孙中山发动国民革命、重新解释三民主义，实行三大政策、改组国民党的形势，参加革命阵营，师出有名，得道多助。再加上白崇禧他们军事造诣不凡，战略战术常有独到之处，作战时时常出奇制胜，故能苦战两年，拿下广西。但是他们没有真正接受孙中山的革命理论，更没有把讨伐陆、沈的军事活动同改造社会结合起来，所以仅在两年以后，就沦为国民党新军阀。

新桂系一上台，马上打了一场"滇桂之战"。事因是云南军阀唐继尧趁孙中山病故之际，妄图兵占两广，坐镇南国半壁江山。1925年春，唐继尧挥兵八路入桂。5月9日，白崇禧等在广州大元帅府的支持下"通电讨伐"，11月滇军在其主力龙云、吴学显部被桂军打垮后逃回云南。至此，新桂系统一广西最后完成，开始了对广西长达二十四年的统治。军事上自成体系，政务上独立为政，党务上关门治党，财政上闭关自立，新桂系以上割据措施，为其更大更快的发展奠定了基础。

二、兴在北伐

"北伐"对桂系来说意义不一般。首先，桂系抓住北伐之机，把势力伸出广西一地，扩展到大半个中国。其次是开始和蒋介石来往，对付蒋介石的挑战和处理与南京中央政府的关系，成为桂系以后二十余年面临的主要问题。1926年3月，桂军正式编为国民革命军第7军，李宗仁为军长，黄绍竑为党代表，白崇禧为参谋长兼第1旅旅长。北伐过程中，7军确是一支能攻善战的部队，与其他军队一起，从镇南关一直打到山海关，为国民党当局立下过汗马功劳，桂系自己也进入一个空前规模的大发展时期。作为白崇禧将军，更是出尽风头。

北伐一开始，他即由蒋介石任命为总司令部副总参谋长，代行总长职随总部一起行动。在北伐的前阶段，离开总部前往前线直接指挥过的战事不多。一次是敌我双方争夺激烈的"汀泗桥之战"，白崇禧赶到前线指挥作战。另一次是革命军拿下武汉后，主力转向东南战场，在南昌战役期间，蒋介石"两打两败"，等到援兵来后第三次打南昌成功。作战时，白崇禧指挥一部一仗俘虏孙传芳部两万余人，其中有孙部的三个旅长和三个师长。北伐军拿下江西、福建后，兵锋指向江浙沪，白崇禧就一直在前线作战。南昌一定，被蒋介石任命为东路军前敌总指挥，率领三个纵队，先行入浙，迎战北洋军阀孙传芳、张宗昌部。1927年2月3日，在钱塘江上游兰溪附近击败敌方后乘胜追击，沿桐庐、诸暨、富阳一线挺进，19日孙传芳的孟昭月部退往嘉兴，北伐军进入杭州城。随后，白率领部队向淞沪运动。3月22日，上海工人第三次武装起义成功，同日白崇禧进驻龙华。兵不血刃拿下上海。东路军总指挥何应钦则指挥第4、5、6等三个纵队于26日拿下南京。革命的北伐至此就要结束，接下来是蒋介石向中国共产党人开刀。

这一时期的白崇禧将军连战皆捷，为北伐的胜利做出过一些努力，在国民党军界受人瞩目，名扬一时。遗憾的是，这位中国现代史上的重要军事人物，在谈到北伐战争时，从唯军事理论出发，基本不谈作战过程中中国共产党人在前线和后方的贡献、工农大众支援前线的干劲和功绩。

1927年4月12日，蒋介石在上海发动反革命政变。蒋介石得手后，撇开由广州迁武汉的国民政府，在南京成立新政府，同时宣布继续"北伐"。白崇禧代理蒋介石兼任的第2路军总指挥，桂军主力则编成第3路军由李宗仁指挥，与何应钦指挥的第1路军一起向江北运动。6月2日，克复重镇徐州，7月24日北洋直鲁军反扑成功夺回徐州。第二天，蒋介石亲自出马，组织7个军，投入收复徐州之战。开战后接连失利，8月6日在直鲁军的追击下，蒋介石率部逃回南京。

军事上的失利加剧了国民党内的政治危机，此时宁汉冲突达到高潮。南京、武汉的两个"国民政府"互相指责，各争正统，闹得不亦乐乎。武汉方面提出，要实现"宁汉合流"，只有蒋介石下野。南京方面有两支主要力量，一支是蒋介石的以黄埔军校学生组成的第1军为核心的嫡系，一支是桂系。桂系领导人李宗仁、白崇禧随着实力的增加，争取更大权力的欲望越来越大。更为重要的是，他们不甘充当蒋介石的下属。蒋介石在军事指挥上神机妙算、运筹帷幄不见，而在南昌、徐州战役中一败再败给人留下深刻的印象。李宗仁、白崇禧等人非等闲之辈，岂能甘心为蒋所驱使。故在"宁汉合流"过程中，倒向武汉方面，明劝暗挤，要蒋介石下台。这就成了促成蒋介石第1次下野的主要动力，也成为"蒋桂交恶"的第一声。

1927年8月13日，蒋介石辞职后去上海、日本等地。南京城内不太平，城外有外患。8月23日，孙传芳趁蒋介石下野、国民党上层群龙无首之际，纠集七万人马渡过长江，占领龙潭，兵临南京，城里的李宗仁、何应钦组织部队在西线反击。白崇禧从上海赶来，亲赴第一线督战，在东线夹击。战事紧急，七天七夜未睡一个安稳觉，最后东、西两线合力把孙传芳部赶下长江。"龙潭战役"关系到南京政府的存亡，危急关头，桂系再立一功。当时的代理国府主席蔡元培出面给白崇禧记功，"行政院长"谭延闿也写下"指挥能事回天地，学语小儿识姓名"的对联称颂他。

城内有内患。那就是蒋介石走后，国民党内各派各显其能，争权夺利。原本想在蒋介石走后主宰南京城的李宗仁，出任总代表和武汉方面谈判，摆出一副接班做主的架势。岂知蒋介石是人走了，基础还在，"拥蒋派"到处活动；武汉西来的汪精卫派和上海东来的西山会议派一再牵制桂系，李宗仁、白崇禧并不顺利。在一片争吵声中，9月15日，宁汉宣布"合流"，"合流"中各派互不服气，只有再次请出蒋介石主政。李、白见大势所趋，抢班夺权的时机还不成熟，只有先行退让，迎蒋介石出山，借蒋来压其他派系。而蒋介石对桂系的落井下石之举，因忙于收拾北洋军阀，先把一箭之仇埋在心底，借助桂系的实力统一天下再说。蒋、桂双方，一方等待时机报仇雪恨，一方等待时机造反夺权，故再战不可避免。

1928年初，蒋介石复职国民军总司令后，当务之急是讨伐北方以奉系张作霖为首的军阀势力，完成"二次北伐"以一统天下。在以后作战中，白崇禧也是一位先锋。4月8日，蒋介石任命白为第4集团军前敌总指挥，由京汉路北上，与第1、2、3集团军配合作战，直捣平津。5月中旬，阎锡山的第3集团军在方顺桥决战中败于奉军，危在旦夕。就在石家庄一线的第2集团军不愿冒孤军深入的危险北上救援，蒋介石急调位于平汉路南段的第4集团军增援。6月初，各路大军云集华北，达到预定作战目标，张作霖带领奉军逃往关外。6月11日中午，白崇禧和阎锡山率部开入北京城，蒋介石的"二次北伐"至此结束。

此时还剩下一个小尾巴，即原为奉军一支，后自立门户的直鲁军张宗昌、褚玉璞等人，逃离天津后，盘踞冀东各县继续顽抗。1928年7月15日，蒋介石组织各集团军混合军团，由白崇禧出任前敌总指挥，率领三路大军围剿。9月8日，攻占丰润县城，次日拿下唐山，14日追至滦河西岸。过河后与已经决定归顺南京的东北军协同作战，17日在河东小城山、武山一带将直鲁军收编缴械，孙传芳、褚玉璞溜往沈阳，张宗昌逃往大连，北洋军阀彻底覆灭。

桂系从广西打到山海关，实力扩展到空前的规模，北伐出发时的第7军已经成为与1、2、3集团军实力相当的第4集团军，下属八个军两个师。李宗仁、黄绍竑、白崇禧、黄旭初也由一省之主成为与蒋介石、阎锡山、冯玉祥等平起平坐的风云人物。白崇禧除担任军职外，还是国民政府委员、军事委员会委员和常务委员。

三、"倒蒋"冠军

蒋介石一生下野三次，次次都与桂系有关。桂系"倒蒋"之多在民国史上是出了名的，前后达八次之多。其中头、尾两次"倒蒋"是乘蒋之危，逼其下台。其余六次则是蒋介石吞并杂牌，危及各地方实力派，桂系和其他地方军阀一起"自保"而战。在历次"倒蒋事件"中，桂系一直是主力，白崇禧一直是主角。

一是1927年8月，借宁汉分裂之际"倒蒋"。桂系是君子之为，动口不动手，没有采取影响今后合作的激烈举动。但从蒋桂关系上讲，影响很大，撕破脸皮战场上见只是时间问题。

二是1929年2月。东北"易帜"后，蒋介石以北伐结束、不再需要过多的兵员为名，召开军队编遣会议。编来遣去，蒋介石的第1集团军实力不减，受损失的只是第2、3、4等三个集团军。会上的争吵没有结果，只有让枪杆子来说话。首先发难的是桂系。1929年2月21日，李宗仁为主席的武汉政治分会无视中央权威，撤销蒋介石派来的湖南省主席鲁涤平，同时命令夏威的第15师和叶琪的第52师进军长沙，向南京方面示威。蒋介石认为，消灭桂系的时机已到。3月30日，蒋介石赶到九江亲自指挥大军讨伐。无奈李宗仁、黄绍竑、白崇禧、黄旭初都不在两湖前线，桂军将领李明瑞、杨腾辉在蒋介石的收买下倒戈，夏威、胡宗铎、陶钧等桂军将领"通电下野"，"倒蒋"失败。白崇禧此时不在南方，北伐结束后一直率兵驻扎华北，"两湖起事"时原准备在北方响应。还未开战，手下的李品仙、廖磊等部都已被他们的老上司、蒋介石派来的唐生智收买，公开叛白而去。白崇禧只得化装乘日轮逃回广西，途经上海时，要不是友人报信后逃走，几乎被蒋介石活捉。

三是1929年5月。李宗仁、白崇禧等人回到广西后，再次竖起"倒蒋大旗"。为防不测，李宗仁先去香港等地，从长计议。白崇禧和黄绍竑指挥留在广西的第15军向广东方向进攻，以击破南京方面对广西的包围。初战顺利，因军力悬殊太大，再战不断失利，最后退回桂境。这时，跟着中央军一起来的何键率湘军已经打进广西，白崇禧带领残部，迎击湘军。把何键赶回老家后，白崇禧和黄绍竑把军队交给由蒋介石安排回桂主政的原桂系将领俞作柏、李明瑞等人后，去香港会合李宗仁。广西归蒋统一。

四是1929年11月。在此前后，国民党改组派联合一些军人，组织"护党救国运动"。广西省政府主席俞作柏、广西区编遣区主任李明瑞于9月27日通电成立"护党救国军"。南京方面在撤销俞、李等人的职务后，任命资历不深的吕焕炎为省主席，结果引起广西政界的反对。政界要人纷纷要求李宗仁、白崇禧回省主政。李、白潜回南宁后，重新成立"护党救国军"，起兵"倒蒋"，李宗仁、黄绍竑为正、副司令。出任前敌总指挥的白崇禧，联合粤军张发奎部，挥兵向广东进攻。粤军蒋光鼐部和中央军朱绍良部乘虚侵入桂境，白崇禧急忙调转兵锋，把入侵的军队赶出去。粤桂双方在交界处对峙。

五是1930年3月。"扩大会议事件"发生后，"倒蒋"各派形成暂时的大联合局面，桂系在南方积极响应，所部编为中华民国陆军第1方面军，参加中原混战。白崇禧为总参谋长兼第2路指挥官。桂军5月中旬出兵，6月3日占领长沙，6月8日打到岳州，前锋待指武汉。这时桂军面对的形势有变，前面在平汉路南段大获其胜的冯玉祥部没有乘胜追击，放弃与桂军会师武汉的大好时机；后面是粤军占领衡阳，切断桂军前线与后方的联系。为此使得桂军全线遗败，退回广西。此仗失利引起桂系内部分裂，黄绍竑离开广西，投靠南京当局。名义上他"叛桂"而去，事实上桂系在国民党上层多了一个内线。

六是1931年5月。"非常会议事件"起来后，两广停止三年来的争吵，握手言和，一致"倒蒋"。广西军队被编为第4集团军，李宗仁、白崇禧为正、副司令。宁、粤双方没待动手交战，"九一八事变"爆发，全国各界人士纷纷起来谴责军阀混战，指出内战误国，要求一致对外，团结抗日。宁粤双方经过反复谈判，讨价还价，同意合作。合作过程中，蒋介石二次下野后又上台，在权力分配时挤兑"非常会议"方面的人士，再次愚弄了粤桂方面。"两广"方面单独成立"西南执行部"和"西南政务委员会"，与南京政府分庭抗礼。

七是1936年6月。蒋介石一直想结束西南"半独立状态"。5月间，"两广"的"政治大旗"、国民党中央常委会主席胡汉民从欧洲回国后突然病逝，蒋立即派大员到广州，拉开解决"半独立状态"的架势。粤桂不得不假借抗日之名，成立"中华民国抗日救国军"，出兵湖南，又一次"倒蒋"。南京方面一边调兵遣将，压向湖南；一边分化收买，广东方面首先垮台，广西方面随后接受招安。李宗仁、白崇禧接受蒋介石的委任，白出任军事委会常务委员。

八是1949年初。解放战争打到此时，局势已经非常明朗，国民党必败无疑，蒋介石深深陷入政治、军事、经济的一系列危机之中。外交上美国方面也有"换马"要蒋介石下台的意思。桂系抓紧时机，再次"倒蒋"。李宗仁是坐在副总统的位置上，在南京城里活动。白崇禧身为华中军政长官，驻节武汉，手中掌握几十万大军，有恃无恐：扣留从重庆运出的军火，力阻第14兵团东调援助在淮海战场被围的黄维的第12兵团，强行支取370万银圆的巨款，公开和蒋介石作对。更为明显的是两次打电报给蒋介石"逼宫"，名为主张与共产党和谈，只是因为蒋介石不赞成国共谈判，所以要谈判就是要蒋介石下野。黄绍竑则在宁、汉之间往来，替李、白出谋划策。陷入困境的蒋介石，手中没有机动兵团来压桂系就范，终于被桂系取而代之。蒋介石接到白崇禧的电报后恶狠狠地说："好吧！我走。健生这一着是我早就料到的。"此番"倒蒋"，白崇禧出力最大，凭着实力，李、黄等人不好说的话他可以说，其他人不敢干的事他可以干，第八次"倒蒋"终于成事，事实上并不成功。

桂系八次"倒蒋"，七次失败，败就败在蒋介石占有中央政权，实力雄厚，兵多枪多钱多，打得赢就战场上兵戎相见，赢不了就在幕后分化收买，枪弹银弹使得桂系和其他"倒蒋派"几度功亏一篑，李宗仁、白崇禧等几度被赶出家园。第八次成事有它特定的背景，那就是人民解放军已经消灭了蒋介石的主要力量，给桂系提供了"倒蒋"的前提和"赢蒋"的可能性。

四、反共失败

白崇禧的历史上,在率军参加第一次国共合作,率军北伐、一路打到上海之外,还有过光彩的一页,那就是参加抗战。"七七事变"起,桂军立即编成了3个集团军奔赴前线。1937年8月4日,白将军飞抵南京,出任军事委员会副总参谋长,参加淞沪会战的组织、指挥事项。1938年1月,兼任军委会军训部长后不久,组织参谋团长驻徐州,协助第5战区司令长官李宗仁组织、指挥闻名中外的台儿庄战役。12月回桂林出任委员长行营主任,指挥南中国的第3、4、7、9战区,保卫大后方。针对抗日战争的特点,在蒋介石主持的"南岳军事会议"上,提出了发展游击战配合正规战、积小胜为大胜、以空间换取时间等抗战中行之有效的军事原则。任职期间,组织和指挥过中国军队在江西、两湖、两广地区的一系列作战,打过一些像昆仑关战役那样的硬仗。虽说伤亡很大,却也换取了对日作战不小的胜利。

白崇禧的历史上还有过失败的一面,那就是一贯反共,一直坚持在"反共第一线"。他是"四一二反革命政变"的实际指挥者。1927年4月5日,在蒋介石召集的决定实施"反革命政变"的会议上,为抢第一功,白崇禧提出"你们让我先在上海动手"。9日蒋介石安排妥当后就去了南京,在上海地区具体指挥大屠杀的是上海警备兼戒严司令白崇禧和戒严副司令兼26军军长周凤岐。"反革命政变"后的八天内,破坏中共组织机构七十多个,杀害共产党人和进步人士三百多人、抓捕五百多人,此外有五千多人失踪。被害的烈士中包括中共优秀活动家汪寿华、陈廷年、赵世炎等同志。白崇禧手上沾满了共产党人的鲜血。

1934年10月,白崇禧坐镇桂林,指挥桂系主力第7军在桂东北的全州、灌阳等地堵击长征中借道广西的中国工农红军第6军团。为保存实力,桂军第7军廖磊部不敢和红军接触,和红军保持距离四十里,一直"追"到贵州省了事。十多天内并未发生战斗,更无"被俘红军"可言。为向南京方面表明反共心迹,白崇禧拉出一批民团扮作红军俘虏,拍成纪录片"七千俘虏",在进行反共宣传的同时,吹嘘桂军的"战绩"。

1946年5月15日，白崇禧出任南京政府首任国防部长，具体组编国民党当局发动全面内战、进攻解放区的计划。虽为部长，但只有国防部长之名，而无国防部长之实。上有蒋介石遥控军队调动和作战，下有参谋总长陈诚和黄埔系的骄兵悍将抗命，白只是挤在中间受气，有时连蒋介石召集的作战会议都不让参加。受气之时，反共锐气不减，为挽救国民党军队在各个战场上的接连失利，奔走于前线，结果无疑是继续失败。

1947年下半年，中共方面的刘邓大军挺进大别山，揭开战略反攻的序幕。白崇禧自请前往九江，组织国防部长前进指挥所，督率33个旅"围剿"大别山，再次失败。1948年6月，外放汉口出任"华中剿共总司令"，这是蒋介石自抗战结束以来第一次给他以实际军权，掌握大军。由于中共指挥的野战军集中力量在北中国进行大规模的歼灭战，使得华中集团军一直未受到什么打击。淮海战役进行时，徐州告急，蒋介石急令"华中剿总"的第12兵团驰援，岂知救援不成，12兵团也葬身于双堆集。蒋介石再令华中方面驰援12兵团，白崇禧的实力大受影响。此时蒋、白矛盾越来越尖锐，白氏心中积压了二十余年对蒋氏的怨恨开始爆发，如今见蒋介石大势已去，有了报仇的机会，故开展了一系列的"倒蒋活动"，蒋介石不得不交出"总统"之职下野而去。

解放军渡江战役开始后，白崇禧继续顽抗，阻止中共胜利的到来。武汉正面，1949年5月14日第4野战军强渡长江，快速南下；武汉南面，"华中副剿总"、河南省主席、第19兵团司令张轸在贺胜桥起义。白崇禧首尾难顾，在对武汉三镇实施破坏后逃往长沙、衡阳。

几年来的失败没使他变得聪明一点，还是想方设法要和解放军较量下去。先是力劝湖南方面放弃起义计划，在得知湖南省主席程潜、第1兵团司令陈明仁和唐生智等准备与接受中共建议起义时，白崇禧不顾被扣的危险，仅带十六个人从衡阳飞到长沙，进行威胁和拉拢。程潜他们不为所动，按约起义。出于私谊和肚量，没有扣押白崇禧。紧接着白崇禧又在宝庆北边的青树坪一线堵击解放军，利用地理之便，占了一点便宜。一时头脑发热，指挥3个兵团在衡阳、宝庆等地组成折扇形阵势，和解放军"四野"决战。10月初，"衡宝防线"被解放军一举冲破，桂军主力第7、48军被重创，损失三万余人。大败之余，白崇禧带着三十万人逃往广西，最后还想利用家乡顽抗到底。11月5日，白崇禧在桂林主持军事会议，决定把逃桂的五个兵团中的主力放在湘桂和粤桂一线，以对付从湖南和解放广州后紧迫而来的解放军。如果再败，也要保住去雷州半岛的通道，保住出海口，以便从海路把主力撤往海南岛。同已逃琼的粤军联合起来，"军事占领海南，经济争取美援"。部署完毕，白崇禧自己先飞海口。

1949年11月底开始，各个兵团先后陷入解放军的重围之中：主要由广西子弟组成的张淦第3兵团在茂名附近被消灭，"司令"本人成了俘虏，同时逃海南岛的退路被切断；徐启明的10兵团在横县一带被消灭，"司令"在被俘后逃走；鲁道源的第11兵团在容县周围被消灭；黄杰的第1兵团大部在中越边境被消灭；刘嘉树的第17兵团在东兰一线被消灭，"司令"也被活捉。一小部分在黄杰、鲁道源的带领下逃入越南，被法国殖民当局缴械，后去台湾。12月4日，南宁解放，11日广西全境解放，桂系彻底覆灭。"华中集团军"失败之快，出乎意料，打破了白崇禧的船队接运计划。转眼间几十万大军不复存在，只剩下他面对空载船队的哀叹。

作为一个军事家，白崇禧恐怕没有思考过兵败如山倒的真正原因所在。想当初桂军从广西出发，打遍大半个中国，其首领甚至当上"参谋总长、国防部长、副总统、代总统"，如今被赶回老家，败于老家，这是为什么？因为反共！因为为蒋介石集团服务难免失败下场。

五、冷落台湾

1949年12月30日，白崇禧乘飞机去台湾。台湾岛对其来说并不陌生，此回是第二次去台湾。第一次是1947年春，当时台湾人民为反抗国民党当局在台湾的腐败和无能，举行"二二八起义"，遭到南京政府的镇压。事发之后，3月17日，白崇禧受南京政府的派遣到台湾安抚，稳定人心，调查事件，视察公务。公务之余，游遍宝岛风光。在台南郑成功祠还写下"孤臣秉孤忠, 浩气磅礴留万古；正人扶正义, 莫教成败论英雄"的题词。4月2日离台，时间不长，却也风光无限、自得其乐的巡视一番。

第二次到台就不行了，一到台湾就成为被清算的对象。"华中剿总"已经撤销，领兵打仗的历史永久结束，原有的"中央执行委员、中央常务委员"衔也被永远撤去。

只剩下三个头衔:"国大代表"、"总统府战略顾问委员会副主任委员"、1937年就担任的"中国回教协会理事长",名位不低,可无任何实权。有职无权且不说,和其他到台的桂系骨干一样,行动还受到监视。如想发表公开谈话,讲稿必须交蒋介石秘书审核;平时不得与外国人士交谈;不得离开台湾外出访问。白崇禧曾多次向当局表示"为了要舒一口闷气,要到美国去",始终未获批准,甚至亲生女儿在美国举行的婚礼也不让去参加。特别是在海外的李宗仁只要一有活动,白崇禧也要被当局"邀请垂询一下"。白夫人的行动限制虽少却也不自在,一次去香港登机时,因突遭宪兵搜检,白夫人不得不以最快的速度将丈夫写给香港的黄旭初、夏威等人的信撕毁。以上这些都是为什么?只因蒋介石对桂系反复"倒蒋"怀恨在心,尤其是对白崇禧在武汉的两次"逼宫"更是耿耿于怀,要报几箭之仇,岂能宽容于白氏!

1954年2月,"国民大会"在台湾复会,蒋介石怂恿一批"国大代表"弹劾白崇禧。"弹劾书"中称白崇禧任"华中剿总"在武汉强取银圆巨款"实与安禄山之截留河北岁贡、吴王濞之把持山东盐铁,如出一辙……上列金银,为数甚巨,究何所属,抑或朋分,甚至望风款敌,实在一一切实追究"。"弹劾书"中责问白崇禧"不知当时华中统帅临去之日,曾凭壕守过一夜否?数十万众,曾对敌放过一弹否?"说白崇禧反共不力,蒋介石也知道说不过去。白氏强取巨款,危急之际先斩后奏,不算为过。"弹劾书"虽然以"保留"为终,但也把他整得灰溜溜的。以后的白崇禧就处于半退休状态,官方活动很少参加,消磨于湖光山色之中,醉心于写字、行猎、下围棋。更有一喜好,终身背诵《左氏春秋》一书。

白崇禧夫人马佩璋,同为桂林人,回民,1903年生,毕业于桂林女子师范学校。1925年1月,时任定桂讨贼联军参谋长兼前敌总指挥的白崇禧率兵一举攻占旧桂系沈鸿英部占领的桂林,回到家乡。马佩璋的父亲马维琪曾任兴安县县长、广西银行董事。他看中新桂系的风云人物白崇禧,请白家族兄白崇临出面为族弟白崇禧"保媒",在1925年2月27日,也就是大年初五举行婚礼。还在新婚时,新娘首次到婆家拜访。白崇禧接到黄绍竑从梧州打来急电,告知云南军阀唐继尧的弟弟唐继虞率大军围逼柳州,白崇禧率队伍急行军奔赴柳州救援。白崇禧刚离桂林,沈鸿英之子沈荣光率部就从湖南前来偷袭,4月2日占领桂林。沈荣光下令搜查白崇禧夫人,并且还从马健卿家抢走不少财物。

马佩璋有预感，进城时没有回家，而是来到英国圣公会女传教士柏德贞主办的道生医院，躲过一劫。1925年4月6日，白崇禧击溃唐继虞、柳州安全后，立即率队伍返回桂林，沈荣光连夜撤出桂林，白崇禧接上马佩璋后回马家设宴庆祝。

两人育有三女七子，充满了天伦之乐，白崇禧曾对友人说："我带过百万雄兵不感困难，可是我现在竟没有办法使我一个顽皮的儿子完全听我的教诲。"事实上白崇禧和夫人教子有方，如儿子白先勇在文学和戏剧方面很有成就。马佩璋是一个典型的贤妻良母式的人物，不喜抛头露面，不慕虚荣，日常生活就是相夫教子。1962年12月4日，白崇禧夫人因高血压症逝世，终年59岁。白崇禧按照回教仪式安葬妻子于台北近郊六张犁回教公墓，于右任题写了碑文。夫妻生活37载，恩恩爱爱，感情深厚，尤其是在撤台后夫人的贤惠给丈夫单调、沉闷的生活带来不少安慰。白崇禧暮年失伴，打击之大可想而知。他异常伤心。儿子白先敬说，"一宣布我母亲死亡的时候，我父亲血压马上飙到快两百"。夫人下葬的那天"白将军眼泪几乎没有断过"。在四十日内每天清晨带着儿辈到妻子墓地诵读《古兰经》和祷告，以寄托自己的哀思。据熟悉白氏晚年生活的人称，在夫人去世后，白崇禧"精神大不如前，有时好像茫然有所失，一副在那里寻寻觅觅的模样"。

1966年12月2日晨7时，身边的军事参谋吴祖棠发现白崇禧已在台北松江路127号寓所去世，死于心脏病发作。他原计划当天上午9时南下参加高雄楠梓加工区的落成典礼，两天后和杨森去打猎。就这样，白崇禧在孤独中突然死去。

桂系在北伐前后为蒋介石打过天下，到国民党失败之际又独力为蒋介石守过天下，对蒋家的贡献不为少。可白崇禧到台后屡受歧视，只因蒋介石的私仇己恨未了，不想让白崇禧好过。与之不同的是，同样是桂系的首领李宗仁、黄绍竑等迷途知返，勇于同自己的过去决裂，回到大陆和家乡，于国于家于个人都是好事。白崇禧的误差造成终身遗憾，而造成误差的既有历史的原因，更有他本人的责任。

称王南天 飘零台湾

记粤系军阀陈济棠

要论陈济棠，不失为一位中国现代史上的重要人物。蒋介石主政南京政府后，陈济棠苦心经营，在粤系内部派系林立、争权夺利不断的情况下，几年生聚，几年发展，终于自成一家，坐大南天。与其他军阀相比，他起步较晚，可后来居上，实属不易。在统治广东期间，励精图治，注意发展生产，社会还算安定，在旧中国广东省的历任统治者里，算个有为之士。

蒋介石在大陆执政二十二年，国民党内"倒蒋事件"屡见不鲜。在"领衔倒蒋"的数家军阀中，粤系军阀则名列前茅。虽说粤中陈济棠实力远不如冯玉祥、阎锡山之强，可他联合桂系李宗仁、白崇禧等一起行动，实力可观。虽说粤系"倒蒋"并无军事决战，更无中原大战式的百万大军混战，可陈济棠支持胡汉民、汪精卫、孙科等资深政客，进行"政治逼宫"，对南京方面威胁更大。虽说粤桂协作主要在两省区，规模不及冯、阎的"倒蒋大联合"，可竖起大旗、与中央政府分庭抗礼达五年之久，此种情形在旧中国十二大家地方实力派中并不多见。说起陈济棠，这人不简单。他对蒋最亲，又"倒蒋"最激，还"投蒋"最快。他"拥蒋"时是最早和红军较量者之一，"倒蒋"时又继续执行蒋介石的反共命令，甚至在国民党已经彻底失败后还与解放军顽抗下去。陈济棠的所为并不奇怪，实乃特定历史条件下的产物。国民党上层错综复杂的矛盾，旧中国相争激烈的政治局面，造就了这位具有多重性格、实用主义式的政治人物。

陈济棠系农家之子，最后成为威震一时的"南天王"，其经历的"成功之路"绝非偶然，有着特定的政治背景，这就是军人政治的强化。民国以后军阀割据形成的混乱局面，使得枪杆子在政治舞台上的发言权越来越大，有枪就有军，有军就有势，有势就有权，有权就有钱，陈氏则可算作这方面成功的典型了。

一、发家粤军

陈济棠，字伯南，广东防城县人，1890年1月23日出生。陈济棠从童年、少年时代起，耳闻目睹自鸦片战争以来广东社会的变化，对外国侵略者的贪婪、凶恶、狡猾深恶痛绝，一直有着外出闯荡、弄个一官半职、为民请命的念头。还在童年时，曾前往驻扎在家乡附近的广西提督兵营，求见提督苏元春，询问原为我国保护国的越南，为何被法国殖民者占领。遭到卫士拒绝后，就放声大哭不愿离去。正在室内洗脚的苏提督被惊动，竟然予以接见，在听完孩子的诉说后，还赏给一块银圆。此事无所结果，却也反映出陈济棠幼时还有一点正义感和倔脾气。尤其是后者，他一辈子都是这样，容易冲动，固执己见，软硬不吃。从某种意义上讲，倔脾气是他成功的个人条件之一。

十七岁那年，陈济棠离开农村家乡到县城小学读书。此时中国封建社会已经走到尽头，读书走科举之路已经快要过时，而新式军校从清末一开办就成为年轻人向往的地方，年轻的学生及寒门子弟纷纷报考军校，以走军人晋升之路。在群雄纷争、战事不断的情况下，投军成功的可能性要远远高于其他行业。为此陈济棠上学后时间不长，就转入警察讲习所。学习两年毕业后又考入黄埔陆军小学。陆小校长就是孙中山的积极追随着、著名的革命党人邓铿先生。邓先生利用自己的身份，十分注意发展革命组织，扩大队伍。对陈济棠大加赞赏，很快出面介绍他加入中国同盟会。以后在陈济棠的早期生涯中，邓铿以老师、上司、朋友的身份加以提携，为陈的发迹起过不小的作用。

加入同盟会后，陈济棠一直协助邓铿，开展反清活动，参加过1910年广州新军起义和次年黄花岗起义的筹备工作。辛亥革命爆发后离开陆军小学。根据当时的规定，陆小学生一般情况下可以优先升入上一级军校。不久陈济棠也转入刚刚成立的广东陆军速成学堂。名为军校，实际上只是学习一些基本的军事要领、武器性能，主要是学习初、中等文化知识，这在军事学历上就差人一等。南京政府军队里的大部分军官毕业于日本陆军士官学校、保定军官学校、黄埔军校等三个著名军校，其中不少人还进过最高军事学府陆军大学的门。陈济棠则无此经历，军事学历低浅，并未影响到他的成功。

1913年毕业后，陈济棠来到当地桂军里顶差，并无任何优于别人之处。可旧中国连绵不断的战争为军人们的崛起提供了得天独厚的条件。陈某的早期军事生涯和桂军结下不解之缘，在不停的实战中逐渐上升。

他当兵时正值"二次革命"爆发，广东方面革命党人胡汉民、陈炯明宣布独立，袁世凯任命广西提督龙济光和巡抚张凤鸣进攻广东，龙当上总督，并被袁世凯封为郡王，这是粤桂间第一次发生冲突。作为广东人，陈济棠在桂军里没有受到重视。龙济光称雄广东，引起桂系另一支实力派陆荣廷的不满。正在四出扩张的陆荣廷把龙作为自己下一步的打击目标。1916年12月12日，袁世凯称帝。25日，云南唐继尧、蔡锷将军通电全国，"护国战争"发生。1917年5月8日，西南云贵粤桂四省在广东肇庆成立抚军院，统一领导倒袁活动。在院中掌握实权的陆荣廷趁机把龙济光部赶到海南岛上，自己出任两广巡阅使，第一次把两广统一到一人手中。

原在龙部的陈济棠没有跟着失败的主子逃亡，而是另择高枝，转投在"护国战争"中重整旗鼓、东山再起的林虎麾下。林虎是辛亥革命时团长，从广西打到南京，升为混成旅旅长，"二次革命"中被袁世凯派来的军队围堵。"讨袁护国"开始后，从海外回来再举"倒袁大旗"，被陆荣廷任命为"护国军"第6军军长。林虎是广西人，陈济棠还是在桂军里服务，不过官运要好于以前。在第6军同龙济光的作战中和在粤桂边境的剿匪作战中，由排长升为营长。可以说陈济棠在桂军中开始军人经历，开始显示出军事才华，为以后的起家打下了基础。可他并不领情，一朝大权在手，就把桂军当成打击目标。说也凑巧，就在他服役于桂军的同时，另一个以后与他相争交战二年、共同"倒蒋"五年的李宗仁，也在林虎部服役，起点一样，两人都是排长。

1920年9月，粤桂间冲突又起。此战起因一为盘踞广东的陆荣廷部横征暴敛，倒行逆施，深深得罪广东方面。二为陆荣廷在广州军政府内倚仗实力把孙中山赶到上海，引起革命党人的义愤。三为广州是孙中山心目中北伐护法的理想根据地。故驱逐桂系，收回广州势在必行。1920年8月间，援闽粤军在陈炯明率领下离开漳州南下，10月底桂军溃不成军逃回广西。此战打响后，身为林虎部营长的陈济棠，不愿帮助桂系打同乡，脱离林部而去，来到粤军任职。但和桂系的因缘并未结束。

陆荣廷一去，广东被革命党人所掌握，孙中山于11月间回到广州重组"护法政府"，就任非常大总统。为扩建护法革命武装，任命邓铿以援闽粤军参谋长身份出任新建粤军第1师师长。第1师以官兵素质好、战斗力强、能攻善战而出名，而使它闻名于世的更是师中所出的名将之多一事。众所周知，现代军事史上广东出过许多著名军事将领，而名将中又大部分在粤军第1师中任过职。陈济棠就是其中之一，出任新组建的第1师第4团第1营营长，团长则是新近由邓铿收编的流寇陈铭枢。

陈济棠到粤军第1师后，开始一生经历中的得意时期，在孙中山的革命旗帜下连战皆捷。1921年6月，旧桂系在直系军阀的支持下，分兵进犯广东。第1师奉孙中山令坐镇广州，以防敌人突袭，果然不出所料，从北江过来的沈鸿英部窜到广州城郊，邓师长率全师反击。陈济棠营防线正面有敌一旅之众，第1营奋起攻击，击溃敌旅。一仗出名，陈营长升为第4团团长。

当团长不到一年，适逢陈炯明叛变，第1师正在闽赣护法前线。胡汉民带着孙中山的指示赶到赣州，命令第1师随东路讨贼军总指挥许崇智一起回穗平叛。第1师在回粤途中被陈炯明拉走不少。陈济棠等部在邓铿被害后继任师长梁鸿楷的指挥下，参加收复广州之战。因作战有功，陈济棠当上第1师2旅旅长。

国共合作、共同领导的国民革命开始后，第1师在巩固广东革命根据地的主要战斗中出力甚大。

一是平定沈鸿英叛乱。沈鸿英部在旧桂系中实力强大，自立门户，以前为同陆荣廷一争高低，也曾协助过孙中山讨伐陆荣廷和陈炯明。1923年4月，沈鸿英趁孙中山刚返羊城、尚未准备就绪之际率部来犯。第1师奉命西征，同旧桂系中分裂出来的李宗仁、黄绍竑、白崇禧部一起，前后夹击，打败沈鸿英。陈济棠和李宗仁等会师梧州，报请孙中山批准后成立江西督办公署。粤军第1师新任师长李济深出任督办，陈济棠为公署参谋长。1924年9月，沈鸿英部又联合李宗仁部，将陆荣廷彻底击垮，一统广西。在善后过程中，沈鸿英要李宗仁等让出柳州城和桂北地区，遭到拒绝后双方武力解决。李济深派出驻扎梧州的陈济棠旅协同李宗仁部，夹击沈部驻地桂林，至1925年4月沈部在逃湘途中被消灭。此仗一胜，使得广西也成为国民革命的根据地，同广东连成一片。

二是参加平定杨、刘叛乱。东征军开赴前线后，原定为东征军左翼的滇军杨希闵部和中路军桂军刘震寰部，违抗命令按兵不动。并趁粤军主力和黄埔校军离开广州、后方空虚之际，杨、刘合谋割据，准备推翻两个地区的革命政权，对孙中山逝世后的革命中心广州城形成巨大威胁。1925年5月18日，在中国共产党人的支持下，廖仲恺果断调回黄埔校军，镇压城内的叛军。陈济棠的第2旅也投入战斗，在李宗仁部配合下，把驻扎在西江的刘震寰军全部解决，保证了广州西线的安全。所以说陈济棠从戎之路是在桂军里起步，在粤军里独立带兵后又一直和桂军协同作战，而他的顶头上司师长大人又是广西人士李济深，这是他和桂系的两层因缘。

三是参加平定陈炯明叛乱。1925年8月26日，广州国民政府决定建立国民革命军，粤军第1师扩编为第4军，陈济棠为第11师师长。刚组建的第4军和第1军等部立即开赴东征前线，指挥"二次东征作战"的是国共两党的领导人蒋介石和周恩来，陈济棠师在战场上冲锋陷阵，协助友军收复陈炯明控制下的东江和粤东地区，叛军主力全部被歼。东部一定，陈济棠师又随大军转战粤西，南征雷州半岛和海南地区，围歼粤境内的最后一个旧军阀邓本殷，到年底达到预期目的。广东革命根据地继广西之后基本统一，"两广"一时沉浸在一片革命气氛之中，为组织北伐清除了后顾之忧，出兵北上的形势已经成熟。

第11师南征归来，依然驻扎在粤西、粤桂边地区，陈济棠以师长职兼钦廉警备司令。北伐开战后，北伐军一路胜利，占领武汉，上海、南京等城市，拿下东南半壁江山。北伐军事上的胜利却成了蒋介石的政治资本，权力欲、反共情绪的极度膨胀，终于使蒋介石走上公开反共、另立政府的道路。以上一切发生的时候，陈济棠一直待在远离前线的广东大后方，与北伐军总参谋长李济深一起留守驻防。

二、反共最早

作为国民革命的受益者陈济棠，对大革命却冷眼相待。他不能容忍中国共产党人和人民群众反帝反封建、打倒军阀的革命行动和热情。在北伐洪流滚滚向前的时候，他却躲在后方思考着如何对付共产党人。还在蒋介石决定反共之前，就已提出向共产党下手的建议，所以他在国民党上层有"反共先知先觉"之称。

一是1927年初，陈济棠通过一批亲信和心腹，整理了一份共产党人的言行，诬陷有之，篡改有之，断章有之，结论是中共方面已经背叛孙中山的主张。请求蒋介石抢先动手，立即清党处置共产党人。陈济棠自觉与蒋介石关系不深，特地请参加北伐的第4军第10师师长陈铭枢把信转给蒋。蒋介石最后因为时机不成熟而没有采纳陈济棠的建议。时间仅过去3个月，1927年4月12日蒋介石就实施"清党"，规模远远超出陈济棠的设想，他用屠刀、酷刑、逮捕来回报中国共产党人和进步人士三年多来对国民党、对他的支持。值得指出的是，陈济棠等辈的反共主张，对蒋介石下决心与共产党决裂起着催化剂的作用。

二是"访苏反苏"。陈济棠任职钦廉地区警备司令期间，支持兄长陈维周在管辖区内作恶谋私，引起百姓不满，舆论大哗，"司令大人"不得不辞职而去。

就在他向蒋介石传递"反共报告"时,又伪装进步,靠拢国民党左派和共产党人,宣布访问苏联。在当时世界革命的中心苏联考察几个月后,带着对无产阶级政权的敌视感情回到祖国。此时蒋介石已经公开反共,陈济棠的反共意识已不用再加掩饰,跟着蒋后面反苏反共。把在苏联看到的一切加以歪曲,作为反苏的第一手材料。在反共问题上和蒋介石不谋而合,配合默契,这是蒋介石在上台后信任陈济棠、双方合作四年的政治基础。

三是反对武汉国民政府。"宁汉分裂"后,在武汉的国民政府还是由国民党左派掌权,同中国共产党人一起继续坚持孙中山的三大政策,同国民党右派进行坚决的斗争。当然武汉政府内部也有隐患,这就是国民党假左派汪精卫还未被人们识破真面目。陈济棠一再鼓动蒋介石出兵讨伐武汉方面,为配合行动,还鼓动在广州的第8路军总指挥李济深和广西省政府主席黄绍竑向武汉方面提出辞职,并"通电"宣布准备出兵予以讨伐,向武汉政府中坚持斗争的左派施加压力。最后蒋介石没有出兵讨伐,因为他比陈济棠棋高一着,即他比谁都了解在武汉政府中出任国府主席的汪精卫,汪整日革命词句不离嘴,可绝不会同革命者合作到底,发动反共只是时间问题。果不出蒋之所料,7月15日汪精卫下令消灭共产党人,喊出了"宁可错杀一千,不可漏网一人"的法西斯口号。陈济棠此计又未被蒋介石采纳,并未影响陈蒋间的关系,也未减弱陈对蒋的忠心。但更重要的是,如何把赴苏前辞去的职务弄到手,以逐渐实现图霸家乡的计划。为此再次向蒋介石献计,称在苏联时已经得到确切消息,共产国际要求中共方面寻机占领广州,再次作为推翻南京政权的根据地。蒋介石相信了,立即吩咐陈济棠赶回广东,再任第11师师长。

四是围堵南昌起义部队。如果说最早大规模屠杀手无寸铁、毫无防备的共产党人是蒋介石,那最早"围剿"中国共产党领导的革命武装部队的却是陈济棠。1927年8月1日,中共在南昌领导武装起义,由原第4军扩编起来的第2方面军中的两个军走上革命道路。义军战士大部分为粤籍,面临从南昌四周包围上来的敌军,起义领导机构决定向战士们的家乡、当年国民革命根据地广东一带撤退。这支中国历史上的第一支中共指挥的军队南下潮汕后,对其进攻最凶的是陈济棠部。由于红色武装处于诞生初期,缺少经验,又长途跋涉,在国共两党的第一次武力交锋中处于极为不利的地位,遭受暂时挫折。以逸待劳、装备优良的陈济棠部成了胜方。"潮汕剿共"成了陈济棠的政治专利和资本,也是在国民党内长盛不衰、蒋介石奈何不得他的原因之一。

反共给陈济棠带来了蒋介石的支持和信任，蒋介石的信任又给陈驱逐桂系和张发奎部、割据广东提供了便利条件。陈济棠在后来同"桂张联军"的作战中，上奉南京政府王命，下有天时地利之便，以实力来说话，很快发展起来。在实力增长过程中，陈济棠称雄广东，有三方面的对手。

一是共产党。共产党有恩于他，孙中山接受中共的帮助，发起、领导国民革命，是粤军发展和陈济棠本人起家的政治大气候。蒋介石顽固反共则是陈济棠反共的政治大气候。陈为一师之长，要想出人头地、挤进国民党权力中心，并非易事。升官的捷径则是牵上蒋介石这条热线，而牵上热线的捷径就是跟着蒋介石反共。所以他就忘记了中共帮助粤军、人民援助当时处于革命阵营中的陈济棠的事实，翻脸不认人，从革命的大同盟中分裂出去，如前所述对共产党武装大打出手。

二是张发奎。如果说共产党对陈济棠并未形成什么军事威胁而遭到陈的打击的话，那陈济棠在粤军中的另外的对手，确实对他形成巨大威胁，关系到谁能称霸广东的大问题。如粤军的另一支张发奎部。粤军从当初"护法北伐"到国共合作、一致北伐的短短几年间，发展成为战斗力甚强的第4军。北伐开始后第4军一分为二，由陈铭枢任师长的第10师、由张发奎任师长的第12师在副军长陈可钰的带领下开往两湖前线，第11师和由徐景唐任师长的第13师留守广东。参加北伐的两个师在战斗中迅速扩编，到汪精卫政变时已经发展为有3个军的第2方面军，张发奎出任总指挥。第2方面军经过南昌起义实力大减，张发奎计划回到家乡广东重新整编。这对一直有着独霸广东野心的陈济棠来说无疑是重大威胁，赶走张发奎是当务之急。

三是新桂系。说来也巧，自北洋军阀控制中央政权以来，在广东耀武扬威的却是旧桂系，到李宗仁、黄绍竑、白崇禧为代表的"新桂系"统一广西后，才解除旧桂系对广东的军事压力。可粤军在陈炯明、许崇智、梁鸿楷之后，指挥大权又落入广西人士李济深手中，北伐开始李济深身为北伐军总参谋长留守广州。李济深控制广东的军政大权后，一手导演了"四一五反革命政变"。为巩固在广州的统治地位，兼任第8路军总指挥的李济深让广西"留桂军"军长黄绍竑派出第15军常驻羊城。而广东粤军只有陈济棠和徐景唐师，两广一时成了新桂系的天下。赶走新桂系，取而代之是陈济棠政治发展的关键一步。所以陈济棠虽投军桂系，又长期协同作战，可与之反目、对抗却势在必行，仅是时间早晚而已。

三、倒桂最急

1927年8月，张发奎借追击南昌起义部队为名，星夜兼程赶回广东。原来起义部队准备沿赣南下东江，以海陆丰为基地，再展宏图。因有国民党军队前堵后追，起义部队改道闽粤赣交界处南下潮汕。广州城里的陈济棠11师、徐景唐13师和桂军15军全部开上粤东前线，与起义部队决战。可张发奎部没有东开，而是西开广州。李济深守着空荡荡的省会，只好开城迎接。11月16日，张发奎联合从"宁汉合流"中被排挤出南京城的汪精卫，把李济深骗往南京，派兵包围黄绍竑的住宅，发动"驱逐桂系"的政变。紧接着张发奎又挥兵沿西江入桂，以统一两广成割据之势。就在他与桂军激战之时，1927年12月11日，趁广州国民党军队主力不在之际，中国共产党发动武装起义。为镇压起义，国民党各路大军直扑广州，其中包括在潮汕"剿共"的陈济棠部。起义被镇压下去之后，挑起"粤桂之争"、引发广州起义的张发奎部也遭到围攻，在逃跑途中被打垮，由国民党中央收编后北上。陈济棠赶走张发奎的计划，借助他人之手实现。这样在粤军内部就少了一个强有力的竞争对手。

如果说驱赶张发奎并非难事的话，那驱赶桂系却非易事。身为广州政治分会主席的李济深本无任何对不起陈济棠的地方，平时视陈为心腹。1928年1月，平定张发奎部后，立即任命陈为第4军军长兼西区绥靖委员。此时为李所看重的粤将还有第11军军长陈铭枢和第5军军长徐景唐。

因编遣军队不均引起桂系和蒋介石间的矛盾激化，政争浪潮卷及李济深。蒋介石要制服桂系，当然不会放过还掌握在桂系李济深之手的广东省，以取堵住广西大门之势。从打破"粤桂联盟"着手，他以"粤人治粤"为号召，拉拢粤军三位军长，挑拨李济深和粤中人士的关系。最后陈济棠、陈铭枢二人在依靠蒋介石、还是依靠李济深的选择上，倒向前者。桂系的同盟军被南京方面拉拢过去，这样蒋介石裁决桂系已无后顾之忧。

1929年3月，"蒋桂战争"起，正在参加国民党"三全"的李济深在调解蒋桂矛盾时被作为人质扣押于南京汤山，并与李宗仁等一起被开除党籍，驻粤桂军被调出广东。广东落入"二陈"之手，陈铭枢出任省主席，负责行政事务；陈济棠出任广东编遣特派员和第8路军总指挥，负责全部军务。作为加封，陈铭枢在"三全"上当上中央执行委员、国府委员，陈济棠为候补中央执行委员。陈济棠在一年多的时间内，由一个政治舞台上缺少声望的师长，一跃而就省府大员、封疆大吏。陈济棠等升迁适应蒋介石强化统治的需要。蒋上台已近两年，逐步改组各省上层统治机构的时机成熟。一方面，制造各种事端，大批撤换不属于自己系统的干部；另一方面，把国民党改组为形式、内容一致的蒋家党。在蒋介石改朝换代的过程中，当然有一批幸运者成为他的基本队伍，陈济棠也被视为基本队伍中的骨干。

陈济棠出掌广东军事大权，导致粤桂间进入新的冲突时期。桂军图谋占领广东由来已久，对任何一个广西割据者来说，广东是广西对外来往的大门和出海口。这一大门只能开不能关，开者是广西扩大势力范围的条件，关者则为广西军阀闭关受欺的象征。可陈济棠堵上广西之门不说，还要沿西江而上画圈占地。这为一。"蒋桂矛盾"中，廉价出卖桂系的是李济深视为亲信的陈济棠等辈，陈济棠落井下石，无情无义。这为二。再加上桂军在湖北又大败于蒋介石之手，憋下的几口气全部出到陈济棠身上。

桂军的基本战略是远反蒋介石的高压政策，近打忘恩负义的陈济棠，这就是为期两年的"粤桂战争"。

一是发生在1929年5、6月间，桂军被中央军打回广西家乡，李宗仁出走香港，残部由黄绍竑、白崇禧指挥，与驻扎在广东惠州一带的粤军第5军徐景唐部暗中联络，从东西两面进攻广州。无奈桂军刚经大败，师疲兵劳，整补不够；又进入粤境太远，与后方联系困难，在广州西北花县地区被严阵以待的陈济棠部所击溃。战败后桂军回家心切，赶紧退兵固守省界，粤军陈济棠部也无心恋战，赶紧回师东江，再败徐景唐部。与桂军首战告捷，有助于强固陈济棠在粤军里的统治地位，开始向独霸广东的目标迈进。作为军阀他十分注重军队，为防止再发生张发奎争权、徐景唐造反等事，战后马上对广东军队进行改编，把自己的旧部编为两个师，分别由亲信余汉谋、香翰屏出任师长。把陈铭枢的旧部缩编为两个师，分别由蔡廷锴、蒋光鼐出任师长。陈济棠的实力从此超出资历在他之上的陈铭枢，在粤系"二陈"两巨头的势力划分中，他的优势越来越明显。

二是发生在1929年12月。同年9月间，被蒋收编的原粤军张发奎部，在湖北宜昌通电全国，宣布接受改组派的"护党救国"主张，公开"倒蒋"。随后为躲避中央军的打击，南下"护党救国运动"搞得轰轰烈烈的广西。进入桂境时，正值由于3月"倒蒋、攻粤"失败潜往香港、越南等地的桂系三巨头潜回南宁，再次筹划"倒蒋"事项。张发奎与李宗仁等一拍即合，黄绍竑不提两年前被张发奎部半夜赶出广州的旧账，张发奎则放下架子上门求援，双方一致决定，"倒蒋"的第一个行动，就是进兵广东。政治上以打陈济棠来教训蒋介石，经济上以用广东物产来为桂方服务，军事上以"桂张联军"的雄厚实力以一洗半年前失败之耻。无奈出师不利，12月间"桂张联军"的两路兵马均在半年前的失败之地再次败北。陈济棠宜将余勇，紧追穷寇，占领广西门户梧州。以后还时常深入广西腹地，挤进桂系家里虎视眈眈，搅得"桂张联军"日夜不安。

三是发生在1930年6月。"中原大战"开战后，"桂张联军"出兵湖南，与河南"倒蒋"军事战场遥相呼应。"桂张联军"前边走，陈济棠根据蒋介石的电令尾随而来。就在李宗仁、张发奎顺利穿过湘境，直指武汉三镇，与北方冯玉祥部会师前夕，陈济棠派出的三个师于1930年6月10日占领衡阳。使得在湘鄂边境的"桂张联军"与在广西负责后勤供应的黄绍竑部失去联络，前方失去补给，联军孤军深入。同时，后方不断告急，粤军重兵进逼桂军留守部。李宗仁率部仓皇退兵，以解老巢燃眉之急。岂知退兵不顺，在衡阳附近陷入包围。陈济棠派来的三个师，与中央军夏斗寅、钱大钧、金汉鼎等部，再加湘军何键部，三方联合伏击"桂张联军"成功，李宗仁、张发奎损失惨重，7月初逃回广西。

陈济棠欺人太甚，再联合湘军、滇军，攻进广西境内，占领南宁、玉林、梧州等大片土地，李宗仁等只得在柳州苦撑待变。陈济棠占领广西西江一带，在梧州设立总部，摆出一副霸主的架势。广东军阀在广西境内的暴政不在当年广西旧军阀在广东境内的暴政之下，仅捐税一项每月就搜括80余万元之多。军阀们来去走，受害的只是平民百姓。

粤桂两年三大仗，省界和双方前线更是小仗不断，给桂系带来巨大麻烦。陈济棠的"倒桂"所为，得到南京方面的赏识。老练的蒋介石有自己的打算，粤桂两省远离中央，偏处南疆，若论割据有天时地理优势，怎样防止一省拥兵自重，特别是防止粤桂两方联合割据，是个不大不小的难题。陈济棠、桂军间屡战不休，解除了蒋介石的担心。"粤桂战争"使得任何一方难以真正加入北方接连而起的

"倒蒋行动"。桂系被粤系堵住家门，无法出远门一步，更不用说向外扩张。粤系因有桂系为邻，同样被牵制在家，无暇北顾。这样，蒋介石在中原对付唐生智、冯玉祥、石友三、阎锡山等的反叛行为时，可以安心作战，无南方威胁之忧。可是待蒋介石收拾完北方的对手后，就腾出手来收拾南方。对桂对粤，要么是俯首称臣，要么是武力收编。所以说陈济棠"助蒋倒桂"，并未带来什么福音。当他自己成为蒋介石的新的吞并目标时，才发现昔日"助蒋"是多么愚蠢，"倒桂"是多么可笑。赶紧改弦易辙，联合桂系，"两广自保"，一致对付来自中央方面的压力。

四、"联桂倒蒋"

陈济棠自1929年3月掌握广东军事大权后，开始了建立"陈氏王朝"的准备工作。

一是扩充实力。在各路地方实力派中，像他那样不愁经费的人可不多。蒋介石为拉拢陈济棠，把粤省和粤方所占广西地区的税收，几乎全部拨给广东留用。再加上广东为全国首富地区之一，有足够的财力、物力、人力满足陈济棠的扩军计划。就在全国各路大军阀都遭到南京政府的打击时，唯独陈济棠不但未受打击，而且呈现不断上升之势。按照中央所给编制，广东的第8路军只能下辖三个师，"粤桂对峙"时又获准扩编两个师。陈济棠并未到此为止，先后另编两个独立旅、三个独立团、五个教导团、十个特务营，并背着中央政府向欧洲订购了大批武器弹药。作为军阀，他的军队编制不为多，十五万兵力也不压众，可尽是精兵良将、装备优良，非北方一些贫穷地区的军阀部队所能比。即使是蒋介石对陈的十五万军队，也不敢轻视，从没有正面对阵。当然陈济棠为保存实力，也不愿意和蒋拼实力。

二是坐大广州。在粤系内部，虽说有省主席陈铭枢，可军权在陈济棠手中。枪杆子里面出权力，大事小事要事琐事，均由陈济棠定夺，省主席成了空架子。想当初陈济棠不过陈铭枢手下的营长，后者当师长、军长也先于前者，两人一起出卖李济深时蒋介石授予两人的职务也是后者比前者高，可前者对后者一直是大不敬。受欺负的一方也颇有自知之明，似闲云散鹤，少问政事，听凭陈济棠指手画脚。欺负人的一方除不断挤兑省主席本人外，还釜底抽薪，趁"中原大战"蒋介石反攻、需要兵力北上增援之际，把派往衡阳阻击"桂张联军"的粤军、属于陈铭枢的两个师又远送山东津浦线战场。这样陈铭枢在广州就成孤家寡人，身边无一兵一卒，只有两条路可走，不是甘居虚位，就是离粤而去。他选择后者，就在"非常会议事件"事发之初，借故离粤出走投靠蒋介石。可以说"二陈"在广东当家做主后，事实上是陈铭枢当家，陈济棠做主。如果说陈济棠是"非常会议事件"后才成为"南天王"的，那在掌握军事大权后就已踏上"天王之路"。

三是"犯上抗蒋"。1931年初，蒋介石刚刚打赢"中原大战"，以冯玉祥、阎锡山为首的第一次也是最大的一次"倒蒋大联合"就此结束。至此，在军阀内蒋介石是打遍天下无敌手，制服各路军阀的计划就要实现。蒋在踌躇满志之际，对于能够起兵造反的桂粤两系当然不会放过。作为借口和信号，他要陈济棠裁减超出编制的军队，削减军费，积余上交中央财政。陈济棠预感到蒋对粤下手在前，与蒋的因缘就要结束，还不如趁早抽身，寻机"倒蒋"，再组"倒蒋联合阵线"。

机会是蒋介石提供的。1931年2月28日，蒋介石软禁持不同政见的胡汉民。胡氏乃国民党元老，又为立法院院长，更是粤中政界首席。此人一直是孙中山的主要助手，在国民党内的名望不在蒋介石之下，尤其是在党务、政务、理论上比蒋高出一等，可惜的是军权不在手中。

面对蒋介石的专制、独裁，中国政坛刮起一阵风波。南京城内粤系中执委和粤籍政界人士敢怒不敢言，广州城内陈济棠颇有兔死狐悲之感，分外同情广东老乡在南京的遭遇，敢怒不敢言；被蒋介石打散的改组派、西山会议派等组织和唐绍仪、唐生智等政界名流，则纷纷集中广州，劝说陈济棠出来领衔，再组"倒蒋大联合"。

揭开序幕的是金陵城里的粤籍政界要人，国府文官长古应芬、"立法院"院长林森、司法院院长王宠惠、交通部部长孙科、南京市市长刘纪文等人，他们悄然南下，一离国都，不约而同地指责蒋介石；一到羊城，共同鼓动、协助陈济棠倒蒋。陈济棠深知"倒蒋"的利害，更知要"胜蒋"并非易事，为多一分胜利的把握，采取一系列行动。

一是联合汪精卫。在国民党内，汪精卫是唯一能够和胡汉民平起平坐的人物，联汪的阻力又在胡汉民，汪、胡自大革命后期起已成水火之势，互不谅解，要汪为胡申冤实为难事。陈济棠和古应芬、孙科等人及一些汪精卫领导下的改组派成员，想方设法，既动嘴又花钱，才劝汪精卫离开香港来到广州，共举"倒蒋大业"。

汪精卫、胡汉民、孙科、西山会议派组成的四派大联合，使得在同蒋介石的斗争中处于较为有利的地位，使得蒋介石在政治上陷于孤立、被动状态，成为少数派。陈济棠虽然担心这些政界大员来到广州有篡权之意，但更清楚自己"倒蒋"需要政治大旗。胡汉民、汪精卫、孙科等人则需要有枪杆子为后盾，双方各有所求。所以说广州"倒蒋"，从军事上看明显处于劣势，政治上则明显处于优势，政治上的优势使得蒋介石不可能像对付北京"扩大会议"那样大打出手，主要是打政治牌。

二是联合桂系。陈济棠是聪明人，亲眼所见蒋介石是如何把拥兵三个军十余万兵马的唐生智打成光杆司令的，也看到冯玉祥的四十万大军是如何被蒋介石打得一个不剩的。现在"倒蒋"，政治上有胡汉民、汪精卫、古应芬、孙科等资深人士保驾，地理上有南岭、大庾岭之险可守，经济上有珠江三角洲鱼米之乡为源，可军事上虽说有十五万精兵，要挡住中央军的进攻是不可能的。为扩大"倒蒋联盟"和增加军事实力，陈济棠一改旧态，举起"免战求和牌"，宣布退出所占的广西地盘，出面与桂系修好。被粤方逼上绝路的桂军正处难以为继之境，顿时绝处逢生，立即同意捐弃前嫌，不记旧恨，共同"倒蒋"。这么一来，自"蒋桂战争"两年来的两广间的恩怨顿失，广州方面的军事实力扩展一倍。尤其是桂军以善谋能攻出名，对陈济棠来说无疑是如虎添翼、倍振声威。

以1931年4月30日由古应芬等4监委的《弹劾蒋中正提案》通电、5月3日第8路军总指挥陈济棠领衔签署的粤军各将领响应电为始，"倒蒋运动"热热闹闹开场。陈济棠当上"倒蒋盟主"后，身价倍增，由一省之主成为政治中心，看到"天下英雄"汇集越秀山下，不免有坐定江山之感。为使"倒蒋合法化"，与南京政府一争高低，陈济棠联合他人为自己的行为正名。论党，5月27日成立"国民党中央执行委员会非常会议"，称之为"本党之领导机构"，以取代国民党中央党部。"非常会议"名为最高权力机关，事实上只是对外宣传时才有用，广州城内不起什么作用，在实力派的眼里"非常会议"仅是党工们的"官场沙龙"。论政，5月28日成立"国民政府"，否定南京政府的合法性。由于政府内部派系林立、争权夺利者甚多，胡汉民、汪精卫、孙科、古应芬、许崇智、李烈钧等资深人士不少，为避免争当"主席"之职，故国民政府不设固定主席。在实力派的眼中"国民政府"仅是让政客一过"权欲瘾的论坛"。论军，5月28日成立军事委员会，把第8路军改为第1集团军，桂军为第2集团军，远驻河北的石友三部为第5集团军，以和南京方面的军委会对抗。

在党、政、军三大机构中，只有后者才是货真价实的权力部门，"非常会议"所需的人、物、钱、军队均由军委拨出，说到底由陈济棠一人决定。他虽然只是"国府委员、非常会议委员、军委常委、第1集团军总司令"，可党政军大权一手操持。也正是这名实不符之处，使得表面上热闹非凡的"非常会议"，内部却不尽如人意。胡、汪、孙等人瞧不起资历不深、一介武夫的陈济棠，推荐"非常会议常委、国府轮流主席"时把陈济棠排除在外。为此陈济棠从表面到内心均有不满，也就休谈尽心配合、尽力而为了。再则陈济棠趁机想干一番帝王之业，可志大才疏，非干大事之人。所以他虽为"倒蒋盟主"，行动上一怕亏钱，二忧失权，使得"非常会议"内部险象环生。

由于陈济棠霸权霸钱不放，曾引起"倒蒋"内部两次分裂。第一次是因权力分配不均，把许崇智等要角逼走香港。第二次是不付桂军出兵衡阳所需的二百万军费，汪精卫劝说无效后，出走香港，"非常会议"少了一棵大树。陈济棠小肚鸡肠，气量不宏，不以"倒蒋"大局为重，忙于争权；其他各派又各自为政，各行其是，最后难免给蒋介石各个击破，"非常会议"不了了之。

"非常会议"向中央方面提出三条要求：一是释放胡汉民，二是蒋介石下野，三是改组南京政府，召开国民党第四次代表大会。面对粤方的反抗，蒋介石知道凭两广实力陈济棠不会主动对中央用兵。陈济棠已经一再表示，"余在粤一日，所部军队决不与中央兵戎相见……地方与中央间一切问题，应以政治方法解决，决不能诉诸武力。"陈济棠心里清楚两广实力恐怕不是蒋介石的对手，不能自取灭亡。蒋介石的军队主力又大部在江西"剿共前线"，不得脱身，故放弃对广州用兵计划，只是调集部分兵力在湘粤桂边作必要防范，实行武备文攻，主要精力集中在以政治对政治、以谈判对谈判、以骂对骂方面。

蒋介石亲自回电，称汪精卫"一贯反对孙中山，现在又联合一切反动分子胡闹"。在回答广州方面要他下野的电文时说："攘夺固所不许，放弃亦所不甘。"蒋介石还让军政大员出面反击，如何应钦称孙科南下是因为贪污两千万元公款，如吴稚晖称非常会议是"一堆垃圾，恶气冲天"。对于桂粤双方，蒋介石又派出被陈济棠排挤出走的原粤系2号人物陈铭枢，以及在1930年冬投靠蒋介石的原桂系2号人物黄绍竑,出面拉拢、分化"倒蒋"方面。由于此2人另有打算,蒋介石的计谋没有成功。

就在宁穗双方争执不下、互不让步之际,日寇发动"九一八事变"。面对侵略者的罪行,蒋介石不是派出军队赴东北抗战,而是以特有的政治斗争心理,意识到与南方和解、重新分赃的机会到来。宁穗之间的闹剧无法再演下去,双方本无原则区别,仅是争权夺利大小多少之分;双方都不可能吞掉对方,只是寻找适当的交易机遇而已。现在国土沦丧、国难当头,蒋介石和陈济棠既有自己下台的台阶,又有逼对方就范的理由。顿时间,宁穗上空原来充斥的用词尖刻、互相攻击的电波一下子变成了热烈友好、"俯纳调停、共倡和平"的电波。"九一八事变"后的第3天,蒋介石从"剿共前线"一到南京,就派出代表"南下议和"。针对广东方面的要求,9月22日蒋介石主持国民党中央常委会,决定恢复胡汉民的自由,并让其主持中常会日常工作。12月15日,蒋介石在粤方的一再要求之下,万般无奈辞职而去。在召开"四全"和改组国民政府时,让出不少位置给"非常会议"成员,参加这一闹剧的各派或多或少都得到一点好处。

五、图霸五年

在善后过程中,蒋介石对事变的起因人胡汉民、陈济棠、古应芬怀恨在心,当然不会轻饶,更不会厚待。古氏在和解过程中病死,脱离凡尘而去,也让蒋介石少操一份报复心。胡汉民在"宁穗和解谈判"召开"四全"时要价过高,结果不但没有实现依靠控制多数票来限制蒋介石的计划,反而被蒋一脚踢开,以"蒋汪合作"代替"蒋汪胡合作",胡咽不下这口气,另谋生路。陈济棠本为蒋介石在广东的代理人,现公然叛主唱起对台戏,蒋介石有意无意轻视、慢待他。在南京、广州两派谈判时,实际上是绕开陈济棠进行的,事实上的"倒蒋盟主"成了事实上的局外人。蒋介石封官许愿、重新瓜分权力时,陈济棠的地位没什么改变,更无提升。"非常会议"方面受南京方面冷落的成员就陈济棠一人,而此时昔日的"倒蒋盟友"大都只顾去南京走马上任,顾不上这位并不称职的"盟主"了。

陈济棠对南京的蒋记"四全"和上海的汪记"四全"是鞭长莫及,于是对广州"四全"大肆兴风作浪,屡加捣乱。1931年11月18日,会议开幕的当天,因受陈济棠操纵的代表无理取闹而不得不休会。24日又逼内定行政院长孙科和内定外交部部长陈友仁等代表退出会议去香港。12月3日，会议选举中执委时，陈济棠指使代表在会场里大打出手。会场内瓶子、板凳飞舞，混战二十余分钟，最后请来保安队维持秩序才了之。当然这仅为小敲小闹，作为正式抗议行动是12月5日广州"四全"闭幕后，新当选的中执委和中监委，举行联席会议，公推胡汉民为"盟主"，决议成立"中央执监委临时办事处"。12月7日，正式成立"中央执委会西南执行部和国民政府西南政务委员会"，以取代已经结束的"非常会议"。12月29日，国民党最高决策机构中央政治会议接受既成事实，同意两广的安排。至此"非常会议事件"拖着一个尾巴而结束，蒋介石"拉汪倒胡压陈"的目的没有完全实现，胡汉民成了西南名义上的头目，广东实权则在陈济棠之手，广西实权则在李宗仁之手，两广处于"半独立状态"。

就这样陈济棠开始独霸广东的五年。说他"半独立"，是说陈氏表面上服从蒋介石和中央政府的领导，尤其是在"剿共"等问题上更是亦步亦趋，而在广东内政方面，则不容蒋染指。因此他的半独立有以下特征。

一是大权独揽。广东的党政军大权均由他亲自控制，成为名副其实的"南天王"。军事上陈济棠自己掌握，各部主管全部换上自己的老部下。为便于指挥粤军，还兼任广东军事政治学校校长，培训指挥官，自成一系。政务、党务则交给亲信林云陔、林翼中等掌握。对广东事务，胡汉民难以插手，国民党中央更是难插手。1935年初，蒋介石派来专事收买军阀的老手蒋伯诚，坐镇广州见机行事。此事不但没有奏效，反而使陈济棠对蒋介石的疑心更大，警惕更高，对部下看管更严。可"严"并未把蒋介石的收买拒之门外，最后"陈记江山"还是毁于蒋的拉拢和分化。

二是增加财力。广东省在经济地理上颇有优越之处，生产条件堪称上乘。陈济棠也懂"经济是基础"这一简单的为政之道，比较注意增加财力。一方面利用捐税大肆搜刮，为扩大税源，甚至伤天害理使得鸦片、赌博合法化；另一方面也时常关注发展农业，制订经济发展计划，兴办实业和交通运输业，搞过一些市政福利建设。这样做首先得利受益的是陈济棠本人，自给自足的经济使得割据所需经济来源有了保证，他财大气粗，与蒋介石长年对抗。

三是助蒋"剿共"。陈济棠早就有过不平常的反共历史。1932年8月，宁穗合流后刚刚出任军事委员会委员长的蒋介石任命陈济棠为"赣粤闽湘边剿共副总司令",派兵参加南京方面对中央苏区的"围剿",在赣南南雄和粤北韶关一带寻机找红军决战。1933年2月,陈又兼任管辖粤闽桂三省军事的"西南国防委员会委员长",主要任务是"剿共"。同年10月,蒋介石对中央苏区的第五次"围剿"开始后,陈济棠升任"南路军总司令",全面负责南面战线,至1934年10月红军长征开始后才结束。10月21日,中央红军突破位于安远、信丰间的粤军封锁线,快速向西南进军。到11月底红军连破其余三道由中央军、湘军和陈济棠部组成的军事封锁线。当然在作战中,陈济棠不愿充当蒋介石的炮灰,从保存实力出发,尽量避免与红军主力打硬仗、拼实力。必须一提的是,在陈济棠的反共经历中,曾亲自下令杀害由香港殖民当局引渡回粤的中共著名活动家蔡和森。

四是充当帮凶。陈济棠名声不小,搞割据是个内行,可搞政治并不在行,没有是非概念,没有固定的政治见解。只要蒋介石不干涉广东事务,那广东以外的任何事情陈济棠都愿听中央的。南京要打桂系,他就进攻广西;南京要压冯阎,他就出兵中原;南京要"剿共",他就进军红军根据地赣南闽西。即使对粤军同行也是这样,当年张发奎"倒蒋",他追打张部最卖力。1933年11月20日,反蒋民主人士和第三党组织的"福建人民政府"成立,主要主持人跟陈济棠关系不一般。"人民政府主席"李济深是陈氏的恩人,生产人民党主席、"政府委员"陈铭枢是陈氏的老上司,"政府委员"、第19路军指挥官蒋光鼐、蔡廷锴、黄琪翔、戴戟等皆与陈济棠在粤军中同步起家,第19路军八年前还属陈济棠的编制之下。同处"半独立状态"的李宗仁,也与福州方面暗通款曲。陈济棠一点情面都不讲,不但不支持,还极力劝说原来态度暧昧的湘军何键部起来反对福州,并且派出重兵堵塞第19路军向闽西南撤退的必经之路。陈济棠派驻武平、上杭一带的黄任寰师和在闽粤赣边界的第3军迫使第19路军转向泉州方面,落入中央军包围圈,被收编为"剿共"第7路军。粤军唯一的一支脱离军阀控制、走向民主阵营,又有过"一·二八抗战"光辉记录的英勇军队,在中央军和陈济棠的夹击下就此完结。

在中国近现代史上,广东是出军事、政治人才的地方。在国民党上层活动圈中,粤籍人士之多令人吃惊。蒋介石主持南京政府后,陈济棠的出现和称霸,可以说是粤系走向衰败中的回光返照。他不具备早期粤中名人的气质和才华,权力、水平、驭政、带兵处于极不平衡的倾斜面上,最后败于蒋介石之手是不足为怪的。

蒋介石能容忍西南处于"半独立状态"，并不是智斗不过陈济棠，也不是兵胜不了陈济棠，更不是理负于陈济棠，而是投鼠忌器，胡汉民在广州是陈的挡风墙。陈济棠好欺，胡汉民难斗。为胡汉民，已经惹发过1931年5月的"非常会议事件"，蒋介石不愿再自找麻烦，故作出前所未有的高姿态，一让就是五年。此外，胡汉民与汪精卫势不两立，故汪在南京任行政院长，胡汉民不可能同朝为官，胡不北上也成为"半独立状态"存在的缘由。1935年11月1日，在国民党四届六中全会的开幕式上，代表们合影时汪精卫被抗日志士刺伤而去职，汪精卫离开南京为"蒋胡合作"提供了条件。1936年初，蒋介石派出元老居正到香港迎接刚从欧洲回国的胡汉民，请胡回南京主持党务，就任新职国民党中央常委会主席。双方谈判过程中，讨价还价十分激烈。胡汉民就高不下，要价甚高；蒋介石为调胡离粤，不惜代价。胡氏是颇有书生气的，对蒋介石的许诺非常满意，准备北上。得意之下，于1936年5月12日赴任前夕，与友人弈棋时突发脑溢血去世。

胡汉民一去，蒋介石收回两广的最大障碍不搬自消，行动时机已到，立即派出"立法院"院长孙科、司法院院长居正、"立法院"副院长叶楚伧、"监察院"副院长许崇智等人以祭奠胡主席的名义南下广州，进行"丧事政治"。中央代表要陈济棠、李宗仁交出军权，取消"半独立状态"。

陈济棠、李宗仁在智囊团的开导下，对形势了如指掌：蒋介石的军事重点一是在西北，以期消灭中共及长征到陕北的武装力量；二是在华北，防备越来越猖狂的日本侵略者。在这种情势下，南京政府不会对两广用兵，即使用兵也不会超过二十万人，对西南威胁不大。陈、李决定公开抗拒，再度"倒蒋"。

1936年5月28日，两广以反对日寇增兵华北之名，亮出反对南京政府收编的旗帜，"通电全国"。6月2日和4日，广东、广西军人分别通电，以响应"5·28电"。6月5日，以北上抗日为名，两广军队的先遣部队已经进入湘境，9日逼近重镇衡阳。岂知蒋介石派出的中央精锐军陈诚部于次日抢先占领衡阳，断两广军队攻长沙、陷武汉之路。6月22，日陈济棠有恃无恐，并不气馁，宣布成立"军事委员会"和"抗日救国联军"，李宗仁为"副委员长兼联军第4集团军总司令"，陈济棠则为"委员长兼第1集团军总司令"。"军委会"下辖九个军约三十万人、空军九个中队和海军数十艘舰只，实力不小。

事到如今，陈济棠有所不知，他计算的结果是正确的，实力不算弱。可他只看到有形的硬件，还有没法算出来的无形软件，这就是蒋介石对粤中将领的收买，现已奏效。它使得陈济棠经营七年、其中称雄五年的割据局面毁于一旦，垮得之快、垮得之彻底，出乎这位"南天王、南霸天"的意料。7月4日，飞机捷足先登，被陈济棠引之为豪的空军四十多位飞行员在司令黄光锐率领下，驾机飞南昌"投蒋"；6日身居广州的粤籍中央执、监委不理陈济棠的劝阻，飞南京参加国民党五届二中全会；7日由张发奎处转投向陈济棠的第2军副军长李汉魂通电"拥蒋倒陈"；8日最受陈济棠信任的第1军军长余汉谋飞南京"投蒋"；此外粤军将领邓龙光、邝文光、邓瑞功等分别"通电"宣布服从中央政府。

1936年7月13日，南京方面决议：撤销"西南执行部和西南政委会"，撤销第1、4集团军，撤销陈济棠的本兼各职，任命余汉谋为广州绥靖公署主任兼第4路军总指挥。次日，余主任在大庾就职，趾高气扬，挥兵杀向韶关。17日发出最后通牒，要陈济棠24小时内离粤。堂堂的"南天王"，竟然落到如此境地，被老部下逼入绝境，次日只得悻悻而去，到香港避风。失败之际，陈济棠似乎明白许多。论大的，武装割据的社会背景已不同以往，日寇逞凶，华北告急，理当全民族团结一致，御寇为先，分裂不得人心。故此次蒋介石代表中央政府，理直气壮以求统一，舆论上占上风。论小的，粤中兴起倒戈之风，陈的多年随从转眼之间叛变而去，可见人心思变，在"靠蒋"还是"靠陈"上当然选择前者。此次既有"投蒋"的理由又有"投蒋"的机会，故一个个扔下陈济棠成为南京政府的座上宾。就像陈济棠在"蒋桂战争"中选择"投蒋"而不是投靠李济深一样。

要说陈济棠的明智之处，那就是不失为失败英雄，接受事实，急流勇退，而没有逞一时之勇与中央军混战一场。下台前夕，把空军飞机和海军舰只全部交中央有关方面改编，把陆军全部交余汉谋主任管理，还把已经从意大利订购的价值七百万港币的飞机和从法国订购的军火全部移交，并把账上的三百万元积余如数交公。为稳定军心，防止骚乱，特把欠饷全部发清，加发半个月的伙食费，便于军队顺利交接。这一点上陈济棠还算开明，对得起蒋介石，蒋碰到的对手、政敌还没有一个能像陈济棠那样。

陈济棠的不同之处，一是"倒蒋"两次，为时五年，可并没有与中央军真枪真弹打仗一次，不像其他地方实力派那样都在战场上和蒋介石拼个死活。二是此人有野心无胆量，无论在"倒蒋"还是"拥蒋"时，很少得罪蒋介石，对蒋很少有过伤害。第一次是跟着胡汉民后面,让别人挑头;第二次是联合李宗仁一起行动。凡由他出面签署的"倒蒋檄文",用词都很有分寸,而不像其他地方实力派那样与蒋介石撕破脸皮出口大骂。三是败得"体面",把自己的老本全部和平转交给中央政府,而不像其他地方实力派那样,在实战中逐渐丢失自己的全部实力。

六、顽抗海南

陈济棠落脚香港,难消余汉谋他们的顾虑,唯恐陈贼心不死,悄悄回粤振臂一呼,旧部响应者甚众,"天王复辟"上台。于是通过有关渠道施加压力,劝陈济棠出洋。陈济棠面临此情此景,还有什么话可说,让秘书黄麟书到南京办好手续,8月30日离港前往欧洲游历。

从此以后,陈济棠对蒋介石再无二心,一意追随。在曾经有过"倒蒋历史"的军阀中,如此忠心到献媚、相从到紧跟程度的,实为少见。难怪国民党上层用"日久见人心,世乱见忠臣"来形容"陈蒋关系",形容陈对蒋的态度。蒋介石五十大寿时,由江苏省主席陈果夫向军政部长何应钦建议,发起"为委员长献机祝寿运动",一时弄得全国上下不得安宁,老人要"献",儿童要"献",劳工要"献"。陈济棠正在欧洲,听到消息,立即捐出重金,购机祝寿,以表示对蒋介石的爱戴之心。西安事变爆发,他从中国驻意大利使馆武官郭寿华处获讯后,马上向被囚中的蒋介石拍出慰问电,并对阻拦他拍电报的兄长陈维周说:"别的事我会听从你的意见,这件事你不必管。"落难的蒋介石见到陈的慰问电分外感动,宋美龄为此特意回电致谢。

全面抗战打响后,陈济棠立即停止海外游历,赶回祖国。正如他自己出洋时的"通电"中所说的那样"一俟抗日炮声一响,必将立即回国,共赴国难"。1937年9月,陈回到南京,实现诺言,同赴国难。在与蒋介石见面时,真心实意地表示:"以往如有错误,敬请原谅。"蒋介石也不无歉意地说:"我也有错误的地方,过去的不必再说了。现在最要紧的是大家同心协力,共御外侮。"陈济棠为避嫌,一再谢拒蒋介石要其带兵的邀请,只是出任位高职轻、只吃闲饭的国民政府委员。1939年11月,陈又兼任最高国防委员和中央常务委员,并被晋升为上将。1940年3月,重庆政府首次设立农林部,陈济棠出任农林部部长。时值抗战期间，农林部无公务，部长大人自觉无聊，任职一年余就离职而去，第一次复出就此结束。事实上陈济棠无论任什么"委员、部长"，再想进入国民党政治中心已不可能，蒋介石和国民党的政治中心圈也不会接受这位昔日的大霸主、实力派。仅仅是碍于面子，以示大度，摆出一副"精诚团结、共赴国难"的架势而已。

1941年冬，卸职后的陈济棠前往香港，探视家眷。岂知太平洋战争爆发，仓促之中，化装成小贩逃返大陆。像如此狼狈的他不是首次，类似的还有过两次，一次是1933年夏在刺客掷来手榴弹时落荒而逃，一次是1936年初误被人家当成抢亲对象时夺路而逃。此类事发生在此类人身上，实属少见。

全面抗战期间，陈济棠的旧部、粤军中的主力大部投入正面战场，打击日寇。粤军将领中出任过战区司令长官的就有张发奎、薛岳、余汉谋等；出任过集团军总司令的就有李汉魂、邓龙光、吴奇伟等；出任过军长、师长的将领就有几十人。他们与十数万粤军官兵一起，为争取全民族抗战的胜利，各自尽了力。陈济棠则在大后方无所用心，不问政事。直到抗战胜利后，被蒋介石任为"两广及台湾宣慰使"，于1946年1月回到阔别九年余的广州城。陈的第二次复出，同第一次复出一样，时间不长，更无业绩可谈，只是挂个"空头高职"而已。

此时的陈济棠已经把兴趣集中于办学，兴办起珠海大学及"德明"类各种学校，办得有声有色，很有影响。如办在香港的德明中学为当地规模最大的中学。这些学校在他死后由其第三子陈树桓接办，规模不断扩大，名声越来越响。陈济棠是干过大事业的人，可经历中能够流芳不断的却起兴办教育之事。同他的霸业比起来，办学显得微不足道，可存于世上能看见的是后者而不是前者。

陈济棠的第三次复出，与其说是当官掌权，还不如说是为蒋介石和南京政府送行。1949年春，人民解放军渡过长江已成必然之势，国民党溃败在前，蒋介石为部署与共产党决战，决定在海南岛建立反共战略基地和大西南撤台的空中航线中转站，一向被南京方面冷落的中国第二大岛顿时热闹起来。

此时"海南特区行政长官"张发奎调升"陆军总司令"，原定继任者李汉魂也已高升"代总统府参军长"，最后蒋介石决定任命搁置不用多年的陈济棠出任"海南行政长官兼防卫司令"。陈氏为感谢蒋介石在危机之时对他的信任和重用，竭尽全力安排海南防务，准备把解放军拒之于琼州海峡之北。1949年3月29日，陈飞赴海口，4月1日正式上台，立即率领第4路军杀向五指山区，"围剿"中共冯白驹将军指挥的解放军琼崖独立纵队，给革命根据地造成很大困难。广州解放后，"广东省政府主席"薛岳、"广州绥靖公署主任"余汉谋逃到海口，陈济棠让出"防卫总司令"职给薛岳，把余汉谋安排为自己的副手，三人合力经营海南：利用四面环海的有利地形，以及从广州撤来的人力和物力，计划趁溃败中的国民党当局无力控制海南之机，把全岛建成粤系重整旗鼓的基地。事实上，割据海南，在大陆上败于共产党之手的蒋介石不会同意，而刚刚建立政权的中国共产党更不会同意。

陈济棠用来防守海南地区的兵力有薛仲述、莫福如、张其中任军长的三个整军，至于自大陆撤来的军事单位和散兵游勇则数不胜数，共计十余万人和各类舰艇五十余艘、各类飞机四十余架，就防守这一范围有限的岛屿来说实力还算强大。

解放军进行广西战役之前，1949年11月间，时任华中"剿共"总指挥的白崇禧还前来海南与陈济棠密谋，准备把还未被解放军歼灭的桂系主力撤来海南，桂粤再度合作，"军事占领海南，经济争取美援"，与蒋介石分庭抗礼。只是因为解放军进军太快，白崇禧的部队在广西大部被消灭，只是他本人借海口撤往台湾。

陈济棠面对的是正在横扫南中国国民党残敌的解放军。追击而来、驻扎雷州半岛、组织渡海作战兵团的是第四野战军第15兵团（司令员邓华，政委赖传珠）所属的第40军、43军及炮兵、工兵等共十余万人，总指挥是兵团副司令韩先楚。1950年3月上旬，渡海作战兵团组成四个先锋部队，在冯白驹指挥、在岛上坚持武装斗争的琼崖纵队接应下，分两批秘密登岛，建立滩头阵地，接应后续部队。4月16日晚上6点半钟，分别由兵团副司令员兼第40军军长韩先楚、副军长解方和第43军副军长龙书金、第128师师长黄荣海和政委相炜率领的两个梯队二点五万余指战员，分乘三百八十多只帆船从雷州半岛出发，强渡琼州海峡，从临高角至澄迈县的玉包港一带突破敌军的"立体防线"，成功登陆。4月20日，在定安黄竹、澄迈美亭一带歼灭陈济棠主力，23日解放海口市后，兵分三路追击南逃的敌军，5月1日全岛解放。

海南作战期间，陈济棠主力被消灭三万余人，余部逃往榆林港，4月30日，在解放军的炮声中登上蒋介石、蒋经国派来的船队运往台湾，登岸时即被全部整编。

陈济棠的第三次复出以败在解放军手中而告终，蒋介石最后一次交给他的任务就此完结。陈济棠在解放大军将至前夕，撤往台湾。虽说逃脱了惩罚，可永远离开了家乡。他选择的道路是不明智的，顽抗到最后的粤中名将出现分化，有吴奇伟等临败而起义，有李汉魂等远走美国，有张发奎等寓居香港，陈济棠和薛岳、余汉谋选择去了台湾，继续为国民党当局服务。

陈济棠到台湾后十分清楚自己的处境，所任的职务已被撤去。从海南带到台湾的粤军经过接二连三的整编后，早与蒋介石的嫡系部队混编一起，变得面目全非，兵不识将，将不识兵，已无"粤军"的存在。现实告诉他，蒋家父子牢牢地控制着台湾，要想生存只有依靠蒋介石，设法减少蒋介石对自己的疑忌，增加对自己的好感。

为此陈济棠到台湾后极力呼吁第三次下野后的蒋介石复任"总统"。

一是最早提出此议的人。当然此类建议在国民党上层不少，可陈却是最早呼吁人之一。早在1949年2月，即蒋介石下野后不足一个月，陈济棠就向当时的行政院长孙科建议，恭请蒋复任总统取代已经疏远多年的旧友、代总统李宗仁。

二是调子最高。他在"劝进电"中称："钧座身系天下安危，苍生望切，伏恳当机立断，早复大位。"在一首诗中还这样写道："大厦支凭两柱功，乾旋坤转兆兴中；救民国父千秋在，抗日功崇一蒋公。"把蒋介石和孙中山并列起来加以称颂，是其数年来效忠"蒋家王朝"的继续。其实陈济棠也知道蒋介石不用"劝"也会复出，无非是投其所好。

1950年3月，蒋介石再次出台，重任"总统"，不久任命陈济棠为"总统府国策顾问"，8月陈济棠又当选为国民党中央评议委员，此外还一个兼职是"国大代表"。他的第四次复出比起前三次来更为清闲，"国策顾问"纯粹是一个养老送终的好职位。如果说前三次复出，一次又一次使他的权欲泛起的话，这次是彻底了之，在官场一生后反而对做官失去了欲望和信心。

1954年11月3日，陈济棠在勘定筹建中的又一德明中学校址时，突发脑溢血去世，终年65岁。

陈济棠和许多国民党元老一样，都没有等到回大陆家乡一游的一天，这应该是他飘零海岛的最大遗憾了。

将军不死　魂归中华
记前国民党陆军一级上将李汉魂

李汉魂是广东吴川人，早年从军，戎马生涯近四十年。军职至集团军总司令、战区副司令长官、总统府参军长；军衔至一级上将；党务至广东省党部主任委员、中央执行委员；政务至广东省政府主席。论才华，军旅之余不忘著述，还出过几部书。作为文人则不为多，而作为武夫则不凡也。论文武韬略，李汉魂不失为南海一名将。

武昌起义后的二十年间，广东是出名将的地方。如早年追随孙中山，立志推翻清朝和北洋军阀统治的许崇智、邓铿、朱执信、廖仲恺、郑士良、梁鸿楷等人；如参加中共而奋斗一生的彭湃、叶挺、叶剑英、张云逸、冯白驹、周士第等人；如伸张正义、反对专制的邓演达、陈铭枢、蔡廷锴、蒋光鼐、黄琪翔、吴奇伟等人。在国民党军队担任要职的粤籍人士则更多，如张发奎、余汉谋、薛岳、缪培南、香翰屏、邓龙光、叶肇、黄镇球、郑介民、黄珍吾、罗卓英、罗友伦等，可谓之将星灿灿，冠盖云集。将才之多，为他省之少见。

粤中出将军，有它特定的社会背景。广东既是孙中山护法北伐的基地，又是国共合作联合展开国民革命的根据地。援闽粤军和北伐军都在广州组建、扩建，这就为广东青年从军提供了机会。再则广东有最早的通商口岸，人们思想活跃，从小习武从军和投笔、弃农、停商从戎以图远大前程者甚多。为数众多的青年参加粤军和北伐军，最后不少人功成名就，分别成为中国现代军事史上国共阵营中的名角。

在粤籍将领中，李汉魂官阶不低。前期仕途却不太顺利，大大落后于许多军校同学。直到抗战军兴才官运亨通，连升几级，身兼数职，一跃而为南京方面的重臣，一领粤将之风骚，为他人所另眼相待。虚也实也，仅次于张发奎、薛岳、余汉谋三人。到蒋介石第三次下野，李宗仁代总统则把李汉魂升调为"总统府参军长"。尽管"参军长"职虚多实少，可职位之高，却非其他粤将所能比。正当他当官达到顶峰、仕途不断走红之际，却悄悄退出官场，与李宗仁一起远走美国。虽说为不得已而为之，可反映出比同行们棋高一着之处，为隐居后政治上新的追求打下了基础。

一、北伐老兵

李汉魂阅尽风云变幻，历经世事沧桑，到国民党当局失败退出大陆时，凭着跟蒋介石来往"善终不多"的教训，放弃了去台北的机会，也没有参加陈济棠、薛岳、余汉谋等负责的"防卫广东、固守海南"的顽抗行动，而是选择去了美国。这不失明智之处，使老人可以站在比较有利、超脱的地位上发展与大陆的关系，也可以随时与台湾当局取得联系。既没有陈济棠、薛岳、余汉谋的遗憾，他们三人虽贵为台湾当局的"国策顾问""战略顾问"，可无法了却叶落归根、人老回乡的心愿，自一别海南再也未回到广东老家，未到故土和当年驰骋过的战地一游。也没有张发奎、缪培南、邓龙光等人的遗憾，他们抱着对中共的成见和疑虑，不愿往来，寓居香港养老送终。

李汉魂在国共两党、中国两种前途决战时刻，没有陷沉为失败政权的殉葬品，也没有跟上中共的脚步。既没有像陈铭枢那样参加民主党派，走上社会主义道路，也没有像吴奇伟那样调转枪口，争取光明前途。而是避开国共两党的纷争，当上一个旁观者。

到美国后，李家生活并不富裕。为谋生存和发展，拿出流落海外中国人的看家本领：办餐厅。为办餐馆，将军夫人黄菊生女士变卖了大部积蓄，筹款八千美元，还差数千美元则靠向各方借贷，终于把餐馆办起来。饭店经营粤菜，位于纽约州怀特普市，取名"中华园餐馆"。该店经营有方，生意兴隆，收入颇丰，中后期家景大为好转。将军凭此收入，把儿女个个抚养成才。

经营饭馆之余，李将军写过三部作品。一本是1951年3月由香港力行出版社出版发行的《拉丁美洲游记》，该书记述了抗战结束后作者到拉丁美洲治病和游历的所见所闻。一本是《梦回集》，作者自己说该书回忆一些身历的旧闻，"以备大梦醒后，留下一痕迹，供有心人之探讨"。岂知1956年3月9日将军在家中，不幸失足从楼下摔下来，头部重伤，连续昏迷8天，抢救回来后身体状况大不如前，写书速度也随之减慢。另一本是日记，1974年9月，他的日记经整理后部分由香港《星岛晚报》发表，后来编为2集4册出版。

李将军虽然定居美国，身离祖国万里之遥，在太平洋彼岸忙于经营饭馆，可时刻关心着家乡的变化，关注着祖国的前进。对神州大地上的任何进步，都感到由衷的高兴。1965年7月，好友李宗仁和夫人郭德洁离美经瑞士、巴基斯坦回到大陆，对李汉魂触动很大，回祖国一游成为最大的心愿。1978年，他把餐馆转让他人后，利用有生之年，专心致力于两岸关系，把促成祖国统一当作自己应尽的义务。

老人时常奔走于有关各方之间，沟通信息，加深了解。多次飞赴香港会见旧友，与张发奎、陈克华等老同学忆旧说新。还飞赴台北，与蒋经国等军政要员会谈，为宣传大陆的新气象，国共两党增进了解，减少国民党对大陆的抵触、仇视情绪，做了一些工作，起过一些他人无法替代的作用。为增加祖国大陆的感染力和扩大故乡在海外同胞中的影响，做过一些工作。将军身居海外几十年，可以说是人在异国，魂系中华矣。

1982年5月29日，李将军和夫人吴菊芳、女儿李浈（美国霍普金斯大学副教授）、儿子李浩（美国东西方中心主任），应同乡、全国人大常委会副委员长廖承志的邀请，飞抵国门，进行阔别三十余年的首次访问。逗留祖国期间，遍访故旧亲戚，重游名胜古迹。除在北京、上海、广州等大城市游览外，还特意到抗战期间出任省主席时驻节过的韶关等地访问。一路游览，对祖国的巨大变化感叹不已，充注着新、旧中国见证人的感情。

中共中央主要领导人邓小平、叶剑英特意分别与李汉魂会面叙旧。过去战场上的对手、政争中的敌我、历史已经证明的胜利者与失败者，终于坐到一起议论国是、共图统一良策，成为国共两党第三次合作、海峡两岸代表坐下来谈判的一个榜样。会见邓、叶两领袖，是李汉魂多年来第一次与中共领导人长谈。双方推心置腹，无话不说。当年在战场上统帅百万大军、南北横扫、叱咤风云的邓小平、叶剑英两将军，没有忘记李汉魂将军在抗战中抗击日寇的业绩，更是赞扬将军近年来对两岸关系、祖国统一所持的立场和所做的努力。李将军对实行第三次国共合作和完成祖国统一大业中中共方面的积极态度，对中共方面采取的符合台湾实际的政策措施，有了更直接、更进一步的了解。老人的大陆之行，是晚年最重要的一次政治行动。至此将军登上中国政治、军事舞台已经七十年。七十年前告别母亲、离开家乡、走向社会时还是一个十七岁的少年。

李汉魂先生，字伯豪，号南华，1895年11月23日出生于广东省吴川县岭头村。家景一般，在本村属中上等水平。祖辈在经营耕种土地之外，也有读书做官之望，有意供子女识字念书，以图有个锦绣前程。李汉魂的父亲是个读书人，书读得不少可不走运，两次参加科举考试均名落孙山。官未当成，却毁了身体，中年早逝，剩下妻室和三个儿子。夫人知书达礼，立志把儿子抚养成才。1911年秋，把大儿子汉魂送到省城广州，进入广东大学专门部法科学习。可只因家境中落，开支无以为继，只得休学而去。在广州期间经友人介绍，加入同盟会。1912年春天考入黄埔陆军小学第六期。

报考军校，习武从军在清末民初，在半殖民地半封建的旧中国，可是个时髦之举，多少年轻人心向神往。究其原因，只为旧中国经济停滞不前、工商业不发达、科技教育文化落后，唯有"军人政治"异常发达，中央有军阀争夺，地方有军阀割据。有军阀就会有军队，军队畸形扩大，青年从军机会优于其他行业，这是一。二是有军阀就会有战争，混战连年不断，在战争中军人升迁的机会优于其他行业，谁都想成为其中的幸运者。三是不少军阀都以"救世主"的面目出现，打着"救国救民"的旗号，软硬兼施逼迫无数纯真青年前往卖命。

黑暗的社会、好战的军阀、贫困的生活、频繁的作战，使得走上从军路的青年十有九亡，成功者寥寥无几。而这个"少数"则使"军人"成为吸引人的职业。许多青年走上习武从军之路。李汉魂报考军校无非也是赶此潮流矣。

黄埔陆小在当时是个小有名气的低级军校。第六期总共一百二十人，均为广东籍，同学中以后成为粤中名将的就有张发奎、叶挺、缪培南等人。六期生在校三年，主要是学习简单的军事常识和文化知识。李汉魂受家庭的影响，把学习看得较重。再加上幼年识字，进过县立高等小学和专科攻读，基础较好，故在陆小三年中，学习成绩一直名列前茅。到1914年冬毕业时，综合成绩是本届第二名。

离开黄埔陆小，升入武昌陆军第二预备学校。第二预校的前身是陆军第三中学。当初清朝创办陆军中学共有四所，分别设在清河、成都、武昌和南京。到"二次革命"后，袁世凯下令将南京四中裁撤，成都二中并未建校，清河一中和武昌二中分别改为第一、二陆军预校。黄埔陆小来的学生被编为预校第二期。二期在预校学习期限为两年，内容与陆小差不多，层次要高一些。

在第二预备学校学习期间，二十岁的李汉魂涉世已经数年，开始用自己的眼光观察社会，寻找自己的位置。终于写成第一篇长篇小说《雪梅影》，由报纸连载发表。《雪梅影》虽说是谈侠士之风，可不难看出作者的文采和才华。处女作的发表，并没有使李汉魂走上文学创作之路。他的选择是有道理的，如当文学家，充其量不过是个二三流作家；而当军人，却成为一代名将。武昌学习时，留下终身遗憾之事，这就是他自己掏耳朵时不慎碰伤耳道，致使感染发炎，医治无效，听觉丧失大半。就这样一位耳背重听的军人，最后靠付出比他人更多的代价才成为人上人。

1916年冬，第二期生期满毕业。根据陆军部的规定，预校毕业生全部升入保定军官学校。进校前半年是编入"入伍生总队"受训，1917年夏正式开始军校学习，李汉魂编在六期步科10连。六期学生中成大事者不少，如有北伐军政治部主任邓演达将军、新四军军长叶挺、国民党代理国防部长和参谋总长顾祝同、第7战区司令长官余汉谋以及集团军总司令缪培南、邓龙光、叶肇、黄琪翔等。值得一提的是，和第六期一样，军校的前五期均出过不少名将。这所清政府创办、北洋政府续办、国民政府改办的军校，出过的高级将领之多，实属少见。

出现以上情形不足为怪，一方面，当时中国军队正在由封建旧军队向新式军队转变，各支军队均需要大批具有现代军事知识和军事管理知识的人才，保定军校的学生则为军事各方所看重。另一方面，保定军校作为当时唯一的全国性初级军官学校，学生管理严格，训练过硬，执教人员大部是留学归来的军人和聘请的外籍教官，教学质量堪称上乘。军校培养出来的毕业生确实在军事理论、军事实践、军事研究上都有一定的基础，就这样保定军校以培养出众多的军事人才而确立了在中国现代军事史上的地位。1919年2月，六期生毕业离校，李汉魂开始步入军界。

李汉魂是粤中之人，出名也出在粤军，可最初的军旅生涯却在北方开始。还在军校就读时，成绩优异的李汉魂已被晋军头目阎锡山所看中，邀请到山西任职。先在基层见习，后去负责编辑军中刊物。时间一长，这位南方人士在无法习惯的北方生活习惯中间病倒，1920年告病返乡，病体恢复后前往粤军任职。

时值孙中山在上海主持"讨桂战争"，命令陈炯明、许崇智指挥粤军和湘、赣、滇军各部进军广东，驱逐旧桂系陆荣廷、莫荣新部。1920年11月28日，孙中山凯旋广州，重建军政府，再度部署护法北伐战事。粤军则是护法北伐的主力。

李汉魂在粤军里，晋升缓慢，并不引人注目。虽说也有老同学的关照，可低级军官的地位无多大改观，先后仅任连长、兵站分站长等职。1922年初，孙中山去桂林组织"北伐大本营"，出兵进攻北洋军阀部署在南方几省的军队。李汉魂跟往广西，担任大本营兵站守备营营附，一年后转任大本营少校秘书及军需处处员。为摆脱四年来一直在后勤部门和机关担任微不足道的低级职务的局面，经朋友介绍，返回广东四会，担任粤军第3师6旅司令部少校副官，开始进入野战部队，可仕途上停滞不前的状态依然如故，进展不大，先后任过中校参谋、中校营长。

1925年8月，国民革命建军时，粤军被编为第4军，李汉魂出任军部中校教官，负责集训士兵。1926年7月，北伐军开赴战场，转任第4军第12师参谋处长。此时陆军小学、保定军校的不少老同学已经大步领先，张发奎为第12师师长、顾祝同为第3师副师长、叶挺为先锋独立团团长。可李手中仍无指挥一兵一卒之实权，仅是一位听差幕僚而已。他之所以位居中下游，落后他人，原因不外乎是：频繁调动，缺乏基础；身附耳疾，为军中所轻视。也就是说如要成功，需要比他人做出更大的努力。

北伐开始后，第4军在中共发动、组织起来的人民大众支持下，一路先锋，一路胜仗。尤其是在北伐前期的硬仗攻克汀泗桥、贺胜桥之战中，官兵不怕牺牲，前赴后继，作战异常勇敢。按照1926年8月23日羊楼司最高军事会议的安排，李汉魂所在的第12师和第10师陈铭枢部，作战方向是沿崇阳、通山方向包抄汀泗桥，与从蒲圻方面进攻的第7军李宗仁部、第8军唐生智和嘉鱼方面进攻的何键、刘兴部配合作战。汀泗桥与贺胜桥为粤汉路鄂湘段间两大著名铁桥。前者位于长江南岸，地势险要，三面环水，一面为山，仅铁路一线穿过。桥边是深河，桥东是山坡，易守难攻，为兵家必争之地。北洋军阀头目吴佩孚在此布有重兵，并亲率司令部在北边不远的贺胜桥指挥。8月27日，北伐军各部击溃对手，吴佩孚闻讯后大怒，为督战当场接连砍下9个营团旅长的首级，执法队对逃兵也格杀勿论。军法从事只能增加士兵的无故伤亡，挡不住北伐军的进攻。第12师一马当先，占领汀泗桥，同日进驻咸宁。紧接两军又在贺胜桥相遇，北伐军的主攻部队还是第12师、10师和第7军的两个旅，最后以全胜收兵。经过"二桥之战"，第4军获得"铁军"称号。在以上作战过程中，李汉魂身为参谋处长，尽职尽守，为保证作战的正常进行，制订作战计划出力甚多，在实战中显示出军事指挥才华。

"二桥之战"，吴佩孚损兵十万，第4军和第7军乘胜追击，兵临武昌城下。前后三次攻城时，第4军的第12、10师负责忠孝门、宾阳门、通湘门方面的进攻。作战不顺利，三次攻城均由于缺乏合适攻城器械、敌军火力太猛而失利。直到9月7日，在友军的配合下，第12、4师及第7军终于攻下汉阳、汉口。之后第7军离开武汉，转向江西战场。第4军留在武汉继续围困武昌城内的残敌。1926年9月19日和21日，蒋介石亲自指挥的南昌战役两度失利，就把第4军从湖北急调江西增援。9月28日，第12师到达德安前线，10月4日在马回岭击溃孙传芳的马登瀛旅，又与贺耀祖的独立第1师一起连下九江城，江西底定，因作战有功的第4军扩编为两个军，第10师编为第11军，军长陈铭枢（不久辞职而去）；第12师沿用第4军番号，张发奎出任军长。经过一系列战火洗礼的李汉魂升为第4军军官教导队上校队长，时隔不久兼任第25师参谋长。该师师长和副师长是他保定军校就读时的同期同学朱晖日和叶挺。

1927年初，原为第8军军长的唐生智出任北伐军西路军总指挥，任务是巩固武汉一线的阵地和北攻河南。因兵力不足，招来第4、11军援助。此后京沪方面北伐胜利，3月26日进入南京城，从此蒋介石以南京、上海为基地，开始反共时期。第4军这样一支革命的武装，在三民主义和三大政策的感召下，接受中国共产党人的帮助，英勇善战，功绩非其他各军所能比。可在"四一二反革命政变"后不久，不可避免地堕落为新军阀混战的参与者。李汉魂也结束了自1920年参加护法北伐以来的进步时期，奔走于军阀混战的战场。

二、"倒蒋""拥蒋"

"宁汉分裂"前后，唐生智部准备在"东征讨蒋"前，先解决河南战场。1927年4月29日，唐生智率部出发，第4、11两军编在其列。此时从平津南下的奉军连下郑州、开封、许昌诸城，对武汉形成巨大威胁。唐生智为解此急，命令编为右路军的第4、11两军率先北上阻击。右路军的25师等部经汝南、上蔡进攻中原名城开封、归德，5月21日在上蔡、周口间大胜奉军，俘虏奉军第11军军长富双英。29日占领许昌，6月1日占领开封，同日唐生智和由陕入豫的冯玉祥会师郑州城，黄河南岸均为武汉方面所占领。

作战中，李汉魂在第25师参谋长任内，在实战中尽管有耳背之疾，可调兵遣将、进攻防御、作战后勤都颇有主见，办得井井有条，令昔日同窗刮目相看。终被张发奎军长任命为第12师36团上校团长，开始带兵作战。当团长没几天，又升任张发奎的第2方面军第4军黄琪翔部的第25师师长。至此军校毕业已八年的他，开始步入国民党军界高级将领的行列。美中不足的是，当上师长后又进入仕途上第二个停滞不前的时期，师长一当就是近十年。

武汉方面北伐中原之际，"宁汉之争"愈演愈烈，南京方面蒋介石另组政府，篡夺国民党的最高统治权；武汉方面国民政府、中央党部则开除蒋介石的党籍、撤销蒋介石的总司令职务。为惩办蒋介石的背叛行为，武汉方面于6月15日任命唐生智为第4集团军总司令，东征讨伐蒋介石，下辖第1、2两个方面军，张发奎为第2方面军总指挥，编有第11军和暂编20军。26日各部开往九江集结，1个月后第20军和11军进驻南昌城。

此时挂着革命招牌的汪精卫和张发奎已经决定与蒋介石合作，在第2方面军内"清党反共"，诱捕20军军长贺龙和11军副军长叶挺等中共党员。为保存当年铁军中的中共力量，8月1日在中共前委的领导下，南昌市警察局长朱德及贺、叶将军率部起义，打响推翻国民党蒋介石统治的第一枪。起义的枪声，惊动了正忙于在"宁汉合流"中争权夺利的蒋、汪两派，急忙派出重兵"围剿"南昌义军。张发奎见内部起火，部下投奔革命，首先扑向义军。根据"反共"军事安排，李汉魂的第25师已被中共方面拉走大部，急忙扩编后迅速开往惠州，阻击准备南撤东江的起义部队。后来起义部队放弃南下东江与海陆丰农民运动结合计划，经长汀、大埔一线转往潮汕地区。至此由第4军发展起来的各部及李汉魂本人同国民革命的因缘就此结束。

南昌起义，使得张发奎的实力大减。在实力为上的国民党军阀里，几年生聚，几年扩充，利用北伐膨胀起来的张发奎，一朝落得人枪俱损，无力再与其他军阀一争高低。为图谋发展，东山再起，张发奎抓紧时机，借"追剿"起义军为名，马不停蹄，带着第4军各部赶回广州，第25师已驻扎惠州。广州城里，第8路军总指挥李济深因兵力全部开到潮汕地区同红军作战，只得把第4军请进广州城。为牵制怀有野心、准备在广州二度再起的张发奎，李济深恢复在南昌起义中被拉走的第11军的番号，请回与张素来不和的陈铭枢出任军长。这时在"宁汉合流"中被蒋介石、胡汉民排挤出来的汪精卫返回广州，勾结张发奎，张以汪为政治大旗，汪以张为军事支柱。11月16日，两人发动"政变"，赶走李济深和正在广州城主沉浮的新桂系黄绍竑部，打出"反对（主导'宁汉合流'的）南京中央特委会"的旗号。李汉魂在此过程中一直是个骨干。

就在第4军与新桂系在广州市郊争吵不休、城内兵力空虚之际，在中共广东省委领导下，第4军军官教导团团长叶剑英率部参加了广州起义。张发奎和第4

军军长黄琪翔等人仓皇逃出广州。镇压完广州起义，张发奎等人因驱逐桂系、赶走李济深、引发广州起义一事，被撤职查办。粤军中另一支陈济棠部挤走第4军后取而代之，开始称雄于广东。南京方面任命缪培南继任第4军军长，新任军长也是李汉魂的保定军校同期学友。第25师保持原建制。张发奎、李汉魂第一次反对南京政府、图谋独霸广东的行动就此结束。

1928年4月，蒋介石的"二次北伐"揭开战幕后，李汉魂深感听力不灵实在不利于军事指挥，请假离职远去日本治疗耳疾，以期恢复听力。在日本四个月，治疗进展不大。治病期间，不舍动笔之好，写下《东游散记》一书。回国时，蒋介石的"北伐"大业告成，开始编遣部队，第4军改为陆军第4师，由缪培南、朱晖日出任正、副师长，李汉魂出任参谋长。

蒋介石的编遣，对各家军阀来说，不啻是闷头一棒，就是要在北伐发展起来的各地方军阀服从中央军阀蒋介石的旨意，削减军队，斩断实力派尾大不掉之势。首先倚仗实力，武力对抗蒋介石吞并杂牌、消灭异己的编遣决策的是新桂系。1929年3月，桂系首次公开"倒蒋"，蒋介石敬请张发奎出任第4师师长兼第1路讨桂军右翼军司令官，李汉魂为副师长，率部开往宜昌、长沙市一带，对南则对桂军形成包围之势，对北则警告正在准备"倒蒋"的冯玉祥不要染指武汉。

第4师留鄂半年，趁机暗中发展实力，1个师编制和士兵要比1个军还多。蒋介石已经觉察到第4师的异况，准备将第4师调驻千里之外的江苏海州，在部队到达武汉时对全师实行武力缴械，给张发奎、李汉魂来个突然袭击。张、李早已知悉，抢在蒋下手前，把前来接防的曹万顺师全部缴械，"通电响应"汪精卫改组派"护党救国"的号召，要求取消蒋介石一手控制、单方面召开的国民党第三次全国代表大会，把国民党内蒋介石独裁改为蒋介石、汪精卫、胡汉民、西山会议派等"四派分赃"。同时宣布恢复第4军番号，率部离开鄂省，开往当时"护党救国"的中心广西。蒋介石原想整垮张发奎、李汉魂部，想不到反被第4军弄得措手不及，急令刘峙率领中央军、湘军、川军一部堵截第4军。年底把第4军打得逃无去处，只得于1930年初投靠广西方面。

到达桂境时，广西政局正发生动荡。主持桂省政的俞作柏、李明瑞等人因于1929年9月27日就任"护党救国军"指挥官职，被南京方面免去本兼各职。在善后中，蒋介石的高压措施得罪了广西各界人士。在首次"倒蒋"失败后逃到香港、越南等地的李宗仁、白崇禧、黄绍竑利用这种不满情绪，潜回南宁复辟成功。李为"护党救国军总司令"、黄为"副总兼省主席"、白为"前敌总指挥"。张发奎被编为第3路军，下辖两个师，邓龙光为第12师师长，李汉魂为第4师师长。联军的第一个行动，就是进攻广东，李宗仁、白崇禧则是报"蒋桂战争"中被粤方陈济棠出卖之仇，张发奎、李汉魂则是解"驱桂政变"时被陈济棠赶出广州之恨。

桂军循西江攻佛山，张部经四会取花会，再与桂军会攻广州。张发奎部在羊城北边被击溃，李汉魂师损失惨重。部队元气大伤，军不成军，且又寄人篱下，发展扩军均受影响，只有缩编。第4军缩编为第12师，张发奎屈就师长，邓光龙为参谋长，李汉魂出任副师长。对蒋对粤两次军事上的失利，并未使张发奎、李汉魂丧失信心，更大的"倒蒋行动"还在后头。

"中原大战"打响后，南京方面和"倒蒋派"双方倾全力投入战场，以决一雌雄，南北"倒蒋"军事战场相互呼应，中国现代史上最大的一次"倒蒋大联合"兴旺一时。广西"桂张联军"同北方的冯玉祥、阎锡山遥相呼应，出兵湖南，准备饮马长江，与京汉线北段的冯玉祥部会师武汉。

李、白桂军和张发奎、李汉魂部挥兵北上时，再次遭到粤军的暗算。陈济棠派出蔡廷锴、蒋光鼐的第60、61、63师尾随桂张联军而来。当1930年6月8日，"桂张联军"连战皆捷，离开岳阳、跨入鄂境，就在武汉指日可下之际，粤军3个师突陷衡阳，腰斩"桂张联军"与后方的联系，"桂张联军"功败垂成，匆忙退兵广西。途中又遇粤军、湘军、中央军三路伏击，损失之惨重非以前失败所能比。粤军陈济棠再次趁火打劫，深入桂边，占领桂东大片土地。李宗仁、白崇禧率残部退守桂西，处境维艰。第4军的失败，使得张发奎一筹莫展，只得于7月"通电辞职下野"而去，李汉魂、邓龙光也隐居香港，部队交给薛岳整编为第10师。五年间李汉魂跟着张发奎东奔西跑，最后落得如此下场，大败之际，败则思变，他准备重新设计自己的政治蓝图。

1931年3月，广州"非常会议"开始酝酿。在北方"军事倒蒋"处于低潮后，广东军阀陈济棠联合胡汉民、汪精卫、西山会议派等政治势力，并与桂系李宗仁、白崇禧握手言欢，共商"倒蒋大计"，形成现代史上又一次"倒蒋大联合"。为增强"倒蒋阵容"，陈济棠请出各界"倒蒋隐士"，像李汉魂那样知名度较高的政军界人士更在邀请之列。李汉魂已闲居香港近一年，现复出机会难逢。大的来讲,"倒蒋"可报昔日数败之仇,小的来讲,自己又可出头露面,完全符合自己的政治设计,故分外热心,闻讯后立即赶到广州,就任"国民政府中将军事参议"和由粤军组成的"第1集团军总司令部中将总参议"。四年前随张发奎脱离粤系、别树一帜的李汉魂终为粤军所接受,在"倒蒋"的大旗下携手合作。

李汉魂当上"总参议"后,主要干过的一件大事是代表"倒蒋一方"北上会见驻军顺德的石友三,劝说石举旗倒蒋,出任广州方面的"第5集团军总司令"。通过李卓有成效的劝说,1931年7月18日石友三宣誓就职,向附近的东北军防地发动进攻,以配合南方的"倒蒋行动"。岂知石友三远离广州,举目无援,六万大军在保定被东北军和中央军刘峙部一举全歼,石幸免于难。李汉魂的使命以成功始、以失败终,白白送掉六万大军,差点赔上"第5集团军总司令"本人。

"倒蒋闹剧"越闹越大,"粤桂联军"正要同中央军大动干戈之际,"九一八事变"发生,双方不得不坐下来谈判,以面对国土沦丧、日寇打进家门、人民大众不允许国民党政府上层争吵不休的现实。因分赃不均,两广方面宣布成立"西南执行部和西南政务员会",一直和南京方面处于对立状态。在"半割据"的广东,李汉魂深为陈济棠信任。1931年底出任粤省西北区绥靖委员,1932年7月兼任广东独立第3师师长。

李汉魂文武兼备,又善看书,还算开明,任内军务政务、民情风情,无一不躬亲定夺,和当时的官僚、军阀比起来,确有高出一筹之处。任内驻节韶关期间,城郊六朝古刹南华寺已残破不堪。此寺为佛教圣地,是禅宗六祖惠能大师宣讲"直指人心,见性成佛"的顿悟法门之地。李师长对佛教本有好感,经常与寺内住持虚云法师讨论佛教教义。见千年风雨吹蚀了这座古老建筑,便利用自己的权力协助虚云修复寺庙,并在寺内祖殿前题联,"衣钵真传,明心见性;菩提无树,落叶归根"。把禅宗的变迁、寺庙的名声、慧能的思想巧妙地结合到一起,堪称上乘之作。

驻节韶关期间所干的另一件大事,就是参加国民党军队对中央苏区的历次"围剿",与余汉谋、香翰屏等部一起,在"围剿军"南路总司令陈济棠的指挥下,多次进攻中央革命根据地的南大门。李汉魂和其他粤军在反共作战中并未占到什么便宜,再加上与蒋介石的矛盾没有解决,为保存实力,在同红军作战时,尤其是红军长征突围时,李汉魂的独3师和粤军各部的进攻和阻击,仅是表现给蒋介石看的，仅是应付南京方面的"剿共"命令，并没有倾其全力与红军决一死战。

1935年1月，独立第3师改编为陆军第2军第6师，李汉魂仍为师长兼广东省东区绥靖委员，驻汕头，管辖20余县市。潮汕平原为广东的富庶之地，捐税收入直接影响到陈济棠在广东的割据。李汉魂不孚"陈"望，忠于职守，管辖范围成为陈济棠最放心的地区。

如果说在政务、在统治人民上李汉魂颇有计谋的话，但在外交方面与南京、广州方面的要员们一样，都有"恐日病"。1935年1月和次年1月，汕头发生日本商人拒交米税案、日本警察角田死于非命事件。日本方面篡改事实，隐瞒真相，谈判时又胡搅蛮缠，武力要挟。中国方面本应理直气壮，据理力争，为维护国家主权和民族利益而抗争。遗憾的是，这位师长在解决事件的过程中，一再妥协退让。虽说两广和南京中央政府一直在分庭抗礼，可在对日外交上吹的却是一个调，受损害的只是中国人民的权利。

1936年对李汉魂来说是至关重要。在此以前，先是投靠桂系，后又回到粤军，几乎跟蒋介石没有什么来往。要说有来往和恩怨的话，那就是跟着张发奎数次"倒蒋"。在此以后，李汉魂不顾粤桂方面陈济棠的压力，再次叛粤而去。此次不是别树一帜，而是倒向蒋介石一方，成为蒋介石在粤军中的一位亲信。蒋介石一再提拔李汉魂，李将军仕途上进入突飞猛进的时期。

1936年1月，李汉魂被南京方面授衔中将，5月间终于从师长升为副军长，出任第2军副军长。5月12日，国民党元老、中常会主席胡汉民因脑溢血突然去世，此事成为粤系军阀彻底垮台的起因。事情还得从上年11月说起，国民党四届六中全会开幕时，中政会主席、行政院长汪精卫遇刺受伤去职，汪走为"蒋、胡合作"提供了条件。自蒋介石上台，对胡、汪两人从来是拉一打一，从没有三人携手合作过。汪、胡两人虽为粤中同乡，可在国民党官场上近十年是你死我活、势不两立。蒋介石坐镇南京时，不是胡来汪去，就是汪来胡去。现汪一走，蒋汪五年来的合作到此结束，胡汉民从欧洲匆匆回国，准备实现蒋胡合作的新政治格局。1935年12月，国民党五届一中全会召开，推选胡汉民为中常会主席，这是蒋为迎胡作出的高姿态。

就在蒋胡讨价还价结束，蜜月开始前夕，因下棋时受刺激而引发脑溢血，胡汉民作古。蒋介石见胡已去，已经对抗五年之久的两广失去政治重心，下决心降服两广。借吊唁、治丧为名，派出"立法院"院长孙科，司法院长居正，中政会委员王宠惠、许崇智等大员赶到广州，敦促陈济棠、李宗仁取消"半独立半割据状态"。陈、李临危反抗，再度公开打出"倒蒋"旗号。

无奈此时已不同往日，五年来蒋介石对粤中将领做过不少手脚，收买、拉拢、分化今天有了结果，广东陆海空将领大部"投蒋"而去，陈济棠成为孤家寡人。继7月4日和6日粤系的空军、大部分中央委员北飞南京效忠后，李汉魂于7月7日致电陈济棠宣布辞去本兼各职，电称："诚以国难已深，天良未泯，既不忍目睹钧座躬滔不义，更不背钧座而别有良图。……职救国有心，回天无力，谬膺疆寄，心窍耻之，用是挂印封金，拜还大命。呕心沥血，敬尽忠言。"并劝喻陈济棠"察纳愚诚，幡然变计，目标只在抗日，领导仍仰中央……统筹大计，中央自有权衡，当不因一着以误大局"。另外还致电其他粤将，要他们阻止陈济棠的内战计划，服从南京蒋介石的领导。在给第2军军长张达的电报中，则干脆要张对陈济棠实行"兵谏"。李汉魂对蒋对陈均有不满之处，两害相权取其轻，"联蒋叛陈"则有助于避免内战增强国力，而"联陈倒蒋"的结果则为有助于军阀割据矣。李汉魂取前者，为防不测，当日悄然乘船赴港，与家人会合后隐居九龙。陈济棠想不到，李汉魂竟会"首电反叛"，动摇军心，为报一箭之仇，秘密派出数十名杀手到香港活动，伺机对李下毒手。

李汉魂的行动深受南京方面的赏识。1936年7月9日，何应钦、朱培德等将领联名致电李称："两粤袍泽忠贞爱国之精神，素不后人；今得我兄倡导于先，则忠贞之士，必有继起，而作同声之应者矣。"随后文官长魏怀、中央代表孙科等分别致电李汉魂称颂一番。李汉魂的所为，在粤系人士中产生很大的分化作用，"投蒋叛陈之风"迅速蔓延，陈济棠经营多年的地盘就此丧失。

陈济棠见大势已去，7月18日接受蒋介石指定的广东绥靖公署上将主任余汉谋的最后通牒，离开广州去香港。20日蒋介石再指定李汉魂官复原职。南京城里的蒋介石对此次"倒陈"速度之快、进展之顺感到满意，当然不会忘记李汉魂的所作所为。24日广州行营参谋长陈诚给李汉魂转来蒋介石的嘉奖电，并邀请李前往广州会面。陈、李会谈时，陈诚又转交了蒋介石的亲笔信，信中要李汉魂以副军长身份兼任第6师师长，稳定军心，稳住广东政局。就这样李汉魂完成了由"倒蒋到拥蒋"的转变，以出卖陈济棠为见面礼，开始和蒋介石来往。李汉魂曾谈到此次"叛陈"说："职此次愚莽之举，纯出于爱国爱民之至诚，受良心血性之所驱使。事前绝未对任何方面有所接洽，事后亦非对任何方面有所企图。国难亟矣，我身安寄？"且不说将军所言之虚实，可蒋确是利用此事件而趁机收回广东控制权，李汉魂也以他在事变过程中所起的关键作用而受到蒋介石的欢迎。

三、抗日名将

　　1937年7月7日，抗日烽火开始燃遍全国。由粤军组成的第4路军改编为第12集团军，余汉谋为总司令，李汉魂出任第64军军长兼由陆6师改编而来的第155师师长。"八一三抗战"起，李汉魂一再上书，请缨北上淞沪参战。1938年5月，蒋介石电令李汉魂亲率两个师增援武汉，参加保卫战。5月10日，李汉魂飞抵武汉，立即受到蒋介石和军委会政治部长陈诚的接见，不免受到一番鼓励。军务之余，还亲自前往会晤自己反对数年、武力对阵多次、挖墙脚促其倒台的李济深和陈济棠等人。

　　第64军受命调往河南归德，编入程潜统率的第1战区，组织武汉北面防线，堵截敌人沿京汉线南下。刚到前线就投入作战。1938年5月19日，日寇第14师团土肥原部已兵指中原陇海线，中国方面以薛岳为第1兵团总司令，派出四个军编成三路阻击，李汉魂部为左翼军，与日寇在兰封、内黄一线争夺。在他和侵略者的第一次交锋中，只因蒋介石中原实行战略撤退、借助黄河之水阻挡日军的决心已下，整个战场缺少配合，李汉魂的第64军和其余中国军队无法取胜，只得且战且退。6月6日开封失守，郑州告急，9日国民党军新编第8师蒋在珍部在黄河花园口实施决堤。黄河大水在使豫鲁皖苏4省人民遭受巨大损失后也暂时挡住了日寇的进攻，暂时解除武汉北边的威胁。

　　就在花园口决堤的同时，从前线退回京汉路西登封的李汉魂被提升为第29军团军团长，统率3个军6个师。由于第64军在豫中作战表现出色，一再受到国民党军政当局的关注，军政部长何应钦在汇报时特意提出表扬，李汉魂本人也被授予"华胄荣誉奖章"。豫中战场局面暂定，第29军团南调江西九江。7月29日，九江落入敌手，从九江城撤出的第29军团在马回岭伏击日军得手。仗后李将军被提升为第8集团军副总司令兼军团长。到10月下旬武汉保卫战结束，负责武汉会战中江北防务的第6战区司令长官薛岳特意给第64军送来锦旗，称这支来自当年北伐"铁军"家乡的部队为"铜军"。国民党政府主席林森也给这位同乡送来"忠勇无双"的锦旗，以赞扬作战尽力的李汉魂。

在大江南北征战半年余的第29军团，于1938年11月间奉命回粤。26日李将军应邀参加蒋介石主持的南岳军事会议，听取国民党军事当局对于二期抗战的部署。会后不久，李汉魂陆续接到一系列委任书：1938年12月23日为广东省政府主席兼民政厅长，1939年元旦为军管区司令，1月底为省保安司令，2月为建设厅长，3月是省党部主任委员，11月是第35集团军总司令，广东省的党政军大权集于将军一身，可谓是光宗耀祖，衣锦还乡。历来广东省凭着优越的地理位置和经济实力，在蒋管区内举足轻重，"省头"非一般人士所能担当。蒋介石让李汉魂出任此职，实因广东远离大后方，抗战任务很重，需要一位人才去主政。蒋介石为安定民心，实行"粤人治粤"，在粤中将领中间挑来挑去，最后听取白崇禧副总参谋长的意见，选中李汉魂。但对李又不放心，故又任命与李关系紧张的余汉谋出任第7战区司令长官，作战区域主要在广东省。以便让余、李二人互相牵制，分而治之。正如李汉魂事后说："主粤七年，受尽毁谤及闲气。"

在任期间，军事不属他管，政事也因抗战、辖区大部被日寇所占领而不忙，并无大事。政务之余，潜心于佛教，并在省府驻地韶关当年助修而成的南华寺内，拜投虚云为师，皈依佛门，成为佛家的弟子。信佛后又数次资助虚云扩建南华寺，并为藏经阁落成，捐出《碛砂藏》经典一部。

1944年上半年起，日军发动豫湘桂战役，至年底打通中国南北交通大动脉的战略目标实现，京广铁路落入日寇之手。粤北军情紧张，1945年1月韶关失守，广东省府被迫迁往龙川，在日寇的进逼下又迁平远。如果李汉魂在全省抗击日寇上显得无能为力的话，但他自己还是力所能及则尽力而为的。1944年10月，李汉魂兼任"广东省知识青年从军征集委员会主任委员"，在"一寸山河一寸血，十万青年十万军"的号召下，组织许多青年奔赴抗日前线。并且深明大义，以身作则，把三个儿子李焕、李敢、李斌送往青年军上阵。

1945年8月18日，国民政府主席蒋介石委任李汉魂为第3战区副司令长官，以前的所有任职至此已被撤销一干二净，手中已无一兵一将。蒋介石在日寇投降后的政治地理划分中，需要牢牢控制广东省。李汉魂现已坐镇家乡七年，蒋当然放心不下，远有陈炯明称霸，近有陈济棠割据，岂能再让李汉魂步其后尘。趁抗战胜利,调虎离山,以绝后患。事实上李汉魂确无什么割据之心,只是蒋介石的猜疑之心和官场权术在起作用矣。

四、勇退官场

李汉魂的"副司令长官"职任期不过数月,第3战区长官部很快撤销。1946年7月,调任衢州绥靖公署副主任,再次与不好合作的主任大员余汉谋合作。在内战战场上,衢州绥署虽说主要不是担任向解放军发动进攻的任务,但它负有向前线补充兵力、训练后备兵员的任务,为蒋介石的内战政策服务。由于不处前线作战,相对来讲军务轻松。再则余汉谋大事不放手,李汉魂小事又不干,军旅闲息,后者有更多的时间和精力动笔著书。年底写成《岳武穆年谱》和《遗迹考》两书,两书后来由商务印书馆出版,后来台湾商务印书馆再版。

李汉魂历经几十年的政治风雨,笑看国民党官场的内外变化,对蒋介石的名恩无泽、名仁不义领教不浅。见官场宦游来去匆忙,顿悟之下明白蒋介石已经不再需要他。蒋介石的宠臣,论"精"有准黄埔系的成员,如何应钦、陈诚、顾祝同、刘峙等人,占领国民党军事指挥中枢的几乎全部岗位;论"多"有黄埔系的成员,如胡宗南、杜聿明、关麟征、黄杰等人,已在抗战中崛起,担任国民党军队里的大部高级职务。地方实力派中出来的军事将领大都处于与李汉魂相似的地位,有职无权、徒有虚名不说,还要经常受黄埔门生的冷嘲热讽,被当成一批"官场乞丐"。再加上反共内战开战以来,国民党军队已经失去抗战时的活力,进攻解放区已一再受挫,损失巨大。各个战场的战果已经表明,内战没有前途,国民党将毁在蒋介石一手发动的内战战场。面临此情此景,李汉魂准备官场勇退。

1947年1月9日,李汉魂与妻儿、助手一起,在上海登上"戈登将军号"邮轮赴美,到纽约治疗耳病。经过手术治疗,听力大部恢复。8月又北飞加拿大,再赴西欧,游遍英、法、德等十三国后再赴纽约。年底李汉魂在家乡被选为行宪国民大会代表,夫人吴菊芳也被选为商业团体的同届代表,"夫妻俩代表"并未回国参加1948年3月召开的国民大会,而是继续在美国游历,先后落脚华盛顿、波士顿、纽约等地,完成《游欧散记》一书。从1948年9月起,又先后飞赴加拿大和拉丁美洲十二国游历,所见所闻,记在《拉丁美洲游记》一书中。此次美洲,西欧之行，使他在考虑退路时有了新的打算，计划把美国作为晚年的生活之地。

1949年1月20日，在安排好家属住处后李汉魂单独回国。在此前后国民党内出现政治大动荡，南京政府进行了由美国方面策划的"换马术"。面临失败危机，蒋介石内外交困，在一片责难声中把"总统"位置让给"副总统"李宗仁。昔日"倒蒋"旧友李宗仁主政，是李汉魂再进官场的大气候。李汉魂一下飞机，正逢蒋介石宣布第三次下野，行政院为此进行人事调整。对广东方面，决定余汉谋出任绥署主任，薛岳为省府主席，张发奎由海南行政长官职调升陆军总司令，遗缺由刚回国的李汉魂担任。

李汉魂没有答应，一是不愿再和余汉谋共事，二是当年在广西共"倒蒋"共患难的李宗仁，当今一主沉浮，对李汉魂已有他用。1949年2月15日，李汉魂从广州飞赴南京与代总统李宗仁会谈。3月6日接到代总统的委任状：特任李汉魂为总统府参军长。同时接到授衔通知书，晋升李汉魂为陆军上将。13日新任行政院长何应钦任命李汉魂为政务委员兼内政部长。就这样他登上仕途的顶峰，一时大权在握：参军长下管总统府军务、典礼、总务三局，成为总统处理军务的最高代表。内政部长下管的民政、内务外，还把社会部、地政部、卫生部编为司、署归其门下。当然以上权力都是象征性的，因为国民党当局已经处在逃亡时期，部长们整日奔波在南京、广州、重庆、成都的迁都路上，无公务、权力之言。李汉魂不过是空有其名罢了，对比之下，如此高的官职还没有当师长时的公务多。在十个月的任期内，只有一项公务自始至终，那就是如何撤退、如何搬家、如何处理编遣人员。

1949年9月18日，李汉魂求见蒋介石，表示即使在大陆覆灭，也不愿意去台湾。当即被蒋介石痛责一顿，此事实际上已经切断他赴台之路。10月25日，李汉魂以军事召集人的身份相约旧友、"华中剿共总指挥"白崇禧飞赴海南岛，与余汉谋、薛岳和海南行政长官陈济棠会见。名为商议琼岛守卫之事，实际上是另有他意，在粤中将领中，李汉魂屡受以上三人（尤其是余某）的窝囊气，被压制、挤兑多年，积下无数私怨。今日总算扬眉吐气，以"钦差大臣"的身份居高临下、指手画脚一番。至于军事战略、保卫海南之事，谁都清楚，败局已定，无力回天。所谓军事战略计划，一方面无非是官样文章，做给蒋介石看的；一方面陈济棠、余汉谋、薛岳等人和白崇禧暗中策划割据海南。李汉魂更是在海南防卫计划实施之前，早就一走了之。

对于国民党的前途和军事战场的胜负，李宗仁、李汉魂心里明白，彻底失败是唯一的结果。对于蒋介石把台湾作为东山再起的基地，二李心里清楚，过去数度"倒蒋"，现在又把蒋介石挤兑下台，蒋家父子严密控制下的台湾已无自己容身之地。紧随南京政府1949年10月12日由广州迁重庆，解放军第1野战军从川陕边、第2野战军从鄂川和黔川边直取国民党当局在大陆的最后一块地盘川康一带，二李一见，决定趁机经港赴美空中之路畅通之际，及早出走。

1949年11月9日，李汉魂把内政部务交给次长何彤后，飞往云南昆明，13日经广西柳州飞赴香港，16日致电"行政院长"阎锡山提出辞去全部职务。20日李宗仁从桂林飞来香港会合，26日宣布一同前往美国，27日登上泛美航空公司的班机由香港直飞美国西海岸。

大陆成行后两年，即1982年9月将军突然患脑溢血进入昏迷状态，经抢救后脱离危险，可已卧床不起。为解思乡之苦，于1983年9月，又让夫人和女儿再回大陆访问。1987年6月30日凌晨李汉魂将军病故，落土于纽约上洲墓地，终年九十三龄。

麦克阿瑟曾经说过："老兵不死，只是凋谢而已。"李汉魂将军这位北伐老兵、抗日名将，以特有的经历展示出旧中国旧军人复杂多变的生活之路。在战地黄花凋零之时，游子思恋故乡之情并未减少，拳拳爱国之心并未褪色。将军虽葬他乡，却也魂归中华。

蒋门之后

记蒋介石大儿子蒋经国

蒋经国到台湾时是四十岁,和其父在南京建立政权时的年龄一样。考察他到台湾后的表现,有个不可忽视的现实,即在国民党决策时的导向和领导作用越来越大,蒋介石到台湾后的每一项决策,几乎都有蒋经国的影子和因素。蒋介石病故后,蒋经国开始为时十三年"蒋家二代王朝",年老的他在晚年能够在政治上逐步开放,特别是所做的启动"宪政改革"和"解除戒严"、同意部分台湾同胞赴大陆探亲、结束"蒋家王朝"三件事,成为蒋经国最好的"向历史交代"。

一、童年幸福　留学苏联

1910年4月27日(农历三月十八日),蒋介石当时正在日本振武学校学习,长子蒋经国在浙江奉化县溪口镇出生。蒋经国的出生、血缘、身份,一直被人质疑,认为其不是蒋介石所生。事实上蒋家成员被质疑出生、血缘的还有蒋介石和蒋纬国,这只能说明蒋家的特殊和神秘。

住在溪口快乐

蒋经国成为祖母王采玉、母亲毛福梅的宝贝。尽管毛福梅在儿子两岁时就被丈夫抛弃,但蒋经国有着幸福的童年,一直在母亲和祖母的呵护下长大。对于母亲,蒋经国谈得很少,因为说到生母,容易使人想起蒋介石早年那段不太光彩的婚姻史。

1937年春,蒋经国从苏联回国后,曾用九个月左右的时间,在溪口温习和学习中国的传统文化、国民党的政治理论。在这期间,蒋经国努力弥补自己对母亲的不孝之处,带着从苏联带回来的娇妻、儿子孝文、女儿孝章整日陪伴着毛夫人。蒋经国到江西任职后,多次邀请母亲前往,最后因毛氏不愿离开家乡而没有成行,1939年11月2日,五十八岁的毛福梅女士死于日军飞机轰炸。

蒋经国闻讯大惊,星夜赶回,一进门就抱着母亲的遗体号啕大哭。安葬完毕后又在母亲遇难处立下一石碑,碑文是"先慈毛太夫人罹难处,以血还血,中华民国二十八年十二月二十四日经国泣书"(此碑一度立于溪口小学后门口,后移到蒋经国在溪口的住处原址院内)。回到江西后,又补开了一个规模空前的追悼大会,并把驻地赣州东门外的一座桥改名为"忠孝桥"以纪念死去的母亲。到台湾后在出任"行政院退辅会主任委员"期间，主持修筑横贯公路工作，特意把一座大桥定名为"慈母桥"，桥头建一"慈母亭"。旁边的《慈母亭记》写道："世间唯母心至慈，母爱至真，亦惟母性至为伟大，故易称坤德贞恒，诗美母仪之对善，慈母之于子女，长育顾复，恩斯勤斯，实有罔极难报之德也。"这里面有20多年来蒋经国对母亲的思念，也有他自己未尽孝心的悔恨。

对于祖母，蒋经国的印象很深。蒋经国曾特举出祖母生活中的三件事来教育部下。他所举的第一例是说："少年时，先祖母教我，长大以后'对人手心不要向上（讨东西）'，这句话一直记在我心里。"所举的第二例是说："记得我六岁的时候，农历新年到了。祖母拿出五升米，叫我等在门口，看到贫困的同胞过去，就给他们每人一碗。可是我并没有完全照搬祖母的吩咐去做，我对每一位贫困的同胞，不是给两碗，就是给三碗，很快就把五升米送完了。祖母看到五升米没有了，又拿出五升米，自然很快又光了，于是又继续再拿出来。……我的家乡，每年的夏天都很炎热。祖母每天亲自烧水泡茶，放在附近的路旁，供经过的挑夫和商旅饮用。"所举的第三例是说："当我六岁的时候，有一天祖母拿了铜板给我，要我用一个买酱油，另一个买醋。但是我出门时，不小心跌了一跤，铜板摔在地上，我忘记了哪个是买酱油，哪个是买醋，于是我又回去问祖母。祖母对我说，两个铜板都一样，没有差别。但是工商界的贷款就有差别了，买酱油的钱，不能拿去买醋。"此类事真假，没有必要去考证，但是说明蒋经国对关心他的祖母印象很深。

蒋介石给两个儿子起的名字是经国（乳名建丰）、纬国（乳名建镐），他似乎已经预见到自己的将来，故对儿子也抱有很大的期望，正像给丰儿、镐儿取名为"经国、纬国"一样，希望他们两人能够成为"经纬相辅、治国卫国"的人才。所以蒋介石虽然很少在家，可对儿子的学习盯得很紧，经常写信督促，要求较严。特别是对经国，除学习之外，还要他带好同父异母的弟弟。从保存下来的蒋介石的家书看，提到这一内容的还不少。蒋经国自己也有这方面的回忆，他说："记得在民国九年的时候，父亲就要我读《说文解字》。并说此书每日认得十字，则三年内必可读完，一生受用不尽矣。……到了第二年，又来信嘱我读《尔雅》。""父亲指示我读书，最主要的是四书，尤其是《孟子》，对于《曾文正公家书》，也甚为重视。"蒋经国还记得父亲还曾特意来信要他给弟弟订阅《儿童世界》《儿童画报》。1924年春夏之交，弟弟蒋纬国也来到上海求学。蒋介石早年大部分时间在外地，在家乡跟蒋经国接触的日子很少；即使蒋介石在家也是跟毛福梅闹别扭，蒋经国同父亲亲热不起来。蒋介石曾经说过："经国聪明，纬国可爱"，与蒋经国不同的是，蒋纬国在儿时则得到更多的父爱，父子间接触较多，还随蒋介石、陈洁如在广州共同生活过一段时间，以致早年蒋介石的"战友们"甚至不知道有蒋经国，只知道有蒋纬国。蒋经国直接得到父亲的庇护，是在从苏联回国以后。

蒋经国六岁时到武山学校读书，次年跟着当地名儒顾清廉、王欧声学习四书五经。顾老师对学生的评价是"天资虽不甚高，然颇好诵读"。喜好读书，喜欢翻阅小说，是蒋经国保持终生的生活习惯。

1921年，十二岁的蒋经国到十五年前其父就读过的奉化县城龙津学校求学，接受新式教育。蒋介石一直有意让经国到上海读书和增长见识，只是因为母亲王采玉、夫人毛福梅担心经国年幼远行会吃苦而没有成行。当年6月王采玉病逝、11月间毛福梅被休，蒋介石马上着手安排蒋经国的前途。1922年3月，蒋经国离开家乡，前往上海。此时，蒋介石已经成为上海滩和南方革命阵营中的名人。

蒋经国孤身一人，来到上海求学，成为万竹小学四年级学生。平时一人独立生活，姑丈竺芝珊、老师王欧声作为监护人有时也来照料一下。蒋介石在粤军和护法大本营多次辞职来上海时，顺便看望大儿子。缺少家庭照顾，学习、生活上的一切事均要自己去做，这对从小深受祖母和母亲双重照看、宠爱的经国来讲，是十分不习惯的。在这不习惯中，蒋经国开始长期的自己照顾自己的生活，从生活经历上讲，他要苦于、难于弟弟。他到上海两年后，弟弟蒋纬国也来到上海上学。

蒋经国进入万竹小学才正式系统地学习现代文化科学知识。蒋介石唯恐儿子在外不好好念书，特意给儿子予以一系列的"辅导"。他在一封信中说："每日早起，须要学草字一百个，楷书五十个，既要学像，又要学快。"在盛行毛笔的年代里，书法成为学习、交流的必要手段。蒋经国以后一手工整的楷书和具有相当水平的国画绘技，来源于自小开始的书法训练，此种训练只是在留苏的十二年间中断过。

蒋介石在另外一封信中告诫儿子说："现在时世，不懂英文，正如哑子一样，将来什么地方也走不通，什么事业也赶不上，你星期日有功夫的时候，可到商务印书馆去买一些英文小说杂志看看。你可以增长知识。"他还在信中总结道："须知今日学问,以中文、英文、算术三者为最重要,你只要能够精通这三者,自易渐长进了。"蒋经国英文、中文、算术学得都不算太好,但是作为外语的俄语却学得非常好。直到晚年蒋经国在接见说俄语的外国友人时,还能向翻译人员不断提供词汇、读音和词意。

在上海两年半后,蒋经国从万竹小学毕业,升入浦东中学,进入中学不过数月,轰轰烈烈的"五卅运动"在上海爆发。他在无人照管的情况下走进游行队伍,事后以"行为越轨"为名被开除学籍。为增加阅历,他远走北京,求学于蒋介石的好友兼师爷吴稚晖主办的海外补习学校。哥哥一走,弟弟纬国年龄幼小,独立生活不易,蒋介石只好让陈洁如把蒋纬国带往广州。

在吴稚晖的管教下,蒋经国长进不少,在不足两个月内,两人结下了被他俩及追随者称颂几十年的师生关系。在蒋经国的回忆里,吴稚晖成为他做人的师表、生活的楷模、学习的先生。被蒋经国及追随者称颂一辈子的吴稚晖,对经国并未做过什么惊天动地或值得大书特书的事情,按蒋经国的回忆,吴稚晖只做过四件事使他难以忘怀。

一是俩人结识之初,吴稚晖要经国把友人送的一辆人力车的拉杆锯掉,剩下的当靠椅,并解释此举说:"一个人有两条腿,自己可以走路,何必要别人拉?你坐在车上被人拉着走,岂不成了四条腿?"蒋经国听了以后非常感动。可能因为有"四条腿"的动物,他俩不坐人力车;可能因为没有"四个轮子"的动物,所以他俩后来就坐上了汽车。此外,毁一辆价值数十个"靠椅"的人力车变为"靠椅",两人又如何解释呢?

二是吴稚晖在蒋经国赴苏前夕劝说道:"革命就是造反,难道你不怕吗?革命不是这么简单吧,你再考虑一下吧!你去试试也好,青年人多尝试一次,还是好的。"这几句阴不阴阳不阳的话,竟然让"经国同志"感动了一辈子,真让人想不通。如果吴稚晖能掐会算,预料到经国去苏联凶多吉少,那就不应该纵容他去冒险,否则就是坑人;如果吴稚晖预料到经国去苏联是好事,那就应该明确支持他前往,否则同样是坑人。而吴稚晖用模棱两可的话加以搪塞,确切地说是他在拿蒋经国开玩笑、做试验!

三是蒋经国离苏联返国后,吴稚晖在看完蒋经国总结的"留苏十二年"的报告后说:"你所尝试过的,是人间最苦的味道;不过,你没有把命试掉,总算还好。"

吴稚晖的话是赞是嘲是褒是贬，只有蒋经国最清楚。如果此行对蒋经国来说不值得，那当年吴稚晖未坚决劝止他去苏，不是也应该负责吗？如果此行对蒋经国来说是值得的，那吴稚晖又为何不痛痛快快赞赏一番呢？

四是蒋经国在一篇文章中列举了吴稚晖对他说过的三句话，第一句话是说"要用好人"，第二句话是说"要交好友"，第三句话是说"要读好书"。此话无多大实际意义，"三好"的标准不明，何谈"三好"？从蒋经国谈到吴的文章来看，看不出吴从人生哲理、知识学问、官场经验等方面，对蒋经国有多广多精多深的教诲，要说他们的师生关系，恐怕更多的是捞取政治资本与逢场作戏。

前往苏联留学

1925年夏，作为广州国民政府总顾问的第三国际代表鲍罗廷在广州公开宣布，苏联方面决定成立孙逸仙大学，专门招收中国进步青年，培养革命干部。国民党为此成立了由胡汉民、汪精卫、谭延闿组成的赴苏留学选拔委员会。已经出任黄埔军校校长的蒋介石当即决定把长子送往苏联，一是向外界表示自己"联苏联共"的决心；二要让儿子付一点"学费"，接受现实的考验；三是蒋介石没有预料到自己会在不到两年就建立南京政府；四是蒋经国参加学生抗议运动，被北洋军阀当局扣押两星期，只有暂时离开北京。

1925年8月8日，蒋经国南下广州，蒋介石要他"立志出国深造"。留苏决定后，蒋经国立即离开广州北上，赶到溪口去见母亲毛福梅。研究蒋经国的专家江南是这样记述的："经国的鸿鹄之志，则是毛夫人所无法了解的，'革命'等新鲜词儿，几乎听厌了，革命使她丢了丈夫，现在恐怕又有失去独生子的危险。怎么解释，毛夫人也不懂，革命何以非到那个远在天边的地方不可。毛福梅流了无限眼泪，经国除了安慰，一样涕泪纵横。但是，改变是不可能的了。"蒋经国的同行的友人曾说：在赴海参崴的轮船上，有一天见小经国在独自饮泣，他说他很想念在溪口的母亲，母亲疼爱儿子，不愿他远走。

蒋经国到孙逸仙大学后，改名为尼古拉。为了政治上保护自己，蒋经国也为自己涂上一层又一层保护色。1927年4月，也就是蒋介石发动"四一二政变"时，尼古拉在"孙大"毕业。面对蒋介石叛变革命，支持中国革命的莫斯科市民群情激昂，纷纷声讨国民党右派的叛卖行径。蒋经国也词严义正地发表声明，向全世界宣布："他（蒋介石）是中国工人阶级的敌人，过去他是我的父亲、革命的好朋友，现在他是我的敌人。"

1928年夏，蒋经国到达列宁格勒，进入托尔马切军政学院学习，为期半年。毕业后出任列宁学院中国学生助理指导，带领学生前往高加索、乌克兰等地实习，回莫斯科后重病一场，病愈后到莫斯科第拉电厂工作。1929年初，因在一次政治学习时批评了深受共产国际领导人米夫、拉狄克信任，准备回国夺取中共领导权的王明，被共产国际流放到西伯利亚金矿和一家机器制造厂，进行劳动改造。

蒋经国后来的老部下和好朋友王升，记下了蒋经国去西伯利亚路上的经历："经国先生也讨过饭，他从莫斯科到西伯利亚的路上，那时已经很冷了，出发时他穿一身的厚衣服，可是路途遥远，为了吃饭，只得一路走一路卖衣服，用这些卖衣服的钱换取食物。开始他卖外套，然后卖上装，再后卖毛衣，越走越冷，可是越走衣服越少，到了最产只剩下一条裤子、一件衬衣，没有东西可卖啦！只有讨饭，讨饭的味道，他是深深了解到的。而最困难的就是吃不到一点有营养和有油水的东西。经国先生说有一回他发现一个餐馆后面的水沟上面有一层油，他就想法子把这层油刮起来，用个罐子装好，然后就找东西来烧，烧了以后，再吃这点'油水'。"蒋经国曾说"历史上很少像我这样苦的人"，指的就是离开莫斯科去西伯利亚的生活和经历。

在西伯利亚，蒋经国因身体不能担负重体力劳动，再加上他不断上诉，不久被派到莫斯科近郊的一所集体农庄，自食其力，成了"插队知青"，不久被选为村苏维埃副主席。1931年，日寇在中国发动"九一八事变"，占领东三省，斯大林更加担心日寇会沿着"满洲"铁路，西占赤塔和西伯利亚，东占伯力和海参崴，实施北进苏联的对外侵略扩张计划。中苏两国政府之间虽因"中东路事件、三江口之战、断绝外交关系"而处于对峙状态，但是斯大林准备与南京蒋介石政府协作，阻止日本实施北进计划。

要想恢复、保住与中国南京政府的联系，蒋经国是一颗颇有分量的棋子。1931年底，斯大林特意在克里姆林宫召见已被压制多年的蒋经国，询问了一些无关紧要的问题。这是经国与斯大林第一次见面，被会见者只是导师面前的一个小学生。苏联相关机构见斯大林会见了蒋经国，显然不能再让其待在农村了。1932

年10月，蒋经国返回莫斯科等候重新分配，1933年1月派往西伯利亚矿务公司，1933年10月出任斯弗罗夫斯克乌拉尔重型机械厂技师，1934年初升任副厂长，8月间因说话不慎又被警察监视4个月。

1935年1月13日，他在《真理报》上公开发表了痛斥蒋介石，颂扬苏联和社会主义成就、新型政治制度及人与人之间关系的《致母亲的信》，这封信的直接反应是苏方特工人员解除了对他的监视。

1935年3月，蒋经国与工厂女工、俄罗斯姑娘法因娜·伊帕季耶娃·瓦哈列娃（有人称她为"芬娜"）结婚。1936年9月，离开乌拉尔机械厂，"做了报馆主笔，那是一份和工厂有直接关系的报纸"。1937年3月，他继1927年秋、1928年初、1933年12月三次上书之后，又第四次上书斯大林，要求回国。此时，因"西安事变"和平解决，蒋介石与中共的关系由对抗转向合作，中共领导人周恩来等人表示愿意协助蒋介石安排蒋经国回国。周恩来的意见通过中共驻第三国际代表团及时转达斯大林。随着中国国内第二次国共合作即将形成，蒋介石与斯大林的关系也转向正常化，斯大林不再需要蒋经国这一"人质"，蒋经国回国成为可能。

在苏12年间，蒋经国无多大作为，可留下了终生难忘的印象。印象最深的莫过于他学到苏联共产党的全部基本理论和观点，为蒋经国批判革命理论提供了条件，在国民党蒋介石集团撤到台湾后，以蒋介石名义发表的《苏俄在中国》等反共理论书籍中，就能看到蒋经国是如何利用在苏联学到的理论和观点进行反共研究的。

留苏期间，蒋经国的政治权术得到高度发挥，对苏联社会的不同侧面，对苏共的基层组织及党支部的"战斗堡垒"作用，对如何实行对军队的政治领导和监督，对如何"为实现既定的政治、经济、军事、文化等目标去宣传、发动、组织群众"等，进行了深入的、详尽的了解。可以说，在一定程度上，以后在赣南和台湾的蒋经国所为，就是苏联方式的翻版，只是社会性质不同而已。

同样，蒋经国也经历了许多艰难困苦。特别是在1929—1931年间，曾有过睡车库、没人搭理及自行耕种的农村生活，有过在金矿每天淘金沙、挑柴炭和在机器制造厂背铁条、修马路、抬机器的重体力劳动，有过重病之中没有朋友来探望的伤感，有过被秘密警察监视的日子，也有过被王明等中共"左"倾分子批判的经历，当然也有过不少顺利的生活。正是在这特殊的环境中，蒋经国从十六岁长到二十八岁，度过了一生中最宝贵的青春时期。也是在那里找到爱情，夫人法因娜成为他的终身伴侣。

1937年3月，苏联驻中国大使登门拜访蒋经国，热情地说："您有十二年没回家了，您将要看到的中国，已经不是老的，而是新的。在最近的一年中，中国政府，在您的父亲领导之下，建设方面的进步，至少可以抵上过去三十年，这主要原因，就是战争停止了。"蒋经国终于得到了回国的正式通知。

二、溪口补习　赣南出名

3月25日从莫斯科坐火车、4月6日从海参崴乘轮船，18日在上海上岸后赶到杭州，前来迎接的除了国民党当局接待人员外，还有当年在广州分别时只有九岁的蒋纬国。蒋经国、法因娜和儿子艾伦一起登上开往上海的轮船。全家在蒋经国昔时度过三年的上海稍作停留后，即赶到武汉与蒋介石、宋美龄见面。蒋介石看到儿子、孙子和儿媳十分高兴，并为法因娜和长孙艾伦起了一个富有中国传统文化、忠孝思想色彩的名字蒋方良、蒋孝文。

推出赣南新政

1937年4月，蒋经国带着妻儿回到溪口。毛福梅见到儿子、儿媳和孙子时，只有高兴和眼泪。在母亲的坚持下，按照浙东北地区的习惯，蒋经国和蒋方良补办了婚礼。对于蒋经国，蒋介石的安排是，蒋经国温习中华民族文化，同时学习国民党的基本政治理论、政策和逐步积累官场经验，为下一步走进官场做准备。

5月22日，蒋介石在给蒋经国的信中，要其把"十余年来，每年每月个人生活之经过，可先作具体有系统之报告"，实际是对在苏联高喊革命口号的蒋经国进行政治审查。写《报告》涉及的头号难题是文字，蒋经国自己说："回到了国内，屈指自己算一算，能写的中国字，还不满一百个。"靠"不满一百个"汉字的功夫，是无论如何写不出留苏报告的。他的解决办法是，自己先用俄文写出来，然后请别人将流利的俄文译成高质量的中文，再送交蒋介石。在报告中，蒋经国没有回避自己在苏联的所作所为，没有把自己打扮成反共反苏的先知先觉，只是把主题选在自己"留俄十二年备受精神与体力折磨之种种经过",对儿子的汇报,蒋介石极为重视,据蒋经国自己说是:"父亲对此报告,批阅四次之多,曾嘱妥为保存。"蒋经国的报告,以后定名为《去国十二年》,仅在身边的少数亲信中传阅,之后就被有关机构"妥为保存"。

第一关一过,按照蒋介石的安排,蒋经国进入第二步即学习提高阶段。学习的内容主要是《曾文正公家书》《王阳明全集》《孙文学说》等历史、政治书籍和国民党的重要文件。蒋介石特意在信中指教他说:"你应将孙文学说看完两遍之后,即看三民主义中民族、民权与民生各讲之原书全文。""此时你应在家安心练习汉文,研究历史和哲学,使他日为国家与社会服务,不愧为蒋氏之子。"蒋介石的目的,是要把儿子被红色污染的头脑进行全面清洗,重新输入以反苏反共为终身职业所需要的立场、观点和方法,输入封建主义的忠孝思想、法西斯主义的专制思想,以及为蒋家掌握政权服务的各种思想。

蒋经国在政治学习的同时,加紧进行文化、中文学习。蒋介石对儿子在汉字方面的退化是十分不满的。曾在接到蒋经国《去国十二年》一稿后立即回信批评道:"旅俄报告请人不如自译,以自己不能著国文,反要请人来译国文,亦一耻事也。"以后,蒋经国在学习汉语上下过不少功夫,练毛笔字更是坚持数年,书法上大有长进。与书法相配合,后来他又特意拜名画家高逸鸿为师五年余,学习国画。

1938年1月4日,蒋介石的密友、江西省政府主席熊式辉发布命令,任命蒋经国为江西省保安处少将副处长。任职一发表,在家里憋了九个月的蒋经国终于得以摆脱枯燥乏味的学习,次日立即走马上任。蒋经国到江西后任过多项职务。先是以副处长职兼江西政治讲习学院主任(后改为江西青年服务团总队长)、5月兼任保安司令部新兵督练处处长。1938年底,前往重庆参加中央训练团党政训练班二期受训。1939年6月,出任江西第四行政(赣南)区督导专员兼区保安司令,年底又兼任军政部江西省伤兵管理所赣州分所所长、《新赣南日报》社社长、江西流亡青年收容所干事。1940年8月,出任三民主义青年团江西支团部筹备主任、支团主任、支团干部训练班主任,新赣南经济建设干部训练班主任,赣县县长,正气中学校长,财政部盐务署浙闽赣三省督运所所长。1941年出任中央西北宣传慰问团团员,视察大西北后又回到江西,至1944年1月离开。由上可见,蒋经国回国,命运发生了根本性的变化,由在苏联时的一个任人摆布的服从者,变成一位"太子",各类职务源源不断地向他涌来。

蒋经国到江西和赣南后,职务有高有低,涉及党政军经团等方面,通过这些任职,他对国民党政权的中下层有所了解。特别是担任第四区专员兼保安司令一职,所辖该省南部十一县。在这落后、贫穷、混乱的赣南地区,打响了从政第一炮。

蒋经国的"赣南新政"并非创新,只是把从苏联所看到、学到的一套搬到赣南而已。学苏联学得最好的是"联系群众"。新专员经常短衣草履,放下身架,上山下乡,走村串户,与百姓民众任意交谈。当时有人统计说,蒋经国在上任专员的第一年内,在赣南转了三圈,甚至能够说出辖区内有多少桥梁和水利工程名称。

针对当地的社会风气,下令禁赌、禁烟、禁娼。"三禁",自清朝以来到南京政府,不知发布过多少禁令,皆因开赌、吸毒、嫖妓的主要是达官贵人、地痞恶棍,每次"禁令"均不了了之,越"禁"越多。蒋经国能够令出法随,对凡是违禁者,不论是谁一律处以重典严刑。例如当地名流、银行经理主持着赣州城里最大的赌场,谁也不敢碰它,新专员化装成小贩,挑着担子到银行门前叫卖,摸准情况后一锅端。一时间赣州城及周围地区基本做到"三禁",或者说赌、毒、娼全部转入地下。赣州城内自古以来还没来过如此强硬的官员,让民间耳目一新,拍手称快,蒋经国的名声也随之鹊起。

到江西后,他一再要各级官吏注意各自的形象,狠刹违法乱纪歪风。为摸清下层的腐败程度,还自兼赣县县长和保长。后来他不无感触地说:"我当县长的时候,有一天深夜,我听到了叫魂的声音,叫魂的人一面叫着孩子的名字,一面喃喃有词的说:'如果你受到猪、狗,或者保长的惊吓,赶快回家。'为什么保长会被列为惊吓儿童的恶物之一?为了追根究底,于是我兼任了一年多的保长,才查清楚,原来有些保长在地方上为非作歹使老百姓视之如虎。"

同时,蒋经国还搞起具有样板作用的中华新村,创办学校、体育院、托儿所,成立救济院、儿童教养院、养老院、贫民医疗所、妇女工厂,改善教育状况,维持下层人的生活。举办新赣南合作社和交易公店,统制油盐米等日常生活用品,定量出售,以打击奸商,平抑物价,保证最低限度的供给。实施土地改革,平均地权。为提倡新的社会风气,他还特意起草《新家训》,宣传"处处要节约,无事当做有事防;时时要储蓄,有钱应作无钱想;青菜豆腐最营养,山珍海味坏肚肠;……祸从口出,休要说短论长;病从口入,卫生不得不讲;引请亲人做坏事,欺人欺己昧己良；欺心卖国做汉奸，辱祖辱宗害亲房"。公布"集体婚礼办法"，主持集体婚礼，反对铺张浪费。明确规定每甲（10户）每天要集中念书2小时。蒋经国把其父发动的、主要是宣传封建伦理道德的"新生活运动"中的不少内容，同苏联的许多社会改革内容加以结合，推行于赣南。

蒋经国在赣南提出"五有目标"：人人有衣穿，人人有饭吃，人人有屋住，人人有工做，人人有书读。他要求青年到天空去（航空）、到海洋去（航海）、到矿山去、到工厂去、到农村去。还仿效苏联的五年计划，制订出《新赣南建设三年计划》，设想以后的赣南是"一路看去，看到了几处炼钢厂和飞机制造厂，那个很小的沙石埠，也造成了一座很漂亮的电车站。那个大礼堂，堂皇美丽，可以容纳二万人，大礼堂之中正在转映纽约的电影和维也纳的音乐；几处电视的幕上，正在映出伦敦的足球赛，那时候，已成为电气化的世界"。这种高层次的大话，脱离社会条件和生产基础，当然不可能成功。

蒋经国确实收到一定的成效，无疑是有蒋介石为后台，没人公开反对不说，各方还大力支助，故成功的把握要远大于他人。他以特殊的身份，把平淡得出奇的赣南十一县，搞得轰轰烈烈，再加上他主办的中华正气出版社、新赣南书店和《新赣南报》《青年中国》《江西青年》《青年日报》等出版、宣传机构的作用，蒋经国"建设新赣南的业绩"顿时四处传播，吸引了不少中外记者前来采访。冷静地讲，蒋经国的社会改良方案，是权威加人治的产物，所以当蒋经国走后，赣南又一切照旧，隐匿了几年的反动势力又恢复如初。

蒋经国根据在苏联学到的"干部决定一切"的观点，在赣南时期就已开始培植自己班底的工作。他深知在国民党官场，要想有所作为，就需要一批心腹干部，这样在应付党内其他派系的进攻时，这批人就可以当守门员和后卫；当向其他派系进攻时，这批人则可以充当前锋和中锋。在蒋经国的权力组合中，"赣南系"是最基本的力量。该系的组成人员主要来自四个方面：专员公署的部分干部，蒋经国主持下的三青团江西支团的一些负责人，设在赤珠岭的江西支团干部训练班成员，设在虎岗的青年营成员。

蒋经国在赣南有了新的恋情。当时，从敌占区和大后方慕名而来、投奔"青年政治家"蒋经国的青年很多，其中有一位来自南昌的章亚若。章亚若生于1913年，比蒋经国小不到四岁，曾有过一次不幸的婚姻，到赣南时是二十六岁，衣着入时，思想开明，多才多艺，浑身上下透出一股令异性倾倒的魅力，肉眼凡胎的蒋经国当然会注意到她。

蒋经国把在公署图书馆工作的章亚若调到身边当秘书，很快两人到了难分难舍的地步。到1940年6、7月间，章亚若发现怀孕，随即由蒋经国安排，在友人的陪同下离开赣州去桂林待产。临行那晚，蒋经国为章亚若饯行，这是章最后一次在赣州露面。在桂林，章亚若直接得到广西省民政厅长邱昌渭的照应，在舒适的环境中等待双生子的出生。蒋经国放心不下心上人，每隔两三个星期必定会赶来桂林探望。1942年3月1日，双胞胎降生。七天后，蒋经国赶来，根据家谱给儿子分别起名为蒋孝严、蒋孝慈。

孩子刚过半岁，死神降临章亚若的头上。一天，她在参加一次晚宴返回后即病倒，第二天在设备完善、医术上乘的省立医院大夫的抢救中死去。临死，章亚若还惦念着远在江西的蒋经国，留下遗言要把遗物交给他。章亚若的死因，至今一直是人们议论的主要议题。从各方谈论的情况看，章亚若不是自然死亡，能够将蒋经国的情人章亚若置于死地不是一般人，这就决定了事情的真相不会轻易流出，直到当事人都已作古，还是没有令人信服的结果。

章女士的突然去世，使得蒋经国解决了一个本来无法与蒋介石、蒋方良谈开的难题。蒋经国在悲伤之余，显然无法公开收养这两个儿子，只得把他们改为姓"章"（章孝严、章孝慈）后交给章亚若的母亲周锦华、大弟章浩若、妹妹章亚梅抚养，这样的安排使得蒋经国在以后的近二十年间，几乎失去了与两个儿子见面的机会。

章亚若走后，世事变迁，她的墓地也被人遗忘。过了四十年，留在大陆的章亚梅在桂林东区凤凰岭上找到了姐姐的墓茔，通知了已在台湾出任"外交部常务次长"的章孝严和出任东吴大学教务长的章孝慈。弟兄俩出面委托桂林有关方面修复母坟，到1992年秋，章孝慈借出席学术讨论会的机会来到桂林，给母亲扫墓和祭拜。

赣南时期作为蒋经国的从政实习期，成为个人政治发展史上的一个重要阶段。他的作为成功多于失败，才干多于平庸，从而确立起在国民党官场的地位，为以后的仕途打下坚实的基础。更为重要的是，蒋介石从儿子在赣南的表现中看到了儿子的潜力。

挺进重庆官场

1944年1月起，蒋经国开始活跃于国民党当局的政治舞台，颇有放开手脚大干一番的气势。

一是发展个人势力。蒋经国到达重庆后，出任三青团中央干部学校教育长。通过这所学校，在三青团内培植了一批亲信干部，形成以后的"中央干校系"。如果说，"赣南帮"的代表人物是王升，那么"中干系"的代表人物则为李焕，王、李二人在以后的数十年间，成为蒋经国的武、文二助手。

二是扩大政治影响。蒋介石为实施培养儿子的计划，在儿子的工作和班底有一定的基础后，开始把重心放在扩大儿子的政治影响，培养儿子的政治权威方面。1944年10月24日，面对日寇发动的豫湘桂战役，蒋介石发表《告知识青年从军书》，提出"一寸山河一寸血，十万青年十万兵"的著名口号，发起"知识青年从军运动"。蒋经国成为"全国知识青年志愿从军指导委员"，并且出任"青年军政治部主任"。

蒋介石为培养儿子的外交工作能力，派其二度出使苏联。抗日战争胜利前夕，为谈判《中苏友好同盟条约》，1945年6月27日和8月5日，蒋经国与外交次长胡世泽及钱昌照、刘泽荣等人一起，陪同行政院长兼外交部部长宋子文飞苏联，与斯大林直接谈判，面对斯大林的扩张野心，满足了苏联根据"雅尔塔密约"坚持的不合理要求。蒋介石让长子出面，一是给蒋经国提供一个锻炼外交才干的机会；二是借重于这个"小苏联通"，有利于对付不易对付的斯大林；三是派具有"太子"身份的经国出面，以示对此事的关心。后来，在蒋经国的谈话、文章提到的外国人中，斯大林被说成是最坏的一个。

访苏完毕，1945年9月14日蒋经国又作为"外交部东北地区特派员"，负责安排苏军撤离以便于国民党军队进驻；接收苏方从日军手中缴获的武器；阻止苏军拆迁中国的工业设备。原来规定苏联红军在日本投降后的三个月内撤出中国东北，12月25日，蒋经国再次作为蒋介石的私人代表，第二次出使苏联，与斯大林面谈苏联红军撤出中国东北事项。斯大林把撤军时间推迟至1946年5月上旬。苏联红军拆走了当时属于世界第四的小丰满水电站八套机组中的六套，世界十大钢铁中心之一鞍山钢铁公司八十多个分厂中当时价值九亿美元的关键设施等大批先进设备。

蒋介石为扶助儿子，试图让蒋经国控制国民党中央党校。1947年9月，南京召开国民党六届四中全会，已有五十余年历史的国民党，与只有九年历史的三民主义青年团在"平等的基础上"合并。按照对等的原则，蒋经国作为团中央常务干事，一步跨入国民党最高决策圈——中央常务委员会，同时把素有"第二国民党"之称的三青团的全套人马、班子搬进国民党中央及各级党部。因此党团合并成为蒋经国扩大在党内影响和势力的捷径。党团合并后，按照对等的原则，两所干部学校也应合并，三青团的中央干部学校与CC系控制的国民党中央党校即中央政治学校合为"国立"政治大学。根据惯例校长由蒋介石兼任的惯例，因此任命蒋经国为政治大学教育长。结果是政大出现学潮，拒绝蒋经国上任，蒋经国最后也拒绝到任，这是他在党内遇到的最大一次"挫折"。

此时的蒋经国，除中常委一职外，还是国防部干部局局长。任内他在农村推行过"实验绥靖区"，组织"勘乱建国义勇队"。1948年8月19日，南京政府发布《财政经济紧急处分令》等五个法令，实施经济管制，规定法币改为金圆券，把物价稳定在"八一九"水平。蒋经国以"经济督导员助理"身份前往上海市，协助"督导员"俞鸿钧实施经济管制。蒋经国到上海时宣布，这次是"专打老虎，不打苍蝇"，是打祸国的败类，"宁使（违法分子）一家哭，不可（广大百姓）一路哭"。蒋经国把上海中央银行作为总指挥部，把"戡乱建国义勇队"的六大队改组为"大上海青年服务总队"，由王升任总队长，主要职责是负责收集各界人士和平民百姓的举报线索，查究违反《处分令》囤积物资、扰乱市场、哄抬物价的行为和犯法分子。

在开始阶段，蒋经国能够严查严管，先后逮捕上海滩的大商人荣鸿元、詹沛霖、吴锡龄、黄以聪、杜维屏等。不几日，又宣布枪毙扰乱金融市场和对抗经济管制的大商人王春哲、泄露经济情报的财政部秘书陶启民、敲诈勒索的警备司令部稽查大队长戚再玉和经济科长张亚民。此"五虎将"一抓和一开杀戒，全上海震动。

只是蒋经国理想的经济秩序，只维持了四十余天。不公开的原因，是在抓捕违反《处分令》的"扬子公司"负责人孔令侃、经孔祥熙和宋美龄插手而放弃一事，失信于舆论和民众，只能收手而去。公开的原因是10月2日，南京政府决定对卷烟、洋啤酒、国产酒等七种商品增收超过原来几十倍的税额，"合法的大幅度提价"使得上海和全国立即掀起抢购狂潮，金圆券贬值一泻千里，经济管制名存实亡，蒋经国"本""息"赔光，不得不在11月2日发表《告上海人民书》，宣布"七十天来的努力，已一笔勾销"，声称自己要"自请处分"，以向上海人民"告别"。他在上海打老虎的失败，并非个人原因所造成。南京政府的《财政紧急处分令》和"币改"本身具有的剥夺人民的性质，决定了这一措施必然要失败。

从1948年冬起，中共接连进行三大战役，南京政府方面损失一百五十四万军队。蒋介石、蒋经国胆战心惊，开始密商在大陆的最后行动：蒋介石第三次辞职和布置大撤退。在国民党的溃败过程中，蒋经国开始成为其父的左右手、代言人，南京政府的灭亡成为蒋经国在党内提前崛起的因素和机会。

1949年1月，蒋经国陪同辞去仅出任八个月总统职务的蒋介石回到溪口，蒋家父子在丰镐房住了三个月又四天，在寄托乡情、向家乡告别之余外，就是破坏正在筹备和进行的国共和谈，导致国共和谈在4月20日破裂。由于蒋介石已经辞职，很多事不便出头露面，许多场合都由蒋经国出面和代劳。此外，在蒋介石与来溪口的胡宗南、汤恩伯、周至柔、陈诚等党政要员的密谈中，蒋经国都是参与者。

在此期间，蒋经国亲手催办的大事有，1949年1月10日到上海，指示中央银行总裁俞鸿钧把金库里的黄金、白银全部转移台湾，一共运走四批，总共九十吨黄金、三千万银圆、三亿美元，成为国民党在台湾生存最重要的基金。

1949年4月25日，解放军主力逼近奉化，蒋经国在把家人送往台北后，当天下午陪同父亲到溪口附近转了一圈，三时登上"太康号"军舰，前往上海。4月26日下午1时，"太康号"军舰到达上海黄浦江中的复兴岛。在此前后，蒋经国安排"淞沪警备总部"掌握的七万吨船舶，用高压、欺骗、武文两手从上海实业界手中抢走一千五百多船的金银、设备、技术资料、布匹、棉纱、纸张、各种各样的日用品等物资，这些成为国民党在台湾生存的急需物资。在抢运物资的目的实现后，蒋经国又指示"宁沪杭警备总司令"汤恩伯，把八万多主力部队撤往舟山，以免被解放军全部歼灭。5月7日，蒋介石和蒋经国离沪去舟山，25日上海解放。

5月26日，蒋家父子飞抵台湾西南海岸的高雄寿山。在以后的十个月内，蒋经国作为蒋介石的代表，一方面想方设法架空代总统李宗仁，最后迫使其不得不飞往美国；一方面为安排国民党军队在华南、西南地区与解放军的决战四出奔走，直至最后一块顽抗阵地西昌被解放军占领为止。

蒋经国在回忆最后一次离开大陆时说："三十八年（农历）除夕，我最后由西昌飞海南岛的时候，也是我最后一次离开大陆，当时王委员叔铭（时任'空军副司令'）也在飞机上，在大陆的边缘，快要飞到海南岛的时候，我正在睡觉，忽然感觉飞机上抖了一下。我问王叔铭同志有什么事，他说你看一看，飞机的窗子被'匪'高射炮打破了。"当时，蒋经国为增加胡宗南的实力和信心，破例答应运来数十架飞机的武器，1950年3月26日，西昌解放，胡宗南本人在解放前夕逃往海南。

对于国民党在大陆的失败，蒋经国声称："有形的失败，不是失败"，"成败不能论是非，力量的大小不能决定成败。我们失败了，不是'非'，而是'是'。"显然，除了表现狡辩之能外，没有任何意义。

蒋经国到台湾后政治生涯分为四个时期，前七年为"接班实习期"，先后出任国民党台湾省党部主任委员、"国防部总政治部主任"、"总统府资料室主任"、中央改造委员兼中央干部训练委员会主任委员、中央常务委员、"中国青年反共救国团主任"、"国防会议副秘书长"。接班实习期的主要特征是忙于到台后的善后工作，着重解决遗留问题，稳定台湾社会，整顿党政军各部门。

从1956年4月到1972年6月正式踏上"接班之路"，蒋经国先后出任"行政院退除役官兵辅导委员会主任委员""政务委员兼国防部副部长、部长""国家安全会议总动员委员会主任委员""行政院副院长"，1960年7月晋升为"陆军二级上将"。期间活动的主要特征是主管军务，并多次到美国、日本、韩国等地活动，一方面在台湾官场打下军事基础，一方面为上台打下"外交基础"。

1972年6月，出任"行政院长"，蒋经国开始"走上前台"，负责党政军经日常工作，完成台湾经济的现代化。这样由接班实习期的"从政"、出任"国防部长"的"从军"，到现在的"从经"，完成了接班的整体结构。

蒋介石病故到蒋经国过世，为总共十三年的"蒋家二代王朝"。期间，蒋经国多次调整自己的为政方针，政治上逐步开放，特别是"宪政改革"和"解除戒严"、同意部分台湾同胞赴大陆探亲、结束"蒋家王朝"，成为蒋经国最好的向历史的交代。

三、主持改造　加强控制

"接班实习期"是蒋经国政治发展过程中的十分重要的阶段，一方面为自己以后接班打基础，一方面也得到蒋介石的肯定，在错综复杂的国民党官场，成功地迈出关键的一步。蒋经国之所以能在以后的政治生涯中，顺利接班，推行新政，与在"接班实习期"的狠心整治、除旧布新、打下牢固的基础有关。

狠抓改造整顿

蒋介石下野后，从未放弃过权力，先是在溪口遥控政局，后是两岸一些地方巡回指挥，威风不减当年。可对讲究"正统""礼仪"的中国执政者来说，"名不正言不顺"无疑是最不甘心的。蒋介石更是这样，从1908年参加同盟会，拼杀了近四十年，才在1948年5月29日当上"总统"。可仅八个月，"总统"职就让李宗仁夺走，理智上和情感上均接受不了，蒋经国对父亲的遭遇更鸣不平。

为创造上台时机，面对国民党的全线溃败，老蒋小蒋把"代总统"甩在一边，一面造舆论说李宗仁的施政措施已经全部失败，无才无德，不配领导国民党政府；一面自己开始行使领导权，既可推迟国民党的失败，又可为自己复辟创造条件。为名正言顺地领导，一直不在国民党中央党部办公的"总裁"蒋介石，于1949年6月间筹备起蒋记领导中心，按照蒋经国的设计和安排，8月1日在台北草山正式成立"总裁办公室"。"总裁办"这一自孙中山创办兴中会以来、国民党历史上从未有过先例的最高执行机构的设立，党章里找不到相应的条文，中央常委会和中央委员们没有讨论过，蒋介石在1927年、1931年下野时也未成立过类似的机构，这是蒋经国的杰作也，意在为蒋介石复职"总统"铺路。

对蒋家父子来说，更感兴趣的是"总统"。不管是强奸民意，还是为民所恨，"总统"毕竟是"宪政"的产物，是"民选"的结果，所以"复职总统"是唯此唯大的要事。上海失败后，蒋经国跳到台前，展开了一系列的"倒李（宗仁）活动"。在"倒李"的背景下，不少亲蒋"有识之士"则开始断断续续地呼吁，恭请蒋介石"复出视事"。南京政府由广州迁重庆时，元老吴忠信公开出面力劝蒋介石"尽快复职"，以"应付迁渝中必将出现的混乱"。10月18日，蒋介石召见张其昀及中央设计委员会会议，研究"复职"问题及程序，这是"下台总统"首次谈及复职事宜。

1949年11月1日，李宗仁飞往昆明，拒绝留在重庆再当有职无权的"空头总统"，"复职"一事越来越热闹。11月7日，国民党中央非常会议秘书长洪兰友求见蒋介石,请求"下台总统"复出。11日"行政院长"阎锡山、13日七十余位"立法委员"来电,要蒋介石离台北去重庆主持工作,"挽救危局"。在此前后,国民党中央常务委员会在蒋经国的暗示下,全体常委"一致主张"蒋介石必须"复位",唯对复位的时间问题则有不同意见。12月2日,蒋介石、蒋经国与西南军政长官张群、阎锡山商量后,"决心复行视事为不二之道,时间放在待法定手续完成后"。为完成"法定手续",在成都的"国大代表"以及为国民党政权帮腔助威的民社党、青年党纷纷出面请"下台总统"复出。

蒋经国见此情形,建议父亲一不做二不休,放弃按照"法定手续"复位的主张,就像一年多前未经任何法律手续把"总统"职位让给李宗仁一样,现在要回"总统"一职又何必受"法定手续"的限制?问题是李宗仁"代理总统"还有"宪法"第四条"总统因故不能视事时,由副总统代行总统职权"这一条文可依,蒋介石自动恢复"总统"职却没有任何法律条文可以引用。蒋经国年轻有为,充分显示出比其父能干、高明。他找来吴铁城、吴稚晖、吴忠信、于右任、居正、冯自由、莫德惠、王宠惠等一批元老,出面吁请国民党中央常委会讨论蒋总裁复出一事。按照蒋经国等的安排,1950年2月23日国民党中常会决议蒋介石复出。

1950年3月1日,蒋介石宣布"复职视事",又当上"总统",接上了"蒋家王朝"的脉络,当时台湾没人敢反对,远在美国的"代总统"李宗仁却认为蒋介石不通过"国民大会",自己决定自己复任"总统",是滥用国家名器,是违法的荒谬行为,是对孙中山先生遗教和宪政精神的背叛。李宗仁还认为:"蒋先生的复职并未使我惊异,因为事实上他早已是台湾的独裁者了。"蒋介石"复职"过程中,如果没有为了夺取权力而公开违背自己所定法律、不择手段、胆大妄为的蒋经国的话,关于复职问题,蒋介石有很多话很多事就不好说不便做。

对国民党进行移植中枢神经、全身换血式的大手术,是一年来蒋经国利用失败之机劝说其父接受教训方面,取得的最大收获之一。蒋经国深知自己能否崛起,取决于对国民党内根深蒂固的旧政治势力旧政治构成的冲击程度。根据离开赣南到重庆、南京、上海活动时的遭遇和经验,不取缔党内的各政治派系,不摧毁由各派系各自建立起来的政治构成,不冲垮长期以来形成的以派系分权为特征的政权分配制度,自己的任何出台掌权行动都将毁于一旦,重演大陆时期使自己丢尽脸的踢出"政大"校门、败打"老虎"的旧戏。故精心策划了国民党改造方案,以完成自己的清算计划。

　　国民党在大陆的大失败，同样使得蒋介石有所清醒，显然明白旧官僚系统的腐败成为失败的主要原因之一，为东山再起、振兴国民党，接受儿子的建议，对整个组织、权力系统进行大换血。执行"改造"任务的最合适人选，是提出改造计划的蒋经国。蒋介石之所以愿意让儿子放手实施改造，只是因为蒋经国的任何措施，都是为了"蒋家王朝"，不会出现大权旁落他人的危险。

　　蒋介石虽说原本不赞成对国民党实施由上而下的大换班，可对党内进行整顿、教育却是既定已久的方针。早在下台之初，蒋介石针对党内不注重"团结"、各派系各机构之间争权不止、官员之间推诿责任一事，指出："干部训练与重建之方针，必须淘汰旧干部，训练新干部。其基本原则：（一）以思想为结合；（二）以工作为训练；（三）以成绩为黜陟。"1949年3月上旬，他接受长子的提议，把国民党的整顿分为"整理现状、改造过渡、筹备新生"三个阶段。为应付一发不可收拾的败局和整顿党组织，"决先组织一个非常委员会，人数二十至三十人为限"。

　　1949年7月16日，"中央非常委员会"正式成立，蒋介石为主席，李宗仁副之，另有十位委员。主席本人是想把"非委会"变成实施国民党改造的领导机构，无奈此组织因人事依旧，又大败当前，同其他党政部门一样，同样成为忙于协调逃跑事务的机构及蒋、桂争吵的场所，再说"非委会"的大员阎锡山、何应钦、张群、孙科、陈立夫、居正、于右任、吴忠信、吴铁城、朱家骅及追随者，当然不会同意进行否定过去、其中包括否定他们自己的改造工作。蒋介石筹设"非委会"的目的没有达到，只是多了一个不必要的衙门，不过此事却使蒋介石作出了极为重要的决定，即是在依靠原有党政重臣还是依靠以蒋经国为代表的年轻势力集团指导国民党改造问题上，最后选中了后者。

　　1949年8月1日"总裁办公室"成立，它的主要任务之一就是制订国民党改造方案。9月22日，蒋介石为应付即将到来的中共方面的全面进攻，美化以腐败无能著称的国民党的形象，增加党内的战斗力，发表《告全党同志书》，要他的"同志们"，研究7月间起草的改造方案，以新组织、新纲领、新风气，"争取第三期国民革命之胜利"。蒋介石的号召，只是官样文章，当时国民党内上下一条心，忙于逃亡，寻找藏身之处，哪有闲心讨论"党的方案"？再说这类"讨论"

果真进行的话，恐怕只能使国民党内的"内战"升级，变成一场犹如老狗与小狗、饱狗与饿狗、家狗与野狗之间的争吵。

蒋家父子从四川回到台湾后，在忙于"复职总统"的同时，集中思考"改造"问题。在国民党当局到台后的第一个圣诞节之夜，蒋介石不失信心地在日记中说："从前种种譬如昨日死，今后种种譬如今日生。""近日独思党政军改革方针与着手之点甚切，此时若不能将现在的党彻底改造，决无法担负革命工作之效能也。其次为整顿军队，以求内部精纯，团结一致。"在1949年的最后一日，蒋经国在他的日记中说："父亲认为：'改造要旨，在湔雪全党过去之错误，彻底改正作风与领导方式，以改造革命风气；凡不能在行动生活与思想精神方面，彻底与"共党"斗争者，皆应自动退党，而让有为之志士革命建国也'"。他自己也认为"改造本党，无非欲重整旗鼓，自力更生，以达成反共复国之使命。"至此，"改造"紧锣密鼓，进入紧张准备阶段。1950年7月22日，国民党中央常委会召开临时会议，通过了由蒋经国、张其昀起草的"中国国民党改造案"，正式决定进行国民党改造，蒋介石在会上"希望全党同志，同心协力，推行改造工作"。四天后他又以"总裁"身份提出了十六人的"中央改造委员会委员"名单，负责人是陈诚，实际负责人是蒋经国。8月5日，中改会通过"组织大纲"和"本党改造纲要"。蒋介石对国民党改造寄予无限的希望，他说："今天整个国家的生死存亡，系于本党此次改造的成败。各位同志应以临深履薄戒慎恐惧的心情，同心同德相辅相成，把台湾建成一个三民主义的模范省。"

按蒋介石所说，国民党改造是"检讨过去，认清敌我，审察环境，策励未来"。"中兴不仅是从败亡中从头做起，而且还要从腐烂中刷新重生，从废墟中奠基再造。尤其要从自信的丧失之中，来重新建立自信。更是要从被击败的敌人手中，回转头来击败敌人。"

作为国民党改造的重点之一是组织整顿。组织整顿的任务是要"淘汰叛国通敌、跨党变节、毁纪反党、贪污渎职、生活腐化、信仰动摇、放弃职守等腐恶分子"。蒋介石所说的改造意义和旧貌换新颜的设想，都是似曾相识的老调类似的老生常谈在以往国民党的每次中央会议、总理纪念周致辞及各种决议中间都能找到。虽说常说常新，可无任何说服力及效果。

至于组织整顿，让人也费解：在国民党的中上层人物中，反蒋爱国之士大都留在大陆，少部分去了海外，在来台人中，何谈"叛国通敌、跨党变节、毁纪反党"？不愿为蒋家卖命的人，大多也不会来台湾，何谈"信仰动摇、放弃职守"？说到"贪污渎职，生活腐化"之事，则在国民党的历史上、到台湾后也是一种与蒋与党共存的现象，蒋介石、蒋经国怎么能清除干净呢？所以说国民党的改造对蒋家来说有特定的含意，说到底就是为了"优化"蒋经国掌权的环境。他所说的"七种人"，无非是清除异己、整人的借口而已。

蒋经国雄心勃勃，立志砸烂"旧"世界，如今终于机会来临，在改造期间和以后的几年间，接连甩出几个撒手锏。

一是追究失败责任。这一招使得昔日党国元老、军政重臣、各派头目，纷纷中枪落马。上乘者弄个"战略顾问"、"国策顾问"、"总统府资政"、国民党中央评议委员干干，下乘者则在家中"颐养天年"，更有一些人还被追究军纪、党纪、刑事责任。出现这一场面也不奇怪，因为这批人又何尝不是中共的手下败将？谁又能逃脱对失败应负的责任？他们自己觉得挨整在意料之中。问题是谁都明白国民党失败的最大责任者是蒋介石，可到追究失败责任时为何蒋介石只追究他人，不谈谈自己？追究失败责任主持者蒋经国为何看不见最大、最明显的"责任者"？这是"挨整者""七种人"不服气的地方。

二是取缔旧有的党政军系统。到台后，任期未结束的国民党第六届中央执行委员会、中央监察委员会、中央常务委员会全部停止工作，党务由蒋经国为实际领导人的中央改造委员会接管，几百名中执委员、中监委员、中常委一夜之间成为普通党员。大陆时期的政府班子从"行政院长"阎锡山起，各部长官、司局长到处长、科长几乎全都停职、更换。党政经社文军警宪特团机构主持人大部分由"新面孔"取代。如果蒋经国把取缔旧有党政军警系统放到大陆阶段执行，恐怕出师未捷"身"先亡，可现在有"改造、追究失败责任"双保险，便能制服对手，全胜收兵。除了把昔日政敌击垮外，还把老朽、旧官僚及一些腐败分子清洗出官场，把各旧有派系刮得风流云散，为自己及为追随自己的人创造一个良好的政治环境。从蒋经国在以后的30余年中再无政敌挑战来看，可以看出他在改造时"破旧"的彻底性，当年下手狠换来了以后的当官甜。

三是整顿各关键部门。蒋经国除负责"中央改造委员会"指挥中央党部及国民党的改造外，抓住主要权力部门，亲自出面，亲自动手。

1948年12月，蒋经国出任台湾省党部主任委员，此任的主要目的是：与陈诚一起严格把守来台人员关，结束撤台之初出现的随意入台的混乱现象，开始办理出入台湾手续，可进可不进、政治上不可靠、没有政治和经济及科技价值的各种人，一律不让进；清理干部队伍，整肃省和各县市党务机构；加强国民党的各级基层组织。通过此职，把国民党政权下唯一的一个完整省、关系到国民党统治能否安定的省党部抓到手中。

1950年3月25日，蒋经国出任"国防部总政治部主任"。在两届四年任期内，接连四次整顿军队。撤台的六十万官兵，几乎有大陆时期各个部队的成员，可谓是败兵残卒，乌合之众。有将无兵，有军无兵，几个人扛着一个军、一个师、一个旅番号，一支部队番号下只有几个主官的现象非常普遍。"总政主任"凭着铁腕，强行编遣了为数不在小数的将领、军官，解散了众多的徒有虚名的机构、番号，打破原有建制进行混编、改编。

蒋经国下手准下手狠，如有些被认为是"不可靠"的军队来台靠岸时，甚至被勒令先交出武器后再上岸，避免出现不测事件。如在1952年的一次处理中，被宣布退役的军官中就有四星上将阎锡山、徐永昌；三星上将何键、林蔚、朱绍良、杨爱源，中将加上将衔的孙震、杨森、罗卓英、李品仙、钱大钧、刘士毅；中将照上将待遇的秦德纯、俞济时；及谷正伦、陈继承、徐庭瑶、贺国光、刘汝明、韩德勤等三十七名中将；甘登俊、刘树人等八十名少将，这些将星们一夜之间成为一介"荣民"。

对陆军以整顿、裁编为主，而对空军、海军、装甲兵等特种兵是充实、扩编为主，经过蒋经国的整治和改造，军界撤台时的混乱状态基本结束，且不论战斗力如何，起码还真有点"军队"的样子，关键是不稳定因素基本消失。

通过整军，确立了"义务兵役制"，把十八岁定为应征年龄，服役年限陆军为二年，海、空军为三年。退伍或未征的适龄青年均为预备役，直至四十五岁除役，最大动员量保持在130～150万人。

陆军编为2个军团部、5个前瞻军军部、1个轻装军军部、12个前瞻步兵师、6个轻装步兵师、7个重装预备师、2个轻装预备师，总共约30万兵力。

装甲兵设1个师部4个旅，装备有近1000辆不同型号的坦克、装甲车。

来台的海军舰只、装备、干部和技术人员全部保留，约有驱逐舰、护卫舰、扫雷舰、登陆舰等各类军舰80余艘，编为数个小型舰队，另有几个由小型战斗、鱼雷艇组成的艇队。包括海军陆战队在内约有四万余兵力。

空军也是全部保留，编有P51驱逐机四个大队，B24、B25和蚊式轰炸机两个大队，C46、C47运输机两个大队，共有400多架飞机，九万名空勤人员。

蒋经国当年主持的整军，确立了后来长达半个世纪的台湾的军事规模。在此基础上，几十年来变化较大的是武器装备不断更新，海军、空军还呈扩大、上升趋势，陆军尤其是装甲兵继续增强。他整治军队难度最大的是陆军，同大陆时期1929年、1937年、1946年三次大规模的整编相比，台湾整军涉及的将领、编制、兵员、装备最多。如果说前三次因涉及关系网太多而不了了之，那蒋经国却因彻底冲垮各种关系网而获得成功。需要一提的是，以前主持整军的人不具备蒋经国所有的强硬后台，也不具备导致整军成功的"大失败"的这样的特定背景。国民党政权自1925年8月正式建军，至此才结束了军界强人屡起、枪多兵多等于权多的历史。

1950年4月，蒋经国兼任"总统府资料室主任"，成为特务头子。他在苏联时曾经领教过特工人员的厉害，蒋家父子一贯借重特务更是人所皆知。出于特务对台湾政治的重要性，事关自己统治的巩固，蒋经国到台湾后的工作重心之一，就是既要发挥特务功能、不中断特情工作，又要彻底打乱以中央执行委员会调查统计局、军事委员会调查统计局、党员通讯局、国防部保密局为核心的特务内部秩序，打破针插不进、水泼不湿的特工独立王国。为此，蒋经国不惜有碍名声出任特务总头目，重新设置特工部门。

他第一步把党务特工撤销，"中统"继1947年初遭到第一次打击改组为"党员通讯局"之后，这是第二次也是毁灭性的打击，CC系把持多年的"中统"至此血脉中断。第二步成立台湾情报工作委员会，由彭孟缉代管。不久又把它改隶为"国家安全会议"所设的"国家安全局"，由郑介民任局长，统一协调特情工作。

蒋经国干一行，爱一行；抓一行，成一行。在这位"新主任"的领导下，特工系统新秩序迅速得到确立，功能全面恢复，一批适应台湾现情、忠于蒋家的特务机构很快建立起来。使得在小小的台湾岛，运行着"国防部保密局""内政部调查局""保安司令部""宪兵""台湾省警务处""国防部总政治部""国防部二厅"等七大特工系统，到蒋经国晚年又发展为十大系统。把特务机构掌握在自己手中，是蒋经国接班实习、改造国民党、整军顺利进行的重要保证。

四是踢开绊脚石。蒋经国虽说年轻，可经过十数年的磨炼，对官场之事已分外精通。在他看来，取缔旧有的党政军干部系统，全面整顿各官僚衙门，还不能带来国民党上层的太平。只要旧派系的头目还在，那该系成员就很难甘居寂寞。

蒋经国是擒贼先擒王，用各种理由、明劝暗挡阻止各派各系主要头目入台。派系首领们也有识时务者，不少人选择了另外的逃亡地。例如不愿看小辈脸色行事度日的"娘舅"宋子文、"姨夫"孔祥熙两人寓居美国，在国民党自成一系的、孙中山先生的儿子孙科也不愿来台。

不识时务来台的有CC系和政学系头目。CC系"二陈"中的陈果夫已卧病在床，有生时日不多，固不足论。"二陈"中的陈立夫是个"危险人物"、政治不安宁的因素。他留在台湾，CC系就会聚集到他的旗帜下，有恃无恐地进行争权夺利。面对儿时曾同睡过一床、常来常往的好友蒋经国的"提醒"和"挽留"，陈立夫主动表示：既然是党的失败，那就应首先追究管党人的责任，自己作为二十余年的党务主持人，不应再主持国民党改造，表示愿意去美国。对颇有自知之明的陈立夫，蒋家父子十分欣赏，除热烈欢送外，还送上五万美元，陈立夫"光荣"下台去美。

政学系在大陆时期当大官掌大权的人不在少数，到台湾后他们以政学系固有的圆滑和当官技巧，见风使舵，以张群、王宠惠、叶公超为首的一大批人倒向蒋经国。对蒋经国不尽服气的吴国桢、王世杰等人，则被先后赶下台，吴国桢还远走美国。蒋经国利用惩治吴国桢的机会，要各派系成员及头目夹起尾巴做人。

蒋经国对政治派系的压制和打击，有效地结束了党内因其父"以派制派"而存在的派系和派系斗争，消除了存在于国民党上层多年的政治不稳定因素，统治集团内部出现大一统时期。而在此之前一直为派系、内耗所困扰的蒋介石，越治内耗越多，派系势力有增无减，如今蒋经国却一举成功。关键在于大失败引起的国民党改造，已经造成有利于实施整肃的大气候；在于蒋经国不管对谁，不留情面，敢作敢为。

蒋经国在对中央党部、政府机构、台湾省党部、军队系统、特工部门整顿的意义，不在于他担任什么职务和时间的长短，在于他参与了国民党各权力部门的重建事务本身，这说明他已成为统治核心的代表、决策人物；在于他在重建过程中在关键岗位上都安排了信得过、能办事的人，即使是那些为数不多的留任者、旧长官也在改造和整顿的过程中完成转向，成为蒋经国身边的骨干，说明他已建立起准备政治接班的组织、干部系统。

蒋经国的整顿，也有不大不小的例外。蒋经国通过军事整顿，清理黄埔系；通过解散"中统"和赶走陈立夫，整治CC系；通过逼走吴国桢、处分王世杰，教训政学系；通过"送"走宋子文、孔祥熙、孙科，排挤亲英美系和豪门子弟。这样继廖仲恺被刺、胡汉民病故、汪精卫投敌、国民党上层"旧四派"只剩下蒋介石一派后，在蒋介石卵翼下膨胀起来的黄埔、政学、CC、亲英美新四派，至此才被制服。

四派中不服气的是CC系。CC系长期操纵党务，现党权由蒋经国全盘接收，但CC系并未垮台。因为CC系熟悉国民党官场，对任何威胁到本派生存的因素早有提防。当1947年底蒋介石实施"宪政"时，CC系看到这是挤入政界、扩大势力的极好机会，故利用掌握在本派手中的国民党各级党部助选的机会，把大量的CC分子选进"国民大会""立法院""监察院"。

本来，按照国民党的宪法，这批"CC籍"的"中央民意代表"的寿命不过六年和三年（"立法委员"一任三年，"国大代表""监察委员"一任六年），将随着换届选举而重新竞选换马。问题是国民党的大失败救了他们，蒋介石、蒋经国可以大搞整顿，逼人下台，可为维护国民党当局的"法统"、保持国民党当局的"正统地位"，要换届就要举行全国选举。现有台湾地区不具备举行全国改选的条件，第一届在全国范围内"选举"出来的"中央民意代表"就成了"法统宝贝"。这批"民意代表"也因为已成"终身委员"、有选举"总统"和议政问政的大权，故挟"选"挟"权"自重，蒋家父子对他们无法换届不说，还得捧为上宾，视为"民主宪政"的象征，维持"蒋家政权"的"民主基础"。就这样"中央民意机构"里的CC系分子，就被完整地保留下来，成为在"立法院"对付在台湾政界一派独大的蒋经国、陈诚为核心的"实力派"、在"立法院"兴风作浪的基干力量，蒋经国对此毫无办法，只有收买、拉拢和牵制。不过，从总的趋势上讲，CC系走的是下坡路。

蒋经国、陈诚的"实力派"，不少是少壮派及从其他山头转来的旧官僚，对蒋经国还不摸底，更不知道蒋经国的政略、理论及政治观，只是一种盲从和自我保护。为此，蒋经国利用"中改会干部训练委员会主任委员"的身份，对干部进行轮训。为此，新成立"革命实践研究院"，取代以前的"中训团"，训练高级干部。设立凤山的"陆军军官学校"，取代由黄埔军校沿革而来的中央军官学校，腰斩黄埔系，重新培养军事干部。海军和空军也是这样，设立了新的综合军校。设立"政工作战学校"，取代"国立政大"，培训新时期的党务、政工、宣传、文化特工干部。后来在1954年"国立政治大学"作为原在大陆的高校中、撤台后第一所复校的大学时，与原有性质已有不同，更多的是有学术、文教的色彩，它在大陆时期培养党工、政工、特工干部的职能，已被"政战学校"所取代。蒋经国的"干部教育"同他的治理整顿一样，卓有成效，受训过的追随者，成为蒋经国接班的坚定拥护者，成为后来"蒋经国新政"的合适、忠诚的推行者。

1952年10月9日，让当官者闻其名即头皮发麻、让老百姓闻其名即不屑一顾的国民党"中央改造委员会"宣布：改造工作全部结束。次日，"国民党第七次全国代表大会"召开。除了从蒋总裁所作的关于国民党改造的总结报告中，还可以从"七全"所选出的中央党部的成员中，看出蒋经国主持国民党改造的"成绩"。

如新设立"中央评议委员会"，专门安置已经退居二线、交出权力、过去为蒋家作过贡献的元老重臣。有蒋介石的军事助手何应钦、徐永昌、何成浚、胡宗南等人；有过去的国民党当局的主政文官张群、朱家骅、王世杰、洪兰友等人；有国民党元老吴稚晖、于右任、丁惟汾、吴铁城等人；有地方实力派头目和倒蒋派骨干阎锡山、贾景德、陈济棠、马超俊等人；有各界名流蒋梦麟、章嘉、张默君、尧乐博士等人，这批总数仅40名的中央评议委员，是撤台初期政坛上的幸运儿。因为，不知多少过去同他们权力、声望不相上下的大员均被排斥在外。从中评会的成立和人选上，可以看出蒋经国"破旧"的决心和彻底性。

"七全"选出的中央委员会只有32名中央委员、16名候补中央委员，人数之少为国民党历史上所少有，其中不少人是初次进入中委会。作为中委会的另一机构中央监察委员会撤销。从中委会的成立和人选上，可以看出蒋经国"立新"的决心和魄力。

对国民党为第六届中央党部的222名中央执行委员、90名候补中执委、104名中央监察委员、44名候补中监委来说，"七全"是一次灾难性的会议，使得大部分人从此结束了荣任中委、中监委的政治经历，并且处于被清算的地位。人事大幅度的变动，可以看到蒋经国改造国民党的概况和内幕，恐怕这也是国民党改造的唯一成果和蒋家父子所希望看到的结果。至于蒋介石、蒋经国希望通过改造达到的党员能够遵守纪律、克服一切困难、破坏派系成见、戒绝互相倾轧之恶习,本大无畏之精神、为三民主义实现而奋斗牺牲的目的,希望通过改造达到加强反共思想意识、使国民党成为"反共复国""建国强国"的基本力量的设想,恐怕永远也无法奏效。

蒋经国发的是"失败财",走的是"逃台运",国民党毁灭性的失败把他推上前台。以前每上升一步,需要排除多少阻力。错综复杂的派系势力和掌握实权的既得利益者,为阻止蒋经国的上升和夺权,进行了顽强的抵抗,数度使贵为"太子"的蒋经国饮恨吞声。

如今,当年的实力人物和政坛红人已成败军之将、亡政之官,何以言勇?蒋经国面对这帮官场上的"可怜虫",无所顾忌,大刀阔斧,弃旧图新,昔日党政军各界要员大部走上挨批挨整之路。他自己则名正言顺,一举进入核心决策圈,再也无人说三道四,或者是说三道四也不起作用。

要说这一点,蒋经国还真得感谢中国共产党。国民党内派系林立,盘根错节,类似于这次国民党改造的口号、措施、运动提出、进行多少次,只是空费心白费力,无一丝一毫的收获。之所以收效不大,原因之一是各派均有相当实力。此次改造蒋家父子如愿以偿,皆因中共领导的人民解放军的胜利进军已经基本上消灭国民党内各派的有生力量和社会基础。撤到台湾的国民党各派系,大都只有招牌没有实力,只有头头没有干将,待蒋经国前来收拾时,只有束手就擒了。

实施苛政治乱

台湾社会治安恶化,既是遗留问题,又是现实问题。原来人口不过600万的台湾岛,在一年左右的时间内,一下子挤进200万的撤台人员,特别是国民党的各类撤台人员中又有为数众多的散兵游勇、无家可归者,使得本来就不太好的治安情况急剧恶化。社会秩序的恶化已经影响到国民党统治的稳固,许多史学家、政论家只要说到国民党撤台初期的台湾形势,无一不集中到一个"乱"字。

蒋经国的苛政,可不全是为了对付"乱世",最主要的还是"太子"不能容忍任何否定国民党、否定"蒋家王朝"的思想、言论和行为。他治理台湾社会,是继赣南、上海之后的第三次，手法如出一辙。先是打好宣传仗，后是搞恐怖统治。

宣传内容同前两次不一样，此次主要是鼓起一股疯狂的反共情绪。

一是吹捧蒋介石。宣传中丝毫不谈蒋介石在大失败中应负的责任，一向被御用文人夸耀为谦谦君子的蒋介石的"谦虚""自责"精神早已抛到九霄云外，蒋介石成为"领袖、救星""古往今来最杰出的圣人"。在蒋经国看来，要实现"反共救国"目标，国民党和追随者必须树立起"主义、领袖、国家、责任、荣誉"五大信念，誓死效忠领袖。

二是宣扬"反共复国"。蒋经国大肆宣扬的反攻大陆计划是"一年准备，二年进攻，三年扫荡，五年成功"。事实上"五年计划"连蒋家父子也知道是只有宣传作用无实际效用，靠台湾实力反攻大陆永无可能。所以蒋经国又编出了什么"三分军事，七分政治"，进行什么"反共文化战、心理战、意志战、总体战、立体战"等神话，作为反攻的方针、战略，给人以"反共复国"从理论到实践都已不成问题的假象。

三是夸大军事战绩。1949年10月26日，金门守军胡琏、李良荣、汤恩伯三部利用海峡及潮汐涨落等有利条件，在古宁头以十数倍的优势兵力险胜上岸的数千解放军。进攻金门岛暂时受阻后，中共领袖为给台湾当局提供一个接近大陆的联系基地，为了有利于祖国统一，停止了进攻金门岛的行动。

作战期间，蒋经国飞到古宁头慰问，这是他一生中一百二十三次到金门的开始。作战结束，他控制的宣传机构大做文章，似乎金门胜利已经成为反攻复国的开端，似乎已经胜利在望，似乎明天就可返都南京。其实蒋经国心里很明白，中共是不打而不是打不下金门。如果中共真打不下金门岛，那后来又怎么解放海南岛、舟山群岛等众多沿海岛屿？如果"国军"真能守住金门，那为何放弃海南岛、舟山群岛？如果真有"古宁头大捷"，那为何不在海南打个"鹿回头大捷"？在舟山群岛打个"横头大捷"？再说"古宁头一仗"算是"伟大的胜利，伟大的开端"，那中共四年中消灭807万"国军"又将如何解释？

类似于"古宁头大捷"宣传的，还有什么根本不存在的"登步岛大捷""南麂岛大捷""鸡冠山大捷"等神话。总的来说，国民党军队的士气、台湾的民心，并未因为有这样那样的"大捷"而有所振奋。在官方舆论反复而且卖力的煽动下，20世纪50年代的台湾确实弥漫悲壮的气氛。可这种气氛的出现，并非是因为失败后立志奋起的决心，而是有悲无壮、歇斯底里的"恐共恐败症"和自欺欺人宣传的结果。

四是鼓动人们为把台湾建成"反攻基地、复国典范"而作出牺牲。按照蒋经国理想化的构思，为了把反攻大陆变为现实，除有"圣人领袖"和"大捷"是不够的，还要所有的台湾人行动起来，追求"保卫台湾"的共同目标，并要"每一个人，忘掉个人私利，把所有的私人利益完全克服下去，过上战时生活，向奢侈者开刀，向腐化者开刀。人人生产，戒浪费。个个动员，参加战斗"。善动脑筋的蒋经国，为煽起民心，一个接一个地搞起什么"反共敢死队""克难竞赛""毋忘在莒运动""文化清洁运动""道德重整运动"。由于蒋经国在打宣传仗的同时，配以严厉的制裁措施，故起到一些宣传作用。问题是能够奢侈、腐化和浪费的人都是制裁不到、法律对他们来说无效的人，而下层群众则充当了紧缩经济政策、反共活动、克难运动的牺牲品。

如果说蒋经国的"宣传"是以煽动、空想的目标为特征的话，那他的治理社会的措施则是以关、管、杀为特征。如果说赣南时期蒋经国惩治的对象是社会阴暗势力，如果说上海"打老虎"惩治的对象是不法奸商，那到台湾后惩治的对象却是平民百姓、进步民主人士，当然也有不少非蒋嫡系势力。

抓"共产党的间谍"成为最时髦的口号和最疯狂的行动，也成为实施恐怖统治的理由。蒋经国的恐怖统治与蒋介石的手段相仿，只是更细更密更严更毒，对人民的威胁更大。

一是特务横行。从党政机关到中小学校，从军队系统到社会各界，台湾全岛特务无处不在，无时不在。"国防部保密局、'内政部'、调查统计局、保安司令部、宪兵团、台湾省警务处、军中政战部门、反共救国团"等特工部门中，就警察而言，其规模、权限就到了惊人的程度。台湾的人均警察拥有量堪称世界之最，职能也为最全面。警察的作用有"户口查察，指导民众，紧急警戒，集会结社之取缔，组训民众"等九十余种。人们的衣食住行、言论、学习、社交、思想、工作，无一不处于警察的监视之下。再加上另外六大系统的特工人员，使得人们简直生活在警察和特务的世界。

二是颁布一系列专制法令。台湾当局在蒋经国的指导下，于1949年5月20日发布"戒严令"之后，又陆续公布了"戡乱法""戡乱时期检肃匪谍联保连坐办法""戡乱时期检肃匪谍条例""台湾省戒严时期户口临时检查实施办法""台湾省戒严期间新闻纸杂志图书管制办法""戒严期间广播无线电收音机管制办法""惩治叛乱条例""妨碍军机治罪条例""妨碍国家总动员惩罚暂行条例""公务员惩戒法""台湾省整理户籍实施暂订办法草案""共匪及附共分子自首办法""检举共谍奖励办法""战时出版品禁止或限制登载事项""动员时期无线电器材管制办法"等法律法令。在如此多且细的酷律之下，人们的日常生活大都被列入"军法管制"，人权、民主、自由、生命保障等基本权利，已成一纸空文。再加上效率极高的特务网，任何人时刻都有着被查被抓被杀的危险。

三是专制式的管理。白色恐怖笼罩着台湾，人们往往在自己没有觉察到的情况下，被以违反"××管制办法"、依据"××惩戒法令"被惩处。按照台湾当局的规定，每户人家必须与3家进行"连环保证"，军公教人员要与2人以上"连保切结"，如果一人为"不良分子"，"同事、同学、同工及亲属、戚友、佣工"等人中"就有许多人被株连"。

户口管理上极为严格，经常进行户口总清查和突击检查，从1951年3月至7月间，仅台北一处就进行了98次的户口突检。每次检查，均出动大批军警宪特人员，如临大敌，大肆逮捕民众。如1950年4月30日的一次检查后，据不完全统计，总共逮捕12084人。

为防止大陆的声音传到台湾，国民党当局强迫备有收音机的人进行登记。凡是想购收音机的人，先要得到由"保安司令部"审核发给的准购证。一架收音机还要年交30元的执照费，执照上又要贴足16元的印花税，执照费和印花税价值收音机价的百分之十以上。逾期交纳上述两项费用的要加倍处罚。凡是出售无线电器材、收发报机、收音机的单位，一律要将器材名称、数量、存放地点，详细填表后交"保安总部"。

蒋经国根据上海打老虎的经验，在台湾又搞起人人自危的检举、举报运动。检举内容主要是：某人言论倾匪，某人行动诡秘，某人偷听广播，某人经济来源不明。正如当时的一位特务头目所说，很多人"唯恐与自己有关的人确是共谍，将来受到牵连，所以先向政府自首"。恐怖之下，人民何谈安居乐业？

至于新闻检查更为严格，由七个警察特工机关专门组成"宣传会议"，对任何报纸、杂志、书籍都可以正式或非正式地"过问"，可以任意撤掉记者的稿件，裁撤"不称职"的记者，处分任何一家报刊、出版部门。有一家独立性较强的民办报纸，只因刊登了一则香港报纸上的消息，内容中有对蒋介石大不敬的地方，报纸被责令停刊半年，责任编辑也坐了几个月的牢。1953年春，又是这家报纸发表了一则"孔祥熙将返国出任政府要职"的消息，刊登了一张三年前宋美龄与孔祥熙在美国孔宅合影的照片，被判为"荒谬"，责令停刊三个星期。有一次，在"文化清洁运动"中，有十余家杂志被封。

对于人民的集会、结社，则规定必须要由当地行政、党务、治安机关派员"指导"，没有得到批准、没有通知警察机关的集会和成立社团，一律取缔。

除了以上种种非正常的警察、特工管制外，为了便于全天候地监视及考察军公教人员的表现，了解其政治动向，蒋经国把警察、特务机制引进政府部门的组织人事系统，上自"总统府"，下至乡镇区公所，在所有政府机关内，特设"人事二处"或"人事乙室"，作为"调查局"的派出机构，利用人事机构的有利条件，全权负责审查各类军公教人员。对任何与"蒋家王朝"不一致和不忠的行为，及时通知有关方面予以制止。人们稍有不慎，名字就会上黑名单，重则下狱，轻则永远失去晋升的机会，成为"内控使用"人物。

四是滥捕滥抓。为抓"共谍"，闹得鸡犬不宁，"共谍"帽子满天飞，多少人被押上刑车。一位翻译工作者因译了马克•吐温的书，被当作宣传马克思主义而被捕。一位中学音乐教师在编辑教材时，因选用的几首民歌中有歌曲《读书郎》，该歌歌词中又有"为了穷人要翻身"等词句，被认为是"严重政治问题、为匪张目"，书被查禁，人被逮捕。更多的是那些不满蒋介石独裁、国民党专制、蒋经国抓权的人，被特务觉察，以"共谍"的罪名予以逮捕。也有不少人因为一两句话不慎而招致牢狱之灾。在抓人越多官运越好的政治气候下，特务横行，滥捕滥抓，敲诈勒索，无所不为。倒霉遭殃的是人民大众，很多人被押上警车，还不知道自己有什么不是。

五是大开杀戒，滥杀无辜。蒋经国的苛政酷律，主要是镇压人民的反抗和对付共产党的，所以国民党当局撤台后"共谍"成为最大的罪状，并处以最重的刑罚。因"共谍罪"被处决的，有致力于人民解放事业、曾任"国防部常务次长"的吴石中将等一大批中共地下党成员，有爱国民主将领、曾任浙江省府主席的陈仪上将等一大批民主进步人士，有不少无辜百姓，也有黄埔系骨干李玉堂中将等被追究失败责任者。

蒋经国以他特有的政治敏感度，依靠台湾"保安副司令"彭孟缉，在蒋介石复职"总统"的前一天，同时侦破洪国式为首的"中共总潜伏案"、裕台贸易公司为首的"中共经济潜伏组织案"、李朋和汪声和的"苏联间谍案"等轰动台湾的三大政治案件。类似的重大"共谍案"不少，其中1949年9月至次年5月间，破获的"中共地下组织案"达数十起。

蒋经国主持的特工部门，究竟把多少"共谍"送上刑场，这个"秘密"外人不易知道，从当时的外电报道和知情者的揭露来看，处决人数达到惊人的程度。外电说："国民党台湾当局经常一车车地屠杀匪谍"，仅1950年3月22日，一次就杀了300余人。1952年12月17日，一家外国通讯社说：最近两周来已先后枪毙了"共特"80多人。"共谍"也成了蒋经国清洗异己的借口，1950年4月2日一家外国报纸说：在3月23日就有数名"高级军事人员被枪决，内有中将6名，少将13名，彼等均有'共党'嫌疑"。1951年11月23日一则外电称："国府今晨枪毙第八位将级将领。"

除了惨死在国民党的枪口之下，还有不少人被关进集中营。例如"保安司令部情报处"的秘密监狱在"戒严令"发布时，"犯人，600余名，1年后即达3000多人，在火烧岛上还有5600余人。监狱里人满为患，从1953年起连续几年台北当局把添建拘留所列为年度中心工作之一"。

在关押政治犯、"共谍"的集中营内，更是人间地狱，有些人被秘密处决、丢进大海里喂鱼。正如李宗仁在1954年2月间发表的《致蒋介石先生的公开信》中所说："不知名之无辜人民，深夜被捕，密送台湾附近之绿岛（火烧岛），从此形音消沉，骸骨无何者，何止千百？凡兹暴政，谈者色变。"

蒋经国的苛政，主要是基于对共产党的仇恨，同时也想通过大逮捕、大屠杀的手段，吓唬百姓，要民间停止任何形式的反抗，结束任何形式的不忠行为。蒋经国的特务统治，还真换来社会的稳定，多少无辜者的鲜血、尸骨，成为蒋经国治台有方的垫脚石。可是，人权、民主是压不住的，只是时间上的推迟、斗争的形式不同而已。时过三十余年，也是蒋经国本人批准"解除戒严"，苛政实施初期被捕被军法判处为终身监禁、关押在绿岛的"终身犯人"也被开释，这是民主和人权的胜利，这里面也有历史的必然。

在北京西山国家森林公园内，有一座无名英雄纪念碑。在碑前的景观墙上有毛泽东主席题诗:"惊涛拍孤岛,碧波映天晓。虎穴藏忠魂,曙光迎来早。"碑文是"夫天下有大勇者,智不能测,刚不能制,猝然临之而不惊,无故加之而不怒,此其志甚远,所怀甚大也。所怀者何?天下有饥者,如己之饥;天下有溺者,如己之溺耳。民族危急,别亲离子而赴水火,易面事敌而求大同。风萧水寒,旌霜履血,或成或败,或囚或殁,人不知之,乃至陨后无名。"在国民党当局撤台前后,中共秘密派遣1500余名干部入台,后有大批地下党员被捕,被国民党当局公审处决的有1100余人,英雄们长眠在祖国的宝岛台湾。无名英雄纪念碑就是纪念这些忠贞不渝、宁死不屈的英雄,就是要展现隐蔽战线先烈的丰功伟绩,当然也是对蒋家父子屠杀共产党人的声讨和控诉。

控制青年组织

　　蒋介石到台湾后的整个统治机器,都是大陆时期的缩影。为了增加撤台后的政治稳定性,收买人心,扩大统治基础,蒋经国着手恢复在国民党"六全"上与国民党合并也就是取消的三青团组织,"中国青年反共救国团"应运而出,并成为国民党当局撤台后唯一新发展起来的旧组织,以解决国民党脱离青年这一历史遗留问题。

　　1952年10月31日,为纪念蒋介石65岁生日,在12天前的"七全"上成为中央委员、7天前的"七全一中"上成为中央常务委员的蒋经国,以"反救团主任"的身份,主持了"反救团"的成立仪式。虽说"反救团团长"为蒋介石,可该团的全部事务均由"主任"蒋经国处理、决策。

　　蒋经国用他在赣南时期练就特有的宣传和组织青年的本领,带着一群帮手,热热闹闹地开张。发展以蒋介石为领袖、由蒋经国主持的"反救团"组织,成为国民党党政军各系统的政治任务,无人敢怠慢,顿时台湾的每个角落都弥漫起"组团气氛"。五年之后,"反救团"形成完整的体系,整个组织有一个总团部,24个县市支队和15个大专学校支队,下属302个大队,1064个中队,9462个分队,有团员115093人。

　　蒋介石为何在五年前解散三民主义青年团,如今又搞起类似的名堂?一句话,都是为了蒋经国。撤销三青团是为了扩大长子在国民党内的势力范围,重组"反救团"则是为了扩大长子在社会的影响，提供接班的条件，为接班铺路。

蒋经国在组织政团方面确实有着超过其父的才能，蒋介石为提高国民党内的政治热情、活跃统治区域内部的沉闷气氛，也曾提倡过"民生""民育""民乐"，搞过什么"新生活运动""复兴传统文化"，可方式上只是进行枯燥无味的反共理论说教及宣扬封建伦理道德，所取得的结果也可想而知：官方十分卖力，民间冷眼相待。

蒋经国却不同，根据赣南赤峰和虎冈等地的经验，根据青年的特点，开展团的活动，使得"反救团"既不失吸引力，又保持其政治性。

说它有吸引力，是说"反救团"通过开展各种各样的活动来掩盖本团政治上的反共本质。例如"反救团"出版过 170 种 300 余万册的青年丛书；利用寒暑假期间，举办过登山、探险、滑翔、航海、远洋、潜水、游泳、野营、文艺、体育、自行车、家庭工艺、民族舞蹈、徒步环岛旅行等青年喜爱的活动；组织过交通实况、土地作物、中央山脉森林、化学肥料使用、鸡传染病等调查队；组织过市政、山地社会、古史遗迹、山地教育、应用科学等考察队；组织过地方教育行政、新闻、电力、乡村卫生、人类学、测量、工业职业、蔬菜种植、山地艺术教育、化学工程等研究队；组织过昆虫和动物标本、风土、植物、植物病土害标本、药用植物、海产生物等采集队；组织过航海、童子军野营实习队、水利测量队、风土写作队。1954 年起还特意为女性青年举办车绣、缝纫、刺绣、编织、造花、打字、会计、家政、应用文等短期训练班。

为促进青年的学习，"反救团"特意在总团部、支队部设立奖学金和助学金委员会，每年发放奖学金。1957 年 3 月 29 日第一次发放，有 415 人得奖学金、1151 人获助学金。为提高"反救团"的吸引力和声誉，蒋经国还在团内设立"忠勇、仁爱、孝友、和平、救助、强身、勤俭、负责、礼节、博学"等十二种奖章，分别奖给被当局挑中、在各种各类活动中表现突出的"反救团"团员。

以上活动，既与社会经济生活和学校教育结合得很紧，又适合青年的特点，满足年轻人的好奇心和求知欲。尽管以上活动名目繁多，层次不一，有无收获令人怀疑，可搞得轰轰烈烈，起码达到了宣传的目的。尽管因为经费、技术、辅导人员不足等原因，前 5 年间参加各种活动的团员青年只有 42158 人次，可年轻人对此还是持欢迎态度的。

说它的政治性，是说在"吸引力"的背后，蒋经国有着不愿让人说穿的目的。按主办者的说法，"反救团"进行的教育和各种暑假活动，是"文武合一的教育，是坚持德、智、体、群四育并重的教育，是礼、乐、射、御、书、数六艺兼修的教育，是学校教育的延长与扩展，是社会教育的开展与充实"。蒋介石也说："国家需要革命青年，青年需要革命教育。"

他们所说的"革命教育"，是通过"反救团"对广大青年进行忠于蒋介石、忠于国民党的政治教育和反共理论教育，那些文体、科研、社会调查活动是短期的，而政治灌输却是长期的、经常的，这才是蒋经国热心"反救团"的目的所在。

"反救团"的基本政治教材是"三民主义基本教材""领袖（蒋介石）对青年的训示""中国之命运教材"等。此外还通过"反救团"主办的《青年修养》《团务》《文学》等期刊，作为宣传蒋介石、蒋经国建团理论的阵地，作为进行政治灌输的工具和辅助教材。

反救团进行的"忠君"教育，把失败的党魁、被人民唾弃的"国君"蒋介石，变成了"英明、慈爱、必定完成反攻复国大业的领袖"，变成了"不怕挫折、好学奋进的青年楷模"；反共教育则把大陆描绘成一片黑暗。最无聊的是，则是把一切团务活动都与"忠君""反共"联在一起。蒋经国的一切努力，都是为了把假象告诉青年，增加青年的反共思想意识。

"反救团"的"革命教育"，是要通过举办各类团务活动，加上四出宣扬，把处于失败情绪中的国民党官员、士兵和民众，导向一种虚幻的、自我安慰式的境界。在当时的宣传、报道中，经常出现各种研究队、调查队、考察队、采集队、文体活动的消息。人们眼中所及皆是"反救团"的旗号，到处都是青年快活的声音，给人造成一种全岛歌舞升平的印象，蒋经国的"宣传"，虽然不是十分成功，手段却是一流的。

"革命教育"中还有一项主要内容，是组织青年、学生进行军事训练。"反救团"的口号为："学习战斗技能，充实战斗知识，培养冒险犯难精神，养成互助合作美德，树立守法习惯，锻炼坚强体魄和勇敢意志。"1953年台"国防部"决定开始在大中学校实施军训，当年及次年先后在中等学校和大专院校执行。军训内容是"军事知识之传授，军事基本动作之训练，生活管理军事化为重点，务求每一在学青年了解军事精神的真谛"。"反救团"忠实执行"国防部"的军训计划，在团务活动中，比例较大的是各种军训活动，如射击、驾驶、电讯、救护、海陆战斗、战地勤务、军事服务、军舰维护等。在团务活动中，规模最大的是军训队，如战场勤务队、技击队、金门战斗营等。按照"蒋主任"的设想，希望在"反救团"的组织下，青年们能够成为军事"保卫台湾"的不在编的"青年军"。

这种远期效益虽说一直没有产生出来，可"反救团"对蒋经国的直接效益却有不少：无处不在的"反救团"骨干，成为监视各级官员及民间的既合适又方便的特殊力量，成为"反救团主任"蒋经国的直线耳目。对人民的安全，形成很大威胁；对非蒋嫡系势力、不法官员来说，更是望而生畏的力量。国民党上层的有识之士称"反救团"为特务外围组织，不赞成从"政府系统"提供经费，呼吁解散这一"三青团第二"组织，不是没有道理的。

就蒋家父子而论，儿子在宣传民众、组织团体、操纵舆论方面要远胜于父亲。"反救团"及其活动，同二十年以前蒋介石发起、也搞得轰轰烈烈的"新生活运动""献机祝寿"等运动比起来，要成功得多。蒋经国寓教于乐，用青年的兴趣所在作为吸引的手段，再掺和政治说教和反共内容。这就是儿子比老子高明的地方。

调整军事战略

1950年4月17日晨，解放军第四野战军所属四万官兵，分乘数百艘帆船、机帆船，强渡琼州海峡，与冯白驹将军指挥的琼崖纵队会合后迅速展开，20日解放海口市。国民党当局的海南防卫总部撤至榆林，军队向榆林、陵水等地逃跑。蒋介石见琼岛守军覆灭在即，赶紧派出二十余艘舰只前往接运逃兵。29日，六万余名国民党官兵逃上海轮，当最后一个监督其他军队登舰的宪兵营用小船驳到大轮上时，解放军已经追到海滩，只得靠着军舰上的远程大炮掩护，宪兵营才得以离岸上船。

蒋经国是这样解释海南失守的："由目前的形势看来，自从国军撤出西昌之后，海口已失去了'跳板'的作用。同时我们反共抗俄的最高策略，就是集中一切力量，巩固以台湾为主的据点，准备反攻大陆。所以军事力量的分散，就是战略的失败。在过去政府已尽了最大的力量，在海南布置必要的防务，所以海口的放弃，就是基于全盘战略的要求而决定的措施。"

在国民党的大失败和大撤退过程中，海南岛成为粤湘桂滇黔川康和台湾之间空远和海运的"跳板和中转站"，大西南由解放军占领后，国民党方面不再需要这块"跳板"。原来防守海南岛的主要是粤系军队，粤系三巨头陈济棠、薛岳、余汉谋分任海南行政长官、防卫总司令、行政副长官。三人准备在海南岛依靠海峡天险与中共顽抗下去同时，曾与在鄂湘一带手握重兵的白崇禧密谋"军事控制海南，经济争取美援"的粤、桂二系联手东山再起的计划，到头来"反共倒蒋独立计划"因桂系三十万大军被中共击溃、逃琼不成而破产。

蒋介石、蒋经国对海南岛的态度是自相矛盾的。为了安排好撤台事项，有秩序地撤退，取得更好的撤退效果，还需要海南岛。以解决当时美式运输机不能进行超长途飞行的难题，利用日本人在占领海南期间修筑的五个机场，为大西南至台湾航线上的飞机加油。在1949年下半年至次年春，起降海南的飞机很多，大都满载运往台湾的物资、武器和人员。海南岛的秀英和榆林两港也肩负起海上中转站的重任，大批从华南、西南抢运出来的物资都送海南集结再运台湾。

"跳板、中转站"作用一失，"二蒋"担心又起，唯恐海南落入粤系手中。如果陈济棠、薛岳、余汉谋三人在海口站住脚，无疑将成为国民党内对蒋家不满者的集中地，成为国民党的又一政治、军事中心，与台湾分庭抗礼，双方的政治账将永无了结之日。为防止这一失控现象的产生，"二蒋"对粤方是只用不养。在西昌未失之前，途经海南岛港口、机场的轮船、飞机，是满载来满载去，不见卸下一兵一卒、一枪一弹支持当地守军。

海南岛的"必要的防务"，全是1949年10月间在解放军第二、第四野战军紧追围歼之下，从广东沿海逃出来的粤系军队负责，这批败兵败将，自登上海南岛后从未得到台湾方面的军需补给，蒋家父子对"必要的防务"没有尽到"必要的责任"。解放军向海南发起进攻后，蒋介石和蒋经国又是坐山观"陈"败，见陈济棠部的战斗力已被解放军摧毁、粤系已无翻身再起的实力后，急忙派出轮队前来接应，以便把几万粤军残部运到台湾改编为从属自己的"正宗国军"。至于粤系三巨头中，被蒋介石和蒋经国看中、继续飞黄腾达的是薛岳。

"国军撤出西昌、海口的放弃之说"则与事实不符。西昌守军的下场蒋经国最清楚，在西昌守军被解放军包围时，有胡宗南逃离西昌到台湾向蒋经国报告；在西昌守军被解放军消灭后，有接替胡宗南指挥部队的罗列和盛文从战场死人堆里爬出后，流窜几千里逃到台湾，向蒋经国报告最后全军覆灭的经过。明明是被消灭，又何谈"撤出"？"海口的放弃说"也是拖泥带水，含混不清，明明是在解放军紧追下逃窜、被消灭数万人后依靠现代化的交通工具才得以逃离海南，又何谈"放弃"？人们心里明白，蒋经国也明白，他的"撤出"和"放弃"，意味着被消灭、被打垮，最好的下场也是被赶走。

解放军渡海作战获胜，把"古宁头战役"后建立起来的宽松、安定气氛一扫而光，海峡不能阻挡解放军向沿海岛屿的进攻。海南失败后十天，蒋介石担心从上海撤到舟山的汤恩伯部难逃覆灭的命运，更担心如果解放军进攻舟山，汤部将缺少海南岛那样的回旋余地，根本没有派遣军舰前往接应的时间，必然提前行动。

此时的舟山地区局势，明显有利于中共方面，大部分岛屿已经落入大陆之手，国民党的舟山群岛及定海防线门户已开。面对此情此景，蒋介石听取蒋经国关于"大陆都已丢失沿海岛屿为何不能放弃，收缩、集中兵力对台有利"的建议，决定"转移舟山驻军，集中台湾，确保反攻基地"。

为保证撤退计划顺利贯彻，海运行动的公开代名是"运输美援及日本赔偿物资"。1950年5月11日，"副总参谋长"郭寄峤、"空军副总司令"王叔铭、"海军副总司令"马纪壮飞到定海，协助"浙江省主席"兼"防卫司令"石觉、"防卫副司令"兼"52军军长"刘玉章安排逃跑。

13日黄昏，守军各部分批登船，15日深夜起锚。为保守秘密，各种无线电通信全部停止，全区实施戒严，军、师长待部队集结上船后才被告知航海路线和目的地。与此同时，派出81架次的飞机对大陆前沿阵地进行轰炸扫射，干扰解放军守军。登船时，装甲兵和75毫米以上的炮兵部队第一日登轮；定海本岛的守备部队于第二日晚开始登船；前沿岛屿及岱山、普陀、长白山、秀山诸地区的守备部队是第三日上船。17日上午8时，在外海已集结30余小时的船队启程，20日到达基隆港。撤到台湾的装备和人员有121辆坦克、180辆各类机动车、12万5千名官兵。蒋经国此次没有去定海，而是和接运海南败军时一样，守在基隆港，待轮队靠岸，立即把船上的编有52军、67军、19军、87军、75军等5个军番号的部队缩编为3个军。当然，这是中央军内部的整编，将、官的命运要稍好于从海南而来的粤军。

蒋介石、蒋经国终于赶在解放军进攻舟山之前，指示、安排守军悄悄逃跑。

蒋介石指挥得最好、进行得最顺利的军事行动就是舟山撤军。他在 5 月 16 日晚 10 点 45 分的广播讲话中称:"半个月之前,我们撤退了海南岛的部队,今天定海的军队也主动的向台湾及其他卫星岛上集中了,这就是我复职以后第一步计划完全实现了。……今后三个月内,'共匪'如果来侵犯台湾,那就是我们国军迎头痛击、乘胜反攻大陆的时机。这样三个月以后,我们就可以正式开始反攻大陆了。如果'共匪'始终不敢来侵犯台湾,那我们亦要在一年之内,完成我们反攻大陆的准备。至迟一年之后,亦必能实行反攻大陆。"把海南、舟山撤退,说成是收缩兵力、固守台湾似乎可信,可把撤军说成是反攻大陆之始,则谁都不会相信。

进入 1955 年以后,大陈岛地区局势变得紧张起来。中共领袖们作出决策,决定把台湾海峡间的金门、马祖等岛让给国民党的方针保持不变的前提下,解放大陈岛。

大陈海域北起南田、南至沙埕,长约 174 海里,共有大小岛屿 90 多个,其中上、下大陈岛面积最大,各在 10 平方公里之下,两岛相隔 1 海里,距大陆不过 14 海里。新中国成立之初,岛上没有国民党的正规军队,只有一批从大陆沿海逃出来的落魄官员、散兵游勇和土匪。朝鲜战争爆发后,美国西方公司代表皮尔司准将与时任"国防部参谋次长"的郑介民会商后,由美方支助,在大陈重组游击队,作为干扰、破坏大陆正常秩序的武装力量,并开始把大陈地区筹组为进攻大陆的前哨基地。

1951 年 3 月 17 日,蒋介石任命自己最赏识的黄埔系骨干,1950 年 3 月自西昌逃回台湾、因败绩被民意机构弹劾的胡宗南,出任"反共救国军总指挥兼浙江省主席、党务特派员",驻扎大陈的大岙里岛,随之调来的是台湾由编遣军官组成的四个军官团。1952 年 2 月,军官团与原来岛上的残部,扩编为六个突击大队、一个海上突击队。其中第 1 大队驻上、下大陈,第 2 大队驻南麂,第 3 大队驻渔山,第 4 大队驻一江山,第 5 大队驻披山,第 6 大队驻上大陈,东南干部学校驻上大陈。海上大队有六个小艇队,负责在各岛之间联络、运输。

在化名"秦东昌"的胡宗南的指挥下,"反救军"先后三十余次偷袭浙闽粤沿海的洞头、白沙、黄礁、金镇卫、沙埕等岛屿及地区,严重威胁东南沿海人民的生命安全和经济建设的正常进行,中共领袖们决定割除这一毒瘤。1953 年 6 月 24 日,解放军一部攻占距胡宗南指挥总部只有 14000 米之遥的积壳山岛,岛上守敌89人无一生还，大陈岛连环防线被突破，胡宗南和美国西方公司的代表吓得跑回台北。

胡一跑，大陈另设"防卫总部"。为筹设新机构，蒋经国特意飞到大陈岛，主持改编。接管"防卫总部"的是原"国防部第三厅厅长"、刚从美国参谋大学毕业的刘廉一，"浙省主席"为原胡宗南的参谋长钟松，大陈防务变动、加强，并不能挽救败局。

1954年5月，"第一届国民大会第二次会议"召开，蒋介石连任"总统"，解放军送来的贺礼是接连拿下鲤门、头门、田岙三岛。11月14日，在抗战胜利后美国送给蒋介石的、装有三寸火炮三门和四十毫米机关炮两门、时速19海里的台湾海军主力舰"太平号"，被解放军刚组建几年的海军击沉，吨位远大于大陆海军鱼雷艇的台湾海军军舰再无往日威风。1955年1月10日，刚组建几年的解放军空军又在大陈海域炸毁炸伤国民党方面四条战舰，制空权落入"中共"之手。1月18日，上大陈北面不远的一江山岛被解放军攻占，岛上的第4大队被彻底消灭。积壳山、一江山岛失守，使得大陈岛全部暴露在中共的岸炮轰击之下。

大陈守军只有两条路，一是跑，二是亡。死守就是亡，稍有与解放军作战经验的国民党将领都明白这一点，蒋介石更有切肤之痛。为避免全军覆灭，只有在中共登陆之前逃跑。下令撤退又有难处，这对刚有所稳定下来的台湾军心打击太难。最后让蒋介石下决心大陈撤军的，除了"守不住"的原因之外，还有就是美国的态度。

1954年12月2日，台美之间签订"共同防御条约"。蒋介石已经等了五年、姗姗来迟的此条约，明确规定双方共同防御的地区只有台湾、澎湖列岛，金门、马祖、大陈均不在美国第七舰队的保护之下，也就是说美国老板要蒋介石放弃位于大陆沿海的岛屿。之所以这样，则是因为美国比蒋介石明智和实际，在华盛顿看来，蒋介石靠反共决心和自己给自己壮胆的宣传口号来防守金门、马祖和大陈岛，而大陆方面却有实力以陆海空三军协同作战收复这三个地区，直到兵指台湾。美军顾问团力劝蒋介石、蒋经国从沿海岛屿撤军。

美国外交的老练、狡猾和自私处处表现出来，在"共同防御条约"的背后，有着不可告人的潜台词：放弃沿海岛屿之后，台湾、澎湖远离大陆，以造成"一中一台""台湾独立"的地理现实。对此，大陆早有觉察和提防，从1949年11月起就停止收回金门、马祖的行动，以加强大陆与台湾的地理和政治联系。蒋介石、蒋经国作为中国人，需要一个近望神州大陆的立足点，保持大陆与台湾的整体感，以不给对中华民族不怀好意的人予任何口实，共产党和国民党在这一点上是有共识的，蒋家父子接受大陆的安排。

但是，大陆对与台湾没有什么地理、政治联系的大陈岛，采取了对待同样远离台湾的海南、舟山那样的方针，武力攻占。蒋介石、蒋经国在大陈岛的去留问题上，也算识时务者，还是接受失败的事实：大陈守军与其死守被消灭，还不如及早撤离。话又得说回来，即使国民党军队继续待下去，利用大陈基地时常去大陆偷鸡摸狗、杀人放火，又能达到什么样的结果？只能加深民族之间的怨恨，只能加深两岸之间的仇视，不利于祖国统一，不利于两岸关系。

一江山之战刚结束，三个月前由"国防部总政治部主任"改任"国防会议副秘书长"的蒋经国立即飞到大岙里，部署撤军事项。此次撤退与海南、舟山撤退不一样，按蒋经国的计划，不仅要带走军队，还要把岛上的14000余名居民全部裹胁到台澎金马地区，造成一种"军民同仇、反对共党"的假象，以减少台湾方面因大陈撤退而引起的军心不稳、民心动摇现象。

1955年1月26日，大陈地区行政督察专员沈之岳发布公告，说是最激烈的战斗即将开始，为确保大家生命，要居民前往县政府进行登记，以便准备交通工具，疏散到外地。长期生活在国民党的"反共、恐共"宣传下的大陈居民，就在不明真相的情况下，与军队混在一起，被迫离开了家乡。

大陈撤退，结束了国民党当局撤台后军事部署上的混乱时期，军事格局基本上稳定下来。最为重要的是，随着美台"共同防御条约"的签订，抓紧落实成为当务之急。

在台美双方协商"共同防御条约"过程中，1953年9月11日到10月20日，蒋经国作为台北当局的代表飞赴华府会见各界要人。在感谢美国方面之余，蒋代表顺便开出长长的要货单，为顺利渡过台湾的经济、军事恢复时期，需要美国提供及时的、更多的援助。美国方面对蒋经国的要求大部接受外，还给予这位来自台湾的代表以热烈的欢迎，同四年前他的继母宋美龄到华盛顿求援、在白宫一再遭到冷遇形成鲜明的对照。美国是蒋经国到过的第二个国家，在对自己到过的苏联、美国的比较中，显然他对美国的印象要比苏联好，而对苏联的印象要比美国深。

蒋介石、蒋经国在接受美援的同时，却在时刻提防着美国，坚决不让"美军顾问"绕过自己直接插手国民党内和军内事务，更不让"美军顾问"妨碍自己权力的行使。为提醒美国人不要过多干预台湾内部事务，为压制国民党上层中正在悄悄起来、挟美自重的"亲美派"，蒋经国利用美台关系已经进入正常时期、趋向不可逆转之势，以及美国在短期内不会放弃太平洋远东防线上重要一环——台湾的有利时机，在内部开始清理"亲美分子"，最突出的例子就是整垮孙立人将军。孙立人是为数不多的国民党当局到台湾后最早晋升的"二级上将"之一，又是因为到台湾后的事务被整，事出有因。

一是军中反整顿力量的反弹。1950年3月，蒋介石、蒋经国起用孙立人，除讨得美方的欢心外，还有就是借重这位西方培养出来的将领，对以黄埔系为核心的台湾陆军，按照西方训练方式和编制，进行全面整顿。问题是被整的黄埔系，不敢反对蒋家父子的整顿和改造，但反对孙立人的胆量还是有的，他们全力以赴对付孙立人，攻击孙立人，人言可畏，积非成是，蒋介石逐渐接受这些意见，准备放弃孙立人。

二是孙立人与"美军顾问团"关系太近。蒋介石在抗战期间有过"史迪威事件"、在1949年1月下野至次年6月间有过被美国抛弃的经历，所以对美国提防之心很重，蒋经国再三命令，不准三军将领与"美军顾问"私自接触。可孙立人与"美军顾问团"来往过多，美国方面也有意无意地经常称赞孙将军。几年下来在蒋介石那里已经造成一种孙立人挟洋自重、丧失"党魂"的印象。

三是孙立人直接挑战蒋经国的势力范围。孙立人认为，军中"政治作战"部门权力太大，对军事干预太多，已经成为军队内部的特务系统，故应按照美国军队编制和世界各地军队的惯例，取消政工、政战部门。这一招戳到蒋经国的痛处，他对军队的控制主要是通过政工、政战部门进行，通过政工干部对各级军事主官的监督、对军士们的监视来掌握军队的动向，通过平行于军事指挥系统的政战系统来控制军队。孙立人的态度和主张深深得罪蒋经国。

蒋介石、蒋经国两人一生的政治生涯中，很大一部分精力、注意力是放在防止手下出现军事强人，当然时刻盯着孙立人的行动和表现，孙立人下台只是时间问题。1954年6月，蒋介石把孙立人调离"陆总"，升任"总统府参军长"。1955年5月，因旧部郭廷亮等人的联络行动被认为是"倒蒋政变"，孙立人被迫辞去职务，接受"副总统"陈诚为首的"九人委员会"的调查和审讯，同时开始了为期三十三年的软禁生涯。

孙立人事件的出现,在当时的台湾并不意外,无论是军界政界,还是社会各界,当时此类政治事件太多,人们已经习以为常。与此相类似的,还有之前发生的"吴国桢事件"。深受蒋介石信任和重用的吴国桢,在撤台之初,也被美国舆论和政界视为国民党官场的"好官、能人",也是因为任上海市市长时与来上海"打老虎"的蒋经国不合作埋下根子,吴国桢在台湾省主席任内再次因为特务系统、"反救团"活动与蒋经国不合作,最后不得不离开台湾前往美国,随后于1954年春双方隔洋论战。公开、正式处置吴国桢、孙立人,标志着国民党统治集团上层的不同意见基本消失,政治权力组合逐渐蒋家化,政治对抗趋于高压下的平静,台湾政局进入国民党专制、蒋介石独裁为特征的"以力服人时期"。在这过程中,蒋经国发挥了关键的作用。

至此,查看国民党的官场人事,蒋经国的所有政敌,都以失败而结束了与蒋经国的对峙。蒋经国的政敌很难说是哪几个人,而是指国民党旧的党政军系统、整个干部人事系统。他在同旧的政治形态的斗争中,全力建立起自己的干部、组织、军事、行政、经济、党务体系和人事,非常完美地完成"接班实习期"。

从整体上看,蒋经国当时没有走到台前,只是通过向其父提出颇有分量又往往被采纳的建议,在各项大政上打上他的烙印。或者说无论是国民党改造、整肃军界和官场派系、处理吴国桢和孙立人等,他没有像组织"反救团"活动那样抛头露面,更多的是在幕后操纵。这也是蒋经国在"接班实习期"的基本特征。

四、主管军事　接班之路

1956年4月,蒋经国第一次"入阁",开始踏上"接班之路";也是自始至终由他个人负责的第一项工作的完成,完成从"接班实习"向"接班之路"的华丽转身。

安抚退伍老兵

安排退伍军人、解决退伍老兵问题,对不少地区来讲都是现实问题。对于老兵来说，退伍并不奇怪，或者说是幸事。可在台湾，对国民党老兵来说不是易事，更不是幸事。"国军"老兵退伍之日就等于流浪社会之时，因为他们无法回到在大陆的家乡，无法回到亲人中间。

国民党的士兵确是一支可怜的、特殊的群体。长期以来，由于"国军"内部的军阀作风盛行，士兵没什么人身权利和保障可言；由于经济危机不断又扩军作战不断，部队经费不能保证，再加上各级军官吃空额喝兵血，士兵生活较苦；由于战事频繁，军务任务重，再缺少必要的医疗保障，士兵长时期处于超体力的训练、修筑工事和紧张作战之中，疲惫不堪；更由于军事指挥系统无能及反共本性，士兵成为世界上少有的、牺牲率最高的战斗人员。撤台之后，以上处境并无改变不说，还多了一个思乡愁。

在20世纪50年代初期，台湾二等兵的月薪只能买三包香烟，一个准尉月薪只能买两条香烟，待遇之低甚于大陆时期。随着时间的推移，撤台士兵年龄不断增加，成为名副其实的"胡子兵"。官方又规定军官和技术人员要28岁才能结婚，士兵不能与当地异性通婚，"胡子兵们"回不了家乡，自己还难以成家，人心军心难以平稳。

蒋经国为稳定军心，先后提出了一些动人的口号，如"士兵干部化、军队学校化"。他说："士兵干部化就是让你做干部的准备，只要将来踏上大陆，你们个个都变成干部。""军队学校化就是让你充实你自己"。"国防部"还发给每个老兵一份"战士授田证"，凭此证明，"在反攻大陆后，每个人都可得到每年生产净燥稻谷2000市斤面积之田，战死，或残废或有功者，增加二成"。利诱之外，蒋经国又强化军内特务、恐怖统治，审查各部队军官是否忠诚。富有想象力、多疑心的蒋经国说：对军队指挥机关内"工作最好的人也要注意，因为他们可能是匪谍，是伪装者"。在军队内部还普遍开展"效忠宣誓""歃血效忠""效忠签约"活动，保证官兵"绝对信仰三民主义，效忠领袖，反共抗俄到底"。不少部队规定每三人须填写"联保切结书"，一人违纪，三人同罪。此外军事最高当局还公布了"战场十大杀律"，靠专制高压的管理方式，换来军中的稳定和统一。

蒋介石、蒋经国花招翻新，手段毒辣，在部队管理上或多或少有一点收获，可"胡子兵问题"并未解决，每年正常退除役的老兵成为严重的社会问题。大部分属于无技术、无文化、年已三十左右的老兵，成为社会经济各部门不受欢迎的人。

蒋介石只得成立专门机构，处理"胡子兵"难题。

1956年4月，蒋经国第一次进入"内阁"，出任"行政院退除役官兵就业辅导委员会副主任委员兼代理主任委员"，以此来推动已经成立一年半、业务无所进展的"退辅会"工作。"退辅会"成立于1954年11月，部门主管是被国民党上层誉为"经济专家"的严家淦。蒋介石本想借助严的"经济特长"，能够为文化水准低、无技术、无家可归的大批退伍老兵找到一条生计。可是严家淦无志于"退辅事业"，整日以"政务委员"的身份忙于既受各界欢迎又极易出"业绩"的"运用美援工作"，肩负"技术培训、介绍就业"的"退辅会"成为名不符实的官僚衙门。

蒋经国来到"退辅会"，用意很明显，希望他能利用特殊身份和背景，改变"退辅会"的不景气状况。蒋经国上任后，立即改变了"退辅会"的面貌。因为他干劲大，所以"退辅会"工作效率大为提高；因为他身份特殊，财经界和实业界对"退辅会"大开绿灯，所以退伍兵的生计或多或少得到解决。

"蒋主任"只是给"胡子兵"找了一个安身立足之地，并未给为"蒋家王朝"卖命多年的老兵们带来什么好运。撤台后数年间的退伍兵大部来到崇山峻岭中间，修筑横穿台湾中央山脉的横贯公路。修路分外艰苦，缺乏起码的施工机械，施工地段山高路险，全靠老兵们肩扛手提、镐挖锹铲来进行。修路工人流血流汗，最后修成了长达350公里长的横贯公路。修路辛苦，蒋经国当然不会像退伍老兵那样，靠卖苦力换一点高于社会一般水平的薪金，可他还有在赣南时的一股劲，曾亲自与工程技术人员一起奔走于大山险境之中，决定公路走向，并且时常出现在工人中间，进行鼓动。且不说"蒋主任"的这些行动能有什么效益，但高级官员却很少有人像他这样去做。

横贯公路，沟通了台湾东西部的联系，对开发中部山区、促进东部的经济发展起到不小的作用。同时修路工程在近4年的时间内，容纳了大量的退伍老兵，为蒋经国寻找安排他们的职业和去处赢得了时间。公路修完，老兵们有一部分去学校学习，也有一部分进了工厂，更多的人去了蒋经国筹办的"农场"。第一个荣民农场"福寿山农场"创办于1957年5月，此时蒋经国已经正式出任"退辅会"主任委员，在以后七年任期内创办了"大同、武陵、清境"等10多所荣民农场，安置了为数众多的"胡子兵"。到1961年11月，十二万多的退除役的"胡子兵"由"退辅会"安排了各种各样的职业。他们的职业不是上等职业，生活不是优裕的生活，在台湾比起来，老兵们的职业、生活均属下等，说到底只是给无家可归的老兵们安排了一个落脚点。

到1987年10月，台湾当局响应大陆呼吁，蒋经国同意一部分台湾同胞回大陆探亲，这批退伍老兵在与家乡隔绝近三十八年后，终于有了回家探望的一天。有了"通行证"，很多老兵却因没有路费而不能成行。当年老兵退伍时，只拿到一笔可怜的退伍费和一张永远也无法兑现的"战士授田证"，到"荣民之家"后每月2928元新台币的工资，扣去伙食费后只剩下1200元的零用钱。老兵们发愁地说，这1200元钱，"抽烟就没了，哪来积蓄的路费？即使够了，又哪有数额更大的见面礼？"

为此，台湾社会上的一些知名人士，对老兵的处境深表同情，出面为老兵募集探亲路费。台湾当局也用五万现金收回"战士授田证"，以使老兵能够成行回家探亲，事实上这五万元连回大陆的路费都不够。由此可以看到跟随蒋家父子去台湾的老兵们生活之艰辛，几十年的当兵、工作、劳动后，连回家的路费都没挣到手。对此，已经离开人世的蒋介石、蒋经国不知有何想法。

应该说蒋经国在解决"胡子兵"难题上，虽说不理想，但在当时没有更好办法做到让蒋介石、党政军、社会上、胡子兵都较为满意。尤其是蒋介石经过观察八年来长子的工作和业绩，开始加紧定向培养儿子时期，重点放在对领导国民党来说至关重要的军事、外交和经济三个方面，全面开始"传子准备"。

操纵政局演变

在"一党专制"的台湾政界，能否掌握军队关系到能否掌权。对此，蒋介石的体会最深，他本人一直在努力实施的是"军队国民党化""军队蒋介石化"，军队成为他独裁、专制的工具。所以，蒋介石要长子走上"接班之路"的第一件事就是掌握军权。

对军界，蒋经国并不陌生，撤台后军队的改造和整顿是他一手指导、操纵完成的，只是没有正式、直接指挥过三军而已。1960年7月，没有军事职务的蒋经国被授衔"陆军二级上将"。此事一宣布，立即在台湾岛内和海外引起广泛注意。蒋经国并不符合"国军"内晋升为"三星上将"的条件，远的不说，其军龄比不过同父异母的弟弟，可蒋纬国此时也不过是"陆军少将"而已；虽说经国与军界来往很多，经常作为其父的代表去各军种各兵种各基地视察，可没有参加过战斗，也没有具体指挥过一次战役，现被授予只有军界各总部长官才有资格担当的"军衔"，只有一个理由可以解释，这就是蒋经国将要跨入军界、成为最高军事长官，成为蒋介石的接班人。蒋介石本人刚因违反原来"宪法"中"总统"连任两届的规定出任第三届"总统"而遭到广泛的谴责，并引发"《自由中国》事件"，现在他的"传子阴谋"又遭到海内外的一致批评。尤其是在美国人的心中，蒋经国也成为台湾的"恐怖人物和神秘人物"。为此，蒋介石不得不把对儿子的任命向后推迟，蒋经国只好安心于"退辅会"工作。

虽说他依旧经常在横贯公路、荣民农场、农垦实验区转悠，可已把注意力放到"退辅会"之外的政治舞台。这位"退辅会"的"上将主任"，亲自处理的与本职工作无关的大事有二，一是解决"五二四事件"，一是镇压雷震及《自由中国》杂志。前者，使蒋经国成为"台湾的神秘人物"；后者，使蒋经国成为"台湾的恐怖人物"。

1957年3月20日午夜11时，"总统府"所属阳明山"革命实践研究院"职员刘自然，被他的好友、美军上士雷诺杀害在其家门前。此案从未公布过真相，肯定地说：刘自然死得不明不白，地下又多了一个冤魂。雷诺凭着"外交豁免权"和矛盾百出的诡辩，经"美军顾问团军法处"的草草审判，判为无罪开释。在整个事件过程中，美国方面做了许多小动作，犯罪杀人的人无罪，法庭袒护杀人罪犯，对此台湾人义愤填膺，社会舆论也相继发表文章，纷纷要求公布事件真相，惩办罪犯。

国民党官方对市民要求查清事实的呼声不闻不问，对要求伸张正义的呼声置之不理，对制裁杀人凶手的要求连提都不敢提。美方更是态度傲慢，混淆黑白，颠倒是非，滥用外交特权，一味为罪犯开脱，违反起码的国际准则、惯例。

5月23日，"美军顾问团军事法庭"发言人菲尔德上校宣布："本案被告雷诺被控任意杀人，经本法庭陪审团审讯调查结果，投票表决，宣判无罪。"第二天上午10时15分，刘自然的夫人刘奥特华在美国"驻台大使馆"前抗议，不久支持及围观的群众达一万多人，为表示群众的义愤和不满，不少人冲进使馆内部，出现了一些打砸抢行为。下午3点左右，台湾省警务处长乐干宣布戒严。晚上7

点40分，愤怒的群众再次冲进使馆内部。与此同时，三万多群众又包围了位于中山堂前的"美国新闻处"和位于圆山的"美军协防台湾司令部"，再次出现冲击"美国新闻处"和台北警察局的行动。

群众的行为有过分的地方，但也是出于义愤，为维护中国人的基本权利而动。国民党当局对雷诺及"美军顾问团"毫无办法，对人民群众则毫不客气，蒋介石立即下令撤销台北卫戍司令黄珍吾、"宪兵司令"刘炜、台湾省警务处长乐干三人的职务，派出军队进驻闹事区，到深夜11点，局势平息。25日俞鸿钧"内阁总辞"，26日蒋介石向"美国大使"兰钦赔礼道歉。整个事件过程中，群众死一人、伤38人，美国"驻台"各机构及台北警察当局无人员伤亡，美国"大使馆"和"新闻处"因受冲击损失约5万美元。

五万美金对美国来说，是九牛一毛，不足为奇，如果一个美国公民被人打死，不仅要追究刑事责任，对死者家属的赔偿金恐怕是天价，现在刘自然仅仅因为是中国公民而白白送命，而且在美国和国民党当局眼中还成为"五二四事件"的祸根。

美国方面大做文章，趁机利用此案来惩治一下不太听话、担心国民党当局和台湾被"美"化的蒋家父子。华盛顿当局认定此案为蒋经国暗中支持、导向的结果，按他们狭隘、自私、主观的逻辑推理："五二四事件，实乃精心策划，……没有人幕后指示，中国人不会疯狂地为一个死者大张旗鼓。"

要说"五二四事件"与蒋经国有关，那就是事件是由于蒋介石、蒋经国不顾中国人的尊严，为了"美援"不顾原则，一味讨好美国人引起的。这才是事件的根源所在。至于美国军人，如果不侵驻台湾，如果在台湾安分守己，或者在杀死人后能依法惩处凶手，台湾人民也不会"疯狂地为一个死者大张旗鼓"。美国人以强凌弱，侵犯人权，这才是事件的主根源所在。

七年多来，美国的援助给蒋家带来了好处，给国民党当局带来了稳定和实力，给人民却带来了麻烦、痛苦，刘自然的非自然死亡只是带来了人民不满情绪的总爆发。平心静气地讲，台湾人民打砸美国"使馆"的家具、汽车和密码机，固然有失礼的地方，可对美军的暴行、蒋家父子丧失民族尊严的行为，台湾人民又有什么更好的抗议办法呢？

美国人把蒋经国称为"幕后人"，纯粹是出于对台湾当局施加压力的需要，而无任何真凭实据。美国方面有所不知，如果蒋经国真为策划人，真想利用群众运动来达到教训美国人的目的，美方恐怕不是只有五万美元的损失了。再说国民党政权撤台仅八年，各方面还未进入发展时期，从"有奶就是娘"的信条出发，台湾当局离不了"奶"，怎么会先抛弃"娘"呢？从美台关系和台湾的实情分析，当时不具备蒋经国发动数万市民掀起反美高潮的条件。当然这不排除蒋介石、蒋经国采取这样的行动：为维持自己的绝对权力，防止"美国顾问"干预内政，分化统治集团，重演大陆失败时的"换马术"，故时常清洗过分亲美的官员，加强对内部的控制。但绝不会发动群众性的反美运动。

如果说"五二四事件"的直接起因为蒋经国所未预料，那"《自由中国》事件"则为"太子"一手制造。《自中》杂志创办于20世纪50年代初期，杂志发行人为寄居美国的胡适，社长为雷震。雷震非一般之士，曾任国民大会副秘书长、中央银行监事、"大陆灾胞救济总会常务理事"、"总统府国策顾问"，也算决策中心的人物之一。只因他跟上胡适，联络远在美国和港、澳地区活动的"反共倒蒋"的第三势力，于1951年秋所任"官职"全被蒋介石撤去，以后就专门从事"反共倒蒋"的"民主活动"。

《自中》杂志以"民主、自由"为办刊方针，以不偏不倚国共两党的中立态度出现，故对海内外华侨影响很大，台湾官方对《自中》一直盯得很紧。该杂志在刊载不少为国民党助兴、反对大陆文章的同时，也发表过许多批评国民党的文章。杂志根据西方资产阶级民主政治的原则，时常指责台湾当局的黑暗统治和特务活动，蒋经国对此十分不满。

《自中》创刊后，同国民党当局的矛盾主要集中在以下几点：《自中》认为国民党的基本国策"反攻大陆"是虚无渺茫的空想；台湾最大的援助国美国应利用提供的援助，压国民党放弃专制统治、实施民主政治；台湾应由人治、党治转为法治和民主；取缔特务活动，取缔"反救团"；取消"党禁"，允许组织新党。蒋介石、蒋经国当然反对以上的"异端邪说"。

为此，台湾当局与《自中》一直未中断"笔仗"之外，蒋经国一再要求特工人员严格监视雷震的行动，直至不失时机地查封有问题的《自中》当期刊物。导致蒋经国关押雷震先生的，是关于蒋介石续任"总统"之事。

1960年3月，蒋介石在当了十二年的"总统"之后，又当上"行宪"以来的第三届"总统"。"总统"的行动，违反了只能连任一次、任期只能十二年的"宪法规定"。这难不倒蒋经国，"创新精神"再次得到充分表现。就像在1948年5月蒋介石当选总统后见《宪法》规定的总统权力太空太虚又增加"宪法临时条款"无限扩大总统权力那样，让"大法官"出面解释"宪法"条款，加上"非常时期'总统'可以连选连任"的内容，完成了蒋介石出任"终身总统"的法律条款。

蒋介石有当"终身总统"的"自由"，人民当然有批评的自由。对于蒋介石违反"宪法"、做选举"总统"假戏的行动，《自中》在选举假戏的前后，发表了一系列揭露蒋介石强奸民意、玩弄"宪法"、热心独裁的卑劣行为。《自中》的声音，打乱了台北政界、党报政刊上"拥戴领袖""蒋总统英明"的"颂歌大合唱"。早在1959年2月2日，蒋经国为保证父亲在"融洽气氛"中连任"总统"，指使台北"法院"两次传讯雷震，警告《自中》在"总统选举"前不要再发表为官方所不悦的文字。雷震同他的名字一样，在胡适（此时已定居台北）及另外一些各界名人的支持下，没有满足蒋经国的要求，继续发表抨击政治黑暗、蒋介石弄权的文章，责问蒋介石如何向历史交代。为增加对国民党当局的冲击力，雷震又违反"禁止组党"的禁令，公开与李万居等人一起筹设"中国民主党"。

为政论家而非政治家的雷震真是小看了蒋家父子，真以为蒋经国会遵守他自己曾说过的"不以言论治罪"的表态和承诺。志大、气盛的蒋经国岂能容忍《自中》堵在"蒋家王朝"的门边不停地唱反调？1960年9月4日，雷震及总编辑傅正等人被捕入狱，罪名果然不是"言论"犯法，而是"包庇匪谍"和"煽动叛乱"。经"军事法庭"审判，10月8日雷震被判处十年徒刑、剥夺政治权利七年，其余被捕的人也相应被定罪判刑。蒋经国终于一洗十年来被《自中》任意贬责的耻辱。"雷震案"震动了台湾和海内外，人们对蒋经国刮目相看，尤其是对他无中生有、制造事端的专制功夫更是有所领教。

以上两事，导致蒋经国的名声大损，"五二四事件"使得他成为美国人眼中的神秘人物，"《自由中国》事件"使得他成为世人眼中的恐怖人物。蒋经国为改善"外交形象"，摘掉这两顶帽子，变"恐怖"为"民主"，变"神秘"为"透明"，于1963年9月6日飞赴美国作为期两个星期的访问。到华盛顿后，会见了美国总统肯尼迪、国务卿腊斯克等政界要人。令蒋经国感到意外的是，对"神秘"和"恐怖"之事只是偶尔有记者提起外，健忘的美国大员们早已把"砸美国大使馆"和"雷震坐牢"事忘得精光。令他感到放心的是，美国政界和实业界对自己还颇有好感。

这也不奇怪，任何时候不忘金钱效应的美国执政者和实业家，当然不会慢待来自当时美国销售商品的主要市场之一——台湾的实力人物。

蒋经国此行的真实意图是在谋求更多的进攻性武器，开出的武器单上主要是重型武器。自20世纪50年代初以来，美国为防止台湾海峡间发生大规模的战争，一直在确保"台湾安全"的前提之下，拒绝提供能为蒋介石挥兵进攻大陆创造条件的大型飞机、舰只，拒绝提供轰炸机及作战半径超过台湾海峡宽度的战斗机，即使运到台湾的进攻性武器也不归蒋军管理、操纵，而由美军直接掌握。

1958年8月23日，大陆方面为反击台湾当局的挑衅行动，警告美国方面停止干涉中国内政，开始了对金门为期20年的炮击。到10月6日，在44天内向面积为178.5平方公里的金门群岛发射了约47万发炮弹，停炮一星期后改为单（日）打双（日）停。面对铺天盖地而来的炮弹，蒋经国希望得到更多的武器援助。使得他亲自从台北跑到华盛顿去要飞机、要军舰、要大炮的，当然不仅仅是因为大陆的军事压力，而是因为他觉得，大陆三年自然灾害及其后遗症、中苏关系恶化、苏联向北京讨债，已经构成国民党反攻大陆的最好时机。

要反攻大陆、对大陆用兵，除要得到美国方面的赞成外，更需要美国的援助。在与"美军顾问团"再三会商后不获同意，故蒋经国直飞美国活动。美国的态度没有改变，当初在1954年12月3日由杜勒斯和叶公超签字、次年3月3日正式生效的"共同防御条约"中规定，台湾须事先与美方磋商并得到同意后，才能对大陆采取军事行动。美国人似乎在扮演海峡之间"和平卫士"的角色，事实上这是美国执政者干涉中国内政、侵占中国领土的花招。白宫以阻止国民党当局向大陆发动进攻为名，实际上执行的是在1955年1月28日美国国会参议院通过的"台湾决议案"。"决议案"是这样决议的："兹授权美国总统，于其认为必要时得使用美国武装部队专事确保台湾与澎湖列岛，以防武装攻击。"一方面要用武力阻止大陆发动"解放台湾"、统一祖国的战争，一方面以此为借口赖在台湾，保持在台清泉岗、台北、台南等四个空军基地，基隆、高雄的海军基地，新竹、草山、中坜等十三个通讯和情报基地。故用"阻止台湾向大陆发动军事进攻"作宣传，掩盖其真正的意图。

美国一直在台湾海峡炫耀武力，经常驻扎台湾的战斗人员达一万人左右，其中包括以第327空军师为主的空军打击和运输力量。1957年5月又把"斗牛士"

地对空导弹、B52远程轰炸机运进台湾，次年秋再把原子炮部署到台湾。海军方面在"共同防御条约"签订前，经常在台湾海峡巡逻的有四艘驱逐舰，两艘一批轮换在南日岛至北礵山岛间巡航。大陈解放后，美舰巡逻地区南移至马祖、金门间。"八二三炮战"以后，美国把大陆方面的行动误认为是武装"解放台湾"的序幕，分外紧张，除为国民党方面提供至金门的运输舰只外，还把巡逻战斗舰只增加到十四艘，为蒋介石壮胆，"专事确保台湾与澎湖列岛，以防武装攻击"。

所以说美国标榜的"和平之神"，实是自我吹嘘，是干涉中国内政的借口。到1961年大陆进入经济困难时期，美方把四艘驱逐舰减为三艘，其中进行战备巡逻的只有1艘。同时，属第72特混大队的空中巡逻机中队，也把侵犯中国领海领空的行动移到距大陆海岸线50海里外的上空。

美国一方面在海峡炫耀武力，一方面又限制国民党的军事行动和军事规模，说明了对蒋介石的不信任。美国的执政者及美军驻台"顾问团"无法忘记国民党当局的八百万军队是如何在短短的四年间被消灭的。他们由此而断定：台湾当局对大陆的任何军事行动无疑将是飞蛾扑火、自我毁灭。至于对国民党方面和蒋经国不断吹嘘的1949年底至1963年间148批近三万人次骚扰大陆的偷袭行为和二百余人次的空降特务派遣，美国方面不以为然，只是当成鼠窃狗盗之举；至于这15年间1000余批2100余架次对大陆的轰炸、侦察及特工飞行，美方则认为无足轻重，不起作用。故尽管蒋家父子和国民党其他要员们一再发表讲话，要求美国政府放宽条件，给国民党当局"对大陆采取军事行动自由"，可白宫的主人们一直没有让步。

对台湾方面提出的关于把金、马地区包括在"共同防御条约"规定的保护区之内一事，美国官方认为金马地区的军事实力已经超过了防卫所需。在总面积仅为178.5平方公里、六万居民、由十二个岛屿组成的金门岛区，国民党集中了五个步兵师，105～240毫米的榴弹炮、加农炮、岸炮372门，40～90毫米的高射炮152门，坦克和自行火炮265辆。在总面积不过28.94平方公里、1.7万居民、由九个岛屿组成的马祖岛区，国民党集中了两个步兵师，105～240毫米的各类火炮130门，40～90毫米的高射炮145门，两岛区还有空军、海军协防。台北当局称金马地区"防卫力量"不足是无法让人相信的，金马两岛区是"防卫阵地"还是"进攻基地"，稍有军事常识的人不难认清，金马是后者而不是前者，正如台湾官方所说：金马是反共的前哨基地和堡垒。密度如此高的兵力、火力配备，在"自由世界"里恐怕并不多见。故对蒋经国再次提出"协防金马"的要求，"大老板"不予理睬。事实上，即使金马真属"防卫不足"状态，美国人从制造分裂中国的地缘政治出发，也不会答应"协防金马"。

对蒋经国开出的美国向台湾提供远程重型和中型轰炸机、登陆运输舰、F4鬼怪式战斗机、潜水艇的要货单，置之不理。从朝鲜战争爆发到蒋经国访美，美国已向台湾提供价值24.7亿美元的武器和军援拨款，但其中就是没有上述四大类装备。例如对大陆海岸线进行登陆强攻最急需的登陆舰，在蒋经国访美前给过少量的外，访美之后基本上停止供应。例如美国总共向台湾提供了700余架飞机，但大都是运输能力有限的C119、C123型运输机，F100A、F104A等作战半径有限的战斗机，RF101、RF104、P2V型侦察机，较为先进的战斗机、运输机、轰炸机、侦察机一架也没有。关于潜水艇，美国参议院则以"台湾防卫不需要"和"不符合美国的政策"数次予以否决。

蒋经国的美国之行，受到盛大的欢迎，可没实现预定的目标。不过他也是不虚此行，回台湾时带回了一大沓美国非进攻性武器的供应单。蒋介石对儿子的美国之行，对儿子在"外交舞台"上的表现，相当满意，这是政治接班训练的重要一招。

热衷"反攻复国"

1963年12月，蒋介石的亲信、"行政院长"严家淦任命"退辅会上将主任"蒋经国兼任"行政院政务委员"，这是蒋介石为让已经推迟三年出山的长子，出任关键职务的信号。1964年3月，"行政院院委会"议决蒋经国出任"国防部副部长"。

"上将"任"国防部副部长"，并不为奇。令人感到奇怪的是，作为"退辅会主任委员"的"内阁阁僚"为何降任为"副部级"？至于"政务委员"任"副部长"更为"国民政府"历史上所少见。熟悉和研究国民党官场的人都知道，蒋经国任"国防部副部长"只是短期行为，只是蒋介石装出的让儿子"走台阶""按需配职"的一种现象。再说蒋经国任"正职"还是"副职"无关紧要，反正他到哪个部门都是说话算数者。即使在他不该管的部门，人们也得敬重他七分，对他的话不敢不听。十个月后，固然不出所料，蒋经国取代已经担任"国防部长"十一年之久的亲家公俞大维，升任"国防部上将部长"，在完成"退辅会主委"任务后，踏上"国防部长""行政院副院长""行政院长""国民党主席""总统"接班旅途的第二站。

蒋经国任职"国防部长"期间，如同在以前的各类职务的任职期间一样，把所管的军事战备工作搞得热火朝天，堂哉皇哉。其特征是能够把狂热的"反共"宣传和反共军事活动联系起来，造成一种反攻大陆就要由空想变为现实的不正常气氛。

他在重弹"反共复国""反攻大陆"老调的同时，继续进行并加强对大陆的各种偷渡、空降、派遣和侦察飞行等特务活动。上任第一年派出的有去无回的偷渡特务就有18批42人次，各种侦察飞机对大陆的飞行45批50架次，在沿海地区还不断派出一些海狼艇对大陆的船只进行袭扰。

对台湾内部，更是掀起一股股"反共"军事活动高潮，人为地制造海峡间的紧张情势。蒋经国上任"国防部长"一个月，就宣布全岛进入"局部性戒备状态"，各部队停止休假，陆军战备机动部队随时待命，空军进入三级战备。一些部队进行扩编，把富有进攻性的空降团扩为空降旅，把一个陆军师改为可以渡海进攻作战的陆战师，并且在马祖单独成立"防卫总部"。新"部长"还煞有介事地制订出"动员与应变计划"，要求民间进行疏散、防空、反空降演习。为配合反共宣传，蒋经国屡次命令进行全岛性的大搜捕，抓捕"不安定分子"。1967年初，蒋介石、蒋经国下令进入"全面性戒备"。2月1日成立"戡乱时期国家安全会议"，蒋经国兼任"国安会总动员委员会主任委员"。在具体军事行动上，"国防部"决定向马祖和台湾东部等前沿地区增派三个轻装步兵师，以增加反登陆的力量。

军事上蒋经国还有更大的野心，他已经拟订出多种以特种兵、空降兵为主的袭击大陆的行动计划，准备利用"文化大革命"造成的混乱局势，捞取军事上的好处，类似的反攻方案有"王师1、2、3号计划"和"棉湖1、2号计划"等。根据1967年初提出的"王师1号计划"，准备对闽浙粤三省沿海地区和闽粤交界处实施"加强军"空降、两栖登陆作战，使用总兵力为三个步兵师、一个装甲旅、4至9个特种作战大队、三个空降营和一个炮兵营、一个空军战斗机联队和一个运输机联队，外加所需的海军运输、巡航舰只。根据"王师2号计划"，准备用40架C119运输机运送一个空降营和两个特种作战大队偷袭大陆。根据"王师3号计划"，准备空降一个连和一个特种作战大队偷袭大陆。"王师计划"和所有的"反共"军事计划一样，全部流产。一直高喊而没有实施"反共复国军事行动方案"，这是蒋经国明智的地方，这样既可以起到宣传作用，又能避免如果实施则无法避免的损失。1968年4月，蒋经国又提出了"棉湖计划"，方案所定的规模、安排、兵力与"王师2、3号计划"大同小异。

按蒋经国的智力水平和对解放军作战的经验教训，心中非常清楚，任何针对大陆的军事计划只是一种宣传而已，无实用价值。但这种耳提面命式的宣传，可以把台湾人的注意力集中到对大陆社会主义制度的仇视上来，减少对国民党当局的压力。至于军事上能否有收获，事实已经证明，历年来派到大陆的武装、隐蔽特务均属"一去不复返"型，只有"失败"这唯一的结果。

蒋经国担任"国防部长"后，一再出现在国际外交舞台上，四出活动。1965年9月19日飞到美国，与国务卿腊斯克、国防部长麦纳马洪、前总统艾森豪威尔、现总统约翰逊会谈，并发表"联合声明"，双方重申尊重"共同防御条约"。1966年4月24日和1969年2月两度飞汉城（今首尔），与韩国独裁者朴正熙商议合作反共问题。1967年11月26日飞东京，与日本政界右翼势力代表、首相佐藤荣作会谈，以阻止日本民间及不少政界、工商界的有识之士与大陆发展政治、经济、文化关系的行动。在东京期间，"蒋部长"还会见了美国太平洋驻军总司令夏普上将，再谈美国军援台湾及双方军事合作问题。

1969年3月20日第4次飞到美国，出席第二次世界大战的英雄、国民党撤台后的主要支助人、美国前总统艾森豪威尔元帅的葬礼。5月12日又到泰国活动。蒋经国任职"国防部长"四年间，是一生中对外活动最多的时期。任"部长"前的十五年间，只有三次访美活动；离任"部长"后的二十年间，只有1970年4月访美和5月访问南越各一次。"部长"对外活动的增加，与在岛内正在进行的接班计划是一致的。他屡屡出现在国际舞台上，既可以锻炼"外交才能"、改善自己的形象，又可以向为数不多的国民党当局的"盟友"解释蒋介石的"传子计划"，加强同盟国的沟通。蒋经国在20世纪70年代后对外活动几乎减到零状态，实是不得已而为之。此时中国在毛泽东、周恩来的努力下，迎来外交新局面。国民党当局的对外舞台在短短的几年间，变得异常狭小，蒋经国可以去的国家和地区越来越少，对外活动的次数当然与之同步下降。

加快接班部署

蒋经国任职"部长"不久，陈诚病逝，顿时使得蒋经国的"接班趋势"显得明朗化，"接班问题"立即被提到议事日程。1965年3月5日病故的陈诚，时任国民党副总裁、"副总统"。此人自黄埔军校创办起追随蒋介石，四十余年来成为蒋介石最信任的干部和最重要的助手。他与蒋介石的亲密关系主要表现在经常作为蒋介石的"钦差大臣"四出奔走，处理紧急军务和政治难题；表现在他能够对蒋介石直言不讳，蒋介石能够对陈从谏如流。陈诚以自己的忠诚和能干，赢得了蒋介石的信任和重用。

国民党当局撤台后，蒋介石从众多的助手中，挑出原任国防部参谋总长、"东北剿共总司令"的陈诚，原中央银行总裁的俞鸿钧，原台湾银行董事长、台湾省财政厅长的严家淦，作为国民党当局的一线决策人物，作为自己和长子蒋经国之间的接班过渡人物。三人中，蒋介石最先考虑的是陈诚，然后是俞鸿钧，再次是严家淦。特别是陈诚，经常代表深居简出的蒋介石公开出场。

陈诚于1948年10月出任台湾省府主席兼保安司令。1949年7月出任东南军政长官。国民党政府迁台后于1950年3月出任"行政院长"。1954年5月20日，在"国民大会"复会的第一届第二次会议上当上"副总统"，"行政院长"职交与俞鸿钧。在1957年10月召开的国民党"八全"上成为副总裁。即使在陈诚身为副总裁、"副总统"的情况下，再接俞鸿钧任"行政院长"。陈诚于因为身体有病辞去"行政院长"时，俞鸿钧已病故两年半，继任者换为严家淦。到陈诚死后，蒋介石觉得手下已无人配当"副总裁"，干脆撤去"副总裁"职，"副总统"则由严家淦继任。国民党设副主席则是李登辉主政后的事。

蒋介石让陈、俞、严3人出台，并不影响培养蒋经国的计划，反而还是培训长子计划的一部分，这是因为长子需要有人"护航"。蒋经国到台湾时，正好四十岁，与其父1927年政变上台时的年龄一样。不同的是蒋介石执政南京靠的是实力，凭实力政变上台和坐镇国民党官场。蒋经国没有实力，"接班上台"就得稳重一点。当然，蒋经国可以使用铁腕，依靠神圣不可侵犯的"改造"，可以把孔祥熙、宋子文、陈立夫等"大佬"赶走；可以把何应钦、白崇禧、朱家骅等重臣请出决策核心圈，去当有名无实的"顾问"；可以对孙立人、吴国桢等不服管教的要员，予以惩处；更可以在全岛范围内，任意抓人、关人、杀人。可是他有权有势，但无威无望，人们只有被他压服的不满，而无对他信服的忠诚，如果过早走到前台，恐怕难以服众。

　　蒋介石在让儿子积累政治资本的时期内，先请陈诚、俞鸿钧、严家淦三人出面主持工作。三人中尤其是陈诚，不愧是蒋介石挑选、使用多年的干部，对蒋介石的安排心领神会，经常情愿与不情愿地作出让步，全力为蒋经国护航。

　　撤台以来，蒋经国的各种治岛方案一个接一个，之所以能够贯彻执行及大部达到预定的目的，与陈诚的支持是分不开的。陈诚和蒋经国共事起始于三青团时期，当时位高权重势大的陈诚，对刚从苏联回国不几年的蒋经国的性格、脾气、志向并不熟悉，时刻予以提防，暗中还有拆台行为。在后来的合作经历中，蒋经国对比自己大十二岁的陈诚还是相当相信的，陈诚也没有像其他大部分黄埔系将领那样继续与蒋经国作对，两人的感情逐渐加深。到台湾后，蒋经国以自己的特殊地位，陈诚以自己不寻常的资历和为政才能，双方联袂合作，组成国民党新兴的政治势力——"实力派"，共同对付其他政治派系和地方军阀的剩余势力。

　　"实力派"人才济济，官星将星云集，主要骨干有"国防会议秘书长"周至柔、"总参谋长"彭孟缉、"国防部副部长"黄镇球和杨业孔、"国防部总政治部主任"张舜鼎、"陆军总司令兼台湾防卫司令"黄杰、"陆军一、二军团司令"胡琏和石觉、"澎湖防卫司令"刘安琪、45军军长高魁元等高级将领。有中央党部秘书长张厉生、"中常委"倪文亚和袁守谦及黄少谷、"司法行政部长"谷凤翔、"内政部长"王德溥、"政务委员"黄季陆和孟昭瓒、"侨委会委员长"郑彦棻、"中央社"社长曾希白、《"中央"日报》社长肖自成、"台湾省党部"主任委员郭澄、省府秘书长谢东闵等党政主官。其中有陈、蒋到台湾后提拔的新人，有多年的追随者，更有一些原为其他派系的骨干和识时务者，实力超过了国民党历史上的任何一个派系，故在撤台初期的派系斗争中大获其胜，一统"天"下，为蒋经国行使更大权力、扩大政治影响提供了合适的气候和环境。在台前陈诚说了算、幕后蒋经国说了算的"双轨制"中，蒋经国既是走"台阶"，又是高速地当上"国防部长"，与之相适应的政治基础也已初具规模。在这种情况下，"护航"的人反而又成为接班人的阻力，因为蒋经国不便超过他们。

生老病死的自然规律帮了蒋介石的忙，先是俞鸿钧1960年6月1日病故，再是陈诚。身负"党国重任"的陈诚，从20世纪50年代后期起，肝病就有恶化的趋势，到1963年12月保留副总裁、"副总统"职，辞去"行政院长"时，几乎已经到了卧床不起的地步。到蒋经国就职"国防部长"一月余，久病的陈诚因肝癌去世。

陈诚是第一位死在"双副"岗位上的高级官员，国民党方面给予最高规格的葬礼，之所以这样，因为蒋介石、蒋经国感谢陈诚对"蒋家王朝"的贡献。蒋经国送的挽联写道："三十年导师中殂，忧国不忧身，少长皆令照肝胆；千万里疆土待复，为河亦为岳，涕洟原许负弓旌。"他还发表公开谈话："陈副总统的逝世，在国家和党来说，是无可补偿的损失。在我个人来说，尤其是失去追随了近三十年的导师。陈副总统卧病以来，我曾晋见多次。最后一次谈话，是3月1日上午。当时副总统曾紧紧地握着我的手和我谈话。副总统虽在病中，仍殷殷以'国事'为念，并且对我个人勉励有加。"可见蒋家是十分常识这位多年的重臣的。

陈诚的离世，蒋介石在提拔严家淦补"副总统"缺的同时，决定让长子更快晋升，担任更重要的职务。陈诚的死，给蒋经国提前"更上一层楼"提供了机会。以后"护航"的严家淦，与陈诚过早病故没有成为蒋经国接班阻力不同，在蒋介石死时，蒋经国已是"行政院长"，接替父亲出任"总统"顺理成章，可蒋经国只拿到党魁的职务，"总统"职给了严家淦，因为严家淦是"副总统"，按"宪法"规定递补为"总统"。蒋介石的"护航计划"，造成严家淦不自觉地成为蒋经国接班路上的绊脚石，把蒋经国接"总统"推迟到三年后的"总统选举"。

五、出任"院长"顺利接班

陈诚的死，使得蒋介石重新考虑"护航"和"传子"计划，准备撕下儿子接班问题上的面纱，进入正常"传子之路"。在此之前，蒋介石为迷惑世人，掩盖建立蒋家二代王朝的真相，几次迂回。例如蒋经国出任"国防部总政治部主任"的时候，完全可以升任"参谋总长"或"国防部副部长"；蒋经国担任"国防会议副秘书长"的时候，完全可以长为"国防会秘书长"；蒋经国到了"退辅会"，成为"内阁成员"，完全可以升为"行政院副院长"，可当了八年"退辅会主任"后，又降任"国防部副部长"。这个迷魂阵是迷惑老百姓的,蒋经国接班是总的趋势,蒋介石之举,不愿让长子急于登台的唯一原因,就是尽量减少各种潜在、内在的反对势力及让儿子增加政治资本和官场经验。例如1965年1月间,蒋经国任"国防部长"的意图就和50年代初出任"总政主任"时不一样,二十余年来国民党军界的各种非蒋嫡系势力已经不复存在,军队成分趋于单一化,用不着进行疾风暴雨式、大规模的整肃和清理队伍的工作。蒋经国出掌"国防部",只是为了在军界扩大影响而已。要说"四年部长"对太子有何作用,那就是在任内,基本上确定了以后二十年的军事将官人选,为蒋经国自己顺利接班和转入"蒋经国阶段"提供军事保障。

1969年6月25日,"行政院长"严家淦为安排蒋经国,特意进行"行政院"局部改组,任命他接替黄少谷,出任"行政院副院长"兼任"国际经济合作发展委员会主任委员"。至此蒋经国开始全面插手经济事务,继军事、"外交"之后,以完成接班过程中的最后一个作业——管理和领导经济,也遇到一生中唯一的暗杀,更是加快接班步伐,走到前台主持工作。

访美期间遇刺

蒋经国对台湾的经济事务并不熟悉。国民党撤台之初,经济上暗潮四起,为解决经济危机,台湾当局成立了"台湾区生产事业管理委员会"(1949年7月成立),1953年9月改为"行政院经济安定委员会",1958年9月又改为"行政院美援运用委员会",作为专门的经济领导管理部门。针对20世纪50年代初期的经济形势,这三大机构先后采取了币制改革、三七五减租、公地放领、耕者有其田、恢复工业生产、执行定期经济计划等维持经济稳定的措施,这些措施也取得了一定的效果。

蒋经国并未参与其事,原因之一是他未任职于三大机构,原因之二是对经济不感兴趣,原因之三是对经济管理并不精通。从他在上海打"老虎"的经历看,与其说是遵循经济规律,不如说是更加相信长官意志和行政命令,压服工商界,压制违法者。在他开始主管台湾经济后,则把以前的那种"压"放到开辟、改善经济发展环境上,所以同为长官意志,管经济的效果大不一样。

上任"行政院副院长"的蒋经国，任内依靠智囊团，作出的重要经济决策是修筑台北到桃园中坜的高速公路，提出的经济方面的战略意见是注重农业问题，力图实现工农并举。在1970年11月27日的"国际经济合作发展委员会"例会上，蒋经国指出："农业、工业实为一整体，经济建设必须使农工配合发展，并应尽量设法提高农民利益。"他上任时正值第五期四年计划，执行这期计划的四年间，基本上成为台湾农业的转向期，以适应台湾工业现代化和出口型经济的需要，主要解决的是工业发展的黄金时代农业发展相对缓慢的不平衡局面。

到20世纪60年代末期，农业不仅已经无力像50年代那样再成为工业发展的巨大动力，而且自身的发展已经受到停滞的威胁。1969年11月，在"副院长"的创议和努力下，成立了"中央策划小组"，作为农业生产的最高决策部门。同时公布了"新农业政策纲领"，规定的扶助农业的措施有推行农业机械化，稳定农产品价格，发展农产品加工、拓展对外贸易，提供长期低利资金、增产粮食作物，改进畜牧生产、发展渔业等。

1972年7月24日成立"农业金融策划委员会"，提出降低田赋标准，减免农药进口税等具体支援农业的方案。9月间又公布了"加速农村建设重要措施"。以上种种农业经济政策，收到一定的效果。农业成本有所降低，在一定程度上提高了农民的生产积极性。在第五期经济建设计划实施过程中，农业生产平均年增长率达3.53%。

蒋经国大办农业，不失为高明之举。除带来了经济效益，也带来了农富就稳的政治利益。首先，由于台湾农业存在的一些固有隐患，如人多田少及土地改革引起的"地权分散"、带来农业经营规模过小的结果，严重影响机械化、专业化的推广，劳动效益提高有限。而官方所搞的弥补上述不足的"农地重划、共同经营、委托经营、合作经营"，又因农业技术、劳动力、大型农具、资金、水利等配套问题得不到很好解决，又使得以上措施推行缓慢，效果不明显。其次，由于劳动密集型工业的发展，对劳动力需求激增，造成农村青壮年劳动大量流向工业部门，造成农村劳动力严重不足，农业生产难以向高层次发展。其三，工农业生产者收入差距太大，农业收入偏低，农产品价格偏低，以及大量进口农副产品的冲击，使得蒋经国在第五个四年经建计划执行过程中取得的成绩很快消失，农业开始滑坡。在他以后出任"行政院长"期间，农业年增长率只有2.6%。在他当上"总统"

的第二年，农业增长率已为负数。

在对外贸易中，农副产品永远结束了 20 世纪五六十年代作为主要出口物资的历史。台湾粮食自给率下降，永远结束了"米糖农业"的历史，成为大米进口地区。工业发达，农业落后，台湾所犯的这一错误，也是一种"第三世界病"，经济各部门缺少规划，畸形发展，有的超前，有的萎缩，台湾农业没有跟上工业经济现代化的步伐。蒋经国对此想到了，但又无法解决。农业的不景气，成为影响到台湾经济能否继续增长、政治能否安定的热点问题之一。事实也是这样，台湾农民与政府的矛盾，特别是对援农、助农不力的农业政策的不满，超过了工商领域的劳资矛盾。所以拿台湾的常用语来说，农业已经成为经济发展的"瓶颈"。

在蒋经国升任"副院长"不几月，美国四年一度的总统选举进行。新当选的总统尼克松外交上首先考虑的重点是，准备采取行动打开与中华人民共和国封闭二十余年的大门。尼克松的外交战略打乱了整个世界外交格局，许多国家都开始重新调整各自的外交基点，把基点移到与中国建交、发展同中国人民的友好关系来，台湾国民党当局"外交冬天"来临。

蒋经国为推迟"外交冬天"的到来，特意进行了一生中最后两次外交活动。1970 年 5 月 11 日，他飞到西贡，对同在美国武力保护下的南越进行访问。与总统阮文绍、总理陈善谦数度密谈。此时，南越反共政权日子不好过，与北越的军事斗争明显处于不利位置。台越会谈，主要讨论的是台湾方面增加对南越农业、特工、军事工程的援助问题，蒋记政府对于援助反共政权，向来是出手大方。两人谁也不会想到，五年之后阮文绍依靠美国的帮助，只身从西贡逃到台北。

在访问南越之前，即同年 4 月，刚刚第八次当选为国民党中常委的蒋经国飞到美国。此次的目的只有一个，就是阻止中美之间的来往和中美关系的恢复。蒋经国自上任"副院长"后，受到一系列的"尼克松冲击"。

美国以尼克松上台为一转折点，开始谋求同中国实现关系正常化的道路，除了对北京发出各种联络、友好信号外，开始大幅调整对台政策。令蒋介石、蒋经国大为震惊的是：1969 年 12 月 25 日，白宫宣布，总统尼克松即日下令美国第七舰队停止巡逻台湾海峡。在此之前，美国方面已经撤销了原来在台湾海峡轮流巡逻的三艘驱逐舰，巡逻任务改由过航的美蒋舰只进行。这位白宫发言人还宣布，原定谈妥的由美国向台湾提供一个中队的鬼怪式战斗机的协定停止执行。过后不久，美国国会又投票否决了原定购买鬼怪机及辅助设备的5450万美元的对台军事拨款。蒋经国飞美前夕，美国方面又作出令台湾当局震惊的决定：美国飞机对侵犯中国领空的台湾海峡巡逻飞行停止，美军太平洋东海岸侦巡区也由距中国大陆沿海50海里延至100海里之外。三棒之下，台湾当局惶惶不可终日，大有末日来临之感。素有中国人不忘传统和历史优点的蒋经国，怎么也不会忘记1949年1月到1950年6月间被美国抛弃的历史，如今又要成为被美国抛弃的"孤儿"。

蒋经国及国民党的党政要员在台北与美国"大使"马康卫等美方代表频频接触，询问中美关系的进展和内幕，不得要领，只有劳"副院长"大驾到华盛顿亲自探问。美国方面由国务卿罗杰斯出面邀请，蒋经国、"行政院秘书长"蒋彦士、"外交部常务次长"沈剑虹等共五人于1970年4月19日上午9时20分到达旧金山，第2天上午10时乘美国方面提供的专机飞往华盛顿，到达时受到等候在机场的国务卿的热烈欢迎。以玩弄外交手段著称的美国人选择了"好聚好散"的道别方式，也知道蒋经国在岛内的"第二位置"，故对他分外客气。

善于察言观色、揣摩人意的蒋经国对美国东道主的假情毫无所疑。对主人的"盛情"只是感到"此刻即已沐浴于诸位友人热情洋溢之中"。他在机场发表的书面发言中还说："相信在谒晤尼克松总统，并拜访贵国朝野人士之后，不论是对中美双方有关问题之商榷，与对国际局势的一般讨论，都将使本人此次深受其益。"要说有"何益"，那就是美国方面或多或少、或明或暗地向蒋经国表示：中美人民的来往及中美两国关系正常化，已是不可抗拒的世界潮流。可蒋经国并未受其"益"而明白。

离开机场，罗杰斯陪同蒋经国前往白宫旁边的布莱尔宾馆。21日上午与罗杰斯、副国务卿詹姆森、助理国务卿格林、中国科科长舒尔密斯等会谈三小时。晚上尼克松总统会见75分钟后宴请，作陪的有后来打开中美大门的密使，白宫特别助理、外交事务顾问基辛格，有副总统阿纽格、国防部长莱尔德等高官。美国方面给了蒋经国最高的待遇，这对喜好排场的蒋经国来说是非常满意的。

1970年4月22日上午一早，蒋经国与美国国会和政界的台湾游说团骨干共进早餐。中午与基辛格、空军部长席曼斯、莱尔德等人会见并共进午餐。下午阿纽格又以茶会的形式予以款待。晚上举行访美代表团记者招待会。

4月23日，蒋经国出席了由尼克松的科学顾问德布里奇主持的科学简报会。晚上在台驻美"大使"周书楷陪同下举行答谢宴会，宴请罗杰斯等美国军政界要员，次日飞纽约继续访问。在华盛顿的四天时间，蒋经国公务繁忙，活动不断，没日没夜地工作，全部努力只为两件事。

一是重弹反共老调，说什么大陆"在极权暴力统治之下，人性文明被禁锢，人民自由被剥夺。加以其对外的颠覆及武装侵略之无所不用其极……所以我们不但要抢救大陆水深火热的大陆同胞，而此亦即所以出全力以消灭亚太地区的祸根乱源"。"亚洲问题乃以中国问题为中心，而中国问题的真正解决，必须恢复大陆七亿人民的自由。二十年来，世事在不断变化中，但有一事二十年来未变，今后也不会变的就是中华民国政府的反共复国目标。"污蔑大陆的政治制度和意识形态，是蒋经国在宣传中惯用的手段，"大陆黑暗论""人民不自由论"完全是蒋经国反共意识支使下想当然的产物。

二是希望美国继续与台湾保持关系，稳住后台"大老板"。蒋经国多次在访问中表示："始终对贵国朝野，抱持其钦佩、尊重与合作之热忱，愿贵我两国在长远的友谊基础上，在鲜明的正义立场上，愈益紧密合作。"一再强调"多年的传统友谊，和忠诚的盟邦关系"，"贵我两国，不仅理想一致，而且利害一致。双方作为长期的友邦和盟邦，也就是长期的保卫和平的伙伴，必能为维护人类正义自由的理念，而分摊责任。贵我两国有着共同条约的联系，自由中国的武器系统来自美国，贵国的军事顾问协助我们训练尤其是使中国武装部队趋向现代化。美国的经济援助对于贵国报纸有时所称'台湾经济奇迹'在道义上讲，中美关系显示，尽管世局错综复杂，两国始终互相信守诺言；在物质上说，'中华民国'有六十万军队，可随时支援中美在远东的自由目标。让我坦白地说，'共匪'不可能继续，除非美国领导的自由世界，给予它新的生机。"

蒋经国的种种努力和多次富有煽动性的讲话，确实感动了一些官员和院外集团成员，但美国官方并未认可。对蒋经国提出的组织由美国支持和援助的远东集体反共体系、美国应当一如既往地支持"反共堡垒"台湾国民党当局、向台湾提供先进武器、美国应当停止与大陆方面的接触和来往等要求，尼克松总统"只是很有礼貌地倾听，未作任何承诺"。

美国方面与蒋经国大摆龙门阵，大讲传统友谊，不讲美台关系的下一步打算，不讲拒绝提供 F4 型鬼怪式战斗机及其他质地优良武器的事情。最后，美国方面为减少自己发展中美关系的麻烦，拒绝与蒋经国一起发表联合声明。为此，蒋经国在记者招待会上，当有的记者问起双方如此热情的会谈是否达成什么协议时，蒋经国只得回答说："与美国首长的会谈，都是就国际局势作一般性普遍而广泛的交换意见，谈不到有何具体协议。"对有些问题，蒋经国并未死心，如在回答记者们提出的"是否在会谈中要求美国提供特别援助"时说："中华民国将来需要些什么新武器，这要由中美双方以后继续磋商。"在得知美国的所为后，蒋经国在记招会上不得不承认现实，无可奈何又故作镇静地说："苦难中也是欢乐的，在黑暗中也有光明，我们一定可以克服一切苦难，获得成功。"此类宽心话，远的不说，他从撤台后就不知重复过成百成千遍。要说"经济"，还真有点"光明"和"快乐"，至于"反共复国"则永无成功之日。

蒋经国在对美国的第五次也是告别访问中，留下了令他不愉快的记忆。在美期间，遇到一生中唯一的一次被刺事件。4 月 24 日中午，按照访问计划，蒋经国前往美国纽约布拉萨饭店出席工商协进会的午餐演讲会。因为当天下雨，他改变了原定从居住的 PAL 旅馆步行前往午餐会所在旅馆的决定。这一改变，救了"副院长"的命。原来已做好准备在蒋经国步行途中谋刺的凶手，因刺杀对象由车代步而措手不及，匆忙、临时赶到会场外行刺，已失去最佳时机。

蒋经国下车进饭店大门时，枪手黄文雄、郑自才窜过大门两边的警卫线，其中黄氏朝蒋氏的后背开枪时被美方保卫人员和蒋的高级随员、军官温哈熊抓住，子弹偏高飞出，凶手被擒，蒋经国逃过一劫。

四十四年后，郑东阳先生著文详谈此次暗杀事件。文中说事件发生时在美国康奈尔大学攻读社会学博士学位的黄文雄，在赴美留学第四年的 1968 年，深受西方高校中弥漫着的左派气氛的影响，对美国扶持台湾的"独裁政权""恨之入骨"，在其同样在美留学的妹夫郑自才等人的介绍下开始成为"台独联盟"的一员，周围"很多朋友组织起来，上了街头，有人甚至想回'国'（台湾）打游击，没人能完全不受影响"。针对蒋经国赴美，黄文雄和台湾学生在策划抗议活动时，"一位台湾学生突然提到刺杀计划，整个讨论活动开始迈向高潮。这个计划得到认可后，很快由谁来开枪成为一个让现场沉默许久的话题。有人建议可以雇用黑社会人士或是黑人执行暗杀，最后，讨论不了了之"。

在一旁的黄文雄"显得十分安静",他认为暗杀蒋经国只有一个普通的台湾人去做,才能凸显政治意义,那些雇用黑人或远距离狙击的匿名攻击,都不能有力清楚地向世界和美国人传递"台湾人不能接受蒋家父子的独裁,也不能接受父传子的接班设计"的"台湾人的政治诉求","而且暗杀行动执行时,一定要靠近蒋经国,如果误伤无辜,即使技术上暗杀成功,必然会伤害此举的政治意义"。"几天后,他的妹妹黄晴美、妹夫郑自才及另外一名同学赖文雄上门找到他,四人开始正式决定行动。郑自才负责买枪,而在蒋经国抵达美国的当天,黄文雄、郑自才、赖文雄用抽签的方式决定由谁去开枪"。

24日那天,枪放在黄晴美的皮包里,当他妹妹在饭店的南角把枪交给他的时候,蒋经国的座车正好转入饭店入口前面,"黄文雄很容易挤到墙角,并处在围观群众中的前三排"。黄文雄开第一枪时,没预料到的是,"一个机警的纽约警官看到了,飞身而起将他手肘往上托,子弹飞向蒋经国头部上方。在黄文雄开第二枪时,蒋经国已经进入旋转门的右侧了。而他也被一大堆警察压在身下"。正在示威队伍中发传单的郑自才见此景,跳进来"企图救走黄文雄",但很快他也被制服了。蜂拥而至的美国记者请蒋经国发表遇袭感言,蒋神态从容镇定地说:"这些怀有异见的人,他们如果有什么不同意见,可以向我陈述,我一定接见。至于这两个被逮捕的无知青年,我希望美国把他们释放。"

意外事件发生时,蒋经国已从旋进门进入大厅,死里逃生的他还算镇静,进门后先说的话是"有人受伤吗?"在演讲前又只是用了"外面有风有雨"来说明刚才的谋杀事。暗杀事件真让蒋经国难于冷静,一方面在美国的几天间,说了多少台湾全岛上下河清海晏、歌舞升平的神话,蒋介石和蒋经国也成了台湾的"明君""圣哲",谋杀事件打破神话。一方面反映出国民党专制、蒋介石独裁不得人心,台湾社会内部矛盾激化,台湾各种势力相互之间及与蒋家的矛盾在不断加深。一方面是"台独势力"的活动中心,已经从日本移到美国,进入"暴力台独阶段",有些亡命之徒自此开始在台湾内外制造一些恐怖活动。

"刺蒋事件"让美国下不了台,虽说美国国内枪击事件层出不穷,可在"外交场合"中并不多见。尼克松立即致电慰问,表示"至感遗憾","美国及本人闻悉此事,异常震惊,谨代表美国政府及人民致最真诚之歉意。"拍来慰问电的还有罗杰斯、莱尔德及纽约市市长。

台湾方面更是感到震惊，美国方面出于人道、面子和政治需要对蒋经国被刺表示慰问，台北的国民党当局则是出于如果蒋经国被害就会引起政局混乱而担心，蒋介石更是出于父子之情和延续"二代政权"而焦急。由于天气造成蒋经国行动的突然改变，也因为枪手黄文雄胆大心不细，郑自才行事不相机，结果枪响人未亡，蒋介石得知后，先惊后喜，转悲为安，脑中不禁浮起"大难不死必有后福"之类的千年古训。为壮声势，台湾当局发动各党政要员、各种团体出面致电慰问，"慰问运动"一时轰轰烈烈。

蒋经国并未因被刺而中断访问，继续到科罗拉多州首府丹佛市参观空军军官学校，26日到加利福尼亚州圣翁诺飞核电厂参观，27日离开洛杉矶到夏威夷，5月1日经东京回到台北。国民党方面除蒋介石之外倾巢而出，全部要员赶到机场迎接劫后归来的"太子"，极少在台北政治场合露面的蒋方良破例前来接夫，两人拥抱于机场。应该亲热一番，如果不是蒋经国命大，此时在机场恐怕又是另一出戏了。

蒋经国美国之行，收效不大，想要的东西没有要到。10月间台湾当局又派出"副总统"兼"行政院长"严家淦到华盛顿再去力争。尼克松也派出众议院院长艾伯特、加州州长里根以总统私人代表身份到台湾交底和摸底，蒋介石和蒋经国终于得到尼克松"不会抛弃老朋友"的保证。

难熬"外交冬天"

世界潮流，浩浩荡荡，发展同中国人民的友好关系是大势所趋，国民党当局的"外交冬天"来临。台湾当局的"邦交国"，在1949年撤台时有47个，在1969年升至70个。1970年10月13日，中国和加拿大建立外交关系，带来了大陆与外国建交的高潮，外国驻台北的"大使馆"日趋减少，到蒋经国出任"行政院长"时，与国民党政权保留"邦交"的只有39个国家，到他出任"总统"时，保留"邦交"的只有23个国家。以后在李登辉、陈水扁和蔡英文方面活动下经历增加和下降过程，到蔡英文主政第二年（2017年）底时只有20个。面对"断交风"，台湾当局的"外交部"一时被称为"绝交部"。

1971年7月9日，基辛格博士于出访远东途中，在巴基斯坦"治病"时突然

"失踪"，秘密飞往北京与中国总理周恩来进行历史性的会晤。1949 年 10 月后第一个踏上台湾的最高级官员、时任副总统的尼克松，于 1972 年 2 月 21 日以总统身份踏上中国领土，对中国进行有史以来美国总统的第一次访问。一周访问结束前夕，发表举世闻名的《上海公报》，奠定了中美关系的基础，也决定了台湾当局的命运。美国已经改变执行了二十二年的"扶蒋反共、对华封锁"的一手政策，开始实施一边继续扶持国民党当局、一边与中国发展友好和协作关系的两手政策，但公开层面是必须要执行一个中国政策、抛弃蒋介石集团。

在台北"总统府""行政院"和国民党中央党部内，蒋经国比谁都更关切着中美两国领导人的会谈。面对蒋的求"知"之心，尼克松只是在赴北京前派出基辛格会见台湾驻美"大使"沈剑虹、离北京后派出助理国务卿格林到台北通报此事。时到今日，蒋经国主要考虑的是如何应付美国保护伞由明转暗以后台湾的处境，对尼克松总统在善后过程中的"慢待"行为也就无心计较了。

国民党当局"外交"上的挫折，并非只是仅此一击，在尼克松北京之行前面有被赶出联合国事件，在尼克松北京之行后面有"日台断交"事件。

"赶出联合国"发生于 1971 年 10 月 25 日。联合国大会自 1961 年通过了"讨论中国在联合国席位问题"议题后，到 1970 年第二次出现赞成驱逐国民党当局代表的票数超过反对票。一年一度秋风劲，在最近的十年中，每当联合国大会举行的 9、10 月间，台湾当局上下难免紧张一番。1971 年 10 月 25 日，第 26 届联合国大会以 59 票反对、55 票赞成、15 票弃权，否决了美国提出的旨在阻挠中国进入联合国的所谓"重要问题案"，紧接着又以 76 票赞成、35 票反对、17 票弃权的压倒多数，通过了把国民党当局代表从联合国一切机构中驱逐出去的提案。联合国投票前美国总统尼克松发表谈话，表示同意中国加入联合国和出任应该出任的安理会常任理事。不过这位总统也提出，联合国应该保留台湾当局的"会员资格"。联合国投票时，尼克松的私人代表基辛格正在北京"延长访问"。联合国投票后，美国国务卿罗杰斯则对记者说："对联合国剥夺'中华民国'在该组织的代表深表遗憾。"在中国进入联合国问题上，美国再次表现出其在外交上的老练和狡猾，既为台湾争取最后一个机会，又不失对中国进入联合国的支持姿态。

"日台断交"，发生于 1972 年 9 月 29 日。自国民党撤台后，日本凭着优于美国的地理条件，在经济、技术、贸易和对外关系等方面成为台湾国民党当局的仅次于美国的"二号盟友"。日本政界和社会上的右翼保守势力与蒋介石集团,凭着1952年4月签订的"和平条约",共同阻挠中日两国间的友好往来,反对中日关系正常化。为改善中日关系,中国政府早在20世纪50年代提出"日本政府不再发表敌视中国的言论、不参与制造'两个中国'的阴谋、不阻挠两国民间正常关系的发展"的"中日关系政治三原则"和"政府协定、民间合同和个别照顾"的"贸易三原则",日本官方一直没有明确反应和明智行动。向来以实惠作为准则的日本外交,为何放弃同中国进行大规模贸易合作的机会?原因之一是敌视中国政府和中国人民,原因之二是以日本追随美国外交政策为主的"日美协调外交"的存在。中国进入联合国后,中日关系的改善已为大势所趋。中日两国备忘录贸易办事处的日方代表明确表示,赞成中国提出的"中华人民共和国是代表中国的唯一合法政府,台湾是中华人民共和国领土不可分割的一部分,日台条约是非法的、无效的应予废除"的"中日复交三原则"。

早在1971年7月,"日美协调外交"的惯例已被基辛格的北京之行所打破。对于像"对华政策重大转变"这类改变世界格局、改写历史的外交行动,日本应当参与美国外交决策层的讨论,起码应当提前得知此事,可是日本同包括"台湾"在内的所有"局外人"一样,都是从事后中美双方同时发布的新闻中得知的。日本准备在同中国恢复邦交问题上再度跟在美国后面,或者说根据"日美协调外交",美国已经开始发展同中国的关系,日本也应该"协调"跟上。

1972年7月,日本新上台的内阁总理大臣田中角荣明确表示了愿意恢复日中邦交的意向和访华心愿。看到中日关系的不断发展,国民党当局使出一切手段,阻止中日接近。当时已任"行政院长"的蒋经国焦急万分,多次亲自出面干扰中日关系正常化的进程,声称日本如背信弃义,台日将再度为敌,日本的行为将"铸成大错"。他还指示驻日"大使"彭孟缉四出活动,拉拢亲台势力。并派出长期主持对日关系的元老张群飞东京,与包括天皇在内的日本政界、工商界、社会各界人士频频会谈。以推迟日台"断交"的到来。一切都是徒劳的。9月25日,田中首相直飞北京,对中国进行有史以来的日本首相的第一次访问。29日,田中与中国领导人正式签署《联合声明》,宣布两国关系不正常状态已经结束,从今日起建立外交关系。台湾方面毫无办法,蒋经国以中国人特有的自尊,"主动"宣布与日本断绝"外交关系"。在此前后的几年间,台湾国民党政府"主动"与联合国、同中国建立外交关系的国家、接纳中国为会员的国际组织断绝关系的行为，达上百次，靠这种没有任何意义的作为来挽回面子、掩饰"外交"上的失败，已经成为世界外交史上的笑料。

"外交冬天"的来临，对蒋介石、蒋经国形成巨大的内外压力。蒋介石称之为"迁台以来的最大挫折，从此以后，我们要比以前更依靠自己"。这位经过1949年大失败的国民党总裁、"总统"没有放弃再次显示自己"临危不惧、高瞻远瞩"的机会，他说："在风平浪静时不松懈，不苟安，不骄惰；在暴风雨袭来时不畏惧，不失望，不自欺。形势愈险恶，我们愈坚强，愈奋发。"严家淦不忘捧场呼应，一再号召"面对国际风云变幻，打开血路，创造新局面"。蒋经国有着清醒的认识，觉察到"今天'国家'前途、处境是何等的艰难，姑息逆流是何等的疯狂"，强调要与国际上的"姑息气氛"奋斗，加强与美国的军事合作，推行"国防"现代化；在发展中求巩固，以改革为先；坚持既定的"反共'国策'"；开展"总体外交"，改变孤立局面。

联合国及其主要国际组织接纳中国，日本、加拿大、澳大利亚等与中国建交，美国与中国接近，这些中国外交的重大胜利，被台湾当局称为"姑息气氛""国际逆流"。当这一浪潮打来的时候，蒋经国没有也无法劝说其父顺流而走，而是竭尽全力阻挡同中国人民友好的历史潮流。如同1949年间放弃了留在大陆、共建国家的机会一样，再次放弃避免被世界冷落的机会。

上任"行政院长"

为应付这一突变的世界局势，适应新的"外交格局"，国民党当局决定"改组内阁"。刚当上第五届"总统"的蒋介石认为儿子出任"行政院长"的时机已到。1972年5月22日，以总裁身份向国民党中央常务委员会推荐儿子为唯一的"行政院长候选人"。26日，"立法院"以381票赞成完成就职立法程序，得票率为93.4%，这被国民党方面称为"行宪以来历任院长得票之最高者"。

蒋介石在写给中常会的"推荐信"中说："蒋（经国）员坚忍刚毅，有守有为，历任军政要职，于政治、军事、财经各项措施，多有建树。其于'行政院副院长'任内，襄助'院长'处理院务，贡献良多，以之任为行政院院长，必能胜任愉快。"

此话虽说是国民党上层人士任用鉴定时的客套，可确实也是蒋介石的心里话，是对儿子的评价和肯定。蒋经国当上"行政院长"，标志着蒋家二代王朝基本形成，二十余年来，蒋介石带着蒋经国，蒋经国扶着蒋介石，最后父亲把儿子扶上马，把大权传给儿子，每当人们批判"父子王朝"时，蒋介石总是以"内举不避亲"予以反驳。

蒋介石真干得出来，如同家产一样，把国民党和国民党政权，自己做主交给了儿子。且不说蒋经国是否真如其父所说的那样"富有才干"，这种"父传子、家天下"的做法本身就是逆历史潮流而动、置民主大势不顾。"举贤"的时候，只想到自己的儿子，谈何民主？谈何"宪政"？谈何"革新"？蒋经国自从苏联回来后就没有与他条件相当的竞争对手，撤台后更没有人敢说他不是，他有"高于天下人的才干"如何比较而来？"多有建树"从何谈起？

称蒋经国为"少学多术"并不过分。他至多只是一位搞内部政治斗争的老手，搞经济的才华偏低于"内耗"的功夫。如果蒋介石在选择接班人时，蒋经国能远而避之而不是当仁不让，蒋经国如能举贤代之而不是非我莫属，这样起码能换来一点好名声。从国民党的官场戏看，蒋经国接班，也不能保证蒋介石的政治立场、为政主张和政策基点万年不变。蒋经国最后接班，对蒋家来说并非好事，只是增加骂名而已。结果并不意外，只是把"蒋家天下"延长十三年，可蒋家父子"世袭王朝"的名声永远无法改变。

蒋经国当上"行政院长"后，台湾的经济又上新台阶。国民党撤台后，矛盾众多。与大陆军事对峙，是台湾当局面临的最大难题。问题是尽管台湾当局整日草木皆兵，蒋介石、蒋经国心中有数，并不存在大陆的"军事威胁"，只是国民党当局加强对台湾岛控制的理由。

政治上尽管社会混乱，内部整顿也引起深重矛盾，可蒋介石、蒋经国维持统治的手段虽不高明却也是内斗内行，党政经社文军警宪特团各个部门一齐上，处罚、管教、查封、逮捕、杀头各种手段一齐来，白色恐怖的统治和天花乱坠的宣传一齐来，此难题也不难。

真正难的是经济。经济建设中没有军事作战时的一仗制胜，不见乱世用重典时的立竿见影，也不像宣传中的浮夸虚假，发展经济是一门实实在在的学问，其重要性超过任何一项为政措施。蒋经国超过其父的主要点，就是认识到了这一既简单又往往易被为政者忘记的常识。台湾经济难题的解决，并非国民党出了经济天才，也不是经济决策十全十美，更不是经济实力突然提高。台湾经济难题的解决和经济的发展，有着特定的背景。

一是有一个相对来说较为安定的社会环境。大陆时期，南京政府忙于军阀混战、"剿共"战争、全面抗战和反共内战，长年战争使得经济失去了起码的发展条件。到台湾后则不同，除了进行过一些对大陆的骚扰和破坏行为外，基本上处于和平状态，经济取得长足进步与此不无关系。

二是持续不断的美援。自朝鲜战争起，华盛顿恢复对台援助，经济援助到1965年6月30日停止，共约14.82亿美元；军事援助到蒋经国出任"行政院长"时停止，共约38.8亿美元。美援对台湾经济发展的作用之大可想而知。20世纪50年代初期的国民党经济决策中心人物尹仲容，就把美援比作"对垂危病人注射强心剂"。美援提供了台湾经济复苏必需的资金、技术、设备和物资，成为台湾当局执行"四年计划"、经济起飞的经济基础，同时也是美援迫使台湾经济同世界市场进行广泛合作。

三是有国际财团的支持。一些境外投资者出于政治上、"外交"上、经济上的需要，扶助蒋介石集团。从1952年到1978年蒋经国出任"总统"，各种侨外资本达19.24亿美元、贷款达74亿美元、企业达2500余家。正是侨外资的进入，加快了经济发展，提升了产业水平，解决大批劳动力的出路，给台湾当局创造了可观的利税收入。这些企业成为台湾的出口基地，自然而然地把台湾的经济与世界市场相联结，促进外向型经济的形成。

四是顺利跟上20世纪60年代的国际工业、技术、外贸转换期。先进的工业国和地区大都在这十数年中完成技术更新，进入一个新的发展时期。在一些西方财团的帮助下，台湾方面利用新的世界经济转换期，挤进世界市场。利用"小而易变"的优势，做了一些世界外贸中的填平补缺、来料加工、大进大出的工作，赶上世界性的经济发展潮流。

五是财经决策尽量避免重大失误。为合理、科学地使用美援和侨外资本，台湾为政者成立了一个以财经精英人物为核心的相对稳定、比较内行的决策班子，其中包括财经各部门的主官和工、农、金融、贸易等方面的专家学者，向当局提供咨询服务和制定经济政策。这一机构在60年代被称为"美援运用委员会"，随着美国援助结束,"美援会"改组为"国际经济合作发展委员会",1973年改组为"经济设计委员会",1977年12月与"行政院财经小组"合并为"经济建设委员会"。从1969年6月蒋经国出任"行政院副院长"起,就把这一机构牢牢地掌握在自己手中,作为自己领导经济建设的决策班子,弥补自己在经济管理上的不足。从今天看来,蒋经国个人及决策班子,在台湾这种政治制度下,很难避免经济决策上的失误。可是这一机构的存在,对促成台湾经济的现代化起过不可低估的作用。蒋介石、蒋经国能够听取专家学者、精英智囊的意见,也是一种"过来之人"的醒悟。

论撤台后的国民党,最为成功是在经济领域,从最初的百废百业待兴,到成为"亚洲四小龙"之一,台湾经济发展有自身的特点。

一是实行农业、轻工业、重工业依次发展的方针。撤台后的第一个十年,按照"以农业培养工业,以工业发展农业"的路子,每年农业固定资产投资均占工、农业和交通运输业投资的20%以上。同时实施"三七五减租""耕者有其田"等土地改良计划,农业生产力提高不少,农业总产值年增长达4.8%,为解决迫在眉睫的吃穿难题起到相当大的作用。第二个十年是轻工业的"鼎盛时期"。农业发展初具规模,吃穿矛盾缓和,经济重点转向发展轻纺、食品、化工、塑料、电子、家用电器等部门,轻工业带来经济的飞速增值,工业年增长率达18.5%。第三个十年是重点发展重工业。农业和轻工业的发展,为重工业的发展提供了广阔的市场、资金和技术。十年中发展起来的重工业有石油冶炼、石油化工、钢铁、造船、电力以及交通、能源等行业,重工业的崛起又为农业、轻工业的发展提供了强大的物质支持。依次发展农业、轻工业和重工业,确实是经济不发达地区切实可行的经济发展之路。

二是把经济建设同国际市场结合起来。"外援"的大量到来本身,就是"内外结合"的反映。侨外资本和美援为"内外结合"提供了条件。为鼓励"内外结合",公布了"奖励投资条例""加工出口区条例"等政策法规,设置"加工出口区",以便充分利用外国、华侨的资金、技术,充分利用大量进口的机器设备、原材料、半成品,充分利用岛上偏多的廉价劳动力,大力发展组装、来料加工、按照外方的要求生产产品等加工出口工业。除此之外,当时世界主要工业生产国正处在技术更新期,需要台湾这样的加工出口区作为本国大工业发展的补充。对生产能力有限的台湾来说，世界市场的这种需要，无疑是台湾经济发展的重要动力。与此相配合的是，实施"内外结合，外销为主"的策略，弥补了台湾存在的缺少资金、就业压力大、商品消费市场狭小等不足，使得台湾经济从20世纪60年代中期起获得了高速度的增长。人均国民生产总值在1952年时为196美元，1965年上升为218.75美元，到1978年蒋经国出任"总统"时已达1452.9美元。与中国香港、新加坡、韩国一起，成为以经济发展速度快而著称的"亚洲四小龙"。

三是实行官、民营企业并举。由于出于对政治和社会秩序的担心，国民党在经济领域内继续坚持大陆时期的垄断、专营的习惯，统管之下台湾经济处于停滞状态。后来迫于形势的压力，以及美国方面的督促，国民党于1953年在实施土地改良第三步"耕者有其田"的同时，为配合限令出售土地的地主把售地后的资金转移到工商业领域，公布"公营事业转民营条例"，除了把部分原来官营的轻工部门转为民营外，对民营企业采取了低利贷款、减少税收、准许其吸收社会流散资金等鼓励和扶持政策。在轻工业大发展时期和"内外结合"中，民营企业得到大规模的扩展。从1953年到1978年，公营企业工业产值增长了12.5倍，而民营产值则增长了74.8倍，总产值中民营部分也由当年的43.4%上升到79%。民营企业的存在，增加了台湾经济的活力和在国际市场上的应变能力；民营企业的异军突起，增加了台湾经济的实力和在国际市场上的竞争能力。

四是官方为经济发展创造了一个合适的环境。国民党撤台以来，反共依旧，专制依旧，"反攻复国"依旧。要说有变化，变得开明一些，仿效西方政治制度进行改革，那还是蒋经国病故前几年的事情。可经济上改弦易辙，把发展经济放到为政首位，却是到台后不几年就开始的事情。蒋经国上任"行政院长"后，要说在经济上作过什么努力，那就是创造一个合适的生产、贸易、投资环境，摆脱70年代两次石油危机的冲击。石油危机导致世界原油价格大幅上扬，原油价格上涨导致各类产品价格上升，严重冲击外贸为主的台湾经济。同时，由于70年代起各国盛行的保护主义，主要依靠外贸生存的台湾经济，面临国际市场缩小、急需提高商品竞争能力的难题，精明的蒋经国听取专家、助手的意见，吸取各国治理经济、抑制通货膨胀、维持生产、降低物价的经验，为渡过经济难关，连续出台一系列措施。

蒋经国主持下的"行政院"，出台稳定经济的紧缩措施有：台币升值，提高存款利率，发行公债，停止基建，低利贷款物资进口，限制重要物资木材、水泥、钢铁等出口，限制物价，严禁囤积居奇，限制石油供应和供电，保护农用地。为对付迅速恶化的经济，"行政院"于1974年1月26日公布"稳定当前经济措施方案"，11月14日公布"十四项财经措施"，11月20日公布"三项金融配合措施"，12月9日又公布"十项措施"。一年之中，连续公布四项紧急措施，既反映财经困难之大，又可看出蒋经国治理经济的决心之大。应该说蒋经国的行政干预，对症下药，管到实处，不失为符合客观规律之举，能抓住症结，使得经济滑坡得以减慢，资金回笼顺利，基建、投资过热降温，必需物资进口增加，重要原材料自给率有所提高，物价上涨幅度回落。蒋经国的"干预"，到蒋介石病故前后即已初见成效。

石油危机打乱了蒋经国的经济规划，原来拟定的发展重化工业为核心的重工业发展计划，因石油短缺和涨价而无法实施；原来拟定的以"发展为主"的第六期"四年计划"，只得改为以"调整为主"。在经济调整过程中，蒋介石于1975年4月5日病故，蒋经国独力完成了"经调"工作。

1976年，经济调整期告一段落，转入第一期"六年经济建设时期"。蒋经国依靠财经智囊团和财经助手孙运璇等人，在全面加快进行1973年11月12日公布、已经陆续开工的"十项建设"基础上，于1977年9月制订出新增的"十二项建设"方案。"二十二项建设"主要是针对台湾经济在石油危机冲击下暴露出来的问题而为，以增加台湾经济发展的后劲为目的。

为解决经济基础设施严重不足、改善经济发展环境的交通项目有：修筑中山南北高速公路、西线铁路电气化、北回铁路、台中港、桃园国际机场、扩建苏澳港，以上属于"十项建设"。属于"十二项建设"的有修筑三条东西横贯公路、完成台湾环岛铁路、改善高雄和屏东地区的交通条件、完成台中港二期和三期工程、拓宽屏东至鹅銮鼻间的公路，共十一项。

为增加台湾工业实力、增加轻工业原料和加工工业原材料的项目有：中钢公司一期第一阶段、高雄造船厂、林园轻油裂解工厂，以上属于"十项建设"。属于"十二项建设"的有中钢公司一期第二阶段，共4项。

为解决能源短缺的项目有：属于"十项建设"的核能发电一厂和属于"十二项建设"的核能发电二厂、三厂等，共两项。

为把农业引出困境的项目有：属于"十二项建设"的改善农田水利排灌系统、修筑西岸海堤工程和全岛重要河堤工程、设置农业机械化基金等，共三项。

此外还有两项社会文化设施项目：开发高速公路交流道地区为主的新市镇，实施人口分流均衡化计划；每个县市设立包括图书馆、博物馆、音乐厅在内的文化中心，共两项。

蒋经国在晚年作出的最重要的经济决策，是在进行二十二项经济建设同时，设立新兴科学工业区。为摆脱外贸困境，增加台湾产品在国际上的竞争力，完成工业升级，赶上新技术革命的浪潮，"行政院"决定仿效美国加州森尼维尔的"硅谷"，设立新竹科学工业园区，并把工业园区作为以发展技术密集型产品为主的第一期"六年计划"的重点。新竹区始建于1979年，规划总面积为200公顷，目标是建成有利于发展技术密集工业的环境和场所，大力吸收华侨和外商投资，引进技术密集型产品、技术和人才，使之兼具推动科学研究、培养科学人才、生产高技术产品三项功能，以达消化引进技术、提高科研层次、促进经济发展之目的。

蒋经国制定的以上建设项目，带来了巨大的经济效益。前十项工程开工于经济调整时期，主要作业量和后十二项工程、新竹区的主要作业量，完成于1976年开始的"六年经济建设时期"。到20世纪70年代末80年代初，各工程相继完工和大部完工后，对整个社会经济的促进作用马上显示出来。

一是海陆空交通状况大为改善和提高，经济层次的大气候逐步形成。当时被"党外势力"全力反对、声称是"为富人修路"的、全长373.3公里长的高速公路一项，就使岛内的运输能力提高一倍以上，全岛南北行驶时间由8小时减为4小时，每年对经济直接间接产生的效益达新台币658亿元；西线铁路电气化不仅大大增加运输能力，而且由燃油机车改为电动机车，正好利用新建核电厂的电力，以达到减少进口石油的目的；北回铁路、环岛铁路、三条横贯公路，有助于开发位于中央山脉以东地区的人力和资源，以改变经济上西强东弱的不平衡局面；苏澳港、台中港的建设和扩建，新增装卸量1100余万吨，并使得出海口更加合理，改变了过去集中在南高雄北基隆的不合理状况，对需要大规模海上运输的台湾来说，益处之大自不待言；桃园机场1979年完成一期工程后，每天上下机旅客达两万余人，年货运达二十万吨，为发展旅游业和加强与世界的联系、加快技术密集型产品的运输提供了良好的条件。

二是经济实力增强。第六期"四年计划"、第一期"六年计划"完成后，台湾年增加钢生产能力300万吨，造船能力150万吨，乙烯23万吨，丙烯11.5万吨，发电能力500余万千瓦，对面积36000平方公里、人口1700万的台湾地区来说，这是一组相当能够说明问题的数字。与之相呼应的是，科学工业区的兴建，使得台湾开始摆脱多年来的仿制、装配的状态，在引进新产品、新技术的同时，注意提高零件自产率，研究高技术产品，台湾一批产品进入新的层次。

三是增加就业机会。二十二个项目和新竹加工区的兴建，提供了大量的就业机会，大批农村青年进城谋生，促进了就业结构向有利于社会发展、社会消费、生活水准不断提高方面的转化。新技术所需要的职工培训和高技能的工作，加强了就业者和整个社会的现代工业意识，加快了社会和个人生活节奏。现代意识和经济实力的增加，又刺激了台湾经济的继续发展。进入20世纪80年代后，台湾经济虽然遭受1979年发生的第二次石油危机的冲击，却能继续保持上升趋势，这与蒋经国的经济决策基本正确有关，与"经济调整期"和"六年经建计划"的成功有关，也与台湾经济的优势得到充分发挥并能够跟上国际经济发展新浪潮有关。

台湾经济上取得的成就，已经成为国民党当局和蒋经国生前炫耀的资本，似乎孙中山的"民生理论"在台湾变成现实。冷静地想，台湾经济的发展，或多或少给当地居民带来了实惠，国民党搞经济建设也比大陆时期在行，可也不是没有隐患。确切地讲，台湾经济上忧患的存在，并非纯经济原因造成。与其说是经济决策的失误，还不如说是政治制度和社会条件的必然反映，这是我们考察蒋经国时期经济管理能力高低、成败如何的基点。

一是"民生"和"民权"相脱离。国民党当局的经济建设向前发展，政治建设停留在"一党专制"或变相的"一党包办政治"的"几十年一贯制"上。随着经济的发展和与世界沟通的增多，人们的现代意识随之而起，政治上民主意识一再提出又得不到满足，所以台湾经济发展，社会的不稳定因素并未减少，核心是要国民党放弃"一党专制"，蒋经国临终之时已经一再受到挑战。"民权"不解决，又何谈"民主"？孙中山先生之所以把"民权"排在"民生"之前，不是没有道理的。国民党当局置"民权"于不顾而谈"民生"，台湾人民不会同意。

二是"民生"和"民族"相脱离。三民主义中以"民族独立、祖国统一"为本，随着台湾经济的发展，许多实业家和商人纷纷表示要与大陆进行经贸往来，互惠互利。特别是借此解决台湾急需的能源和资源短缺问题，解决台湾同胞急需的大陆土特产供应问题。也可以利用大陆的市场、产品和技术优势，共同开发新产品，提高大陆、台湾的产品层次。总之，经济来往可以走在政治统一的前面，此类有利于台湾经济也有利于大陆经济的建议和措施，并未被台湾当局完全接受。台湾经济的进步本应成为祖国统一的有利条件，遗憾的是台湾决策阶层反而把经济的发展作为抗拒两岸统一的资本，这就使台湾的经济失去了很大的潜力和发展的余地。国民党当局置"民族"于不顾而谈"民生"，台湾人民不会同意。

三是"民生"不够。台湾当局"平均地权"是做了，可轻视了农民的利益。"节制资本"则无从谈起，经济畸形发展，台湾不是"大同世界""理想境界"，社会现实是富者愈富、穷人愈穷，贫富悬殊较大，此种"民生"不会得到大多数人的赞成。财富分布不匀，向少数人手中集中，财阀垄断出现；经济开放导致社会患上"西方文明病"，色情、暴力、吸毒层出不穷，黑社会势力肆无忌惮，此就更无"民生"可言。

四是台湾经济缺少完整的工业体系。不断升级的技术标准与更新缓慢的工艺加工不配套，生产和制造部门不全面，从采购原料到商品经流通领域进入消费者手中一条龙多处错位、脱节，这些制约经济发展的因素、环节之多为经济发达地区中少见。至于谈到台湾产品的技术水准和生产规模，则无值得骄傲、自豪的地方。台湾的工业制品有些确实能够赚钱，但主要是消费品及轻工产品，基础性、制造业、大型设备、高科技领域则严重缺乏。

五是建设速度不足。是快是慢是"起飞"是一般，只要大家看一看被国民党方面和海外有关人士捧为"经济奇迹"的"二十二项重点建设"的详情就会明了：且不说四十余年间只修建了一条高速公路、一条电气化铁路、一个新港、一个新机场、一个造船厂、几条横贯公路，即使在列为重点工程后集中修筑期间，一年也只修51公里的高速公路、99公里的电气化铁路、14.6公里的铁路，二十六年才建完具有三条平行跑道、三座航站大厦及一个货运站的国际机场。看罢这些，谁都会就"台湾经济建设速度问题"得出较为客观、正确的结论，台湾的经建速度不是很快的。

所以说台湾经济的近忧是缺乏实力，远虑是十分脆弱。正如西方及港台经济界人士把台湾经济称之为"浅碟式经济""泡沫型经济"，不无道理，他们称"一阵微风就可使其（台湾经济）烟消云散"，并非耸人听闻之词。

蒋经国出任"行政院长"后，令"院长"不愉快的消息一个接一个。其中最主要的有三：一是一再亮红灯的"美台"关系。1973年1月尼克松连任总统，再次派出基辛格到北京商议成立"联络处"。次年4月中国副总理邓小平出席第六届"特别联大"，逗留美国期间多次与美国领导人讨论中美关系正常化、互相承认、设立大使馆等问题。到1975年上半年，美国"驻台"军事人员已经下降到1400人。"美台"关系是一年退一大步。二是"台湾"与其他国家的关系更是危机连起，与"台湾"的"绝交风"越刮越盛。三是"台湾"的反共盟友垮台在前，印支三国的反共政权于1975年春夏之交相继垮台。

接过"蒋家王朝"

"外交"上的打击，再加上石油危机的冲击，蒋经国的日子不好过却挺了过来，蒋介石则在内忧外患之中心力交瘁。

在国民党当局的颂扬交响乐声，"身体健康"的蒋介石身体一直基本正常，主要不适是1962年春开始的老年性常见病"前列腺肥大症"，经海外专家手术后转为慢性前列腺炎，此病在以后的十三年间一直折磨着这位台湾最有权势的老人。关键是一场车祸，对老年蒋介石造成巨大伤害。

根据《蒋介石死亡之谜》（王丰）记载，1969年9月16日下午5点左右，蒋介石和宋美龄乘车从台北市近郊兜风后从山下回阳明山官邸，当车队沿着阳明山仰德大道上山，到岭头、永福附近地方，刚好迎面有一辆开往市区的公交车，停在永福附近站牌有乘客上下。这时参加当天阳明山军事会议的军官们，乘坐军用汽车一辆接一辆鱼贯下山。这些高级将领的座车速度不会慢，这是多年形成的习惯，再加上又是下山速度更加可观。

正在上山的"总统"车队由"先导车"带队，行到停在对面路边公交车附近时，忽然发现一辆军用吉普车"猛然从公路局客运班车左后方超车窜出，迎面朝'先导车'疾驶而来"，"先导车"的司机反应极为机警，立刻踩刹车往右打方向盘，两车刚好擦身而过幸未撞及，几乎就在同时，也就是"先导车"司机骂对方话还未出口，紧跟在"先导车"后方的蒋介石座车司机徐达生，忙中出错，应该急踩刹车却错踩油门，轰然一声，整部坐车硬生生撞上"先导车"。应该说是忙中出错，也是缺少锻炼，因为蒋介石车队很少遇到拦道的车，司机缺少应急心态和技术。

追尾时，蒋介石在右后座上"倚着拐杖闭目养神"，宋美龄在左后座上"习惯性地跷着二郎腿假寐"。因为凯迪拉克七人座大轿车考虑舒适度拆掉多余座位，导致前后座位距离有一米多长，再加上两人都没有系安全带（这也是平时坐惯顺风车的结果），"蒋介石身体就像一只瞬间弹出的皮球，正面直冲驾驶座后侧隔板。由于冲撞力道过猛，嘴巴、胸部、下部，都受到强力冲击，（八十二岁的）蒋介石嘴唇肉和嘴里的假牙两相挤压，嘴唇当场撞出血来，胸部更是一阵闷痛，蒋介石顿时感觉天旋地转，待他回过神来，但闻宋美龄当场疼得哇哇大叫，七十一岁的宋美龄，颈部剧烈受创，双腿膝盖创伤尤其严重，幸未骨折"。

乘坐肇事军车的师长和司机分别被撤职和军法处分、司机徐达生照常在官邸继续开车、蒋介石的"代理侍卫长"孔令晟受到"停升一年"的处分不在话下，关键是到"荣民总院"后，"医生、护士为了应付老太太（宋美龄），冲进冲出，忙成一团。侍卫长、侍卫官则全部排成一排，站在病房外低头认错，不敢吭声。随后赶到的蒋经国，一旁唉声叹气，频频摇头"。"叫疼叫得最厉害的宋美龄，除了腿部和膝盖略有拉伤，身体其他部位及内脏反倒毫发未损"。蒋介石嘴巴上讲没事，伤情也是"嘴唇小范围撕裂伤，阴囊瘀青浮肿，胸部无明显伤痕"。

问题是蒋介石再也没有摆脱车祸后遗症的阴影，这位精于政治和权术的老人有预感。车祸后三个月左右，他对来看往自己的国民党元老、国民党中评会主席团主席薛岳说："今年夏天阳明山车祸以后，我身体大不如前。"不久"副总统"严家淦探视，蒋介石心情郁闷地说："永福车祸，减我阳寿二十年。"

车祸过后，蒋介石病痛不断。在过后的体检时证实，车祸造成"蒋介石的主动脉瓣膜曾受到重创"，"心脏主动脉瓣膜破裂，等于抽水机的活塞坏了一样，血打上去又会倒流回来，这是日后蒋介石心脏衰竭的一大原因"。1971年5月22日，蒋介石再到"荣总"做例行体检，诊断是"情况进一步恶化，他的心脏有明显扩大现象。车祸后遗症一天比一天凸显"。

福无双至，祸不单行。1971年11月间，在高雄休养的蒋介石因便秘使用甘油时，又被粗心的侍从副官钱如标操作不当用甘油瓶尖口刺破肛门肉，引发溃疡治疗和卧床近两个月才痊愈。作为蒋介石专用理发师的"天下第一刀"钱如标，万一再失手怎么办？显然不能再为蒋介石剃头发和刮胡须。为防此事外传，钱如标在官邸被禁闭几年，宋美龄每次见到总不免指着他的鼻子破口大骂："先生的身体就是你这个钱如标拖垮的，就是你这个钱如标害的！"此事不在话下。

关键是从车祸、心脏肥大、肛门受创，蒋介石的身体再也没有完全恢复。1972年7月中旬，他在阳明山官邸疗养、治理慢性前列腺炎时，又得了感冒后高烧不退，患上抗药性葡萄球菌引起的肺炎，8月6日转到荣民总医院治疗。9月15日中午起，前列腺炎再度复发，经过紧张的治疗，病情解除，到1973年12月22日回士林官邸疗养。这一场病让蒋介石骨瘦如柴，体重不过96斤，走路也不利索。更为严重的是血管出现明显硬化症状，心脏主动脉瓣关闭不全加重，心脏肥大更严重。再加上为控制慢性前列腺炎，常年使用抗生素而出现抗药性，任何感染都会因缺少有效消炎药品而形成巨大威胁。

1974年12月1日中午，蒋介石因感冒引起连续高烧，特护小组诊断为一种抗药性的革兰阴性杆菌造成的肺炎，不久出现并发症，前列腺炎发作并尿血。医疗小组只好用加大药物剂量予以控制。1975年1月9日晚11时，心肌缺氧使得熟睡中的蒋介石昏死过去。此后，医生们只有进行保守疗法。88岁的蒋介石因抗药性越来越大，各种药物难以奏效，"御医们"寄希望于调动病人自身的力量，提高抵抗力，恢复健康，可无多大进展。

4月5日早上，处于回光返照时期的蒋介石一夜熟睡后醒来，精神状态不错，只是因小便不顺而感到难受，服用利尿剂小便后，情绪比较稳定。到晚上8点15分，监视医生发现已经睡觉的蒋介石脉搏不断变慢，经心脏按压、人工呼吸、注射强心药物和刺激剂、电极直接刺入心肌电击，均无法挽回长病日虚的生命，11点50分去世。

蒋介石病故，并未造成台湾当局内外政策的改变。因为有无蒋介石，只是一个偶像和象征，大权早就落入蒋经国之手，不会因蒋介石的去世而发生大政方针上的变动。如果蒋经国真能利用其父去世的机会，改变其父的反共专制政策，开辟一个以在岛内放宽"一党专制"、加快发展经济、响应中共"开放两岸交流、进行第三次国共合作、谈判统一祖国"的呼吁为标志的"蒋经国阶段"，实乃为明智、进步、顺应历史潮流之举，于国于民都有好处。蒋经国没有这样做，继续照搬蒋介石的模式，执行的是蒋介石的既定方针，要说有什么不同，那就是到死前两年间才变得比其父开明一点。

蒋介石病故后第二天，国民党召开临时中央全会，推举"副总统"严家淦继任"总统"。本该是蒋经国出任的职务，现在落到严氏头上，之所以这样安排，只因是国民党的"宪法"规定"总统"空缺时由"副总统"接替，蒋经国重孝在身，岂能"违宪"？再说国民党以"人治"为本，职务归谁问题不大，关键是实力人物说了算。严家淦任"副总统"是"空头"，当"总统"也是"空头"。而作为头号实力人物的蒋经国任"行政院长"，那就是"内阁制"；任"总统"，那就是"总统制"。任不任"总统"，并不影响他独裁政务、党务。

蒋介石的两个最重要的职务："总统"由严家淦继任。4月28日，国民党中央委员会临时会议召开，决定仿效1925年把"总理"称谓永远留给孙中山那样，把"总裁"称谓永远留给了蒋介石。此种"谥号"，用得合适，是永久的纪念，如把"总理"留给德高望重的孙中山那样；用得不好，则是永久的讽刺，如称蒋介石为"总裁"。以后只要一提到"蒋总裁"，人们心中总有不愉快的往事出现。会议还决定，国民党实行"主席制"，由蒋经国出任"中央委员会主席、中央常务委员会主席"。

严家淦任"总统"，蒋经国任"党主席"，两"职"相比，前者代表"法统"，后者代表"党统"，故前者比后者更重要些，后者比前者权力更大些，为便于权力运作最好是一人担任。严家淦没有实现，三年后蒋经国开始身兼两职。

1975年4月起，蒋经国以"党主席"的身份管党，以"行政院长"的身份管政，处处为"总统"着想，事事为"总统"代劳，根本不用严家淦"操劳"。政务远轻松于"蒋院长"的"严总统"，与昔日国民党历史上被蒋介石架空的国府主席谭延闿、林森一样，整日无事可做。本该由"总统"担任的礼仪、迎来送往的事务，也因"台湾"已同大多数国家"断交"而陷于停顿状态。唯一的要务只是看管"国玺"而已。严家淦作为蒋介石挑选出来作为蒋经国接班的"护航人"、使用多年的干部，对蒋家二代人有着远过于他人的忠诚。他的"优点"除表现在甘居"总统"虚位上，更表现在处处能为蒋经国着想、捧场。

1978年1月，"总统"严家淦在国民党中央常务委员会会议上，提议蒋经国为第六届"总统"唯一候选人。自在陈诚死后，严家淦对"护航"是尽忠尽职的，对蒋介石培养儿子的计划极力支持，在极力为"太子"敲锣开道的同时，一直为自己官在经国之上而感到不安。蒋介石死后，自己成为"总统"更是觉得大逆不道，只是为了给蒋经国再加上一顶"护宪、行宪"的桂冠，才勉勉强强做了三年"总统"。

三年间，严的"总统府"和蒋的"行政院"从未有过任何形式的"府院之争"，因为"总统府"的任何决策、法令都是由"行政院"决定的。"院长"决策，"总统"出面，严家淦从不计较，坐享现成；蒋经国默认而为，舍我其谁？两人分工明确，责任到人，故合作之好，为蒋经国政治生涯中所少见。当看到蒋经国自从苏联回国后的几十年间，多少老友、助手遭贬而去，严家淦却能有始有终，直到退休后还有"前总统"的头衔、享受"前总统"的待遇，实属不易。其中有严家淦以柔克刚的软功夫，也有蒋经国的感谢之意。感谢严家淦替自己承担义务，而从未要过多少权力。

话又得说回来，严家淦是个明白人，深知在国民党官场，自己又能有多大作为？撤台后国民党众多大臣公卿中，只有陈诚是敢作敢当、敢于拍板的人，可他死得早，死时蒋经国羽毛未丰，公开场合不宜指手画脚，暗中幕后不便夺陈大权。严家淦不想这些还好，一想这些就紧张，还是做"太平官""糊涂官"为妙。屈从于地位比自己低、可却是"太子"的蒋经国，面子上也过得去，人人都会谅解。严氏不愧为做官有术，终成"蒋家王朝"史上第二位非蒋姓"总统"。他比李宗仁还要高一步，李只是"代理总统"，而严却是"继任总统"；李只任了十一个月，而严却是三年；李每时每刻都有人在"挖墙脚"，而严却是"稳坐钓鱼台"。

1978年，是国民党政权第六届"总统"选举年。选举在前，严家淦当然不会冒国民党之大不韪，以求连任"总统"。积几十年为官之经验，还不如主动让贤，请比自己小四岁可谓"年富"、干劲比自己大可谓"力强"、水平比自己高可谓"能干"的蒋经国出台，自己则以73岁退居二线。

3月1日，"第一届国民大会第六次会议"开幕。"国大"自创设以来只有一件大事，那就是为蒋介石、蒋经国出任"总统"盖上"合法之印"。不管民意如何，蒋介石、蒋经国出任"总统"不会改变，"国民大会"也不会同意"第三者"插足。李宗仁、严家淦当然清楚"国大"的排他性，清楚"国大"只认蒋家父子不认他人的恶习，所以没有像在西方民主国家中常见的那样：在"代理"或"继任"之后再连任一届，而是主动放弃"连任"打算。如真参加"连任竞选"的话，只要蒋家父子健在，他人是非败不可。

六次"总统"选举，前五次是蒋介石唱主角，第六次则由蒋经国唱主角。会议前一个星期，蒋经国出面宴请民社党、青年党及无党籍的"国大代表"，席间"总统候选人"表示，决心"殚精竭忠，为实现三民主义而奋斗"。公开打出"参选"和"一定要当选"的旗号，同时不无"请关照，投我一票"的意思。蒋经国自己负责做非国民党籍代表的工作，国民党籍代表的工作和投票意向则用不着蒋经国亲自出面，自然有人"安排"。由于有充分的准备，3月21日大会选举"总统"时，占全体代表总数95%以上的国民党籍代表，投票时遵守党纪，听从组织"召唤"，当然把票投给"本党中央选定的候选人"。刚被宴请过的民、青两党和部分"无党籍国民代表"与蒋介石、蒋经国"合作"多年，熟知蒋家父子的脾气，不管自己把票投给谁，蒋经国当选无疑，还不如投其所"好"送上一票。最后蒋经国在1193名"国大代表"参加的"选举"中，获得1184张"选票"，创下"总统"选举史上的得票新纪录。与其父亲比，在得票上也有"一代胜一代"的味道。

蒋经国终于登上"总统"宝座。当时台湾比他更有资格主政的并非没有，在健在者中间，有在他赴苏留学时已到黄埔军校就读、在他离苏回国时已经当上省主席、部长的大员，有统率过十数万乃至几十万大军的重臣，有名扬四海、著作等身的学者，更有当年追随孙中山、后来跟着蒋介石的元老，可他们不是蒋家传人，在竞选"总统"时都不如蒋经国有分量，可以说蒋经国是走遍台湾无敌手，"选举"事项只是走过场而已。"选举"结束，关于"蒋家二代王朝"的最后一道手续完成。"蒋家王朝"交接和平完成。

蒋经国成为中国帝制取消后，唯一子接父班成功的实例，想当年袁克定思接皇位一枕黄粱，张学良接管东北几年而败，可蒋经国却在民主潮流浩浩荡荡的20世纪70年代"世袭成功"，有点让人不可思议，这是国民党的悲剧和失败。最后，蒋经国还算明智，亲手结束了"蒋家王朝"。

六、开放宽松　上台新政

蒋经国在为政核心方面，基本上是按父亲的老路走，可在形式上还是很有特色的，可以说给人以耳目一新的感觉，"行政院""总统府"里常常传出一道道施行政治改革、压制保守势力、惩治贪官污吏的新政措施、法令，搞得人们眼花缭乱，似乎蒋经国正在励精图治、为岛为民。事实上，二代"蒋家王朝"的前十年间，蒋经国的一道道政治法令，都只是为了加强国民党的"一党专制"，强化自己的权力基础。

推行"革新保台"

20世纪60年代末70年代初，随着蒋经国在政治舞台上的发言权越来越大，官场上出现了一种在此之前从未有过的变化。

与蒋介石主要使用旧时官员不同，最为明显的是重用年轻人，一大批年轻官员登上政坛，配合了蒋经国自己的上台接班计划。这批人年富力强，大都在四十至五十岁之间，有的年纪更轻。大都出过洋留过学，属于技术型、务实型人才，在专业上均有过较深的造诣。更重要的是他们几乎全都有着特殊的政治、家庭背景，他们的父辈可以算为国民党第一代、第二代领导人的代表，曾经都是大陆时期和台湾时期前20年间的主流派人物，身份、地位显赫。

国民党副总裁、"副总统"陈诚的儿子陈履安，出任过"国家科学委员会主任委员"、中常委，此人为"少壮派"的旗帜，蒋经国死时他才五十岁。

"行政院长""总统府秘书长"张群的儿子张继正，出任"财政部长""中央银行总裁"。

"行政院长""国防部长""总统府战略顾问委员会主任委员"何应钦的侄女婿汪敬煦，出任过"警备总司令""国家安全局长"。

第1兵团司令、"国防部长"黄杰的两个女婿乌钺、丁懋时，分别出任过"空军总司令""外交部部长"。

"总统府侍卫长""联勤部副总司令"宋达的儿子宋楚瑜，出任过"新闻局局长""中央党部副秘书长"。

"情报局局长""国家安全局局长"郑介民的儿子郑心雄，出任过高雄市国民党党部主任委员、中央党部社会工作委员会主任委员。

军统中将副局长、中美特种技术合作所主任戴笠的外甥胡务熙，出任过台湾省政府警务处处长。

"总统府秘书长""外交部部长"王世杰的儿子王纪五,出任过"国家科学委员会副主任委员"。

"内政部长"连震东的儿子连战,出任过"交通部长""行政院副院长"。

"中央研究院院长"钱思亮的儿子钱复、钱纯,分别出任过"北美事务协调会驻美代表""财政部部长"。

……

正是类似于上面的家庭背景、姻亲关系、亲友情义作为经、纬,组成了以蒋经国为"大家长"的国民党新一代的统治集团。蒋经国起用新人、年轻人,具有特殊的意义。

一是顺利解决上层官员老化问题。一反过去老、旧官员轮流坐庄的惯例,破格起用人才,符合蒋经国出掌"行政院"后,为扭转进入20世纪70年代以后出现的"外交"、经济上的危机,改革、刷新政治的基本方针。"培养新一代的政治精英",蒋经国在这一点上还是有远见的,在他过世后,70年代冒出来的官场精英成为台湾政坛的主流派,没有出现因他离世造成的权力真空层,没有出现青黄不接状态。

二是这批被蒋经国视为"青年才俊"的接班群体,均为技术官僚、专家治政论者,他们内行的管理和对国际政经的了解,更有对新技术浪潮体验,有魄力,有经验,在台湾经济改革中和台湾经济转向中,发挥了重要的作用,这是老官僚们无论如何所不及的。

三是平息了元老派因被赶下台引起的对蒋经国的不满。蒋经国在台湾迫使一批又一批的元老重臣退出政治舞台,元老的牢骚之盛、阻力之大可想而知。蒋经国现起用一批元老派领头人物的子女出任要职,把原在老子们手中的权力转移到他们的儿子手里,以此来堵元老们的嘴,减少实施改革和新政的阻力。用儿子任职换来老子退休,是蒋经国的发明,也是卓有成效的一着。为把年轻人扶上马,又送一程,蒋经国同时委托孙运璇、李登辉、俞国华、李焕等人,主持面上工作,迎接后起之秀的成熟。

所以,蒋经国对国民党统治阶层进行更新换代式的大手术、大换班,并未遇到多大的麻烦。他起用"新人",没有改变国民党的本质,也没有改变国民党的组织构成。国民党的党政经文军警宪特团的领导班子，随着此种改革的演进，进入一个新的循环阶段。这就是以蒋经国为首的家族政治，及带来的裙带关系、权力依附、世袭荫庇，严重地腐蚀了国民党上层权力机构，也严重地腐蚀了青年精英本身，很快使得精英们改变了以前有过的上进状态，陷于故步自封、走上层路线、争权夺利、做官当老爷这一必然境地，重蹈父辈们的覆辙。造成此种后果的原因只有一个，这就是家族政治、世袭政治实为政治腐蚀剂，鼓励人们懒惰、弄权、享受，台湾的精英们也离不开此窠臼矣。

蒋经国"革新保台"的还有一个重点是缓和省籍矛盾，重用台籍人士。国民党当局和台湾民众的矛盾由来已久。抗战胜利后，台湾同胞作为中华民族的成员，对摆脱五十年来的殖民统治、回到祖国怀抱衷心欢欣。1945年10月17日，第一批抵台的"国军"第70军到达基隆时，三十万居民主动到街头列队欢迎。由于国民党派出的接收大员占据了台湾省内的所有中、高级职位，当地居民难免产生被压制、不平等的感觉；全面内战爆发后，作为中央政府的南京当局不仅没有支助台湾光复后的重建和发展，反而在经济上采取了一系列的剥夺措施，导致台湾物价飞涨，人民生活水准不断下降；原来对中央政府抱有信心和希望的台湾同胞，经过一段时间的了解，国民党政府的腐败、黑暗、无能，使得他们大失所望。南京政府的反动统治使得台湾的阶级矛盾急剧上升为社会的基本矛盾，特别是经历"二二八事件"后，阶级矛盾、官民矛盾更为激烈。在国民党当局撤台后，社会基本矛盾没有改变，省籍矛盾在不断加剧。

研究台湾情况的专著《台湾30年》这样写道："国民党政权败退台湾后，对台湾人民进行严厉的统治，限制他们的权力，占台湾人口大多数的台籍人民，在政治上则处于无权的地位。蒋介石虽然标榜要在台湾实行'地方自治'，但对台湾籍的人士参政却尽量控制，不仅普通的台湾人民，就是在台湾地方有一定地位的台籍人士，参政的机会也是极少的。"根据该书的统计，国民党当局撤台后的头十年间，无论是"中央政府"，还是台湾省政府内，官员基本上是由从大陆迁去的国民党人担任。其县市的基层政权中，虽有些台籍人士充任县、市长或其他工作人员，可在地方上更具权力的国民党各级党部，大都由中国大陆出身的党员所担任。

面上是这样，点上有所不同，国民党上层圈内也有一些台籍人士，如出任三届"政务委员"的蔡培火、"内政部常务次长"蒋谓川、台北市市长吴三连、国民党中央设计委员和红十字会会长游弥坚、"政务委员"和"交通部长"高玉树、民政厅长和"内政部分"连震东等人,他们之所以能够担任重职,主要是由于"为政者不得罪巨室"之故。他们有的是当地很有影响的人士,有的追随国民党多年,国民党方面则把这些人当成"政治上重用台籍人士"的点缀。不过,台湾当局对绝大多数台湾人政治上的歧视,使得省籍矛盾越来越大。一方面成为人们批评国民党政治的主要理由,一方面成为国民党统治的不稳定因素。

当雷震的《自由中国》半月刊责问"在中央各院部会中竟没有一个台湾人,这是不是能够使台湾人相信我们已经恢复了国家主人翁的地位呢"时,国民党无言以答。蒋经国出任"行政院长"后,为稳住因"外交"、石油危机带来的岛内混乱局面,给自己执政增添新的"民主广告牌",从形式上开始解决大陆人与台湾人之间的省籍矛盾。主要做了三个方面的工作。

一是为提高台籍人士的政治地位,搞过一些舆论宣传活动,甚至不负责任地提出"台人治台"的口号,以迎合某些民族意识淡薄的台湾居民的心理,为自己争取更多的"政治分",同时借此在世人面前增加"开明"和"民主"的形象。

二是提拔了大批台籍人士参与政治生活。仅在蒋经国首次"组阁"时,十名"政务委员"中有李连春、连震东、李登辉、邱创焕、高玉树等五人为台籍。"阁僚"中有"副院长"徐庆钟、"内政部长"林金山、台湾省主席谢东闵、台北市市长张丰绪等四人为台籍。如此多的台籍人士参与军机大事,担任向来与台湾人无缘的重要职务,确是不同凡响,出乎人们意料,名单一公布,当时引起一片轰动。

三是大力发展台籍人士入党。蒋经国为贯彻"往下扎根,向上发展"的方针,注意扩大国民党的基础,添加新鲜成分,加快扩大国民党党员队伍。1974年之前国民党平均每年发展3.7万人,总共只有115万人(1951年为30万)。自此之后,每年增加13万人,到蒋经国出任"总统"时,已增加到168万人,这几年成为国民党撤台后的发展党员高峰期。在20世纪70年代之前新入党的党员中,台籍党员只占30%,而70年代新发展的党员中,台籍党员已占75%以上。蒋经国重用台籍人士,是国民党统治和用人上的一个突破,把其父在"二二八事变"后产生的对台湾人的戒心变成联合台籍人士共同治理台湾,这也是蒋经国比其父高明的地方。

蒋经国为了给"革新保台"铺开大道、制造舆论和扩大声势,开始强势反腐败。他一生追求如何获取国民党的最高统治权,爱权不爱钱,当他处于"主宰"地位时,"钱"的概念和作用力已经不复存在,也就不会把注意力、精力放在捞钱捞物方面。他不爱钱,也就更加痛恨贪官赃官。自上海败打"老虎"后,又多次抓过官商不分、官商勾结牟取暴利的事例。

早在撤台之初,担任"空军副总司令"、蒋经国母亲的娘家侄子毛邦初在美国套购军火时,收取巨额佣金,扣留购军火款。蒋经国得报后,立即配合"国防会议秘书长""空军总司令"周至柔、"空军副总司令"王叔铭,以"贪污、购买物资延宕失职、袒护投共人员、抗不移交公款、散布谣言破坏政府威信"的罪名,将毛邦初撤职查办,令其返台受审。毛邦初远隔太平洋,置之不理,蒋经国望洋兴叹,鞭长莫及。

当时,对岛内的贪污、受贿等腐败之风,蒋经国因不忘贪污、钱欲是如何导致国民党败于大陆的切肤之痛,对奸商、走私、偷税、贪污等"经济老虎"无不严惩。其中包括对弟妹石静宜的娘家进行监视,以查石家的走私、逃税情况,把继母宋美龄和石静宜向"联勤总部"借款的主要经手人魏文起、涉及此案的"国防部军法局长"包启黄,以贪污和受贿及失职罪予以处决。

蒋经国接班后,接连亲自下令逮捕了"行政院人事行政局长"兼"中央公务人员购置住宅辅助委员会主任委员"王正谊,"海关副税务司兼稽查主任"白庆国,高雄市长杨金虎等"经济老虎",分别以贪污受贿等罪判处死刑、无期徒刑、有期徒刑。其中被判处无期徒刑的王正谊为蒋经国祖母系的亲戚。为防止腐败之风越刮越盛,蒋经国严令官商分开、党政军官员严禁插足经济领域、所有兼职必须限期辞去,其中包括其弟蒋纬国为纪念亡妻石静宜而设立的两所学校"董事长"职也得辞去。严刑和禁令之下,使得20世纪70年代初期的台湾政风为之一清。

表面如此,其实不然。蒋经国如果真是如此廉洁,台北真是如此廉政,那为何在1976年2月间,白雅灿先生仅因在参加"竞选"时散发的施政传单中,要求蒋经国"公布财产"而被判处无期徒刑。蒋经国并非没有财产,无非是他及家族成员所得之巨额财富,只因蒋氏视"国"为家,一切不正常的收入均被盖上"合法戳"也。"新院长""新总统"爱打"经济老虎",跟蒋经国的许多政治决策一样,大都具有宣传和振动民众的作用。打的"老虎"越大,蒋经国的"青天形象"就越高大。从他的经历看，赣南打"恶老虎"，上海打"钱老虎"，台北打"官老虎"，每次均带来相当大的政治效益，使人们难以忘怀这位"青天大老爷"。

扩大社会选举

举行"增额中央民意代表"选举，也是蒋经国"革新保台"的重要举措，就是允许"党外势力"的存在，允外"党外势力"参政和掌握一定的权力。"党外势力"起来的背景有二，分别是"增额中央民意代表选举"和"舆论有限开放"。

"中央民代选举"的举行，是在蒋经国直接干预之下，蒋介石和国民党当局向台湾同胞作出的政治让步。国民党的选举，起自大陆时期。抗战结束后，蒋介石根据孙中山设想的"中国政治民主建设三部曲"的理论，认为"以军代政"的军政时期，"以党治政"的训政时期相继结束，"还政于民的宪政时期"已经到来。故于1946年11月召开"制订宪法国民大会"，此次大会代表的选举，成为国民党统治史上第一次全国性的直接选举活动。根据"制宪国大"通过的"以人民无权、国民党集权、蒋介石独裁"为特征的"宪法"所定，1947年底又进行了第二次也是最后一次国民党在全国范围内的"普选"，选举第一届行宪国民大会代表、立法委员、监察委员等"三大中央民意机构代表"。

到台湾后，国民党当局于1950年2月开始举行县市议员选举，7月举行县市长选举，1957年4月举行省议会议员选举，1967年6月、1979年6月台北、高雄两市改为"院辖市"后，又举行两市议会议员选举，以上选举按照各自任期定期举行。

国民党的"选举"和"宪政"，无不带有国民党专制、蒋介石独裁的特色。

一是由国民党操纵选举，整个选举过程主要由国民党各级党部控制，竞选、助选、提名都由各级党部决定，选举的结果是国民党继续"一党专制"，选举的过程成为国民党内主要政治势力互相争吵、拼杀、夺权的过程，人民只是被愚弄。

二是模仿西方的资产阶级政治，在平等、博爱、自由的幌子下，掩盖蒋介石集团的专制和反共本质。国民党方面同意民众自由参选，可非国民党籍人士只能以个人身份参选，不允许成立新的政党。大陆时期的两次大选中更把中国共产党视为非法，排除在选举之外。故一方是掌握国家权力的国民党，一方是个人身份，双方竞选、助选力量相差太大，根本谈不上选举的公开、平等、普遍、直接、公正、公道，"自由选举、参选、投票"成为一句空话。论选举竞争的起点，国民党一方占绝对优势，论竞争的进行，国民党贿选、胁选、金钱和暴力加入选举放眼皆是。故当时的选举过程，成为官场政客表演的黄金时期。

三是到台湾后的前二十年间，只有中层和下层选举，上层不选。即使同一层次也不一样，台湾省议会和"院辖市议会"选举产生，可省主席、院辖市市长都由国民党"行政院"任命。到1969年以后，"中央级民意代表"是大部不选，一小部分代表由选举产生。"中央级民意代表"选举产生，"总统"不是民选产生。总之国民党的"宪政"，只是为了巩固国民党的强权；蒋介石的"宪政"，只是为了强化他自己的独裁。

"中央级民意代表"选举停止了二十年。按照国民党的"宪法"规定，"国大代表"和"监察委员"任期为六年，"立法委员"任期为三年。撤台后，"中央民意机构"的如何存在、如何行使职权成为一大难题。按照"中央民意代表"任期制，就得定期改选"国代""立委""监委"，可国民党当局只有一省之地，无法进行全国性的选举，"改选"成为永远无法实现的梦想。要保持蒋介石当局的法统和权威，先要保持有权选举"总统"和"副总统"、批准政府成立和政纲的"中央民意机构"；要保住"中央民意机构"，就要保住1947年底在全国范围内"选"出来的第一届"国代""立委""监委"。这批"民意代表"因祸得福，国民党的大失败，把他们带离了大陆，可把他们的"轮换、任期制"换成了"变相终身制"。同时也因为要保持"法统"，必须保持具有"法统"地位的"中央级民意机构"的完整，所以蒋经国的任何整顿、改造、缩编、革新措施都无法影响"中央级三大民意机构"的首届成员，所以一方面"中央民代"一次当选终身享用；一方面"国民大会""立法院""监察院"，成为以顽固、任性出名的保守势力的核心阵地，无法反映民意、反映社会、反映时代。问题是"三大中央民意代表"自身违法存在，他们选出的"政府"又怎算合法？这批幸运儿被港澳台舆论界称为"铁饭碗、万年国代、终身代表"。这种"万年、终身"的出现，是对国民党的"民主政治"最好写照，可谓是民主的形式，专制的实质。

政治上蒋介石可以把"非法"变成"合法"，可无法扭转自然法则的作用，到20世纪70年代，撤台人中有不少人因年老、疾病而去世。如1624人的"国大代表"减少近500人，如545人的"立法委员"只剩有300余人，如104人的"监察委员"只剩有40余人。为解决"中央民代"人数严重不足问题，到1969年由国民党中央党部负责，补选"国大代表"15人、"立法委员"11人、"监察委员"2人，"补选"是蒋经国的杰作。

为扭转20世纪70年代初的经济困境，需要改变国民党当局在国际上令人憎恶的形象。二十年来，国民党在民主方面只有收没有放。一系列的高压措施和逮捕雷震等迫害持不同政见者的行为，使得"台湾当局"成为"专制、恐怖"的代名词。甚至美国等"盟友"也不断劝导蒋经国逐步放松对民众的控制，在经济起飞的同时应逐步建立起类似西方的民主制度。蒋经国在"国防部长"和"行政院副院长"任内三次访美期间，受到的"教诲"大都集中在这一方面。

台湾岛内针对国民党"假民主、真独裁"而产生的不满情绪，与日俱增。特别是热心于问政和参政的不少社会名流，对县市长、县市议会、省市议会选举已不过瘾，强烈要求扩大选举范围。虽然人们还不敢提出将会成为被当局抓、关、杀罪名的"民选总统"这一条，可明确提出民选台湾省主席、台北和高雄市长和"增额中央民意代表"。

蒋经国比其父的开明之处，就在于同样坚持反共立场，同样保持国民党专制、独裁的本质，可形式上要灵活些，更能得到西方盟友的欢迎。开放部分"中央民意代表选举"，就是蒋经国二十余年来在政治方面采取的第一个"放"的行动。民选"总统"、省主席、台北和高雄市长的要求则被明确拒绝。

从1972年起，除1978年因中美两国建交使得台湾当局分外紧张、为防止内外矛盾互相交叉和影响而宣布停止一切选举活动外，每隔三年进行一次大规模的关于"中央民代"的选举活动，此外还有穿插进行的中下层议会、县市长选举。为易于区别，新选出的"中央民代"前面需加上"增额"二字。

蒋经国每次拿出一定的名额供竞选用，其中他身前名额最多的一次是临终的那轮各项选举，总共有100名"增额立法委员"、84名"增额国大代表"、32名"增额监察委员"、77名省议员、51名台北市议员、42名高雄市议员、20名县市长、20个县市的议长、副议长、议员，供热心的问政、参政者们去竞争。

"增额中央民意代表"和县市长、地方议会选举的进行，并不意味着"民主、民权"已经降临到台湾岛。蒋经国利用完整的组织系统，利用严厉的党纪驱使二百余万的党员操纵选举，利用社会上的非国民党籍候选人无法可比的经济力量，动用掌握的各种政权机器，创造一切条件保证国民党籍候选人获胜。其中包括收买竞争对手，威胁政敌，拉拢选民，更有甚者选举中作弊、欺骗，无所不用其极。

在每次这类"民轻官重"的选举中，国民党方面基本上能得到70%上下的选票，他们种种正当和非法的手段带来了选举中的胜利。选举出来的"党外势力"，根本无法打破国民党的"一党专制"。"增额中央民代"选举中，每次"党外势力"只能得到三成左右的选票，当选的"党外人士"在"三大中央民意机构"内，势单力薄，只有发言的声音，不见有益于"党外势力"的提案通过。穷原竟委，二十余名"增额党外国代"对1100余名"万年国代"和"增额国民党籍国代"，三十余名"增额党外立委"对三百余名"万年立委"和"增额国民党籍立委"，十余名"增额党外监委"对六十余名"万年监委"和"增额国民党籍监委"，力量对比，众寡分明，"增额党外民代"又能有何作为？

再则"增额党外民代"是任期制，"党外势力"又缺少统筹兼顾，当选人员流动性很大，能够连选连任的人很少，无法形成统一的政治势力。零碎、分散、短期，严重削弱了"党外队伍"的战斗力。而他们的对手却是"万年代表、终身委员"为主体的几十年不变的"蒋记阵营"，力量对比，强弱明显。蒋经国无忧可担，"党外势力"根本无法在"民意机构"里威胁国民党的霸主地位。不过，蒋经国建议、批准进行的"增额中央民代选举"，却为"党外人士"的崛起，为"党外人士"议政，提供了一个极好的机会和舞台。这一选举"副产品"，使得蒋经国防不胜防，堵不胜堵。禁，则更不可能。

同"增额中央民意代表"选举一样，舆论适度开放，也成为"党外势力"产生的政治背景。蒋经国出掌"行政院"之后，以"开明派"的面目出现，一度放宽舆论控制尺度。

以一个声音说话，是国民党当局舆论控制的主要内容。新闻、通讯、报纸、电台、电视台无一不掌握在当局手中，什么叫"舆论一律"，只要翻读一下国民党撤台后出版的报刊、书籍，就会明了。任何反对国民党的内容固然不会有，任何批评国民党的内容都将受到围剿，任何议论国民党的内容都将受到细而严的检查，任何非歌颂性的谈及蒋介石及蒋家成员的内容都将视为大逆不道。因为写文章、言谈，被以"颠覆国家、为匪张目、吹捧'共党'、侮辱元首"等莫须有罪名被处罚的人不知多少。曾经受到海内外谴责的侵犯人权的案件，就有1958年从美国回台的胡适因批评国民党专制、蒋介石独裁而遭到数次全面围剿案，1960年的雷震案，1966年的殷海光案，1968年间的柏杨、李敖两案。高压之下，批评的话全然消失，报纸上只剩下为国民党和蒋介石、蒋经国歌功颂德之词。

20世纪70年代起，随着经济转向加速和"革新保台"的进行，社会上对当局的舆论封杀的冲击越来越激烈。出现这种情况并不奇怪，因为人民总是要出来说话的。在舆论上国民党推行"愚民政策"和"麻醉政策"，宣传方面都是陈词滥调，可是人民并非愚民，政治上也未失去知觉，更是听腻了以反共为中心内容的宣传，他们也在探寻台湾社会变革的道路。当他们从对外开放和海外留学、观光旅游中看到许多与台湾不同的现实，不可避免地拿之与台湾生活方式、国民党的统治方式进行比较，得出各色各种的结论。

只因国民党当局有"报禁"，"戒严期间"不准创办报纸，可并未规定不准办杂志。为交流各自的观点，一批年轻学人开始创办杂志，开始讨论"国是"。到20世纪60年代末70年代初，领头再次出来冲击舆论封杀的是《大学》杂志。《大学》创办于1968年1月，该杂志一出场，就成为"各大学校友，包括大学里的青年教师、归国的留学生及新兴青年商人"的"发言台"。把这本从事文艺、教育方面一般性讨论的杂志，转为以议政为主的政治杂志的，是1970年底发生的"保钓运动"。由于台湾当局对日美侵犯中国领土钓鱼岛的行动一味迁就，缺乏必要而有效的措施，并对岛内的大学生抗议活动明里暗中进行牵制及破坏，促使愤怒而富有正义感的大学生、知识分子进行思考，很快把这一场"保钓爱国运动"，由反抗侵略转到对岛内要求革除弊政、要求政治改革上来。《大学》成为评论、批评时政的主阵地，发表的《国是诤言》《国是九论》等文章呼吁让知识青年"积极参与"，并建议在校园开辟"民主墙和民主广场"。《大学》杂志的呼吁在大学校园首先得到响应，大学生走在民主运动的前列。

新的社会舆论的出现和大学校园内的民主气氛，引起社会各界的强烈反应，人们纷纷提出争取政治参与、确保言论自由、全面改选"中央民意代表"、"解除戒严"、保障人权等令国民党当局十分反感的口号。蒋经国的态度很微妙，先是放，后是收，再是抓。"治"的总方针同过去差不多，手段、方式上有创新。在"全面改选中央民意代表"和"开设民主墙、民主广场"的政治主张提出后，蒋经国预感到问题的严重性，"收"在必然。1972年4月，国民党机关报《"中央"日报》连续6天刊出《一个小市民的心声》长文，对"自由主义集团、新生代"进行舆论反击。《一个小市民的心声》竟然发行60万册，高达《大学》杂志发行量的50倍。岂知《一个小市民的心声》一发表，在台湾和海外舆论界又爆发出一场是求新、变革还是苟安、偏安的论战，具有强烈忧患意识的青年学者、知识分子、大学生没有停止战斗，论战的文章多达数百篇。《心声》被驳得体无完肤，以"小市民"名目出现的后台大人物只得硬着头皮听骂。舆论反击无效，于1973年2月17日逮捕了台湾大学教师陈鼓应、王晓波及学生钱永祥、卢正邦等人，罪名是在上年12月4日他们组织过"民族主义座谈会"，为中共宣传统战。蒋经国的真实目的是"擒贼擒王"，抓一儆百。次月任职于中央党部的自由主义集团首领张俊宏、与《大学》有关的"台湾大学"十四位哲学系老师被解聘。经过"放""收""抓"三个阶段，被台湾"党外人士"称为"鸣放时期"的民主运动就此告一段落。

1975年8月，张俊宏任总编辑、黄信介为发行人、康宁祥为社长的《台湾政论》创刊，以《台湾政论》为阵地和旗帜的对国民党专政的批判运动，顶住政治高压，再次在台北和全岛展开。《台湾政论》的锋芒再指国民党统治，要求改造"国会"，公平选举，并且针对国民党的省籍歧视，要求平衡分配权力。杂志的言论是一期比一期激烈，调门一期比一期高。《台湾政论》可谓是一鸣惊人，当局的结论是"煽动他人触犯内乱罪，情节严重"，杂志被查封，时任总编辑的黄华和张俊宏只好去卖小吃为生。蒋经国觉得"查封"压不住民主的呼声，又把黄华加判十年徒刑，并以"共谍罪"逮捕陈明忠等十五位工商界人士，其中包括"增额党外立法委员"黄顺兴的女儿黄妮娜，以此警告热心于岛内民主运动的人们。

蒋经国把《台湾政论》潮压下去，还没喘过气来，不过一年，又开始"乡土文学之争"。国民党的御用文人全面围剿乡土文学作者和读者。总之，此时台湾批评国民党，要求民主化的政潮屡禁不止；"党外势力"也已进入以"大联合"为特征的新阶段，两事对国民党统治已形成无法消除和越来越大的威胁，作为国民党的最高领导者的蒋经国，也在寻找时机，计划依靠武力一朝解决。蒋经国失败、报复的心理直到临死几年才得以减弱。

七、"选举"冲突　美台"断交"

论蒋经国的为政措施，确比其父的极权统治要宽松些。他自己一再提出"革新保台"，厉行法治，行动上也有所表示。如在他当上"总统"的当天，公开向报界谈了"三个不希望"，即不希望像有"蒋介石时代"那样有"蒋经国时代"，个人的"时代"已被"民主的时代"所取代，不应再有个人英雄主义的色彩；不希望称呼他为"领袖"；不希望有"蒋经国万岁"的口号出现。尽管如此，蒋经国的政治底线是，民主改良必须在他允许的范围内、用他提倡的方式进行，不可动摇国民党的"一党专制"和"法统国本"，不可怀疑、反对蒋经国的权威。这些政治上的死结，蒋经国直到病故前才有所解开。

"党外势力"活跃

"党外势力"的出现，是国民党的政治舞台上所特有的现象，它来自于国民党的一党专制。蒋经国对此有一段精彩的言论，他说："在亚洲，'一党专政'是唯一统治的办法。政工、特务、青年救国团，'共党'攻击得最厉害，美国的误会也最深。……共产党存在一天，我们永远无法实行我们的理想，那么则永远没有民主。"这段话，在亚洲的社会发展史上找不到任何史实得以佐证，只能说明蒋经国一意孤行搞独裁，至于他把"一党专制"说成是亚洲的特产，亚洲人民和国家不会同意。

国民党唯其独尊，为保持其专制地位，只承认民社党和青年党，作为执政党的"宪政花瓶"，除此之外，不允许任何人组织任何新的政党。禁止组党，禁止办报，成为国民党政府在"戒严时期"定的两大禁区。20世纪50年代起，台湾当局决定举行地方公职选举，一些地方上出身富门的非国民党籍人士站出来，与国民党候选人竞争。这批热心于政治的社会活动人士，无论势力是大是小，均不能组织新的政党，又不愿依附于国民党。人们为了把他们与国民党、民社党和青年党相区别，称之为"党外人士、党外势力、无党籍人士"。由于国民党的政治高压及地方性选举的有限活动范围，"党外势力"一直到20世纪70年代前期都没有形成像样的政治集团。在政治立场、选举方针、为政主张等方面，主要依附国民党，自己的见解有但都不偏离当局的统治轴线，大都在官方允许的范围内活动。

进入20世纪70年代，大量的知识分子和由知识分子投入实业界而成的中产阶级，热衷于民主运动，加入"党外"队伍，大大提高了"党外人士"的议政能力，政论水平提升到一个新的层次。他们崇拜西方民主政治制度，把"大选""三权分立"作为议政和奋斗的目标。这样，不可避免地与国民党当局发生激烈冲突，冲突的交汇点是台湾的"戒严"与西方的开放，台湾的"一党专制"与西方的多党制，台湾的党禁与西方的自由组党，台湾的报禁与西方的新闻自由，台湾的思想控制与西方的言论自由，台湾的"万年国代、委员"与西方的国会成员任期制，台湾的蒋记独裁与西方民选制度，台湾的特务恐怖与西方的人权保障。以上交汇点，在当时几乎没有任何妥协、平衡的可能。

"党外人士"要把这些作为政治纲领和斗争口号，必然会遭到当局的镇压，任何一条都可以被判处数年有期徒刑；如果不提出这些口号，则无法触及国民党的要害，也无法动员广大市民支持"党外"力量，无法争取更多的选票。

"保钓运动"开始的舆论解放运动，为"党外势力"宣布自己的政治主张提供了最为合适的环境、条件。"党外人士"在"鸣放时期"把自己的政治见解一一抛向社会，引起强烈反响，为"党外势力"的崛起进行了舆论和思想上的准备。正是因为"党外人士"加入大学生的议政队伍，也正是因为"党外人士"的政治见解引起的震动，导致蒋经国倒向元老派、保守派，出面查封《大学》杂志，镇压了继"《自由中国》及雷震事件"之后的第二次自由舆论高潮。大学校园的民主运动暂时被压下去，"党外人士"迅速把自己的阵地转移到已经展开的"增额中央民代"选举上。

"增额中央民代选举"，把"党外人士"的政治活动范围，由以前特定的县市扩大到全岛，走向更大更广的政治舞台。1969年的第一次"增额民代"选举，因来得突然，"党外人士"还没适应，也来不及准备，蒋经国轻易获胜。到1972年的"三大中央民意代表"选举时，"党外人士"和国民党进行第一次公开、合法的较量。自此以后，双方的斗争就集中在"党外"一方要扩大选举成果、国民党一方千方百计予以限制这一斗争焦点上。

"增额中央民意代表"选举，是台湾国民党当局所办的规模、影响最大的选举。也成为"党外势力"积极参加的主要政治活动，每逢选举年选举节，"党外人士"

倾巢而出，全力争取。选举除给"党外势力"带来进入"三大中央民意机构"直接问政的好处外，还成为"党外队伍"成长壮大的良机。

一是选举的合法性，使"党外人士"有了合法的政治舞台，得以站稳脚跟，特务迫害不能像以往那样赤裸裸地进行。在具有基本人身安全前提下进行政治活动，无党籍人士不会因为参加政治运动而担惊受怕，使人们一时忘了国民党当局几十年以来为巩固"一党专制"而采取的种种包括暗杀、秘密逮捕、威胁、谩骂等在内的不正常手段。再说，各种选举一经投票表决后即成法律，不会因为国民党当局和实力人物一言而否定之，"党外人士"有了成功的机会，一些社会政治、经济地位并不很高的人因竞选得当而成为知名度极高的"三大中央民意机构代表"。这种为政为官之道，当然被更多的"党外人士"所重视和运用，故"合法"及"当选"使得加入"党外队伍"的人越来越多。其中包括不少原为国民党籍、在未获得各级党部提名为国民党候选人后脱党自己竞选，政治上靠拢"党外势力"，也有在没被提名的情况下违纪参选的国民党员，被开除党籍后转入"无党籍"。以上状况在二十世纪五六十年代还不多见，到七八十年代就较为普遍，所以说"选举的合法性"成为"党外队伍"不断扩大的基本条件。

二是选举的群众性。竞选是广大社会成员都参加的一场政治、经济、社会、文化竞争，为争取群众，各类候选人利用准备选举、组织助选的机会，利用报纸、电视、电台、杂志、传单、广告、开会、游街、上门、讲演、访问、调查等各种方式，向选民们宣扬自己的施政方针。"党外人士"的观点和见解，迎合了不少选民的政治胃口，通过宣传、竞选，"党外"赢得了大量的支持者。"选举的群众性"大大增加了"党外势力"的社会基础，"党外"也水涨船高，大有发展。

三是选举的竞争性。"党外人士"利用竞选的机会，同相应选区里的国民党籍对手进行激烈的较量，这种主要以笔仗、嘴仗和拉拢选民为主要形式的"文斗"，为竞选所允许。"党外人士"为压倒对手，揭露出许许多多国民党官场的丑恶现象和国民党籍候选人昔日依仗党势、胡作非为的劣迹。这种合法的批判国民党的讲台和机会，既曝光了国民党当局的种种阴暗面，又宣传了"党外势力"的主张，国民党籍候选人的失败大都败在这类批判之中。只因是竞选，国民党当局既无法直接阻止，又无法露骨报复，"党外势力"趁势上升。

选举的"合法性、群众性、竞争性"是客观的，要赢得选举战还要靠"人"。

20世纪70年代以后的"三大中央民意机构代表"选举,造就了一大批"党外政治活动人士"。"党外人士"的竞争对手国民党,是一支历史悠久、富有官场经验、选举经费充足、善于玩弄权术的政治力量,要战胜这样的敌手,并非易事。"党外阵营"中,尽管老一代"党外人士"有的被国民党控制起来,有的成了国民党的帮腔者,有的颓废消沉,但新人在总结经验的基础上,以更成熟的面貌出现,使得"党外人士"逐渐适应政治对手们的政治战略,以远不及国民党的实力,与国民党进行特殊的斗争。同时,随着台湾经济的好转,中产阶级的出现,使得"党外势力"所需的竞选费用、活动费用都有了较为稳固的来源。虽然不能和国民党拥有的一岛之财相比,却也免受囊空羞涩之苦。"党外势力"财源状况变好,有利于取得更好的竞选成绩。所以说尽管从实力、财力到从政经验均无法与国民党方面同日而语,"党外"内部也有领头人几经变迁、缺少统一意志的不足,可非国民党籍的"党外势力"自70年代以后一直能够保持上升趋势。

"党外势力"这一蒋经国从魔瓶中放出来的"反专制之神",再想收回去则不可能。一个想"收",一个不想"进",双方坚守的阵地都是在竞选上。"党外"则利用了人民大众对国民党统治的不满心理,而"党籍"则利用掌握选举系统及借助特权徇私舞弊,双方决斗是不可避免的,这主要是国民党操纵选举、造成选举的不平等性造成的。

"非党籍方面"为打赢选举仗,在20世纪70年代之后主要做了两个方面的工作,各方联合并主办刊物。蒋经国在50年代初之所以同意进行中下层地方议会和县市长、乡镇长等"五项选举",主要是考虑到扯起这一民主旗帜并不影响国民党的统治基础,因为国民党是一个整体,掌握着完整的政权机器和选举系统,有党政经社会文军警宪特团配合,必胜无疑。而"党外人士"因不准组织政党而处于分散状态,政治上的个体户取胜希望几乎是零。国民党当局在台湾举行选举的前二十年间,正如蒋经国所料,"党外人士"获得的席位少得可怜。最多的一次是在1964年的"第五届县市长选举"中,无党籍人士一举夺得基隆市、台北市、台南市三个市长和高雄县、台东县二个县长席位,创下"党外人士"参选获胜的纪录。为扩大成果,"党外方面"一直在寻找合法的"联合竞选"之路。

进入20世纪70年代后,"党外"参选分散、个体状态有了根本性的改观,一是表现在"党外候选人"自己组织"助选团",扩大竞选声势;二是各候选人之间协调行动，以增加"党外势力"的得票率。这种"新法"竞选在1977年底的"五项地方公职选举"中首次显出成效，"党外人士"一举获得30%的选票。其中二十个县市长席位夺得四席、七十七个省议员席位夺得二十席，以后"党外阵营"一直能够坚守"30%防线"。

"中坜事件"突发

"党外人士"的横向联合，惊动了蒋经国。长期以来一贯在选举中搞纵向、横向联合的国民党当局，对"党外联合"无咎可揪，可又不甘心于三成选票的流失，只有使出看家本领——作弊，终于导致被台湾当局称之为"二二八事件重演"的"中坜事件"发生。

事件发生在1977年11月18日，起因是国民党故技重演，不择手段挤垮"党外候选人"。蒋经国对待选举，手段并不高明但很完备。如让各部门主官要手下"吃公家饭"的军公教人员、国民党员及家属，必须投"党籍候选人"的票，"党外候选人"仅此一项就要跑掉不少票。如对党籍候选人所花费的款项，明暗均不管制，也不追究各候选人的数目巨大并且还在不断上涨的"政治捐款"的来历。候选人把其中不少钱用于贿选，拉拢选民，收买对手。"党外候选人"因无什么政治背景，所得政治捐款来之不易，来之不多，来源及使用均受到国民党控制的监选、选举机构的监督。"金钱攻势""金钱效应"远没有党籍候选人发挥得好。如党籍候选人的竞选活动，得到整个党务系统和政府机构的配合，日常更有强大的官方舆论支持。而"党外候选人"只能在竞选期间按照规定出动有限的宣传车和组织宣传队伍，宣传效果远不如党籍方面。

国民党靠如此多的"优势"，获胜希望之大自不在话下，可每次选举时，为挤垮"党外队伍"，还要拿出另外一手，这就是作弊。选举事务一向由国民党包办，它所标榜的"公正、开明、民主、守法"成为一纸空文，国民党选务机构和候选人指使人代领票、代投票、制造对手的废票、故意唱错票、威胁对手选民的丑闻常被揭露于世。"党外人士"则无此便利，国民党方面为证明"清白"，每个投票站都用几个"党外监察员"。可是，不少监察员已被国民党方面控制和收买，监察员的正常事务受到警察和选务主管机构方面干扰。由此可见，"平等、公正选举"只是"宪法"和宣传中的名词。遗憾的是,国民党当局只能制造竞选所需要的"硬件",有一"软件"优势却无法得到,这就是"人心",不少台湾人对国民党已失去信心。对国民党的不信任票,则成为"党外人士"所需选票的来源。

1977年"桃园县长"选举的候选人有两位,一位是"司法行政部调查局"的官员欧宪瑜,这位出身于特工部门的候选人,且不论人如何,他的政治背景就会失去大量选票。另一位是"党外候选人"许信良。此人原为国民党员,国民党县党部提名党籍候选人时,他被排除在外,只得宣布退党参选。许信良的叛党行为和竞选纲领,为社会所欣赏。欧、许之争,欧氏失败,已成定局。

国民党为挽回败局,指示为欧助选、辅选的工作人员大显身手,打赢这一场选战意义已远远超出"竞选"范围本身的党籍、"党外"信誉争夺战。选举过程中,许、欧双方已经势不两立,剑拔弩张。人们更为喜欢收集欧方挑衅和舞弊的消息,一时间在桃园县的第二大城镇中坜镇欧氏及助选人员已成过街老鼠,如果国民党一方理智一点,承认现实,及时换马,事情不难解决,再说即使失败也不必紧张,竞选本来就没有永久的胜利和彻底的失败,三年(当时县市长任期三年)以后可以重新再来。可是官方当局抱着凡是被人民反对的人就是国民党中坚、就可以信任的"人才观",抱着死不认错的思维方式,死抱着欧宪瑜这个扶不起来的阿斗不放。在213号投票站内,国民党当局控制的监选人员竟然公开舞弊,把欧宪瑜的废票当成有效票,当场被人捉获。

二十余年来对国民党的作弊造成的积怨,如今在中坜大爆发;二十余年来人们对国民党过去秘密、残酷处置揭发官方违法竞选人的仇恨,如今在中坜大爆发。舞弊人员当场被扭送到警察局,警察局既没有宣布对违法者的处置方法,国民党当局也没有当即宣布许信良已经获票二十六万张(超过对手一倍)而获胜的消息。官方只是驱赶围观的群众,要人们"相信政府"和"用法律解决"。官方所为无异于火上浇油,群众早已听腻了"相信政府"和"用法律解决"这两句话,谁都明白"认党唯亲"的"法律"是保护党籍贿选者和监选者的。

愤怒的选民、大学生和围观者把警察分局团团围住。下午4时,警察被迫退到警察局围墙内,5时前来增援的镇暴警察赶到。群众并未退缩,镇暴警察乘坐的卡车被烧毁,7时情绪激昂的群众冲进警察分局院内,8辆警车、60辆摩托车被点燃。此时警察开始发射瓦斯弹,10时军队开到现场,群众继续对峙,到11时

30分警察局起火。大火之中，群众在心理得到满足和平衡后自然散去。

"中坜事件"虽说被打被砸的目标是警察分局，可人们的愤怒却是来自对国民党的不满，此时作为国民党中常会主席兼"行政院长"的蒋经国，比其父亲健在时要显得冷静些，并未把"中坜事件"当作"二二八事件"那样来处理。在平息事件时，一再下令不准开枪，以免触犯众怒，扩大事态。在事件平息后，蒋经国数次发出指示，在以后提名候选人时，要推举学历高、劣迹少、名声好的党员出场，同时注意修正竞选方式，以增加取胜的根本条件和改善国民党的参选形象。为完成这一转变，蒋经国撤换了中央党部组织工作委员会主任委员李焕，改组负责选举事务的最高党务部门——中央党部组织工作委员会。

"党外"联合出台

被视为"台湾政治气候的转变关键"的1977年"地方选举"的胜利，以及中坜抗议的成功，极大地鼓舞了"党外势力"。"党外人士"自此基本结束了单个竞选者单枪匹马打天下的局面，也结束了甚至有时在同一选区内"党外人士"互相残杀、让党籍候选人坐收渔利的局面。为迎接1978年底进行的"增额中央民意代表"选举，"党外人士"频频联络，破天荒成立全岛性的"党外人士助选团"。

"助选团"成为事实上的"竞选总部"，负责向所有"党外竞选人士"提供统一政见、统一竞选标语口号和竞选歌曲。并为各候选人提供各项服务，如设立全岛"党外候选人宣传资料的交换中心"，及时向岛内外记者和通讯社提供资料及消息；安排助选或巡回讲演时间和地点；发现有违反事实或发生突发性事件时，作全岛性的支援或纠正；有系统地为各地候选人进行筹划、监票工作。

"助选团"已经成为一个有纲领但比较松散的"倒蒋联盟"。"助选团"有一大批专职的政务工作人员和组织者，非选举期间也独立存在，平时通过联谊会、恳谈会、民主餐会等形式，保持经常性的接触。为加强统一管理，还成立了以施明德为总干事、以黄信介和余登发为总联络人的领导班子和各县市分部。经"助选团"的努力和协商，"党外阵营"推出了从事"党外活动"多年的黄顺兴、康宁祥、黄天福、张春男等人和青年知识界成员王拓、杨直矗、黄煌雄、张德铭、姚嘉文、吕秀莲、何文振、陈鼓应、陈婉真等人，组成颇能吸引选民的竞选阵容，以对付不同选区的国民党籍候选人。

更为重要的是，"助选团"制定了"党外"的"参选行动纲领"。1978年11月18日，"助选团"召开成立大会。会上，"党外"公布了"十二项共同政见"："①彻底遵守宪法规定：中央民意代表全面改选；省市长直接民选；军队国家化；司法独立化，各级法院改隶司法院；废除违警罚法；思想学术超然化，禁止党派党工控制学校；言论出版自由，修改出版法，开放报纸杂志；参政自由化，开放党禁；旅行自由化，开放国外观光旅行。②解除戒严令。③尊重人格尊严，禁止刑讯、非法逮捕和囚禁，禁止侵犯民宅和破坏隐私权。……大赦政治犯，反对对出狱政治犯及其家族的法律、经济和社会歧视。"

同时黄信介、康宁祥、张俊宏、许信良、姚嘉文、陈菊、林义雄等50多位"无党籍人士"发表"国是声明"，称"我们是一群献身于政治改革的爱国、爱乡的党外人士。在不正常的环境下，我们多年来的努力一再被歧视、诋毁和丑化"。在谈及基本政治立场时"声明"说："第一，坚决拥护民主宪政，我们深信宪法是民主法治的纲维；反对任何党派以任何手法和口实毁败宪政精神。我们坚信厉行民主宪政是对抗专制，挽回国族命脉的唯一途径。第二，反对暴力，热爱和平，我们深信任何暴力行为，不管作为手段或目的，都缺乏道德基础。但是，我们向往的和平，是在人权、法治照耀下的和平，绝非屈辱于丑陋现状下的沉默，或庇护特权、罔顾国家利益、人民利益的坟墓般的宁静。""声明"在"我们的呼吁"中再次阐述了"十二项共同政见"中的政治和经济要求，并增加了"法官超出党派独立审判""恢复民主政治正常功能""非现役军人不受军事审判""制定选举法，确保选举之公平、公正与公开""加强公营事业的监督，杜绝政治酬庸"。"声明"称"我们的目标"是"唯有彻底实施民主宪政，才能创造自由、平等、和谐的社会；唯有在这样的社会里，我们的生命和自由才能获得保障，也唯有生活在这样社会的人们，才能紧密结合，才能有力关怀全体同胞以至全人类"。由上可见，"助选团"与政党已只是名称上和形式上的差异，当然前者是合法的，后者却为"戒严令"所不许。所以说"助选团"的出现，证明"党外人士"在政治上、策略上已经显得成熟起来。

因中美建交，刚任"总统"半年的蒋经国于12月16日发表"三项紧急处分事项"：全面加强军事戒备，维持经济稳定，延期举行"增额中央民意代表"选举，

1978年的选举被取消。中美建交，对台湾的政治、军事、"外交"的冲击之大可想而知，台北当局一片昏天黑地，为稳住人心，安定社会，停止选举也不为过。理由堂而皇之，却也帮了蒋经国的大忙，1978年底"增额三项中央民代选举"如期进行，国民党的失败将超过历届，"党外"将会取得空前的胜利。蒋经国面对"党外势力"咄咄逼人的攻势，镇压之心已起，只是没有抓到把柄、没有找到时机而已。现正好利用中美建交公报公布之际，推迟选举，先避免出现使官方难堪的竞选大失败的局面，再待机镇压"助选团"。一年之后，蒋经国在高雄利用"《美丽岛》事件"，终于达到镇压"党外势力"的目的。不过"高雄事件"虽使"党外"损失巨大，可联合行动、协调选举的做法一直没有改变而延续下来。

"党外人士"为扩大影响、发展实力和赢得选举，走通过议会改革社会和政治的道路，不顾冒犯国民党禁令的危险，在逐步完成松散联合的同时，十分注意建立和巩固自己的舆论、宣传阵地。"党外人士"在"戒严令"和特务恐怖的高压之下，行为分外谨慎，唯恐任何不慎之举落到官方手中而成为镇压的理由，最稳妥的办法莫过于钻国民党法律的空隙，颇有上有政策、下有对策的味道。如官方不准"组党"、不准进行各种有碍于国民党"一党专制"的政治活动，可官方又规定竞选期间的助选、讲演、散发政治性传单、出动宣传车等行为为合法，"党外方面"就利用后一条法律作为自己联合行动的依据。如官方实施新闻检查制度，执行"报禁"，不允许创办报纸，可官方"新闻署"同意进行杂志登记（1978年底至1979年5月曾停止新杂志登记），编发杂志为合法，"党外人士"就用后一种法律作为开辟宣传阵地的途径。

《台湾政论》于1975年12月被查封后，"党外舆论"一度沉默。但不是退却，到1976年7月原《大学》杂志社的骨干王拓、王晓波、王吉庆、陈鼓应等人主办的《夏潮》杂志创刊，为迎接1977年的"地方选举"，张俊宏又创办《这一代》，这两本杂志成为宣传、解释"党外政见"和揭露、批评官场黑暗的主要阵地。

到1978年"增额三项中央民代"选举期间，为了进行竞选宣传，"党外"使用选举期间为合法的撒传单及大字报等斗争方式。"传单攻势"相当凌厉，如王拓在一份传单上启发人们问："庞大的社会财富大部分却由极少数的资本家和决策层的官僚集团所垄断！……这样的社会怎么能算是一个公平、合理的社会？"

黄顺兴在"还我民权"的小册子中指出："1954年，当时在台湾的蒋介石先生就向当时的美国国务卿杜勒斯说过：'我知道的，我要反攻大陆是不可能的了！'……国民党当局早在二十四年前就知道反攻无望，却一直藉着'反攻'的需要作理由，用施行'戒严法'的手段来剥夺我们应享有的民权。"

陈鼓应、陈婉真的"告中国国民党宣言"文，在分析社会现实后作出结论说，国民党"虽独揽于不坠"，但"反攻迄无寸展，与国丧失殆尽，自辱国格陷孤岛"，以至有违民族主义。"'动员戡乱'又'戒严'，'宪政'横遭搁置，民主徒托空言"，以至有违民权主义。"政权与财阀相结，富商位尊，农工受贱，贫富悬殊"，以至背离民生主义。"三民"之中，"民族不立，民权不彰，民生不均"，可见国民党魂"失之久矣"。

在1978年未成的选举中，陈鼓应便在台湾大学门前的竞选总部旁，竖起一道"民主墙"，专贴自己的大字报。另一位国民党候选人，则在"民主墙"边竖起一道"爱国墙"，进行大字报论战。

1978年的选举期，被称为"台北之春"。选举停止后，"党外人士"又坚持在杂志战线抗争。在1978年5月创刊同时被勒令停刊一年的《富堡》杂志首先于1979年5月复刊，该刊是"党外杂志"中明确要求国民党当局减除敌意、增加海峡两岸沟通的一份杂志。接着《八十年代》《美丽岛》《鼓声》《春风》等著名"党外杂志"一一创刊发行。杂志的主要内容同1978年下半年及年底竞选期间的政见、言论、尺度不相上下。

"党外杂志"在台湾的民主运动中扮演了极为重要的角色。除作为宣传阵地外，因为不能组党，杂志社还成为"党外人士"的集中点，成为指导反专制运动的领导中心；因为"党外"在非选举期间不能有正常的政治活动，杂志社就成为"党外人士"的活动中心，成为锻炼、培养"党外活动家"的好学校；"党外人士"更是通过杂志，发表文章，引导社会上的议政、反专制运动。20世纪70年代以来的经历也已证明，几乎所有的"著名党外活动家"都是通过办杂志或在杂志的扶植下成长起来的。"党外活动家"大多是在经营杂志的过程中逐渐形成自己的小圈子，构成自己的政治倾向和观点，并通过"党外杂志"走向社会。

选举中断后，"党外助选团"不断活动，要求恢复选举，抗议的形式主要是发行刊物和街头演讲、游行示威。而后两项在"戒严令"下为违法，这就为蒋经国反扑和镇压提供了借口。蒋经国对"助选团"这样的政团组织早有戒心，"党外杂志"的言论更在镇压之列。1979年1月21日，指示警特部门把"党外人士"中态度最为强硬的"前高雄县长"余登发逮捕，同时查封《这一代》《夏潮》两杂志。8月《富堡》杂志创办人洪志良被逮捕并判刑五年。风声越来越紧，台湾稍有政治头脑的人都会感觉到，随着余登发被捕，国民党的"政治大整肃"即将开始。再加上"党外势力"发动群众持续不断地违反戒严令、出现在街头和校园，双方的对峙越来越紧张。

高雄冲突爆发

国民党当局深感头痛的是《美丽岛》杂志。《美》刊于1979年6月在高雄创办，发行人是"党外资深人士"黄信介，主编陈忠信，主要编撰成员有张俊宏、姚嘉文、施明德、许信良等七十多人，台湾知名的"党外人士"几乎均名列其中，杂志社成为"党外势力"的大本营。

作为"党外势力"领导中心的杂志社，通过设在台湾各地的二十多个办事处，统一安排"党外活动"，难怪当时人们已称其为"没有党名的党"。杂志社如此，再看各期《美》刊，观点鲜明，言辞激烈，锋芒毕露，集"党外"多年来的所有政治观点和主张之大成，矛头直指国民党统治。如在它的"发刊词"中称"国民党政府应以最大的诚意与罪已悔过的心情与1800万同胞共同担当起适应变局的责任，以挽救人民对其道德怀疑的信任危机，……可是，国民党政府却更加倚赖特务为统治工具"。另外，在1979年下半年"党外"与官方发生的大小冲突中，都有《美》刊的背景。由于《美丽岛》在岛内的特殊地位和作用，很快就成为蒋经国向"党外"全面反击的头号目标。

1979年12月初，《美丽岛》杂志社决定在高雄市举办"国际人权日纪念大会及游行"，施明德为总干事。根据五人以上集会需要警察局批准的规定，大会筹备组向当局申请一次为数三万人的集会游行。既有"人权"敏感问题，又人数空前，警察局予以驳回。"党外"方面已经内定，不管国民党当局是准是否，将不影响集会和游行的如期举行。国民党当局方针也已确定，只要集会、游行进行，定依"戒严令"坚决追究到底，为此已作好必要准备。

双方情绪激昂，均以此举作为摊牌的机会，"党外势力"想显示一下群众的力量，国民党政权则想显示一下对付不满者的能力。"党外"则想借高雄集会彻底冲开"戒严令"对游行、集会、讲演的限制,让"戒严法"名存实亡。拿江南的话来说是"党外人士、走火入魔,认为利用群众的力量,逐渐升级,终有使国府就范的一天"。国民党则想彻底整肃"党外势力",永远结束类似于一年来"党外"屡次发动的违反"戒严法"的街头集会、讲演、游行等反专制运动。拿江南的话来说是"国民党有备无患,张网捕鱼,尽量搜集证据,准备算总账"。所以说"《美丽岛》事件"并非偶然事件,它有潜在的必然性。

12月10日晚6时30分,约有3000人参加的集会开始举行,并未出事。7时由《美》刊杂志社宣传车开道,与会者高举火把、游行开始。"还我言论自由""废除戒严令""反对一党专制""反对特务统治""打倒暴力集团""人民万岁!民主万岁!人权万岁!""人人经济平等"成为集会和游行的基本口号和标语。

游行队伍刚离开作为会场的《美丽岛》杂志社门前,就与警察、镇暴警察、宪兵发生冲突。10时20分,台北方面下令镇压,直到凌晨2时30分,高雄市恢复平静。沉寂的局面又持续两天,第三天凌晨,国民党的军警宪特配合出动,在全岛范围内搜捕与"高雄《美丽岛》事件"有关的"党外人士",一共逮捕152人。随后,当局又把高雄冲突定性为"叛乱","犯人"全部交军事法庭审判。"党外"《美丽岛》系统损失巨大,军事法庭判处施明德无期徒刑。杂志发行人黄信介、总编张俊宏和姚嘉文、发行管理人林义雄、杂志高雄服务处副主任陈菊及吕秀莲、林弘宣等人被判处十二年徒刑,杨青矗、王拓被判处六年徒刑。

同"中坜事件"相比,"中坜事件"的把柄落在"党外人士"手中,蒋经国不能把竞选期间的"党外活动"定为非法,故作了让步。现"高雄事件"的把柄落入蒋经国手中,《美丽岛》杂志社又一反过去只钻法律漏洞的传统做法,公开闯关,颇有点明知山有虎、偏向虎山行之意,结果被当局所镇压。可是,如果说组织集会、游行犯法,那可以按"破坏治安罪"治罪;如果说与警察冲突有罪,可以追究刑事责任。没有必要处予如此重刑,更不应该以"叛乱罪"起诉,再说施明德、黄信介等人并未动手殴打警察、宪兵,为何又刑罚加倍?

名家江南评说道:"'《美丽岛》事件',就国民党而言,是应付内外危机不得不尔的镇压行动。如果国府再让步,星火燎原,这一群众运动,将蔓延扩大到使国民党政权覆灭的地步。不如及时扑灭,通过司法程序将为首分子,判处重刑，俾收杀鸡儆猴之效。"事实上，"党外势力"蔓延到国民党政权倒台的程度，恐怕还要一段时间（事实上是二十一年）。如果国民党当局、蒋经国真让"党外人士"和人民大众说话，还真能立即收到台湾专制制度的民主化之效。对推行正如蒋经国在"高雄事件"后指出的"民主法治之路是我们一定要走的路"的方针，有百利而无一害，能够大大加快台湾政治改革的速度。唯一的损失是国民党要勇于让人民大众揭痛疮疤，改邪归正，重整民心。一念之差，蒋经国再次成为暴君，放弃一个极好的成为"开明政治家"的机会。对"高雄事件"主角的如此重刑，把蒋经国的"民主面纱"全部撕开，只剩独裁、专制真面目。《美》刊系统本身有许多弱点，在对待两岸统一问题上也有很不负责、很不恰当的地方，可在当时专制体制下，或多或少能为人民为社会提出相应的政治要求，不乏可取之处。如今败在枪杆子和军法之下，不算为败，只是一个斗争新阶段的起点。

"高雄事件"之后，国民党和"党外"双方都采取了一些新的做法。"党外势力"中的强硬分子入狱的入狱，如施明德、黄信介等；离岛的离岛，如许信良、陈鼓应等。继续活跃在台湾政坛的是稳健分子，在1980年的"增额三项中央民代"选举、1983年的"增额立委选举"中，富有挑战性的言论照常有，可富有刺激性的行动却不多，一般的选举、抗议活动均控制在现行法律允许的范围之内，尽量避免与官方发生直接冲突，避免暴力事件。这样，"党外势力"按照"非暴力"的设想，稳步发展。由于策略上的改变使得议政的风险大大减少，再则反专制意识不断深入和强化，追随者越来越多，"党外队伍"扩充很快。"高雄事件"虽使"党外势力"损失巨大，可"党外人士"的基本势力范围并未缩小多少，得票率始终保持在30%左右，到1986年，"党外势力"则进入正式组党阶段。

蒋经国在进入20世纪80年代后，前四年主要是利用国民党的统治地位、人力、物力、财力、组织动员力，争夺选民选票，言论限制进一步放宽。对官方的一般性的批评和对蒋家上下三代人的议论，不再扣以"叛乱""匪谍""侮辱元首"等帽子而予以取缔、定罪、抓捕。国民党的文宣部门和官办舆论一边在围剿不断冒出来的"党外杂志"，一边还在宣传"政治革新"和"民主宪政"。对"党外势力"的限制，基本不用"高雄事件"时的镇压手段。台北当局和蒋经国似乎在设法弥补因重判《美丽岛》负责人而失去的声誉。这种情况到1984年间才停止。

1984年2月间，已经出任"行政院长"六年的孙运璇不幸突发脑溢血，致使"内阁"改组。在上层人士的调动中，一批保守派人士进入领导阶层，在全岛刮起一股"紧缩风"。"紧缩风"自"高雄事件"之后一直在吹，到1983年底"增额立法委员"选举时，"党外势力"得票与过去相比为持平偏下，没有取得多大进展，这也助长了保守势力抬头。海外舆论观察到：（孙运璇的继任者）俞国华"组阁"后，整个政治风气均向右转，一些极右分子遂强硬起来，希望以铁腕扭转台湾舆论自由化倾向。港澳的一些台湾问题评论家也持有相同的看法："台湾1984年无论内政外交，都呈现倒退。""看到的，听到的，是一片凝重沉闷、迟疑不定、保守压抑的迹象和风声，一切都好像在紧缩之中。"

"紧缩风"下，"党外人士"活动受限制，杂志时常被查封，过起政治上的"紧日子"。使得"党外人士"更为吃惊的是：著名作家江南被害，"党外青年"林正杰被判刑，"党外势力"支持者余新民被捕，"党外杂志"《蓬莱岛》总编黄天福等被判刑和罚款，为反对国民党在台湾省、院辖市议会议员和县市长选举中作弊而举行的12000人示威游行被强行阻止，"党外人士"郑南榕等人被捕判刑。此类镇压"党外人士"的事件不断发生，"党外势力"在受气和受压之中坚持了两年，到1986年则转入"党外"组党、冲破"戒严令"的最后阶段。

台美"断交"发生

如果说岛内的局势蒋经国还能控制，那岛外的有些事情他就无能为力了。美台"断交"是蒋经国晚年所遇到的最大"外交难题"。美台"断交"、废除美台"共同防御条约"、美军撤出台湾，这是蒋经国在"外交"上最不愿意看到的三件事，自尼克松首次访问北京以来，这位国民党政权的掌舵人一直在尽最大的努力，以推迟"外交三难"的到来。

与国民党方面相反的是，中国、美国双方一直在尽最大努力，促使这一天的早日到来。继尼克松之后，福特总统在尼克松的起点上又进了一步，同意在北京和华盛顿设立"联络办事处"。美国在推行"全方位外交"的同时，从不忘记搞小动作。它一方面设法向中国靠拢，一方面采取紧急措施，武装台湾，向国民党方面以优惠条件出售了包括两艘潜水艇、350架F5E战斗机、三艘驱逐舰在内的大批军事武器和装备，迅速填补美军撤出后的军事防卫空白。

1974年10月25日，福特总统正式签署国会通过的关于"终止总统使用美军保卫台湾和澎湖列岛的权力"的法案，结束了1955年1月美国国会通过的"台湾决议案"（正是这个国会1979年4月又通过了干涉中国内政、保持与国民党当局不正当关系的"与台湾关系法"）。从1974年底起，美军撤出台湾进入实转，分期分批撤回国内。

特别有意思的是，1978年5月20日，是蒋经国就任"总统"之日，美国总统派出国家安全事务助理布热津斯基启程访华。被台湾当局视为盟邦的美国，不来捧场不说，还给刚"登基"的"总统"带来莫大的难堪。

蒋经国不愿意看到的事情还在发生。12月16日，美国方面准备公布由中国邓小平副总理飞到华盛顿与卡特总统亲自谈妥的建交公报，12月14日，美国"驻台大使"昂格尔按照国务院的指示，打电话给蒋经国的英文秘书宋楚瑜，预约在16日上午8点钟会见"蒋总统"。美台"邦交关系"的"送终大使"昂格尔对国务院的安排，并未作更多的猜测。已被中美关系弄得神经过敏的国民党上层得知此事深感不安，精干的宋楚瑜也是"瞬间闪现了些不祥的预感"。

15日晚，舞劲十足的"美国大使"，出席了台北美侨商会主办的"圣诞舞会"。11点刚过，"大使馆"通知他马上回馆等待国务院的重要指示。昂格尔回到办公室，国务卿万斯、助理国务卿霍尔布鲁克的电话已到，指示这位"送终大使"说：卡特总统将在台北时间次日上午10时，通过电视台宣布美国和中国半个月后正式建立外交关系。并要这位"大使"在第二天上午8时即在正式向全世界宣布中美建交消息前两小时通知蒋经国。

"大使先生"觉得这样做未免不太厚道，在电话中一再要求把通知台湾当局的时间提前。可是美国总统已是卡特而不是杜鲁门，国务卿已是万斯而不是杜勒斯，断然拒绝昂格尔的建议。昂格尔放下电话，下决心抗命。午夜12点，打破从来都是在办公室联系公务的惯例，直接拨通宋楚瑜家中的电话，提出把原定会见蒋经国的时间提前一小时。以多谋善断著称的宋秘书，马上觉得这个不寻常的电话和不寻常的请求中的隐情，预计到"美国与中共建交"那件事发生了。昂格尔面对宋楚瑜的询问回答说："我现在不能讲，要与蒋'总统'谈。"

宋楚瑜立即拨通"总统府办公室主任"周应龙的电话，两人协商后一致决定叫醒早已入睡的蒋经国。宋放下电话，自己驾车直驶官邸，穿过重重警卫，一人悄悄走进一片漆黑的"总统卧室","轻轻摇醒经国先生"。蒋经国见预料之中的事情终于发生,当即指示请"美国大使"和"外交次长"钱复前来。

16日凌晨2时15分,还穿着舞会礼服的昂格尔来到官邸,证实了蒋经国最不愿意听到的消息。钱复回忆说:蒋经国"语调与气氛迥异于平日两人的会谈",向美国方面提出强烈抗议,并断然拒绝昂格尔要其保密到上午10时后的提议,随即下了逐客令。3时45分,主要部门头目赶到蒋府,决定7时举行中常会会议,接受"外交部部长"沈昌焕辞职;全面动员;停止当年应该进行的"增额三项中央民代选举"。蒋经国还以"总统"身份发布"三项紧急处分事项"。在卡特发表电视讲话的同时,台湾当局也通过各新闻机构发表了谴责美国"背信毁约"的"声明",表示无论在任何情况下,决不放弃不与中共谈判、妥协的立场,决不放弃"光复大陆"的目标。

为发泄对美国的不满,官方指使一部分人包围美国"驻台大使馆"、美军俱乐部和昂格尔的住宅,焚烧汽车和星条旗。12月27日前来台北磋商"断交"后美台关系的副国务卿克里斯托弗一行,在松山军用机场受到西红柿、鸡蛋的"欢迎"。蒋经国所能做到的"抗议活动"仅此而已。

蒋经国怒有其因:中美谈判完全是背着台湾方面进行的,台湾驻美"大使"沈剑虹一无所知,那些接受台湾赠款的美国国会院外集团成员也无一人透露"美台即将断交"的信息。对于"断交消息"的公布,当年法国和日本都还派个特使提前来台解释安抚,如今美国方面只是准备提前两小时告知,真是欺蒋太甚,哪有"老朋友"的友情,"不放弃老朋友"的诺言只是一句废话,蒋经国难免有一种被出卖了的感觉。不过,蒋经国发怒大可不必,因为从撤离大陆的那一天起,就已意味着国民党当局"外交"上的悲剧将会不可避免地到来。

在台美间关于"断交"后的善后谈判中,美方拒绝蒋经国提出的台美间"持续不变、事实基础、安全保障、妥定法律、政府关系"的"五原则",明确宣布"从我们自己的国家来看,'台湾'将不再是一个国家了,美台关系只能是在'非官方基础'上进行"。为减少"官方因素",美国不同意新设立的台湾驻美机构的名称为"北美事务协调办事处",坚持称之为"协调委员会",以增加民间和社会色彩。并在"协调会"章程上明确写上该会是专门"从事慈善、教育及科学活动"的机构。

对于台湾方面在谈判中的顽固态度，美国方面干脆表示："如在中美互派大使的3月1日之前双方未就非官方关系谈妥'交往基础'的话，双方关系就此中断"。台湾代表只能退让，接受"非官方关系"的总体安排。蒋经国刚刚出任"总统"半年余，在国际上"威风"未现，却遭如此"待遇"，一口气难咽可又不得不咽下。他有所不知，国际的交往靠正义和实力取胜，新中国正是靠它的强盛和威望在国际上发挥越来越大的作用，原来没有的地位、待遇现在有了，台湾当局原来有的地位、待遇现在失去，相反的遭遇告诉人们，正义且强大的事业一定胜利。

美国方面以它固有的外交上的圆滑和善搞小动作的特技，为安抚台湾方面和保持在台湾的特殊利益，由卡特总统出面于1979年1月26日提出调整美台关系法案，两院通过后于4月10日成为具有法律性质的"与台湾关系法"。"与台湾关系法"对中国内政说三道四，说台湾的前途将以和平方式决定，其中包括经济抵制和禁运手段也不能使用。法案规定美国可以继续向台湾提供防御性武器。还说"外交关系与承认之欠缺，不得影响到美国法律对台湾之适用，美国法律并应以1979年1月1日以前相同之方式，适用于台湾"。

这是卡特总统的败笔，在中美关系上留下一条尾巴，有负于中美两国人民要求友好的愿望。中国政府坚决反对"与台湾关系法"，由外交部部长黄华出面，约见美国首任驻中国大使伍德科克，表明了中国的立场。不管如何，中美两国人民的友好为不可逆转的潮流，华盛顿当局被动也好，主动也好，总得跟上来。

1979年度，卡特政府决定暂停与台湾签订新的销售武器协议，4月26日美方军事人员全部撤离台湾，1980年元旦美台"共同防御条约"全部终止。中国与美国的关系进入正常但有波折的时期。

台美"断交"，对蒋经国打击之大为历来所少有，蒋家的兴旺发达靠美国，蒋家能统治大陆二十二年靠美国，蒋家撤台后没有垮台靠美国。在蒋经国看来，有美国支持，国民党当局就不会垮：当年日本侵略者打进国门，因为美国支持，国民党当局得以凯旋南京；当年撤台时狼狈不堪，因为美国支持，国民党当局一挺就是几十年。蒋经国也不会忘记1949年前后被美国抛弃的艰难时日。美台之间有着特殊的关系，内政如此，"外交"更是如此，国民党当局昔日的多少政治盟友、经济伙伴，一个个离开台北踏上赴北京之路，甚至美国尼克松和福特两总统、日本首相田中角荣也先后访问北京。蒋经国在一次又一次的伤心、悲痛之后，没有失望，因为还有最后的防线，即台美"邦交关系"的存在，这成为国民党当局赖以生存的支柱，通过台美关系，台湾走向世界，现"关键环"脱节。

台美"断交"，虽然没有像20世纪50年代初期杜鲁门一度抛弃蒋介石集团那样几乎给台湾造成无以为继的局面，可"断交"使国民党当局被世界政治圈和经济圈所限制，原有舞台和机会遭到大幅压缩。纵观中国历史，蒋经国也算一个一世之雄，才大权也大，谋多术更多，当上一朝之"主"，如今落得"偏安"下场，内政紧而不张，"外交"滑而不止，究其原因，根在识不清大势、逆历史潮流而动矣。

八、"解除戒严" 开放探亲

蒋经国在世前的最后数年，主要精力放在促进台湾经济继续增长的同时，还抓了三个方面的大事：选择接班人；有选择、有限度地开放回大陆探亲；解除从1949年5月起在台湾地区实施的长达近三十七年的"戒严令"。这样，他在离开人世之前，或多或少给国民党的历史留下了一点有价值的东西。

世界最长"戒严"

20世纪70年代以来，解除还是维持"戒严"是台湾各种政治斗争的焦点，以国民党为核心的政界主流派顽固坚持"戒严之路"，以"党外势力"为核心的政界非主流派则始终坚持在"解严战线"。活跃在美国、中国香港和澳门地区的第三势力，50年代末60年代初的胡适、雷震、李万居等人，70年代的"党外人士"，不赞成国民党的"一党专制"，无一不拿"戒严"开刀；国民党方面的种种专制、恐怖及违反民主宪法的行为，无一不以"戒严"为借口。

大学校园反专制运动开始后，要求"解除戒严"的呼声公开出现在各种社会议政刊物上。"增额中央民代表"选举开始后，"解除戒严"则成为"党外人士"竞选的基本口号之一。"党外人士"当选后，因有在议会讲台有法律保护的特权，更是利用"国民大会""立法院""监察院"的讲台，在质询、问政时，把对"戒严"的批评作为抨击执政党的基本内容。

在对待"戒严"问题上，可以说蒋经国为国民党统治集团上层最保守的人，当局的种种强化统治权的措施，无一不是蒋经国的主意。到蒋经国接班后，开始逐步开放，但是对于"放弃戒严"，一直处于摇摆不定之中，任何政治改革的措施都到"戒严线"上停止。

长达数十年的"戒严"，不但在岛内引起持续不断的抗议，在国际上也是如此。即使包括美国在内的盟邦盟友，对这还无尽头的"军事管制"，也是通过各种形式劝导蒋经国予以调整。特别是在"高雄事件"和1984年"顽固派回潮"发生时，在岛内特别是在海外一再引发对国民党当局的批判高潮。

蒋经国为扭转国民党政权在国际上的不利局面，逐步减轻岛内的政治高压，准备变换统治手段，为"解除戒严"创造条件。到1985年底，取消"戒严"已经出现征兆。在1985年12月25日举行的"行宪纪念大会、国民大会宪政研讨委员会第20次全体会议、第一届国民大会年度会议"联合典礼上，蒋经国主持会议并致辞说："今日最重要的是我们要加强内部的团结，这也就是说，我们大家要互信、互谅，同时也要守法、守分、守纪。执政党——中国国民党的基本精神，就是一个诚恳的'诚'字和勤奋的'勤'字。只要能贯彻这种精神，必然能够完成三民主义统一中国的任务。……现在，有两个问题，经国想做一个明确的说明：第一就是总统继任者的问题，只存在于专制与独裁的国家，在我们以宪法为基础的中华民国，根本是不存在的。……所以下一任总统，必然会依据宪法而产生，那就是，由贵会代表先生们代表全国国民来选举产生之。有人或许要问，经国的家人中有没有人会竞选下一任总统？我们答复是，不能也不会。……第二就是我们有没有可能以实施军政府的方向来统治国家？我的答复是，不能也不会。执政党所走的是民主、自由、平等的康庄大道，绝不会变更宪法，同时也绝不可能有任何违背宪法的统治方式产生。"

蒋经国的话一出，震动台湾政界，引起西方的关注。人们注意到，这是他首次公开表态，断言在自己身后结束"蒋家王朝"，放弃蒋家独裁，排除了军人干政的可能性。并且对死抱不放的国民党"一党专制"，也提出修补计划，表示要沿着"宪政道路"走下去。蒋经国的讲话表明，经过认真和深入思考，已经决定如何向历史交代！

1986年3月，蒋经国主持召开国民党"十二届三中全会"，决议"要以党的革新带动全面革新"。为推动"全面革新"，会上成立了由十二名中央常务委员组成的"政治革新小组"，专门研究地方自治法制化、安全法令、充实"中央民意机构"办法、民间社团组织制度等问题。对于"政治革新"，小组提出的初步方案是，作为开放"党禁"的第一步准许反对派成立"政会"；作为"撤销戒严令"的第一步，起草、通过"国家安全法"。在经济领域，小组的设想是进行大幅度的经济改革，大幅度地降低进口关税，实施真正的自由经济。当时的台港澳舆论界作出这样的判断："国民党以今春的十二届三中全会作为契机，也下了求变的决心。"并把台湾1986年间的改革，称之为"丙寅变法"。蒋经国所为，是在为"宪政改革"创造条件。

9月，民主进步党成立，对这一公开冲击戒严令的重大政治事件，蒋经国没有镇压。对同年的"增额三项中央民意代表选举"中民进党的活动，也未采取任何公开的围剿、压制措施。

10月，国民党中央常务委员会在蒋经国的主持下，通过取代"戒严令"的"戡乱时期国家安全法令"和"动员戡乱时期民间社团组织法"，蒋经国称之为是"重大革新措施"。说"要发挥群策群力的力量，本着开阔、无私的胸襟，进一步努力协调，促进沟通。使我们国家的政治更趋和谐，使我们国家的民主宪政更臻理想与完美"。

12月29日，在"行宪纪念大会、国民大会宪政研讨会第二十一次全体会议和国民大会代表1986年度会议"上，蒋经国再次表示按照"宪政体制"的原则，继续进行政治体制的改革。

"党外"闯关组党

蒋经国关于政治改革的一系列讲话和活动，离"民主政治"还有相当的距离，和西方的政治制度也有很大的不同，它只是国民党"一党专制"的一种新形式而已。正如他自己所说："'革新'必须是前瞻性的、突破性的，但也必须是承先启后的、是继往开来的。因之，在一切革新措施中，唯有把握住确保国家安全和宪政体制的最高原则。""国家安全""宪政体制"八个字表明了蒋经国改革的基调，即不能动摇国民党的统治根基。

所以蒋经国在强调"革新"的同时，又强调国民党的"一党专制"不能变，台湾当局的"法统"不能变，"反共基本国策"不能变，"临时条款"和"宪法"不能变，"复国建国"的目标不能变。并且警告"党外势力"说："政治应求容忍，法制则不假宽容。"人们不难看出，蒋经国的"政治革新"措施，在"五不变"的限制下，又能有多少实质性的内容呢？难怪舆论当时这样评说：蒋经国的"所谓革新乃欺世盗名"，"既不革新又不沟通的国民党，却打着革新及沟通的旗帜，它的虚伪及精神错乱是不待言的"。

台湾的"革新风"，在美国引起极大兴趣，8月1日，美国众议院外交委员会通过"233号决议案"，核心内容是要台湾当局开放"党禁"，允许反对派、"党外势力"组织政党。8月中旬，美国民主党国际事务协会主席一行及参议员肯尼迪的助理等人来台，紧接参院外委员会主席又来台，要求台湾官方实施民主，准许新党成立以及"解除戒严"。会谈中美方举了菲律宾马科斯和韩国全斗焕实施专制、一朝垮台、与台湾异常相像的例子，警告蒋经国不要重蹈同为东方国家和地区的覆辙。有议论别人之好的美国舆论界对台湾的政治动向更是议论纷纷，《新闻周刊》就说："蒋经国76岁了，毫无疑问，他已开始考虑自己百年归老后，将给后人留下什么遗产。显然，他不喜欢自己目前见到的东西。""蒋经国显然不想遗臭万年，给人留下独裁者的形象。因此近月来，他对自己的政治反对派显得特别宽容。"

美国人的观点不奇怪，蒋经国和国民党当局的幕后老板就是美国的保守极右势力，大老板对自己的保护对象也有微词，台湾的"独裁者"和"侵犯人权"行为，让老板感到难堪，故美国方面也希望蒋经国能够开明些，增加一点民主色彩。美国方面的活动配合了台湾岛内的反专制运动，美国方面的态度，最终影响到蒋经国的决策和"党外人士"的行动。

台湾岛内要求政治改革的呼声越来越高，知识界再次以其在社会上的特殊影响和地位，向当局进言。他们虽然没有像"党外人士"那样直言不讳、锋芒毕露，可分量不轻。从"面"上讲，他们建议"执政党"，应体认民众求新求变的心情，利用"三中全会"时机致力政治改革，开拓新机。从"点"上讲，他们希望"执政党"抛弃政治包袱；当局政府必须不断调整角色功能，使地方政府与中介团体分担"政府"的责任，否则"政府"将遭到民众的不满与批评，削弱领导阶层的权威；

"执政党"应承认社会反对力量存在的事实，使政治参与制度化，以疏导社会反对力量；"内阁"结构应年轻化；"中央民意代表机关"目前不够充实，必须设法解决；"戒严"对人权自由和"国家"形象显然都有妨害；"蒋总统"担任"行政院长"时提出的"廉能政治"口号，后来受到伤害，这个结应解开；等等。台湾的学者、专家深受儒家传统、文人修养的影响，一般不会跳出来"骂大街"，不到"君子无道、王道不兴"的程度不会出来发言，即使出来议政也总是用迂回或隐晦的方式表达自己的意见，但他们的意见确能击中要害。台湾的舆论界也开始再把"政治革新"当成主要题目，大做文章。报刊对"丙寅变法"，有的用捧场的方式，有的用批评的态度，有的用"建议"的形式，这主要是因为各家报刊的不同政治背景在起作用。

对国民党改革和蒋经国决策，最大冲击力来自"党外势力"。由于"党外"利用了人民群众对国民党专制、蒋经国独裁的不满心理，又有合法的讲台及30%左右的选民支持，作为社会反对力量来讲，是颇具实力的。在国民党"十二届三中全会"前的两年间，"党外势力"多次成为政治旋涡的中心，"紧缩风"下"党外"多次成为官方围剿的对象。"党外"奋起抗争，特别是对林正杰的审判，引起"党外"组织万人集会及连续一星期的街头变相游行、演说、散发传单等活动，以示抗议。

与公开抗争相一致的是，"党外势力"又借1985年度的地方选举、1986年的"增额三项中央民代"选举，把竞选、抨击国民党的专制同维护"党外人士"的基本权利合到一起，对国民党当局形成不小的威胁。1986年9月28日，在台北圆山大饭店，在"十二届三中全会"后成立的"党外"几个"政会"，宣布成立"民主进步党"。"党外活动家"费希平、尤清、谢长廷、游锡堃、颜锦福、黄尔璇、傅正组成建党工作小组。

民进党集"党外"之大成，其中包括多年来形成的"党外"各派各路势力，包括"高雄事件"中被判重刑又被提前释放的嫌犯。民进党中知名人士不少，影响也大，可在国民党"一党专制"的高压下，当时难以发挥政治功能。可是，民主进步党的成立，成为政治问路石，这是公开向国民党的"一党专制"、"戒严令""党禁"挑战。谁也忘不了1960年7月21日发生的事！当时《自由中国》杂志社的雷震在蒋介石违宪两次连任"总统"、图谋"终身总统"的同时，发起筹组"中国民主党"运动。新闻界的闻人、《新生报》社社长、台湾省议会副议长李万居成为最重要的支持者。当天，李万居在自己筹组的"地方选举改进座谈会"上宣布了将于10月间正式成立"中国民主党"的组党计划。国民党当局快刀斩乱麻，雷震被判刑十年，李万居、高玉树、郭国基等组党骨干转向的转向，沉默的沉默，"中民党"胎死腹中。

在斗争中成熟起来的"党外阵营"，与国民党当局斗争的战略、策略和手段有所升华，在冲破"党禁"、成立政党问题上，斗争艺术日臻完美。

一是民进党当然不会忘了二十多年前的教训，为避免被一网打尽，民进党的组织者采取先宣布后组党的办法，用以观察国民党的反映，如国民党当局镇压，组党计划就此为止。因没有组党的具体行动，罪名不大，刑期也不会多。如果国民党没有镇压，再进行具体组织活动，成立党部，发展党员。

二是不设组党领导班子和中央党部，只设大规模的"后援会"。民进党成立时只是个空架子，国民党方面要动手镇压，找不到具体的责任者。可民进党的"后援会"，竟然有135名原始发起人。官方如查封民进党，应抓具体的责任者和领导者，抓"后援会"成员则名不正言不顺。更何况建党工作小组和"后援会"成员均为台北政界热门人物，抓起来容易放起来难，逮捕任何一人将会使官方十分被动，变成一场政治风波。

三是民进党已从美国方面和国民党内部探知到蒋经国已有"解除戒严"、开放"党禁"的态度，预料国民党当局不会下手。民进党既冲击了"戒严令"、达到建党目的，又保存自己的步步为营的策略，是"党外势力"与国民党斗争几十年总结出来的经验所致，也是斗争手法日臻完善的结果。

台湾"解除戒严"

民进党给蒋经国出了个不大不小的难题。这位"总统"如真使用铁腕，则要冒极大的风险。爱管"闲事"的美国人在8月底、9月初刚刚来给蒋经国上过课，上课的主要内容是开放"党禁"，现要查封民进党，太平洋那边的老板不赞成。民进党成立的消息一传出，美国官员"转达给国民党的讯息是：应该以耐心、开明和精明的手法来因应这件事，不要冲动，作出过度反应"。美国虽然是在劝导蒋经国，目的性却非常明确。如要扼杀民进党于摇篮之中，无疑会得罪美国人。这是风险一。此次"党外势力"是背水一战，一齐出动，集体行动，集体承担风险。先宣布成立，投石问路，看国民党如何动作后再开始组党行动。真要"抓"，是抓不胜抓，这是风险二。如果把"建党工作小组"和"后援会"的某些成员或全部成员扣押，无疑将掀起一场岛内外的"反蒋政治风潮"，这是风险三。最大的风险是，如果把民进党尽收狱中，无疑将促使党内的保守势力恶性发作、全面反扑，就会把蒋经国自己在1972年、1978年、1986年间三次关于"政治革新"的论调、成果，全部推翻；把他已提倡十四年之久的"新政、革新"全部抛弃。

老年的蒋经国比年青、壮年的蒋经国要冷静些，更富有理智。没有采取压的方式，没有抓人关人，而是默认，及时阻止了内部的保守势力和军方提出的按"戒严令"和"惩治叛乱条例"行事、查封民主进步党的主张。"党外"组党的现实，使得"戒严令"名存实亡。

三十多年来，让台湾各界人士谈"令"色变的"戒严令"，如今已到了任人指责、明知故犯、公开对抗的程度。反对国民党专制、蒋经国独裁的人，集会有之，演说有之，游行有之，组党有之，撒传单有之，坚持"戒严令"又有何用？人们大规模地挑衅"戒严令"，国民党当局又不敢以"令"定罪，坚持"戒严令"又有何用？蒋经国眼见自己亲手制定、尽力维持的"戒严令"，如今落到如此败落的地步，用他自己的话来讲只有"打掉牙齿和血吞"。一个法令被人民反对的话又有什么存在的价值呢？思前想后，蒋经国还算明智，认真地考虑起"解除戒严"问题。

10月15日，蒋经国以"中常会"的名义，向外界宣布将"结束戒严"。同时在接见美国《华盛顿邮报》董事长葛兰姆时表示，不久将取消"戒严令"，现正积极研究准许成立新政党问题，研究开放政治性团体活动、推动民主法制之政策，以后他又做过数次同样的承诺。

民进党生存有望，马上以最快的速度进行组党活动。11月10日，第一次代表大会举行，选举"高雄事件"军法大审时被称为"铁肩侠骨"的辩护律师江鹏坚为主席和第一届中央执行委员。同时民进党第一次以党团的形式参加年底的"增额民意代表选举"。在保持历年来最好成绩的基础上，在"立法院"内第一次以"民进党党团"的身份出现。"立法院"内的民进党籍"增额立法委员"，又把斗争的矛头直指为"解除戒严"作准备的"国安法"。

早在1986年5月间，蒋经国就要"中央党部秘书长"马树礼即刻研究"解除戒严"具体步骤。作为"解严"的第一步，是制定取代"戒严令"的"国家安全法"。1987年春夏起，"立法院"开始讨论"国家安全法（草案）"。民进党为此法内容，与占绝对优势的国民党籍"立委"展开了激烈的争论，无奈无力回天，完全秉承国民党中常会旨意、"行政院"起草的"国安法（草案）"，一字千金，非几个民进党籍"增额立委"所能改动。

1987年6月12日，民进党在"立法院"讨论"国安法（草案）"时，为向执政当局施加压力，促使"戒严令"早日取消，组织一批支持者在"院外"进行示威抗议，一方面要求尽快"结束戒严"，一方面反对没有紧急状态的紧急处分法令"国安法"。示威者与国民党的外围组织"反共爱国阵线""全民爱国会"的追随者发生冲突，双方对峙达17小时30分钟，最后被镇暴警察驱散。"院外"争吵，使得"院内"在"结束戒严"问题上加快了速度。

自陈炯明在1922年6月16日那天炮击非常大总统府，孙中山大难不死在中共和苏联帮助下东山再起后，6月16日这一天一直成为国民党重大政治活动所选用的良辰吉日，首次把"6·16"作为喜日的是黄埔军校的开学日和校庆日。"立法院"把通过"戡乱时期国家安全法"这一撤台后国民党发展史上的重要法令也选在6月16日。

1987年6月16日当天，为"国安法"的通过，双方都作了最后的冲刺。"国民党党团"的既定方针是，不管辩论结果如何，必须通过"国安法"。民进党籍"增额立委"和另外的"无党籍增额立委"是最后一战，明知无法掌握否决此法所需要的票数，却也拼命抗争。为具体条文多次与国民党籍的"终身立委和增额立委""对骂动粗"，并两次退席抗议。最后在退席者不在场的情况下，国民党籍"立委"以举手表决方式"三读"通过"国安法"。

替代"戒严令"的"国安法"通过，"解严"时机成熟。7月2日，"行政院长"俞国华主持"院务会议"，讨论"解严"和"国安法细则"。国民党上层的顽固派利用最后的机会加以阻挠，会议议程没有完成。病中的蒋经国闻报后，把"院长"俞国华找到大直官邸，责问这位财经专家、政治观趋于保守的大管家为何不能跟上政治改革的步伐？为何利用"院务会"阻挠通过"解严"的决定？最后下指令明定"解严"不能拖延到下星期的例行"院务会"再通过，必须在本星期内通过，以便能在7月中旬正式对外宣布。

俞国华原以为此项决定同其他法令一样,在官僚主义盛行的上层圈内,拖几日、迟几个星期习以为常,没想到病中的"总统"如此着急,态度如此坚决,只得匆忙离开官邸,回到"行政院",打破每星期举行一次"院务会"的惯例,在同一天内第二次召集"院务会议"。与会人员得知蒋经国的指示后,一致同意"废除戒严令",同意通过"国安法细则"。

"行政院"的决议,又到"立法院"完成立法手续后,7月14日由"总统"蒋经国正式签署后发表,宣布将从7月15日零点起在台湾地区"解严"。简直可以称之为世界"戒严"之最的、持续三十八年的"戒严令"的撤销,成为国民党政治改革的高潮。美国在台协会称:"取消戒严令是当局决心进行改革的一个具体表现,是向政治上进一步放宽限制和民主化迈进的一个历史性步骤。"

结束军事统治,同意"解除戒严",是国民党当局憋足了气,涨红了脸,咬紧牙关,并不十分甘心情愿又不得不出台的"改革大菜"。公布之后,人们理应拍手称庆,雀跃三尺;或是张灯结彩,全民庆祝。岂知,台湾全局上下淡漠冷对,不以为然不说,非官方、非国民党籍人士对"解严"发表的谈话还大都为谴责性的,对"解严"和"国安法"均表示出极大的不满。民进党籍"增额立委"一针见血地指出:"解严","不会恢复到与平时完全一样,新的国安法只是修改了的戒严令的一部分"。社会舆论指出"因为解严的条件甚多,并且也甚为苛刻,大家一瞧,似乎不只换汤不换药而已,且连汤也没换"。

台湾国民党当局则相反,"行政院长"俞国华的声明称"解严"为"走向宪法民主进程中的一个划时代的事件"。说明台湾"有能力以民主方式处理未来可能发生的危机"。"行政院"在7月2日向"立法院"提出的"解严建议"中也称"戒严法过去保证了国家的安全与稳定,现在可以废除,以改善台湾在国际上的形象和促进民主改革"。蒋经国更是把"解严"看成是自己晚年最杰出的政绩之一。

颂扬"解严",批评"解严",一天一地,相差甚远,只要一看"解除戒严"后的台湾现状也就众目昭彰,一清二楚。

一是台湾"解严"后,政治体制未改,并未出现多党议政代替国民党"一党专制"的局面。"解严"后不久,官方又搞了一个"人民团体组织法","党禁"全面解除,数月间冒出数十个政党。可是,这些政党除本身的政治素质差外,在党与党之间的平衡上远差于国民党。国民党200多万党员遍布全岛各个角落，无孔不入。而新政党大都为"泡沫型"，有"开关党"之称，犹如"开关"，随"开"随"关"。在野党中民进党实力最为雄厚，可它也只有上层组织，无地方党部和基层组织，党员不过2万余人，在公共权力机关和军警宪特系统内更是一无所有，根本无法动摇国民党的统治地位。国民党又有"政府"财力支持，有庞大的公营事业企业赚钱牟利，经济基础扎实。民进党只有靠募集政治资金过日子，经费上的紧日子带来政治上的紧日子，与国民党斗法缺少必要的、稳定的经济来源。再则反对党，"党"反对，国民党搞垮在野党之心并未因"党禁"解除而有所减弱。"以党代政"的国民党运用掌握的政治权力，明的、暗的、文的、武的一齐来，非在野党能左右，也非在野党能对付，"民主方式处理可能发生的危机"无现实可行性。所以说"党禁"取消，新党难兴，并未出现能与国民党抗衡的政党，"一党专制"依旧，造成新党不兴局面的，固然有新党本身的弱点，更主要的是国民党揽权不放、专制独裁的结果。

二是"报禁"解除，新报难起。"解严"结束了台湾三十九年只有三十一家报纸、不进行新报登记的历史，新报纷纷出笼。可是发行量大、经济有靠山、对舆论起导向作用的大报均掌握在官方党政军各部门手中。更为重要的是，官方并未放松对舆论的控制，"叛乱罪、颠覆罪、煽动罪"等各种政治帽子时刻准备压向各家民办报纸和非国民党的党派报纸，言论自由、新闻自由无从谈起。非国民党所办报纸，在思想、言论、政治高压之下，要想在社会上站住脚，把报纸办成各自的宣传阵地，办出各自特色，恐怕不是一件易事。总之，"报禁"解除，国民党的"一家之言、舆论一律"改变不多。

三是"戒严"取消，人权不兴。"解严"之后，人民可以不受"军法审判"，可是政治高压并未取消，以言定罪的现象并未消失，原被"军法机关"追究的政治要犯并未解脱，只是转到"高等法院"名下，由"高法"再下通缉而已。在绿岛等地的"国防监狱"中，虽然服刑三十年以上的"政治叛乱犯"已经开释，可不少人以政治、思想、言论罪名依然在过着炼狱生活。十二万名被情治特工机关进行出入境控制的黑名单并未解除。当局派驻社会各机构、各部门的特务，虽说驻中小学等一些单位的已经开始撤出，可大部分未动。以人事干部、管理人员、老师、政训人员面目出现的特务的存在，正是台湾人人自危的根源之一。"解严"

之后，台湾当局在各方的呼吁下，同意开放赴香港的旅游限制，可是又规定要收取高额手续费和找保证人予以限制，唯恐台胞经香港与大陆方面取得联系。"取保"使人容易想起国民党在大陆和撤台初期推行的"保甲制度、连环保"。总之，台湾的人权，总是打折扣的，即使"戒严"撤销之后，台湾还是处于有"人"无"权"的状态。人权，还是十分遥远的事情。

四是"戒严"结束，民主未兴。"戒严"已去，代表国民党法统、"一党专制"的"中央民意代表"没有全部改选；集中反映人民权利的"总统"、省主席、院辖市市长选举没有举行，对舆论界的电视、电台、报纸的各种禁令也未全面解除，谈何民主。

至于"解严"之后，人民可以自由举行集会游行。但国民党方面起草的"动员戡乱时期集会游行法"，对民间组织的集会、游行施以种种限制。规定上述政治活动必须得到所在地的警察局批准，不得违反"宪法""反共国策"各种法令、公共秩序或善良风俗。对严重影响"国家安全"、社会秩序、治安、交通、警察勤务者将不予许可。"总统府""国民大会""五院""各级法院"、国际机场、港口、重要军事设施地区周边500米内不得举行。事实上，除了歌颂性、喝彩式的集会、游行外，任何带有政治色彩的集会游行都将与以上限制发生冲突，"集会游行禁"等于没解，以前是明禁，现在是暗禁。所以台湾的法律界人士和专家在讨论"动戡集游法"草案时就纷纷表示：此法条文严苛，法律用语不明确，游行禁止区范围过大。

解严之后，"国安法"施行，台湾同胞及民进党等组织并没有停止反对国民党"一党专制"的斗争，继续战斗在要民主、要人权、取消特务统治第一线。尽管这样，台湾结束"戒严"，或多或少增加了各界社会人士参政、问政、议政的机会，可以不受"党禁""报禁""集会游行禁"的限制，争取提高各自的政治地位。蒋经国能够实施"解严"，与后来开放部分台胞到大陆探亲及经济上取得的成就，说明他在国民党的历史上，也算是一个有作为的领导者。

开放探亲大陆

临终的蒋经国，把取消访问大陆的禁令，列为仅次于"解严"之后的第二项政治改革任务。一个民族、一个国家、一个家庭被分割为二，一水之隔，可望而不可见持续三十八年，实为中华民族发展史上令人痛心的一页，更给遭受分离不幸的家庭带来了令人难以承受的折磨。且不论民间普通人家的苦难和痛心，作为分裂的始作俑者蒋经国不也是有难言的苦衷吗？他也身在祖国台湾，几十年没回过浙江奉化溪口家乡，没有给生母扫过一次墓，他的女婿、儿媳、孙子、孙女有谁知道蒋家的祖坟在哪里？他自己死后，也同其父一样灵柩暂厝于台湾，他的四个儿子死后只得葬在台湾，这对把落叶归根作为晚年生活习俗的中国人来说，蒋经国及家人不也是有遗憾吗？

事实上要求祖国统一的呼声，要求家庭相聚和开放两岸交流的亲情，压是压不住的，也不是以国民党内的顽固派的意志为转移的。中国共产党方面为结束分裂的局面，做出过非凡的努力。全国人大常委会的《告台湾同胞书》提出的"三通四流"的建议、中共领导人提出的"和平统一，一国两制"的科学构想，在台湾同胞和海内外引起巨大的反响。许多爱国思乡之士，冲破国民党的控制，来到大陆。他们中间有政界人士、著名学者、工商巨子、社会名流，更有不少观光旅游、探亲访友的同胞。进入20世纪80年代后，台胞们无一不把亲眼看一下阔别几十年的故土当作自己最大的心愿，并且为实现这一心愿各尽所能，各有所获，多少相隔、相思几十年的亲人终于在家乡、古宅里得以相见。

蒋经国针对中国共产党提出的"两岸三通""第三次国共合作""和平统一，一国两制"方针，制定的"不接触、不谈判、不妥协"的"三不政策"遭到前所未有的怀疑和批评，中共提出的"三通"已是"暗通明不通"，蒋经国提出的"三不"已是"明存暗不存"。"戒严"解除，把中共及大陆当成特定敌手的紧急状态结束，解除前往大陆的禁令成为台湾政界、舆论界的又一重要议题。蒋经国既然思在离世前结束"戒严"，当然也想在自己手中结束不让同胞前往大陆家乡的封锁。

到1987年，以民进党为首的"党外势力"及学者、名人和人民大众，为取消"戒严"进入最后的冲刺，"开放探亲、取消'三不'政策"也同样成为反专制斗争的主要口号。如果说为"解严"和"组党"，"党外势力"是冲锋陷阵者，那为争取"两岸三通"公开出场的是新闻界的正义之士。新闻界人士利用报刊和记者的优势，在人民大众的支持下，如实反映民间要求统一、团圆的要求，直接向"三不政策"挑战，不断登载一些台湾与大陆来往的"触电新闻"，社会和民众间的开放两岸交流的呼声也越来越大。

面对此情此景,蒋经国虽然没有放弃对中共的敌视态度,虽然在开放赴大陆探亲问题上的让步是有限度的,但已决心在继"解严"之后采取又一重大行动。10月15日,"内政部长"吴伯雄在记者招待会上正式宣布,民众可以"探视三亲等"为由前往大陆。因政治对立而分居于台湾海峡两边又被国民党方面阻止来大陆的民众终于有了相聚的一天。

蒋经国开放部分台胞赴大陆探亲政策,或多或少为他父亲及本人偿还一点"感情债、历史债、政治债",在加强大陆与台湾的联系之间,迈出了令人兴奋的一步。可他没有继续走下去,再次失去了一个建功立业的机会。本来他可以利用对国民党的绝对控制权,响应中共的号召,代表国民党与中国共产党正式就第三次国共合作进行谈判,为完成统一大业作出特殊的贡献。可他直到三个月后逝世,也没再前进一步。

在对待台湾前途、祖国统一问题上,蒋经国是落伍的,但也是严肃的。在蒋介石和蒋经国的主持下,国民党政府几十年来一直坚持民族主义立场,反对任何形式的"台独意识"和"台独活动"。"台湾独立运动",最早是在抗战胜利后,日本侵略者不甘心退出台湾,暗中策划的地下组织。第一个"台独组织"的发起人是廖文毅,他在1951年间借日本庇护在东京成立"台湾民主独立党",并拼凑起"台湾共和国临时国民议会"和"临时政府",廖文毅自任"总统"。1965年见"台独"没有前途,回到台湾与当局讲和后,由郭泰成、林台元等人继任"总统"。在此前后,"台独"的活动中心由日本迁往美国,在北美、欧洲、日本等地先后成立了"台湾独立联盟""台湾民主运动海外同盟""台湾多数人政治促进会""台湾基督徒争取自决协会""独立台湾会""台湾文化协会""世界台湾同乡会联合会"等"台独组织",各自头目大部是从台湾外逃外窜的青年政运分子。

"台独组织"大都接受一些国家的极右势力和某些宗教势力的津贴,把旅居海外的二十余万台湾同胞作为活动对象。他们的政治背景和活动有所不同,各组织之间也是矛盾重重,可有一点是相同的,那就是图谋要把台湾从祖国分离出去。从"台独分子"在世界上的活动看,"台独运动"一直不景气,海外华侨把"台独分子"视为民族败类;"台独分子"所在国的政府从国际准则和大义出发,对"台独运动"基本上是不予理睬,不时加以限制。中国外交局面打开以后,"台独分子"

的活动余地更加狭小。随着祖国统一步伐加快,台湾与大陆间的相互了解和来往不断增加,"台独运动"已成为一小批国际间政治赌徒的卖国活动。

蒋经国在台湾前途问题上是十分清醒的,他虽然主张"三民主义统一中国",主张"反共复国",主张"中华民国的法统",不承认中国共产党领导新中国的现实,不赞成社会主义制度,可他始终能够坚持一个中国政策,严厉惩处"台独分子",一再谴责海外"台独活动"。此外还通过社会、官方舆论,不断强化民族意识,强化一个中国的概念,对此蒋经国还不失一个中国人的骨气。

蒋经国反对"台湾独立"的态度坚决,精神可佳。美中不足的是,如他真想彻底结束"台独运动",只有尽快完成祖国统一大业,不给"台独阵营"以任何口实和机会。国民党当局迟迟不愿与中共接触、谈判,两岸这种现状难免给"台独分子"利用,蒋经国有着令人遗憾的失算。

九、"传位"病变　突然去世

临终的蒋经国,在实施政治改革、寻找新的经济发展途径、开放部分台湾同胞赴大陆探亲的同时,考虑最多的就是培养接班人。

用人特殊之处

蒋经国在建立自己的干部体系时,同其父比,则缺少蒋介石的判断力和稳定性,缺少蒋介石的精明、老练、圆滑。

说"判断力",蒋介石在大陆时期对高级将领、政府部门长官人选,选择时较有眼力,重用了一批愿意效忠效力之士。特别是在东征作战和北伐作战中,挑选了一大批掌握军权的人选。蒋经国则不同,看人识人易受情感和短期行为所影响,特别是在赣南和团干校时期,往往被部下几句中听的话和一两件感人的事所迷惑,就简单地把某人定为依靠对象,这就难免有错,主仆分手。

说"稳定性",蒋介石自当上黄埔军校校长,组织起自己的军事教育班子,以后军事教育班子在东征和北伐后演变为军事指挥班子,历经"剿共"战争、军阀混战、全面抗战、反共内战,军事和党政班子主体和主要成员基本未动,只是随着蒋介石掌握南京政府和统治、军事机构的扩大而水涨船高，随之高升。蒋介石的干部队伍稳定性的消失有着特殊的背景，这就是国民党的大失败及带来的大动荡、大改组。即使在国民党撤台后的大改组中，党政经社文军警宪特团各套班子换的新人，基本上还是属于大陆时期干部体系和队伍的延续，直至蒋经国接班。蒋经国在其单独掌权的十三年中，则不存在国民党史上几十年间其父建立起来的组织体系的稳定性，他识人不透，换人轻率，政坛变动频繁，最大的错是选择李登辉为接班人。

说"精明"，蒋介石用人只有一条忌讳，这就是有"亲共"倾向者一律不用，其余的各类人士能用则用，不能用则养起来。其中包括曾经兵戎相见于战场、笔仗相见于报端的地方实力派和其他派系的骨干，只要基本上与国民党中央保持一致者，蒋介石均不计前嫌，给予适当安排。蒋介石这样做，既是政治上的精明，用收编不同政见者的办法来增加"民主色彩"；也是一种权术，以减少政治反对派，巩固对国民党的绝对控制权（当然国民党上层认清蒋介石此类"精明"的人也不少）。蒋经国则不同，用人多疑，为人苛刻。追随几十年的亲信、老部下，说不行马上就被解除职务。到临终，只有极个别的赣南系和中干系骨干还在身边。蒋经国这样做的结果是缺少一批忠臣，故他尸骨未寒，台湾马上刮起否定蒋经国及"蒋家王朝"之风。

说"老练"，蒋介石任用官员时，颇有章法，按部就班，官僚、党工、特工与技术人员各有所用，以维持国民党的统治。蒋经国则不同，在任用官员时，往往能绕开舆论界和政界的估测，挑出"一匹黑马"，故被人们称为"天威难测"。严家淦、孙运璇、俞国华、李焕、李登辉均为这样的"黑马"，人们难以在心理上马上接受。所以说蒋经国选接班人的"功夫"已经练出来，但不成熟。

说"圆滑"，蒋介石用人以"安定"为本，把标榜的"任期制、轮换制、选举制"早已变成变相的"终身制"，上层班子一直是老面孔、旧腔调、旧人物。即使他要处理人，把某人"永不录用"，手段也是异常狡猾，总是以"公正、善良"的外表掩盖其复杂的内心，既起到杀一儆百的作用，又不致人人自危，引起混乱。蒋经国则不同，固执和刚愎自用，个人独断，在用人问题上常常是闭门独坐，设计出方案再公布执行，搞得下属无所适从。故他每次主持党政军班子改组，总是一次大的震动，引起一连串的政治、人事波动。

排除儿子接班

蒋经国世袭成功,是否继续世袭、传给儿子?一直是台湾各界和海内外关注的焦点。

蒋经国有六个子女,1935年12月出生的孝文,1942年正月出生的孝严和孝慈(其母为章亚若女士,儿随母姓,且为双胞胎),1945年4月出生的孝武,1948年10月出生的孝勇,还有独女、1938年2月出生的孝章。这些龙种与父辈、祖辈比起来都已显出"退化现象",共同的弱点是再也没有上辈的经历,同样也就没有上辈的见识。当然,六人的仕途并非由经历、见识和业绩来决定,而是取决于蒋经国的态度和安排。

作为父亲,蒋经国曾对子女寄予无限的希望。长子孝文留学美国旧金山大学,先后出任"台湾电力公司区主任、桃园区经理及中台化工公司副总经理",1970年起常年卧病在床,1989年4月14日因糖尿病、喉癌死去。女儿孝章留学美国后在旧金山定居。孝武留学德国慕尼黑政治学院,先后出任"中国广播公司总经理""中华民国广播电视协会理事长""国家安全会议执行秘书",蒋经国死前两年孝武外放新加坡出任"副商务代表"。孝勇毕业于台湾大学政治系,任过中兴冷气电器公司董事长等职。蒋经国与章亚若所生的双胞胎由外婆和舅舅带大,青少年时期在民间长大,兄孝严任过"外交部次长"等职,弟孝慈任过"东吴大学法学院院长"。五个儿子任过的官职,远高于同龄人,可见蒋经国曾有过培植儿子的计划。可他越接近死亡,把儿子排除出决策层的决心越大。

蒋经国的孩子们的官职不低,对官场的影响力和干预力不会小。特别是在蒋经国自20世纪70年代起、起用青年才俊、实施干部年轻化、大量录用官宦之后的大气候下,蒋家五龙一凤本有更加辉煌的仕途。如果蒋经国像其父培养自己一样培植儿子的话,孝武、孝勇、孝严、孝慈早就成为官场重臣,权倾一朝。

蒋经国没有这样做,对儿子投身官场、谋取官职的活动,基本上采取了"不支持、不鼓励"的态度。而且在其自由发展过快的时候,还会加以阻拦。例如被蒋经国、蒋方良捧为掌上明珠的独女孝章,自留美求学后就定居美国,蒋经国坚决不同意爱女回岛投身政治。例如,1981年4月6日召开的国民党"十二全"的筹备期间,他的党务亲信在起草"中央委员、候补中央委员候选人名单"时,列上了"蒋孝武、蒋孝勇"的名字，蒋经国审阅时毫不犹豫地划去。事实上当不成"中央委员"，就等于中断了兄弟二人继续晋升之路。蒋孝勇和章孝严、章孝慈当上"中委"则是蒋经国死后的事情。

蒋孝武插手政界、干预政务过多，作为父亲的蒋经国是不赞成的。特别是对1984年10月"江南被刺案"，蒋经国得知蒋孝武确与黑社会和"刺江案"有牵连时，曾对这位权欲极强的儿子"大加训斥"，并有了将其"外放"的打算。到1986年2月17日，台湾上下及港澳包括不少西方舆论一致看好的"接班人"蒋孝武突然离开台湾，前往新加坡。孝武出走，再加上两个月前蒋经国关于"总统不传代"的表白，使得一时间甚嚣尘上的关于"蒋家三代王朝"的传说烟消云散。

总的说来，蒋经国对身边的两个儿子，采取若明若暗的"限制政策"，直至安排"外放"；对孝严、孝慈两个不在身边的儿子，也没有刻意加以提拔。当然这不排除因有蒋经国的关系，弟兄四人得以稳步上升至一定职务，仕途远好于平民阶层。传"贤"不传子，是蒋经国又一超越其父的地方，也是他又一开明表现。

为官一生的蒋经国似乎明白了"权力"和"名声"不是一回事，能保住"权力"，不一定能保住"名声"。实施"政治革新"、放弃独裁统治、增加民主色彩，才是保住名声的有效途径。"蒋家王朝"在中国现代史存在二十二年，在台湾存在三十多年，两代人执政几十年，被天下人骂了几十年。弄权台前幕后，操纵部下命运，草菅百姓生命，果然能满足权欲，可心理上却难以平衡，换来的是万世骂名；反共两辈人，耗尽财力物力人力及父子俩本人的精力，换来的是中共越被反越强盛，国民党越反共越萧条。蒋经国的晚年，一方面撤销"戒严"、开放探亲、实行"多党制"，虽说没有完全抛弃国民党的"法统"，但"个人独裁、铁腕统治"的色彩有所淡化，放弃国民党和他个人控制的一些微不足道的权力和好处，换来"开明政治家"的名声。另一方面则永远结束"蒋家王朝"，在为儿女用美元铺成五彩路后，尽可能地使之摆脱官宦之累，尤其避免使之再成为蒋氏第三代统治者。在用人问题上，蒋经国缺乏父亲的"判断力"，可"不传儿子"的决策却有英明之处。

蒋经国阻止儿子接班，除现实的考虑外，还有更深的顾虑，这就是让有点才华、资历浅薄、没有固定见解的蒋孝武、蒋孝勇或有点真才实学的章氏孝严、孝慈接班，能否在错综复杂、政争不断的国民党官场站住脚？蒋经国凭经验论定四个儿子均缺乏官场所需要的本领，自己能压住摇晃不定的官场，儿辈如真"接班"恐怕难逃"派系斗争牺牲品"的下场。此外，四个兄弟，一人出场接班，四人之间能否避免宫廷残杀的悲剧重演？还有四兄弟中如有一人出掌统治大权，对国民党"一党专制"、蒋家统治早已愤愤不平的民间之士，又能让"蒋家三代王朝"再存在几年呢？思前想后，蒋经国不愿意看到儿辈成为众矢之的和流血的一代，最终阻止了四兄弟的任何接班企图。

蒋经国不让儿子接班，但还是希望蒋家能对他身后的国民党政治继续起作用。1986年6月18日，病中的蒋经国"总统"任命同父异母的弟弟蒋纬国为"国家安全会议秘书长"，希望弟弟在"后蒋经国阶段"协调统治集团内部的矛盾和关系，起到"掌军监国"的作用，与李登辉、俞国华、李焕等一起作为稳定台湾社会和官场的基本力量。蒋经国死后，蒋纬国靠蒋家的血缘关系和长期结下来的关系网，成为"官邸派""夫人系"的旗帜，为阻止国民党上层任何偏离蒋经国既定方针的倾向和行动，尽力拼杀，最后难免与求稳求定求安的李登辉"总统"发生冲突。

助手有贬有升

在蒋经国的从政路上，自始至终获得信任结伴而行的是"赣南系"和"中干系"，二系曾帮助蒋经国走完夺权之路，跟着他闯入重庆城、筹建青年军、上海打"老虎"、改造国民党、建设台湾岛，可以说为蒋经国的崛起立下汗马功劳。他们劳苦功高，可有共同的弱点，即有冲劲但知识水准差，有热情但理论功底浅。论权术，精通党务、政务；论工作，则大都是有"太子"开道，稳重不足，干劲十足。所以说赣南、中干系骨干虽说活跃在官场但形象欠佳，周围议论较多，蒋经国也感觉到靠旧帮手无法进行现代化的经济建设和台湾复兴工作。

国民党撤台后，在相对和平的环境中开始振兴经济，国民党当局和蒋经国重用技术官僚和专家，赣南、中干二系开始走下坡路。首先是蒋经国的旧友、台北复兴岗政工干校首任校长胡佛克，于1952年被解除职务。以后江国栋、陈元、楚崧秋、潘振球、江海东、王新衡、胡轨、高理文等二系骨干不是被打倒，就是退居二线。到 1983 年王升出任驻巴拉圭"大使",则标志着赣南、中干二系已退出政治核心。

王升(1917 年 10 月—2006 年 10 月)为江西龙南人,在中央军校 16 期毕业后,又来到蒋经国主持的三青团江西支团部服务,以后长期工作在蒋经国身边,是赣南、中干二系的旗帜性人物。关键是,章亚若突然离世后,双胞胎寄养在外祖母家,蒋经国让王升负责照料,章家去台湾也是王升具体安排。撤台后王升作为蒋经国负责的"国防部总政治部第 1 组副组长"具体负责政工干部学校的创建工作,并任教育长、校长。到 1963 年 12 月,蒋经国转任"国防部副部长",王升离开"政校",转任"总政治作战部中将副主任"。蒋介石病故后升任"上将主任"。蒋经国出任"总统"后,王升进入国民党中常会。

作为蒋经国最信任的助手,在蒋经国采取的所有整肃酷政和政治迫害事件中,王升是执行者,人称"蒋家看门人"。在蒋经国主导的反共政治宣传和理论建设中,他是具体组织者,人称"反共笔杆子"。在蒋经国重视特工情治单位,依靠特务统治时,他是军警宪特各特务机构的协调者,人称"戴笠、毛人凤第二"。王升本人,因有与蒋经国的亲密关系,手中权力越来越重,个人权欲迅速膨胀,势力范围日益扩大。乃致 20 世纪 80 年代组织起"刘少康小组",作为个人势力的领导核心。"刘组"经常单独行动,终于引起蒋经国和其他党政大员的不安。王升权力日重的同时,政治上日趋保守,追随蒋经国四十余年,却不理解蒋经国的政治新政、开放措施和改革行动,竟然成为保守派的旗帜,在台湾上层、舆论界和知识界的形象越变越差。

王升权重,用人多疑的蒋经国不会放心;对王升保守,蒋经国不会容忍。1982 年 6 月间,王升调为有职无权的"联训部主任"。次年 9 月又外放南美。王升退出决策中心,是赣南、中干二系的重大挫折。至此为止,赣南系和中干系内获蒋经国重用的人里边,只剩下一度遭贬后复出的李焕。

李焕(1917 年 9 月－2010 年 12 月)的资历、官运一直差于王升。从湖北汉口来的李焕在复旦大学法律系毕业后,到团中央干部学校研究部一期进修,此时王升已结识蒋经国数年。国民党大败于大陆前夕,李焕只是中央青年部的一个处长,而王升已是上海青年服务大队的少将总队长。撤台后王升为政工干校教育长时,李焕只是大学教授;王为"中将政战副主任"时,李只是"反共救国团副主任委员"。

李焕进入国民党中央委员会比王升晚六年，任中常委晚八年。从20世纪70年代起，李焕开始进入决策圈，1972年离开已经担任四年的台湾省党部主任委员职，转任中央组织工作会主任委员，并兼任国民党的中央党校革命实践研究院主任。

几十年来，他与王升等人一起为蒋经国服务，精心扶持"太子"。特别蒋经国主政后，王升以"总政战主任"的身份控制各特工系统；李焕兼任组工会主任、"反救团主任"、革命实践研究主任，控制党务组织系统、干部教育和选举事务。两人一文一武，成为蒋经国的左膀右臂，人称"文丞武将、哼哈二将"。

拿王、李相比，蒋经国到后期则更加偏爱李焕。李知识水准较高，在团中央干校研究部毕业后，又获得美国哥伦比亚大学教育学士学位，虽然他的著作不如王升多，可他的著作都为自己所作。他思想比较开通，是蒋经国新政的具体筹划者，大部分改革措施出于他手。他作为党务组织和干部教育的负责人，为配合蒋经国选拔青年才俊和扩大政权基础、起用台籍人士、发展台籍党员，做了不少工作，培植选拔了一大批留学西方、学有专长的中、青年台籍及大陆籍知识分子。他与社会各界来往较多，在知识界有不少朋友，因而在社会上的形象较好。由于产生不同的社会效果，昔日的合作者王升逐渐成为对立面。

当时的王升正如日中天，权势炙人，动用特工、政工和情报单位，开始搜集不利于李焕的材料，配合保守派对政治新政的反扑。

一是李焕第一次被贬。1977年11月19日，因国民党在选举中徇私舞弊引起的、撤台以来规模最大的公开反蒋斗争"中坜事件"爆发，直接负责选举事务和组织系统的李焕引咎辞职。李焕被贬，并非罪至该贬。选举作弊是官方选举机构和人员自"行宪"以来就一直使用的看家本领，中坜投票站上国民党籍监选人员被愤怒的群众抓住，只能说作弊者手段不高明，让李焕负责，显然是不合适的。

二是要李焕负责。台湾社会上的议政改革运动兴起后，国民党上层的保守势力一直持反对态度，认为社会混乱是由改革派引起的。"中坜事件"发生，保守派趁机出击，声称没有政治改革，也就不会有大规模的群众参政热，没有参政热，也就不会有"中坜事件"发生。故"中坜事件"的发生事源于李焕提出的民主主张和政治改革的进行。可是实行"民主政治"并非李焕一人主张，这是蒋经国的决策，让李焕负责显然是不合适的。

三是说李焕"培植私人势力，结党拉派"确有其事。因为他出任中央组工会主任六年间，正是蒋经国政治革新的开始和攻坚阶段，需要起用大量新干部、中青年知识分子。这批"政治精英"几乎全由李焕负责选拔和培训，因此，他本人在国民党上层确实有相当大的影响力。可李焕这样做是为国民党着想，也是为蒋经国服务，这一点蒋经国不会不了解。说李焕"结党拉派"，显然是不合适的。

所以李焕辞职，从某种意义上讲是一种高姿态，是身体力行他自己所主张的"民主政治制度"，以展现西方宪政的自我约束、自我调整、互相监督、服从法治的威力。这张"政治牌"打出后，深受蒋经国的欢心，为复出再起打下基础。

李焕离开权力中心后，当了两年"中国电视公司董事长"。以后凭他的声望、人事关系及干劲和才华，完成了创建"中山大学"的工作，并出任校长。在校长任内，与他所干过的其他工作一样，成绩引人注目。蒋经国再度重用李焕在前，此时身体状况越来越糟糕的蒋经国需要李焕的领导才能，也需要李焕的革新思想，更需要李焕对国民党中、上层的影响力和控制力，以稳住蒋经国身后的政治局面。

王升倒台后不久，1984年5月，俞国华"组阁"，标志着保守势力全面复辟。可在这个公认的"保守内阁"中却有开明派的"旗帜"李焕，担任"教育部长"。这是李焕将受重用的信号，蒋经国越老越谨慎，现在投石问路。让李焕担任并非核心职务的"教育部长"，以观察各界的反应，待时机成熟再予提升，委以重任。李焕在"教育部长"任内没有辜负蒋经国的期望，关系网依旧，名声威望不差于前，充分显示出在政界不可忽视的实力。1986年3月被选入"中常会"，7月1日70岁的李焕出任权力极大的中央党部秘书长，成为中央委员会、中央常务委员会的实际主持人，人称之为蒋经国的"内当家"。与蒋纬国出任"国安会秘书长"、"陆军一级上将"郝柏村留任"参谋总长"、俞国华留任"行政院长"、李登辉任"副总统"一起，成为蒋经国最后一次调整领导阶层的主角。并与李登辉、俞国华、蒋纬国一起，形成蒋经国死后的接班格局。

在四人接班群中，李登辉以"总统"身份要开辟自己的时代，另搞一套；俞国华在蒋经国离开后缺少后台而下台；蒋纬国在新的政争中性子太急、锋芒过露，很快失去"掌军监国"的地位；能够继承蒋经国改革新政设想的，只有李焕一人。可见蒋经国传位四人，只有李焕一人符合蒋经国的要求，难怪有人称李为"蒋经国的最后一张王牌"。

就在赣南系、中干系骨干纷纷遭贬之后,李焕能"落马"又"上马",跃居"总统、副总统、行政院长"之后,在国民党史上也算是一个不大不小的奇迹。赣南系、中干系在蒋经国身后,总算争得一席之地,而未全军覆灭。

由于李焕和李登辉各自政见的不同立足点,"二李"冲突、摊牌势在必行,且李焕的失败概率远大于李登辉。在李登辉就任国民党主席问题上,李焕曾迁就宋美龄,支持时任"行政院长"的俞国华就任党主席,此计未成又想推迟李登辉就任党主席,最后大势所趋,国民党上层出现"拥李潮",李登辉顺利当选,李焕不得不予以承认和支持。1989年5月,李登辉改组"内阁",李焕取代俞国华就任"行政院长"。可在次年的"总统"选举中,李焕再次动摇,援助蒋纬国等人出面和李登辉竞选。李登辉连任后,无法容忍李焕的不合作;再加上这位"学者总统",为维持社会安定,准备实施"强人政治",果断任用原"参谋总长"郝柏村就任"行政院长",从此李焕脱离权力中心,蒋经国的"接班四人帮"走到尽头。

接班安排失误

从蒋经国担任"行政首脑"起,就比较注意提拔技术业务专家担任党政部门长官,台湾经济能够持续稳定发展,与此不无关系。蒋经国在考虑传位时,同样把目标选在经济管理专家范围内。这是他对父辈时期以"反共政治斗争和反共军事作战"为主的基本路线的发展,增加了振兴台湾、建设台湾的内容。也是对以前重用政客、军人的干部路线的转变,转变为依靠知识分子出身的技术官僚阶层。在重用技术官僚的同时,还经常召集"国家建设研究会",征求岛内外的著名学者、专家对建设台湾、革新政治的意见。

蒋经国个人领导国民党十年,用过四位搭档,分别是"副总统"谢东闵、李登辉;"行政院长"孙运璇、俞国华。四人中,蒋经国有意培养接班的是孙运璇、李登辉,用谢是为推进任用台籍干部政策的贯彻,用俞则是为安抚对政治改革政策不满的元老派、保守派。

谢东闵(1908年—2001年4月)为台湾彰化人,蒋介石在南京建立政权那年,十九岁的谢东闵离开当时还为日寇殖民地的祖国宝岛台湾,来到大陆求学。学习之初结识了国民党元老戴季陶和朱家骅,从此投身国民党。日本投降后回到"台湾"接收,担任高雄州接管委员会主任委员、省教育厅副厅长、省党部执行委员。国民党撤台后,官职直线上升,为台籍人士中升官最快者,先后任过省立师范学院院长、"反共救国团副主任"、省政府秘书长、省议会议长等职,在1963年11月的国民党"九届一中全会"上成为中央常务委员。

1972年,蒋经国出任"行政院长",为解决省籍矛盾,准备选用一批台籍人士进入最高阶层,谢东闵成为首选目标,出任国民党当局辖区唯一的完整的省份台湾省的省主席职,并由此开辟了台籍人士担任省主席的先例。1978年3月,蒋经国出任"总统",谢东闵"运"盖众家,一跃而为蒋经国的副手,当上"副总统"。谢东闵在台籍人士中有不少追随者和弟子,在他的栽培和力荐下,有些人已经跨入中央核心圈。尽管这样,谢氏并非是接班人,当时蒋经国身体状况不坏,"副总统"的人选不关接班大局。谢东闵的出台主要是为了政治上的需要,缓和自国民党撤台后就产生、五六十年代不断激化的省籍矛盾。由于谢东闵与蒋经国的关系过于亲近,被"台独分子"视为"台湾人的败类",列为"暗杀对象"。1976年10月,省主席在家中被"邮件炸弹"炸去左手。遇此不幸,老人分外伤心。以后虽然官升"副元首",可为官的热情大减,很少发表政治性言论,当然接班也就不可能了。

俞国华(1914年1月—2000年10月)并不是作为"接班"来安排的,却成为事实上的接班人之一。国民党上层的俞姓人物不少,如曾任"行政院长"的俞鸿钧,曾任"国防部长"的俞大维,曾任"交通部长"的俞飞鹏,曾任"蒋介石侍卫长"的俞济时,俞国华为俞姓后起之秀。此人为浙江奉化籍,清华大学毕业后赴美国、欧洲攻读,先后毕业于美国哈佛大学研究所和英国伦敦政治经济研究院。回国后担任蒋介石的侍从秘书达十年之久,后到国际货币基金组织等机构出任蒋介石的代表。1955年返台后,历任"中国银行董事长""财政部长""政务委员""行政院经建会主任""中央银行总裁"等财经主管职务,在国民党"十一届四中全会"上当选为中央常务委员,成为台北当局的财经主要决策者之一。

此人在西方生活、学习、工作多年,对西方和国际经济颇有研究。对如何管理现代化的经济,加强台湾经济与西方经济的联系,给蒋经国提出过不少有益的建议。在对待台湾的政治改革、开放民主、与在野党对话等方面，却是个强调稳妥、循序渐进的守旧人物。在1984年5月间"内阁改组"时，正值以国民党元老派为主的保守派得势，蒋经国为平衡党内不同意见，提名俞国华出任"行政院长"。在以后的几年间，他还是跟上了蒋经国改革的步伐，并协助蒋经国完成了"解严、开放部分探亲"等重大决策。本来"俞院长"上任只是蒋经国权宜安排，可自1985年以后，蒋经国身体每况愈下，为保住社会安定，重病中的"总统"、党主席在最后一次调整人事时，只是添加了蒋纬国（出任"国安会秘书长"）、李焕（出任中央党部秘书长）两着棋，未动牵涉多方面的"行政院长"。很快蒋经国病故，俞国华成为当然的接班人之一。可他马上与李登辉发生冲突，虽说起因并非俞国华，他却是旋涡的中心。李登辉接替蒋经国就任"总统"，宋美龄暗助"官邸派""夫人系"提名俞国华就任"国民党主席"。面对这一破坏国民党四十年来"党政合一体制"的挑战，大多数中常委反对，俞国华自己也没有信心出任党主席，最后成为闹剧一出。差点成为无党权的"空头总统"的李登辉在自己的权力基础稍有名目后，仅隔一年多，即1989年5月免去俞国华的"行政院长"职，让李焕接替（李焕也只任一年）。俞国华是蒋经国任用的最后一位"行政院长"，成为李登辉抛弃的第一位重臣。事实上俞国华也好、李焕也好，都是过渡性人物。即李登辉建立、完善自己的政治体制需要一个过程，物色一个称李心合李意的"行政院长"也要有一个过程，进行考察和淘汰，俞、李成为他的"试用院长"。

蒋经国相中的第一位继位者是孙运璇（1913年11月—2006年2月）。孙氏祖籍山东蓬莱，毕业于出过不少著名科学家和学者的哈尔滨工业大学电机系，全面抗战期间曾在大后方的电力部门担任过一些级别不高的技术职务。日本投降后，参加对台湾地区的接收，出任过台湾电力公司的电机处长。国民党撤台后任过总工程师、总经理。

孙运璇从事的能源工作，关系到撤台的国民党当局的生存和经济的发展，蒋家父子时常亲自顾问，对孙总经理恢复和发展"台电"生产的努力，大加赞赏。1962年10月，由蒋介石出面，把蒋经国的长子蒋孝文送到孙运璇处"历练"，孙运璇也因此与蒋家拉上关系，为以后步入官场打下牢固的基础。1967年11月出任"交通部长"，两年之后改任"经济部长"并成为国民党中常委，在先为"行政院副院长"、后为"行政院长"的蒋经国的领导下,连任九年"经济部长"。蒋经国当上"总统"后,孙运璇升任"行政院长",在他之前国民党当局内部曾任此职的只有陈诚、俞鸿钧、严家淦、蒋经国四人,其资历、地位远非孙运璇能比。

孙运璇能获得蒋经国的好感和重用,是因为孙是位杰出的管理专家。他长期在生产第一线工作,了解基层;他长期主持技术性强、纪律严的现代化大型电厂工作,工作作风踏实;他为官几十年,业务技术过硬,是个内行的领导;他以经济管理为本分,身居高位,极少卷入国民党内极为常见、普遍的人事纷争。以上四项优势,深受正在强调"刷新政风、求新求行求本"的蒋经国的欢迎。从国民党撤台后的历史看,"孙运璇内阁"前可比"陈、俞、严、蒋四内阁",后可比"俞国华内阁、李焕内阁"。"孙内阁"是争议较少、丑闻较少的一届"政府",舆论界对他本人的评议也是比较平和的。

孙运璇以卓有成效的经济管理和踏实的工作作风,协助蒋经国完成了20世纪70年代的台湾经济调整、升级工作,确立起在国民党上层的位置,超越多少资历深、关系多、有背景的达官贵人,登上一人之下、万人之上的宝座。就在人们都在认为孙远璇是蒋经国钦定的接班人、接任"副总统"的最佳人选时,在1984年2月5日召开的国民党"十二届二中全会"上,蒋经国确定李登辉为"副总统"候选人。面对这一冲击,孙运璇于24日患脑溢血病倒,危险期过后左手左脚行动不便。此人还没踏上"副总统"这一接班台阶就因病而退,打乱了蒋经国的传位安排。事实上孙运璇如果"接班",还有一定的难度。当一个政治强人、铁腕人物去世,需要新的"强人"主持全局,否则乱必生,变必起。可他偏稳性格和高效的办事能力只适合做强人的助手,很难想象他会成为一个集各种大权于一身的独裁者。像他这样的经济管理专家,要想在蒋经国身后的国民党上层的内讧中保住自己的职位难度极大。

蒋经国相中的另一位继位者是李登辉(1923年1月出生)。有意思的是,蒋挑中的两位接班人,孙运璇为工业管理专家,李登辉为农业理论专家。李登辉是台湾台北人,出生于一个农民家庭,获得的学位有台湾最高学府台湾大学农经系学士和美国康奈尔大学农业经济学博士。他所走过的道路是典型的中国知识分子式:搞学问出名后走上从政之路,起点很高。

大学毕业后,李登辉曾到日本京都大学和美国进修,回到台湾后一方面在母校任教，一方面在农业科技部门和管理部门担任经济研究工作。大学毕业后的二十年间，李登辉好学上进，结合台湾的农业状况，写出了一系列的学术专著。正如台湾有关报刊称"登辉先生桃李满天下，为国家培育了许多建设人才。他本人又是著作等身，成一家之言"。李六十岁时编辑出版了三册论文集，共收集103篇论文。其中重要文稿有《台湾农业发展的经济分析》《台湾农业发展对经济成长之贡献》《台湾农业发展中之国际流通资金》《农业发展政策之初期条件》等。1968年7月，他的博士论文"台湾农业经济发展与农工间资本移动问题"在美国获得"全美优等论文奖"。该文的主题是台湾农业在不久的将来，劳动力、土地、资源、生产都将臻于极限，农业促进工业已至功成身退的地步，相反已到"工业反馈农业"的时代。

此时，蒋经国找上门来。关于李登辉从政前和蒋经国的关系，相关资料不多。《蒋经国为何传位给李登辉？李登辉到底有什么特别之处？》一文讲到两点，一是一次蒋经国在军事场所，看到过去不长草的沙地上竟然长满了树林，一问才知道是在李登辉指导下栽活的，所以开始对李登辉感兴趣，当时蒋经国已经内定出任"行政院长"，推行"革新保台"的措施之一就是重用台籍人士，李登辉又是台籍人士中的成功人士，自然得到蒋经国的重视。

种树之外，应该是李登辉论文在美国得大奖，自然会引起蒋经国的注意。真正吸引蒋经国的还是他的研究成果。李登辉通过对台湾农业现状和前景的分析，认为台湾农业正在重复发达国家农业所走过的道路，农业的发展促进了工业现代化的完成，工业化完成初期因偏重工业而轻视农业导致农业停滞不前，工业化进入更高层次后又以强大的经济实力和技术支援农业，农业开始现代化。作者论定当时台湾的经济状况和农工关系正处于"工业化起步、农业停滞"的第2阶段，李登辉看到这一点并成功地加以阐述论证，是他对农业问题多年研究的结果。李登辉的结论使蒋经国既感到新鲜又感到吃惊。因为从20世纪70年代起，蒋经国入主"行政院"后，碰到的最大的经济问题是石油危机和农业衰退。现似乎李登辉查出了台湾农业的症结所在，蒋经国用"才"心切，赶紧请来这位"农业良医"。1972年6月，自在美获奖以来一直忙于各种岛内外农业科研学术活动的李登辉，一步跨入"行政院"，出任"政务委员"。这位农经专家，并非名门之后，根基全无；也不属于任何政治帮派，靠山全无。这位只任过"农林厅股长、农村复兴联合委员会农业经济组组长"的基层官员和台湾大学教授的高级知识分子的李登辉，在官场和同行、知识界毫无所闻的情况下，突然成为"政务委员"，跨入核心决策圈，时年49岁，为"新内阁"中"年轻阁员"之一。

李登辉进入"行政院"后，充分发挥技术专长。蒋经国在20世纪70年代提出的农业政策，为扭转农业滑坡采取的种种措施，都是来自"李政务"处。1978年6月，蒋经国升为"总统"，又把能干的李登辉调任官场最敏感的台北市市长，任期满后1981年12月调任台湾省主席。在此之前，在1978年12月召开的国民党十一届四中全会上当选为中央常务委员。任职省市期间，大力倡导农村经济建设和推动农业发展，重视培训农民，筹备建立八万农业大军，此外还制订出"十三项省政建设计划"。对李登辉的工作和措施，蒋经国赏识不已。在社会上李登辉的声望也不断上升，很快取代谢东闵成为台籍政界人士的领头人。李登辉的成功，除有相当的学术造诣、精通农业科学和管理外，他当时能够含威不露、低调做人也是上受蒋经国下受台湾人欢迎的原因。多少具有理想主义色彩的蒋经国，活跃、主持官场五十余年，阅尽官场百态，当孙运璇以稳健和实干的姿态、李登辉以科学和合理的姿态出现在官场时，一眼看中，孙、李从此得道。当然，当李登辉成为国民党的最高统治者后，媳妇熬成婆，谦虚中加了个性，谨慎中加了圆通，平易中加了权威，最主要是开始背离蒋介石的一个中国政策，走上"台独之路"。

1984年，又是"选举年"，正逢第七届"总统"选举。这次选举和以前不同，更具"接班"色彩。75岁的蒋经国此时身体之糟人所共知，谁都明白重病中的蒋经国再活六年、完成六年任期的可能性几乎为零，如果任期中"驾崩"，"宪法"上早已法定"副总统"继任"总统"，故此届"副总统"事实上已经具备"接班人"的资格。

既是"接班"，人选也就更加引人注目。此职以前只是虚设，"副总统"只是"总统"的陪衬，毫无实权，不起作用。此次的意义大不同以往，谁当上"副总统"谁就是将来国民党主席和"总统"。多年来，在蒋介石、蒋经国时期，"副总统"人选不用他人去竞争，而是由"二蒋"决定，此次也是如此。

又是出人意料，蒋经国甩开人们都认为的孙运璇，选择仅参政十年的李登辉为副手，也就是李登辉成为蒋经国事实上的接班人。事后李登辉在回忆获悉自己入选时的情形说：当知道要成为"副总统"时，感到非常突然，甚至无法想象自己作为"副总统"时将以何种形象、姿态、表情出场。

1984年2月15日,国民党"十二届二中全会"正式决定蒋经国、李登辉出场参选。3月21日和22日,两人先后被"国民大会第一届七次会议"选为正副"总统"。在以后的三年多内,李登辉参与处理了所有的军机大事,与李焕一起,为消除保守派的阻力,扭转"紧缩风",发挥过一些作用。

蒋经国如何看一起共事近四年的李登辉?有资料说,蒋孝勇的遗孀方智怡女士曾说过,蒋经国在病逝之前,曾对身边家人哀叹说"我看错了人!"《蒋经国为何传位给李登辉?李登辉到底有什么特别之处?》一文中说,许多台湾的元老也都提示蒋经国要当心李登辉,李登辉此人绝非善类,他野心很大。蒋经国也悄悄调查过李登辉,李登辉的"回忆录"说过,蒋经国接连三个月去他家,并且都是在他不在家的时分去的,到了他家里静静地调查李登辉家里的铺排和装修状况,调查他的人品和是不是贪腐。调查让蒋经国相信李登辉会忠实于他们蒋家会忠实于国民党。确切地说,在蒋经国眼皮底下工作近四年,李登辉还是尽职尽守的。从他的智商和经验看,古有"伴君如伴虎",今有可以生杀予夺的蒋经国,他应该不会无知到挑战蒋经国的程度!说到底,李登辉是蒋经国的叛徒,不是发生在蒋经国生前,而是在蒋经国身后。

李登辉任"副总统"期间是否充当"两面人",任"总统"后是否得志便猖狂,都不是主要的,最大的问题他是危害国民党、推行"台独"。李登辉主掌国民党十二年间,不仅没有对"宪政改革"形势下国民党如何加强组织建设、扩大党的队伍进而巩固党的执政基础做什么有效的工作,而且一直把工作重心放在排斥异己、败坏组织、混淆理念等方面,一直在为削弱国民党乃至让国民党下野作准备。他排斥异己,建立威权统治,全面削弱国民党的实力基础;宣扬"台独",鼓吹"第二共和",全面动摇国民党的政治理念;利用2000年3月的"总统"选举,分裂国民党,让"外来政权"国民党下台。具体手法是:提出"民主化",以利于清理党内反对派;推行"本土化",以利于改变国民党性质;强行"威权化",以利于加快国民党蜕变;大搞"阴谋化",以利于瓦解国民党内部。李登辉的阴谋终于得逞,一方面国民党在2000年3月选举失去执政权,一方面李登辉的以"特殊两国论"为核心的"台独路线"成为"台独阵营"的旗帜。

从历史进程看,蒋经国选择李登辉为接班人,犯下无法挽回的错误。

跑遍台湾基层

蒋经国被推上历史舞台,成为国民党领导圈内的中坚人物以及党魁,根本原因是有蒋介石的庇护,此外也有他在反共意识和对国民党一片忠心驱使下滋长起来的勤快肯干、务实求新的为官风气,以及在勤于公务中形成的原则和灵活、目的和手段的一致性。

蒋经国到台湾后的工作作风与赣南时期有相似的地方,除在20世纪70年代"革新保台"推出的新政中有所体现外,还有一个共同点,就是经常下基层,接触中、下层人士,了解社会动态。他出任"国防部总政治部主任"和"国防部长"时,可以逐个跑遍所有军营、基地,与官兵广泛接触。每次下去视察,常搞突然袭击。有一位传记作者写道:"他高兴什么时候去哪里,就什么时候去哪里。经常是他去金门、马祖,连他的夫人蒋方良都不知道。他说走就走,他的侍从和安全人员在随侍出发之前也不知道去哪里,必待车辆到了机场或到了码头,然后才知道目的地所在。这种不可测的行动,自然使他可以看到更真实的真相,也使各部队各基地各营区的军官,不得不随时戒惕,以'枕戈待旦'的战战兢兢的心情,随时以待蒋部长的来临。因为蒋经国这种飘忽不定随时去部队,部队无从事先粉饰外表而对他欺蒙,因此在他做部长的时期,也是三军风纪最好的时期。"

出任"退辅会主任委员",能与"荣民劳工"保持经常性的接触,以尽力减少"胡子兵"被骗到台湾岛后吐不尽的怨言。在修筑横贯公路时,蒋经国时常出现在修路队伍中。正如他自己所说:"一条中央山脉从南到北盘踞在那里,使东部和西部人民没有直接交通,形成天然障碍。二十前,开始这项艰苦工程,我参加了工程师们勘探路线的队伍。""有一位朋友问我,在台湾二十来,我最难忘的是什么事?我回答说,我最不能忘记的是,和'荣民'们在崇山峻岭中,开辟横贯公路,真正体会到筚路蓝缕、以启山林的创业维艰。"这位"公子部长"能够穿山越岭,奔走于荒野之中,对于完成这一别人视为畏途的道路工程影响很大。蒋经国到工地不会干活,生活虽不如在台北也不会吃苦,可下到工地本身在国民党上层就是一件新事,让人想起赣南时期他跑遍山区村落时的情形。

出任"行政院长",大部分周末均到基层视察,台澎金马没有他没到过的地方。对民情还是比较了解的。蒋经常谈起下去视察的情形:"有一天我到国际戏院看电影，和大家一齐排队买票。有个电影'黄牛'问我：'先生，要不要票？'当'黄牛'认出我的时候，连忙说：'蒋先生我这票送您，我请您看电影。'我并没有接受，但这件事给我很深的印象。"

"不久前我到一个煤矿去参观，因为矿场中是很危险的，有很多东西不能带进矿场。当我进入矿场入口时，安全人员非常礼貌而又客气地问道：'我可不可以搜一下你的身？'我立即回答：'当然可以'！"

"我在报端征求专门职业的广告中，发现居然有办丧事的丧家在征求哭丧的孝子，而且按哭泣时间的长短与声调高低论酬。凡事必须出之于真诚。孝子、孝女没有悲戚之心的话，又何必找个职业哭丧的人呢？"

"就读国中二年级，名叫林淑娉的小妹妹写信给我，说她的一只白色狐狸狗被偷走了，心里很难过。她的信写得很好，令我十分感动，我已经把信转给省警务处协助寻找。这虽然是一件小事，但是偷狗的人太没有良心了，应该受到法律的制裁。"

蒋经国走遍海岛，没有解决多少关于国计民生的社会问题，没有给台湾人民带来多少希望，国民党也没有因之而改变令人反感的地方，可这是一种感情投资。当人们看惯了蒋介石那种威势熏天、南京政府和台北当局军政大员高高在上的架势，又看到蒋经国身居高位，一副贤人智者的样子同人们交谈，可态度热情，说话随和，更能满足东方人的"名人偶像心理"。蒋经国不失任何实际利益的巡视，带来相当大的政治效应，塑造出一个容易被人接受的政治家形象，增加不少信任票。话又得说回来，他如果整日躲在家中、衙内，高谈阔论，花天酒地，从不到基层视察，对下层情况毫不知情，可作为蒋介石的法定继承人，不也是可以接班吗？他之所以经常直插基层，除了提高知名度、扩大政治影响外，也有振兴国民党、改变国民党在社会上不利地位和影响的含义。

对于蒋经国的生活，台湾官方编发的回忆文章给予不少赞扬。例如一位蒋经国一手提拔起来的高级将领这样写道："经国先生原住台北市长安东路，因道路进行拓宽工程，才迁入大直北安路现址。迁入时房屋朴实，客厅所用沙发椅都是旧的，摆设是金门的大理石花瓶。二十年后的今天，家具依旧，摆饰依旧，当时旧地毯颜色早已发黄，他的卧室更是简单到没有布置可言。我多么希望有人能以电视或电影将住宅内的实况拍出来给同胞们看看。"

"经国先生从不讲究吃穿，常年来只有一老年女佣，根本没有厨师。近年来他也一再不接受找一位厨师的建议。他衣着简朴，不是香港衫，就是那件陈旧的黄夹克，更是国人亲眼看到的。经国先生简朴的个性，在行的方面，也表露无遗。早年他常自己开吉普车，即使后来乘用轿车，也是十年以上车龄的老车，以致常生故障。"

"经国先生的记忆力非常好，许多多年不见的人或以前只有一面之缘的人，他常能直呼其名。他的知识渊博，对许许多多的事物都能如数家珍，娓娓道来。"

"他在退辅会领导开拓横贯公路时，常带头走在最危险的地方。有一次他带领百多位受训军官攀登玉山，别人都受不了不良气候及险峻地势，而中途停顿下来，只有经国先生带领少数的人一气呵成。他的足迹遍及台湾及金马外岛等地。近年来，经国先生受病魔缠身，但即使在身体极端痛苦的情形下，他仍然不顾一切地照常处理公务，主持会议。"

"经国先生上下班时极为认真，每天总在7点以前到达办公室，而下午则少有在7点以前离开过，对公务一丝不苟。"

以上几段文字显然带有浓厚的个人崇拜味道，在国民党上层，蒋经国在衣食住行各方面的自我约束上，确实要比贪官昏官庸官要好得多。只是社会发展到二十世纪七八十年代，消费的广度、深度更非以上几个"指标"所能反映，还有许多潜在的指标，例如围绕蒋经国的衣食住行而进行的超一流的服务，以及他的一家及亲信圈的说一不二、为常人所不及的享受，特别是经常为官邸一人一家服务而影响很多系统、机构和社会的正常运作，民间和官方难道不知道？

对蒋经国这样的人物，讲穿一件旧衣服、坐一辆旧车、省一杯牛奶，恐怕意义不大。评价这些历史重要人物的要点，应是看他们在历史上的表现和所起的作用。蒋经国勤于公务、俭于享受、精于做人，只是在权欲得到满足之后，为净化国民党、振兴国民党所做的努力，以增加他的成就感。

"轮椅治台"结束

蒋经国的身体在70岁以前可以说不错，颇有台湾官方舆论所说"身体康健、步履稳健"的劲头。只是步入古稀之年后，原有的糖尿病出现恶化状态，体质全然变差，一些老年疾病纷至沓来，逐渐出现并发症状，健康一再起波折。

1980年1月18日，经保健医护小组检查，蒋经国患上导致其父身体由好变坏的前列腺炎，住进"荣民总医院"动手术割除。1981年7月，在该院进行眼部手术。10月10日，因血压过高当场晕倒在"双十节"大典上。1982年3月又进行左眼视网膜手术。1983年间，糖尿病再度恶化，面对浮肿和病痛，西医们已无良策。经蒋经国的亲家俞大维和陈立夫劝说，接受中医治疗，终于稳住病情。

1984年5月20日，蒋经国出席"第七届总统"就职仪式，人们注意到蒋经国的身体大不如前，出场时已是满脸病态。外电报道说："蒋经国患糖尿病及其并发症已有多年。……登台宣誓时步履艰难，发表了17分钟的讲话，讲话时声音颤抖，吐字不清。"1985年8月，又进入"荣总"进行右眼白内障摘除手术，并装置人工晶体，两眼视力仅恢复到0.2。1986年4月，心脏又出问题，再进"荣总"装置人工心律调节器，只要病人的心脏跳动低到一定水平就会自动启动，帮助心脏恢复功能，避免因心跳动过慢而出现昏倒等易置人于死地的症状出现。

1987年元旦刚过，在蒋孝勇和"总统府副秘书长"张祖诒等人的陪同下，到"荣总"接受三天的例行性健康检查。检查项目有脑电图、心肺功能、呼吸系统状况、主要器官的新陈代谢程度、视网膜、胰岛素糖、肢体功能等十八类。检查的结果使蒋经国及家人、助手们无法乐观，因为同上年的检查结果对比，"健康状况"虽说不是"每况愈下"，但无改善的迹象，蒋经国健康状况令身边的人深感忧虑。

下半年糖尿病引发足部末梢神经炎，经手术后只能以轮椅代步，首次出场是9月25日的中常会例会，公开坐轮椅出场是10月10日主持国民党当局的"国庆大典"。媒体报道由于长期患有糖尿病，致两腿软弱无力，走路颇感吃力。蒋氏前年曾因眼部白内障施手术，因有糖尿病关系，伤口复合较迟，且因走路时震动影响，伤口一再裂开流血，医生遂建议蒋氏改坐轮椅出入，目前已趋稳定。11月底，蒋经国在书面答复一家杂志的采访时，除对"解严"以来的形势和以后的改革路子做了说明外，特意谈到自己的病情。他说："我经常作健康检查，据医院的报告，目前我的健康状况良好，除了腿部因受糖尿病的影响行动不便外，一般均很正常，我照常处理公务，对健康很有信心。"有媒体就蒋经国坐轮椅一事评说："台北的荣民总医院留下的蒋经国病历，就有厚厚一巨册。蒋经国健康的主要矛盾，是糖尿病日渐恶化下，眼视网膜模糊，肾脏发炎和双腿肌肉坏死的并发"，因而断定"轮椅治台"已是"蒋经国最后的时间"。这是民间在蒋经国病故前三个月的猜测。

蒋经国病故后,"荣民总医院"副院长姜必宁大夫对记者谈话时证实了上述猜测。因为蒋经国的病情是属于高度保密范围,很少有所透露,"新闻局"对外公布病况则为"报喜不报忧,报好不报坏",给社会留下不少疑团。姜副院长说:"事实上,他的病情一直不理想,轮椅已经坐了大半年,他每次都是为国家而不顾一己的安危,硬撑着出场,但他在轮椅上事实上已经累得连头都无法抬起来。经国先生生病七八年来,病历已经厚得可以堆到腰际那么高。经国先生已接受过各方面的详细检查,从X光、超声波、CT到核子医学检查,他的器官包括脑、心、肺、肝、胰到肾脏,无一遗漏。甚至在13日当天(蒋经国死于1988年1月13日),他的血色素和血压都留有资料。如果不是经国身份特殊,医界可以为此开个病例讨论会。"

姜副院长说:蒋经国早已到了"糖尿病末期,很多器官的功能都已衰竭,吐血只是逝世前的现象,并非死因"。蒋经国死后,台湾有的"监察委员"就抢救是否失当问题进行调查,得出的结论也是"蒋故总统之病拖延多月,最后其实只是以药物延长生命,其家属深知其病情"。到1987年下半年,蒋经国已病入膏肓,身体越来越差的趋势已无法逆转,这里面也有自然规律在起作用。

正在逐渐熄灭的蒋经国的生命之火,又接连受到两次政治风暴的袭击,一次是发生在11月10日的"老兵请愿事件"。赴大陆探亲部分开放后,老兵们为无钱上路而担忧。来自"大陆来台国军自谋生活退役官兵自救联谊会"的千名退伍老兵,集中"行政院"门口进行示威,要求"政府"当局发给每兵每月五千元新台币的补助费和回大陆探亲所需的数万元路、杂费。"行政院长"俞国华没有答应老兵的要求,也没有派人劝说疏导,只是派来五百镇暴警察组成人墙严加防范。为避免冲突,"院长"还命令"行政院"的官员和工作人员不要从已被堵住的前门进出,一律走后门。退伍老兵不见结果,决定通宵抗议,持续三天。

蒋经国接到报告,对"行政院"十分不满,这位二十年前的"退除役官兵辅导委员会主任",对曾经为国民党拼过命又一起在崇山峻岭中修过路的"荣民"还是有感情的。现老兵们有家归不得,生活无着落,这是蒋家造成的,也是国民党当局造成的。可俞国华一推了之,激化矛盾,蒋经国能不怒吗?当天晚上,"总统"把"行政院长"召到官邸"斥责"一番，并立即派出中央党部副秘书长宋楚瑜到"行政院"前的示威队伍中劝说。第二天深夜，蒋经国得知老兵们在部分要求得到满足已经散去后，才上床休息。"老兵请愿事件"的刺激，严重干扰了蒋经国的情绪和治疗。

一次是发生在12月25日的"民进党籍国民大会代表抗议事件"。当时台北中山堂正在举行一年一度的"宪政纪念会和国民大会年会、宪政检讨会联合会"，坐着轮椅前来的蒋经国致辞时，十一名民进党代表边跺脚边高呼："我们要求完全选举国大代表。"这是蒋经国第一次受到党外人士面对面地挑战，老人面对抗议无动于衷，与会的"阁员"也都默然而坐无人出来对阵，蒋经国仅待了十分钟就坐着轮椅提前退场。与此同时，拥护国民党和拥护民进党的群众各有四五千人，在会场外举行对抗性的示威活动，当局出动15000名军警加以干预，双方才未发生大规模的冲突。

如果说"老兵请愿事件"、蒋经国盛怒冲动是因为手下人办事不力造成的，那民进党的抗议却是直接冲蒋经国而来的，对这位身体即将崩溃的病号打击之大可想而知。这是国民党专制、蒋经国独裁的结果，也是几年来"政治革新"速度缓慢、动裘不动本的结果。蒋经国终于发现自己是个孤独的人，是一个连起码的尊重都得不到的人。不说是"总统"，就是一位重病的老人，也不应该话未讲完就被赶下台啊。

12月25日之后，蒋经国的情绪坏到极点，台湾的一家杂志写道：他最后二十天的心情事实上十分消沉、落寞与疲倦。他从12月25日以后，几乎没有见过什么人，也没有过问什么事，甚至于没有上班。若干与他见过面的人，还会听到他喃喃地说："你们能做的事，赶紧去做吧！"蒋经国已经处于忧郁、苦闷之中，已经有所预感，这种情绪对久病的老人来讲是不利的。两次政治风暴，提前吹灭了蒋经国的生命之火。

1988年1月5日蒋经国立下遗嘱，作为政治交代。1月12日最后一次来到"总统府"的办公室，说是来上班办公，还不如说是因为"留恋"，来向最熟悉的地方告别。他有很多事要做，他想主持次日的国民党中央常委会，因为已连续三次中常会缺席，而此次会议又是专题讨论"国会充实方案"，解决年前12月25日民进党"国民代表"提出的难题，可身体已不允许他出席会议；他想到桃园慈湖，看一看停放在那里的父亲的灵榇，可已没有体力远行；他更想回家，回到阔别近三十九年的奉化溪口小镇，为生母上一次坟，为祖母扫一次墓，见一见故乡山水，会一会儿时友人，可因为他自己制定的政治限制而不能实现；他放心不下身患绝症、长年卧床的长子蒋孝文；他尤为想念远在美国的爱女蒋孝章；他甚至还考虑应该让章孝严、章孝慈认"蒋"祖归"蒋"宗，回到蒋家来；他没有忘掉曾给他带来欢乐的章亚若女士；他觉得真有点对不起远在苏联的岳父岳母全家，自1945年访苏以来再也没有去探望过；他更担心曾在留苏这一最困难时期给自己带来安慰和欢乐的蒋方良女士，以后这位生活在异乡的异国老人，又怎样生活呢？对蒋经国来说，人生旅途值得怀念的内容太多了，而现在即将告别一切。

他只办成了一件事，那就是在12日下午召来国民党中央党部秘书长李焕，询问一些日常工作。李秘书长劝这位生命垂危的"总统"好好休息，以便能在一星期后（20日）参加中常委会议。原定20日的会议是在13日中常委会议讨论的基础上，正式通过"国会充实方案"，决定"三大中央民意机构"全面改革，建立"国代""立委""监委"退休制，废止"国大代表"递补制度，取消实际存在着的"中央民代"终身制。后因蒋经国突然去世，13日、20日会议预定内容、议程取消，"国会充实方案"推迟三年多。

李焕成为蒋经国清醒时所见的最后一位高级领导人。到蒋经国病故后一个礼拜，李秘书长在"中央委员会总理纪念周"上谈到了此次谈话的内容。蒋经国的最后一次"训示"是，党务工作要重视理论研究，加强干部阵容，重视基层工作，强调服务。李焕讲话时心情沉重，在场的记者写道："秘书长""甫说出'今天'两个字，就不禁落泪不已，他摘下眼镜，拿起手帕频频拭泪。"李焕凭着与蒋经国的几十年的亲密关系，成为最后遗嘱的证明人和传达者。而其他党政军财的首脑，只是在1月5日起草的遗嘱上签个名而已。

1988年1月13日早晨7时30分，蒋经国起床后感到不舒服，经保健医生检查后未发现恶化症状，经一般性保健治疗后，病人恢复平静。下午1时55分，病人突然大口吐血，"荣总"的特护小组立即施行抢救。吐血中的病人很快转为昏迷，进而发生心脏呼吸衰竭。当李登辉、俞国华、李焕、蒋纬国等赶到官邸抢救现场时，蒋经国已昏迷多时。"荣总"副院长姜必宁和台中医院院长、著名肠胃专家罗光瑞接到电话先后迅速赶来指导抢救。由于病情恶化过快，"除了以人工心肺机急救外，根本来不及做任何处理"。3时50分，病人心脏停止跳动，瞳孔散大，群医停止一切抢救措施，79岁的蒋经国病故。

死者的遗嘱是1月5日思维正常时留下的，全文是："经国受全国军民之付托，相与努力于以三民主义"统一中国"大业，为共同奋斗之目标。万一余为天年所限，务望我政府与民众坚守反共复国政策，并望始终一贯积极推行民主宪政建设。全国军民，在国父三民主义与先总统遗训指引之下，务须团结一致，奋斗到底，加速"光复大陆"，完成以三民主义"统一中国"之大业，是所切嘱。"遗嘱没有什么突破性的决策，也没有什么历史性的预言。

蒋经国最大的历史责任是在两岸关系上，特别是全国人大常委会《告台湾同胞书》发表、中共领导人提出"和平统一，一国两制"科学构想、以第三次国共合作方式完成两岸统一主张后，蒋经国应该为解决反共内战遗留下来的两岸政治对立作出他的贡献。凭在台湾政坛和社会的权威，蒋经国只是迈出一小步，同意部分台湾同胞赴大陆探亲。在发展两岸关系和推进祖国统一问题上，放弃机会，也没有做任何努力，遗嘱中也是强调毫无可能的"三民主义统一中国"。

蒋经国最大的历史责任，还有是在政治信仰和立场上，调整"反共"基本政治路线和主张。可以说三十多年前，蒋经国经受住失败的考验；三十多年来他缺乏知错就改、知败而止、及时调整政治战略的勇气。蒋经国确实正像某些海外人士所说是"越老越开放，越活越明智"，可是在反共反社会主义问题上却是如此顽固和不理智。他不正视越反"中共"、"中共"越强大的现实，在《遗嘱》中还要重申"反共复国"主张，难道还要让后人继续从事"反共"这一毫无希望的事情！

蒋经国最大的历史责任，在台湾内部是继续推进"宪政改革"。国民党在台湾"一党专制"近四十年，军事管制、白色恐怖、政治高压、"党禁报禁"、两岸封锁搞得天怨人怒。自蒋经国出任"行政院长"起，逐步开放放宽，直至到最后两年开始加速"全面革新""解除戒严"，为"宪政改革"创造条件。最为关键的是，蒋经国亲手结束了"蒋家王朝"。他担心已经启动的"全面革新"能否继续推进，所以"遗嘱"要"积极推行民主宪政建设"。

当天晚上8时零8分。"副总统"李登辉宣誓就任"第七届总统"。他任"政务委员"、台北市市长、"副总统"时都感到突然，继任"总统"却是意料之中，只是没想到那么快会来临。"新总统"发布的第一号"总统令"是签署"遗嘱令"："蒋总统经国先生，毕生奉献国事，方行三民主义，积极推动各项建设，增进国民福祉，德望勋业，永垂典型的遗嘱犹以'坚守反共复国决策，积极推进民主宪政'谆谆训诲。我全国同胞务须团结一致，致谨禀遵，笃行实践，竭忠尽智，克竟全功，愿共勉旃。"

第二号"总统令"是"治丧令"："蒋总统经国先生，不幸遽逝，薄海同哀。兹特派严家淦、俞国华、倪文亚、林洋港、孔德成、黄尊秋、张群、陈立夫、谢东闵、黄少谷、谷正纲、薛岳、沈昌焕、李焕、李璜、王世宪、吴三连、吴伯雄、丁懋时、郑为元、郝柏村等大员敬谨治丧。"

匆匆忙忙出台的李登辉，来不及考虑"李记"政治蓝图，暂时以"守业"为主，按蒋经国的既定方针办，当务之急是全力以赴完成丧事。在他的安排下，给已故"总统"送行的有现任"五院院长党政军各部门长官"，有"前总统""前副总统"，有元老重臣，有比蒋经国年长一代人的白发者。

国民党方面为蒋经国举行了规模空前的葬礼，台湾各界人士也用不同的方式表达了对死者的哀思。30日在台北圆山"忠烈祠"举行大殓仪式，为死者覆盖国民党党旗的是"前副总统""总统府资政"谢东闵，"总统府资政"黄少谷，"总统府战略顾问"薛岳，"总统府秘书长"沈昌焕，中央党部秘书长李焕，"内政部部长"吴伯雄，"外交部部长"丁懋时，"国防部部长"郑为元；为死者覆盖国民党当局"国旗"的是"总统"李登辉，"行政院院长"俞国华，"立法院院长"倪文亚，"司法院院长"林洋港，"考试院院长"孔德成，"监察院院长"黄尊秋，"总统府资政"陈立夫和"立法委员"王世宪。

大殓仪式结束后，蒋经国的灵柩送至桃园大溪镇头寮宾馆，宾馆也改为"大溪陵寝"。在陵寝几公里外就是其父蒋介石灵柩停灵处慈湖宾馆，曾在中国政治舞台上活动终身的蒋家父子，谁都没有下葬，他们在等着回到大陆。

蒋经国突然病故后第二天，中共中央主要领导人向国民党方面和蒋家家属发了唁电并公开发表谈话，肯定了蒋经国先生坚持一个中国，反对"台湾独立"，主张国家统一，表示要向历史作出交代，并为两岸关系的缓和作出一定的努力这一系列行动。

民革中央名誉主席、蒋经国留苏时的同学屈武也致电说蒋经国"一生爱国，正期再展才干，共竟祖国和平统一大业，不意遽尔长逝，痛惜何似"。

随着蒋经国去世，一方面台湾社会内部加快多元化，一方面李登辉逐步走上"台独之路",一方面两岸关系在两岸同胞的努力下排除李登辉等"台独势力"干扰而大踏步前进。

随着蒋经国去世,在中国近现代史上留下深深痕迹的"蒋家王朝",不可避免地结束"政治化、特权化、贵族化和神秘化"而走向平民化。他曾作为蒋介石的接班人,为"蒋家王朝"写下新的一页。他也在结束"蒋家王朝"、结束蒋家传人在国民党当局中的主导地位、给政治意义上的蒋家画上句号的过程中,起到决定性的作用。

中华民族的每一位成员都在翘首盼望祖国统一的日子,停灵头寮的蒋经国也在等待那一天的到来。

军界政界名流

记蒋介石小儿子蒋纬国

国民党的名臣很多，有因资格老而出名，有因会做官而出名，有因会赚钱而出名，有因会打仗而出名，有因善交际而出名，当然也有一些凭才气而出名的人。可蒋纬国的知名度却与生俱来，他是蒋介石的小儿子，本身就是一个富有新闻价值的人物。虽说他身为"龙种"，可关于他的父母是谁，又有持续几十年的疑问，更引起世人的注意。此外，其父、兄"总统"身居铁幕，离人间太远，而他时常出没于各种社交场合，其特殊身份决定了他无论出现在哪里均会成为中心人物。再说蒋纬国个人经历中出现的风波，一次又一次地吸引社会各界尤其是舆论界的注意力。

在这种社会气氛和蒋府家景中成长、生活的蒋纬国，无法放开，并不轻松。正如有媒体所说：蒋纬国"几十年来都能自敬自强，处变不惊，一直以笑脸迎人，坦率风趣，不时幽自己一默，看起来真是在'人生以快乐为目的'，还是在装疯卖傻，只有他明白"。因此，他留给世人不少谜。

蒋纬国的"谜"都与他的家族有关，如果没有当过"总统"的父亲和哥哥，也就不会有这些谜。如果他不在军界任职，谜也就少一些。如果他才华平庸，不管家事政事，谜也会少一些。尽管他生在蒋家"命"好，无论是"长子世袭制"，还是政治现实，决定了他的"运"不如兄长，在蒋介石全力以赴扶植长子的同时，怠慢了次子。蒋纬国在家中被"冷落"，到外面寻求乐趣，为社会各方所接受。人们逐渐解开蒋纬国的"谜"后，发现他也有喜怒哀乐，悲欢离合，带给以上一切的，是他的显赫的家族。

一、"总统"之子

蒋纬国的父亲蒋介石，是中国现代史上的名人。此人二十一岁时考入保定陆军速成学堂，同年赴日本陆军士官学校留学习武，三十岁时生有蒋纬国。纬国八岁时，其父已是黄埔陆军军官学校校长。纬国十岁时，其父已成为国民党的最高军事长官。纬国十一岁时，其父政变成功，成为南京政府主持。纬国除有特殊的父亲，还有一个特殊的家庭。说家庭"特殊"，是因为蒋介石有过四位夫人，她们依次是毛福梅、姚冶诚、陈洁如、宋美龄，纬国的生母是姚冶诚女士。他出生于1916年10月6日，此时蒋介石同毛夫人成亲已十六年，蒋姚同居已六年。纬国五岁时，其父又与陈洁如同居。纬国十一岁时，其父最后一次结婚，娶回宋美龄女士。蒋介石的特殊婚姻，不可避免地影响到纬国的幼年、童年和少年生活。

蒋纬国有"特殊"的父亲和家庭，还有一个特殊的政治背景，这就是在国共合作、国民党建军、北伐的同时，蒋介石及其个人势力集团迅速崛起，不久背离孙中山的"联俄联共扶助农工"的三大政策，成为中国现代史上的最出名最主要的反共势力。此种政治风云，或多或少地波及了幼少时的蒋纬国。

蒋纬国有这样"特殊"的父亲、家庭及政治背景，使得他的生活很不稳定，正如他自己所说"幼年成长环境相当特殊"。说"特殊"，是说决定纬国一切的蒋介石极少在儿子身边。从纬国出生到1924年5月间出任黄埔军校校长前的8年间，蒋介石在上海、广州、福建、宁波间奔走，时而做些粤军及护法北伐事务，在家时间不多。纬国先是与姚夫人常住上海，有时到奉化溪口小住。

1921年，小纬国五岁，蒋介石又结连理，与陈洁如结婚于上海。与姚冶诚分手时，蒋介石把纬国带回溪口老家，让老母王采玉和在家苦守二十年的毛福梅抚养。从此小纬国离开生母，这对小孩来说，无论如何不是一件好事。在奉化溪口，蒋纬国生活安定，特别是家中有个大六岁的同父异母的哥哥蒋经国，弟兄俩一起游玩，感情融洽，乐趣无穷，使得纬国很快习惯了新生活。

好景不长，第二年哥哥蒋经国前往上海读书，在此之前，祖母也已病故。在大妈毛夫人的照护下，纬国在孤独中生活了近二年。过后前往上海，进入兄长就读过的万竹小学念书，弟兄俩又在一起生活了一年余。1925年秋，已在北京上学的蒋经国去苏联留学，临赴苏时，弟兄匆匆见面匆匆分手，再见时已是12年后。在上海的纬国无人照料，蒋介石既不放心溪口的毛夫人，也不放心上海的姚夫人托管小儿子，就让旧友吴忠信的夫人王唯仁女士代为照看。不久又让陈洁如把纬国带到广州，放在身边。此时的蒋介石已是名震一时的黄埔军校校长及以黄埔1、2期毕业生为骨干的国民革命军第1军军长。

在以后的一段时期内，蒋家父子时常一起出没于广州上层社交场合。甚至蒋介石率部作战时，也不忘把小儿子带在身边，战争烽火对儿童来说，只有好奇、新鲜、刺激。在广州期间，苏联军事总顾问加伦将军特意把一支精致的小手枪赠送给蒋纬国，出面代表加伦授枪的是时任第1师师长的何应钦将军。可见纬国虽小，地位不低，人们对这位小公子都另眼相待。小纬国虽说在指挥中心横冲直闯，却也给单调、严肃的总部机关多少带来一点生气。官亦好，兵亦好，都很喜欢这位惹不起的"军中少年"。少年纬国经历的第一起历史性事件，就是自始至终"参加"了北伐战争。当1927年8月间蒋介石率军进驻上海、南京时，蒋纬国也作为胜利者，跟在北伐军的后面进城。

戎马生涯给十一岁的蒋纬国带来的快乐、兴奋很快结束，他的生活继五岁离开母亲之后又出现新的波折。1927年8月，蒋介石第一次下野离宁，没有带小儿子同行，因为此次蒋介石任务有二。第一项去日本活动，了解当时侵略魔爪已经伸入东北、华北、山东等地的日本当局，对南京政府渡长江向北中国进军的态度。作为外交活动不是不可以带儿子同行，可蒋介石还有第二项任务，使得他无论如何不能携子同往。

原来蒋介石虽说已有三位妻妾，可各有遗憾，正室毛福梅女士为农家之女，不宜陪同蒋介石出席社交场合；姚、陈二人虽说精通上层社交圈的礼仪，尽管没人敢当面议论、轻视两位夫人，蒋介石却难免有不快之处。情是此，意亦是此，蒋介石准备找一个能在政治上、经济上、外交上对自己有利的夫人。他在与陈洁如结婚时，就已看中了年仅二十三岁、比他小十一岁的宋美龄。只是由于蒋介石新婚不久，再加上蒋介石当时仅为粤军第2军前敌总指挥，手下只有数千号人，微不足道，缺乏对宋家三小姐的吸引力。在以后的六年中，蒋介石追求宋小姐锲而不舍，两人书信频繁。到了1927年，蒋介石已经成了南京政府的最高主宰者，"中国第一夫人"的位置对既漂亮迷人也想出人头地的宋美龄来说，是正中下怀。蒋介石见时机成熟，决心一改过去在婚姻上的浪漫行为，有心一斩旧情，重结良缘，从一而终。故趁东去日本之际，前往长崎镰仓温泉，向宋美龄的母亲倪桂珍老夫人求婚。显然，如果带上蒋纬国去见未来的岳母大人，是不合适的，出身高贵、留学美国的宋家三小姐也不会高兴。蒋介石决定把小儿子送往友人苏州吴忠信的夫人处，就这样十一岁的蒋纬国在以后比较长的一段时间内，又离开了父亲。

值得高兴的是，已经分离六年的妈妈姚夫人，此时也从上海移居苏州，母子得以经常见面。在吴姓干爹干妈和生母的照顾下，蒋纬国结束了数年来不停的迁居、颠沛的生活，在地上天堂苏州一住就是十年。蒋纬国到苏州后，即入东吴大学附中学习。有人记述说："在学校他是个很活跃的人物，参加田径队、合唱团、童子军，他不希望自己是个'嗑书虫'"。

蒋纬国自己也说:"从正式进入学校读书以来,我一直热烈的参与各种课外活动,甚至还经常组队带同学去行军、露营。不过只要一上课,我就很用心听讲,用心地做笔记。我认为读书做笔记是加深记忆的最有效的办法,笔记我还分为两种,一种是平常上课时记在书页的空白角。一种则是回家再经整理,抄入特备的笔记本。"事实也是这样,蒋氏弟兄两人,青少年时期学习勤奋,活动能力很强,仗势欺人、横行霸道的丑闻不多。

十六岁那年,纬国以优异的成绩自东吴附中毕业后,同时考上上海交通大学、东吴大学和美国MIT学院,他不愿意离开对自己的起居、学习照顾备至的母亲和吴忠信夫妇,选择了苏州的东吴大学物理系。进大学后,他"连寒暑假都放弃,专心于课业,皇天不负有心人,终于打破纪录,提前两年毕业"。大学毕业,他想进入军界,蒋介石劝道:"做个军人,尤其是做个现代的军官,除了理化基础外,还必须懂得政治、经济、社会才好。"既然父亲这样讲,儿子只得重回母校,用一年的时间,再修文学院的政治兼经济、社会学。

二十一岁那年,由国民党要员朱家骅介绍,蒋纬国前往德国留学。蒋介石有两个儿子,大儿子经国已去苏联留学多年,接受的是红色政治教育;小儿子纬国则去德国,接受法西斯军事教育。事实上蒋介石对儿子的前途早有计划,他让大儿子去苏联,并非希望其信仰共产主义,而是让其实习共产党训练、宣传、组织民众的方式方法,掌握被他认为是"专制独裁的""集权主义式"的苏联政治制度,为将来接班上台打好基础。他让小儿子去德国,并不全是从军事学习方面考虑,如果仅是学习军事,去日本固然因两国交兵而不便前往,那可以去名声不亚于日本陆军士官学校、德国慕尼黑军校的美国西点军校、英国桑赫斯特皇家军事学校,况且美英两国与南京政府正打得火热。可蒋介石自有打算,德国为西方各国的军事实力之首,侵略性很强,他要儿子在学习的同时实习、掌握法西斯的军事理论和纳粹是如何支配国家政治、经济生活的,为将来配合哥哥共同执掌政权打下基础。当然,蒋介石要两个儿子,一文一武协作掌权的安排并未完全实现。

值得一提的是,在蒋纬国幼少年时期,亲历过有关父亲蒋介石的一系列政治风波。只是蒋介石第一次下野、宁汉之争、倒蒋战争和"非常会议事件"等发生时,蒋纬国是少不更事,自己不明白,别人也不会对一个少年讲这些事,所以记忆不深。只是"西安事变"捉蒋,蒋介石一生唯一的一次"阶下囚"经历,对于一个作为他的儿子、已经二十岁的血气方刚的青年来说，印象深刻。蒋纬国做梦也没想到，二十八年后，他自己也受到所谓"兵变"的牵连。在蒋介石答应抗日后，很快获释返回南京，"兵变"领导人张学良将军从此被关押，蒋纬国也没想到，自己差点成为张学良、孙立人第二，只是因靠父子关系，才免除牢狱之灾，仅是被冷落十余年，这是后话。

二、出身之谜

蒋纬国的知名度与生俱来，关于他的谜也与生俱来，有关他出身的传说更是几十年盛传不衰。

一是说他为后来曾任国民党考试院长的戴季陶与日本籍妻子津渊美智子的儿子，并有胞兄戴安国、胞妹颜世芳。小纬国由生母抚养至哺乳期满，再由戴季陶的原配夫人纽有恒女士领养，三岁时过继给蒋介石，交由姚冶诚。缘由是蒋介石只有一个儿子经国，有绝后之虑，故向戴季陶要求领养蒋纬国。此话很难服人，蒋介石担心独子会"绝后"，当时（1919年前后）在中华革命党内地位、影响及与孙中山先生的友情，都在蒋介石之上的戴季陶就不担心，自己靠娶妾生来的"两子剩一"会同样有"绝后之险"吗？再说蒋介石如真考虑到需要延续自家香火，为何不把向人讨要来的儿子直接送到奉化老家，宽慰老母和原配夫人，反而让名不正言不顺的姚冶诚抚养？

人们所说的戴季陶"送子于蒋"的另一原因是为了儿子的前途，以便蒋纬国能跟着蒋介石飞黄腾达。此话不足为信。首先当时戴、蒋都处于不合法状态，生命都无保障，当官享福从何谈起？既谈不上当官享福，封妻荫子又从何谈起？更谈不上戴托子于蒋、寄希望于蒋。其次是在小纬国三岁前，蒋介石任过的职务是：粤军司令部作战主任、第2支队司令；戴季陶任过的职务是：广州军政府法制委员会委员长、大元帅府秘书长、外交次长。两人地位如此悬殊，到底是谁该把儿子托付于谁以求仕途？

二是说他为蒋介石和津渊美智子所生。说蒋介石自"二次革命"失败后逃避日本，在东京得到帮会黑龙社的帮助。工作之余，与黑龙社的女用人、美丽多情的津渊美智子来往甚密，关系不一般，友好的结果是生下蒋纬国。蒋纬国后随父回国，由姚夫人抚养。这就让人费解，如果正如以上所说，且不说蒋介石起码应该给美智子予"妾"的地位，在当时宗族制的情况下，母以子贵，蒋介石的夫人中只有毛福梅生子，现津渊美智子生子岂不可以凭子压人，有何担心？为何从不露面？如果蒋介石为"孝母"，不愿暴露在日本娶妾、同居丑闻，那在美智子之前有姚冶诚，后有陈洁如，直到四十岁时还热热闹闹地与宋美龄结婚，美智子之事怎会存在隐恶之由？持美智子为纬国生母说的人，出持的证据是说蒋纬国二度结婚时，特意赶到日本举行婚礼，就是为了让安居日本的生母高兴，并说婚礼主持人就是津渊美智子。到20世纪60年代蒋纬国又把生母接回台湾居住，养老送终。可是举此例的人也是用"传闻"二字，难以作据。

　　三说他是蒋介石、戴季陶共同所生。说的是两人在日本住在一起，雇用一位日本女仆。三人同居，不知不觉中女仆连续生下二子，无法推算二子中哪一子归蒋哪一子归戴，最后只好凭掷骰子来决定两个孩子的归属，结果是戴得大，蒋得小，分完儿子后一起回国。此事可能性不大，"三合一"与生育二子，并非短时期行为，不易数年和平共存。

　　四说他与戴安国都为蒋介石所生，戴安国则是由蒋介石过继给戴季陶。持此说的人还提出两位证人："台湾军事记者联谊会会长"刘毅夫和"陆军指挥参谋大学校长"张柏亭。不过刘、张两人所举的也是二手材料，并未指出一手材料来自何方。蒋介石生三子说最为离奇，因为戴安国确为戴季陶所生，蒋经国、蒋纬国确为蒋介石所生。关键是如果戴安国是蒋介石的儿子，这位富有传统文化色彩的南京政府主持者，不会不对自己过继给别人的儿子没有表示。

　　蒋纬国为蒋介石和姚冶诚所生，并未有误。否则，与蒋介石同时代、共过事的人不在少数，其中包括不少有过亲密来往的人。如果蒋介石和蒋纬国的关系不正常、蒋纬国的来历不正常，这些元老为何不说？如果说为蒋介石"讳"、隐盖宫廷丑闻，可在他出任黄埔军校校长之前，仅为国民党内的二、三流人物，任意被人轻薄为常有之事，为何不见有人说起蒋纬国的"生之谜"？蒋介石发动政变上台后，两度失势下野，为何也不见有人说起蒋介石和蒋纬国之事？蒋介石的一生成为众多史学家研究的对象，绝大部分史学结论为何均未肯定关于蒋纬国非蒋所生传说中的任何一种说法？

　　从姚冶诚以后的生活看，也可反映出她与蒋介石、蒋纬国的关系之亲密。姚夫人一直处于蒋介石的精心照顾之下，抗战前定居苏州城，离南京、上海不远，双方探视很方便，并在1927—1937年间经常与纬国在一起，抗战起迁往重庆。国民党撤台时迁往台湾桃园大溪，已经身为将军的蒋纬国几乎每逢周末均去看望。每逢姚氏的生日，蒋纬国总要前往祝寿，看那下跪时五体投地般的虔诚，非对亲娘老子做不出来，直至1972年逝世。蒋介石休妻三人，与宋美龄结婚后，一直与毛福梅、姚冶诚来往，与陈洁如基本上无甚来往，蒋介石敢于顶住宋美龄的压力、宋美龄能够默认蒋介石与毛和姚来往，皆因毛、姚各有一子矣，这一富有中国特色的传统，使得深受西方文化熏陶的"第一夫人"宋美龄也奈何不得，入家随俗矣。

　　蒋经国病故第二年，台湾"非蒋化"开始流行，蒋家忌讳被打破，相关消息在街头传开。《新民晚报》曾报道说，1989年11月11日，在台北举行孙中山诞辰124周年纪念会。参加会议的蒋纬国会下说，他和蒋经国、戴安国、金定国的名字都是孙中山给他们起的。他说，他的父亲蒋介石、戴父戴季陶、金父金诵盘当时都是孙先生的部下。有一次，孙先生召见蒋介石、戴季陶、金诵盘谈话时，"提出他们应该团结得像一家人一样"。戴季陶见孙中山情绪很好，就提出让孙中山为他们的孩子重新起名，孙中山高兴地答应了。几天之后，孙中山告诉他们说："我们这一辈人，举义打天下，是为了建立人民当家做主的国家，那么，孩子们应该是国字辈啦，我看四个孩子的名，就叫'经纬安定'好了。"于是，蒋介石、戴季陶、金诵盘的四个孩子，按年龄排列，分别叫蒋经国、蒋纬国、戴安国、金定国。此事也是对蒋纬国身世的证明。此种说法不可信，因为蒋介石的大儿子五岁上学时就用名"蒋经国"，而蒋纬国还要再过一年多即1916年10月才出生，孙中山不会给蒋家兄弟起早已使用的名字。

　　蒋家隐私之所以为人所"关心"，本来不存疑问的蒋介石与蒋纬国的父子关系为人所议论，无非是蒋家在历史上有对不起天下人的地方，天下人借蒋纬国的出身之谜，出出蒋家洋相而已。据笔者陋见，关于蒋纬国生父生母的传说，不管真假，无足轻重，各国法律早已承认亲生、偷生、庶出、养子作为儿子的权利。即使蒋纬国是蒋介石的养子也无多大不是，更不值得说三道四。当年的蒋家和国民党当局，也不把人们对蒋纬国的议论视为大忌，蒋介石有无养子本身不值得做多大动作。问题的关键是只要蒋介石和蒋纬国能够父像父、子像子就足矣。从蒋纬国一生看，蒋介石还是尽到父亲职责的，还是有骨肉之情的。至于蒋介石、蒋经国成为近代中国政治舞台上反共势力的总代表，这应和蒋纬国的出生之谜分开来谈。

对蒋纬国，与对蒋经国一样，蒋介石都曾寄予厚望。正如一位传记作者所说：蒋介石"在给蒋经国取名字时，就预期将会有次子，特意从《康熙字典》考词究义，引经据典，从'经天纬地''经文纬武'两条古文词中，把'经''纬'两字同'国'字组成名词，按长次排列，长子取名'经国'，次子取名'纬国'（弟兄俩的乳名为兄建丰、弟建镐）。蒋介石的本意是寄希望他们兄弟俩，将来成为'经文纬武'或'经天纬地'的杰出的平定天下、治理国家的人物。"蒋介石没有想到"经天""经文"的经国只把蒋家天下延长了十三年，"纬地""纬武"的纬国在四十余年后竟然卷入"兵变事件"之中。

基于这种望子成龙的厚望，蒋介石对两个儿子同样看重，这从西安事变时蒋介石请黄仁霖转交给宋美龄的信中可以看出来。信中说："余决为国牺牲，望勿为余有所顾虑，余决不愧对余妻，亦绝不愧为总理之信徒。余既为革命而生，自当为革命而死，必之清白之体还我天地父母也。对于家事，余无所言，唯经国、纬国俩儿，余之子亦即余妻之子，望视如己出，以慰余灵，但余妻切勿来陕。"这里且不论蒋介石在"事变"之初跳墙逃跑时的狼狈样与信中所说的"视死如归"是多么不协调，不说他是如何违背总理遗教的，也不说蒋、宋间及与两个儿子间的微妙关系，只就父子之情论，蒋介石在自以为死之前，不忘两个儿子，还真有点舐犊之情，不失天性。

从弟兄两人在家中的情势看，大儿子在后期得到的父爱要多于弟弟，小儿子在前期得到的父爱和家庭温暖要多于哥哥。幼年的纬国非常讨人喜欢，生母姚冶诚、祖母王采玉、嫡母毛福梅奉为宝贝不说，蒋介石也是宠爱有加，只要有可能就把小儿子带在身边，大儿子从来没有过如此待遇。蒋介石如在外地，则时常把小儿子的事放在心上。他的家书不少，家书中提到纬国的地方就更多，所关心的问题有生活、有学习、有玩耍。如蒋介石在信中要蒋经国为弟弟订阅《儿童画报》和《儿童世界》。弟兄俩到上海后，父亲又写信给大儿子说："你同纬儿同住甚好，你要时时教导他，做他的一个好榜样。"有一次蒋介石写信给小儿子说："我三个月没见你了，心里非常记挂，我今日看见人家的小孩子，在大本营前的空地放风筝，我更加想起你去年在城中放风筝的趣味，不晓得你今年在家有做风筝去放没有？"

蒋纬国自己也说过蒋介石的父爱，关于童年时期与父亲的关系，他这样写道："从小，父亲就是我最好的师长、最要好的朋友，他只要在家就会教我读书，陪我练字，我们之间无话不谈。他从不曾打过我或大声责骂，是对是错，他都会清清楚楚的从正面教导我，我们没有代沟。

"他常要我们多注意健康，在我八岁的时候，他就亲自教我少林拳。当时用浸过桐油的草纸，把厚石板厚厚包起，用拳击打，直至纸张破裂为止，为了练脚力，特别在一双脚上绑了五斤重的铅块，练习跳跃奔跑。或到井边打水，然后肩挑水桶练习跳沟，沟的宽度由窄渐宽，最宽的距离有一公尺半。"

蒋纬国还说："我最记得，每当他在前方打仗打得最危急、最激烈时，或当他遭受国内外各方大压力时，他总喜欢把我叫到他身边。"看来，做父亲的、家庭中的蒋介石，与政治舞台上的蒋介石还有不同之处。他有两个儿子，大儿子去苏联多年，对大儿子的思念变为对小儿子的体贴。所以说蒋纬国的童年、少年、青年时期一直在父亲的监护之下，颇为顺利、舒适，这种情况的改变是在蒋经国走上接班之路后。

三、装甲之头

蒋纬国的家庭背景，已经决定了他有不同于别人的政治前景。纬国从少年起就有学习军事、成为职业军官的愿望，有人说他志在从军是为了仕途经济。此话不足为信，确切地讲守着一个作为南京政府主持人的父亲，他无论干哪一行，均不用担心今后的前途。蒋纬国从军，对其父来说，完全符合内定的两个儿子一文一武的总体规划；对他本人来说，完全是兴趣所至。而兴趣则来自指挥千军万马的父亲和当年在黄埔军校、国民革命军总部时的见闻。

蒋纬国在中学毕业后，计划参加军校招生考试，岂知临考前患上扁桃腺炎，进行摘除手术时又出血过多，错过考试时间，只得参加地方大学考试。结果同时考上上海交通大学、东吴大学和美国MIT学院，因为当时在苏州生活，所以选择东吴大学物理系。事后看来，他当时未能如愿，除生病原因外，还有就是蒋介石虽然起家黄埔，可他不愿意让儿子到自黄埔军校沿革下来的中央陆军军官学校这一土著环境中学习，准备在小儿子大学毕业后出洋深造。此外，蒋介石和正在具体照料蒋纬国生活的吴忠信夫妇、姚冶诚等均不同意只有十六岁的纬国去过紧张、艰苦的军校生活。

全面抗战爆发后，苏州不保，蒋介石不愿让小儿子投身战场，于1937年9月间让其赴德留学，专攻步兵指挥艺术。蒋纬国到了柏林，经当时正在德国的中国著名军事理论家、军事教育家蒋百里先生的安排，先到柏林大学学习四个月的德语，以过语言关。随后被安排至当时堪称一流的德国装甲兵部见习四个月，这是他第一次比较全面地接触一生中结下不解之缘的装甲兵，也是成为职业军官之始，十二年后他成为将军，十三年后成为国民党当局的装甲兵总司令。

不久又转入德国山岳步兵第98团受训，先后担任过二等兵、班长、排长、连长等职。德国军队以训练严格著称，山岳步兵部队的训练更为艰苦，甚至野蛮。蒋纬国在以后谈及此段经历，在赞赏训练之余，对训练之苦不无怨言。曾举过一例：有一次全团在山地上急行军90多公里，之苦之累不难想象，回忆起来还心有余悸，不知当时是怎样挺下来的。1938年秋，正式进入德国著名军官学校慕尼黑军校步兵科学习，接受系统的军事指挥理论教育。客观地讲蒋纬国在军事理论和军事管理方面学有所成，晚年在台湾更以军事教育家、评论家自居，纸上谈兵自成一家。要论实战经验，几乎是个空白，因为他没有领衔指挥过任何一次作战。他的军事理论除了来自自幼爱好军事、研读过一些军事论著外，与在德国军校的学习不无关系。

1939年秋，蒋纬国军校毕业，被分配到德军第8师担任山地炮兵少尉见习，还未到部队报到，德国已兵分三路突袭波兰。德波战争惊动了远在重庆的蒋介石，这位中国的"委员长"当然不会赞成宝贝儿子成为异国战场上的异乡魂，为防意外，急电纬儿回国。经希特勒亲自过问，蒋纬国很快回到重庆。

蒋纬国赴德达到了蒋介石预期的目的，纬国在学习军事知识的同时，对所在国的军事统治、希特勒的独裁十分欣赏，在以后的几十年中，搞过不少关于蒋介石的神话、崇拜。他宣传国民党的"一党专制"、一个领袖、一个主义，其源在德国受训时。

蒋介石见到儿子学成归国，高兴之中没有相信儿子要求奔向抗日前线的慷慨之言，而是让他学习再学习，先是到中央训练团军干班受训。对别人来说，到中训团学习是升官的必要步骤。对蒋纬国来说，蒋介石只是让其在去国二年之后了解国民党和官场特色。就像蒋经国在1937年初回国后，曾用大半年的时间在奉化溪口一边陪侍母亲毛福梅，一边看书、学练字、写日记和留苏汇报，恢复对祖国文化和国民党政治理论的知觉，为以后立足官场、行使权力作准备。

一期结业，蒋纬国又由其父送到美国，进入陆军航空兵战术学校和装甲兵中心受训。这次赴美不足一年，可对蒋家父子来说极为重要，当后来美援到华，扩充装甲部队时，蒋纬国就成为这方面的专家。蒋介石是学炮兵出身，手下又主要是陆军，对组建坦克作战部队很感兴趣，蒋纬国则成为他最放心的装甲兵掌门人。事情是有变化的，后来蒋纬国又成为蒋介石、蒋经国不放心的装甲兵掌门人。

1940年冬天，二十四岁的蒋纬国回到中国抗战大后方。他去何方？成为各方注目的焦点。人们记忆犹新，三年前蒋经国在返国休整结束后准备出山，被政学系头目熊式辉请到江西出任要职，熊某成了"太子师"，在利益未失一分的情况下，捞到一笔政治资本。为此事使得时任浙江省主席的黄绍竑后悔不迭，眼睁着跑掉一条大鱼。蒋纬国的归来，国民党上层各方为之关心理所当然，先是保定系头目、设在昆明的空军军官学校教育长周至柔找上门来，出价是"少校教官"，蒋介石以纬儿愿意到基层部队为由，予以拒绝。

理由堂而皇之，内幕有所不知，周至柔太小家子气，出手吝啬。想当初略通军事常识、在中国没有当过官的蒋经国，到江西出任的是省保安处副处长、新兵督练处处长，军阶为少将，官品为三等文官。可是，周至柔有眼不识泰山，给的"官"只是无一兵一卒可带的教官，"衔"只是区区少校，还不如一般从日本陆军士官学校、美国西点军校等回国的留学生，喝过洋墨水的起码出任有职有权有势的"中校团长"。

蒋纬国没有上任，可到下层部队的话已说出，不便收回，只好硬着头皮到潼关，出任胡宗南手下的第1师3团2营5连1排少尉排长。蒋纬国任职高低不是主要的，也不影响他日后的发展。蒋介石把这个人情送给胡宗南，当然是对这位黄埔系头目的赏识、信用。西北无什么抗战任务，胡宗南手下数十万大军主要用于封锁陕甘宁边区和保持对西北军阀马步芳、马鸿逵、盛世才相当的军事威慑力。蒋纬国虽说仅为基层尉官，可社交活动不少，常常是西安上层宴会、舞会的要角，他的第一任夫人石静宜就是在此时相识相成的。第三年，蒋纬国升任第3团2营中校营长，不久重庆方面发起"一寸山河一寸血，十万青年十万兵"的青年从军运动，调任青年军第 206 师 616 团营长、副团长。在下层的几年间，他对士兵和下级军官生活有所了解，日后当上高级将领后，能体察下情，与人交往比较随和。

1945 年底，蒋纬国来到装甲兵部，进入一个新的时期。装甲兵在国民党军队里十分重要，具有很大的发展空间。蒋纬国曾在自己的著作中谈到过国民党装甲兵的发展史，1928 年间，刚成立不久的南京政府向英国购买了一吨半的卡登劳埃特机枪战车 18 辆，编为教导第 1 师骑兵团。到 1933 年，南京方面自行改装的装甲汽车编入作战部队，编为交通兵第 2 团，同年 3 月 1 日南京举行阅兵式时有一战车队参加。

长城抗战后，当时的保定行营主任、保定系骨干徐庭瑶就长城作战中中国军队装备太差一事，上书南京要求建立机械化装甲部队。1934 年 5 月，蒋介石下令把交通兵学校与辎重兵学校合并为陆军交辎学校，设立装甲科。同年向英国订购维克斯炮战车、两栖战车 30 辆，单独编为战车营，隶属于交通工兵团。1935 年交辎学校装甲部分改组为战车教导营。全面抗战爆发前夕，南京方面又从德国采购克虏伯战车 16 辆，连同原来的战防炮营、机踏车队、装甲汽车队及高射炮营等单位，合组装甲兵团，直属军政部，装甲兵至此独立出步兵兵种。

1938 年初，军委会决定将陆军第 200 师扩编为机械化师，编制有两个战车团、一个机械化步兵团、一个战防炮团，辎重、通信、高炮、工兵、特工等五个直属营，共有俄制 T-26 型坦克 96 辆、意大利菲亚特轻型战车 90 辆、德国朋池柴油运输车 60 辆。第 200 师在湖南湘潭短期集训后，曾在鲁西和中原战场一显威力。1938 年底，该师扩编为第 5 军，并成立陆军机械化军事学校。1939 年，蒋介石看到自己的坦克、装甲车是"万国牌"，型号不一，性能陈旧，特意在陆军机械化军事学校内设立"战车工厂筹备处"，不过到 1949 年底撤离大陆也没造出一辆坦克。全面抗日战争中、后期，第 5 军在昆仑关等战役中，取得过一些胜利，后来成为国民党军界的五大主力之一。1945 年 11 月，重庆成立装甲兵教导总队，石祖望出任少将总队长，负责筹设装甲兵部。总队部把原有的装甲第 1、2 团，陆军机械化军事学校所属的战车兵教育团，从日寇手中缴获的战车及接收的天津伪自动车工厂改组为战车第 1、2、3 团，和装甲炮团、装甲汽车团、战车工厂及若干辎重车队。并把驻印军的美式 M 型坦克百余辆运至上海，编为第 4 团，后并入第 1 团。

为运送这批坦克，已经调至装甲兵总队出任第 3 处处长的蒋纬国，改任驻印度新一军军部特别参谋和装甲 4 团中校团副。坦克到上海后，经过整修，又由蒋纬国押运徐州 1 团驻地，转任第 1 团团副。1946 年 6 月，南京政府军事委员会改组为国防部和各军兵种总部，徐庭瑶出任装甲兵司令部中将司令。在以后的美国对蒋援助中，又有不少坦克、装甲车。说来也怪，作为步兵作战主力的坦克、装甲团，很少被蒋介石投入内战主战场。装甲部队也到过孟良崮及中原地区，可见到战局不妙就利用机动性提前开溜。淮海大战时，蒋纬国曾亲率装甲团开往前线，可未打就跑回上海。淮海决战国军失败，蒋介石见大势已去，败局难以挽回，命令装甲兵先到台湾开设基地。解放军强渡长江后，集中在沪宁杭一线的装甲部队除留下 5 个坦克营分别布置在月浦、丽浦桥、顾家镇等上海外围阵地外，其余大部运回台湾，1 个营运到金门。坦克、装甲车对国民党的步兵来说，成了好看不中用的铁疙瘩。蒋纬国到装甲兵后是一年升一级，1947 年升为坦克第 1 团上校团长，1948 年升为装甲兵上校参谋长，1949 年升为少将副司令，1950 年继徐庭瑶出任台湾"装甲兵总司令"，1953 年到美国进修时离职。

国民党溃败时，三军中撤台最完整的是空军和海军，最零乱的是陆军。陆军中各部均散乱不堪，唯独装甲兵相当齐整，短时期缩编为装甲旅后，很快恢复装甲兵总部。到台湾后，蒋纬国当了十年的"装甲兵总司令"，也是控制装甲兵时间最长的"总司令"。同其他人比起来，蒋纬国担任任何职务都不算为过，对其他人来说至关重要的资历、成绩、能力、人事关系等因素，对蒋纬国来讲均已失去作用，任何铨叙、考选部门对他来说只是摆设，任何政治派系均无法增损他的利益。他只受制于一个人，那就是蒋介石；影响他仕途的也只有一个人，那就是蒋经国。

四、丧妻之苦

蒋纬国的原配夫人石静宜，是西安西北纺织厂、上海大秦纺织厂老板石凤翔的女儿，两人相识颇为偶然、浪漫。当年蒋纬国还是少尉排长时，经常离开寂寞单调的潼关驻地，到西安一游，以打发时日。一次从西安乘火车返回驻地途中，遇上一位年青小姐。经常出没上层交际场合的蒋公子，见过的漂亮女子不知多少，周旋在身边的绝代佳人不可胜数，现在竟然被身边的这位姑娘的美貌所打动。

姑娘正值妙龄，眉目如画，秀色可餐。服饰时髦合体，一举一动、一颦一笑间透出一股令人无法抗拒的女性魅力。她的举动，说明她是受过高等教育的大家闺秀，知书达礼，富有教养，热情不失身份，自重又不骄矜，这同历来追随蒋纬国周围的交际花、献媚者、多情种有天壤之别。姑娘并未因为身边坐了一个英俊潇洒、风度不凡的小伙子而不安或轻浮，打过招呼后依然端坐着读英文报纸。可姑娘那似乎会说话的眼睛，使得蒋纬国欲避不能。他见到石小姐身边的英文报纸，心生一计，主动上前招呼，请借报纸一阅。

小姐为之一惊，惊的不是因为少尉军官的打扰，惊的是这位初级军官是否真懂英语，岂知他不但会，而且发音正确，朗读流利。蒋纬国这一招果然奏效，小姐开始与他轻松地交谈起来。当两人得知对方的姓名和家景后，已经预感到了他们的将来。高贵的石府千金，不会嫁给一位国民党军官，更不会对一个初级军官感兴趣，可蒋纬国并非一般军官，除相貌堂堂、才华出众外，还是蒋介石的儿子，真是天公作美，白马王子送上门来。石静宜找上蒋二公子，身价之高，固然令人瞩目，可从来就有"伴君如伴虎"的明训。后来成为蒋纬国夫人、蒋介石儿媳的石静宜的遭遇，再次证明这一古训，两人夫妻恩爱不足十年。

自火车奇遇后，两人有意无意地时常在西安上层社交场合见面，石小姐成为蒋纬国的固定舞伴。经过两年多的来往，在接到蒋介石发来的"石门亲事可结合"的电报后，于1944年的圣诞节之夜正式举行婚礼，主婚人是蒋介石的黄埔高足、蒋纬国的顶头上司、一战区副司令长官胡宗南。婚后两人感情很好，蒋纬国转到装甲兵后，夫人随之来到重庆、南京，活动圈、知名度远胜于西安时。解放军渡过长江后的第五天，夫妇二人随同蒋介石，蒋经国夫妇一起，乘船离开家乡，绕道去上海。到沪后，根据蒋介石的安排，蒋经国负责把金库的黄金白银督运台湾，蒋纬国负责把装甲兵主力督运台湾。

到台湾后，石静宜以自己的好动和美貌，抛头露面，出没于台北官场，甚至穿着长筒马靴，独自开车上街寻找乐趣，更是丈夫所辖的装甲兵总部舞厅"装甲之家"的常客。在如何保持蒋介石所希望的"总统"儿媳妇应有的庄重、气势、神秘方面，蒋经国夫人蒋方良则要强得多。

蒋方良为苏联民间女子，随丈夫到家后，对中国的一切及蒋府内的一切感到新鲜。新鲜陌生之余，分外谨慎，主要在家服侍丈夫和三子一女，待人随和，言谈不多，对公婆丈夫永远是那么彬彬有礼，毕恭毕敬。石静宜则不然，为名门小姐，从小娇生惯养，任性讲究；又是"国立西北大学"的毕业生，见多识广，能说会道；成为蒋家二少奶奶后，不免有些富贵骄人；在蒋家沉闷的空气中，时常有些怨言悔语。两个媳妇的不同性格、不同表现，使得蒋介石难免崇洋贬土，喜欢大媳妇，对小媳妇的埋怨日甚。

对石之所为，蒋纬国不以为然，不闻不问，蒋经国欲管不能，蒋介石则心有不悦。从蒋家内部关系看，石静宜基本上未被公公蒋介石、大伯蒋经国所接纳，与她关系稍好一些的是宋美龄。让人感到吃惊的是，这位风华正茂的女士，竟会突然死去，她的"死之谜"则成为继蒋纬国的"生之谜"之后的又一谜。

关于石静宜的死因，有四种说法，分别是"赐死说""害死说""自杀说""难产致死说"。前三种说法，都是与轰动台湾的"魏文起、包启黄案"有关。

魏文起只是"联勤总部"后勤部门的"科长"，1954年初在内部例行的业务检查中，检查人员发现他负责的账面上少款三百万元。魏科长见无法隐瞒就如实交代说，三百万元由前任科长经"联勤总司令"黄镇球、"副总司令"黄仁霖面谕，借给蒋纬国夫人石静宜去香港办货走私，借钱牵线人是"总统夫人"宋美龄，并现存有石静宜的借据。魏文起接任科长时，碍于宋美龄、石静宜的招牌，碍于两位"司令"的面子，没有揭发，没有追究款子的下落。

为此军法当局认定魏文起有渎职之罪、贪污之嫌将他拘捕，交"国防部军法局"审理。魏妻见丈夫有难，便找到早有来往的情人、"军法局长"包启黄帮忙。包"局长"提出只要花费二十万元，案件就能了结，魏文起就能获释。可是魏妻等到的消息是丈夫已被枪决，于是又急又愤，在保密局特务的帮助下，成功地拦住蒋介石的座车，递上鸣冤状，痛斥包启黄乘人之危、勒索财物、奸淫自己的罪行。蒋介石闻后大怒，立即御批：着，保密局即将"军法局长"包启黄逮捕侦办。最后包启黄经严刑拷打后，被押往他自己设计、监造的新店安坑刑场枪决。

魏、包案发，牵出蒋府内幕。对借款案来说，魏是无辜的，包启黄本无牵连，两人之死，跟石静宜只是间接关系。抓魏文起，为公事公办，他至多是知情不报，原无死罪，可魏妻找上包启黄后，事情起了变化。"保密局长"毛人凤得知魏妻和包启黄的行踪后，喜出望外，立即布下陷阱，加害包启黄。

原来包启黄撤台时仅为台湾"保安司令部军法处上校副处长"，后升为"少将处长"，1952年在蒋经国的提拔下竟然成为台湾"国防部军法局中将局长"，四十出头的包启黄就这样坐上军法机构头号宝座。升官速度之快固然令毛人凤等人眼红，更令毛人凤不满的是这位"局长大人"以"包青天"自居，得意忘形，在处分违反军纪政纪的"保密局"系统特务时，不计情面，下手狠，心肠毒。本来对担任各类特务部门总管的"总统府资料室主任"蒋经国全面整顿"保密局"不尽满意的毛人凤，于是迁怒于包启黄，发泄心中的不满。现见魏妻找上包启黄，为制造包氏的罪状，立即下令枪毙魏文起，逼魏妻起来告发包启黄。为使"告御状"得手，还派出特务予以指导，在蒋介石座车的必经之路等候，最后凭御批将包处死，所以说毛人凤是借魏文起的命来要包启黄的命。当时透露出的包犯罪名是贪污和利用职权占有犯人之妻的身体。实际上对"贪污罪"包启黄死不承认，经抄家也未找到多少钱物证据不足，抄家抄走的20两黄金和500美钞又全部退还，显然不是贪污赃款。而第二项罪名，经与魏妻对证，也只是确定为两人在此案前就已成"和奸"。如果这两项能有死罪，那国民党上层官员中贪污和玩弄女人者不在少数，恐怕都得押赴刑场。包启黄的死，完全是由于"保密局"特务的报复之果。不过魏、包毙命也替三百万元借款案的当事人宋美龄、石静宜起到遮盖丑闻的作用。蒋经国为执行父亲的钦旨、隐瞒家丑，失去一个爱臣也就认了。

魏、包之死是"借款案"波及的一条轨迹，波及的另一条轨迹是石静宜的遭遇。本来借款之事实属绝密，问题是出在"联勤总司令"黄镇球身上。此人自随张发奎投蒋后，对蒋家是忠心耿耿，从无二心，当他发现自己被晾在一边，副手黄仁霖私自借款三百万元于宋美龄、石静宜，自己只是在具体条件谈妥后才被叫到现场过目，名为请"总司令"批准，实在是黄仁霖耍滑头要"总司令"一起来负一旦追究起来谁也负不起的责任。黄镇球棋高一着，认为既然是宋美龄替石静宜所借，那就请石夫人留下签名字据。

黄镇球一拿到证据，马上出卖了婆媳二人，向蒋经国密报。按照蒋经国的旨意，黄镇球一面把钱付给宋、石二人，由石出面托人到香港办货；一面在货到之后在港口把货扣押，三百万元借款永无还款之日，宋美龄、石静宜挪用公款走私的证据如山。"联勤总部"并不吃亏，据宋美龄估计，这批货物如脱手，则可赚取五百万元，现货物在黄镇球手中，"赚头"当然也就归于"联勤总部"。

黄镇球的"赚头"更大，事后就成官场红人、蒋经国的心腹，连连高升。

1954年6月接替袁守谦为"国防部副部长"，1955年8月接替孙立人为"总统府参军长"，1957年6月转任权限极大的"台北卫戍司令兼戒严司令"，次年7月又成为新成立的"警备总部"的"总司令"，一个月后又调任"参军长"并连任四年，1962年11月改任"总统府战略顾问"，处于半退休状态，政治生涯告一段落。他能够延长政治生命，都是靠蒋经国撑腰遮阴，八年前递上石静宜的签字条，出卖宋美龄和蒋纬国夫人的行为从蒋经国那里换来八年的高官厚禄。追究黄镇球的历史，你可发现他有投机的传统，在1936年7月投靠蒋介石之前，曾先后背叛、出卖过蒋介石、张发奎、李宗仁、陈济棠等人。

石静宜死后，"魏、包案"事发，围绕石与三百万元借款的关系，对于石静宜的突然死亡，社会上出现多种"说法"。

一是"赐死说"。说的是蒋介石得到大儿子的密报后，把小儿媳叫到面前，大骂一顿，骂完后丢下一句话："你自己看着办吧！"言外之意让她自行结束生命。石静宜见丈夫远在美国陆军指挥参谋学院及防空学校导弹班进修，孤立无助，生机已无，当夜回住所后吞药自尽而去。蒋介石得知她吞药后，又故意推迟叫醒侍从、司机，待把石静宜送到医院时已无生还的可能。

"赐死说"似有不妥之处。借款者，非石静宜，钱为宋美龄所借，只是借石静宜之名，石氏是为帮婆婆的忙才同意出面并签字的。再说原定所赚的钱也是作为宋美龄与孔祥熙之二小姐孔令伟等人主持的"官倒公司"募集的扩充台北圆山大饭店的资金。石静宜伶牙俐齿，岂能替婆婆背黑锅？再说也是"借"，现钱还不了，还有货顶着，无论如何也不够死罪，蒋介石怎能"赐死"自家人？宋美龄怎么也不会让小儿媳替自己去死。即使为石静宜所借，可经宋美龄同意，也由宋美龄出面联系，有婆婆的支持，怎会对老公公无"话"可说？"赐死说"不符合蒋家大家族内部的权力结构，宋美龄是能够左右家族权力分配的人，就像她借款偏要儿媳妇出面签字一样，在家里很有权威。如今怎能允许蒋介石、蒋经国把自己所喜爱的媳妇石静宜推向死亡？

二是"害死说"，说的是蒋经国见弟弟势力日甚，尤其是当时装甲兵总部的坦克，整天对着不远的"总统府""行政院""国防部""陆军总司令部"，直接威胁到蒋经国日后能否顺利接班，故利用三百万元借款案打击蒋纬国。恐真相败露，干脆在弟媳生子难产时，让医生做了手脚，以达到杀人灭口的目的。

《揭秘那些嫁入蒋介石家族的女人罕见照　蒋纬国的两位夫人都是绝色》文（杨帆）也有描述，说的是十五岁的陈亨，当时在装甲兵子弟中学学习，是石静宜的学生，那天和同学邱明山"和往常一样去石静宜家玩"，"可是俩人却发现石静宜的房间灯火通明，她竟被四个彪形大汉控制住，那四个大汉硬逼着她吃下一包东西。第二天就传出了石静宜去世的消息，陈亨这才知道石静宜被逼吃下的东西是包毒药。但是陈亨却对这件事很长时间都不敢对任何人提起，因为他知道自己牵扯进了错综复杂的'宫廷'争斗"。对于毒死石静宜的原因，陈亨说是"当时的蒋经国是台湾的情报头子，在一次美国援助的军用品被调包案中，指责石静宜涉嫌此案。蒋经国密告蒋老'总统'，声称蒋老'总统'发了怒，为维护所谓'蒋氏门庭的尊严'，蒋经国假传圣旨，'赐死'石静宜"。

"害死说"似有不妥之处。蒋经国接班自抗战胜利后已有苗头，撤台后的五年间又任过省党部主任委员、"总政治部主任"、国民党中央改造委员会委员、"干部训练委员会主任委员"、"国防会议副秘书长"、"总统府资料室主任"、国民党中央常务委员等各类职务，很明显是蒋介石在刻意扶持大儿子，要大儿子熟悉政务，创造接班条件，以待接班日子的到来。再说蒋经国为嫡长子，几千年的中国封建社会已经形成关于嫡长子继承制的一整套法律、心理、等级观念，大逆不道争位者有之，却很难成功，二子相争兄胜弟败为常见之事。这在当时是谁都明白的事实，蒋经国也明白。再看蒋纬国是否有二心？他掌握装甲兵，在岛内确是一支机动性、进攻性极强的作战力量，但不等于军事实力强就一定会发动政变，蒋纬国不会用政变的手段来推翻父亲和兄长的天下。即使发动政变，各部门掌握实权的蒋介石的门生、蒋经国的忠臣能否听从调遣还是个未知数，势力只在装甲兵之内的蒋纬国难道看不到这一基本事实？

可以说蒋纬国是蒋家天下的忠实门将，执掌的装甲兵自始至终是蒋家天下的支柱。如果说他真有谋反之心，蒋介石怎么会让他在四年后又统率装甲兵达六年之久？甚至在1964年初发生"湖口兵变"后，蒋介石、蒋经国也没说是蒋纬国所为，只是说蒋纬国带兵、管教不严。如果蒋纬国真对兄不忠，兄弟俩又怎能以后再合作三十余年？弟弟又怎能在哥哥死后充当监"国"压台的角色？

在没有危及蒋经国根本利益及接班大局的前提下，他为何害死对政治权力斗争无多大作用的弟媳？又何劳他出面请不予控制的医生执行？又何须死在手术台上而非更易掩人耳目的暗杀或车祸？如蒋经国真下毒手，瞒得住民间，又怎能瞒得住蒋纬国和蒋府家人？那么，蒋经国密告宋美龄、石静宜又为何意？意在教训一下不服家规、不太听话的石静宜矣，不过如此而已。如果石静宜会因那笔对台湾当局来说无任何损失的"借款"，被蒋介石"赐死"，被蒋经国"害死"，"二蒋"能如此大义灭亲，秉公执法，那国民党就不会腐败到不可收拾的程度。从整个事件的处理过程看，蒋经国还是有保留的，尽量避免把此事捅向社会。为防止外泄，竟然默认毛人凤的"保密局"把两个无故的知情者处死。不过，也正是枪毙魏文起、包启黄的枪声，又把蒋家内部已处理完多时、当事人之一石静宜也已死去的"宋美龄、石静宜借款案"引了出来。

关于陈亨的说法，应该会有更多的旁证材料出来。陈亨"这件事很长时间都不敢对任何人提起，因为他知道自己牵扯进了错综复杂的'宫廷'争斗"。问题是蒋介石在1975年4月过世、蒋经国在1988年1月过世，"非蒋化"流行，揭蒋家阴暗面的消息很多，闲说戏说"宫廷争斗"更是主要议题，毒死石静宜的消息也出现过很多，陈亨所见早就见怪不怪，为何现在拖这么久？还有四个壮汉强行喂毒？当时控制特工系统、权势冲天的蒋经国，竟然还要用面对面的"人工强行喂毒"的手法杀人，手段、技术是否太过陈旧？医疗事故、车祸、暗中下毒甚至狙击、失踪等，既容易做，涉及面又小便于保密，蒋经国难道不知道？至于十五岁的初中生出入"装甲兵总司令"家，还能看到毒死女主人的内幕，到底是石静宜家太不重视门卫工作，还是害人总指挥蒋经国不重视保密工作？如果属实，当天在场看到那种情况的，不仅是两个中学生，那就等着另外看到的人站出来证明。

三是"自杀说"。石静宜借款巨大，用于走私牟取暴利，一为自己挥霍，因到台湾后供应紧张，物价昂贵，入不敷出，只有靠非法获得来维持日常开支。二为重整娘家产业，因娘家撤台时主要资产均在西安未及带出，带往台湾的仅是设在上海的大秦纺织厂的主要技术、资金、设备实力大减。到台后社会混乱，大秦厂开工不足，资金严重短缺，石静宜则想利用借款做生意的机会，大捞一把，资助、振兴娘家实业。借款被黄镇球、蒋经国揭发后，石静宜自知罪责重大，畏罪自杀。

"自杀说"亦有不妥之处。石静宜是蒋介石的儿媳妇、蒋纬国的夫人，所需一切大部由官方资助。即使她到商界、旅游界、贸易界活动，老板们又怎么会在价格上难为她？怎会到"入不敷出"的程度？再说"装甲兵总司令"蒋纬国真穷到连夫人都养不活的程度，这恐怕是新天方夜谭，无人可信。石静宜如果真为牟取暴利，这种不光彩的事情，只能走暗线，又怎能让宋美龄出面？并借取如此大的款项？至于资助娘家，倒有可能。石老板危机在前，请作为"总统儿媳妇"的女儿帮忙并不为过，可他作为一个实业家难道不知道挪用三百万元军款的分量吗？不知道台湾当局为整顿撤台之初的混乱局面而使用的高压恐怖政策吗？宋美龄又怎会为自己的民间亲家去冒挪用巨额军款的风险？

话又得说回来，当年台湾一年的货币发行量才2亿元台币，可见国民党当局的财力有限，1953年和1954年的军费开支分别仅为8500万美元和5200万美元。而相当于"联勤总部"的军事机构有十数个，"联勤总部"又能得到多少财政拨款？"国防部"及各总部机关、近60万军队和各种陆海空装备，大部处于临战状态下的装备更替及特勤费用开支后，又能否余下按当时官价汇率折合为近30万美元的300万新台币军费？既然有这些不实之处，石静宜又为何会有自杀的念头呢？

四是"难产致死说"。石静宜确实是非正常死亡，确实有人为的原因，不过不是别人所为，而是她自己所为，死于本该可以避免的难产。蒋、石结婚多年，一直没有孩子，正在担心"无后为大"之际，1953年春节前后忽报有喜。经医院检测，预产期约在农历九月中旬，凑巧的是蒋介石的生日也是农历九月十五日午时，石静宜希望孩子能在公公生日之时出生，以便"送上一个最好的生日礼物"。这本是滑稽之事，即使真是同月同日同时出生又有什么意义呢？还能出一个"真龙天子"吗？这也是危险之事，现代医学技术能救人于垂危，却也能置人于死地。石静宜不幸像成为借款案中的宋美龄的牺牲品一样，又成为现代医疗手段的牺牲品，前者仅为名誉损失，后者却送了性命。

石静宜为了让孩子延期降临，任性地要大夫保胎。可到农历九月十四，还没有临产的征兆，任性的她又要大夫采取催生措施，不料身体出现异常反应，紧急送往石静宜家附近、位于广州街的当时台北最好医院之一的中心诊所，抢救无效。蒋经国赶来时，母子两人已去世。严格地说，置母子两人于死地的是尚未正式做母亲的石静宜自己。她自进蒋家门后，过得并不十分舒心，与蒋介石、蒋经国时有龃龉发生，这是事实。可她的死，并不是蒋介石、蒋经国造成，也是事实。

正在美国进修的37岁的蒋纬国，得知爱妻的死讯，肠断魂销，立即飞回台北，满怀悲哀地亲自料理完夫人的丧事。感情丰富、生性活泼的蒋纬国很难从整日不让感情外露的蒋介石、蒋经国那里获得认同和安慰，夫人的离去使他少了一个知音。从美国回台后出任的"国防部侍从高参""第三厅少将副厅长"，纯为虚职闲职，无所用心，政务之余，为寄托对夫人的哀思，他利用自己的地位和影响，创立"静宜小学""静宜女子英专"（后改为"静宜女子文理学院"），作为怀念。并且违反关于军人不能在社会上兼职的规定，兼任两校的董事长竟达二十年之久，可见夫妻感情之深，对旧妻的怀念甚至影响到他后半生的婚姻生活。

个人生活的不幸，并未影响他的官运。很快出任"国防部第五厅厅长"，到1958年又复任"装甲兵总司令"，1961年晋升为"陆军中将"，并在1956年和1960年两次担任军事大演习"分指挥和裁判官"，1963年1月转任"陆军指挥参谋大学校长"，"湖口兵变"后军事指挥权被剥夺，官场好运被中止。

石静宜死后近两年，蒋纬国结识了不满20岁的青年女子邱爱伦。邱小姐的父亲做过"中央信托局储运处副处长"，母亲是德国人，这位中德混血儿兼有东西方之美，其气质、容貌不在石静宜之下。蒋纬国虽然年届四十，可体形、身材并未出现臃肿、肥胖之累，风度不减当年，俩人可以说是一见钟情。订婚后邱小姐去东京学习音乐。1957年2月，蒋、邱两人在旧日好友戴安国的陪同和主持下，在日本举行婚礼。原定在台北举行，只因蒋介石怕影响太大而改地方。

在蒋家，与邱爱伦关系较好的是宋美龄。两人有许多共同的话题。邱爱伦年轻爱打扮，在衣着方面比较新潮。宋美龄喜欢邱爱伦的衣着仪表，常问她首饰哪里买的、头发哪里做的等等。只要邱爱伦身上的服装或装扮她觉得喜欢的，就必然也要照原样打点一套，感受一下时髦的气息。直到宋美龄的晚年，经常陪伴的还有邱爱伦。

1963年，蒋纬国、邱爱伦的独子蒋孝刚出生。中年得子，给蒋纬国及本来和睦的家庭，带来无限欢乐。时年已75岁的蒋介石因为添孙子，也是高兴异常。

就像命中注定的一样，蒋纬国和邱爱伦的爱情也不过维持十年。十年间两人的爱情由热烈、平淡到恶化，处于分居状态。蒋介石去世后，宋美龄于1975年9月赴美居住，邱爱伦则陪同前往，一去不复返，这是蒋纬国留给世人的"婚之谜"。

蒋、邱分而不离，引起世人议论纷纷。俩人闹翻原因何在？有人说蒋纬国长邱爱伦20岁，老夫少妻是婚变的原因所在；有人说邱爱伦个性浪漫，与严谨、刻板的宫廷生活的冲突是夫妻分居的原因所在；有人说邱爱伦的哥哥因一政治事件被"国防部长"蒋经国下属的军法部门判处六年徒刑，蒋纬国说情不力是闹翻的原因所在；有人说蒋纬国与"华视"的一位女明星"过从甚密"是风波的原因所在。

事实上前三种情况都有，"老少配"在后来往往引出感情危机，特别是邱爱伦看不惯蒋纬国对石静宜的怀念。"老夫"蒋纬国也已近五十岁，到了需要老伴照顾的年龄，对前妻的思念有增无减，同邱爱伦的距离逐渐增加；邱爱伦与石静宜有相仿的地方，很难为蒋介石、蒋经国接纳；蒋经国先有利用三百万元借款案教训石静宜，那"邱廷亮案"无非是故技重演，要邱爱伦循规蹈矩也。至于第三者插足，则是发生在邱爱伦到达太平洋彼岸之后，只能算是夫妻关系继续恶化的一个因素，而非夫妻关系恶化的初因。邱廷亮期满获释后，蒋纬国、邱爱伦的关系有所缓和。

值得一提的是蒋纬国的独子蒋孝刚，他跟父母一样，聪明伶俐，爱好广泛。因五岁起父母分居，性格起了变化，内向而不喜言谈，过早成熟，这些局限性并不影响他后来考上美国律师执照。1980年底，孝刚与比他长2岁的侄女（蒋经国的孙女，蒋孝文的女儿）蒋友梅一起，飞英国剑桥大学法律系攻读商事法与国际法。每年寒暑假，与侄女一起飞纽约探望祖母及母亲。而蒋纬国则每年飞伦敦出席"战略协会"年度会议，与儿子会面。

剑桥大学毕业后，蒋孝刚飞往美国，一举考中律师并定居纽约。因此有人说："他是蒋氏家族第三代兄弟中，学历最高的一位，也是唯一不靠出身背景而闯出天地的人。"此话并不全面，他出国留学后，凭勤奋学习，学业有成，拒绝了台湾"外交部"要其担任"外交部次长"的邀请，不愿返台从政，而在美国谋生。可在蒋家第三代中出国深造的，并非蒋孝刚一人，还有堂姐蒋孝章、堂兄蒋孝武，故非"学历最高的一位"。再则对他出境留学当局处处提供方便，在剑桥学习期间，还得到台湾当局"驻英代表"金炎夫妇的精心照顾，虽说是"不靠出身背景"但他能得到不是常人所有的照顾。

蒋纬国中年丧妻，二度婚姻失败，进入老年后夫人、儿子均不在身边，孤独地过着独居的生活，这种不顺不幸，与他的身份和家庭不相称。究其原因，除有蒋纬国自己及石静宜、邱爱伦的原因外，在两度悲剧中都有其兄的阴影在作祟。相反的话，如果蒋经国作为兄长，在"三百万元借款案"和"邱廷亮案"发生时助蒋纬国一把，恐怕蒋纬国的家庭生活要顺利一些。

五、兵变之争

1964年1月21日上午10时左右，台湾"装甲兵副司令"赵志华在湖口基地主持装甲第1师例行的战备检查，上台致辞时突然发表令人意想不到的演说。主要内容是：国际形势不利于台湾当局，世界各国争着讨好大陆，国民党当局的"外交"有陷于孤立的危机，当局官员没有处理"外交"的能力，竟有人提倡"两个中国"的论调。高级军事将领，只顾自己生活享受，不顾部队生活，时任"总统府参军长"的周至柔养的狼狗，每月吃的东西花的钱比一个连伙食费还多。"台湾小姐"选拔，无异鼓动奢靡生活，小姐们本身也沦为高官子弟追逐的对象。装甲部队是"国军精锐"，也曾是戍守台北的"御林军"，理应挺身而出。

"副司令"在台上说得口燥唇干，台下者听得瞠目结舌，叫好者没有不说，连鼓掌者也没有。赵志华见反应冷漠，又高喊"谁敢跟我去？"还是没有回音，又掏出手枪，对空开了两枪，再叫"谁敢跟我去？"台下终于有了反应，阴谋也随之出现。先是一位士官走出队列高喊"副司令说得对，我跟你一起去！"随后少尉张民善也走上讲台，伪善地表示愿意追随"副司令"，以接近赵志华。就在赵志华表扬两人的同时，张民善一边抱住"副司令"，一边高叫"抓起来！抓起来！"经另外一些人的协助，赵志华被制服。在场的官兵在"师长"徐美雄的指挥下，开回各营区。

赵志华被抓时，装甲基地外已经翻天覆地，乱作一团。就在赵的一个多小时的演说之初，基地执勤人员闻声不对劲，就已逐级上报。当"装甲兵谋反"的消息传到"参谋总部"时，"总参谋长"彭孟缉、"陆军总司令"刘安琪不在台北，事实上已经接替梁序昭为"国防部副部长"的蒋经国接到报告后，立即下令湖口以北的陆军及装甲兵进入各临时阵地，随时准备阻击任何北上的坦克或装甲车，如阻击不成，即炸毁进入台北市的中兴、中正、台北三座大桥；命令桃园、台中的空军机群进入战备状态，随时准备配合陆军阻击叛军，设在台中清泉岗的"装甲兵总部"因"总司令"郭东旸不在职，由"参谋长"金仲原和"政战部主任"武宦宏坐镇，并委任前"总司令"蒋纬国负责联系。在事变应急过程中，蒋经国的军事指挥才智得到了唯一的一次发挥，可谓是头头是道，正确及时。无奈是一小时过后，已经得到仅是赵志华一人"口头政变"，而非装甲兵谋叛的消息，这就失去了证明蒋经国军事才华是高是低、军事决策是对是错的实战机会。以上就是史书所称"湖口兵变"的全过程，也是蒋纬国留给世人的第四个谜"兵变之谜"。谜底有二，一是赵志华事件是否算"兵变"，二是事件后蒋纬国的遭遇。

赵氏演说，算不算兵变？赵志华被捕，并未依陆海空军刑法中规定的"叛乱罪"起诉，而是以违反军纪案处理。赵志华如果真是要率领装甲兵叛乱，必死无疑，绝不会仅被判为无期徒刑，十四年后又"保外就医"，1982年病故，其妻室子女早已获准移居美国，以上处理结果说明不是"兵变"。

1988年3月间，蒋纬国在其兄经国死后仅两个月，就在台湾大学举行的国际学术会议上称：湖口兵变，绝非事实，全是外界讹传，不足采信。非"兵变"，那是什么呢？据当时在场的一位将军说："所谓'湖口兵变'，根本谈不上是有计划，有预谋的'兵变'，仅是赵志华将军的个人事件。"

赵志华为中央陆军军官学校10期生，后到美国西点军校专攻装甲作战，抗战时参加远征军，编入新1军装甲团，抗战胜利后被收编到装甲兵部，成为蒋纬国的部下。淮海战役时已官至上校，作战中被解放军俘虏，1949年4月间来到台湾，找到老长官蒋纬国后，又官复原职，出任"装甲旅上校旅长"。在台湾军队整编中，装甲兵编为两师四旅，经蒋纬国向蒋介石保荐，赵升任"装甲1师师长"，兵变前已经升至"少将副司令"。

此人与解放军作战只能当俘虏，可在平时还真有"才气"。当"第1师师长"时，治军严格，管理有条，多次受到台湾军事当局的嘉奖，前任"司令"胡忻曾夸奖他是"深得蒋纬国将军的真传"。赵某为东北人，为人耿直，说话坦率，对国民党内尤其是上层的堕落，对社会上尤其是官场的腐败，深有感受。平时积怨甚多，终于导致发表批评时政、呼吁装甲兵责无旁贷地起来"清君侧、肃腐败"的"1·21讲话"。在狱中，他又给蒋纬国写了"万言书"，列举了选拔"台湾小姐"、部队伙食差、高级将官生活奢靡、人事升迁浮滥等时弊，把"1·21讲话"系统化，文中申诉情绪激昂，用词尖刻。要说是煽动造反、预谋叛乱，真是冤枉了他。赵志华完全是出于对"蒋家王朝"的忠诚，是为了国民党能够减少恶习，对这种敢于直言之士，理应受到重赏，可虚假的环境、虚伪的官场，不会容纳说实话的人。

赵志华的演说和"万言书",对上层人物构成巨大威胁,周至柔等人不遗余力地置赵于死地。蒋介石看到"万言书"后,认为赵只是基于一时之激愤,并无明显的叛乱意图,所言又充满效忠之情,乃从枪口下救下赵志华一命。但没有容忍赵志华的鲁莽行为,不能不考虑到万一装甲1师的坦克、装甲车开到"总统府"前,则后果非赵志华能控制,也非自己这位"总统"所能控制,造成的后果将不堪设想。也为了堵截类似的事件发生,类似的人物出现,故把赵志华还是交给军法部门审判。所以蒋纬国在后来评价此事时说赵是"动机单纯,方法错误",此话倒也不失客观持平之论。

关于赵志华留下的疑问是:他身居高位,官阶超群,手握重兵,为何干这类既无成功把握又有杀头之险的政治交易呢?综合起来,原因不外乎有:一是升迁不成,他对昔日的下属郭东旸在蒋纬国离职时升为"总司令",难以服气;二是买房子向官方借钱未准,心有怨气;三是郭东旸不把这个老"副司令"放在眼里,受尽欺负;四是对上层腐败看法甚多,不吐不快;五是过高地估计了自己在旧部装1师中的影响,过高地估计了装1师官兵对他的盲从程度,以为只要振臂一呼,就会追随成群,坦克就会隆隆开往台北,揪出贪官污吏。所以在毫无组织准备、没有联系一兵一卒,也没有调查摸底的情况下,临时突然发表演讲,进行鼓动。可讲演刚完,自己也成了阶下囚。对以上一切,赵志华曾在狱中所写的"湖口兵变真相"手稿中加以详细描述,可惜的是随着他的死去,手稿也失踪。

谜底之二是蒋纬国的遭遇。其遭遇如何,又取决于与"湖口事件"的关联程度。

一是蒋纬国把装甲兵当成"第二生命"。他为装甲兵花过不少心血,主持完成了装甲部队撤台后的恢复、整编事务。在国民党当局撤台后的十五年间,当了十年的"总司令",按照台湾军界关于军队主官任期为两年的规定,这是例外。

对于装甲兵,蒋介石一直很矛盾,难以放下心来。从固守台湾的角度讲,坦克、装甲车无疑是一支反登陆、冲击滩头阵地的理想武器。在其他军兵种或陆军步兵部队出现叛变时,装甲兵更是一支最好最快的镇压力量,所以装甲部队曾被社会上称为"御林军""典卫兵"。可从内部哗变来讲,装甲兵又是一支最危险的力量,它不像空军、海军那样需要大量的后勤支援、复杂的技术要求、精密的通信设备,不受气候地形的限制,行进速度快疾,因此它的机动性极强。它火力集中,杀伤力大，再加机动性极强，所以它的进攻性极强。它自身具有相当的防卫能力，再加上机动性、进攻性极强，所以不像其他军兵种那样容易拦击和互相制约。尤其是在台湾岛，南北长不过800里，东西宽不足300里，坦克，装甲车能在昼夜间横扫来回。对这支力量，蒋介石无法放心，故让小儿子出任"装甲兵司令"，以保装甲兵不出差错。

尽管装甲兵归蒋家人管，由于当时总部在台北，"总部"院内的坦克和装甲车总是虎视眈眈地对着台北市的各"中央机构"，社会上关于"装甲兵造反"的传闻一直不断。在蒋纬国第一次调离装甲兵后，"总部"就由台北迁往台中，这样无非是在装甲兵出现异动时，台北方面能够为研究对策，实施应变措施、调兵遣将争取时间。"湖口事件"时，则可看出蒋介石把装甲兵调出台北的高明之处，赵志华还在鼓动演说之初，湖口通往100里开外的台北间的所有路口、要地、桥梁都已被忠于蒋经国的部队所占领。即使赵志华鼓动成功，即使坦克能打到台北，那也是损失巨大，伤痕累累，为强弩之末，难以再战了。

蒋纬国以"总统"、总裁儿子的身份，长期经营装甲兵，装甲兵成了他一人独霸的势力范围，他人无法染指，连无处不到的蒋经国也从未到过装甲兵营区一步。在装甲兵内部，人事关系，军官晋升和调整，都是以"蒋司令"为中心，唯其意志行事。鉴于这种现实，"湖口事件"以后，蒋经国直接指导装甲兵的清理、整顿工作，名为清除赵志华的影响和势力，实为是趁机围剿蒋纬国的势力，装甲兵从此到了蒋经国的门下，蒋纬国和装甲车的紧密联系就此结束。

二是蒋纬国和赵志华有着不一般的关系，两人合作达二十年之久，蒋对这位美国西点军校的毕业生很有好感。赵在"总司令"的栽培下稳步上升，特别是在撤台之初，作为解放军的俘虏，能够官复"装甲旅上校旅长"，则完全是靠蒋纬国的提拔。两人间的唯一遗憾是赵志华有过"被俘史"，在蒋纬国离开装甲兵去"陆指参大学"时没有当成"装甲兵总司令"，而让郭东旸领先。案发之后，蒋纬国不顾自己的困境，尽可能地为赵辩护，说赵志华的行动属于莫名其妙的精神不正常所为，不必送军事法庭，关进精神病院即可。甚至还说动了"陆军总司令"刘安琪，一起去说情。赵志华入狱后，蒋纬国经常去看望，亲自安排赵的妻室子女去美国定居，安排赵本人的因病保释，赵死后又出面料理丧事，自始至终是个有情有义的朋友。

由于与装甲兵和赵志华的关系均过分亲密，尽管蒋纬国离开装甲兵已经近一年，但"子弟兵"闹事、"第二生命"梗阻，他也难辞其咎。"湖口事件"发生，蒋纬国立即向"国防部长"俞大维"自请处分"，俞大维虽是蒋介石的忠臣、连任十年的"国防部长"、蒋经国的儿女亲家，却也不敢处分蒋纬国，只是报蒋介石裁决。

蒋介石并没有公开处分蒋纬国，可也没有轻饶小儿子。老子不满儿子的原因是儿子辜负了老子的期望，没有把装甲兵带好。他日夜担心的"装甲兵要造反"一事，终于发生，差点酿成大乱，而大乱的根源则是蒋纬国长期信任的、解放军方面的俘虏赵志华，而装甲兵不稳，又是蒋纬国长期放松管理的结果。这同蒋经国在接班路上不出差错、稳扎稳打的前进，大相径庭。

在老子的眼里，蒋纬国已经不具备带兵的条件。从此时起，蒋纬国就停止了晋升，开始放下手枪，拿起笔杆，致力于军事教育。说他自愿，可却是蒋介石的安排；说他不自愿，可"理论研究"的成果一大堆。有人说蒋纬国从此被蒋介石冷冻起来，可他离开装甲兵后在政界军界学术界的活动大为增加；有人说蒋纬国从此不再理睬蒋介石，可他写过不少为父、兄捧场的文章；有人说他从此"消极怠工"，可他情绪一直很高，很快成为台湾军界的军事理论家、教育家。这就是他留给世人的又一个谜"冷落之谜"。

六、冷落之后

先为"总统之子"，后为"总统之弟"的家庭现象，在如今社会已不常见。在封建时代却屡见不鲜，蒋纬国有幸在中国最后一个统治王朝——"蒋家王朝"获取"总统之子""总统之弟"双重身份。人们在谈到蒋家的"总统"、继任"总统"和"总统之子之弟"的关系时，总是把兄弟争夺"父亲王位"作为主线，事实上难免有牵强附会之处。

蒋纬国如要争位，正常途径则不可能，而使用非正常手段，则需要实力。从台湾的现状看，装甲兵是发动政变的最佳力量，世界上也不乏把坦克开上街头、控制"总统府"后政变即告成功的先例。从政变的最佳时机看，应是在20世纪50年代初和60年代初。因为50年代初期，国民党当局刚到台湾，缺吃缺穿缺装备，社会一片混乱，军队编制不全，大失败的气氛笼罩着全岛，统治秩序还未建立起来，政变者可以乱中夺权。再说美国大老板也有在"台湾"扶植新兴政治势力、抛弃"蒋家王朝"的计划，政变者可以得到美国的呼应。

60年代初也是政变的最佳时机，因为自1958年8月起金门炮战开始，对台湾当局形成巨大的政治压力。次年秋台岛遭受特大水灾，主要产粮区基本被淹，水灾损失惨重，对当局形成巨大的经济压力。1960年9月发生"《自由中国》事件"，上层意见不一，社会上议论纷纷，海外对国民党当局掀起一波波批判声浪。在这些压力之下，人心不稳，社会动荡，政变者如选在此刻动手，将会大大增加成功的系数。作为20世纪50年代初期和60年代初的"装甲兵总司令"蒋纬国，控制着"发动政变的最佳力量"，有过两次"发动政变的最佳时机"，还是蒋介石的小儿子，有一定的正统性，但几十年已经过去，他没有动手，也没有政变篡位计划，或者说没有谈起过此事此案。从蒋纬国的后半生看，正是因为他作为"总统"次子，没有继承权，故在对待自己的政治前途，在谈及兄弟关系和父子关系时，瓜田李下，非常谨慎，以避嫌疑。此种心情是可以理解的，他从"蒋家王朝"的大局着眼，为维持台湾政局的稳定，根据蒋介石的安排，对兄作出让步，保证蒋经国上台。

蒋介石的早期计划是大儿子接班、小儿子掌握军队撑腰，一文一武，武为文用，可他为何改变计划、放弃了让蒋纬国执掌军权的打算呢？

一是从到台湾后的经历看，特别是"三百万元借款事件"及"赵志华事件"后，蒋介石觉得小儿子思想活跃，情绪奔放，稳重不足，轻浮有余，虽说不至于背叛蒋家，但也没有像蒋经国那样做一样成一样，而是成事之才逊于败事之能，不堪重任，放在一线位置容易出乱子，还不如早作安排。

二是从历史经验看，在旧中国的政治舞台，向来是枪杆子说话最响，历史上发生过多少次依靠实力政变上台的案例，蒋介石自己就是靠枪杆子政变上台。蒋纬国如果独掌军权，形成尾大不掉之势，是否会在国民党上层成为"蒋介石第二"，打乱大儿子蒋经国的接班步骤？还不如早作防范。

三是蒋经国的接班意图明显后，父传子，家天下，令天下耻笑。蒋介石为减少人们的议论，故意让蒋纬国放弃一些权力，不再担任作战部队主官，自己来美化自己的形象，淡化"蒋记色彩"，以蒋纬国的损失来换取"父传子"的实现。蒋介石所为，岂能骗过世人？"蒋家王朝"只能成为反面教材。

四是蒋介石所看到的不可否认的现实是：家人儿子有限，可奴才不少，蒋家人放弃的职位，可以用听话的下属来代替，况且下属比儿子便于管理，更能理解和执行蒋介石、蒋经国的旨意，对蒋家有益无害，特别是不易造成军权落入一人之手的被动局面。当然为防止军事主官拥兵自重，杜绝赵志华式的人物出现，蒋家父子则采取了加强"政战系统"的监督、军事各主官实现任期制等防备措施。

五是对蒋纬国的自我发展，蒋介石则根据自己办黄埔军校和蒋经国出任各类职务的经验，希望蒋纬国自己寻找机会去表现、提高自己。最好的办法无疑是办教育，通过执教办校，以扩大自己的影响，这种威望来得容易，来得迅速。再说蒋纬国具备到军校任教的条件，他口才上乘，风度不俗，看过不少书，大学毕业后又三度出洋专攻军事，见多识广，文的武的洋的土的齐全。

自觉也好，不自觉也好，蒋纬国接受了父亲和兄长的安排，从军事指挥系统转到军事教育、研究系统，出任"陆军指挥参谋大学校长"，在"赵志华事件"后则干脆放弃了军事指挥权。国民党军界类似"陆指参大学"的学校有三所，分别设在"陆、海、空三军"，负责培训指挥参谋人员，与"陆、海、空三军军官学校"相配套。"陆指参大学"规模不大，蒋纬国却干得有声有色。这与他受过完整的本科教育和三度出国留学、进修有关，对教育有一种本能的好感，也颇为内行。

说他对军事教育有好感，是指相当重视教育。蒋纬国说："学校教育和部队训练，或学理教育与技术训练，或精神教育与操作训练，或生活教育与体魄训练之统称为教练力，教练力是产生并促成有形或无形战力之媒介或动力。"所以他利用自己的特殊身份，为完善"陆指参"教学体系和创造办学条件，起到了别人无法起到的作用。在教学中，他亲自制定教案，编写讲义，上台授课，指导实习。说他内行，是说他在学校管理上很有新意，学校的师生并不认为校长是外行。在教学上，蒋纬国讲课时极富吸引力。他滔滔不绝的口才把枯燥的军事理论和乏味的反共教育，侃得神乎其神、头头是道，至于有多大的教学效果，则无人也无法统计了。不过，师生对这位校长坚持森严的等级制度，除感到不习惯外，还有抵触情绪。

不管怎样，蒋纬国带兵，蒋介石不放心；蒋纬国执教，蒋介石真放心。蒋纬国在短短的几年间，就在军事教育界确立了有利于自己的位置，在"陆指参大学"

毕业的学生中，就像当年蒋介石在黄埔学生中一样，"蒋校长"名声鹊起。1969年11月，"陆海空三军指参大学"合并为"三军大学"，并增设了由蒋纬国一手筹办的"战争学院"。"战争学院"主要培训中高级军事将领，并负责进行国民党的军事理论和战略战术理论研究工作。蒋纬国调任"三军大学副校长兼战争学院院长"，这样就在蒋经国于1972年出掌"行政院"被称为"蒋院长"的前三年，蒋纬国也被他的学生和舆论界尊称为"蒋院长"，从而使得对蒋家向来关心的台湾舆论界出现"弟兄蒋院长"之说。

1980年5月，时任"三军大学校长"的蒋纬国改任"参谋总部联合勤务总司令部总司令"，结束了为时十八年的军事教育生涯。十八年来，成为蒋纬国学生的不下数千人，他们遍布各级指挥机关和各军兵种各部队，一些人已经成为军中重臣，个别少数人已经成为"二级上将"，最突出的陈燊龄已超越众同学成为"空军上将司令"。此外更有不少人正朝着军界的主要领导圈一步一步地迈进，就像当年蒋介石建立起以黄埔子弟为核心的个人势力一样，蒋纬国通过担负军事教育转化而来的日益扩大的个人影响也不可忽视。所以台湾、香港的评论界人士把蒋纬国个人影响所及的势力范围称为"军学系"，并非虚构和夸张。他虽然离开了军事一线位置，可在军事教育中达到了"曲线治军"的目的，取得的效果不亚于主持一个军种或兵种。至于台港评论界人士所说蒋介石的黄埔系、蒋经国的"凤山系"统治军队的局面即将结束，蒋纬国的"军学系"将取而代之，恐怕有言过其实之处。不过蒋经国在病死前把弟弟提升为"国家安全会议秘书长"，确实有借助蒋纬国在军界的影响，以起到稳住台湾政局和军心的作用。

十八年间，蒋纬国对"蒋家王朝"的另一贡献，就是从事反共、蒋介石的指挥、国民党的军事作战、建立台湾反共基地的"四则运算"，加以拼凑，填补了国民党的军事理论和实践结合研究方面的空白。并在"研究"的过程中，成为蒋介石军事理论的合适的解释者、虔诚的崇拜者，还是出类拔萃的宣传者。蒋纬国说："父母生我身，师长启我蒙，统帅育我志，大恩大德天高地厚，先君者吾父吾师吾帅也，吾身吾智与吾志之所出也。"话说得跟真的一样，似乎他们之间什么不愉快的事情也没有发生过。他还说：蒋介石"直到他的心脏突然衰落，举世长逝，始终是积极、乐观，坚持必胜必成的信心。他从未进入老年，他实在是典型的壮年"。今天看来，此话恐怕只能留给世人一段闲话而已。

国民党军事理论研究的最大难点，就在于军事理论与军事实践无法对号、无法结合。如果说国民党的军事理论中不乏符合东西方军事原则的地方，可国民党在大陆期间，特别是在最后四年年间的军队建设、作战战绩方面则一塌糊涂，以败为主，以逃为辅，实在没有值得夸耀的地方。蒋纬国的"成就"就在于能用蒋介石的理论来指导总结军事实践，完全符合蒋介石的要求，能够起到美化南京政府历史形象的作用。蒋介石有不少文胆、笔杆子、御用文人，可能办好这件事的人还真不多，蒋纬国帮了大忙，立了"大功"。

他的论著和文章主要集中在论述国民党的军事理论和蒋介石的军事思想方面。关于军政战略，他认为"国防就是战争。国防研究，亦即是研究战争和准备战争。但这里所指的战争，是指涵有政治的、经济的、心理的，诸种联合作战的战争"。"反共复国战争是三分军事，七分政治，以武力为中心的思想总体战"。"经济力可以有助于军事力，但经济建设并不立即就等于国防建设，经济力显然可以影响或稳定心理力。经济之兴衰，可使人心起落；而人心之起落，又复可使政治上下。而军事之成败尤易影响政经心三者"。"我们建设台湾，是要以台湾作为一个反共复国的基地来建设，作为一个远东反共中心堡垒来建设。建设台湾的目的，乃在于全国，在于亚洲，在于全世界的人类。其空间的范围，固然不限于台湾；时间、范围，也不限于目前"。从中可以看出，国民党当局在台湾的存在，是有其明确的政治目的。他们没有忘了失败，他们还想卷土重来，他们除了"武"的一手外，还有各种各样的对抗大陆的手段，显然这些与祖国统一的协奏进行曲是不相协调的。

关于军事战略，他把军事力量分为有形战力和无形战力，以及对这两种战力都有用处的教练力。其中有形战力分为侦搜力、打击力、机动力、补充力、指通力；无形战力分为学术知识、意志、纪律。对于有形战力和无形战力的关系，他认为有了无形战力才会产生有形战力，才知道产生何种有形战力，才能够维持有形战力，才可以运用有形战力。尽管他并不知道或者说国民党并没有也不可能有必要的"无形战力"，可还是强调了人的能动性。但换了一个题目，他就借其父亲的话说："战争之目的，在求最后决战的胜利，而最后决战的胜负，仍视武力之优劣为依据。故武力战的胜利，为战争的中心问题。"最后还是走进唯武器论的死胡同。

关于军事战术，他认为蒋介石的作战原则是"以中国的孙子、胡林翼，迦太基的汉尼拔，德国的毛奇、史利芬和法国的福熙诸人的名言和事迹以及针对往昔作战的经验为基础的"。为此分析说：毛奇的会战战略是分进合击，使兵力从各个不同的方向上，达到正面和进入敌军的侧背，伟大的结果就会随之而来；史利芬是主张侧背迂回打击见称的，主张正面上使用少数兵力拘束敌军，而集中兵力，求敌暴露脆弱之一翼深入迂回；孙子也认为以迂为直，以患为利，后人发，先人至；胡林翼也持相同的观点，认为兵事之妙，莫妙于拊其背，冲其腰，抄其尾；福熙是"猛攻主义"的化身，主张在任何情况下，均须努力企划唯一的攻势行动，第一为准备行动，第二为决胜之攻击，第三为追击；约米尼的观点则为战略就是一种如何能够把全军的最大部分兵力，集中在作战地区决定点上的艺术，战术就是在决定点使用兵力的艺术，其目的就是要在决定的时机、决定的地点上，发生决定性的作用。

蒋纬国总结说蒋介石"于研述了上述诸人的名言之后，又从汉尼拔、腓特烈、拿破仑、兴登堡及第二次世界大战德苏战争著名战史中，强调'机动、攻势、迂回、包围、歼灭'的战法之重要"。对此，蒋纬国引经据典、广征博引，说得有条有理、有板有眼，遗憾的是举不出一个蒋介石指挥的、国民党军队主战的实战例子。不是蒋纬国无能，也不是蒋纬国疏漏，而是在蒋介石的军事生活中确实拿不出一个能与"蒋氏十字军事原则"对上号的实战例子，因为蒋介石是个败军之帅，无值得炫耀之处。

蒋纬国曾特意列举了关于装甲兵的例子，说蒋介石"引用物理学中'击撞力为质量乘速率平方'的定律来说明机动力的重要，他将部队的打击力比作击撞力，将部队的火力比作质量，机动速度比作物质运动的速率"。所以他平时相当看重装甲兵，准备编练十个快速纵队，用于对"共军"的作战。蒋纬国也只能承认，蒋介石的设想并未取得应有的效果。不过，他认为失败的原因是蒋介石的指示被下面所违背，装甲兵之所以不获战果，是因为装甲兵"除了战车与步炮兵外，缺乏侦搜、工通，以及补保能力，使用时又分割至连，还当保卫用的要塞炮。'领袖'之机动与打击之思想，尽被摧毁无疑，战事安不逆转"。在蒋纬国看来，蒋介石永远是英明的，错误总是奴才们造成的。

类似上面的吹捧蒋介石、为蒋介石开脱的事例，在蒋纬国的文章里有不少。例如在说到抗战前蒋介石对日妥协退让时，作者辩护道："'领袖'深知中国的力量还不能与日本抗衡，不应该不顾国家的安危，贸然付之一战，而陷国家民族于万劫不复之地！认定必须在军事战略上，缓和敌人的进攻，获得建设时间，用来充实国力，然后才可以言战。同时必须在政治战略上，先行除去内忧，然后才能抗御外患。因此宁愿忍受一些不识大体的人的无情的诽谤，宁可承担蛮横的日本军阀无理的要求，先后签订《淞沪停战协定》《塘沽协定》《何梅协定》以及《秦土协定》，一共换来九年的备战时间。"蒋纬国的评价，改变不了当年蒋介石和南京政府对日妥协的历史事实。

不管怎样，蒋纬国治学虽然不够严谨，可还真下功夫；虽然观点不能服人，可也自圆其说；虽然搞的是蒋家崇拜，可也著述不少。已经出版过《国防体制概论》《战争概论》《大战略概论》《军事基本原理》《蒋委员长如何战胜日本》等十数本论著和一些文章，在著书立说方面远远超过兄长，并成为台湾地区的首席军事战略专家。韩国的庆熙大学和"台湾"的中华文化大学还出来捧场，分别授予名誉法学博士和名誉哲学博士等学位，并受聘为中华学术院学士，他本人还时常代表台湾当局出席一些国际战略年会。

十八年间蒋纬国对"蒋家王朝"的第三个贡献，是作为台湾战略学会副理事长，负责主编"国民革命军战史"和"中国历代战争史"。通过编史，他把自己的观点完整地搬进国民党的军史之中。"两史"篇幅不小，资料丰富，因受政治的影响，夸大了蒋介石在军事史上的作用，过多地指责、攻击中共，避而不谈国民党的败绩，更没有找出南京政府为何失败的原因。只因"两史"不符历史史实，所以大大降低了两书的价值。

从蒋纬国从事国民党的军事教育、理论研究、编写国民党军史三方面看，虽遭冷落、剥夺兵权、赶出被誉为"第二生命"的装甲兵部，可他的特殊身份没有变，更是凭着新的头衔和工作之便，同社会学术界、知识界、科学界及军界各头目来往更多，联系更广，名声更大，可以说他被蒋介石有意无意贬职后的主要"成果"，就是在台湾军界形成了新的"军学系"，这可能也是蒋介石所希望见到的。

蒋纬国对自己被踢出军事一线位置是不满的，公开对抗没有，牢骚时常有之，数年前在台湾流传着关于他的几个幽默小品，说的就是蒋纬国心中的怨言和苦闷。一个小品说的是蒋纬国一次对父亲讲："在'中华民国'的军事将领中，有两位是一直没有升迁的。其一是你（蒋介石是'五星特级上将'为台湾军界最高军衔），其二是我（蒋纬国自1961年当上'中将'后一直没动）。"以此表达自己对应该晋升而未晋升的不满。

第二个小品说的是在一次社交场面，一位属龙的年青女歌星在唱完一曲《龙的传人》后，端起酒杯向同为属龙的蒋纬国祝寿，祝词是"龙的传人向龙的传人敬酒"。蒋"幽默而感伤"地回答说："龙的传人算什么，这年头龙是连猪狗都不如了。"（蒋介石属猪，蒋经国属狗）以此发泄对自己不受重用的愤懑。

第三个小品说的是蒋纬国在演说时，常用的开场白是"我的国语（普通话）虽然讲得不标准，却是我们蒋家成员中讲得最标准的一个。"此话虽然说的是口音读音问题，可音外有音，话中有话，让蒋介石、蒋经国、宋美龄、蒋方良听了肯定不舒服。蒋纬国是以"话"喻"才"，隐喻自己"才"过父兄，可只能充当蒋府"二等公民"矣。

第四个小品说的是1975年8月，蒋介石的丧事基本结束，宋美龄准备去美国居住一段时间。在家庭送行宴会上，蒋纬国一改过去穿便服出席家宴的习惯，军容整齐，将官服、勋章、勋标齐全。宋美龄感到奇怪，问小儿子何因。小儿子立正敬礼后答："今年已到了我中将限龄退役的期限，已报请退役了，妈回来时，我退了役自然不能穿军装让妈看了。所以，今天给妈送行，特别让妈看看我穿军装的样子，以留下深刻的印象。"以此向一旁在座的蒋经国要官、要"上将衔"。

以上政治笑话不足为信，但有一点却是事实，那就是蒋纬国深懂太极、中庸、柔性攻势，并出过专著。更精通阴阳五行说，相信阴抱阳，阳抱阴；阴逐阳，阳逐阴；相互取与，而互依生存，合成了永生的一体——旋转不息。当然也就不会公开跳出来计较位置高低，利益大小。再说他进入著书立说和上台执教的境界后，在公开场合言必称"军事战略"，对不顺心的事谈得也少，只是经常借机申述自己的主张和见解，向父兄发动迂回进攻。

他柔性攻势的主要方式是打狗压主人。例如在一次高级将领会议上，时任"总政战主任"的王升上台致辞时一再以"蒋公"（蒋介石）唬人，称自己所说的内容来自"蒋公遗训"，要在座的务必遵行不误。话音刚落，蒋纬国立即站出来驳斥道：王将军是曲解"领袖"原意，只不过要拿蒋介石的话作为他自己理论的合理化依据。王升作为蒋介石的信徒、蒋经国的红人，所说之言在台湾军界没有错，蒋纬国"挑刺"批王升无非是做给蒋经国看的。

例如在蒋纬国由"联勤总司令"职调任"联训部主任"时，离职仪式应在"参谋总长"郝柏村的监视下，把"联勤总司令"的印信交给接任者温哈熊。仪式进行时，蒋纬国减去了要把印信先送郝柏村再由郝交温的内容，也没有向郝敬礼，自己把印信送给温。蒋纬国的这种"政治动作"意义双关，既是瞧不起这位"总长"大人，又是对蒋经国的任命不满。总的来讲，蒋纬国的柔性攻势，对蒋介石来说不起什么作用，对蒋经国来说则起到了时刻提醒"总统哥哥"别忘了小兄弟的作用。

七、"总统"之弟

1975年4月5日，蒋介石病故，蒋经国出掌"二代蒋家王朝"。随着蒋纬国与蒋介石的矛盾自然消失，蒋纬国的矛盾对立面变成了蒋经国。弟兄二人中，哥哥以后当上了国民党主席，1978年3月又当上"总统"，可在小时候哥哥远不如弟弟出名。如在1922年6月16日，广东军阀陈炯明炮击大总统府，孙中山为应付事变，特电请远在浙江的蒋介石迅速前来永丰舰。为保密起见，收报人姓名改用代号，蒋介石的代号竟然是只有六岁的小儿子的名字，而非大七岁的大儿子之名。甚至在1928年以前，有关国家收集关于蒋介石的资料时，都不把蒋经国列进去，有的则把经国当成蒋介石的小儿子。广州革命政府和后来南京政府的不少人也以为蒋介石只有独子蒋纬国。

造成这种状况的原因有二：一是蒋纬国幼时常被蒋介石带在身边，蒋经国则在奉化农村，几乎没与父亲共同生活过，所以人们只知道蒋介石有个活泼可爱的儿子蒋纬国。二是蒋经国自1925年留苏，十二年后归国，国内在这期间几乎没有关于他的消息，人们也就很少提到他。

弟兄两人幼时共同生活的时间不长，只有两次，第一次在溪口，第二次在上海。对民间来说，弟兄二人见面之少，简直是一种悲剧；对蒋家二子来说，时间虽短却充满欢乐和宝贵的回忆。1925年10月19日，蒋经国登上留学苏联旅途，两人一别，再见时已是1937年春节，蒋纬国得知兄长归来的消息，非常高兴，在父亲侍从室的安排下，特意从苏州赶到香港，迎接从海路南下的哥嫂全家。当年分手时，兄为十五岁，弟为九岁，两人还是孩子，如今面目全非，兄是携妻带子，弟已大学毕业，兄弟见面，相对言多，更有感慨。

半年不到，弟兄又分手，蒋纬国留学德国，1939年9月，弟兄俩相聚重庆。不出数月，弟弟再飞美国进修装甲技术。从美返国后，弟兄两人除短期分开外，长期相处四十多年，在近半个世纪的相处中，俩人的关系是两头偏好，中间欠佳。

蒋家兄弟关系的好坏，取决于蒋经国的接班是否顺利。前十年间，蒋介石健康状况良好，当了委员长，又当国府主席，再当总统，接班问题无从谈起，蒋经国则处于从政见习时期，在中央系统内还未有像样的职务，而蒋纬国仅是一个初、中级军官，弟兄两人是友好相处，如在1942年间，兄长担任西北宣传慰问团团员到达西安，时任副营长的弟弟用数月时间陪同哥哥在大西北视察，看到弟兄两人同来同往的亲热样，容易使人想起他们孩提时在奉化溪口老家一同玩耍、在上海相依为命时的情景。

到台后的前十六年间，为弟兄之间时有风波的时代。到台湾后，蒋介石历经毁灭性的打击，开始部署接班人问题，蒋经国开始"接班实习时期"，接替父职势在必行。可兄弟俩在撤台初期，两人起步差不多，蒋经国官职高一点，权大一点，可蒋纬国统率装甲兵，权势方面与兄长不相上下。以后在1957年5月，蒋经国出任"退除役官兵就业辅导委员会主任委员"，1969年7月晋升为"陆军二级上将"，1963年12月出任"国防部副部长"，直到1965年1月升任"国防部长"之前，蒋经国"接班"一直没有明朗化。在这种"妾"身未明的情况下，蒋经国不无顾虑，担心唯一的弟弟会因在装甲兵和军界的地位被父亲选中。这不是杞人忧天，蒋介石就是靠枪杆子上台，现台湾内部时有暗潮，天灾人祸不断，国际形势对国民党当局又很不利，出现一个新的军事强人掌权不是不可能。这个"军事强人"极为可能是蒋纬国。蒋经国基于以上顾虑，时刻注意抑制蒋纬国，给同父异母的弟弟出点难题，防止弟弟超越自己和出现越轨之举，这就是弟兄俩相处中"中间欠佳"的根源所在。

到蒋经国出任"国防部长"，"接班"大局已定，蒋纬国也已离开装甲兵整二年，哥哥的担心、顾虑全消，为减少自己接班的阻力和获取支持，又与弟弟亲密如故，进入"两头偏好"的"后头好时期"。

蒋府两公子的性格迥然不同，经国像其父的中、老年时期：内向，持重，城府很深；纬国则像其父的早年时期：风流、潇洒、一表人才，与父亲的森严、长兄的深沉无相同之处。总的来说，蒋纬国平时风流倜傥，颇有名士遗风，比其父、兄要容易接近。但是他有一个怪癖，就是在军营内特别讲究军阶等级。国民党的军官大都盛气凌人，官高一级压死人，蒋纬国与人不同的是多了三点。

一是规定部下拿起电话先得通报姓名、军衔、职务，不得按习惯呼"喂"。为测验部属执行的情况，在一天晚上拿起电话拨通"装甲兵总部"上校值班员处，对方果然只是答了一声"喂"，蒋纬国见对方违反自己的规定，马上责道："记过一次"。上校不知是没听懂，还是以为有谁在闹恶作剧，连续"喂"了六次，等上校得知不妙时，已经"记过六次"。

二是规定下属在接受上司的命令时，必须当着长官的面"复述一遍"。可当他一次对一士兵下达完命令时，士兵精神过度紧张，仅答了一声"是"就转身撒腿跑开。蒋纬国认为这是自己管教不力所致，在第二天举行的"升旗礼"上，就此事说："这是蒋纬国领导无方，所以现在我下命令，先把蒋纬国禁闭一天。"说完，要过禁闭室钥匙，去禁闭室待了二十四小时。

三是规定下级必须向上级敬礼。一次他上楼时，一位中年上校从楼上飞奔而下，没有向他敬礼致意，蒋纬国大喝一声，把上校叫住，送到上校所属部门去处理。蒋纬国的怪癖只是针对下属和士兵的，他见到自己不感兴趣的上司时，长揖不拜，从不敬礼致意不说，有时还当面嘲弄一番，他的怪癖限制不了他自己，可把下属治苦了。

同蒋介石那令人昏昏欲睡、大话套话不断的讲话比起来，蒋纬国的讲演是幽默风趣、妙语连珠，正如有人称之为"好像歌星兰毓莉一曲走天下"。此人喜好作报告，每请必到。讲得多，也特别受欢迎，每次都相当卖座。蒋纬国的口才有时能化解难题。一次他作为"国家安全会议秘书长"接受"立法院"的质询。民进党"立法委员"以"国安会"不合"宪法"为由提出质询。蒋纬国则抓住"立法院"四十年不改选，"立委"也不合"宪法"，与"国安会"都是靠所谓"宪法"和"动员戡乱时期临时条款"而存在这一事实，开宗明义，轻轻松松地甩出第一句话，"'国安会'如同各位'委员'一样，都是根据'动员戡乱时期临时条款'而来"，话音未住，台下一阵掌声。原来被认为是质询中头号难题的"国安会的合法性"被他一语化解。之后蒋纬国抓紧时机，渲染"国安会"的必要性和重要性，本来该受审问的他竟然获得不少同情分。

由于蒋纬国好出风头，时常光顾各种社交场合，不少脱口而出、令人捧腹的话更是常常让人抓狂。例如一次到台湾妇联讲演，会议主持人当场送上一条梅花领带，并给系上。他不假思索地说，"'捆仙绳，捆住了脖子，还应用'照妖镜'来看清我的德行"，在场的妇人们无不捧腹大笑。

一次蒋纬国主持会议，"救国团主任"李钟桂女士迟到，主持人不顾刚刚坐定的、会场上唯一的女性李钟桂，不恰当地说："没关系，女人每个月总会来那么一次。"在场的除李氏坐立不安、满脸通红外，无不笑得前仰后合。

还有一次蒋纬国应邀到政治大学演讲，校长介绍他时用了20分钟，说了不少捧场、夸耀的话。蒋纬国没有领情，上台说："我不知道今天是请我来演讲，还是校长自己在演讲。还有，'国防部'人事处对我个人资料的了解，还不如校长清楚。"话一说完，校长分外尴尬，蒋纬国得到的是满堂喝彩。在台湾上层社交界，蒋纬国说话轻松、幽默是出了名的。更重要的是，他不是平民，他的特殊身份使他在得罪"将军"、"司令"、达官贵人后，可以免受追究。这种得天独厚的条件，使他的口才日渐长进，幽默感越练越浓。事实上他的口才为上乘，可讲演内容有限，讲得一多，时间一长，也为人厌。

蒋纬国在社交界待人随便，被称为蒋府里唯一"不具神秘色彩而又受公众欢迎的人物"，是"明星级人物"，每次讲演完毕，常常被人所围，要求签名，有关杂志称"这种热烈盛况，是台湾其他任何军人，或军人以外的政治人物，很难享有的荣幸"。蒋纬国外出不像其父那样威势熏天，也不像其兄那样居高临下，他可以在舞场一展娴熟的舞姿，可以在大庭广众之下一展歌喉。甚至在一次军事记者联谊会上，在与会人员的起哄下，竟然同意上台表演一下气功，后因缺乏场地和道具作罢。令他的友人们百说不厌的是，蒋纬国在一次主持婚礼致辞时，突然发现新婚的礼服被人踩住，眼看新娘就要摔倒在婚礼上，他顾不得致辞和打招呼，飞步而下扶住新娘，台上台下都被此"英雄救美壮举"所惊呆。蒋纬国的开通、幽默及机智，无非是打发时日的手段，给自己沉闷、不顺的生活增加一点乐趣。

蒋纬国的性格，虽然得不到父、兄的认同，在如何对待他的个性方面，蒋经国要宽于蒋介石。蒋介石死后，蒋经国在台湾执政，觉得弟弟有点委屈，十一年来任职只有"陆指参大学校长""三军大学副校长"兼"战争学院院长"，"中将"衔已经扛了十五年，相比之下，兄、弟俩人相差太大，难怪社会上以兄盛弟衰、兄弟失和来作为蒋纬国不是蒋介石亲生儿子的依据。

蒋经国见自己的"江山"坐定，马上着手解决蒋纬国的待遇和安排问题。1975年8月底，蒋经国在宋美龄离台赴美前夕，"交代属下替他（纬国）办理升级上将事宜"。为制造蒋纬国升级的气氛和条件，蒋经国的心腹余伯泉主动提出"提前退役"申请，空出"三军大学校长"和"陆军二级上将"的名额、位置。"国防部长"高魁元、"参谋总长"赖名汤迅速办完蒋纬国晋升"上将"、出任"校长"的手续。终于在宋美龄9月17日飞美之前，蒋纬国得以官升一级、衔高一等，结束了他最为讨厌的为人副手之事。

在"蒋经国阶段"的十三年间，关于蒋纬国的安排和出处，一直是台湾政界、军界、舆论界和社会上的中心议题之一。前十年间，"总统哥哥"身体尚好，身后之事还未考虑，蒋纬国棋落何处还不重要，故他的官职只是正常调动，填平补缺，无惊人之举。1980年5月，离开已经从事十八年的军事教育部门，出任曾给他带来第一个重大不幸、"三百万借款案"发生部门的"联勤总部"任"总司令"。"联勤"的任务是保障军队的后勤补给与后勤支援，他只是个"不能统率雄兵的总司令"，故"新司令"上任也未引起什么轰动。1982年5月任期期满，又连任一期。

在职4年，同以前一样，"联勤总部"要出业绩很难，维持正常工作就行，可有关蒋纬国的新闻不断，一再引起议论。

一是修改"军风"。国民党陆、海、空三军的军风分别为"忠诚""忠义""忠勇"，解释各自的"军风"是各自"政战部"的责任，解释内容是多、乱、废。一次蒋纬国找到"陆军政战部主任"，抱怨解释"忠诚"的书太厚，内容太烦琐，士兵记不住不说，你"政战主任"也说不清楚，还不如把"陆军军风"改为两句话："达成任务谓之'忠'，不欺骗谓之'诚'"。搞后勤的"总司令"管起"陆军"的思想灌输，令那帮"政战人员"哭笑不得。在"联勤"内部，他把"军风"的"忠勤"解释为："'勤'所要求的便是一个'果'，'俭'所要求的便是一个'效'"。还把"联勤总部"原来提出的"求知、求成"解释为"求知如同求食一般，求成如同求命一般"。相比专门从事思想政治工作的"政战部门"说的话，蒋纬国的话确实更能适应军队基层的需要，因而效果要好一些。

二是再当"学生"。"新司令"上任后，立即着手联勤事务电脑化、自动化，要求各部门主官和下属学会使用操作"现代文房四宝"：电脑、电话、电报、电传。

他自己也来到淡江大学旁听电脑课，记者们认为"这位旁听生的学习干劲，超过正式注册的学生"。学习的同时，这位"总司令"又当老师，在"政治大学东亚研究所"为博士班开设"全球战略研究"。

三是这位"司令先生"，每年9月间以"战略学会副理事长"的身份，赴欧洲参加世界年会。赴欧的副业之一是看望在剑桥大学读书的独子，副业之二是采购武器，为此台湾社会上出现蒋纬国在购买外国军火中拿取3000万美元佣金的说法。

1984年6月，他根据"总统哥哥"的命令转任"联合作战训练部主任"。在以后两年的时间内，一如既往，依然新闻不断。

一是年近七十的他，通过了直升机的驾驶考核，成为合格的直升机驾驶员。这似乎证明他身体不错、技术不低；也似乎证明"联训部"无事可做，守着"冷板凳"有足够的时间、精力去练习驾驶直升机。

二是蒋纬国走马上任不久，应邀出席电影导演白景瑞的宴会，出席宴会的汪希苓、陈启礼、帅岳峰等人，后来参与谋杀著名传记作家江南一案，蒋纬国差点成为"共谋、涉嫌分子"。

三是台湾"战略协会副会长"丁中江充当"司法黄牛"，接受"泰福阁枪杀案"主犯郑伟泰的贿赂320万台币一事被告发，蒋纬国作为丁中江的后台、好友被人议论。

四是1986年初，蒋纬国再次成为台湾党外杂志重彩描述的主角，题目是几十年谈不透的旧话：蒋纬国的生父生母是谁？与此同时被"重视"的题目还有蒋家第三代人是否会接班。舆论的箭头再次对准蒋氏家族，容忍各方议论蒋家，是蒋经国晚年的"民主措施"之一。

五是何应钦、顾祝同、王叔铭、彭孟缉、高魁元等五位"四星上将"，联名推荐"陆军总司令"蒋希苓、"警备总司令"陈守山及蒋纬国为"一级四星上将"。蒋经国没有同意，据舆论界分析，主要是因为蒋经国已在1985年底公开宣布："有人或许要问，经国的家人中有没有人会竞选下一任总统？我的答复是：不能也不会。"如果把蒋纬国提为"一级上将"，那先得把职务调为"参谋总长"或"国防部长"，使得"军衔"与"军职"相符，而这样安排容易引起世人对蒋经国承诺的怀疑。再说也缺乏先例，调任"参谋总长""国防部长"的大都是"三军总司令""警备总司令","联勤""联训"主官还未轮上过。故蒋纬国再也没有实现"当兵就要当一级上将"的愿望。

蒋经国不给蒋纬国"一级上将"或出掌军权，完全是虚晃一枪。因为自1986年起，他的老年糖尿病出现异常，健康状况迅速恶化，而更大的危险——置他于死地的内脏大出血则时刻威胁着他的生命，他必须考虑更远的事情，而非仅活着时的人事安排。令其食不下咽、卧不安席的难题是自己将不久于人世，作为近期的大事是如何保持台湾政局的稳定？作为中、长期的大事是如何使自己制定的大政方针延续下去？唯一能够在自己之后完成承先启后任务的人就是蒋纬国。蒋经国看到的事实是：对元老派来说，蒋纬国可以成为他们的旗帜，形成稳定政局的政治基础；对军人来说，蒋纬国可以通过师生关系，联络已经在各部队掌握实权的中青年将领、军官，形成稳定政局的军事基础；对社会各头面人物来说，蒋纬国可以通过自己以往的开明形象，笼络人心，形成稳定政局的社会基础。蒋经国确信，弟弟可以帮助"副总统"李登辉、国民党中央党部秘书长李焕、"行政院长"俞国华等人一把，把台湾政局维持下去。

蒋纬国要发挥上述的政治功能，协调各方，需要一个合适的职务，这个职务必须跨越党、政、军、经四个系统，并有一定的约束力。1986年6月，蒋经国委任弟弟出任"动员戡乱时期国家安全会议秘书长"，这一安排，体现出蒋经国的政治后事计划。

哥哥让弟弟出任"国安会秘书长"，可以说是煞费苦心，寄之厚望。"国安会"是国民党的最高权力决策部门，名列"总统府"之后、"五院"和"国民大会"之前，下设"国家建设研究委员会""科学发展指导委员会""国家安全局"，会议组成成员为"总统""副总统""总统府秘书长"和"参军长""行政院长""副院长"和"国防部""外交部""财政部""经济部"等主官，"参谋总长""国安会秘书长"和"国建""科指""国安"三机构主官，从会议组成人员可以看出该机构的分量。"秘书长"是会议实际召集人，虽说不掌握具体的党政经社文军警宪特团领导权，可从所处的位置看，确实可以协调各方面的行动，为大政方针定调子。

蒋经国的想法不无道理。在蒋介石和蒋经国时期，两人处于独裁地位，"国安会"形同虚设，无足轻重。蒋家政治强人一去，台北政治权力中心出现真空，国民党上层缺少以前那种的"一家言"和"一律论",蒋经国担心自己的既定方针遭人怀疑,他所从事的事业难以为继。在这种严重失控的状态下,希望"国安会"可起到平衡、折冲,指导国民党"党政军经"工作的作用,帮助接班人李登辉迅速在多种势力交叉的国民党上层站稳脚跟。

蒋经国多虑了,人走天变,李登辉不可能沿着蒋经国的路往前走,首当其冲是要废除蒋经国生前的人事安排,在这基础上巩固自己的权力和权威,再推出自己的一套。

蒋经国病故后,李登辉为巩固权力基础和推行"实质台独",在党内分化拉拢,打击异己,无所不用其极。国民党内许多人为反击李登辉的打压,拥护具有特殊身世和地位的蒋纬国,同李登辉发生数次冲突。

一是在李登辉接任党主席问题上,宋美龄、蒋纬国联合中央党部秘书长李焕、"总统府秘书长"沈昌焕、"总统府国史馆馆长"秦孝仪等人,在蒋经国死后,提出大丧期间不宜讨论"党主席继承问题",以拖延他们并不信任的李登辉继任党主席。由于历史和现实的原因,李登辉已经成为"总统",又有"民主、改革"口号护航,因此他接任党主席成功。

二是在蒋经国死后的第一次党代会"十三全"上,由"行政院长"俞国华领衔,在宋美龄的支持下,为抵制李登辉分化、破坏国民党的举动,提出修改党章、增设副主席,意在推举蒋纬国为副主席。蒋纬国也说:"我不争什么,但不代表我什么都不要。"提案被李登辉为代表的"主流派"否决,原来内定为中央常务委员候选人的蒋纬国,连中央委员都没有选上,只是继续担任中央评议委员和主席团主席。

三是"副总统事件"。1990年3月间,"第八届总统选举"举行,"拥李(登辉)主流派"和"拥蒋(蒋家、宋美龄和蒋纬国)非主流派"就此接连交手较量。"拥蒋派"先是有意推举蒋纬国为"副总统"候选人,结果被李登辉耍弄一番。接着"拥蒋派"提名林洋港和蒋纬国参选正副"总统",并且主张在决定"总统"候选人的国民党"十三全临时全会"上采用无记名投票方式,依然失败。特别是被李登辉方面招安的侄子蒋孝武公开跳出来反对,声称蒋纬国是要借权"夺权"。蒋孝武的行为,对蒋家的形象、对蒋纬国的行为,伤害非常大。

四是随着李登辉在党政军界的领导地位得到巩固,在四年内把蒋经国最后安排的俞国华、李焕、郝柏村都排挤出领导中心，拆散蒋经国生前安排的"接班组合"。对于"接班组合"的最后一位成员蒋纬国，采取迂回路线，1990年5月安排蒋纬国兼任"中华战略协会理事长"，10月聘为"国家统一委员会委员"，1993年4月任"总统府资政"，1996年6月正式免去"国安会秘书长"职务。80岁的蒋纬国年事已高，官方不安排、身体也不适应，已经处于休息状态了。

只是蒋纬国晚年生活并不轻松。陈水扁任市长时，蒋纬国因为几十年军旅生涯而遗忘在家中的旧枪差点被作为"私藏枪支罪"起诉，更为可怜的是，他的儿子蒋孝刚在台北士林购买土地、依法兴建的住宅，也在1996年2月6日被工务局建管处和近百名警察，以"免办建照"原因消失为由强行拆除。特别是多年来社会上发生、被李登辉为代表的"台独阵营"利用来打压国民党的"非蒋化"，蒋纬国成为发泄的目标，更加重他的心理负担。在他病危期间，还有人声称利用"录音方式"，记下了蒋纬国一些不符合客观事实、篡改历史、不利于蒋家形象的话。就蒋家来说，他的五个侄子中有四位先他而去，打击之重可想而知。正是在这种"风刀霜剑严相逼"的气氛中，蒋纬国的身体状况越来越差。唯一带来安慰的，是从美国赶回来的夫人邱爱伦（易名丘如雪）和儿子蒋孝刚一家的关怀，是与远在美国的宋美龄及近在台湾的嫂子蒋方良、侄媳的联系，成为生活的主要乐趣。

1997年9月1日，蒋纬国因肺炎而引起急性呼吸衰竭，病情危急，住进荣民总院加护病房。22日，患败血症和器官衰竭症病逝，终年81岁。9月24日，大陆海协会会长汪道涵的唁电表示："惊悉纬国先生不幸病逝，甚感哀痛。纬国先生坚持一个中国，反对'台独'。值此谨致哀悼。"关于蒋纬国的墓地，有人主张选在石静宜所在的六张犁墓地。10月19日上午，治丧委员会决定把蒋纬国安葬在他担任"联勤总司令"时建设的台北县五指山公墓。

在现代史上极其活跃、名声极大的蒋家，随着蒋介石和蒋经国的离世，政治上的蒋家已经结束。随着宋美龄在美国定居，随着蒋纬国的去世，一方面蒋家结束"特权化、神秘化"、全面进入"平民化"，一方面蒋介石权力背后的重要人物大都走到人生终点，蒋家主角、曾经在国民党权力中心十分活跃、历经三个世纪的宋美龄女士也于2003年离世。

新版后记

研究民国史、国民党史及蒋家，不是本人的专业和工作。本人的关于蒋家和国民党史的一些拙稿，一方面是由于作为"七七届"在南京大学历史系学习时，通过接触的一些近现代史和相关人物的史料，培养起关注、研究民国人物的兴趣；一方面是多年从事台湾问题研究，因为对蒋家和国民党史感兴趣，在工作中把看到的一些史料及时记录和整理后加以出版而已。因此，本人与民国史、蒋家研究专门机构没有联系，也没有参加过国内外史学界、社科界、高校中的民国史、蒋家研究类的学术研究和交流活动，所以也就是个"票友"。

如今退休已经三年余，在保持身心轻松的前提下，在确保生活和有氧运动的质量、时间的情况下，偶尔重操旧业，继续涉及一些台湾问题，继续关注一些蒋家和民国人物状况，也是乐趣所在。在团结出版社新版《蒋介石全传》和《蒋经国全传》之后，把已分别出版二十多年《蒋介石的幕僚们》和《蒋介石和他的助手们》，补充新资料、参考新成果后组合为《蒋介石权力的背后》再版。

拙稿完成，笔者自觉离初衷、设想还有相当距离，还有许多不足之处，期望深谙内情者、文史学者和读者不吝赐教，为本书斧正补益。

本书再版之际，非常感谢团结出版社和编审、副总编辑张阳！是因为出版社和副总编的努力，才有了本书的出版。

刘 红

2018年2月28日